新法规政策下财会操作实务丛书

中国全面推开营业税改征增值税操作实务全书

贺志东 著

全国营改增培训和自修用书

电子工业出版社
Publishing House of Electronics Industry
北京·BEIJING

内 容 简 介

本书系统、深入介绍营业税改征增值税操作实务，是全国营改增培训和自修用书。

本书共 7 章，内容包括纳税人和扣缴义务人及征税范围、应纳税额的计算、征收管理、纳税申报、特定企业和特定行为增值税、税收优惠政策等。为便于对照学习以及实际工作中查阅，本书还有附录商品和服务税收分类与编码、营改增文件汇编等。通过学习或将本书作为案头随时翻阅、查检的工具书，基本上可以解决实际增值税工作中的全部操作实务问题。

本书主要特色：①新颖性，严格依据最新有效的营改增政策法规编写；②专业性和权威性，作者作为全国著名财税专家潜心研究财税实务约 20 年，本书是在逐条逐款系统梳理全部增值税政策法规基础上编写的；③操作性、实用性强；④案例丰富、具体；⑤讲解全面、透彻、通俗；⑥资料详尽，条理清晰，查阅方便。

本书适用对象：全国各地广大税务、会计、财务、审计、注册会计师、税务师、企业管理等财税人士。

未经许可，不得以任何方式复制或抄袭本书之部分或全部内容。
版权所有，侵权必究。

图书在版编目（CIP）数据

中国全面推开营业税改征增值税操作实务全书 / 贺志东著. —北京：电子工业出版社，2017.2
ISBN 978-7-121-30805-5

Ⅰ. ①中… Ⅱ. ①贺… Ⅲ. ①增值税－税收管理－中国 Ⅳ. ①F812.424

中国版本图书馆 CIP 数据核字(2017)第 010854 号

责任编辑：杨洪军
印　　刷：北京京师印务有限公司
装　　订：北京京师印务有限公司
出版发行：电子工业出版社
　　　　　北京市海淀区万寿路 173 信箱　邮编 100036
开　　本：787×1092　1/16　印张：59.75　字数：1647 千字
版　　次：2017 年 2 月第 1 版
印　　次：2017 年 2 月第 1 次印刷
定　　价：118.00 元

凡所购买电子工业出版社图书有缺损问题，请向购买书店调换。若书店售缺，请与本社发行部联系，联系及邮购电话：(010) 88254888，88258888。

质量投诉请发邮件至 zlts@phei.com.cn，盗版侵权举报请发邮件至 dbqq@phei.com.cn。

本书咨询联系方式：(010) 88254199，sjb@phei.com.cn。

前言

增值税是以单位和个人生产经营过程中实现的增值额为课税对象征收的一种间接税。它具有中性税收的特征；逐环节征税，逐环节扣税，税负具有转嫁性，最终消费者是全部税款的承担者；税基广阔，具有征收的普遍性和连续性。

1954 年法国成功地推行增值税后，对欧洲和世界各国都产生了重大影响。我国于 1979 年引进增值税，并在部分城市试行。1993 年税制改革，增值税成为改革的重点，国务院于 1993 年 12 月发布了《中华人民共和国增值税暂行条例》，并于 1994 年 1 月 1 日起在全国范围内全面推行增值税，此时的增值税属于生产型增值税。为了进一步完善税收制度，2004 年 7 月 1 日我国开始在东北、中部等部分地区实行增值税转型改革，修订了《中华人民共和国增值税暂行条例》，于 2009 年 1 月 1 日起在全国范围内实行消费型增值税。2012 年 1 月 1 日起在上海市试点，将交通运输业和部分现代服务业由营业税改征增值税，2013 年 8 月 1 日，营改增试点在全国范围内推开。2016 年 5 月 1 日起，在全国范围内全面推开营改增试点，建筑业、房地产业、金融业、生活服务业纳入试点范围，由缴纳营业税改为缴纳增值税，至此，营业税全部改征增值税，流通环节由增值税全覆盖。

本次全面推开营改增试点，主要内容是"双扩"：一是将试点范围扩到建筑业、房地产业、金融业和生活服务业，实现增值税对货物和服务的全覆盖，试点完成后营业税将退出历史舞台；二是将所有企业新增不动产所含增值税纳入抵扣范围，比较完整地实现规范的消费型增值税制度。

为了帮助广大财税、财会人员等尽快、轻松、全面、深入、系统、准确地掌握和应用营业税改征增值税政策，有助于全国各地基层做好本地区营业税改征增值税的培训工作和全国每家企业财税财会人员知识更新、继续教育工作，由全国著名财税专家贺志东同志亲自编写了《中国全面推开营业税改征增值税操作实务全书》。

本书共 7 章，内容包括纳税人和扣缴义务人及征税范围、应纳税额的计算、征收管理、纳税申报、特定企业和特定行为增值税、税收优惠政策等。为便于对照学习以及实际工作中查阅，本书还附录了商品和服务税收分类与编码、营改增文件汇编等。通过学习或将本书作为案头随时翻阅、查检的工具书，基本上可以解决实际增值税工作中的全部操作实务问题。

本书主要特色：①新颖性，严格依据最新有效的营改增政策法规编写；②专业性和权威性，作者作为全国著名财税专家潜心研究财税实务约 20 年，本书是在逐条逐款系统梳理全部增值税政策法规基础上编写的；③操作性、实用性强；④案例丰富、具体；⑤讲解全面、透彻、通俗；⑥资料详尽，条理清晰，查阅方便。

本书适用对象：全国各地广大税务、会计、财务、审计、注册会计师、税务师、企业管理等财税人士。

在本书编写过程中，作者参考和借鉴了国内外一些相关文献资料；本书的出版得到了电子工业出版社领导和编辑们尤其是杨洪军老师以及智董集团旗下中华第一财税网（又名"智董网",www.tax.org.cn）的大力支持和帮助,在此均深表谢意!

由于编写时间、经费等原因,书中倘有不足之处,请读者不吝批评指正(jianyi@tax.org.cn),以便今后再版时修订。

希望全体学员、广大涉税人员刻苦学习、潜心钻研营改增知识,尽快掌握其主要内容和精髓,并结合本单位的实际情况,学以致用、身体力行,全面提升涉税工作的服务效能,为企业和单位算好税、理好税,进一步提高税收业务技能和管理水平。

建议每一位读者关注中华第一财税网官方微信（公众号：zhdycsw,亦可用手机扫描右侧二维码）,获取每日财税资讯汇总快递等;关注成功后,请发送或回复"营改增"三个字,便可获得相关赠阅资料。

由于税法处于不断的变动中,请读者关注本书涉及税法今后的"立、改、废",有兴趣的读者可成为中华第一财税网会员实现在线学习。本书中涉及的政策,若今后有变化,请以变化后的为准。

目 录

第一章 综合知识 1
  第一节 增值税概述 1
  第二节 增值税沿革 3

第二章 纳税人和扣缴义务人及征税范围 6
  第一节 纳税人和扣缴义务人 6
  第二节 征税范围 16

第三章 应纳税额的计算 30
  第一节 一般性规定 30
  第二节 税率和征收率 31
  第三节 一般计税方法 40
  第四节 简易计税方法 71
  第五节 销售额的确定和计量 76

第四章 征收管理 86
  第一节 增值税征管综述 86
  第二节 增值税发票管理 94

第五章 纳税申报 123
  第一节 增值税纳税申报综述 123
  第二节 《增值税纳税申报表（一般纳税人适用）》及其附列资料 125
  第三节 《增值税纳税申报表（小规模纳税人适用）》及其附列资料 173
  第四节 增值税减免税申报明细表 181
  第五节 增值税预缴税款表 182

第六章 特定企业和特定行为增值税 186
  第一节 原增值税纳税人 186
  第二节 营改增试点纳税人 195
  第三节 跨境应税行为适用增值税零税率和免税政策的规定 247

第七章　税收优惠政策 257
　　第一节　增值税减免综述 257
　　第二节　原增值税纳税人适用的增值税优惠政策 259
　　第三节　营改增试点过渡政策 271

附录 A　商品和服务税收分类与编码 283

附录 B　营改增文件汇编 807

第一章

综合知识

在中华人民共和国境内销售货物、提供加工修理修配劳务和应税行为（销售服务、无形资产或不动产），以及进口货物的单位和个人，为增值税的纳税人。

自2016年5月1日起，在全国范围内全面推开营业税改征增值税（简称营改增）试点，建筑业、房地产业、金融业、生活服务业等全部营业税纳税人，由缴纳营业税改为缴纳增值税。

关于营改增试点纳税人的规定，只适用于试点纳税人，执行时间为营改增试点期间。出于原增值税纳税人和试点纳税人适用税制的公平性和统一性的考虑，按照《营业税改征增值税试点实施办法》确定的基本原则，国家税务总局对原增值税纳税人作出了一系列补充规定。

本书所称"原增值税纳税人"，是指按照《中华人民共和国增值税暂行条例》（国务院令第538号）缴纳增值税的纳税人；所称"营改增试点纳税人"，是指按照《营业税改征增值税试点实施办法》缴纳增值税的纳税人。

第一节 增值税概述

增值税是以单位和个人生产经营过程中实现的增值额为课税对象征收的一种间接税。

一、增值税的特点

（一）不重复征税，具有中性税收的特征

所谓的中性，就是指国家征税使社会付出的代价以征税额为限，不能让纳税人或社会承担额外的负担或损失，市场信号不因征税而扭曲，市场配置资源作用不因征税而被干扰，特别是税收不能超越市场而成为左右市场主体经济决策的力量。也就是说，通过增值税筹集财政收入，不会对宏观经济、市场资源配置和微观经济行为产生扭曲作用。

增值额具有中性税收的特征，是因为增值税只对货物或劳务销售额中没有征过税的那部分增值额征税，对销售额中属于转移过来的、以前环节已征过税的那部分销售额则不再征税，从而有效地排除了重复征税因素。此外，增值税税率档次少，一些国家只采取一档税率，即使采取二档或三档税率的，其绝大部分货物一般也都是按一个统一的基本税率征税。这不仅使得绝大部分货物的税负是一样的，而且同一货物在经历的所有生产和流通的各环节的整体税负也是一样的。这种情况使增值税对生产经营活动以及消费行为基本不发生影响，从而使增值税具有了中性税收的特征。

（二）逐环节征税，逐环节扣税，税负具有转嫁性，最终消费者是全部税款的承担者

作为一种新型的流转税，增值税保留了传统间接税按流转额全值计税和道道征税的特点，

同时实行税款抵扣制度。即在逐环节征税的同时，还实行逐环节扣税。在这里，各环节的经营者作为纳税人只是把从买方收取的税款抵扣自己支付给卖方的税款后的余额缴给政府，而经营者本身实际上并没有承担增值税税款。这样，随着各环节交易活动的进行，经营者在出售货物的同时也出售了该货物所承担的增值税税款，直到货物卖给最终消费者时，货物在以前环节已纳的税款连同本环节的税款也一同转嫁给了最终消费者。可见，增值税税负具有逐环节向前推移的特点，作为纳税人的生产经营者并不是增值税的真正负担者，只有最终消费者才是全部税款的负担者。

（三）税基广阔，具有征收的普遍性和连续性

无论是从横向还是纵向来看，增值税都有着广阔的税基。从生产经营的横向关系看，无论工业、商业或者劳务服务活动，只要有增值收入就要纳税；从生产经营的纵向关系看，每一货物无论经过多少生产经营环节，都要按各道环节上发生的增值额逐次征税。

二、增值税的类型

按增值额的内容、扣除项目、外购固定资产处理方式的不同，增值税可以分为生产型增值税、收入型增值税和消费型增值税三种类型。

增值税设计虽然在理论上克服了重复征税问题，但在实际运用中，出于财政收入、管理水平等各种因素影响，不同国家对增值税扣除范围有着不同的规定，导致有的仍然带有一定的重复征税因素。

（一）生产型增值税

生产型增值税，是指在计算增值额时，销售收入中只允许扣除购买的原材料等劳动对象的消耗部分，不允许扣除购进固定资产（包括动产和不动产）价款或其折旧，计税依据相当于工资、利息、租金、利润和折旧额之和。从整个社会来看，形成的增值额大体相当于国内生产总值额（GDP），故称为生产型增值税。

此种类型的增值税对固定资产存在重复征税，而且越是资本有机构成高的行业，重复征税就越严重。这种类型的增值税虽然不利于鼓励投资，但可以保证财政收入。

（二）收入型增值税

收入型增值税是指计算增值税时，对外购固定资产价款只允许扣除当期计入产品价值的折旧费部分，作为课税基数的法定增值额相当于当期工资、利息、租金和利润等各增值项目之和。从整个国民经济来看，这一课税基数相当于国民收入部分，故称为收入型增值税。

此种类型的增值税从理论上讲是一种标准的增值税，但由于外购固定资产价款是以计提折旧的方式分期转入产品价值的，且转入部分没有逐笔对应的外购凭证，故给凭发票扣税的计算方法带来困难，从而影响了这种方法的广泛采用。

（三）消费型增值税

消费型增值税，是指在计算增值额时，销售收入中既要扣除劳动对象消耗部分，还要扣除本期购进的全部固定资产（包括动产和不动产）的金额。

这种类型的增值税对所有外购项目，即非本企业新创造的价值都实行彻底的购进扣税法，因此，它最能体现增值税的计税原理，是最典型的增值税。从整个社会来看，作为计税依据的增值额相当于全部消费品的价值，不包括原材料、固定资产等投资品价值，故称为消费型增值税。

第二节 增值税沿革

一、世界增值税的起源和发展

1954年法国成功地推行增值税后,对欧洲和世界各国都产生了重大影响,特别是对当时的欧洲共同体国家的影响更大。在随后的十几年里欧共体成员国相继实行了增值税,欧洲其他一些国家以及非洲和拉丁美洲的一些国家为改善自己在国际贸易中的竞争条件也实行了增值税,亚洲国家自20世纪70年代后期开始推行增值税。到2015年,世界上已有190多个国家和地区实行了增值税。

大的经济体中,只有美国没有引入增值税,仍然实行零售税(Retail Sales Tax),大多数国家的增值税征税范围覆盖所有货物和服务,遵循目的地征税原则,实行消费型增值税,通常采用发票扣税法。

二、我国增值税制度的建立和发展

(一)我国增值税制度的发展历程

1. 增值税试点阶段

我国于1979年引进增值税,并在部分城市试行。1982年财政部制定了《增值税暂行办法》,自1983年1月1日开始在全国试行。1984年第二步利改税和全面工商税制改革时,在总结经验的基础上,国务院发布了《中华人民共和国增值税条例(草案)》,并于当年10月试行。1987年,增值税试行范围进一步扩大,将一部分轻工产品、建筑、有色金属和非金属矿产品纳入增值税征收范围,税目扩大到30个,并将计税方法统一为扣税法。1989年,又在扣税法基础上逐步统一实行了"价税分流购进扣税法",即规定企业在成本利润会计核算中不再包括增值税因素。

2. 增值税确立阶段

1993年税制改革,增值税成为改革的重点。国务院于1993年12月发布了《中华人民共和国增值税暂行条例》,并于1994年1月1日起在全国范围内全面推行增值税。此时的增值税属于生产型增值税。

3. 增值税由生产型向消费型转变阶段

为了进一步完善税收制度,国家决定实行增值税转型试点,并于2004年7月1日开始在东北、中部等部分地区实行,试点工作运行顺利,达到了预期目标。为此,国务院决定全面实施增值税转型改革,修订了《中华人民共和国增值税暂行条例》(简称《增值税暂行条例》),2008年11月经国务院第34次常务会议审议通过,于2009年1月1日起在全国范围内实行消费型增值税。

现行增值税和营业税制度存在的主要问题

目前,增值税是我国第一大税种,经过包括增值税转型改革在内的多次改革和不断的政策调整,我国增值税制得以进一步完善,为筹集财政收入、调节经济发挥了重要作用。但是,与规范、中性的增值税制和先进的国际增值税实践相比,我国现行增值税制还存在较大差距,在实际运行中也反映出了一些问题。

1. 法律级次偏低，政策稳定性不够强

我国增值税征纳行为所依据的"母法"是国务院制定的行政法规，虽然这在历史上有其合理性，但在我国不断推进依法治国方略的形势下越来越不能适应形势发展的需要，不符合税收法定原则和立法法的有关规定。法律级次低，导致出现增值税政策不稳定的问题，也使得税收优惠政策的出台难有法律约束。同时，政策变化较多，还使得纳税人对其经营的税收政策环境难以合理的预期，在一定程度上对经济发展产生了不利影响。

2. 征税范围不完整，重复征税问题依然突出

营改增前增值税征收范围只包括有形动产和加工修理修配劳务，其他劳务、不动产和无形资产均征收营业税，造成了增值税纳税人与营业税纳税人之间、营业税纳税人之间销售货物和提供劳务存在较为严重的重复征税因素，产生了不少深层次问题。这些问题日益突出和尖锐，是诸多难以解决的增值税、营业税政策和征管问题的根本症结所在，也成为影响我国企业国际竞争力、经济可持续发展、产业结构优化升级甚至经济发展方式转变的重要因素，须从制度上予以彻底解决。

3. 国内增值税与进出口增值税在政策和征管上存在脱节问题

在政策方面，国内增值税和进出口增值税政策协调不够，很容易引起不公平竞争和贸易纠纷；在征管方面，出口退税管理和国内增值税及进口增值税征管在组织机构、征管措施上均存在差异，增加了征纳双方的成本，也加大了税收风险。

4. 优惠政策过多，税制不规范，中性不强

1994年以来出台了大量的增值税优惠政策，优惠方式包括免税、即征即退、先征后退、虚拟抵扣等。此外，针对加工贸易的增值税保税政策不仅在多达100多个海关特殊监管区域、监管场所实施，还在大量上述区域、场所之外的加工贸易企业中实行。优惠政策过多，不仅破坏了增值税制的规范性，弱化了它不扭曲经济的中性特征，产生了较多的税收漏洞，而且引起企业间、行业间、地区间的不公平竞争，不利于全国统一大市场的正常运行和我国社会主义市场经济体制的建设。

5. 征纳成本较高，税收漏洞和税收风险仍然较大

总体而言，我国增值税征管比较严格，制度运行有效。但与国外先进国家相比，一方面我国征纳双方在增值税上的征管成本和遵从成本偏高，另一方面增值税的政策漏洞和征管漏洞均不同程度地存在，税收风险依然较大。

此外，增值税政策和征管上的国际合作、国际协调也有待加强。

（二）营改增改革试点/增值税的扩围改革阶段

2012年1月1日起在上海市试点，将交通运输业和部分现代服务业由营业税改征增值税。

2012年9月1日起，试点地区扩大到北京市、深圳市、江苏省、安徽省、浙江省（含宁波市）、福建省、（含厦门市）、湖北省、广东省（含深圳市）8个省市。北京市于2012年9月1日，江苏省、安徽省于2012年10月1日，福建省、广东省于2012年11月1日，深圳市、浙江省、湖北省于2012年12月1日，分别进行试点。

2013年8月1日，营改增试点在全国范围内推开，并将广播影视作品的制作、播映、发行纳入试点行业。

2014年1月1日起，铁路运输业和邮政业在全国范围实施营改增试点，至此，交通运输业全部纳入试点范围。

2014年6月1日起，电信业纳入营改增试点范围，实行差异化税率，基础电信服务和增值

电信服务分别适用11%和6%的税率,为境外单位提供电信业服务免征增值税。

2016年5月1日起,在全国范围内全面推开营改增试点,建筑业、房地产业、金融业、生活服务业纳入试点范围,由缴纳营业税改为缴纳增值税。至此,营业税全部改征增值税,流通环节由增值税全覆盖。

第二章

纳税人和扣缴义务人及征税范围

第一节 纳税人和扣缴义务人

一、增值税纳税人与扣缴义务人的基本规定

(一) 纳税人

凡在中华人民共和国境内销售货物或者提供加工、修理修配劳务、销售服务、无形资产或者不动产，以及进口货物的单位和个人，为增值税的纳税人。

1. 从身份性质划分，纳税人分为单位和个人

单位是指一切从事销售或进口货物、提供应税劳务、销售应税服务、无形资产或不动产的单位，包括企业、行政单位、事业单位、军事单位、社会团体及其他单位。单位，也就是企业和非企业性单位之和。

个人是指从事销售或进口货物、提供应税劳务、销售应税服务、无形资产或不动产的个人，包括个体工商户和其他个人。其他个人，也就是自然人。个人，也就是个体工商户和自然人之和。

2. 采用承包、承租、挂靠经营方式纳税人的界定

单位以承包、承租、挂靠方式经营的，承包人、承租人、挂靠人（以下统称承包人）以发包人、出租人、被挂靠人（以下统称发包人）名义对外经营并由发包人承担相关法律责任的，以该发包人为纳税人。否则，以承包人为纳税人。

(1) 承包、承租、挂靠方式经营形式

1) 承包经营。企业承包经营是发包方在不改变企业所有权的前提下，将企业发包给经营者承包，经营者以企业名义从事经营活动，并按合同分享经营成果的经营形式。

2) 承租经营。企业承租经营，是在所有权不变的前提下，出租方将企业租赁给承租方经营，承租方向出租方交付租金并对企业实行自主经营，在租赁关系终止时，返还所租财产。

企业承包经营与企业承租经营相比，主要存在以下差异。

① 适用范围不同。从适用范围上看，承包经营合同多适用于大中型企业，而承租经营合同则多适用于小型企业。

② 基本内容不同。企业承包合同的基本内容，是承包上缴利润指标以及由此产生的当事

人之间的其他权利义务关系；企业租赁合同的基本内容，是承租方对企业财产进行租赁经营，并向出租方缴纳租金。

③ 抵押财产的提供与否不同。在承包经营合同中，承包方提供抵押财产不是合同的有效条件；而在承租经营合同中，一般会明确承租人所提供的抵押财产。

④ 对亏损的补偿来源不同。发生亏损时，承包企业只要用企业的自有资金补偿即可；而租赁合同的承租方则须以抵押财产进行补偿。

⑤ 新增资产的归属不同。在承包经营的情况下，承包期间新增资产的所有权性质与承包前的企业所有权性质是一致的；而在承租经营的情况下，租赁期间承租方用其收入追加投资所添置的资产，则属于承租方。

3）挂靠经营。挂靠经营，是指企业、合伙组织等与另一个经营主体达成依附协议，挂靠方通常以被挂靠方的名义对外从事经营活动，被挂靠方提供资质、技术、管理等方面的服务并定期向挂靠方收取一定管理费用的经营方式。

挂靠经营的主要特征：

① 它是一种借用行为。挂靠经营是挂靠方以被挂靠人的名义进行经营，所以，挂靠经营的关系实质上是一种借用关系。这种借用关系的内容主要表现为资质、技术、管理经验等无形财产方面的借用，而不是有形财产方面的借用。

② 它是一种独立核算行为。挂靠经营是一种自主经营的行为，而自主经营的最大特点在于独立核算。

③ 它是一种临时性行为。挂靠经营是一种借用行为，而这种借用的性质决定了挂靠经营的暂时性。

（2）承包、承租、挂靠方式下的纳税人界定的原则

采用承包、承租、挂靠经营方式时，区分以下两种情况界定纳税人。

1）同时满足以下两个条件的，以发包人为纳税人：

① 以发包人名义对外经营。

② 由发包人承担相关法律责任。

2）不同时满足上述两个条件的，以承包人为纳税人。

3. 进口货物的纳税人

对报关进口的货物，以进口货物的收货人或办理报关手续的单位和个人为进口货物的纳税人。

对代理进口货物，以海关开具的完税凭证上的纳税人为增值税纳税人。即对报关进口货物，凡是海关的完税凭证开具给委托方的，对代理方不征增值税；凡是海关的完税凭证开具给代理方的，对代理方应按规定征收增值税。

4. 确定应税行为是否需要缴纳增值税的四个条件

确定销售服务、无形资产、不动产是否需要缴纳增值税，除另有规定外，一般应同时具备以下四个条件。

（1）应税行为发生在中华人民共和国境内。该条件涉及征税权问题，只有属于境内应税行为的，我国政府才对其有征税权，否则不能征税。

1）关于境内销售服务的判定原则。

① 境内的单位或者个人销售的服务（不含租赁不动产）属于在境内销售服务，即属人原则。

也就是说，境内的单位或者个人销售的服务（不含租赁不动产），无论服务购买方为境内

单位或者个人还是境外单位或者个人，无论服务发生在境内还是境外，都属于在境内销售服务。

② 境外单位或者个人向境内单位或者个人销售的未完全在境外发生的服务（不含租赁不动产），属于在境内销售服务。

对于境外单位或者个人来说，其销售的服务（不含租赁不动产）在以下两种情况下属于在境内销售服务，应照章缴纳增值税。

A. 境外单位或者个人向境内单位或者个人销售的完全在境内发生的服务，属于在境内销售服务。例如，境外某一工程公司到境内给境内某单位提供工程勘察勘探服务。

B. 境外单位或者个人向境内单位或者个人销售的未完全在境外发生的服务，属于在境内销售服务。例如，境外一咨询公司与境内某一公司签订咨询合同，就这家境内公司开拓境内、境外市场进行实地调研并提出合理化管理建议，境外咨询公司提供的咨询服务同时在境内和境外发生，属于在境内销售服务。

③ 境外单位或者个人销售的服务（不含租赁不动产），属于下列情形的，不属于在境内销售服务，不缴纳增值税。

A. 境外单位或者个人向境外单位或者个人销售服务。例如，美国一咨询公司为德国一公司提供咨询服务。

B. 境外单位或者个人向境内单位或者个人销售完全在境外发生的服务。例如，境内个人出境旅游时的餐饮、住宿服务。

C. 境外单位或者个人向境内单位或者个人出租完全在境外使用的有形动产。例如，境外汽车租赁公司向赴境外旅游的中国居民出租小汽车供其在境外自驾游。

④ 境内租赁不动产的判定原则。只要所租赁的不动产在境内，无论出租方是否为境内单位或者个人，无论承租方是否为境内单位或者个人，均属于在境内租赁不动产。例如，英国一公司将其拥有的我国境内一处办公楼出租给韩国一公司。

2）关于境内销售无形资产的判定原则。

① 境内的单位或者个人销售的无形资产（不含自然资源使用权）属于在境内销售无形资产，即属人原则。

也就是说，境内的单位或者个人销售的无形资产（不含自然资源使用权），无论购买方为境内单位或者个人还是境外单位或者个人，无论无形资产是否在境内使用，都属于在境内销售无形资产。

② 境外单位或者个人向境内单位或者个人销售的未完全在境外使用的无形资产（不含自然资源使用权），属于在境内销售无形资产。

对于境外单位或者个人来说，其销售的无形资产在以下两种情况下属于在境内销售无形资产，应照章缴纳增值税。

A. 境外单位或者个人向境内单位或者个人销售的完全在境内使用的无形资产，属于在境内销售无形资产。例如，境外智董公司向境内贵琛公司转让智董公司在境内的连锁经营权。

B. 境外单位或者个人向境内单位或者个人销售的未完全在境外使用的无形资产，属于在境内销售无形资产。例如，境外怡平公司向境内鑫裕公司转让一项专利技术，该技术同时用于鑫裕公司在境内和境外的生产线。

③ 境外单位或者个人销售的无形资产（不含自然资源使用权），属于下列情形的，不属于在境内销售无形资产，不缴纳增值税。

A. 境外单位或者个人向境外单位或者个人销售无形资产（不含自然资源使用权）。例如，美国一公司向德国一公司转让一项非专利技术。

B. 境外单位或者个人向境内单位或者个人销售完全在境外使用的无形资产。例如,境外 E 公司向境内 F 公司转让一项专用于 F 公司所属印度子公司在印度生产线上的专利技术。

④ 境内销售自然资源使用权的判定原则。只要所销售的自然资源使用权的自然资源在境内,无论销售方或购买方是否为境内单位或者个人,均属于在境内销售自然资源使用权。例如,法国一公司将其拥有的我国境内一处矿产的探矿权转让给一家境内公司。

3)关于境内销售不动产的判定原则。只要所销售的不动产在境内,无论销售方或购买方是否为境内单位或者个人,均属于在境内销售不动产。例如,澳大利亚一家公司将其在深圳拥有的一处办公楼销售给另一家澳大利亚公司。

判定境内应税行为的原则

[《关于全面推开营业税改征增值税试点的通知》
(财税〔2016〕36 号)附件:1. 营业税改征增值税试点实施办法]

第十二条 在境内销售服务、无形资产或者不动产,是指:
(一)服务(租赁不动产除外)或者无形资产(自然资源使用权除外)的销售方或者购买方在境内;
(二)所销售或者租赁的不动产在境内;
(三)所销售自然资源使用权的自然资源在境内;
(四)财政部和国家税务总局规定的其他情形。

第十三条 下列情形不属于在境内销售服务或者无形资产:
(一)境外单位或者个人向境内单位或者个人销售完全在境外发生的服务。
(二)境外单位或者个人向境内单位或者个人销售完全在境外使用的无形资产。
(三)境外单位或者个人向境内单位或者个人出租完全在境外使用的有形动产。
(四)财政部和国家税务总局规定的其他情形。

不属于在境内销售服务或无形资产的若干情形

(《关于营改增试点若干征管问题的公告》国家税务总局公告 2016 年第 53 号)

(将境外单位和个人向境内销售的完全在境外发生的服务、完全在境外使用的无形资产排除在征税范围之外,明确了不属于在境内销售服务或无形资产的若干情形。)

根据《财政部 国家税务总局关于全面推开营业税改征增值税试点的通知》(财税〔2016〕36 号),现将营改增试点有关征管问题公告如下:
一、境外单位或者个人发生的下列行为不属于在境内销售服务或者无形资产:
(一)为出境的函件、包裹在境外提供的邮政服务、收派服务;
(二)向境内单位或者个人提供的工程施工地点在境外的建筑服务、工程监理服务;
(三)向境内单位或者个人提供的工程、矿产资源在境外的工程勘察勘探服务;
(四)向境内单位或者个人提供的会议展览地点在境外的会议展览服务。
……

十、本公告自 2016 年 9 月 1 日起施行，此前已发生未处理的事项，按照本公告规定执行。2016 年 5 月 1 日前，纳税人发生本公告第二、五、六条规定的应税行为，此前未处理的，比照本公告规定缴纳营业税。

（2）应税行为是属于《销售服务、无形资产、不动产注释》范围内的业务活动。应税行为分为三大类，即销售应税服务、销售无形资产和销售不动产。其中，应税服务包括交通运输服务、邮政服务、电信服务、建筑服务、金融服务、现代服务、生活服务。

（3）应税服务是为他人提供的。"服务必须是为他人提供的"，是指应税服务的提供对象必须是其他单位或者个人，不是自己，即自我服务不征税。

这里所说的"自我服务"，包括两种情形：①单位或者个体工商户聘用的员工为本单位或者雇主提供取得工资的服务。②单位或者个体工商户为聘用的员工提供服务。

单位或者个体工商户聘用的员工为本单位或者雇主提供取得工资的服务，虽然发生有偿行为但不属于增值税的征收范围。

"应税服务必须是为他人提供的"，也就是说服务的接受者是除自己以外的其他单位或者个人，即自我服务不征收增值税。员工为本单位或雇主提供服务就是属于自我服务的范畴。

1）只有单位或个体经营者聘用的员工为本单位或者雇主提供取得工资的服务才属于非经营活动，不缴纳增值税，非本单位或个体经营者聘用的员工为本单位或者雇主提供的服务，属于应税行为，应照章缴纳增值税。

2）员工为本单位或者雇主提供的服务不需要缴纳增值税，应限定为其提供的职务性服务，即取得工资范围内的服务。

并不是说只要具备了员工的条件，对员工为本单位或者雇主提供的所有服务都不征税。例如，员工将自己的房屋出租给本单位使用收取房租、员工利用自己的交通工具为本单位运输货物收取运费、员工将自有资金贷给本单位使用收取利息等，如果不对这些情形征税，显然与增值税立法精神不符，也相对于其他单位和个人不公平，因此，员工为本单位或者雇主提供的非经营活动应仅限于员工为本单位或雇主提供的取得工资的职务性服务，员工向用人单位或雇主提供与工作（职）无关的服务，凡属于《销售服务、无形资产、不动产注释》范围的，仍应当征收增值税。

注意，"提供取得工资的服务"，强调的是员工提供的职务性服务，员工有偿提供非职务性服务属于应税行为。

（4）应税行为是有偿的。有偿，是指取得货币、货物或者其他经济利益。

其他经济利益是指非货币、货物形式的收益，具体包括无形资产（包括特许权）股权投资、不准备持有至到期的债券投资、服务以及有关权益等。

（5）例外情形。

1）满足上述四个增值税征税条件但不需要缴纳增值税的情形。主要包括：

① 行政单位收取的同时满足规定条件的政府性基金或者行政事业性收费。

非经营活动的政府性基金，必须是国务院或财政部批准设立的政府性基金。例如，铁路建设基金、民航发展基金、地方教育附加、文化事业建设费等。

非经营活动的行政事业性收费，必须是由国务院或者省级人民政府及其财政、价格主管部门批准设立的行政事业性收费。例如，机动车号牌工本费、商标注册收费、银行业监管费、房屋所有权登记费等。

《政府性基金管理暂行办法》规定,政府性基金,是指各级人民政府及其所属部门根据法律、行政法规和中共中央、国务院文件规定,为支持特定公共基础设施建设和公共事业发展,向公民、法人和其他组织无偿征收的具有专项用途的财政资金。

《行政事业性收费标准管理暂行办法》规定,行政事业性收费,是指国家机关、事业单位、代行政府职能的社会团体及其他组织根据法律法规等有关规定,依照国务院规定程序批准,在实施社会公共管理,以及在向公民、法人提供特定公共服务过程中,向特定对象收取的费用。

② 存款利息。

③ 在资产重组过程中,通过合并、分立、出售、置换等方式,将全部或者部分实物资产以及与其相关联的债权、负债和劳动力一并转让给其他单位和个人,其中涉及的不动产、土地使用权转让行为。

不征收增值税的情形

[《关于全面推开营业税改征增值税试点的通知》(财税〔2016〕36号)附件:1. 营业税改征增值税试点实施办法]

第十条 销售服务、无形资产或者不动产,是指有偿提供服务、有偿转让无形资产或者不动产,但属于下列非经营活动的情形除外:

(一)行政单位收取的同时满足以下条件的政府性基金或者行政事业性收费。

1. 由国务院或者财政部批准设立的政府性基金,由国务院或者省级人民政府及其财政、价格主管部门批准设立的行政事业性收费;

2. 收取时开具省级以上(含省级)财政部门监(印)制的财政票据;

3. 所收款项全额上缴财政。

(二)单位或者个体工商户聘用的员工为本单位或者雇主提供取得工资的服务。

(三)单位或者个体工商户为聘用的员工提供服务。

(四)财政部和国家税务总局规定的其他情形。

2)不同时满足上述四个增值税征税条件但需要缴纳增值税的情形。主要包括某些无偿的应税行为。

《营业税改征增值税试点实施办法》第十四条规定:"下列情形视同销售服务、无形资产或者不动产:①单位或者个体工商户向其他单位或者个人无偿提供服务,但用于公益事业或以社会公众为对象的除外。②单位或者个人向其他单位或者个人无偿转让无形资产或者不动产,但用于公益事业或以社会公众为对象的除外。③财政部和国家税务总局规定的其他情形。"按照此条规定,向其他单位或者个人无偿提供服务、无偿转让无形资产或者不动产,除用于公益事业或者以社会公众为对象外,应视同发生应税行为,照章缴纳增值税。

(6)油气田企业发生应税行为的纳税规定。根据《营业税改征增值税试点有关事项的规定》规定,油气田企业发生应税行为,应当按照《营业税改征增值税试点实施办法》缴纳增值税,不再执行《油气田企业增值税管理办法》(财税〔2009〕8号)。

（二）扣缴义务人

（1）境外的单位或个人在境内提供应税劳务，在境内未设有经营机构的，其应纳税款以境内代理人为扣缴义务人；在境内没有代理人的，以购买者为扣缴义务人。

（2）中华人民共和国境外（简称境外）单位或者个人在境内销售服务、无形资产或者不动产，在境内未设有经营机构的，以购买方为增值税扣缴义务人。财政部和国家税务总局另有规定的除外。

（三）合并纳税

两个或者两个以上的纳税人，经财政部和国家税务总局批准可以视为一个纳税人合并纳税。具体办法由财政部和国家税务总局另行规定。

增值税集团纳税制度

集团纳税制度，是指在增值税制度安排上，允许具有共同控制性质的多个独立纳税人合并纳税。集团纳税制度可以减少税务机关直接管理的增值税纳税主体数量，降低税务机关的征收成本，也可以降低企业集团直接或间接的增值税遵从成本，有利于企业集团增加现金流，提高资金使用效率，优化企业架构。目前，欧盟、澳大利亚、新西兰等开征增值税的主要国家相继引入了集团纳税制度。

目前，集团纳税制度尚未在《增值税暂行条例》中体现，《营业税改征增值税试点实施办法》制定该规定，对于完善现行增值税制度具有重要意义，同时也为试点过程中探索实施集团纳税制度提供了政策依据。

二、小规模纳税人的管理

（一）小规模纳税人的标准

小规模纳税人是指年销售额在规定标准以下，并且会计核算不健全，不能按规定报送有关税务资料的增值税纳税人。会计核算不健全是指不能正确核算增值税的销项税额、进项税额和应纳税额。

根据《增值税暂行条例》及其实施细则和《营业税改征增值税试点实施办法》（财税〔2016〕36号）及相关文件规定，小规模纳税人的标准如下所示。

1．一般规定

从事货物生产或提供应税劳务的纳税人，以及以从事货物生产或提供应税劳务为主，并兼营货物批发或零售的纳税人，年应税销售额在50万元（含）以下的。

其他纳税人，年应税销售额在80万元（含）以下的。

以从事货物生产或者提供应税劳务为主，是指纳税人的年货物生产或者提供应税劳务的销售额占年应税销售额的比重在50%以上。

营改增应税行为的年应征增值税销售额标准为500万元（含本数）以下的。

2．特殊规定

年应税销售额超过小规模纳税人标准的其他个人按小规模纳税人纳税；年应税销售额超过规定标准但不经常发生应税行为的单位和个体工商户，以及非企业性单位、不经常发生应税行为的企业，可选择按照小规模纳税人纳税。

旅店业和饮食业纳税人销售非现场消费的食品，属于不经常发生增值税应税行为，自2013年5月1日起，可以选择按小规模纳税人缴纳增值税。

兼有销售货物、提供加工修理修配劳务以及应税服务，且不经常发生应税行为的单位和个体工商户可选择按小规模纳税人纳税。

小规模纳税人的标准由国务院财政、税务主管部门规定。

（二）小规模纳税人的管理

小规模纳税人实行简易办法征收增值税，一般不得使用增值税专用发票。

三、一般纳税人的登记及管理

（一）一般纳税人资格的登记范围

按照《国务院关于取消和调整一批行政审批项目等事项的决定》（国发〔2015〕11号）精神，国家税务总局对增值税一般纳税人管理有关事项进行了调整。增值税一般纳税人资格实行登记制，登记事项由增值税纳税人向其主管税务机关办理。

1．原增值税纳税人

增值税纳税人，年应税销售额超过财政部、国家税务总局规定的小规模纳税人标准的，除另有规定外，应当向主管税务机关申请一般纳税人资格登记。

上述所称年应税销售额，是指纳税人在连续不超过12个月的经营期内累计应征增值税销售额，包括纳税申报销售额、稽查查补销售额、纳税评估调整销售额、税务机关代开发票销售额和免税销售额。

经营期是指在纳税人存续期内的连续经营期间，含未取得销售收入的月份。

2．营改增试点纳税人一般纳税人的登记

（1）一般规定。

1）试点实施后，试点纳税人应按照相关规定，办理增值税一般纳税人资格登记。按"营改增"有关规定，在确定销售额时可以差额扣除的试点纳税人，其应税行为年销售额按未扣除之前的销售额计算。

2）试点实施前已取得增值税一般纳税人资格并兼有"营改增"应税行为的试点纳税人，不需要重新申请登记，由主管税务机关制作、送达《税务事项通知书》，告知纳税人。

3）除试点实施前已取得增值税一般纳税人资格并兼有应税服务的试点纳税人外，营改增试点实施前（简称试点实施前）"营改增"应税行为年销售额超过500万元的试点纳税人，应向主管税务机关申请办理增值税一般纳税人资格登记，具体登记办法由国家税务总局制定。

试点纳税人试点实施前的应税行为年销售额按以下公式换算：

$$应税行为年销售额=连续不超过12个月应税行为营业额合计÷（1+3\%）$$

按照现行营业税规定差额征收营业税的试点纳税人，其应税行为营业额按未扣除之前的营业额计算。

4）符合一般纳税人条件的纳税人应当向主管税务机关申请一般纳税人资格登记。

除国家税务总局另有规定外，一经登记为一般纳税人后，不得转为小规模纳税人。

（2）例外规定。

1）应税服务年销售额超过规定标准的其他个人不属于一般纳税人。

2）不经常提供应税服务的非企业性单位、企业和个体工商户可选择按照小规模纳税人纳税。

3）年应税销售额未超过财政部、国家税务总局规定的小规模纳税人标准以及新开业的纳税人，可以向主管税务机关申请一般纳税人资格登记。

对提出申请并且能够按照国家统一的会计制度设置账簿，根据合法、有效凭证核算，能够提供准确税务资料的纳税人，主管税务机关应当为其办理一般纳税人资格登记。

（3）特殊规定。兼有销售货物、提供加工修理修配劳务以及应税服务的纳税人，应税货物及劳务销售额与应税服务销售额分别计算，分别适用增值税一般纳税人资格登记标准。

不办理一般纳税人资格登记的情形

下列纳税人不办理一般纳税人资格登记：

① 个体工商户以外的其他个人。其他个人指自然人。

② 选择按照小规模纳税人纳税的非企业性单位。非企业性单位是指行政单位、事业单位、军事单位、社会团体和其他单位。

③ 选择按照小规模纳税人纳税的不经常发生应税行为的企业。不经常发生应税行为的企业是指非增值税纳税人；不经常发生应税行为是指其偶然发生增值税应税行为。

（二）一般纳税人资格登记程序

增值税纳税人年应税销售额超过规定标准的，除符合有关规定选择按小规模纳税人纳税的外，在申报期结束后20个工作日内按照规定向主管税务机关办理一般纳税人登记手续；未按规定时限办理的，主管税务机关在规定期限结束后10个工作日内制作《税务事项通知书》，告知纳税人在10个工作日内向主管税务机关办理登记手续。

纳税人办理一般纳税人资格登记的程序如下：

（1）纳税人向主管税务机关填报《增值税一般纳税人资格登记表》，并提供税务登记证件；"税务登记证件"，包括纳税人领取的由工商行政管理部门核发的加载法人和其他组织统一社会信用代码的营业执照。

（2）纳税人填报内容与税务登记信息一致的，主管税务机关当场登记。

（3）纳税人填报内容与税务登记信息不一致，或者不符合填列要求的，税务机关应当场告知纳税人需要补正的内容。

除财政部、国家税务总局另有规定外，纳税人自其选择的一般纳税人资格生效之日起，按照增值税一般计税方法计算应纳税额，并按照规定领用增值税专用发票。

（三）其他纳税人的管理

纳税人年应税销售额超过财政部、国家税务总局规定标准，且符合有关政策规定，选择按小规模纳税人纳税的，应当向主管税务机关提交书面说明。

个体工商户以外的其他个人年应税销售额超过规定标准的，不需要向主管税务机关提交书面说明。

（四）办理登记的时限

纳税人年应税销售额超过规定标准的，在申报期结束后20个工作日内按照相关规定办理登记手续；未按规定时限办理的，主管税务机关应当在规定期限结束后 10 个工作日内制作《税务事项通知书》，告知纳税人应当在 10 个工作日内向主管税务机关办理相关手续。

（五）计税方法的选择

除财政部、国家税务总局另有规定外，纳税人自其选择的一般纳税人资格生效之日起，按照增值税一般计税方法计算应纳税额，并按照规定领用增值税专用发票。

（六）一般纳税人纳税辅导期管理

1．纳税辅导期管理的范围

《增值税一般纳税人资格认定管理办法》（简称认定办法）第十三条规定，主管税务机关可以在一定期限内对下列一般纳税人实行纳税辅导期管理。

（1）按照认定办法规定新认定为一般纳税人的小型商贸批发企业。"小型商贸批发企业"，是指注册资金在 80 万元以下（含 80 万元）职工人数在 10 人以下（含 10 人）的批发企业。只从事出口贸易，不需要使用增值税专用发票的企业除外。

批发企业按照国家统计局颁发的《国民经济行业分类》（GB/T 4754—2002）中有关批发的行业划分方法界定。

（2）国家税务总局规定的其他一般纳税人。"其他一般纳税人"，是指具有下列情形之一的一般纳税人：

① 增值税偷税数额占应纳税额的 10% 以上并且偷税数额在 10 万元以上的；
② 骗取出口退税的；
③ 虚开增值税扣税凭证的；
④ 国家税务总局规定的其他情形。

2．纳税辅导期管理的期限

新认定为一般纳税人的小型商贸批发企业实行纳税辅导期管理的期限为 3 个月；其他一般纳税人实行纳税辅导期管理的期限为 6 个月。

对新办小型商贸批发企业，主管税务机关应在认定办法规定的《税务事项通知书》内告知纳税人对其实行纳税辅导期管理，纳税辅导期自主管税务机关制作《税务事项通知书》的当月起执行；对其他一般纳税人，主管税务机关应自稽查部门作出《税务稽查处理决定书》后 40 个工作日内，制作、送达《税务事项通知书》，告知纳税人对其实行纳税辅导期管理，纳税辅导期自主管税务机关制作《税务事项通知书》的次月起执行。

3．纳税辅导期进项税额的抵扣

辅导期纳税人取得的增值税专用发票（简称专用发票）抵扣联、海关进口增值税专用缴款书以及运输费用结算单据应当在交叉稽核比对无误后，方可抵扣进项税额。

4．主管税务机关对辅导期纳税人实行限量限额发售专用发票

实行纳税辅导期管理的小型商贸批发企业，领购专用发票的最高开票限额不得超过 10 万元；其他一般纳税人专用发票最高开票限额应根据企业实际经营情况重新核定。

辅导期纳税人专用发票的领购实行按次限量控制，主管税务机关可根据纳税人的经营情况核定每次专用发票的供应数量，但每次发售专用发票数量不得超过 25 份。

辅导期纳税人领购的专用发票未使用完而再次领购的，主管税务机关发售专用发票的份数不得超过核定的每次领购专用发票份数与未使用完的专用发票份数的差额。

5. 辅导期纳税人预缴增值税规定

辅导期纳税人一个月内多次领购专用发票的，应从当月第二次领购专用发票起，按照上一次已领购并开具的专用发票销售额的 3%预缴增值税，未预缴增值税的，主管税务机关不得向其发售专用发票。

预缴增值税时，纳税人应提供已领购并开具的专用发票记账联，主管税务机关根据其提供的专用发票记账联计算应预缴的增值税。

辅导期纳税人按规定预缴的增值税可在本期增值税应纳税额中抵减，抵减后预缴增值税仍有余额的，可抵减下期再次领购专用发票时应当预缴的增值税。

纳税辅导期结束后，纳税人因增购专用发票发生的预缴增值税有余额的，主管税务机关应在纳税辅导期结束后的第一个月内，一次性退还纳税人。

6. 辅导期纳税人的"应交税费"科目

辅导期纳税人应当在"应交税费"科目下增设"待抵扣进项税额"明细科目，核算尚未交叉稽核比对的专用发票抵扣联、海关进口增值税专用缴款书以及运输费用结算单据（简称增值税抵扣凭证）注明或者计算的进项税额。

辅导期纳税人取得增值税抵扣凭证后，借记"应交税费——待抵扣进项税额"明细科目，贷记相关科目。交叉稽核比对无误后，借记"应交税费——应交增值税（进项税额）"科目，贷记"应交税费——待抵扣进项税额"科目。经核实不得抵扣的进项税额，红字借记"应交税费——待抵扣进项税额"科目，红字贷记相关科目。

主管税务机关定期接收交叉稽核比对结果，通过《稽核结果导出工具》导出发票明细数据及《稽核结果通知书》并告知辅导期纳税人。

辅导期纳税人根据交叉稽核比对结果相符的增值税抵扣凭证本期数据申报抵扣进项税额，未收到交叉稽核比对结果的增值税抵扣凭证留待下期抵扣。

7. 纳税辅导期的结束与重新开始

纳税辅导期内，主管税务机关未发现纳税人存在偷税、逃避追缴欠税、骗取出口退税、抗税或其他需要立案查处的税收违法行为的，从期满的次月起不再实行纳税辅导期管理，主管税务机关应制作、送达《税务事项通知书》，告知纳税人；主管税务机关发现辅导期纳税人存在偷税、逃避追缴欠税、骗取出口退税、抗税或其他需要立案查处的税收违法行为的，从期满的次月起按照本规定重新实行纳税辅导期管理，主管税务机关应制作、送达《税务事项通知书》，告知纳税人。

第二节　征税范围

一、我国现行增值税征税范围的一般规定

增值税征税范围包括货物的生产、批发、零售和进口四个环节。2016 年 5 月 1 日以后，伴随着营改增试点实施办法以及相关配套政策的实施，"营改增"试点行业扩大到销售服务、无形资产或者不动产（以下称应税行为），增值税的征税范围覆盖第一产业、第二产业和第三产业。

我国增值税征税范围：在中华人民共和国境内销售货物、提供加工和修理修配劳务、应税行为（销售服务、无形资产或者不动产），以及进口货物。

应税行为具体范围

应税行为的具体范围，按照《销售服务、无形资产、不动产注释》执行。

（1）应税行为分为三大类：销售应税服务、销售无形资产和销售不动产。其中，应税服务包括交通运输服务、邮政服务、电信服务、建筑服务、金融服务、现代服务、生活服务。

（2）此次营改增改革是将全部营业税行业纳入增值税征收范围，因此，《销售服务、无形资产、不动产注释》既包括已经实行营改增改革的应税行为，也包括此次新纳入营改增改革的金融业、建筑业、房地产业和生活性服务业，即涵盖了原营业税税目注释中的所有应税行为。

（3）《销售服务、无形资产、不动产注释》是在原《营业税改征增值税试点实施办法》（财税〔2013〕106号）所附《应税服务范围注释》基础上，结合《营业税税目注释（试行稿）》（国税发〔1993〕149号）以及《国民经济行业分类》（GB/T 4754—2011），主要依据涉税行为属性进行了税目划分，调整了《应税服务范围注释》中个别应税服务的税目归属，梳理完善了原营业税税目注释中金融保险业、建筑业、其他服务业、转让无形资产和销售不动产的具体范围，新增了原营业税税目注释中未能直接列明的新兴经济行为，以及未能纳入营业税征税范围的经济权益转让行为；同时，考虑到现代服务和生活服务存在新兴业态较多、新兴经济行为不断涌现的情况，以"其他现代服务"和"其他生活性服务"作为兜底。

修改内容举例说明：

1）将《应税服务范围注释》"研发和技术服务"中的"技术转让服务"、"文化创意服务"中的"商标和著作权转让服务"，划转至"销售无形资产"税目项下。

2）将《应税服务范围注释》"研发和技术服务"中的"技术咨询服务"划转至"现代服务——鉴证咨询——咨询"税目项下。

3）按照现行有关保险的法律法规规定，将"保险"的税目注释，由原营业税税目注释的"保险，是指通过契约形式集中起来的资金，用以补偿被保险人的经济利益的业务"的表述修订为"保险服务，是指投保人根据合同约定，向保险人支付保险费，保险人对于合同约定的可能发生的事故因其发生所造成的财产损失承担赔偿保险金责任，或者当被保险人死亡、伤残、疾病或者达到合同约定的年龄、期限等条件时承担给付保险金责任的商业保险行为。包括人身保险服务和财产保险服务"。

4）与原营业税税目注释相比，新增"安全保护服务"项目，将已征收营业税但未在原营业税税目注释中直接列明的安全保护服务直接写入《销售服务、无形资产、不动产注释》。

5）新增"其他权益性无形资产"项目，将转让席位权等未能纳入原营业税征税范围的经济权益转让行为增加到《销售服务、无形资产、不动产注释》中。

（一）销售货物

"货物"是指有形动产，包括电力、热力和气体在内。销售货物是指有偿转让货物的所有权。"有偿"不仅指从购买方取得货币，还包括取得货物或其他经济利益。

印刷企业增值税规定

印刷企业接受出版单位委托，自行购买纸张，印刷有统一刊号（CN）以及采用国际标准书号编序的图书、报纸和杂志，按货物销售征收增值税。

执罚部门和单位查处的商品

执罚部门和单位查处属于一般商业部门经营的商品，具备拍卖条件的，由执罚部门或单位商同级财政部门同意后，公开拍卖。其拍卖收入作为罚没收入由执罚部门和单位如数上缴财政，不予征税。对经营单位购入拍卖物品再销售的，应照章征收增值税。

执罚部门和单位查处的属于一般商业部门经营的商品，不具备拍卖条件的，由执罚部门、财政部门、国家指定销售单位会同有关部门按质论价，并由国家指定销售单位纳入正常销售渠道变价处理。执罚部门按商定价格所取得的变价收入作为罚没收入如数上缴财政，不予征税。国家指定销售单位将罚没物品纳入正常销售渠道销售的，应照章征收增值税。执罚部门和单位查处的属于专管机关管理或专管企业经营的财物，如金银（不包括金银首饰）外币、有价证券、非禁止出口文物，应交由专管机关或专营企业收兑或收购。执罚部门和单位按收兑或收购价所取得的收入作为罚没收入如数上缴财政，不予征税。专管机关或专营企业经营上述物品中属于应征增值税的货物，应照章征收增值税。

（二）提供加工和修理修配劳务

"加工"是指接收来料承做货物，加工后的货物所有权仍属于委托者的业务，即通常所说的委托加工业务。"委托加工业务"是指由委托方提供原料及主要材料，受托方按照委托方的要求制造货物并收取加工费的业务。

"修理修配"是指受托对损伤和丧失功能的货物进行修复，使其恢复原状和功能的业务。

这里的"提供加工和修理修配劳务"都是指有偿提供加工和修理修配劳务。但单位或个体工商户聘用的员工为本单位或雇主提供加工、修理修配劳务则不包括在内。

（三）销售服务

销售服务，是指提供交通运输服务、邮政服务、电信服务、建筑服务、金融服务、现代服务、生活服务。

1. 交通运输服务

交通运输服务，是指使用运输工具将货物或者旅客送达目的地，使其空间位置得到转移的业务活动。包括陆路运输服务、水路运输服务、航空运输服务和管道运输服务。

（1）陆路运输服务。陆路运输服务，是指通过陆路（地上或者地下）运送货物或者旅客的运输业务活动，包括铁路运输服务和其他陆路运输服务。

铁路运输服务，是指通过铁路运送货物或者旅客的运输业务活动。

其他陆路运输服务，是指铁路运输以外的陆路运输业务活动。包括公路运输、缆车运输、索道运输、地铁运输、城市轻轨运输等。

出租车公司向使用本公司自有出租车的出租车司机收取的管理费用，按陆路运输服务征收增值税。

（2）水路运输服务。水路运输服务，是指通过江、河、湖、川等天然、人工水道或者海洋航道运送货物或者旅客的运输业务活动。

水路运输的程租、期租业务，属于水路运输服务。

程租业务，是指运输企业为租船人完成某一特定航次的运输任务并收取租赁费的业务。

期租业务，是指运输企业将配备有操作人员的船舶承租给他人使用一定期限，承租期内听候承租方调遣，不论是否经营，均按天向承租方收取租赁费，发生的固定费用均由船东负担的业务。

（3）航空运输服务。航空运输服务，是指通过空中航线运送货物或者旅客的运输业务活动。

航空运输的湿租业务，属于航空运输服务。湿租业务，是指航空运输企业将配备有机组人员的飞机承租给他人使用一定期限，承租期内听候承租方调遣，不论是否经营，均按一定标准向承租方收取租赁费，发生的固定费用均由承租方承担的业务。

航天运输服务，按照航空运输服务征收增值税。航天运输服务，是指利用火箭等载体将卫星、空间探测器等空间飞行器发射到空间轨道的业务活动。

（4）管道运输服务。管道运输服务，是指通过管道设施输送气体、液体、固体物质的运输业务活动。

无运输工具承运业务，按照交通运输服务缴纳增值税。无运输工具承运业务，是指经营者以承运人身份与托运人签订运输服务合同，收取运费并承担承运人责任，然后委托实际承运人完成运输服务的经营活动。

2. 邮政服务

邮政服务，是指中国邮政集团公司及其所属邮政企业提供邮件寄递、邮政汇兑和机要通信等邮政基本服务的业务活动。包括邮政普遍服务、邮政特殊服务和其他邮政服务。

（1）邮政普遍服务。邮政普遍服务，是指函件、包裹等邮件寄递，以及邮票发行、报刊发行和邮政汇兑等业务活动。

函件，是指信函、印刷品、邮资封片卡、无名址函件和邮政小包等。

包裹，是指按照封装上的名址递送给特定个人或者单位的独立封装的物品，其重量不超过50千克，任何一边的尺寸不超过150厘米，长、宽、高合计不超过300厘米。

（2）邮政特殊服务。邮政特殊服务，是指义务兵平常信函、机要通信、盲人读物和革命烈士遗物的寄递等业务活动。

（3）其他邮政服务。其他邮政服务，是指邮册等邮品销售、邮政代理等业务活动。

中国邮政速递物流股份有限公司及其子公司（含各级分支机构），不属于中国邮政集团公司所属邮政企业。

3. 电信服务

电信服务，是指利用有线、无线的电磁系统或者光电系统等各种通信网络资源，提供语音通话服务，传送、发射、接收或者应用图像、短信等电子数据和信息的业务活动。包括基础电信服务和增值电信服务。

（1）基础电信服务，是指利用固网、移动网、卫星、互联网，提供语音通话服务的业务活动，以及出租或者出售带宽、波长等网络元素的业务活动。

（2）增值电信服务，是指利用固网、移动网、卫星、互联网、有线电视网络，提供短信和彩信服务、电子数据和信息的传输及应用服务、互联网接入服务等业务活动。

卫星电视信号落地转接服务，按照增值电信服务计算缴纳增值税。

根据国家税务总局公告2015年第90号的规定，自2016年2月1日起，纳税人通过楼宇、隧道等室内通信分布系统，为电信企业提供的语音通话和移动互联网等无线信号室分系统传输服务，分别按照基础电信服务和增值电信服务缴纳增值税。

4. 建筑服务

建筑服务，是指各类建筑物、构筑物及其附属设施的建造、修缮、装饰，线路、管道、设备、设施等的安装以及其他工程作业的业务活动。包括工程服务、安装服务、修缮服务、装饰服务和其他建筑服务。

（1）工程服务。工程服务，是指新建、改建各种建筑物、构筑物的工程作业，包括与建筑物相连的各种设备或者支柱、操作平台的安装或者装设工程作业，以及各种窑炉和金属结构工程作业。

（2）安装服务。安装服务，是指生产设备、动力设备、起重设备、运输设备、传动设备、医疗实验设备以及其他各种设备、设施的装配、安置工程作业，包括与被安装设备相连的工作台、梯子、栏杆的装设工程作业，以及被安装设备的绝缘、防腐、保温、油漆等工程作业。

固定电话、有线电视、宽带、水、电、燃气、暖气等经营者向用户收取的安装费、初装费、开户费、扩容费以及类似收费，按照安装服务缴纳增值税。

（3）修缮服务。修缮服务，是指对建筑物、构筑物进行修补、加固、养护、改善，使之恢复原来的使用价值或者延长其使用期限的工程作业。

（4）装饰服务。装饰服务，是指对建筑物、构筑物进行修饰装修，使之美观或者具有特定用途的工程作业。

（5）其他建筑服务。其他建筑服务，是指上列工程作业之外的各种工程作业服务，如钻井（打井）拆除建筑物或者构筑物、平整土地、园林绿化、疏浚（不包括航道疏浚）建筑物平移、搭脚手架、爆破、矿山穿孔、表面附着物（包括岩层、土层、沙层等）剥离和清理等工程作业。

5. 金融服务

金融服务，是指经营金融保险的业务活动。包括贷款服务、直接收费金融服务、保险服务和金融商品转让。

（1）贷款服务。贷款，是指将资金贷予他人使用而取得利息收入的业务活动。

各种占用、拆借资金取得的收入，包括金融商品持有期间（含到期）利息（保本收益、报酬、资金占用费、补偿金等）收入、信用卡透支利息收入、买入返售金融商品利息收入、融资融券收取的利息收入，以及融资性售后回租、押汇、罚息、票据贴现、转贷等业务取得的利息及利息性质的收入，按照贷款服务缴纳增值税。

融资性售后回租，是指承租方以融资为目的，将资产出售给从事融资性售后回租业务的企业后，从事融资性售后回租业务的企业将该资产出租给承租方的业务活动。

以货币资金投资收取的固定利润或者保底利润，按照贷款服务缴纳增值税。

（2）直接收费金融服务。直接收费金融服务，是指为货币资金融通及其他金融业务提供相关服务并且收取费用的业务活动。包括提供货币兑换、账户管理、电子银行、信用卡、信用证、财务担保、资产管理、信托管理、基金管理、金融交易场所（平台）管理、资金结算、资金清算、金融支付等服务。

（3）保险服务。保险服务，是指投保人根据合同约定，向保险人支付保险费，保险人对于合同约定的可能发生的事故因其发生所造成的财产损失承担赔偿保险金责任，或者当被保险人死亡、伤残、疾病或者达到合同约定的年龄、期限等条件时承担给付保险金责任的商业保险行为。包括人身保险服务和财产保险服务。

人身保险服务，是指以人的寿命和身体为保险标的的保险业务活动。

财产保险服务，是指以财产及其有关利益为保险标的的保险业务活动。

（4）金融商品转让。金融商品转让，是指转让外汇、有价证券、非货物期货和其他金融商品所有权的业务活动。

其他金融商品转让包括基金、信托、理财产品等各类资产管理产品和各种金融衍生品的转让。

6．现代服务

现代服务，是指围绕制造业、文化产业、现代物流产业等提供技术性、知识性服务的业务活动。包括研发和技术服务、信息技术服务、文化创意服务、物流辅助服务、租赁服务、鉴证咨询服务、广播影视服务、商务辅助服务和其他现代服务。

（1）研发和技术服务。研发和技术服务，包括研发服务、合同能源管理服务、工程勘察勘探服务、专业技术服务。

① 研发服务，也称技术开发服务，是指就新技术、新产品、新工艺或者新材料及其系统进行研究与试验开发的业务活动。

② 合同能源管理服务，是指节能服务公司与用能单位以契约形式约定节能目标，节能服务公司提供必要的服务，用能单位以节能效果支付节能服务公司投入及其合理报酬的业务活动。

③ 工程勘察勘探服务，是指在采矿、工程施工前后，对地形、地质构造、地下资源蕴藏情况进行实地调查的业务活动。

④ 专业技术服务，是指气象服务、地震服务、海洋服务、测绘服务、城市规划、环境与生态监测服务等专项技术服务。

（2）信息技术服务。信息技术服务，是指利用计算机、通信网络等技术对信息进行生产、收集、处理、加工、存储、运输、检索和利用，并提供信息服务的业务活动。包括软件服务、电路设计及测试服务、信息系统服务和业务流程管理服务和信息系统增值服务。

① 软件服务，是指提供软件开发服务、软件维护服务、软件测试服务的业务行为。

② 电路设计及测试服务，是指提供集成电路和电子电路产品设计、测试及相关技术支持服务的业务行为。

③ 信息系统服务，是指提供信息系统集成、网络管理、桌面管理与维护、信息系统应用、基础信息技术管理平台整合、信息技术基础设施管理、数据中心、托管中心、信息安全服务、在线杀毒、虚拟主机等业务行为。包括网站对非自有的网络游戏提供的网络运营服务。

根据国家税务总局公告 2015 年第 90 号的规定，自 2016 年 2 月 1 日起，纳税人通过蜂窝数字移动通信用塔（杆）及配套设施，为电信企业提供的基站天线、馈线及设备环境控制、动环监控、防雷消防、运行维护等塔类站址管理业务，按照"信息技术基础设施管理服务"缴纳增值税。

④ 业务流程管理服务，是指依托计算机信息技术提供的人力资源管理、财务经济管理、审计管理、税务管理、物流信息管理、经营信息管理和呼叫中心等服务的活动。

⑤ 信息系统增值服务，是指利用信息系统资源为用户附加提供的信息技术服务。包括数据处理、分析和整合、数据库管理、数据备份、数据存储、容灾服务、电子商务平台等。

（3）文化创意服务。文化创意服务，包括设计服务、知识产权服务、广告服务和会议展览服务。

① 设计服务，是指把计划、规划、设想通过视觉、文字等形式传递出来的业务活动。包括工业设计、造型设计、服装设计、环境设计、平面设计、包装设计、动漫设计、网游设计、展示设计、网站设计、机械设计、工程设计、广告设计、创意策划、文印晒图等。

② 知识产权服务，是指处理知识产权事务的业务活动。包括对专利、商标、著作权、软件、集成电路布图设计的登记、鉴定、评估、认证、检索服务。

③ 广告服务，是指利用图书、报纸、杂志、广播、电视、电影、幻灯、路牌、招贴、橱窗、霓虹灯、灯箱、互联网等各种形式为客户的商品、经营服务项目、文体节目或者通告、声

明等委托事项进行宣传和提供相关服务的业务活动。包括广告代理和广告的发布、播映、宣传、展示等。

④ 会议展览服务，是指为商品流通、促销、展示、经贸洽谈、民间交流、企业沟通、国际往来等举办或者组织安排的各类展览和会议的业务活动。

（4）物流辅助服务。物流辅助服务，包括航空服务、港口码头服务、货运客运场站服务、打捞救助服务、装卸搬运服务、仓储服务和收派服务。

① 航空服务，包括航空地面服务和通用航空服务。

航空地面服务，是指航空公司、飞机场、民航管理局、航站等向在境内航行或者在境内机场停留的境内外飞机或者其他飞行器提供的导航等劳务性地面服务的业务活动。包括旅客安全检查服务、停机坪管理服务、机场候机厅管理服务、飞机清洗消毒服务、空中飞行管理服务、飞机起降服务、飞行通信服务、地面信号服务、飞机安全服务、飞机跑道管理服务、空中交通管理服务等。

通用航空服务，是指为专业工作提供飞行服务的业务活动。包括航空摄影、航空培训、航空测量、航空勘探、航空护林、航空吊挂播洒、航空降雨、航空气象探测、航空海洋监测、航空科学实验等。

② 港口码头服务，是指港务船舶调度服务、船舶通信服务、航道管理服务、航道疏浚服务、灯塔管理服务、航标管理服务、船舶引航服务、理货服务、系解缆服务、停泊和移泊服务、海上船舶溢油清除服务、水上交通管理服务、船只专业清洗消毒检测服务和防止船只漏油服务等为船只提供服务的业务活动。

港口设施经营人收取的港口设施保安费按照"港口码头服务"征收增值税。

③ 货运客运场站服务，是指货运客运场站提供的货物配载服务、运输组织服务、中转换乘服务、车辆调度服务、票务服务、货物打包整理、铁路线路使用服务、加挂铁路客车服务、铁路行包专列发送服务、铁路到达和中转服务、铁路车辆编解服务、车辆挂运服务、铁路接触网服务、铁路机车牵引服务等业务活动。

④ 打捞救助服务，是指提供船舶人员救助、船舶财产救助、水上救助和沉船沉物打捞服务的业务活动。

⑤ 装卸搬运服务，是指使用装卸搬运工具或人力、畜力将货物在运输工具之间、装卸现场之间或者运输工具与装卸现场之间进行装卸和搬运的业务活动。

⑥ 仓储服务，是指利用仓库、货场或者其他场所代客贮放、保管货物的业务活动。

⑦ 收派服务，是指接受寄件人委托，在承诺的时限内完成函件和包裹的收件、分拣、派送服务的业务活动。

收件服务，是指从寄件人收取函件和包裹，并运送到服务提供方同城的集散中心的业务活动。

分拣服务，是指服务提供方在其集散中心对函件和包裹进行归类、分发的业务活动。

派送服务，是指服务提供方从其集散中心将函件和包裹送达同城的收件人的业务活动。

（5）租赁服务。租赁服务，包括融资租赁服务和经营性租赁服务。

① 融资租赁服务，是指具有融资性质和所有权转移特点的租赁业务活动。即出租人根据承租人所要求的规格、型号、性能等条件购入有形动产或者不动产租赁给承租人，合同期内设备所有权属于出租人，承租人只拥有使用权，合同期满付清租金后，承租人有权按照残值购入租赁物，以拥有其所有权。不论出租人是否将租赁物残值销售给承租人，均属于融资租赁。

按照标的物的不同，融资租赁服务可分为有形动产融资租赁服务和不动产融资租赁服务。

融资性售后回租不按照本税目缴纳增值税。

② 经营性租赁服务,是指在约定时间内将有形动产或者不动产转让他人使用且租赁物所有权不变更的业务活动。

按照标的物的不同,经营租赁服务可分为有形动产经营租赁服务和不动产经营租赁服务。

将建筑物、构筑物等不动产或者飞机、车辆等有形动产的广告位出租给其他单位或者个人用于发布广告,按照经营租赁服务缴纳增值税。

车辆停放服务、道路通行服务(包括过路费、过桥费、过闸费等)等按照不动产经营租赁服务缴纳增值税。

水路运输的光租业务、航空运输的干租业务,属于经营性租赁。

光租业务,是指运输企业将船舶在约定的时间内出租给他人使用,不配备操作人员,不承担运输过程中发生的各项费用,只收取固定租赁费的业务活动。

干租业务,是指航空运输企业将飞机在约定的时间内出租给他人使用,不配备机组人员,不承担运输过程中发生的各项费用,只收取固定租赁费的业务活动。

(6)鉴证咨询服务。鉴证咨询服务,包括认证服务、鉴证服务和咨询服务。

① 认证服务,是指具有专业资质的单位利用检测、检验、计量等技术,证明产品、服务、管理体系符合相关技术规范、相关技术规范的强制性要求或者标准的业务活动。

② 鉴证服务,是指具有专业资质的单位受托对相关事项进行鉴证,发表具有证明力的意见的业务活动。包括会计鉴证、税务鉴证、法律鉴证、职业技能鉴定、工程造价鉴证、工程监理、资产评估、环境评估、房地产土地评估、建筑图纸审核、医疗事故鉴定等。

③ 咨询服务,是指提供信息、建议、策划、顾问等服务的活动。包括金融、软件、技术、财务、税收、法律、内部管理、业务运作、流程管理、健康等方面的咨询。

翻译服务和市场调查服务按照咨询服务缴纳增值税。

(7)广播影视服务。广播影视服务,包括广播影视节目(作品)的制作服务、发行服务和播映(含放映,下同)服务。

① 广播影视节目(作品)制作服务,是指进行专题(特别节目)专栏、综艺、体育、动画片、广播剧、电视剧、电影等广播影视节目和作品制作的服务。具体包括与广播影视节目和作品相关的策划、采编、拍摄、录音、音视频文字图片素材制作、场景布置、后期的剪辑、翻译(编译)字幕制作、片头、片尾、片花制作、特效制作、影片修复、编目和确权等业务活动。

② 广播影视节目(作品)发行服务,是指以分账、买断、委托等方式,向影院、电台、电视台、网站等单位和个人发行广播影视节目(作品)以及转让体育赛事等活动的报道及播映权的业务活动。

③ 广播影视节目(作品)播映服务,是指在影院、剧院、录像厅及其他场所播映广播影视节目(作品),以及通过电台、电视台、卫星通信、互联网、有线电视等无线或有线装置播映广播影视节目(作品)的业务活动。

(8)商务辅助服务。商务辅助服务,包括企业管理服务、经纪代理服务、人力资源服务、安全保护服务。

① 企业管理服务,是指提供总部管理、投资与资产管理、市场管理、物业管理、日常综合管理等服务的业务活动。

② 经纪代理服务,是指各类经纪、中介、代理服务。包括金融代理、知识产权代理、货物运输代理、代理报关、法律代理、房地产中介、职业中介、婚姻中介、代理记账、拍卖等。

货物运输代理服务,是指接受货物收货人、发货人、船舶所有人、船舶承租人或者船舶经营人的委托，以委托人的名义，为委托人办理货物运输、装卸、仓储和船舶进出港口、引航、靠泊等相关手续的业务活动。

代理报关服务，是指接受进出口货物的收、发货人委托，代为办理报关手续的业务活动。

③ 人力资源服务，是指提供公共就业、劳务派遣、人才委托招聘、劳动力外包等服务的业务活动。

④ 安全保护服务，是指提供保护人身安全和财产安全，维护社会治安等的业务活动。包括场所住宅保安、特种保安、安全系统监控以及其他安保服务。

（9）其他现代服务。其他现代服务，是指除研发和技术服务、信息技术服务、文化创意服务、物流辅助服务、租赁服务、鉴证咨询服务、广播影视服务和商务辅助服务以外的现代服务。

7．生活服务

生活服务，是指为满足城乡居民日常生活需求提供的各类服务活动。包括文化体育服务、教育医疗服务、旅游娱乐服务、餐饮住宿服务、居民日常服务和其他生活服务。

（1）文化体育服务。文化体育服务，包括文化服务和体育服务。

① 文化服务，是指为满足社会公众文化生活需求提供的各种服务。包括文艺创作、文艺表演、文化比赛，图书馆的图书和资料借阅，档案馆的档案管理，文物及非物质遗产保护，组织举办宗教活动、科技活动、文化活动，提供游览场所。

② 体育服务，是指组织举办体育比赛、体育表演、体育活动，以及提供体育训练、体育指导、体育管理的业务活动。

（2）教育医疗服务。教育医疗服务，包括教育服务和医疗服务。

① 教育服务，是指提供学历教育服务、非学历教育服务、教育辅助服务的业务活动。

学历教育服务，是指根据教育行政管理部门确定或者认可的招生和教学计划组织教学，并颁发相应学历证书的业务活动。包括初等教育、初级中等教育、高级中等教育、高等教育等。

非学历教育服务，包括学前教育、各类培训、演讲、讲座、报告会等。教育辅助服务，包括教育测评、考试、招生等服务。

② 医疗服务，是指提供医学检查、诊断、治疗、康复、预防、保健、接生、计划生育、防疫服务等方面的服务，以及与这些服务有关的提供药品、医用材料器具、救护车、病房住宿和伙食的业务。

（3）旅游娱乐服务。旅游娱乐服务，包括旅游服务和娱乐服务。

① 旅游服务，是指根据旅游者的要求，组织安排交通、游览、住宿、餐饮、购物、文娱、商务等服务的业务活动。

② 娱乐服务，是指为娱乐活动同时提供场所和服务的业务。具体包括歌厅、舞厅、夜总会、酒吧、台球、高尔夫球、保龄球、游艺（包括射击、狩猎、跑马、游戏机、蹦极、卡丁车、热气球、动力伞、射箭、飞镖）。

（4）餐饮住宿服务。餐饮住宿服务，包括餐饮服务和住宿服务。

① 餐饮服务，是指通过同时提供饮食和饮食场所的方式为消费者提供饮食消费服务的业务活动。

② 住宿服务，是指提供住宿场所及配套服务等的活动。包括宾馆、旅馆、旅社、度假村和其他经营性住宿场所提供的住宿服务。

（5）居民日常服务。居民日常服务，是指主要为满足居民个人及其家庭日常生活需求提供的服务。包括市容市政管理、家政、婚庆、养老、殡葬、照料和护理、救助救济、美容美发、按摩、桑拿、氧吧、足疗、沐浴、洗染、摄影扩印等服务。

（6）其他生活服务。其他生活服务，是指除文化体育服务、教育医疗服务、旅游娱乐服务、餐饮住宿服务和居民日常服务之外的生活服务。

（四）销售无形资产

销售无形资产，是指有偿转让无形资产，是转让无形资产所有权或者使用权的业务活动。

无形资产，是指不具实物形态，但能带来经济利益的资产，包括技术、商标、著作权、商誉、自然资源使用权和其他权益性无形资产。

技术，包括专利技术和非专利技术。

自然资源使用权，包括土地使用权、海域使用权、探矿权、采矿权、取水权和其他自然资源使用权。

其他权益性无形资产，包括基础设施资产经营权、公共事业特许权、配额、经营权（包括特许经营权、连锁经营权、其他经营权）、经销权、分销权、代理权、会员权、席位权、网络游戏虚拟道具、域名、名称权、肖像权、冠名权、转会费等。

（五）销售不动产

销售不动产，是指有偿转让不动产，是转让不动产所有权的业务活动。

不动产，是指不能移动或者移动后会引起性质、形状改变的财产，包括建筑物、构筑物等。建筑物，包括住宅、商业营业用房、办公楼等可供居住、工作或者进行其他活动的建造物。构筑物，包括道路、桥梁、隧道、水坝等建造物。

转让建筑物有限产权或者永久使用权的，转让在建的建筑物或者构筑物所有权的，以及在转让建筑物或者构筑物时一并转让其所占土地的使用权的，按照销售不动产缴纳增值税。

（六）进口货物

进口货物是指申报进入我国海关境内的货物。确定一项货物是否属于进口货物，必须看其是否办理了报关进口手续。通常，境外产品要输入境内，必须向我国海关申报进口，并办理有关报关手续。只要是报关进口的应税货物，均属于增值税征税范围，在进口环节缴纳增值税（享受免税政策的货物除外）。

二、对视同销售货物、服务、无形资产或者不动产的征税规定

（一）视同销售货物

单位或个体工商户的下列行为，视同销售货物，征收增值税：

（1）将货物交付其他单位或者个人代销。

（2）销售代销货物。

（3）设有两个以上机构并实行统一核算的纳税人，将货物从一个机构移送其他机构用于销售，但相关机构设在同一县（市）的除外。

用于销售，是指受货机构发生以下情形之一的经营行为：

① 向购货方开具发票；

② 向购货方收取货款。

受货机构的货物移送行为有上述两项情形之一的，应当向所在地税务机关缴纳增值税；未发生上述两项情形的，则应由总机构统一缴纳增值税。

如果受货机构只就部分货物向购买方开具发票或收取货款，则应当区别不同情况计算并分别向总机构所在地或分支机构所在地税务机关缴纳税款。

（4）将自产、委托加工的货物用于集体福利或个人消费。
（5）将自产、委托加工或购进的货物作为投资，提供给其他单位或个体工商户。
（6）将自产、委托加工或购进的货物分配给股东或投资者。
（7）将自产、委托加工或购进的货物无偿赠送给其他单位或者个人。
（8）"营改增"试点规定的视同销售服务、无形资产或者不动产。

法律依据

关于视同销售货物的规定

（《增值税暂行条例实施细则》）

第四条　单位或者个体工商户的下列行为，视同销售货物：
（一）将货物交付其他单位或者个人代销；
（二）销售代销货物；
（三）设有两个以上机构并实行统一核算的纳税人，将货物从一个机构移送其他机构用于销售，但相关机构设在同一县（市）的除外；
（四）将自产或者委托加工的货物用于非增值税应税项目*；
（五）将自产、委托加工的货物用于集体福利或者个人消费；
（六）将自产、委托加工或者购进的货物作为投资，提供给其他单位或者个体工商户；
（七）将自产、委托加工或者购进的货物分配给股东或者投资者；
（八）将自产、委托加工或者购进的货物无偿赠送其他单位或者个人。
（营业税全部改征增值税后，不存在"非增值税应税项目"，原增值税一般纳税人购进货物或者接受加工修理修配劳务，用于《销售服务、无形资产或者不动产注释》所列项目的，不属于《增值税暂行条例》所称的用于非增值税应税项目，其进项税额准予从销项税额中抵扣。）

【例2-1】 智董公司以自己生产的产品分配利润，产品成本为1 000 000元，不含税销售价格为1 600 000元，该产品的增值税税率为17%。

那么，智董公司的会计处理为：

销项税额=1 600 000×17%=272 000（元）

借：应付利润	1 872 000
贷：主营业务收入	1 600 000
应交税费——应交增值税（销项税额）	272 000
借：利润分配——应付利润	1 872 000
贷：应付利润	1 872 000
借：主营业务成本	1 000 000
贷：库存商品	1 000 000

（二）视同销售服务、无形资产或者不动产

确定一项经济行为是否需要缴纳增值税，一般情况下要看是否同时具备四个条件，同时还有一些特例，关于视同销售服务、无形资产或者不动产的规定就是对不同时满足四个征税条件但需要缴纳增值税的特例情况的规定。

从税制设计和加强征管的角度看，将无偿提供服务、转让无形资产或者不动产与有偿提供服务、转让无形资产或者不动产同等对待，均纳入征税范围，既可以体现税收的公平性，也可

以堵塞税收漏洞，防止纳税人利用无偿行为不征税的规定逃避税收。

下列情形视同销售服务、无形资产或者不动产：

（1）单位或者个体工商户向其他单位或者个人无偿提供服务，但用于公益事业或者以社会公众为对象的除外。

（2）单位或者个人向其他单位或者个人无偿转让无形资产或者不动产，但用于公益事业或者以社会公众为对象的除外。

将以公益活动为目的或者以社会公众为对象的无偿提供服务、无偿转让无形资产或者不动产，排除在视同销售范围之外，主要是为了促进社会公益事业的发展。

例如，根据国家指令无偿提供的航空运输服务、铁路运输服务，属于以公益活动为目的的服务，不征收增值税。

（3）财政部和国家税务总局规定的其他情形。

要注意区别销售服务、无形资产或者不动产，视同销售服务、无形资产或者不动产以及非经营活动三者的不同，准确把握征税与不征税的处理原则。

三、对混合销售行为的征税规定

混合销售行为与兼营行为是在 1994 年流转税制改革时，由于对货物销售全面实行了增值税，而对服务业除加工和修理修配外仍实行营业税，以及企业为适应市场经济需要开展多种经营的情况下，出现了混合销售、兼营非增值税应税劳务或应税服务行为和混业经营等税收概念。2016 年"营改增"后，保留了混合销售和兼营行为，混业经营不复存在。

一项销售行为如果既涉及货物又涉及服务，为混合销售。从事货物的生产、批发或者零售的单位和个体工商户的混合销售行为，按照销售货物缴纳增值税；其他单位和个体工商户的混合销售行为，按照销售服务缴纳增值税。

上述从事货物的生产、批发或者零售的单位和个体工商户，包括以从事货物的生产、批发或者零售为主，并兼营销售服务的单位和个体工商户在内。

四、对兼营的征税规定

兼营非应税项目，是指纳税人的经营范围既包括销售货物和加工修理修配劳务，又包括销售服务、无形资产或者不动产。但是，销售货物、加工修理修配劳务、服务、无形资产或者不动产不同时发生在同一项销售行为中。

根据《增值税暂行条例实施细则》和《营业税改征增值税试点有关事项的规定》（财税〔2016〕36号），纳税人销售货物、加工修理修配劳务、服务、无形资产或者不动产适用不同税率或者征收率的，应当分别核算适用不同税率或者征收率的销售额，未分别核算销售额的，按照以下方法适用税率或者征收率：

（1）兼有不同税率的销售货物、加工修理修配劳务、服务、无形资产或者不动产，从高适用税率。

（2）兼有不同征收率的销售货物、加工修理修配劳务、服务、无形资产或者不动产，从高适用征收率。

（3）兼有不同税率和征收率的销售货物、加工修理修配劳务、服务、无形资产或者不动产，从高适用税率。

【例2-2】 某试点一般纳税人既销售不动产，又提供经纪代理服务，均适用一般计税方法，如果该纳税人能够分别核算上述两项应税行为的销售额，则销售不动产适用 11%的增值税税率，提供经纪代理服务适用 6%的增值税税率；如果该纳税人没有分别核算上述两项应税行为的销售额，则销售不动产和提供经纪代理服务均从高适用 11%的增值税税率。

混合销售与兼营的异同点及其税务处理的规定

混合销售与兼营，两者有相同的方面，又有明显的区别。相同点：两种行为的经营范围都有销售货物和提供劳务这两类经营项目。区别：混合销售强调的是在同一项销售行为中存在着两类经营项目的混合，销售货款及劳务价款是同时从一个购买方取得的；兼营强调的是在同一纳税人的经营活动中存在着两类经营项目，但这两类经营项目不是在同一项销售行为中发生的。

混合销售与兼营是两个不同的税收概念，因此，在税务处理上的规定也不同。混合销售的纳税主要原则是按"经营主业"划分，分别按照"销售货物"或"销售服务"征收增值税。兼营的纳税原则是分别核算、分别按照适用税率征收增值税；对兼营行为不分别核算的，从高适用税率征收增值税。

五、不征收增值税的项目

（1）代购货物行为，凡同时具备以下条件的，不征收增值税：

① 受托方不垫付资金；

② 销货方将发票开具给委托方，并由受托方将该项发票转交给委托方；

③ 受托方按销售方实际收取的销售额和销项税额（如系代理进口货物，则为海关代征的增值税额）与委托方结算货款，并另外收取手续费。

（2）对增值税纳税人收取的会员费收入不征收增值税。自 2016 年 5 月 1 日起，各党派、共青团、工会、妇联、中科协、青联、台联、侨联收取党费、团费、会费，以及政府间国际组织收取会费，属于非经营活动，不征收增值税。

（3）纳税人取得中央财政补贴有关增值税问题。自 2013 年 2 月 1 日起，纳税人取得的中央财政补贴，不属于增值税应税收入，不征收增值税。

燃油电厂从政府财政专户取得的发电补贴不属于增值税规定的价外费用，不计入应税销售额，不征收增值税。

（4）对国家管理部门行使其管理职能，发放的执照、牌照和有关证书等取得的工本费收入，不征收增值税。

（5）基本建设单位和从事建筑安装业务的企业附设工厂、车间在建筑现场制造的预制构件，凡直接用于本单位或本企业建筑工程的。

（6）供应或开采未经加工的天然水（如水库供应农业灌溉用水，工厂自采地下水用于生产），不征收增值税。

（7）对体育彩票的发行收入不征收增值税。

（8）计算机软件产品征收增值税问题。纳税人销售软件产品并随同销售一并收取的软件安装费、维护费、培训费等收入，应按照增值税混合销售的有关规定征收增值税，并可享受软件产品增值税即征即退政策。

（9）试点纳税人根据国家指令无偿提供的铁路运输服务、航空运输服务，属于《营业税改征增值税试点实施办法》第十四条规定的以公益活动为目的的服务，不征收增值税。

（10）存款利息。

（11）被保险人获得的保险赔付。

（12）房地产主管部门或者其指定机构、公积金管理中心、开发企业以及物业管理单位代收的住宅专项维修资金。

（13）纳税人资产重组有关增值税问题。自2011年3月1日起，纳税人在资产重组过程中，通过合并、分立、出售、置换等方式，将全部或者部分实物资产以及与其相关联的债权，经多次转让后，最终的受让方与劳动力接收方为同一单位和个人的不属于增值税的征税范围，其中货物的多次转让，不征收增值税。资产的出让方需将资产重组方案由文件资料报其主管税务机关。

自2016年5月1日起，在资产重组过程中，涉及的不动产、土地使用权转让行为按照《营业税改征增值税试点实施办法》（财税〔2016〕36号）及有关规定执行。

第三章

应纳税额的计算

第一节 一般性规定

增值税的计税方法，包括一般计税方法、简易计税方法和扣缴计税方法。

一、一般计税方法

一般纳税人销售货物、提供加工修理修配劳务、销售服务、无形资产或者不动产适用一般计税方法计税。

一般纳税人应纳增值税额的计算

计算一般纳税人应纳增值税额时，纳税人应根据纳税人当期发生的经济业务，依据开具的增值税专用发票、增值税普通发票和其他收入凭证、取得的增值税进项税额抵扣凭证，结合纳税人"应交税费——应交增值税"明细账和其他相关会计核算、增值税进项税额抵扣凭证认证或比对结果和防伪税控开票子系统开具增值税专用发票的开票数据电文，分别核实纳税人应税业务的销售额、适用税率或征收率、可以抵扣的进项税额、进项税额抵减额等增值税计税要素，计算纳税人当期应纳增值税额。

二、简易计税方法

小规模纳税人销售货物、提供加工修理修配劳务以及应税行为（销售服务、无形资产或者不动产）适用简易计税方法计税，即按销售额和规定征收率计算应纳税额，不得抵扣进项税额，同时，销售货物、提供加工修理修配劳务以及应税行为（销售服务、无形资产或者不动产）也不得自行开具增值税专用发票。

另外，对一些特定销售应税货物、服务、无形资产或者不动产行为，无论其从事者是一般纳税人还是小规模纳税人，都可以选择适用简易计税方法计算应纳税额。

一般纳税人提供财政部和国家税务总局规定的特定应税行为，可以选择适用简易计税方法计税，但一经选择，36个月内不得变更。

三、扣缴计税方法

（一）境外的单位或个人在境内销售加工修理修配劳务

境外的单位或个人在境内销售加工修理修配劳务而境内未设有经营机构的，其应纳税款以代理人为扣缴义务人；没有代理人的，以购买者为扣缴义务人。

中华人民共和国增值税暂行条例

（中华人民共和国国务院令第538号）

第十八条　中华人民共和国境外的单位或者个人在境内提供应税劳务，在境内未设有经营机构的，以其境内代理人为扣缴义务人；在境内没有代理人的，以购买方为扣缴义务人。

（二）境外单位或者个人在境内发生应税行为（销售服务、无形资产或者不动产）

境外单位或者个人在境内发生应税行为，在境内未设有经营机构的，扣缴义务人按照下列公式计算应扣缴税额：

应扣缴税额=接受方支付的价款÷（1+税率）×税率

（1）上述规定适用于境外单位或者个人在境内销售服务、无形资产或者不动产，且没有在境内设立经营机构的情况。

（2）上述规定仅适用于销售服务、无形资产或者不动产，即《销售服务、无形资产、不动产注释》规定范围内的应税行为。

（3）在计算应扣缴税额时，应将应税行为购买方支付的含税价款，换算为不含税价款，再乘以应税行为的增值税适用税率，计算出应扣缴的增值税额。

这里需要注意的是，按照上述公式计算应扣缴税额时，无论购买方支付的价款是否超过500万元的一般纳税人标准，也无论扣缴义务人是一般纳税人或者小规模纳税人，一律按照境外单位或者个人发生应税行为的适用税率予以计算。

【例3-1】 美国智董公司为我国境内某纳税人提供咨询服务，合同价款106万元，且该境外公司没有在境内设立经营机构，应以服务购买方为增值税扣缴义务人。购买方应扣缴增值税计算如下：

应扣缴增值税额=106÷（1+6%）×6%=6（万元）

第二节　税率和征收率

一、税率

根据确定增值税税率的基本原则，我国增值税设置了一档基本税率和一档低税率，此外，还有对出口货物实施的零税率。营改增试点实施后，又增加了两档税率。

进口货物增值税税率与增值税一般纳税人在国内销售同类货物的税率相同。

增值税税率适用于一般纳税人按照一般计税方法计税的情况。

（一）基本税率

纳税人销售或者进口货物，除列举的外，税率均为17%；提供加工、修理修配劳务和应税服务，除适用低税率范围外，税率也为17%。这一税率就是通常所说的基本税率。

（二）低税率

（1）纳税人销售或者进口列举货物适用税率为13%，这一税率就是通常所说的低税率（具体见"适用13%低税率货物的具体范围"）。

（2）提供交通运输业服务、邮政、基础电信、建筑、不动产租赁服务，销售不动产，转让土地使用权，税率为11%。

（3）提供现代服务业服务（不动产租赁除外）、增值电信服务、金融服务、生活服务、销售无形资产（转让土地使用权除外），税率为6%。

适用13%低税率货物的具体范围

（一）农业产品

农业产品是指种植业、养殖业、林业、牧业、水产业生产的各种植物、动物的初级产品。

1. 植物类

植物类包括人工种植和天然生长的各种植物的初级产品。具体征税范围为：

（1）粮食

粮食包括小麦、稻谷、玉米、高粱、谷子和其他杂粮，以及面粉、米、玉米面、玉米渣等。切面、饺子皮、馄饨皮、面皮、米粉等粮食复制品，也属于本货物的征税范围。

根据现行增值税政策规定，玉米胚芽属于《农业产品征税范围注释》中初级农产品的范围，适用13%的增值税税率。

玉米浆、玉米皮、玉米纤维（又称喷浆玉米皮）和玉米蛋白粉不属于初级农产品，也不属于《财政部 国家税务总局关于饲料产品免征增值税问题的通知》（财税〔2001〕121号）中免税饲料的范围，适用17%的增值税税率。

以粮食为原料加工的速冻食品、方便面、副食品和各种熟食品及淀粉，不属于本货物的征税范围。

（2）蔬菜

蔬菜包括各种蔬菜、菌类植物和少数可作副食的木科植物。

经晾晒、冷藏、冷冻、包装、脱水等工序加工的蔬菜、腌菜、咸菜、酱菜和盐渍蔬菜等，也属于本货物的征税范围。

各种蔬菜罐头不属于本货物的征税范围。

（3）烟叶

烟叶包括晒烟叶、晾烟叶和初烤烟叶。

（4）茶叶

茶叶包括各种毛茶（如红毛茶、绿毛茶、乌龙毛茶、白毛茶、黑毛茶等）。

精制茶、边销茶及掺兑各种药物的茶和茶饮料，不属于本货物的征税范围。

（5）园艺植物

园艺植物是指可供食用的果实，如水果、果干（如荔枝干、桂圆干、葡萄干等）、干果、果仁、果用瓜（如甜瓜、西瓜、哈密瓜等），以及胡椒、花椒、大料、咖啡豆等。经冷冻、冷藏、包装等工序加工的园艺植物，也属于本货物的征税范围。

各种水果罐头、果脯、蜜饯、炒制的果仁、坚果、碾磨后的园艺植物（如胡椒粉、花椒粉等），不属于本货物的征税范围。

（6）药用植物

药用植物是指用作中药原药的各种植物的根、茎、皮、叶、花、果实等。

利用上述药用植物加工制成的片、丝、块、段等中药饮片，也属于本货物的征税范围。中成药不属于本货物的征税范围。

（7）油料植物

油料植物是指主要用作榨取油脂的各种植物的根、茎、叶、果实、花或者胚芽组织等初级产品，如菜籽（包括芥菜籽）、花生、大豆、葵花子、蓖麻子、芝麻子、胡麻子、茶子、桐子、橄榄仁、棕榈仁、棉籽等。

提取芳香油的芳香油料植物，也属于本货物的征税范围。

（8）纤维植物

纤维植物是指利用其纤维作纺织、造纸原料或者绳索的植物，如棉（包括籽棉、皮棉、絮棉）、大麻、黄麻、槿麻、苎麻、荷麻、亚麻、罗布麻、蕉麻、剑麻等。

棉短绒和麻纤维经脱胶后的精干（洗）麻，也属于本货物的征税范围。

（9）糖料植物

糖料植物是指主要用作制糖的各种植物，如甘蔗、甜菜等。

（10）林业产品

林业产品是指乔木、灌木和竹类植物，以及天然树脂、天然橡胶。林业产品的征税范围包括原木、原竹、天然树脂和其他林业产品。盐水竹笋也属于本货物的征税范围。锯材、竹笋罐头不属于本货物的征税范围。

（11）其他植物

其他植物是指除上述列举植物以外的其他各种人工种植和野生的植物，如树苗、花卉、植物种子、植物叶子、草、麦秸、豆类、薯类、藻类植物等。

干花、干草、薯干、干制的藻类植物、农业产品的下脚料等，也属于本货物的征税范围。

2. 动物类

动物类包括人工养殖和天然生长的各种动物的初级产品。具体征税范围为：

（1）水产品

水产品是指人工放养和人工捕捞的鱼、虾、蟹、鳖、贝类、棘皮类、软体类、腔肠类、海兽类动物。本货物的征税范围包括鱼、虾、蟹、鳖、贝类、棘皮类、软体类、腔肠类、海兽类、鱼苗（卵）、虾苗、蟹苗、贝苗（秧），以及经冷冻、冷藏、盐渍等防腐处理和包装的水产品。

干制的鱼、虾、蟹、贝类、棘皮类、软体类、腔肠类，如干鱼、干虾、干虾仁、干贝等，以及未加工成工艺品的贝壳、珍珠，也属于本货物的征税范围。

熟制的水产品和各类水产品的罐头，不属于本货物的征税范围。

（2）畜牧产品

畜牧产品是指人工饲养、繁殖取得和捕获的各种畜禽。本货物的征税范围包括：

兽类、禽类和爬行类动物，如牛、马、猪、羊、鸡、鸭等。

兽类、禽类和爬行类动物的肉产品。

各种兽类、禽类和爬行类动物的肉类生制品,如腊肉、腌肉、熏肉等,也属于本货物的征税范围。

各种肉类罐头、肉类熟制品,不属于本货物的征税范围。

蛋类产品是指各种禽类动物和爬行类动物的卵,包括鲜蛋、冷藏蛋。

经加工的咸蛋、松花蛋、腌制的蛋等,也属于本货物的征税范围。

各种蛋类的罐头,不属于本货物的征税范围。

鲜奶是指各种哺乳类动物的乳汁和经净化、杀菌等加工工序生产的乳汁。按照《食品安全国家标准——巴氏杀菌乳》(GB 19645—2010)生产的巴氏杀菌乳和按照《食品安全国家标准——灭菌乳》(GB 25190—2010)生产的灭菌乳,均属于初级农业产品,可依照《农业产品征收范围注释》中的鲜奶按13%的税率征收增值税。

按照《食品安全国家标准——调制乳》(GB 25191—2010)生产的调制乳,不属于初级农业产品,应按照17%税率征收增值税。

用鲜奶加工的各种奶制品,如酸奶、奶酪、奶油等,不属于本货物的征税范围。

(3)动物皮张

动物皮张是指从各种动物(兽类、禽类和爬行类动物)身上直接剥取的,未经鞣制的生皮、生皮张。

将生皮、生皮张用清水、盐水或者防腐药水浸泡、刮里、脱毛、晒干或者熏干,未经鞣制的,也属于本货物的征税范围。

(4)动物毛绒

动物毛绒是指未经洗净的各种动物的毛发、绒毛和羽毛。洗净毛、洗净绒等不属于本货物的征税范围。

(5)其他动物组织

其他动物组织是指上述列举以外的兽类、禽类、爬行类动物的其他组织,以及昆虫类动物。

蚕茧包括鲜茧和干茧,以及蚕蛹。

天然蜂蜜是指采集的未经加工的天然蜂蜜、鲜蜂王浆等。

动物树脂,如虫胶等。

其他动物组织,如动物骨、动物骨粒、壳、兽角、动物血液、动物分泌物、蚕种、人工合成牛胚胎等。

(二)食用植物油

植物油是从植物根、茎、叶、果实、花或胚芽组织中加工提取的油脂。食用植物油仅指芝麻油、花生油、豆油、菜籽油、米糠油、葵花子油、棉籽油、玉米胚油、茶油、胡麻油以及以上述油为原料生产的混合油。棕榈油、核桃油、橄榄油、花椒油,也属本货物的征税范围。

自2014年6月1日起,杏仁油、葡萄籽油适用13%税率。自2015年2月1日起,牡丹籽油适用13%税率。

皂角是碱炼动植物油脂时的副产品,不能食用,主要用作化学工业原料。因此,皂角不属于食用植物油,应按照17%的税率征收增值税。

肉桂油、桉油、香茅油不属于农业产品的范围,其增值税适用税率为17%。

环氧大豆油、氢化植物油不属于食用植物油的范围,应适用17%的税率。

自2015年2月1日起,牡丹籽油适用13%增值税税率。

牡丹籽油是以丹凤牡丹和紫斑牡丹的籽仁为原料,经压榨、脱色、脱臭等工艺制成的产品,属于食用植物油。

（三）自来水

自来水是指自来水公司及工矿企业经抽取、过滤、沉淀、消毒等工序加工后，通过供水系统向用户供应的水。

农业灌溉用水、引水工程输送的水等，不属于本货物的征税范围。

（四）暖气、热水

暖气、热水是指利用各种燃料（如煤、石油、其他各种气体或固体、液体燃料）和电能将水加热，使之生成的气体和热水，以及开发自然热能，如开发地热资源或用太阳能生产的暖气、热气、热水。

利用工业余热生产、回收的暖气、热气和热水也属于本货物的征税范围。

（五）冷气

冷气是指为了调节室内温度，利用制冷设备生产的，并通过供风系统向用户提供的低温气体。

（六）煤气

煤气是指由煤、焦炭、半焦和重油等经干馏或汽化等生产过程所得气体产物的总称。煤气的范围包括：

（1）焦炉煤气，是指煤在炼焦炉中进行干馏所产生的煤气。

（2）发生炉煤气，是指用空气（或氧气）和少量的蒸汽将煤或焦炭、半焦，在煤气发生炉中进行汽化所产生的煤气、混合煤气、水煤气、单水煤气、双水煤气等。

（3）液化煤气，是指压缩成液体的煤气。

（七）石油液化气

石油液化气是指由石油加工过程中所产生低分子量的烃类炼厂气经压缩而成的液体。主要成分是丙烷、丁烷、丁烯等。

（八）天然气

天然气是蕴藏在地层内的碳氢化合物可燃气体。主要含有甲烷、丁烷等低分子烷烃和丙烷、丁烷、戊烷及其他重质气态烃类。

天然气包括气田天然气、油田天然气、煤矿天然气和其他天然气。

（九）沼气

沼气，主要成分为甲烷，由植物残体在与空气隔绝的条件下经自然分解而成，沼气主要作燃料。

本货物的范围包括天然沼气和人工生产的沼气。

（十）居民用煤炭制品

居民用煤炭制品是指煤球、煤饼、蜂窝煤和引火炭。

（十一）图书、报纸、杂志

图书、报纸、杂志是采用印刷工艺，按照文字、图画和线条原稿印刷成的纸制品。本货物的范围是：

（1）图书，是指由国家新闻出版总署批准的单位出版、采用国际标准书号编序的书籍以及图片。

（2）报纸，是指经国家新闻出版总署批准，在各省、自治区、直辖市新闻出版管理部门登记，具有国内统一刊号（CN）的报纸。

（3）杂志，是指经国家新闻出版总署批准，在各省、自治区、直辖市新闻出版管理部门登记，具有国内统一刊号（CN）的刊物。

自 2013 年 4 月 1 日起，国内印刷企业承印的经新闻出版主管部门批准印刷且采用国际标准书号编序的境外图书，适用 13%的增值税税率。

（十二）饲料

饲料是指用于动物饲养的产品或其加工品。本货物的范围包括单一大宗饲料、混合饲料、配合饲料、复合预混料、浓缩饲料。

直接用于动物饲养的粮食、饲料添加剂不属于本货物的征税范围。骨粉、鱼粉按"饲料"征收增值税。

（十三）化肥

化肥是指化学和机械加工制成的各种化学肥料。化肥的范围包括：

（1）化学氮肥，主要品种有尿素和硫酸铵、碳酸氢铵、氯化铵、石灰氮、氨水、氨化硝酸钙等。

（2）磷肥，主要品种有磷矿粉、过磷酸钙（包括普通过磷酸钙和重过磷酸钙两种）钙镁磷肥、钢渣磷肥等。

（3）钾肥，主要品种有硫酸钾、氯化钾等。

（4）复合肥料，是用化学方法合成或混合配制成含有氮、磷、钾中的两种或两种以上的营养元素的肥料。含有两种的称二元复合肥料，含有三种的称三元复合肥料，也有含三种元素和某些其他元素的叫多元复合肥料。主要产品有硝酸磷肥、磷酸铵、磷酸二氢钾肥、钙镁磷钾肥、磷酸一铵、磷粉二铵、氮磷钾复合肥等。

（5）微量元素肥，是指含有一种或多种植物生长所必需的，但需要量又极少的营养元素的肥料，如硼肥、锰肥、锌肥、铜肥、钼肥等。

（6）其他肥，是指上述列举以外的其他化学肥料。

（十四）农药

农药是指用于农林业防治病虫害、除草及调节植物生产的药剂。农药包括农药原药和农药制剂，如杀虫剂、杀菌剂、除草剂、植物生长调节剂、植物性农药、微生物农药、卫生用药、其他农药原药、制剂等。

用于人类日常生活的各种类型包装的日用卫生用药（如卫生杀虫剂、驱虫剂、驱蚊剂、蚊香、消毒剂等），不属于农药范围。

（十五）农膜

农膜是指用于农业生产的各种地膜、大棚膜。

（十六）农机

农机是指用于农业生产（包括林业、牧业、副业、渔业）的各种机器、机械化和半机械化农具以及小农具。农机的范围为：

（1）拖拉机，是以内燃机为驱动牵引机具，从事作业和运载物资的机械。包括轮拖拉机、履带拖拉机、手扶拖拉机、机耕船。

（2）土壤耕整机械，是对土壤进行耕翻整理的机械。包括机引犁、机引耙、旋耕机、镇压器、联合整地器、合墒器、其他土壤耕整机械。

（3）农田基本建设机械，是指从事农田基本建设的专用机械。包括开沟筑埂机、开沟铺管机、铲抛机、平地机、其他农田基本建设机械。

（4）种植机械，是指将农作物种子或秧苗移植到适于作物生产的苗床机械。包括播作机、水稻插秧机、栽植机、地膜覆盖机、复式播种机、秧苗准备机械。

（5）植物保护和管理机械，是指农作物在生产过程中的管理、施肥、防治病虫害的机械。

包括机动喷粉机、喷雾机（器）、弥雾喷粉机、修剪机、中耕除草机、播种中耕机、培土机具、施肥机。

（6）收获机械，是指收获各种农作物的机械。包括粮谷、棉花、薯类、甜菜、甘蔗、茶叶、油料等收获机。

（7）场上作业机械，是指对粮食作物进行脱粒、清选、烘干的机械设备。包括各种脱粒机、清选机、粮谷干燥机、种子精选机。

（8）排灌机械，是指用于农牧业排水、灌溉的各种机械设备。包括喷灌机、半机械化提水机具、打井机。

（9）农副产品加工机械，是指对农副产品进行初加工，加工后的产品仍属农副产品的机械。包括茶叶机械、剥壳机械、棉花加工机械（包括棉花打包机）、食用菌机械（培养木耳、蘑菇等）、小型粮谷机械。

以农副产品为原料加工工业产品的机械，不属于本货物的范围。

（10）农业运输机械，是指农业生产过程中所需的各种运输机械。包括人力车（不包括三轮运货车）、畜力车和拖拉机挂车。

农用汽车不属于本货物的范围。

（11）畜牧业机械，是指畜牧业生产中所用的各种机械。包括草原建设机械、牧业收获机械、饲料加工机械、畜禽饲养机械、畜产品采集机械。

（12）渔业机械，是指捕捞、养殖水产品所用的机械。包括捕捞机械、增氧机、饵料机。

机动渔船不属于本货物的范围。

（13）林业机械，是指用于林业的种植、育林的机械。包括清理机械、育林机械、林苗栽植机械。

森林砍伐机械、集材机械不属于本货物的征税范围。

（14）小农具，包括畜力犁、畜力耙、锄头和镰刀等农具。

农机零部件不属于本货物的征收范围。不带动力的手扶拖拉机（也称"手扶拖拉机底盘"）和三轮农用运输车（以单缸柴油机为动力装置的三个车轮的农用运输车辆）属于本货物的征收范围。

农用水泵、农用柴油机按农机产品依13%的税率征收增值税。农用水泵是指主要用于农业生产的水泵，包括农村水井用泵、农用轻便离心泵、与喷灌机配套的吸道自吸泵。其他水泵不属于农机产品征税范围。

农用柴油机是指主要配套于农用拖拉机、田间作业机具、农副产品加工机械及排灌机械，以柴油为燃料的油缸数在3缸以下（含3缸）的往复式内燃动力机械。4缸以上（含4缸）柴油机不属于农机产品征税范围。

（15）农用挖掘机、养鸡设备系列、养猪设备系列产品，适用13%的增值税税率。该规定自2014年4月1日起执行，此前已发生并处理的事项，不再作调整，未处理的，按该规定执行。

（16）动物尸体降解处理机、蔬菜清洗机。

动物尸体降解处理机、蔬菜清洗机属于农机，适用13%增值税税率。

动物尸体降解处理机是指采用生物降解技术将病死畜禽尸体处理成粉状有机肥原料，实现无害化处理的设备。

蔬菜清洗机是指用于农副产品加工生产的采用喷淋清洗、毛刷清洗、气泡清洗、淹没水射流清洗技术对完整或鲜切蔬菜进行清洗，以去除蔬菜表面污物、微生物及农药残留的设备。

上述规定自 2015 年 12 月 1 日起施行。此前已发生未处理的事项，按上述规定执行。

（十七）食用盐

食用盐是指符合《食用盐》（GB 5461—2000）和《食用盐卫生标准》（GB 2721—2003）两项国家标准的食用盐。

（十八）音像制品

音像制品，是指正式出版的录有内容的录音带、录像带、唱片、激光唱盘和激光视盘。

（十九）电子出版物

电子出版物，是指以数字代码方式，使用计算机应用程序，将图文声像等内容信息编辑加工后存储在具有确定的物理形态的磁、光、电等介质上，通过内嵌在计算机、手机、电子阅读设备、电子显示设备、数字音/视频播放设备、电子游戏机、导航仪以及其他具有类似功能的设备上读取使用，具有交互功能，用以表达思想、普及知识和积累文化的大众传播媒体。载体形态和格式主要包括只读光盘（只读光盘 CD-ROM、交互式光盘 CD-I、照片光盘 Photo-CD、高密度只读光盘 DVD-ROM、蓝光只读光盘 HD-DVD ROM 和 BD ROM 等）、一次写入式光盘（一次写入 CD 光盘 CD-R、一次写入高密度光盘 DVD-R、一次写入蓝光光盘 BD-R 等）、可擦写光盘（可擦写 CD 光盘 CD-RW、可擦写高密度光盘 DVD-RW、可擦写蓝光光盘 HDDVD-RW 和 BD-RW、磁光盘 MO 等）、软磁盘（FD）、硬磁盘（HD）、集成电路卡（CF 卡、MD 卡、SM 卡、MMC 卡、RS-MMC 卡、MS 卡、SD 卡、XD 卡、T-Flash 卡、记忆棒等）和各种存储芯片。

（二十）二甲醚

二甲醚是指化学分子式为 CH_3OCH_3，常温常压下为具有轻微醚香味，易燃、无毒、无腐蚀性的气体。

（三）零税率

出口货物、劳务或者境内单位和个人发生的跨境应税行为，税率为零。具体范围由财政部和国家税务总局规定。

销售服务、无形资产和不动产的增值税税率（营改增试点纳税人）

一般纳税人销售服务、无形资产或者不动产，除按规定可以选择简易计税方法外，应按照一般计税方法和适用税率计算增值税销项税额。

（1）销售服务的增值税税率：

① 提供增值电信服务、金融服务、现代服务（租赁服务除外）、生活服务，税率为 6%。

② 提供交通运输服务、邮政服务、基础电信服务、建筑服务、不动产租赁服务，税率为 11%。

③ 提供有形动产租赁服务，税率为 17%。

④ 境内单位和个人跨境提供应税服务，符合规定条件的，税率为零。

（2）销售无形资产的增值税税率：

① 转让土地使用权，税率为 11%。

② 转让土地使用权以外的其他无形资产，税率为 6%。

③ 境内单位和个人跨境转让无形资产，符合规定条件的，税率为零。

（3）销售不动产的增值税税率为 11%。

营改增试点纳税人适用税率（营改增试点纳税人）

［《关于全面推开营业税改征增值税试点的通知》（财税〔2016〕36号）附件：1. 营业税改征增值税试点实施办法］

第十五条　增值税税率：

（一）纳税人发生应税行为，除本条第（二）项、第（三）项、第（四）项规定外，税率为6%。

（二）提供交通运输、邮政、基础电信、建筑、不动产租赁服务，销售不动产，转让土地使用权，税率为11%。

（三）提供有形动产租赁服务，税率为17%。

（四）境内单位和个人发生的跨境应税行为，税率为零。具体范围由财政部和国家税务总局另行规定。

二、征收率

由于小规模纳税人会计核算不健全，无法准确核算进项税额和销项税额，在增值税征收管理中，采用简便方式，按照其销售额与规定的征收率计算缴纳增值税，不准许抵扣进项税，也不允许自行开具增值税专用发票。

按照现行增值税有关规定，对于一般纳税人生产销售的特定货物，确定征收率，按照简易办法征收增值税，并视不同情况，采取不同的征收管理办法。

小规模纳税人增值税征收率为3%，征收率的调整，由国务院决定。

小规模纳税人（除其他个人外，下同）销售自己使用过的固定资产，减按2%的征收率征收增值税，并且只能开具普通发票，不得由税务机关代开增值税专用发票。

小规模纳税人销售自己使用过的除固定资产以外的物品，应按3%的征收率征收增值税。

纳税人销售旧货，按照简易办法依照3%征收率减按2%征收增值税。

销售服务、无形资产和不动产的征收率（营改增试点纳税人）

（1）按照简易计税方法计税的销售不动产、不动产经营租赁服务（除试点前开工的高速公路的车辆通行费），征收率为5%。

（2）其他情况，征收率为3%。

征收率适用情况（营改增试点纳税人）

征收率适用于两种情况：

（1）小规模纳税人。

（2）一般纳税人销售服务、无形资产或者不动产，按规定可以选择简易计税方法计税的。

一般纳税人销售服务、无形资产或者不动产，可以选择简易计税方法计税的情形

（营改增试点纳税人）

按照《营业税改征增值税试点有关事项的规定》，主要包括以下几个方面：

（1）公共交通运输服务。

（2）经认定的动漫企业为开发动漫产品提供的动漫脚本编撰、形象设计、背景设计、动画设计、分镜、动画制作、摄制、描线、上色、画面合成、配音、配乐、音效合成、剪辑、字幕制作、压缩转码（面向网络动漫、手机动漫格式适配）服务，以及在境内转让动漫版权（包括动漫品牌、形象或者内容的授权及再授权）。

（3）电影放映服务、仓储服务、装卸搬运服务、收派服务和文化体育服务。

（4）以纳入营改增试点之日前取得的有形动产为标的物提供的经营租赁服务。

（5）在纳入营改增试点之日前签订的尚未执行完毕的有形动产租赁合同。

（6）以清包工方式提供的建筑服务。

（7）为甲供工程提供的建筑服务。

（8）销售2016年4月30日前取得的不动产。

（9）房地产开发企业销售自行开发的房地产老项目。

（10）出租2016年4月30日前取得的不动产。

（11）其他情形。

三、扣缴增值税适用的税率

扣缴义务人按照适用税率扣缴增值税。

扣缴增值税适用税率（关于营改增试点纳税人的规定）

为了保证进口服务、无形资产与境内提供服务、无形资产税负保持一致，以同样的价格参与市场竞争，境内的购买方为境外单位和个人扣缴增值税的，统一按照适用税率扣缴增值税。

第三节 一般计税方法

增值税一般纳税人销售货物，提供劳务，销售应税服务、无形资产或者不动产，采用一般计税方法计税缴纳增值税，即采用国际上通行的购进扣税法，当期应纳增值税额的大小取决于当期销项税额和当期进项税额。

一般计税方法的应纳税额，是指当期销项税额抵扣当期进项税额后的余额。

当期销项税额小于当期进项税额不足抵扣时，其不足部分可以结转下期继续抵扣。

【例3-2】 智董公司（增值税一般纳税人）2016年12月取得货物运输收入222万元（含税），当月外购汽油20万元（不含税金额，取得增值税专用发票上注明的增值税额为3.4万元），购入运输车辆40万元（不含税金额，取得机动车销售统一发票上注明的增值税额为6.8

万元），发生的联运支出 100 万元（不含税金额，取得增值税专用发票上注明的增值税额为 11 万元）。

该纳税人 2016 年 12 月的应纳税额=222÷（1+11%）×11%–3.4–6.8–11=0.8（万元）

关于全面推开营业税改征增值税试点的通知

（财税〔2016〕36 号）附件：1. 营业税改征增值税试点实施办法）

第三十三条　有下列情形之一者，应当按照销售额和增值税税率计算应纳税额，不得抵扣进项税额，也不得使用增值税专用发票：

（一）一般纳税人会计核算不健全，或者不能够提供准确税务资料的。

（二）应当办理一般纳税人资格登记而未办理的。

一、销项税额

纳税人销售货物，提供应税劳务，销售服务、无形资产或者不动产，按照销售额和税法规定的税率计算并向购买方收取的增值税额，为销项税额。

销项税额是计算出来的，对销售方来讲，在没有依法抵扣其进项税额前，销项税额不是其应纳增值税额，而是销售货物或提供应税劳务的整体税负；销售额是不含销项税额的销售额，销项税额是从购买方收取的，体现了价外税性质。

销项税额是销售货物或提供应税劳务的销售额与税率的乘积，该概念是相对于进项税额来说的，定义销项税额是为了区别于应纳税额。

销项税额的计算公式如下：

$$销项税额=销售额×税率$$

或

$$销项税额=组成计税价格×税率$$

一般纳税人发生应税行为取得的销项税额，在会计核算时，应借记相关科目，贷记"应交税费——应交增值税（销项税额）"明细科目。但是，按照现行政策规定，采取简易计税法的一般纳税人特殊业务，按销售额和征收率计算的增值税额，在会计核算时不应贷记"应交税费——应交增值税（销项税额）"明细科目，而应直接贷记"应交税费——未交增值税"科目。

二、进项税额

进项税额，是指纳税人购进货物、加工修理修配劳务、服务、无形资产或者不动产，支付或者负担的增值税额。

进项税额的概念

（1）只有增值税一般纳税人，才涉及进项税额的抵扣问题，增值税小规模纳税人不涉及进项税额问题。

（2）产生进项税额的行为是纳税人购进货物、服务、无形资产、不动产或者接受加工修理修配劳务。

（3）进项税额是购买方支付或者负担的增值税额。

一般纳税人应在"应交税费"科目下设置"应交增值税"明细科目。在"应交增值税"明细账中，应设置"进项税额"专栏。

"进项税额"专栏，记录一般纳税人购进货物、服务、无形资产、不动产或者接受加工修理修配劳务而支付的、准予从销项税额中抵扣的增值税额。一般纳税人购进货物、服务、无形资产、不动产或者接受加工修理修配劳务支付的进项税额，用蓝字登记；退回中止或者折让应冲销的进项税额，用红字登记。

进项税额与销项税额是相互对应的两个概念，在购销业务中，对于销货方而言，在收回货款的同时，收回销项税额；对于购货方而言，在支付货款的同时，支付进项税额。也就是说，销货方收取的销项税额就是购货方支付的进项税额。

对于任何一个增值税一般纳税人，在其经营过程中，都会同时以卖方和买方的身份存在，既会发生销售货物，提供应税劳务，销售服务、无形资产或者不动产，又会发生购进货物、接受应税劳务、服务、无形资产或不动产。因此，每个增值税一般纳税人都会有收取的销项税额和支付的进项税额。增值税一般纳税人当期应纳增值税额采用购进扣除法计算，即以当期的销项税额扣除当期进项税额，其余额为应纳增值税额。这样，增值税一般纳税人应纳税额的大小取决于两个因素：销项税额和进项税额。进项税额的大小影响纳税人实际应缴纳的增值税。需要注意的是，并不是购进货物，接受应税劳务、服务、无形资产或不动产所支付或者负担的增值税都可以在销项税额中抵扣，税法对哪些进项税额可以抵扣、哪些进项税额不能抵扣作了严格的规定。

一般而言，准予抵扣的进项税额可以根据以下两种方法来确定：①进项税额体现支付或者负担的增值税额，直接在销货方开具的增值税专用发票和海关完税凭证上注明的税额，不需要计算；②购进某些货物或者接受应税劳务时，其进项税额是根据支付金额和法定的扣除率计算出来的。

抵扣凭证和确定的进项税额

纳税人购进货物、加工修理修配劳务、服务、无形资产或者不动产的扣税凭证和确定的进项税额金额可以概述为表3-1。

表3-1 扣税凭证和确定的进项税额金额

扣税凭证种类	出具方	进项税额金额
增值税专用发票	销售方或通过税务机关代开	注明的增值税额
机动车销售统一发票	销售方	注明的增值税额
完税凭证（从境外购进扣税）	税务机关	注明的增值税额
农产品销售发票	销售方或通过税务机关代开	买价×扣除率（13%）
农产品收购发票	购买方	买价×扣除率（13%）

1. 货物运输业增值税专用发票

2016年1月1日起，货物运输业增值税专用发票停止使用。为避免浪费，方便纳税人发票使用衔接，货物运输业增值税专用发票最迟可以使用至2016年6月30日，7月1日起停止使用。

2．通行费发票

2016年5月1日至7月31日，一般纳税人支付的道路、桥、闸通行费，暂凭取得的通行费发票（不含财政票据，下同）上注明的收费金额计算可抵扣的进项税额。

（一）准予从销项税额中抵扣的进项税额

1．条件

准予从销项税额中抵扣的进项税额，应至少同时具备以下条件。

（1）发生允许从销项税额中抵扣进项税额的购进行为。允许从销项税额中抵扣进项税额的购进行为，包括购进货物、加工修理修配劳务、服务、无形资产或者不动产。

（2）取得合法有效的增值税扣税凭证。

（3）只有应税行为的代扣代缴税款可以凭完税凭证抵扣，且需要具备书面合同、付款证明和境外单位的对账单或者发票。否则，进项税额不得从销项税额中抵扣。

2．增值税扣税凭证

（1）增值税专用发票。从销售方取得的增值税专用发票上注明的增值税额准予抵扣。增值税专用发票具体包括以下两种：

1）增值税专用发票。增值税专用发票是增值税一般纳税人销售货物、劳务、服务、无形资产或不动产开具的发票。

2）税控机动车销售统一发票。税控机动车销售统一发票是增值税一般纳税人从事机动车零售业务开具的发票。

关于《增值税专用发票使用规定》

《增值税专用发票使用规定》是增值税一般纳税人如何领购、开具、缴销、报税、认证、抵扣增值税专用发票等有关问题的具体规定。

2015年4月1日起，全国范围内开始分步全面推行增值税发票升级版，纳税人将通过升级版开具发票。

2015年12月1日，为进一步适应经济社会发展和税收现代化建设需要，在新系统基础上，在全国范围推行增值税电子发票，重点在电商、电信、快递、公用事业等行业。

2016年1月1日起，货物运输业增值税专用发票停止使用。为避免浪费，方便纳税人发票使用衔接，货物运输业增值税专用发票最迟可以使用至2016年6月30日，7月1日起停止使用。

纳税人可以参考的主要文件包括：

（一）《国家税务总局关于修订〈增值税专用发票使用规定〉的通知》（国税发〔2006〕156号）。

（二）《国家税务总局关于在全国开展营业税改征增值税试点有关征收管理问题的公告》（国家税务总局公告2013年第39号）。

（三）《国家税务总局关于简化增值税发票领用和使用程序有关问题的公告》（国家税务总局公告2014年第19号）。

（四）《国家税务总局关于全面推行增值税发票系统升级版有关问题的公告》（国家税务总局公告2015年第19号）。

（五）《国家税务总局关于推行通过增值税电子发票系统开具的增值税电子普通发票有关问题的公告》（国家税务总局公告2015年第84号）。

（六）《国家税务总局关于停止使用货物运输业增值税专用发票有关问题的公告》（国家税务总局公告2015年第99号）。

（2）海关进口增值税专用缴款书。从海关取得的海关进口增值税专用缴款书上注明的增值税额准予抵扣。目前货物进口环节的增值税是由海关负责代征的，试点纳税人在进口货物办理报关进口手续时，需向海关申报缴纳进口增值税并从海关取得完税证明，其取得的海关进口增值税专用缴款书上注明的增值税额准予抵扣。试点纳税人取得海关进口增值税专用缴款书，按照《国家税务总局海关总署关于实行海关进口增值税专用缴款书"先比对后抵扣"管理办法有关问题的公告》（国家税务总局海关总署公告2013年第31号）执行"先比对，后抵扣"政策。

（3）农产品进项税额抵扣。一般纳税人购进农产品抵扣进项税额存在以下五种情况：

1）从一般纳税人购进农产品，按照取得的增值税专用发票上注明的增值税额，从销项税额中抵扣。

2）进口农产品，按照取得的海关进口增值税专用缴款书上注明的增值税额，从销项税额中抵扣。

3）购进农产品，按照取得的农产品收购发票或者销售发票上注明的农产品买价和13%的扣除率计算的进项税额，从销项税额中抵扣。

4）从农户收购农产品，按照收购单位自行开具农产品收购发票上注明的农产品买价和13%的扣除率计算的进项税额，从销项税额中抵扣。

5）《财政部 国家税务总局关于在部分行业试行农产品增值税进项税额核定扣除办法的通知》（财税〔2012〕38号）规定，生产销售液体乳及乳制品、酒及酒精、植物油实行核定扣除。《国家税务总局关于在部分行业试行农产品增值税进项税额核定扣除办法有关问题的公告》（国家税务总局公告2012年第35号）明确了具体核定方法。

《财政部国家税务总局关于扩大农产品增值税进项税额核定扣除试点行业范围的通知》（财税〔2013〕57号）规定，各地可根据实际情况自行扩大核定扣除范围。

（4）中华人民共和国税收完税凭证。纳税人购买境外单位或者个人提供的服务、转让的无形资产或者不动产，从税务机关或者扣缴义务人取得的解缴税款的完税凭证上注明的增值税额准予抵扣。

"完税凭证"至少包括《税收缴款书》和《税收完税证明》两种票证。

关于增值税扣税凭证抵扣期限的规定

（一）关于增值税专用发票

增值税一般纳税人取得的增值税专用发票（包括增值税专用发票、税控机动车销售统一发票），应在开具之日起180日内到税务机关办理认证，并在认证通过的次月申报期内，向主管税务机关申报抵扣进项税额。

纳税人可以参考的主要文件包括：

（1）《国家税务总局关于调整增值税扣税凭证抵扣期限有关问题的通知》（国税函〔2009〕

617号)。

(2)《国家税务总局关于纳税信用A级纳税人取消增值税发票认证有关问题的公告》(国家税务总局公告2016年第7号)。

(二)关于海关进口增值税专用缴款书

自2013年7月1日起,增值税一般纳税人(以下称纳税人)进口货物取得的属于增值税扣税范围的海关缴款书,需经税务机关稽核比对相符后,其增值税额方能作为进项税额在销项税额中抵扣。增纳税人进口货物取得的属于增值税扣税范围的海关缴款书,应按照《国家税务总局关于调整增值税扣税凭证抵扣期限有关问题的通知》(国税函〔2009〕617号)规定,自开具之日起180天内向主管税务机关报送《海关完税凭证抵扣清单》(电子数据),申请稽核比对,逾期未申请的其进项税额不予抵扣。

纳税人可以参考的主要文件包括:

(1)《国家税务总局关于调整增值税扣税凭证抵扣期限有关问题的通知》(国税函〔2009〕617号)。

(2)《财政部国家税务总局关于铁路运输和邮政业营业税改征增值税试点有关政策的补充通知》(财税〔2013〕121号)。

(3)《国家税务总局海关总署关于实行海关进口增值税专用缴款书"先比对后抵扣"管理办法有关问题的公告》(国家税务总局海关总署公告2013年第31号)。

(三)未在规定期限内认证或者申报抵扣的情况

增值税一般纳税人取得的增值税专用发票(包括增值税专用发票、税控机动车销售统一发票)以及海关缴款书,未在规定期限内到税务机关办理认证或者申报抵扣的,不得作为合法的增值税扣税凭证,不得计算进项税额抵扣。

 法律依据

取得的增值税扣税凭证有关要求

[《关于全面推开营业税改征增值税试点的通知》
(财税〔2016〕36号)附件:1.营业税改征增值税试点实施办法]

第二十六条 纳税人取得的增值税扣税凭证不符合法律、行政法规或者国家税务总局有关规定的,其进项税额不得从销项税额中抵扣。

增值税扣税凭证,是指增值税专用发票、海关进口增值税专用缴款书、农产品收购发票、农产品销售发票和完税凭证。

纳税人凭完税凭证抵扣进项税额的,应当具备书面合同、付款证明和境外单位的对账单或者发票。资料不全的,其进项税额不得从销项税额中抵扣。

3. 具体规定

(1)从销售方或提供方取得的增值税专用发票上注明的增值税额(含税控机动车销售统一发票,下同)。

(2)从海关取得的海关进口增值税专用缴款书上注明的增值税额。

上述两款规定是指增值税一般纳税人在购进、接受应税劳务、服务、无形资产或不动产时,取得对方的增值税专用发票或海关进口增值税专用缴款书上已注明规定税率或征收率计算的增值税额,不需要纳税人计算。但要注意其增值税专用发票及海关进口增值税专用缴款书的合法性,对不符合规定的扣税凭证一律不准抵扣。

海关进口增值税专用缴款书上注明的增值税额可以抵扣的原因

从海关取得的海关进口增值税专用缴款书上注明的增值税额准予抵扣。与增值税专用发票一样，海关进口增值税专用缴款书也是凭票抵扣制度的重要依据。海关征收进口环节增值税时，需要填发海关进口增值税专用缴款书，上面注明纳税人所缴纳的增值税额。相对于专用发票而言，进口环节增值税是纳税人向海关实实在在缴纳的税款，拿到海关进口增值税专用缴款书就意味着纳税人缴纳了增值税，根据增值税"征多少、扣多少"的机制原理，进口环节增值税理应作为进项税额抵扣。

（3）购进农产品，除取得增值税专用发票或者海关进口增值税专用缴款书外，按照农产品收购发票或者销售发票上注明的农产品买价和13%的扣除率计算的进项税额。计算公式为：

进项税额=买价×扣除率

买价包括纳税人购进农产品在农产品收购发票或者销售发票上注明的价款和按规定缴纳的烟叶税。烟叶收购单位收购烟叶时按照国家有关规定以现金形式直接补贴烟农的生产投入补贴（简称价外补贴），属于农产品买价，为"价款"的一部分。烟叶收购单位，应将价外补贴与烟叶收购价格在同一张农产品收购发票或者销售发票上分别注明，否则，价外补贴不得计算增值税进项税额进行抵扣。

购进农产品，按照《农产品增值税进项税额核定扣除试点实施办法》抵扣进项税额的除外。

农产品进项税额抵扣特殊规定的成因

购进农产品，除取得增值税专用发票或者海关进口增值税专用缴款书外，可以适用按照农产品收购发票或者销售发票上注明的农产品买价和13%的扣除率计算进项税额的特殊规定。我国农业基础薄弱，农业生产者数量众多，分布较为分散，经营规模较小。而增值税实行凭票抵扣，一般要求有健全的会计核算制度，但农民做到这一点是很困难的。因此，为了保证增值税的有效运行，免除农民的纳税申报义务，简化税收征管，我国在农业生产环节实行免征增值税政策。按道理，纳税人购进免税农产品，因为农民没有缴纳增值税，因而购买方未"支付"进项税额，也就无税款可供抵扣。但是农民生产农产品所购买的燃料、农机具等生产资料是支付了增值税的，农产品价格中也就包含了一部分增值税，也就是说购进免税农产品的纳税人在一定程度上是"负担"了增值税的。此时，如果不允许购买免税农产品的纳税人计算进项税额扣除，那么将造成一定程度的重复征税，也可能导致农产品收购单位借此压低农产品价格从而减少农民收入，损害农民利益。为此，我国增值税制专门对纳税人购进免税农产品规定了一项特殊政策，即允许这部分免税农产品虚拟出一定的进项税额并计算抵扣。

农产品增值税进项税额核定办法

为调整和完善农产品增值税抵扣机制，经国务院批准，在部分行业开展增值税进项税额核定扣除试点。

自 2012 年 7 月 1 日起，以购进农产品为原料生产销售液体乳及乳制品、酒及酒精、植物油的增值税一般纳税人，纳入农产品增值税进项税额核定扣除试点范围，其购进农产品无论是否用于生产上述产品，增值税进项税额均按照农产品增值税进项税额核定扣除试点实施办法有关规定抵扣。

上述规定以外的纳税人，购进农产品仍按现行增值税有关规定抵扣农产品进项税额。

对部分液体乳及乳制品实行全国统一的扣除标准。

农产品是指列入《农业产品征税范围注释》（财税字〔1995〕52 号）的初级农业产品。

试点纳税人购进农产品不再凭增值税扣税凭证抵扣增值税进项税额，购进除农产品以外的货物、应税劳务和应税服务，增值税进项税额仍按现行有关规定抵扣。

1. 试点纳税人以购进农产品为原料生产货物的，农产品增值税进项税额核定方法

（1）投入产出法。参照国家标准、行业标准（包括行业公认标准和行业平均耗用值）确定销售单位数量货物耗用外购农产品的数量（以下称农产品单耗数量）。

当期允许抵扣农产品增值税进项税额依据农产品单耗数量、当期销售货物数量、农产品平均购买单价（含税，下同）和农产品增值税进项税额扣除率（以下简称"扣除率"）计算。公式如下：

当期允许抵扣农产品增值税进项税额 = 当期农产品耗用数量 × 农产品平均购买单价 × 扣除率 ÷（1+扣除率）

当期农产品耗用数量 = 当期销售货物数量（不含采购除农产品意外的半成品生产的货物数量）× 农产品单耗数量

对以单一农产品原料生产多种货物或者多种农产品原料生产多种货物的，在核算当期农产品耗用数量和平均购买单价时，应依据合理的方法归集和分配。

平均购买单价是指购买农产品期末平均买价，不包括买价之外单独支付的运费和入库前的整理费用。期末平均买价计算公式如下：

期末平均买价 = (期初库存农产品数量 × 期初平均买价 + 当期购进农产品数量 × 当期买价) ÷ (期初库存农产品数量 + 当期购进农产品数量)

（2）成本法。依据试点纳税人年度会计核算资料，计算确定耗用农产品的外购金额占生产成本的比例（以下称农产品耗用率）。当期允许抵扣农产品增值税进项税额依据当期主营业务成本、农产品耗用率以及扣除率计算。公式如下：

当期允许抵扣农产品增值税进项税额 = 当期主营业务成本 × 农产品耗用率 × 扣除率 ÷（1+扣除率）

农产品耗用率 = 上年投入生产的农产品外购金额 ÷ 上年生产成本

农产品外购金额（含税）不包括不构成货物实体的农产品（包括包装物、辅助材料、燃料、低值易耗品等）和在购进农产品之外单独支付的运费、入库前的整理费用。

对以单一农产品原料生产多种货物或者多种农产品原料生产多种货物的，在核算当期主营业务成本以及核定农产品耗用率时，试点纳税人应依据合理的方法进行归集和分配。

农产品耗用率由试点纳税人向主管税务机关申请核定。

年度终了，主管税务机关应根据试点纳税人本年实际对当年已抵扣的农产品增值税进项税额进行纳税调整，重新核定当年的农产品耗用率，并作为下一年度的农产品耗用率。

（3）参照法。新办的试点纳税人或者试点纳税人新增产品的，试点纳税人可参照所属行业或者生产结构相近的其他试点纳税人确定农产品单耗数量或者农产品耗用率。次年，试点纳税人向主管税务机关申请核定当期的农产品单耗数量或者农产品耗用率，并据此计算确定当年允许抵扣的农产品增值税进项税额，同时对上一年增值税进项税额进行调整。核定的进项税额超过实际抵扣增值税进项税额的，其差额部分可以结转下期继续抵扣；核定的进项税额低于实际抵扣增值税进项税额的，其差额部分应按现行增值税的有关规定将这项税额作转出处理。

2. 试点纳税人购进农产品直接销售的，农产品增值税进项税额核定扣除方法

$$当期允许抵扣农产品增值税进项税额 = \frac{当期销售农产品数量}{1-损耗率} \times 农产品平均购买单价 \times 13\% \div (1+13\%)$$

$$损耗率 = \frac{损耗数量}{购进数量}$$

3. 试点纳税人购进农产品用于生产经营且不构成货物实体的（包括包装物、辅助材料、燃料、低值易耗品等），增值税进项税额核定扣除方法

$$当期允许抵扣农产品增值税进项税额 = 当期耗用农产品数量 \times 农产品平均购买单价 \times 13\% \div (1+13\%)$$

农产品单耗数量、农产品耗用率和损耗率统称为农产品增值税进项税额扣除标准。

试点纳税人销售货物，应合并计算当期允许抵扣农产品增值税进项税额。

试点纳税人购进农产品取得的农产品增值税专用发票和海关进口增值税专用缴款书，按照注明的金额及增值税额一并记入成本科目；自行开具的农产品收购发票和取得的农产品销售发票，按照注明的买价直接计入成本。

上述扣除率为销售货物的适用税率。

省级（包括计划单列市，下同）税务机关应根据上述规定的核定方法顺序，确定试点纳税人适用的农产品增值税进项税额核定扣除方法。

试点纳税人应自执行上述规定之日起，将期初库存农产品以及库存半成品、产成品耗用的农产品增值税进项税额作转出处理。

试点纳税人应当按照规定准确计算当期允许抵扣农产品增值税进项税额，并从相关科目转入"应交税费——应交增值税（进项税额）"科目。未能准确计算的，由主管税务机关核定。

试点纳税人购进的农产品价格明显偏高或偏低，且不具有合理商业目的的，由主管税务机关核定。

试点纳税人在计算农产品增值税进项税额时，应按照下列顺序确定适用的扣除标准：

（1）财政部和国家税务总局不定期公布的全国统一的扣除标准；

（2）省级税务机关商同级财政机关根据本地区实际情况，报经财政部和国家税务总局备案后公布的适用于本地区的扣除标准；

（3）省级税务机关依据试点纳税人申请，按照规定的核定程序审定的仅适用于该试点纳税人的扣除标准。

4. 试点纳税人扣除标准核定程序

试点纳税人以农产品为原料生产货物的扣除标准核定程序：

（1）申请核定。以农产品为原料生产货物的试点纳税人应于当年1月15日前（2012年为7月15日前）或者投产之日起30日内，向主管税务机关提出扣除标准核定申请并提供有关资

料。申请资料的范围和要求由省级税务机关确定。

（2）审定。主管税务机关应对试点纳税人的申请资料进行审核，并逐级上报给省级税务机关。

省级税务机关应组成扣除标准核定小组，核定结果应由省级税务机关下达，主管税务机关通过网站、报刊等多种方式及时向社会公告核定结果。未经公告的扣除标准无效。

省级税务机关下达核定结果前，试点纳税人可按上年确定的核定扣除标准计算申报农产品进项税额。

此外，试点纳税人购进农产品直接销售、购进农产品用于生产经营且不构成货物实体扣除标准的核定采取备案制，抵扣农产品增值税进项税额的试点纳税人应在申报缴纳税款时向主管税务机关备案。备案资料的范围和要求由省级税务机关确定。

试点纳税人对税务机关根据规定核定的扣除标准有疑义或者生产经营情况发生变化的，可以自税务机关发布公告或者收到主管税务机关《税务事项通知书》之日起30日内，向主管税务机关提出重新核定扣除标准申请，并提供说明其生产、经营真实情况的证据，主管税务机关应当自接到申请之日起30日内书面答复。

试点纳税人在申报期内，除向主管税务机关报送《增值税一般纳税人纳税申报办法》规定的纳税申报资料外，还应报送《农产品核定扣除增值税进项税额计算表》。

根据《财政部国家税务总局关于扩大农产品增值税进项税额核定扣除试点行业范围的通知》（财税〔2013〕57号）规定，进一步推进农产品增值税进项税额核定扣除试点工作，扩大实行核定扣除试点的行业范围。

① 自2013年9月1日起，各省、自治区、直辖市、计划单列市税务部门可商同级财政部门，根据《农产品增值税进项税额核定扣除试点实施办法》（财税〔2012〕38号）的有关规定，结合本省（自治区、直辖市、计划单列市）特点，选择部分行业开展核定扣除试点工作。

② 各省、自治区、直辖市、计划单列市税务和财政部门制定的关于核定扣除试点行业范围、扣除标准等内容的文件，需报经财政部和国家税务总局备案后公布。财政部和国家税务总局将根据各地区试点工作进展情况，不定期公布部分产品全国统一的扣除标准。

【例3-3】 智董食品油加工厂为增值税一般纳税人，2014年11月收购菜籽100吨，每吨收购价为10 000元，开具的主管税务机关核准使用的收购凭证上收购款总计为1 000 000元，当月生产菜籽油领用菜籽20吨。该食品油加工企业采用"投入产出法"确定农产品当期的进项税额，则相关会计处理如下。

收购菜籽，验收入库环节，会计账务处理为：

借：原材料——菜籽	1 000 000
贷：银行存款	1 000 000

生产领用环节，会计账务处理为：

借：生产成本	176 991.15
应交税费——应交增值税（进项税额）	23 008.85
贷：原材料——菜籽	200 000

关于收费公路通行费增值税抵扣有关问题的通知

（财税〔2016〕86号）

一、增值税一般纳税人支付的道路、桥、闸通行费，暂凭取得的通行费发票（不含财政票据，下同）上注明的收费金额按照下列公式计算可抵扣的进项税额：

高速公路通行费可抵扣进项税额=高速公路通行费发票上注明的金额÷（1+3%）×3%

一级公路、二级公路、桥、闸通行费可抵扣进项税额=一级公路、二级公路、桥、闸通行费发票上注明的金额÷（1+5%）×5%

通行费，是指有关单位依法或者依规设立并收取的过路、过桥和过闸费用。

二、本通知自2016年8月1日起执行，停止执行时间另行通知。

（4）不动产进项税额的抵扣。

1）适用一般计税方法的试点纳税人，2016年5月1日后取得并在会计制度上按固定资产核算的不动产或者2016年5月1日后取得的不动产在建工程，其进项税额应自取得之日起分两年从销项税额中抵扣，第一年抵扣比例为60%，第二年抵扣比例为40%。

取得不动产，包括以直接购买、接受捐赠、接受投资入股、自建以及抵债等各种形式取得不动产，不包括房地产开发企业自行开发的房地产项目。

融资租入的不动产以及在施工现场修建的临时建筑物、构筑物，其进项税额不适用上述分两年抵扣的规定。

【例3-4】 2016年11月7日，智董公司（增值税一般纳税人）购进一栋大楼，该大楼用于公司办公，计入固定资产并于次月开始计提折旧。11月23日，该纳税人取得该大楼的增值税专用发票并认证相符，专用发票注明的增值税额为2 200万元。

根据相关规定，2 200万元进项税额中的60%将在本期（2016年11月）抵扣，剩余的40%于取得扣税凭证的当月起第13个月（2017年11月）抵扣。

2016年11月，企业账务处理为：

借：固定资产——办公大楼　　　　　　　　　　　200 000 000
　　应交税费——应交增值税（进项税额）　　　　 13 200 000
　　应交税费——待抵扣进项税额　　　　　　　　　8 800 000
　　贷：银行存款　　　　　　　　　　　　　　　　　　　　222 000 000

2017年11月，企业相关账务处理为：

借：应交税费——应交增值税（进项税额）　　　　8 800 000
　　贷：应交税费——待抵扣进项税额　　　　　　　　　　　8 800 000

【例3-5】 2016年7月，智董公司（增值税一般纳税人）为其已经使用了20年的办公楼（账面原值为2 000万元）进行装饰修缮，将一批原采购生产用材料改变用途用于装饰工程。该批材料在购进时已取得增值税专用发票，票面注明价款为1 200万元、增值税额204万元，企业已经认证并进行了进项税额抵扣。本次装饰工程支付设计费用，取得设计单位开具的增值税专用发票上注明价款20万元、增值税额1.2万元。支付施工单位建筑服务费用，取得增值税专用发票上注明价款400万元、增值税额44万元。款项均已支付，则企业2016年7月账务处理为：

借：在建工程——办公楼装修
　　　　　　　　　　　16 200 000（12 000 000+200 000+4 000 000）
　　应交税费——应交增值税（进项税额）
　　　　　　　　　　　271 200 [（12 000+440 000）×60%]
　　应交税费——待抵扣进项税额
　　　　　　　　　　　996 800 [（12000+440 000）×40%+2 040 000×40%]
　　贷：银行存款　　　4 652 000（212 000+4 440 000）
　　　　原材料　　　　12 000 000
　　　　应交税费——应交增值税（进项税额转出）
　　　　　　　　　　　816 000（408 000×40%）

假设该企业2016年11月修缮完工，完工后账务处理为：

借：固定资产——办公楼　　　　　　　　　　16 200 000
　　贷：在建工程——办公楼装修　　　　　　　　　　16 200 000

2017年7月，企业相关账务处理为：

借：应交税费——应交增值税（进项税额）　　996 800
　　贷：应交税费——待抵扣进项税额　　　　　　　　996 800

2）按照《营业税改征增值税试点实施办法》第二十七条第（一）项规定不得抵扣且未抵扣进项税额的固定资产、无形资产、不动产，发生用途改变，用于允许抵扣进项税额的应税项目，可在用途改变的次月按照下列公式计算可以抵扣的进项税额：

可以抵扣的进项税额=固定资产、无形资产、不动产净值÷（1+适用税率）×适用税率

上述可以抵扣的进项税额应取得合法有效的增值税扣税凭证。

【例3-6】　2016年7月8日，某纳税人购进一栋办公楼，金额2 000万元，取得增值税专用发票1张，并已通过认证。该大楼专用于免税项目，计入固定资产，并于次月开始计提折旧，假定分10年计提，无残值。2017年7月，智董公司将该大楼改变用途，用于允许抵扣项目。

按照现行政策规定，纳税人不得抵扣且未抵扣进项税额的不动产，发生用途改变，用于允许抵扣进项税额的应税项目，可在用途改变的次月，将按公式计算出的可以抵扣的进项税额。

该项不动产的净值率=[2 000–2 000÷（10×12）×12]÷2 000=90%

可抵扣进项税额=增值税扣税凭证注明或计算的进项税额×不动产净值率=220×90%=198（万元）

按照政策规定，该198万元进项税额中的60%于改变用途的次月抵扣，剩余的40%于改变用途的次月起，第13个月抵扣。

2017年8月（税款所属期）可抵扣的进项税额=198×60%=118.8（万元）

3）纳税人接受贷款服务向贷款方支付的与该笔贷款直接相关的投融资顾问费、手续费、咨询费等费用，其进项税额不得从销项税额中抵扣。

（5）从境外单位或者个人购进服务、无形资产或者不动产，自税务机关或者扣缴义务人取得的解缴税款的完税凭证上注明的增值税额。

增值税扣税凭证，是指增值税专用发票、海关进口增值税专用缴款书、农产品收购发票、农产品销售发票和完税凭证。

（6）原增值税纳税人准予抵扣的进项税额。原增值税纳税人（按照《增值税暂行条例》缴纳增值税的纳税人）准予抵扣的进项税额按照以下规定执行：

1）原增值税一般纳税人购进服务、无形资产或者不动产，取得的增值税专用发票上注明的增值税额为进项税额，准予从销项税额中抵扣。

2016年5月1日后取得并在会计制度上按固定资产核算的不动产或者2016年5月1日后取得的不动产在建工程，其进项税额应自取得之日起分两年从销项税额中抵扣，第一年抵扣比例为60%，第二年抵扣比例为40%。

融资租入的不动产以及在施工现场修建的临时建筑物、构筑物，其进项税额不适用上述分两年抵扣的规定。

2）原增值税一般纳税人自用的应征消费税的摩托车、汽车、游艇，其进项税额准予从销项税额中抵扣。

3）原增值税一般纳税人从境外单位或者个人购进服务、无形资产或者不动产，按照规定应当扣缴增值税的，准予从销项税额中抵扣的进项税额为自税务机关或者扣缴义务人取得的解缴税款的完税凭证上注明的增值税额。

纳税人凭完税凭证抵扣进项税额的，应当具备书面合同、付款证明和境外单位的对账单或者发票。资料不全的，其进项税额不得从销项税额中抵扣。

4）原增值税一般纳税人购进货物或者接受加工修理修配劳务，用于《销售服务、无形资产或者不动产注释》所列项目的，不属于《增值税暂行条例》第十条所称的用于非增值税应税项目，其进项税额准予从销项税额中抵扣。

（7）关于项目运营方利用信托资金融资过程中增值税进项税额抵扣问题。项目运营方利用信托资金融资进行项目建设开发是指项目运营方与经批准成立的信托公司合作进行项目建设开发，信托公司负责筹集资金并设立信托计划，项目运营方负责项目建设与运营，项目建设完成后，项目资产归项目运营方所有。该经营模式下项目运营方在项目建设期内取得的增值税专用发票和其他抵扣凭证，允许其按现行增值税有关规定予以抵扣。

上述规定自2010年10月1日起施行。此前未抵扣的进项税额允许其抵扣，已抵扣的不作进项税额转出。

（8）进口环节进项税额的抵扣。增值税税法对进口环节进项税额抵扣条件作了特殊规定：

对海关代征进口环节增值税开具的增值税专用缴款书上标明有两个单位名称，既有代理进口单位名称，又有委托进口单位名称的，只准予其中取得专用缴款书原件的一个单位抵扣税款。申报抵扣税款的委托进口单位，必须提供相应的海关代征增值税专用缴款书原件、委托代理合同及付款凭证，否则，不予抵扣进项税额。

（9）蜂窝数字移动通信用塔（杆），属于《固定资产分类与代码》（GB/T 14885—1994）中的"其他通信设备"（代码698），其增值税进项税额可以按照现行规定从销项税额中抵扣。

（10）煤炭采掘企业增值税进项税额抵扣有关事项。自2015年11月1日起，煤炭采掘企业增值税进项税额抵扣有关事项政策如下（财税〔2015〕117号）。

1）煤炭采掘企业购进的下列项目，其进项税额允许从销项税额中抵扣：

A. 巷道附属设备及其相关的应税货物、劳务和服务；

B. 用于除开拓巷道以外的其他巷道建设和掘进，或者用于巷道回填、露天煤矿生态恢复的应税货物、劳务和服务。

2）所称的巷道，是指为采矿提升、运输、通风、排水、动力供应、瓦斯治理等而掘进的通道，包括开拓巷道和其他巷道。其中，开拓巷道，是指为整个矿井或一个开采水平（阶段）

服务的巷道。所称的巷道附属设备,是指以巷道为载体的给排水、采暖、降温、卫生、通风、照明、通信、消防、电梯、电气、瓦斯抽排等设备。

(11)纳税人认定或登记为一般纳税人前进项税额抵扣问题。

1)纳税人自办理税务登记至认定或登记为一般纳税人期间,未取得生产经营收入,未按照销售额和征收率简易计算应纳税额申报缴纳增值税的,其在此期间取得的增值税扣税凭证,可以在认定或登记为一般纳税人后抵扣进项税额。

2)上述增值税扣税凭证按照现行规定无法办理认证或者稽核比对的,按照以下规定处理:

A. 购买方纳税人取得的增值税专用发票,按照《国家税务总局关于推行增值税发票系统升级版有关问题的公告》(国家税务总局公告2014年第73号)规定的程序,由销售方纳税人开具红字增值税专用发票后重新开具蓝字增值税专用发票。

购买方纳税人按照国家税务总局公告2014年第73号规定填开《开具红字增值税专用发票信息表》或《开具红字货物运输业增值税专用发票信息表》时,选择"所购货物或劳务、服务不属于增值税扣税项目范围"或"所购服务不属于增值税扣税项目范围"。

B. 纳税人取得的海关进口增值税专用缴款书,按照《国家税务总局关于逾期增值税扣税凭证抵扣问题的公告》(国家税务总局公告2011年第50号)规定的程序,经国家税务总局稽核比对相符后抵扣进项税额。

3)上述政策自2015年8月19日起施行,此前未处理的事项,按照2014年73号公告规定执行。

【例3-7】 智董公司(增值税一般纳税人)2013年5月外购5辆汽车,取得专用发票上注明价款1 000 000元,增值税金170 000元,发生运输费用4 000元,款项已从银行划转。则智董公司正确的会计处理为:

借:固定资产　　　　　　　　　　　　　　　　　　　　　1 174 000
　　贷:银行存款　　　　　　　　　　　　　　　　　　　　　1 174 000

若本例经济业务发生在2014年3月,发生运费取得增值税专用发票注明的价税合计金额仍为4 000元,则2014年3月的会计处理应为:

借:固定资产　　　　　　　　　　　　　　　　　　　　　1 003 603.6
　　应交税费——应交增值税(进项税额)　　　　　　　170 396.4
　　贷:银行存款　　　　　　　　　　　　　　　　　　　　　1 174 000

自2013年8月1日起,全国范围内的增值税一般纳税人,外购自用的应征消费税的摩托车、汽车、游艇,其进项税额准予从销项税额中抵扣(财税〔2013〕37号)。

(二)不得从销项税额中抵扣的进项税额

1. 营改增试点

下列项目的进项税额不得从销项税额中抵扣:

(1)用于简易计税方法计税项目、免征增值税项目、集体福利或者个人消费的购进货物、加工修理修配劳务、服务、无形资产和不动产。

其中涉及的固定资产、无形资产、不动产,仅指专用于上述项目的固定资产、无形资产(不包括其他权益性无形资产)、不动产。

纳税人的交际应酬消费属于个人消费。

小知识

固定资产、无形资产、不动产进项税额的处理原则

固定资产、无形资产、不动产的进项税额抵扣原则与其他允许抵扣的项目相比有一定的特殊性。一般情况下,对纳税人用于适用简易计税方法计税项目、免征增值税项目、集体福利或者个人消费的购进货物、加工修理修配劳务、服务、无形资产和不动产的进项税额不得从销项税额中抵扣。但是,涉及的固定资产、无形资产、不动产,仅指专用于简易计税方法计税项目、免征增值税项目、集体福利或者个人消费的情况,对属于兼用于允许抵扣项目和上述不允许抵扣项目情况的,其进项税额准予全部抵扣。之所以如此规定,主要是因为固定资产、无形资产、不动产项目发生上述兼用情况的较多,且比例难以准确区分。以固定资产进项税额抵扣为例:纳税人购进一台发电设备,既可以用于增值税应税项目,也可以用于增值税免税项目,二者共用,且比例并不固定,难以准确区分。如果按照对其他项目进项税额的一般处理原则办理,不具备可操作性。因此,采取了有利于纳税人的如下特殊处理原则:

对纳税人涉及的固定资产、无形资产、不动产项目的进项税额,凡发生专用于简易计税方法计税项目、免征增值税项目、集体福利或者个人消费项目的,该进项税额不得予以抵扣;发生兼用于上述不允许抵扣项目情况的,该进项税额准予全部抵扣。另外,由于其他权益性无形资产涵盖面非常广,往往涉及纳税人生产经营的各个方面,没有具体使用对象,因此,将其从不专用于简易计税方法计税项目、免征增值税项目、集体福利或者个人消费的购进的无形资产允许全部抵扣进项税额范围中剔除,即纳税人购进其他权益性无形资产用于简易计税方法计税项目、免征增值税项目、集体福利或者个人消费,其进项税额不得从销项税额中抵扣。

【例3-8】 智董公司(增值税一般纳税人)2016年6月10日购买一栋办公用楼,价值2 000万元,进项税额220万元。2017年5月,纳税人将办公楼改造成员工食堂,用于集体福利,此时不动产的净值为1 600万元。

按照政策规定,正常情况下,纳税人购入该项不动产,应在2016年6月抵扣132万元,2017年6月(第13个月)再抵扣剩余的88万元。由于纳税人在2017年5月将该项不动产用于集体福利,因此需要按照政策规定进行相应的处理。2017年5月,该不动产的净值为1 600万元,不动产净值率为80%,不得抵扣的进项税额为176万元,大于已抵扣的进项税额132万元,按照政策规定,这时应将已抵扣的132万元进项税额转出,并在待抵扣进项税额中扣减不得抵扣进项税额与已抵扣进项税额的差额44万元(176-132)。

营改增后删除"非增值税应税项目"表述的主要原因:非增值税应税项目是相对于增值税应税项目的一个概念。在原《增值税暂行条例》的规定中,非增值税应税项目就是指纳税人发生的不征增值税但须缴纳营业税的应税行为,营业税全部改征增值税后,原来的"非增值税应税项目"不复存在。

小知识

兼营简易计税方法计税项目、免税项目而无法划分的进项税额如何进行划分

在纳税人现实生产经营活动中,兼营行为是很常见的,经常出现进项税额不能准确划分的情形。比较典型的就是耗用的水和电力。但同时也有很多进项税额是可以划分清楚用途的,例

如，纳税人购进的一些原材料，用途是确定的，所对应的进项税额也就可以准确划分。

对于能够准确划分的进项税额，直接按照归属进行区分。

适用一般计税方法的纳税人，兼营简易计税方法计税项目、免征增值税项目而无法划分不得抵扣的进项税额，按照下列公式计算不得抵扣的进项税额：

$$不得抵扣的进项税额 = 当期无法划分的全部进项税额 \times \left(当期简易计税方法计税项目销售额 + 免征增值税项目销售额 \right) \div 当期全部销售额$$

主管税务机关可以按照上述公式依据年度数据对不得抵扣的进项税额进行清算。

按照销售额比例法进行换算是税收管理中常用的方法，与此同时还存在其他的划分方法。一般情况下，按照销售额的比例划分是较为简单的方法，可操作性比较强，便于纳税人和税务机关操作。

对于纳税人而言，进项税额转出是按月进行的，但由于年度内取得进项税额的不均衡性，有可能会造成按月计算的进项转出与按年度计算的进项转出产生差异，主管税务机关可在年度终了对纳税人进项转出计算公式进行清算，可对相关差异进行调整。

（2）非正常损失的购进货物，以及相关的加工修理修配劳务和交通运输服务。

（3）非正常损失的在产品、产成品所耗用的购进货物（不包括固定资产）加工修理修配劳务和交通运输服务。

（4）非正常损失的不动产，以及该不动产所耗用的购进货物、设计服务和建筑服务。

并非所有发生毁损的不动产均不得进项抵扣，只有违反法律法规造成不动产被依法没收、销毁、拆除情形的，才需要对不动产的进项税额作进项转出的处理。

（5）非正常损失的不动产在建工程所耗用的购进货物、设计服务和建筑服务。

纳税人新建、改建、扩建、修缮、装饰不动产，均属于不动产在建工程。

关于非正常损失的解释

非正常损失，是指因管理不善造成货物被盗、丢失、霉烂变质，以及因违反法律法规造成货物或者不动产被依法没收、销毁、拆除的情形。

这些非正常损失是由纳税人自身原因导致征税对象实体的灭失，为保证税负公平，其损失不应由国家承担，因而纳税人无权要求抵扣进项税额。这里所指的在产品，是指仍处于生产过程中的产品，与产成品对应，包括正在各个生产工序加工的产品和已加工完毕但尚未检验或已检验但尚未办理入库手续的产品。产成品，是指已经完成全部生产过程并验收入库，可以按照合同规定的条件送交订货单位，或者可以作为商品对外销售的产品。

【例 3-9】 智董公司（增值税一般纳税人）2016 年 8 月新建仓库项目，11 月发生非正常损失，其购进材料未到期的待抵扣进项税额为 170 000 元，则在 11 月相关账务处理为：

借：待处理财产损溢——固定资产（非正常损失）　　170 000
　　贷：应交税费——待抵扣进项税额　　　　　　　　　　170 000

（6）购进的旅客运输服务、贷款服务、餐饮服务、居民日常服务和娱乐服务。

① 一般意义上，旅客运输服务、餐饮服务、居民日常服务和娱乐服务主要接受对象是个人。对于一般纳税人购买的旅客运输服务、餐饮服务、居民日常服务和娱乐服务，难以准确地

界定接受劳务的对象是企业还是个人,因此,一般纳税人购进的旅客运输服务、餐饮服务、居民日常服务和娱乐服务的进项税额不得从销项税额中抵扣。

② 贷款服务进项税额不得抵扣,也就是利息支出进项税额不得抵扣的规定,主要是考虑如果允许抵扣借款利息,从根本上打通融资行为的增值税抵扣链条,按照增值税"道道征道道扣"的原则,首先就应当对存款利息征税。但在现有条件下,难度很大,一方面涉及对居民存款征税,无法解决专用发票的开具问题;另一方面与当下实际存款利率为负的现状不符。

③ 餐饮服务、居民日常服务、娱乐服务,主要是用于个人消费,因此其进项税额不能从销项税额中抵扣。

(7) 财政部和国家税务总局规定的其他情形。以上第(4)项、第(5)项所称货物,是指构成不动产实体的材料和设备,包括建筑装饰材料和给排水、采暖、卫生、通风、照明、通信、煤气、消防、中央空调、电梯、电气、智能化楼宇设备及配套设施。不动产、无形资产的具体范围,按照《销售服务、无形资产或者不动产注释》执行。

2. 原增值税纳税人

 **法律依据**

不得从销项税额中抵扣(关于原增值税纳税人的规定)
[《关于全面推开营业税改征增值税试点的通知》
(财税〔2016〕36号)附件2:营业税改征增值税试点有关事项的规定]

原增值税一般纳税人购进服务、无形资产或者不动产,下列项目的进项税额不得从销项税额中抵扣:

(1) 用于简易计税方法计税项目、免征增值税项目、集体福利或者个人消费。其中涉及的无形资产、不动产,仅指专用于上述项目的无形资产(不包括其他权益性无形资产)、不动产。纳税人的交际应酬消费属于个人消费。

(2) 非正常损失的购进货物,以及相关的加工修理修配劳务和交通运输服务。

(3) 非正常损失的在产品、产成品所耗用的购进货物(不包括固定资产)、加工修理修配劳务和交通运输服务。

(4) 非正常损失的不动产,以及该不动产所耗用的购进货物、设计服务和建筑服务。

(5) 非正常损失的不动产在建工程所耗用的购进货物、设计服务和建筑服务。

纳税人新建、改建、扩建、修缮、装饰不动产,均属于不动产在建工程。

(6) 购进的旅客运输服务、贷款服务、餐饮服务、居民日常服务和娱乐服务。

(7) 财政部和国家税务总局规定的其他情形。

上述第(4)点、第(5)点所称货物,是指构成不动产实体的材料和设备,包括建筑装饰材料和给排水、采暖、卫生、通风、照明、通信、煤气、消防、中央空调、电梯、电气、智能化楼宇设备及配套设施。

纳税人接受贷款服务向贷款方支付的与该笔贷款直接相关的投融资顾问费、手续费、咨询费等费用,其进项税额不得从销项税额中抵扣。

【例3-10】 智董公司2013年11月由于管理不善,一批产品发生霉烂变质,已知损失产品账面价值为160 000元,当期总的生产成本为840 000元。其中耗用外购材料、低值易耗品等价值为600 000元,外购货物均适用17%增值税税率。则:

损失产品成本中所耗外购货物的购进额=160 000×（600 000÷840 000）=114 285.71（元）
应转出进项税额=114 285.71×17%=19 428.57（元）
相应会计分录为：
借：待处理财产损溢——待处理流动资产损溢　　　140 571.43
　　应交税费——应交增值税（进项税额转出）　　　19 428.57
　贷：库存商品　　　　　　　　　　　　　　　　　　　　　160 000

【例3-11】 智董百货批发公司（增值税一般纳税人）购进商品一批，全部款项25 620元，其中专用发票上注明的价款为20 000元，税额为3 400元，对方代垫运费2 220元，取得承运部门开具的增值税专用发票一张（注明运费2 000元、税额220元），价税款项合计及代垫运费已由银行划拨，则企业作如下会计分录：

借：物资采购　　　　　　　　　　　　　　　　　22 000
　　应交税费——应交增值税（进项税额）　　　　　3 620
　贷：银行存款　　　　　　　　　　　　　　　　　　　　25 620

上述货物验收入库时，发现有2 000元的货物毁损，根据毁损商品报告单，企业作会计分录为：

实际入库商品：
借：库存商品　　　　　　　　　　　　　　　　　19 800
　贷：物资采购　　　　　　　　　　　　　　　　　　　　19 800
毁损商品：
借：待处理财产损溢　　　　　　　　　　　　　　2 562
　贷：物资采购　　　　　　　　　　　　　　　　　　　　2 200
　　应交税费——应交增值税（进项税额转出）　　　　　　362

进项税额的会计核算

① 非纳税辅导期管理的一般纳税人，支付或负担允许抵扣销项税额的进项税额，取得增值税抵扣凭证（除海关进口增值税专用缴款书）后，借记"应交税费——应交增值税（进项税额）"明细科目，贷记相关科目。支付或负担不允许从销项税额抵扣的进项税额，直接记入相关成本费用，而不记入"应交税费——应交增值税（进项税额）"明细科目。

② 纳税辅导期管理的一般纳税人，支付或负担允许抵扣销项税额的进项税额，取得增值税抵扣凭证（除海关进口增值税专用缴款书）后，借记"应交税费——待抵扣进项税额"明细科目，贷记相关科目。交叉稽核比对无误后，借记"应交税费——应交增值税（进项税额）"科目，贷记"应交税费——待抵扣进项税额"科目。经核实不得抵扣的进项税额，红字借记"应交税费——待抵扣进项税额"科目，红字贷记相关科目。

③ 一般纳税人取得海关进口增值税专用缴款书后，应借记"应交税费——待抵扣进项税额"明细科目，贷记相关科目；稽核比对相符以及核查后允许抵扣的，应借记"应交税费——应交增值税（进项税额）"专栏，贷记"应交税费——待抵扣进项税额"科目。经核查不得抵扣的进项税额，红字借记"应交税费——待抵扣进项税额"科目，红字贷记相关科目。

④ 一般纳税人2016年5月1日后取得的不动产或发生的不动产在建工程，其进项税额应

按照规定分2年从销项税额中抵扣时，60%的部分于取得扣税凭证的当期从销项税额中抵扣，即借记"应交税费——应交增值税（进项税额）"，贷记相关科目；40%的部分先为待抵扣进项税额，即借记"应交税费——待抵扣进项税额"，贷记相关科目，于取得扣税凭证的当月起第13个月从销项税额中抵扣，即借记"应交税费——应交增值税（进项税额）"，贷记"应交税费——待抵扣进项税额"。若购进时已全额抵扣进项税额的货物和服务，转用于不动产在建工程的，其已抵扣进项税额的40%部分，应于转用的当期从进项税额中扣减，记入待抵扣进项税额，即借记"应交税费——待抵扣进项税额"，贷记"应交税费——应交增值税（进项税额转出）"，再于转用的当月起第13个月从销项税额中抵扣，即借记"应交税费——应交增值税（进项税额）"，贷记"应交税费——待抵扣进项税额"。

三、扣减销项税额和进项税额

一般纳税人已抵扣进项税额的购进货物、加工修理修配劳务、服务、无形资产或者不动产，发生不得从销项税额中抵扣情况的，应当将该进项税额从当期进项税额中扣减；无法确定该进项税额的，按照当期实际成本计算应扣减的进项税额。一般纳税人发生服务中止、购进货物退回、折让而收回的增值税额，也应当从当期的进项税额中扣减。

一般纳税人发生进项税额扣减，在会计核算时，应借记相关科目，贷记"应交税费——应交增值税（进项税额转出）"明细科目。

（一）销售折让

对增值税而言，销售折让其实是指纳税人提供应税行为后因为劳务成果（包括无形资产或者不动产）质量不合格等原因在售价上给予的减让。

《企业会计准则第14号——收入》第八条规定："销售折让，是指企业因售出商品的质量不合格等原因而在售价上给予的减让。"在通常情况下，销售行为在先，购货方希望售价减让在后，也就是说销售折让发生在销售收入已经确认之后，因此，销售折让发生时的账务处理，《企业会计准则第14号——收入》第八条规定："企业已经确认销售商品收入的售出商品发生销售折让的，应当在发生时冲减当期销售商品收入。销售折让属于资产负债表日后事项的，适用《企业会计准则第29号——资产负债表日后事项》。"

进货退出或折让的税务处理

纳税人在购进货物时，因货物质量、规格等原因而发生进货退回或折让，由于进货退回或折让不仅涉及货款或折让价款的收回，还涉及增值税的收回，因此，购货方应对当期进项税额进行调整。税法规定，一般纳税人因进货退回和折让而从销货方收回的增值税额，应从发生进货退回或折让当期的进项税额中扣减。如不按规定扣减，造成进项税额虚增，不纳或少纳增值税，属于偷税行为，按偷税予以处罚。

（二）向供货方收取的返还收入的税务处理

自2004年7月1日起，对商业企业向供货方收取的与商品销售量、销售额挂钩（如以一定比例、金额、数量计算）的各种返还收入，均应按平销返利行为的有关规定冲减当期增值税进项税额。冲减进项税额的计算公式如下：

当期应冲减的进项税额 = 当期取得的返还资金 ÷（1+所购进货物适用增值税税率）× 所购进货物适用增值税税率

商业企业向供货方收取的各种返还收入，一律不得开具增值税专用发票。

（三）销售退回、开票有误、应税行为中止、发票无法认证

一般纳税人开具增值税专用发票，发生销售退回、开票有误、应税行为中止以及发票抵扣联、发票联均无法认证等情形但不符合作废条件，或者因销货部分退回及发生销售折让，需要开具红字专用发票的，应按规定处理。

（四）已经抵扣进项税额的购进货物发生用途改变的税务处理

由于增值税采用"购进扣税法"，当期购进的货物或应税劳务如果未确定用于非经营性项目，其进项税额会在当期销项税额中予以抵扣。但已经抵扣进项税额的购进货物或应税劳务如果事后改变用途，如用于职工福利或个人消费，购进货物发生非正常损失，在产品或产成品发生非正常损失，根据税法规定，应将购进货物或应税劳务的进项税额从当期的进项税额中扣减。无法准确确定该项进项税额的，按当期实际成本计算应扣减的进项税额。

纳税人已抵扣进项税额的固定资产、无形资产或者不动产用于不得从销项税额抵扣进项税额项目的，应当在当月按下列公式计算不得抵扣的进项税额：

不得抵扣的进项税额=固定资产、无形资产或者不动产净值×适用税率

所处固定资产、无形资产或者不动产净值是指纳税人按照财务会计制度计提折旧后计算的固定资产净值。

法律依据

已抵扣进项税额发生用途改变而需要扣减

[《关于全面推开营业税改征增值税试点的通知》
（财税〔2016〕36号）附件：1. 营业税改征增值税试点实施办法]

第三十条 已抵扣进项税额的购进货物（不含固定资产）劳务、服务，发生本办法第二十七条规定情形（简易计税方法计税项目、免征增值税项目除外）的，应当将该进项税额从当期进项税额中扣减；无法确定该进项税额的，按照当期实际成本计算应扣减的进项税额。

第三十一条 已抵扣进项税额的固定资产、无形资产或者不动产，发生本办法第二十七条规定情形的，按照下列公式计算不得抵扣的进项税额：

不得抵扣的进项税额=固定资产、无形资产或者不动产净值×适用税率

固定资产、无形资产或者不动产净值，是指纳税人根据财务会计制度计提折旧或摊销后的余额。

四、应纳税额的计算

在确定了销项税额和进项税额后，就可以得出实际应纳税额，基本计算公式为：

应纳税额=当期销项税额-当期进项税额

（一）计算应纳税额的时间界定

计算应纳税额，在确定时间界限时，应掌握以下有关规定。

1. 销项税额的时间界定

增值税纳税人销售货物或提供了应税劳务后，什么时间计算销项税额，关系到当期销项税额的大小。关于销项税额的确定时间，总的原则是：销项税额的确定不得滞后。税法对此作了严格的规定，具体确定销项税额的时间根据本书关于纳税义务发生时间的有关规定执行。

2. 进项税额抵扣时限的界定

进项税额是纳税人购进货物或者接受应税劳务所支付或负担的增值税额，进项税额的大小，直接影响纳税人的应纳税额的多少。

增值税专用发票认证是进项税额抵扣的前提。增值税发票认证是指通过增值税发票税控系统对增值税发票所包含的数据进行识别、确认。纳税人通过增值税发票税控系统开具发票时，系统会自动将发票上的开票日期、发票号码、发票代码、购买方纳税人识别号、销售方纳税人识别号、金额、税额等要素，经过加密形成防伪电子密文打印在发票上。认证时，税务机关利用扫描仪采集发票上的密文和明文图像，或由纳税人自行采集发票电子信息传送至税务机关，通过认证系统对密文解密还原，再与发票明文进行比对，比对一致则通过认证。

发票认证是税务机关进行纳税申报管理、出口退税审核、发票稽核比对、异常发票核查以及税务稽查的重要依据，在推行"以票控税"、加强税收征管中发挥着重要作用。

纳税人必须在规定的期限内进行认证并申请抵扣进项税额。进项税额抵扣时间影响纳税人不同纳税期应纳税额。关于进项税额的抵扣时间，总的原则是：进项税额的抵扣不得提前。税法对不同扣税凭证的抵扣时间作了详细的规定。

（1）防伪税控专用发票进项税额的抵扣时限。增值税一般纳税人取得 2010 年 1 月 1 日以后开具的增值税专用发票、公路内河货物运输业统一发票（后为货物运输业增值税专用发票）和机动车销售统一发票，应在开具之日起 180 日内到税务机关办理认证，并在认证通过的次月申报期内，向主管税务机关申报抵扣进项税额。

自 2013 年 7 月 1 日起，增值税一般纳税人进口货物取得的属于增值税扣税范围的海关缴款书，需经税务机关稽核比对相符后，其增值税额方能作为进项税额在销项税额中抵扣。

【例 3-12】　智董公司（增值税一般纳税人）2013 年 5 月从外地购入原材料一批，价款 200 000 元，税金 34 000 元，款项已付，取得一张专用发票，超过规定时限，未办理认证手续。则智董公司正确的会计处理为：

借：原材料　　　　　　　　　　　　　　　　　　　　　234 000
　　贷：银行存款　　　　　　　　　　　　　　　　　　　　234 000

（2）海关完税凭证进项税额的抵扣时限。纳税人进口货物取得的属于增值税扣税范围的海关缴款书，应自开具之日起 180 天内向主管税务机关报送《海关完税凭证抵扣清单》（电子数据），申请稽核比对，逾期未申请的其进项税额不予抵扣。

税务机关通过稽核系统将纳税人申请稽核的海关缴款书数据，按日与进口增值税入库数据进行稽核比对，每个月为一个稽核期。海关缴款书开具当月申请稽核的，稽核期为申请稽核的当月、次月及第三个月。海关缴款书开具次月申请稽核的，稽核期为申请稽核的当月及次月。海关缴款书开具次月以后申请稽核的，稽核期为申请稽核的当月。

稽核比对的结果分为相符、不符、滞留、缺联、重号五种。

税务机关于每月纳税申报期内，向纳税人提供上月稽核比对结果，纳税人应向主管税务机关查询稽核比对结果信息。

对稽核比对结果为相符的海关缴款书，纳税人应在税务机关提供稽核比对结果的当月纳税申报期内申报抵扣，逾期的其进项税额不予抵扣。

对于稽核比对结果为不符、缺联的海关缴款书，纳税人应于产生稽核结果的180日内，持海关缴款书原件向主管税务机关申请数据修改或者核对，逾期的其进项税额不予抵扣。属于纳税人数据采集错误的，数据修改后再次进行稽核比对；不属于数据采集错误的，纳税人可向主管税务机关申请数据核对，主管税务机关会同海关进行核查。经核查，海关缴款书票面信息与纳税人实际进口货物业务一致的，纳税人应在收到主管税务机关书面通知的次月申报期内申报抵扣，逾期的其进项税额不予抵扣。

对于稽核比对结果为重号的海关缴款书，由主管税务机关进行核查。经核查，海关缴款书票面信息与纳税人实际进口货物业务一致的，纳税人应在收到税务机关书面通知的次月申报期内申报抵扣，逾期的其进项税额不予抵扣。

对于稽核比对结果为滞留的海关缴款书，可继续参与稽核比对，纳税人无须申请数据核对。

纳税人应在"应交税费"科目下设"待抵扣进项税额"明细科目，用于核算已申请稽核但尚未取得稽核相符结果的海关缴款书进项税额。纳税人取得海关缴款书后，应借记"应交税费——待抵扣进项税额"明细科目，贷记相关科目；稽核比对相符以及核查后允许抵扣的，应借记"应交税费——应交增值税（进项税额）"科目，贷记"应交税费——待抵扣进项税额"科目。经核查不得抵扣的进项税额，红字借记"应交税费——待抵扣进项税额"，红字贷记相关科目。

增值税一般纳税人非因客观原因未在规定期限内到税务机关办理认证、申报抵扣或者申请稽核比对的，其取得的票证不得作为合法的增值税扣税凭证，不得计算进项税额抵扣。

（3）取消纳税信用A、B级增值税一般纳税人增值税发票认证的规定。纳税信用A级和纳税信用B级的一般纳税人分别自2016年3月1日和2016年5月1日起，取得销售方使用新系统开具的增值税发票，可以不再进行扫描认证，登录本省增值税发票查询平台，查询、选择用于申报抵扣或者出口退税的增值税发票信息，未查询到对应发票信息的，仍可进行扫描认证。

（4）扣税凭证丢失后进项税额的抵扣。一般纳税人丢失已开具专用发票的发票联和抵扣联，丢失前已认证相符的，购买方凭销售方提供的相应专用发票记账联复印件及销售方所在地主管税务机关出具的《丢失增值税专用发票已报税证明单》，经购买方主管税务机关审核同意后，可作为增值税进项税额的抵扣凭证；丢失前未认证的，购买方凭销售方提供的相应专用发票记账联复印件到主管税务机关进行认证，认证相符的凭专用发票记账联复印件及销售方所在地主管税务机关出具的《丢失增值税专用发票已报税证明单》，经购买方主管税务机关审核同意后，可作为增值税进项税额的抵扣凭证。

一般纳税人丢失已开具专用发票的抵扣联，丢失前已认证相符的，可使用专用发票发票联复印件留存备查；丢失前未认证的，可使用专用发票发票联到主管税务机关认证，专用发票发票联复印件留存备查。

一般纳税人丢失已开具专用发票的发票联，可将专用发票抵扣联作为记账凭证，专用发票抵扣联复印件留存备查。

增值税一般纳税人丢失海关缴款书，应在规定期限内，凭报关地海关出具的相关已完税证明，向主管税务机关提出抵扣申请。主管税务机关受理申请后，应当进行审核，并将纳税人提供的海关缴款书电子数据纳入稽核系统进行比对。稽核比对无误后，方可允许计算进项税额抵扣。

（5）未按期申报抵扣增值税进项税额的处理。增值税一般纳税人增值税扣税凭证因客观原因未按期申报抵扣增值税进项税额，按照下列规定，申请办理抵扣手续。

增值税一般纳税人取得的增值税扣税凭证已认证或已采集上报信息但未按照规定期限申

报抵扣；实行纳税辅导期管理的增值税一般纳税人以及实行海关进口增值税专用缴款书"先比对后抵扣"管理办法的增值税一般纳税人，取得的增值税扣税凭证稽核比对结果相符但未按规定期限申报抵扣，属于发生真实交易且符合《关于未按期申报抵扣增值税扣税凭证有关问题的公告》第二条规定的客观原因的，经主管税务机关审核，允许纳税人继续申报抵扣其进项税额。

增值税扣税凭证，包括增值税专用发票（含货物运输业增值税专用发票）海关进口增值税专用缴款书和公路内河货物运输业统一发票。

增值税一般纳税人除客观原因以外的其他原因造成增值税扣税凭证未按期申报抵扣的，仍按照现行增值税扣税凭证申报抵扣有关规定执行。

客观原因包括如下类型：

① 因自然灾害、社会突发事件等不可抗力原因造成增值税扣税凭证未按期申报抵扣；

② 有关司法、行政机关在办理业务或者检查中，扣押、封存纳税入账簿资料，导致纳税人未能按期办理申报手续；

③ 税务机关信息系统、网络故障，导致纳税人未能及时取得认证结果通知书或稽核结果通知书，未能及时办理申报抵扣；

④ 由于企业办税人员伤亡、突发危重疾病或者擅自离职，未能办理交接手续，导致未能按期申报抵扣；

⑤ 国家税务总局规定的其他情形。

 **小知识**

进项税额的抵扣时间

① 一般纳税人取得的增值税专用发票、货物运输业增值税专用发票和机动车销售统一发票，应在开具之日起 180 日内到税务机关办理认证。认证通过后，非纳税辅导期管理的一般纳税人，应在认证通过的次月申报期内，向主管税务机关申报抵扣进项税额；纳税辅导期管理的一般纳税人，应当在交叉稽核比对无误后，方可抵扣进项税额。

② 一般纳税人进口货物取得的属于增值税扣税范围的海关缴款书，自开具之日起 180 天内向主管税务机关报送《海关完税凭证抵扣清单》（电子数据），申请稽核比对。对稽核比对结果为相符的海关缴款书，纳税人应在税务机关提供稽核比对结果的当月纳税申报期内申报抵扣。

③ 一般纳税人发生真实交易但由于客观原因造成增值税专用发票、海关进口增值税专用缴款书等扣税凭证逾期的，经主管税务机关审核、逐级上报，由国家税务总局认证、稽核比对后，对比对相符的增值税扣税凭证，允许纳税人继续抵扣其进项税额。一般纳税人由于除客观原因以外的其他原因造成增值税扣税凭证逾期的，逾期未认证或申请比对的，其进项税额不予抵扣。

④ 一般纳税人取得的增值税专用发票（含货物运输业增值税专用发票）海关进口增值税专用缴款书等扣税凭证已认证或已采集上报信息但未按照规定期限申报抵扣；实行纳税辅导期管理的增值税一般纳税人取得的增值税扣税凭证稽核比对结果相符但未按规定期限申报抵扣，属于发生真实交易且符合规定的客观原因的，经主管税务机关审核，允许纳税人继续申报抵扣其进项税额。一般纳税人除客观原因规定以外的其他原因造成增值税扣税凭证未按期申报抵扣的，其进项税额不予抵扣。

（二）进项税额不足抵扣的税务处理

纳税人在计算应纳税额时，如果当期销项税额小于当期进项税额不足抵扣的部分，可以结转下期继续抵扣。

原增值税一般纳税人兼有应税服务的，截止到本地区试点实施之日前的增值税期末留抵税额，不得从应税服务的销项税额中抵扣。

（三）增值税期末留抵税额

1．原增值税的期末留抵税额，只能抵扣试点以后发生的销售货物和劳务产生的销项税额

原增值税一般纳税人兼有销售服务、无形资产或者不动产的，截止到纳入"营改增"试点之日前的增值税期末留抵税额，不得从销售服务、无形资产或者不动产的销项税额中抵扣。

纳税人在生产经营中，兼营的行为非常普遍。原增值税（纳税人因销售货物和提供加工修理修配劳务而缴纳的增值税）均为中央和地方共享税，营改增以后，为进一步理顺中央与地方的财政分配关系，《财政部中国人民银行国家税务总局关于营改增试点预算管理问题的通知》（财预〔2013〕275号）明确，试点期间收入归属保持不变，原归属地方的营业税收入，改征增值税后仍全部归属地方。也就是说，同为增值税，目前存在两种预算分配格局：一种为全额地方，一种为中央地方共享。为维持现有中央和地方收入分配格局的稳定，税法规定了原增值税的期末留抵税额，只能抵扣试点以后发生的销售货物和劳务产生的销项税额，不能抵扣试点以后发生的其他应税行为产生的销项税额。

2．纳税人既欠缴增值税，又有增值税留抵税额问题的税务处理

为了加强增值税管理，及时追缴欠税，解决增值税一般纳税人既欠缴增值税，又有增值税留抵税额的问题，税法规定，对纳税人因销项税额小于进项税额而产生期末留抵税额的，应以期末留抵税额抵减增值税欠税。

抵减欠缴税款时，应按欠税发生时间逐笔抵扣，先发生的先抵。抵缴的欠税包括呆账税金及欠税滞纳金。确定实际抵减金额时，按县（含）以上税务机关填开的《增值税进项留抵税额抵减增值税欠税通知书》的日期作为截止日期，计算欠缴税款的应缴未缴滞纳金金额，应缴未缴滞纳金余额加欠税余额为欠税总额。若欠缴总额大于期末留抵税额，实际抵减金额应等于期末留抵税额，并按配比方法计算抵减的欠税和滞纳金，若欠缴总额小于期末留抵税额，实际抵减金额等于欠缴总额。

增值税一般纳税人拖欠纳税检查应补缴的增值税税款，如果有进项留抵税额，可按照《国家税务总局关于增值税一般纳税人用进项留抵税额抵减增值税欠税问题的通知》（国税发〔2004〕112号）的规定，用增值税留抵税额抵减查补税款欠税。

3．纳税人资产重组增值税留抵税额处理

增值税一般纳税人（以下称"原纳税人"）在资产重组过程中，将全部资产、负债和劳动力一并转让给其他增值税一般纳税人（以下称"新纳税人"），并按程序办理注销税务登记的，其在办理注销登记前尚未抵扣的进项税额可结转至新纳税人处继续抵扣。

原纳税人主管税务机关应认真核查纳税人资产重组相关资料，核实原纳税人在办理注销税务登记前尚未抵扣的进项税额，填写《增值税一般纳税人资产重组进项留抵税额转移单》。

新纳税人主管税务机关应将原纳税人主管税务机关传递来的《增值税一般纳税人资产重组进项留抵税额转移单》与纳税人报送资料进行认真核对，对原纳税人尚未抵扣的进项税额，在确认无误后，允许新纳税人继续申报抵扣。

4. 一般纳税人注销时存货及留抵税额处理问题

一般纳税人注销或被取消辅导期一般纳税人资格，转为小规模纳税人时，其存货不作进项税额转出处理，其留抵税额也不予以退税。

（四）增值税税控系统专用设备和技术维护费用抵减增值税额

自 2011 年 12 月 1 日起，增值税纳税人购买增值税税控系统专用设备支付的费用以及缴纳的技术维护费（以下称两项费用）可在增值税应纳税额中全额抵减。具体规定如下：

（1）增值税纳税人 2011 年 12 月 1 日（含，下同）以后初次购买增值税税控系统专用设备（包括分开票机）支付的费用，可凭购买增值税税控系统专用设备取得的增值税专用发票，在增值税应纳税额中全额抵减（抵减额为价税合计额），不足抵减的可结转下期继续抵减。增值税纳税人非初次购买增值税税控系统专用设备支付的费用，由其自行负担，不得在增值税应纳税额中抵减。

增值税税控系统包括增值税防伪税控系统、货物运输业增值税专用发票税控系统、机动车销售统一发票税控系统和公路、内河货物运输业发票税控系统。

增值税防伪税控系统的专用设备包括金税卡、IC 卡、读卡器或金税盘和报税盘；货物运输业增值税专用发票税控系统专用设备包括税控盘和报税盘；机动车销售统一发票税控系统和公路、内河货物运输业发票税控系统专用设备包括税控盘和传输盘。

（2）增值税纳税人 2011 年 12 月 1 日以后缴纳的技术维护费（不含补缴的 2011 年 11 月 30 日以前的技术维护费），可凭技术维护服务单位开具的技术维护费发票，在增值税应纳税额中全额抵减，不足抵减的可结转下期继续抵减。技术维护费按照价格主管部门核定的标准执行。

（3）增值税一般纳税人支付的两项费用在增值税应纳税额中全额抵减的，其增值税专用发票不作为增值税抵扣凭证，其进项税额不得从销项税额中抵扣。

（4）纳税人购买的增值税税控系统专用设备自购买之日起 3 年内因质量问题无法正常使用的，由专用设备供应商负责免费维修，无法维修的免费更换。

（5）纳税人在填写纳税申报表时，对可在增值税应纳税额中全额抵减的增值税税控系统专用设备费用以及技术维护费，应按规定要求填报。

（五）"营改增"试点前发生的业务的处理

（1）试点纳税人发生应税行为，按照国家有关营业税政策规定差额征收营业税的，因取得的全部价款和价外费用不足以抵减允许扣除项目金额，截至纳入营改增试点之日前尚未扣除的部分，不得在计算试点纳税人增值税应税销售额时抵减，应当向原主管地税机关申请退还营业税。

在原营业税制度下，对特定情形给予了一些差额征收的政策，且由于纳税人个体收入和支出属期不同，会出现先取得收入，后可以差额的情况，也会出现收入确认少，差额确认多的情况。按照有关规定，国、地税的管辖权是确定的，并且每个税种对应的预算科目、预算级次都不一样，为了保证中央和地方财力划分、税款入库科目准确，明确了营业税下未减除完毕的部分，在营改增后不得在计算试点纳税人增值税应税销售额时抵减，应当向原主管地税机关申请退还营业税。

（2）试点纳税人发生应税行为，在纳入营改增试点之日前已缴纳营业税，营改增试点后因发生退款减除营业额的，应当向原主管地税机关申请退还已缴纳的营业税。

试点前的退款或退回等情形，不能减除增值税的应纳税额，虽然已不缴纳营业税，但可向原主管地税机关提出申请，由原主管地税机关退还已缴纳的营业税。

（3）试点纳税人纳入营改增试点之日前发生的应税行为，因税收检查等原因需要补缴税款的，应按照营业税政策规定补缴营业税。

总的来说，对于试点前的业务，要准确划分国、地税征管权限、税款的属性、预算科目级次、适用的政策制度，原则上属于该由地税管辖的时期的，即使在试点后发生的或发现的，地税机关仍然要进行相应处理。

国家税务总局关于明确营改增试点若干征管问题的公告

（国家税务总局公告2016年第26号）

为确保全面推开营改增试点顺利实施，现将若干税收征管问题公告如下：

……

二、个人转让住房，在2016年4月30日前已签订转让合同，2016年5月1日以后办理产权变更事项的，应缴纳增值税，不缴纳营业税。

……

本公告自2016年5月1日起施行。

销售使用过的固定资产

根据国家税务总局公告2015年第90号规定，自2016年2月1日起，纳税人销售自己使用过的固定资产，适用简易办法依照3%征收率减按2%征收增值税政策的，可以放弃减税，按照简易办法依照3%征收率缴纳增值税，并可以开具增值税专用发票。

一般纳税人销售自己使用过的除固定资产以外的物品，应当按照适用税率征收增值税。

一般纳税人销售自己使用过的、纳入营改增试点之日前取得的固定资产，按照现行旧货相关增值税政策执行。

使用过的固定资产，此处是指纳税人符合《营业税改征增值税试点实施办法》第二十八条规定并根据财务会计制度已经计提折旧的固定资产。

（六）总分支机构试点纳税人增值税的计算缴纳

《总分机构试点纳税人增值税计算缴纳暂行办法》（财税〔2013〕74号）规定，总分支机构试点纳税人增值税按照下列规定计算缴纳：

（1）总机构汇总的应征增值税销售额，为总机构及其分支机构发生《应税服务范围注释》所列业务的应征增值税销售额。

（2）总机构汇总的销项税额，按照上述规定的应征增值税销售额和增值税适用税率计算。

（3）总机构汇总的进项税额，是指总机构及其分支机构因发生《应税服务范围注释》所列业务而购进货物或者接受加工修理修配劳务和应税服务，支付或者负担的增值税额。总机构及其分支机构用于发生《应税服务范围注释》所列业务之外的进项税额不得汇总。

（4）分支机构发生《应税服务范围注释》所列业务，按照应征增值税销售额和预征率计算缴纳增值税。计算公式如下：

$$应预缴的增值税=应征增值税销售额×预征率$$

预征率由财政部和国家税务总局规定,并适时予以调整。

分支机构销售货物、提供加工修理修配劳务,按照增值税暂行条例及相关规定就地申报缴纳增值税。

(5)分支机构发生《应税服务范围注释》所列业务当期已预缴的增值税税款,在总机构当期增值税应纳税额中抵减不完的,可以结转下期继续抵减。

(6)每年的第一个纳税申报期结束后,对上一年度总分机构汇总纳税情况进行清算。总机构和分支机构年度清算应交增值税,按照各自销售收入占比和总机构汇总的上一年度应交增值税额计算。分支机构预缴的增值税超过其年度清算应交增值税的,通过暂停以后纳税申报期预缴增值税的方式予以解决。分支机构预缴的增值税小于其年度清算应交增值税的,差额部分在以后纳税申报期由分支机构在预缴增值税时一并就地补缴入库。

总机构及其分支机构的其他增值税涉税事项,按照营改增试点政策及其他增值税有关政策执行。

【例3-13】 智董商业公司(增值税一般纳税人)2013年7月采用分批收款方式批发商品,合同规定不含税销售总金额为600万元,本月收回50%货款,其余货款于8月9日前收回。由于购货方资金紧张,本月实际收回不含税销售额200万元;零售商品实际取得销售收入456万元,其中包括以旧换新方式销售商品实际取得收入100万元,收购的旧货作价12万元;购进商品取得增值税专用发票,支付价款360万元、增值税61.2万元,购进税控收款机取得增值税专用发票,支付价款0.6万元、增值税0.102万元,该税控收款机作为固定资产管理;从一般纳税人购进的货物发生非正常损失,账面成本8万元。计算该企业7月应纳增值税(本月取得的相关发票均在本月认证并抵扣)。

该企业采用分期收款方式销售货物,纳税义务发生时间是合同规定的收款日期当天。由于实际收到的货款小于合同规定本月应收回的货款,因此应按照合同规定的本月应收回的货款计算销项税额。采用以旧换新方式销售货物,按照新货物的销售额计算销项税额,旧货的收购价格不得从销售额中扣减。

销项税额=[300+(456+12)÷(1+17%)]×17%=119(万元)

购进税控收款机取得增值税专用发票,支付的进项税额可以抵扣;从一般纳税人购进货物发生非正常损失,不得抵扣进项税额。

准予抵扣的进项税额=61.2+0.102-8×17%=59.942(万元)

应纳增值税=119-59.942=59.058(万元)

【例3-14】 智董公司为增值税一般纳税人,2012年7月发生以下业务:

(1)从农业生产者手中收购大豆40吨,每吨收购价6 000元,共计支付收购价款240 000元。企业将收购的大豆从收购地直接运往异地的某酒厂生产加工药酒,酒厂在加工过程中代垫辅助材料款30 000元。药酒加工完毕,企业收回药酒时取得酒厂开具的增值税专用发票,注明加工费60 000元、增值税额10 200元,加工的药酒当地无同类产品市场价格。本月内企业将收回的药酒批发售出,取得不含税销售额520 000元。另外,支付给运输单位销货运输费用24 000元,取得普通发票。

(2)购进货物取得增值税专用发票,注明金额900 000元、增值税额153 000元;支付给运输单位的购货运输费用45 000元,取得普通发票。本月将已验收入库货物的80%零售,取得含税销售额1 170 000元,20%用于本企业集体福利。

(3)购进原材料取得增值税专用发票,注明金额320 000元、增值税额54 400元,材料验收入库。本月生产加工一批新产品450件,每件成本价760元(无同类产品市场价格),全部售给本企业职工,取得不含税销售额342 000元。月末盘存发现上月购进的原材料被盗,金额100 000元(其中含分摊的运输费用9 300元)。

(4)销售使用过的一台机器(购进时未抵扣进项税额),取得含税销售额64 880元。

(5)当月逾期押金收入25 740元。

试计算该企业7月应纳的增值税额(假定本月取得的相关票据均符合税法规定并在本月认证抵扣进项税额)。

计算业务(1)中应缴纳的增值税:
销项税额=520 000×17%=88 400(元)
应抵扣的进项税额=240 000×13%+10 200+24 000×7%=43 080(元)
应纳增值税额=88 400–43 080=45 320(元)

计算业务(2)中应缴纳的增值税:
销项税额=1 170 000÷(1+17%)×17%=170 000(元)
应抵扣的进项税额=(153 000+45 000×7%)×80%=124 920(元)
应纳增值税额=170 000–124 920=45 080(元)

计算业务(3)中应缴纳的增值税:
销项税额=450×760×(1+10%)×17%=63 954(元)
进项税额转出=(100 000–9 300)×17%+9 300÷(1–7%)×7%=16 090.13(元)
应抵扣的进项税额=54 400–16 090.13=38 309.87(元)
应纳增值税额=63 954–38 309.87=25 644.13(元)

计算业务(4)中应缴纳的增值税:
销售使用过的机器应纳增值税=64 880÷(1+3%)×4%×1/2=1 259.81(元)

计算业务(5)中应缴纳的增值税:
押金收入应纳增值税额=25 740÷(1+17%)×17%=3 740(元)

该企业5月应纳增值税额为:
45 320+45 080+25 644.13+1 259.81+3 740=121 043.94(元)

【例3-15】 智董电子设备生产公司(下称智董公司)与贵琛公司(下称贵琛公司)均为增值税一般纳税人,2014年5月有关经营业务如下:

(1)智董公司从贵琛公司购进生产用原材料和零部件,取得贵琛公司开具的增值税专用发票,注明货款360万元、增值税61.2万元。

(2)贵琛公司从智董公司购计算机600台,每台不含税单价0.90万元,取得智董公司开具的增值税专用发票,注明货款540万元、增值税91.8万元。贵琛公司以销货款抵顶应付智董公司的货款和税款后,实付购货款180万元、增值税30.6万元。

(3)智董公司为贵琛公司制作大型电子显示屏,开具了普通发票,取得含税销售额18.72万元、调试费收入4.68万元。制作过程中委托怡平公司进行专业加工,支付加工费4万元、增值税0.68万元,取得怡平公司增值税专用发票。

(4)贵琛公司从农民手中购进免税农产品,收购凭证上注明支付收购货款60万元,支付运输公司的运输费6万元,取得普通发票。入库后,将收购的农产品40%作为职工福利消费,60%零售给消费者并取得含税收入70.06万元。

(5)贵琛公司销售计算机和其他物品取得含税销售额596.7万元,均开具普通发票。

要求：
（1）计算智董公司 5 月应缴纳的增值税。
（2）计算贵琛公司 5 月应缴纳的增值税（本月取得的相关票据均在本月认证并抵扣）。
分析过程：
（1）智董公司：
① 销售计算机销项税额=600×0.90×17%=91.8（万元）
② 制作显示屏销项税额=（18.72+4.68）÷（1+17%）×17%=3.4（万元）
③ 当期应扣除进项税额=61.2+0.68=61.88（万元）
④ 应缴纳增值税=91.8+3.4−61.88=33.32（万元）
（2）贵琛公司：
① 销售材料销项税额=360×17%=61.2（万元）
② 销售农产品销项税额=70.06÷（1+13%）×13%=8.06（万元）
③ 销售计算机销项税额=596.7÷（1+17%）×17%=86.7（万元）
销项税额合计=61.2+8.06+86.7=155.96（万元）
④ 购计算机进项税额=600×0.90×17%=91.8（万元）
⑤ 购农产品进项税额=（60×13%+6×7%）×60%=4.94（万元）
应扣除进项税额合计=91.8+4.94=96.74（万元）
⑥ 应缴纳增值税=155.96−96.74=59.22（万元）

【例 3-16】 智董建筑公司（增值税一般纳税人），从事建筑安装和设备经营性租赁业务，所有建筑服务业务均由直接管理的项目部施工或分包，自当月开始投建新办公大楼。结合企业的财务核算、增值税开票系统和其他相关资料，经收集整理，2016 年 10 月发生与增值税相关的业务如下。

（一）收入方面

1．本地甲建筑项目为营改增后的项目，采取一般计税办法，于当月竣工结算。收取工程款 4 400 万元，开具增值税专用发票；另因提前竣工收取奖励款 40 万元，开具企业自制的收款收据，款均已收到。

2．外省乙建筑项目为营改增后的项目，采取一般计税办法，当月竣工结算，收取工程款 6 660 万元，开具增值税专用发票，款已收到，发生分包支出 2 004.66 万元。已向项目所在地税务机关填报《增值税预缴税款表》并预缴增值税 83.88 万元，取得项目所在地税务机关出具的完税凭证。

3．外市丙市政工程项目为营改增前的项目，采取简易计税办法，当月竣工结算，收取工程款 10 300 万元，开具增值税普通发票，款项尚未收到；发生分包支出 2 060 万元。已向项目所在地税务机关填报《增值税预缴税款表》并预增值税 240 万元，取得项目所在地税务机关出具的完税凭证。

4．将营改增后进口的龙门吊出租，取得租金收入 23.4 万元，开具增值税专用发票，款项已收到。

5．将营改增前购进的建筑周转材料出租，预收租金 10.3 万元，开具企业自制的收款收据，款均已收到（企业选择简易计税办法）。

6．将甲建筑项目积余的螺纹钢等出售，取得销售收入 46.8 万元，开具增值税专用发票，款项已收到。

7．8月完工已开具增值税专用发票的丁项目（采取一般计税办法），因存在质量问题，经协商退还工程款133.2万元，凭税务机关系统校验通过的《开具红字增值税专用发票信息表》开具红字专用发票，款项已退还。

8．将营改增前以400万元购置的本地一间商铺出售，取得收入505万元。选择简易计税办法，并以"差额征税开票功能"开具增值税专用发票。

9．将一批旧的建筑设备（均为营改增前购置）出售，取得收入41.2万元，开具增值税普通发票。

（二）进项税额方面

1．采购建筑工程材料均取得增值税专用发票，并为相关施工项目领用情况如表3-2所示。

表3-2　建筑工程材料相关情况　　　　　　　　　　　　　　单位：万元

工程项目	材料种类	发票份数	金额	税额
甲建筑项目	钢材、板材等	8	2 000	340
	混凝土、砂石等	3	600	18
乙建筑项目	钢材、板材等	6	1 400	238
	混凝土、砂石等	5	1 000	30
丙市政工程	混凝土、砂石等	10	1 600	48
公司新办公楼建造	钢材、板材等	7	1 200	204
	混凝土、砂石等	3	400	12

2．支付甲建筑项目与劳务派遣公司结算的劳务派遣服务费360万元，分别取得增值税专用发票和普通发票各一份，其中增值税专用发票载明：金额10万元，税额0.5万元。

3．支付乙建筑项目和丙市政工程项目发生的分包支出，其中乙建筑项目取得两份增值税专用发票，分别记载金额和税额为：金额222万元，税额6.66万元；金额1 600万元，税额88万元。丙市政工程项目取得一份增值税普通发票，记载金额1 030万元。

4．支付乙建筑项目建筑设备租赁费，取得增值税专用发票一份，记载金额80万元，税额13.6万元。

5．进口建筑专用设备，进口价300万元，报关进口时海关征收关税40万元，增值税68万元，分别取得海关完税凭证和海关进口增值税专用缴款书（本月报送电子数据，申请稽核比对）。

6．向主管税务机关查询海关进口增值税专用缴款书稽核比对结果信息，上月申请比对的一份海关进口增值税专用缴书已比对相符，为进口建筑设备，金额160万元，税额27.2万元。

7．支付办公楼的水、电费、通信费和通行费情况汇总如表3-3所示。

表3-3　支付办公楼的水、电费等情况

费用项目	发票种类	份　数	金　额	税　额
水费	专用发票	1	4	0.12
电费	专用发票	1	10	1.7
通信费	专用发票	1	6	0.36
	专用发票	1	2	0.22

续表

费用项目	发票种类	份　数	发票记载 金　额	税　额
高速公路通行费	通行费发票	80	0.824	—
一级公路等通行费	通行费发票	100	2.1	—

（三）进项税额转出方面

1．甲建筑项目工地一批板材被盗，经盘点确认被盗板材的实际成本为20万元。

2．公司新办公楼建造项目从甲建设项目的材料仓库领取钢材、板材等，计成本600万元。

（四）其他情况

经核实企业上期无留抵税额，无待抵扣不动产进项税额，无服务、不动产和无形资产扣除项目期末余额及无税额抵减的期末余额。

当期开具的增值税发票都已按规定进行报税；取得的增值税专用发票都已通过增值税发票查询平台选择用于申报抵扣或通过扫描认证；企业选择简易计税办法和享受税收优惠都向主管税务机关办理备案手续。

根据上述收集整理的资料，可以计算当期该建筑安装企业的应纳增值税额。

1．当期销项税额

（1）甲建筑项目的销项税额=（4 400+40）÷（1+11%）×11%=440（万元）

（2）乙建筑项目的销项税额=6 660÷（1+11%）×11%=660（万元）

（3）龙门吊出租的销项税额=23.4÷（1+17%）×17%=3.4（万元）

（4）销售积余的螺纹钢等的销项税额=46.8÷（1+17%）×17%=6.8（万元）

（5）退还工程款抵减本期的销项税额=133.2÷（1+11%）×11%=13.2（万元）

本期销项税额合计=440+660+3.4+6.8−13.2=1 097（万元）

2．当期进项税额

（1）采购建筑工程材料的进项税额。

① 甲建筑项目的进项税额=340+18=358（万元）

② 乙建筑项目的进项税额=238+30=268（万元）

③ 丙市政工程项目的进项税额=48（万元）

因丙市政工程项目选择简易计税办法，进项税额不允许抵扣。

④ 公司新办公楼建造项目的进项税额=204+12=216（万元）

不动产分两年抵扣，第一年抵扣60%，即216×60%=129.6（万元）；其余40%先记入待抵扣进项税额，到第十三个月再转入进项税额抵扣。

当期采购建筑材料可抵扣的进项税额=358+268+129.6=755.6（万元）

（2）甲建筑项目的劳务派遣服务费的进项税额=0.50（万元）

（3）乙建筑项目的分包支出的进项税额=6.66+176=182.66（万元）

（4）乙建筑项目设备租赁费的进项税额=13.6（万元）

（5）进口建筑设备的进项税额=27.2（万元）

当期进口设备进项税额34万元因未取得稽核比对相符信息，进项税额先记入待抵扣进项税额，待比对相符后，再转入进项税额抵扣。

（6）办公楼的水、电费、通信费和通行费的进项税额。

① 水费的进项税额=0.12（万元）
② 电费的进项税额=1.7（万元）
③ 通信费的进项税额=0.36+0.22=0.58（万元）
④ 调整公路通行费的进项税额=0.824÷（1+3%）×3%=0.024（万元）
⑤ 一级公路等通行费的进项税额=2.1÷（1+5%）×5%=0.10（万元）
上述进项税额合计=0.12+1.7+0.58+0.024+0.10=2.524（万元）

这部分进项税额，因无法分清用于哪个项目，应通过计算确定不能抵扣的进项税额作进项税额转出（假定仅就工程收入进行分配，且合理）。在具体处理时，通常先全额抵额，再作进项税额转出。

丙市政工程项目使用不得抵扣的进项税额=2.524×10 000÷（4 000+6 000+10 000）=1.262（万元）

当期允许抵扣销项税额的进项税额=755.6+0.50+182.66+13.6+27.2+（2.524−1.262）=980.822（万元）

3．当期进项税额转出
（1）板材被盗应转出的进项税额=20×17%=3.4（万元）
（2）新办公楼建造项目领用已抵扣的进项税额，应转出的进项税额=600×17%×40%=40.8（万元）

进项税额转出合计=3.4+40.8=44.2（万元）

4．简易计税办法应缴纳的增值税
（1）丙市政工程项目应缴纳的增值税=（10 300−2 060）÷（1+3%）×3%=240（万元）
（2）预收周转材料租金应缴纳的增值税=10.3÷（1+3%）×3%=0.30（万元）
（3）商铺出售应缴纳的增值税=（505−400）÷（1+5%）×5%=5（万元）
（4）旧设备出售应缴纳的增值税=41.2÷（1+3%）×2%=0.8（万元）
简易计税办法应纳税额合计=240+0.30+5+0.8=246.1（万元）

5．预缴的增值税
（1）乙建筑项目已预缴的增值税=83.88（万元）
（2）丙市政工程项目已预缴的增值税=240（万元）
可抵减应纳税额的预缴增值税=83.88+240=323.88（万元）

6．当期应纳增值税额
应纳税额=1 097−980.822+44.2+246.1−323.88=82.598（万元）

第四节　简易计税方法

一、适用情形

（一）[必须]增值税小规模纳税人

1．小规模纳税人销售货物或者应税劳务

小规模纳税人销售货物或者应税劳务，实行按照销售额和征收率计算应纳税额的简易办法。

法律依据

增值税小规模纳税人的标准

（《中华人民共和国增值税暂行条例》 中华人民共和国国务院令第538号）

第二十八条 条例第十一条所称小规模纳税人的标准为：

（一）从事货物生产或者提供应税劳务的纳税人，以及以从事货物生产或者提供应税劳务为主，并兼营货物批发或者零售的纳税人，年应征增值税销售额（以下简称应税销售额）在50万元以下（含本数，下同）的；

（二）除本条第一款第（一）项规定以外的纳税人，年应税销售额在80万元以下的。

本条第一款所称以从事货物生产或者提供应税劳务为主，是指纳税人的年货物生产或者提供应税劳务的销售额占年应税销售额的比重在50%以上。（《中华人民共和国增值税暂行条例实施细则》，2008年12月18日，财政部 国家税务总局令第50号公布，根据2011年10月28日《关于修改〈中华人民共和国增值税暂行条例实施细则〉和〈中华人民共和国营业税暂行条例实施细则〉的决定》修订）

2．小规模纳税人销售服务、无形资产或者不动产

小规模纳税人销售服务、无形资产或者不动产，一律按照简易计税方法计税。

计算小规模纳税人应纳增值税额时，纳税人应根据纳税人当期发生与应税收入相关的经济业务，依据开具的增值税普通发票和其他收入凭证，结合纳税人"应交税费——应交增值税"明细账和其他相关会计核算，分别核实纳税人应税业务的销售额、适用的征收率，计算纳税人当期应纳增值税额。

小规模纳税人增值税的征收率为3%或5%，其中小规模纳税人销售不动产、出租不动产和提供劳务派遣服务并选择差额纳税，依 5%的征收率计算缴纳增值税；小规模纳税人其他经营业务，依 3%征收率计算缴纳增值税。征收率的调整由国务院决定。

（二）[必须] 年应税销售额超过小规模纳税人标准的其除个体工商户外的个人

法律依据

第二十九条 年应税销售额超过小规模纳税人标准的其他个人（此处"其他个人"，是指除个体工商户外的个人）按小规模纳税人纳税……（《中华人民共和国增值税暂行条例实施细则》，2008年12月18日，财政部 国家税务总局令第50号公布，根据2011年10月28日《关于修改〈中华人民共和国增值税暂行条例实施细则〉和〈中华人民共和国营业税暂行条例实施细则〉的决定》修订）

（三）[选择] 非企业性单位、不经常发生应税行为的企业

1．可申请不作为小规模纳税人

法律依据

第十三条 小规模纳税人以外的纳税人应当向主管税务机关申请资格认定。具体认定办法由国务院税务主管部门制定。

小规模纳税人会计核算健全，能够提供准确税务资料的，可以向主管税务机关申请资格认定，不作为小规模纳税人，依照本条例有关规定计算应纳税额。(《中华人民共和国增值税暂行条例》，中华人民共和国国务院令第538号)

第三十二条 条例第十三条和本细则所称会计核算健全，是指能够按照国家统一的会计制度规定设置账簿，根据合法、有效凭证核算。(《中华人民共和国增值税暂行条例实施细则》，2008年12月18日，财政部 国家税务总局令第50号公布，根据2011年10月28日《关于修改〈中华人民共和国增值税暂行条例实施细则〉和〈中华人民共和国营业税暂行条例实施细则〉的决定》修订)

2．选择按小规模纳税人纳税

中华人民共和国增值税暂行条例实施细则

(财政部 国家税务总局令第50号公布，根据2011年10月28日《关于修改〈中华人民共和国增值税暂行条例实施细则〉和〈中华人民共和国营业税暂行条例实施细则〉的决定》修订)

第二十九条 ……非企业性单位、不经常发生应税行为的企业可选择按小规模纳税人纳税。

"营改增"试点小规模纳税人缴纳增值税相关政策

（1）试点纳税人中的小规模纳税人跨县（市）提供建筑服务，应以取得的全部价款和价外费用扣除支付的分包款后的余额为销售额，按照3%的征收率计算应纳税额。

（2）小规模纳税人销售其取得（不含自建）的不动产（不含个体工商户销售购买的住房和其他个人销售不动产），应以取得的全部价款和价外费用减去该项不动产购置原价或者取得不动产时的作价后的余额为销售额，按照5%的征收率计算应纳税额。

（3）小规模纳税人销售其自建的不动产，应以取得的全部价款和价外费用为销售额，按照5%的征收率计算应纳税额。

（4）房地产开发企业中的小规模纳税人，销售自行开发的房地产项目，按照5%的征收率计税。

（5）其他个人销售其取得（不含自建）的不动产（不含其购买的住房），应以取得的全部价款和价外费用减去该项不动产购置原价或者取得不动产时的作价后的余额为销售额，按照5%的征收率计算应纳税额。

（6）小规模纳税人出租其取得的不动产（不含个人出租住房），应按照5%的征收率计算应纳税额。

（7）其他个人出租其取得的不动产（不含住房），应按照5%的征收率计算应纳税额。

（8）个人出租住房，应按照5%的征收率减按1.5%计算应纳税额。

 **法律依据**

关于进一步明确全面推开营改增试点有关再保险不动产租赁和非学历教育等政策的通知

（财税〔2016〕68号）

三、一般纳税人提供非学历教育服务，可以选择适用简易计税方法按照3%征收率计算应纳税额。

……

六、本通知自2016年5月1日起执行。

二、应纳税额的计算

小规模纳税人一律采用简易计税方法计税，一般纳税人提供的特定应税服务可以选择适用简易计税方法。

采取简易计税方法计算应纳税额时，不得抵扣进项税额，同时，销售货物或提供应税劳务和服务也不得自行开具增值税专用发票。

应纳税额的计算公式为：

$$应纳税额=销售额×征收率$$

式中，销售额与增值税一般纳税人计算应纳增值税的销售额规定内容一致，是销售货物或提供应税劳务向购买方收取的全部价款和价外费用。销售额为不含税销售额，不包括按征收率（2008年12月31日前为6%或4%，2009年1月1日起为3%）收取的增值税额。

【例3-17】 假设智董公司为小规模纳税企业，2013年7月销售自产货物一批，取得价款200 000元，成本为120 000元。则智董公司正确的会计处理为：

借：银行存款　　　　　　　　　　　　　　　　200 000
　　贷：主营业务收入　　　　　　　　　　　　　　194 174.76
　　　　应交税费——应交增值税　　　　　　　　　5 825.24
借：主营业务成本　　　　　　　　　　　　　　120 000
　　贷：库存商品　　　　　　　　　　　　　　　　120 000

次月初，上缴本月应缴增值税5 825.24元时，再作会计分录为：

借：应交税费——应交增值税　　　　　　　　　5 825.24
　　贷：银行存款　　　　　　　　　　　　　　　　5 825.24

三、含税销售额的换算

与一般计税方法相同，简易计税方法中的销售额也是不含税销售额。

简易计税方法的销售额不包括其应纳税额，纳税人采用销售额和应纳税额合并定价方法的，按照下列公式计算销售额：

$$销售额=含税销售额÷（1+征收率）$$

【例3-18】 某小规模纳税人提供餐饮服务含税销售额为206元，在计算时应先扣除税额，即：不含税销售额=206÷（1+3%）=200（元），则增值税应纳税额=200×3%=6（元）。

和原营业税计税方法的区别：原营业税应纳税额=206×5%=10.3（元）。

纳税人适用简易计税方法计税的，因销售折让、中止或者退回而退还给接受方的销售额，应当从当期销售额中扣减。扣减当期销售额后仍有余额造成多缴的税款，可以从以后的应纳税额中扣减。

四、发生销售折让等情况扣减销售额

纳税人适用简易计税方法计税的，因销售折让、中止或者退回而退还给购买方的销售额，应当从当期销售额中扣减。扣减当期销售额后仍有余额造成多缴的税款，可以从以后的应纳税额中扣减。

1．适用对象
（1）小规模纳税人销售服务、无形资产或者不动产。
（2）一般纳税人销售服务、无形资产或者不动产可选择简易计税方法计税的应税行为。

2．开具增值税专用发票情况

一般纳税人销售服务、无形资产或者不动产并收取价款后，发生服务中止、折让或者退回而退还销售额给购买方，依照规定将所退的款项扣减当期销售额的，如果一般纳税人已就该项业务开具了增值税专用发票的，应按规定开具红字专用发票。小规模纳税人销售服务、无形资产或者不动产并收取价款后，发生服务中止、折让或者退回而退还销售额给购买方，依照规定将所退的款项扣减当期销售额的，如果小规模纳税人已就该项业务委托税务机关为其代开了增值税专用发票的，应按规定申请开具红字专用发票。

【例3-19】 某小规模纳税人仅经营某项应税服务，2016年7月发生一笔销售额为2 000元的业务并就此缴纳税额，8月该业务由于合理原因发生退款。（销售额皆为不含税销售额）

第一种情况：假设8月该应税服务销售额为10 000元。
在8月的销售额中扣除退款的2 000元，8月最终的计税销售额为10 000-2 000=8 000（元），8月缴纳的增值税为8 000×3%=240（元）。

第二种情况：假设8月该应税服务销售额为1 200元，9月该应税服务销售额为10000元。
8月的销售额中扣除退款中的1 200元，8月最终的计税销售额为1 200-1 200=0，8月应纳增值税额为0×3%=0；8月销售额不足扣减而多缴的税款为800×3%=24（元），可以从以后纳税期扣减应纳税额。

9月企业实际缴纳的税额为10 000×3%-12=276（元）。

五、主管税务机关为小规模纳税人代开发票应纳税额的计算

小规模纳税人销售货物或提供应税劳务，可以申请由主管税务机关代开发票。主管税务机关为小规模纳税人（包括小规模纳税人中的企业、企业性单位及其他小规模纳税人，下同）代开专用发票，应在专用发票"单价"栏和"金额"栏分别填写不含增值税额的单价和销售额，因此，其应纳税额按销售额依照征收率计算。

主管税务机关为小规模纳税人代开专用发票后，发生退票的，可比照增值税一般纳税人开具专用发票后作废或开具红字发票的有关规定处理，由销售方到税务机关办理。对于重新开票的，应同时进行新开票税额与原开票税额的清算，多退少补；对无须重新开票的，退还其已征的税款或抵顶下期正常申报税款。

六、小规模纳税人购进税控收款机的税额抵免

自 2004 年 12 月 1 日起，增值税小规模纳税人购置税控收款机，经主管税务机关审核批准后，可凭购进税控收款机取得的增值税专用发票，按照发票上注明的增值税税额，抵免当期应纳增值税。或者按照购进税控收款机取得的普通发票上注明的价款，依下列公式计算可抵免的税额：

$$可抵免的税额=价款\div(1+17\%)\times17\%$$

当期应纳税额不足抵免的，未抵免的部分可在下期继续抵免。

七、小规模纳税人销售自己使用过的固定资产

小规模纳税人（除其他个人外）销售自己使用过的固定资产，减按 2% 征收增值税。

$$销售额=含税销售额\div(1+3\%)$$
$$应纳税额=销售额\times2\%$$

八、纳税人销售旧货

纳税人销售旧货，按照简易办法依照 3% 征收率减按 2% 征收增值税。

所称旧货，是指进入二次流通的具有部分使用价值的货物（含旧汽车、旧摩托车和旧游艇），但不包括自己使用过的物品。

纳税人适用按照简易办法依 3% 征收率减按 2% 征收增值税政策的，按下列公式确定销售额和应纳税额：

$$销售额=含税销售额\div(1+3\%)$$
$$应纳税额=销售额\times2\%$$

【例 3-20】 智董运输公司系增值税小规模纳税人，2015 年 3 月货物运输共计实现收入 600 000 元，其中，200 000 元开具增值税普通发票；206 000 元通过税务机关代开增值税专用发票，并在开票时缴纳增值税 6 000 元，其余收入未开具发票。

当月该运输企业应纳增值税额=600 000÷（1+3%）×3%=17 457.73（元）

扣除税务机关代开增值税专用发票时已征收的增值税，当月还应缴纳增值税额=17 457.73–6 000=11 457.73（元）

第五节 销售额的确定和计量

一、销售额的一般规定

销售额为纳税人销售货物、提供加工修理修配劳务和应税行为（销售服务、无形资产或者不动产）向购买方收取的全部价款和价外费用，但是不包括收取的销项税额。具体来说，应税销售额包括以下内容：

- 销售货物或提供应税劳务取自于购买方的全部价款。
- 向购买方收取的各种价外费用。具体包括手续费、补贴、基金、集资费、返还利润、奖励费、违约金、延期付款利息、滞纳金、赔偿金、包装费、包装物租金、储备费、优质费、运输装卸费、代收款项、代垫款项及其他各种性质的价外收费。

上述价外费用无论其会计制度如何核算，都应并入销售额计税。但上述价外费用不包括以下费用。

（1）受托加工应征消费税的货物，而由受托方向委托方代收代缴的消费税。

这是因为代收代缴消费税只是受托方履行法定义务的一种行为，此项税金虽然构成委托加工货物售价的一部分，但它同受托方的加工业务及其收取的应税加工费没有内在关联。

（2）同时符合以下两个条件的代垫运费：承运部门的运费发票开具给购买方，并且由纳税人将该项发票转交给购买方的。

在这种情况下，纳税人仅仅是为购货人代办运输业务，而未从中收取额外费用。

（3）同时符合以下条件代为收取的政府性基金或者行政事业性收费：

① 由国务院或者财政部批准设立的政府性基金，由国务院或者省级人民政府及其财政、价格主管部门批准设立的行政事业性收费；

② 收取时开具省级以上（含省级）财政部门监（印）制的财政票据；

③ 所收款项全额上缴财政。

（4）销售货物的同时代办保险等而向购买方收取的保险费，以及向购买方收取的代购买方缴纳的车辆购置税、车辆牌照费。

税法规定，纳税人销售货物和提供应税劳务时向购买方收取的各种价外费用均要并入计税销售额计算征税，目的是防止纳税人以各种名目的收费减少计税销售额逃避纳税。同时应注意，根据国家税务总局规定，纳税人向购买方收取的价外费用和包装物押金，应视为含税收入，在并入销售额征税时，应将其换算为不含税收入再并入销售额征税。

（5）消费税税金。

由于消费税属于价内税，因此，凡征收消费税的货物在计征增值税额时，其应税销售额应包括消费税税金。

二、含税销售额的换算

一般计税方法的销售额不包括销项税额，纳税人采用销售额和销项税额合并定价方法的，按照下列公式计算销售额：

$$销售额=含税销售额\div（1+税率）$$

现行增值税实行价外税，即纳税人向购买方销售货物或应税劳务所收取的价款中不应包含增值税税款，价款和税款在增值税专用发票上分别注明。根据税法规定，有些一般纳税人，如商品零售企业或其他企业将货物或应税劳务出售给消费者、使用单位或小规模纳税人，只能开具普通发票，而不开具增值税专用发票。这样，一部分纳税人（包括一般纳税人和小规模纳税人）在销售货物或提供应税劳务时，就会将价款和税款合并定价，发生销售额和增值税额合并收取的情况。

在这种情况下，就必须将开具在普通发票上的含税销售额换算成不含税销售额，作为增值税的税基。

三、特殊销售方式的销售额

（一）以折扣方式销售货物

税法中折扣销售是指销售方在销售货物、提供应税劳务，销售服务、无形资产或者不动产时，因购买方需求量大等原因，而给予的价格方面的优惠。

按照现行税法规定：纳税人采取折扣方式销售货物，如果销售额和折扣额在同一张发票上分别注明，可以按折扣后的销售额征收增值税，销售额和折扣额在同一张发票上分别注明是指销售额和折扣额在同一张发票上的"金额"栏分别注明，未在同一张发票"金额"栏注明折扣额，而仅在发票的"备注"栏注明折扣额的，折扣额不得从销售额中减除。如果将折扣额另开发票，不论其在财务上如何处理，均不得从销售额中减除折扣额。

小知识

（1）税法中所指的折扣销售有别于现金折扣，现金折扣通常是为了鼓励购货方及时偿还货款而给予的折扣优待，现金折扣发生在销货之后，而折扣销售则是与实现销售同时发生的，销售折扣不得从销售额中减除。

（2）销售折扣与销售折让是不同的，销售折让通常是指由于货物的品种或质量等原因引起销售额的减少，即销货方给予购货方未予退货状况下的价格折让。销售折让可以通过开具红字专用发票从销售额中减除，未按规定开具红字增值税专用发票的，不得扣减销项税额或销售额。

根据《国家税务总局关于纳税人折扣折让行为开具红字增值税专用发票问题的通知》（国税函〔2006〕1279号），对于纳税人销售货物并向购买方开具增值税专用发票后，由于购货方在一定时期内累计购买货物达到一定数量，或者由于市场价格下降等原因，销货方给予购货方相应的价格优惠或补偿等折扣折让行为，销货方可按现行增值税专用发票使用规定开具红字增值税专用发票。

需要着重说明的是：税法中对纳税人采取折扣方式销售货物销售额的核定，之所以强调销售额与折扣额必须在同一张发票上注明，主要是从保证增值税征收管理的需要即征税、扣税相一致考虑的。如果允许对销售额开一张销货发票，对折扣额再开一张退款红字发票，就可能造成销货方按减除折扣额后的销售额计算销项税额，而购货方却按未减除折扣额的销售额及其进项税额进行抵扣，显然会造成增值税计算征收上的混乱。

（3）纳税人采取折扣方式销售服务、无形资产或者不动产，"价款和折扣额在同一张发票上分别注明"是指价款和折扣额在同一张发票上的"金额"栏分别注明的，以折扣后的价款为销售额征收增值税。未在同一张发票"金额"栏注明折扣额，而仅在发票的"备注"栏注明折扣额的，折扣额不得从价款中减除。

纳税人可以参考的主要文件包括《国家税务总局关于折扣额抵减增值税应税销售额问题通知》（国税函〔2010〕56号）。

【例3-21】 纳税人提供应税服务的价款为200元、折扣额为20元，如果将价款和折扣额在同一张发票上分别注明的，以180元为销售额；如果未在同一张发票上分别注明的，以200元为销售额。

（二）以旧换新方式销售货物

以旧换新销售，是纳税人在销售过程中，折价收回同类旧货物，并以折价款部分冲减货物价款的一种销售方式。税法规定：纳税人采取以旧换新方式销售货物的（金银首饰除外），应按新货物的同期销售价格确定销售额。

例如，智童商场（小规模纳税人）2016年2月采取"以旧换新"方式销售无氟电冰箱，开出普通发票25张，收到货款5万元，并注明已扣除旧货折价2万元，则本月计税销售额=（100 000+20 000）÷（1+3%）=67 961.17（元）。

（三）还本销售方式销售货物

所谓还本销售，指销货方将货物出售之后，按约定的时间，一次或分次将购货款部分或全部退还给购货方，退还的货款即为还本支出。纳税人采取还本销售货物的，不得从销售额中减除还本支出。

（四）采取以物易物方式销售

以物易物是一种较为特殊的购销活动，是指购销双方不是以货币结算，而是以同等价款的货物相互结算，实现货物购销的一种方式。在实际工作中，有的纳税人认为以物易物不是购销行为，销货方收到购货方抵顶货物的货物，认为自己不是购物，购货方发出抵顶货款的货物，认为自己不是销货。这两种认识都是错误的。正确的方法应当是：以物易物双方都应作购销处理，以各自发出的货物核算销售额并计算销项税额，以各自收到的货物核算购货额及进项税额。需要强调的是，在以物易物活动中，双方应各自开具合法的票据，必须计算销项税额，但如果收到货物不能取得相应的增值税专用发票或者其他增值税扣税凭证，不得抵扣进项税额。

（五）直销企业增值税销售额的确定

直销企业的经营模式主要有两种：① 直销员按照批发价向直销企业购买货物，再按照零售价向消费者销售货物。② 直销员仅起到中介介绍作用，直销企业按照零售价向直销员介绍的消费者销售货物，并另外向直销员支付报酬。根据直销企业的经营模式，直销企业增值税的销售额的确定分以下两种：

（1）直销企业先将货物销售给直销员，直销员再将货物销售给消费者的，直销企业的销售额为其向直销员收取的全部价款和价外费用。直销员将货物销售给消费者时，应按照现行规定缴纳增值税。

（2）直销企业通过直销员向消费者销售货物，直接向消费者收取货款，直销企业的销售额为其向消费者收取的全部价款和价外费用。

纳税人发生"营改增"有关应税行为，开具增值税专用发票后，发生开票有误或者销售折让、中止、退回等情形的，应当按照规定开具红字增值税专用发票；未按照规定开具红字增值税专用发票的，不得按照扣减销项税额或者销售额。

（六）包装物押金计税问题

包装物是指纳税人包装本单位货物的各种物品。为了促使购货方尽早退回包装物以便周转使用，一般情况下，销货方向购货方收取包装物押金，购货方在规定的期间内返回包装物，销货方再将收取的包装物押金返还。根据税法规定，纳税人为销售货物而出租出借包装物收取的押金，单独记账的、时间在1年内、又未过期的，不并入销售额征税；但对逾期未收回不再退还的包装物押金，应按所包装货物的适用税率计算纳税。这里需要注意两个问题：①"逾期"的界定，"逾期"是以1年（12个月）为期限。②押金属于含税收入，应先将其换算为不含税销售额再并入销售额征税。另外，包装物押金与包装物租金不能混淆，包装物租金属于价外费用，在收取时便并入销售额征税。

对销售除啤酒、黄酒以外的其他酒类产品收取的包装物押金，无论是否返还以及会计上如何核算，均应并入当期销售额征税。

【例 3-22】 智董公司（增值税一般纳税人）本月清理出租出借包装物，将某单位逾期未退还包装物押金 4 000 元予以没收。按照有关规定，对于出租、出借包装物收取的押金，因逾期未收回包装物而没收的部分，应记入其他业务收入，企业收取押金时，借记"银行存款"

科目，贷记"其他应付款"科目；因逾期未收回包装物而没收押金时，借记"其他应付款"科目，贷记"其他业务收入"科目。则智董公司正确的会计处理为：

借：其他应付款　　　　　　　　　　　　　　　　　4 000
　　贷：其他业务收入　　　　　　　　　　　　　　　3 418.8
　　　　应交税费——应交增值税（销项税额）　　　　581.2

四、混合销售行为

（一）存在混合销售的原因

原《增值税暂行条例》和《营业税暂行条例》及实施细则中有关混合销售的概念是一致的，即一项销售行为如果既涉及增值税应税货物又涉及营业税应税劳务，为混合销售行为。

此次营改增后，营业税全部改征增值税，已不存在既涉及增值税应税货物又涉及营业税应税劳务的概念。但如果销售一个茶杯都要划分货物与设计，分别按17%和6%征税的话，又改变了税制改革的初衷，也使本来简单的问题复杂化。因此，《营业税改征增值税试点实施办法》增加了混合销售的表述，明确了处理原则，即一项销售行为如果既涉及服务又涉及货物，为混合销售。从事货物的生产、批发或者零售的单位和个体工商户的混合销售行为，按照销售货物缴纳增值税；其他单位和个体工商户的混合销售行为，按照销售服务缴纳增值税。

（二）混合销售行为的确定

混合销售行为成立的行为标准有两点：①其销售行为必须是一项行为；②该项行为必须既涉及服务又涉及货物，其"货物"是指《增值税暂行条例》中规定的有形动产，包括电力、热力和气体等；"服务"是指属于改征增值税范围的交通运输服务、建筑服务、金融服务、邮政服务、电信服务、现代服务、生活服务等。

在确定混合销售是否成立时，其行为标准中的上述两点必须同时存在，如果一项销售行为只涉及销售服务，不涉及货物，这种行为就不是混合销售行为；如果涉及销售服务和涉及货物的行为，不是存在于一项销售行为之中，这种行为也不是混合销售行为。

五、兼营减免税项目时分别核算销售额

纳税人兼营免税、减税项目的，应当分别核算免税、减税项目的销售额；未分别核算的，不得免税、减税。

这一规定是为了使纳税人能够准确核算和反映免税、减税项目的销售额，将分别核算作为纳税人减免税的前置条件。

六、"营改增"试点行业销售额的具体确定

"营改增"纳税人销售服务、无形资产或者不动产的销售额，是指纳税人发生应税行为取得的全部价款和价外费用，财政部和国家税务总局另有规定的除外。

价外费用，是指价外收取的各种性质的收费，但不包括代为收取并符合《营业税改征增值税试点实施办法》第十条规定的政府性基金或者行政事业性收费和以委托方名义开具发票代委托方收取的款项。

根据《营业税改征增值税试点有关事项的规定》，"营改增"各项业务的销售额按照以下规定确定。

（1）贷款服务。以提供贷款服务取得的全部利息及利息性质的收入为销售额，不含贷款本金。

（2）直接收费金融服务。以提供直接收费金融服务收取的手续费、佣金、酬金、管理费、服务费、经手费、开户费、过户费、结算费、转托管费等各类费用为销售额。

（3）金融商品转让。按照卖出价扣除买入价后的余额为销售额。

转让金融商品出现的正负差，按盈亏相抵后的余额为销售额。若相抵后出现负差，可结转下一纳税期与下期转让金融商品销售额相抵，但年末时仍出现负差的，不得转入下一个会计年度。

金融商品的买入价，可以选择按照加权平均法或者移动加权平均法进行核算，选择后36个月内不得变更。

金融商品转让，不得开具增值税专用发票。

以上所称纳税期，是指税款所属期。

（4）经纪代理服务。以取得的全部价款和价外费用，扣除向委托方收取并代为支付的政府性基金或者行政事业性收费后的余额为销售额。向委托方收取的政府性基金或者行政事业性收费，不得开具增值税专用发票。

（5）融资租赁和融资性售后回租业务。

1）经人民银行、银监会或者商务部批准从事融资租赁业务的试点纳税人，提供融资租赁服务，以取得的全部价款和价外费用，扣除支付的借款利息（包括外汇借款和人民币借款利息）发行债券利息和车辆购置税后的余额为销售额。

与原《营业税改征增值税试点有关事项的规定》（财税〔2013〕106号）相比，融资租赁服务仍采取差额的方式确定销售额，允许扣除的项目中删除保险费和安装费，主要原因是保险服务、安装服务已经纳入增值税征收范围，购买保险服务、安装服务时已支付或负担的增值税额，可以按规定作为进项税额予以抵扣，无须再采取从销售额中扣除的方式。

2）经人民银行、银监会或者商务部批准从事融资租赁业务的试点纳税人，提供融资性售后回租服务，以取得的全部价款和价外费用（不含本金），扣除对外支付的借款利息（包括外汇借款和人民币借款利息）发行债券利息后的余额作为销售额。

① 按照《销售服务、无形资产、不动产注释》规定，融资性售后回租服务改为纳入"贷款服务"范围，适用6%的税率。

② 为保证营改增改革的平稳过渡，对融资性售后回租服务继续以差额方式确定销售额。试点纳税人2016年4月30日前签订的有形动产融资性售后回租合同，按照本项第3）点规定缴纳增值税。

③ 根据《营业税改征增值税试点有关事项的规定》第一条第（三）项第1点的规定，贷款服务的销售额为提供贷款服务取得的全部利息及利息性质的收入，不含贷款本金。因此，提供融资性售后回租服务取得的全部价款和价外费用中也不包含本金。

3）试点纳税人根据2016年4月30日前签订的有形动产融资性售后回租合同，在合同到期前提供的有形动产融资性售后回租服务，可继续按照有形动产融资租赁服务缴纳增值税。

继续按照有形动产融资租赁服务缴纳增值税的试点纳税人，经人民银行、银监会或者商务部批准从事融资租赁业务的，根据2016年4月30日前签订的有形动产融资性售后回租合同，在合同到期前提供的有形动产融资性售后回租服务，可以选择以下方法之一计算销售额：

① 以向承租方收取的全部价款和价外费用，扣除向承租方收取的价款本金，以及对外支付的借款利息（包括外汇借款和人民币借款利息）发行债券利息后的余额为销售额。

纳税人提供有形动产融资性售后回租服务，计算当期销售额时可以扣除的价款本金，为书面合同约定的当期应当收取的本金。无书面合同或者书面合同没有约定的，为当期实际收取的本金。

试点纳税人提供有形动产融资性售后回租服务，向承租方收取的有形动产价款本金，不得开具增值税专用发票，可以开具普通发票。

② 以向承租方收取的全部价款和价外费用，扣除支付的借款利息（包括外汇借款和人民币借款利息）发行债券利息后的余额为销售额。

A. 为保证营改增改革的平稳过渡，对于2016年4月30日前签订的有形动产融资性售后回租合同，仍采取"老合同老办法"的过渡政策。

B. 对于2016年4月30日前签订的有形动产融资性售后回租合同，在合同到期前，纳税人提供的有形动产融资性售后回租服务：① 继续按照融资租赁服务适用17%的税率；② 在确定销售额时继续延续原政策，原政策有关规定参见《财政部国家税务总局关于铁路运输和邮政业营业税改征增值税试点有关政策的补充通知》（财税〔2013〕121号）。

4）经商务部授权的省级商务主管部门和国家经济技术开发区批准的从事融资租赁业务的试点纳税人，2016年5月1日后实收资本达到1.7亿元的，从达到标准的当月起按照上述第1）、2）、3）点规定执行；2016年5月1日后实收资本未达到1.7亿元但注册资本达到1.7亿元的，在2016年7月31日前仍可按照上述第1）、2）、3）点规定执行，2016年8月1日后开展的融资租赁业务和融资性售后回租业务不得按照上述第1）、2）、3）点规定执行。

（6）航空运输企业的销售额，不包括代收的机场建设费和代售其他航空运输企业客票而代收转付的价款。

（7）试点纳税人中的一般纳税人（以下称一般纳税人）提供客运场站服务，以其取得的全部价款和价外费用，扣除支付给承运方运费后的余额为销售额。

（8）试点纳税人提供旅游服务，可以选择以取得的全部价款和价外费用，扣除向旅游服务购买方收取并支付给其他单位或者个人的住宿费、餐饮费、交通费、签证费、门票费和支付给其他接团旅游企业的旅游费用后的余额为销售额。

选择上述办法计算销售额的试点纳税人，向旅游服务购买方收取并支付的上述费用，不得开具增值税专用发票，可以开具普通发票。

（1）上述规定延续了《营业税暂行条例》第五条"纳税人从事旅游业务的，以其取得的全部价款和价外费用扣除替旅游者支付给其他单位或者个人的住宿费、餐费、交通费、旅游景点门票和支付给其他接团旅游企业的旅游费后的余额为营业额"的政策，同时增加了"签证费"的扣除项目。

（2）明确纳税人提供旅游服务，开具增值税专用发票时，发票金额中不得包含按规定扣除的项目金额。

（9）试点纳税人提供建筑服务适用简易计税方法的，以取得的全部价款和价外费用扣除支付的分包款后的余额为销售额。

适用简易计税方法计税的建筑服务包括：

① 一般纳税人以清包工方式提供的建筑服务。

② 一般纳税人为甲供工程提供的建筑服务。
③ 一般纳税人为建筑工程老项目提供的建筑服务。

（10）房地产开发企业中的一般纳税人销售其开发的房地产项目（选择简易计税方法的房地产老项目除外），以取得的全部价款和价外费用，扣除受让土地时向政府部门支付的土地价款后的余额为销售额。

房地产老项目，是指《建筑工程施工许可证》注明的合同开工日期在2016年4月30日前的房地产项目。

（11）试点纳税人按照上述（4）~（10）款的规定从全部价款和价外费用中扣除的价款，应当取得符合法律、行政法规和国家税务总局规定的有效凭证。否则，不得扣除。上述凭证是指：

1）支付给境内单位或者个人的款项，以发票为合法有效凭证。
2）支付给境外单位或者个人的款项，以该单位或者个人的签收单据为合法有效凭证，税务机关对签收单据有疑义的，可以要求其提供境外公证机构的确认证明。
3）缴纳的税款，以完税凭证为合法有效凭证。
4）扣除的政府性基金、行政事业性收费或者向政府支付的土地价款，以省级以上（含省级）财政部门监（印）制的财政票据为合法有效凭证。
5）国家税务总局规定的其他凭证。

纳税人取得的上述凭证属于增值税扣税凭证的，其进项税额不得从销项税额中抵扣。

不得一票两用，如果某一增值税扣税凭证用于差额确定销售额时的销售额扣除凭证，则该增值税扣税凭证不得再作为进项税额的抵扣凭证。

法律依据

关于限售股转让的销售额确定问题

（《关于营改增试点若干征管问题的公告》国家税务总局公告2016年第53号）

五、单位将其持有的限售股在解禁流通后对外转让的，按照以下规定确定买入价：

（一）上市公司实施股权分置改革时，在股票复牌之前形成的原非流通股股份，以及股票复牌首日至解禁日期间由上述股份孳生的送、转股，以该上市公司完成股权分置改革后股票复牌首日的开盘价为买入价。

（二）公司首次公开发行股票并上市形成的限售股，以及上市首日至解禁日期间由上述股份孳生的送、转股，以该上市公司股票首次公开发行（IPO）的发行价为买入价。

（三）因上市公司实施重大资产重组形成的限售股，以及股票复牌首日至解禁日期间由上述股份孳生的送、转股，以该上市公司因重大资产重组股票停牌前一交易日的收盘价为买入价。
……

十、本公告自2016年9月1日起施行，此前已发生未处理的事项，按照本公告规定执行。2016年5月1日前，纳税人发生本公告第二、五、六条规定的应税行为，此前未处理的，比照本公告规定缴纳营业税。

关于物业管理服务中收取的自来水水费增值税问题的公告

(国家税务总局公告 2016 年第 54 号)

现将物业管理服务中收取的自来水水费增值税有关问题公告如下：

提供物业管理服务的纳税人，向服务接受方收取的自来水水费，以扣除其对外支付的自来水水费后的余额为销售额，按照简易计税方法依 3% 的征收率计算缴纳增值税。

本公告自发布之日起施行。2016 年 5 月 1 日以后已发生并处理的事项，不再作调整；未处理的，按本公告规定执行。

提供物业管理服务的纳税人，向服务接受方收取的自来水水费，以扣除纳税人支付的自来水水费后的余额为销售额，按照简易计税方法依 3% 的征收率计算缴纳增值税。同时，纳税人可以按 3% 向服务接受方开具增值税专用发票。

七、销售额的核定

（一）视同销售行为销售额的确定

视同销售行为是增值税税法规定的特殊销售行为。由于视同销售行为一般不以资金形式反映出来，因而会出现视同销售而无销售额的情况。另外，有时纳税人销售货物或提供应税劳务的价格明显偏低且无正当理由。在上述情况下，主管税务机关有权按照下列顺序核定其计税销售额：

（1）按纳税人最近时期同类货物的平均销售价格确定。

（2）按其他纳税人最近时期同类货物的平均销售价格确定。

（3）用以上两种方法均不能确定其销售额的情况下，可按组成计税价格确定销售额。公式为：

$$组成计税价格=成本\times（1+成本利润率）$$

属于应征消费税的货物，其组成计税价格应加计消费税税额。

计算公式为：

$$组成计税价格=成本\times（1+成本利润率）+消费税税额$$
$$=成本\times（1+成本利润率）\div（1-消费税税率）$$

式中，"成本"分为两种情况：属于销售自产货物的为实际生产成本；属于销售外购货物的为实际采购成本。

"成本利润率"为 10%。但属于应从价定率征收消费税的货物，其组成计税价格公式中的成本利润率，为《消费税若干具体问题的规定》中规定的成本利润率。

（二）应税行为价格明显偏低或者偏高以及视同发生应税行为的销售额核定

根据《营业税改征增值税试点实施办法》(财税〔2016〕36 号) 规定，纳税人发生应税行为价格明显偏低或者偏高且不具有合理商业目的的，或者发生《营业税改征增值税试点实施办法》第十四条所列行为而无销售额的，主管税务机关有权按照下列顺序确定销售额：

（1）按照纳税人最近时期销售同类服务、无形资产或者不动产的平均价格确定。

（2）按照其他纳税人最近时期销售同类服务、无形资产或者不动产的平均价格确定。

（3）按照组成计税价格确定。

组成计税价格的公式为：

$$组成计税价格=成本\times（1+成本利润率）$$

成本利润率由国家税务总局确定。

成本利润率

成本利润率，是反映盈利能力的另一项重要指标，是利润与成本之比。成本利润率还是反映企业投入产出水平的指标，可以综合衡量生产和销售产品的全部得与失的经济效果，为不断降低产品成本和提高成本利润率提供参考，不仅可以反映企业生产、经营管理效果的重要指标，也是制定价格的重要依据。

《国家税务总局关于印发〈增值税若干具体问题的规定〉的通知》（国税发〔1993〕154号）第二条第（四）项规定："纳税人因销售价格明显偏低或无销售价格等原因，按规定需组成计税价格确定销售额的，其组价公式中的成本利润率为10%。但属于应从价定率征收消费税的货物，其组价公式中的成本利润率，为《消费税若干具体问题的规定》中规定的成本利润率。"

第四章

征收管理

第一节　增值税征管综述

一、征管法律依据

纳税人增值税的征收管理，按照《营业税改征增值税试点实施办法》和《中华人民共和国税收征收管理法》及现行增值税征收管理有关规定执行。

其中，现行增值税征收管理有关规定，不仅包括《营业税改征增值税试点实施办法》的相关配套增值税规定，也包括《营业税改征增值税试点实施办法》颁布实施以前已经下发且现行有效的增值税规定。

二、征收机关

国内增值税由国家税务局负责征收。

营业税改征的增值税，由国家税务局负责征收。

纳税人销售取得的不动产和其他个人出租不动产的增值税，国家税务局暂委托地方税务局代为征收。

进口环节增值税由海关代征。

三、纳税义务、扣缴义务的发生时间

（一）原增值税纳税人纳税义务、扣缴义务的发生时间

1. **基本规定**

增值税纳税义务发生时间，是指增值税纳税义务人、扣缴义务人发生应税、扣缴税款行为应承担纳税义务、扣缴义务的时间。这一规定在增值税管理中非常重要，说明纳税义务发生时间一经确定，必须按此时间计算应缴税款。目前实行的增值税纳税义务发生时间主要依据权责发生制或现金收付制原则确定。这主要是考虑与现行企业财务制度进行衔接，同时加强企业财务管理，确保及时取得财政收入。《增值税暂行条例》明确规定了增值税纳税义务发生时间有以下两个方面：销售货物或者应税劳务，为收讫销售款或者取得索取销售款凭据的当天；先开具发票的，为开具发票的当天。进口货物，为报关进口的当天。

2. **具体规定**

销售货物或者提供应税劳务的纳税义务发生时间，按销售结算方式的不同，具体为：

（1）采取直接收款方式销售货物，不论货物是否发出，均为收到销售款或取得索取销售款

凭据的当天。

纳税人生产经营活动中采取直接收款方式销售货物，已将货物移送对方并暂估销售收入入账，但既未取得销售款或取得索取销售款凭据也未开具销售发票的，其增值税纳税义务发生时间为取得销售款或取得索取销售款凭据的当天；先开具发票的，为开具发票的当天。

此规定自 2011 年 8 月 1 日起施行。纳税人此前对发生上述情况进行增值税纳税申报的，可向主管税务机关申请，按本规定做纳税调整。

（2）采取托收承付和委托银行收款方式销售货物，为发出货物并办妥托收手续的当天。

（3）采取赊销和分期收款方式销售货物，为书面合同约定收款日期的当天。无书面合同或者书面合同没有约定收款日期的，为货物发出的当天。

（4）采取预收货款方式销售货物，为货物发出的当天。但生产销售、生产工期超过 12 个月的大型机械设备、船舶、飞机等货物，为收到预收款或者书面合同约定的收款日期的当天。

（5）委托其他纳税人代销货物，为收到代销单位销售的代销清单或者收到全部或者部分货款的当天；未收到代销清单及货款的，其纳税义务发生时间为发出代销货物满 180 日的当天。

（6）销售应税劳务，为提供劳务同时收讫销售款或取得索取销售款的凭据的当天。

（7）纳税人发生视同销售货物行为，为货物移送的当天。

（二）"营改增"行业增值税纳税义务、扣缴义务的发生时间

1. 一般规定

纳税人发生应税行为并收讫销售款项或者取得索取销售款项凭据的当天；先开具发票的，为开具发票的当天。

收讫销售款项，是指纳税人销售服务、无形资产、不动产过程中或者完成后收到款项。

取得索取销售款项凭据的当天，是指书面合同确定的付款日期；未签订书面合同或者书面合同未确定付款日期的，为服务、无形资产转让完成的当天或者不动产权属变更的当天。

如何理解"先开具发票的，纳税义务发生时间为开具发票的当天"

纳税人发生应税行为，由于增值税实行凭专用发票抵扣税款的办法，购买方在取得销售方开具的专用发票后，即使尚未向提供方支付相关款项，仍然可以按照有关规定凭专用发票抵扣进项税额。因此，如果再以收讫销售款项或者取得索取销售款项凭据的当天作为销售方的纳税义务发生时间，就会造成增值税的征收与抵扣相脱节，即：销售方尚未申报纳税，购买方已经提前抵扣了税款。此外，为使纳税人开具增值税普通发票与开具专用发票的征税原则保持一致。

如果纳税人发生应税行为时先开具发票的，纳税义务发生时间为开具发票的当天。

需要注意的是，以开具发票的当天为纳税义务发生时间的前提，是纳税人发生应税行为。

如何理解"收讫销售款项，是指纳税人发生应税行为过程中或者完成后收到款项"

（1）按照收讫销售款项确认应税行为纳税义务发生时间的，应以发生应税行为为前提。

（2）收讫销售款项，是指在应税行为发生后收到的款项，包括在应税行为发生过程中或者完成后收取的款项。

（3）除了提供建筑服务、租赁服务采取预收款方式外，在发生应税行为之前收到的款项不属于收讫销售款项，不能按照该时间确认纳税义务发生。

如何理解取得索取销售款项凭据的当天

取得索取销售款项凭据的当天，是指书面合同确定的付款日期的当天；未签订书面合同或者书面合同未确定付款日期的，为应税行为完成的当天。

取得索取销售款项凭据的当天按照如下顺序掌握：

（1）签订了书面合同且书面合同确定了付款日期的，按照书面合同确定的付款日期的当天确认纳税义务发生；

（2）未签订书面合同或者书面合同未确定付款日期的，按照应税行为完成的当天确认纳税义务发生。

2. 特殊规定

（1）纳税人提供建筑服务、租赁服务采取预收款方式的，其纳税义务发生时间为收到预收款的当天。

采取预收款方式提供建筑服务、租赁服务

纳税人提供建筑服务、租赁服务采取预收款方式的，其纳税义务发生时间为收到预收款的当天。

纳税人提供建筑服务和租赁服务与提供其他应税服务的处理原则有所不同，如果纳税人采取预收款方式的，以收到预收款的当天作为纳税义务发生时间。

【例4-1】 某试点纳税人出租一辆小轿车，租金为10 000元/月，一次性预收了对方一年的租金共120 000元，则应在收到120 000元租金的当天确认纳税义务发生，并按120 000元确认收入。

（2）纳税人从事金融商品转让的，为金融商品所有权转移的当天。

（3）纳税人发生视同销售服务、无形资产或者不动产情形的，其纳税义务发生时间为服务、无形资产转让完成的当天或者不动产权属变更的当天。

纳税人发生《营业税改征增值税试点实施办法》第十四条视同发生应税行为的，其纳税义务发生时间为应税行为完成的当天。《营业税改征增值税试点实施办法》第十四条规定：除以公益活动为目的或者以社会公众为对象外，向其他单位或者个人无偿提供服务，以及向其他单位或者个人无偿转让无形资产或者不动产，应视同发生应税行为缴纳增值税。由于无偿提供应税服务、无偿转让无形资产或者不动产不存在收讫销售款项或者取得索取销售款项凭据的情况，因此，将其纳税义务发生时间确定为应税行为完成的当天。

（4）增值税扣缴义务发生时间为纳税人增值税纳税义务发生的当天。

四、纳税期限

（一）增值税纳税期限的规定

增值税的纳税期限规定为1日、3日、5日、10日、15日、1个月或者1个季度。以1个季度为纳税期限的规定适用于小规模纳税人以及财政部和国家税务总局规定的其他纳税人。纳税人的具体纳税期限，由主管税务机关根据纳税人应纳税额的大小分别核定；不能按照固定期限纳税的，可以按次纳税。

"营改增"行业以1个季度为纳税期限的规定适用于小规模纳税人、银行、财务公司、信托投资公司、信用社，以及财政部和国家税务总局规定的其他纳税人。不能按照固定期限纳税的，可以按次纳税。

需要注意的是，《国家税务总局关于合理简并纳税人申报缴税次数的公告》（国家税务总局公告2016年第6号）规定，2016年4月1日起，增值税小规模纳税人原则上实行按季申报缴纳增值税。

 **法律依据**

关于增值税纳税期限问题

（《关于营改增试点若干征管问题的公告》国家税务总局公告2016年第53号）

明确了纳税人销售货物或服务，按规定有一项增值税应税行为可以按季纳税的，其兼营的其他增值税应税行为、消费税应税行为，均可一并按季纳税。

七、按照《中华人民共和国增值税暂行条例》、《营业税改征增值税试点实施办法》、《中华人民共和国消费税暂行条例》及相关文件规定，以1个季度为纳税期限的增值税纳税人，其取得的全部增值税应税收入、消费税应税收入，均可以1个季度为纳税期限。

……

十、本公告自2016年9月1日起施行，此前已发生未处理的事项，按照本公告规定执行。2016年5月1日前，纳税人发生本公告第二、五、六条规定的应税行为，此前未处理的，比照本公告规定缴纳营业税。

（二）增值税报缴税款期限的规定

（1）纳税人以1个月或者1个季度为纳税期的，自期满之日起15日内申报纳税；以1日、3日、5日、10日或者15日为一期纳税的，自期满之日起5日内预缴税款，于次月1日起15日内申报纳税并结清上月应纳税款。

扣缴义务人解缴税款的期限，按照上述规定执行。

（2）纳税人进口货物，应当自海关填发海关进口增值税专用缴款书之日起15日内缴纳税款。

五、纳税地点

（1）固定业户的纳税地点。

① 固定业户应当向其机构所在地主管税务机关申报纳税。总机构和分支机构不在同一县（市）的，应当分别向各自所在地主管税务机关申报纳税；经国务院财政、税务主管部门或者其授权的财政、税务机关批准，可以由总机构汇总向总机构所在地主管税务机关申报纳税。

② 固定业户到外县（市）销售货物或者提供应税劳务的，应当向其机构所在地主管税务机关申请开具外出经营活动税收管理证明，向其机构所在地主管税务机关申报纳税。未开具证明的，应当向销售地或者劳务发生地主管税务机关申报纳税；未向销售地或者劳务发生地主管税务机关申报纳税的，由其机构所在地主管税务机关补征税款。

③ 固定业户（增值税一般纳税人）临时到外省、市销售货物的，必须向经营地税务机关出示《外出经营活动税收管理证明》回原地纳税，需要向购货方开具专用发票的，也回原地补开。

小知识

固定业户应当向其机构所在地或者居住地主管税务机关申报纳税。根据税收属地管辖原则，固定业户应当向其机构所在地的主管税务机关申报纳税，这是一般性规定。这里的机构所在地是指纳税人的注册登记地。如果固定业户设有分支机构，且不在同一县（市）的，应当分别向各自所在地的主管税务机关申报纳税。经财政部和国家税务总局或者其授权的财政和税务机关批准，可以由总机构汇总向总机构所在地的主管税务机关申报纳税。具体审批权限如下：

① 总机构和分支机构不在同一省、自治区、直辖市的，经财政部和国家税务总局批准，可以由总机构汇总向总机构所在地的主管税务机关申报纳税。

② 总机构和分支机构不在同一县（市），但在同一省、自治区、直辖市范围内的，经省、自治区、直辖市财政厅（局）国家税务局审批同意，可以由总机构汇总向总机构所在地的主管税务机关申报纳税。

纳税地点（关于营改增试点纳税人的规定）

属于固定业户的试点纳税人，总分支机构不在同一县（市），但在同一省（自治区、直辖市、计划单列市）范围内的，经省（自治区、直辖市、计划单列市）财政厅（局）和国家税务局批准，可以由总机构汇总向总机构所在地的主管税务机关申报缴纳增值税。

（2）非固定业户增值税纳税地点。非固定业户销售货物或者提供应税劳务和应税行为，应当向销售地或者劳务和应税行为发生地主管税务机关申报纳税。未向销售地或者劳务和应税行为发生地主管税务机关申报纳税的，由其机构所在地或居住地主管税务机关补征税款。

非固定业户应当向应税行为发生地的主管税务机关申报纳税；未申报纳税的，由其机构所在地或者居住地的主管税务机关补征税款。

（3）其他个人提供建筑服务，销售或者租赁不动产，转让自然资源使用权，应向建筑服务发生地、不动产所在地、自然资源所在地主管税务机关申报纳税。

其他个人提供建筑服务，销售或者租赁不动产，转让自然资源使用权，应向建筑服务发生地、不动产所在地、自然资源所在地税务机关申报纳税。既维持各地原来的财政收入不变，也方便了纳税人。

（4）纳税人跨县（市）提供建筑服务，在建筑服务发生地预缴税款后，向机构所在地主管税务机关进行纳税申报。

（5）纳税人销售不动产，在不动产所在地预缴税款后，向机构所在地主管税务机关进行纳税申报。

（6）纳税人租赁不动产，在不动产所在地预缴税款后，向机构所在地主管税务机关进行纳税申报。

（7）营改增试点纳税人跨省业务、预缴增值税。一般纳税人跨省（自治区、直辖市或者计划单列市）提供建筑服务或者销售、出租取得的与机构所在地不在同一省（自治区、直辖市或者计划单列市）的不动产，在机构所在地申报纳税时，计算的应纳税额小于已预缴税额，且差额较大的，由国家税务总局通知建筑服务发生地或者不动产所在地省级税务机关，在一定时期内暂停预缴增值税。

（8）进口货物增值税纳税地点。进口货物，应当由进口人或其代理人向报关地海关申报纳税。

扣缴义务人应当向其机构所在地或者居住地的主管税务机关申报缴纳其扣缴的税款。

（9）扣缴义务人应当向其机构所在地或者居住地的主管税务机关申报缴纳其扣缴的税款。为促使扣缴义务人履行扣缴义务，同时方便其申报缴纳所扣缴税款，扣缴义务人向其机构所在地或者居住地的主管税务机关申报缴纳其扣缴的税款。

六、委托代征

纳税人销售取得的不动产和其他个人出租不动产的增值税，国家税务局暂委托地方税务局代为征收。

（一）地方税务局的主要征管职责

（1）营改增后，纳税人销售其取得的不动产和其他个人出租不动产的税收征管继续维持"三不变"。

1）征收单位不变。仍由地方税务局负责纳税人的申报、计税价格评估、税款征收、税收优惠备案以及代开发票等相关业务。

2）收入归属不变。该部分税收收入计入地方税务局收入，并由地方税务局负责组织收入对账、会计核算以及汇总上报等统计工作，负责办理征缴、退库业务。

3）税收票证不变。继续使用地方税务局税收票证，但代开需要使用增值税发票。

（2）为了更大程度方便纳税人，允许地方税务局在经过严格的风险评估后，继续委托第三方单位代征税款并代开增值税发票。其中风险评估主要考虑几个因素：

1）增值税发票保管安全条件是否具备。

2）能否实现与税务部门办税网络联通。

3）地方税务局能否对代征税款及代开发票情况实施有效监控。在此，提醒各地税务机关在进行转委托的过程中，一定要对第三方单位进行全面彻底的考察评估，务必确保其符合税务机关对增值税发票安全管理的严格要求。

（二）国家税务局的主要征管职责

国家税务局是增值税的主管税务机关，要切实做好有关管理服务工作。

（1）国家税务局负责协调增值税税控系统服务单位做好地方税务局代开增值税专用发票系统的安装及维护工作。按照国家税务总局货物和劳务税司的工作安排，2016年4月5日前，各省地方税务局需将代开增值税发票需要使用的税控专用设备数量告知省国家税务局。4月8日前，各省国家税务局需将初始化的专用设备数量通过可控FTP报国家税务总局货物和劳务税司。4月20日前，各省国家税务局要完成向地方税务局提供税控专用设备的工作。

（2）国家税务局要做好对同级地方税务局代开增值税发票操作及相关政策的培训工作。

（3）考虑到不动产交易涉及数量众多的自然人纳税人，国家税务局要实时跟踪地方税务局的业务需求，及时足额提供其所需的增值税发票，保证满足纳税人的代开需求。

 小知识

纳税人销售服务、无形资产或者不动产在实施营改增试点前属于征收营业税的范围，由地方税务局负责征收。《营业税改征增值税试点实施办法》明确，销售服务、无形资产或者不动产由营业税改征的增值税，由国家税务局负责征收。即：纳税人销售服务、无形资产或者不动产不再向主管地方税务局申报缴纳营业税，应向主管国家税务局申报缴纳增值税。

另外，由于纳税人销售不动产和其他个人出租不动产涉及的税费种类多，既有增值税也有地税征收的契税、个人所得税等。如果这些税费同时由国税局和地税局征收，则纳税人办税极为不便，且目前地税机关对二手房交易和其他个人出租不动产有成熟的征管经验和征管流程。因此，对于纳税人销售不动产和其他个人出租不动产的增值税，暂委托地方税务局代为征收。

 小知识

地税机关委托第三方部门代征税款及代开发票的情形，不属于"再委托"的范畴

关于税总函〔2016〕145号文件规定，营改增后代征税款和代开发票业务，地方税务局可继续委托第三方进行。但《国家税务总局关于发布〈委托代征管理办法〉的公告》（国家税务总局公告2013年24号公告）规定代征人不得将其受托代征税款事项再进行委托其他单位、组织和人员办理。两者似乎存在相冲突问题。

纳税人销售不动产和个人出租不动产，涉及大量自然人纳税人申报、缴税问题。为方便纳税人，提高征管效率，税总函〔2016〕145号文件规定，地方税务局全面负责营改增后纳税人销售其取得的不动产和其他个人出租不动产增值税的纳税申报受理、计税价格评估、税款征收、税收优惠备案发票代开等有关事项，负责办理征缴、退库业务，使用地方税务局税收票证，负责收入对账、会计核算、汇总上报工作等。这是一种特殊的委托形式，不同于一般意义上的税务机关委托第三方进行的委托代征税款和代开发票。在形式上，类似于税务机关委托海关代征的方式（增值税本来应该由国家税务局征收，但在海关进口货物时，由海关一并征收相应关税、增值税和消费税等，同时海关负责后续的管理、稽核等事项）。因此，关于此项业务，地税机关委托第三方部门代征税款及代开发票的情形，不属于"再委托"的范畴。

 小知识

关于营改增后的有关政策衔接问题

在日常征管中，地税代征部门遇到增值税税政问题，以及涉及二手房计税价格评估、征缴、退库等营改增前相关税政问题时，省以下税务机关，请示上级地税机关，省级税务机关请示国家税务总局。

七、增值税税控系统管理

（1）集团总部采取集中购买税控一体化解决方案的纳税人，其所需的税控专用设备可以直接向航天信息股份有限公司或国家信息安全工程技术研究中心，以及上述两家单位授权的销售

单位(以下简称销售单位)购买。销售单位应保障税控专用设备的质量和如数供应,不得以任何理由推诿、拖延或者拒绝纳税人购买税控专用设备的要求。

各地税务机关要及时为纳税人或其书面委托的单位办理税控专用设备发行,不限定只为本省范围购买的税控专用设备进行发行。各地税务机关要进一步简化税控专用设备发行流程,提高办税效率。

对纳税人通过总部招标方式确定服务单位的,原则上分支机构可依据总部选择的结果确定相关服务单位,分支机构所在地区服务单位被暂停服务资格的,可暂由其上一级服务单位提供服务。

(2)纳税人购买税控专用设备后,销售单位不得向纳税人指定增值税税控系统维护服务单位(以下简称服务单位),不得强迫纳税人接受服务。纳税人可在所在区域范围内具备服务资格的服务单位间自行选择。

纳税人向服务单位提出安装要求后,服务单位应在3个工作日内完成纳税人增值税税控系统的安装、调试,不得以任何理由推诿、拖延或拒绝。

承担集团总部集中购买税控一体化解决方案的单位,应为纳税人做好增值税税控系统的维护服务,可以自建服务体系,并接受当地税务机关的监督管理,也可委托具备服务资格的服务单位提供服务,并承担相关责任。

(3)严禁销售单位及服务单位借销售税控专用设备或维护服务之机违规搭售设备、软件、其他商品,或收取规定之外的各种名目的费用。《国家税务总局关于发布增值税发票税控开票软件数据接口规范的公告》(国家税务总局公告2016年第25号),已对纳税人使用的增值税发票税控开票软件相关数据接口规范予以发布,供纳税人免费使用,任何单位和个人不得向使用增值税税控系统的纳税人收取任何名义的开票软件接口费用。

(4)各地税务机关要加强对销售单位、服务单位的监督管理,及时回应纳税人投诉,对存在问题的销售单位、服务单位责令其立即纠正,并限期整改。对违反规定的,按照《增值税税控系统服务单位监督管理办法》有关规定严肃处理。

营改增相关废止法规

《财政部 国家税务总局关于将铁路运输和邮政业纳入营业税改征增值税试点的通知》(财税〔2013〕106号)、《财政部 国家税务总局关于铁路运输和邮政业营业税改征增值税试点有关政策的补充通知》(财税〔2013〕121号)、《财政部 国家税务总局关于将电信业纳入营业税改征增值税试点的通知》(财税〔2014〕43号)、《财政部 国家税务总局关于国际水路运输增值税零税率政策的补充通知》(财税〔2014〕50号)和《财政部 国家税务总局关于影视等出口服务适用增值税零税率政策的通知》(财税〔2015〕118号),除另有规定的条款外,相应废止。

《国家税务总局关于使用新版不动产销售统一发票和新版建筑业统一发票有关问题的通知》(国税发〔2006〕173号)、《国家税务总局关于营业税改征增值税试点增值税一般纳税人资格认定有关事项的公告》(国家税务总局公告2013年第75号)、《国家税务总局关于开展商品和服务税收分类与编码试点工作的通知》(税总函〔2016〕56号)同时废止。

《国家税务总局关于调整增值税纳税申报有关事项的公告》(国家税务总局公告2012年第31号)、《国家税务总局关于营业税改征增值税总分机构试点纳税人增值税纳税申报有关事项的公告》(国家税务总局公告2013年第22号)、《国家税务总局关于调整增值税纳税申报有关事项的公告》(国家税务总局公告 2013 年第 32 号)、《国家税务总局关于铁路运输和邮政业营业税改征增值税后纳税申报有关事项的公告》(国家税务总局公告 2014 年第 7 号)、《国家税务总局关于调整增值税纳税申报有关事项的公告》(国家税务总局公告 2014 年第 45 号)、《国家税务总局关于调整增值税纳税申报有关事项的公告》(国家税务总局公告 2014 年第 58 号)、《国家税务总局关于调整增值税纳税申报有关事项的公告》(国家税务总局公告 2014 年第 69 号)、《国家税务总局关于调整增值税纳税申报有关事项的公告》(国家税务总局公告 2015 年第 23 号)同时废止。

第二节 增值税发票管理

一、发票管理

发票，是指在购销商品、提供或者接受服务以及从事其他经营活动中，开具、收取的收付款凭证。国务院税务主管部门统一负责全国的发票管理工作。

省、自治区、直辖市国家税务局和地方税务局依据各自的职责，共同做好本行政区域内的发票管理工作。发票的种类、联次、内容以及使用范围由国家税务总局规定。在全国范围内统一式样的发票，由国家税务总局确定。在省、自治区、直辖市范围内统一式样的发票，由省、自治区、直辖市国家税务局、地方税务局确定。

全面推开营改增试点后，营业税发票将停止使用，所有发票都属于增值税发票。

（一）增值税发票的分类

增值税发票分为增值税专用发票和普通发票，两者的主要区别在于增值税专用发票具有税款抵扣功能。

《增值税专用发票使用规定》明确：增值税专用发票，是增值税一般纳税人销售货物或者提供应税劳务开具的发票，是购买方支付增值税额并可按照增值税有关规定据以抵扣增值税进项税额的凭证。

1. 增值税专用发票综述

一般纳税人应通过增值税防伪税控系统使用专用发票。使用，包括领购、开具、缴销、认证纸质专用发票及其相应的数据电文。防伪税控系统，是指经国务院同意推行的，使用专用设备和通用设备、运用数字密码和电子存储技术管理专用发票的计算机管理系统。专用设备，是指金税卡、IC 卡、读卡器金税盘、报税盘和其他设备。通用设备，是指计算机、打印机、扫描器具和其他设备。

从 2012 年 1 月 1 日起，开始使用货物运输业专用发票，由增值税一般纳税人提供货物运输服务时开具，其法律效力、基本用途、基本使用规定及安全管理要求等与现有专用发票一致。

为规范增值税发票管理，方便纳税人发票使用，国家税务总局发布《关于停止使用货物运输业增值税专用发票有关问题的公告》(国家税务总局公告 2015 年第 99 号)，自 2016 年 1 月 1 日起，增值税一般纳税人提供货物运输服务，使用增值税专用发票和增值税普通发票，开具发票时应将起运地、到达地、车种车号以及运输货物信息等内容填写在发票备注栏中，如内容较多可另附清单。货运专票最迟可使用至 2016 年 6 月 30 日，7 月 1 日起停止使用。

2. 专用发票的构成形式

专用发票由基本联次或者基本联次附加其他联次构成。基本联次为三联：发票联、抵扣联和记账联。发票联，作为购买方核算采购成本和增值税进项税额的记账凭证；抵扣联，作为购买方报送主管税务机关认证和留存备查的凭证；记账联，作为销售方核算销售收入和增值税销项税额的记账凭证。其他联次用途，由一般纳税人自行确定。

3. 增值税普通发票（卷式）

为满足纳税人使用增值税发票管理新系统开具卷式普通发票的需要，新系统增加了开具增值税普通发票（卷式）功能。因此为保障营改增如期顺利实施，明确增值税普通发票（卷式）启用前，纳税人可通过新系统使用现有国税机关发放的卷式发票。

4. 保留的发票票种继续使用

2015年3月发布的《国家税务总局关于全面推行增值税发票系统升级版有关问题的公告》（国家税务总局公告2015年第19号）规定：一般纳税人销售货物、提供应税劳务和应税服务开具增值税专用发票、货物运输业增值税专用发票和增值税普通发票。小规模纳税人销售货物、提供应税劳务和应税服务开具增值税普通发票。税务机关为小规模纳税人代开增值税专用发票和货物运输业增值税专用发票，按照《国家税务总局关于印发〈税务机关代开增值税专用发票管理办法（试行）〉的通知》（国税发〔2004〕153号）和《国家税务总局关于在全国开展营业税改征增值税试点有关征收管理问题的公告》（国家税务总局公告2013年第39号）有关规定执行。一般纳税人和小规模纳税人从事机动车（旧机动车除外）零售业务开具机动车销售统一发票。通用定额发票、客运发票和二手车销售统一发票继续使用。纳税人使用增值税普通发票开具收购发票，系统在发票左上角自动打印"收购"字样。

本次纳入营改增试点范围的一些行业存在开具发票的特殊需求。例如，公园、博物馆等现用的门票基本上都属于个性化的定额发票，有些还制成了含邮资可邮寄使用的明信片，而且基本均由纳税人自印，套印税务机关发票监制章，每年门票使用数量巨大。再如，提供路边停车服务收费，基本上使用停车收费专用的定额发票，面额从0.25元、0.5元至50元、100元不等。再如，目前提供过路（过桥）服务收费，开具的发票有定额发票和机打发票两种。过路（过桥）服务收费开具发票在效率上有很高的要求，必须保证车辆快速通行，避免因开具发票时间过长造成车辆拥堵现象；而且高速公路运营企业经营模式各有不同，税收管理水平参差不齐，高速公路通行费发票普遍不记名、无税控。

针对纳入营改增试点范围的一些行业存在开具发票的特殊需求，在《国家税务总局关于全面推行增值税发票系统升级版有关问题的公告》（国家税务总局公告2015年第19号）规定可继续使用的普通发票基础上，进一步明确：门票、过路（过桥）费发票、定额发票、客运发票和二手车销售统一发票继续使用。

电子发票

电子发票是现代信息社会的产物，是在购销商品、提供或者接受服务以及从事其他经营活动中，开具、收取的数据电文形式的收付款凭证。电子发票与传统发票的区别主要有两点：一是从传统的物理介质发展为数据电文形式；二是打破了纸质发票作为会计记账凭证的传统，具备了发票会计档案电子记账的条件。推行增值税电子发票系统不仅可节约财政资金而且有利于促进社会进步，节约社会资源，降低纳税人经营成本，方便消费者保存使用发票，便于税务管理和大数据应用，营造健康公平的税收环境，是税务机关推进税收现代化建设，实现"互联网+税务"的重要举措。与传统纸质发票相比，纳税人申领、开具、流转、查验电子发票等都可以通过税务机关统一的电子发票管理系统在互联网上进行，发票开具更快捷、查询更方便。具体来看，主要体现在以下三方面：一是有利于企业节约经营成本。电子发票不需要纸质载体，没有印制、打印、存储和邮寄等成本，企业可以节约相关费用，大大降低经营成本。二是有利于消费者保存使用发票。消费者可以在发生交易的同时收取电子发票，并可以在税务机关网站查询验证发票信息。在凭电子发票进行相关售后维修服务时，可以对电子发票进行下载或打印，解决了纸质发票查询和保存不便的缺陷。三是有利于税务部门规范管理和数据应用。企业通过增值税发票管理新系统开具电子发票后，税务机关可以及时对纳税人开票数据进行查询、统计、分析，及时发现涉税违法违规问题，有利于提高工作效率，降低管理成本。

为进一步适应经济社会发展和税收现代化建设需要，国家税务总局在增值税发票管理新系统基础上，组织开发了增值税电子普通发票开具功能，经过前期试点，系统运行平稳，具备了全国推行的条件。为了满足纳税人开具增值税电子普通发票的需求，《国家税务总局关于推行通过增值税电子发票系统开具的增值税电子普通发票有关问题的公告》（国家税务总局公告2015年第84号）明确，自2015年12月起全面推行通过增值税电子发票系统开具的增值税电子普通发票。公告还明确：增值税电子普通发票的开票方和受票方需要纸质发票的，可以自行打印增值税电子普通发票的版式文件，其法律效力、基本用途、基本使用规定等与税务机关监制的增值税普通发票相同。

（二）增值税发票系统升级版

为适应税收现代化建设需要，满足增值税一体化管理要求，国家税务总局发布了《关于全面推行增值税发票系统升级版有关问题的公告》（国家税务总局公告2015年第19号），决定自2015年4月1日起，在全国范围分步全面推行增值税发票系统升级版。

1．推行范围

增值税发票系统升级版的推行范围是目前尚未使用增值税发票系统升级版的增值税纳税人。推行工作按照先一般纳税人和起征点以上小规模纳税人，后起征点以下小规模纳税人和使用税控收款机纳税人的顺序进行，具体推行方案由各省国税局根据本地区的实际情况制定。

2．系统使用

增值税发票系统升级版是对增值税防伪税控系统、货物运输业增值税专用发票税控系统、稽核系统以及税务数字证书系统等进行整合升级完善。实现纳税人经过税务数字证书安全认证、加密开具的发票数据，通过互联网实时上传税务机关，生成增值税发票电子底账，作为纳税申报、发票数据查验以及税源管理、数据分析利用的依据。

（1）增值税发票系统升级版纳税人端税控设备包括金税盘和税控盘（以下统称专用设备）专用设备均可开具增值税专用发票、货物运输业增值税专用发票、增值税普通发票和机动车销售统一发票。

除通用定额发票、客运发票和二手车销售统一发票继续使用外，一般纳税人和小规模纳税人发生增值税业务对外开具发票应当使用专用设备开具。

（2）纳税人应在互联网连接状态下在线使用增值税发票系统升级版开具发票。增值税发票系统升级版可自动上传已开具的发票明细数据。

（3）纳税人因网络故障等原因无法在线开票的，在税务机关设定的离线开票时限和离线开具发票总金额范围内仍可开票，超限将无法开具发票。纳税人开具发票次月仍未连通网络上传已开具发票明细数据的，也将无法开具发票。纳税人需连通网络上传发票数据后方可开票，若仍无法连通网络的需携带专用设备到税务机关进行征期报税或非征期报税后方可开票。

纳税人已开具未上传的增值税发票为离线发票。离线开票时限是指自第一份离线发票开具时间起开始计算可离线开具的最长时限。离线开票总金额是指可开具离线发票的累计不含税总金额，离线开票总金额按不同票种分别计算。

纳税人离线开票时限和离线开票总金额的设定标准及方法由各省、自治区、直辖市和计划单列市国家税务局确定。

（4）按照有关规定不使用网络办税或不具备网络条件的特定纳税人，以离线方式开具发票，不受离线开票时限和离线开具发票总金额限制。特定纳税人的相关信息由主管税务机关在综合征管系统中设定，并同步至增值税发票系统升级版。

（5）纳税人应在纳税申报期内将上月开具发票汇总情况通过增值税发票系统升级版进行网络报税。

特定纳税人不使用网络报税，需携带专用设备和相关资料到税务机关进行报税。

除特定纳税人外，使用增值税发票系统升级版的纳税人，不再需要到税务机关进行报税，原使用的网上报税方式停止使用。

（6）一般纳税人发票认证、稽核比对、纳税申报等涉税事项仍按照现行规定执行。

（7）一般纳税人和小规模纳税人自愿选择使用增值税税控主机共享服务系统开具增值税发票，任何税务机关和税务人员不得强制纳税人使用。

3．纳税人置换专用设备

纳税人原使用的增值税税控系统金税盘（卡）税控盘，需置换为增值税发票系统升级版专用设备。增值税发票系统升级版服务单位按照优惠价格（报税盘价格）对原金税盘（卡）税控盘进行置换。

小知识

增值税发票管理新系统

随着国家经济结构重大战略性调整，营改增改革的逐步推进，增值税纳税人户数急剧增加，国税机关征管工作量及大厅办税压力激增，对税务机关税收管理水平和纳税服务水平提出了更高的要求。随着近年来现代信息技术的飞速发展，尤其是互联网技术的普遍应用，广大纳税人提出了更高的办税需求。这些变化使得现有的系统难以完全适应和满足基层税务机关和纳税人的需要，有必要与时俱进，对现有增值税发票系统进行升级，打造覆盖所有增值税纳税人以及所有发票的增值税发票管理新系统。

国家税务总局针对发票管理面临的新形势，抓住营改增全覆盖的重要机遇，经反复研究论证，提出了对增值税发票管理系统进行技术改造和全面升级，建设推广增值税发票管理新系统的工作方案。国家税务总局决定着眼税制改革的长远规划和增值税统一规范管理的要求，借助现代信息技术，升级现有增值税发票系统，将一般纳税人使用的增值税专用发票系统和在部分小规模纳税人中推行的增值税发票系统整合升级为所有增值税纳税人使用的增值税发票管理系统，形成"一个系统两个覆盖"的增值税一体化管理架构。"一个系统"，即增值税发票管理新系统："两个覆盖"，即覆盖所有增值税纳税人（包括一般纳税人、小规模纳税人和临时散户），覆盖所有发票（包括增值税专用发票和普通发票）。由此，税务机关以完整、准确、及时的发票数据为抓手，强化税源管理、风险控制，为宏观分析决策提供依据，为税制改革保驾护航，通过便民办税减轻纳税人负担，提升税收现代化水平。

建设推广增值税发票管理新系统意义深远，是利国利民利税的大事好事，是国税机关的重点工作之一,使增值税的信息化管理工作取得了革命性的变化,为构建现代税收征管体系奠定了坚实的基础,并将为基本实现税收现代化提供有力的支撑。主要体现在以下几个方面:系统推行到位后将使假发票难以立足;基层税务机关和纳税人两个减负明显;实施营改增扩围将更为顺利;有利于净化社会风气和反腐败工作开展;税务部门可以更好地服务宏观决策和经济社会发展。

增值税发票管理新系统是对增值税防伪税控系统、货物运输业增值税专用发票税控系统、稽核系统以及税务数字证书系统等进行整合升级完善。实现纳税人经过税务数字证书安全认证、加密开具的发票数据,通过互联网实时上传税务机关,生成增值税发票电子底账,作为纳税申报、发票数据查验以及税源管理、数据分析利用的依据。

增值税发票管理新系统纳税人端税控设备包括金税盘和税控盘(以下统称专用设备)。专用设备均可开具增值税专用发票、货物运输业增值税专用发票、增值税普通发票和机动车销售统一发票、增值税电子普通发票。除门票、定额发票、客运发票和二手车销售统一发票,一般纳税人和小规模纳税人发生增值税业务对外开具发票应当使用专用设备开具。

增值税纳税人购买增值税税控系统专用设备支付的费用以及缴纳的技术维护费可按照《财政部国家税务总局关于增值税税控系统专用设备和技术维护费用抵减增值税额有关政策的通知》(财税〔2012〕15号)规定,在增值税应纳税额中全额抵减。

为适应税收现代化建设需要,满足增值税一体化管理要求,切实减轻基层税务机关和纳税人负担,国家税务总局决定自2015年起,在全国范围分步全面推行增值税发票管理新系统。

纳税人应在互联网连接状态下在线使用增值税发票管理新系统开具发票。增值税发票管理新系统可自动上传已开具的发票明细数据。纳税人因网络故障等原因无法在线开票的,在税务机关设定的离线开票时限和离线开具发票总金额范围内仍可开票,超限将无法开具发票。纳税人开具发票次月仍未连通网络上传已开具发票明细数据的,也将无法开具发票。纳税人需连通网络上传发票数据后方可开票,若仍无法连通网络的需携带专用设备到税务机关进行征期报税或非征期报税后方可开票。

纳税人已开具未上传的增值税发票为离线发票。离线开票时限是指自第一份离线发票开具时间起开始计算可离线开具的最长时限。离线开票总金额是指可开具离线发票的累计不含税总金额,离线开票总金额按不同票种分别计算。纳税人离线开票时限和离线开票总金额的设定标准及方法由各省、自治区、直辖市和计划单列市国家税务局确定。

按照有关规定不使用网络办税或不具备网络条件的特定纳税人,以离线方式开具发票,不受离线开票时限和离线开具发票总金额限制。特定纳税人的相关信息由主管税务机关在综合征管系统中设定,并同步至增值税发票管理新系统。纳税人应在纳税申报期内将上月开具发票汇总情况通过增值税发票管理新系统进行网络报税。特定纳税人不使用网络报税,需携带专用设备和相关资料到税务机关进行报税。除特定纳税人外,使用增值税发票管理新系统的纳税人,不再需要到税务机关进行报税,原使用的网上报税方式停止使用。

一般纳税人和小规模纳税人可自愿选择使用增值税税控主机共享服务系统开具增值税发票,任何税务机关和税务人员不得强制纳税人使用。

增值税发票管理新系统的主要功能

覆盖所有增值税纳税人以及所有发票的增值税发票管理新系统,主要功能概括为:

①"税控开票，实时抄报"，将税控技术与互联网技术紧密结合，实现纳税人开具发票即时上传至国税机关；

②"数字证书，安全可靠"，将数字证书内置在税控装置（金税盘和税控盘）内，实现纳税人身份认证、发票数字签名、数据加密传输的安全要求；

③"票面信息、全部采集"，原系统只采集发票票面 7 要素电子信息，新系统采集发票全票面信息；

④"电子底账、流程再造"，将原系统通过纸质发票扫描认证采集抵扣发票信息，改造为直接将开票信息通过税务专网推送至购方主管国税机关，形成电子底账；

⑤"发票勾选、便捷服务"，利用增值税发票查询平台提供发票查询、勾选、确认服务，方便纳税人申报抵扣。

地税代开增值税发票使用了前三项功能。

二、增值税发票使用

（一）专用发票的初始发行

一般纳税人领购专用设备后，凭《最高开票限额申请表》、《发票领购簿》到主管税务机关办理初始发行。初始发行，是指主管税务机关将一般纳税人的下列信息载入空白金税卡和 IC 卡的行为：

（1）企业名称；

（2）税务登记代码；

（3）开票限额；

（4）购票限量；

（5）购票人员姓名、密码；

（6）开票机数量；

（7）国家税务总局规定的其他信息。

一般纳税人发生上述第（1）、（3）、（4）、（5）、（6）、（7）项信息变化，应向主管税务机关申请变更发行；发生第（2）项信息变化，应向主管税务机关申请注销发行。

（二）专用发票的领购范围

采用扣税办法计算征收增值税的一般纳税人以及采用简易办法或选择采用简易办法计算征收增值税的一般纳税人，可以领购并自行开具增值税专用发票。

按照规定，增值税专用发票只限于增值税一般纳税人领购使用，小规模纳税人和非增值税纳税人不得领购使用增值税专用发票。有下列情形之一的增值税一般纳税人不得领购使用增值税专用发票，已经领购使用的由税务机关收缴其尚未使用的增值税专用发票：

（1）会计核算不健全，不能向税务机关准确提供增值税销项税额、进项税额、应纳税额数据及其他有关增值税税务资料的。其他有关增值税税务资料的内容，由省、自治区、直辖市和计划单列市国家税务局确定。

（2）有《税收征管法》规定的税收违法行为，拒不接受税务机关处理的。

（3）有下列行为之一，经税务机关责令限期改正而仍未改正的：

① 虚开增值税专用发票；

② 私自印制专用发票；

③ 向税务机关以外的单位和个人买取专用发票；

④ 借用他人专用发票；
⑤ 未按规定开具专用发票；
⑥ 未按规定保管专用发票和专用设备；
⑦ 未按规定申请办理防伪税控系统变更发行；
⑧ 未按规定接受税务机关检查。

有上述情形的，如已领购专用发票，主管税务机关应暂扣其结存的专用发票和 IC 卡。

上述第⑥项未按规定保管专用发票和专用设备是指：未设专人保管专用发票和专用设备；未按税务机关要求存放专用发票和专用设备；未将认证相符的专用发票抵扣联、《认证结果通知书》和《认证结果清单》装订成册；未经税务机关查验，擅自销毁专用发票基本联次。

（4）销售的货物全部属于免税项目者。此外，按照规定，纳税人当月购买增值税专用发票而未申报纳税的，不得向其发售增值税专用发票。

（三）采取汇总纳税的金融机构发票的领购和使用

采取汇总纳税的金融机构，省、自治区所辖地市以下分支机构可以使用地市级机构统一领取的增值税专用发票、增值税普通发票、增值税电子普通发票；直辖市、计划单列市所辖区县及以下分支机构可以使用直辖市、计划单列市机构统一领取的增值税专用发票、增值税普通发票、增值税电子普通发票。

 **法律依据**

国家税务总局关于明确营改增试点若干征管问题的公告

（国家税务总局公告2016年第26号）

为确保全面推开营改增试点顺利实施，现将若干税收征管问题公告如下：

……

四、营改增后，门票、过路（过桥）费发票属于予以保留的票种，自2016年5月1日起，由国税机关监制管理。原地税机关监制的上述两类发票，可以沿用至2016年6月30日。

本公告自2016年5月1日起施行。

 **小知识**

门票、过路（过桥）费发票

营改增后，门票、过路（过桥）费发票属于予以保留的票种，自2016年5月1日起，由国税机关监制管理。原地税机关监制的上述两类发票，可以沿用至2016年6月30日。

（四）善意取得虚开的专用发票

1. 善意取得虚开专用发票的特征

购货方善意取得虚开专用发票，应同时具备如下特征：购货方与销售方存在真实的交易，销售方使用的是其所在省（自治区、直辖市和计划单列市）的专用发票，专用发票注明的销售方名称、印章、货物数量、金额及税额等全部内容与实际相符，且没有证据表明购货方知道销售方提供的专用发票是以非法手段获得的。

2. 善意取得虚开专用发票的处理

（1）不以偷税或者骗取出口退税论处；

（2）取得的虚开专用发票应按有关法规不予抵扣进项税款或者不予出口、退税；已经抵扣的进项税款或者取得的出口退税，应依法追缴；

（3）如能重新取得合法、有效的专用发票，准许其抵扣进项税款；如不能重新取得合法、有效的专用发票，不准其抵扣进项税款或追缴其已抵扣的进项税款；

（4）因善意取得虚开专用发票被依法追缴其已抵扣税款的，不再加收滞纳金。

3. 不属善意取得虚开专用发票及处理

有下列情形之一的，无论购货方（受票方）与销售方是否进行了实际的交易，专用发票所注明的数量、金额与实际交易是否相符，均不属于善意取得虚开专用发票：

（1）购货方取得的专用发票所注明的销售方名称、印章与其进行实际交易的销售方不符的，即"购货方从销售方取得第三方开具的专用发票"；

（2）购货方取得的专用发票为销售方所在省（自治区、直辖市和计划单列市）以外地区的，即"从销货地以外的地区取得专用发票"；

（3）其他有证据表明购货方明知取得的专用发票系销售方以非法手段获得的，即"受票方利用他人虚开的专用发票，向税务机关申报抵扣税款进行偷税"。

对于购货方不属善意取得虚开专用发票的，应按前述取得虚开专用发票有关情况做出相应处理。

（五）失控专用发票

在税务机关按非正常户登记失控专用发票后，增值税一般纳税人又向税务机关申请防伪税控报税的，可通过防伪税控报税子系统的逾期报税功能受理报税。购买方主管税务机关对认证发现的失控发票，属于销售方已申报纳税的，可由销售方主管税务机关出具书面证明并通过协查系统回复购买方主管税务机关后，作为购买方抵扣增值税进项税额的凭证。

（六）辅导期一般纳税人使用专用发票

1. 限量限额发售

（1）辅导期纳税人专用发票的领购实行按次限量控制，主管税务机关可根据纳税人的经营情况核定每次专用发票的供应数量，但每次发售专用发票数量不得超过25份。

（2）辅导期纳税人领购的专用发票未使用完而再次领购的，主管税务机关发售专用发票的份数不得超过核定的每次领购专用发票份数与未使用完的专用发票份数的差额。

（3）实行纳税辅导期管理的小型商贸批发企业，领购专用发票的最高开票限额不得超过10万元；其他一般纳税人专用发票最高开票限额应根据企业实际经营情况重新核定。

2. 增购预征

辅导期纳税人一个月内多次领购专用发票的，应从当月第二次领购专用发票起，按照上一次已领购并开具的专用发票销售额的3%预缴增值税，未预缴增值税的，主管税务机关不得向其发售专用发票。

预缴增值税时，纳税人应提供已领购并开具的专用发票记账联，主管税务机关根据其提供的专用发票记账联计算应预缴的增值税。

辅导期纳税人按规定预缴的增值税可在本期增值税应纳税额中抵减，抵减后预缴增值税仍有余额的，可抵减下期再次领购专用发票时应当预缴的增值税。

纳税辅导期结束后，纳税人因增购专用发票发生的预缴增值税有余额的，主管税务机关应在纳税辅导期结束后的第一个月内,一次性退还纳税人。

辅导期纳税人取得的增值税专用发票抵扣联、海关进口增值税专用缴款书以及运输费用结算单据应当在交叉稽核比对无误后,方可抵扣进项税额。

(七)单用途预付卡和多用途预付卡业务各环节发票使用

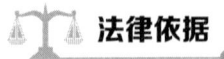 法律依据

关于营改增试点若干征管问题的公告

(国家税务总局公告2016年第53号)

三、单用途商业预付卡(以下简称"单用途卡")业务按照以下规定执行:

(一)单用途卡发卡企业或者售卡企业(以下统称"售卡方")销售单用途卡,或者接受单用途卡持卡人充值取得的预收资金,不缴纳增值税。售卡方可按照本公告第九条的规定,向购卡人、充值人开具增值税普通发票,不得开具增值税专用发票。

单用途卡,是指发卡企业按照国家有关规定发行的,仅限于在本企业、本企业所属集团或者同一品牌特许经营体系内兑付货物或者服务的预付凭证。

发卡企业,是指按照国家有关规定发行单用途卡的企业。售卡企业,是指集团发卡企业或者品牌发卡企业指定的,承担单用途卡销售、充值、挂失、换卡、退卡等相关业务的本集团或同一品牌特许经营体系内的企业。

(二)售卡方因发行或者销售单用途卡并办理相关资金收付结算业务取得的手续费、结算费、服务费、管理费等收入,应按照现行规定缴纳增值税。

(三)持卡人使用单用途卡购买货物或服务时,货物或者服务的销售方应按照现行规定缴纳增值税,且不得向持卡人开具增值税发票。

(四)销售方与售卡方不是同一个纳税人的,销售方在收到售卡方结算的销售款时,应向售卡方开具增值税普通发票,并在备注栏注明"收到预付卡结算款",不得开具增值税专用发票。

售卡方从销售方取得的增值税普通发票,作为其销售单用途卡或接受单用途卡充值取得预收资金不缴纳增值税的凭证,留存备查。

四、支付机构预付卡(以下称"多用途卡")业务按照以下规定执行:

(一)支付机构销售多用途卡取得的等值人民币资金,或者接受多用途卡持卡人充值取得的充值资金,不缴纳增值税。支付机构可按照本公告第九条的规定,向购卡人、充值人开具增值税普通发票,不得开具增值税专用发票。

支付机构,是指取得中国人民银行核发的《支付业务许可证》,获准办理"预付卡发行与受理"业务的发卡机构和获准办理"预付卡受理"业务的受理机构。

多用途卡,是指发卡机构以特定载体和形式发行的,可在发卡机构之外购买货物或服务的预付价值。

(二)支付机构因发行或者受理多用途卡并办理相关资金收付结算业务取得的手续费、结算费、服务费、管理费等收入,应按照现行规定缴纳增值税。

(三)持卡人使用多用途卡,向与支付机构签署合作协议的特约商户购买货物或服务,特约商户应按照现行规定缴纳增值税,且不得向持卡人开具增值税发票。

(四)特约商户收到支付机构结算的销售款时,应向支付机构开具增值税普通发票,并在

备注栏注明"收到预付卡结算款",不得开具增值税专用发票。

支付机构从特约商户取得的增值税普通发票,作为其销售多用途卡或接受多用途卡充值取得预收资金不缴纳增值税的凭证,留存备查。

……

十、本公告自 2016 年 9 月 1 日起施行,此前已发生未处理的事项,按照本公告规定执行。2016 年 5 月 1 日前,纳税人发生本公告第二、五、六条规定的应税行为,此前未处理的,比照本公告规定缴纳营业税。

(八)专用发票缴销

一般纳税人注销税务登记或者转为小规模纳税人,应将专用设备和结存未用的纸质专用发票送交主管税务机关。

主管税务机关应缴销其专用发票,并按有关安全管理的要求处理专用设备。

专用发票的缴销,是指主管税务机关在纸质专用发票监制章处按"V"形剪角作废,同时作废相应的专用发票数据电文。

被缴销的纸质专用发票应退还纳税人。

发票使用有关规定

(1)增值税一般纳税人销售货物、提供加工修理修配劳务和应税行为,使用增值税发票管理新系统(以下简称新系统)开具增值税专用发票、增值税普通发票、机动车销售统一发票、增值税电子普通发票。

(2)增值税小规模纳税人销售货物、提供加工修理修配劳务月销售额超过 3 万元(按季纳税 9 万元),或者销售服务、无形资产月销售额超过 3 万元(按季纳税 9 万元),使用新系统开具增值税普通发票、机动车销售统一发票、增值税电子普通发票。

(3)增值税普通发票(卷式)启用前,纳税人可通过新系统使用国税机关发放的现有卷式发票。

(4)门票、过路(过桥)费发票、定额发票、客运发票和二手车销售统一发票继续使用。

(5)采取汇总纳税的金融机构,省、自治区所辖地市以下分支机构可以使用地市级机构统一领取的增值税专用发票、增值税普通发票、增值税电子普通发票;直辖市、计划单列市所辖区县及以下分支机构可以使用直辖市、计划单列市机构统一领取的增值税专用发票、增值税普通发票、增值税电子普通发票。

(6)国税机关、地税机关使用新系统代开增值税专用发票和增值税普通发票。代开增值税专用发票使用六联票,代开增值税普通发票使用五联票。

(7)自 2016 年 5 月 1 日起,地税机关不再向试点纳税人发放发票。试点纳税人已领取地税机关印制的发票以及印有本单位名称的发票,可继续使用至 2016 年 6 月 30 日,特殊情况经省国税局确定,可适当延长使用期限,最迟不超过 2016 年 8 月 31 日。

纳税人在地税机关已申报营业税未开具发票,2016 年 5 月 1 日以后需要补开发票的,可于 2016 年 12 月 31 日前开具增值税普通发票,税务总局另有规定的除外,如《国家税务总局关于发布〈房地产开发企业销售自行开发的房地产项目增值税征收管理暂行办法〉的公告》(国家税务总局公告 2016 年第 18 号)规定:小规模纳税人销售自行开发的房地产项目,其 2016 年 4 月 30 日前收取并已向主管地税机关申报缴纳营业税的预收款,未开具营业税发票的,可以开具增值税普通发票,不得申请代开增值税专用发票。上述规定并无开具增值税普通发票的时间限制。

三、增值税发票开具

纳税人发生应税行为,应当向索取增值税专用发票的购买方开具增值税专用发票,并在增值税专用发票上分别注明销售额和销项税额。

增值税专用发票开具、代开

[《关于全面推开营业税改征增值税试点的通知》
(财税〔2016〕36号)附件:1. 营业税改征增值税试点实施办法]

第五十三条 纳税人发生应税行为,应当向索取增值税专用发票的购买方开具增值税专用发票,并在增值税专用发票上分别注明销售额和销项税额。

属于下列情形之一的,不得开具增值税专用发票:

(一)向消费者个人销售服务、无形资产或者不动产。

(二)适用免征增值税规定的应税行为。

第五十四条 小规模纳税人发生应税行为,购买方索取增值税专用发票的,可以向主管税务机关申请代开。

(一)增值税发票开具的基本规定

《中华人民共和国发票管理办法》规定:销售商品、提供服务以及从事其他经营活动的单位和个人,对外发生经营业务收取款项,收款方应当向付款方开具发票;特殊情况下,由付款方向收款方开具发票。所有单位和从事生产、经营活动的个人在购买商品、接受服务以及从事其他经营活动支付款项,应当向收款方取得发票。取得发票时,不得要求变更品名和金额。开具发票应当按照规定的时限、顺序、栏目,全部联次一次性如实开具,并加盖发票专用章。

任何单位和个人不得有下列虚开发票行为:为他人、为自己开具与实际经营业务情况不符的发票;让他人为自己开具与实际经营业务情况不符的发票;介绍他人开具与实际经营业务情况不符的发票。

任何单位和个人应当按照发票管理规定使用发票,不得有下列行为:转借、转让、介绍他人转让发票、发票监制章和发票防伪专用品;知道或者应当知道是私自印制、伪造、变造、非法取得或者废止的发票而受让、开具、存放、携带、邮寄、运输;拆本使用发票;扩大发票使用范围;以其他凭证代替发票使用。

除国务院税务主管部门规定的特殊情形外,发票限于领购单位和个人在本省、自治区、直辖市内开具。省、自治区、直辖市税务机关可以规定跨市、县开具发票的办法。除国务院税务主管部门规定的特殊情形外,任何单位和个人不得跨规定的使用区域携带、邮寄、运输空白发票。禁止携带、邮寄或者运输空白发票出入境。开具发票的单位和个人应当按照税务机关的规定存放和保管发票,不得擅自损毁。已经开具的发票存根联和发票登记簿应当保存5年。保存期满,报经税务机关查验后销毁。

《增值税专用发票使用规定》规定:增值税一般纳税人有下列情形之一的,不得领购开具专用发票:

（1）会计核算不健全，不能向税务机关准确提供增值税销项税额、进项税额、应纳税额数据及其他有关增值税税务资料的。其他有关增值税税务资料的内容，由省、自治区、直辖市和计划单列市国家税务局确定。

（2）有《中华人民共和国税收征收管理法》规定的税收违法行为，拒不接受税务机关处理的。

（3）有下列行为之一，经税务机关责令限期改正而仍未改正的：

① 虚开增值税专用发票；

② 私自印制专用发票；

③ 向税务机关以外的单位和个人买取专用发票；

④ 借用他人专用发票；

⑤ 未按《增值税专用发票使用规定》第十一条开具专用发票；

⑥ 未按规定保管专用发票和专用设备；

⑦ 未按规定申请办理防伪税控系统变更发行；

⑧ 未按规定接受税务机关检查。

有上列情形的，如已领购专用发票，主管税务机关应暂扣其结存的专用发票和IC卡。

增值税小规模纳税人需要开具专用发票的，可向主管税务机关申请代开。销售免税货物或劳务、服务不得开具专用发票，法律、法规及国家税务总局另有规定的除外。

（二）专用发票的开具范围

1. 一般纳税人销售货物或者提供应税劳务，应向购买方开具专用发票

"营改增"纳税人发生应税行为，应当向索取增值税专用发票的购买方开具增值税专用发票，并在增值税专用发票上分别注明销售额和销项税额。

小规模纳税人发生应税行为，购买方索取增值税专用发票的，可以向主管税务机关申请代开。

2. 一般纳税人不得开具专用发票的销售情形

（1）商业企业一般纳税人零售的烟、酒、食品、服装、鞋帽（不包括劳保专用部分）化妆品等消费品不得开具专用发票。

（2）销售免税货物或提供免征增值税的应税劳务和服务不得开具专用发票，法律、法规及国家税务总局另有规定的除外。

（3）销售报关出口的货物、在境外销售应税劳务。

（4）将货物用于集体福利或个人消费。

（5）将货物无偿赠送他人（如果受赠者为一般纳税人，可根据受赠人的要求开具增值税专用发票）。

（6）提供非应税劳务（不包括上述应当征收增值税的非应税劳务）转让无形资产或者销售不动产。

（7）向小规模纳税人销售应税项目，可以不开具增值税专用发票。

（8）"营改增"纳税人发生应税行为，增值税专用发票的开具问题。

（9）向消费者个人销售服务、无形资产或者不动产。

（10）适用免征增值税规定的应税行为。

（三）增值税一般纳税人使用增值税发票管理新系统开具

增值税发票管理新系统具有一个系统开具多种增值税发票功能，方便从事兼营多种应税、免税项目的纳税人发票开具，可以满足营改增纳税人的不同开票需求。

增值税一般纳税人销售货物、服务、无形资产、不动产和提供应税劳务，使用增值税发票管理新系统开具增值税专用发票、增值税普通发票、机动车销售统一发票、增值税电子普通发票。

（四）增值税小规模纳税人使用增值税发票管理新系统开具

增值税小规模纳税人销售货物、提供加工修理修配劳务月销售额超过3万元（按季纳税9万元），或者销售服务、无形资产月销售额超过3万元（按季纳税9万元），使用新系统开具增值税普通发票、机动车销售统一发票、增值税电子普通发票。增值税纳税人购买增值税税控系统专用设备支付的费用以及缴纳的技术维护费可按照《财政部国家税务总局关于增值税税控系统专用设备和技术维护费用抵减增值税额有关政策的通知》（财税〔2012〕15号）规定，在增值税应纳税额中全额抵减。但由于不达增值税起征点的小规模纳税人购买增值税税控系统专用设备支付的费用以及缴纳的技术维护费暂无法抵减税款，需日后发生应纳增值税后才能享受国家优惠政策。为保障系统推行工作平稳有序，2015年国家税务总局发布《关于再次明确不得将不达增值税起征点的小规模纳税人纳入增值税发票系统升级版推行范围的通知》（税总函〔2015〕199号），明确不达增值税起征点的小规模纳税人当前暂不纳入增值税发票管理新系统推行范围，暂可继续使用现有方式开票。要求各地国税机关认真做好纳税人的宣传解释工作，加强小规模纳税人代开发票等纳税服务工作，同时做好服务单位的监督管理工作。

（五）专用发票的开具要求

（1）项目齐全，与实际交易相符；

（2）字迹清楚，不得压线、错格；

（3）发票联和抵扣联加盖发票专用章；

（4）按照增值税纳税义务的发生时间开具。

对不符合上述要求的专用发票，购买方有权拒收。

一般纳税人销售货物或者提供应税劳务可汇总开具专用发票。汇总开具专用发票的，同时使用防伪税控系统开具《销售货物或者提供应税劳务清单》，并加盖发票专用章。

（六）专用发票限额管理

增值税专用发票（增值税税控系统）实行最高开票限额管理。最高开票限额，是指单份专用发票或货运专票开具的销售额合计数不得达到的上限额度。

最高开票限额由一般纳税人申请，区县税务机关依法审批。一般纳税人申请最高开票限额时，需填报《增值税专用发票最高开票限额申请单》。主管税务机关受理纳税人申请以后，根据需要进行实地查验。实地查验的范围和方法由各省国税机关确定。

自2014年5月1日起，一般纳税人申请领用专用发票（包括增值税专用发票和货物运输业增值税专用发票，下同）最高开票限额不超过10万元的，主管税务机关不需要事前进行实地查验。各省国税机关可在此基础上适当扩大不需要事前实地查验的范围，实地查验的范围和方法由省国税机关确定。

税务机关应根据纳税人实际生产经营和销售情况进行审批，保证纳税人生产经营的正常需要。此外，防伪税控系统的具体发行工作由主管税务机关负责。

（七）差额征税开票

《财政部国家税务总局关于全面推开营业税改征增值税试点的通知》（财税〔2016〕36号）附件2《营业税改征增值税试点有关事项的规定》规定：试点纳税人提供有形动产融资性售后回租服务，向承租方收取的有形动产价款本金，不得开具增值税专用发票，可以开具普通发票。试点纳税人提供旅游服务，可以选择以取得的全部价款和价外费用，扣除向旅游服务购买方收取并支付给其他单位或者个人的住宿费、餐饮费、交通费、签证费、门票费和支付给其他接团旅游企业的旅游费用后的余额为销售额。选择上述办法计算销售额的试点纳税人，向旅游服务购买方收取并支付的上述费用，不得开具增值税专用发票，可以开具普通发票。

《国家税务总局关于全面推开营业税改征增值税试点有关税收征收管理事项的公告》规定：按照现行政策规定适用差额征税办法缴纳增值税，且不得全额开具增值税发票的（财政部、国家税务总局另有规定的除外），纳税人自行开具或者税务机关代开增值税发票时，通过新系统中差额征税开票功能，录入含税销售额（或含税评估额）和扣除额，系统自动计算税额和不含税金额，备注栏自动打印"差额征税"字样，发票开具不应与其他应税行为混开。

【例4-2】 某纳税人销售商品房适用差额征税。含税销售额200万元，扣除额160万元，征收率5%。

原营业税税制下，应纳营业税税额＝（2 000 000－1 600 000）×5%＝20 000（元）

现增值税税制下，应纳增值税税额＝（2 000 000－1 600 000）÷（1+5%）×5%＝19 095.24（元）

金额＝2 000 000－19 095.24＝1 980 952.38（元）

（注：上述"金额"为不含税金额，即发票"金额"栏中填写的数，下同。）

（八）红字专用发票开具

增值税一般纳税人开具增值税专用发票后，发生销货退回、开票有误等情形但不符合作废条件，或者因销货部分退回及发生销售折让应按规定开具红字专用发票。纳税人销售货物并向购买方开具增值税专用发票后，由于购货方在一定时期内累计购买货物达到一定数量，或者由于市场价格下降等原因，销货方给予购货方相应的价格优惠或补偿等折扣、折让行为，销货方也可按规定开具红字增值税专用发票。

红字专用发票的开具，应视不同情况分别按以下办法处理。

（1）一般纳税人取得专用发票后，发生销货退回、开票有误等情形但不符合作废条件的，或者因销货部分退回及发生销售折让的，购买方应向主管税务机关填报《开具红字增值税专用发票申请单》（简称《申请单》）。

《申请单》所对应的蓝字专用发票应经税务机关认证。

经认证结果为"认证相符"并且已经抵扣增值税进项税额的，一般纳税人在填报《申请单》时不填写相对应的蓝字专用发票信息。

经认证结果为"纳税人识别号认证不符"、"专用发票代码、号码认证不符"的，一般纳税人在填报《申请单》时应填写相对应的蓝字专用发票信息。

主管税务机关对一般纳税人填报的《申请单》进行审核后，出具《开具红字增值税专用发票通知单》（简称《通知单》）。《通知单》应与《申请单》一一对应。

购买方必须暂依《通知单》所列增值税额从当期进项税额中转出，未抵扣增值税进项税额的可列入当期进项税额，待取得销售方开具的红字专用发票后，与留存的《通知单》一并作为记账凭证。属于经认证结果为"纳税人识别号认证不符"、"专用发票代码、号码认证不符"的，不作进项税额转出。

销售方凭购买方提供的《通知单》开具红字专用发票，在防伪税控系统中以销项负数开具。

（2）因专用发票抵扣联、发票联均无法认证的，由购买方填报《开具红字增值税专用发票申请单》，并在《申请单》上填写具体原因以及相对应蓝字专用发票的信息，主管税务机关审核后出具《开具红字增值税专用发票通知单》。购买方不作进项税额转出处理。

（3）购买方所购货物不属于增值税扣税项目范围，取得的专用发票未经认证的，由购买方填报申请单，并在申请单上填写具体原因以及相对应蓝字专用发票的信息，主管税务机关审核后出具通知单。购买方不作进项税额转出处理。

（4）因开票有误购买方拒收专用发票的，销售方需在专用发票认证期限内向主管税务机关填报申请单，并在申请单上填写具体原因以及相对应蓝字专用发票的信息，同时提供由购买方出具的写明拒收理由、错误具体项目以及正确内容的书面材料，主管税务机关审核确认后出具通知单。销售方凭通知单开具红字专用发票。

（5）因开票有误等原因尚未将专用发票交付购买方的，销售方须在开具有误专用发票的次月内向主管税务机关填报申请单，并在申请单上填写具体原因以及相对应蓝字专用发票的信息，同时提供由销售方出具的写明具体理由、错误具体项目以及正确内容的书面材料，主管税务机关审核确认后出具通知单。销售方凭通知单开具红字专用发票。

开具红字专用发票相应的《通知单》应按月依次装订成册，并比照专用发票保管规定管理。红字专用发票应与《通知单》一一对应。

关于红字增值税发票开具有关问题

纳税信用 A 级和纳税信用 B 级的一般纳税人分别自 2016 年 3 月 1 日和 2016 年 5 月 1 日起，取得销售方使用新系统开具的增值税发票，可以不再进行扫描认证，登录本省增值税发票查询平台，查询、选择用于申报抵扣或者出口退税的增值税发票信息，未查询到对应发票信息的，仍可进行扫描认证。相应地需要对红字专用发票开具规定中与发票认证相关的内容进行修订。自 2016 年 7 月 1 日起货物运输业增值税专用发票停止使用，需要废止原开具红字货运专用发票的相关规定。

（一）开具红字专用发票的规定

增值税一般纳税人开具增值税专用发票（简称专用发票）后，发生销货退回、开票有误、应税服务中止等情形但不符合发票作废条件，或者因销货部分退回及发生销售折让，需要开具红字专用发票的，按以下方法处理：

（1）购买方取得专用发票已用于申报抵扣的，购买方可在增值税发票管理新系统（简称新系统）中填开并上传《开具红字增值税专用发票信息表》（简称《信息表》），在填开《信息表》时不填写相对应的蓝字专用发票信息，应暂依《信息表》所列增值税额从当期进项税额中转出，待取得销售方开具的红字专用发票后，与《信息表》一并作为记账凭证。专用发票未用于申报抵扣、发票联或抵扣联无法退回的，购买方填开《信息表》时应填写相对应的蓝字专用发票信息。

销售方开具专用发票尚未交付购买方，以及购买方未用于申报抵扣并将发票联及抵扣联退回的，销售方可在新系统中填开并上传《信息表》。销售方填开《信息表》时应填写相对应的蓝字专用发票信息。

（2）主管税务机关通过网络接收纳税人上传的《信息表》，系统自动校验通过后，生成带有"红字发票信息表编号"的《信息表》，并将信息同步至纳税人端系统中。

（3）销售方凭税务机关系统校验通过的《信息表》开具红字专用发票，在新系统中以销项负数开具。红字专用发票应与《信息表》一一对应。

（4）纳税人也可凭《信息表》电子信息或纸质资料到税务机关对《信息表》内容进行系统校验。

（二）税务机关为小规模纳税人代开红字专用发票

税务机关为小规模纳税人代开专用发票，需要开具红字专用发票的，按照一般纳税人开具红字专用发票的方法处理。

（三）开具红字增值税普通发票以及红字机动车销售统一发票

有纳税人需要开具红字增值税普通发票的，可以在所对应的蓝字发票金额范围内开具多份红字发票。红字机动车销售统一发票需与原蓝字机动车销售统一发票一一对应。

（四）按照《国家税务总局关于纳税人认定或登记为一般纳税人前进项税额抵扣问题的公告》的规定，需要开具红字专用发票的处理

按照《国家税务总局关于纳税人认定或登记为一般纳税人前进项税额抵扣问题的公告》（国家税务总局公告2015年第59号）的规定，需要开具红字专用发票的，按照本公告规定执行。

（九）专用发票的作废处理

专用发票的作废处理有即时作废和符合条件作废两种。即时作废是指开具时发现有误的；符合条件作废是指一般纳税人在开具专用发票当月，发生销货退回、开票有误等情形，收到退回的发票联、抵扣联符合作废条件的。符合作废条件是指同时具有下列情形：

（1）收到退回的发票联、抵扣联时间未超过销售方开票当月；

（2）销售方未抄税并且未记账；

（3）购买方未认证或者认证结果为"纳税人识别号认证不符"、"专用发票代码、号码认证不符"。

作废专用发票须在防伪税控系统中将相应的数据电文按"作废"处理，在纸质专用发票（含未打印的专用发票）各联次上注明"作废"字样，全联次留存。

（十）丢失已开具专用发票

从2014年5月1日起，购买方一般纳税人丢失已开具的增值税专用发票，分别按照以下办法处理：

一般纳税人丢失已开具专用发票的发票联和抵扣联，如果丢失前已认证相符的，购买方可凭销售方提供的相应专用发票记账联复印件及销售方主管税务机关出具的《丢失增值税专用发票已报税证明单》或《丢失货物运输业增值税专用发票已报税证明单》（以下统称《证明单》），作为增值税进项税额的抵扣凭证；如果丢失前未认证的，购买方凭销售方提供的相应专用发票记账联复印件进行认证，认证相符的可凭专用发票记账联复印件及销售方主管税务机关出具的《证明单》，作为增值税进项税额的抵扣凭证。专用发票记账联复印件和《证明单》留存备查。

一般纳税人丢失已开具专用发票的抵扣联，如果丢失前已认证相符的，可使用专用发票发票联复印件留存备查；如果丢失前未认证的，可使用专用发票发票联认证，专用发票发票联复印件留存备查。

一般纳税人丢失已开具专用发票的发票联，可将专用发票抵扣联作为记账凭证，专用发票抵扣联复印件留存备查。

法律依据

关于被盗、丢失增值税专用发票有关问题的公告

（国家税务总局公告 2016 年第 50 号）

为方便纳税人，税务总局决定取消纳税人的增值税专用发票发生被盗、丢失时必须统一在《中国税务报》上刊登"遗失声明"的规定。

本公告自发布之日起施行。《国家税务总局关于被盗、丢失增值税专用发票的处理意见的通知》（国税函〔1995〕292 号）同时废止。

小知识

（1）随着增值税发票管理新系统的全面推行，利用现代化信息技术手段加强专用发票管理日趋成熟，税务总局决定取消被盗、丢失增值税专用发票必须统一在《中国税务报》上刊登"遗失声明"的规定，相应废止《国家税务总局关于被盗、丢失增值税专用发票的处理意见的通知》（国税函〔1995〕292 号）。

（2）上述规定取消后根据《中华人民共和国发票管理办法实施细则》（国家税务总局令第25 号公布，国家税务总局令第 37 号修改）第三十一条"使用发票的单位和个人应当妥善保管发票。发生发票丢失情形时，应当于发现丢失当日书面报告税务机关，并登报声明作废"的规定，发生发票被盗、丢失情形时，使用发票的单位和个人应当于发现被盗、丢失当日书面报告税务机关，并登报声明作废。

（十一）虚开专用发票

1. 虚开专用发票概述

虚开增值税专用发票是指有为他人虚开、为自己虚开、让他人为自己虚开、介绍他人虚开增值税专用发票行为之一的。虚开专用发票具体包括如下行为：

（1）没有货物购销或者没有提供或接受应税劳务而为他人、为自己、让他人为自己、介绍他人开具专用发票；

（2）有货物购销或者提供或接受了应税劳务但为他人、为自己、让他人为自己、介绍他人开具数量或者金额不实的专用发票；

（3）进行了实际经营活动，但让他人为自己代开专用发票。

2. 虚开专用发票的处理

虚开发票的行为都是严重的违法行为，既涉及专用发票开具方或销售方，也涉及专用发票接受方或购进方。

纳税人虚开增值税专用发票，未就其虚开金额申报并缴纳增值税的，应按照其虚开金额补缴增值税；已就其虚开金额申报并缴纳增值税的，不再按照其虚开金额补缴增值税。

税务机关对纳税人虚开增值税专用发票的行为，应按《税收征管法》及《发票管理办法》的有关规定给予处罚。

纳税人取得虚开的增值税专用发票，不得作为增值税合法有效的扣税凭证抵扣其进项税额。

受票方利用他人虚开的专用发票，向税务机关申报抵扣税款进行偷税的，应当依照《税收征管法》及有关法规追缴税款，处以偷税数额 5 倍以下的罚款；进项税额大于销项税额的，还应当调减其留抵的进项税额。利用虚开的专用发票进行骗取出口退税的，应当依法追缴税款，处以骗税数额 5 倍以下的罚款。

在货物交易中，购货方从销售方取得第三方开具的专用发票，或者从销货地以外的地区取得专用发票，向税务机关申报抵扣税款或者申请出口退税的，应当按偷税、骗取出口退税处理，依照《税收征管法》及有关法规追缴税款，处以偷税、骗税数额 5 倍以下的罚款。

纳税人取得虚开专用发票未申报抵扣税款，或者未申请出口退税的，应当依照《发票管理办法》及有关法规，按所取得专用发票的份数，分别处以 1 万元以下的罚款；但知道或者应当知道取得的是虚开的专用发票，或者让他人为自己提供虚开的专用发票的，应当从重处罚。

虚开专用发票或者利用虚开专用发票进行偷税、骗税，构成犯罪的，税务机关依法进行追缴税款等行政处理，并移送司法机关按全国人大常委会发布的《关于惩治虚开、伪造和非法出售增值税专用发票犯罪的决定》和《刑法》的有关规定追究刑事责任。

（十二）提供建筑服务和转让、出租不动产业务开票的相关规定

（1）按照《国家税务总局关于发布〈纳税人跨县（市、区）提供建筑服务增值税征收管理暂行办法〉的公告》（国家税务总局公告 2016 年第 17 号）有关规定，为加强税收征收管理，《国家税务总局关于全面推开营业税改征增值税试点有关税收征收管理事项的公告》明确：提供建筑服务，纳税人自行开具或者税务机关代开增值税发票时，应在发票的备注栏注明建筑服务发生地县（市、区）名称及项目名称。

《纳税人跨县（市、区）提供建筑服务增值税征收管理暂行办法》规定：纳税人从取得的全部价款和价外费用中扣除支付的分包款，应当取得符合法律、行政法规和国家税务总局规定的合法有效凭证，否则不得扣除。从分包方取得的 2016 年 5 月 1 日后开具的，备注栏注明建筑服务发生地所在县（市、区）项目名称的增值税发票。

（2）按照《纳税人转让不动产增值税征收管理暂行办法》的有关规定，进一步加强税收征收管理，《国家税务总局关于全面推开营业税改征增值税试点有关税收征收管理事项的公告》明确：销售不动产，纳税人自行开具或者税务机关代开增值税发票时，应在发票"货物或应税劳务、服务名称"栏填写不动产名称及房屋产权证书号码（无房屋产权证书的可不填写），"单位"栏填写面积单位，备注栏注明不动产的详细地址。

（3）按照《国家税务总局关于全面发布〈纳税人提供不动产经营租赁服务增值税征收管理暂行办法〉的公告》（国家税务总局公告 2016 年第 16 号）有关规定，进一步加强税收征收管理，《国家税务总局关于全面推开营业税改征增值税试点有关税收征收管理事项的公告》明确：出租不动产，纳税人自行开具或者税务机关代开增值税发票时，应在备注栏注明不动产的详细地址。

（4）按照《纳税人提供不动产经营租赁服务增值税征收管理暂行办法》有关规定，进一步加强税收征收管理，《国家税务总局关于全面推开营业税改征增值税试点有关税收征收管理事项的公告》明确：个人出租不动产适用优惠政策减按 1.5%征收，纳税人自行开具或者税务机关代开增值税发票时，通过新系统中征收率减按 1.5%征收开票功能，录入含税销售额，系统自动计算税额和不含税金额。发票开具不应与其他项目混开。

【例 4-3】 某个体户出租住房取得含税租金 2 万元。

原营业税税制下，应纳营业税税额=20 000×1.5%=300（元）

现增值税税制下，应纳增值税额=20 000÷（1+5%）×1.5%=285.71（元）

金额=20 000−285.71=19 714.29（元）

（5）按照《税务机关代开增值税专用发票管理办法（试行）》规定，税务机关代开增值税发票时，"销售方开户行及账号"栏填写税收完税凭证字轨及号码（免税代开增值税普通发票可不填写）。

（6）按照《纳税人提供不动产经营租赁服务增值税征收管理暂行办法》有关规定，进一步加强税收征收管理，《国家税务总局关于全面推开营业税改征增值税试点有关税收征收管理事项的公告》明确：国税机关为跨县（市、区）提供不动产经营租赁服务、建筑服务的小规模纳税人（不包括其他个人），代开增值税发票时，在发票备注栏中自动打印"YD"字样。

（十三）住宿业增值税小规模纳税人自开增值税专用发票试点

增值税小规模纳税人实行简易计税，现行政策规定小规模纳税人不得自行开具增值税专用发票（简称专用发票）。2016年5月1日起在全国范围推开营改增试点以来，国税办税大厅为小规模纳税人代开专用发票业务量激增，加之往返办税大厅给代开发票的纳税人造成了极大的不便，有必要研究解决小规模纳税人开具专用发票问题。由于允许小规模纳税人自开专用发票是对现行政策的突破，而且对税务机关的税收管理提出了更高的要求，因此需要选择部分小规模纳税人先行试点积累经验。鉴于营改增后一般纳税人取得住宿服务的专用发票可以抵扣税款，住宿业小规模纳税人具有全天开具发票的需求，往返税务机关代开专用发票十分不便，而且住宿业纳税人有固定经营场所，税务总局决定自2016年8月1日起，在部分地区开展住宿业增值税小规模纳税人自开专用发票试点工作，待总结试点情况后再考虑扩大试点范围。

1．试点范围

试点范围限于全国91个城市月销售额超过3万元（或季销售额超过9万元）的住宿业增值税小规模纳税人（以下称试点纳税人）。

2．试点的主要内容

（1）自2016年8月1日起，试点纳税人提供住宿服务、销售货物或者发生其他应税行为，可以通过增值税发票管理新系统自行开具专用发票，不再需要去国税办税大厅代开专用发票。但是如果试点纳税人销售其取得的不动产，需要开具专用发票的，则必须向地税局申请代开。

（2）专用发票实行最高开票限额管理。主管税务机关为试点纳税人核定的单份专用发票最高开票限额不超过1万元，即单份专用发票可开具的最高不含税金额为9 999.99元。

（3）试点纳税人开具专用发票后应缴纳税款，在规定的纳税申报期内，连同其他应税收入一并向主管税务机关申报纳税。试点纳税人在填写增值税纳税申报表时，应将当期开具专用发票的销售额，按照3%和5%的征收率，分别填写在《增值税纳税申报表》（小规模纳税人适用）第2栏和第5栏"税务机关代开的增值税专用发票不含税销售额"的"本期数"相应栏次中。

（十四）保险机构代收车船税开具增值税发票

经国务院批准，自2016年5月1日起，在全国范围内全面推开营改增试点。为此，保险机构营改增后收取保费时将开具增值税发票，为不改变现有的操作办法，最大程度上减少对纳税人的影响，国家税务总局发布了《关于保险机构代收车船税开具增值税发票问题的公告》，对车船税征管中有关发票问题进行了明确。

自2016年5月1日起，保险机构作为车船税扣缴义务人在开具增值税发票时，应在增值税发票备注栏中注明代收车船税税款信息。具体包括：保险单号、税款所属期（详细至月）、代收车船税、滞纳金、合计等。该增值税发票可作为缴纳车船税及滞纳金的会计核算原始凭证。

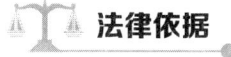

关于保险机构代收车船税开具增值税发票问题的公告

(国家税务总局公告2016年第51号)

现对保险机构代收车船税开具增值税发票问题公告如下：

保险机构作为车船税扣缴义务人，在代收车船税并开具增值税发票时，应在增值税发票备注栏中注明代收车船税税款信息。具体包括：保险单号、税款所属期（详细至月）、代收车船税金额、滞纳金金额、金额合计等。该增值税发票可作为纳税人缴纳车船税及滞纳金的会计核算原始凭证。

本公告自2016年5月1日起施行。

四、代开增值税发票

（一）代开专用发票范围

代开专用发票是指已办理税务登记的小规模纳税人（包括个体工商户）以及国家税务总局确定的其他可予代开增值税专用发票的纳税人，在发生增值税应税行为，需要开具专用发票时，主管税务机关为其开具专用发票。除了税务机关，其他单位和个人不得代开专用发票。

小规模纳税人销售自己使用过的固定资产，应开具普通发票，不得由税务机关代开专用发票。

纳税人销售旧货，应开具普通发票，不得自行开具或者由税务机关代开专用发票。

小规模纳税人代开增值税专用发票

由于增值税小规模纳税人不能自行开具增值税专用发票，其销售服务、无形资产或者不动产，如果购买方索取增值税专用发票的，可以向主管税务机关申请代开增值税专用发票。但是，对小规模纳税人向消费者个人销售服务、无形资产或者不动产以及销售服务、无形资产或者不动产适用免征增值税规定的，不得申请代开增值税专用发票。

（二）代开专用发票的要求

（1）凡税务机关代开增值税专用发票必须通过防伪税控系统开具，通过防伪税控报税子系统采集代开增值税专用发票开具信息。

（2）纳税人申请代开专用发票时，应填写《代开增值税专用发票缴纳税款申报单》，连同税务登记证副本，到主管税务机关税款征收岗位按专用发票上注明的税额全额申报缴纳税款，同时缴纳专用发票工本费。

（3）对实行定期定额征收方法的纳税人正常申报时，按以下方法进行清算：

1）每月开票金额大于应征增值税额的，以开票金额数为依据征收税款，并作为下一年度核定定期定额的依据。

2）每月开票金额小于应征增值税额的，按应征增值税额数征收税款。

（4）税务机关代开专用发票时填写有误的，应及时在防伪税控代开票系统中作废，重新开具。代开专用发票后发生退票的，税务机关应按照增值税一般纳税人作废或开具负数专用发票的有关规定进行处理。对需要重新开票的，税务机关应同时进行新开票税额与原开票税额的清算，多退少补；对无须重新开票的，按有关规定退还增值税纳税人已缴的税款或抵顶下期正常申报税款。

（5）税务机关为小规模纳税人代开专用发票需要开具红字专用发票的，比照一般纳税人开具红字专用发票的处理办法。

（三）申请代开增值税发票办理流程

随着营改增试点的全面推开，增值税发票在经济活动中的需求量越来越大。一些不具备自开票条件的小规模纳税人和自然人等纳税人，需要到国税局申请代开发票，同时到地税局缴纳相关地方税费。虽然有的税务机关积极优化服务手段，方便纳税人代开，但是个性化的创新手段不能解决普遍性的问题，在一些地方依旧存在纳税人申请代开发票报送资料复杂、国税地税多次跑、税务银行两地跑的情况，加大了纳税人办税负担。另外，由于缺少对办税流程的明示和指引，导致纳税人对申请代开增值税发票办理流程不清楚、不熟悉，增加了纳税人在办理过程中的不确定感。

为有效解决上述问题，税务部门相继采取了一系列举措。在办理流程方面，8月10日税务总局下发《关于强化国税、地税联合办税进一步改进服务的通知》（税总函〔2016〕399号），明确办税服务场所要提供POS机刷卡等多种现场缴税方式，明确国税局代开增值税发票环节要代征地税局相关税费，避免了纳税人国税、地税、银行多次跑。在资料报送方面，《关于纳税人申请代开增值税发票办理流程的公告》取消代开普通发票所需付款方相关书面确认证明（注：纳税人销售取得的不动产和其他个人出租不动产代开增值税发票业务除外）等相关资料，厘清征纳双方的权责关系，由纳税人通过声明证明其开票信息的真实性、合法性，简化了相关资料填报。

（1）纳税人代开发票（纳税人销售取得的不动产和其他个人出租不动产由地税机关代开增值税发票业务除外）办理流程。（见下面的"法律依据"）

（2）纳税人销售取得的不动产和其他个人出租不动产由地税机关代开增值税发票业务办理流程。

纳税人销售取得的不动产和其他个人出租不动产代开增值税发票业务所需资料，仍然按照《国家税务总局关于加强和规范税务机关代开普通发票工作的通知》（国税函〔2004〕1024号）第二条第（五）项执行。

国家税务总局
关于纳税人申请代开增值税发票办理流程的公告

（国家税务总局公告2016年第59号）

现将纳税人代开发票（纳税人销售取得的不动产和其他个人出租不动产由地税机关代开增值税发票业务除外）办理流程公告如下。

一、办理流程

（一）在地税局委托国税局代征税费的办税服务厅，纳税人按照以下次序办理：

1. 在国税局办税服务厅指定窗口：

（1）提交《代开增值税发票缴纳税款申报单》（见附件）；

（2）自然人申请代开发票，提交身份证件及复印件；

其他纳税人申请代开发票，提交加载统一社会信用代码的营业执照（或税务登记证或组织机构代码证）、经办人身份证件及复印件。

2. 在同一窗口申报缴纳增值税等有关税费。

3. 在同一窗口领取发票。

（二）在国税地税合作、共建的办税服务厅，纳税人按照以下次序办理：

1. 在办税服务厅国税指定窗口：

（1）提交《代开增值税发票缴纳税款申报单》；

（2）自然人申请代开发票，提交身份证件及复印件；

其他纳税人申请代开发票，提交加载统一社会信用代码的营业执照（或税务登记证或组织机构代码证）、经办人身份证件及复印件。

2. 在同一窗口缴纳增值税。

3. 到地税指定窗口申报缴纳有关税费。

4. 到国税指定窗口凭相关缴纳税费证明领取发票。

二、各省税务机关应在本公告规定的基础上，结合本地实际，制定更为细化、更有明确指向和可操作的纳税人申请代开发票办理流程公告，切实将简化优化办税流程落到实处。

三、纳税人销售取得的不动产和其他个人出租不动产代开增值税发票业务所需资料，仍然按照《国家税务总局关于加强和规范税务机关代开普通发票工作的通知》（国税函〔2004〕1024号）第二条第（五）项执行。

本公告自 2016 年 11 月 15 日起施行。

特此公告。

附件：代开增值税发票缴纳税款申报单

国家税务总局
2016 年 8 月 31 日

附件

代开增值税发票缴纳税款申报单

代开人声明：

本次缴纳税款申报单提供的开票信息真实、完整、准确，符合有关法律、法规。

现申请代开增值税专用发票 □　　　　　　　　增值税普通发票 □

代开人（签章）：　　　　　　　　　年　月　日

购买方信息	名称		纳税人识别号	
	地址		开户银行	
	电话		银行账号	
销售方信息	名称		纳税人识别号	
	地址		开户银行	
	电话		银行账号	
代开人类型		自然人□　其他纳税人□		
减免税标识（代开普通发票，符合条件填写）		是□　否□		
减免税种		减免税类型	减免原因	
……				

续表

货物或应税劳务、服务名称	规格型号（服务类型）	计量单位	数量	单价	不含税销售额	征收率	税额
……							
价税合计（大写）				价税合计（小写）			
减免税（费）额							
应补税额							
备注							
是否为异地代开				是□　否□			
受理税务机关	税务机关税款征收岗位 税收完税凭证号： （签字）　　　　　年　月　日 税务机关代开发票岗位 发票代码： 发票号码： （签字）　　　　　年　月　日						
经办人	经核对，所开发票与申报单内容一致。 经办人（签字）： 年　月　日						

填表说明

1. 本表一式三份。第一联：申请代开纳税人留存。第二联：税务机关税款征收岗位留存。第三联：税务机关代开发票岗位留存。

2. 已办理"一照一码"纳税人，纳税人识别号栏填写统一社会信用代码。

3. 自然人代开增值税发票的，纳税人识别号栏填写身份证件号码。

4. 代开增值税普通发票的，购买方为自然人或符合下列4项条件之一的单位（机构），纳税人识别号可不填写：

（1）我国在境外设立的组织机构；

（2）非常设组织机构；

（3）组织机构的内设机构；

（4）军队、武警部队的序列单位等。

5. 代开增值税普通发票的，购买方信息中的地址、电话、银行信息可不填写。

6. 自然人申请代开增值税普通发票时，销售方信息中的地址、电话、银行信息可不填写。

（四）国税机关代开增值税发票

按照《国家税务总局关于印发〈税务机关代开增值税专用发票管理办法（试行）〉的通知》（国税发〔2004〕153号）等有关规定，国税机关代开专用发票的基本流程是：

（1）税务机关在综合征管软件或金税三期系统中，登记维护国家税务局代开发票部门信息。

（2）代开发票部门登记信息同步至增值税发票管理新系统，发行代开增值税发票税控专用设备并加载税务数字证书。

（3）通过代开窗口领取增值税发票。

（4）纳税人申请代开发票向征收岗申报缴纳税款。

（5）综合征管软件或金税三期系统将纳税人税款缴纳信息及申请开票信息同步至增值税税控系统，代开岗代开专用发票。

（6）代开发票岗将开票信息回写综合征管软件或金税三期系统，自动发票验旧，可再次领取发票。

（7）代开发票岗通过内网实时向电子底账系统上传已代开增值税发票信息。

（五）地税机关代开增值税发票

营改增后由地税机关继续受理纳税人销售其取得的不动产以及其他个人出租不动产的申报缴税以及代开增值税发票业务。

小规模纳税人销售取得的不动产以及其他个人出租不动产，购买方或承租方不属于其他个人，纳税人缴纳增值税后，可以申请地方税务局代开增值税专用发票。不能自开增值税普通发票的小规模纳税人销售取得的不动产，以及其他个人出租不动产，可以申请地方税务局代开增值税普通发票。

目前部分地区地方税务局委托住建部门、房管部门、街道办事处等部门代征营业税并代开营业税发票。为保障营改增平稳顺利实施，对明确具备增值税发票安全保管条件，可连通网络，地税机关可有效监控代征税款及代开发票情况的政府部门等单位，县（区）以上地方税务局评估后认为风险可控的，可以同意其代征税款并代开增值税发票。

《纳税人转让不动产增值税征收管理暂行办法》规定，小规模纳税人转让其取得的不动产，除个人转让其购买的住房外，按照以下规定缴纳增值税：

（1）小规模纳税人转让其取得（不含自建）的不动产，以取得的全部价款和价外费用扣除不动产购置原价或者取得不动产时的作价后的余额为销售额，按照5%的征收率计算应纳税额。

（2）小规模纳税人转让其自建的不动产，以取得的全部价款和价外费用为销售额，按照5%的征收率计算应纳税额。

除其他个人之外的小规模纳税人，应按照该计税方法向不动产所在地主管地税机关预缴税款，向机构所在地主管国税机关申报纳税；其他个人按照该计税方法向不动产所在地主管地税机关申报纳税。

个人转让其购买的住房，按照以下规定缴纳增值税：

（1）个人转让其购买的住房，按照有关规定全额缴纳增值税的，以取得的全部价款和价外费用为销售额，按照5%的征收率计算应纳税额。

（2）个人转让其购买的住房，按照有关规定差额缴纳增值税的，以取得的全部价款和价外费用扣除购买住房价款后的余额为销售额，按照5%的征收率计算应纳税额。

个体工商户应按照规定的计税方法向住房所在地主管地税机关预缴税款，向机构所在地主管国税机关申报纳税；其他个人应按照规定的计税方法向住房所在地主管地税机关申报纳税。

【例4-4】 某个人销售商品房含税销售额160万元，核定计税价格200万元，征收率5%。

原营业税税制下，应纳营业税税额=2 000 000×5%=100 000（元）

现增值税税制下，应纳增值税税额=2 000 000÷（1+5%）×5%=95 238.10（元）

金额=2 000 000−95 238.10=1 904 761.9（元）

 小知识

填写增值税发票时的注意事项

① 其他项目按照增值税发票填开的有关规定填写；
② 地税局代开发票部门应在代开增值税发票的备注栏上，加盖地税代开发票专用章；
③ 单价、数量、金额项目，填写其中任意两个数值，开票系统会自动计算第三项的数值；
④ 特殊情况，可以不填写单价和数量，只填写金额即可开票；
⑤ 增值税专用发票和增值税普通发票填开界面中各项信息可输入最大字符数如表4-1所示。

表4-1 各项信息可输入的最大字符数

项　　目	输入、预览和打印位数
购（销）方名称、地址电话、开户行及账号	100个字符或50个汉字（含空格）
规格型号	40个字符或20个汉字
备注	230个字符或115个汉字
收款、复核、开票人	8个字符或4个汉字
商品名称	1. 不可为空 2. 可输入1~92个字符 3. 全数字，最多可输入74个字符 4. 全汉字，最多可输入46个汉字（92个字符）
计量单位	1. 可输入0~22个字符 2. 全字符，最大可输入18个字符 3. 全汉字，最多可输入10个汉字（20个字符）

 小知识

先税后票

"先税后票"是代开专用发票的重要原则，即小规模纳税人缴纳税款后税务机关才能为其代开专用发票。税务机关要加强内部管理，完善代开发票制度，采取信息化手段与人工核对相结合的方式，防范不征税代开增值税专用发票，以及少征税多开票等风险。

 小知识

营业税改征增值税委托地税机关代征税款和代开增值税发票

（国家税务总局公告2016年第19号）

自2016年5月1日起，营业税改征增值税后由地税机关继续受理纳税人销售其取得的不动产和其他个人出租不动产的申报缴税和代开增值税发票业务，以方便纳税人办税。

 小知识

税务机关代开发票的变化

为配合营改增相关政策制度的执行,在原有发票管理制度基础上,税务机关代开发票的规定相应发生了较大的变化。

(一)代开机关的变化

(1)按照《国家税务总局关于营业税改征增值税委托地税机关代征税款和代开增值税发票的公告》《国家税务总局关于营业税改征增值税委托地税局代征税款和代开增值税发票的通知》有关规定,为保证营改增工作平稳顺利,方便纳税人办税,明确部分业务由地税机关负责代开增值税发票。小规模纳税人销售取得的不动产以及其他个人出租不动产,购买方或承租方不属于其他个人,纳税人缴纳增值税后,可以申请地方税务局代开增值税专用发票。不能自开增值税普通发票的小规模纳税人销售取得的不动产,以及其他个人出租不动产,可以申请地方税务局代开增值税普通发票。

(2)按照《纳税人跨县(市、区)提供建筑服务增值税征收管理暂行办法》有关规定:小规模纳税人跨县(市、区)提供建筑服务,不能自行开具增值税发票的,可向建筑服务发生地主管国税机关按照其取得的全部价款和价外费用申请代开增值税发票。

按照《纳税人提供不动产经营租赁服务增值税征收管理暂行办法》有关规定,小规模纳税人中的单位和个体工商户出租不动产,不能自行开具增值税发票的,可向不动产所在地主管国税机关申请代开增值税发票。

(二)代开对象的变化

《税务机关代开增值税专用发票管理办法(试行)》规定:代开专用发票是指主管税务机关为所辖范围内的增值税纳税人(是指已办理税务登记的小规模纳税人,包括个体经营者以及国家税务总局确定的其他可予代开增值税专用发票的纳税人)代开专用发票,其他单位和个人不得代开。

为保障增值税抵扣链条完整,减轻纳税人税收负担,《国家税务总局关于营业税改征增值税委托地税局代征税款和代开增值税发票的通知》规定:其他个人销售取得的不动产以及其他个人出租不动产,购买方或承租方不属于其他个人,纳税人缴纳增值税后,可以申请地税局代开增值税专用发票。

《纳税人跨县(市、区)提供建筑服务增值税征收管理暂行办法》规定:小规模纳税人跨县(市、区)提供建筑服务,不能自行开具增值税发票的,可向建筑服务发生地主管国税机关按照其取得的全部价款和价外费用申请代开增值税发票。

(三)代开发票票种的变化

国税机关、地税机关全部使用增值税发票管理新系统代开增值税专用发票和增值税普通发票。税务机关代开普通发票使用的通用机打发票、不动产销售统一发票、建筑业统一发票等票种不再使用。

(四)代开发票增加特殊的计税方法

(1)按照《纳税人提供不动产经营租赁服务增值税征收管理暂行办法》有关规定,个人出租住房适用优惠政策减按1.5%征收。

个人出租不动产适用优惠政策减按1.5%征收税额计算公式如下:

$$税额=含税销售额\div(1+5\%)\times 1.5\%$$

$$金额=价税合计-税额$$

（2）按照现行政策规定适用差额征税办法缴纳增值税，且不得全额开具增值税发票的（财政部、国家税务总局另有规定的除外），纳税人自行开具或者税务机关代开增值税发票时，通过新系统中差额征税开票功能，录入含税销售额（或含税评估额）和扣除额，系统自动计算税额和不含税金额，备注栏自动打印"差额征税"字样，发票开具不应与其他项目混开。

差额征税计算公式如下：

$$税额=（含税销售额-扣除额）÷（1+税率或征收率）×税率或征收率$$
$$金额=含税销售额-税额$$

（五）小规模纳税人跨县（市、区）提供建筑服务实际预缴税款可能会不等于发票票面注明的税款

《纳税人跨县（市、区）提供建筑服务增值税征收管理暂行办法》规定：

（1）小规模纳税人跨县（市、区）提供建筑服务，以取得的全部价款和价外费用扣除支付的分包款后的余额，按照3%的征收率计算应预缴税款。

（2）小规模纳税人跨县（市、区）提供建筑服务，不能自行开具增值税发票的，可向建筑服务发生地主管国税机关按照其取得的全部价款和价外费用申请代开增值税发票。

【例4-5】 某小规模纳税人跨县（市、区）提供建筑服务，取得的全部价款和价外费用为200万元，分包款为80万元。

其在项目所在地预缴税款=（2 000 000-800 000）÷（1+3%）×3%=34 951.46（元）

其向项目所在地国税机关申请代开增值税专用发票，专用发票注明的税款=2 000 000÷（1+3%）×3%=58 252.43（元）

五、专用发票数据采集

为了加强增值税征收管理，满足增值税防伪税控系统采集增值税专用发票数据和一般纳税人纳税申报"一窗式"管理模式的要求，一般纳税人办理增值税纳税申报不仅应按要求报送纳税申报表及附列资料和其他纳税资料，还应对其收到和开具的增值税专用发票进行认证和报税。认证、报税、纳税申报等都是税务机关受理、审核纳税人申报工作的内容，是一个有机的整体，是"一窗式"管理的核心内容。

防伪税控报税子系统和防伪税控认证子系统采集的专用发票存根联数据（纳入增值税防伪税控系统管理的一般纳税人，运用防伪税控开票系统开具增值税专用发票存根联电子信息）和抵扣联数据（购货方取得的由销货方运用防伪税控开票子系统开具增值税专用发票抵扣联电子信息），是增值税计算机稽核系统发票比对的唯一数据来源。因此，税务征收机关应要求纳税人抄税、报税和专用发票的认证来采集专用发票数据。

（一）抄税、报税

一般纳税人开具专用发票后，应进行抄税和报税，以便税务机关将专用发票存根联数据采集到防伪税控报税子系统。

（1）抄税，是报税前用IC卡或者IC卡和软盘抄取开票数据电文。

（2）报税。报税是指纳税人持IC卡或者IC卡和软盘向税务机关报送开票数据电文。纳税人使用新系统开具的增值税发票，应在纳税申报期内将上月开具发票汇总情况通过增值税发票系统升级版进行网络报税；特定纳税人不使用网络报税，需携带专用设备和相关资料到税务机

关进行报税。

纳税人应在纳税申报期内完成报税。

（3）不能正常报税的处理。因 IC 卡、软盘质量等问题无法报税的，应更换 IC 卡、软盘。

因硬盘损坏、更换金税卡等原因不能正常报税的，应提供已开具未向税务机关报税的专用发票记账联原件或者复印件，由主管税务机关补充采集开票数据。在具体处理时，又因开票子系统和产生原因不同，采取不同的处理方法。

1）税务机关对使用 DOS 版开票子系统企业报送的软盘数据和 IC 卡数据，通过报税子系统核对不一致的，区别不同情况处理。

① 因企业硬盘损坏等原因造成软盘中专用发票存根联份数小于 IC 卡的，必须要求企业提供当月全部专用发票记账联（或其他联，下同），通过认证子系统进行扫描补录，并经过报税子系统中的"非常规报税/存根联补录补报"采集。

② 因企业更换金税卡等原因造成软盘中专用发票存根联份数大于 IC 卡（不含 IC 卡为零的情况）的，其软盘中所含专用发票存根联明细数据可经过"非常规报税/软盘补报"采集，但当月必须查明产生此种不一致情况的原因并采取措施解决。

③ 因企业计算机型号不匹配造成 IC 卡中专用发票存根联数据为零的，根据系统提示，其软盘数据存入报税子系统或要求企业持专用发票记账联到税务机关通过认证子系统进行扫描补录，并经过报税子系统中的"非常规报税/存根联补录补报"采集。

④ 税务机关因企业软盘质量问题致使无法采集专用发票存根联数据的，必须要求企业重新报送软盘。

2）税务机关对使用 Windows 版开票子系统的企业因更换金税卡或硬盘损坏等原因，不能报税的，区别不同情况处理。

① 因企业更换金税卡等原因造成企业实际开具专用发票存根联份数大于 IC 卡的，应要求企业提供当月全部专用发票记账联，通过认证子系统进行扫描补录，并经过报税子系统的"非常规报税/存根联补录补报"采集；如扫描补录有困难的，可以通过企业开票子系统传出报税软盘，并经过报税子系统的"非常规报税/软盘补报"采集。

② 因企业硬盘、金税卡同时损坏等原因不能报税的，必须要求企业提供当月全部专用发票记账联，通过认证子系统进行扫描补录，并经过报税子系统的"非常规报税/存根联补录补报"采集。

3）未申报、漏采及注销或取消的处理。

纳税申报期结束后，税务机关必须运用报税子系统查询未申报企业，并要求其限期报税，以便采集专用发票存根联数据。在专用发票存根联数据传入稽核系统前，对逾期未报税的企业，可经过报税子系统中的"非常规报税/逾期报税"采集。

税务机关对上月漏采的专用发票存根联数据，必须经过"非常规报税/逾期报税"采集。

对注销或取消增值税一般纳税人资格的企业当月开具的专用发票存根联数据，必须经过"非常规报税/注销一般纳税人资格企业报税"采集。

（二）认证

认证是指税务机关对纳税人取得的防伪税控系统开具的专用发票抵扣联，利用扫描仪自动采集其密文和明文图像，运用识别技术将图像转换成电子数据，然后对发票密文进行解密，并与发票明文逐一核对，以判别其真伪的过程。

纳税人当月申报抵扣的专用发票抵扣联，应在申报所属期内完成认证。

纳税信用 A 级和纳税信用 B 级的一般纳税人分别自 2016 年 3 月 1 日和 2016 年 5 月 1 日

起，取得销售方使用新系统开具的增值税发票，可以不再进行扫描认证，登录本省增值税发票查询平台，查询、选择用于申报抵扣或者出口退税的增值税发票信息，未查询到对应发票信息的，仍可进行扫描认证。2016年5月1日新纳入营改增试点的一般纳税人，2016年5月至7月期间不需进行增值税发票认证，登录本省增值税发票查询平台，查询、选择用于申报抵扣或者出口退税的增值税发票信息，未查询到对应发票信息的，可进行扫描认证。2016年8月起按照纳税信用级别分别适用发票认证的有关规定。

扩大取消增值税发票认证的纳税人范围是什么？

为认真落实《深化国税、地税征管体制改革方案》有关要求，进一步优化纳税服务，完善税收分类管理，税务总局决定自2016年3月1日起对纳税信用A级增值税一般纳税人取消增值税发票认证（包括增值税专用发票、货物运输业增值税专用发票、机动车销售统一发票，下同）。为保障营改增顺利实施，税务总局决定将取消发票认证的纳税人范围，扩大到纳税信用B级增值税一般纳税人。

纳税信用B级增值税一般纳税人取得销售方使用新系统开具的增值税发票（包括增值税专用发票、货物运输业增值税专用发票、机动车销售统一发票，下同），可以不再进行扫描认证，登录本省增值税发票查询平台，查询、选择用于申报抵扣或者出口退税的增值税发票信息，未查询到对应发票信息的，仍可进行扫描认证。

营改增试点纳税人是否需要认证发票？

2016年5月1日新纳入营改增试点的增值税一般纳税人，2016年5月至7月期间不需增值税发票认证，登录本省增值税发票查询平台，查询、选择用于申报抵扣或者出口退税的增值税发票信息，未查询到对应发票信息的，可进行扫描认证。2016年8月起按照纳税信用级别分别适用发票认证的有关规定。

增值税发票选择确认平台功能

自2016年3月1日起，税务总局对部分增值税一般纳税人（简称纳税人）取消了增值税发票认证，纳税人可登录本省增值税发票查询平台，查询、选择、确认用于申报抵扣或者出口退税的增值税发票信息。纳税人确认当月用于抵扣税款或者出口退税的增值税发票信息的最后时限，由当月最后1日延长至次月纳税申报期结束前2日。增值税发票查询平台优化完善了系统登陆、查询和信息下载等功能，纳税人可在本省增值税发票查询平台下载相关功能说明。

2016年9月1日起，纳税人每日可登录本省增值税发票选择确认平台，查询、选择、确认用于申报抵扣或者出口退税的增值税发票信息。现在取消了纳税人申报期结束前2日不能选择、确认发票数据的限制。增值税发票选择确认平台纳税人端系统维护工作，由增值税税控系统服务单位负责。

（三）核查

稽核异常的货运专票的核查工作，按照《增值税专用发票审核检查操作规程（试行）》的有关规定执行。

第五章

纳税申报

第一节 增值税纳税申报综述

增值税纳税申报是指纳税人按增值税纳税申报要求，计算当期应纳增值税额，填制增值税纳税申报表及附列资料，收集或整理增值税纳税申报资料，在规定的纳税申报期内向主管税务机关报送纳税申报资料，履行增值税纳税申报义务。

一、适用范围

为保障全面推开营改增工作顺利实施，国家税务总局发布了《关于全面推开营业税改征增值税试点后增值税纳税申报有关事项的公告》（国家税务总局公告2016年第13号）、《关于调整增值税纳税申报有关事项的公告》（国家税务总局公告2016年第27号）和《关于营业税改征增值税部分试点纳税人增值税纳税申报有关事项调整的公告》（国家税务总局公告2016年第30号），自2016年6月1日起中华人民共和国境内所有增值税纳税人均应按照新的规定进行增值税纳税申报。

二、纳税申报期限

根据《增值税暂行条例》和《财政部 国家税务总局关于全面推开营业税改征增值税试点的通知》（财税〔2016〕36号）的规定，增值税的纳税期限分别为1日、3日、5日、10日、15日、1个月或者1个季度。纳税人的具体纳税期限，由主管税务机关根据纳税人应纳税额的大小分别核定。以1个季度为纳税期限的规定适用于小规模纳税人、银行、财务公司、信托投资公司、信用社，以及财政部和国家税务总局规定的其他纳税人。

纳税人以1个月或者1个季度为1个纳税期的，自期满之日起15日内申报纳税；以1日、3日、5日、10日或者15日为1个纳税期的，自期满之日起5日内预缴税款，于次月1日起15日内申报纳税并结清上月应纳税款。

不能按照固定期限纳税的，可以按次纳税。

三、纳税申报方式

增值税纳税申报方式分为远程申报和上门申报。

（1）远程申报，是指纳税人借助于网络、电话或其他手段，将申报资料传输至税务机关进行申报的一种方式；

（2）上门申报，是指纳税人携带申报资料，直接到税务机关申报征收窗口进行申报的一种方式。

四、纳税申报资料

增值税纳税申报资料包括纳税申报表及其附列资料和纳税申报其他资料。其中，纳税申报表及其附列资料为必报资料。纳税申报其他资料的报备要求由各省、自治区、直辖市和计划单列市国家税务局确定。

我国现行增值税规定将纳税人分为一般纳税人和小规模纳税人，由于两类纳税人增值税的计税方法和使用的发票种类不同，适用的纳税申报表及其附列资料也有差异。

（一）纳税申报表及其附列资料

1．增值税一般纳税人（简称一般纳税人）纳税申报表及其附列资料

包括：

（1）《增值税纳税申报表（一般纳税人适用）》。

（2）《增值税纳税申报表附列资料（一）》（本期销售情况明细）。

（3）《增值税纳税申报表附列资料（二）》（本期进项税额明细）。

（4）《增值税纳税申报表附列资料（三）》（服务、不动产和无形资产扣除项目明细）。

一般纳税人销售服务、不动产和无形资产，在确定服务、不动产和无形资产销售额时，按照有关规定可以从取得的全部价款和价外费用中扣除价款的，需填报《增值税纳税申报表附列资料（三）》。其他情况不填写该附列资料。

（5）《增值税纳税申报表附列资料（四）》（税额抵减情况表）。

（6）《增值税纳税申报表附列资料（五）》（不动产分期抵扣计算表）。

（7）《固定资产（不含不动产）进项税额抵扣情况表》。

（8）《本期抵扣进项税额结构明细表》。

（9）《增值税减免税申报明细表》。

（10）《营改增税负分析测算明细表》。

《营改增税负分析测算明细表》由从事建筑、房地产、金融或生活服务等经营业务的增值税一般纳税人在办理增值税纳税申报时填报，具体名单由主管税务机关确定。

2．增值税小规模纳税人（简称小规模纳税人）纳税申报表及其附列资料

包括：

（1）《增值税纳税申报表（小规模纳税人适用）》。

（2）《增值税纳税申报表（小规模纳税人适用）附列资料》。

小规模纳税人销售服务，在确定服务销售额时，按照有关规定可以从取得的全部价款和价外费用中扣除价款的，需填报《增值税纳税申报表（小规模纳税人适用）附列资料》。其他情况不填写该附列资料。

（3）《增值税减免税申报明细表》。

小规模纳税人不再填报《增值税纳税申报表附列资料（四）》（税额抵减情况表）。

（二）纳税申报其他资料

（1）已开具的税控机动车销售统一发票和普通发票的存根联。

（2）符合抵扣条件且在本期申报抵扣的增值税专用发票（含税控机动车销售统一发票）的抵扣联。

（3）符合抵扣条件且在本期申报抵扣的海关进口增值税专用缴款书、购进农产品取得的普通发票的复印件。

（4）符合抵扣条件且在本期申报抵扣的税收完税凭证及其清单，书面合同、付款证明和境外单位的对账单或者发票。

（5）已开具的农产品收购凭证的存根联或报查联。

（6）纳税人销售服务、不动产和无形资产，在确定服务、不动产和无形资产销售额时，按照有关规定从取得的全部价款和价外费用中扣除价款的合法凭证及其清单。

（7）主管税务机关规定的其他资料。

（三）《增值税预缴税款表》

纳税人跨县（市）提供建筑服务、房地产开发企业预售自行开发的房地产项目、纳税人出租与机构所在地不在同一县（市）的不动产，按规定需要在项目所在地或不动产所在地主管国税机关预缴税款时，需填写《增值税预缴税款表》。

纳税人向主管国税机关申报纳税时，在当期增值税应纳税额中抵减预缴税款时，应同时报送《增值税预缴税款表》，并以完税凭证作为合法有效凭证。

第二节　《增值税纳税申报表（一般纳税人适用）》及其附列资料

填制一般纳税人增值税纳税申报表及其附列资料，应根据纳税人发生增值税相关业务的实际情况，结合其"主营业务收入"、"应交税费——应交增值税"等明细账核算内容、增值税抵扣凭证认证、稽核比对情况、防伪税控开票子系统开具增值税专用发票的开票数据电文及其他增值税相关资料，为纳税人填制增值税纳税申报表及其附列资料。

自2016年6月申报期起，从事轮胎、酒精、摩托车等产品生产的一般纳税人在办理增值税纳税申报时不需要再报送《部分产品销售统计表》。

本纳税申报表及其附列资料填写说明(简称本表及填写说明)适用于增值税一般纳税人(简称纳税人)。

名词解释

（一）本表及填写说明所称"货物"，是指增值税的应税货物。

（二）本表及填写说明所称"劳务"，是指增值税的应税加工、修理、修配劳务。

（三）本表及填写说明所称"服务、不动产和无形资产"，是指销售服务、不动产和无形资产。

（四）本表及填写说明所称"按适用税率计税"、"按适用税率计算"和"一般计税方法"，均指按"应纳税额=当期销项税额-当期进项税额"公式计算增值税应纳税额的计税方法。

（五）本表及填写说明所称"按简易办法计税"、"按简易征收办法计算"和"简易计税方法"，均指按"应纳税额=销售额×征收率"公式计算增值税应纳税额的计税方法。

（六）本表及填写说明所称"扣除项目"，是指纳税人销售服务、不动产和无形资产，在确定销售额时，按照有关规定允许其从取得的全部价款和价外费用中扣除价款的项目。

注意事项

（一）根据增值税纳税申报表及其附列资料的填写说明填制增值税纳税申报表及其附列资料。

增值税纳税申报表及其附列资料的填写说明，详细解释了各栏目的填写内容，明确了纳税申报表与附列资料相关栏目间、附列资料与附列资料相关栏目间以及纳税申报表及其相关栏、列间的逻辑关系，应根据纳税人发生的增值税纳税业务情况，根据增值税纳税申报表及其附列资料的填写说明，填制增值税纳税申报表及附列资料，并核定各相关表、栏、列间的逻辑关系，以保证增值税纳税申报表及其附列资料填制质量。

（二）按照"先附列资料后纳税申报表"的顺序填制增值税纳税申报表及其附列资料

附列资料是对纳税申报表的相关内容进行详细报告，纳税申报表的有关栏目数据以附列资料的详细数据为基础。而按政策规定，服务、不动产和无形资产本期实际扣除金额又按当期实际发生销售额为限，不足扣除部分结转下期继续扣除；预缴税款等本期实际抵减税额也不能超过本期应纳增值税额，不足抵减部分结转下期继续抵减。因此，为了提高填报效率、保证填报质量，建议按以下基本顺序填制增值税纳税申报表及附列资料：

（1）填写《增值税纳税申报表附列资料（一）》第1至11列；
（2）填写《增值税减免税申报明细表》；
（3）填写《增值税纳税申报表附列资料（三）》；
（4）填写《增值税纳税申报表附列资料（一）》第12列；
（5）填写《增值税纳税申报表附列资料（五）》；
（6）填写《本期抵扣进项税额结构表》；
（7）填写《固定资产（不含不动产）进项税额抵扣情况表》；
（8）填写《增值税纳税申报表附列资料（二）》；
（9）填写《增值税纳税申报表（主表）》（不填写第28栏、第23栏）；
（10）填写《增值税纳税申报表附列资料（四）》；
（11）填写《增值税纳税申报表（主表）》第28栏、第23栏及其余栏。

（三）关注与其他纳税资料间的逻辑关系

纳税申报表及其附列资料是对纳税人应纳增值税相关要素的综合反映，纳税人增值税业务的具体情况通常由其他纳税资料详细反映，会计核算的原始凭证、会计核算的账面记录、增值税抵扣凭证认证、稽核比对情况、防伪税控开票子系统开具增值税专用发票的开票数据电文等其他纳税资料是填制纳税申报表及附列资料的数据来源。在填制纳税申报表及其附列资料时，应做到与相关纳税资料反映的内容、数据相一致或符合逻辑。在填制时，应特别注意如下几方面逻辑关系：

（1）增值税专用发票的开票数据电文或税控IC卡载有的增值税专用发票销项税额、税额汇总数与《增值税纳税申报表附列资料（一）》中"开具增值税专用发票"第1、2列中所填列的销售额、税额数据比对，二者的逻辑关系必须相等。

（2）通过增值税发票查询平台选择用于申报抵扣或者出口退税，以及通过扫描认证的增值税专用发票（包括增值税专用发票、货物运输业增值税专用发票、机动车销售统一发票）的抵扣联份数、金额、税额汇总数，与《增值税纳税申报表附列资料（二）》中第35栏必须相等。若为非辅导期管理的一般纳税人，因选择抵扣或者退税以及通过扫描认证的增值税专用发票，有的按照税法规定不允许抵扣，因此，选择抵扣或者退税以及通过扫描认证的增值税专用发票的进项税额信息必须大于或等于《增值税纳税申报表附列资料（二）》中第2栏"本期认证相符且本期申报抵扣"中所填列的进项金额、税额。若为辅导期管理的一般纳税人，与《增值税纳税申报表附列资料（二）》中第26栏"本期认证相符且本期未申报抵扣"中所填列的进项金额、税额汇总数比对，二者的逻辑关系是选择抵扣或者退税以及通过扫描认证的增值税专用发票的进项信息必须大于或等于申报资料中所填列的进项数据。

（3）报送《海关完税凭证抵扣清单》（电子数据），申请稽核比对的海关进口增值税专用缴款书的份数、金额汇总数，与《增值税纳税申报表附列资料（二）》中第 30 栏"其中：海关进口增值税专用缴款书"所填列的份数、金额汇总数比对，二者的逻辑关系必须相等。

（4）当期稽核系统比对相符和协查后允许抵扣的海关进口增值税专用缴款书的数据，与《增值税纳税申报表附列资料（二）》中第 5 栏"其中：海关进口增值税专用缴款书"中所填列的数据比对，二者的逻辑关系是比对相符和协查后允许抵扣的海关进口增值税专用缴款书的数据必须大于或等于申报资料中所填列的进项数据。

（5）辅导期管理的一般纳税人，当期稽核系统比对相符和协查后允许抵扣的专用发票抵扣联数据，与《增值税纳税申报表附列资料（二）》中第 3 栏"前期认证相符且本期申报抵扣"中所填列的数据比对，二者的逻辑关系是比对相符和协查后允许抵扣的专用发票抵扣联的数据必须大于或等于申报资料中所填列的进项数据。

（6）纳税人增值税准确核算的"应交税费——应交增值税"明细账当期发生额与增值税纳税申报表的相关栏填列的金额比对，除营改增纳税人应税服务有扣除项目的，纳税申报表填列的"销项税额"等于明细账记载的"销项税额"与"营改增抵减的销项税额"的差额外，其他情况下，明细账记载的"销项税额"、"进项税额"、"进项税额转出"等记载的数据与纳税申报表相关栏所填列的数据相等。

（四）注意特殊业务的填制方法

1. 营改增的纳税人，应税服务、不动产和无形资产有扣除项目

《增值税纳税申报表》中销售额中第 1 栏、第 4 栏、第 5 栏、第 6 栏、第 7 栏和第 8 栏所填列的销售额均为应税服务扣除之前的不含税销售额；而《增值税纳税申报表》中第 11 栏"销项税额"和第 21 栏"简易计税办法计算的应纳税额"填列的为应税服务扣除之后的销项税额或应纳税额。两者的差异，通过《增值税纳税申报表附列资料（一）》第 12 列相关栏填列数据反映。

2. 销售使用过的固定资产按简易办法依 3% 征收率减按 2% 征收

《增值税纳税申报表》中第 21 栏"简易计税办法计算的应纳税额"填列的为未减征的税额，减征部分的税额填列于《增值税纳税申报表》中第 23 栏"应纳税额减征额"。

3. 挂账留抵税额的填报

挂账留抵税额是指原增值税纳税人截止到纳入营改增试点之日前的增值税留抵税额。按现行政策规定挂账的留抵税额不得从销售服务、无形资产或者不动产的销项税额中抵扣，而应由销售货物或提供应税劳务的销项税额抵扣，因此，这部分留抵税额的填报也有别于一般的留抵税额填报，通过"本年累计"填报来处理，即第 20 栏"一般项目"列"本年累计"：反映货物和劳务挂账留抵税额，在试点实施以后抵减一般货物和劳务应纳税额后的余额。按以下公式计算填写：第 20 栏"一般项目"列"本年累计"=第 13 栏"上期留抵税额"、"一般项目"列"本年累计"-第 18 栏"实际抵扣税额"、"一般项目"列"本年累计"。

挂账留抵税额的填报是主表填报的主要难点。上期留抵税额按规定须挂账的纳税人是指试点实施之日前一个税款所属期的申报表第 20 栏"期末留抵税额"——"一般货物、劳务和应税服务"列"本月数"大于零，且兼有营改增服务、不动产和无形资产的纳税人。即在试点实施之日前，仅按照《中华人民共和国增值税暂行条例》（国务院令第 538 号，以下称《增值税暂行条例》）缴纳增值税的纳税人，截止到纳入营改增试点之日前的增值税期末留抵税额需要进行挂账处理。

主表中的第 13 栏"上期留抵税额"、第 18 栏"实际抵扣税额"、第 20 栏"期末留抵税额"

的"一般项目"列"本年累计"专用于挂账留抵税额的填写。

4. 不动产的抵扣填报

适用分2年抵扣不动产的进项税额，60%的部分于取得扣税凭证的当期从销项税额中抵扣；40%的部分为待抵扣进项税额，于取得扣税凭证的当月起第13个月从销项税额中抵扣，这就决定了其进项税额填报有别于其他货物、服务和无形资产。其填报特殊性主要体现在：

（1）先将记载本期购建的分2年抵扣进项税额的扣税凭证剔除，即填报《增值税纳税申报表附列资料（二）》第9栏，再结合《增值税纳税申报表附列资料（五）》，确定本期可抵扣不动产进项税额，填报于《增值税纳税申报表附列资料（二）》第11栏；

（2）通过《增值税纳税申报表附列资料（五）》，详细报告分2年抵扣的不动产进税额变动情况及待抵扣进项税额的变化情况；

（3）分2年抵扣的不动产项目领用已全额抵扣进项税额的货物和服务，其已抵扣进项税额的40%部分，应于转用的当期既填报《增值税纳税申报表附列资料（二）》第22栏"其他应作进项税额转出的情形"，又需要通过填报《增值税纳税申报表附列资料（五）》第4列"本期转入的待抵扣不动产进项税额"。

5. 不得抵扣转为允许抵扣的填报

纳税人按照规定不得抵扣且未抵扣进项税额的固定资产、无形资产、不动产，发生用途改变，用于允许抵扣进项税额的应税项目，可在用途改变的次月将按公式计算出的可以抵扣的进项税额，填入《增值税纳税申报表附列资料（二）》第8栏"其他"的"税额"栏。若为不动产，还应填报《增值税纳税申报表附列资料（五）》第2列"本期不动产进项税额增加额"。

一、《增值税纳税申报表（一般纳税人适用）》（见表5-1）

表 5-1 增值税纳税申报表

(一般纳税人适用)

根据国家税收法律法规及增值税相关规定制定本表。纳税人不论有无销售额,均应按税务机关核定的纳税期限填写本表,并向当地税务机关申报。

税款所属时间：自　年　月　日　至　年　月　日　　　填表日期：　年　月　日　　　金额单位：元至角分

纳税人识别号				所属行业：				
纳税人名称	(公章)			法定代表人姓名		注册地址		生产经营地址
开户银行及账号				登记注册类型		电话号码		

	项　目	栏次	一般项目		即征即退项目	
			本月数	本年累计	本月数	本年累计
销售额	(一)按适用税率计税销售额	1				
	其中：应税货物销售额	2				
	应税劳务销售额	3				
	纳税检查调整的销售额	4				
	(二)按简易办法计税销售额	5				
	其中：纳税检查调整的销售额	6				
	(三)免、抵、退办法出口销售额	7			—	—
	(四)免税销售额	8			—	—
	其中：免税货物销售额	9			—	—
	免税劳务销售额	10			—	—
税款计算	销项税额	11				
	进项税额	12				
	上期留抵税额	13				
	进项税额转出	14				
	免、抵、退应退税额	15			—	—

续表

项目	栏次	一般项目 本月数	一般项目 本年累计	即征即退项目 本月数	即征即退项目 本年累计
税款计算 / 按适用税率计算的纳税检查应补缴税额	16				
应抵扣税额合计	17=12+13-14-15+16		—		—
实际抵扣税额	18（如17<11，则为17，否则为11）				
应纳税额	19=11-18				
期末留抵税额	20=17-18			—	
简易计税办法计算的应纳税额	21				—
按简易计税办法计算的纳税检查应补缴税额	22			—	
应纳税额减征额	23				—
应纳税额合计	24=19+21-23			—	
税款缴纳 / 期初未缴税额（多缴为负数）	25				—
实收出口开具专用缴款书退税额	26		—	—	—
本期已缴税额	27=28+29+30+31			—	—
①分次预缴税额	28			—	—
②出口开具专用缴款书预缴税额	29		—	—	—
③本期缴纳上期应纳税额	30		—	—	—
④本期缴纳欠缴税额	31			—	—
期末未缴税额（多缴为负数）	32=24+25+26-27			—	
其中：欠缴税额（≥0）	33=25+26-27		—	—	—
本期应补（退）税额	34=24-28-29		—	—	—
即征即退实际退税额	35	—	—		
期初未缴查补税额	36			—	—

续表

项 目	栏 次	一般项目 本月数	一般项目 本年累计	即征即退项目 本月数	即征即退项目 本年累计
本期入库查补税额	37			—	—
期末未缴查补税额	38=16+22+36−37			—	—

授权声明	如果你已委托代理人申报,请填写下列资料: 为委托_____(地址) 为代理人,代理一切税务事宜,现授权_____为本纳税人的代理申报人,任何与本申报表有关的往来文件,都可寄予此人。 授权人签字:
申报人声明	本纳税申报表是根据国家税收法律法规及相关规定填报的,我确定它是真实的、可靠的、完整的。 声明人签字:

主管税务机关:　　　　　　　　　　　接收人:　　　　　　　　　接收日期:

填写说明

（一）"税款所属时间"：指纳税人申报的增值税应纳税额的所属时间，应填写具体的起止年、月、日。

（二）"填表日期"：指纳税人填写本表的具体日期。

（三）"纳税人识别号"：填写纳税人的税务登记证件号码。

（四）"所属行业"：按照国民经济行业分类与代码中的小类行业填写。

（五）"纳税人名称"：填写纳税人单位名称全称。

（六）"法定代表人姓名"：填写纳税人法定代表人的姓名。

（七）"注册地址"：填写纳税人税务登记证件所注明的详细地址。

（八）"生产经营地址"：填写纳税人实际生产经营地的详细地址。

（九）"开户银行及账号"：填写纳税人开户银行的名称和纳税人在该银行的结算账户号码。

（十）"登记注册类型"：按纳税人税务登记证件的栏目内容填写。

（十一）"电话号码"：填写可联系到纳税人的常用电话号码。

（十二）"即征即退项目"列：填写纳税人按规定享受增值税即征即退政策的货物、劳务和服务、不动产、无形资产的征（退）税数据。

（十三）"一般项目"列：填写除享受增值税即征即退政策以外的货物、劳务和服务、不动产、无形资产的征（免）税数据。

（十四）"本年累计"列：一般填写本年度内各月"本月数"之和。其中，第13、20、25、32、36、38栏及第18栏"实际抵扣税额"、"一般项目"列的"本年累计"分别按本填写说明第（二十七）（三十四）（三十九）（四十六）（五十）（五十二）（三十二）条要求填写。

（十五）第1栏"（一）按适用税率计税销售额"：填写纳税人本期按一般计税方法计算缴纳增值税的销售额，包含：在财务上不作销售但按税法规定应缴纳增值税的视同销售和价外费用的销售额；外贸企业作价销售进料加工复出口货物的销售额；税务、财政、审计部门检查后按一般计税方法计算调整的销售额。

营业税改征增值税的纳税人，服务、不动产和无形资产有扣除项目的，本栏应填写扣除之前的不含税销售额。

本栏"一般项目"列"本月数"=《附列资料（一）》第9列第1至5行之和-第9列第6、7行之和；本栏"即征即退项目"列"本月数"=《附列资料（一）》第9列第6、7行之和。

（十六）第2栏"其中：应税货物销售额"：填写纳税人本期按适用税率计算增值税的应税货物的销售额。包含在财务上不作销售但按税法规定应缴纳增值税的视同销售货物和价外费用销售额，以及外贸企业作价销售进料加工复出口货物的销售额。

（十七）第3栏"应税劳务销售额"：填写纳税人本期按适用税率计算增值税的应税劳务的销售额。

（十八）第4栏"纳税检查调整的销售额"：填写纳税人因税务、财政、审计部门检查，并按一般计税方法在本期计算调整的销售额。但享受增值税即征即退政策的货物、劳务和服务、不动产、无形资产，经纳税检查属于偷税的，不填入"即征即退项目"列，而应填入"一般项目"列。

营业税改征增值税的纳税人，服务、不动产和无形资产有扣除项目的，本栏应填写扣除之前的不含税销售额。

本栏"一般项目"列"本月数"=《附列资料（一）》第7列第1至5行之和。

（十九）第5栏"按简易办法计税销售额"：填写纳税人本期按简易计税方法计算增值税的

销售额。包含纳税检查调整按简易计税方法计算增值税的销售额。

营业税改征增值税的纳税人，服务、不动产和无形资产有扣除项目的，本栏应填写扣除之前的不含税销售额；服务、不动产和无形资产按规定汇总计算缴纳增值税的分支机构，其当期按预征率计算缴纳增值税的销售额也填入本栏。

本栏"一般项目"列"本月数"≥《附列资料（一）》第9列第8至13b行之和–第9列第14、15行之和；本栏"即征即退项目"列"本月数"≥《附列资料（一）》第9列第14、15行之和。

（二十）第6栏"其中：纳税检查调整的销售额"：填写纳税人因税务、财政、审计部门检查，并按简易计税方法在本期计算调整的销售额。但享受增值税即征即退政策的货物、劳务和服务、不动产、无形资产，经纳税检查属于偷税的，不填入"即征即退项目"列，而应填入"一般项目"列。

营业税改征增值税的纳税人，服务、不动产和无形资产有扣除项目的，本栏应填写扣除之前的不含税销售额。

（二十一）第7栏"免、抵、退办法出口销售额"：填写纳税人本期适用免、抵、退税办法的出口货物、劳务和服务、无形资产的销售额。

营业税改征增值税的纳税人，服务、无形资产有扣除项目的，本栏应填写扣除之前的销售额。

本栏"一般项目"列"本月数"=《附列资料（一）》第9列第16、17行之和。

（二十二）第8栏"免税销售额"：填写纳税人本期按照税法规定免征增值税的销售额和适用零税率的销售额，但零税率的销售额中不包括适用免、抵、退办法的销售额。

营业税改征增值税的纳税人，服务、不动产和无形资产有扣除项目的，本栏应填写扣除之前的免税销售额。

本栏"一般项目"列"本月数"=《附列资料（一）》第9列第18、19行之和。

（二十三）第9栏"其中：免税货物销售额"：填写纳税人本期按照税法规定免征增值税的货物销售额及适用零税率的货物销售额，但零税率的销售额中不包括适用免、抵、退办法出口货物的销售额。

（二十四）第10栏"免税劳务销售额"：填写纳税人本期按照税法规定免征增值税的劳务销售额及适用零税率的劳务销售额，但零税率的销售额中不包括适用免、抵、退办法的劳务的销售额。

（二十五）第11栏"销项税额"：填写纳税人本期按一般计税方法计税的货物、劳务和服务、不动产、无形资产的销项税额。

营业税改征增值税的纳税人，服务、不动产和无形资产有扣除项目的，本栏应填写扣除之后的销项税额。

本栏"一般项目"列"本月数"=《附列资料（一）》（第10列第1、3行之和–第10列第6行）+（第14列第（五）行之和–第14列第7行）。

本栏"即征即退项目"列"本月数"=《附列资料（一）》第10列第6行+第14列第7行。

（二十六）第12栏"进项税额"：填写纳税人本期申报抵扣的进项税额。

本栏"一般项目"列"本月数"+"即征即退项目"列"本月数"=《附列资料（二）》第12栏"税额"。

（二十七）第13栏"上期留抵税额"：原增值税一般纳税人（按照《增值税暂行条例》缴纳增值税的纳税人）兼有销售服务、无形资产或者不动产的，截止到纳入营改增试点之日前的增值税期末留抵税额，不得从销售服务、无形资产或者不动产的销项税额中抵扣。

（1）上期留抵税额按规定须挂账的纳税人，按以下要求填写本栏的"本月数"和"本年累计"。

上期留抵税额按规定须挂账的纳税人是指试点实施之日前一个税款所属期的申报表第 20 栏"期末留抵税额"——"一般货物、劳务和应税服务"列"本月数"大于零，且兼有营业税改征增值税服务、不动产和无形资产的纳税人（下同）。其试点实施之日前一个税款所属期的申报表第 20 栏"期末留抵税额"——"一般货物、劳务和应税服务"列"本月数"，以下称为货物和劳务挂账留抵税额。

（a）本栏"一般项目"列"本月数"：试点实施之日的税款所属期填写"0"；以后各期按上期申报表第 20 栏"期末留抵税额"——"一般项目"列"本月数"填写。

（b）本栏"一般项目"列"本年累计"：反映货物和劳务挂账留抵税额本期期初余额。试点实施之日的税款所属期按试点实施之日前一个税款所属期的申报表第 20 栏"期末留抵税额"——"一般货物、劳务和应税服务"列"本月数"填写；以后各期按上期申报表第 20 栏"期末留抵税额"——"一般项目"列"本年累计"填写。

（c）本栏"即征即退项目"列"本月数"：按上期申报表第 20 栏"期末留抵税额"——"即征即退项目"列"本月数"填写。

（2）其他纳税人，按以下要求填写本栏"本月数"和"本年累计"。

其他纳税人是指除上期留抵税额按规定须挂账的纳税人之外的纳税人（下同）。

（a）本栏"一般项目"列"本月数"：按上期申报表第 20 栏"期末留抵税额"——"一般项目"列"本月数"填写。

（b）本栏"一般项目"列"本年累计"：填写"0"。

（c）本栏"即征即退项目"列"本月数"：按上期申报表第 20 栏"期末留抵税额"——"即征即退项目"列"本月数"填写。

（二十八）第 14 栏"进项税额转出"：填写纳税人已经抵扣，但按税法规定本期应转出的进项税额。

本栏"一般项目"列"本月数"+"即征即退项目"列"本月数"=《附列资料（二）》第 13 栏"税额"。

（二十九）第 15 栏"免、抵、退应退税额"：反映税务机关退税部门按照出口货物、劳务和服务、无形资产免、抵、退办法审批的增值税应退税额。

（三十）第 16 栏"按适用税率计算的纳税检查应补缴税额"：填写税务、财政、审计部门检查，按一般计税方法计算的纳税检查应补缴的增值税额。

本栏"一般项目"列"本月数"≤《附列资料（一）》第 8 列第 1 至 5 行之和+《附列资料（二）》第 19 栏。

（三十一）第 17 栏"应抵扣税额合计"：填写纳税人本期应抵扣进项税额的合计数。按表中所列公式计算填写。

（三十二）第 18 栏"实际抵扣税额"。

（1）上期留抵税额按规定须挂账的纳税人，按以下要求填写本栏的"本月数"和"本年累计"。

（a）本栏"一般项目"列"本月数"：按表中所列公式计算填写。

（b）本栏"一般项目"列"本年累计"：填写货物和劳务挂账留抵税额本期实际抵减一般货物和劳务应纳税额的数额。将"货物和劳务挂账留抵税额本期期初余额"与"一般计税方法的一般货物及劳务应纳税额"两个数据相比较，取二者中小的数据。

其中，货物和劳务挂账留抵税额本期期初余额=第13栏"上期留抵税额"、"一般项目"列"本年累计"；

一般计税方法的一般货物及劳务应纳税额=（第11栏"销项税额"、"一般项目"列"本月数"–第18栏"实际抵扣税额"、"一般项目"列"本月数"）×一般货物及劳务销项税额比例；

一般货物及劳务销项税额比例=（《附列资料（一）》第10列第1、3行之和–第10列第6行）÷第11栏"销项税额"、"一般项目"列"本月数"×100%。

（c）本栏"即征即退项目"列"本月数"：按表中所列公式计算填写。

（2）其他纳税人，按以下要求填写本栏的"本月数"和"本年累计"：

（a）本栏"一般项目"列"本月数"：按表中所列公式计算填写。

（b）本栏"一般项目"列"本年累计"：填写"0"。

（c）本栏"即征即退项目"列"本月数"：按表中所列公式计算填写。

（三十三）第19栏"应纳税额"：反映纳税人本期按一般计税方法计算并应缴纳的增值税额。按以下公式计算填写：

（1）本栏"一般项目"列"本月数"=第11栏"销项税额"、"一般项目"列"本月数"–第18栏"实际抵扣税额"、"一般项目"列"本月数"–第18栏"实际抵扣税额"、"一般项目"列"本年累计"。

（2）本栏"即征即退项目"列"本月数"=第11栏"销项税额"、"即征即退项目"列"本月数"–第18栏"实际抵扣税额"、"即征即退项目"列"本月数"。

（三十四）第20栏"期末留抵税额"。

（1）上期留抵税额按规定须挂账的纳税人，按以下要求填写本栏的"本月数"和"本年累计"：

（a）本栏"一般项目"列"本月数"：反映试点实施以后，货物、劳务和服务、不动产、无形资产共同形成的留抵税额。按表中所列公式计算填写。

（b）本栏"一般项目"列"本年累计"：反映货物和劳务挂账留抵税额，在试点实施以后抵减一般货物和劳务应纳税额后的余额。按以下公式计算填写：

本栏"一般项目"列"本年累计"=第13栏"上期留抵税额"、"一般项目"列"本年累计"–第18栏"实际抵扣税额"、"一般项目"列"本年累计"。

（c）本栏"即征即退项目"列"本月数"：按表中所列公式计算填写。

（2）其他纳税人，按以下要求填写本栏"本月数"和"本年累计"：

（a）本栏"一般项目"列"本月数"：按表中所列公式计算填写。

（b）本栏"一般项目"列"本年累计"：填写"0"。

（c）本栏"即征即退项目"列"本月数"：按表中所列公式计算填写。

（三十五）第21栏"简易计税办法计算的应纳税额"：反映纳税人本期按简易计税方法计算并应缴纳的增值税额，但不包括按简易计税方法计算的纳税检查应补缴税额。按以下公式计算填写：

本栏"一般项目"列"本月数"=《附列资料（一）》（第10列第8、9a、10、11行之和–第10列第14行）+（第14列第9b、12、13a、13b行之和–第14列第15行）

本栏"即征即退项目"列"本月数"=《附列资料（一）》第10列第14行+第14列第15行。

营业税改征增值税的纳税人，服务、不动产和无形资产按规定汇总计算缴纳增值税的分支机构，应将预征增值税额填入本栏。

$$预征增值税额=应预征增值税的销售额×预征率$$

（三十六）第22栏"按简易计税办法计算的纳税检查应补缴税额"：填写纳税人本期因税务、财政、审计部门检查并按简易计税方法计算的纳税检查应补缴税额。

（三十七）第23栏"应纳税额减征额"：填写纳税人本期按照税法规定减征的增值税应纳税额。包含按照规定可在增值税应纳税额中全额抵减的增值税税控系统专用设备费用以及技术维护费。

当本期减征额小于或等于第19栏"应纳税额"与第21栏"简易计税办法计算的应纳税额"之和时，按本期减征额实际填写；当本期减征额大于第19栏"应纳税额"与第21栏"简易计税办法计算的应纳税额"之和时，按本期第19栏与第21栏之和填写。本期减征额不足抵减部分结转下期继续抵减。

（三十八）第24栏"应纳税额合计"：反映纳税人本期应缴增值税的合计数。按表中所列公式计算填写。

（三十九）第25栏"期初未缴税额（多缴为负数）"："本月数"按上一税款所属期申报表第32栏"期末未缴税额（多缴为负数）"、"本月数"填写。"本年累计"按上年度最后一个税款所属期申报表第32栏"期末未缴税额（多缴为负数）"、"本年累计"填写。

（四十）第26栏"实收出口开具专用缴款书退税额"：本栏不填写。

（四十一）第27栏"本期已缴税额"：反映纳税人本期实际缴纳的增值税额，但不包括本期入库的查补税款。按表中所列公式计算填写。

（四十二）第28栏"①分次预缴税额"：填写纳税人本期已缴纳的准予在本期增值税应纳税额中抵减的税额。

营业税改征增值税的纳税人，分以下几种情况填写：

1. 服务、不动产和无形资产按规定汇总计算缴纳增值税的总机构，其可以从本期增值税应纳税额中抵减的分支机构已缴纳的税款，按当期实际可抵减数填入本栏，不足抵减部分结转下期继续抵减。

2. 销售建筑服务并按规定预缴增值税的纳税人，其可以从本期增值税应纳税额中抵减的已缴纳的税款，按当期实际可抵减数填入本栏，不足抵减部分结转下期继续抵减。

3. 销售不动产并按规定预缴增值税的纳税人，其可以从本期增值税应纳税额中抵减的已缴纳的税款，按当期实际可抵减数填入本栏，不足抵减部分结转下期继续抵减。

4. 出租不动产并按规定预缴增值税的纳税人，其可以从本期增值税应纳税额中抵减的已缴纳的税款，按当期实际可抵减数填入本栏，不足抵减部分结转下期继续抵减。

（四十三）第29栏"②出口开具专用缴款书预缴税额"：本栏不填写。

（四十四）第30栏"③本期缴纳上期应纳税额"：填写纳税人本期缴纳上一税款所属期应缴未缴的增值税额。

（四十五）第31栏"④本期缴纳欠缴税额"：反映纳税人本期实际缴纳和留抵税额抵减的增值税欠税额，但不包括缴纳入库的查补增值税额。

（四十六）第32栏"期末未缴税额（多缴为负数）"："本月数"反映纳税人本期期末应缴未缴的增值税额，但不包括纳税检查应缴未缴的税额。按表中所列公式计算填写。"本年累计"与"本月数"相同。

（四十七）第33栏"其中：欠缴税额（≥0）"：反映纳税人按照税法规定已形成欠税的增值税额。按表中所列公式计算填写。

（四十八）第 34 栏"本期应补（退）税额"：反映纳税人本期应纳税额中应补缴或应退回的数额。按表中所列公式计算填写。

（四十九）第 35 栏"即征即退实际退税额"：反映纳税人本期因符合增值税即征即退政策规定，而实际收到的税务机关退回的增值税额。

（五十）第 36 栏"期初未缴查补税额"："本月数"按上一税款所属期申报表第 38 栏"期末未缴查补税额"、"本月数"填写。"本年累计"按上年度最后一个税款所属期申报表第 38 栏"期末未缴查补税额"、"本年累计"填写。

（五十一）第 37 栏"本期入库查补税额"：反映纳税人本期因税务、财政、审计部门检查而实际入库的增值税额，包括按一般计税方法计算并实际缴纳的查补增值税额和按简易计税方法计算并实际缴纳的查补增值税额。

（五十二）第 38 栏"期末未缴查补税额"："本月数"反映纳税人接受纳税检查后应在本期期末缴纳而未缴纳的查补增值税额。按表中所列公式计算填写，"本年累计"与"本月数"相同。

二、增值税纳税申报表附列资料（一）（本期销售情况明细）（见表 5-2）

表 5-2 增值税纳税申报表附列资料（一）

（本期销售情况明细）

纳税人名称：（公章）　　　　税款所属时间：　年　月　日至　年　月　日　　　　金额单位：元至角分

项目及栏次			开具增值税专用发票		开具其他发票		未开具发票		纳税检查调整		合　计			服务、不动产和无形资产扣除项目本期实际扣除金额	扣除后	
			销售额	销项（应纳）税额	销售额	销项（应纳）税额	销售额	销项（应纳）税额	销售额	销项（应纳）税额	销售额	销项（应纳）税额	价税合计		含税（免税）销售额	销项（应纳）税额
			1	2	3	4	5	6	7	8	9=1+3+5+7	10=2+4+6+8	11=9+10	12	13=11-12	14=13÷(100%+税率或征收率)×税率或征收率
一、一般计税方法计税	全部征税项目	17%税率的货物及加工修理修配劳务 1														
		17%税率的服务、不动产和无形资产 2												—	—	—
		13%税率 3												—	—	—
		11%税率 4												—	—	—
		6%税率 5												—	—	—
	其中：即征即退货物及加工修理修配劳务项目 6		—	—	—	—	—	—	—	—	—	—	—	—	—	—
	其中：即征即退服务、不动产和无形资产项目 7		—	—	—	—	—	—	—	—	—	—	—	—	—	—

续表

项目及栏次			开具增值税专用发票		开具其他发票		未开具发票		纳税检查调整		合　　计			服务、不动产和无形资产扣除项目本期实际扣除金额	扣除后	
			销售额	销项（应纳）税额	销售额	销项（应纳）税额	销售额	销项（应纳）税额	销售额	销项（应纳）税额	销售额	销项（应纳）税额	价税合计		含税（免税）销售额	销项（应纳）税额
			1	2	3	4	5	6	7	8	9=1+3+5+7	10=2+4+6+8	11=9+10	12	13=11−12	14=13÷(100%+税率或征收率)×税率或征收率
二、简易计税方法计税	全部征税项目	6%征收率 8													—	—
		5%征收率的货物及加工修理修配劳务 9a													—	—
		5%征收率的服务、不动产和无形资产 9b														
		4%征收率 10													—	—
		3%征收率的货物及加工修理修配劳务 11													—	—
		3%征收率的服务、不动产和无形资产 12														
		预征率 ％ 13a			—	—	—	—	—	—						
		预征率 ％ 13b			—	—	—	—	—	—						
		预征率 ％ 13c			—	—	—	—	—	—						

续表

项目及栏次			开具增值税专用发票 销售额	开具增值税专用发票 销项（应纳）税额	开具其他发票 销售额	开具其他发票 销项（应纳）税额	未开具发票 销售额	未开具发票 销项（应纳）税额	纳税检查调整 销售额	纳税检查调整 销项（应纳）税额	合计 销售额	合计 销项（应纳）税额	合计 价税合计	服务、不动产和无形资产扣除项目本期实际扣除金额	扣除后 含税（免税）销售额	扣除后 销项（应纳）税额
			1	2	3	4	5	6	7	8	9=1+3+5+7	10=2+4+6+8	11=9+10	12	13=11−12	14=13÷(100%+税率或征收率)×税率或征收率
二、简易计税方法计税	即征即退货物及加工修理修配劳务		14	—	—	—	—	—	—	—	—	—	—	—	—	—
	即征即退服务、不动产和无形资产		15	—	—	—	—	—	—	—	—	—	—	—	—	—
	其中：即征即退项目																
三、免抵退税	货物及加工修理修配劳务		16	—	—	—	—	—	—	—	—	—	—	—	—	—
	服务、不动产和无形资产		17	—	—	—	—	—	—	—	—	—	—	—	—	—
四、免税	货物及加工修理修配劳务		18	—	—	—	—	—	—	—	—	—	—	—	—	—
	服务、不动产和无形资产		19	—	—	—	—	—	—	—	—	—	—	—	—	—

填写说明

（一）"税款所属时间"、"纳税人名称"的填写同主表。

（二）各列说明

1. 第1至2列"开具增值税专用发票"：反映本期开具增值税专用发票（含税控机动车销售统一发票，下同）的情况。

2. 第3至4列"开具其他发票"：反映除增值税专用发票以外本期开具的其他发票的情况。

3. 第5至6列"未开具发票"：反映本期未开具发票的销售情况。

4. 第7至8列"纳税检查调整"：反映经税务、财政、审计部门检查并在本期调整的销售情况。

5. 第9至11列"合计"：按照表中所列公式填写。

营业税改征增值税的纳税人，服务、不动产和无形资产有扣除项目的，第1至11列应填写扣除之前的征（免）税销售额、销项（应纳）税额和价税合计额。

6. 第12列"服务、不动产和无形资产扣除项目本期实际扣除金额"：营业税改征增值税的纳税人，服务、不动产和无形资产有扣除项目的，按《附列资料（三）》第5列对应各行次数据填写，其中本列第5栏等于《附列资料（三）》第5列第3行与第4行之和；服务、不动产和无形资产无扣除项目的，本列填写"0"。其他纳税人不填写。

营业税改征增值税的纳税人，服务、不动产和无形资产按规定汇总计算缴纳增值税的分支机构，当期服务、不动产和无形资产有扣除项目的，填入本列第13行。

7. 第13列"扣除后"、"含税（免税）销售额"：营业税改征增值税的纳税人，服务、不动产和无形资产有扣除项目的，本列各行次=第11列对应各行次-第12列对应各行次。其他纳税人不填写。

8. 第14列"扣除后"、"销项（应纳）税额"：营业税改征增值税的纳税人，服务、不动产和无形资产有扣除项目的，按以下要求填写本列，其他纳税人不填写。

（1）服务、不动产和无形资产按照一般计税方法计税

本列各行次=第13列÷（100%+对应行次税率）×对应行次税率

本列第7行"按一般计税方法计税的即征即退服务、不动产和无形资产"不按本列的说明填写。具体填写要求见"各行说明"第2条第二项第3点的说明。

（2）服务、不动产和无形资产按照简易计税方法计税

本列各行次=第13列÷（100%+对应行次征收率）×对应行次征收率

本列第13行"预征率%"不按本列的说明填写。具体填写要求见"（三）各行说明"第4条第（2）项。

（3）服务、不动产和无形资产实行免抵退税或免税的，本列不填写。

（三）各行说明

1. 第1至5行"一、一般计税方法计税"、"全部征税项目"各行：按不同税率和项目分别填写按一般计税方法计算增值税的全部征税项目。有即征即退征税项目的纳税人，本部分数据中既包括即征即退征税项目，又包括不享受即征即退政策的一般征税项目。

2. 第6至7行"一、一般计税方法计税"、"其中：即征即退项目"各行：只反映按一般计税方法计算增值税的即征即退项目。按照税法规定不享受即征即退政策的纳税人，不填写本行。即征即退项目是全部征税项目的其中数。

（a）第6行"即征即退货物及加工修理修配劳务"：反映按一般计税方法计算增值税且享

受即征即退政策的货物和加工修理修配劳务。本行不包括服务、不动产和无形资产的内容。

本行第 9 列"合计"、"销售额"栏：反映按一般计税方法计算增值税且享受即征即退政策的货物及加工修理修配劳务的不含税销售额。该栏不按第 9 列所列公式计算，应按照税法规定据实填写。

本行第 10 列"合计"、"销项（应纳）税额"栏：反映按一般计税方法计算增值税且享受即征即退政策的货物及加工修理修配劳务的销项税额。该栏不按第 10 列所列公式计算，应按照税法规定据实填写。

（b）第 7 行"即征即退服务、不动产和无形资产"：反映按一般计税方法计算增值税且享受即征即退政策的服务、不动产和无形资产。本行不包括货物及加工修理修配劳务的内容。

本行第 9 列"合计"、"销售额"栏：反映按一般计税方法计算增值税且享受即征即退政策的服务、不动产和无形资产的不含税销售额。服务、不动产和无形资产有扣除项目的，按扣除之前的不含税销售额填写。该栏不按第 9 列所列公式计算，应按照税法规定据实填写。

本行第 10 列"合计"、"销项（应纳）税额"栏：反映按一般计税方法计算增值税且享受即征即退政策的服务、不动产和无形资产的销项税额。服务、不动产和无形资产有扣除项目的，按扣除之前的销项税额填写。该栏不按第 10 列所列公式计算，应按照税法规定据实填写。

本行第 14 列"扣除后"、"销项（应纳）税额"栏：反映按一般计税方法征收增值税且享受即征即退政策的服务、不动产和无形资产实际应计提的销项税额。服务、不动产和无形资产有扣除项目的，按扣除之后的销项税额填写；服务、不动产和无形资产无扣除项目的，按本行第 10 列填写。该栏不按第 14 列所列公式计算，应按照税法规定据实填写。

3. 第 8 至 12 行"二、简易计税方法计税"、"全部征税项目"各行：按不同征收率和项目分别填写按简易计税方法计算增值税的全部征税项目。有即征即退征税项目的纳税人，本部分数据中既包括即征即退项目，也包括不享受即征即退政策的一般征税项目。

4. 第 13a 至 13c 行"二、简易计税方法计税"、"预征率%"：反映营业税改征增值税的纳税人，服务、不动产和无形资产按规定汇总计算缴纳增值税的分支机构，预征增值税销售额、预征增值税应纳税额。其中，第 13a 行"预征率%"适用于所有实行汇总计算缴纳增值税的分支机构试点纳税人；第 13b、13c 行"预征率%"适用于部分实行汇总计算缴纳增值税的铁路运输试点纳税人。

（1）第 13a 至 13c 行第 1 至 6 列按照销售额和销项税额的实际发生数填写。

（2）第 13a 至 13c 行第 14 列，纳税人按"应预征缴纳的增值税=应预征增值税销售额×预征率"公式计算后据实填写。

5. 第 14 至 15 行"二、简易计税方法计税"、"其中：即征即退项目"各行：只反映按简易计税方法计算增值税的即征即退项目。按照税法规定不享受即征即退政策的纳税人，不填写本行。即征即退项目是全部征税项目的其中数。

（1）第 14 行"即征即退货物及加工修理修配劳务"：反映按简易计税方法计算增值税且享受即征即退政策的货物及加工修理修配劳务。本行不包括服务、不动产和无形资产的内容。

本行第 9 列"合计"、"销售额"栏：反映按简易计税方法计算增值税且享受即征即退政策的货物及加工修理修配劳务的不含税销售额。该栏不按第 9 列所列公式计算，应按照税法规定据实填写。

本行第 10 列"合计"、"销项（应纳）税额"栏：反映按简易计税方法计算增值税且享受即征即退政策的货物及加工修理修配劳务的应纳税额。该栏不按第 10 列所列公式计算，应按照税法规定据实填写。

（2）第15行"即征即退服务、不动产和无形资产"：反映按简易计税方法计算增值税且享受即征即退政策的服务、不动产和无形资产。本行不包括货物及加工修理修配劳务的内容。

本行第9列"合计"、"销售额"栏：反映按简易计税方法计算增值税且享受即征即退政策的服务、不动产和无形资产的不含税销售额。服务、不动产和无形资产有扣除项目的，按扣除之前的不含税销售额填写。该栏不按第9列所列公式计算，应按照税法规定据实填写。

本行第10列"合计"、"销项（应纳）税额"栏：反映按简易计税方法计算增值税且享受即征即退政策的服务、不动产和无形资产的应纳税额。服务、不动产和无形资产有扣除项目的，按扣除之前的应纳税额填写。该栏不按第10列所列公式计算，应按照税法规定据实填写。

本行第14列"扣除后"、"销项（应纳）税额"栏：反映按简易计税方法计算增值税且享受即征即退政策的服务、不动产和无形资产实际应计提的应纳税额。服务、不动产和无形资产有扣除项目的，按扣除之后的应纳税额填写；服务、不动产和无形资产无扣除项目的，按本行第10列填写。

6. 第16行"三、免抵退税"、"货物及加工修理修配劳务"：反映适用免、抵、退税政策的出口货物、加工修理修配劳务。

7. 第17行"三、免抵退税"、"服务、不动产和无形资产"：反映适用免、抵、退税政策的服务、不动产和无形资产。

8. 第18行"四、免税"、"货物及加工修理修配劳务"：反映按照税法规定免征增值税的货物及劳务和适用零税率的出口货物及劳务，但零税率的销售额中不包括适用免、抵、退税办法的出口货物及劳务。

9. 第19行"四、免税"、"服务、不动产和无形资产"：反映按照税法规定免征增值税的服务、不动产、无形资产和适用零税率的服务、不动产、无形资产，但零税率的销售额中不包括适用免、抵、退税办法的服务、不动产和无形资产。

三、增值税纳税申报表附列资料（二）（本期进项税额明细）（见表5-3）

表5-3 增值税纳税申报表附列资料（二）

（本期进项税额明细）

税款所属时间：　　年　月　日至　　年　月　日

纳税人名称：（公章）　　　　　　　　　　　　　　　金额单位：元至角分

一、申报抵扣的进项税额					
项　目	栏　次	份　数	金　额	税　额	
（一）认证相符的增值税专用发票	1=2+3				
其中：本期认证相符且本期申报抵扣	2				
前期认证相符且本期申报抵扣	3				
（二）其他扣税凭证	4=5+6+7+8				
其中：海关进口增值税专用缴款书	5				
农产品收购发票或者销售发票	6				
代扣代缴税收缴款凭证	7		—		
其他	8				
（三）本期用于购建不动产的扣税凭证	9				

续表

项　目	栏　次	份　数	金　额	税　额
（四）本期不动产允许抵扣进项税额	10	—	—	
（五）外贸企业进项税额抵扣证明	11	—	—	
当期申报抵扣进项税额合计	12=1+4-9+10+11			

二、进项税额转出额

项　目	栏　次	税　额
本期进项税额转出额	13=14 至 23 之和	
其中：免税项目用	14	
集体福利、个人消费	15	
非正常损失	16	
简易计税方法征税项目用	17	
免抵退税办法不得抵扣的进项税额	18	
纳税检查调减进项税额	19	
红字专用发票信息表注明的进项税额	20	
上期留抵税额抵减欠税	21	
上期留抵税额退税	22	
其他应作进项税额转出的情形	23	

三、待抵扣进项税额

项　目	栏　次	份　数	金　额	税　额
（一）认证相符的增值税专用发票	24	—	—	—
期初已认证相符但未申报抵扣	25			
本期认证相符且本期未申报抵扣	26			
期末已认证相符但未申报抵扣	27			
其中：按照税法规定不允许抵扣	28			
（二）其他扣税凭证	29=30 至 33 之和			
其中：海关进口增值税专用缴款书	30			
农产品收购发票或者销售发票	31			
代扣代缴税收缴款凭证	32		—	
其他	33			
	34			

四、其他

项　目	栏　次	份　数	金　额	税　额
本期认证相符的增值税专用发票	35			
代扣代缴税额	36	—	—	

填写说明

（一）"税款所属时间"、"纳税人名称"的填写同主表。

（二）第1至12栏"一、申报抵扣的进项税额"：分别反映纳税人按税法规定符合抵扣条件，在本期申报抵扣的进项税额。

1. 第1栏"（一）认证相符的增值税专用发票"：反映纳税人取得的认证相符本期申报抵扣的增值税专用发票情况。该栏应等于第2栏"本期认证相符且本期申报抵扣"与第3栏"前期认证相符且本期申报抵扣"数据之和。

2. 第2栏"其中：本期认证相符且本期申报抵扣"：反映本期认证相符且本期申报抵扣的增值税专用发票的情况。本栏是第1栏的其中数，本栏只填写本期认证相符且本期申报抵扣的部分。

适用取消增值税发票认证规定的纳税人，当期申报抵扣的增值税发票数据，也填报在本栏中。

3. 第3栏"前期认证相符且本期申报抵扣"：反映前期认证相符且本期申报抵扣的增值税专用发票的情况。

辅导期纳税人依据税务机关告知的稽核比对结果通知书及明细清单注明的稽核相符的增值税专用发票填写本栏。本栏是第1栏的其中数，只填写前期认证相符且本期申报抵扣的部分。

4. 第4栏"（二）其他扣税凭证"：反映本期申报抵扣的除增值税专用发票之外的其他扣税凭证的情况。具体包括：海关进口增值税专用缴款书、农产品收购发票或者销售发票（含农产品核定扣除的进项税额）、代扣代缴税收完税凭证和其他符合政策规定的抵扣凭证。该栏应等于第5至8栏之和。

5. 第5栏"海关进口增值税专用缴款书"：反映本期申报抵扣的海关进口增值税专用缴款书的情况。按规定执行海关进口增值税专用缴款书先比对后抵扣的，纳税人需依据税务机关告知的稽核比对结果通知书及明细清单注明的稽核相符的海关进口增值税专用缴款书填写本栏。

6. 第6栏"农产品收购发票或者销售发票"：反映本期申报抵扣的农产品收购发票和农产品销售普通发票的情况。执行农产品增值税进项税额核定扣除办法的，填写当期允许抵扣的农产品增值税进项税额，不填写"份数"、"金额"。

7. 第7栏"代扣代缴税收缴款凭证"：填写本期按规定准予抵扣的完税凭证上注明的增值税额。

8. 第8栏"其他"：反映按规定本期可以申报抵扣的其他扣税凭证情况。

纳税人按照规定不得抵扣且未抵扣进项税额的固定资产、无形资产、不动产，发生用途改变，用于允许抵扣进项税额的应税项目，可在用途改变的次月将按公式计算出的可以抵扣的进项税额，填入"税额"栏。

9. 第9栏"（三）本期用于购建不动产的扣税凭证"：反映按规定本期用于购建不动产并适用分2年抵扣规定的扣税凭证上注明的金额和税额。购建不动产是指纳税人2016年5月1日后取得并在会计制度上按固定资产核算的不动产或者2016年5月1日后取得的不动产在建工程。

取得不动产，包括以直接购买、接受捐赠、接受投资入股、自建以及抵债等各种形式取得不动产，不包括房地产开发企业自行开发的房地产项目。

本栏次包括第1栏中本期用于购建不动产的增值税专用发票和第4栏中本期用于购建不动产的其他扣税凭证。

本栏"金额"、"税额"<第1栏+第4栏且本栏"金额"、"税额"≥0。

纳税人按照规定不得抵扣且未抵扣进项税额的不动产，发生用途改变，用于允许抵扣进项税额的应税项目，可在用途改变的次月将按公式计算出的可以抵扣的进项税额，填入"税额"栏。

本栏"税额"列=《附列资料（五）》第2列"本期不动产进项税额增加额"

10．第10栏"（四）本期不动产允许抵扣进项税额"：反映按规定本期实际申报抵扣的不动产进项税额。

本栏"税额"列=《附列资料（五）》第3列"本期可抵扣不动产进项税额"

11．第11栏"（五）外贸企业进项税额抵扣证明"：填写本期申报抵扣的税务机关出口退税部门开具的《出口货物转内销证明》列明允许抵扣的进项税额。

12．第12栏"当期申报抵扣进项税额合计"：反映本期申报抵扣进项税额的合计数。按表中所列公式计算填写。

（三）第13至23栏"二、进项税额转出额"各栏：分别反映纳税人已经抵扣但按规定应在本期转出的进项税额明细情况。

1．第13栏"本期进项税额转出额"：反映已经抵扣但按规定应在本期转出的进项税额合计数。按表中所列公式计算填写。

2．第14栏"免税项目用"：反映用于免征增值税项目，按规定应在本期转出的进项税额。

3．第15栏"集体福利、个人消费"：反映用于集体福利或者个人消费，按规定应在本期转出的进项税额。

4．第16栏"非正常损失"：反映纳税人发生非正常损失，按规定应在本期转出的进项税额。非正常损失，是指因管理不善造成货物被盗、丢失、霉烂变质，以及因违反法律法规造成货物或者不动产被依法没收、销毁、拆除的情形。

5．第17栏"简易计税方法征税项目用"：反映用于按简易计税方法征税项目，按规定应在本期转出的进项税额。

营业税改征增值税的纳税人，服务、不动产和无形资产按规定汇总计算缴纳增值税的分支机构，当期应由总机构汇总的进项税额也填入本栏。

6．第18栏"免抵退税办法不得抵扣的进项税额"：反映按照免、抵、退税办法的规定，由于征税税率与退税税率存在税率差，在本期应转出的进项税额。

7．第19栏"纳税检查调减进项税额"：反映税务、财政、审计部门检查后而调减的进项税额。

8．第20栏"红字专用发票信息表注明的进项税额"：填写主管税务机关开具的《开具红字增值税专用发票信息表》注明的在本期应转出的进项税额。

9．第21栏"上期留抵税额抵减欠税"：填写本期经税务机关同意，使用上期留抵税额抵减欠税的数额。

10．第22栏"上期留抵税额退税"：填写本期经税务机关批准的上期留抵税额退税额。

11．第23栏"其他应作进项税额转出的情形"：反映除上述进项税额转出情形外，其他应在本期转出的进项税额。

（四）第24至34栏"三、待抵扣进项税额"各栏：分别反映纳税人已经取得，但按税法规定不符合抵扣条件，暂不予在本期申报抵扣的进项税额情况及按税法规定不允许抵扣的进项税额情况。

1．第24至28栏均为增值税专用发票的情况。

2．第25栏"期初已认证相符但未申报抵扣"：反映前期认证相符，但按照税法规定暂不予抵扣及不允许抵扣,结存至本期的增值税专用发票情况。辅导期纳税人填写认证相符但未收到稽核比对结果的增值税专用发票期初情况。

3. 第 26 栏"本期认证相符且本期未申报抵扣":反映本期认证相符,但按税法规定暂不予抵扣及不允许抵扣,而未申报抵扣的增值税专用发票情况。辅导期纳税人填写本期认证相符但未收到稽核比对结果的增值税专用发票情况。

4. 第 27 栏"期末已认证相符但未申报抵扣":反映截至本期期末,按照税法规定仍暂不予抵扣及不允许抵扣且已认证相符的增值税专用发票情况。辅导期纳税人填写截至本期期末已认证相符但未收到稽核比对结果的增值税专用发票期末情况。

5. 第 28 栏"其中:按照税法规定不允许抵扣":反映截至本期期末已认证相符但未申报抵扣的增值税专用发票中,按照税法规定不允许抵扣的增值税专用发票情况。

6. 第 29 栏"(二)其他扣税凭证":反映截至本期期末仍未申报抵扣的除增值税专用发票之外的其他扣税凭证情况。具体包括:海关进口增值税专用缴款书、农产品收购发票或者销售发票、代扣代缴税收完税凭证和其他符合政策规定的抵扣凭证。该栏应等于第 30 至 33 栏之和。

7. 第 30 栏"海关进口增值税专用缴款书":反映已取得但截至本期期末仍未申报抵扣的海关进口增值税专用缴款书情况,包括纳税人未收到稽核比对结果的海关进口增值税专用缴款书情况。

8. 第 31 栏"农产品收购发票或者销售发票":反映已取得但截至本期期末仍未申报抵扣的农产品收购发票和农产品销售普通发票情况。

9. 第 32 栏"代扣代缴税收缴款凭证":反映已取得但截至本期期末仍未申报抵扣的代扣代缴税收完税凭证情况。

10. 第 33 栏"其他":反映已取得但截至本期期末仍未申报抵扣的其他扣税凭证的情况。

(五)第 35 至 36 栏"四、其他"各栏。

1. 第 35 栏"本期认证相符的增值税专用发票":反映本期认证相符的增值税专用发票的情况。

2. 第 36 栏"代扣代缴税额":填写纳税人根据《中华人民共和国增值税暂行条例》第十八条扣缴的应税劳务增值税额与根据营业税改征增值税有关政策规定扣缴的服务、不动产和无形资产增值税额之和。

四、增值税纳税申报表附列资料(三)(服务、不动产和无形资产扣除项目明细)(见表 5-4)

表 5-4 增值税纳税申报表附列资料(三)

(服务、不动产和无形资产扣除项目明细)

税款所属时间:　年　月　日至　年　月　日

纳税人名称:(公章)　　　　　　　　　　　　　　　　　金额单位:元至角分

项目及栏次		本期服务、不动产和无形资产价税合计额(免税销售额)	服务、不动产和无形资产扣除项目				
			期初余额	本期发生额	本期应扣除金额	本期实际扣除金额	期末余额
		1	2	3	4=2+3	5(5≤1且5≤4)	6=4-5
17%税率的项目	1						
11%税率的项目	2						

续表

项目及栏次		本期服务、不动产和无形资产价税合计额（免税销售额）	服务、不动产和无形资产扣除项目				
			期初余额	本期发生额	本期应扣除金额	本期实际扣除金额	期末余额
		1	2	3	4=2+3	5（5≤1且5≤4）	6=4-5
6%税率的项目（不含金融商品转让）	3						
6%税率的金融商品转让项目	4						
5%征收率的项目	5						
3%征收率的项目	6						
免抵退税的项目	7						
免税的项目	8						

填写说明

（一）本表由服务、不动产和无形资产有扣除项目的营业税改征增值税纳税人填写。其他纳税人不填写。

（二）"税款所属时间"、"纳税人名称"的填写同主表。

（三）第 1 列"本期服务、不动产和无形资产价税合计额（免税销售额）"：营业税改征增值税的服务、不动产和无形资产属于征税项目的，填写扣除之前的本期服务、不动产和无形资产价税合计额；营业税改征增值税的服务、不动产和无形资产属于免抵退税或免税项目的，填写扣除之前的本期服务、不动产和无形资产免税销售额。本列各行次等于《附列资料（一）》第 11 列对应行次，其中本列第 3 行和第 4 行之和等于《附列资料（一）》第 11 列第 5 栏。

营业税改征增值税的纳税人，服务、不动产和无形资产按规定汇总计算缴纳增值税的分支机构，本列各行次之和等于《附列资料（一）》第 11 列第 13a、13b 行之和。

需要注意的是，本表第 3 行和第 4 行与《附列资料（一）》第 5 行相关栏次进行对应。

（四）第 2 列"服务、不动产和无形资产扣除项目"、"期初余额"：填写服务、不动产和无形资产扣除项目上期期末结存的金额，试点实施之日的税款所属期填写"0"。本列各行次等于上期《附列资料（三）》第 6 列对应行次。

本列第 4 行"6%税率的金融商品转让项目"、"期初余额"年初首期填报时应填"0"。

【例 5-1】 智董公司（增值税一般纳税人）2016 年 12 月 7 日买入金融商品甲，买入价为 420 万元，12 月 25 日将金融商品甲卖出，卖出价为 400 万元。纳税人 2016 年仅发生了这一笔金融商品转让业务。2017 年 1 月 10 日，该纳税人买入金融商品乙，买入价为 200 万元，1 月 28 日将金融商品乙卖出，卖出价为 220 万元。该纳税人在 2017 年 1 月仅发生了这一笔金融商品转让业务。

按照政策规定，金融商品转让按照卖出价扣除买入价后的余额为销售额。转让金融商品出现的正负差，按盈亏相抵后的余额为销售额。若相抵后出现负差，可结转下一纳税期与下期转让金融商品销售额相抵，但年末时仍出现负差的，不得转入下一个会计年度。

1. 该纳税人在 2016 年 12 月（税款所属期）《增值税纳税申报表附列资料（三）》的填报如表 5-5 所示。

表 5-5　增值税纳税申报表附列资料（三）

（服务、不动产和无形资产扣除项目明细）

税款所属时间：　　　年　月　日至　　　年　月　日

纳税人名称：（公章）　　　　　　　　　　　　　　　　　　　　　　　金额单位：元至角分

项目及栏次		本期服务、不动产和无形资产价税合计额（免税销售额）	服务、不动产和无形资产扣除项目				
			期初余额	本期发生额	本期应扣除金额	本期实际扣除金额	期末余额
		1	2	3	4=2+3	5(5≤1且5≤4)	6=4-5
17%税率的项目	1						
11%税率的项目	2						
6%税率的项目（不含金融商品转让）	3						
6%税率的金融商品转让项目	4	2 200 000	0	2 000 000	2 000 000	2 000 000	0
5%征收率的项目	5						
3%征收率的项目	6						
免抵退税的项目	7						
免税的项目	8						

2．智董公司在 2017 年 1 月（税款所属期）《增值税纳税申报表附列资料（三）》的填报如表 5-6 所示。

表 5-6　增值税纳税申报表附列资料（三）

（服务、不动产和无形资产扣除项目明细）

税款所属时间：　　　年　月　日至　　　年　月　日

纳税人名称：（公章）　　　　　　　　　　　　　　　　　　　　　　　金额单位：元至角分

项目及栏次		本期服务、不动产和无形资产价税合计额（免税销售额）	服务、不动产和无形资产扣除项目				
			期初余额	本期发生额	本期应扣除金额	本期实际扣除金额	期末余额
		1	2	3	4=2+3	5（5≤1且5≤4）	6=4-5
17%税率的项目	1						
11%税率的项目	2						
6%税率的项目（不含金融商品转让）	3						
6%税率的金融商品转让项目	4	2 200 000	0	2 000 000	2 000 000	2 000 000	0
5%征收率的项目	5						
3%征收率的项目	6						
免抵退税的项目	7						
免税的项目	8						

（五）第3列"服务、不动产和无形资产扣除项目"、"本期发生额"：填写本期取得的按税法规定准予扣除的服务、不动产和无形资产扣除项目金额。

（六）第4列"服务、不动产和无形资产扣除项目"、"本期应扣除金额"：填写服务、不动产和无形资产扣除项目本期应扣除的金额。

本列各行次=第2列对应各行次+第3列对应各行次

（七）第5列"服务、不动产和无形资产扣除项目"、"本期实际扣除金额"：填写服务、不动产和无形资产扣除项目本期实际扣除的金额。

本列各行次≤第4列对应各行次且本列各行次≤第1列对应各行次

（八）第6列"服务、不动产和无形资产扣除项目"、"期末余额"：填写服务、不动产和无形资产扣除项目本期期末结存的金额。

本列各行次=第4列对应各行次−第5列对应各行次

五、增值税纳税申报表附列资料（四）（税额抵减情况表）（见表5-7）

表5-7　增值税纳税申报表附列资料（四）

（税额抵减情况表）

税款所属时间：　　年　月　日至　　年　月　日

纳税人名称：（公章）　　　　　　　　　　　　　　　　　金额单位：元至角分

序号	抵减项目	期初余额	本期发生额	本期应抵减税额	本期实际抵减税额	期末余额
		1	2	3=1+2	4≤3	5=3−4
1	增值税税控系统专用设备费及技术维护费					
2	分支机构预征缴纳税款					
3	建筑服务预征缴纳税款					
4	销售不动产预征缴纳税款					
5	出租不动产预征缴纳税款					

填写说明

本表第1行由发生增值税税控系统专用设备费用和技术维护费的纳税人填写，反映纳税人增值税税控系统专用设备费用和技术维护费按规定抵减增值税应纳税额的情况。

本表第2行由营业税改征增值税纳税人，服务、不动产和无形资产按规定汇总计算缴纳增值税的总机构填写，反映其分支机构预征缴纳税款抵减总机构应纳增值税额的情况。

本表第3行由销售建筑服务并按规定预缴增值税的纳税人填写，反映其销售建筑服务预征缴纳税款抵减应纳增值税额的情况。

本表第4行由销售不动产并按规定预缴增值税的纳税人填写，反映其销售不动产预征缴纳税款抵减应纳增值税额的情况。

本表第5行由出租不动产并按规定预缴增值税的纳税人填写，反映其出租不动产预征缴纳税款抵减应纳增值税额的情况。

未发生上述业务的纳税人不填写本表。

六、增值税纳税申报表附列资料（五）（不动产分期抵扣计算表）（见表 5-8）

表 5-8　增值税纳税申报表附列资料（五）

（不动产分期抵扣计算表）

税款所属时间：　　年　月　日至　　年　月　日

纳税人名称：（公章）　　　　　　　　　　　　　　　　　　　　金额单位：元至角分

期初待抵扣不动产进项税额	本期不动产进项税额增加额	本期可抵扣不动产进项税额	本期转入的待抵扣不动产进项税额	本期转出的待抵扣不动产进项税额	期末待抵扣不动产进项税额
1	2	3≤1+2+4	4	5≤1+4	6=1+2-3+4-5

填写说明

（一）本表由分期抵扣不动产进项税额的纳税人填写。

纳税人当期发生购建不动产的业务，按照政策规定分 2 年抵扣增值税进项税额的，应填写本表对应栏次。

购建不动产，是指纳税人 2016 年 5 月 1 日后取得并在会计制度上按固定资产核算的不动产或者 2016 年 5 月 1 日后取得的不动产在建工程。

（二）"税款所属时间"、"纳税人名称"的填写同主表。

（三）第 1 列"期初待抵扣不动产进项税额"：填写纳税人上期期末待抵扣不动产进项税额。

（四）第 2 列"本期不动产进项税额增加额"：填写本期取得的符合税法规定的不动产进项税额。

（五）第 3 列"本期可抵扣不动产进项税额"：填写符合税法规定可以在本期抵扣的不动产进项税额。

（六）第 4 列"本期转入的待抵扣不动产进项税额"：填写按照税法规定本期应转入的待抵扣不动产进项税额。

本列数≤《附列资料（二）》第 23 栏"税额"。

购进时已全额抵扣进项税额的货物和服务，转用于不动产在建工程的，其已抵扣进项税额的 40%部分，应于转用的当期从进项税额中扣减，计入待抵扣进项税额，并于转用的当月起第 13 个月从销项税额中抵扣。

购进时已全额抵扣进项税额的货物和服务，转用于不动产在建工程的，其已抵扣进项税额的 40%部分，填写在本表第 4 栏"本期转入的待抵扣不动产进项税额"。本列数≤《附列资料（二）》第 23 栏"税额"。

（七）第 5 列"本期转出的待抵扣不动产进项税额"：填写按照税法规定本期应转出的待抵扣不动产进项税额。

已抵扣进项税额的不动产，发生非正常损失，或者改变用途，专用于简易计税方法计税项目、免征增值税项目、集体福利或者个人消费的，按照下列公式计算不得抵扣的进项税额：

不得抵扣的进项税额=（已抵扣进项税额+待抵扣进项税额）×不动产净值率

不动产净值率=（不动产净值÷不动产原值）×100%

不得抵扣的进项税额小于或等于该不动产已抵扣进项税额的，应于该不动产改变用途的当期，将不得抵扣的进项税额从进项税额中扣减。

不得抵扣的进项税额大于该不动产已抵扣进项税额的，应于该不动产改变用途的当期，将已抵扣进项税额从进项税额中扣减，并从该不动产待抵扣进项税额中扣减不得抵扣进项税额与已抵扣进项税额的差额。

已抵扣进项税额的不动产,发生非正常损失,或改变用途等情形,需要扣减不动产待抵扣进项税额的,填写在本表第5栏"本期转出的待抵扣不动产进项税额"。

(八)第6列"期末待抵扣不动产进项税额":填写本期期末尚未抵扣的不动产进项税额,按表中公式填写。

七、固定资产(不含不动产)进项税额抵扣情况表(见表5-9)

表5-9 固定资产(不含不动产)进项税额抵扣情况表

纳税人名称(公章):　　　　　填表日期:　年　月　日　　　　金额单位:元至角分

项　目	当期申报抵扣的 固定资产进项税额	申报抵扣的固定资产 进项税额累计
增值税专用发票		
海关进口增值税专用缴款书		
合　计		

填写说明

本表反映纳税人在《增值税纳税申报表附列资料(二)》"一、申报抵扣的进项税额"中固定资产的进项税额。本表按增值税专用发票、海关进口增值税专用缴款书分别填写。

本表中数据不包括纳税人按固定资产核算的不动产的进项税额。

八、本期抵扣进项税额结构明细表(见表5-10)

表5-10 本期抵扣进项税额结构明细表

税款所属时间:　　年　月　日至　　年　月　日

纳税人名称:(公章)　　　　　　　　　　　　　　　　金额单位:元至角分

项　目	栏　次	金额	税额
合计	1=2+4+5+11+16+18+27+29+30		
一、按税率或征收率归集(不包括购建不动产、通行费)的进项			
17%税率的进项	2		
其中:有形动产租赁的进项	3		
13%税率的进项	4		
11%税率的进项	5		
其中:运输服务的进项	6		
电信服务的进项	7		
建筑安装服务的进项	8		
不动产租赁服务的进项	9		
受让土地使用权的进项	10		
6%税率的进项	11		
其中:电信服务的进项	12		
金融保险服务的进项	13		
生活服务的进项	14		

续表

项 目	栏 次	金额	税额
取得无形资产的进项	15		
5%征收率的进项	16		
其中：不动产租赁服务的进项	17		
3%征收率的进项	18		
其中：货物及加工、修理修配劳务的进项	19		
运输服务的进项	20		
电信服务的进项	21		
建筑安装服务的进项	22		
金融保险服务的进项	23		
有形动产租赁服务的进项	24		
生活服务的进项	25		
取得无形资产的进项	26		
减按1.5%征收率的进项	27		
	28		
二、按抵扣项目归集的进项			
用于购建不动产并一次性抵扣的进项	29		
通行费的进项	30		
	31		
	32		

填写说明

（一）"税款所属时间"、"纳税人名称"的填写同主表。

（二）第1栏"合计"按表中所列公式计算填写。

本栏与《增值税纳税申报表附列资料（二）》（本期进项税额明细，以下简称《附列资料（二）》）相关栏次勾稽关系如下：

本栏"税额"列=《附列资料（二）》第12栏"税额"列–《附列资料（二）》第10栏"税额"列–《附列资料（二）》第11栏"税额"列。

（三）第2至27栏"一、按税率或征收率归集（不包括购建不动产、通行费）的进项"各栏：反映纳税人按税法规定符合抵扣条件，在本期申报抵扣的不同税率（或征收率）的进项税额，不包括用于购建不动产的允许一次性抵扣和分期抵扣的进项税额，以及纳税人支付的道路、桥、闸通行费，取得的增值税扣税凭证上注明或计算的进项税额。

其中，第27栏反映纳税人租入个人住房，本期申报抵扣的减按1.5%征收率的进项税额。

纳税人执行农产品增值税进项税额核定扣除办法的，按照农产品增值税进项税额扣除率所对应的税率，将计算抵扣的进项税额填入相应栏次。

纳税人取得通过增值税发票管理新系统中差额征税开票功能开具的增值税专用发票，按照实际购买的服务、不动产或无形资产对应的税率或征收率，将扣税凭证上注明的税额填入对应栏次。

（四）第29至30栏"二、按抵扣项目归集的进项"各栏：反映纳税人按税法规定符合抵扣条件，在本期申报抵扣的不同抵扣项目的进项税额。

1. 第29栏反映纳税人用于购建不动产允许一次性抵扣的进项税额。

购建不动产允许一次性抵扣的进项税额,是指纳税人用于购建不动产时,发生的允许抵扣且不适用分期抵扣政策的进项税额。

2. 第30栏反映纳税人支付道路、桥、闸通行费,取得的增值税扣税凭证上注明或计算的进项税额。

(五)本表内各栏间逻辑关系如下:

第1栏表内公式为 1=2+4+5+11+16+18+27+29+30;

第2栏≥第3栏;

第5栏≥第6栏+第7栏+第8栏+第9栏+第10栏;

第11栏≥第12栏+第13栏+第14栏+第15栏;

第16栏≥第17栏;

第18栏≥第19栏+第20栏+第21栏+第22栏+第23栏+第24栏+第25栏+第26栏。

九、增值税减免税申报明细表(见表5-11)

表5-11 增值税减免税申报明细表

税款所属时间:自　年　月　日至　年　月　日

纳税人名称(公章):　　　　　　　　　　　　　　　　　金额单位:元至角分

减税性质代码及名称	栏次	一、减税项目				
^	^	期初余额	本期发生额	本期应抵减税额	本期实际抵减税额	期末余额
^	^	1	2	3=1+2	4≤3	5=3-4
合　计	1					
	2					
	3					
	4					
	5					
	6					

免税性质代码及名称	栏次	二、免税项目				
^	^	免征增值税项目销售额	免税销售额扣除项目本期实际扣除金额	扣除后免税销售额	免税销售额对应的进项税额	免税额
^	^	1	2	3=1-2	4	5
合　计	7					
出口免税	8		—	—	—	—
其中:跨境服务	9		—	—	—	—
	10					
	11					
	12					
	13					
	14					
	15					
	16					

填写说明

（一）本表由享受增值税减免税优惠政策的增值税一般纳税人和小规模纳税人填写。仅享受月销售额不超过 3 万元（按季纳税 9 万元）免征增值税政策或未达起征点的增值税小规模纳税人不需填报本表，即小规模纳税人当期增值税纳税申报表主表第 12 栏"其他免税销售额""本期数"和第 16 栏"本期应纳税额减征额""本期数"均无数据时，不需填报本表。

（二）"税款所属时间""纳税人名称"的填写同增值税纳税申报表主表（以下简称主表）。

（三）"一、减税项目"由本期按照税收法律、法规及国家有关税收规定享受减征（包含税额式减征、税率式减征）增值税优惠的纳税人填写。

1. "减税性质代码及名称"：根据国家税务总局最新发布的《减免性质及分类表》所列减免性质代码、项目名称填写。同时有多个减征项目的，应分别填写。

2. 第 1 列 "期初余额"：填写应纳税额减征项目上期"期末余额"，为对应项目上期应抵减而不足抵减的余额。

3. 第 2 列 "本期发生额"：填写本期发生的按照规定准予抵减增值税应纳税额的金额。

4. 第 3 列 "本期应抵减税额"：填写本期应抵减增值税应纳税额的金额。本列按表中所列公式填写。

5. 第 4 列 "本期实际抵减税额"：填写本期实际抵减增值税应纳税额的金额。本列各行≤第 3 列对应各行。

一般纳税人填写时，第 1 行 "合计"本列数=主表第 23 行 "一般项目"列 "本月数"。

小规模纳税人填写时，第 1 行 "合计"本列数=主表第 16 行 "本期应纳税额减征额""本期数"。

6. 第 5 列 "期末余额"：按表中所列公式填写。

（四）"二、免税项目"由本期按照税收法律、法规及国家有关税收规定免征增值税的纳税人填写。仅享受小微企业免征增值税政策或未达起征点的小规模纳税人不需填写，即小规模纳税人申报表主表第 12 栏 "其他免税销售额""本期数"无数据时，不需填写本栏。

1. "免税性质代码及名称"：根据国家税务总局最新发布的《减免性质及分类表》所列减免性质代码、项目名称填写。同时有多个免税项目的，应分别填写。

2. "出口免税"填写纳税人本期按照税法规定出口免征增值税的销售额，但不包括适用免、抵、退税办法出口的销售额。小规模纳税人不填写本栏。

3. 第 1 列 "免征增值税项目销售额"：填写纳税人免税项目的销售额。免税销售额按照有关规定允许从取得的全部价款和价外费用中扣除价款的，应填写扣除之前的销售额。

一般纳税人填写时，本列 "合计"等于主表第 8 行 "一般项目"列 "本月数"。

小规模纳税人填写时，本列 "合计"等于主表第 12 行 "其他免税销售额""本期数"。

4. 第 2 列 "免税销售额扣除项目本期实际扣除金额"：免税销售额按照有关规定允许从取得的全部价款和价外费用中扣除价款的，据实填写扣除金额；无扣除项目的，本列填写 "0"。

5. 第 3 列 "扣除后免税销售额"：按表中所列公式填写。

6. 第 4 列 "免税销售额对应的进项税额"：本期用于增值税免税项目的进项税额。小规模纳税人不填写本列，一般纳税人按下列情况填写：

（1）纳税人兼营应税和免税项目的，按当期免税销售额对应的进项税额填写；

（2）纳税人本期销售收入全部为免税项目，且当期取得合法扣税凭证的，按当期取得的合法扣税凭证注明或计算的进项税额填写；

（3）当期未取得合法扣税凭证的，纳税人可根据实际情况自行计算免税项目对应的进项税额；无法计算的，本栏次填"0"。

7. 第5列"免税额"：一般纳税人和小规模纳税人分别按下列公式计算填写，且本列各行数应大于或等于0。

一般纳税人公式：第5列"免税额"≤第3列"扣除后免税销售额"×适用税率−第4列"免税销售额对应的进项税额"。

小规模纳税人公式：第5列"免税额"=第3列"扣除后免税销售额"×征收率。

营改增税负分析测算明细表

自2016年6月1日起，在增值税纳税申报其他资料中增加《营改增税负分析测算明细表》（见表5-12），由从事建筑、房地产、金融或生活服务等经营业务的增值税一般纳税人在办理增值税纳税申报时填报，具体名单由主管税务机关确定。

表 5-12　营改增税负分析测算明细表

纳税人名称：（公章）　　　　　　　税款所属时间：　　年　月　日至　　年　月　日　　　　　　金额单位：元至角分

项目及栏次		增值税						营业税					
		不含税销售额	销项（应纳）税额	价税合计	服务、不动产和无形资产扣除项目本期实际扣除金额	扣除后		增值税应纳税额（测算）	原营业税税制下服务、不动产和无形资产差额扣除项目				应税营业额	营业税应纳税额
						含税销售额	销项（应纳）税额		期初余额	本期发生额	本期应扣除金额	本期实际扣除金额	期末余额		
		1	2=1×增值税税率或征收率	3=1+2	4	5=3-4	6=5÷(100%+增值税税率或征收率)×增值税税率或征收率	7	8	9	10=8+9	11 (11≤3 且 11≤10)	12=10-11	13=3-11	14=13×营业税税率
应税项目代码及名称	增值税税率或征收率														
	营业税税率														
合　计	— —														

填写说明

本表中"税款所属时间"、"纳税人名称"的填写同《增值税纳税申报表（适用一般纳税人）》主表。

（一）各列填写说明

1. "应税项目代码及名称"：根据《营改增试点应税项目明细表》所列项目代码及名称填写，同时有多个项目的，应分项目填写。

2. "增值税税率或征收率"：根据各项目适用的增值税税率或征收率填写。

3. "营业税税率"：根据各项目在原营业税税制下适用的原营业税税率填写。

4. 第1列"不含税销售额"：反映纳税人当期对应项目不含税的销售额（含即征即退项目），包括开具增值税专用发票、开具其他发票、未开具发票、纳税检查调整的销售额，纳税人所填项目享受差额征税政策的，本列应填写差额扣除之前的销售额。

5. 第2列"销项（应纳）税额"：反映纳税人根据当期对应项目不含税的销售额计算出的销项税额或应纳税额（简易征收）。

本列各行次=第1列对应各行次×增值税税率或征收率。

6. 第3列"价税合计"：反映纳税人当期对应项目的价税合计数。

本列各行次=第1列对应各行次+第2列对应各行次。

7. 第4列"服务、不动产和无形资产扣除项目本期实际扣除金额"：纳税人销售服务、不动产和无形资产享受差额征税政策的，应填写对应项目当期实际差额扣除的金额。不享受差额征税政策的填"0"。

8. 第5列"含税销售额"：纳税人销售服务、不动产和无形资产享受差额征税政策的，应填写对应项目差额扣除后的含税销售额。

本列各行次=第3列对应各行次－第4列对应各行次。

9. 第6列"销项（应纳）税额"：反映纳税人按现行增值税规定，分项目的增值税销项（应纳）税额，按以下要求填写：

（1）销售服务、不动产和无形资产按照一般计税方法计税的

本列各行次=第5列对应各行次÷（100%+对应行次增值税税率）×对应行次增值税税率。

（2）销售服务、不动产和无形资产按照简易计税方法计税的

本列各行次=第5列对应各行次÷（100%+对应行次增值税征收率）×对应行次增值税征收率。

10. 第7列"增值税应纳税额（测算）"：反映纳税人按现行增值税规定，测算出的对应项目的增值税应纳税额。

（1）销售服务、不动产和无形资产按照一般计税方法计税的

本列各行次=第6列对应各行次÷《增值税纳税申报表（一般纳税人适用）》主表第11栏"销项税额"、"一般项目"和"即征即退项目"、"本月数"之和×《增值税纳税申报表（一般纳税人适用）》主表第19栏"应纳税额"、"一般项目"和"即征即退项目"、"本月数"之和。

（2）销售服务、不动产和无形资产按照简易计税方法计税的

本列各行次=第6列对应各行次。

11. 第8列"原营业税税制下服务、不动产和无形资产差额扣除项目"、"期初余额"：填写按原营业税规定，服务、不动产和无形资产差额扣除项目上期期末结存的金额，试点实施之日的税款所属期填写"0"。本列各行次等于上期本表第12列对应行次。

12. 第9列"原营业税税制下服务、不动产和无形资产差额扣除项目"、"本期发生额"：

填写按原营业税规定,本期取得的准予差额扣除的服务、不动产和无形资产差额扣除项目金额。

13. 第 10 列"原营业税税制下服务、不动产和无形资产差额扣除项目"、"本期应扣除金额":填写按原营业税规定,服务、不动产和无形资产差额扣除项目本期应扣除的金额。

本列各行次=第 8 列对应各行次+第 9 列对应各行次。

14. 第 11 列"原营业税税制下服务、不动产和无形资产差额扣除项目"、"本期实际扣除金额":填写按原营业税规定,服务、不动产和无形资产差额扣除项目本期实际扣除的金额。

(1)当第 10 列各行次≤第 3 列对应行次时

本列各行次=第 10 列对应各行次。

(2)当第 10 列各行次>第 3 列对应行次时

本列各行次=第 3 列对应各行次。

15. 第 12 列"原营业税税制下服务、不动产和无形资产差额扣除项目"、"期末余额":填写按原营业税规定,服务、不动产和无形资产差额扣除项目本期期末结存的金额。

本列各行次=第 10 列对应各行次−第 11 列对应各行次。

16. 第 13 列"应税营业额":反映纳税人按原营业税规定,对应项目的应税营业额。

本列各行次=第 3 列对应各行次−第 11 列对应各行次。

17. 第 14 列"营业税应纳税额":反映纳税人按原营业税规定,计算出的对应项目的营业税应纳税额。

本列各行次=第 13 列对应各行次×对应行次营业税税率。

(二)行次填写说明

1. "合计"行:本行各栏为对应栏次的合计数。

本行第 3 列"价税合计"=《增值税纳税申报表附列资料(一)》(本期销售情况明细)第 11 列"价税合计" 第 2+4+5+9b+12+13a+13b 行。

本行第 4 列"服务、不动产和无形资产扣除项目本期实际扣除金额"=《增值税纳税申报表附列资料(一)》(本期销售情况明细)第 12 列"服务、不动产和无形资产扣除项目本期实际扣除金额"第 2+4+5+9b+12+13a+13b 行。

2. 其他行次根据纳税人实际发生业务分项目填写。

【例 5-2】 承例 3-16。智董建筑公司外省乙建筑项目和外市丙市政工程项目的增值税预缴税款表如表 5-13 和表 5-14 所示。

表 5-13　增值税预缴税款表

税款所属时间:2016 年 10 月 1 日至 2016 年 10 月 31 日

纳税人识别号:□□□□□□□□□□□□□□□□□□□　是否适用一般计税方法　是 √　否 ×

纳税人名称:(公章)			金额单位:元(列至角分)		
项目编号		*****	项目名称		乙建筑项目
项目地址			*****		
预征项目和栏次		销售额	扣除金额	预征率	预征税额
		1	2	3	4
建筑服务	1	66 600 000	20 046 600	2%	838 800
销售不动产	2				
出租不动产	3				

续表

预征项目和栏次		销售额	扣除金额	预征率	预征税额
		1	2	3	4
	4				
	5				
合　计	6				
授权声明	如果你已委托代理人填报，请填写下列资料： 　　为代理一切税务事宜，现授权_____（地址）_____为本次纳税人的代理填报人，任何与本表有关的往来文件，都可寄予此人。 　　　　　　　　授权人签字：	填表人申明	以上内容是真实的、可靠的、完整的。 纳税人签字：		

表 5-14　增值税预缴税款表

税款所属时间：2016 年 10 月 1 日 至 2016 年 10 月 31 日

纳税人识别号：□□□□□□□□□□□□□□□□□□□　　是否适用一般计税方法　是 √　否 ×

纳税人名称： （公章）			金额单位： 元（列至角分）	
项目编号		*****	项目名称	丙市政工程项目
项目地址			*****	
预征项目和栏次		销售额	扣除金额	预征率	预征税额
		1	2	3	4
建筑服务	1	103 000 000	20 600 000	3%	2 400 000
销售不动产	2				
出租不动产	3				
	4				
	5				
合　计	6				
授权声明	如果你已委托代理人填报，请填写下列资料： 　　为代理一切税务事宜，现授权_____（地址）_____为本次纳税人的代理填报人，任何与本表有关的往来文件，都可寄予此人。 　　　　　　授权人签字：	填表人申明	以上内容是真实的、可靠的、完整的。 纳税人签字：		

【例 5-3】　承例 3-16。智董建筑公司 2016 年 10 月填制增值税纳税申报表及附列资料如表 5-15 至表 5-24 所示。

第五章 纳税申报

表 5-15 增值税纳税申报表
（一般纳税人适用）

根据国家税收法律法规及增值税相关规定制定本表。纳税人不论有无销售额，均应按税务机关核定的纳税期限填写本表，并向当地税务机关申报。

税款所属时间：自　年　月　日至　年　月　日　　填表日期：　年　月　日　　金额单位：元至角分

纳税人识别号				法定代表人姓名		（公章）			所属行业		
纳税人名称									注册地址		生产经营地址
开户银行及账号				登记注册类型							电话号码

		栏次	一般项目		即征即退项目	
	项　目		本月数	本年累计	本月数	本年累计
销售额	（一）按适用税率计税销售额	1	99 400 000			
	其中：应税货物销售额	2	400 000			
	应税劳务销售额	3				
	纳税检查调整的销售额	4				
	（二）按简易办法计税销售额	5	105 309 523.8			
	其中：纳税检查调整的销售额	6				
	（三）免、抵、退办法出口销售额	7			—	—
	（四）免税销售额	8			—	—
	其中：免税货物销售额	9			—	—
	免税劳务销售额	10			—	—
税款计算	销项税额	11	10 970 000			
	进项税额	12	9 820 840			
	上期留抵税额	13			—	—
	进项税额转出	14	454 620			
	免、抵、退应退税额	15			—	—
	按适用税率计算的纳税检查应补缴税额	16			—	—

续表

项　目	栏　次	一般项目 本月数	一般项目 本年累计	即征即退项目 本月数	即征即退项目 本年累计
税款计算	应抵扣税额合计	17=12+13-14-15+16	9 366 220	—		—
	实际抵扣税额	18（如17<11，则为17，否则为11）	9 366 220			
	应纳税额	19=11-18	1 603 780		—	—
	期末留抵税额	20=17-18	2 465 000	—	—	—
	简易计税办法计算的应纳税额	21				
	按简易计税办法计算的纳税检查应补缴税额	22	4 000		—	—
	应纳税额减征额	23				
	应纳税额合计	24=19+21-23	4 064 780		—	—
税款缴纳	期初未缴税额（多缴为负数）	25			—	—
	实收出口开具专用缴款书退税额	26			—	—
	本期已缴税额	27=28+29+30+31	3 238 800	—		—
	①分次预缴税额	28	3 238 800			
	②出口开具专用缴款书预缴税额	29		—		—
	③本期缴纳上期应纳税额	30		—		—
	④本期缴纳欠缴税额	31				
	期末未缴税额（多缴为负数）	32=24+25+26-27				
	其中：欠缴税额（≥0）	33=25+26-27		—	—	—
	本期应补（退）税额	34=24-28-29	825 980	—		—
	即征即退实际退税额	35	—	—		
	期初未缴查补税额	36			—	—
	本期入库查补税额	37			—	—
	期末未缴查补税额	38=16+22+36-37			—	—

续表

授权声明	如果你已委托代理人申报，请填写下列资料： 为代理一切税务事宜，现授权_____（地址）_____为本纳税人的代理申报人，任何与本申报表有关的往来文件，都可寄予此人。 授权人签字：	申报人声明	本纳税申报表是根据国家税收法律法规及相关规定填报的，我确定它是真实的、可靠的、完整的。 声明人签字：

主管税务机关：　　　　　　　接收人：　　　　　　　接收日期：

表 5-16 增值税纳税申报表附列资料（一）
（本期销售情况明细）

税款所属时间： 年 月 日至 年 月 日

纳税人名称：（公章）

金额单位：元至角分

项目及栏次		开具增值税专用发票		开具其他发票		未开具发票		纳税检查调整		合　计			服务、不动产和无形资产项目本期实际扣除金额	扣除后	
		销售额	销项（应纳）税额	销售额	销项（应纳）税额	销售额	销项（应纳）税额	销售额	销项（应纳）税额	销售额	销项（应纳）税额	价税合计		含税（免税）销售额	销项（应征收）税额
		1	2	3	4	5	6	7	8	9=1+3+5+7	10=2+4+6+8	11=9+10	12	13=11-12	14=13÷(100%+税率或征收率)×税率或征收率
一、一般计税方法计税	全部征税项目	17%税率的货物及加工修理修配劳务 1	400 000	68 000							400 000	68 000	—	—	—	—
		17%税率的服务、不动产和无形资产 2	200 000	34 000							200 000	34 000	234 000	0	0	34 000
		13%税率 3											—	—	—	—
		11%税率 4	98 439 639.64	10 828 360.36							98 800 000	10 868 000	109 668 000	0	10 868 000	10 868 000
		6%税率 5											—	—	—	—
	其中：即征即退项目	即征即退货物及加工修理修配劳务 6	—	—	—	—	—	—	—	—				—		—
		即征即退服务、不动产和无形资产 7	—	—	—	—	—	—	—	—				—		—

续表

项目及栏次		开具增值税专用发票		开具其他发票		未开具发票		纳税检查调整		合计			价税合计	服务、不动产和无形资产扣除项目本期实际扣除金额	扣除后	
		销售额	销项（应纳）税额	销售额	销项（应纳）税额	销售额	销项（应纳）税额	销售额	销项（应纳）税额	销售额	销项（应纳）税额		价税合计		含税（免税）销售额	销项（应纳）税额
		1	2	3	4	5	6	7	8	9=1+3+5+7	10=2+4+6+8		11=9+10	12	13=11-12	14=13÷(100%+税率或征收率)×税率或征收率
二、简易计税方法计税	6%征收率															
	5%征收率的货物及加工修理修配劳务															
	5%征收率的服务、不动产和无形资产	4 809 523.81	240 476.19							4 809 523.81	240 476.19					
	4%征收率															
	3%征收率的货物及加工修理修配劳务			400 000	12 000					400 000	12 000					
全部征税项目	3%征收率的服务、不动产和无形资产			100 000 000	3 000 000					100 100 000	3 003 000		103 103 000	20 600 000	82 503 000	2 403 000
	预征率 %															
	预征率 %															
	预征率 %															

		8
		9a
		9b
		10
		11
		12
		13a
		13b
		13c

续表

项目及栏次		开具增值税专用发票		开具其他发票		未开具发票		纳税检查调整		合计			服务、不动产和无形资产扣除项目本期实际扣除金额	扣除后	
		销售额	销项（应纳）税额	销售额	销项（应纳）税额	销售额	销项（应纳）税额	销售额	销项（应纳）税额	销售额	销项（应纳）税额	价税合计		含税（免税）销售额	销项（应纳）税额
		1	2	3	4	5	6	7	8	9=1+3+5+7	10=2+4+6+8	11=9+10	12	13=11-12	14=13÷(100%+税率或征收率)×税率或征收率
二、简易计税方法计税 其中：即征即退项目	即征即退货物及加工修理修配劳务 14	—	—	—	—	—	—	—	—	—	—	—		—	—
	即征即退服务、不动产和无形资产 15	—	—	—	—	—	—	—	—	—	—	—		—	—
三、免抵退税	货物及加工修理修配劳务 16	—	—	—	—	—	—	—	—	—	—	—		—	—
	服务、不动产和无形资产 17	—	—	—	—	—	—	—	—	—	—	—		—	—
四、免税	货物及加工修理修配劳务 18	—	—	—	—	—	—	—	—	—	—	—		—	—
	服务、不动产和无形资产 19	—	—	—	—	—	—	—	—	—	—	—		—	—

表 5-17　增值税纳税申报表附列资料（二）

（本期进项税额明细）

税款所属时间：　　年　月　日至　　年　月　日

纳税人名称：（公章）　　　　　　　　　　　　　　　　　　　　　金额单位：元至角分

一、申报抵扣的进项税额					
项　目	栏　次	份　数	金　额	税　额	
（一）认证相符的增值税专用发票	1=2+3	40	85 340 000	10 411 600	
其中：本期认证相符且本期申报抵扣	2	40	85 340 000	10 411 600	
前期认证相符且本期申报抵扣	3				
（二）其他扣税凭证	4=5+6+7+8			273 240	
其中：海关进口增值税专用缴款书	5	1	1 600 000	272 000	
农产品收购发票或者销售发票	6				
代扣代缴税收缴款凭证	7			—	
其他	8	180	28 000	1 240	
（三）本期用于购建不动产的扣税凭证	9	10	16 000 000	2 160 000	
（四）本期不动产允许抵扣进项税额	10	—	—	1 296 000	
（五）外贸企业进项税额抵扣证明	11	—	—		
当期申报抵扣进项税额合计	12=1+4-9+10+11			9 820 840	
二、进项税额转出额					
项　目	栏　次	税　额			
本期进项税额转出额	13=14至23之和	454 620			
其中：免税项目用	14				
集体福利、个人消费	15				
非正常损失	16	34 000			
简易计税方法征税项目用	17	12 620			
免抵退税办法不得抵扣的进项税额	18				
纳税检查调减进项税额	19				
红字专用发票信息表注明的进项税额	20				
上期留抵税额抵减欠税	21				
上期留抵税额退税	22				
其他应作进项税额转出的情形	23	408 000			
三、待抵扣进项税额					
项　目	栏　次	份　数	金　额	税　额	
（一）认证相符的增值税专用发票	24	—	—	—	
期初已认证相符但未申报抵扣	25				
本期认证相符且本期未申报抵扣	26				
期末已认证相符但未申报抵扣	27	10	16 000 000	480 000	
其中：按照税法规定不允许抵扣	28	10	16 000 000	480 000	

续表

三、待抵扣进项税额					
项目		栏次	份数	金额	税额
（二）其他扣税凭证		29=30至33之和	1	3 000 000	680 000
其中：海关进口增值税专用缴款书		30	1	3 000 000	680 000
农产品收购发票或者销售发票		31			
代扣代缴税收缴款凭证		32			—
其他		33			
		34			
四、其他					
项目		栏次	份数	金额	税额
本期认证相符的增值税专用发票		35	50	101 340 000	10 891 600
代扣代缴税额		36	—	—	

表5-18 增值税纳税申报表附列资料（三）

（服务、不动产和无形资产扣除项目明细）

税款所属时间： 年 月 日至 年 月 日

纳税人名称：（公章） 金额单位：元至角分

项目及栏次		本期服务、不动产和无形资产价税合计额（免税销售额）	服务、不动产和无形资产扣除项目				
			期初余额	本期发生额	本期应扣除金额	本期实际扣除金额	期末余额
			1	2	3	4=2+3	5（5≤1且5≤4）	6=4-5
17%税率的项目	1						
11%税率的项目	2						
6%税率的项目（不含金融商品转让）	3						
6%税率的金融商品转让项目	4						
5%征收率的项目	5	5 050 000	0	4 000 000	4 000 000	4 000 000	0
3%征收率的项目	6	103 030 000	0	20 600 000	20 600 000	20 600 000	0
免抵退税的项目	7						
免税的项目	8						

表5-19 增值税纳税申报表附列资料（四）

（税额抵减情况表）

税款所属时间： 年 月 日至 年 月 日

纳税人名称：（公章） 金额单位：元至角分

序号	抵减项目	期初余额	本期发生额	本期应抵减税额	本期实际抵减税额	期末余额
		1	2	3=1+2	4≤3	5=3-4
1	增值税税控系统专用设备费及技术维护费					

续表

序号	抵减项目	期初余额	本期发生额	本期应抵减税额	本期实际抵减税额	期末余额
		1	2	3=1+2	4≤3	5=3-4
2	分支机构预征缴纳税款					
3	建筑服务预征缴纳税款	0	3 238 800	3 238 800	3 238 800	0
4	销售不动产预征缴纳税款					
5	出租不动产预征缴纳税款					

表5-20 增值税纳税申报表附列资料（五）

（不动产分期抵扣计算表）

税款所属时间： 年 月 日至 年 月 日

纳税人名称：（公章） 金额单位：元至角分

期初待抵扣不动产进项税额	本期不动产进项税额增加额	本期可抵扣不动产进项税额	本期转入的待抵扣不动产进项税额	本期转出的待抵扣不动产进项税额	期末待抵扣不动产进项税额
1	2	3≤1+2+4	4	5≤1+4	6=1+2-3+4-5
0	2 160 000	1 296 000	408 000	0	1 272 000

表5-21 固定资产（不含不动产）进项税额抵扣情况表

纳税人名称（公章）： 填表日期： 年 月 日 金额单位：元至角分

项 目	当期申报抵扣的固定资产进项税额	申报抵扣的固定资产进项税额累计
增值税专用发票		
海关进口增值税专用缴款书	272 000	
合计	272 000	

填报说明：

本表反映纳税人在《附列资料（二）》"一、申报抵扣的进项税额"中固定资产的进项税额。本表按增值税专用发票、海关进口增值税专用缴款书分别填写。

表5-22 本期抵扣进项税额结构明细表

税款所属时间： 年 月 日至 年 月 日

纳税人名称：（公章） 金额单位：元至角分

项 目	栏 次	金 额	税 额
合计	1=2+4+5+11+16+18+27+29+30	80 568 000	9 820 840
一、按税率或征收率归集（不包括购建不动产、通行费）的进项			
17%税率的进项	2	36 500 000	6 205 000
其中：有形动产租赁的进项	3	800 000	136 000
13%税率的进项	4		
11%税率的进项	5	16 020 000	1 762 200
其中：运输服务的进项	6		
电信服务的进项	7	20 000	2 200

续表

项 目	栏 次	金 额	税 额
建筑安装服务的进项	8	16 000 000	1 760 000
不动产租赁服务的进项	9		
受让土地使用权的进项	10		
6%税率的进项	11	60 000	3 600
其中：电信服务的进项	12	60 000	3 600
金融保险服务的进项	13		
生活服务的进项	14		
取得无形资产的进项	15		
5%征收率的进项	16	100 000	5 000
其中：不动产租赁服务的进项	17		
3%征收率的进项	18	18 260 000	547 800
其中：货物及加工、修理修配劳务的进项	19	16 040 000	481 200
运输服务的进项	20		
电信服务的进项	21		
建筑安装服务的进项	22	4 440 000	66 600
金融保险服务的进项	23		
有形动产租赁服务的进项	24		
生活服务的进项	25		
取得无形资产的进项	26		
减按1.5%征收率的进项	27		
	28		
二、按抵扣项目归集的进项			
用于购建不动产并一次性抵扣的进项	29	9 600 000	1 296 000
通行费的进项	30	28 000	1 240
	31		
	32		

表5-23 增值税减免税申报明细表

税款所属时间：自 年 月 日至 年 月 日

纳税人名称（公章）： 金额单位：元至角分

减税性质代码及名称	栏次	期初余额	本期发生额	本期应抵减税额	本期实际抵减税额	期末余额
		1	2	3=1+2	4≤3	5=3-4
合计	1					
出售固定资产（1124602）	2	0	4 000	4 000	4 000	0
	3					
	4					

一、减税项目

续表

二、免税项目					
免税性质代码及名称	栏次	免征增值税项目销售额	免税销售额扣除项目本期实际扣除金额	扣除后免税销售额	免税销售额对应的进项税额	免税额
		1	2	3=1-2	4	5
	5					
	6					
合　计	7					
出口免税	8		—	—	—	—
其中:跨境服务	9		—	—	—	—
	10					
	11					
	12					
	13					
	14					
	15					
	16					

表 5-24 营改增税负分析测算明细表

纳税人名称：（公章）

税款所属时间： 年 月 日 至 年 月 日

金额单位：元至角分

项目及栏次			增值税							营业税					
应税项目代码及名称	增值税税率或征收率	营业税税率	不含税销售额	销项(应纳)税额	价税合计	服务、不动产和无形资产扣除项目本期实际扣除金额	扣除后		增值税应纳税额(测算)	原营业税税制下服务、不动产和无形资产差额扣除项目				应税营业额	营业税应纳税额
							含税销售额	销项(应纳)税额		期初余额	本期发生额	本期应扣除金额	本期实际扣除金额	期末余额		
			1	2=1×增值税税率或征收率	3=1+2	4	5=3-4	6=5÷(100%+增值税税率或征收率)×增值税税率或征收率	7	8	9	10=8+9	11 (11≤3且11≤10)	12=10-11	13=3-11	14=13×营业税税率
合计	—	—	203 909 523.8	14 145 476.2	218 055 000	24 600 000	193 455 000	13 355 000	4 046 838.6	0	218 055 000	44 646 600	44 646 600	0	173 408 400	5 229 992
040100 工程服务	11%	3%	98 800 000	10 868 000	109 668 000	0	109 668 000	10 868 000	1 588 867.92	0	109 668 000	20 046 600	20 046 600	0	89 621 400	2 688 642
040100 工程服务	3%	3%	100 000 000	3 000 000	103 000 000	20 600 000	82 400 000	2 400 000	2 400 000	0	103 000 000	20 600 000	20 600 000	0	82 400 000	2 472 000
060504 (有形动产租赁)	17%	5%	200 000	34 000	234 000	0	234 000	34 000	4 970.7	0	234 000	0	0	0	234 000	11 700
060504 (有形动产租赁)	3%	5%	100 000	3 000	103 000	0	103 000	3 000	3 000	0	103 000	0	0	0	103 000	5 150
090100 (销售不动产)	5%	5%	4 809 523.8	240 476.2	5 050 000	4 000 000	1 050 000	50 000	50 000		5 050 000	4 000 000	4 000 000.00	0	1 050 000	52 500

第三节 《增值税纳税申报表(小规模纳税人适用)》及其附列资料

填制小规模纳税人增值税纳税申报表及附列资料,应根据纳税人发生增值税业务的实际情况,结合开具的增值税普通发票及其他收入凭证、应税服务的扣除凭证和"应交税费——应交增值税"核算,为纳税人填制增值税纳税申报表及其附列资料。

在填制小规模纳税人增值税纳税申报表及其附列资料时,应注意:

(1)根据增值税纳税申报表及其附列资料的填写说明填制增值税纳税申报表及其附列资料。

(2)根据纳税人财务核算及其他纳税相关资料,准确掌握纳税人增值税征(免)税收入、可扣除的应税服务,按照征收率计算应纳增值税额,并填列到增值税纳税申报及附列资料相关栏目。在纳税人准确核算情况下,纳税申报表填列的本期应纳税额应与纳税人"应交税费——应交增值税"记载的数额一致。

本纳税申报表及其附列资料填写说明(简称本表及填写说明)适用于增值税小规模纳税人(简称纳税人)。

名词解释

(一)本表及填写说明所称"货物",是指增值税的应税货物。

(二)本表及填写说明所称"劳务",是指增值税的应税加工、修理、修配劳务。

(三)本表及填写说明所称"服务、不动产和无形资产",是指销售服务、不动产和无形资产(以下简称应税行为)。

(四)本表及填写说明所称"扣除项目",是指纳税人发生应税行为,在确定销售额时,按照有关规定允许其从取得的全部价款和价外费用中扣除价款的项目。

一、增值税纳税申报表主表(小规模纳税人适用)(见表5-25)

表5-25 增值税纳税申报表

(小规模纳税人适用)

纳税人识别号:□□□□□□□□□□□□□□□□□□□
纳税人名称(公章): 金额单位:元至角分
税款所属期: 年 月 日至 年 月 日 填表日期: 年 月 日

项目		栏次	本期数		本年累计	
			货物及劳务	服务、不动产和无形资产	货物及劳务	服务、不动产和无形资产
一、计税依据	(一)应征增值税不含税销售额(3%征收率)	1				
	税务机关代开的增值税专用发票不含税销售额	2				
	税控器具开具的普通发票 不含税销售额	3				
	(二)应征增值税不含税销售额(5%征收率)	4		—		—

续表

项　目	栏　次	本期数 货物及劳务	本期数 服务、不动产和无形资产	本年累计 货物及劳务	本年累计 服务、不动产和无形资产
一、计税依据					
税务机关代开的增值税专用发票不含税销售额	5		—		—
税控器具开具的普通发票不含税销售额	6		—		—
（三）销售使用过的固定资产不含税销售额	7（7≥8）		—		—
其中：税控器具开具的普通发票不含税销售额	8		—		—
（四）免税销售额	9=10+11+12				
其中：小微企业免税销售额	10				
未达起征点销售额	11				
其他免税销售额	12				
（五）出口免税销售额	13（13≥14）				
其中：税控器具开具的普通发票销售额	14				
二、税款计算	本期应纳税额	15				
	本期应纳税额减征额	16				
	本期免税额	17				
	其中：小微企业免税额	18				
	未达起征点免税额	19				
	应纳税额合计	20=15-16				
	本期预缴税额	21			—	—
	本期应补（退）税额	22=20-21			—	—

纳税人或代理人声明：	如纳税人填报，由纳税人填写以下各栏：	
本纳税申报表是根据国家税收法律法规及相关规定填报的，我确定它是真实的、可靠的、完整的。	办税人员：	财务负责人：
	法定代表人：	联系电话：
	如委托代理人填报，由代理人填写以下各栏：	
	代理人名称（公章）：	经办人：
		联系电话：

主管税务机关：　　　　　　　　接收人：　　　　　　　　接收日期：

填写说明

本表"货物及劳务"与"服务、不动产和无形资产"各项目应分别填写。

（一）"税款所属期"是指纳税人申报的增值税应纳税额的所属时间，应填写具体的起止年、月、日。

（二）"纳税人识别号"栏，填写纳税人的税务登记证件号码。

（三）"纳税人名称"栏，填写纳税人名称全称。

（四）第 1 栏"应征增值税不含税销售额（3%征收率）"：填写本期销售货物及劳务、发生应税行为适用 3%征收率的不含税销售额，不包括应税行为适用 5%征收率的不含税销售额、销售使用过的固定资产和销售旧货的不含税销售额、免税销售额、出口免税销售额、查补销售额。

纳税人发生适用 3%征收率的应税行为且有扣除项目的，本栏填写扣除后的不含税销售额，与当期《增值税纳税申报表（小规模纳税人适用）附列资料》第 8 栏数据一致。

（五）第 2 栏"税务机关代开的增值税专用发票不含税销售额"：填写税务机关代开的增值税专用发票销售额合计。

（六）第 3 栏"税控器具开具的普通发票不含税销售额"：填写税控器具开具的货物及劳务、应税行为的普通发票金额换算的不含税销售额。

（七）第 4 栏"应征增值税不含税销售额（5%征收率）"：填写本期发生应税行为适用 5%征收率的不含税销售额。

纳税人发生适用 5%征收率应税行为且有扣除项目的，本栏填写扣除后的不含税销售额，与当期《增值税纳税申报表（小规模纳税人适用）附列资料》第 16 栏数据一致。

小规模纳税人转让其取得的不动产，除个人转让其购买的住房外，按照以下规定缴纳增值税：

1. 小规模纳税人转让其取得（不含自建）的不动产，以取得的全部价款和价外费用扣除不动产购置原价或者取得不动产时的作价后的余额为销售额，按照 5%的征收率计算应纳税额。

2. 小规模纳税人转让其自建的不动产，以取得的全部价款和价外费用为销售额，按照 5%的征收率计算应纳税额。

除其他个人之外的小规模纳税人，应按照规定的计税方法向不动产所在地主管地税机关预缴税款，向机构所在地主管国税机关申报纳税；其他个人按照规定的计税方法向不动产所在地主管地税机关申报纳税。

个人转让其购买的住房，按照以下规定缴纳增值税：

1. 个人转让其购买的住房，按照有关规定全额缴纳增值税的，以取得的全部价款和价外费用为销售额，按照 5%的征收率计算应纳税额。

2. 个人转让其购买的住房，按照有关规定差额缴纳增值税的，以取得的全部价款和价外费用扣除购买住房价款后的余额为销售额，按照 5%的征收率计算应纳税额。个体工商户应按照规定的计税方法向住房所在地主管地税机关预缴税款，向机构所在地主管国税机关申报纳税；其他个人应按照规定的计税方法向住房所在地主管地税机关申报纳税。

（八）第 5 栏"税务机关代开的增值税专用发票不含税销售额"：填写税务机关代开的增值税专用发票销售额合计。

（九）第 6 栏"税控器具开具的普通发票不含税销售额"：填写税控器具开具的发生应税行为的普通发票金额换算的不含税销售额。

（十）第 7 栏"销售使用过的固定资产不含税销售额"：填写销售自己使用过的固定资产（不含不动产，下同）和销售旧货的不含税销售额，销售额=含税销售额÷（1+3%）。

（十一）第 8 栏"税控器具开具的普通发票不含税销售额"：填写税控器具开具的销售自己使用过的固定资产和销售旧货的普通发票金额换算的不含税销售额。

（十二）第 9 栏"免税销售额"：填写销售免征增值税的货物及劳务、应税行为的销售额，不包括出口免税销售额。

应税行为有扣除项目的纳税人，填写扣除之前的销售额。

（十三）第 10 栏"小微企业免税销售额"：填写符合小微企业免征增值税政策的免税销售

额,不包括符合其他增值税免税政策的销售额。个体工商户和其他个人不填写本栏次。

(十四)第 11 栏"未达起征点销售额":填写个体工商户和其他个人未达起征点(含支持小微企业免征增值税政策)的免税销售额,不包括符合其他增值税免税政策的销售额。本栏次由个体工商户和其他个人填写。

(十五)第 12 栏"其他免税销售额":填写销售免征增值税的货物及劳务、应税行为的销售额,不包括符合小微企业免征增值税和未达起征点政策的免税销售额。

(十六)第 13 栏"出口免税销售额":填写出口免征增值税货物及劳务、出口免征增值税应税行为的销售额。

应税行为有扣除项目的纳税人,填写扣除之前的销售额。

(十七)第 14 栏"税控器具开具的普通发票销售额":填写税控器具开具的出口免征增值税货物及劳务、出口免征增值税应税行为的普通发票销售额。

(十八)第 15 栏"本期应纳税额":填写本期按征收率计算缴纳的应纳税额。

(十九)第 16 栏"本期应纳税额减征额":填写纳税人本期按照税法规定减征的增值税应纳税额。包含可在增值税应纳税额中全额抵减的增值税税控系统专用设备费用以及技术维护费,可在增值税应纳税额中抵免的购置税控收款机的增值税税额。

当本期减征额小于或等于第 15 栏"本期应纳税额"时,按本期减征额实际填写;当本期减征额大于第 15 栏"本期应纳税额"时,按本期第 15 栏填写,本期减征额不足抵减部分结转下期继续抵减。

(二十)第 17 栏"本期免税额":填写纳税人本期增值税免税额,免税额根据第 9 栏"免税销售额"和征收率计算。

(二十一)第 18 栏"小微企业免税额":填写符合小微企业免征增值税政策的增值税免税额,免税额根据第 10 栏"小微企业免税销售额"和征收率计算。

(二十二)第 19 栏"未达起征点免税额":填写个体工商户和其他个人未达起征点(含支持小微企业免征增值税政策)的增值税免税额,免税额根据第 11 栏"未达起征点销售额"和征收率计算。

(二十三)第 21 栏"本期预缴税额":填写纳税人本期预缴的增值税额,但不包括查补缴纳的增值税额。

1. 其他个人以外的纳税人转让其取得的不动产,区分以下情形计算应向不动产所在地主管地税机关预缴的税款:

(1)以转让不动产取得的全部价款和价外费用作为预缴税款计算依据的,计算公式为:

应预缴税款=全部价款和价外费用÷(1+5%)×5%

(2)以转让不动产取得的全部价款和价外费用扣除不动产购置原价或者取得不动产时的作价后的余额作为预缴税款计算依据的,计算公式为:

应预缴税款=全部价款和价外费用–不动产购置原价或者取得不动产时的作价÷(1+5%)×5%

纳税人转让其取得的不动产,向不动产所在地主管地税机关预缴的增值税税款,可以在当期增值税应纳税额中抵减,抵减不完的,结转下期继续抵减。

纳税人以预缴税款抵减应纳税额,应以完税凭证作为合法有效凭证。

2. 小规模纳税人跨县(市、区)提供建筑服务,以取得的全部价款和价外费用扣除支付的分包款后的余额,按照 3%的征收率计算应预缴税款。

纳税人跨县(市、区)提供建筑服务,向建筑服务发生地主管国税机关预缴的增值税税款,可以在当期增值税应纳税额中抵减,抵减不完的,结转下期继续抵减。

纳税人以预缴税款抵减应纳税额,应以完税凭证作为合法有效凭证。

3. 小规模纳税人出租不动产,按照以下规定缴纳增值税:

(1)单位和个体工商户出租不动产(不含个体工商户出租住房),按照5%的征收率计算应纳税额。个体工商户出租住房,按照5%的征收率减按1.5%计算应纳税额。不动产所在地与机构所在地不在同一县(市、区)的,纳税人应按照上述计税方法向不动产所在地主管国税机关预缴税款,向机构所在地主管国税机关申报纳税。

不动产所在地与机构所在地在同一县(市、区)的,纳税人应向机构所在地主管国税机关申报纳税。

(2)其他个人出租不动产(不含住房),按照5%的征收率计算应纳税额,向不动产所在地主管地税机关申报纳税。其他个人出租住房,按照5%的征收率减按1.5%计算应纳税额,向不动产所在地主管地税机关申报纳税。

单位和个体工商户出租不动产,向不动产所在地主管国税机关预缴的增值税款,可以在当期增值税应纳税额中抵减,抵减不完的,结转下期继续抵减。

纳税人以预缴税款抵减应纳税额,应以完税凭证作为合法有效凭证。

二、增值税纳税申报表(小规模纳税人适用)附列资料(见表5-26)

表5-26 增值税纳税申报表(小规模纳税人适用)附列资料

税款所属期:　　年　月　日至　　年　月　日　　　　　　　　　　填表日期:　　年　月　日
纳税人名称(公章):　　　　　　　　　　　　　　　　　　　　　　金额单位:元至角分

应税行为(3%征收率)扣除额计算			
期初余额	本期发生额	本期扣除额	期末余额
1	2	3(3≤1+2之和,且3≤5)	4=1+2-3
应税行为(3%征收率)计税销售额计算			
全部含税收入(适用3%征收率)	本期扣除额	含税销售额	不含税销售额
5	6=3	7=5-6	8=7÷1.03
应税行为(5%征收率)扣除额计算			
期初余额	本期发生额	本期扣除额	期末余额
9	10	11(11≤9+10之和,且11≤13)	12=9+10-11
应税行为(5%征收率)计税销售额计算			
全部含税收入(适用5%征收率)	本期扣除额	含税销售额	不含税销售额
13	14=11	15=13-14	16=15÷1.05

填写说明

本附列资料由发生应税行为且有扣除项目的纳税人填写,各栏次均不包含免征增值税项目的金额。

涉及销售不动产的差额扣除项目,不填写本表。

(一)"税款所属期"是指纳税人申报的增值税应纳税额的所属时间,应填写具体的起止年、月、日。

（二）"纳税人名称"栏，填写纳税人名称全称。

（三）第1栏"期初余额"：填写适用3%征收率的应税行为扣除项目上期期末结存的金额，试点实施之日的税款所属期填写"0"。

（四）第2栏"本期发生额"：填写本期取得的按税法规定准予扣除的适用3%征收率的应税行为扣除项目金额。

（五）第3栏"本期扣除额"：填写适用3%征收率的应税行为扣除项目本期实际扣除的金额。

第3栏"本期扣除额"≤第1栏"期初余额"+第2栏"本期发生额"之和，且第3栏"本期扣除额"≤第5栏"全部含税收入（适用3%征收率）"。

（六）第4栏"期末余额"：填写适用3%征收率的应税行为扣除项目本期期末结存的金额。

（七）第5栏"全部含税收入（适用3%征收率）"：填写纳税人适用3%征收率的应税行为取得的全部价款和价外费用数额。

（八）第6栏"本期扣除额"：填写本附列资料第3栏"本期扣除额"的数据。

第6栏"本期扣除额"=第3栏"本期扣除额"。

（九）第7栏"含税销售额"：填写适用3%征收率的应税行为的含税销售额。

第7栏"含税销售额"=第5栏"全部含税收入（适用3%征收率）"–第6栏"本期扣除额"。

（十）第8栏"不含税销售额"：填写适用3%征收率的应税行为的不含税销售额。

第8栏"不含税销售额"=第7栏"含税销售额"÷1.03，与《增值税纳税申报表（小规模纳税人适用）》第1栏"应征增值税不含税销售额（3%征收率）"、"本期数"、"服务、不动产和无形资产"栏数据一致。

（十一）第9栏"期初余额"：填写适用5%征收率的应税行为扣除项目上期期末结存的金额，试点实施之日的税款所属期填写"0"。

（十二）第10栏"本期发生额"：填写本期取得的按税法规定准予扣除的适用5%征收率的应税行为扣除项目金额。

（十三）第11栏"本期扣除额"：填写适用5%征收率的应税行为扣除项目本期实际扣除的金额。

第11栏"本期扣除额"≤第9栏"期初余额"+第10栏"本期发生额"之和，且第11栏"本期扣除额"≤第13栏"全部含税收入（适用5%征收率）"。

（十四）第12栏"期末余额"：填写适用5%征收率的应税行为扣除项目本期期末结存的金额。

（十五）第13栏"全部含税收入（适用5%征收率）"：填写纳税人适用5%征收率的应税行为取得的全部价款和价外费用数额。

（十六）第14栏"本期扣除额"：填写本附列资料第11栏"本期扣除额"的数据。

第14栏"本期扣除额"=第11栏"本期扣除额"。

（十七）第15栏"含税销售额"：填写适用5%征收率的应税行为的含税销售额。

第15栏"含税销售额"=第13栏"全部含税收入（适用5%征收率）"–第14栏"本期扣除额"。

（十八）第16栏"不含税销售额"：填写适用5%征收率的应税行为的不含税销售额。

第16栏"不含税销售额"=第15栏"含税销售额"÷1.05，与《增值税纳税申报表（小规模纳税人适用）》第4栏"应征增值税不含税销售额（5%征收率）"、"本期数"、"服务、不动产和无形资产"栏数据一致。

【例5-4】 智董装潢公司（假设为增值税小规模纳税人）2016年9月取得装修收入共计185.4万元。其中，为某增值税一般纳税人办公楼提供装修收入92.7万元，通过税务机关代开增值税专用发票，并在开票时缴纳增值税2.7万元；为某餐饮城提供装修收入61.8万元，自行开具增值税普通发票；为个人住宅提供装修收入30.9万元，未开具增值税发票。该公司将办公楼和餐饮城装修的水电安装业务，分包给专业的水电安装公司，取得水电安装公司开具的安装费发票两张，金额分别为18.54万元和12.36万元。

根据上述资料，可以计算该公司当期应纳增值税额：

应纳增值税额=［185.4－（18.54+12.36）］÷（1+3%）×3%=4.5（万元）

应补缴增值税=4.5－2.7=1.8（万元）

填制该企业2016年9月增值税纳税申报表及附列资料如表5-27和表5-28所示。

表5-27 增值税纳税申报表

（小规模纳税人适用）

纳税人识别号：□□□□□□□□□□□□□□□□□□□□

纳税人名称（公章）：　　　　　　　　　　　　　　　　　　　　　金额单位：元至角分

税款所属期：2016年9月1日至2016年9月30日　　　　　　　　填表日期：2016年10月×日

项　目	栏　次	本期数 货物及劳务	本期数 服务、不动产和无形资产	本年累计 货物及劳务	本年累计 服务、不动产和无形资产
（一）应征增值税不含税销售额（3%征收率）	1		1 800 000		
税务机关代开的增值税专用发票不含税销售额	2		900 000		
税控器具开具的普通发票不含税销售额	3				
一、计税依据 （二）应征增值税不含税销售额（5%征收率）	4	—		—	
税务机关代开的增值税专用发票不含税销售额	5	—		—	
税控器具开具的普通发票不含税销售额	6	—		—	
（三）销售使用过的固定资产不含税销售额	7（7≥8）		—		—
其中：税控器具开具的普通发票不含税销售额	8		—		—
（四）免税销售额	9=10+11+12				
其中：小微企业免税销售额	10				
未达起征点销售额	11				
其他免税销售额	12				
（五）出口免税销售额	13（13≥14）				
其中：税控器具开具的普通发票销售额	14				

续表

<table>
<tr><th rowspan="2">项　目</th><th rowspan="2">栏　次</th><th colspan="2">本期数</th><th colspan="2">本年累计</th></tr>
<tr><th>货物及劳务</th><th>服务、不动产和无形资产</th><th>货物及劳务</th><th>服务、不动产和无形资产</th></tr>
<tr><td rowspan="8">二、税款计算</td><td></td><td></td><td></td><td></td><td></td></tr>
<tr><td>本期应纳税额</td><td>15</td><td></td><td>45 000</td><td></td><td></td></tr>
<tr><td>本期应纳税额减征额</td><td>16</td><td></td><td></td><td></td><td></td></tr>
<tr><td>本期免税额</td><td>17</td><td></td><td></td><td></td><td></td></tr>
<tr><td>其中：小微企业免税额</td><td>18</td><td></td><td></td><td></td><td></td></tr>
<tr><td>未达起征点免税额</td><td>19</td><td></td><td></td><td></td><td></td></tr>
<tr><td>应纳税额合计</td><td>20=15-16</td><td></td><td>45 000</td><td></td><td></td></tr>
<tr><td>本期预缴税额</td><td>21</td><td></td><td>27 000</td><td>—</td><td>—</td></tr>
<tr><td>本期应补（退）税额</td><td>22=20-21</td><td></td><td>18 000</td><td>—</td><td>—</td></tr>
</table>

纳税人或代理人声明：	如纳税人填报，由纳税人填写以下各栏：	
本纳税申报表是根据国家税收法律法规及相关规定填报的，我确定它是真实的、可靠的、完整的。	办税人员：	财务负责人：
	法定代表人：	联系电话：
	如委托代理人填报，由代理人填写以下各栏：	
	代理人名称（公章）：	经办人：
		联系电话：

主管税务机关：　　　　　　　　　接收人：　　　　　　　　　接收日期：

表5-28　增值税纳税申报表（小规模纳税人适用）附列资料

税款所属期：2016年9月1日至2016年9月30日　　　　　　　填表日期：2016年10月×日

纳税人名称（公章）：　　　　　　　　　　　　　　　　　　金额单位：元至角分

应税行为（3%征收率）扣除额计算			
期初余额	本期发生额	本期扣除额	期末余额
1	2	3（3≤1+2之和，且3≤5）	4=1+2-3
0	309 000	309 000	0
应税行为（3%征收率）计税销售额计算			
全部含税收入（适用3%征收率）	本期扣除额	含税销售额	不含税销售额
5	6=3	7=5-6	8=7÷1.03
1854000	309 000	1 545 000	1 500 000
应税行为（5%征收率）扣除额计算			
期初余额	本期发生额	本期扣除额	期末余额
9	10	11（11≤9+10之和，且11≤13）	12=9+10-11
应税行为（5%征收率）计税销售额计算			
全部含税收入（适用5%征收率）	本期扣除额	含税销售额	不含税销售额
13	14=11	15=13-14	16=15÷1.05

第四节 增值税减免税申报明细表

表 5-29 增值税减免税申报明细表

税款所属时间：自 年 月 日至 年 月 日

纳税人名称（公章）： 金额单位：元至角分

一、减税项目					
减税性质代码及名称	栏次	期初余额	本期发生额	本期应抵减税额	本期实际抵减税额	期末余额
		1	2	3=1+2	4≤3	5=3-4
合计	1					
	2					
	3					
	4					
	5					
	6					

二、免税项目					
免税性质代码及名称	栏次	免征增值税项目销售额	免税销售额扣除项目本期实际扣除金额	扣除后免税销售额	免税销售额对应的进项税额	免税额
		1	2	3=1-2	4	5
合　计	7					
出口免税	8		—	—	—	—
其中：跨境服务	9		—	—	—	—
	10					
	11					
	12					
	13					
	14					
	15					
	16					

填写说明

（一）本表由享受增值税减免税优惠政策的增值税一般纳税人和小规模纳税人填写。仅享受月销售额不超过3万元（按季纳税9万元）免征增值税政策或未达起征点的增值税小规模纳税人不需填报本表，即小规模纳税人当期增值税纳税申报表主表第12栏"其他免税销售额"、"本期数"和第16栏"本期应纳税额减征额"、"本期数"均无数据时，不需填报本表。

（二）"税款所属时间"、"纳税人名称"的填写同主表。

（三）"一、减税项目"由本期按照税收法律、法规及国家有关税收规定享受减征（包含税额式减征、税率式减征）增值税优惠的纳税人填写。

1. "减税性质代码及名称"：根据国家税务总局最新发布的《减免性质及分类表》所列减免性质代码、项目名称填写。同时有多个减征项目的，应分别填写。

2. 第 1 列"期初余额"：填写应纳税额减征项目上期"期末余额"，为对应项目上期应抵减而不足抵减的余额。

3. 第 2 列"本期发生额":填写本期发生的按照规定准予抵减增值税应纳税额的金额。

4. 第 3 列"本期应抵减税额":填写本期应抵减增值税应纳税额的金额。本列按表中所列公式填写。

5. 第 4 列"本期实际抵减税额":填写本期实际抵减增值税应纳税额的金额。本列各行≤第 3 列对应各行。

一般纳税人填写时,第 1 行"合计"本列数=主表第 23 行"一般项目"列"本月数"。

小规模纳税人填写时,第 1 行"合计"本列数=主表第 16 行"本期应纳税额减征额"、"本期数"。

6. 第 5 列"期末余额":按表中所列公式填写。

(四)"二、免税项目"由本期按照税收法律、法规及国家有关税收规定免征增值税的纳税人填写。仅享受小微企业免征增值税政策或未达起征点的小规模纳税人不需填写,即小规模纳税人申报表主表第 12 栏"其他免税销售额"、"本期数"无数据时,不需填写本栏。

1. "免税性质代码及名称":根据国家税务总局最新发布的《减免性质及分类表》所列减免性质代码、项目名称填写。同时有多个免税项目的,应分别填写。

2. "出口免税"填写纳税人本期按照税法规定出口免征增值税的销售额,但不包括适用免、抵、退税办法出口的销售额。小规模纳税人不填写本栏。

3. 第 1 列"免征增值税项目销售额":填写纳税人免税项目的销售额。免税销售额按照有关规定允许从取得的全部价款和价外费用中扣除价款的,应填写扣除之前的销售额。

一般纳税人填写时,本列"合计"等于主表第 8 行"一般项目"列"本月数"。小规模纳税人填写时,本列"合计"等于主表第 12 行"其他免税销售额"、"本期数"。

4. 第 2 列"免税销售额扣除项目本期实际扣除金额":免税销售额按照有关规定允许从取得的全部价款和价外费用中扣除价款的,据实填写扣除金额;无扣除项目的,本列填写"0"。

5. 第 3 列"扣除后免税销售额":按表中所列公式填写。

6. 第 4 列"免税销售额对应的进项税额":本期用于增值税免税项目的进项税额。小规模纳税人不填写本列,一般纳税人按下列情况填写:

(1)纳税人兼营应税和免税项目的,按当期免税销售额对应的进项税额填写;

(2)纳税人本期销售收入全部为免税项目,且当期取得合法扣税凭证的,按当期取得的合法扣税凭证注明或计算的进项税额填写;

(3)当期未取得合法扣税凭证的,纳税人可根据实际情况自行计算免税项目对应的进项税额;无法计算的,本栏次填"0"。

7. 第 5 列"免税额":一般纳税人和小规模纳税人分别按下列公式计算填写,且本列各行数应大于或等于 0。

一般纳税人公式:第 5 列"免税额"≤第 3 列"扣除后免税销售额"×适用税率−第 4 列"免税销售额对应的进项税额"。

小规模纳税人公式:第 5 列"免税额"=第 3 列"扣除后免税销售额"×征收率。

第五节 增值税预缴税款表

《增值税预缴税款表》是配合全面推开营改增试点,新增加的表,由按政策规定需要预缴增值税的纳税人,在向国税机关预缴税款时填写。

营改增试点政策规定，增值税纳税人（不含其他个人）跨县（市）提供建筑服务，按规定的纳税义务发生时间，应向建筑服务发生地主管国税机关预缴税款；增值税纳税人（不含其他个人）出租与机构所在地不在同一县（市）的不动产，按定的纳税义务发生时间，应向不动产所在地主管国税机关预缴税款；房地产开发企业预售自行开发的房地产项目，应在收到预收款时向主管国税机关预缴税款。增值税纳税人在预缴税款时，应填报《增值税预缴税款表》，连同其他预缴税款资料，向国税机关提交，履行预缴增值税义务。

填制增值税预缴税款表，应根据增值税纳税人发生相关的增值税业务情况，准确判定是否应预缴增值税；对应预缴增值税的业务，结合会计核算，收集相关资料，按照每一个应预缴增值税的项目，依照适用的预缴增值税计税方法，确定预缴增值税的纳税义务发生时间、收入金额和扣除项目金额，准确计算应预缴的增值税，准确填制增值税预缴税款表，如表5-30所示。

表 5-30 增值税预缴税款表

税款所属时间：　　年　月　日至　　年　月　日
纳税人识别号：□□□□□□□□□□□□□□□□□□□□　是否适用一般计税方法　是 □ 否 □

纳税人名称：（公章）				金额单位：元（列至角分）	
项目编号			项目名称		
项目地址					
预征项目和栏次		销售额	扣除金额	预征率	预征税额
		1	2	3	4
建筑服务	1				
销售不动产	2				
出租不动产	3				
	4				
	5				
合计	6				
授权声明	如果你已委托代理人填报，请填写下列资料： 为代理一切税务事宜，现授权_____（地址）_____为本次纳税人的代理填报人，任何与本表有关的往来文件，都可寄予此人。 授权人签字：		填表人申明	以上内容是真实的、可靠的、完整的。 纳税人签字：	

填写说明

（一）本表适用于纳税人发生以下情形按规定在国税机关预缴增值税时填写。

1. 纳税人（不含其他个人）跨县（市）提供建筑服务。
2. 房地产开发企业预售自行开发的房地产项目。
3. 纳税人（不含其他个人）出租与机构所在地不在同一县（市）的不动产。

（二）基础信息填写说明：

1."税款所属时间"：指纳税人申报的增值税预缴税额的所属时间，应填写具体的起止年、月、日。

2. "纳税人识别号"：填写纳税人的税务登记证件号码；纳税人为未办理过税务登记证的非企业性单位的，填写其组织机构代码证号码。

3. "纳税人名称"：填写纳税人名称全称。

4. "是否适用一般计税方法"：该项目适用一般计税方法的纳税人在该项目后的"口"中打"√"，适用简易计税方法的纳税人在该项目后的"口"中打"×"。

5. "项目编号"：由异地提供建筑服务的纳税人和房地产开发企业填写《建筑工程施工许可证》上的编号，根据相关规定不需要申请《建筑工程施工许可证》的建筑服务项目或不动产开发项目，不需要填写。出租不动产业务无须填写。

6. "项目名称"：填写建筑服务或者房地产项目的名称。出租不动产业务不需要填写。

7. "项目地址"：填写建筑服务项目、房地产项目或出租不动产的具体地址。

（三）具体栏次填表说明：

1. 纳税人异地提供建筑服务

纳税人在"预征项目和栏次"部分的第 1 栏"建筑服务"行次填写相关信息：

（1）第 1 列"销售额"：填写纳税人跨县（市）提供建筑服务取得的全部价款和价外费用（含税）。

（2）第 2 列"扣除金额"：填写跨县（市）提供建筑服务项目按照规定准予从全部价款和价外费用中扣除的金额（含税）。

（3）第 3 列"预征率"：填写跨县（市）提供建筑服务项目对应的预征率或者征收率。

（4）第 4 列"预征税额"：填写按照规定计算的应预缴税额。

2. 房地产开发企业预售自行开发的房地产项目

纳税人在"预征项目和栏次"部分的第 2 栏"销售不动产"行次填写相关信息：

（1）第 1 列"销售额"：填写本期收取的预收款（含税），包括在取得预收款当月或主管国税机关确定的预缴期取得的全部预收价款和价外费用。

（2）第 2 列"扣除金额"：房地产开发企业不需填写。

（3）第 3 列"预征率"：房地产开发企业预征率为 3%。

（4）第 4 列"预征税额"：填写按照规定计算的应预缴税额。

3. 纳税人出租不动产

纳税人在"预征项目和栏次"部分的第 3 栏"出租不动产"行次填写相关信息：

（1）第 1 列"销售额"：填写纳税人出租不动产取得全部价款和价外费用（含税）；

（2）第 2 列"扣除金额"无须填写；

（3）第 3 列"预征率"：填写纳税人预缴增值税适用的预征率或者征收率；

（4）第 4 列"预征税额"：填写按照规定计算的应预缴税额。

【例 5-5】 承例 3-16。智董建筑公司外省乙建筑项目和外市丙市政工程项目的增值税预缴税款表如表 5-31 和表 5-32 所示。

表 5-31　增值税预缴税款表

税款所属时间：2016 年 10 月 1 日至 2016 年 10 月 31 日

纳税人识别号：＊＊＊＊＊　　　　　　　　　　　　　是否适用一般计税方法　是√　否×

纳税人名称：（公章）			金额单位：元（列至角分）
项目编号	＊＊＊＊＊	项目名称	乙建筑项目
项目地址		＊＊＊＊＊	

续表

预征项目和栏次		销售额	扣除金额	预征率	预征税额
		1	2	3	4
建筑服务	1	33 300 000.00	10 023 300	2%	419 400.00
销售不动产	2				
出租不动产	3				
	4				
	5				
合计	6				
授权声明	如果你已委托代理人填报，请填写下列资料： 为代理一切税务事宜，现授权_____（地址）_____为本次纳税人的代理填报人，任何与本表有关的往来文件，都可寄予此人。 授权人签字：		填表人申明	以上内容是真实的、可靠的、完整的。 纳税人签字：	

表 5-32　增值税预缴税款表

税款所属时间：2016 年 10 月 1 日至 2016 年 10 月 31 日
纳税人识别号：******　　　　　　　　　　　　是否适用一般计税方法　是 √　否 ×

纳税人名称：（公章）				金额单位：元（列至角分）	
项目编号		*****	项目名称	丙市政工程项目	
项目地址			*****		
预征项目和栏次		销售额	扣除金额	预征率	预征税额
		1	2	3	4
建筑服务	1	51 500 000.00	10 300 000.00	3%	1 200 000.00
销售不动产	2				
出租不动产	3				
	4				
	5				
合计	6				
授权声明	如果你已委托代理人填报，请填写下列资料： 为代理一切税务事宜，现授权_____（地址）_____为本次纳税人的代理填报人，任何与本表有关的往来文件，都可寄予此人。 授权人签字：		填表人申明	以上内容是真实的、可靠的、完整的。 纳税人签字：	

第六章

特定企业和特定行为增值税

第一节　原增值税纳税人

一、电力

（一）电力产品

1．电力产品增值税的基本规定

生产、销售电力产品的单位和个人为电力产品增值税纳税人，按规定缴纳增值税。

电力产品增值税的计税销售额为纳税人销售电力产品向购买方收取的全部价款和价外费用，但不包括收取的销项税额。价外费用是指纳税人销售电力产品在目录电价或上网电价之外向购买方收取的各种性质的费用。

供电企业收取的电费保证金，凡逾期（超过合同约定时间）未退还的，一律并入价外费用缴纳增值税。

2．电力产品增值税的征收办法

（1）发电企业（电厂、电站、机组，下同）生产销售的电力产品，按照以下规定计算缴纳增值税。

1）独立核算的发电企业生产销售电力产品，按照现行增值税有关规定向其机构所在地主管税务机关申报纳税；具有一般纳税人资格或具备一般纳税人核算条件的非独立核算的发电企业生产销售电力产品，按照增值税一般纳税人的计算方法计算增值税，并向其机构所在地主管税务机关申报纳税。

2）不具有一般纳税人资格且不具有一般纳税人核算条件的非独立核算的发电企业生产销售的电力产品，由发电企业按上网电量，依核定的定额税率计算发电环节的预缴增值税，且不得抵扣进项税额，向发电企业所在地主管税务机关申报纳税。计算公式为：

$$预征税额=上网电量\times 核定的定额税率$$

（2）供电企业销售电力产品，实行在供电环节预征、由独立核算的供电企业统一结算的办法缴纳增值税。具体办法如下。

1）独立核算的供电企业所属的区县级供电企业，凡能够核算销售额的，依核定的预征率计算供电环节的增值税，不得抵扣进项税额，向其所在地主管税务机关申报纳税；不能核算销售额的，由上一级供电企业预缴供电环节的增值税。计算公式为：

$$预征税额=销售额\times 核定的预征率$$

2）供电企业随同电力产品销售取得的各种价外费用一律在预征环节依照电力产品适用的增值税税率征收增值税，不得抵扣进项税额。

（3）实行预缴方式缴纳增值税的发、供电企业按照隶属关系由独立核算的发、供电企业结算缴纳增值税。具体办法如下。

独立核算的发、供电企业月末依据其全部销售额和进项税额，计算当期增值税应纳税额，并根据发电环节或供电环节预缴的增值税额，计算应补（退）税额，向其所在地主管税务机关申报纳税。计算公式为：

$$应纳税额=销项税额-进项税额$$
$$应补（退）税额=应纳税额-发（供）电环节预缴增值税额$$

独立核算的发、供电企业当期销项税额小于进项税额不足抵扣，或应纳税额小于发、供电环节预缴增值税额形成多缴增值税时，其不足抵扣部分和多缴增值税额可结转下期抵扣或抵减下期应纳税额。

（4）发、供电企业的增值税预征率（含定额税率，下同），应根据发、供电企业上期财务核算和纳税情况，考虑当年变动因素测算核定。具体权限如下：

1）跨省、自治区、直辖市的发、供电企业增值税预征率由预缴增值税的发、供电企业所在地和结算增值税的发、供电企业所在地省级国家税务局共同测算，报国家税务总局核定；

2）省、自治区、直辖市范围内的发、供电企业增值税预征率由省级国家税务局核定。

发、供电企业预征率的执行期限由核定预征率的税务机关根据企业生产经营的变化情况确定。

不同投资、核算体制的机组，由于隶属于各自不同的独立核算企业，应按上述规定分别缴纳增值税。

对其他企事业单位销售的电力产品，按现行增值税有关规定缴纳增值税。

实行预缴方式缴纳增值税的发、供电企业，销售电力产品取得的未并入上级独立核算发、供电企业统一核算的销售收入，应单独核算并按增值税的有关规定就地申报缴纳增值税。

实行预缴方式缴纳增值税的发、供电企业生产销售电力产品以外的其他货物和应税劳务，能准确核算销售额的，在发、供电企业所在地依适用税率计算缴纳增值税。不能准确核算销售额的，按其隶属关系由独立核算的发、供电企业统一计算缴纳增值税。

3．发、供电企业销售电力产品的纳税义务发生时间

（1）发电企业和其他企事业单位销售电力产品的纳税义务发生时间为电力上网并开具确认单据的当天。

（2）供电企业采取直接收取电费结算方式，销售对象属于企事业单位的，为开具发票的当天；属于居民个人的，为开具电费缴纳凭证的当天。

（3）供电企业采取预收电费结算方式的，为发行电量的当天。

（4）发、供电企业将电力产品用于非应税项目、集体福利、个人消费的，为发出电量的当天。

（5）发、供电企业之间互供电力，为双方核对计数量、开具抄表确认单据的当天。

（6）发、供电企业销售电力产品以外的其他货物，其纳税义务发生时间按《增值税暂行条例》及其实施细则的有关规定执行。

4．发、供电企业增值税纳税申报

发、供电企业应按现行增值税的有关规定办理税务登记，进行增值税纳税申报。

实行预缴方式缴纳增值税的发、供电企业应按以下规定办理。

（1）实行预缴方式缴纳增值税的发、供电企业在办理税务开业、变更、注销登记时，应将税务登记证正本复印件按隶属关系逐级上报其独立核算的发、供电企业所在地主管税务机关留存。

独立核算的发、供电企业也应将税务登记证正本复印件报其所属的采用预缴方式缴纳增值税的发、供电企业所在地主管税务机关留存。

（2）采用预缴方式缴纳增值税的发、供电企业在申报纳税的同时，应将增值税进项税额和上网电量、电力产品销售额、其他产品销售额、价外费用、预征税额和查补税款分别归集汇总，填写《电力企业增值税销项税额和进项税额传递单》（以下简称《传递单》）报送主管税务机关签章确认后，按隶属关系逐级汇总上报给独立核算发、供电企业；预征地主管税务机关也必须将确认后的《传递单》于收到当月传递给结算缴纳增值税的独立核算发、供电企业所在地主管税务机关。

（3）结算缴纳增值税的发、供电企业应按增值税纳税申报的统一规定，汇总计算本企业的全部销项税额、进项税额、应纳税额、应补（退）税额，于本月税款所属期后第二个月征期内向主管税务机关申报纳税。

（4）实行预缴方式缴纳增值税的发、供电企业所在地主管税务机关应定期对其所属企业纳税情况进行检查。发现申报不实，就地按适用税率全额补征税款，并将检查情况及结果发函通知结算缴纳增值税的独立核算发、供电企业所在地主管税务机关。主管税务机关收到预征地税务机关的发函后，应督促发、供电企业调整申报表。对在预缴环节查补的增值税，独立核算的发、供电企业在结算缴纳增值税时可以予以抵减。

发、供电企业销售电力产品，应按《发票管理办法》和增值税专用发票使用管理规定领购、使用和管理发票。

电力产品增值税的其他征税事项，按《税收征管法》及其实施细则、《增值税暂行条例》及其实施细则和其他有关规定执行。

电力公司利用自身电网为发电企业输送电力过程中，需要利用输变电设备进行调压，属于提供加工劳务。根据《增值税暂行条例》的有关规定，电力公司向发电企业收取的过网费，应当征收增值税，不征收营业税。

电力系统的有关收费

① 电力公司向发电企业收取的过网费，应当征收增值税。

② 供电企业利用自身输变电设备对并入电网的企业自备电厂生产的电力产品进行电压调节，属于提供加工劳务。根据《增值税暂行条例》的有关规定，对于上述供电企业进行电力调压并按照电量向电厂收取的并网服务费，应当征收增值税。

（二）核电行业

1. 关于核力发电企业的增值税政策

（1）核力发电企业生产销售电力产品，自核电机组正式商业投产次月起 15 个年度内，统一实行增值税先征后退政策，返还比例分三个阶段逐级递减。具体返还比例为：自正式商业投产次月起 5 个年度内，返还比例为已入库税款的 75%；自正式商业投产次月起的第 6 个至第

10个年度内，返还比例为已入库税款的70%；自正式商业投产次月起的第11个至第15个年度内，返还比例为已入库税款的55%；自正式商业投产次月起满15个年度以后，不再实行增值税先征后退政策。

（2）核力发电企业采用按核电机组分别核算增值税退税额的办法，企业应分别核算核电机组电力产品的销售额，未分别核算或不能准确核算的，不得享受增值税先征后退政策。单台核电机组增值税退税额可以按以下公式计算：

$$\text{单台核电机组增值税退税额} = \left(\frac{\text{单台核电机组电力产品销售额}}{\text{核力发电企业电力产品销售额合计}}\right) \times \text{核力发电企业实际缴纳增值税额} \times \text{退税比例}$$

（3）原已享受增值税先征后退政策但该政策已于2007年内到期的核力发电企业，自该政策执行到期后次月起按上述统一政策核定剩余年度相应的返还比例；对2007年内新投产的核力发电企业，自核电机组正式商业投产日期的次月起按上述统一政策执行。

2．关于大亚湾核电站和广东核电投资有限公司的税收政策

大亚湾核电站和广东核电投资有限公司在2014年12月31日前继续执行以下政策：

（1）对大亚湾核电站销售给广东核电投资有限公司的电力免征增值税。

（2）对广东核电投资有限公司销售给广东电网公司的电力实行增值税先征后退政策，并免征城市维护建设税和教育费附加。

（3）对大亚湾核电站出售给香港核电投资有限公司的电力及广东核电投资有限公司转售给香港核电投资有限公司的大亚湾核电站生产的电力免征增值税。

二、成品油零售加油站

（一）一般纳税人认定

对从事成品油销售的加油站，无论是否达到一般纳税人标准，一律按增值税一般纳税人征税。

加油站是指经原经贸委批准从事成品油零售业务，并已办理工商、税务登记，有固定经营场所，使用加油机自动计量销售成品油的单位和个体经营者。

（二）应税销售额的确定

（1）加油站应税销售额包括当月成品油应税销售额和其他应税货物及劳务的销售额，其中成品油应税销售额的计算公式如下：

成品油应税销售额=（当月全部成品油销售数量−允许扣除的成品油数量）×油品单价

（2）加油站通过加油机加注成品油属于下列情形的，允许在当月成品油销售数量中扣除：

① 经主管税务机关确定的加油站自用车辆自用油。

② 外单位购买的，利用加油站的油库存放的代储油（代储协议报税务机关备案）。

③ 加油站本身倒库油。

④ 加油站检测用油（回罐油）。

（3）加油站无论以何种结算方式（如收取现金、支票、汇票、加油凭证、加油卡等）收取售油款，均应征收增值税。加油站销售成品油必须按不同品种分别核算，准确计算应税销售额。加油站以收取加油凭证（簿）加油卡方式销售成品油，不得向用户开具增值税专用发票。

（4）发售加油卡、加油凭证销售成品油的纳税人，在售卖加油卡、加油凭证时，按预收账款作相关财务处理，不征收增值税。

（三）征收方式

采取统一配送成品油方式设立的非独立核算的加油站，在同一县市的，由总机构汇总缴纳增值税。在同一省内跨县、市经营的，是否汇总缴纳增值税，由省级税务机关确定；跨省经营的，是否汇总纳税，由国家税务总局确定。

对统一核算，且经税务机关批准汇总缴纳增值税的成品油销售单位跨县市调配成品油的，不征收增值税。

三、黄金交易、铂金交易、货物期货与钻石交易

（一）黄金交易增值税征收管理

1. 黄金交易所的征税规定

（1）黄金生产和经营单位销售黄金（不包括以下品种：成色为 Au9999、Au9995、Au999、Au995；规格为 50 克、100 克、1 千克、3 千克、12.5 千克的黄金，以下简称标准黄金）和黄金矿砂（含伴生金），免征增值税；进口黄金（含标准黄金）和黄金矿砂免征进口环节增值税。

伴生金是指黄金矿砂以外的其他矿产品、冶炼中间产品和其他可以提炼黄金的原材料所伴生的黄金。

从 2011 年 2 月 1 日起，纳税人销售含有伴生金的货物并申请伴生金免征增值税的，应当出具伴生金含量的有效证明，分别核算伴生金和其他成分的销售额。

（2）黄金交易所会员单位通过黄金交易所销售标准黄金（持有黄金交易所开具的《黄金交易结算凭证》），未发生实物交割的，免征增值税；发生实物交割的，由税务机关按照实际成交价格代开增值税专用发票，并实行增值税即征即退的政策，同时免征城市维护建设税、教育费附加。增值税专用发票中的单价、金额和税额的计算公式分别为：

$$单价=实际成交价格÷（1+增值税税率）$$
$$金额=数量×单价$$
$$税额=金额×税率$$

实际成交价格是指不含黄金交易所收取的手续费的单位价格。

纳税人不通过黄金交易所销售的标准黄金不享受增值税即征即退和免征城市维护建设税、教育费附加政策。

（3）增值税一般纳税人的认定。

① 黄金交易所应向所在地的主管税务机关申请办理一般纳税人的认定手续，并申请印制《黄金交易结算发票》；

② 会员单位和客户符合增值税一般纳税人认定资格的，可向其所在地的主管税务机关申请办理增值税一般纳税人的认定手续；

③ 会员和客户在黄金交易所所在地设有分支机构，并由分支机构进行黄金交易的，对符合增值税一般纳税人资格的分支机构可向黄金交易所的主管税务机关申请办理一般纳税人的认定手续。

2. 上海期货交易所黄金期货交易增值税规定

（1）上海期货交易所会员和客户，通过上海期货交易所进行黄金期货交易并发生实物交割的，按照以下规定办理：

卖方会员或客户按交割结算价向上海期货交易所开具普通发票，对其免征增值税。上海期货交易所按交割结算价向卖方提供《黄金结算专用发票》结算联，发票联、存根联由交易所留存。

买方会员或客户未提取黄金出库的，由上海期货交易所按交割结算价开具《黄金结算专用发票》并提供发票联，存根联、结算联由上海期货交易所留存。

买方会员或客户提取黄金出库的，应向上海期货交易所主管税务机关出具期货交易交割结算单、标准仓单出库确认单、溢短结算单，由税务机关按实际交割价和提货数量，代上海期货交易所向具有增值税一般纳税人资格的买方会员或客户（提货方）开具增值税专用发票（抵扣联），增值税专用发票的发票联和记账联由上海期货交易所留存，抵扣联传递给提货方会员或客户。

买方会员或客户（提货方）不属于增值税一般纳税人的，不得向其开具增值税专用发票。

上海期货交易所应对黄金期货交割并提货环节的增值税税款实行单独核算，并享受增值税即征即退政策，同时免征城市维护建设税、教育费附加。

（2）会员和客户增值税进项税额的核算。上海期货交易所会员或客户（中国人民银行除外）应对在上海期货交易所或黄金交易所办理黄金实物交割提取出库时取得的进项税额实行单独核算，按取得的税务机关代开的增值税专用发票上注明的增值税额（包括相对应的买入量）单独记账。

对会员或客户从上海期货交易所或黄金交易所购入黄金（提货出库后）再通过上海期货交易所卖出的，应计算通过上海期货交易所卖出黄金进项税额的转出额，并从当期进项税额中转出，同时计入成本；对当期账面进项税额小于通过下列公式计算出的应转出的进项税额，其差额部分应当立即补征入库。

$$应转出的进项税额=单位进项税额×当期黄金卖出量$$
$$单位进项税额=购入黄金的累计进项税额÷累计黄金购入额$$

对上海期货交易所会员或客户（中国人民银行除外）通过上海期货交易所销售企业原有库存黄金，应按实际成交价格计算相应进项税额的转出额，并从当期进项税额中转出，计入成本。

$$应转出的进项税额=销售库存黄金实际成交价格÷（1+增值税税率）×增值税税率$$

买方会员或客户（提货方）取得增值税专用发票抵扣联后，应按发票上注明的税额从黄金材料成本科目中转入"应交税费——进项税额"科目，核算进项税额。

（3）增值税专用发票的单价和金额、税额的确定。上海期货交易所买方会员或客户（提货方）提货出库时，主管税务机关代开增值税专用发票上注明的单价，应由实际交割货款和提货数量确定，但不包括手续费、仓储费等其他费用。其中，实际交割货款由交割货款和溢短结算货款组成，交割货款按后进先出法原则确定。具体计算公式如下：

$$税额=金额×增值税税率$$
$$金额=数量×单价$$
$$单价=实际交割价÷（1+增值税税率）$$
$$实际交割价=实际交割货款÷提货数量$$
$$实际交割货款=交割货款+溢短结算货款$$
$$交割货款=标准仓单张数×每张仓单标准数量×交割结算价$$
$$溢短结算货款=溢短×溢短结算日前-交易日上海期货交易所挂牌交易的$$
$$最近月份黄金期货合约的结算价$$

其中，单价小数点后至少保留6位。

（4）会员和客户应将上海期货交易所开具的《黄金结算专用发票》（发票联）作为会计记账凭证进行财务核算；买方会员和客户（提货方）取得税务部门代开的增值税专用发票（抵扣

联），仅作为核算进项税额的凭证。

卖方会员或客户应凭上海期货交易所开具的《黄金结算专用发票》（结算联），向卖方会员或客户主管税务机关办理免税手续。

上海期货交易所会员应分别核算自营黄金期货交易、代理客户黄金期货交易与黄金实物交割业务的销售额以及增值税销项税额、进项税额、应纳税额。

规定的"提取黄金出库"是指期货交易所会员或客户从指定的金库中提取在期货交易所已交割的黄金的行为。

上海期货交易所的会员和客户通过上海期货交易所交易的期货保税交割标的物，仍按保税货物暂免征收增值税。

期货保税交割是指以海关特殊监管区域或场所内处于保税监管状态的货物为期货实物交割标的物的期货实物交割。期货保税交割的销售方，在向主管税务机关申报纳税时，应出具当期期货保税交割的书面说明及上海期货交易所交割单、保税仓单等资料。

3. 金融机构开展个人实物黄金交易业务增值税的处理

金融机构向个人销售实物黄金的行为，应当照章征收增值税。根据《国家税务总局关于金融机构开展个人实物黄金交易业务增值税有关问题的通知》（国税发〔2005〕178号）及《国家税务总局关于金融机构销售贵金属增值税有关问题的公告》（国家税务总局公告2013年第13号）的有关规定，金融机构开展个人实物黄金交易的增值税的处理规定如下。

（1）对于金融机构从事的实物黄金交易业务，实行金融机构各省级分行和直属一级分行所属地市级分行、支行按照规定的预征率预缴增值税，由省级分行和直属一级分行统一清算缴纳的办法。

① 发生实物黄金交易行为的分理处、储蓄所等应按月计算实物黄金的销售数量、金额，上报其上级支行。

② 各支行、分理处、储蓄所应依法向机构所在地主管国家税务局申请办理税务登记。各支行应按月汇总所属分理处、储蓄所上报的实物黄金销售额和本支行的实物黄金销售额，按照规定的预征率计算增值税预征税额，向主管税务机关申报缴纳增值税。

$$预征税额=销售额×预征率$$

③ 各省级分行和直属一级分行应向机构所在地主管国家税务局申请办理税务登记，申请认定增值税一般纳税人资格。按月汇总所属地市分行或支行上报的实物黄金销售额和进项税额，按照一般纳税人方法计算增值税应纳税额，根据已预征税额计算应补税额，向主管税务机关申报缴纳。

$$应纳税额=销项税额-进项税额$$
$$应补税额=应纳税额-预征税额$$

当期进项税额大于销项税额的，其留抵税额结转下期抵扣，预征税额大于应纳税额的，在下期增值税应纳税额中抵减。

④ 从事实物黄金交易业务的各级金融机构取得的进项税额，应当按照现行规定划分不可抵扣的进项税额，做进项税额转出处理。

⑤ 预征率由各省级分行和直属一级分行所在地省级国家税务局确定。

（2）金融机构所属分行、支行、分理处、储蓄所等销售实物黄金时，应当向购买方开具国家税务总局统一监制的普通发票，不得开具银行自制的金融专业发票。普通发票领购事宜由各分行、支行办理。

(3) 自 2013 年 4 月 1 日起实行以下规定:

① 金融机构从事经其行业主管部门(中国人民银行或中国银行业监督管理委员会)允许的金、银、铂等贵金属交易业务,可比照国税发〔2005〕178 号文件的规定,实行金融机构各省级分行和直属一级分行所在地市级分行、支行按照规定的预征率预缴增值税,省级分行和直属一级分行统一清算缴纳的办法。

经其行业主管部门允许,是指金融机构能够提供行业主管部门批准其从事贵金属交易业务的批复文件,或向行业主管部门报备的备案文件,或行业主管部门未限制其经营贵金属业务的有关证明文件。

② 已认定为增值税一般纳税人的金融机构,开展经其行业主管部门允许的贵金属交易业务时,可根据《增值税专用发票使用规定》(国税发〔2006〕156 号)及相关规定领购、使用增值税专用发票。

(二)铂金交易业务增值税的处理

为规范铂金交易,加强铂金交易的税收管理,根据财税〔2003〕86 号文件的有关规定,自 2003 年 5 月 1 日起,铂金交易的增值税处理规定如下:

(1)对进口铂金免征进口环节增值税。

(2)对中博世金科贸有限责任公司通过上海黄金交易所销售的进口铂金,以上海黄金交易所开具的《上海黄金交易所发票》(结算联)为依据,实行增值税即征即退政策,采取按照进口铂金价格计算退税的办法。具体如下:

即征即退的税额计算公式:

$$进口铂金平均单价 = \left[\left(当月进口铂金报关单价 \times 当月进口铂金数量\right) + 上月末库存进口铂金总价值\right] \div \left(当月进口铂金数量 + 上月末库存进口铂金总数量\right)$$

$$金额 = 销售数量 \times 进口铂金平均单价 \div (1+17\%)$$

$$即征即退税额 = 金额 \times 17\%$$

中博世金科贸有限责任公司进口的铂金没有通过上海黄金交易所销售的,不得享受增值税即征即退政策。

(3)中博世金科贸有限责任公司通过上海黄金交易所销售的进口铂金,由上海黄金交易所主管税务机关按照实际成交价格代开增值税专用发票。增值税专用发票中的单价、金额和税额的计算公式为:

$$单价 = 实际成交单价 \div (1+17\%)$$

$$金额 = 成交数量 \times 单价$$

$$税额 = 金额 \times 17\%$$

实际成交单价是指不含黄金交易所收取的手续费的单位价格。

(4)国内铂金生产企业自产自销的铂金也实行增值税即征即退政策。

(5)对铂金制品加工企业和流通企业销售的铂金及其制品仍按现行规定征收增值税。

(三)货物期货增值税征收管理

货物期货(包括商品期货和贵金属期货),在期货的实物交割环节纳税。

交割时由期货交易所开具发票的,以期货交易所为纳税人。期货交易所纳增值税按次计算,其进项税额为该货物交割时供货会员单位开具的增值税专用发票上注明的销项税额,期货交易所发生的各种进项不得抵扣。

交割时由供货的会员单位直接将发票开给购货会员单位的,以供货会员单位为纳税人。

1. 货物期货交易增值税纳税人

(1)交割时采取由期货交易所开具发票的,以期货交易所为纳税人。

(2)交割时采取由供货的会员单位直接将发票开给购货会员单位的,以供货会员单位为纳税人。

2. 纳税环节

货物期货交易增值税的纳税环节为期货的实物交割环节。

3. 计税依据

货物期货交易增值税的计税依据为交割时的不含税价格(不含增值税的实际成交额)。

$$不含税价格=含税价格÷(1+增值税税率)$$

4. 特殊处理

对于期货交易中仓单注册人注册货物时发生升水的,该仓单注销(提取货物退出期货流通)时,注册人应当就升水部分款项向注销人开具增值税专用发票,同时计提销项税额,注销人凭取得的专用发票计算抵扣进项税额。

发生贴水的,该仓单注销时,注册人应当就贴水部分款项向注销人开具负数增值税专用发票,同时冲减销项税额,注销人凭取得的专用发票调减进项税额,不得由仓单注销人向仓单注册人开具增值税专用发票。

"升水"是指按照规定的期货交易规则,所注册货物的等级、重量、类别、仓库位置等相比基准品、基准仓库为优的,交易所通过升贴水账户支付给货物注册方的一定差价金额。发生升水时,经多次交易后,标准仓单持有人提取货物注销仓单时,交易所需通过升贴水账户向注销人收取与升水额相等的金额。

"贴水"是指按照规定的期货交易规则,所注册货物的等级、重量、类别、仓库位置等相比基准品、基准仓库为劣的,交易所通过升贴水账户向货物注册方收取的一定差价金额。发生贴水时,经多次交易后,标准仓单持有人提取货物注销仓单时,交易所需通过升贴水账户向注销人支付与贴水额相等的金额。

5. 征收办法

以期货交易所为纳税人时,货物期货增值税按次计算,其进项税额为该货物交割时供货会员单位开具的增值税专用发票上注明的销项税额,期货交易所本身发生的各种进项税不得抵扣。

(四)钻石交易增值税征收管理

1. 钻石交易的征免规定

(1)会员单位通过钻石交易所进口销往国内市场的毛坯钻石,免征国内环节增值税,并可通过防伪税控系统开具普通发票。

(2)会员单位通过钻石交易所进口销往国内市场的成品钻石,凭海关免税凭证和核准单,可开具增值税专用发票。

(3)钻石出口不得开具增值税专用发票。

(4)国内开采或加工的钻石,通过钻石交易所销售的,在国内销售环节免征增值税,可凭核准单开具普通发票;不通过钻石交易所销售的,在国内销售环节照章征收增值税,并可按规定开具专用发票。

（5）从钻石交易所会员单位购进成品钻石的增值税一般纳税人，在向会员单位索取增值税专用发票抵扣联的同时，必须向其索取核准单，以备税务机关核查。

2. 钻石交易一般纳税人认定

上海钻石交易所是经国务院批准设立，办理钻石进出口手续和钻石交易实行保税政策的交易场所。钻石包括毛坯钻石和成品钻石。按照有关章程或规则规定注册登记的专门经营钻石的所有会员单位应当在规定的时间内，向上海钻石交易所所在地的税务机关申请办理税务登记和申请办理增值税一般纳税人资格认定。税务机关对经审核符合条件的，认定为一般纳税人，不纳入辅导期管理。

第二节 营改增试点纳税人

一、不动产

（一）营改增试点纳税人销售不动产综述

1. 销售不动产缴纳增值税综述

（1）征管方式。除其他个人外的纳税人销售不动产，先向不动产所在地主管地税机关预缴税款，再向机构所在地主管国税机关申报纳税；其他个人销售不动产，直接向不动产所在地主管地税机关申报纳税。

这样规定出于两方面的考虑：

① 按照目前的不动产管理模式，在登记环节需要"先税后证"，且地税部门多年来具有成熟的管理模式，在改革时间紧的情况下，由地税代征，既不改变纳税人的申报习惯，又能够提高改革效率。

② 对涉及自然人的税款征收，地税部门经验丰富，且地税部门负责征管的个人所得税等其他税种，均需以此为抓手，为避免这类地方税税源流失，对不动产交易的增值税，明确由地税局代征。

（2）销售额的确定。

① 对于取得的非自建的不动产。适用简易计税方法的，以取得的全部价款和价外费用减去该项不动产购置原价或者作价后的余额为销售额；适用一般计税方法下的，以取得的全部价款和价外费用为销售额。

② 对于自建的不动产。均为取得的全部价款和价外费用为销售额。

（3）预缴税款的计算。

① 对于取得的非自建的不动产。均以取得的全部价款和价外费用减去该不动产购置原价或者取得不动产时的作价后的余额为预缴税款的计算依据，在不动产所在地预缴税款。

② 对于自建的不动产。均以取得的全部价款和价外费用为预缴税款的计算依据，在不动产所在地预缴税款。

具体参见《国家税务总局关于公布〈纳税人转让不动产增值税征收管理暂行办法〉的公告》（国家税务总局公告 2016 年第 14 号）和《国家税务总局关于公布〈房地产开发企业销售自行开发的房地产项目增值税征收管理暂行办法〉的公告》（国家税务总局公告 2016 年第 18 号）的规定。

销售取得的不动产，在不动产所在地先预征税款

考虑到销售不动产的营业税纳税地点为不动产所在地，改为征收增值税后，纳税地点以机构所在地为主要确定原则（其他个人销售不动产除外），如果不在征管上设置不动产所在地预征的办法，可能导致不动产所在地税源流失的问题，因此，对于纳税人销售取得的不动产，在征管上采取在不动产所在地先预征税款的过渡安排。

2．一般纳税人销售不动产（不含自建）采取一般计税方法计税的相关规定
（1）以扣除不动产购置原价或者取得不动产时的作价后的余额计算预缴税款。
（2）预征率为5%。
（3）按照一般计税方法的基本规定计算应纳税额，其计税销售额为全部价款和价外费用。

3．一般纳税人销售自建不动产适用一般计税方法计税的相关规定
（1）以全部价款和价外费用计算预缴税款。
（2）预征率为5%。
（3）按照一般计税方法的基本规定计算应纳税额，其计税销售额为全部价款和价外费用。

4．一般纳税人销售老不动产，可以选择适用简易计税方法
为保证房地产业营改增改革平稳过渡，对一般纳税人销售老不动产，可以选择适用简易计税方法计税的过渡政策，涉及条款为《营业税改征增值税试点有关事项的规定》中（八）的第1、2、7点。

5．房地产开发企业销售自行开发的房地产项目相关政策规定
（1）房地产开发企业如果是一般纳税人，销售老项目，因为涉及部分成本的支出是在营业税下完成的而无法取得进项，因此给予了简易计税的选择权。同时明确，征收率和原营业税税率一致，为5%。
（2）房地产开发企业如果是小规模纳税人，销售自行开发的房地产项目，不区分新老项目，统一按照5%的征收率计算缴纳增值税。
（3）关于预收款的规定。原营业税制下，房地产开发企业收到预收款时即确认为纳税义务发生。按照增值税的一般规定，房地产开发企业收到的预收性质的款项，不需要确认纳税义务发生，但是考虑到房地产开发项目，收入和支出期间可能会有不匹配的情况，为平衡税款入库时间，房地产开发企业在收到预收款时，需要按照3%的预征率先预缴增值税。按照增值税纳税义务发生时间确认纳税义务发生时，已预缴的税款可以抵减应纳税额。

房地产开发企业销售房地产项目在收到预收款时先预缴税款

对于房地产开发项目，考虑到房地产企业的进销项取得的时间一般间隔较长，为保证纳税人税款均衡入库，避免房地产企业在整个房地产开发项目开发销售期间，前期取得售房款较多、支付工程款较少而导致前期缴税多，后期取得售房款较少、支付工程款较多而导致后期进项留抵的情况发生，政策规定，对房地产开发企业销售房地产项目采取预收款方式的，在收到预收款时先预缴税款。

6．房地产开发企业销售房地产老项目以及一般纳税人出租老不动产适用一般计税方法计税的相关规定

（1）以全部价款和价外费用计算预缴税款。

（2）预征率为3%。

（3）按照一般计税方法的基本规定计算应纳税额，其计税销售额为全部价款和价外费用。

7．个体工商户销售购买的住房

（1）个体工商户销售购买的住房，按照《营业税改征增值税试点过渡政策的规定》第五条规定执行相关政策。其规定为：

个人将购买不足2年的住房对外销售的，按照5%的征收率全额缴纳增值税；个人将购买2年以上（含2年）的住房对外销售的，免征增值税。上述政策适用于北京市、上海市、广州市和深圳市之外的地区。

个人将购买不足2年的住房对外销售的，按照5%的征收率全额缴纳增值税；个人将购买2年以上（含2年）的非普通住房对外销售的，以销售收入减去购买住房价款后的差额按照5%的征收率缴纳增值税；个人将购买2年以上（含2年）的普通住房对外销售的，免征增值税。上述政策仅适用于北京市、上海市、广州市和深圳市。此项规定是延续了《财政部国家税务总局关于调整房地产交易环节契税、营业税优惠政策的通知》（财税〔2016〕23号）的相关规定。

（2）按照统一的征管原则，个体工商户销售购买的住房也需要在不动产所在地预缴税款，向机构所在地主管国税机关纳税申报。

8．自然人销售其取得（不含自建）的不动产（不含其购买的住房）

（1）其他个人销售自建自用住房和销售购买的住房，在《营业税改征增值税试点过渡政策的规定》里已经作出了相应的规定，因此这里将此两种情形排除掉。除了这两种情形以外的，采用差额征税的办法按5%征收率计税。

（2）明确其他个人销售不动产，与单位和个体工商户销售不动产的原则不同，纳税地点为不动产所在地，不需要在不动产所在地预缴税款，向机构所在地纳税申报。

个人转让住房，在2016年4月30日前已签订转让合同，2016年5月1日以后办理产权变更事项的，应缴纳增值税，不缴纳营业税。

办理产权过户手续使用的增值税发票联次：纳税人销售其取得的不动产，自行开具或者税务机关代开增值税发票时，使用六联增值税专用发票或者五联增值税普通发票。纳税人办理产权过户手续需要使用发票的，可以使用增值税专用发票第六联或者增值税普通发票第三联。

法律依据

销售不动产

[《关于全面推开营业税改征增值税试点的通知》
（财税〔2016〕36号）附件2：营业税改征增值税试点有关事项的规定]

1．一般纳税人销售其2016年4月30日前取得（不含自建）的不动产，可以选择适用简易计税方法，以取得的全部价款和价外费用减去该项不动产购置原价或者取得不动产时的作价后的余额为销售额，按照5%的征收率计算应纳税额。纳税人应按照上述计税方法在不动产所在地预缴税款后，向机构所在地主管税务机关进行纳税申报。

2. 一般纳税人销售其2016年4月30日前自建的不动产，可以选择适用简易计税方法，以取得的全部价款和价外费用为销售额，按照5%的征收率计算应纳税额。纳税人应按照上述计税方法在不动产所在地预缴税款后，向机构所在地主管税务机关进行纳税申报。

3. 一般纳税人销售其2016年5月1日后取得（不含自建）的不动产，应适用一般计税方法，以取得的全部价款和价外费用为销售额计算应纳税额。纳税人应以取得的全部价款和价外费用减去该项不动产购置原价或者取得不动产时的作价后的余额，按照5%的预征率在不动产所在地预缴税款后，向机构所在地主管税务机关进行纳税申报。

4. 一般纳税人销售其2016年5月1日后自建的不动产，应适用一般计税方法，以取得的全部价款和价外费用为销售额计算应纳税额。纳税人应以取得的全部价款和价外费用，按照5%的预征率在不动产所在地预缴税款后，向机构所在地主管税务机关进行纳税申报。

5. 小规模纳税人销售其取得（不含自建）的不动产（不含个体工商户销售购买的住房和其他个人销售不动产），应以取得的全部价款和价外费用减去该项不动产购置原价或者取得不动产时的作价后的余额为销售额，按照5%的征收率计算应纳税额。纳税人应按照上述计税方法在不动产所在地预缴税款后，向机构所在地主管税务机关进行纳税申报。

6. 小规模纳税人销售其自建的不动产，应以取得的全部价款和价外费用为销售额，按照5%的征收率计算应纳税额。纳税人应按照上述计税方法在不动产所在地预缴税款后，向机构所在地主管税务机关进行纳税申报。

7. 房地产开发企业中的一般纳税人，销售自行开发的房地产老项目，可以选择适用简易计税方法按照5%的征收率计税。

8. 房地产开发企业中的小规模纳税人，销售自行开发的房地产项目，按照5%的征收率计税。

9. 房地产开发企业采取预收款方式销售所开发的房地产项目，在收到预收款时按照3%的预征率预缴增值税。

10. 个体工商户销售购买的住房，应按照附件3《营业税改征增值税试点过渡政策的规定》第五条的规定征免增值税。纳税人应按照上述计税方法在不动产所在地预缴税款后，向机构所在地主管税务机关进行纳税申报。

11. 其他个人销售其取得（不含自建）的不动产（不含其购买的住房），应以取得的全部价款和价外费用减去该项不动产购置原价或者取得不动产时的作价后的余额为销售额，按照5%的征收率计算应纳税额。

（二）转让不动产（不适用房地产开发企业销售自行开发的房地产项目）

根据《纳税人转让不动产增值税征收管理暂行办法》（国家税务总局公告2016年第14号），纳税人转让其取得的不动产的税收征管按以下规定执行。

1. 适用的范围

本办法适用于纳税人转让自己以直接购买、接受捐赠、接受投资入股、自建以及抵债等各种形式取得的不动产，不包括房地产开发企业销售自行开发的房地产项目。

（1）纳税人转让取得的不动产，适用该《纳税人转让不动产增值税征收管理暂行办法》（国家税务总局公告2016年第14号）；房地产开发企业销售自行开发的房地产项目，不适用本《纳税人转让不动产增值税征收管理暂行办法》（国家税务总局公告2016年第14号）。

（2）取得的不动产包括直接购买、接受捐赠、接受投资入股、自建以及抵债等各种形式取得的不动产。纳税人销售自己拥有所有权的不动产时，适用该《纳税人转让不动产增值税征收管理暂行办法》（国家税务总局公告 2016 年第 14 号）。

（3）房地产开发企业销售自行开发的房地产项目，不适用本《纳税人转让不动产增值税征收管理暂行办法》（国家税务总局公告 2016 年第 14 号），而是适用《房地产开发企业销售自行开发的房地产项目增值税征收管理暂行办法》。例如，如果一个房地产开发企业，开发一批商铺，销售出 90%，剩余有 10 套商铺尚未售出。房地产开发企业办理权属登记，将该 10 套商铺登记在自己企业名下，以自己名义对外出租。3 年后，该商区房产价格上涨，有买家提出要购买商铺。房地产开发企业决定将该 10 套商铺再出售，此时，该 10 套商铺已经登记在房地产开发企业名下，再次销售时，不是尚未办理权属登记的、房地产开发项目的房产，因此，房地产企业应适用该《纳税人转让不动产增值税征收管理暂行办法》（国家税务总局公告 2016 年第 14 号），而不是按《房地产开发企业销售自行开发的房地产项目增值税征收管理暂行办法》办理相关税务事项。

2．预缴税款、应纳税款、纳税地点

（1）一般纳税人转让其取得的不动产。

① 一般纳税人转让其 2016 年 4 月 30 日前取得（不含自建）的不动产，可以选择适用简易计税方法计税，以取得的全部价款和价外费用扣除不动产购置原价或者取得不动产时的作价后的余额为销售额，按照 5% 的征收率计算应纳税额。纳税人应按照上述计税方法向不动产所在地主管地税机关预缴税款，向机构所在地主管国税机关申报纳税。

② 一般纳税人转让其 2016 年 4 月 30 日前自建的不动产，可以选择适用简易计税方法计税，以取得的全部价款和价外费用为销售额，按照 5% 的征收率计算应纳税额。纳税人应按照上述计税方法向不动产所在地主管地税机关预缴税款，向机构所在地主管国税机关申报纳税。

③ 一般纳税人转让其 2016 年 4 月 30 日前取得（不含自建）的不动产，选择适用一般计税方法计税的，以取得的全部价款和价外费用为销售额计算应纳税额。纳税人应以取得的全部价款和价外费用扣除不动产购置原价或者取得不动产时的作价后的余额，按照 5% 的预征率向不动产所在地主管地税机关预缴税款，向机构所在地主管国税机关申报纳税。

④ 一般纳税人转让其 2016 年 4 月 30 日前自建的不动产，选择适用一般计税方法计税的，以取得的全部价款和价外费用为销售额计算应纳税额。纳税人应以取得的全部价款和价外费用，按照 5% 的预征率向不动产所在地主管地税机关预缴税款，向机构所在地主管国税机关申报纳税。

⑤ 一般纳税人转让其 2016 年 5 月 1 日后取得（不含自建）的不动产，适用一般计税方法，以取得的全部价款和价外费用为销售额计算应纳税额。纳税人应以取得的全部价款和价外费用扣除不动产购置原价或者取得不动产时的作价后的余额，按照 5% 的预征率向不动产所在地主管地税机关预缴税款，向机构所在地主管国税机关申报纳税。

⑥ 一般纳税人转让其 2016 年 5 月 1 日后自建的不动产，适用一般计税方法，以取得的全部价款和价外费用为销售额计算应纳税额。纳税人应以取得的全部价款和价外费用，按照 5% 的预征率向不动产所在地主管地税机关预缴税款，向机构所在地主管国税机关申报纳税。

（2）小规模纳税人转让其取得的不动产。

① 小规模纳税人转让其取得（不含自建）的不动产，以取得的全部价款和价外费用扣除不动产购置原价或者取得不动产时的作价后的余额为销售额，按照 5% 的征收率计算应纳税额。

② 小规模纳税人转让其自建的不动产

小规模纳税人转让其自建的不动产以取得的全部价款和价外费用为销售额，按照 5% 的征收率计算应纳税额。

除其他个人之外的小规模纳税人，应按照上述计税方法向不动产所在地主管地税机关预缴税款，向机构所在地主管国税机关申报纳税；其他个人按照上述计税方法向不动产所在地主管地税机关申报纳税。

（3）个人转让其购买的住房。

① 个人转让其购买的住房，按照有关规定全额缴纳增值税的，以取得的全部价款和价外费用为销售额，按照5%的征收率计算应纳税额。

② 个人转让其购买的住房，按照有关规定差额缴纳增值税的，以取得的全部价款和价外费用扣除购买住房价款后的余额为销售额，按照5%的征收率计算应纳税额。

个体工商户应按照上述计税方法向住房所在地主管地税机关预缴税款，向机构所在地主管国税机关申报纳税；其他个人应按照上述计税方法向住房所在地主管地税机关申报纳税。

（4）其他个人以外的纳税人转让其取得的不动产

① 以转让不动产取得的全部价款和价外费用作为预缴税款计算依据的，计算公式为：

$$应预缴税款=全部价款和价外费用\div（1+5\%）\times 5\%$$

② 以转让不动产取得的全部价款和价外费用扣除不动产购置原价或者取得不动产时的作价后的余额作为预缴税款计算依据的，计算公式为：

应预缴税款=（全部价款和价外费用–不动产购置原价或者取得不动产时的作价）÷（1+5%）×5%

其他个人转让其取得的不动产，按照以上计算方法计算应纳税额并向不动产所在地主管地税机关申报纳税。

纳税地点

纳税人转让不动产，除自然人以外，应在不动产所在地预缴，机构所在地申报纳税。自然人转让不动产，只需在不动产所在地缴纳税款即可。

3．个人转让住房

个人转让其购买的住房，按照以下规定缴纳增值税：

（1）个人转让其购买的住房，按照有关规定全额缴纳增值税的，以取得的全部价款和价外费用为销售额，按照5%的征收率计算应纳税额。

（2）个人转让其购买的住房，按照有关规定差额缴纳增值税的，以取得的全部价款和价外费用扣除购买住房价款后的余额为销售额，按照5%的征收率计算应纳税额。

个人包括个体工商户和其他个人。个体工商户应按照规定的计税方法向住房所在地主管地税机关预缴税款，向机构所在地主管国税机关申报纳税；其他个人，即自然人，应按照规定的计税方法向住房所在地主管地税机关申报纳税。

4．预缴税款的计算方法

其他个人，即自然人，不需要预缴，直接在不动产所在地主管地税机关缴纳。

其他个人以外的纳税人（单位和个体工商户）转让其取得的不动产，区分以下情形计算应向不动产所在地主管地税机关预缴的税款：

（1）以转让不动产取得的全部价款和价外费用作为预缴税款计算依据的，计算公式为：

应预缴税款=全部价款和价外费用÷（1+5%）×5%

（2）以转让不动产取得的全部价款和价外费用扣除不动产购置原价或者取得不动产时的作价后的余额作为预缴税款计算依据的，计算公式为：

应预缴税款=（全部价款和价外费用–不动产购置原价或者取得不动产时的作价）÷（1+5%）×5%

注意：需要预缴税款的纳税人，在地税机关预缴时，均按照5%征收率进行换算，不区分纳税人是否为一般纳税人，也不区分纳税人是适用一般计税方法还是简易计税方法。

5. 自然人转让不动产

自然人销售不动产不需要预缴税款。自然人全部属于小规模纳税人，小规模纳税人转让不动产的征收率为5%。因此，自然人转让不动产，直接以差额或者全额依照5%征收率计算应纳税额，在不动产所在地主管地税机关缴纳税款即可。

【例6-1】 刘某户口所在地为北京，在深圳工作，长期在深圳居住。并且在山东青岛买了一套房子，价值160万元。2016年，刘某将青岛的房产以200万元卖出。假设刘某销售该房子可以享受差额征税政策，则应如何计算应纳税额？刘某应向何地的国税机关或地税机关缴纳税款？是否需要回户口所在地或者长期居住地申报纳税？

刘某销售该房子可以享受差额征税政策，则应纳税额=（200–160）÷（1+5%）×5%=1.90（万元）。刘某应在不动产所在地山东青岛就该笔税款向不动产所在地地税部门申报纳税，不需要再回居住地申报缴纳，也就是说，刘某销售山东青岛的房产，向青岛地税部门申报纳税后，无须向其户口所在地（北京）或者长期居住地（深圳）税务部门申报。

6. 扣除不动产购置原价或者取得不动产时的作价的凭证要求

纳税人按规定从取得的全部价款和价外费用中扣除不动产购置原价或者取得不动产时的作价的，应当取得符合法律、行政法规和国家税务总局规定的合法有效凭证。否则，不得扣除。

上述凭证是指：税务部门监制的发票；法院判决书、裁定书、调解书，以及仲裁裁决书、公证债权文书；国家税务总局规定的其他凭证。

（1）纳税人适用差额计税政策时，应当取得符合法律、行政法规和国家税务总局规定的合法有效凭证，如果纳税人未能取得合法有效凭证的，则不得享受差额计税政策，应就转让不动产取得的全部价款和价外费用，计算缴纳增值税。

（2）纳税人预缴税款或者申报纳税时，按规定从取得的全部价款和价外费用中扣除不动产购置原价或者取得不动产时的作价的，应出具合法有效凭证。也就是说，纳税人在向不动产所在地主管地税机关预缴或者向主管税务机关缴纳税款时，必须提供其扣除不动产购置原价或者取得不动产时作价的合法有效凭证，纳税人如果不能提供，或者提供的凭证，不符合该条规定的合法有效凭证的范畴，则应该全额计算缴纳或者预缴税款。

（3）合法有效凭证包括：税务部门监制的发票；法院判决书、裁定书、调解书，以及仲裁裁决书、公证债权文书；以及国家税务总局规定的其他凭证。"国家税务总局规定的其他凭证"，这是对今后可能出现的情况的一个兜底条款。

7. 回机构所在地后如何抵减在不动产所在地已预缴税款

纳税人转让其取得的不动产，向不动产所在地主管地税机关预缴的增值税税款，可以在当期增值税应纳税额中抵减，抵减不完的，结转下期继续抵减。

纳税人以预缴税款抵减应纳税额，应以完税凭证作为合法有效凭证。

（1）此条中的纳税人，指除其他个人以外的纳税人，也就是单位和个体工商户。因为只有单位和个体工商户，才需要回机构所在地，就其全部经营业务向主管国税机关申报纳税。

（2）除其他个人以外的纳税人，当期销售不动产，在不动产所在地主管地税机关预缴税款后，回机构所在地向主管国税机关申报纳税时，可以在增值税应纳税额中，抵减在不动产所在地地税机关已经预缴的税款，若当期未能抵减完，则可以结转下期继续抵减。

（3）纳税人在不动产所在地地税机关预缴税款后，应取得并妥善保管完税凭证（注明有增值税），以完税凭证作为抵减应纳税额的合法有效凭证。

8．发票开具

（1）小规模纳税人转让其取得的不动产，不能自行开具增值税发票的，可向不动产所在地主管地税机关申请代开。

（2）纳税人向其他个人转让其取得的不动产，不得开具或申请代开增值税专用发票。

9．罚则

纳税人转让不动产，按照规定应向不动产所在地主管地税机关预缴税款而自应当预缴之月起超过6个月没有预缴税款的，由机构所在地主管国税机关按照《中华人民共和国税收征收管理法》及相关规定进行处理。

纳税人转让不动产，未按照规定缴纳税款的，由主管税务机关按照《中华人民共和国税收征收管理法》及相关规定进行处理。

小知识

纳税人销售不动产业务的账务处理

（1）销售非自建不动产。对于纳税人销售非自建的不动产，应以取得的全部价款和价外费用扣除不动产购置原价或者取得不动产时的作价后的余额，按照5%的预征率（或者征收率）向不动产所在地主管地税机关预缴（或者缴纳）税款。这也就是说，纳税人应按照差价和5%征收率计算预缴（或者缴纳）增值税款。

【例6-2】　某纳税人（非自然人）2016年7月30日转让其2013年购买的写字楼一层，取得转让收入2 000万元（含税，下同）。纳税人2013年购买时的价格为1 400万元，保留有合法有效凭证。如果该纳税人为增值税一般纳税人，应如何在不动产所在地地税机关计算预缴税额？如果该纳税人为小规模纳税人，应如何处理？

在地税机关预缴税款时，不需要区分纳税人性质，也不需要区分房产取得的时间是营改增前还是营改增后，只需要知道所销售的不动产，是属于自建的不动产，还是非自建。

在本案例中，纳税人转让的不动产为2013年外购的，因此属于非自建，应以取得的全部价款和价外费用扣除不动产购置原价或者取得不动产时的作价后的余额：

余额=2 000-1 400=600（万元）

此600万元为含税价，换算为不含税价后，按照5%的预征率（或者征收率）向不动产所在地主管地税机关预缴税款。

一般纳税人账务处理如下。

① 一般计税方法下，向不动产所在地主管地税机关预缴税款的账务处理：

借：应交税费——未交增值税　　　　　　285 714.29［6 000 000÷（1+5%）×5%］
　　贷：银行存款　　　　　　　　　　　　285 714.29

当期，企业向机关所在地主管国税机关纳税申报，计提销项税额时的账务处理：

借：银行存款　　　　　　　20 000 000

贷：固定资产清理　　　　　　　　　18 018 018.02（20 000 000–1 981 981.98）
　　应交税费——应交增值税（销项税额）
　　　　　　　　　　　　　　　　　　1 981 981.98［20 000 000÷（1+11%）×11%］
假设当期进项税额合计为140万元，其他销项税额合计为60万元，则：
应纳增值税=1 981 981.98+600 000–1 400 000–285 714.29=896 267.69（元）
企业本月末的账务处理：
借：应交税费——应交增值税（转出未交增值税）　　1 181 981.98
　　贷：应交税费——未交增值税　　　　　　　　　　1 181 981.98
下月15日前缴纳增值税款时的账务处理：
借：应交税费——未交增值税　　　　896 267.69（1 181 981.98–285 714.29）
　　贷：银行存款　　　　　　　　　　896 267.69
② 简易计税方法下，向不动产所在地主管地税机关预缴税款的账务处理：
借：应交税费——未交增值税　　　　285 714.29［6 000 000÷（1+5%）×5%］
　　贷：银行存款　　　　　　　　　　285 714.29
当期，企业向机关所在地主管国税机关纳税申报的账务处理：
借：银行存款　　　　　　　　　　　20 000 000
　　贷：固定资产清理　　　　　　　　19 714 285.71（20 000 000–285 714.29）
　　　　应交税费——未交增值税　　　285 714.29［6 000 000÷（1+5%）×5%］

可以看出，纳税人选择简易计税方法后，向不动产所在地主管地税机关预缴的税款，与回机构所在计算申报的应纳税额，应是一致的。

小规模纳税人的税款计算同上述一般纳税人选择的简易计税方法。只是账务处理上将"应交税费——未交增值税"科目改为"应交税费——应交增值税"科目即可。

【例6-3】 深圳市福田区某纳税人为增值税一般纳税人，2018年11月30日转让其2016年7月购买的写字楼一层，取得转让收入2 000万元。写字楼位于深圳市福田区。纳税人购买时价格为1 554万元，取得了增值税专用发票，注明税款为154万元。该纳税人2018年11月的其他销项税额为140万元，进项税额为60万元，留抵税额为66万元。纳税人对此转让不动产业务应如何在不动产所在地地税机关计算预缴税额？如何在机构所在地申报纳税？

因该房产属于外购的非自建不动产，按照规定，在深圳市福田区地税机关预缴税款时：
预缴税款=（2 000–1 554）÷（1+5%）×5%=21.24（万元）
预缴税款账务处理：
借：应交税费——未交增值税　　　　　　　　　　　212 381
　　贷：银行存款　　　　　　　　　　　　　　　　212 381
纳税人向深圳市福田区国税主管机关申报纳税时，将所有业务合并申报：
应纳税款=2 000÷（1+11%）×11%+280–120–132=212.20（万元）
其中，转让写字楼销售相关账务处理：
借：银行存款　　　　　　　　　　　　　　　　　　20 000 000
　　贷：固定资产清理　　　　　　　　　　　　　　18 018 018.02
　　　　应交税费——应交增值税（销项税额）　　　1 981 981.98
纳税人在2018年12月申报期内，将转让不动产及其他业务应共同申报纳税，应纳税额合计为212.20万元。

月末，企业账务处理为：

借：应交税费——应交增值税（转出未交增值税）　　　　2 122 000
　　贷：应交税费——未交增值税　　　　　　　　　　　　　　　2 122 000

纳税人可凭在深圳市福田区主管地税机关缴纳税款的完税凭证，抵减纳税人应纳税额的21.24万元，纳税人仍需缴纳增值税为：

仍需缴纳增值税：212.20–21.24=190.96（万元）

相关账务处理为：

借：应交税费——未交增值税　　　　　　　　　　　　1 909 600
　　贷：银行存款　　　　　　　　　　　　　　　　　　　　　　 1 909 600

【例6-4】 假设深圳市福田区某纳税人为增值税小规模纳税人，2018年11月30日转让其2016年7月购买的写字楼一层，取得转让收入2 000万元。写字楼位于深圳市福田区。纳税人购买时的价格为1554万元，取得了增值税普通发票。该纳税人2018年11月的其他业务的销售额为10万元。纳税人对此转让不动产业务应如何在不动产所在地地税机关计算预缴税额？如何在机构所在地申报纳税？

该房产属于外购的非自建不动产，按照规定，在深圳市福田区地税主管机关应预缴税款：

预缴税款=（2 000–1 554）÷（1+5%）×5%=21.24（万元）

账务处理为：

借：应交税费——应交增值税　　　　　　　　　　　　212 381
　　贷：银行存款　　　　　　　　　　　　　　　　　　　　　　212 381

纳税人为小规模纳税人，12月纳税申报期内，向深圳市福田区国税机关合并申报其应纳税款：

应纳税额=（2 000–1 554）÷（1+5%）×5%+10÷（1+3%）×3%=21.53（万元）

转让不动产账务处理：

借：银行存款　　　　　　　　　　　20 000 000
　　贷：固定资产清理　　　　　　　　19 787 619（20 000 000–212 381）
　　　　应交税费——应交增值税　　　212 381（2 000–1 554）÷（1+5%）×5%

其他业务账务处理：

借：银行存款　　　　　　　　　　　100 000
　　贷：主营业务收入　　　　　　　　97 000 ［10÷（1+3%）］
　　　　应交税费——应交增值税　　　3 000 ［10÷（1+3%）×3%］

纳税人在12月申报期内，将转让不动产及其他业务应共同申报纳税，应纳税额合计为21.53万元，同时，纳税人可凭在深圳市福田区地税机关缴纳税款的完税凭证，抵减纳税人应纳税额的21.24万元，纳税人仍需缴纳增值税0.15万元。

申报缴纳0.15万元税款时，账务处理为：

借：应交税费——应交增值税　　　　　　　　　　　　3 000
　　贷：银行存款　　　　　　　　　　　　　　　　　　　　　　3 000

（2）销售自建不动产。对于纳税人销售自建的不动产，应以取得的全部价款和价外费用，按照5%的预征率向不动产所在地主管地税机关预缴（或者缴纳）税款。这也就是说，纳税人按照全额和5%征收率计算缴纳增值税。

① 一般纳税人的一般计税方法。

【例6-5】 某纳税人（非自然人）为深圳市福田区纳税人，2016年7月30日转让其2013年自己建造的厂房一间，取得转让收入2 000万元，厂房也在深圳市福田区。纳税人2013年建造厂房的成本为1 400万元。如果该纳税人为增值税一般纳税人，纳税人对该笔业务选择一般计税方法，应如何在不动产所在地地税机关计算预缴税额？如何在机构所在地申报纳税？（假设纳税人其他业务7月的应纳增值税额为70万元。）

在深圳市福田区地税机关预缴税款时：

预缴税款=2 000÷（1+5%）×5%=95.24（万元）

账务处理：

借：应交税费——未交增值税　　　　　　　　　　　　　952 381
　　贷：银行存款　　　　　　　　　　　　　　　　　　952 381

按照假设，纳税人按照一般计税方法计税应纳税额，由于是2013年自建的房产，营改增后不能取得有效的增值税扣税凭证，不能抵扣进项税额，纳税人向深圳市福田区国税机关申报纳税时：

应纳税额=2 000÷（1+11%）×11%+140=338.20（万元）

账务处理：

借：应交税费——应交增值税（转出未交增值税）　　　3 381 981
　　贷：应交税费——未交增值税　　　　　　　　　　　3 381 981

纳税人在8月申报期内，将转让不动产及其他业务应共同申报纳税，应纳税额合计为338.20万元。纳税人可凭在深圳市福田区地税机关缴纳税款的完税凭证，抵减纳税人应纳税额的95.24万元，纳税人仍需缴纳242.96万元。

借：应交税费——未交增值税　　　　　　　　　　　　2 429 600
　　贷：银行存款　　　　　　　　　　　　　　　　　　2 429 600

② 一般纳税人的简易计税方法。

【例6-6】 承例6-5。如果该纳税人为增值税一般纳税人，纳税人对该笔业务选择简易计税方法，应如何在不动产所在地地税机关计算预缴税额，如何在机构所在地申报纳税？（假设纳税人其他业务7月的应纳增值税额为140万元。）

按照税法规定分析及计算，纳税人在深圳市福田区地税机关应预缴税款：

应预缴税款=2 000÷（1+5%）×5%=95.24（万元）

借：应交税费——未交增值税　　　　　　　　　　　　　952 381
　　贷：银行存款　　　　　　　　　　　　　　　　　　952 381

纳税人向深圳市福田区国税机关申报纳税时，也应按照全部价款和价外费用为销售额，按照5%的征收率计算应纳税额。纳税人在申报时，应同时加上其他业务的增值税应纳税额。

应纳税款=2 000÷（1+5%）×5%+140=235.24（万元）

转让不动产账务处理：

借：银行存款等　　　　　　　　　　20 000 000
　　贷：固定资产清理　　　　　　　　　　　　19 047 619
　　　　应交税费——未交增值税　　　　　　　　952 381　［2 000÷（1+5%）×5%］

其他业务增值税应纳税额账务处理：

借：应交税费——应交增值税（转出未交增值税）　　　1 400 000
　　贷：应交税费——未交增值税　　　　　　　　　　　1 400 000

纳税人在8月申报期内，转让不动产及其他业务共同申报纳税，计算的应纳税额合计为

235.24万元。纳税人可凭在深圳市福田区地税机关缴纳税款的完税凭证，抵减纳税人应纳税额的95.24万元，纳税人仍需缴纳增值税140万元。相关账务处理：

借：应交税费——未交增值税　　　　　　　　　1 400 000
　　贷：银行存款　　　　　　　　　　　　　　　　　　　1 400 000

（3）小规模纳税人销售自建不动产的处理。

【例6-7】 某纳税人（非自然人），2016年7月30日转让其2013年自己建造的厂房一间，取得转让收入2 000万元。纳税人2013年建造厂房的成本为1 400万元。如果该纳税人为增值税小规模纳税人，应如何在不动产所在地地税机关计算预缴税额？

在地税机关预缴税款时，不需要区分纳税人性质，也不需要区分房产取得的时间是改革前还是改革后，只需要知道所销售的不动产，是属于自建的不动产，还是非自建。在本案例中，纳税人转让的不动产为2013年自建的，因此应以取得的全部价款和价外费用，即2 000万元，为含税价，换算为不含税价后，按照5%的征收率向不动产所在地主管地税机关预缴税款。虽然本案例给出了1 400万元的建造成本价格，但是在自建房产的销售中，地税机关在预缴税款时，不允许扣除成本，这是需要注意的地方。预缴税款账务处理：

借：应交税费——应交增值税　　　952 381［2 000÷（1+5%）×5%］
　　贷：银行存款　　　　　　　　　　952 381

除其他个人之外的小规模纳税人，应按照规定的计税方法向不动产所在地主管地税机关预缴税款，向机构所在地主管国税机关申报纳税。

小规模纳税人采用简易计税方法后，向不动产所在地主管地税机关预缴的税款，与回机构所在计算申报的应纳税额，应是一致的。

（三）不动产进项税额分期抵扣（不适用房地产开发企业销售自行开发的房地产项目等）

1. 适用范围（分年抵扣不动产范围）

增值税一般纳税人（以下称纳税人）2016年5月1日后取得并在会计制度上按固定资产核算的不动产，以及2016年5月1日后发生的不动产在建工程，其进项税额应按照有关规定分2年从销项税额中抵扣，第一年抵扣比例为60%，第二年抵扣比例为40%。

取得的不动产，包括以直接购买、接受捐赠、接受投资入股以及抵债等各种形式取得的不动产。

纳税人新建、改建、扩建、修缮、装饰不动产，属于不动产在建工程。

房地产开发企业自行开发的房地产项目，融资租入的不动产，以及在施工现场修建的临时建筑物、构筑物，其进项税额不适用上述分2年抵扣的规定。

（1）需要分2年抵扣的不动产。

①增值税一般纳税人在试点实施后取得的不动产（包括以直接购买、接受捐赠、接受投资入股以及抵债等各种形式取得的不动产），并在会计制度上按固定资产核算的不动产。

②增值税一般纳税人在试点实施后发生的不动产在建工程（包括新建、改建、扩建、修缮、装饰不动产）。

【例6-8】 2016年6月8日，某增值税一般纳税人购进一栋大楼。该大楼用于公司办公，记入"固定资产"科目，并于次月开始计提折旧。6月23日，该纳税人取得该大楼的增值税专用发票并认证相符，专用发票注明的增值税额为2 000万元。纳税人2016年6月应抵扣进项税额如何处理？

根据《不动产进项税额分期抵扣暂行办法》（国家税务总局公告2016年第15号）的相关规定，2 000万元进项税额中的60%将在本期（2016年6月）抵扣，剩余的40%于取得扣税凭证的当月起第13个月（2017年6月）抵扣。

（1）纳税人2016年6月对该不动产应抵扣进项税额的处理。

1）增值税扣税凭证按一般性规定处理。购买该大楼时取得的增值税专用发票，应于2016年7月申报期申报6月所属期增值税时：

① 纳税人购入不动产取得的增值税专用发票，应填入《增值税纳税申报表（一般纳税人适用）》附列资料（二）"认证相符的税控增值税专用发票"、"其中：本期认证相符且本期申报抵扣"栏次中。

② 该份增值税专用发票还应作为当期不动产扣税凭证填入"本期用于购建不动产的扣税凭证"栏次（购建是指购进和自建）。

通过上述两步，一是能够保证"一窗式"比对相符；二是先将不动产进项税额全额扣减，通过后续步骤实现分期抵扣。

③ 将该份增值税专用发票记入《不动产和不动产在建工程抵扣台账》，并记录初次抵扣时间。

2）计算填报应于本期抵扣的进项税额。进项税额=2 000×60%=1 200（万元）。该1 200万元，应于2016年7月申报期申报6月所属期增值税税款时，从当期销项税额中抵扣。

① 将不动产进项税额全额2 000万元，填入《增值税纳税申报表（一般纳税人适用）》附列资料（五）"本期不动产进项税额增加额"栏次，并作为增加项记入"期末待抵扣不动产进项税额"栏次。

② 该1 200万元填入《增值税纳税申报表（一般纳税人适用）》附列资料（五）"本期可抵扣不动产进项税额"栏次，并作为减少项记入"期末待抵扣不动产进项税额"栏次。

③ 该1 200万元填入《增值税纳税申报表（一般纳税人适用）》附列资料（二）"本期不动产允许抵扣进项税额"栏次。

④ 本期《增值税纳税申报表（一般纳税人适用）》附列资料（二）"本期不动产允许抵扣进项税额"栏次，所填税额作为增加项填入"当期申报抵扣进项税额合计"栏次，并填入主表中"进项税额—本月数"栏次。

（2）纳税人2017年6月对该不动产待抵扣进项税额到期处理。

待抵扣进项税额处理：

该大楼待抵扣的进项税额=2 000×40%=800（万元）

2017年7月申报6月所属期增值税时，该800万元的进项税额到了允许抵扣的期限，可从当期销项税额中抵扣。

1）该800万元对应的增值税专用发票在《不动产和不动产在建工程抵扣台账》中记录完成抵扣信息。

2）该800万元应从当期"应交税费——待抵扣进项税额"科目转入"应交税费——应交增值税（进项税额）"科目。

3）该800万元应于2017年7月申报期申报6月所属期增值税时，填入《增值税纳税申报表（一般纳税人适用）》附列资料（五）"本期可抵扣不动产进项税额"栏次，并作为减少项填入"期末待抵扣不动产进项税额"栏次。

4）该800万元应于2017年7月申报期申报6月所属期增值税时，填入《增值税纳税申报表（一般纳税人适用）》附列资料（二）"本期不动产允许抵扣进项税额"栏次，所填税额作为增加项填入"当期申报抵扣进项税额合计"栏次，并填入主表"进项税额—本月数"栏次。

（2）不需要分2年抵扣的不动产（可一次性全额抵扣）。

① 房地产开发企业销售自行开发的房地产项目。工厂购买的厂房和房地产开发公司开发的楼盘，虽然同属于不动产，但在进项税额的抵扣上应区别对待。前者属于可以为企业长期创造价值、长期保持原有形态的实物资产；而后者在实质上则属于企业生产出来用于销售的产品，属性不同，对后者施行分年抵扣显然不合适，允许其一次性抵扣。

② 融资租入的不动产。以融资租入形式取得不动产，其支付的租金一般情况下均是分期支付的，因此，租金对应的进项税也是分期抵扣的，没有必要再对每期取得的租金进项分2年抵扣，因此，允许一次性全额抵扣。

③ 施工现场修建的临时建筑物、构筑物。为了保证施工正常进行，建筑企业大多需要在施工现场建设一些临时性的简易设施，如工棚、物料库、现场办公房等。临时设施虽然也属于不动产的范畴，但存续时间短，施工结束后即要拆除清理，其性质与生产过程中的中间投入物更为接近。因此，对于施工现场的临时设施，允许一次性抵扣。

试点后构成不动产实体的货物和服务的进项税额也适用分2年抵扣的政策

纳税人2016年5月1日后购进货物和设计服务、建筑服务，用于新建不动产，或者用于改建、扩建、修缮、装饰不动产并增加不动产原值超过50%的，其进项税额依照有关规定分2年从销项税额中抵扣。

不动产原值，是指取得不动产时的购置原价或作价。

上述分2年从销项税额中抵扣的购进货物，是指构成不动产实体的材料和设备，包括建筑装饰材料和给排水、采暖、卫生、通风、照明、通信、煤气、消防、中央空调、电梯、电气、智能化楼宇设备及配套设施。

"在建工程"这个会计科目，主要用来归集和核算企业建设、改造不动产的价值，需要通过这个科目核算的项目很多，包括人工、材料、机械费用等。本着有利于纳税人核算方便的原则，对分2年抵扣的不动产在建工程项目范围，主要限定在了构成不动产实体的货物，以及与不动产联系直接的设计服务、建筑服务。

（1）构成不动产实体的购进货物。除建筑装饰材料，还包括给排水、采暖、卫生、通风、照明、通信、煤气、消防、中央空调、电梯、电气、智能化楼宇设备及配套设施。之所以列举这些项目，也是为了与增值税转型改革时发布的《财政部国家税务总局关于固定资产进项税额抵扣问题的通知》（财税〔2009〕113号）口径保持一致。《财政部国家税务总局关于固定资产进项税额抵扣问题的通知》（财税〔2009〕113号）中明确，建筑物或构筑物上的给排水、采暖、卫生、通风、照明、通信、煤气、消防、中央空调、电梯、电气、智能化楼宇设备和配套设施，都作为以建筑物或者构筑物为载体的附属设备和配套设施，无论在会计处理上是否单独记账与核算，均应作为建筑物或者构筑物的组成部分。因此，作为建筑物或者构筑物的组成部分，这类货物适用分2年抵扣的政策。

（2）设计服务。

（3）建筑服务。

（2）、（3）这两类服务都是属于可明确判定与不动产项目直接相关的服务，因此适用分2

年抵扣的政策。

【例 6-9】 智董公司（增值税一般纳税人），购进材料直接用于不动产"在建工程"项目，进项税额应如何处理？

（1）该不动产在建工程项目为新建不动产。根据《不动产进项税额分期抵扣暂行办法》（国家税务总局公告 2016 年第 15 号）的相关规定，该项购进材料进项税额中的 60% 于当期抵扣，剩余 40% 于取得扣税凭证的当月起第 13 个月抵扣。

具体处理方法参照例 6-8。

（2）该不动产"在建工程"项目属于改建、扩建、修缮、装饰不动产，分别按照如下情况处理：

1）如果购进的该部分材料成本未计入不动产原值（不动产原值，是指取得不动产时的购置原价或作价），则该项购进材料进项税额可于当期全部抵扣。

2）如果购进的该部分材料成本计入不动产原值，那么仍应区分以下两种情况：

① 购进该部分材料成本未超过不动产原值的 50%，则该项购进材料的进项税额可于当期全部抵扣。

② 购进该部分材料成本超过不动产原值的 50%，根据《不动产进项税额分期抵扣暂行办法》（国家税务总局公告 2016 年第 15 号）的相关规定，该项购进材料进项税额中的 60% 于当期抵扣，剩余的 40% 于取得扣税凭证的第 13 个月抵扣。具体处理方法参照例 6-8。

2．扣税凭证、抵扣时间

纳税人按照规定从销项税额中抵扣进项税额，应取得 2016 年 5 月 1 日后开具的合法有效的增值税扣税凭证。

上述进项税额中，60% 的部分于取得扣税凭证的当期从销项税额中抵扣；40% 的部分为待抵扣进项税额，于取得扣税凭证的当月起第 13 个月从销项税额中抵扣。

（1）对纳税人 2016 年 5 月 1 日以后取得的不动产以及 2016 年 5 月 1 日以后发生的用于不动产在建工程的购进项目（货物、设计服务、建筑服务），需要分 2 年抵扣的，按照如下方法处理：

① 进项税额 60% 的部分于取得扣税凭证的当期，记入"应交税费——应交增值税（进项税额）"科目，当期从销项税额中抵扣。

② 进项税额 40% 的部分为待抵扣进项税额，记入"应交税费——待抵扣进项税额"科目，暂时挂账，于取得扣税凭证的当月起第 13 个月，将其转入"应交税费——应交增值税（进项税额）"科目，并从销项税额中抵扣。

（2）纳税人抵扣不动产进项税额需要凭 2016 年 5 月 1 日以后开具的合法有效的增值税扣税凭证，也就是俗称的"凭票扣税"。

3．不动产发生用途转变时进项税额的处理

（1）购进时已全额抵扣进项税额的货物和服务，转用于不动产在建工程。购进时已全额抵扣进项税额的货物和服务，转用于不动产在建工程的，其已抵扣进项税额的 40% 部分，应于转用的当期从进项税额中扣减，计入待抵扣进项税额，并于转用的当月起第 13 个月从销项税额中抵扣。

纳税人购进的货物和服务，当期没有用于在建工程（例如，记入"原材料"、"工程物资"等科目），在 2016 年 5 月 1 日之后用于不动产在建工程，按照如下方法处理：

① 购进时允许全额抵扣。

② 转用于分期抵扣的不动产项目时，其已抵扣进项税额的 40%部分，应于转用的当期从进项税额中转出，记入"待抵扣进项税额"科目，并于转用的当月起第 13 个月从销项税额中抵扣。

【例 6-10】 2016 年 9 月 12 日，纳税人购入一批外墙装饰板，取得增值税专用发票并认证相符，专用发票注明的增值税额为 60 万元；因纳税人购进该批装饰板时未决定是否用于不动产（可能用于销售），因此在购进的当期全额抵扣进项税额。11 月 23 日，纳税人将该批装饰板耗用于新建的综合办公大楼在建工程。本题中进项税额应如何处理？

根据《不动产进项税额分期抵扣暂行办法》（国家税务总局公告 2016 年第 15 号）的相关规定，该 60 万元进项税额在购进的当期可全额抵扣，在后期用于不动产在建工程时，该 60 万元进项税额中的 40%应于改变用途的当期，做进项税额转出处理，记入"待抵扣进项税额"科目，并于领用当月起第 13 个月，再重新计入进项税额允许抵扣。

（1）该批装饰板购进时进项税额处理。按照购进普通材料的处理方式，于购进的当月直接全额抵扣。

（2）2016 年 11 月该不动产进项税额处理。

1）计算填报本期应转出的进项税额：进项税额=60×40%=24（万元）。

该笔 12 万元的增值税进项税额，应于 2016 年 12 月申报期申报 11 月所属期增值税时作进项税额转出处理，填入《增值税纳税申报表（一般纳税人适用）》附列资料（二）"其他应作进项税额转出的情形"栏次。

2）填报待抵扣进项税额处理：

① 该 24 万元应记入当期"应交税费——待抵扣进项税额"科目核算。

② 该 24 万元应于 2016 年 12 月申报 11 月所属期增值税时转入"待抵扣进项税额"科目，填入《增值税纳税申报表（一般纳税人适用）》附列资料（五）"本期转入的待抵扣不动产进项税额"栏次。

（3）待抵扣进项税额到期处理。2017 年 12 月申报期申报 2017 年 11 月所属期增值税时，该 24 万元到抵扣期，可以从当期销项税额中抵扣。

1）该 24 万元应从当期"应交税费——待抵扣进项税额"科目转入"应交税费——应交增值税（进项税额）"科目核算。

2）该 24 万元应于 2017 年 12 月申报期申报 2017 年 11 月所属期增值税时，填入《增值税纳税申报表（一般纳税人适用）》附列资料（五）"本期可抵扣不动产进项税额"栏次，并作为减少项填入"期末待抵扣不动产进项税额"栏次。

3）该 24 万元应于 2017 年 12 月申报期申报 2017 年 11 月所属期增值税时，填入《增值税纳税申报表（一般纳税人适用）》附列资料（二）"本期不动产允许抵扣进项税额"栏次，所填税额作为增加项填入"当期申报抵扣进项税额合计"栏次，并填入主表"进项税额——本月数"栏次。

【例 6-11】 改建、扩建、修缮、装饰不动产过程中领用前期购入并已全额抵扣的材料。如何抵扣进项税额？

纳税人前期购进并已全额抵扣进项税额的材料，用于改建、扩建、修缮、装饰的不动产在建工程中，应按照是否计入不动产原值，是否超过原值 50%的具体情况判定是否需要进行分期抵扣。如果需要进行分期抵扣的，具体处理方法参照例 6-10。

（2）已抵扣进项税额的不动产，转用于不得抵扣项目。已抵扣进项税额的不动产，发生非正常损失，或者改变用途，专门用于简易计税方法计税项目、免征增值税项目、集体福利或者个人消费,这种情况下,要将相应的进项税额做转出处理,具体是按照不动产净值率,计算不得抵扣的进项税额。

$$不动产净值率=(不动产净值÷不动产原值)×100\%$$

不得抵扣进项税额=(已抵扣进项税额+待抵扣进项税额)×不动产净值率

1)不得抵扣的进项税额小于或等于该不动产已抵扣进项税额的,应于该不动产改变用途的当期,将不得抵扣的进项税额从进项税额中扣减;待抵扣进项税额按原允许抵扣的所属期纳入抵扣。

2)不得抵扣的进项税额大于该不动产已抵扣进项税额的,应于该不动产改变用途的当期,将已抵扣进项税额从进项税额中扣减,并从该不动产待抵扣进项税额中扣减不得抵扣进项税额与已抵扣进项税额的差额;扣减后的待抵扣进项税额余额按原允许抵扣的所属期纳入抵扣。

【例6-12】 2016年5月1日,某纳税人买了一座楼办公用,花费2 000万元,进项税额220万元,正常情况下,应在5月当月抵扣132万元,2017年5月(第13个月)再抵扣剩余的88万元。可是在2017年4月,纳税人将办公楼改造成员工食堂。进项税额如何抵扣?

如果2017年4月该不动产的净值为1 600万元,不动产净值率就是80%,不得抵扣的进项税额为176万元,大于已抵扣的进项税额132万元,按照政策规定,这时应将已抵扣的132万元进项税额转出,并在待抵扣进项税额中扣减不得抵扣进项税额与已抵扣进项税额的差额44万元(176-132)。余额44万元(88-44)在2017年5月仍允许抵扣。

如果2017年4月该不动产的净值为1 000万元,不动产净值率就是50%,不得抵扣的进项税额为110万元,小于已抵扣的进项税额132万元,按照政策规定,这时将已抵扣的132万元进项税额转出110万元即可。剩余的88万元仍在2017年5月允许抵扣。

【例6-13】 2016年6月8日,纳税人购入一座厂房,取得增值税专用发票并认证通过,专用发票上注明的金额为20 000万元,增值税额为2 200万元。该厂房既用于增值税应税项目,又用于增值税免税项目。该纳税人按照固定资产管理该办公楼,假定分10年计提折旧,无残值。则案例中进项税额应如何处理?

根据《不动产进项税额分期抵扣暂行办法》(国家税务总局公告2016年第15号)的相关规定,2 200万元的增值税进项税额中的60%应于取得的当期抵扣,剩余的40%,应于取得扣税凭证的当月起第13个月抵扣。

该纳税人第一次允许抵扣的进项税额=2 200×60%=1 320(万元)

该纳税人第二次允许抵扣的进项税额=2 200×40%=880(万元)

该纳税人2016年7月申报期申报6月所属期增值税时,具体处理方法参照例6-8。

如果纳税人此后将该厂房改变用途,专用于增值税免税项目,则需要按照如下情况分别处理。

(1)2016年10月改变用途。

1)计算不动产净值率。

不动产净值率=[20 000-20 000÷(10×12)×4]÷20 000=96.67%

2)计算不得抵扣的进项税额。

不得抵扣的进项税额=2 200×96.67%=2 126.74(万元)

3)不得抵扣的进项税额处理。该厂房60%的进项税额1 320万元已经于2016年7月申报期申报6月所属期增值税时申报抵扣。

剩余880万元因未到抵扣期,仍属于待抵扣进项税额。

2016年10月改变用途时，对不得抵扣的进项税额作如下处理。

① 不得抵扣的进项税额与已抵扣进项税额比较：2 126.74万元>1 320万元。

② 根据比较结果进行进项税额转出。因为计算的不得抵扣的进项税额大于该不动产前期已抵扣进项税额，纳税人应在当期按照前期已抵扣进项税额进行进项税额转出处理。

A．1 320万元应于2016年11月申报期申报10月所属期增值税时做进项税转出；

B．该1 320万元应记入改变用途当期"应交税费——应交增值税（进项税额转出）"科目核算。

C．剩余处理：

不得抵扣的进项税额差额=不得抵扣的进项税额–已抵扣进项税额

$$=2\,126.74-1\,320=806.74（万元）$$

该806.74万元应于转变用途当期从待抵扣进项税额中扣减，填入《增值税纳税申报表（一般纳税人适用）》附列资料（五）"本期转出的待抵扣不动产进项税额"栏次，并作为减少项填入"期末待抵扣不动产进项税额"栏次。

剩余待抵扣进项税额=待抵扣进项税额–不得抵扣的进项税差额

$$=880-806.74=73.26（万元）$$

D．该806.74万元应在改变用途当期从"应交税费——待抵扣进项税额"科目转入对应科目核算，无须填入《增值税纳税申报表（一般纳税人适用）》附列资料（二）。

4）待抵扣进项税额到期处理。具体处理方法参照例6-8中第（2）点"待抵扣进项税额到期处理"。

（2）2017年10月改变用途。

1）计算不动产净值率。

不动产净值率=[20 000–20 000÷（10×12）×16]÷20 000=86.67%

2）计算不得抵扣的进项税额。

不得抵扣的进项税额=2 200×86.67%=1 906.74（万元）

3）不得抵扣的进项税额处理。

该厂房60%的进项税额1 320万元已经于2016年7月申报期申报6月所属期增值税时申报抵扣。

该厂房40%的待抵扣进项税额880万元已经于2017年8月申报期申报7月所属期增值税时申报抵扣。

已抵扣进项税额总额=1 320+880=2 200（万元）

2017年10月改变用途时，对不得抵扣的进项税额作如下处理。

① 不得抵扣的进项税额与已抵扣进项税额比较：1 906.74万元<2 200万元

② 根据比较结果进行进项税额转出：

因为计算的不得抵扣的进项税额小于该不动产前期已抵扣进项税额，纳税人应在当期按照不得抵扣的进项税额进行进项税额转出处理。

该1 906.74万元应于2017年11月申报期申报10月所属期增值税时做进项税转出。

该1 906.74万元应记入改变用途当期"应交税费——应交增值税（进项税额转出）"科目核算。

纳税人已抵扣进项税额的不动产发生非正常损失的，应按照上述转变用途专用于不得抵扣项目情况处理。

4. 尚未抵扣完毕的待抵扣进项税额，允许于销售当期一次性抵扣

纳税人销售其取得的不动产或者不动产在建工程时，尚未抵扣完毕的待抵扣进项税额，允许于销售的当期从销项税额中抵扣。

【例 6-14】 纳税人将直接购买、接受捐赠、接受投资入股以及抵债等各种形式取得的不动产，自建不动产，以及未完工的不动产在建工程，对外销售（包括视同销售）时，如果该不动产或者不动产在建工程，还存在对应的未到抵扣期的待抵扣进项税额，应在对外销售当期，申报抵扣该不动产或者不动产在建工程项目对应的未到抵扣期的全部待抵扣进项税额。

5. 不动产在建工程发生非正常损失的，构成该不动产的货物和服务的进项税额的处理

不动产在建工程发生非正常损失的，其所耗用的购进货物、设计服务和建筑服务已抵扣的进项税额应于当期全部转出；其待抵扣进项税额不得抵扣。

6. 不得抵扣进项税额的不动产，重新用于允许抵扣进项税额项目的处理

按照规定不得抵扣进项税额的不动产，2016年5月1日以后发生用途改变，重新用于允许抵扣进项税额项目的，按照如下方法处理：

可抵扣进项税额=增值税扣税凭证注明或计算的进项税额×不动产净值率

不动产净值率=（不动产净值÷不动产原值）×100%

计算得出可抵扣进项税额，60%的部分于改变用途的次月从销项税额中抵扣，40%的部分为待抵扣进项税额，于改变用途的次月起第13个月从销项税额中抵扣。某一不动产的用途发生改变，从用于"不得抵扣进项税额"的项目，转用于"允许抵扣进项税额项目"，相应的部分进项税额可允许抵扣。但允许抵扣的前提是，要求纳税人凭2016年5月1日以后开具的合法有效的增值税扣税凭证，也就是说，允许抵扣的前提是具备合法有效的抵扣凭证，作为抵扣进项税额的依据。

【例 6-15】 2016年6月8日，纳税人购进一栋办公楼共计4 440万元（含税）。该大楼专用于进行技术开发使用，取得的收入均为免税收入，记入固定资产，并于次月开始计提折旧，假定分10年计提，无残值。6月23日，该纳税人取得该大楼如下三份发票：增值税专用发票一份并认证相符，专用发票注明的金额为2 000万元，税额220万元；增值税专用发票一份一直未认证，专用发票注明的金额为1200万元，税额132万元；增值税普通发票一份，普通发票注明的金额为800万元，税额88万元。根据税法相关规定，该大楼当期进项税额不得抵扣，记入对应科目核算。

账务处理为：

借：固定资产——研发大楼——免税项目　　　　　　44 400 000
　　贷：银行存款　　　　　　　　　　　　　　　　　　　　44 400 000

2017年6月，纳税人将该大楼改变用途，用于允许抵扣项目，则需按照不动产净值计算可抵扣进项税额后分期抵扣。

（1）可抵扣进项税额处理。

1）计算不动产净值率：

不动产净值率=[4 440–4 440÷（10×12）×12]÷4 440=90%

2）计算可抵扣进项税额。纳税人购进该大楼是共计取得三份增值税发票，其中两份增值税专用发票属于增值税扣税凭证，但其中一份增值税专用发票在用途改变前仍未认证相符，属于不得抵扣的增值税扣税凭证。因此，根据《不动产分期抵扣管理暂行办法》，该大楼允许抵扣的增值税扣税凭证注明税额为220万元。

可抵扣进项税额=220×90%=198（万元）

3）可抵扣进项税额处理。根据《不动产分期抵扣管理暂行办法》的相关规定，该198万元进项税额中的60%于改变用途的次月抵扣，剩余的40%于改变用途的次月起，第13个月抵扣。计算填报2017年7月应抵扣、待抵扣进项税额：

该大楼本期应抵扣进项税额=198×60%=118.8（万元）

该118.8万元应于2017年8月申报期申报7月所属期增值税时从销项税额中抵扣；应记入当期"应交税费——应交增值税（进项税额）"科目核算。

借：应交税费——应交增值税（进项税额）　　　　　　　1 188 000
　　应交税费——待抵扣进项税额　　　　　　　　　　　　792 000
　　贷：固定资产——研发大楼——转应税项目　　　　　　　　　1 980 000

① 将不动产进项税额全额198万元，填入《增值税纳税申报表（一般纳税人适用）》附列资料（二）第4栏"其他扣税凭证"、第8栏"其中：其他"。

② 将不动产进项税额全额198万元，作为当期不动产扣税凭证填入第9栏"本期用于购建不动产的扣税凭证"（购建是指购进和自建）。

通过上述两步一是能够保证"一窗式"比对相符，二是先将不动产进项税额全额扣减，通过以下后续步骤实现分期抵扣。

③ 将不动产进项税额全额198万元，填入《增值税纳税申报表（一般纳税人适用）》附列资料（五）第2栏"本期不动产进项税额增加额"，并作为增加项计入第5栏"期末待抵扣不动产进项税额"。

④ 计算的118.8万元填入《增值税纳税申报表（一般纳税人适用）》附列资料（五）第3栏"本期可抵扣不动产进项税额"，并作为减少项计入第5栏"期末待抵扣不动产进项税额"。

⑤ 计算的118.8万元填入《增值税纳税申报表（一般纳税人适用）》附列资料（二）第10栏"本期不动产允许抵扣进项税额"。

⑥ 本期《增值税纳税申报表（一般纳税人适用）》附列资料（二）第10栏"本期不动产允许抵扣进项税额"所填税额，作为增加项填入第12栏"当期申报抵扣进项税额合计"，并填入主表第12栏"进项税额–本月数"。

该大楼待抵扣进项税额=198×40%=79.2（万元）

该79.2万元应记入当期"应交税费——待抵扣进项税额"科目核算。

（2）待抵扣进项税额到期处理。2018年8月申报期申报7月所属期增值税时，该79.2万元到抵扣期，应从当期销项税额中抵扣。

需要说明的是，纳税人自建不动产，用于不得抵扣项目的，原来不允许抵扣且未抵扣的所耗用的购进货物、设计服务和建筑服务等进项税额，在不动产发生用途改变，用于允许抵扣项目时，应按照上述购进不动产改变用途情况处理。

7. 注销清算的当期抵扣尚未抵扣完毕的待抵扣进项税额

纳税人注销税务登记时，其尚未抵扣完毕的待抵扣进项税额于注销清算的当期从销项税额中抵扣。

8. 有关会计核算要求

纳税人在进行账务处理时，需要按如下步骤处理：将取得进项税额的40%作为待抵扣进项税额，记入"应交税费——待抵扣进项税额"科目，并于该不动产允许抵扣的当期，转入"应交税费——应交增值税（进项税额）"科目进行正常的申报抵扣。

纳税人对不同的不动产和不动产在建工程项目，应分别核算其"待抵扣进项税额"，也就是说,"待抵扣进项税额"科目应区分不同的不动产项目,分别予以详细记录和反映。

9. 纳税申报
纳税人分期抵扣不动产的进项税额,应据实填报增值税纳税申报表附列资料。

10. 设置管理台账
纳税人应建立不动产和不动产在建工程台账,分别记录并归集不动产和不动产在建工程的成本、费用、扣税凭证及进项税额抵扣情况,留存备查。这样做的目的是,不动产一般存续期间都较长,在存续期内,不动产的进项税额可能在"允许抵扣"和"不得抵扣"之间多次转换,因此通过台账对各不动产项目的具体情况分别记载,是非常必要的。

用于简易计税方法计税项目、免征增值税项目、集体福利或者个人消费的不动产和不动产在建工程,也应在纳税人建立的台账中记录。

11. 罚则
纳税人未按照有关规定抵扣不动产和不动产在建工程进项税额的,主管税务机关应按照《中华人民共和国税收征收管理法》及有关规定进行处理。

(四)房地产开发企业销售自行开发的房地产项目

根据《房地产开发企业销售自行开发的房地产项目增值税征收管理暂行办法》(国家税务总局公告 2016 年第 18 号)及现行增值税有关规定,自 2016 年 5 月 1 日起,房地产开发企业销售自行开发的房地产项目增值税征收管理执行以下规定。

1. 适用范围
房地产开发企业销售自行开发的房地产项目,适用以下规定。

(1)"房地产开发企业"。也就是说,《房地产开发企业销售自行开发的房地产项目增值税征收管理暂行办法》(国家税务总局公告 2016 年第 18 号)不是对所有的纳税人都适用,而是仅适用于"房地产开发企业"。

房地产开发企业是指按照《城市房地产管理法》的规定,以营利为目的,从事房地产开发和经营的企业。按房地产开发业务在企业经营范围中地位的不同,可将房地产开发企业分为房地产开发专营企业、兼营企业和项目公司。设立房地产开发企业,应当具备下列条件:

① 有自己的名称和组织机构。

② 有固定的经营场所。

③ 有符合国务院规定的注册资本。房地产开发企业是资金密集型企业,其注册资金的要求较高。住房和城乡建设部按照房地产开发企业的资质等级,规定了不同的注册资本要求。这有助于遏制房地产开发领域过于严重的投机态势,降低房地产投资风险,保障交易安全。

④ 有足够的专业技术人员。房地产开发是一项专业性很强的经营活动。开发商拥有足够的专业技术人员是保障开发项目产品的安全及开发中其他社会效益和环境效益实现的必要条件。住房和城乡建设部按照房地产开发企业的资质等级,规定了不同的专业技术人员要求。

⑤ 法律、行政法规规定的其他条件。

(2)"自行开发"。自行开发,是指在依法取得的土地使用权的土地上进行基础设施、房屋等不动产的投资建设。

房地产开发企业以接盘等形式购入未完工的房地产项目继续开发后,以自己的名义立项销售的,属于本办法规定的销售自行开发的房地产项目。例如,在房价下行的时候,经常会出现开发商资金断裂急需套现的情况,也就是俗称的"烂尾楼"。"烂尾楼"再销售后,接盘的房地产企业一般会重新办理立项手续,继续投入资金,建成后以自己的名义对外销售。《房地产开发企业销售自行开发的房地产项目增值税征收管理暂行办法》(国家税务总局公告2016年第18号)规定,这种情况也属于"自行开发"。

(3)"房地产项目"。房地产项目,是指对属于《注释》中不动产范围内的所有建筑物、构筑物等进行投资开发建设的项目。

2. 一般纳税人征收管理

(1)销售额。

1)基本规定。房地产开发企业中的一般纳税人销售自行开发的房地产项目,适用一般计税方法计税,按照取得的全部价款和价外费用,扣除当期销售房地产项目对应的土地价款后的余额计算销售额。销售额的计算公式如下:

销售额=(全部价款和价外费用-当期允许扣除的土地价款)÷(1+11%)

 小知识

上述"对应"一词包含的意思是:房地产项目对应的全部土地价款并非一次性从当期销售额中扣除,而是要随着销售额的逐期确认,逐步扣除。也就是说,土地价款要按照销售进度,在不同的纳税期分期扣除,即"卖一套房,扣一笔与之对应的土地出让金"。

此外,需要注意的是,允许扣除土地价款的仅包括新项目和选择一般计税方法的老项目,不包括适用简易计税方法的房地产项目。其中,房地产老项目如果选择适用一般计税方法,其2016年5月1日后确认的增值税销售额,可以扣除对应的土地出让价款。

2)土地价款的扣除。

① 关于土地价款如何扣除的规定。一般情况下,房地产企业在开发房产项目时,还会在小区配套建设道路、花园、绿地、雕塑,或者物业用房、幼儿园、诊所等。这些配套设施的建筑面积不单独作价出售给业主,但也都包含在业主支付的房款之中。对这些建筑物、构筑物的面积,并未包含在"可供出售的建筑面积"中。这样可以使开发商将所有"可供"销售的面积销售完后,土地出让金全部扣除完。

当期允许扣除的土地价款按照以下公式计算:

当期允许扣除的土地价款 = (当期销售房地产项目建筑面积÷房地产项目可供销售建筑面积)× 支付的土地价款

当期销售房地产项目建筑面积,是指当期进行纳税申报的增值税销售额对应的建筑面积。房地产项目可供销售建筑面积,是指房地产项目可以出售的总建筑面积,不包括销售房地产项目时未单独作价结算的配套公共设施的建筑面积。支付的土地价款,是指向政府、土地管理部门或受政府委托收取土地价款的单位直接支付的土地价款。

② 扣除土地价款时,应以省级以上(含省级)财政部门监(印)制的财政票据为扣除凭证。扣除土地价款时,应以省级以上(含省级)财政部门监(印)制的财政票据为扣除凭证,未取得上述扣除凭证的,不得从全部价款和价外费用中扣除土地价款。

财政票据,是指由财政部门监(印)制、发放、管理,国家机关、事业单位、具有公共管理或者公共服务职能的社会团体及其他组织(以下称行政事业单位)依法收取政府非税收入或者从事非营利性活动收取财物时,向公民、法人和其他组织开具的凭证。

财政票据的种类和适用范围如下。

A. 非税收入类票据。

● 非税收入通用票据,是指行政事业单位依法收取政府非税收入时开具的通用凭证。

- 非税收入专用票据,是指特定的行政事业单位依法收取特定的政府非税收入时开具的专用凭证。主要包括行政事业性收费票据、政府性基金票据、国有资源(资产)收入票据、罚没票据等。
- 非税收入一般缴款书,是指实施政府非税收入收缴管理制度改革的行政事业单位收缴政府非税收入时开具的通用凭证。

B. 结算类票据。

资金往来结算票据,是指行政事业单位在发生暂收、代收和单位内部资金往来结算时开具的凭证。

C. 其他财政票据。

- 公益事业捐赠票据,是指国家机关、公益性事业单位、公益性社会团体和其他公益性组织依法接受公益性捐赠时开具的凭证。
- 医疗收费票据,是指非营利医疗卫生机构从事医疗服务取得医疗收入时开具的凭证。
- 社会团体会费票据,是指依法成立的社会团体向会员收取会费时开具的凭证。
- 其他应当由财政部门管理的票据。土地出让金票据属于政府非税收入票据。

③ 扣除的土地价款应采取台账管理,扣除的土地价款不得超过纳税人实际支付的土地价款。一般纳税人应建立台账登记土地价款的扣除情况,扣除的土地价款不得超过纳税人实际支付的土地价款,且该实际支付的土地价款应取得《房地产开发企业销售自行开发的房地产项目增值税征收管理暂行办法》(国家税务总局公告 2016 年第 18 号)第六条规定的财政票据。

由于现行政策规定,土地价款并非一次性从销售额中全扣,而是要随着销售额的确认,逐步扣除。因此,通过台账对各期土地价款扣除的具体情况进行记载,是非常必要的。

(2)一般纳税人销售自行开发的房地产老项目,可以选择简易计税方法计税。一般纳税人销售自行开发的房地产老项目,可以选择适用简易计税方法按照 5%的征收率计税。房地产老项目,是指:

① 《建筑工程施工许可证》注明的合同开工日期在 2016 年 4 月 30 日前的房地产项目;

② 《建筑工程施工许可证》未注明合同开工日期或者未取得《建筑工程施工许可证》但建筑工程承包合同注明的开工日期在 2016 年 4 月 30 日前的建筑工程项目。

为加强对建筑活动的监督管理,维护建筑市场秩序,保证建筑工程的质量和安全,根据《中华人民共和国建筑法》规定,在中华人民共和国境内从事各类房屋建筑及其附属设施的建造、装修装饰和与其配套的线路、管道、设备的安装,以及城镇市政基础设施工程的施工,建设单位在开工前应当按规定,向工程所在地的县级以上人民政府建设行政主管部门申请领取《建筑工程施工许可证》。工程投资额在 30 万元以下或者建筑面积在 300 平方米以下的建筑工程,可以不申请办理《建筑工程施工许可证》。省、自治区、直辖市人民政府建设行政主管部门可以根据当地的实际情况,对限额进行调整,并报国务院建设行政主管部门备案。按照国务院规定的权限和程序批准开工报告的建筑工程,不再领取《建筑工程施工许可证》。

如果房地产开发企业中的一般纳税人销售老项目选择简易计税方法,就不能扣除对应的土地价款了。而且一旦选择简易计税方法,36 个月内不能变为一般计税方法。

(3)预缴税款。一般纳税人采取预收款方式销售自行开发的房地产项目,应在收到预收款时按照 3%的预征率预缴增值税。预收款是指房地产企业预售房地产项目时收到的款项。

应预缴税款按照以下公式计算:

$$应预缴税款=预收款\div(1+适用税率或征收率)\times 3\%$$

适用一般计税方法计税的,按照 11%的适用税率计算;适用简易计税方法计税的,按照 5%

的征收率计算。

一般纳税人应在取得预收款的次月纳税申报期向主管国税机关预缴税款。

（4）进项税额。一般纳税人销售自行开发的房地产项目，兼有一般计税方法计税、简易计税方法计税、免征增值税的房地产项目而无法划分不得抵扣的进项税额的，应以《建筑工程施工许可证》注明的"建设规模"为依据进行划分。建设规模即项目建设的面积，因此，在计算简易计税方法和免税房地产项目对应的"不得抵扣的进项税额"时，应以面积为计算单位，而不能以套、层、单元、栋等作为计算依据。

$$\text{不得抵扣的进项税额} = \text{当期无法划分的全部进项税额} \times (\text{简易计税、免税房地产项目建设规模} \div \text{房地产项目总建设规模})$$

（5）纳税申报。一般纳税人销售自行开发的房地产项目适用一般计税方法计税的，应按照《营业税改征增值税试点实施办法》（财税〔2016〕36号）第四十五条规定的纳税义务发生时间，以当期销售额和11%的适用税率计算当期应纳税额，抵减已预缴税款后，向主管国税机关申报纳税。未抵减完的预缴税款可以结转下期继续抵减。

一般纳税人销售自行开发的房地产项目适用简易计税方法计税的，应按照《营业税改征增值税试点实施办法》第四十五条规定的纳税义务发生时间，以当期销售额和5%的征收率计算当期应纳税额，抵减已预缴税款后，向主管国税机关申报纳税。未抵减完的预缴税款可以结转下期继续抵减。

（6）纳税义务、扣缴义务发生时间。

① 纳税人发生应税行为并收讫销售款项或者取得索取销售款项凭据的当天；先开具发票的，为开具发票的当天。

收讫销售款项，是指纳税人销售服务、无形资产、不动产过程中或者完成后收到款项。

取得索取销售款项凭据的当天，是指书面合同确定的付款日期；未签订书面合同或者书面合同未确定付款日期的，为服务、无形资产转让完成的当天或者不动产权属变更的当天。

② 纳税人提供建筑服务、租赁服务采取预收款方式的，其纳税义务发生时间为收到预收款的当天。

③ 纳税人从事金融商品转让的，为金融商品所有权转移的当天。

④ 纳税人发生《营业税改征增值税试点实施办法》第十四条规定情形的，其纳税义务发生时间为服务、无形资产转让完成的当天或者不动产权属变更的当天。

⑤ 增值税扣缴义务发生时间为纳税人增值税纳税义务发生的当天。

（7）发票开具。一般纳税人销售自行开发的房地产项目，自行开具增值税发票。

一般纳税人销售自行开发的房地产项目，其2016年4月30日前收取并已向主管地税机关申报缴纳营业税的预收款，未开具营业税发票的，可以开具增值税普通发票，不得开具增值税专用发票。

也就是说，一般纳税人开具的增值税普通发票金额中，可以同时包含已缴纳营业税但未开票的预收款金额和应缴纳增值税的售房款金额。但是，一般纳税人开具的增值税专用发票金额中，只能包含缴纳增值税的售房款金额。

一般纳税人向消费者个人（自然人）销售自行开发的房地产项目，不得开具增值税专用发票。

【例6-16】 智董房地产公司（增值税一般纳税人）自行开发了一房地产项目（适用简易计税方法），《建筑工程施工许可证》注明的开工日期为2015年3月15日，2016年1月15日开始预售房地产。截至2016年4月30日，共取得预收款8 500万元，已按照营业税规定申报缴纳营业税。该房地产企业对上述预收款开具收据，未开具营业税发票。该企业2016年5月又收到预收款10 500万元。2016年6月共开具增值税普通发票19 000万元（含2016年4月30日前取得的未开票预收款8 500万元，以及2016年5月收到的10 500万元），同时办理房产产权转移手续。该纳税人在7月申报期应申报多少增值税税款？

① 由于该房地产企业销售了自行开发的房地产老项目，纳税人按照《房地产开发企业销售自行开发的房地产项目增值税征收管理暂行办法》（国家税务总局公告2016年第18号）第八条规定，可选择适用简易计税方法按照5%的征收率计税。

② 纳税人6月开具增值税普通发票19 000万元，其中8 500万元属于《房地产开发企业销售自行开发的房地产项目增值税征收管理暂行办法》（国家税务总局公告2016年第18号）第十七条规定的可以开具增值税普通发票的情形。

③ 纳税人按照《房地产开发企业销售自行开发的房地产项目增值税征收管理暂行办法》（国家税务总局公告2016年第18号）第十一条、第十二条规定，应在6月申报期就取得的预收款10 500万元预缴税款300万元。

应预缴税款=10 500÷（1+5%）×3%=300（万元）

④ 纳税人应按照《房地产开发企业销售自行开发的房地产项目增值税征收管理暂行办法》（国家税务总局公告2016年第18号）第十五条规定，在7月申报期应申报的增值税税款为200万元。

应申报的税款=10 500÷（1+5%）×5%-300=500-300=200（万元）

【例6-17】 智董房地产公司销售自行开发的房地产项目有关情况同例6-16。2016年6月取得了建筑服务增值税专用发票价税合计2 220万元（其中，注明的增值税额为220万元），纳税人选择放弃简易计税方法，按照适用税率计算缴纳增值税。该纳税人在7月申报期应申报多少增值税税款？

① 纳税人按照《房地产开发企业销售自行开发的房地产项目增值税征收管理暂行办法》（国家税务总局公告2016年第18号）第十一条、第十二条规定，应在6月申报期就取得的预收款计算应预缴税款。

应预缴税款=10 500÷（1+11%）×3%=283.78（万元）

② 纳税人6月开具增值税普通发票19 000万元，其中8 500万元属于《房地产开发企业销售自行开发的房地产项目增值税征收管理暂行办法》（国家税务总局公告2016年第18号）第十七条规定的可以开具增值税普通发票的情形。

③ 纳税人应在7月申报期按照《房地产开发企业销售自行开发的房地产项目增值税征收管理暂行办法》（国家税务总局公告2016年第18号）第十四条规定确定：应纳税额销项税额=10 500÷（1+11%）×11%=1 040.54（万元）

进项税额=220（万元）

应纳税额=1 040.54-220-283.78=536.76（万元）

纳税人应在7月申报期申报增值税536.76万元。

3．小规模纳税人征收管理

（1）预缴税款。房地产开发企业中的小规模纳税人采取预收款方式销售自行开发的房地产项目，应在收到预收款时按照3%的预征率预缴增值税。

应预缴税款按照以下公式计算：

$$应预缴税款=预收款÷（1+5\%）×3\%$$

小规模纳税人应在取得预收款的次月纳税申报期或主管国税机关核定的纳税期限向主管国税机关预缴税款。对实行按季申报的小规模纳税人，可以实行按季预缴增值税。

（2）纳税申报。小规模纳税人销售自行开发的房地产项目，应按照《营业税改征增值税试点实施办法》第四十五条规定的纳税义务发生时间，以当期销售额和 5%的征收率计算当期应纳税额，抵减已预缴税款后，向主管国税机关申报纳税。未抵减完的预缴税款可以结转下期继续抵减。

1）房地产企业在收到预收款时，不确认为纳税义务发生，只是预缴税款；真正的纳税义务发生时间，应根据《营业税改征增值税试点实施办法》第四十五条的相关规定确定。

根据《营业税改征增值税试点实施办法》第四十五条规定，增值税纳税义务、扣缴义务发生时间为：

① 纳税人发生应税行为并收讫销售款项或者取得索取销售款项凭据的当天；先开具发票的，为开具发票的当天。

收讫销售款项，是指纳税人销售服务、无形资产、不动产过程中或者完成后收到款项。

取得索取销售款项凭据的当天，是指书面合同确定的付款日期；未签订书面合同或者书面合同未确定付款日期的，为服务、无形资产转让完成的当天或者不动产权属变更的当天。

② 纳税人提供建筑服务、租赁服务采取预收款方式的，其纳税义务发生时间为收到预收款的当天。

③ 纳税人从事金融商品转让的，为金融商品所有权转移的当天。

④ 纳税人发生《营业税改征增值税试点实施办法》第十四条规定情形的，其纳税义务发生时间为服务、无形资产转让完成的当天或者不动产权属变更的当天。

⑤ 增值税扣缴义务发生时间为纳税人增值税纳税义务发生的当天。

2）小规模纳税人已预缴的增值税可以在当期应纳税额中抵减，抵减不完的，可结转下期继续抵减。

（3）发票开具。增值税专用发票一般只能由增值税一般纳税人领购使用，小规模纳税人需要使用的，需在缴纳税款后向税务机关申请代开。增值税专用发票不仅是购销双方收付款的凭证，而且可以用作购买方抵扣增值税的凭证；而增值税普通发票不具有进项抵扣功能。

对房地产开发企业 2016 年 4 月 30 日前收取的预收款，已缴纳营业税，但未开具营业税发票的，允许房地产企业在试点后，对这部分未开票预收款，开具增值税普通发票，也就是说，小规模纳税人开具的增值税普通发票金额中，可以同时包含已缴纳营业税但未开票的预收款金额和应缴纳增值税的售房款金额。但是，小规模纳税人向税务机关申请代开的增值税专用发票金额中，只能包含缴纳增值税的售房款金额。

小规模纳税人向消费者个人（自然人）销售自行开发的房地产项目，不得开具增值税专用发票。

代开增值税专用发票，是指主管税务机关为所辖范围内的纳税人代开增值税专用发票。上述纳税人是指已办理税务登记的小规模纳税人（包括个体经营者），以及国家税务总局确定的其他可以代开增值税专用发票的纳税人。代开专用发票统一使用增值税防伪税控代开票系统开具。纳税人申请代开专用发票时，应填写《代开增值税专用发票缴纳税款申报单》，连同税务登记证副本，到主管税务机关税款征收岗位按专用发票上注明的税额全额申报缴纳税款，然后凭《申报单》和税收完税凭证及税务登记证副本，申请代开专用发票。

【例 6-18】 智董房地产公司（增值税小规模纳税人）自行开发一房地产项目，《建筑工程施工许可证》注明的开工日期为 2015 年 3 月 15 日，2016 年 1 月 15 日开始预售房地产。

截至 2016 年 4 月 30 日共取得预收款 600 万元，已按照营业税规定申报缴纳营业税。该房地产企业对上述预收款开具收据，未开具营业税发票。该企业 2016 年 5 月又收到预收款 400 万元。2016 年 6 月销售该房地产项目取得销售收入 800 万元，共开具了增值税普通发票 1 800 万元（含 2016 年 4 月 30 日取得的未开票预收款 600 万元，以及 2016 年 5 月收到的预收款 400 万元和销售房地产项目收入 800 万元）。该纳税人在 7 月征期申报时，如何纳税？

① 纳税人 6 月开具增值税普通发票 1 800 万元，其中 600 万元属于《房地产开发企业销售自行开发的房地产项目增值税征收管理暂行办法》（国家税务总局公告 2016 年第 18 号）第二十四条规定的可以开具增值税普通发票的情形。

② 纳税人按照《房地产开发企业销售自行开发的房地产项目增值税征收管理暂行办法》（国家税务总局公告 2016 年第 18 号）第十九条、第二十条规定，应于 6 月申报期就取得的预收款计算应预缴税款。

应预缴税款=400÷（1+5%）×3%=11.43（万元）

③ 该房地产企业应按照《房地产开发企业销售自行开发的房地产项目增值税征收管理暂行办法》（国家税务总局公告 2016 年第 18 号）第二十二条规定，以当期销售额和 5% 的征收率计税在 7 月申报期向主管税务机关申报税款 26.67 万元。

7 月申报税款=800÷（1+5%）×5%–11.43=26.67（万元）

4．其他事项

（1）预缴税款时，应填报《增值税预缴税款表》。房地产开发企业销售自行开发的房地产项目，按照规定预缴税款时，应填报《增值税预缴税款表》。

（2）预缴税款抵减应纳税款的合法有效凭证。房地产开发企业以预缴税款抵减应纳税额，应以完税凭证作为合法有效凭证。

（3）罚则。房地产开发企业销售自行开发的房地产项目，未按规定预缴或缴纳税款的，由主管国税机关按照《中华人民共和国税收征收管理法》及相关规定进行处理。

（五）提供不动产经营租赁服务

1．《关于全面推开营业税改征增值税试点的通知》的规定

（1）适用范围。纳税人以经营租赁方式出租其取得的不动产，适用本办法。纳税人提供道路通行服务不适用本办法。

（2）一般纳税人出租其 2016 年 4 月 30 日前取得不动产。一般纳税人出租其 2016 年 4 月 30 日前取得的不动产，可以选择适用简易计税方法，按照 5% 的征收率计算应纳税额。纳税人出租其 2016 年 4 月 30 日前取得的与机构所在地不在同一县（市）的不动产，应按照上述计税方法在不动产所在地预缴税款后，向机构所在地主管税务机关进行纳税申报。

（3）一般纳税人收取试点前开工的高速公路的车辆通行费。高速公路的车辆通行费，应按不动产经营租赁征收增值税，适用 11% 税率。

公路经营企业中的一般纳税人收取试点前开工的高速公路的车辆通行费，可以选择适用简易计税方法，减按 3% 的征收率计算应纳税额。试点前开工的高速公路，是指相关施工许可证明上注明的合同开工日期在 2016 年 4 月 30 日前的高速公路。

（4）一般纳税人出租其 2016 年 5 月 1 日后取得的不动产。一般纳税人出租其 2016 年 5 月 1 日后取得的、与机构所在地不在同一县（市）的不动产，应适用一般计税方法，应按照 3% 的预征率在不动产所在地预缴税款后，向机构所在地主管税务机关进行纳税申报。

（5）小规模纳税人出租其取得的不动产（除个人出租住房以及其他个人出租非住房以外）。

小规模纳税人出租其取得的不动产（不含个人出租住房），应按照5%的征收率计算应纳税额。纳税人出租与机构所在地不在同一县（市）的不动产，应按照上述计税方法在不动产所在地预缴税款后，向机构所在地主管税务机关进行纳税申报。

（6）自然人出租其取得的不动产（不含住房）。其他个人出租其取得的不动产（不含住房），应按照5%的征收率计算应纳税额。

（7）个人出租住房。个人（包括了个体工商户和其他个人）出租住房，应按照5%的征收率减按1.5%计算应纳税额。

2.《纳税人提供不动产经营租赁服务增值税征收管理暂行办法》的规定

自2016年5月1日起，纳税人提供不动产经营租赁服务增值税征收管理相关规定：

（1）适用范围。适用于纳税人以经营租赁方式出租其取得的不动产（以下简称出租不动产）。

取得的不动产，包括以直接购买、接受捐赠、接受投资入股、自建以及抵债等各种形式取得的不动产。

纳税人提供道路通行服务不在适用范围内。

① 《纳税人提供不动产经营租赁服务增值税征收管理暂行办法》（国家税务总局公告2016年第16号）明确的是经营租赁方式出租不动产征收管理规定，不包括融资租赁方式出租不动产业务。

融资租赁与经营租赁两者性质完全不同：融资租赁的目的是取得租赁标的物的所有权，而经营租赁的目的仅仅是获得租赁标的物一段时间内的使用权；融资租赁一般以融资额来计算租金，经营性租赁以租赁标的物占用的时间长短来计算租金；融资租入的不动产，在租入方进行会计核算，经营租赁方式租入的不动产，不在租入方核算，而在出租方核算，等等。因融资租赁与经营租赁两者性质完全不同，税收处理上也存在差异。《纳税人提供不动产经营租赁服务增值税征收管理暂行办法》（国家税务总局公告2016年第16号）仅规范了经营性租赁业务。

② 取得的不动产，包括以直接购买、接受捐赠、接受投资入股、自建以及抵债等各种形式取得的不动产。

③ 纳税人提供道路通行服务不适用《纳税人提供不动产经营租赁服务增值税征收管理暂行办法》（国家税务总局公告2016年第16号）。

《营业税改征增值税试点实施办法》规定，道路通行服务按照不动产经营租赁服务缴纳增值税。但如果纳税人提供道路通行服务，也要实行不动产所在地预缴税款，机构所在地申报缴纳的方法，将不利于方便纳税人办税。因为公路可能跨好几个县（市、区）甚至跨省，经营道路通行业务的纳税人每个县（市、区）都去预缴税款，是不可能实现的。因此，《纳税人提供不动产经营租赁服务增值税征收管理暂行办法》（国家税务总局公告2016年第16号）将纳税人提供的道路通行服务排除在外。

（2）计税方法和应纳增值税计算。

1）一般纳税人出租不动产。一般纳税人出租不动产，按照以下规定缴纳增值税。

① 一般纳税人出租其2016年4月30日前取得的不动产，可以选择适用简易计税方法，按照5%的征收率计算应纳税额。

不动产所在地与机构所在地不在同一县（市、区）的，纳税人应按照上述计税方法向不动产所在地主管国税机关预缴税款，向机构所在地主管国税机关申报纳税。

不动产所在地与机构所在地在同一县（市、区）的，纳税人向机构所在地主管国税机关申报纳税。

A. 纳税人出租不动产，简易计税方法的征收率为5%。出租不动产原属于营业税"服务业——租赁"税目,营业税税率为 5%。营业税属于价内税,增值税属于价外税,在价、税合计相同的前提下,增值税 5%的征收率,只相当于营业税税率 4.76%,改革直接减轻纳税人税收负担。

B. 出租不动产应在不动产所在地纳税。当增值税一般纳税人出租的不动产与其机构所在地不在同一县(市、区)的,则应在不动产所在地预缴税款,回机构所在地申报纳税。增值税一般纳税人出租的不动产与其机构所在地在同一县(市、区)的,纳税人在机构所在地缴纳的税款,满足不动产所在地纳税原则。为减轻纳税人的办税负担,在此情况下纳税人不需要预缴,直接在机构所在地申报缴纳出租不动产的收入,计算纳税即可。

C. 仅就"其他个人(自然人)"出租不动产业务委托地税代征,因而除其他个人以外的纳税人出租不动产应预缴的税款,仍在国税机关缴纳。因此,一般纳税人出租不动产,在不动产所在地国税机关预缴税款,回机构所在地向主管国税机关申报纳税。

【例 6-19】 深圳市福田区智董公司(增值税一般纳税人),该纳税人于 2013 年购买了惠州市一栋写字楼用于出租。如果纳税人对出租该不动产业务选择简易计税方法。自 2016 年 5 月 1 日起,纳税人出租该写字楼,应如何计算纳税?如何预缴税款?

纳税人机构所在地在深圳市福田区,不动产在惠州市,不动产所在地与机构所在地不在同一县(市、区),因此纳税人应向不动产所在地预缴税款。纳税人为增值税一般纳税人,不是自然人,纳税人出租不动产,则应向不动产所在地主管国税机关预缴税款。纳税人选择简易计税方法后,按照规定,应以收取的租金按照 5%的征收率计算应纳税额,向不动产所在地惠州市主管国税机关预缴税款,再以同样的计税方法向其机构所在地深圳市福田区主管国税机关申报纳税。

【例 6-20】 深圳市福田区智董公司(增值税一般纳税人),该纳税人于 2013 年购买了深圳市福田区两层写字楼用于出租。如果纳税人对出租该不动产业务实行简易计税方法。自 2016 年 5 月 1 日起,纳税人出租该写字楼,应如何计算纳税?如何预缴税款?

纳税人机构所在地在深圳市福田区,不动产也在深圳市福田区,不动产所在地与机构所在地在同一县(市、区),因此纳税人不需要预缴税款。纳税人以收取的租金按照 5%的征收率计算应纳税额,向其机构所在地深圳市福田区主管国税机关申报纳税即可。

② 一般纳税人出租其 2016 年 5 月 1 日后取得的不动产,适用一般计税方法计税。

不动产所在地与机构所在地不在同一县(市、区)的,纳税人应按照 3%的预征率向不动产所在地主管国税机关预缴税款,向机构所在地主管国税机关申报纳税。

不动产所在地与机构所在地在同一县(市、区)的,纳税人应向机构所在地主管国税机关申报纳税。

一般纳税人出租其 2016 年 4 月 30 日前取得的不动产适用一般计税方法计税的,按照上述规定执行。

A. 将预征率定为 3%,小于小规模纳税人 5%的征收率。主要考虑的是,据测算,增值税纳税人适用一般计算方法出租不动产,税负较原来营业税是降低的。出租不动产原营业税税率为 5%,为尽量避免在不动产所在地产生多预缴的税款,对于纳税人适用一般计算方法出租不动产的,在不动产所在地的预征率定为 3%,低于 5%原营业税税率。

B. 出租不动产应在不动产所在地纳税。当增值税一般纳税人出租的不动产与其机构所在地不在同一县(市、区)的,则应在不动产所在地预缴税款,回机构所在地申报纳税。增值税一般纳税人出租的不动产与其机构所在地在同一县(市、区)的,为减轻纳税人的办税负担,纳税人不需要预缴，直接在申报期申报缴纳出租不动产的收入，计算纳税即可。

C. 委托地税机关代征的出租业务仅为"其他个人（自然人）"出租不动产业务，除其他个人以外的纳税人，也就是单位和个体工商户出租不动产，仍在国税机关预缴税款，回机构所在地后向主管国税机关申报纳税。

D. 增值税一般纳税人出租改革前取得的不动产，也可以适用一般计算方法，按照规定计算预缴税款或应纳税额。也就是说，过渡政策给予纳税人自由选择权，对于改革前取得的不动产，纳税人可以自行选择简易计税办法，或者一般计税方法，纳税人可根据自身实际情况，作出最有于企业的选择。

【例 6-21】 深圳市福田区智董公司（增值税一般纳税人），该纳税人于 2016 年 6 月购入惠州市一栋写字楼用于出租。自 2016 年 7 月 1 日起，纳税人出租该写字楼，应如何计算纳税？如何预缴税款？

纳税人机构所在地在深圳市福田区，不动产在惠州市，不动产所在地与机构所在地不在同一县（市、区），因此纳税人应向不动产所在地预缴税款。纳税人为增值税一般纳税人，其出租不动产，应向不动产所在地主管国税机关预缴税款。因此，此纳税人出租营改增试点后取得的不动产，应适用一般计税方法，以收取的租金按照 3%的预征率计算应预缴税额，向不动产所在地惠州市的国税机关预缴税款，按照销项税额减去进项税额的方法计算应纳税额，回机构所在地向深圳市福田区主管国税机关申报纳税。

【例 6-22】 承例 6-21。如果纳税人购买的是深圳市福田区一层写字楼用于出租，自 2016 年 5 月 1 日起，纳税人出租该写字楼，应如何计算纳税？如何预缴税款？

纳税人机构所在地在深圳市福田区，不动产也在深圳市福田区，不动产所在地与机构所在地在同一县（市、区），因此纳税人不需要预缴税款。增值税一般纳税人出租改革后取得的不动产，适用一般计税方法。即应按照销项减去进项的方法计算应纳税额，向主管国税机关申报纳税。

2）小规模纳税人出租不动产。小规模纳税人出租不动产，按照以下规定缴纳增值税：

① 单位和个体工商户出租不动产（不含个体工商户出租住房），按照 5%的征收率计算应纳税额。个体工商户出租住房，按照5%的征收率减按1.5%计算应纳税额。

不动产所在地与机构所在地不在同一县（市、区）的，纳税人应按照上述计税方法向不动产所在地主管国税机关预缴税款，向机构所在地主管国税机关申报纳税。

不动产所在地与机构所在地在同一县（市、区）的，纳税人应向机构所在地主管国税机关申报纳税。

② 其他个人出租不动产（不含住房），按照 5%的征收率计算应纳税额，向不动产所在地主管地税机关申报纳税。其他个人出租住房，按照5%的征收率减按1.5%计算应纳税额，向不动产所在地主管地税机关申报纳税。

小知识

（1）上述规定的前提是"小规模纳税人"出租不动产的增值税计算缴纳。第一款规定了小规模纳税人中的"单位和个体工商户"出租不动产如何计算缴纳增值税；第二款明确"其他个人"出租不动产如何计算缴纳增值税。

（2）小规模纳税人中"单位和个体工商户"出租不动产的基本规定是，适用简易计税方法，按照5%征收率计算应纳税额。

（3）《财政部国家税务总局关于全面推开营业税改征增值税试点的通知》（财税〔2016〕36号）规定"个人出租住房，应按照5%的征收率减按1.5%计算应纳税额"。个人包括个体工商户和其他个人。因此，在第一款小规模纳税人中"单位和个体工商户"出租不动产业务中，需要排除个体工商户出租住房。个体工商户出租住房，按照5%的征收率减按1.5%计算应纳税额。

（4）出租不动产应在不动产所在地纳税，当单位和个体工商户出租的不动产与其机构所在地不在同一县（市、区）的，则应在不动产所在地预缴税款，回机构所在地申报纳税。单位和个体工商户出租的不动产与其机构所在地在同一县（市、区）的，为减轻纳税人的办税负担，纳税人不需要预缴，直接申报纳税即可。

（5）个人减按1.5%计算应纳税额政策仅针对"住房"。第二款区分其他个人出租非住房和出租住房两部分来规定。其他个人出租不动产，包括住房，都应向不动产所在地主管地税机关申报纳税。

【例6-23】 以个人出租住房为例，《营业税改征增值税试点有关事项的规定》规定：个人出租住房，应按照5%的征收率减按1.5%计算应纳税额。

对于这条规定，应理解如下：
（1）自然人出租住房，按照5%征收率减按1.5%计算应纳税额；
（2）属于小规模纳税人的个体工商户，出租住房按照5%征收率减按1.5%计算应纳税额；
（3）属于一般纳税人的个体工商户，出租住房按照5%征收率减按1.5%计算应纳税额。

【例6-24】 深圳市福田区某个体工商户2013年购买惠州市一套商铺用于出租。自2016年5月1日起，纳税人出租该商铺，应如何计算纳税？如何预缴税款？

个体工商户机构所在地在深圳市福田区，不动产在惠州市，不动产所在地与机构所在地不在同一县（市、区），因此纳税人应向不动产所在地预缴增值税。纳税人为个体工商户，不是自然人，应向不动产所在地主管国税机关预缴增值税。在本案例中，纳税人出租商铺，不是住房，按照规定应以收取的租金按照5%的征收率计算应预缴税额，向不动产所在地惠州市的国税机关预缴税款，按照同样的计税方法，向其机构所在地深圳市福田区主管国税机关申报纳税。

【例6-25】 承例6-24。如果该个体工商户购买的是惠州市的一套住房（住房登记在该个体工商户名下），自2016年5月1日起，纳税人出租该住房，应如何计算纳税？如何预缴税款？

该个体工商户应以收取的租金减按照1.5%征收率计算应预缴税额，向不动产所在地惠州市的国税机关预缴税款后，按照同样的计税方法，向其机构所在地深圳市福田区主管国税机关申报纳税。

【例6-26】 刘某为深圳市居民，2013年购买惠州市一套商铺用于出租。自2016年5月1日起，刘某出租该商铺，应如何计算纳税？如何预缴税款？

《营业税改征增值税试点实施办法》明确，"其他个人出租不动产"委托地方税务局代为征收。自然人出租不动产，应向不动产所在地主管地税机关申报纳税。在本案例中，自然人出租商铺，不是住房，按照规定应以收取的租金按照5%的征收率计算应纳税额，向不动产所在地惠州市的地税机关申报纳税。

【例6-27】 承例6-26。如果刘某购买的是惠州市的一套住房,自2016年5月1日起,刘某出租该住房,应如何计算纳税?如何预缴税款?

因刘某出租的是住房,个人出租住房可以按照5%的征收率减按1.5%计算应纳税额,因此,刘某应以收取的租金,按照5%的征收率减按1.5%计算应纳税额,向不动产所在地惠州市的地税机关申报纳税。

3) 自然人出租不动产。
① 其他个人出租不动产,不需要预缴,直接在不动产所在地地税机关申报纳税。
② 个人出租住房,按照5%的征收率减按1.5%计算应纳税额。因此,其他个人出租不动产,应区分住房和非住房,分别适用不同公式计算应纳税额。

如果其他个人出租的是住房,则应将租金转换为不含税价后,按1.5%计算应纳税额;如果其他个人出租的是非住房,则应将租金转换为不含税价后,按5%计算应纳税额。其他个人出租不动产,统一按照5%征收率对含税价格进行换算。

其他个人出租不动产,按照以下公式计算应纳税款:
出租住房:

$$应纳税款=含税销售额÷(1+5\%)×1.5\%$$

出租非住房:

$$应纳税款=含税销售额÷(1+5\%)×5\%$$

【例6-28】 以其他个人出租不动产(不含住房)为例,根据《纳税人提供不动产经营租赁服务增值税征收管理暂行办法》(国家税务总局公告2016年16号)规定:其他个人出租不动产(不含住房),按照5%的征收率计算应纳税额;其他个人出租住房,按照5%的征收率减按1.5%计算应纳税额。这条规定的含义包括:

(1) 其他个人,即自然人出租一个商铺等非住宅,应按照租金和5%征收率计算增值税;
(2) 自然人出租住宅,则按照5%的征收率减按1.5%计算增值税。即不动产和住宅适用不同的计算方法。

【例6-29】 刘某为深圳市居民,拥有3套深圳市罗湖区住房,将两套住房出租,每月租金收入合计达6.6万元。刘某应如何计算应纳税额?应向哪里的税务机关申报纳税?

刘某为其他个人,其他个人出租不动产业务,由地方税务部门代为征收增值税。个人出租住房,可以依5%的征收率减按1.5%计算应纳税额。

应纳税额=6.6÷(1+5%)×1.5%=0.09(万元)

刘某应向住房所在地的主管地税机关,即深圳市罗湖区的地税机关申报纳税0.09万元。

【例6-30】 承例6-29。如果刘某出租的不是住房,而是商铺,商铺也在深圳市罗湖区。假设每月租金仍为6.6万元,刘某应如何计算应纳税额?应向哪里的税务机关申报纳税?

刘某为其他个人,其他个人出租不动产业务,由地方税务部门代为征收增值税。个人出租不动产(不含住房),直接按照5%的征收率计算应纳税额。

应纳税额=6.6÷(1+5%)×5%=0.31(万元)

刘某应向商铺所在地的主管地税机关,即深圳市罗湖区的地税机关申报纳税0.16万元。

对本次营改增前取得的不动产给予过渡政策

纳税人提供不动产经营租赁服务,对老项目均给予过渡政策。老项目是指纳税人在本次营改增前,即 2016 年 4 月 30 日前取得的不动产,在本次营改增后即 2016 年 5 月 1 日以后出租的业务。

过渡政策中增值税征收率为原营业税税率

原营业税政策规定,纳税人提供不动产经营租赁服务,适用 5%营业税税率。为保证税制平稳过渡,提供不动产经营租赁服务的增值税征收率也为 5%。纳税人出租老项目,可以按照过渡政策,采取简易计税方法依 5%的征收率计税。

需要说明的是,由于增值税是价外税,营业税是价内税,增值税 5%的征收率换算成价内税的税率为 4.76%,低于营业税 5%的税率,因此,适用简易计税方法的不动产经营租赁服务的增值税税负,较营改增前略有下降。

(3) 预缴税款。

1) 预缴税款的特殊规定。纳税人出租的不动产所在地与其机构所在地在同一直辖市或计划单列市但不在同一县(市、区)的,由直辖市或计划单列市国家税务局决定是否在不动产所在地预缴税款。

此处所称纳税人不包括其他个人。原因是其他个人出租不动产,不需要预缴税款,直接在不动产所在地申报纳税即可。

2) 预缴税款的计算方法。

① 纳税人出租不动产适用一般计税方法计税的,按照以下公式计算应预缴税款:

$$应预缴税款=含税销售额÷(1+11\%)×3\%$$

② 纳税人出租不动产适用简易计税方法计税的,除个人出租住房外,按照以下公式计算应预缴税款:

$$应预缴税款=含税销售额÷(1+5\%)×5\%$$

③ 个体工商户出租住房,按照以下公式计算应预缴税款:

$$应预缴税款=含税销售额÷(1+5\%)×1.5\%$$

此处"纳税人"仍不包括其他个人。

【例 6-31】 深圳市福田区智董公司(增值税一般纳税人)2013 年购买惠州市 10 套商铺用于出租,每月租金收入 40 万元。自 2016 年 5 月 1 日起,纳税人出租该商铺,应如何计算预缴税款?

纳税人机构所在地在深圳市福田区,不动产在惠州市,不动产所在地与机构所在地不在同一县(市、区),因此纳税人应向不动产所在地国税机关预缴税款。

该纳税人为增值税一般纳税人,如果纳税人选择一般计税方法:

预缴税款=40÷(1+11%)×3%=1.08(万元)

如果纳税人选择简易计税方法：

预缴税款=40÷（1+5%）×5%=1.90（万元）

【例6-32】 承例6-31。如果纳税人为个体工商户，购买的不是商铺，而是惠州市的一套住房（住房登记在该个体工商户名下），每月租金7万元。自2016年5月1日起，纳税人出租该住房，应如何计算预缴税款？

《营业税改征增值税试点有关事项的规定》规定，个人出租住房，按照5%的征收率减按1.5%计算应纳税额。本案例中，个体工商户应以收取的租金减按1.5%征收率计算应预缴税额。

预缴税款=7÷（1+5%）×1.5%=0.1（万元）

3）已预缴税款可以抵减应纳税额。

① 除自然人以外的纳税人，即单位和个体工商户出租不动产，在不动产所在地主管国税机关预缴税款后，回机构所在地主管国税机关申报纳税时，可以在当期的增值税应纳税额中，抵扣在不动产所在地国税机关已经预缴的税款，若当期未能抵减完，可以结转下期继续抵减。

② 纳税人在不动产所在地国税机关预缴税款后，应取得并妥善保管完税凭证，以完税凭证作为抵减应纳税额的合法有效凭证。

【例6-33】 深圳市南山区智董公司（增值税一般纳税人），该纳税人于2013年购买了惠州市一套商铺用于出租，购买时价格为1 000万元，取得不动产销售统一发票。纳税人每月收到的租金为20万元。假设该纳税人2016年5月其他业务的增值税应纳税额为50万元。2016年6月申报期，纳税人应如何计算5月所属期的增值税应纳税额？应如何申报纳税？

（1）假设该纳税人对出租商铺业务选择简易计税方法计税。根据规定，纳税人出租与机构所在地不在同一县（市、区）的不动产，需在不动产所在地预缴税款，则该纳税人应在惠州市国税部门预缴的税款为：

预缴税款=20÷（1+5%）×5%=0.95（万元）

纳税人应取得惠州市国税机关开具的完税凭证。

纳税人回机构所在地深圳市南山区后，计算5月的增值税应纳税额：

应纳税额=20÷（1+5%）×5%（出租业务）+50（其他业务）=50.95（万元）

纳税人应在6月纳税申报期内向其主管国税机关申报5月应纳税额50.95万元，同时以完税凭证为合法有效凭证，扣减已经在惠州市预缴的0.95万元，即纳税人应缴纳增值税50万元。

（2）假设该纳税人对出租商铺业务选择一般计税方法计税。纳税人出租与机构所在地不在同一县（市、区）的不动产，需在不动产所在地预缴税款，该纳税人应在惠州市国税部门预缴的税款为：

预缴税款=20÷（1+11%）×3%=0.54（万元）

纳税人应取得惠州市国税机关开具的完税凭证。

纳税人回机构所在地后，计算5月的增值税应纳税额：

应纳税额=20÷（1+11%）×11%+50=51.98（万元）

由于纳税人在2013年购买的不动产，2016年5月没有相应的不动产进项税额抵扣。故纳税人应在6月纳税申报期内向主管国税机关申报5月应纳税额51.98万元，同时以完税凭证为合法有效凭证，扣减已经在惠州市预缴的0.54万元，即纳税人应缴纳增值税51.44万元。

【例6-34】 深圳市南山区某纳税人2016年5月1日购买了惠州市一套商铺用于出租，购买时价格为1 110万元，取得增值税专用发票，注明增值税款110万元。纳税人立即将该商铺出租,每月租金收入为20万元,自2016年5月开始收取租金。假设该纳税人2016年5月其他业务的增值税应纳税额为50万元。2016年6月申报期,纳税人应如何计算5月所属期的增值税应纳税额?应如何申报纳税?

(1)假设该纳税人为增值税一般纳税人。增值税一般纳税人出租试点后取得的不动产,适用一般计税方法,其应在惠州市国税机关预缴税款:

预缴税款=20÷(1+11%)×3%=0.54(万元)

纳税人应取得惠州市国税机关开具的完税凭证。

纳税人回机构所在地深圳市南山区,计算5月的增值税应纳税额:

应纳税额=20÷(1+11%)×11%–110×60%+50=–14.02(万元)

纳税人5月的增值税留抵税额为–14.02万元,可留待以后纳税期继续抵扣。同时,纳税人在惠州市预缴的0.54万元税款,也可以结转下期继续抵减。

(2)假设该纳税人为增值税小规模纳税人。增值税小规模纳税人出租试点后取得的不动产,仍适用简易计税方法,其应在惠州市国税机关预缴税款:

预缴税款=20÷(1+5%)×5%=0.95(万元)

纳税人应取得惠州市国税机关开具的完税凭证。

纳税人回机构所在地深圳市南山区后,计算5月的增值税应纳税额:

应纳税额=20÷(1+5%)×5%+50=50.95(万元)

纳税人应在6月纳税申报期内向主管国税机关申报5月应纳税额50.95万元,同时以完税凭证为合法有效凭证,扣减已经在惠州市预缴的0.95万元,即纳税人应缴纳增值税50万元。

【例6-35】 刘某零售店为个体工商户,位于深圳市福田区,刘某零售店名下拥有深圳市罗湖区3套住宅,均购于2012年,一直用于出租。月租金收入7万元。2016年8月,该个体工商户其他业务的销售额(含税)9万元。纳税人8月应如何计算纳税?

(1)假设深圳市国家税务局要求深圳市纳税人出租与机构所在地不在同一县(区)不动产,在不动产所在地预缴税款。

个人出租住房按照5%征收率减按1.5%计算应纳税额。该个体工商户需在深圳市罗湖区预缴税款:

预缴税款=7÷(1+5%)×1.5%=0.1(万元)

纳税人应取得深圳市罗湖区国税机关开具的完税凭证。

该纳税人8月应纳税额=7÷(1+5%)×1.5%+9÷(1+3%)×3%=0.36(万元)

该个体工商户应在9月15日前向主管国税机关申报8月应纳税额0.36万元,同时以完税凭证为合法有效凭证,扣减已经在深圳市罗湖区预缴的0.1万元,即纳税人应缴纳增值税0.26万元。

(2)假设深圳市国家税务局对深圳市纳税人出租与机构所在地不在同一县(区)的不动产,不要求预缴税款,直接在机构所在地申报纳税。

该个体工商户9月15日前直接向主管国税机关申报8月应纳税额0.36万元。

该纳税人8月应纳税额=7÷(1+5%)×1.5%+9÷(1+3%)×3%=0.36(万元)

4)填写《增值税预缴税款表》。单位和个体工商户(不包括"其他个人",因为其他个人出租不动产,不需要预缴税款)出租不动产,按照规定向不动产所在地主管国税机关预缴税款时,应填写《增值税预缴税款表》"预征项目和栏次"中的第三行"出租不动产"。《增值税预缴税款表》中还需要填写纳税人名称、纳税人识别号等信息。通过《增值税预缴税款表》,可以实现纳税人异地经营业务的信息传递，全面掌握纳税人的经营信息。

（4）发票开具。小规模纳税人中的单位和个体工商户出租不动产，不能自行开具增值税发票的，可向不动产所在地主管国税机关申请代开增值税发票。

其他个人出租不动产，可向不动产所在地主管地税机关申请代开增值税发票。

纳税人向其他个人出租不动产，不得开具或申请代开增值税专用发票。

（5）纳税申报期。纳税人（不包括其他个人，指单位和个体工商户）出租不动产，按照规定需要预缴税款的，应在取得租金的次月纳税申报期或不动产所在地主管国税机关核定的纳税期限预缴税款。

具体来讲，一般情况下，出租不动产应在取得租金的次月纳税申报期内预缴税款。如纳税人5月收取的租金，应在6月申报期内，填写《增值税预缴税款表》并到不动产所在地主管国税机关预缴税款。

预缴税款的纳税期限，也可以由不动产所在地主管国税机关核定。《营业税改征增值税试点实施办法》第四十七条规定，增值税的纳税期限分别为1日、3日、5日、10日、15日、1个月或者1个季度。纳税人的具体纳税期限，由主管税务机关根据纳税人应纳税额的大小分别核定。以1个季度为纳税期限的规定适用于小规模纳税人、银行、财务公司、信托投资公司、信用社，以及财政部和国家税务总局规定的其他纳税人。不能按照固定期限纳税的，可以按次纳税。纳税人以1个月或者1个季度为1个纳税期的，自期满之日起15日内申报纳税；以1日、3日、5日、10日或者15日为1个纳税期的，自期满之日起5日内预缴税款，于次月1日起15日内申报纳税并结清上月应纳税款。主管国税机关可按照该规定核定纳税人出租不动产的纳税期限。

（6）纳税地点。纳税人（除自然人以外）应在不动产所在地预缴，机构所在地申报纳税。自然人出租不动产，只需在不动产所在地缴纳税款。

（7）征收机关。其他个人出租不动产的增值税，委托地方税务局代为征收，需要强调的是，仅仅是自然人出租不动产，由地方税务局代为征收；单位和个体工商户出租不动产，仍由国家税务局征收。

【例6-36】 深圳市福田区的一个个体工商户，在惠州市拥有一个商铺，该个体工商户将该商铺出租，是否需要预缴税款？如果需要，应向不动产所在地的主管国税机关应还是地税机关预缴呢？

纳税人提供不动产经营租赁服务，不动产与机构所在地不在同一县（市、区）的，应在不动产所在地预缴税款。根据规定，自然人出租不动产涉及的增值税，委托地方税务局代为征收，而个体工商户出租不动产业务涉及的增值税，并未委托地方税务局代征，因此，该个体工商户应在惠州市预缴税款，应向该不动产所在地的国税机关预缴。

（8）罚则。纳税人出租不动产，按照规定应向不动产所在地主管国税机关预缴税款而自应当预缴之月起超过6个月没有预缴税款的，由机构所在地主管国税机关按照《中华人民共和国税收征收管理法》及相关规定进行处理。

纳税人出租不动产，未按照规定缴纳税款的，由主管税务机关按照《中华人民共和国税收征收管理法》及相关规定进行处理。

（六）不动产融资租赁

1. 不动产融资租赁服务的概念

不动产融资租赁服务是指具有融资性质和所有权转移特点的租赁业务活动。即出租人根据承租人所要求的规格、型号、性能等条件购入有形动产或者不动产租赁给承租人，合同期内设备所有权属于出租人，承租人只拥有使用权，合同期满付清租金后，承租人有权按照残值购入租赁物，以拥有其所有权。不论出租人是否将租赁物残值销售给承租人，均属于融资租赁。

2. 不动产融资租赁的计税方法

（1）一般计税方法（一般纳税人2016年5月1日后签订的不动产融资租赁合同）。自2016年5月1日起，在中华人民共和国境内提供不动产融资租赁服务的单位和个人，为增值税纳税人。一般纳税人提供不动产融资租赁服务，税率为11%。

经人民银行、银监会或者商务部批准从事融资租赁业务的试点纳税人，提供融资租赁服务，以取得的全部价款和价外费用，扣除支付的借款利息（包括外汇借款和人民币借款利息）、发行债券利息和车辆购置税后的余额为销售额。

（2）简易计税方法（一般纳税人2016年4月30日前签订的不动产融资租赁合同）。一般纳税人2016年4月30日前签订的不动产融资租赁合同，或以2016年4月30日前取得的不动产提供的融资租赁服务，可以选择适用简易计税办法，按照5%的征收率计算缴纳增值税。不能抵扣取得的进项税额。

经人民银行、银监会或者商务部批准从事融资租赁业务的试点纳税人，提供融资租赁服务，以取得的全部价款和价外费用，扣除支付的借款利息（包括外汇借款和人民币借款利息）、发行债券利息和车辆购置税后的余额为销售额。

二、建筑

为保证建筑业营改增改革平稳过渡，对一般纳税人提供的建筑服务，有三项可以选择适用简易计税方法计税的过渡政策。同时，考虑到建筑业营业税的纳税地点为建筑劳务发生地，改为征收增值税后，纳税地点以机构所在地为主要确定原则（其他个人提供建筑服务除外），如果不在征管上设置服务发生地预征的办法，可能导致建筑劳务发生地税源流失的问题，因此，对于跨县（市）提供建筑服务，在征管上采取在服务发生地先预征税款的过渡安排。

以下仅专门介绍建筑服务相关营改增后特殊政策规定。

（一）清包工建筑工程可以选择简易计税方法计税

一般纳税人以清包工方式提供的建筑服务，可以选择适用简易计税方法计税。

以清包工方式提供建筑服务，是指施工方仅收取人工费、管理费或者其他费用，不采购建筑工程所需的材料或只采购辅助材料，建筑工程所需的主要材料或全部材料由建设方或上一环节工程发包方采购。

（1）按照统一后的增值税税制，一般纳税人提供建筑服务应适用一般计税方法和11%的税率，以当期销项税额减去当期进项税额计算应纳税额。以清包工方式提供的建筑服务，由于施工方不采购建筑工程所需材料或只采购辅助材料，且其大部分成本为人工成本，因此，施工方可以取得的用以抵扣的进项税额较少，按照一般计税方法计税，可能导致企业税负与原营业税税负相比大幅上升。为保证建筑业营改增改革的平稳过渡，一般纳税人的清包工建筑工程可以选择简易计税方法计税。

（2）适用简易计税方法的建筑服务，以取得的全部价款和价外费用扣除支付的分包款后的余额为销售额。该规定同样适用于一般纳税人选择适用简易计税方法计税的清包工建筑服务。

（二）为甲供工程提供的建筑服务

一般纳税人为甲供工程提供的建筑服务，可以选择适用简易计税方法计税。

甲供工程，是指施工方可能采购部分设备、材料、动力，也可能完全不采购设备、材料、动力，所需全部或部分设备、材料、动力由工程发包方自行采购的工程项目。

（1）按照统一的增值税的税制，一般纳税人为甲供工程提供的建筑服务应适用一般计税方法和11%的税率，以当期销项税额减去当期进项税额计算应纳税额。甲供工程中，全部或部分设备、材料、动力由工程发包方自行采购，施工方可能采购部分设备、材料、动力，也可能完全不采购设备、材料、动力。如果施工方完全不采购设备、材料、动力，只提供纯劳务的建筑服务，其绝大部分成本为人工成本，则施工方几乎没有用以抵扣的进项税额，如果对施工方按照一般计税方法计税，可能导致企业税负较高。为保证建筑业营改增改革的平稳过渡，一般纳税人为甲供工程提供的建筑服务可以选择简易计税方法计税。

（2）适用简易计税方法的建筑服务，以取得的全部价款和价外费用扣除支付的分包款后的余额为销售额。该规定同样适用于一般纳税人选择适用简易计税方法计税的甲供工程建筑服务。

需要注意的是，纳税人为甲供工程提供建筑服务取得的全部价款和价外费用的确定原则，与营业税不同。

《营业税暂行条例实施细则》第十六条规定："纳税人提供建筑业劳务（不含装饰劳务）的营业额应当包括工程所用原材料、设备及其他物资和动力价款在内，但不包括建设方提供的设备的价款。"因此，甲供工程中，施工方提供建筑劳务的营业税计税依据既包括自身取得的工程款，也包括建设方提供的材料价款。

（三）跨县（市、区）提供建筑服务

自2016年5月1日起，纳税人跨县（市、区）提供建筑服务增值税征收管理实行以下规定。

1. 适用范围

跨县（市、区）提供建筑服务，是指单位和个体工商户（以下简称纳税人）在其机构所在地以外的县（市、区）提供建筑服务。

纳税人在同一直辖市、计划单列市范围内跨县（市、区）提供建筑服务的，由直辖市、计划单列市国家税务局决定是否适用以下规定。

其他个人（自然人）跨县（市、区）提供建筑服务，不适用以下规定。

营改增后建筑业的征税范围

营改增后建筑业的征税范围，与原营业税相比变化不大，在建筑服务税目下细分了工程服务、安装服务、修缮服务、装饰服务和其他建筑服务5个子目。其中，工程服务、修缮服务和装饰服务3个子目主要是围绕建筑物和构筑物提供的建筑服务。工程服务主要是建筑物和构筑物的新建、改建；修缮服务主要是建筑物和构筑物的修补、加固、养护、改善；装饰服务主要是建筑物和构筑物的修饰装修；安装服务主要包括各种设备的装配、安置等；其他建筑服务是除以上4个子目以外的其他建筑服务的集合，如钻井、平整土地、园林绿化、拆除建筑物或者构筑物、爆破、穿孔等。具体的范围在《财政部国家税务总局关于全面推开营业税改征增值税试点的通知》（财税〔2016〕36号）所附《销售服务、无形资产、不动产注释》中作出了详细规定。

> **小知识**

（1）从地域来看，"异地"提供建筑服务，适用《纳税人跨县（市、区）提供建筑服务增值税征收管理暂行办法》（国家税务总局公告2016年第17号）

"异地"，是指建筑服务发生地和机构所在地不在同一县（市、区）。如果机构所在地和建筑服务发生地为同一地的，按照机构所在地纳税的基本原则申报纳税即可。只有机构所在地和建筑服务发生地非同一地，才需要实行建筑服务地预缴机构所在地申报纳税的机制。之所以将跨县（市、区）界定为"异地"，主要是从我国行政区划的层级以及财政收入支配层级的角度出发，考虑对地方财政收入的影响程度，以县（市、区）一级为宜。注意，这里的"市、区"是指与"县"平级的不设区的市和市辖区。

（2）从主体来看，单位和个体工商户适用《纳税人跨县（市、区）提供建筑服务增值税征收管理暂行办法》（国家税务总局公告2016年第17号）

需要说明的是，个人分为个体工商户和其他个人（自然人），按照现行规定，个人中的个体工商户需要办理税务登记并接受税收管理，自然人无须进行税务登记，没有机构所在地的概念，此外，对其设定过多的管理要求也会增加自然人的办税成本。因此，《财政部　国家税务总局关于全面推开营业税改征增值税试点的通知》（财税〔2016〕36号）中已经明确了其他个人提供建筑服务，在建筑服务发生地申报纳税，对应地，《纳税人跨县（市、区）提供建筑服务增值税征收管理暂行办法》（国家税务总局公告2016年第17号）也将自然人排除出适用范围。

此外，在同一直辖市、计划单列市范围内跨县（市、区）提供建筑服务的，直辖市、计划单列市国家税务局可以自行决定是否在建筑服务发生地预缴并向机构所在地申报纳税。比如，在深圳市福田区注册的一家建筑企业，在深圳市罗湖区提供了建筑服务，这家企业是直接在机构所在地深圳市福田区申报纳税，还是需要在深圳市罗湖区预缴税款回深圳市福田区申报纳税，可由北京市国家税务局根据自身情况进行确定。

2. 税率和征收率

建筑服务适用11%的增值税税率。原营业税制度下，建筑业适用3%的营业税税率，并以扣除建筑分包款之后的余额为计税营业额计算缴纳营业税。营改增后，考虑到建筑业的主要成本，如其采购的建筑材料、工程机械设备、接受的营改增应税服务支出等，均可以获得进项税额抵扣，因此，建筑服务适用11%的税率。同时，适用简易计税方法的建筑服务，适用3%的征收率，由于其进项税额不允许抵扣，因此，为保证税制平稳过渡，营改增后继续沿用了原营业税差额征税规定，即纳税人提供建筑服务适用简易计税方法计税的，如果其将部分建筑服务分包给了其他单位或个人，以其取得的全部价款和价外费用扣除支付的分包款后的余额为销售额计算缴纳增值税。由于增值税是价外税，3%的增值税征收率相当于2.91%的营业税税率，因此，可以说营改增后所有适用简易计税方法计税的建筑服务，其缴纳的增值税均略少于营改增前缴纳的营业税。

3. 预缴税款

（1）一般规定。纳税人跨县（市、区）提供建筑服务，按照以下规定预缴税款。

1）一般纳税人跨县（市、区）提供建筑服务。

① 一般纳税人跨县（市、区）提供建筑服务适用一般计税方法计税的，以取得的全部价款和价外费用扣除支付的分包款后的余额，按照2%的预征率计算应预缴税款。

应预缴税款=（全部价款和价外费用−支付的分包款）÷（1+11%）×2%

这一计算原则充分考虑了建筑业纳税人的税负水平。在确定预征率时，既要考虑税源尽量少转移，又要尽量避免因在建筑服务地大量预缴，造成机构所在地出现留抵税额的情况发生，以防占压纳税人的资金。

② 一般纳税人跨县（市、区）提供建筑服务，选择适用简易计税方法计税的，以取得的全部价款和价外费用扣除支付的分包款后的余额，按照3%的征收率计算应预缴税款。

应预缴税款=（全部价款和价外费用−支付的分包款）÷（1+3%）×3%

对于适用简易计税方法的建筑服务来说，其预缴税额的计算和应纳税额的计算一致，也就是说，该项适用简易计税方法的建筑服务所实现的增值税其实已经全部在建筑服务发生地入库。

2）小规模纳税人跨县（市、区）提供建筑服务。小规模纳税人跨县（市、区）提供建筑服务以取得的全部价款和价外费用扣除支付的分包款后的余额，按照3%的征收率计算应预缴税款。

应预缴税款=（全部价款和价外费用−支付的分包款）÷（1+3%）×3%

纳税人取得的全部价款和价外费用扣除支付的分包款后的余额为负数的，可结转下次预缴税款时继续扣除。

纳税人应按照工程项目分别计算应预缴税款，分别预缴。

（2）计算公式。纳税人跨县（市、区）提供建筑服务，按照以下公式计算应预缴税款：

1）适用一般计税方法计税的，应预缴税款=（全部价款和价外费用−支付的分包款）÷（1+11%）×2%。

由于增值税是价外税，取得的含税的价款和价外费用在预缴税款计算时需要将含税价格换算成不含税价格。

2）适用简易计税方法计税的，应预缴税款=（全部价款和价外费用−支付的分包款）÷（1+3%）×3%。

纳税人取得的全部价款和价外费用扣除支付的分包款后的余额为负数的，可结转下次预缴税款时继续扣除。

纳税人应按照工程项目分别计算应预缴税款，分别预缴。

也就是说，如果纳税人同时为多个跨县（市、区）的建筑项目提供建筑服务，需要分项目计算预缴税款。这一规定保证了所有预缴税款的实现与建筑工程项目一一对应和匹配，减少对建筑服务发生地收入实现的交叉影响。

（3）提交资料。纳税人跨县（市、区）提供建筑服务，在向建筑服务发生地主管国税机关预缴税款时，需提交以下资料。

1）《增值税预缴税款表》。该表包括纳税人的基本信息以及预缴税款相关信息。需要注意的是，如果纳税人有多个建筑工程项目同时需要预缴，应分项目填写《增值税预缴税款表》。

2）与发包方签订的建筑合同原件及复印件。建筑合同是预缴的基本参考依据，在预缴税款时，纳税人需要提供与发包方签订的建筑合同的原件及复印件。

3）与分包方签订的分包合同原件及复印件。

4）从分包方取得的发票原件及复印件。

如果存在分包业务需要扣除分包款的话，纳税人还需要提供与分包方签订的分包合同原件和复印件，以及作为允许扣除凭证的发票，无法提供发票的不允许进行扣除。

4. 允许扣除的分包款合法有效凭证

纳税人按照上述规定从取得的全部价款和价外费用中扣除支付的分包款，应当取得符合法律、行政法规和国家税务总局规定的合法有效凭证，否则不得扣除。

上述凭证是指：

（1）从分包方取得的2016年4月30日前开具的建筑业营业税发票可在2016年6月30日前作为预缴税款的扣除凭证。由于营改增初期，建筑企业手里可能还有部分之前取得的营业税发票，为保证营业税发票到增值税发票的平稳过渡，给予了营业税发票两个月的过渡期，也就是说，在2016年6月30日以前，允许企业在预缴税款时，以支付分包款时取得的试点前开具的营业税发票进行扣除。在6月30日以后，这一项扣除凭证也就自然废止了。

（2）从分包方取得的2016年5月1日后开具的增值税发票。营改增后，提供建筑服务所开具的发票都应改为增值税发票。需要注意的是，由于需要分建筑工程项目分别计算应预缴税款、分别预缴，因此，为了保证扣除的分包款与项目一一对应，需要在增值税发票的备注栏注明建筑服务发生地所在县（市、区）以及项目名称。

（3）国家税务总局规定的其他凭证。这是一个兜底条款。

5. 在机构所在地纳税申报

纳税人跨县（市、区）提供建筑服务，向建筑服务发生地主管国税机关预缴的增值税税款，可以在当期增值税应纳税额中抵减，抵减不完的，结转下期继续抵减。

纳税人以预缴税款抵减应纳税额，应以完税凭证作为合法有效凭证。

此外，为避免纳税人在建筑服务发生地预缴税款过多，机构所在地大量留抵，占压纳税人资金的情况发生，《财政部 国家税务总局关于全面推开营业税改征增值税试点的通知》（财税〔2016〕36号）还作出了明确规定，一般纳税人跨省（自治区、直辖市或者计划单列市）提供建筑服务，在机构所在地申报纳税时，计算的应纳税额小于已预缴税额，且差额较大的，由国家税务总局通知建筑服务发生地省级税务机关，在一定时期内暂停预缴增值税。

【例6-37】 江西省智董建筑企业（增值税一般纳税人）2016年9月分别在广东省和山东省提供建筑服务（均为非简易计税项目），当月分别取得建筑服务收入（含税）4 995万元和8 991万元，分别支付分包款1 665万元（取得增值税专用发票上注明的增值税额为165万元）和2 331万元（取得增值税专用发票上注明的增值税额为231万元），支付不动产租赁费用333万元（取得增值税专用发票上注明的增值税额为33万元），购入建筑材料花费3 510万元（取得增值税专用发票上注明的增值税额为510万元）。该建筑企业在10月纳税申报期如何申报缴纳增值税？

该建筑公司应当在广东省和山东省就两项建筑服务分别计算并预缴税款。

（1）就广东省的建筑服务计算并向建筑服务发生地主管国税机关预缴增值税：当期预缴税款=（4 995−1 665）÷（1+11%）×2%=60（万元）

（2）就山东省的建筑服务计算并预缴增值税：

当期预缴税款=（8 991−2 331）÷（1+11%）×2%=120（万元）

（3）分项目预缴后，需要回到机构所在地江西省向主管国税机关申报纳税：

当期应纳税额=（4 995+8 991）÷（1+11%）×11%−165−231−33−510=447（万元）

当期应补税额=447−60−1 200=267（万元）

6. 发票开具

小规模纳税人跨县（市、区）提供建筑服务，不能自行开具增值税发票的，可向建筑服务发生地主管国税机关按照其取得的全部价款和价外费用申请代开增值税发票。

一般纳税人可按照现行规定自行开具增值税发票,而对小规模纳税人来说,分以下两种情况:

第一种情况是可以自行开具普通发票而不能自行开具增值税专用发票的小规模纳税人,明确增值税普通发票自行开具,增值税专用发票可以向建筑服务发生地主管国税机关申请代开。

第二种情况是起征点以下的小规模纳税人,由于其既不能开具增值税专用发票,也不能自行开具增值税普通发票,因此,这一类小规模纳税人可以向建筑服务发生地主管国税机关申请代开增值税专用发票和增值税普通发票。

另外,无论自行开具发票还是有税务机关代开发票,其开票金额均为其提供建筑服务取得的全部价款和价外费用。例如,小规模纳税人提供建筑服务取得100万元收入,发生了分包业务支付了20万元的分包款。在计算税款时,是按照80万元计算缴纳增值税,但在向建筑服务接受方开具发票时,是以100万元全额开具发票。考虑到服务接受方按照全额支付价款,并需要拿到一张全额的增值税发票,因此,对纳税人提供适用简易计税方法的建筑业服务,允许其差额征税但全额开票。

7. 纳税义务发生时间和纳税期限

纳税人跨县(市、区)提供建筑服务预缴税款时间,按照财税〔2016〕36号规定的纳税义务发生时间和纳税期限执行。

就纳税义务发生时间而言,除适用增值税纳税义务发生时间的普遍原则以外,还有一项特殊的规定,即纳税人提供建筑服务采取预收款方式的,其纳税义务发生时间为收到预收款的当天。就纳税期限而言,提供建筑服务的一般纳税人普遍适用1个月的纳税期限,小规模纳税人可以选择1个季度的纳税期限。

【例6-38】 智董建筑公司(增值税一般纳税人)在2016年10月跨县提供建筑服务取得了168万元收入,取得预收款32万元。纳税人应该如何进行申报?

纳税人应该在11月纳税申报期就200万元(168+32)计算预缴税款并在建筑服务发生地进行预缴,同时,在11月纳税申报期核算进销项计算应纳税额后,向机构所在地主管国税机关申报缴纳增值税。

8. 纳税地点

建筑服务的纳税地点遵循机构所在地纳税的基本原则,并辅以建筑服务发生地预缴机制。建筑业流动性强,跨区域作业非常普遍,原营业税纳税地点为建筑劳务发生地。营改增后,由于建筑服务发生地无法进行完整的进项、销项核算,并准确计算出增值税应纳税额,因此,纳税地点将按照增值税的统一原则,改为在机构所在地纳税。但是,纳税地点的调整将改变现有的税源格局,对于所有异地提供建筑服务的工程项目来说,税源均将由建筑服务发生地转移到机构所在地。为避免造成税源转移过大,对异地提供建筑服务,采取了先在建筑服务发生地实行预缴,然后回到机构所在地申报纳税的征管模式。

纳税人跨县(市、区)提供建筑服务,应按照财税〔2016〕36号规定的纳税义务发生时间和计税方法,向建筑服务发生地主管国税机关预缴税款,向机构所在地主管国税机关申报纳税。

(1)预缴税款的地点为建筑服务发生地,征收管理机关为建筑服务发生地主管国税机关。

(2)纳税申报的地点为机构所在地,征收管理机关为机构所在地主管国税机关。需要注意的是,这里强调了无论是建筑服务发生地预缴还是机构所在地申报纳税,其征收管理机关均为国税机关。这主要是为了区别于纳税人销售不动产和其他个人出租不动产由地税机关代为征收的情况。

《建筑工程施工许可证》未注明合同开工日期,但建筑工程承包合同注明的开工日期在2016年4月30日前的建筑工程项目,属于财税〔2016〕36号)规定的可以选择简易计税方法计税的建筑工程老项目。

简单来说,就是有《建筑工程施工许可证》的,看许可证上的合同开工日期,没有《建筑工程施工许可证》的,看合同注明的开工日期。如果《建筑工程施工许可证》未注明合同开工日期的,以建筑工程承包合同注明的开工日期作为判定标准,即建筑工程承包合同注明的开工日期在2016年4月30日前的建筑工程项目属于建筑工程老项目,可以选择简易计税方法计税。

9. 台账

由于纳税人跨区提供建筑服务需要分项目预缴税款并分别预缴,对纳税人的财务核算,以及税务机关的税收征管均提出了新的要求。为便于纳税人分项目核算,准确计算预缴税款以及应纳税额,纳税人必须自行建立预缴税款台账,并要区分不同县(市、区)和项目逐笔登记基本涉税信息,如取得的收入、支付的分包款、已扣除的分包款、已预缴税款以及预缴税款的扣除分包款等。同时,还需要记录扣除分包款对应的发票号码、预缴税款取得的完税凭证号码等相关内容。

10. 预缴税款、纳税申报、发票开票等涉税事项

纳税人跨县(市、区)提供建筑服务,按照应向建筑服务发生地主管国税机关预缴税款而自应当预缴之月起超过6个月没有预缴税款的,由机构所在地主管国税机关按照《中华人民共和国税收征收管理法》及相关规定进行处理。

纳税人跨县(市、区)提供建筑服务,未按照缴纳税款的,由机构所在地主管国税机关按照《中华人民共和国税收征收管理法》及相关规定进行处理。

11. 过渡性政策措施

考虑到建筑企业在经营模式、发展阶段、所处产业链条的位置不同等因素,部分建筑企业在改革后税负可能出现税负上升。尤其是在工程分包链条中,越往下人工成本越高,可抵扣的进项税额越少,税负增加的可能性越大。因此,国家税务总局制定了一系列过渡性政策和征管措施。

(1)允许一般纳税人为建筑工程老项目提供的建筑服务选择简易计税方法计税。老项目,简单来说就是营改增试点前开工的建筑工程项目。《财政部 国家税务总局关于全面推开营业税改征增值税试点的通知》(财税〔2016〕36号)中对老项目的定义也进行了清晰的界定。试点后开工的建筑工程,进项税额抵扣齐全,按照一般计税方法正常纳税即可。而试点前开工的建筑老项目,建筑企业已经发生的成本费用支出,不能抵扣进项税额。因此,允许建筑企业就建筑老项目选择简易计税方法计算缴纳增值税。该政策是针对建筑工程老项目的过渡性安排,随着时间的推进,待老项目全部完工后即可自然终止。

(2)允许一般纳税人以清包工方式提供的建筑服务选择简易计税方法计税。清包工,是指施工方不采购建筑工程所需的材料或只采购辅助材料,并收取人工费、管理费或者其他费用的建筑服务。由于分包业务在建筑行业普遍存在,处在分包链条最底层的企业,主要以清包工的形式承揽工程,其成本费用支出基本是建筑工人的工资,可以抵扣的进项税额很少。因此,对一般纳税人的清包工业务,可以允许其选择简易计税方法计算缴纳增值税。

(3)允许一般纳税人为甲供工程提供的建筑服务选择简易计税方法计税。甲供工程,是指全部或部分设备、材料、动力由工程发包方自行采购的建筑工程。营改增后,甲方如果是一般纳税人的话,会倾向于尽量扩大甲供材的采购,以增加自身可抵扣的进项税额。相应地,建筑企业可抵扣的进项税额必然减少。因此,允许甲方采购材料的建筑工程选择简易计税。

（4）允许施工现场建设的临时设施一次性抵扣。按照规定，纳税人取得的不动产分2年抵扣进项税额。那么，不动产在什么情况下分年抵扣、什么情况下一次性抵扣，需要有一个清晰的界定以便于执行。比如，工厂购买的厂房和房地产开发公司开发的楼盘，虽然同属于不动产，但在进项税的抵扣上应区别对待。前者属于可以为企业长期创造价值、长期保持原有形态的实物资产，应当分年抵扣；后者在实质上属于企业生产出来用于销售的产品，应当一次性抵扣。建筑业也有其特殊性，为了保证施工正常进行，建筑企业大多需要在施工现场建设一些临时性的简易设施，如工棚、物料库、现场办公房等。临时设施虽然也属于不动产的范畴，但存续时间短，其性质与生产过程中的中间投入物更为接近。因此，对于施工现场修建的临时设施，包括临时建筑物和构筑物，视同自产产品连续用于再生产，允许其一次性抵扣进项税额。

（5）明确甲供材不作为建筑企业的税基。在建筑工程中，出于质量控制的考虑，甲方一般会自行采购主要建筑材料，即甲供材。甲供材主要有两种模式：一是甲供材作为工程款的一部分，甲方采购后交给建筑企业使用，并抵减部分工程款（如工程款1 000万元，甲方实际支付600万元，剩余400万元用甲供材抵顶工程款）；二是甲供材与工程款无关，甲方采购后交给建筑企业使用，并另行支付工程款（如工程款600万元，甲供材400万元）。按照营业税政策规定，不论采用哪一种模式，建筑企业都要按照1 000万元计算缴纳营业税。从增值税的角度看，其实甲供材并没有特殊性。对第一种模式，甲方用甲供材抵顶工程款，属于有偿转让货物的所有权，应缴纳增值税；甲方征税后，建筑企业可以获得进项税额正常抵扣。第二种模式，甲供材与建筑企业无关，建筑企业仅需就实际取得的工程款600万元计提销项税额。但是，由于甲供材属于现行营业税的税基，前期行业普遍关注营改增后甲供材的处理。

焦点主要在于第二种模式下，建筑企业并未取得甲供材的相应收入，如果按照工程款和甲供材的合计金额计提销项税，与现行的增值税税制不相符。

（6）增加税务机关专用发票代开点，解决建筑企业采购砂土石料抵扣不足问题。在营业税税制下，建筑企业不需要抵扣进项税额，采购砂土石料等辅材时，大多不主动索取发票，供应商借此偷逃税款，也造成了砂土石料市场的不规范运作。

增值税的征扣税链条，对提高企业管理水平、规范市场行为、堵塞偷税漏洞、保护守法经营，具有天然的促进作用，这正是营改增的积极意义和增值税的制度优势。从以前试点的情况看，试点企业对新税制都有一个逐步适应的过程。随着试点时间的延长，试点企业出于增加进项税额抵扣的需要，会逐渐地加强采购端控制，调整采购渠道，尽可能地选择可以提供专用发票的供应商，尽可能地选择一般纳税人作为供应商。这样做的结果，不仅使自身的税负有效降低，也使得供应商不得不规范纳税，以获得开具专用发票的权利，税收征管的整体水平自然也会逐步提高。如果迁就建筑市场的不规范现状给予砂土石料计算抵扣等特殊安排，仅仅是当下让建筑企业满意，长期来看，对建筑行业的发展、市场秩序的规范、税制的完善、征管水平的提高都会产生不利影响。

与此同时，各级税务机关也要进一步加强宣传辅导，利用办税大厅、新闻媒体、微信推送等渠道，通过现场培训、发放宣传视频和材料等方式，说明增值税和营业税的差异性，进项控制对企业的重要性，引导企业主动调整采购方式，加强内部管理，尽快适应增值税税制。有条件的地区，可对建筑企业进行一对一当面沟通。同时，优化纳税服务，可根据需要在建筑材料市场、大型工程项目部等地点设置专用发票代开点，为小规模的砂土石料供应商和临时经营者代开专用发票提供便利，提高建筑企业购买辅料获得抵扣凭证的比例。

（四）为建筑工程老项目提供的建筑服务

一般纳税人为建筑工程老项目提供的建筑服务，可以选择适用简易计税方法计税。

（1）按照统一后的增值税税制，一般纳税人提供的建筑服务应适用一般计税方法和11%的税率，以当期销项税额减去当期进项税额计算应纳税额。对于建筑工程老项目，施工方的采购活动可能在营改增试点前已经完成或大部分完成，因此，其在2016年5月1日后没有可以抵扣的进项税额，或可以抵扣的进项税额很少，这种情形下如果对施工方按照一般计税方法计税，可能导致企业税负较高。为保证建筑业营改增改革的平稳过渡，一般纳税人为建筑工程老项目提供的建筑服务，可以选择适用简易计税方法计税。

（2）建筑工程老项目，是指：

1)《建筑工程施工许可证》注明的合同开工日期在2016年4月30日前的建筑工程项目；

2)未取得《建筑工程施工许可证》的，建筑工程承包合同注明的开工日期在2016年4月30日前的建筑工程项目；

3)《建筑工程施工许可证》未注明合同开工日期，但建筑工程承包合同注明的开工日期在2016年4月30日前的建筑工程项目。

（3）《建筑工程施工许可证》。《住房城乡建设部办公厅关于进一步加强建筑工程施工许可管理工作的通知》（建办市〔2014〕34号）第四条明确："施工许可证样本由住房城乡建设部统一规定，各发证机关不得更改。自2014年10月25日起，统一使用新版施工许可证及其申请表"。建办市〔2014〕34号规定的新版《建筑工程施工许可证》，与旧版《建筑工程施工许可证》，除了增加注明相关事项外，取消了注明开工日期，因此，2016年4月30日前开工的建筑工程老项目，可能使用的是新版《建筑工程施工许可证》，也可能使用的是旧版《建筑工程施工许可证》。

为此，《国家税务总局关于发布〈纳税人跨县（市、区）提供建筑服务增值税征收管理暂行办法〉的公告》（国家税务总局公告2016年第17号）中明确："《建筑工程施工许可证》未注明合同开工日期，但建筑工程承包合同注明的开工日期在2016年4月30日前的建筑工程项目，属于建筑工程老项目。"

（4）按照《营业税改征增值税试点有关事项的规定》第一条第3项第9点，适用简易计税方法的建筑服务，以取得的全部价款和价外费用扣除支付的分包款后的余额为销售额。

上述规定同样适用于一般纳税人选择适用简易计税方法计税的建筑工程老项目。

三、其他行业

以下仅介绍营改增后特别明确指出的相关行业政策，一般性政策请参阅本书其他相关章节。

（一）餐饮

餐饮行业增值税一般纳税人购进农业生产者自产农产品，可以使用国税机关监制的农产品收购发票，按照现行规定计算抵扣进项税额。

有条件的地区，应积极在餐饮行业推行农产品进项税额核定扣除办法，按照《财政部 国家税务总局关于在部分行业试行农产品增值税进项税额核定扣除办法的通知》（财税〔2012〕38号）有关规定计算抵扣进项税额。

（二）人力资源外包服务

纳税人提供人力资源外包服务，按照经纪代理服务缴纳增值税，其销售额不包括受客户单位委托代为向客户单位员工发放的工资和代理缴纳的社会保险、住房公积金。向委托方收取并代为发放的工资和代理缴纳的社会保险、住房公积金，不得开具增值税专用发票，可以开具普通发票。

一般纳税人提供人力资源外包服务,可以选择适用简易计税方法,按照5%的征收率计算缴纳增值税。

(三) 劳务派遣服务

一般纳税人提供劳务派遣服务,可以按照《财政部 国家税务总局关于全面推开营业税改征增值税试点的通知》(财税〔2016〕36号)的有关规定,以取得的全部价款和价外费用为销售额,按照一般计税方法计算缴纳增值税;也可以选择差额纳税,以取得的全部价款和价外费用,扣除代用工单位支付给劳务派遣员工的工资、福利和为其办理社会保险及住房公积金后的余额为销售额,按照简易计税方法依5%的征收率计算缴纳增值税。

小规模纳税人提供劳务派遣服务,可以按照《财政部 国家税务总局关于全面推开营业税改征增值税试点的通知》(财税〔2016〕36号)的有关规定,以取得的全部价款和价外费用为销售额,按照简易计税方法依3%的征收率计算缴纳增值税;也可以选择差额纳税,以取得的全部价款和价外费用,扣除代用工单位支付给劳务派遣员工的工资、福利和为其办理社会保险及住房公积金后的余额为销售额,按照简易计税方法依5%的征收率计算缴纳增值税。

选择差额纳税的纳税人,向用工单位收取用于支付给劳务派遣员工工资、福利和为其办理社会保险及住房公积金的费用,不得开具增值税专用发票,可以开具普通发票。

劳务派遣服务,是指劳务派遣公司为了满足用工单位对于各类灵活用工的需求,将员工派遣至用工单位,接受用工单位管理并为其工作的服务。

(四) 收费公路通行费

收费公路通行费抵扣及征收政策:

(1) 2016年5月1日至7月31日,一般纳税人支付的道路、桥、闸通行费,暂凭取得的通行费发票(不含财政票据,下同)上注明的收费金额按照下列公式计算可抵扣的进项税额:

高速公路通行费可抵扣进项税额=高速公路通行费发票上注明的金额÷(1+3%)×3%

一级公路、二级公路、桥、闸通行费可抵扣进项税额=一级公路、二级公路、桥、闸通行费发票上注明的金额÷(1+5%)×5%

通行费,是指有关单位依法或者依规设立并收取的过路、过桥和过闸费用。

(2) 一般纳税人收取试点前开工的一级公路、二级公路、桥、闸通行费,可以选择适用简易计税方法,按照5%的征收率计算缴纳增值税。

试点前开工,是指相关施工许可证注明的合同开工日期在2016年4月30日前。

(五) 铁路运输企业

为明确"营改增"后铁路运输企业总分机构缴纳增值税问题,国家税务总局制定了《铁路运输企业增值税征收管理暂行办法》(国家税务总局公告2014年第6号),自2014年1月1日起施行。

(1) 适用范围。汇总申报缴纳增值税的中国铁路总公司及其所属运输企业(含下属站段,下同)适用。

(2) 中国铁路总公司所属运输企业按照规定预缴增值税,中国铁路总公司汇总向机构所在地主管税务机关申报纳税。

(3) 中国铁路总公司应当汇总计算本部及其所属运输企业提供铁路运输服务以及与铁路运输相关的物流辅助服务(以下称铁路运输及辅助服务)的增值税应纳税额,抵减所属运输企业提供上述应税服务已缴纳（包括预缴和查补，下同）的增值税额后，向主管税务机关申报纳税。

中国铁路总公司发生除铁路运输及辅助服务以外的增值税应税行为，按照《增值税暂行条例》、试点实施办法及相关规定就地申报纳税。

（4）中国铁路总公司汇总的销售额，为中国铁路总公司及其所属运输企业提供铁路运输及辅助服务的销售额。

（5）中国铁路总公司汇总的销项税额，按照《铁路运输企业增值税征收管理暂行办法》第五条规定的销售额和增值税适用税率计算。

（6）中国铁路总公司汇总的进项税额，是指中国铁路总公司及其所属运输企业为提供铁路运输及辅助服务而购进货物、接受加工修理修配劳务和应税服务，支付或者负担的增值税额。

中国铁路总公司及其所属运输企业取得与铁路运输及辅助服务相关的固定资产、专利技术、非专利技术、商誉、商标、著作权、有形动产租赁的进项税额，由中国铁路总公司汇总缴纳增值税时抵扣。

中国铁路总公司及其所属运输企业用于铁路运输及辅助服务以外的进项税额不得汇总。

（7）中国铁路总公司及其所属运输企业用于提供铁路运输及辅助服务的进项税额与不得汇总的进项税额无法准确划分的，按照试点实施办法第二十六条确定的原则执行。

（8）中国铁路总公司所属运输企业提供铁路运输及辅助服务，按照除铁路建设基金以外的销售额和预征率计算应预缴税额，按月向主管税务机关申报纳税，不得抵扣进项税额。计算公式为：

$$应预缴税额=（销售额-铁路建设基金）\times 预征率$$

销售额是指为旅客、托运人、收货人和其他铁路运输企业提供铁路运输及辅助服务取得的收入。

其他铁路运输企业，是指中国铁路总公司及其所属运输企业以外的铁路运输企业。

中国铁路总公司所属运输企业发生除铁路运输及辅助服务以外的增值税应税行为，按照《增值税暂行条例》、试点实施办法及相关规定就地申报纳税。

（9）中国铁路总公司所属运输企业，应按月将当月提供铁路运输及辅助服务的销售额、进项税额和已缴纳增值税额归集汇总，填写《铁路运输企业分支机构增值税汇总纳税信息传递单》，报送主管税务机关签章确认后，于次月10日前传递给中国铁路总公司。

（10）中国铁路总公司的增值税纳税期限为一个季度。中国铁路总公司应当根据《铁路运输企业分支机构增值税汇总纳税信息传递单》，汇总计算当期提供铁路运输及辅助服务的增值税应纳税额，抵减其所属运输企业提供铁路运输及辅助服务当期已缴纳的增值税额后，向主管税务机关申报纳税。抵减不完的，可以结转下期继续抵减。计算公式为：

$$当期汇总应纳税额=当期汇总销项税额-当期汇总进项税额$$
$$当期应补（退）税额=当期汇总应纳税额-当期已缴纳税额$$

（11）中国铁路总公司及其所属运输企业，一律由主管税务机关认定为增值税一般纳税人。中国铁路总公司应当在开具增值税专用发票（含货物运输业增值税专用发票）的次月申报期结束前向主管税务机关报备。中国铁路总公司及其所属运输企业取得的增值税扣税凭证，应当按照有关规定到主管税务机关办理认证或者申请稽核比对。中国铁路总公司汇总的进项税额，应当在季度终了后的第一个申报期内申报抵扣。

（12）中国铁路总公司及其所属运输企业所在地主管税务机关应定期或不定期对其纳税情况进行检查。

中国铁路总公司所属铁路运输企业提供铁路运输及辅助服务申报不实的,由其主管税务机关按适用税率全额补征增值税。

(13)铁路运输企业的其他增值税涉税事项,按照《增值税暂行条例》、试点实施办法及相关规定执行。

(六)航空运输企业

为解决"营改增"试点期间航空运输企业总分机构缴纳增值税问题,根据《航空运输企业增值税征收管理暂行办法》(国家税务总局公告2013年第68号),自2013年10月1日起,按照《总分机构试点纳税人增值税计算缴纳暂行办法》计算缴纳增值税的航空运输企业,按以下规定计算缴纳增值税。

(1)航空运输企业的总机构(以下简称总机构),应当汇总计算总机构及其分支机构发生《应税服务范围注释》所列业务的应纳税额,抵减分支机构发生《应税服务范围注释》所列业务已缴纳(包括预缴和补缴,下同)的税额后,向主管税务机关申报纳税。

总机构销售货物和提供加工修理修配劳务,按照《增值税暂行条例》及相关规定就地申报纳税。

(2)总机构汇总的销售额,为总机构及其分支机构发生《应税服务范围注释》所列业务的销售额。

总机构应当按照增值税现行规定核算汇总的销售额。

(3)总机构汇总的销项税额,按照《航空运输企业增值税征收管理暂行办法》第四条规定的销售额和增值税适用税率计算。

(4)总机构汇总的进项税额,是指总机构及其分支机构因发生《应税服务范围注释》所列业务而购进货物或者接受加工修理修配劳务和应税服务,支付或者负担的增值税额。

总机构和分支机构用于《应税服务范围注释》所列业务之外的进项税额不得汇总。

(5)分支机构发生《应税服务范围注释》所列业务,按照销售额和预征率计算应预缴税额,按月向主管税务机关申报纳税,不得抵扣进项税额。计算公式为:

$$应预缴税额=销售额\times预征率$$

航空运输企业分支机构的预征率为1%。

分支机构销售货物和提供加工修理修配劳务,按照增值税暂行条例及相关规定就地申报纳税。

(6)分支机构应按月将《应税服务范围注释》所列业务的销售额、进项税额和已缴纳税额归集汇总,填写《航空运输企业分支机构传递单》,报送主管税务机关签章确认后,于次月10日前传递给总机构。

总机构的纳税期限为一个季度。总机构应当依据《航空运输企业分支机构传递单》,汇总计算当期发生《应税服务范围注释》所列业务的应纳税额,抵减分支机构发生《应税服务范围注释》所列业务当期已缴纳的税额后,向主管税务机关申报纳税。抵减不完的,可以结转下期继续抵减。计算公式为:

$$总机构当期汇总应纳税额=当期汇总销项税额-当期汇总进项税额$$
$$总机构当期应补(退)税额=总机构当期汇总应纳税额-分支机构当期已缴纳税额$$

(7)航空运输企业汇总缴纳的增值税实行年度清算。年度终了后25个工作日内,总机构应当计算分支机构发生《应税服务范围注释》所列业务年度清算的应纳税额,并向主管税务机关报送《年度航空运输企业年度清算表》。计算公式为:

$$\text{分支机构年度清算的应纳税额} = \left(\text{分支机构发生《应税服务范围注释》所列业务的年度销售额} \div \text{总机构汇总的年度销售额}\right) \times \text{总机构汇总的年度应纳税额}$$

总机构汇总的年度应纳税额，为总机构年度内各季度汇总应纳税额的合计数。

（8）年度终了后40个工作日内，总机构主管税务机关应将《年度航空运输企业年度清算表》逐级报送国家税务总局。

（9）分支机构年度清算的应纳税额小于分支机构已预缴税额，且差额较大的，由国家税务总局通知分支机构所在地的省税务机关，在一定时期内暂停分支机构预缴增值税。

分支机构年度清算的应纳税额大于分支机构已预缴税额，差额部分由国家税务总局通知分支机构所在地的省税务机关，在分支机构预缴增值税时一并补缴入库。

（10）总机构及其分支机构，一律由主管税务机关认定为增值税一般纳税人。总机构应当在开具增值税专用发票（含货物运输业增值税专用发票）的次月申报期结束前向主管税务机关报税。总机构及其分支机构取得的增值税扣税凭证，应当按照有关规定到主管税务机关办理认证或者申请稽核比对。总机构汇总的进项税额，应当在季度终了后的第一个申报期内申报抵扣。

（11）主管税务机关应定期或不定期对分支机构纳税情况进行检查。

（12）分支机构发生《应税服务范围注释》所列业务申报不实的，就地按适用税率全额补征增值税。主管税务机关应将检查情况及结果发函通知总机构主管税务机关。

总机构及其分支机构的其他增值税涉税事项，按照现行增值税有关政策执行。

（七）邮政企业

为规范"营改增"后邮政企业增值税征收管理，根据《增值税暂行条例》、《营业税改征增值税试点实施办法》及现行增值税有关规定，国家税务总局制定了《邮政企业增值税征收管理暂行办法》（国家税务总局公告2014年第5号），自2014年1月1日起施行。

（1）邮政企业，是指中国邮政集团公司所属提供邮政服务的企业。经省、自治区、直辖市或者计划单列市财政厅（局）和国家税务局批准，可以汇总申报缴纳增值税的邮政企业，适用本办法。

（2）各省、自治区、直辖市和计划单列市邮政企业（以下称总机构）应当汇总计算总机构及其所属邮政企业（以下称分支机构）提供邮政服务的增值税应纳税额，抵减分支机构提供邮政服务已缴纳（包括预缴和查补，下同）的增值税额后，向主管税务机关申报纳税。

总机构发生除邮政服务以外的增值税应税行为，按照《增值税暂行条例》、试点实施办法及相关规定就地申报纳税。

（3）总机构汇总的销售额，为总机构及其分支机构提供邮政服务的销售额。

（4）总机构汇总的销项税额，按照《邮政企业增值税征收管理暂行办法》第四条规定的销售额和增值税适用税率计算。

（5）总机构汇总的进项税额，是指总机构及其分支机构提供邮政服务而购进货物、接受加工修理修配劳务和应税服务，支付或者负担的增值税额。

总机构及其分支机构取得的与邮政服务相关的固定资产、专利技术、非专利技术、商誉、商标、著作权、有形动产租赁的进项税额，由总机构汇总缴纳增值税时抵扣。

总机构及其分支机构用于邮政服务以外的进项税额不得汇总。

（6）总机构及其分支机构用于提供邮政服务的进项税额与不得汇总的进项税额无法准确划分的，按照试点实施办法第二十六条确定的原则执行。

（7）分支机构提供邮政服务，按照销售额和预征率计算应预缴税额，按月向主管税务机关申报纳税，不得抵扣进项税额。计算公式为：

$$应预缴税额=（销售额+预订款）\times 预征率$$

销售额为分支机构对外（包括向邮政服务接受方和本总、分支机构外的其他邮政企业）提供邮政服务取得的收入；预订款为分支机构向邮政服务接受方收取的预订款。

销售额不包括免税项目的销售额；预订款不包括免税项目的预订款。

分支机构发生除邮政服务以外的增值税应税行为，按照《增值税暂行条例》、试点实施办法及相关规定就地申报纳税。

（8）分支机构应按月将提供邮政服务的销售额、预订款、进项税额和已缴纳增值税额归集汇总，填写《邮政企业分支机构增值税汇总纳税信息传递单》，报送主管税务机关签章确认后，于次月10日前传递给总机构。

汇总的销售额包括免税项目的销售额。

汇总的进项税额包括用于免税项目的进项税额。

总机构的纳税期限为一个季度。总机构应当依据《邮政企业分支机构增值税汇总纳税信息传递单》，汇总计算当期提供邮政服务的应纳税额，抵减分支机构提供邮政服务当期已缴纳的增值税额后，向主管税务机关申报纳税。抵减不完的，可以结转下期继续抵减。计算公式为：

$$总机构当期汇总应纳税额=当期汇总销项税额-当期汇总的允许抵扣的进项税额$$
$$总机构当期应补（退）税额=总机构当期汇总应纳税额-分支机构当期已缴纳税额$$

（9）邮政企业为中国邮政速递物流股份有限公司及其所属机构代办速递物流类业务，从寄件人取得的收入，由总机构并入汇总的销售额计算缴纳增值税。分支机构收取的上述收入不预缴税款。

寄件人索取增值税专用发票的，邮政企业应向寄件人开具增值税专用发票。

（10）总机构及其分支机构，一律由主管税务机关认定为增值税一般纳税人。总机构应当在开具增值税专用发票（含货物运输业增值税专用发票）的次月申报期结束前向主管税务机关报税。

总机构及其分支机构取得的增值税扣税凭证，应当按照有关规定到主管税务机关办理认证或者申请稽核比对。

总机构汇总的允许抵扣的进项税额，应当在季度终了后的第一个申报期内申报抵扣。

（11）分支机构的预征率由省、自治区、直辖市或者计划单列市国家税务局商同级财政部门确定。

（12）总机构和分支机构所在地主管税务机关应定期或不定期对其纳税情况进行检查分支机构提供邮政服务申报不实的，由其主管税务机关按适用税率全额补征增值税。

（13）总机构及其分支机构的其他增值税涉税事项，按照《增值税暂行条例》、试点实施办法及相关规定执行。

（八）电信服务

关于营改增试点纳税人的规定：沿用《财政部　国家税务总局关于将电信业纳入营业税改征增值税试点的通知》（财税〔2014〕43号）中的规定，试点纳税人销售电信服务时，附带赠送用户识别卡、电信终端等货物或者电信服务的，应将其取得的全部价款和价外费用进行分别核算，按各自适用的税率计算缴纳增值税。

（九）金融业

请参阅《关于进一步明确全面推开营改增试点金融业有关政策的通知》（2016 年 4 月 29 日 财税〔2016〕46 号）第三、四条。详见本书附录。

金融机构汇总缴纳增值税

原以地市一级机构汇总缴纳营业税的金融机构，营改增后继续以地市一级机构汇总缴纳增值税。

同一省（自治区、直辖市、计划单列市）范围内的金融机构，经省（自治区、直辖市、计划单列市）国家税务局和财政厅（局）批准，可以由总机构汇总向总机构所在地的主管国税机关申报缴纳增值税。

关于贷款服务的纳税义务发生时间

纳税人提供贷款服务，一般按月或按季结息。公告明确了纳税人结息日确认的利息收入如何确定增值税纳税义务发生时间问题。

六、银行提供贷款服务按期计收利息的，结息日当日计收的全部利息收入，均应计入结息日所属期的销售额，按照现行规定计算缴纳增值税。

……

十、本公告自 2016 年 9 月 1 日起施行，此前已发生未处理的事项，按照本公告规定执行。2016 年 5 月 1 日前，纳税人发生本公告第二、五、六条规定的应税行为，此前未处理的，比照本公告规定缴纳营业税。（《关于营改增试点若干征管问题的公告》，2016 年 8 月 18 日 国家税务总局公告 2016 年第 53 号）

（十）保险业

请参阅（《关于进一步明确全面推开营改增试点有关再保险、不动产租赁和非学历教育等政策的通知》，2016 年 6 月 18 日 财税〔2016〕68 号）第一条。详见本书附录 B。

（十一）油气田

1．纳税人

油气田企业增值税纳税人是指在中华人民共和国境内从事原油、天然气生产的企业。包括中国石油天然气集团公司（以下简称中石油集团）和中国石油化工集团公司（以下简称中石化集团）重组改制后设立的油气田分（子）公司、存续公司和其他石油天然气生产企业（以下简称油气田企业），不包括经国务院批准适用 5%征收率缴纳增值税的油气田企业。

存续公司是指中石油集团和中石化集团重组改制后留存的企业。

其他石油天然气生产企业是指中石油集团和中石化集团以外的石油天然气生产企业。

油气田企业持续重组改制继续提供生产性劳务的企业，以及 2009 年 1 月 1 日以后新成立的油气田企业参股、控股的企业，按照下述办法缴纳增值税。

2．课税范围与适用税率

（1）油气田企业为生产原油、天然气提供的生产性劳务应缴纳增值税。

自 2013 年 7 月 1 日起，油气田企业从事煤层气、页岩气生产，以及为生产煤层气、页岩气提供生产性劳务应缴纳增值税。

生产性劳务是指油气田企业为生产原油、天然气，从地质普查、勘探开发到原油、天然气销售的一系列生产过程所发生的劳务（具体见所附的《油气田企业增值税生产性劳务征收范围注释》）。

缴纳增值税的生产性劳务仅限于油气田企业间相互提供属于《增值税生产性劳务征税范围注释》内的劳务。油气田企业与非油气田企业之间相互提供的生产性劳务不缴纳增值税。

（2）油气田企业将承包的生产性劳务分包给其他油气田企业或非油气田企业，应当就其总承包额计算缴纳增值税。非油气田企业将承包的生产性劳务分包给油气田企业或其他非油气田企业，其提供的生产性劳务不缴纳增值税。油气田企业分包非油气田企业的生产性劳务，也不缴纳增值税。

（3）油气田企业提供的生产性劳务，增值税税率为 17%。根据财税〔2013〕106 号文件规定，油气田企业提供的应税服务，适用《营业税改征增值税试点实施办法》规定的增值税税率，不再适用《财政部　国家税务总局关于印发〈油气田企业增值税管理办法〉的通知》（财税〔2009〕8 号）规定的增值税税率。

（4）油气田企业与其所属非独立核算单位之间以及其所属非独立核算单位之间移送货物或者提供应税劳务，不缴纳增值税。应税劳务，是指加工、修理修配劳务和生产性劳务（下同）。

（5）油气田企业提供的应税劳务和非应税劳务应当分别核算销售额，未分别核算的，由主管税务机关核定应税劳务的销售额。

3．进项税额抵扣问题

（1）油气田企业下列项目的进项税额不得从销项税额中抵扣：

① 用于免征增值税项目、集体福利或者个人消费的购进货物或者应税劳务。

用于集体福利或个人消费的购进货物或者应税劳务，包括所属的学校、医院、宾馆、饭店、招待所、托儿所（幼儿园）疗养院、文化娱乐单位等部门购进的货物或应税劳务。

② 非正常损失的购进货物及相关的应税劳务。

③ 非正常损失的在产品、产成品所耗用的购进货物或者应税劳务。

④ 国务院财政、税务主管部门规定的纳税人自用消费品。

⑤ 以上规定的货物的运输费用和销售免税货物的运输费用。

（2）油气田企业为生产原油、天然气接受其他油气田企业提供的生产性劳务，可凭劳务提供方开具的增值税专用发票注明的增值税额予以抵扣。

4．纳税地点

（1）跨省、自治区、直辖市开采石油、天然气的油气田企业，由总机构汇总计算应纳增值税额，并按照各油气田（井口）石油、天然气产量比例进行分配，各油气田按所分配的应纳增值税额向所在地税务机关缴纳。石油、天然气应纳增值税额的计算办法由总机构所在地省级税务部门商各油气田所在地同级税务部门确定。

在省、自治区、直辖市内的油气田企业，其增值税的计算缴纳方法由各省、自治区、直辖市财政和税务部门确定。

（2）油气田企业跨省、自治区、直辖市提供生产性劳务，应当在劳务发生地按 3%预征率计算缴纳增值税。在劳务发生地预缴的税款可从其应纳增值税中抵减。

（3）油气田企业向外省、自治区、直辖市其他油气田企业提供生产性劳务，应当在劳务发生地税务机关办理税务登记或注册税务登记。在劳务发生地设立分（子）公司的，应当申请办理增值税一般纳税人认定手续，经劳务发生地税务机关认定为一般纳税人后，按照增值税一般纳税人的计算方法在劳务发生地计算缴纳增值税。

子公司是指具有企业法人资格，实行独立核算的企业；分公司是指不具有企业法人资格，但领取了工商营业执照的企业。

（4）新疆以外地区在新疆未设立分（子）公司的油气田企业，在新疆提供的生产性劳务应按5%的预征率计算缴纳增值税，预缴的税款可在油气田企业的应纳增值税中抵减。

5. 纳税义务发生时间

油气田企业为生产原油、天然气提供的生产性劳务的纳税义务发生时间为油气田企业收讫劳务收入款或者取得索取劳务收入款项凭据的当天；先开具发票的，为开具发票的当天。

收讫劳务收入款的当天，是指油气田企业应税行为发生过程中或者完成后收取款项的当天；采取预收款方式的，为收到预收款的当天。

取得索取劳务收入款项凭据的当天，是指书面合同确定的付款日期的当天；未签订书面合同或者书面合同未确定付款日期的，为应税行为完成的当天。

6. 发票领购

油气田企业所需发票，经主管税务机关审核批准后，可以采取纳税人统一集中领购、发放和管理的方法，也可以由机构内部所属非独立核算单位分别领购。

7. 申报

油气田企业应统一申报货物及应税劳务应缴纳的增值税。

关于营改增试点纳税人的规定：为保证税制公平统一，原《油气田企业增值税管理办法》中规定的所有生产性劳务，也应按照《营业税改征增值税试点实施办法》的规定计算缴纳增值税。

油气田企业发生应税行为，适用《营业税改征增值税试点实施办法》规定的增值税税率，不再适用《财政部　国家税务总局关于印发〈油气田企业增值税管理办法〉的通知》（财税〔2009〕8号）规定的增值税税率。

第三节　跨境应税行为适用增值税零税率和免税政策的规定

一、综合知识

纳税人发生适用零税率的应税行为，应当按期向主管税务机关申报办理退（免）税。

（一）计税办法——免征、免抵退税、免退税

境内的单位和个人提供适用增值税零税率的服务或者无形资产，在不同情况下，实行免抵退税办法还是免税办法：

境内的单位和个人提供适用增值税零税率的服务或者无形资产，如果属于适用简易计税方法的，实行免征增值税办法。如果属于适用增值税一般计税方法的，生产企业实行免抵退税办

法，外贸企业外购服务或者无形资产出口实行免退税办法，外贸企业直接将服务或自行研发的无形资产出口，视同生产企业连同其出口货物统一实行免抵退税办法。

服务和无形资产的退税率为其按照《营业税改征增值税试点实施办法》第十五条第（一）项至第（三）项规定适用的增值税税率。实行退（免）税办法的服务和无形资产，如果主管税务机关认定出口价格偏高的，有权按照核定的出口价格计算退（免）税，核定的出口价格低于外贸企业购进价格的，低于部分对应的进项税额不予退税，转入成本。

（二）申报办理增值税退（免）税手续

境内的单位和个人销售适用增值税零税率的服务或无形资产，按月向主管退税的税务机关申报办理增值税退（免）税手续。

（三）放弃适用增值税零税率

境内的单位和个人销售适用增值税零税率的服务或无形资产的，可以放弃适用增值税零税率，选择免税或按规定缴纳增值税。放弃适用增值税零税率后 36 个月内不得再申请适用增值税零税率。

（四）与香港、澳门、台湾有关的应税行为参照执行

与香港、澳门和台湾之间的应税行为的往来视同跨境应税行为。

境内单位和个人发生的与香港、澳门、台湾地区有关的应税行为，除本文另有规定外，参照上述规定执行。

（五）老合同在合同到期前可以继续享受零税率或免税政策

在试点之前签订的合同在合同到期前仍适用老政策。

2016 年 4 月 30 日前签订的合同，符合《财政部 国家税务总局关于将铁路运输和邮政业纳入营业税改征增值税试点的通知》（财税〔2013〕106 号）附件 4 和《财政部 国家税务总局关于影视等出口服务适用增值税零税率政策的通知》（财税〔2015〕118 号）规定的零税率或者免税政策条件的，在合同到期前可以继续享受零税率或者免税政策。

二、适用增值税零税率

中华人民共和国境内（以下称境内）的单位和个人销售的下列服务和无形资产，适用增值税零税率。

（一）国际运输服务

国际运输服务，是指：在境内载运旅客或者货物出境；在境外载运旅客或者货物入境；在境外载运旅客或者货物。

1．国际运输的概念

（1）起点或终点在境外的运单、提单或客票等所对应的各航段或路段的运输服务，属于国际运输服务。

（2）起点或终点在港澳台的运单、提单或客票等所对应的各航段或路段的运输服务，属于港澳台运输服务。

（3）从境内载运旅客或货物至国内海关特殊监管区域及场所、从国内海关特殊监管区域及场所载运旅客或货物至国内其他地区或者国内海关特殊监管区域及场所，不属于增值税零税率运输服务适用范围。

2. 国际运输的收入的确认

（1）以铁路运输方式载运旅客的，为按照铁路合作组织清算规则清算后的实际运输收入。

（2）以铁路运输方式载运货物的，为按照铁路运输进款清算办法，对"发站"或"到站（局）"名称包含"境"字的货票上注明的运输费用以及直接相关的国际联运杂费清算后的实际运输收入。

（3）以航空运输方式载运货物或旅客的，如果国际运输或港澳台运输各航段由多个承运人承运的，为中国航空结算有限责任公司清算后的实际收入；如果国际运输或港澳台运输各航段由一个承运人承运的，为提供航空运输服务取得的收入。

3. 国际运输服务应取得的资质条件

（1）提供国际运输服务。以水路运输方式的，应提供《国际船舶运输经营许可证》；以航空运输方式的，应提供经营范围包括"国际航空客货邮运输业务"的《公共航空运输企业经营许可证》或经营范围包括"公务飞行"的《通用航空经营许可证》；以公路运输方式的，应提供经营范围包括"国际运输"的《道路运输经营许可证》和《国际汽车运输行车许可证》；以铁路运输方式的，应提供经营范围包括"许可经营项目：铁路客货运输"的《企业法人营业执照》或其他具有提供铁路客货运输服务资质的证明材料。

（2）提供港澳台运输服务。以公路运输方式提供内地往返香港、澳门的交通运输服务的，应提供《道路运输经营许可证》及持《道路运输证》的直通港澳运输车辆的物权证明；以水路运输方式提供内地往返香港、澳门交通运输服务的，应提供获得港澳线路运营许可船舶的物权证明；以水路运输方式提供大陆往返台湾交通运输服务的，应提供《台湾海峡两岸间水路运输许可证》及持《台湾海峡两岸间船舶营运证》船舶的物权证明；以航空运输方式提供港澳台运输服务的，应提供经营范围包括"国际、国内（含港澳）航空客货邮运输业务"的《公共航空运输企业经营许可证》或者经营范围包括"公务飞行"的《通用航空经营许可证》；以铁路运输方式提供内地往返香港的交通运输服务的，应提供经营范围包括"许可经营项目：铁路客货运输"的《企业法人营业执照》或其他具有提供铁路客货运输服务资质的证明材料。

（3）采用程租、期租和湿租方式租赁交通运输工具用于国际运输服务和港澳台运输服务的，应提供程租、期租和湿租合同或协议。

（4）境内的单位和个人取得交通部门颁发的《国际班轮运输经营资格登记证》或加注国际客货运输的《水路运输许可证》，并以水路运输方式提供国际运输服务的，适用增值税零税率政策。

4. 国际运输退免税申请的办理

提供国际运输服务、港澳台运输服务的，需填报《增值税零税率应税服务（国际运输/港澳台运输）免抵退税申报明细表》，并提供下列原始凭证的原件及复印件：

（1）以水路运输、航空运输、公路运输方式的，提供增值税零税率应税服务的载货、载客舱单或其他能够反映收入原始构成的单据凭证。以航空运输方式且国际运输和港澳台运输各航段由多个承运人承运的，还需提供《航空国际运输收入清算账单申报明细表》。

（2）以铁路运输方式的，客运的提供增值税零税率应税服务的国际客运联运票据、铁路合作组织清算函件及《铁路国际客运收入清算函件申报明细表》；货运的提供铁路进款资金清算机构出具的《国际铁路货运进款清算通知单》，启运地的铁路运输企业还应提供国际铁路联运运单，以及"发站"或"到站（局）"名称包含"境"字的货票。

（3）采用程租、期租、湿租服务方式租赁交通运输工具从事国际运输服务和港澳台运输服务的，还应提供程租、期租、湿租的合同或协议复印件。向境外单位和个人提供期租、湿租服务，按规定由出租方申报退（免）税的，可不提供第（1）项原始凭证。

上述（1）、（2）项原始凭证（不包括《航空国际运输收入清算账单申报明细表》和《铁路国际客运收入清算函件申报明细表》），经主管税务机关批准，增值税零税率应税服务提供者可只提供电子数据，原始凭证留存备查。

（二）航天运输服务

（1）航天运输服务应取得的资质条件。提供航天运输服务的，应提供经营范围包括"商业卫星发射服务"的《企业法人营业执照》或其他具有提供商业卫星发射服务资质的证明材料。

（2）国际运输退免税申请的办理。提供航天运输服务的，需填报《增值税零税率应税服务（航天运输）免抵退税申报明细表》，并提供下列资料及原始凭证的原件及复印件：

① 签订的提供航天运输服务的合同；

② 从与之签订航天运输服务合同的单位取得收入的收款凭证；

③《提供航天运输服务收讫营业款明细清单》。

（三）向境外单位提供的完全在境外消费的服务

（1）研发服务。

（2）合同能源管理服务。

（3）设计服务。

（4）广播影视节目（作品）的制作和发行服务。

（5）软件服务。

（6）电路设计及测试服务。

（7）信息系统服务。

（8）业务流程管理服务。

（9）离岸服务外包业务。

离岸服务外包业务，包括信息技术外包服务（ITO）、技术性业务流程外包服务（BPO）、技术性知识流程外包服务（KPO），其所涉及的具体业务活动，按照《销售服务、无形资产、不动产注释》相对应的业务活动执行。

（10）转让技术。

完全在境外消费

（1）完全在境外消费的服务，是指服务的实际接受方在境外，且与境内的货物和不动产无关。

例如，境内A咨询公司与美国B集团签订法律咨询合同，如果实际是为B集团在我国境内的子公司提供的法律咨询，则该咨询服务不属于完全在境外消费的咨询服务。

（2）完全在境外消费的无形资产，是指无形资产完全在境外使用，且与境内的货物和不动产无关。

例如，境内怡平公司向印度鑫裕公司转让一项有关高铁轨道铺设的专利技术，用于鑫裕公司在印度建设的高铁项目，则该专利技术属于完全在境外消费的无形资产。

（四）财政部和国家税务总局规定的其他服务

三、免征增值税

（一）免税跨境应税行为类别

下列跨境应税行为免征增值税：

（1）工程项目在境外的建筑服务。工程总承包方和工程分包方为施工地点在境外的工程项目提供的建筑服务，均属于工程项目在境外的建筑服务。

（2）工程项目在境外的工程监理服务。

（3）工程、矿产资源在境外的工程勘察勘探服务。

（4）会议展览地点在境外的会议展览服务。

为客户参加在境外举办的会议、展览而提供的组织安排服务，属于会议展览地点在境外的会议展览服务。

（5）存储地点在境外的仓储服务。

（6）标的物在境外使用的有形动产租赁服务。

（7）在境外提供的广播影视节目（作品）的播映服务。

在境外提供的广播影视节目（作品）播映服务，是指在境外的影院、剧院、录像厅及其他场所播映广播影视节目（作品）。

通过境内的电台、电视台、卫星通信、互联网、有线电视等无线或者有线装置向境外播映广播影视节目（作品），不属于在境外提供的广播影视节目（作品）播映服务。

（8）在境外提供的文化体育服务、教育医疗服务、旅游服务。

在境外提供的文化体育服务和教育医疗服务，是指纳税人在境外现场提供的文化体育服务和教育医疗服务。

为参加在境外举办的科技活动、文化活动、文化演出、文化比赛、体育比赛、体育表演、体育活动而提供的组织安排服务，属于在境外提供的文化体育服务。

通过境内的电台、电视台、卫星通信、互联网、有线电视等媒体向境外单位或个人提供的文化体育服务或教育医疗服务，不属于在境外提供的文化体育服务、教育医疗服务。

（9）为出口货物提供的邮政服务、收派服务、保险服务。

1）为出口货物提供的邮政服务，是指：寄递函件、包裹等邮件出境；向境外发行邮票；出口邮册等邮品。

2）为出口货物提供的收派服务，是指为出境的函件、包裹提供的收件、分拣、派送服务。

纳税人为出口货物提供收派服务，免税销售额为其向寄件人收取的全部价款和价外费用。

3）为出口货物提供的保险服务，包括出口货物保险和出口信用保险。

（10）向境外单位销售的完全在境外消费的电信服务。

纳税人向境外单位或者个人提供的电信服务，通过境外电信单位结算费用的，服务接受方为境外电信单位，属于完全在境外消费的电信服务。

（11）向境外单位销售的完全在境外消费的知识产权服务。

服务实际接受方为境内单位或者个人的知识产权服务，不属于完全在境外消费的知识产权服务。

（12）向境外单位销售的完全在境外消费的物流辅助服务（仓储服务、收派服务除外）。

境外单位从事国际运输和港澳台运输业务经停我国机场、码头、车站、领空、内河、海域时，纳税人向其提供的航空地面服务、港口码头服务、货运客运站场服务、打捞救助服务、装卸搬运服务,属于完全在境外消费的物流辅助服务。

(13)向境外单位销售的完全在境外消费的鉴证咨询服务。

下列情形不属于完全在境外消费的鉴证咨询服务:

1)服务的实际接受方为境内单位或者个人。

2)对境内的货物或不动产进行的认证服务、鉴证服务和咨询服务。

(14)向境外单位销售的完全在境外消费的专业技术服务。

下列情形不属于完全在境外消费的专业技术服务:

1)服务的实际接受方为境内单位或者个人。

2)对境内的天气情况、地震情况、海洋情况、环境和生态情况进行的气象服务、地震服务、海洋服务、环境和生态监测服务。

3)为境内的地形地貌、地质构造、水文、矿藏等进行的测绘服务。

4)为境内的城、乡、镇提供的城市规划服务。

(15)向境外单位销售的完全在境外消费的商务辅助服务。

1)纳税人向境外单位提供的代理报关服务和货物运输代理服务,属于完全在境外消费的代理报关服务和货物运输代理服务。

2)纳税人向境外单位提供的外派海员服务,属于完全在境外消费的人力资源服务。外派海员服务,是指境内单位派出属于本单位员工的海员,为境外单位在境外提供的船舶驾驶和船舶管理等服务。

3)纳税人以对外劳务合作方式,向境外单位提供的完全在境外发生的人力资源服务,属于完全在境外消费的人力资源服务。对外劳务合作,是指境内单位与境外单位签订劳务合作合同,按照合同约定组织和协助中国公民赴境外工作的活动。

4)下列情形不属于完全在境外消费的商务辅助服务:

① 服务的实际接受方为境内单位或者个人。

② 对境内不动产的投资与资产管理服务、物业管理服务、房地产中介服务。

③ 拍卖境内货物或不动产过程中提供的经纪代理服务。

④ 为境内货物或不动产的物权纠纷提供的法律代理服务。

⑤ 为境内货物或不动产提供的安全保护服务。

(16)向境外单位销售的广告投放地在境外的广告服务。

广告投放地在境外的广告服务,是指为在境外发布的广告提供的广告服务。

(17)向境外单位销售的完全在境外消费的无形资产(技术除外)。

下列情形不属于向境外单位销售的完全在境外消费的无形资产:

1)无形资产未完全在境外使用。

2)所转让的自然资源使用权与境内自然资源相关。

3)所转让的基础设施资产经营权、公共事业特许权与境内货物或不动产相关。

4)向境外单位转让在境内销售货物、应税劳务、服务、无形资产或不动产的配额、经营权、经销权、分销权、代理权。

(18)为境外单位之间的货币资金融通及其他金融业务提供的直接收费金融服务,且该服务与境内的货物、无形资产和不动产无关。

为境外单位之间、境外单位和个人之间的外币、人民币资金往来提供的资金清算、资金结算、金融支付、账户管理服务,属于为境外单位之间的货币资金融通及其他金融业务提供的直接收费金融服务。

（19）属于以下情形的国际运输服务：

1）以无运输工具承运方式提供的国际运输服务。

2）以水路运输方式提供国际运输服务但未取得《国际船舶运输经营许可证》的。

3）以公路运输方式提供国际运输服务但未取得《道路运输经营许可证》或者《国际汽车运输行车许可证》，或者《道路运输经营许可证》的经营范围未包括"国际运输"的。

4）以航空运输方式提供国际运输服务但未取得《公共航空运输企业经营许可证》，或者其经营范围未包括"国际航空客货邮运输业务"的。

5）以航空运输方式提供国际运输服务但未持有《通用航空经营许可证》，或者其经营范围未包括"公务飞行"的。

（20）符合零税率政策但适用简易计税方法或声明放弃适用零税率选择免税的下列应税行为：

1）国际运输服务。

2）航天运输服务。

3）向境外单位提供的完全在境外消费的下列服务：研发服务；合同能源管理服务；设计服务；广播影视节目（作品）的制作和发行服务；软件服务；电路设计及测试服务；信息系统服务；业务流程管理服务；离岸服务外包业务。

4）向境外单位转让完全在境外消费的技术。

（二）应照章征增值税——向国内海关特殊监管区销售服务、无形资产

纳税人向国内海关特殊监管区域内的单位或者个人销售服务、无形资产，不属于跨境应税行为，应照章征收增值税。

（三）老合同在合同到期前可以继续享受免税政策

2016年4月30日前签订的合同，符合《财政部 国家税务总局关于将铁路运输和邮政业纳入营业税改征增值税试点的通知》（财税〔2013〕106号）附件4和《财政部 国家税务总局关于影视等出口服务适用增值税零税率政策的通知》（财税〔2015〕118号）规定的免税政策条件的，在合同到期前可以继续享受免税政策。

（四）必须签订书面合同

纳税人发生《营业税改征增值税跨境应税行为增值税免税管理办法（试行）》第二条所列跨境应税行为，除第（九）项、第（二十）项外，必须签订跨境销售服务或无形资产书面合同。否则，不予免征增值税。

纳税人向外国航空运输企业提供空中飞行管理服务，以中国民用航空局下发的航班计划或者中国民用航空局清算中心临时来华飞行记录，为跨境销售服务书面合同。

纳税人向外国航空运输企业提供物流辅助服务（除空中飞行管理服务外），与经中国民用航空局批准设立的外国航空运输企业常驻代表机构签订的书面合同，属于与服务接受方签订跨境销售服务书面合同。外国航空运输企业临时来华飞行，未签订跨境服务书面合同的，以中国民用航空局清算中心临时来华飞行记录为跨境销售服务书面合同。

（五）全部收入应从境外取得

施工地点在境外的工程项目，工程分包方应提供工程项目在境外的证明、与发包方签订的建筑合同原件及复印件等资料，作为跨境销售服务书面合同。

纳税人向境外单位销售服务或无形资产，按《营业税改征增值税跨境应税行为增值税免税

管理办法（试行）》规定免征增值税的，该项销售服务或无形资产的全部收入应从境外取得，否则，不予免征增值税。

下列情形视同从境外取得收入：

（1）纳税人向外国航空运输企业提供物流辅助服务，从中国民用航空局清算中心、中国航空结算有限责任公司或者经中国民用航空局批准设立的外国航空运输企业常驻代表机构取得的收入。

（2）纳税人与境外关联单位发生跨境应税行为，从境内第三方结算公司取得的收入。上述所称第三方结算公司，是指承担跨国企业集团内部成员单位资金集中运营管理职能的资金结算公司，包括财务公司、资金池、资金结算中心等。

（3）纳税人向外国船舶运输企业提供物流辅助服务，通过外国船舶运输企业指定的境内代理公司结算取得的收入。

（4）国家税务总局规定的其他情形。

（六）核算、计算、不得开具增值税专用发票

纳税人发生跨境应税行为免征增值税的，应单独核算跨境应税行为的销售额，准确计算不得抵扣的进项税额，其免税收入不得开具增值税专用发票。

纳税人为出口货物提供收派服务，按照下列公式计算不得抵扣的进项税额：

不得抵扣的进项税额=当期无法划分的全部进项税额×（当期简易计税方法计税项目销售额+免征增值税项目销售额-为出口货物提供收派服务支付给境外合作方的费用）÷当期全部销售额

（七）免税备案

纳税人发生免征增值税跨境应税行为，除提供《营业税改征增值税跨境应税行为增值税免税管理办法（试行）》第二条第（二十）项所列服务外，应在首次享受免税的纳税申报期内或在各省、自治区、直辖市和计划单列市国家税务局规定的申报征期后的其他期限内，到主管税务机关办理跨境应税行为免税备案手续，同时提交以下备案材料：

（1）《跨境应税行为免税备案表》（附件1）；

（2）《营业税改征增值税跨境应税行为增值税免税管理办法（试行）》第五条规定的跨境销售服务或无形资产的合同原件及复印件；

（3）提供《营业税改征增值税跨境应税行为增值税免税管理办法（试行）》第二条第（一）项至第（八）项和第（十六）项服务，应提交服务地点在境外的证明材料原件及复印件；

（4）提供《营业税改征增值税跨境应税行为增值税免税管理办法（试行）》第二条规定的国际运输服务，应提交实际发生相关业务的证明材料；

（5）向境外单位销售服务或无形资产，应提交服务或无形资产购买方的机构所在地在境外的证明材料；

（6）国家税务总局规定的其他资料。

纳税人发生第二条第（二十）项所列应税行为的，应在首次享受免税的纳税申报期内或在各省、自治区、直辖市和计划单列市国家税务局规定的申报征期后的其他期限内，到主管税务机关办理跨境应税行为免税备案手续，同时提交以下备案材料：

（1）已向办理增值税免抵退税或免退税的主管税务机关备案的《放弃适用增值税零税率声明》（附件2）；

（2）该项应税行为享受零税率到主管税务机关办理增值税免抵退税或免退税申报时需报送的材料和原始凭证。

按照《营业税改征增值税跨境应税行为增值税免税管理办法（试行）》第八条规定提交备案的跨境销售服务或无形资产合同原件为外文的，应提供中文翻译件并由法定代表人（负责人）签字或者单位盖章。

纳税人无法提供《营业税改征增值税跨境应税行为增值税免税管理办法（试行）》第八条规定的境外资料原件的，可只提供复印件，注明"复印件与原件一致"字样，并由法定代表人（负责人）签字或者单位盖章；境外资料原件为外文的，应提供中文翻译件并由法定代表人（负责人）签字或者单位盖章。

主管税务机关对提交的境外证明材料有明显疑义的，可以要求纳税人提供境外公证部门出具的证明材料。

纳税人办理跨境应税行为免税备案手续时，主管税务机关应当根据以下情况分别做出处理：

（1）备案材料存在错误的，应当告知并允许纳税人更正。

（2）备案材料不齐全或者不符合规定形式的，应当场一次性告知纳税人补正。

（3）备案材料齐全、符合规定形式的，或者纳税人按照税务机关的要求提交全部补正备案材料的，应当受理纳税人的备案，并将有关资料原件退还纳税人。

（4）按照税务机关的要求补正后的备案材料仍不符合《营业税改征增值税跨境应税行为增值税免税管理办法（试行）》第八、九、十条规定的，应当对纳税人的本次跨境应税行为免税备案不予受理，并将所有报送材料退还纳税人。

主管税务机关受理或者不予受理纳税人跨境应税行为免税备案，应当出具加盖本机关专用印章和注明日期的书面凭证。

原签订的跨境销售服务或无形资产合同发生变更，或者跨境销售服务或无形资产的有关情况发生变化，变化后仍属于《营业税改征增值税跨境应税行为增值税免税管理办法（试行）》第二条规定的免税范围的，纳税人应向主管税务机关重新办理跨境应税行为免税备案手续。

纳税人应当完整保存《营业税改征增值税跨境应税行为增值税免税管理办法（试行）》第八、九、十条要求的各项材料。纳税人在税务机关后续管理中不能提供上述材料的，不得享受《营业税改征增值税跨境应税行为增值税免税管理办法（试行）》规定的免税政策，对已享受的减免税款应予补缴，并依照《中华人民共和国税收征收管理法》的有关规定处理。

税务机关应高度重视跨境应税行为增值税免税管理工作，针对纳税人的备案材料，采取案头分析、日常检查、重点稽查等方式，加强对纳税人业务真实性的核实，发现问题的，按照现行有关规定处理。

（八）纳税申报、报告

纳税人发生跨境应税行为享受免税的，应当按规定进行纳税申报。纳税人享受免税到期或实际经营情况不再符合《营业税改征增值税跨境应税行为增值税免税管理办法（试行）》规定的免税条件的，应当停止享受免税，并按照规定申报纳税。

纳税人发生实际经营情况不符合《营业税改征增值税跨境应税行为增值税免税管理办法（试行）》规定的免税条件、采用欺骗手段获取免税、或者享受减免税条件发生变化未及时向税务机关报告，以及未按照《营业税改征增值税跨境应税行为增值税免税管理办法（试行）》规定履行相关程序自行减免税的，税务机关依照《中华人民共和国税收征收管理法》有关规定予以处理。

以上办法自2016年5月1日起施行。此前，纳税人发生符合《营业税改征增值税跨境应税行为增值税免税管理办法（试行）》第四条规定的免税跨境应税行为，已办理免税备案手续的，不再重新办理免税备案手续。纳税人发生符合《营业税改征增值税跨境应税行为增值税免税管理办法（试行）》第二条和第四条规定的免税跨境应税行为，未办理免税备案手续但已进行免税申报的，按照《营业税改征增值税跨境应税行为增值税免税管理办法（试行）》规定补办备案手续；未进行免税申报的，按照《营业税改征增值税跨境应税行为增值税免税管理办法（试行）》规定办理跨境服务备案手续后，可以申请退还已缴税款或者抵减以后的应纳税额；已开具增值税专用发票的，应将全部联次追回后方可办理跨境应税行为免税备案手续。

适用增值税零税率政策或免税政策——国际运输服务项目

按照国家有关规定应取得相关资质的国际运输服务项目，纳税人取得相关资质的，适用增值税零税率政策，未取得的，适用增值税免税政策。

境内的单位或个人提供程租服务，如果租赁的交通工具用于国际运输服务和港澳台运输服务，由出租方按规定申请适用增值税零税率。

境内的单位和个人向境内单位或个人提供期租、湿租服务，如果承租方利用租赁的交通工具向其他单位或个人提供国际运输服务和港澳台运输服务，由承租方适用增值税零税率。境内的单位或个人向境外单位或个人提供期租、湿租服务，由出租方适用增值税零税率。

境内单位和个人以无运输工具承运方式提供的国际运输服务，由境内实际承运人适用增值税零税率；无运输工具承运业务的经营者适用增值税免税政策。

第七章

税收优惠政策

第一节 增值税减免综述

一、现行的增值税税收优惠形式

现行的增值税税收优惠主要包括直接免税、减征税款、即征即退（税务机关负责）、先征后返（财政部门负责）等形式。

二、可以放弃免税、减税，选择适用免税或者零税率

（1）试点纳税人发生应税行为适用免税、减税规定的，可以放弃免税、减税，依照《营业税改征增值税试点实施办法》的规定缴纳增值税。放弃免税、减税后，36个月内不得再申请免税、减税。

纳税人发生应税行为同时适用免税和零税率规定的，纳税人可以选择适用免税或者零税率。

（2）放弃减免税权的增值税一般纳税人发生应税行为，可以按规定开具增值税专用发票。

（3）纳税人一经放弃减免税权，其发生的全部应税行为均应按照适用税率或征收率征税，不得选择某一减免税项目放弃减免税权，也不得根据不同的对象选择部分应税行为放弃减免税权。

三、购进专用于免税项目的不得抵扣

纳税人购进专用于免税项目的货物、加工修理修配劳务、应税服务、无形资产或者不动产取得的增值税扣税凭证，一律不得抵扣。

四、查补的增值税等各项税款不得给予返还

对于税务机关、财政监察专员办事机构、审计机关等执法机关根据税法有关规定查补的增值税等各项税款，必须全部收缴入库，均不得执行由财政和税务机关给予返还的优惠政策。具体规定参见《财政部　国家税务总局关于明确对查补税款不得享受先征后退政策的批复》（财税字〔1998〕80号）。

五、增值税起征点

对个人销售额未达到规定起征点的，免征增值税；达到起征点的，全额计算缴纳增值税。

增值税起征点的适用范围限于按照小规模纳税人纳税的个体工商户和其他个人（自然人），不适用于登记为一般纳税人的个体工商户。

增值税起征点的幅度规定如下：

（1）销售货物的，为月销售额 5 000~20 000 元。

（2）销售应税劳务的，为月营业额 5 000~20 000 元。

（3）按次纳税的，为每次（日）销售额 300~500 元。

（4）"营改增"规定的应税行为的起征点：

① 按期纳税的，为月销售额 5 000~20 000 元（含本数）。

② 按次纳税的，为每次（日）销售额 300~500 元（含本数）。

增值税起征点所称的销售额不包括其应纳税额，采用销售额和应纳税额合并定价方法的，按照下列公式计算销售额：

$$销售额=含税销售额÷（1+征收率）$$

起征点的调整由财政部和国家税务总局规定。省、自治区、直辖市财政厅（局）和国家税务局应当在规定的幅度内，根据实际情况确定本地区适用的起征点，并报财政部和国家税务总局备案。

【例 7-1】 纳税人提供应税服务的起征点为 20 000 元，某个体工商户（小规模纳税人）本月取得餐饮服务收入 20 000 元（含税），该个体工商户本月应缴纳多少增值税？

因为提供应税服务的起征点为 20 000 元，该个体工商户本月餐饮服务不含税收入为 20 000÷（1+3%）=19 417（元）。餐饮服务取得的收入未达到起征点，因此对该部分收入无须缴纳增值税。

六、小微企业暂免征收增值税优惠政策

（1）对增值税小规模纳税人中月销售额未达到 2 万元的企业或非企业性单位，免征增值税。

2017 年 12 月 31 日前，对月销售额 2 万元（含本数）至 3 万元的增值税小规模纳税人，免征增值税。增值税小规模纳税人销售货物，提供加工、修理修配劳务月销售额不超过 3 万元（按季纳税 9 万元），销售服务、无形资产月销售额不超过 3 万元（按季纳税 9 万元）的，自 2016 年 5 月 1 日起至 2017 年 12 月 31 日，可分别享受小微企业暂免征收增值税优惠政策。

【例 7-2】 某小规模纳税人，2016 年 12 月发生以下业务：销售一批货物取得收入 3 万元，转让自建的不动产取得收入 5 万元，提供建筑服务取得收入 2.4 万元，出租不动产取得月租金收入 0.4 万元，上述业务分别核算，且取得的收入均为不含税价款。

根据政策规定，该纳税人销售货物及劳务月销售额未超过 3 万元、销售服务、无形资产月销售额未超过 3 万元，可分别享受小微企业暂免征收增值税优惠政策。

（2）增值税小规模纳税人应分别核算销售货物，提供加工、修理修配劳务的销售额和销售服务、无形资产的销售额。

（3）按季纳税申报的增值税小规模纳税人，实际经营期不足一个季度的，以实际经营月份计算当期可享受小微企业免征增值税政策的销售额度。

（4）其他个人采取预收款形式出租不动产，取得的预收租金收入，可在预收款对应的租赁期内平均分摊，分摊后的月租金收入不超过 3 万元的，可享受小微企业免征增值税优惠政策。

其他个人出租不动产适用小微企业免税政策口径

明确了其他个人采取预收款形式出租不动产,对一次性收取多月的租金,可在对应的租赁期内平均分摊并判断是否超过3万元,适用小微企业免税政策。

《关于营改增试点若干征管问题的公告》(2016年8月18日 国家税务总局公告2016年第53号)规定:二、其他个人采取一次性收取租金的形式出租不动产,取得的租金收入可在租金对应的租赁期内平均分摊,分摊后的月租金收入不超过3万元的,可享受小微企业免征增值税优惠政策。

国家税务总局关于明确营改增试点若干征管问题的公告

(国家税务总局公告2016年第26号)

为确保全面推开营改增试点顺利实施,现将若干税收征管问题公告如下:

……

三、按照现行规定,适用增值税差额征收政策的增值税小规模纳税人,以差额前的销售额确定是否可以享受3万元(按季纳税9万元)以下免征增值税政策。

……

本公告自2016年5月1日起施行。

第二节 原增值税纳税人适用的增值税优惠政策

一、法定增值税免税项目

《中华人民共和国增值税暂行条例》(国务院令第538号)规定的免税项目如下。

(1)农业生产者销售的自产农产品。

农业,是指种植业、养殖业、林业、牧业、水产业。农业生产者,包括从事农业生产的单位和个人。农产品,是指初级农产品,具体范围由财政部、国家税务总局确定。

单位和个人销售的外购的农业产品,以及单位和个人外购农业产品生产、加工后销售的仍然属于注释所列的农业产品,不属于免税的范围,应当按照规定税率征收增值税。

农业生产者用自产的茶青再经筛分、风选、拣剔、碎块、干燥、匀堆等工序精制而成的精制茶,不得按照农业生产者销售自产农业产品免税的规定执行,应当按照规定的税率征税。

对农民个人按照竹器企业提供样品规格,自产或购买竹、芒、藤、木条等,再通过手工简单编织成竹制或竹芒藤柳混合坯具的,属于自产农业初级产品,应当免征销售环节增值税。

自2010年12月1日起,制种企业在下列生产经营模式下生产销售种子,属于农业生产者销售自产农业产品,应根据《增值税暂行条例》的有关规定免征增值税:

① 制种企业利用自有土地或承租土地,雇用农户或雇工进行种子繁育,再经烘干、脱粒、风筛等深加工后销售种子。

② 制种企业提供亲本种子委托农户繁育并从农户手中收回,再经烘干、脱粒、风筛等深

加工后销售种子。

自 2013 年 4 月 1 日起，纳税人采取"公司+农户"经营模式从事畜禽饲养，纳税人回收再销售畜禽，属于农业生产者销售自产农产品，免征增值税。

"公司+农户"经营模式销售畜禽是指纳税人与农户签订委托养殖合同，向农户提供畜禽苗、饲料、兽药及疫苗等（所有权属于公司），农户饲养畜禽苗至成品后交付纳税人回收，纳税人将回收的成品畜禽用于销售。

（2）避孕药品和用具。

（3）古旧图书。古旧图书是指向社会收购的古书和旧书。

（4）直接用于科学研究、科学试验和教学的进口仪器、设备。

（5）外国政府、国际组织无偿援助的进口物资和设备。

（6）由残疾人的组织直接进口供残疾人专用的物品。

（7）销售的自己使用过的物品，自己使用过的物品是指其他个人使用过的物品。

除上述规定外，增值税的免税、减税项目由国务院规定，任何地区、部门均不得规定免税、减税项目。

纳税人兼营免税、减税项目的，应当分别核算免税、减税项目的销售额；未分别核算销售额的，不得免税、减税。

纳税人销售货物或者应税劳务适用免税规定的，可以放弃免税，依照《增值税暂行条例》的规定缴纳增值税。放弃免税后，36 个月内不得再申请免税。

二、其他增值税优惠政策

（一）蔬菜流通环节

自 2012 年 1 月 1 日起，免征蔬菜流通环节增值税。

（1）对从事蔬菜批发、零售的纳税人销售的蔬菜免征增值税。

蔬菜是指可作副食的草本、木本植物，包括各种蔬菜、菌类植物和少数可作副食的木本植物。蔬菜的主要品种参照《蔬菜主要品种目录》执行。

经挑选、清洗、切分、晾晒、包装、脱水、冷藏、冷冻等工序加工的蔬菜，属于《关于免征蔬菜流通环节增值税有关问题的通知》（财税〔2011〕137 号）所述蔬菜的范围。

各种蔬菜罐头不属于财税〔2011〕137 号文件所述蔬菜的范围。蔬菜罐头是指蔬菜经处理、装罐、密封、杀菌或无菌包装而制成的食品。

（2）纳税人既销售蔬菜又销售其他增值税应税货物的，应分别核算蔬菜和其他增值税应税货物的销售额；未分别核算的，不得享受蔬菜增值税免税政策。

（二）粮食和食用植物油

（1）对承担粮食收储任务的国有粮食购销企业销售的粮食免征增值税。

对其他粮食企业经营粮食，除下列项目免征增值税外，一律征收增值税：

① 军队用粮，指凭军用粮票和军粮供应证按军供价供应中国人民解放军和中国人民武装警察部队的粮食。

② 救灾救济粮，指经县（含）以上人民政府批准，凭救灾救济粮票（证）按规定的销售价格向需要救助的灾民供应的粮食。

③ 水库移民口粮，指经县（含）以上人民政府批准，凭水库移民口粮票（证）按规定的销售价格供应给水库移民的粮食。

对销售食用植物油业务，除政府储备食用植物油的销售继续免征增值税外，一律照章征收增值税。

（2）享受免税优惠的国有粮食购销企业可继续使用增值税专用发票。

自1999年8月1日起，凡国有粮食购销企业销售粮食，一律开具增值税专用发票。

国有粮食购销企业开具增值税专用发票时，应当比照非免税货物开具增值税专用发票，企业记账销售额为"价税合计"数。

属于一般纳税人的生产、经营单位从国有粮食购销企业购进的免税粮食，可依照国有粮食购销企业开具的增值税专用发票注明的税额抵扣进项税额。

（3）凡享受免征增值税的国有粮食购销企业，均按增值税一般纳税人认定，并进行纳税申报、日常检查及有关增值税专用发票的各项管理。

（4）对粮食部门经营的退耕还林还草补助粮，凡符合国家规定标准的，比照"救灾救济粮"免征增值税。

（5）自2002年6月1日起，对中国储备粮总公司及各分公司所属的政府储备食用植物油承储企业，按照国家指令计划销售的政府储备食用植物油，可比照《国家税务总局关于国有粮食购销企业开具粮食销售发票有关问题的通知》（国税明电〔1999〕10号）及《国家税务总局关于加强国有粮食购销企业增值税管理有关问题的通知》（国税函〔1999〕560号）的有关规定执行，允许其开具增值税专用发票并纳入增值税防伪税控系统管理。

自2014年5月1日起，上述增值税免税政策适用范围由粮食扩大到粮食和大豆，并可对免税业务开具增值税专用发票。此前发生的大豆销售行为，税务机关已处理的，不再调整；尚未处理的，可按上述规定执行。

（三）边销茶

经国务院批准，《财政部　国家税务总局关于继续执行边销茶增值税政策的通知》（财税〔2011〕89号）规定的增值税政策继续执行至2018年12月31日。

文到之日前，已征的按照《关于延长边销茶增值税政策执行期限的通知》（2016年7月25日　财税〔2016〕73号）规定应予免征的增值税，可抵减纳税人以后月份应缴纳的增值税或予以退还。

（四）制种行业

制种企业在下列生产经营模式下生产种子，属于农业生产者销售自产农产品，免征增值税。

（1）制种企业利用自有土地或承租土地，雇用农户或雇工进行种子繁育，再经烘干、脱粒、风筛等深加工后销售种子。

（2）制种企业提供亲本种子委托农户繁育并从农户手中收回，再经烘干、脱粒、风筛等深加工后销售种子。

（五）饲料

免征增值税饲料产品的范围包括：

（1）单一大宗饲料，指以一种动物、植物、微生物或矿物质为来源的产品或其副产品。其范围仅限于糠麸、酒糟、鱼粉、草饲料、饲料级磷酸氢钙及除豆粕以外的菜籽粕、棉籽粕、向日葵粕、花生粕等粕类产品。饲用鱼油、饲料级磷酸二氢钙也按照"单一大宗饲料"对待。其中，饲用鱼油自2003年1月1日起免征增值税，饲料级磷酸二氢钙自2007年1月1日起免征增值税。

（2）混合饲料，指由两种以上单一大宗饲料、粮食、粮食副产品及饲料添加剂按照一定的比例配置，其中单一大宗饲料、粮食及粮食副产品的掺兑比例不低于95%的饲料。

（3）配合饲料，指根据不同的饲养对象、饲养对象的不同生长发育阶段的营养需要，将多种饲料原料按饲料配方经工业生产后，形成的能满足饲养动物全部营养需要（除水分外）的饲料。自2013年9月1日起，精料补充料免征增值税。精料补充料是指补充草食动物的营养，将多种饲料和饲料添加剂按照一定比例配制的饲料。

（4）复合预混料，指能够按照国家有关饲料产品的标准要求量，全面提供动物饲养相应阶段所需微量元素（4种或以上）维生素（8种或以上），由微量元素、维生素、氨基酸和非营养性添加剂中任何两类或两类以上的组分与载体或稀释剂按一定比例配置的均匀混合物。

（5）浓缩饲料，指由蛋白质、复合预混料及矿物质等按一定比例配制的均匀混合物。

矿物质微量元素舔砖，是以四种以上微量元素、非营养性添加剂和载体为原料，经高压浓缩制成的块状预混物，可供牛、羊等牲畜直接食用。

宠物饲料不属于免征增值税的饲料。

（六）供热企业

对供热企业向居民个人（以下称居民）供热而取得的采暖费收入继续免征增值税。向居民供热而取得的采暖费收入，包括供热企业直接向居民收取的、通过其他单位向居民收取的和由单位代居民缴纳的采暖费。

免征增值税的采暖费收入，应当按照《增值税暂行条例》第十六条的规定分别核算。通过热力产品经营企业向居民供热的热力产品生产企业，应当根据热力产品经营企业实际从居民取得的采暖费收入占该经营企业采暖费总收入的比例确定免税收入比例。

（七）光伏发电

经国务院批准，继续对光伏发电实行增值税优惠政策。

自2016年1月1日至2018年12月31日，对纳税人销售自产的利用太阳能生产的电力产品，实行增值税即征即退50%的政策。文到之日前，已征的按《关于继续执行光伏发电增值税政策的通知》（2016年7月25日　财税〔2016〕81号）规定应予退还的增值税，可抵减纳税人以后月份应缴纳的增值税或予以退还。

（八）医疗卫生

1. 关于非营利性医疗机构的税收政策

对非营利性医疗机构自产自用的制剂，免征增值税。

非营利性医疗机构的药房分离为独立的药品零售企业，应按规定征收各项税收。

2. 关于营利性医疗机构的税收政策

对营利性医疗机构取得的收入，按规定征收各项税收。但为了支持营利性医疗机构的发展，对营利性医疗机构取得的收入，直接用于改善医疗卫生条件的，自其取得执业登记之日起，3年内对其自产自用的制剂免征增值税。

对营利性医疗机构的药房分离为独立的药品零售企业，应按规定征收各项税收。

3. 疾病控制机构和妇幼保健机构等的服务收入

关于疾病控制机构和妇幼保健机构等卫生机构按照国家规定的价格取得的卫生服务收入（含疫苗接种和调拨、销售收入），免征各项税收。不按照国家规定的价格取得的卫生服务收入不得享受这项政策。

4. 血站

自 1999 年 11 月 1 日起，对血站供应给医疗机构的临床用血免征增值税。血站是指根据《中华人民共和国献血法》的规定，由国务院或省级人民政府卫生行政部门批准的，从事采集、提供临床用血，不以营利为目的的公益性组织。

5. 供应非临床用血

属于增值税一般纳税人的单采血浆站销售非临床用人体血液，可以按照简易办法依照 6% 征收率计算应纳税额，但不得对外开具增值税专用发票；也可以按照销项税额抵扣进项税额的办法依增值税适用税率计算应纳税额。

（九）资源综合利用产品和劳务

为进一步推动资源综合利用和节能减排，规范和优化增值税政策，自 2015 年 7 月 1 日起，国家对资源综合利用产品和劳务增值税优惠政策进行了整合和调整。

（1）税收优惠的内容。纳税人销售自产的资源综合利用产品和提供资源综合利用劳务（以下称销售综合利用产品和劳务），可享受增值税即征即退政策。具体综合利用的资源名称、综合利用产品和劳务名称、技术标准和相关条件、退税比例等按照《资源综合利用产品和劳务增值税优惠目录》（财税〔2015〕78 号，以下简称《目录》）的相关规定执行。

（2）享受资源综合利用产品和劳务增值税优惠的条件。纳税人从事《目录》所列的资源综合利用项目，其申请享受增值税即征即退政策时，应同时符合下列条件：

① 属于增值税一般纳税人。

② 销售综合利用产品和劳务，不属于国家发展改革委《产业结构调整指导目录》中的禁止类、限制类项目。

③ 销售综合利用产品和劳务，不属于环境保护部《环境保护综合名录》中的"高污染、高环境风险"产品或者重污染工艺。

④ 综合利用的资源，属于环境保护部《国家危险废物名录》列明的危险废物的，应当取得省级及以上环境保护部门颁发的《危险废物经营许可证》，且许可经营范围包括该危险废物的利用。

⑤ 纳税信用等级不属于税务机关评定的 C 级或 D 级。

纳税人在办理退税事宜时，应向主管税务机关提供其符合上述条件以及《目录》规定的技术标准和相关条件的书面声明材料，未提供书面声明材料或者出具虚假材料的，税务机关不得给予退税。

（3）已享受增值税即征即退政策的纳税人，自不符合《资源综合利用产品和劳务增值税优惠目录》第二条规定的条件以及《目录》规定的技术标准和相关条件的次月起，不再享受增值税即征即退政策。

（4）已享受增值税即征即退政策的纳税人，因违反税收、环境保护的法律法规受到处罚（警告或单次 1 万元以下罚款除外）的，自处罚决定下达的次月起 36 个月内，不得享受本通知规定的增值税即征即退政策。

（5）纳税人应当单独核算适用增值税即征即退政策的综合利用产品和劳务的销售额和应纳税额；未单独核算的，不得享受增值税即征即退政策。

附件：

资源综合利用产品和劳务增值税优惠目录

类 别	序号	综合利用的资源名称	综合利用产品和劳务名称	技术标准和相关条件	退税比例
1. 共、伴生矿产资源	1.1	油母页岩	页岩油	产品原料95%以上来自所列资源	70%
	1.2	煤炭开采过程中产生的煤层气（煤矿瓦斯）	电力	产品燃料95%以上来自所列资源	100%
	1.3	油田采油过程中产生的油污泥（浮渣）	乳化油调和剂、防水卷材辅料产品	产品原料70%以上来自所列资源	70%
2. 废渣、废水（液）、废气	2.1	废渣	砖瓦（不含烧结普通砖）、砌块、陶粒、墙板、管材（管桩）、混凝土、砂浆、道路井盖、道路护栏、防火材料、耐火材料（镁铬砖除外）、保温材料、矿（岩）棉、微晶玻璃、U形玻璃	产品原料70%以上来自所列资源	70%
	2.2	废渣	水泥、水泥熟料	1. 42.5及以上等级水泥的原料20%以上来自所列资源，其他水泥、水泥熟料的原料40%以上来自所列资源 2. 纳税人符合《水泥工业大气污染物排放标准》（GB 4915—2013）规定的技术要求	70%
	2.3	建（构）筑废物、煤矸石	建筑砂石骨料	1. 产品原料90%以上来自所列资源 2. 产品以建（构）筑废物为原料的，符合《混凝土和砂浆用再生粗骨料》（GB/T 25177—2010）或《混凝土和砂浆用再生细骨料》（GB/T 25176—2010）的技术要求；以煤矸石为原料的，符合《建设用砂》（GB/T 14684—2011）或《建设用卵石、碎石》（GB/T 14685—2011）规定的技术要求	50%
	2.4	粉煤灰、煤矸石	氧化铝、活性硅酸钙、瓷绝缘子、煅烧高岭土	氧化铝、活性硅酸钙生产原料25%以上来自所列资源，瓷绝缘子生产原料中煤矸石所占比重30%以上，煅烧高岭土生产原料中煤矸石所占比重90%以上	50%

续表

类别	序号	综合利用的资源名称	综合利用产品和劳务名称	技术标准和相关条件	退税比例
2. 废渣、废水（液）、废气	2.5	煤矸石、煤泥、石煤、油母页岩	电力、热力	1. 产品燃料60%以上来自所列资源 2. 纳税人符合《火电厂大气污染物排放标准》（GB 13223—2011）和国家发展改革委、环境保护部、工业和信息化部《电力（燃煤发电企业）行业清洁生产评价指标体系》规定的技术要求	50%
	2.6	氧化铝赤泥、电石渣	氧化铁、氢氧化钠溶液、铝酸钠、铝酸三钙、脱硫剂	1. 产品原料90%以上来自所列资源 2. 生产过程中不产生二次废渣	50%
	2.7	废旧石墨	石墨异形件、石墨块、石墨粉、增碳剂	1. 产品原料90%以上来自所列资源 2. 纳税人符合《工业炉窑大气污染物排放标准》（GB 9078—1996）规定的技术要求	50%
	2.8	垃圾以及利用垃圾发酵产生的沼气	电力、热力	1. 产品燃料80%以上来自所列资源 2. 纳税人符合《火电厂大气污染物排放标准》（GB 13223—2011）或《生活垃圾焚烧污染控制标准》（CB 18485—2014）规定的技术要求	100%
	2.9	退役军用发射药	涂料用硝化棉粉	产品原料90%以上来自所列资源	50%
	2.10	废旧沥青混凝土	再生沥青混凝土	1. 产品原料30%以上来自所列资源 2. 产品符合《再生沥青混凝土》（GB/T 25033—2010）规定的技术要求	50%
	2.11	蔗渣	蔗渣浆、蔗渣刨花板和纸	1. 产品原料70%以上来自所列资源 2. 生产蔗渣浆及各类纸的纳税人符合国家发展改革委、环境保护部、工业和信息化部《制浆造纸行业清洁生产评价指标体系》规定的技术要求	50%

续表

类别	序号	综合利用的资源名称	综合利用产品和劳务名称	技术标准和相关条件	退税比例
2. 废渣、废水（液）、废气	2.12	废矿物油	润滑油基础油、汽油、柴油等工业油料	1. 产品原料90%以上来自所列资源 2. 纳税人符合《废矿物油回收利用污染控制技术规范》（HJ 607—2011）规定的技术要求	50%
	2.13	环己烷氧化废液	环氧环己烷、正戊醇、醇醚溶剂	1. 产品原料90%以上来自所列资源 2. 纳税人必须通过ISO 9000、ISO 14000认证	50%
	2.14	污水处理厂出水、工业排水（矿井水）生活污水、垃圾处理厂渗透（滤）液等	再生水	1. 产品原料100%来自所列资源 2. 产品符合《再生水质标准》（SL 368—2006）规定的技术要求	50%
	2.15	废弃酒糟和酿酒底锅水、淀粉、粉丝加工废液、废渣	蒸汽、活性炭、白碳黑、乳酸、乳酸钙、沼气、饲料、植物蛋白	产品原料80%以上来自所列资源	70%
	2.16	含油污水、有机废水、污水处理后产生的污泥、油田采油过程中产生的油污泥（浮渣），包括利用上述资源发酵产生的沼气	微生物蛋白、干化污泥、燃料、电力、热力	产品原料或燃料90%以上来自所列资源，其中利用油田采油过程中产生的油污泥（浮渣）生产燃料的，原料60%以上来自所列资源	70%
	2.17	煤焦油、荒煤气（焦炉煤气）	柴油、石脑油	1. 产品原料95%以上来自所列资源 2. 纳税人必须通过ISO 9000、ISO 14000认证	50%
	2.18	燃煤发电厂及各类工业企业产生过程中产生的烟气、硫氢天然气	石膏、硫酸、硫酸铵、硫黄	1. 产品原料95%以上来自所列资源 2. 石膏的二水硫酸钙含量85%以上，硫酸的浓度15%以上，硫酸铵的总氮含量18%以上	50%
	2.19	工业废气	高纯度二氧化碳、工业氢气、甲烷	1. 产品原料95%以上来自所列资源 2. 高纯度二氧化碳产品符合（GB 10621—2006），工业氢气产品符合（GB/T 3634.1—2006），甲烷产品符合（HG/T 3633—1999）规定的技术要求	70%

续表

类别	序号	综合利用的资源名称	综合利用产品和劳务名称	技术标准和相关条件	退税比例
2. 废渣、废水（液）、废气	2.20	工业生产过程中产生的余热、余压	电力、热力	产品原料100%来自所列资源	100%
3. 再生资源	3.1	废旧电池及其拆解物	金属及镍钴锰氢氧化物、镍钴锰酸锂、氯化钴	1. 产品原料中95%以上来自上述资源 2. 镍钴锰氢氧化物符合《镍、钴、锰三元素复合氢氧化物》（GB/T 6300—2010）规定的技术要求	30%
	3.2	废显（定）影液、废像纸、废感光材料、废胶片、废感光剂等发感光材料	银	1. 产品原料95%必须来自所列资源 2. 纳税人必须通过ISO9000、ISO 14000认证	30%
	3.3	废旧电机、废旧电线电缆、废铝制易拉罐、报废汽车、报废摩托车、报废船舶、废旧电器电子产品、废旧太阳能光伏器件、废旧灯泡（管）及其拆解物	经冶炼、提纯生产的金属及合金（不包括铁及铁合金）	1. 产品原料70%来自所列资源 2. 法律、法规或规章对相关废旧产品拆解规定了资质条件的，纳税人应当取得相应的资质	30%
	3.4	废催化剂、电解废弃物、电镀发弃物、废旧线路板、烟尘灰、湿法烟泥、熔炼渣、线路板蚀刻废液、锡箔纸灰	经冶炼、提纯或氧化合生产的金属、合金及金属化合物（不包括铁及铁合金）、冰晶石	1. 产品原料70%来自所列资源 2. 纳税人必须通过ISO 9000、ISO 14000认证	30%
	3.5	报废汽车、报废摩托车、报废船舶、废旧电器电子产品、废旧农机具、报废机器设备、废旧生活用品、工业边角余料、建筑拆解物等产生或拆解出来的废钢铁	炼钢炉料	1. 产品原料95%以上来自所列资源 2. 炼钢炉料符合《废钢铁》（GB 4223—2004）规定的技术要求 3. 法律、法规或规章对相关废旧产品拆解规定了资质条件的，纳税人应当取得相应的资质 4. 纳税人应符合工业和信息化部《废钢铁加工行业准入条件》的相关规定	30%

续表

类别	序号	综合利用的资源名称	综合利用产品和劳务名称	技术标准和相关条件	退税比例
3. 再生资源	3.5			5. 炼钢炉料的销售对象应为符合工业和信息化部《钢铁行业规范条件》或《铸造行业准入条件》并公告的钢铁企业或铸造企业	
	3.6	稀土产品加工废料、废弃稀土产品及拆解物	稀土金属及稀土氧化物	1. 产品原料95%以上来自所列资源 2. 纳税人符合国家发展改革委、环境保护部、工业和信息化部《稀土冶炼行业清洁生产评价指标体系》规定的技术要求	30%
	3.7	废塑料、废旧聚氯乙烯(PVC)制品、废旧聚酯塑(纸铝、纸塑)复合纸包装材料	汽油、柴油、石油焦、碳黑、再生纸浆、铝粉、塑木(木塑)制品、(汽车、摩托车、家电、管材用)改性再生专用料、化纤用再生聚酯专用料、瓶用再生聚对苯二甲酸乙二醇酯(PET)树脂及再生塑料制品	1. 产品原料70%以上来自所列资源 2. 化纤用再生聚酯专用料杂质含量低于0.5mg/g,水分含量低于1%,瓶用再生聚对苯二甲酸乙二醇酯树脂乙醛质量分数小于等于1ug/g 3. 纳税人必须通过ISO 9000、ISO 14000认证	50%
	3.8	废纸、农作物秸秆	纸浆、秸秆浆和纸	1. 产品原料70%以上来自所列资源 2. 废水排放符合《制浆造纸工业水污染物排放标准》(CB 3544—2008)规定的技术要求 3. 纳税人符合《制浆造纸行业清洁生产评价指标体系》规定的技术要求 4. 纳税人必须通过ISO 9000、ISO 14000认证	50%
	3.9	废旧轮胎、废橡胶制品	胶粉、翻新轮胎、再生橡胶	1. 产品原料95%以上来自所列资源 2. 胶粉符合(GB/T 19208—2008)规定的技术要求;翻新轮胎符合(GB 7037—2007)(GB 14646—2007)或(HC/T 3979—2007)规定的技术要求;再生橡胶符合(GB/T 13460—2008)规定的技术要求 3. 纳税人必须通过ISO 9000、ISO 14000认证	50%

续表

类别	序号	综合利用的资源名称	综合利用产品和劳务名称	技术标准和相关条件	退税比例
3. 再生资源	3.10	废弃天然纤维、化学纤维及其制品	纤维纱及织布、无纺布、毡、黏合剂及再生聚酯产品	产品原料90%以上来自所列资源	50%
	3.11	人发	档发	产品原料90%以上来自所列资源	70%
	3.12	废玻璃	玻璃熟料	1. 产品原料95%以上来自所列资源 2. 产品符合《废玻璃回收分类》（SB/T 10900—2012）的技术要求； 3. 纳税人符合《废玻璃回收分拣技术规范》（SB/T 11108—2014）规定的技术要求	50%
4. 农林剩余物及其他	4.1	餐厨垃圾、畜禽粪便、稻壳、花生壳、玉米芯、油茶壳、棉籽壳、三剩物、次小薪材、农作物秸秆、蔗渣、以及利用上述资源发酵产生的沼气	生物质压块、沼气等燃料，电力、热力	1. 产品原料或者燃料80%以上来自所列资源 2. 纳税人符合《锅炉大气污染物排放标准》（GB 13271—2014）《火电厂大气污染物排放标准》（GB 13223—2011）或《生活垃圾焚烧污染控制标准》（CB 18485—2001）规定的技术要求	100%
	4.2	三剩物、次小薪材、农作物秸秆、沙柳	纤维板、刨花板、细木工板、生物炭、活性炭、栲胶、水解酒精、纤维素、木质素、木糖、阿拉伯糖、糠醛、箱板纸	产品原料95%以上来自所列资源	70%
	4.3	废弃动物油和植物油	生物柴油、工业级混合油	1. 产品原料70%以上来自所列资源 2. 工业级混合油的销售对象须为化工企业	70%
5. 资源综合利用劳务	5.1	垃圾处理、污泥处理处置劳务			70%
	5.2	污水处理劳务		污水经加工处理后符合《城镇污水处理厂污染物排放标准》（GB 18918—2002）规定的技术要求或达到相应的国家或地方水污染物排放标准中的直接排放限值	70%
	5.3	工业废气处理劳务		经治理、处理后符合《大气污染物综合排放标准》（GB 16297—1996）规定的技术要求或达到相应的国家或地方水污染物排放标准中的直接排放限值	70%

(十)软件产品

自 2011 年 1 月 1 日起,软件产品执行以下增值税政策(财税〔2011〕100 号)。

所称软件产品,是指信息处理程序及相关文档和数据,包括计算机软件产品、信息系统和嵌入式软件产品。

(1)增值税政策:

① 增值税一般纳税人销售其自行开发生产的软件产品,按 17%税率征收增值税后,对其增值税实际税负超过 3%的部分实行即征即退政策。

② 增值税一般纳税人将进口软件产品进行本地化改造后对外销售,其销售的软件产品可享受第(1)款规定的增值税即征即退政策。

本地化改造是指对进口软件产品进行重新设计、改进、转换等,单纯对进口软件产品进行汉字化处理不包括在内。

(2)满足下列条件的软件产品,经主管税务机关审核批准,可以享受上述增值税政策:

① 取得省级软件产业主管部门认可的软件检测机构出具的检测证明材料;

② 取得软件产业主管部门颁发的《软件产品登记证书》或著作权行政管理部门颁发的《计算机软件著作权登记证书》。

(3)软件产品增值税即征即退税额的计算:

1)软件产品(含嵌入式软件产品)增值税即征即退税额的计算方法

即征即退税额=当期软件产品增值税应纳税额−当期软件产品销售额×3%

当期软件产品增值税应纳税额=当期软件产品销项税额−当期软件产品可抵扣进项税额

当期软件产品销项税额=当期软件产品销售额×17%

2)当期嵌入式软件产品销售额的计算公式

当期嵌入式软件产品销售额=当期嵌入式软件产品与计算机硬件、机器设备销售额合计 − 当期计算机硬件、机器设备销售额

计算机硬件、机器设备销售额按照下列顺序确定:

① 按纳税人最近同期同类货物的平均销售价格计算确定;

② 按其他纳税人最近同期同类货物的平均销售价格计算确定;

③ 按计算机硬件、机器设备组成计税价格计算确定。

计算机硬件、机器设备组成计税价格=计算机硬件、机器设备成本×(1+10%)

(4)按照上述办法计算,即征即退税额大于零时,税务机关应按规定,及时办理退税手续。

(5)增值税一般纳税人在销售软件产品的同时销售其他货物或者应税劳务的,对于无法划分的进项税额,应按照实际成本或销售收入比例确定软件产品应分摊的进项税额;对专用于软件产品开发生产设备及工具的进项税额,不得进行分摊。纳税人应将选定的分摊方式报主管税务机关备案,并自备案之日起一年内不得变更。

专用于软件产品开发生产的设备及工具,包括但不限于用于软件设计的计算机设备、读写打印器具设备、工具软件、软件平台和测试设备。

(6)对增值税一般纳税人随同计算机硬件、机器设备一并销售的嵌入式软件产品,如果适用上述规定按照组成计税价格计算确定计算机硬件、机器设备销售额,应分别核算成本。未分别核算或者核算不清的,不得享受上述政策。

(十一)新型显示器件项目进口设备

将新型显示器件项目进口设备增值税分期纳税的有关政策:

(1)对新型显示器件项目于 2015 年 1 月 1 日至 2018 年 12 月 31 日期间进口的关键新设备,准予在首台设备进口之后的 6 年(连续 72 个月)期限内,分期缴纳进口环节增值税,6 年内每年(连续 12 个月)依次缴纳进口环节增值税总额的 0%、20%、20%、20%、20%、20%,其间允许企业缴纳税款超过上述比例。

(2)新型显示器件生产企业在分期纳税期间,按海关事务担保的规定,对未缴纳的税款提供海关认可的银行保证金或银行保函形式的税款担保,不予征收缓税利息和滞纳金。

(3)对企业已经缴纳的进口环节增值税不予退还。

(4)上述分期纳税有关政策的具体操作办法依照《关于新型显示器件项目进口设备增值税分期纳税的暂行规定》(见附件)执行。

(十二)修理修配劳务

1. 飞机修理

自 2000 年 1 月 1 日起,对飞机维修劳务增值税实际税负超过 6%的部分即征即退。

2. 铁路货车修理

自 2001 年 1 月 1 日起,对铁路系统内部单位为本系统修理货车的业务免征增值税。"铁路系统内部单位"包括中国南方、北方机车车辆工业集团公司所属企业,其为铁路系统修理铁路货车的业务免征增值税。

3. 飞机维修企业的国外飞机维修业务

对承揽国内、国外航空公司飞机维修业务的企业(简称飞机维修企业)所从事的国外航空公司飞机维修业务,实行免征本环节增值税应纳税额、直接退还相应增值税进项税额的办法。

飞机维修企业应分别核算国内、国外飞机维修业务的进项税额;未分别核算或者未准确核算进项税额的,由主管税务机关进行核定。造成多退税款的,予以追回;涉及违法犯罪的,按有关法律法规规定处理。

第三节　营改增试点过渡政策

以下增值税优惠政策除已规定期限的项目和个人销售其购买的住房政策外,其他均在营改增试点期间执行。

如果试点纳税人在纳入营改增试点之日前已经按照有关政策规定享受了营业税税收优惠,在剩余税收优惠政策期限内,按照本规定享受有关增值税优惠。

一、免征、差额征收增值税

(1)托儿所、幼儿园提供的保育和教育服务。

托儿所、幼儿园,是指经县级以上教育部门审批成立、取得办园许可证的实施 0~6 岁学前教育的机构,包括公办和民办的托儿所、幼儿园、学前班、幼儿班、保育院、幼儿院。

公办托儿所、幼儿园免征增值税的收入是指,在省级财政部门和价格主管部门审核报省级人民政府批准的收费标准以内收取的教育费、保育费。

民办托儿所、幼儿园免征增值税的收入是指,在报经当地有关部门备案并公示的收费标准范围内收取的教育费、保育费。

超过规定收费标准的收费,以开办实验班、特色班和兴趣班等为由另外收取的费用以及与幼儿入园挂钩的赞助费、支教费等超过规定范围的收入,不属于免征增值税的收入。

(2)养老机构提供的养老服务。

养老机构,是指依照民政部《养老机构设立许可办法》(民政部令第48号)设立并依法办理登记的为老年人提供集中居住和照料服务的各类养老机构;养老服务,是指上述养老机构按照民政部《养老机构管理办法》(民政部令第49号)的规定,为收住的老年人提供的生活照料、康复护理、精神慰藉、文化娱乐等服务。

(3)残疾人福利机构提供的育养服务。

(4)婚姻介绍服务。

(5)殡葬服务。

殡葬服务,是指收费标准由各地价格主管部门会同有关部门核定,或者实行政府指导价管理的遗体接运(含抬尸、消毒)、遗体整容、遗体防腐、存放(含冷藏)、火化、骨灰寄存、吊唁设施设备租赁、墓穴租赁及管理等服务。

(6)残疾人员本人为社会提供的服务。

(7)医疗机构提供的医疗服务。

医疗机构,是指依据国务院《医疗机构管理条例》(国务院令第149号)及卫生部《医疗机构管理条例实施细则》(卫生部令第35号)的规定,经登记取得《医疗机构执业许可证》的机构,以及军队、武警部队各级各类医疗机构。具体包括:各级各类医院、门诊部(所)、社区卫生服务中心(站)、急救中心(站)、城乡卫生院、护理院(所)、疗养院、临床检验中心,各级政府及有关部门举办的卫生防疫站(疾病控制中心)、各种专科疾病防治站(所),各级政府举办的妇幼保健所(站)、母婴保健机构、儿童保健机构,各级政府举办的血站(血液中心)等医疗机构。

本项所称的医疗服务,是指医疗机构按照不高于地(市)级以上价格主管部门会同同级卫生主管部门及其他相关部门制定的医疗服务指导价格(包括政府指导价和按照规定由供需双方协商确定的价格等)为就医者提供《全国医疗服务价格项目规范》所列的各项服务,以及医疗机构向社会提供卫生防疫、卫生检疫的服务。

(8)从事学历教育的学校提供的教育服务。

1)学历教育,是指受教育者经过国家教育考试或者国家规定的其他入学方式,进入国家有关部门批准的学校或者其他教育机构学习,获得国家承认的学历证书的教育形式。具体包括:

① 初等教育:普通小学、成人小学。

② 初级中等教育:普通初中、职业初中、成人初中。

③ 高级中等教育:普通高中、成人高中和中等职业学校(包括普通中专、成人中专、职业高中、技工学校)。

④ 高等教育:普通本专科、成人本专科、网络本专科、研究生(博士、硕士)、高等教育自学考试、高等教育学历文凭考试。

2)从事学历教育的学校,是指:

① 普通学校。

② 经地(市)级以上人民政府或者同级政府的教育行政部门批准成立、国家承认其学员学历的各类学校。

③ 经省级及以上人力资源社会保障行政部门批准成立的技工学校、高级技工学校。

④ 经省级人民政府批准成立的技师学院。

上述学校均包括符合规定的从事学历教育的民办学校，但不包括职业培训机构等国家不承认学历的教育机构。

3）提供教育服务免征增值税的收入，是指对列入规定招生计划的在籍学生提供学历教育服务取得的收入，具体包括：经有关部门审核批准并按规定标准收取的学费、住宿费、课本费、作业本费、考试报名费收入，以及学校食堂提供餐饮服务取得的伙食费收入。除此之外的收入，包括学校以各种名义收取的赞助费、择校费等，不属于免征增值税的范围。

学校食堂是指依照《学校食堂与学生集体用餐卫生管理规定》（教育部令第14号）管理的学校食堂。

（9）学生勤工俭学提供的服务。

（10）农业机耕、排灌、病虫害防治、植物保护、农牧保险以及相关技术培训业务，家禽、牲畜、水生动物的配种和疾病防治。

农业机耕，是指在农业、林业、牧业中使用农业机械进行耕作（包括耕耘、种植、收割、脱粒、植物保护等）的业务；排灌，是指对农田进行灌溉或者排涝的业务；病虫害防治，是指从事农业、林业、牧业、渔业的病虫害测报和防治的业务；农牧保险，是指为种植业、养殖业、牧业种植和饲养的动植物提供保险的业务；相关技术培训，是指与农业机耕、排灌、病虫害防治、植物保护业务相关以及为使农民获得农牧保险知识的技术培训业务；家禽、牲畜、水生动物的配种和疾病防治业务的免税范围，包括与该项服务有关的提供药品和医疗用具的业务。

（11）纪念馆、博物馆、文化馆、文物保护单位管理机构、美术馆、展览馆、书画院、图书馆在自己的场所提供文化体育服务取得的第一道门票收入。

（12）寺院、宫观、清真寺和教堂举办文化、宗教活动的门票收入。

（13）行政单位之外的其他单位收取的符合《试点实施办法》第十条规定条件的政府性基金和行政事业性收费。

（14）个人转让著作权。

（15）个人销售自建自用住房。

（16）2018年12月31日前，公共租赁住房经营管理单位出租公共租赁住房。

公共租赁住房，是指纳入省、自治区、直辖市、计划单列市人民政府及新疆生产建设兵团批准的公共租赁住房发展规划和年度计划，并按照《关于加快发展公共租赁住房的指导意见》（建保〔2010〕87号）和市、县人民政府制定的具体管理办法进行管理的公共租赁住房。

（17）台湾航运公司、航空公司从事海峡两岸海上直航、空中直航业务在大陆取得的运输收入。

台湾航运公司，是指取得交通运输部颁发的"台湾海峡两岸间水路运输许可证"且该许可证上注明的公司登记地址在台湾的航运公司。

台湾航空公司，是指取得中国民用航空局颁发的"经营许可"或者依据《海峡两岸空运协议》和《海峡两岸空运补充协议》规定，批准经营两岸旅客、货物和邮件不定期（包机）运输业务，且公司登记地址在台湾的航空公司。

（18）纳税人提供的直接或者间接国际货物运输代理服务。

① 纳税人提供直接或者间接国际货物运输代理服务，向委托方收取的全部国际货物运输代理服务收入，以及向国际运输承运人支付的国际运输费用，必须通过金融机构进行结算。

② 纳税人为大陆与香港、澳门、台湾地区之间的货物运输提供的货物运输代理服务参照国际货物运输代理服务有关规定执行。

③ 委托方索取发票的,纳税人应当就国际货物运输代理服务收入向委托方全额开具增值税普通发票。

(19) 以下利息收入。

1) 2016 年 12 月 31 日前,金融机构农户小额贷款。

小额贷款,是指单笔且该农户贷款余额总额在 10 万元(含本数)以下的贷款。

所称农户,是指长期(一年以上)居住在乡镇(不包括城关镇)行政管理区域内的住户,还包括长期居住在城关镇所辖行政村范围内的住户和户口不在本地而在本地居住一年以上的住户,国有农场的职工和农村个体工商户。位于乡镇(不包括城关镇)行政管理区域内和在城关镇所辖行政村范围内的国有经济的机关、团体、学校、企事业单位的集体户;有本地户口,但举家外出谋生一年以上的住户,无论是否保留承包耕地均不属于农户。农户以户为统计单位,既可以从事农业生产经营,也可以从事非农业生产经营。农户贷款的判定应以贷款发放时的承贷主体是否属于农户为准。

2) 国家助学贷款。

3) 国债、地方政府债。

4) 人民银行对金融机构的贷款。

5) 住房公积金管理中心用住房公积金在指定的委托银行发放的个人住房贷款。

6) 外汇管理部门在从事国家外汇储备经营过程中,委托金融机构发放的外汇贷款。

7) 统借统还业务中,企业集团或企业集团中的核心企业以及集团所属财务公司按不高于支付给金融机构的借款利率水平或者支付的债券票面利率水平,向企业集团或者集团内下属单位收取的利息。

统借方向资金使用单位收取的利息,高于支付给金融机构借款利率水平或者支付的债券票面利率水平的,应全额缴纳增值税。

统借统还业务,是指:

① 企业集团或者企业集团中的核心企业向金融机构借款或对外发行债券取得资金后,将所借资金分拨给下属单位(包括独立核算单位和非独立核算单位,下同),并向下属单位收取用于归还金融机构或债券购买方本息的业务。

② 企业集团向金融机构借款或对外发行债券取得资金后,由集团所属财务公司与企业集团或者集团内下属单位签订统借统还贷款合同并分拨资金,并向企业集团或者集团内下属单位收取本息,再转付企业集团,由企业集团统一归还金融机构或债券购买方的业务。

(20) 被撤销金融机构以货物、不动产、无形资产、有价证券、票据等财产清偿债务。

被撤销金融机构,是指经人民银行、银监会依法决定撤销的金融机构及其分设于各地的分支机构,包括被依法撤销的商业银行、信托投资公司、财务公司、金融租赁公司、城市信用社和农村信用社。除另有规定外,被撤销金融机构所属、附属企业,不享受被撤销金融机构增值税免税政策。

(21) 保险公司开办的一年期以上人身保险产品取得的保费收入。

一年期以上人身保险,是指保险期间为一年期及以上返还本利的人寿保险、养老年金保险,以及保险期间为一年期及以上的健康保险。

人寿保险,是指以人的寿命为保险标的的人身保险。

养老年金保险,是指以养老保障为目的,以被保险人生存为给付保险金条件,并按约定的时间间隔分期给付生存保险金的人身保险。养老年金保险应当同时符合下列条件:

① 保险合同约定给付被保险人生存保险金的年龄不得小于国家规定的退休年龄。

② 相邻两次给付的时间间隔不得超过一年。

健康保险，是指以因健康原因导致损失为给付保险金条件的人身保险。

上述免税政策实行备案管理，具体备案管理办法按照《国家税务总局关于一年期以上返还性人身保险产品免征营业税审批事项取消后有关管理问题的公告》（国家税务总局公告 2015 年第 65 号）规定执行。

（22）下列金融商品转让收入。

① 合格境外投资者（QFII）委托境内公司在我国从事证券买卖业务。

② 香港市场投资者（包括单位和个人）通过沪港通买卖上海证券交易所上市 A 股。

③ 对香港市场投资者（包括单位和个人）通过基金互认买卖内地基金份额。

④ 证券投资基金（封闭式证券投资基金，开放式证券投资基金）管理人运用基金买卖股票、债券。

⑤ 个人从事金融商品转让业务。

（23）金融同业往来利息收入。

1）金融机构与人民银行所发生的资金往来业务。包括人民银行对一般金融机构贷款，以及人民银行对商业银行的再贴现等。

2）银行联行往来业务。同一银行系统内部不同行、处之间所发生的资金账务往来业务。

3）金融机构间的资金往来业务。是指经人民银行批准，进入全国银行间同业拆借市场的金融机构之间通过全国统一的同业拆借网络进行的短期（一年以下含一年）无担保资金融通行为。

4）金融机构之间开展的转贴现业务。

金融机构是指：

① 银行，包括人民银行、商业银行、政策性银行。

② 信用合作社。

③ 证券公司。

④ 金融租赁公司、证券基金管理公司、财务公司、信托投资公司、证券投资基金。

⑤ 保险公司。

⑥ 其他经人民银行、银监会、证监会、保监会批准成立且经营金融保险业务的机构等。

（24）同时符合下列条件的担保机构从事中小企业信用担保或者再担保业务取得的收入（不含信用评级、咨询、培训等收入）3 年内免征增值税：

1）已取得监管部门颁发的融资性担保机构经营许可证，依法登记注册为企（事）业法人，实收资本超过 2 000 万元。

2）平均年担保费率不超过银行同期贷款基准利率的 50%。平均年担保费率=本期担保费收入÷（期初担保余额+本期增加担保金额）×100%。

3）连续合规经营 2 年以上，资金主要用于担保业务，具备健全的内部管理制度和为中小企业提供担保的能力，经营业绩突出，对受保项目具有完善的事前评估、事中监控、事后追偿与处置机制。

4）为中小企业提供的累计担保贷款额占其两年累计担保业务总额的 80% 以上，单笔 800 万元以下的累计担保贷款额占其累计担保业务总额的 50% 以上。

5）对单个受保企业提供的担保余额不超过担保机构实收资本总额的 10%，且平均单笔担保责任金额最多不超过 3 000 万元人民币。

6）担保责任余额不低于其净资产的 3 倍，且代偿率不超过 2%。

担保机构免征增值税政策采取备案管理方式。符合条件的担保机构应到所在地县（市）主管税务机关和同级中小企业管理部门履行规定的备案手续，自完成备案手续之日起，享受3年免征增值税政策。3年免税期满后，符合条件的担保机构可按规定程序办理备案手续后继续享受该项政策。

具体备案管理办法按照《国家税务总局关于中小企业信用担保机构免征营业税审批事项取消后有关管理问题的公告》（国家税务总局公告2015年第69号）规定执行，其中税务机关的备案管理部门统一调整为县（市）级国家税务局。

（25）国家商品储备管理单位及其直属企业承担商品储备任务，从中央或者地方财政取得的利息补贴收入和价差补贴收入。

国家商品储备管理单位及其直属企业，是指接受中央、省、市、县四级政府有关部门（或者政府指定管理单位）委托，承担粮（含大豆）、食用油、棉、糖、肉、盐（限于中央储备）等6种商品储备任务，并按有关政策收储、销售上述6种储备商品，取得财政储备经费或者补贴的商品储备企业。利息补贴收入，是指国家商品储备管理单位及其直属企业因承担上述商品储备任务从金融机构贷款，并从中央或者地方财政取得的用于偿还贷款利息的贴息收入。价差补贴收入包括销售价差补贴收入和轮换价差补贴收入。销售价差补贴收入，是指按照中央或者地方政府指令销售上述储备商品时，由于销售收入小于库存成本而从中央或者地方财政获得的全额价差补贴收入。轮换价差补贴收入，是指根据要求定期组织政策性储备商品轮换而从中央或者地方财政取得的商品新陈品质价差补贴收入。

（26）纳税人提供技术转让、技术开发和与之相关的技术咨询、技术服务。

1）技术转让、技术开发，是指《销售服务、无形资产、不动产注释》中"转让技术"、"研发服务"范围内的业务活动。技术咨询，是指就特定技术项目提供可行性论证、技术预测、专题技术调查、分析评价报告等业务活动。

与技术转让、技术开发相关的技术咨询、技术服务，是指转让方（或者受托方）根据技术转让或者开发合同的规定，为帮助受让方（或者委托方）掌握所转让（或者委托开发）的技术，而提供的技术咨询、技术服务业务，且这部分技术咨询、技术服务的价款与技术转让或者技术开发的价款应当在同一张发票上开具。

2）备案程序。试点纳税人申请免征增值税时，须持技术转让、开发的书面合同，到纳税人所在地省级科技主管部门进行认定，并持有关的书面合同和科技主管部门审核意见证明文件报主管税务机关备查。

（27）同时符合下列条件的合同能源管理服务：

1）节能服务公司实施合同能源管理项目相关技术，应当符合国家质量监督检验检疫总局和国家标准化管理委员会发布的《合同能源管理技术通则》（GB/T 24915—2010）规定的技术要求。

2）节能服务公司与用能企业签订节能效益分享型合同，其合同格式和内容，符合《中华人民共和国合同法》和《合同能源管理技术通则》（GB/T 24915—2010）等规定。

（28）2017年12月31日前，科普单位的门票收入，以及县级及以上党政部门和科协开展科普活动的门票收入。

科普单位，是指科技馆、自然博物馆，对公众开放的天文馆（站、台）、气象台（站）、地震台（站），以及高等院校、科研机构对公众开放的科普基地。

科普活动，是指利用各种传媒以浅显的、让公众易于理解、接受和参与的方式，向普通大众介绍自然科学和社会科学知识，推广科学技术的应用，倡导科学方法，传播科学思想，弘扬科学精神的活动。

（29）政府举办的从事学历教育的高等、中等和初等学校（不含下属单位），举办进修班、培训班取得的全部归该学校所有的收入。

全部归该学校所有，是指举办进修班、培训班取得的全部收入进入该学校统一账户，并纳入预算全额上缴财政专户管理，同时由该学校对有关票据进行统一管理和开具。

举办进修班、培训班取得的收入进入该学校下属部门自行开设账户的，不予免征增值税。

（30）政府举办的职业学校设立的主要为在校学生提供实习场所、并由学校出资自办、由学校负责经营管理、经营收入归学校所有的企业，从事《销售服务、无形资产或者不动产注释》中"现代服务"（不含融资租赁服务、广告服务和其他现代服务）、"生活服务"（不含文化体育服务、其他生活服务和桑拿、氧吧）业务活动取得的收入。

（31）家政服务企业由员工制家政服务员提供家政服务取得的收入。

家政服务企业，是指在企业营业执照的规定经营范围中包括家政服务内容的企业。

员工制家政服务员，是指同时符合下列3个条件的家政服务员：

1）依法与家政服务企业签订半年及半年以上的劳动合同或者服务协议，且在该企业实际上岗工作。

2）家政服务企业为其按月足额缴纳了企业所在地人民政府根据国家政策规定的基本养老保险、基本医疗保险、工伤保险、失业保险等社会保险。对已享受新型农村养老保险和新型农村合作医疗等社会保险或者下岗职工原单位继续为其缴纳社会保险的家政服务员，如果本人书面提出不再缴纳企业所在地人民政府根据国家政策规定的相应的社会保险，并出具其所在乡镇或者原单位开具的已缴纳相关保险的证明，可视同家政服务企业已为其按月足额缴纳了相应的社会保险。

3）家政服务企业通过金融机构向其实际支付不低于企业所在地适用的经省级人民政府批准的最低工资标准的工资。

（32）福利彩票、体育彩票的发行收入。

（33）军队空余房产租赁收入。

（34）为了配合国家住房制度改革，企业、行政事业单位按房改成本价、标准价出售住房取得的收入。

（35）将土地使用权转让给农业生产者用于农业生产。

（36）涉及家庭财产分割的个人无偿转让不动产、土地使用权。

家庭财产分割，包括下列情形：离婚财产分割；无偿赠与配偶、父母、子女、祖父母、外祖父母、孙子女、外孙子女、兄弟姐妹；无偿赠与对其承担直接抚养或者赡养义务的抚养人或者赡养人；房屋产权所有人死亡，法定继承人、遗嘱继承人或者受遗赠人依法取得房屋产权。

（37）土地所有者出让土地使用权和土地使用者将土地使用权归还给土地所有者。

（38）县级以上地方人民政府或自然资源行政主管部门出让、转让或收回自然资源使用权（不含土地使用权）。

（39）随军家属就业。

1）为安置随军家属就业而新开办的企业，自领取税务登记证之日起，其提供的应税服务3年内免征增值税。

享受税收优惠政策的企业，随军家属必须占企业总人数的60%（含）以上，并有军（含）以上政治和后勤机关出具的证明。

2）从事个体经营的随军家属，自办理税务登记事项之日起，其提供的应税服务3年内免征增值税。

随军家属必须有师以上政治机关出具的可以表明其身份的证明。

按照上述规定,每一名随军家属可以享受一次免税政策。

(40)军队转业干部就业。

1)从事个体经营的军队转业干部,自领取税务登记证之日起,其提供的应税服务3年内免征增值税。

2)为安置自主择业的军队转业干部就业而新开办的企业,凡安置自主择业的军队转业干部占企业总人数60%(含)以上的,自领取税务登记证之日起,其提供的应税服务3年内免征增值税。

享受上述优惠政策的自主择业的军队转业干部必须持有师以上部队颁发的转业证件。

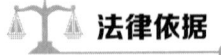

关于部分营业税和增值税政策到期延续问题的通知

(财税〔2016〕83号)

经国务院批准,现对继续执行农村金融、三农事业部涉农贷款、邮政代办金融保险和新疆国际大巴扎项目有关税收政策通知如下:

一、《财政部 国家税务总局关于农村金融有关税收政策的通知》(财税〔2010〕4号)第三条规定的"对农村信用社、村镇银行、农村资金互助社、由银行业机构全资发起设立的贷款公司、法人机构所在地在县(含县级市、区、旗)及县以下地区的农村合作银行和农村商业银行的金融保险业收入减按3%的税率征收营业税"政策的执行期限延长至2016年4月30日。

二、《财政部 国家税务总局关于中国农业银行三农金融事业部涉农贷款营业税优惠政策的通知》(财税〔2015〕67号)的执行期限延长至2016年4月30日。

三、自2016年1月1日起,中国邮政集团公司及其所属邮政企业为金融机构代办金融保险业务取得的代理收入,在营改增试点期间免征增值税。

四、自2016年1月1日至4月30日,新疆国际大巴扎物业服务有限公司和新疆国际大巴扎文化旅游产业有限公司从事与新疆国际大巴扎项目有关的营业税应税业务,免征营业税;自2016年5月1日至12月31日,对上述营改增应税业务,免征增值税。

五、文到之日前,已征的按照本通知规定应予免征的营业税,予以退还;已征的应予免征的增值税,可抵减纳税人以后月份应缴纳的增值税或予以退还。

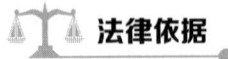

关于继续执行高校学生公寓和食堂有关税收政策的通知

(财税〔2016〕82号)

经国务院批准,现对继续执行高校学生公寓和食堂的有关税收政策通知如下:

一、自2016年1月1日至2018年12月31日,对高校学生公寓免征房产税;对与高校学生签订的高校学生公寓租赁合同,免征印花税。

二、对按照国家规定的收费标准向学生收取的高校学生公寓住宿费收入,自2016年1月1日至4月30日,免征营业税;自2016年5月1日起,在营改增试点期间免征增值税。

三、对高校学生食堂为高校师生提供餐饮服务取得的收入,自 2016 年 1 月 1 日至 4 月 30 日,免征营业税;自 2016 年 5 月 1 日起,在营改增试点期间免征增值税。

四、本通知所述"高校学生公寓",是指为高校学生提供住宿服务,按照国家规定的收费标准收取住宿费的学生公寓。

"高校学生食堂",是指依照《学校食堂与学生集体用餐卫生管理规定》(教育部令第 14 号)管理的高校学生食堂。

五、文到之日前,已征的按照本通知规定应予免征的房产税和印花税,分别从纳税人以后应缴纳的房产税和印花税中抵减或者予以退还;已征的应予免征的营业税,予以退还;已征的应予免征的增值税,可抵减纳税人以后月份应缴纳的增值税或予以退还。

个人销售其购买的住房

个人将购买不足 2 年的住房对外销售的,按照 5%的征收率全额缴纳增值税;个人将购买 2 年以上(含 2 年)的住房对外销售的,免征增值税。上述政策适用于北京市、上海市、广州市和深圳市之外的地区。

个人将购买不足 2 年的住房对外销售的,按照 5%的征收率全额缴纳增值税;个人将购买 2 年以上(含 2 年)的非普通住房对外销售的,以销售收入减去购买住房价款后的差额按照 5%的征收率缴纳增值税;个人将购买 2 年以上(含 2 年)的普通住房对外销售的,免征增值税。上述政策仅适用于北京市、上海市、广州市和深圳市。

办理免税的具体程序、购买房屋的时间、开具发票、非购买形式取得住房行为及其他相关税收管理规定,按照《国务院办公厅转发建设部等部门关于做好稳定住房价格工作意见的通知》(国办发〔2005〕26 号)、《国家税务总局 财政部 建设部关于加强房地产税收管理的通知》(国税发〔2005〕89 号)和《国家税务总局关于房地产税收政策执行中几个具体问题的通知》(国税发〔2005〕172 号)的有关规定执行。

二、即征即退增值税

(1)一般纳税人提供管道运输服务,对其增值税实际税负超过 3%的部分实行增值税即征即退政策。

(2)经人民银行、银监会或者商务部批准从事融资租赁业务的试点纳税人中的一般纳税人,提供有形动产融资租赁服务和有形动产融资性售后回租服务,对其增值税实际税负超过 3%的部分实行增值税即征即退政策。商务部授权的省级商务主管部门和国家经济技术开发区批准的从事融资租赁业务和融资性售后回租业务的试点纳税人中的一般纳税人,2016 年 5 月 1 日后实收资本达到 1.7 亿元的,从达到标准的当月起按照上述规定执行;2016 年 5 月 1 日后实收资本未达到 1.7 亿元但注册资本达到 1.7 亿元的,在 2016 年 7 月 31 日前仍可按照上述规定执行,2016 年 8 月 1 日后开展的有形动产融资租赁业务和有形动产融资性售后回租业务不得按照上述规定执行。

(3)本规定所称增值税实际税负,是指纳税人当期提供应税服务实际缴纳的增值税额占纳税人当期提供应税服务取得的全部价款和价外费用的比例。

三、扣减增值税

（一）退役士兵创业就业

（1）对自主就业退役士兵从事个体经营的，在3年内按每户每年8 000元为限额依次扣减其当年实际应缴纳的增值税、城市维护建设税、教育费附加、地方教育附加和个人所得税。限额标准最高可上浮20%，各省、自治区、直辖市人民政府可根据本地区实际情况在此幅度内确定具体限额标准，并报财政部和国家税务总局备案。

纳税人年度应缴纳税款小于上述扣减限额的，以其实际缴纳的税款为限；大于上述扣减限额的，应以上述扣减限额为限。纳税人的实际经营期不足一年的，应当以实际月份换算其减免税限额。换算公式为：减免税限额=年度减免税限额÷12×实际经营月数。

纳税人在享受税收优惠政策的当月，持《中国人民解放军义务兵退出现役证》或《中国人民解放军士官退出现役证》以及税务机关要求的相关材料向主管税务机关备案。

（2）对商贸企业、服务型企业、劳动就业服务企业中的加工型企业和街道社区具有加工性质的小型企业实体，在新增加的岗位中，当年新招用自主就业退役士兵，与其签订1年以上期限劳动合同并依法缴纳社会保险费的，在3年内按实际招用人数予以定额依次扣减增值税、城市维护建设税、教育费附加、地方教育附加和企业所得税优惠。定额标准为每人每年4 000元，最高可上浮50%，各省、自治区、直辖市人民政府可根据本地区实际情况在此幅度内确定具体定额标准，并报财政部和国家税务总局备案。

所称服务型企业是指从事《销售服务、无形资产、不动产注释》中"不动产租赁服务"、"商务辅助服务"（不含货物运输代理和代理报关服务）、"生活服务"（不含文化体育服务）范围内业务活动的企业以及按照《民办非企业单位登记管理暂行条例》（国务院令第251号）登记成立的民办非企业单位。

纳税人按企业招用人数和签订的劳动合同时间核定企业减免税总额，在核定减免税总额内每月依次扣减增值税、城市维护建设税、教育费附加和地方教育附加。纳税人实际应缴纳的增值税、城市维护建设税、教育费附加和地方教育附加小于核定减免税总额的，以实际应缴纳的增值税、城市维护建设税、教育费附加和地方教育附加为限；实际应缴纳的增值税、城市维护建设税、教育费附加和地方教育附加大于核定减免税总额的，以核定减免税总额为限。

纳税年度终了，如果企业实际减免的增值税、城市维护建设税、教育费附加和地方教育附加小于核定的减免税总额，企业在企业所得税汇算清缴时扣减企业所得税。当年扣减不足的，不再结转以后年度扣减。

计算公式为：企业减免税总额=Σ每名自主就业退役士兵本年度在本企业工作月份÷12×定额标准。

企业自招用自主就业退役士兵的次月起享受税收优惠政策，并于享受税收优惠政策的当月，持下列材料向主管税务机关备案：

① 新招用自主就业退役士兵的《中国人民解放军义务兵退出现役证》或《中国人民解放军士官退出现役证》。

② 企业与新招用自主就业退役士兵签订的劳动合同（副本），企业为职工缴纳的社会保险费记录。

③ 自主就业退役士兵本年度在企业工作时间表。

④ 主管税务机关要求的其他相关材料。

（3）上述所称自主就业退役士兵是指依照《退役士兵安置条例》（国务院、中央军委令第608号）的规定退出现役并按自主就业方式安置的退役士兵。

（4）上述税收优惠政策的执行期限为 2016 年 5 月 1 日至 12 月 31 日，纳税人在 2016 年 12 月 31 日未享受满 3 年的，可继续享受至 3 年期满为止。

按照《财政部 国家税务总局 民政部关于调整完善扶持自主就业退役士兵创业就业有关税收政策的通知》（财税〔2014〕42 号）规定享受营业税优惠政策的纳税人，自 2016 年 5 月 1 日起按照上述规定享受增值税优惠政策，在 2016 年 12 月 31 日未享受满 3 年的，可继续享受至 3 年期满为止。

《财政部 国家税务总局关于将铁路运输和邮政业纳入营业税改征增值税试点的通知》（财税〔2013〕106 号）附件 3 第一条第（十二）项城镇退役士兵就业免征增值税政策，自 2014 年 7 月 1 日起停止执行。在 2014 年 6 月 30 日未享受满 3 年的，可继续享受至 3 年期满为止。

（二）重点群体创业就业

（1）对持《就业创业证》（注明"自主创业税收政策"或"毕业年度内自主创业税收政策"）或 2015 年 1 月 27 日前取得的《就业失业登记证》（注明"自主创业税收政策"或附着《高校毕业生自主创业证》）的人员从事个体经营的，在 3 年内按每户每年 8 000 元为限额依次扣减其当年实际应缴纳的增值税、城市维护建设税、教育费附加、地方教育附加和个人所得税。限额标准最高可上浮 20%，各省、自治区、直辖市人民政府可根据本地区实际情况在此幅度内确定具体限额标准，并报财政部和国家税务总局备案。

纳税人年度应缴纳税款小于上述扣减限额的，以其实际缴纳的税款为限；大于上述扣减限额的，应以上述扣减限额为限。

上述人员是指：

① 在人力资源社会保障部门公共就业服务机构登记失业半年以上的人员。
② 零就业家庭、享受城市居民最低生活保障家庭劳动年龄内的登记失业人员。
③ 毕业年度内高校毕业生。高校毕业生是指实施高等学历教育的普通高等学校、成人高等学校毕业的学生；毕业年度是指毕业所在自然年，即 1 月 1 日至 12 月 31 日。

（2）对商贸企业、服务型企业、劳动就业服务企业中的加工型企业和街道社区具有加工性质的小型企业实体，在新增加的岗位中，当年新招用在人力资源社会保障部门公共就业服务机构登记失业半年以上且持《就业创业证》或 2015 年 1 月 27 日前取得的《就业失业登记证》（注明"企业吸纳税收政策"）人员，与其签订 1 年以上期限劳动合同并依法缴纳社会保险费的，在 3 年内按实际招用人数予以定额依次扣减增值税、城市维护建设税、教育费附加、地方教育附加和企业所得税优惠。定额标准为每人每年 4 000 元，最高可上浮 30%，各省、自治区、直辖市人民政府可根据本地区实际情况在此幅度内确定具体定额标准，并报财政部和国家税务总局备案。

按上述标准计算的税收扣减额应在企业当年实际应缴纳的增值税、城市维护建设税、教育费附加、地方教育附加和企业所得税税额中扣减，当年扣减不足的，不得结转下年使用。

所称服务型企业是指从事《销售服务、无形资产、不动产注释》中"不动产租赁服务"、"商务辅助服务"（不含货物运输代理和代理报关服务）、"生活服务"（不含文化体育服务）范围内业务活动的企业以及按照《民办非企业单位登记管理暂行条例》（国务院令第 251 号）登记成立的民办非企业单位。

（3）享受上述优惠政策的人员按以下规定申领《就业创业证》：

① 按照《就业服务与就业管理规定》（劳动和社会保障部令第 28 号）第六十三条的规定，在法定劳动年龄内，有劳动能力，有就业要求，处于无业状态的城镇常住人员，在公共就业服务机构进行失业登记，申领《就业创业证》。其中，农村进城务工人员和其他非本地户籍人员

在常住地稳定就业满 6 个月的，失业后可以在常住地登记。

② 零就业家庭凭社区出具的证明，城镇低保家庭凭低保证明，在公共就业服务机构登记失业，申领《就业创业证》。

③ 毕业年度内高校毕业生在校期间凭学生证向公共就业服务机构按规定申领《就业创业证》，或委托所在高校就业指导中心向公共就业服务机构按规定代为其申领《就业创业证》；毕业年度内高校毕业生离校后直接向公共就业服务机构按规定申领《就业创业证》。

④ 上述人员申领相关凭证后，由就业和创业地人力资源社会保障部门对人员范围、就业失业状态、已享受政策情况进行核实，在《就业创业证》上注明"自主创业税收政策"、"毕业年度内自主创业税收政策"或"企业吸纳税收政策"字样，同时符合自主创业和企业吸纳税收政策条件的，可同时加注；主管税务机关在《就业创业证》上加盖戳记，注明减免税所属时间。

（4）上述税收优惠政策的执行期限为 2016 年 5 月 1 日至 12 月 31 日，纳税人在 2016 年 12 月 31 日未享受满 3 年的，可继续享受至 3 年期满为止。

按照《财政部 国家税务总局 人力资源社会保障部关于继续实施支持和促进重点群体创业就业有关税收政策的通知》（财税〔2014〕39 号）规定享受营业税优惠政策的纳税人，自 2016 年 5 月 1 日起按照上述规定享受增值税优惠政策，在 2016 年 12 月 31 日未享受满 3 年的，可继续享受至 3 年期满为止。

《财政部 国家税务总局关于将铁路运输和邮政业纳入营业税改征增值税试点的通知》（财税〔2013〕106 号）附件 3 第一条第（十三）项失业人员就业增值税优惠政策，自 2014 年 1 月 1 日起停止执行。在 2013 年 12 月 31 日未享受满 3 年的，可继续享受至 3 年期满为止。

四、暂不缴纳增值税

金融企业发放贷款后，自结息日起 90 天内发生的应收未收利息按现行规定缴纳增值税，自结息日起 90 天后发生的应收未收利息暂不缴纳增值税，待实际收到利息时按规定缴纳增值税。

上述所称金融企业，是指银行（包括国有、集体、股份制、合资、外资银行以及其他所有制形式的银行）、城市信用社、农村信用社、信托投资公司、财务公司。

附录 A

商品和服务税收分类与编码

为便于纳税人开票，对《商品和服务税收分类与编码》进行了细化和完善：一是按照营改增行业税负分析的细分行业类别，进一步细分了部分服务的分类与编码；二是新增了"未发生销售行为的不征税项目"编码。

关于细化和完善《商品和服务税收分类与编码》

(《关于营改增试点若干征管问题的公告》国家税务总局公告 2016 年第 53 号)

……

九、《国家税务总局关于全面推开营业税改征增值税试点有关税收征收管理事项的公告》（国家税务总局公告 2016 年第 23 号）附件《商品和服务税收分类与编码（试行）》中的分类编码调整以下内容，纳税人应将增值税税控开票软件升级到最新版本（V2.0.11）：

（一）3010203 "水路运输期租业务"下分设 301020301 "水路旅客运输期租业务"和 301020302 "水路货物运输期租业务"；3010204 "水路运输程租业务"下设 301020401 "水路旅客运输程租业务"和 301020402 "水路货物运输程租业务"；301030103 "航空运输湿租业务"下设 30103010301 "航空旅客运输湿租业务"和 30103010302 "航空货物运输湿租业务"。

（二）30105 "无运输工具承运业务"下新增 3010502 "无运输工具承运陆路运输业务"、3010503 "无运输工具承运水路运输服务"、3010504 "无运输工具承运航空运输服务"、3010505 "无运输工具承运管道运输服务"和 3010506 "无运输工具承运联运运输服务"。

停用编码 3010501 "无船承运"。

（三）301 "交通运输服务"下新增 30106 "联运服务"，用于利用多种运输工具载运旅客、货物的业务活动。

30106 "联运服务"下新增 3010601 "旅客联运服务"和 3010602 "货物联运服务"。

（四）30199 "其他运输服务"下新增 3019901 "其他旅客运输服务"和 3019902 "其他货物运输服务"。

（五）30401 "研发和技术服务"下新增 3040105 "专业技术服务"。

停止使用编码 304010403 "专业技术服务"。

（六）304050202 "不动产经营租赁"下新增 30405020204 "商业营业用房经营租赁服务"。

（七）3040801 "企业管理服务"下新增 304080101 "物业管理服务"和 304080199 "其他企业管理服务"。

（八）3040802 "经纪代理服务"下新增 304080204 "人力资源外包服务"。

（九）3040803 "人力资源服务"下新增 304080301 "劳务派遣服务"和 304080399 "其他人力资源服务"。

（十）30601 "贷款服务"下新增 3060110 "客户贷款"，用于向企业、个人等客户发放贷款以及票据贴现的情况；3060110 "客户贷款"下新增 306011001 "企业贷款"、306011002 "个人贷款"、306011003 "票据贴现"。

（十一）增加 6"未发生销售行为的不征税项目"，用于纳税人收取款项但未发生销售货物、应税劳务、服务、无形资产或不动产的情形。

"未发生销售行为的不征税项目"下设 601"预付卡销售和充值"、602"销售自行开发的房地产项目预收款"、603"已申报缴纳营业税未开票补开票"。

使用"未发生销售行为的不征税项目"编码，发票税率栏应填写"不征税"，不得开具增值税专用发票。

……

十、本公告自 2016 年 9 月 1 日起施行，此前已发生未处理的事项，按照本公告规定执行。2016 年 5 月 1 日前，纳税人发生本公告第二、五、六条规定的应税行为，此前未处理的，比照本公告规定缴纳营业税。

商品和服务税收分类与编码（试行）

序号	篇	类	章	节	条	款	项	目	子目	细目	合并编码	商品和服务名称	说明	关键字
1	1										1000000000000000000	货物		
2	1	01									1010000000000000000	农、林、牧、渔业类产品		
3	1	01	01								1010100000000000000	农业产品		
4	1	01	01	01							1010101000000000000	谷物	包括稻谷、小麦、玉米、谷子、高粱、大麦、燕麦、荞麦、其他谷物，不包括种用谷物（详见101011901）	
5	1	01	01	01	01						1010101010000000000	稻谷	包括早籼稻、晚籼稻、中籼稻、粳稻、糯稻、其他稻谷	稻谷、早籼稻、晚籼稻、中籼稻、粳稻、糯稻
6	1	01	01	01	02						1010101020000000000	小麦	包括硬质小麦、软质小麦、其他小麦	小麦、硬质小麦、软质小麦
7	1	01	01	01	03						1010101030000000000	玉米	包括白玉米、黄玉米、糯玉米、甜玉米、其他玉米	玉米、白玉米、黄玉米、糯玉米、甜玉米
8	1	01	01	01	04						1010101040000000000	谷子	包括硬谷子、糯谷子、其他谷子	谷子、硬谷子、糯谷子
9	1	01	01	01	05						1010101050000000000	高粱	包括红粒高粱、白粒高粱、糯高粱、其他高粱	高粱、红粒高粱、白粒高粱、糯高粱
10	1	01	01	01	06						1010101060000000000	大麦	包括裸大麦、皮大麦	大麦、裸大麦、皮大麦
11	1	01	01	01	07						1010101070000000000	燕麦	包括裸燕麦、皮燕麦	裸燕麦、皮燕麦
12	1	01	01	01	08						1010101080000000000	黑麦		黑麦
13	1	01	01	01	09						1010101090000000000	荞麦	包括甜荞麦、苦荞麦	荞麦、甜荞麦、苦荞麦
14	1	01	01	01	99						1010101990000000000	其他谷物	包括糜子（硬糜子、糯糜子）、紫米、薏苡等	糜子、硬糜子、糯糜子、紫米、薏苡
15	1	01	01	02							1010102000000000000	薯类	包括马铃薯、木薯、巨薯、其他薯类，不包括种用薯类（详见101011902）	
16	1	01	01	02	01						1010102010000000000	马铃薯	又称土豆、山药蛋	马铃薯、土豆、山药蛋
17	1	01	01	02	02						1010102020000000000	木薯	包括鲜木薯、木薯干、其他木薯	木薯、鲜木薯、木薯干
18	1	01	01	02	03						1010102030000000000	甘薯	又称红薯、白薯、地瓜、番薯，包括甘薯干、其他鲜甘薯	甘薯、红薯、白薯、地瓜、番薯、甘薯干

续表

序号	编码 篇	类	章	节	款	条	项	子目	细目	合并编码	商品和服务名称	说 明	关 键 字
19	1	01	01	02		99				101010299000000000000	其他薯类	指其他未列明薯类	
20	1	01	01	03						101010300000000000000	油料作物	包括花生、油菜籽、芝麻、其他油料，不包括种用油料（详见101011903）	
21	1	01	01	03		01				101010301000000000000	花生	包括带壳花生、花生仁	花生、带壳花生、花生仁
22	1	01	01	03		02				101010302000000000000	油菜籽	包括双低油菜籽（指低硫苷、低芥酸油菜籽）、其他油菜籽	油菜籽、双低油菜籽、低硫苷油菜籽、低芥酸油菜籽
23	1	01	01	03		03				101010303000000000000	芝麻	包括白芝麻、黑芝麻、黄芝麻	芝麻、黑芝麻、黄芝麻
24	1	01	01	03		99				101010399000000000000	其他油料	其他含油子仁及果实，如胡麻籽、棉籽、蓖麻籽、芥子、红花籽、油棕果及油棕仁、罂粟子、油橄榄果、油茶籽（油料）等	含油子仁、含油果实、胡麻籽、棉籽、蓖麻籽、芥子、红花籽、油棕果、油棕仁、罂粟子、油橄榄果、油茶籽
25	1	01	01	04						101010400000000000000	干豆类	指脱荚的干豆；带荚的鲜豆列入蔬菜中。包括大豆、绿豆、其他杂豆，但不包括种用豆类（详见101011904）	
26	1	01	01	04		01				101010401000000000000	大豆	包括黄大豆、黑大豆、青大豆、褐红大豆、双青豆、小黑豆、青仁乌豆、其他大豆	大豆、黄大豆、黑大豆、青大豆、褐红大豆、双青豆、小黑豆、青仁乌豆
27	1	01	01	04		02				101010402000000000000	绿豆	包括明绿豆、毛绿豆	绿豆、明绿豆、毛绿豆
28	1	01	01	04		99				101010499000000000000	其他杂豆	其他杂豆，包括小豆、干豌豆、干蚕豆、芸豆、饭豆、干豇豆、鹰嘴豆、但不包括种用其他杂豆（详见101011904）	小豆、干豌豆、小扁豆、干蚕豆、芸豆、饭豆、干豇豆、鹰嘴豆
29	1	01	01	05						101010500000000000000	棉花	不论是否轧过，具体包括籽棉、皮棉（细绒棉皮棉、长绒棉皮棉），包括棉花	棉花、籽棉、皮棉、细绒棉皮棉、长绒棉皮棉
30	1	01	01	06						101010600000000000000	生麻	包括生亚麻、生苎麻、生黄红麻、生线麻、生大麻、生剑麻、生苘麻、其他生麻	生麻、生亚麻、生苎麻、生黄红麻、生线麻、生大麻、生剑麻、生苘麻
31	1	01	01	07						101010700000000000000	糖料	包括甘蔗、甜菜、其他糖料	
32	1	01	01	07		01				101010701000000000000	甘蔗		甘蔗
33	1	01	01	07		02				101010702000000000000	甜菜		甜菜

续表

序号	篇	类	章	节	款	条	项目	子目	细目	合并编码	商品和服务名称	说明	关键字
34	1	01	01	07		99				1010107990000000000	其他辅料		
35	1	01	01	08						1010108000000000000	未加工烟草	指未去梗的烟草，包括未去梗烤烟叶、未去梗晾烟叶、未去梗晒烟叶、未去梗白肋烟、其他未加工烟草	未去梗的烟草
36	1	01	01	08		01				1010108010000000000	未去梗烤烟叶	指初烤未去梗复烤烟叶，不包括复烤烟叶（详见1030401）	未去梗烤烟叶
37	1	01	01	08		99				1010108990000000000	其他未加工烟草	指其他未加工烟草，包括未去梗晾烟叶、未去梗晒烟叶、未去梗白肋烟、其他未加工烟草	未去梗晾烟叶、未去梗晒烟叶、未去梗白肋烟
38	1	01	01	09						1010109000000000000	饲料作物	包括苜蓿、青饲料、饲料牧草，不包括种用饲料作物（详见101011905）	饲料牧草
39	1	01	01	09		01				1010109010000000000	饲料牧草	包括苜蓿干草、羊草、沙打旺、其他饲料牧草	苜蓿干草、羊草、沙打旺
40	1	01	01	09		99				1010109990000000000	其他饲料作物	包括青饲料、其他饲料作物	苜蓿、青饲料
41	1	01	01	10						1010110000000000000	水生植物类	包括芦苇、席草、莲子、蒲草、慈姑、其他水生植物类	水生植物类、芦苇、席草、莲子、蒲草、慈姑
42	1	01	01	11						1010111000000000000	农作物副产品	包括红黑瓜子、茴参籽、作物茎（秆、根）、其他农作物副产品	
43	1	01	01	11		01				1010111010000000000	作物茎、秆、根	包括稻草、麦秸、合欢、合子秸、玉米秸、高粱秸、薯藤、大豆秸、花生蔓、油菜籽秆、向日葵秆、棉花秆、芝麻秆、烟秆、麻秆、其他作物茎、秆、根	稻草、麦秸、合欢、合子秸、玉米秸、高粱秸、薯藤、大豆秸、花生蔓、油菜籽秆、向日葵秆、棉花秆、芝麻秆、烟秆
44	1	01	01	11		99				1010111990000000000	其他农作物副产品	包括红黑瓜子、茴参籽等	红黑瓜子、茴参籽
45	1	01	01	12						1010112000000000000	蔬菜及食用菌	包括萝卜等根菜类蔬菜，山药等薯芋类蔬菜，葱蒜类蔬菜，白菜类蔬菜，芥菜类蔬菜，甘蓝类蔬菜，芹菜叶菜类蔬菜，瓜类蔬菜，番茄等茄果类蔬菜，食用菌	蔬菜、食用菌、萝卜等根菜类蔬菜、葱蒜类蔬菜、白菜类蔬菜、芥菜类蔬菜、甘蓝类蔬菜、芹

续表

序号	篇	类	章	节	条	款	项	目	子目	细目	合并编码	商品和服务名称	说明	关键字
46	1	01	01	12	01						1010112010000000000	萝卜等根菜类蔬菜	包括萝卜（别名：莱、芦服、莱服）、胡萝卜（别名：红萝卜、黄萝卜、丁香萝卜、番萝卜）、芜菁（别名：蔓菁、圆根、盘菜）、芜菁甘蓝、根甜菜（别名：洋蔓菁、洋疙瘩、洋大头菜）、美洲防风（别名：欧防风）、根芹菜（别名：根芹菜、东洋芹菜）、牛蒡（别名：东洋萝卜、蒲芹萝卜、牛蒡、根洋芹菜、蒜叶牛蒡）、球根塘蒿）、婆罗门参（别名：西洋牛蒡、蒜叶婆罗门参）、山葵、黑婆罗门参（别名：菊牛蒡、鸦葱）	根菜类蔬菜、萝卜、芦服、莱服、胡萝卜、红萝卜、黄萝卜、丁香萝卜、番萝卜、芜菁、蔓菁、圆根、盘菜、芜菁甘蓝、根甜菜、洋蔓菁、洋疙瘩、洋大头菜、紫菜头、美洲防风、欧防风、根芹菜、东洋芹菜、牛蒡、根洋芹菜、蒜叶牛蒡、球根塘蒿、婆罗门参、西洋牛蒡、蒜叶婆罗门参、山葵、黑婆罗门参、菊牛蒡、鸦葱
47	1	01	01	12	02						1010112020000000000	山药等薯芋类蔬菜	包括姜（别名：生姜、黄姜）、芋（别名：芋头、毛芋）、魔芋（别名：蒟蒻）、山药（别名：薯蓣、白苕、脚板苕、山薯、佛掌薯）、葛（别名：豆薯、地瓜、凉薯）、菊芋（别名：洋姜、鬼子姜、美洲土圝儿）、美用土圝儿（别名：蕉藕）、姜芋、草石蚕（别名：螺丝菜）、宝塔菜、甘露儿、地蚕）。不包括马铃薯（详见101010201）、甘薯（详见10101020
3）	薯芋类蔬菜、姜、生姜、黄姜、芋、芋头、毛芋、魔芋、蒟蒻、山药、薯蓣、白苕、脚板苕、山薯、佛掌薯、葛、豆薯、地瓜、凉薯、菊芋、洋姜、鬼子姜、美洲土圝儿、美用土圝儿、蕉藕、姜芋、香芋、食用美人蕉、草石蚕、螺丝菜、宝塔菜、甘露儿、地蚕
48	1	01	01	12	03						1010112030000000000	葱蒜类蔬菜	包括韭（别名：草钟乳、起阳草、懒人菜）、韭黄、大葱（别名：木葱、汉葱）、洋葱（别名：葱头、圆葱）、大蒜（别名：蒜薹）、蒜头、蒜黄、蒜苗（别名：青蒜）、蒜苔、分葱（别名：四季葱）	葱蒜类蔬菜、韭黄、草钟乳、起阳草、懒人菜、韭黄、大葱、木葱、汉葱、洋葱、葱头、圆葱、大蒜、蒜薹、蒜头、蒜黄、蒜苗、青蒜、蒜苔、分葱

续表

序号	编码 篇	类	章	节	条	款	项	目	子目	细目	合并编码	商品和服务名称	说明	关键字
49	1	01	01	12	04						1010112040000000000	白菜类蔬菜	包括大白菜（别名：结球白菜、黄芽菜、包心白菜）、普通白菜（别名：小白菜、青菜、油菜）、乌塌菜（别名：塌棵菜、塌地菘、黑菜）、菜薹（别名：菜心、绿菜薹、紫菜薹）、菜薹（别名：红菜薹）	白菜类蔬菜、大白菜、结球白菜、黄芽菜、包心白菜、普通白菜、小白菜、青菜、油菜、乌塌菜、塌棵菜、塌地菘、黑菜、菜薹、菜心、绿菜薹、紫菜薹、菜薹、红菜薹
50	1	01	12	05							1010112050000000000	芥菜类蔬菜	包括茎瘤芥（别名：茎瘤芥、青菜头、羊角菜、菱角菜、棒菜）、叶芥（别名：抱子芥、芥子芥、娃娃菜、儿菜）、苔芥（别名：青菜、春菜、辣菜、雪里蕻）、根芥（别名：辣疙瘩、冲菜、芥菜头、大头菜、挖掐菜、芥）	茎瘤芥、青菜头、羊角菜、菱角菜、棒菜、儿菜、抱子芥、芥子芥、叶芥、娃娃菜、苔芥、青菜、春菜、辣菜、根芥、芥、挖掐菜、芥薹
51	1	01	12	06							1010112060000000000	甘蓝类蔬菜	包括结球甘蓝（别名：洋白菜、卷心菜、椰菜、莲花白、包白、包心菜、包包菜、球白、圆白菜、圆子白、苞蓝、包菜）、球茎甘蓝（别名：苤蓝、玉蔓菁、擘蓝）、花椰菜（别名：花菜、菜花、木立花椰菜、意大利花椰菜、青花菜、嫩茎花椰菜、绿菜花、西兰花）、芥蓝（别名：白花芥蓝、抱子甘蓝、绿叶甘蓝（别名：芽甘蓝、子持甘蓝、羽衣甘蓝、叶牡丹、菜用甘蓝、羽衣甘蓝、花包菜）	甘蓝类蔬菜、结球甘蓝、洋白菜、卷心菜、包心菜、椰菜、莲花白、包包白、苞蓝、苤蓝、松茎甘蓝、圆子白、芥蓝头、苤蓝、松茎菜花、青花菜、木立花椰菜、意大利花椰菜、椰菜、嫩茎花椰菜、绿菜花、西兰花、芥蓝、白花甘蓝、抱子甘蓝、芽甘蓝、子持甘蓝、绿叶甘蓝、羽衣甘蓝、叶牡丹、花包菜
52	1	01	12	07							1010112070000000000	芹菜等叶类蔬菜	包括菠菜（别名：波斯草）、莴苣（别名：千金菜、莴笋、生菜、青笋、赤根菜	叶菜类蔬菜、菠菜、波斯草、莴苣、千金菜、莴笋、生菜、青笋、赤根菜

续表

序号	编码										合并编码	商品和服务名称	说明	关键字
	篇	类	章	节	条	款	项	目	子目	细目				
													莴苣笋、莴菜、油麦菜、莜麦菜）、芹菜（别名：芹、药芹、苦堇、堇葵、堇菜、旱芹）、蕹菜（别名：空心菜、竹叶菜、通菜、藤菜、蕹菜）、苋菜（别名：米苋、赤苋、刺苋、青香苋、苋）、叶萘菜（别名：莙荙菜、牛皮菜、厚皮菜、光菜、叶甜菜）、菊苣（别名：欧洲菊苣、苞菜、吉康菜、法国莒荬菜）、冬寒菜（别名：冬苋菜、冬葵、葵菜、滑肠菜）、落葵（别名：木耳菜、软浆叶、软姜子、染浆叶、胭脂豆、豆腐菜、藤菜、紫果菜）、茼蒿（别名：蒿子秆、大叶茼蒿、蓬蒿、春菊）、芫荽（别名：香菜、胡荽、香荽）、茴香（别名：小茴香、香丝菜、结球茴香、鲜茎茴香、甜茴香）、菊花脑（别名：菊花叶、黄菊籽、路边黄、黄菊仔）、荠菜（别名：护生草、菱角菜、地米草、扇子草）、菜苜蓿（别名：草头、金花菜、黄花苜蓿、刺苜蓿、南苜蓿、黄花草子）、番杏（别名：新西兰菠菜、洋菠菜、夏菠菜、白番苋、海滨莴苣、宾菜、蔓菜）、苦苣（别名：花叶生菜、花苣）、紫背天葵（别名：血皮菜、紫背菜、红凤菜、观音苋、双色三七草）、罗勒（别名：毛罗勒、九层塔、零陵香、兰香草、光明子、省头草）、马齿苋（别名：马齿菜、长命菜、五行草、瓜子菜、马蛇子菜）、紫苏（别名：荏、赤苏、白苏、香苏、苏叶、桂荏、回回苏）、榆钱菠菜（别名：食用滨藜、洋菠菜、山菠菜、山菠薐草）、薄荷（别名：山野薄荷、蕃荷菜）、莳萝（别名：土茴香、草茴香、小茴香）、鸭儿芹（别名：鸭脚板、三叶芹、山芹菜、野蜀葵、三蜀葵、水芹	生菜、青笋、莴苣笋、莴菜、油麦菜、莜麦菜、芹菜、芹、药芹、苦堇、堇葵、堇菜、旱芹、蕹菜、空心菜、竹叶菜、通菜、蕹菜、苋菜、米苋、赤苋、刺苋、青香苋、苋、叶萘菜、莙荙菜、牛皮菜、厚皮菜、光菜、叶甜菜、菊苣、欧洲菊苣、苞菜、吉康菜、法国莒荬菜、冬寒菜、冬苋菜、冬葵、葵菜、滑肠菜、落葵、木耳菜、软浆叶、软姜子、染浆叶、胭脂豆、豆腐菜、藤菜、紫果菜、茼蒿、蒿子秆、大叶茼蒿、蓬蒿、春菊、芫荽、香菜、胡荽、香荽、茴香、小茴香、香丝菜、结球茴香、鲜茎茴香、甜茴香、菊花脑、菊花叶、黄菊籽、路边黄、黄菊仔、荠菜、护生草、菱角菜、地米草、扇子草、菜苜蓿、草头、金花菜、黄花苜蓿、刺苜蓿、南苜蓿、黄花草子、番杏、新西兰菠菜、夏菠菜、白番苋、海滨莴苣、宾菜、蔓菜、苦苣、花叶生菜、花苣、紫背天葵、血皮菜、紫背菜、红凤菜、观音苋、双色三七草、罗勒、毛罗勒、九层塔、零陵香、兰香草、光明子、省头草、马齿苋、马齿菜、长命菜、五行草、瓜子菜、马蛇子菜、紫苏、荏、赤苏、白苏、香苏、苏叶、桂荏、回回苏、榆钱菠菜、食用滨藜、洋菠菜、山菠菜、山菠薐草、薄荷、山野薄荷、蕃

附录 A 商品和服务税收分类与编码　291

续表

序号	篇	类	章	节	条	款	项	目	子目	细目	合并编码	商品和服务名称	说　明	关　键　字
53	1	01	01	12	08						1010112080000000000	瓜类蔬菜	包括黄瓜（别名：王瓜、胡瓜）、节瓜（别名：毛瓜）、南瓜（别名：中国南瓜、倭瓜、番瓜、饭瓜、笋瓜）、西葫芦（别名：美洲南瓜、蔓瓜、玉瓜、北瓜）、越瓜（别名：白瓜、脆瓜、酥瓜、梢瓜）、菜瓜、蛇甜瓜（别名：老羊瓜、酱瓜、丝瓜（别名：圆筒丝瓜、蛮瓜、水瓜、棱角丝瓜、胜瓜）、苦瓜（别名：凉瓜）、瓠瓜、蒲蒲、葫芦、合掌瓜、菜肴梨、瓦瓜、蛇瓜（别名：蛇丝瓜、蛇豆、长豆角）	瓜类蔬菜、黄瓜、王瓜、胡瓜、节瓜、毛瓜、南瓜、中国南瓜、倭瓜、番瓜、饭瓜、笋瓜、印度南瓜、西葫芦、美洲南瓜、蔓瓜、玉瓜、北瓜、越瓜、白瓜、脆瓜、酥瓜、梢瓜、菜瓜、蛇甜瓜、老羊瓜、酱瓜、丝瓜、圆筒丝瓜、蛮瓜、水瓜、棱角丝瓜、胜瓜、苦瓜、凉瓜、瓠瓜、蒲蒲、葫芦、洋丝瓜、佛手瓜、万年瓜、拳头瓜、蛇瓜、蛇丝瓜、蛇豆、长豆角
54	1	01	01	12	09						1010112090000000000	番茄等茄果类蔬菜	包括番茄（别名：西红柿、番柿、柿子）、茄子（别名：落苏）、辣椒（别名：大椒、番椒、青椒、彩色甜椒、甜椒）、酸浆（别名：红姑娘、洋姑娘、灯笼草、洛神珠）	茄果类蔬菜、番茄、西红柿、番柿、柿子、茄子、落苏、辣椒、海角、辣子、番椒、青椒、大椒、彩色甜椒、柿子椒、甜椒、酸浆、红姑娘、洋姑娘、灯笼草、洛神珠
55	1	01	01	12	10						1010112100000000000	菜豆等豆类	包括菜豆（别名：四季豆、芸豆、芸扁豆、豆角）	豆类蔬菜、菜豆、四季豆、芸豆、芸扁豆、豆角

续表

序号	篇	类	章	节	条	款	项	目	子目	细目	合并编码	商品和服务名称	说明	关键字
												蔬菜	刀豆、敏豆、玉豆、油豆）、长豇豆（别名：长豆角、豆角、带豆、裙带豆）、菜用大豆（别名：毛豆角、豆角）、青斑豆、豌豆（别名：青小豆、麻豆、荷兰豆、准豆、留豆、金豆、麦豆、回回豆、甜豌豆）、蚕豆（别名：胡豆、佛豆、罗汉豆、寒豆、峨眉豆、沿篱豆、眉豆、肉豆、龙爪豆、扁豆）、莱豆（别名：金甲豆、玉豆、荷包豆、雪豆、洋扁豆）、刀豆（别名：大刀豆、关刀豆、洋刀豆、荷包豆、科马豆）、白豆、状元豆、大花芸豆、多花菜豆（别名：红花菜豆、大白芸豆、看花豆）、四棱豆（别名：翼豆、四棱大豆、杨桃豆、翅豆、热带大豆）、黎豆（别名：黧豆、猫猫豆、毛毛豆、四棱豆、狗爪豆）、狸豆（别名：毛胡豆、小狗豆、八升豆、狗爪豆）。不包括干豆类（详见1010104）	刀豆、敏豆、豆角、青斑豆、荷兰豆、蚕豆、扁豆、雪豆、刀豆、白豆、多花菜豆、翼豆、黎豆、狸豆
56	1	01	01	12	11						1010112110000000000	莲藕等水生蔬菜	包括莲藕（别名：连、藕、荷）、茭白（别名：茭瓜、茭笋、菰首）、荸荠（别名：剪刀草、燕尾草）、水芹（别名：刀芹、楚葵、蜀芹、紫堇、蕲菜）、芋艿（别名：马蹄、地栗、乌芋、凫茈）、菱（别名：菱角、龙角、水栗、芰实）、豆瓣菜（别名：西洋菜、水田芥、水蔊菜）、莼菜（别名：鸡头、水葵、马蹄草、菱头米、水底黄蜂、水荷叶、湖菜、露葵、蒲菜、甘露菜）、海带（别名：江白菜、昆布）、紫菜	水生蔬菜、莲藕、荷、茭白、茭瓜、菱笋、菰首、剪刀草、燕尾草、水芹、刀芹、楚葵、蜀芹、紫堇、芋艿、马蹄、地栗、乌芋、凫茈、菱、菱角、龙角、水栗、芰实、豆瓣菜、西洋菜、水田芥、水蔊菜、莼菜、鸡头、水葵、马蹄草、露葵、蒲菜、海带、昆布、紫菜
57	1	01	01	12	12						1010112120000000000	竹笋等多年生及杂类蔬菜	包括笋用竹（别名：竹笋、芦笋、石刁柏、龙须菜、黄花菜（别名：萱草、金针菜）、香椿（别名：香椿树）、百合（别名：中篷花、夜合）	笋用竹、竹笋、芦笋、石刁柏、龙须菜、黄花菜、萱草、金针菜、香椿、香椿树、百合、中篷花、夜合、红棒、椿

续表

序号	编码篇	类	章	节	条	款	项	目	子目	细目	合并编码	商品和服务名称	说明	关键字
58	1	01	01	12	13						1010112130000000000	香菇等食用菌	红椿、椿花、椿甜树），枸杞（别名：枸杞、枸杞菜、枸杞头、枸杞芽），蘘荷（别名：阳藿、野姜、蘘草、茗荷、苴蓴、菜蓟、朝鲜蓟、洋葱、荷兰百合、法国百合、辣根（别名：西洋山菁菜、山葵萝卜、食用大黄（别名：原叶大黄、圆叶大黄、黄秋葵（别名：兰角豆、秋葵、羊角豆、桔梗、参、四叶菜、绿花根、铃铛花、地参、沙油拉基、鹿蕨菜（别名：蕨菜、蕨儿菜、蕨、道拉基、蒿（别名：芦蒿、水蒿、香艾蒿、石发、龙头菜、发菜、薇菜（别名：野豌豆、大巢菜、小艾、微菜、芦菜、甘菊、车前草（别名：车轮菜、牛舌菜、斑子菜、野菊、菊（别名：甘菊、臭菊、蛤蟆衣、食用菊、甘菊、多穗玉米、珍珠玉米、玉米笋、车轮糯玉米嫩玉米。不包括嫩玉米，详见10-010103）、玉米笋、甜玉米	包括香菇（别名：香菇、香蕈、花菇、双孢蘑菇（别名：蘑菇、白蘑菇、双孢菇、洋菇、平菇、北风菌、褐色蘑菇、糙皮侧耳（别名：平菇、北风菌、棕色蘑菇）、桐子菌、草菇（别名：兰花菇、北风菌、棕色蘑菇）、桐子菌、青蘑、美味包脚菇、金针菇（别名：毛柄金钱菇、冬菇、朴菇、木耳（别名：黑木耳、雪耳、银耳（别名：白木耳、雪耳、猴头菇（别名：猴头菌、刺猬菌）、毛头鬼伞（别名：巴西蘑菇、鸡腿菇、鸡腿蘑、姬松茸（别名：巴西蘑菇、柱状田头菇、巴氏蘑菇、柳环菌、氏蘑菇）、茶树菇（别名：杨树菇、茶薪菇、茶树菇）、真姬菇（别名：玉蕈、斑玉蕈、海鲜菇、鸿喜菇、灰树花（别名：玉蕈、斑玉蕈、蟹味菇	食用菌、香菇、香蕈、花菇、双孢蘑菇、磨菇、白蘑菇、双孢菇、洋菇、褐色蘑菇、糙皮侧耳、平菇、北风菌、桐子菌、草菇、兰花菇、美味包脚菇、金针菇、毛柄金钱菇、冬菇、朴菇、黑木耳、雪耳、银耳、白木耳、雪耳、猴头菇、猴头菌、刺猬菌、毛头鬼伞、鸡腿菇、鸡腿蘑、姬松茸、巴西蘑菇、柱状田头菇、巴氏蘑菇、柳环菌、杨树菇、茶树菇、茶新菇、真姬菇、玉蕈、斑玉蕈、蟹味菇、胶玉蘑

续表

序号	编码 篇/类/章/节/条/款/项/目/子目/细目	合并编码	商品和服务名称	说明	关键字
59	1 01 12 14	10101121400000000	绿豆芽等芽苗菜	包括绿豆芽（别名：绿豆芽幼芽）、黄豆芽（别名：黄豆芽幼芽）、黑豆芽（别名：黑豆芽幼芽）、青豆芽（别名：青豆芽幼芽）、红豆芽（别名：红豆芽幼芽）、蚕豆芽（别名：蚕豆芽幼芽）、红小豆芽（别名：红小豆芽幼芽）、豌豆苗（别名：豌豆芽幼苗）、花生芽（别名：花生幼芽）、苜蓿苗（别名：苜蓿芽幼苗或幼芽）、小扁豆苗（别名：小扁豆幼芽或幼苗）、萝卜芽（别名：萝卜芽幼苗）、松蓝芽（别名：松蓝幼芽或幼苗）、沙芥芽（别名：沙芥幼芽或幼苗）、芥蓝芽（别名：芥蓝幼芽或幼苗）、芥菜芽（别名：芥菜幼芽或幼苗）、白菜芽（别名：白菜幼芽或幼苗）、独行菜芽（别名：独行菜幼芽或幼苗）、香椿芽（别名：香椿幼苗）、向日葵芽（别名：向日葵幼苗）、荞麦芽（别名：荞麦幼芽或幼苗）、胡椒芽（别名：胡椒幼芽或幼苗）、紫苏芽（别名：紫苏幼芽或幼苗）、水芹幼芽	芽苗菜、绿豆芽、黄豆芽、黑豆芽、青豆芽、红豆芽、蚕豆芽、红小豆芽、豌豆苗、花生芽、苜蓿苗、小扁豆苗、萝卜芽、松蓝芽、沙芥芽、芥蓝芽、芥菜芽、白菜芽、独行菜芽、香椿芽、向日葵芽、荞麦芽、胡椒芽、紫苏芽、水芹幼芽

（续表上一行说明）名：贝叶多孔菌、云芝、栗磨、舞耳、莲花菌、千佛菌、滑菇（别名：珍珠菇、光帽鳞伞、滑子磨）、孔菌、云蕈、栗磨、光帽鳞伞、滑子磨、刺芹侧耳（别名：白贝菇、干贝菇、杏鲍菇、白灵菇）、佛菌、滑菇、珍珠菇、光帽鳞伞、杏鲍菇、阿魏侧耳（别名：阿魏侧磨、刺芹侧耳、阿魏菇）、白灵侧耳、干贝菇、杏鲍菇、阿魏菇、盖囊侧耳（别名：鲍鱼菇、毛木耳）、白灵侧耳、台湾平菇、鲍鱼菇、毛木耳、竹荪（别名：长裙竹荪、短裙竹荪、棘托竹荪、肺形侧耳（别名：姬菇、秀珍菇、玉皇菇、小平菇、长根菇、大杯蕈（别名：猪肚菇、洛巴伊口磨、顶侧耳、榆黄磨、玉皇菇、大球盖菇、金福菇、北冬虫夏草（别名：蛹虫草、牛肝菌、松茸、鸡枞

续表

序号	篇	类	章	节	条	款	项目	子目	细目	合并编码	商品和服务名称	说　　明	关　键　字
60	1	01	01	12	15					1010112150000000000	其他蔬菜	水芹幼苗、小麦苗（别名：小麦幼苗）、胡麻芽（别名：胡麻幼芽或幼苗）、蕹菜芽（别名：蕹菜幼苗）、芝麻芽（别名：芝麻幼芽或幼苗）、黄秋葵幼苗（别名：黄秋葵幼苗）、花椒脑（别名：花椒嫩芽）	水芹幼苗、小麦苗、小麦幼苗、胡麻芽、胡麻幼芽或幼苗、蕹菜芽、蕹菜幼苗、芝麻芽、芝麻幼芽或幼苗、黄秋葵芽、黄秋葵幼苗、花椒脑、花椒嫩芽
61	1	01	01	13						1010113000000000000	花卉	包括盆栽花、鲜切花及花蕾、切叶、切枝、干燥花	花卉、盆栽花、鲜切花、鲜切花蕾、切叶、切枝、干燥花
62	1	01	01	13	01					1010113010000000000	盆栽花	包括鳞茎、块茎、块根、球茎、根颈及根茎等花卉	盆栽花、块茎、块根、球茎、根颈
63	1	01	01	13	02					1010113020000000000	鲜切花及花蕾	包括康乃馨、满天星、勿忘我、玫瑰、情人草、紫罗兰、月季、香石竹、唐菖蒲、百合花、非洲菊、补血草、马蹄莲、火鹤、其他鲜切花及花蕾	鲜切花、花蕾、康乃馨、满天星、勿忘我、玫瑰、情人草、紫罗兰、月季、香石竹、唐菖蒲、百合花、非洲菊、补血草、马蹄莲、火鹤
64	1	01	01	13	03					1010113030000000000	切叶	包括肾蕨、散尾葵、苏铁、富贵竹、龟背竹、其他切叶	切叶、肾蕨、散尾葵、苏铁、富贵竹、龟背竹
65	1	01	01	13	04					1010113040000000000	切枝	包括银芽柳、其他切枝	切枝、银芽柳
66	1	01	01	13	05					1010113050000000000	干燥花	指经过干制处理的花卉	干燥花
67	1	01	01	14						1010114000000000000	盆景及园艺产品	包括园艺产品、盆栽观叶植物、草皮、草坪、其他盆景及园艺产品	盆景、园艺产品、盆栽观叶植物、草皮、草坪
68	1	01	01	14	01					1010114010000000000	园艺产品	包括盆栽观叶植物、草皮、草坪、其他园艺产品	园艺产品、盆栽观叶植物、草皮、草坪
69	1	01	01	14	01	01				1010114010100000000	盆栽观叶植物	包括龙血树（巴西木、马拉巴栗（发财树）、喜林芋、绿萝、变叶木、袖珍椰子、盆栽散尾葵、绿巨人、花叶万年青、黛粉、竹芋、白鹤芋、花叶芋、亮丝草、其他盆栽观叶植物	盆栽观叶植物、龙血树、巴西木、马拉巴栗、发财树、喜林芋、绿萝、变叶木、袖珍椰子、盆栽散尾葵、绿巨人、花叶万年青、黛粉、竹芋、白鹤芋、花叶芋、亮丝草

续表

序号	篇	类	章	节	条	款	项	目	子目	细目	合并编码	商品和服务名称	说明	关键字
70	1	01	01	14	01	02					1010114010200000000	草皮		草皮
71	1	01	01	14	01	03					1010114010300000000	草坪		草坪
72	1	01	01	14	99						1010114990000000000	其他盆景及园艺产品		
73	1	01	01	15							1010115000000000000	水果及坚果	包括水果（园林水果）、干制水果、水果籽、食用坚果	水果、园林水果、干制水果、水果籽、食用坚果
74	1	01	01	15	01						1010115010000000000	水果（园林水果）	包括苹果、梨、柑橘类水果、葡萄、香蕉、菠萝、龙眼、荔枝、枇杷、无花果、红毛丹、番石榴、橄榄、芒果、鳄梨、杨桃、山竹果、连雾、火龙果、哈密瓜、伊丽沙白瓜、华莱土瓜、香瓜、木瓜、樱桃、枣、柿子、石榴、杏、李子、桃、红果、黑莓、草莓、桑葚、猕猴桃、沙棘、其他未列明水果	水果、苹果、梨、柑橘类水果、葡萄、香蕉、菠萝、龙眼、荔枝、枇杷、红毛丹、番石榴、橄榄、无花果、芒果、鳄梨、杨桃、连雾、火龙果、山竹果、哈密瓜、伊丽沙白瓜、华莱土瓜、香瓜、木瓜、樱桃、枣、红果、柿子、石榴、杏、李子、桃、草莓、黑莓、桑葚、猕猴桃、沙棘
75	1	01	01	15	01	01					1010115010100000000	苹果	包括红富士苹果、国光苹果、秦冠苹果、香蕉苹果、金冠苹果、元帅苹果、新红星苹果、其他苹果	苹果、红富士苹果、国光苹果、秦冠苹果、香蕉苹果、金冠苹果、元帅苹果、新红星苹果
76	1	01	01	15	01	02					1010115010200000000	梨	包括雪花梨、鸭梨、酥梨、香梨、黄冠梨、绿宝石梨、冬果梨、贡梨、黄花梨、其他梨	梨、雪花梨、鸭梨、酥梨、香梨、黄冠梨、绿宝石梨、冬果梨、贡梨、黄花梨
77	1	01	01	15	01	03					1010115010300000000	柑橘类水果	包括柑、橘、橙、柚、柠檬等	柑橘、橙、宽皮柑橘、柚类、金柑、柠檬
78	1	01	01	15	01	04					1010115010400000000	葡萄	指鲜葡萄，包括巨峰葡萄、玫瑰香葡萄、白葡萄、龙眼葡萄、木纳格葡萄、红提葡萄、酿造葡萄、其他葡萄	葡萄、巨峰葡萄、玫瑰香葡萄、白葡萄、龙眼葡萄、木纳格葡萄、红提葡萄、酿造葡萄
79	1	01	01	15	01	05					1010115010500000000	香蕉	包括芭蕉	香蕉、芭蕉

续表

序号	篇	类	章	节	条	款	项	目	子目	细目	合并编码	商品和服务名称	说明	关键字
80	1	01	01	15	01	06					1010115010600000000	菠萝		菠萝
81	1	01	01	15	01	07					1010115010700000000	龙眼		龙眼
82	1	01	01	15	01	08					1010115010800000000	荔枝		荔枝
83	1	01	01	15	01	09					1010115010900000000	枇杷		枇杷
84	1	01	01	15	01	10					1010115011000000000	红毛丹		红毛丹
85	1	01	01	15	01	11					1010115011100000000	芒果		芒果
86	1	01	01	15	01	12					1010115011200000000	橄榄		橄榄
87	1	01	01	15	01	13					1010115011300000000	无花果		无花果
88	1	01	01	15	01	14					1010115011400000000	鳄梨		鳄梨
89	1	01	01	15	01	15					1010115011500000000	番石榴		番石榴
90	1	01	01	15	01	16					1010115011600000000	山竹果		山竹果
91	1	01	01	15	01	17					1010115011700000000	杨桃		杨桃
92	1	01	01	15	01	18					1010115011800000000	莲雾		莲雾
93	1	01	01	15	01	19					1010115011900000000	火龙果		火龙果
94	1	01	01	15	01	20					1010115012000000000	西瓜		西瓜
95	1	01	01	15	01	21					1010115012100000000	哈密瓜		哈密瓜
96	1	01	01	15	01	22					1010115012200000000	华莱士瓜		华莱士瓜
97	1	01	01	15	01	23					1010115012300000000	香瓜		香瓜
98	1	01	01	15	01	24					1010115012400000000	伊丽沙白瓜		伊丽沙白瓜
99	1	01	01	15	01	25					1010115012500000000	木瓜		木瓜
100	1	01	01	15	01	26					1010115012600000000	樱桃		樱桃
101	1	01	01	15	01	27					1010115012700000000	枣	指鲜枣，包括小枣、冬枣、沙枣、青枣等	枣
102	1	01	01	15	01	28					1010115012800000000	红果		红果
103	1	01	01	15	01	29					1010115012900000000	柿子		柿子
104	1	01	01	15	01	30					1010115013000000000	桃		桃
105	1	01	01	15	01	31					1010115013100000000	李子		李子

续表

序号	篇	类	章	节	编码 条	款	项	目	子目	细目	合并编码	商品和服务名称	说明	关键字
106	1	01	01	15	01	32					1010115013200000000	石榴		石榴
107	1	01	01	15	01	33					1010115013300000000	杏		杏
108	1	01	01	15	01	34					1010115013400000000	杨梅		杨梅
109	1	01	01	15	01	35					1010115013500000000	草莓		草莓
110	1	01	01	15	01	36					1010115013600000000	黑莓		黑莓
111	1	01	01	15	01	37					1010115013700000000	桑葚		桑葚
112	1	01	01	15	01	38					1010115013800000000	猕猴桃	又名奇异果	猕猴桃、奇异果
113	1	01	01	15	01	39					1010115013900000000	沙棘		沙棘
114	1	01	01	15	01	99					1010115019900000000	其他未列明水果	包括罗甘莓、木莓等	罗甘莓、木莓
115	1	01	01	15	02						1010115020000000000	干制水果	包括葡萄干、杏干、梅干及李干、苹果干、龙眼干（肉）、柿饼、干枣、椰子及干果、荔枝干、其他干制水果	干制水果、葡萄干、杏干、梅干、李干、苹果干、柿饼、干枣、椰子肉、龙眼肉、龙眼干、荔枝干
116	1	01	01	15	03						1010115030000000000	食用坚果	包括鲜或干的坚果。不包括炒制的坚果（详见103011107）、煮制的坚果（详见103011108）	食用坚果
117	1	01	01	15	03	01					1010115030100000000	椰果	包括种用椰子、其他椰子	椰子
118	1	01	01	15	03	02					1010115030200000000	腰果		腰果
119	1	01	01	15	03	03					1010115030300000000	核桃		核桃
120	1	01	01	15	03	04					1010115030400000000	山核桃		山核桃
121	1	01	01	15	03	05					1010115030500000000	栗子	包括板栗、锥栗、丹东栗、其他栗子	栗子
122	1	01	01	15	03	06					1010115030600000000	松子		松子
123	1	01	01	15	03	07					1010115030700000000	榛子		榛子
124	1	01	01	15	03	08					1010115030800000000	阿月浑子果（开心果）		阿月浑子果、开心果
125	1	01	01	15	03	09					1010115030900000000	槟榔		槟榔
126	1	01	01	15	03	10					1010115031000000000	白果		白果

附录 A　商品和服务税收分类与编码

续表

序号	编码（篇/类/章/节/条/款/项/目/子目/细目）	合并编码	商品和服务名称	说　明	关　键　字
127	1 01 01 15 03 11	1010115031100000000	香榧		香榧
128	1 01 01 15 03 12	1010115031200000000	巴旦杏		巴旦杏
129	1 01 01 15 03 13	1010115031300000000	夏威夷果	又名"澳洲坚果"，山龙眼科、澳洲坚果属，生长在热带地区	夏威夷果、澳洲坚果
130	1 01 01 15 03 99	1010115039900000000	其他食用坚果		
131	1 01 01 16	1010116000000000000	茶及饮料原料		
132	1 01 01 16 01	1010116010000000000	茶叶	指茶农采集和经过初加工（如炒制、晾晒）的毛茶。如红毛茶、绿毛茶、乌龙毛茶、白毛茶、黑毛茶等	茶叶、红毛茶、绿毛茶、乌龙毛茶、白毛茶、黑毛茶
133	1 01 01 16 02	1010116020000000000	饮料原料	包括可可豆、咖啡豆	饮料原料
134	1 01 01 16 99	1010116990000000000	其他未列明茶及饮料原料		
135	1 01 01 17	1010117000000000000	香料原料	指未研磨香料原料，包括调味香料（如花椒、八角、胡椒、桂皮、丁香、小茴香、咖喱、枯茗子、豆蔻、杜松果等）香味料（香子兰、香茅草、留兰香、番红花、姜黄、啤酒花、麝香草、月桂叶等）。不包括研磨过香料原料（详见103020604）	香料原料、花椒、胡椒、八角、桂皮、桂花、丁香、豆蔻、小茴香、咖喱、茗子、蒿子、杜松果、香子兰、枯茗子、留兰香、番红花、姜黄、啤酒花、麝香草、月桂叶
136	1 01 01 18	1010118000000000000	中草药材	指主要作香料、药料、杀虫、杀菌等用途的植物。包括甘草、人参、古柯叶、田七、当归、罂粟秆、党参、黄连、菊花、冬虫夏草、贝母、川芎、半夏、槐花、白芍、天麻、黄芪、大黄、籽黄、白术、地黄、沉参、白芷、茯苓、枸杞、杜仲、大海子、灵芝、米、杜仲、除虫菊、大海子、五味子、刺五加、生香、鱼藤根、青蒿、沙参、麝香、除虫菊灵	中草药材、甘草、人参、古柯叶、罂粟秆、当归、田七、黄连、菊花、冬虫夏草、贝母、大黄、半夏、白芍、天麻、黄芪、白术、地黄、槐米、杜仲、茯苓、枸杞、大海子、沉香、青蒿、沙参、麝香、除虫菊灵

续表

序号	篇	类	章	节	条	款	项	目	子目	细目	合并编码	商品和服务名称	说明	关键字
137	1	01	01	19							1010119000000000000	种子、种苗	包括种用谷物、种用薯类、种用豆类、种用油料、蔬菜籽、花草种、水果籽及其他种子、种苗	地、麦冬、云木香、白芷、元胡、山茱萸、厚朴、黄芩、葛根、柴胡、麻黄、辛夷、锁阳、肉苁蓉、列当、罗布麻等。种子、种苗、种用谷物、种用薯类、种用豆类、种用油料、种用饲料作物、蔬菜籽、花草种、水果籽
138	1	01	01	19	01						1010119010000000000	种用谷物	包括种用硬质小麦、种用软质小麦、种用皮大麦、种用裸大麦、种用甜玉米、种用糯玉米、种用红粒高粱、种用白粒高粱、种用白粒高粱、种用黄玉米、种用白玉米、其他种用玉米、其他种用高粱、种用中籼稻、种用早籼稻、种用晚籼稻、种用糯稻、其他种用稻谷	种用大麦、种用皮大麦、种用裸大麦、种用红粒高粱、种用糯高粱、种用甜玉米、种用糯玉米、种用白粒玉米、种用黄玉米、种用白玉米、种用硬质小麦、种用软质小麦、种用早籼稻、种用中籼稻、种用糯稻、种用晚籼稻、种用粳稻
139	1	01	01	19	02						1010119020000000000	种用薯类	包括种用马铃薯、种用甘薯	种用薯类、种用马铃薯、种用甘薯
140	1	01	01	19	03						1010119030000000000	种用油料	包括种用油棕果及油棕仁、种用棉籽、种用油芥子、种用胡麻籽、种用红花籽、种用芝麻、种用黑芝麻、种用带壳花生、种用油葵、其他种用食葵、种用双低油菜籽	种用油料、种用蓖麻果、种用棉籽、种用油芥子、种用胡麻籽、种用红花籽、种用芝麻、种用黑芝麻、种用黄芝麻、种用带壳花生、种用油葵、种用双低油菜籽
141	1	01	01	19	04						1010119040000000000	种用豆类	包括种用杂豆、种用芸豆、种用干蚕豆、种用鹰嘴豆、种用干豇豆、种用饭豆、种用明绿豆、种用毛绿豆、种用麻豌豆、种用绿豌豆、种用白豌豆	种用豆类、种用芸豆、种用干蚕豆、种用鹰嘴豆、种用干豇豆、种用饭豆、种用明绿豆、种用毛绿豆、种用麻豌豆、种用绿豌豆、种用白豌豆
142	1	01	01	19	05						1010119050000000000	种用饲料作物	指饲料作物用种子	种用饲料
143	1	01	01	19	06						1010119060000000000	蔬菜籽		蔬菜籽

附录 A 商品和服务税收分类与编码

续表

序号	篇	类	章	节	条	款	项	目	子目	细目	合并编码	商品和服务名称	说明	关键字
144	1	01	01	19	07						1010119070000000000	花草籽	包括草草种（苜蓿草种、箭舌豌豆草种、红豆草草种、草木樨草种、披碱草草种、燕麦草草种、多花黑麦草草种、锦鸡儿草种、碱茅草种、柠挑草种、沙打旺草种、其他草种、唐菖蒲种球、羊柴草种、百合种球、花卉种球、马蹄莲种球、郁金香种球、水仙种球、美人蕉种球、大丽花种球、凤信子种球、其他花卉种球），花卉种子（一串红种子、矮牵牛种子、三色堇种子、万寿菊种子、凤仙花种子、鸡冠花种子、翠菊种子、四季海棠种子、金鱼草种子、石竹种子、香石竹种子、菊花种子、其他花卉种子），花卉种苗、月季种苗、火鹤种苗、非洲菊种苗、兰花种苗、兰花种苗、君子兰种苗、其他花卉种苗	花草种、草种、苜蓿草种、箭舌豌豆草种、红豆草草种、草木樨草种、披碱草草种、燕麦草种、多花黑麦草草种、柠挑草种、沙打旺草种、锦鸡儿草种、老芒麦草种、羊柴草种、花卉种球、水仙种球、百合种球、郁金香种球、马蹄莲种球、大丽花种球、美人蕉种球、风信子种球、小苍兰种球、花卉种球、花卉种子、晚香玉种子、矮牵牛种子、一串红种子、万寿菊种子、凤仙花种子、鸡冠花种子、三色堇种子、金鱼草种子、石竹种子、香石竹种子、四季海棠种子、翠菊种子、菊花种苗、非洲菊种苗、花卉种苗、月季种苗、火鹤种苗、兰花种苗、君子兰种苗
145	1	01	01	19	08						1010119080000000000	水果籽	包括杏核、葡萄籽、其他水果籽	杏核、葡萄籽
146	1	01	01	19	99						1010119990000000000	其他种子、种苗		
147	1	01	02								1010200000000000000	林业产品		
148	1	01	02	01							1010201000000000000	育种和育苗	包括林木种子（针叶乔木树种种子、阔叶乔木树种种子）、阔叶乔木藤木灌木相关林木种子、其他林木种子、针叶乔木树苗、阔叶乔木树苗类、果树苗、竹苗、灌木树苗	林木种子、针叶乔木树种种子、杉树种子、柏树种子、松树种子、银杏种子、阔叶乔木树种种子、橄榄树种子、枫树类种子、冬青树类种子、桦树类种子、木棉树类种子、榛树类种子、楠木类种子、樟树类种子、相思类种子、壳斗科类种子、灌木、藤木、相关木种子、灌木类种子、蕃茄枝类灌木

续表

序号	篇	类	章	节	条	款	项	目	子目	细目	合并编码	商品和服务名称	说　明	关　键　字
149	1	01	02	02							1010202000000000000	木材采伐产品		种子、夹竹桃类灌木种子、冬青类灌木种子、小檗类灌木种子、榛树类灌木种子、胡枝子灌木种子、沙棘类灌木种子，木材采伐产品
150	1	01	02	02	01						1010202010000000000	原木	指将砍伐倒的乔木去其枝芽、梢头或者皮的乔木、灌木，以及锯成一定长度的木段	针叶原木、红松原木、樟子松原木、白松原木、云杉原木、冷杉原木、辐射松原木、落叶松原木、马尾松原木、云南松原木、杉木原条、非针叶原木、栎木原木、橡木原木、山毛榉木原木、楠木原木、樟木原木、泡桐木原木、杨树原木、水曲柳原木、胡桃楸原木、杆木原木、桦木原木、榆木原木、柳木原木、椴木原木、桉树原木
151	1	01	02	02	02						1010202020000000000	小规格木材	包括针叶木小规格木材、其他木小规格木材、木撅木、木片及木炭原料的材种等	小规格木材、针叶木小规格木材、木撅木、木劈条、木片、木棒
152	1	01	02	02	03						1010202030000000000	薪材	一般是作为燃料的木炭原料	薪材
153	1	01	02	02	04						1010202040000000000	短条及细枝等		短条、细枝、木片、木粒、木废料、木碎片、圆木段、圆木块、圆木片
154	1	01	02	02	99						1010202990000000000	其他木材采伐产品		
155	1	01	02	03							1010203000000000000	竹材采伐产品		竹材采伐产品
156	1	01	02	03	01						1010203010000000000	原竹	指将砍伐倒的竹去其枝、梢或者叶的竹类植物，以及锯成一定长度的竹段	竹材、毛竹、撑篙竹、水竹、淡竹、慈竹、红壳竹
157	1	01	02	03	99						1010203990000000000	其他竹材采		

附录A 商品和服务税收分类与编码

续表

序号	篇	类	章	节	条	款	项	目	子目	细目	合并编码	商品和服务名称	说明	关键字
158	1	01	02	04							1010204000000000000	伐产品		林产品
159	1	01	02	04	01						1010204010000000000	天然橡胶	未加工的天然橡胶，包括天然橡胶乳、烟胶片、胶清片、白皱片、褐胶片、标准天然橡胶	天然橡胶、天然橡胶乳、烟胶片、胶清片、白皱片、褐胶片、标准胶片
160	1	01	02	04	02						1010204020000000000	天然树脂、树胶	主要来源于植物渗（泌）出物的无定形半固体或固体有机物。包括天然生漆、天然松脂、冷杉胶、其他天然树脂	天然树脂、树胶、天然生漆、天然松脂、虫胶、桃胶、冷杉胶
161	1	01	02	04	03						1010204030000000000	栲胶原料	用于栲胶工业性生产的富含单宁的木质、皮层、叶片、荚壳等。包括落叶松树皮、杨梅树皮、油柑树皮、槲树皮、木麻黄树皮、黑荆树皮、橡碗、化香果、其他栲胶原料	栲胶原料、落叶松树皮、杨梅树皮、油柑树皮、槲树皮、木麻黄树皮、黑荆树皮、橡碗、化香果
162	1	01	02	04	04						1010204040000000000	非直接食用果类	包括油桐籽、油茶籽、沙棘果、乌桕籽、油橄榄、文冠果、山苍籽、黑棕子、其他非食用坚果	非直接食用果类、桐籽、油茶籽、沙棘果、乌桕果、油橄榄、文冠果、山苍籽、黑棕子、非食用坚果
163	1	01	02	04	05						1010204050000000000	编结用原料	包括藤条、柳条、柠条、荆条、灯心草、蒌叶、其他编织用原料	编结用原料、藤条、柳条、柠条、荆条、灯心草、蒌叶、菖蒲
164	1	01	02	04	06						1010204060000000000	染色、鞣草用植物原料	包括五倍子、地衣、蓝靛、薯莨、其他染色、鞣草用植物原料	染色、鞣草用植物原料、柳条、五倍子、地衣、蓝靛、薯莨
165	1	01	02	04	07						1010204070000000000	野生植物活体	包括野生乔木、草灌木、菌类、以及其他野生植物活体	野生植物活体、野生乔木、草灌木、菌类
166	1	01	02	04	08						1010204080000000000	野生植物采集产品	包括野生植物根、茎、叶、花、果实、以及其他野生植物采集产品	野生植物采集产品、野生植物根、茎、叶、花、果实
167	1	01	02	04	99						1010204990000000000	其他林产品	未加工的天然软木、棕片、竹笋干、黄柏干、桉树叶，其他未列明林产品	天然软木、棕片、竹笋干、黄柏干、山苍子、桉树叶
168	1	01	03								1010300000000000000	饲养动物，	指饲养的家畜、家禽，为经济等目的饲养的各种	

续表

序号	篇	类	章	节	款	项	子目	细目	合并编码	商品和服务名称	说明	关键字
169	1	01	03	01						野生动物及其产品	指为某种用途所同养的家畜、捕获动物以及动物产品，不包括人工养殖的鱼类、虾类、蟹类、贝类等（详见10104）	
170	1	01	03	01	01				101030100000000000	活牲畜	指为某种用途所同养的家畜、奶牛和役畜	菜畜、奶牛、役畜
171	1	01	03	01	01	01			101030101000000000	猪	包括种猪、仔猪、中猪、能繁殖母猪、其他活猪	猪、仔猪、中猪、能繁殖母猪
172	1	01	03	01	01	02			101030102000000000	牛	包括种牛、黄牛、水牛、奶牛、牦牛、能繁殖母牛、其他活牛	牛、黄牛、水牛、奶牛、牦牛、牛犊、能繁殖母牛
173	1	01	03	01	01	03			101030103000000000	马	包括种马、马驹、其他活马	马、种马、马驹
174	1	01	03	01	01	04			101030104000000000	驴	包括种驴、其他活驴	驴、种驴
175	1	01	03	01	01	05			101030105000000000	骡		骡
	1	01	03	01	01	06			101030106000000000	羊	包括绵羊、山羊、能繁殖母羊、羔羊等	绵羊、细毛羊、半细毛羊、种绵羊、能繁殖母绵羊、山羊、种山羊、奶山羊、种绒山羊、能繁殖母山羊、羔羊
176	1	01	03	01	01	07			101030107000000000	骆驼		骆驼
177	1	01	03	01	01	99			101030199000000000	其他活牲畜		活牲畜
178	1	01	03	01	02				101030200000000000	活家禽	指主要用于食用的活家禽	
179	1	01	03	01	02	01			101030201000000000	活鸡	包括蛋鸡、雏鸡、肉鸡、其他活鸡	活鸡、蛋鸡、种蛋鸡、雏鸡、种雏鸡、肉鸡、未列明活鸡
180	1	01	03	01	02	02			101030202000000000	活鸭	包括雏鸭、成鸭	雏鸭、种用雏鸭、成鸭、种用成鸭
181	1	01	03	01	02	03			101030203000000000	活鹅	包括雏鹅、成鹅	雏鹅、种用雏鹅、成鹅、种用成鹅
182	1	01	03	01	02	99			101030299000000000	其他活家禽	包括鸽子、鸵鸟、野鸭、鹌鹑、其他未列明活家禽	鸽子、鸵鸟、野鸭、鹌鹑、未列明活家禽
183	1	01	03	01	03				101030300000000000	畜禽产品		
184	1	01	03	01	03	01			101030301000000000	生奶	指未经过消毒和杀菌的奶。包括生牛奶、生羊奶、生马奶等	生奶、生牛奶、生羊奶、生马奶、奶酪、黄油

续表

序号	篇	类	章	节	条	款	项	目	子目	细目	合并编码	商品和服务名称	说明	关键字
185	1	01	03	03	02						1010303020000000000	禽蛋	指未加工的带壳鲜禽蛋	禽蛋
186	1	01	03	03	02	01					1010303020100000000	鸡蛋		种用鸡蛋、鲜鸡蛋
187	1	01	03	03	02	02					1010303020200000000	鸭蛋		种用鸭蛋、鲜鸭蛋
188	1	01	03	03	02	03					1010303020300000000	鹅蛋		种用鹅蛋、鲜鹅蛋
189	1	01	03	03	02	04					1010303020400000000	鹌鹑蛋	又名鹑鸟蛋	种用鹌鹑蛋、鲜鹌鹑蛋
190	1	01	03	03	02	99					1010303029900000000	其他禽蛋		其他禽蛋
191	1	01	03	03	03						1010303030000000000	天然蜂蜜及副产品	天然蜂蜜、蜂蜡、鲜蜂王浆、其他天然蜂蜜副产品	天然蜂蜜、蜂蜡、鲜蜂王浆、鲜蜂王浆粉
192	1	01	03	03	03	01					1010303030100000000	天然蜂蜜		天然蜂蜜
193	1	01	03	03	03	02					1010303030200000000	蜂蜡	蜂蜡是工蜂腹部下面四对蜡腺分泌的物质	蜂蜡
194	1	01	03	03	03	03					1010303030300000000	鲜蜂王浆	又称蜂皇浆、蜂王乳等，是工蜂喂养蜂后的食物	鲜蜂王浆、蜂皇浆、蜂王乳
195	1	01	03	03	03	99					1010303039900000000	其他天然蜂蜜及副产品		其他天然蜂蜜、其他天然蜂蜜副产品
196	1	01	03	03	04						1010303040000000000	蚕茧	指适于缫丝的丝茧。包括桑蚕茧、柞蚕茧、蓖麻蚕茧、其他蚕茧	蚕茧、桑蚕茧、柞蚕茧、蓖麻蚕茧
197	1	01	03	03	05						1010303050000000000	动物毛类	指未梳毛。包括绵羊毛、山羊毛、山羊粗毛、托牛绒、兔毛、骆驼毛、马毛、其他动物毛类	绵羊毛、细羊毛、半细羊毛、剪羊毛、山羊毛、山羊绒、山羊粗毛、托牛绒、粗托牛毛、兔毛、骆驼毛、骆驼粗毛、骆驼绒、马毛、马鬃、马尾
198	1	01	03	03	06						1010303060000000000	生皮	指经简单干燥的整张动物生皮，包括整张生牛皮、整张绵羊生皮、整张山羊生皮、整张生猪皮、整张生马皮、整张爬行动物皮、其他成品革（详见1040301）、半成品革（详见101030307），不包括生牛皮（详见101030307）	生皮、整张生牛皮、整张黄羊生皮、整张水牛生皮、整张绵羊生皮、整张毛绵羊生皮、整张木带毛绵羊生皮、整张山羊生皮、整张山羊板皮、整张生猪皮、整张生马皮、整张爬行动物皮
199	1	01	03	03	07						1010303070000000000	生毛皮	指未经鞣制或硝制的整张动物毛皮	生毛皮、整张羔羊生毛皮、整张水貂

续表

序号	篇	类	章	节	条	款	项	目	子目	细目	合并编码	商品和服务名称	说明	关键字
200	1	01	03	03	08						101030308000000000	制刷用兽毛	毛皮、整张水貂生毛皮、整张狐生毛皮、整张兔生毛皮、其他生毛皮、不包括生皮（详见101030306）、鞣制毛皮（详见104030601）包括猪鬃、制刷用山羊毛、其他制刷用兽毛、猪鬃、猪毛及其废料	制刷用兽毛、猪鬃
201	1	01	03	03	09						101030309000000000	麝香	为雄麝麝香腺和生殖器之间的腺囊的分泌物，干燥后呈颗粒状或块状	麝香
202	1	01	03	03	10						101030310000000000	鹿茸	雄鹿没有长成硬骨时、带茸毛、含血液的嫩角	鹿茸
203	1	01	03	03	11						101030311000000000	燕窝	又称燕菜、燕根、燕蔬菜，为雨燕科动物金丝燕及多种同属燕类用唾液与绒羽等混合凝结所筑成的巢窝	燕窝、燕根、燕蔬菜
204	1	01	03	03	99						101030399000000000	其他畜禽产品		其他畜产品
205	1	01	03	04							101030400000000000	野生动物禽类	是指生存于自然状态下，野外环境生长繁殖的动物。包括野兔、狐狸、野鸡、其他野生动物	
206	1	01	03	04	01						101030401000000000	野生动物	包括野兔、狐狸、其他野生动物	野生动物、野兔、狐狸
207	1	01	03	04	02						101030402000000000	野生鸟类	包括水禽、其他野生鸟类	野生鸟类、水禽、雄鸡、野鸡
208	1	01	03	04	99						101030499000000000	其他野生动物		其他野生动物
209	1	01	03	99							101039900000000000	其他饲养动物	包括人工养或野生的其他珍禽动物	其他饲养动物
210	1	01	04								101040000000000000	海水养殖、捕捞产品	包括海水养殖产品和海水捕捞产品	海水养殖产品、海水捕捞产品
211	1	01	04	01							101040100000000000	海水鱼	包括大黄鱼、小黄鱼、带鱼、鲳鱼、比目鱼、鳕鱼、沙丁鱼、鲑鱼、金枪鱼、大马哈鱼、角鲨、相	大黄鱼、小黄鱼、比目鱼、金枪鱼、带鱼、沙丁鱼、鳕鱼、鲳鱼、鲑鱼、大

续表

序号	篇	类	章	节	条	款	项	目	子目	细目	合并编码	商品和服务名称	说　明	关　键　字
													关鲨鱼、海鳗、相关鲨鱼、鲷鱼、石斑鱼、鲱鱼、蓝圆鲹、白姑鱼、黄姑鱼、梅童鱼、方头鱼、玉筋鱼、梭鱼、鲻鱼、鲐鱼、马面鲀、竹荚鱼等	马哈鱼、海鳗、相关鲨鱼、海鳗、鲅鱼、鲳鱼、角鲨、鲷鱼、鲱鱼、石斑鱼、蓝圆鲹、白姑鱼、黄姑鱼、梅童鱼、方头鱼、玉筋鱼、梭鱼、鲻鱼、鲐鱼、马面鲀、竹荚鱼
212	1	01	04	02							1010402000000000000	海水虾	包括龙虾、斑节对虾、中国对虾、日本对虾、毛虾、虾蛄、鹰爪虾等	龙虾、斑节对虾、中国对虾、日本对虾、毛虾、虾蛄、鹰爪虾
213	1	01	04	03							1010403000000000000	海水蟹	包括梭子蟹、青蟹等	梭子蟹、青蟹
214	1	01	04	04							1010404000000000000	海水贝类	包括牡蛎、贻贝、江珧、扇贝、鲍、螺、蚶、蛤、蛏等	牡蛎、扇贝、贻贝、江珧、鲍、螺、蚶、蛤、蛏
215	1	01	04	05							1010405000000000000	海水藻类	包括裙带菜、江蓠、麒麟菜、石花菜、羊栖菜、苔菜，其他藻类，不包括海带和紫菜（详见101011211）	海带、紫菜、裙带菜、江蓠、麒麟菜、石花菜、羊栖菜、苔菜
216	1	01	04	06							1010406000000000000	海水软体水生动物	包括墨鱼、鱿鱼、沙蚕等	墨鱼、鱿鱼、沙蚕
217	1	01	04	07							1010407000000000000	海水产品种苗	包括鱼种苗、虾种苗、蟹苗、贝类种苗、藻类育苗等	鱼苗、虾种苗、蟹苗、贝类种苗、藻类育苗
218	1	01	04	99							1010499000000000000	其他海水产品	包括海参、海胆、珍珠、海蜇等	海参、海胆、珍珠、海蜇
219	1	01	05								1010500000000000000	淡水养殖产品、捕捞产品	包括淡水养殖产品和捕捞产品	淡水养殖产品、淡水捕捞产品
220	1	01	05	01							1010501000000000000	淡水鱼	包括淡水观赏鱼、淡水鳟鱼、淡水鳙鱼、淡水草鱼、淡水鲟鱼、淡水鳙鱼、淡水罗非鱼、淡水河鲀、淡水鲫鱼、淡水黄颡鱼、淡水鲴鱼、淡水银鱼、淡水短盖巨脂鲤、淡水鲮鱼、淡水池沼公鱼、淡水鳊鱼	淡水观赏鱼、淡水鳟鱼、淡水鲟鱼、淡水草鱼、淡水青鱼、淡水河鲀、淡水罗非鱼、淡水鲴鱼、淡水黄颡鱼、淡水鲫鱼、淡水鲢鱼、淡水鳙鱼、淡水鳊鱼、淡水

续表

序号	编码 篇	类	章	节	条	款	项	目	子目	细目	合并编码	商品和服务名称	说明	关键字
221	1	01	05	02							1010502000000000000	淡水虾	包括淡水罗氏沼虾、淡水青虾、淡水克氏原螯虾、淡水南美白对虾等	淡水长吻鮠、淡水池沼公鱼、淡水银鱼、淡水短盖巨脂鲤、淡水长吻鮠、淡水黄鳝、淡水鳜鱼、淡水鲈鱼、淡水鳢、淡水乌鳢、淡水克氏泥鳅
222	1	01	05	03							1010503000000000000	淡水蟹	包括淡水蟹、华绒毛蟹等	淡水蟹、华绒毛蟹
223	1	01	05	04							1010504000000000000	淡水贝类	包括淡水蚌、淡水螺、淡水蚬等	淡水蚌、淡水螺、淡水蚬
224	1	01	05	05							1010505000000000000	淡水藻类		淡水藻类
225	1	01	05	06							1010506000000000000	淡水鲜软体动物	包括水生无脊椎动物，蜗牛、螺、河鲜、蚬、其他淡水鲜软体动物，包括活、冷、冻、干、盐腌或盐渍蜗牛	水生无脊椎动物，蜗牛、螺、河鲜、蚬、其他淡水鲜软体动物，活蜗牛、冷蜗牛、冻蜗牛、干蜗牛、盐腌蜗牛
226	1	01	05	07							1010507000000000000		包括淡水鱼苗、淡水虾苗、淡水蟹种苗、淡水贝壳种苗、淡水藻类种苗、其他淡水产品种苗	淡水鱼苗、淡水虾苗、淡水蟹种苗、淡水贝壳种苗、淡水藻类种苗
227	1	01	05	99							1010599000000000000	其他淡水产品	包括淡水龟、淡水鳖、淡水珍珠、丰年虫、其他未列明淡水产品	淡水龟、淡水鳖、淡水珍珠、丰年虫
228	1	02									1020000000000000000	矿产品		
229	1	02	01								1020100000000000000	煤炭采选产品	指经过验收，符合质量标准（绝对干燥灰分在40%以下）的原煤；对于绝对灰分在40%～60%之间的低质煤，如有固定销售对象，亦应计入原煤产量；不符合上述标准的毛煤经筛选加工去掉杆石、黄铁矿等后的煤。包括无烟煤、烟煤、褐煤等	煤炭
230	1	02	01	01							1020101000000000000	原煤	从地上或地下采掘出的毛煤经筛选加工去掉杆石、黄铁矿等后的煤。包括无烟煤、烟煤、褐煤等	原煤、无烟煤、烟煤、褐煤、贫煤、瘦煤、焦煤、肥煤、1/3焦煤、气肥煤、气煤、1/2中黏煤、弱黏煤、不黏煤、长焰煤、褐煤

续表

序号	篇	类	章	节	款	项目	子目	细目	合并编码	商品和服务名称	说明	关键字
231	1	02	01	02					1020102000000000000	洗煤	洗煤是将原煤中的杂质剔除，或将优质煤和劣质煤炭进行分门别类的一种工业工艺。洗煤过程后所产生的产品包括：洗精煤、洗块煤、洗粒级煤、洗混末煤、洗中煤、筛选块煤等	洗煤、洗精煤、洗块煤、洗粒级煤、洗混末煤、洗中煤、筛选块煤
232	1	02	01	99					1020199000000000000	其他煤炭采选产品（低热值燃料）	包括泥煤（泥炭）、石煤、风化煤、煤矸石，其他煤矸石、煤炭低热值燃料（指不属于原煤、灰分一般在40%以上的低热值燃料）、其他未列用煤炭采选产品	泥炭、泥煤、石煤、风化煤、煤矸石、洗矸
233	1	02	02						1020200000000000000	石油和天然气开采产品		
234	1	02	02	01					1020201000000000000	原油	指直接从油井中开采出来未加工的石油，是一种由各种经类组成的黑褐色或暗绿色黏稠液态或半固态的可燃物质。地壳上层部分地区有石油储存。它由不同的碳氢化合物组成，其主要组成成分是烷烃，此外石油中还含有硫、氧、氮、磷，但可与组成元素。可溶于多种有机溶剂，不溶于水，可形成乳状液。按密度范围分为轻质原油、中质原油和重质原油	原油
235	1	02	02	01	01				1020201010000000000	天然原油	指各种碳氢化合物的复杂混合物，通常是暗褐色或者是黑色的液体，也有少数原油呈黄色、淡红色或淡褐色	原油、天然原油
236	1	02	02	01	02				1020201020000000000	沥青矿原油	指从沥青矿中提取的原油	沥青矿原油
237	1	02	02	02					1020202000000000000	天然气	指以气态碳氢化合物为主的各种气体组成的混合物。由有机物质经生物化学作用分解而成，或与石油共存于岩石裂缝和空洞中，或以溶解状态存在于地下水中，主要成分是甲烷、乙烷、丙烷和丁烷	天然气

续表

序号	篇	类	章	节	款	条	项	子目	细目	合并编码	商品和服务名称	说　明	关键字
238	1	02	02	03						1020203000000000000	液化天然气	主要以二次加工的气体为原料，经分离、脱硫精制而成	液化天然气
239	1	02	02	04						1020204000000000000	煤层气	主要存在于煤矿的伴生气体，是热值高、无污染的新能源，可以用来发电，用作工业燃料、化工原料和居民生活燃料	煤层气
240	1	02	02	05						1020205000000000000	天然气水合物	指水和天然气在高压和低温条件下混合时产生的一种固态物质，外貌极像冰雪或固体酒精，点火即可燃烧，有"可燃冰"、"气冰"、"固体瓦斯"之称。天然气水合物是一种新型高效能能源，其成分与人们平时所使用的天然气成分相近，但更为纯净，开采时只需将固体的"天然气水合物"升温减压即可释放出大量的甲烷气体	天然气水合物
241	1	02	02	06						1020206000000000000	油页岩	一种高灰分的含可燃有机物质的沉积岩，和煤的主要区别是灰分超过40%，与碳质页岩的主要区别是含油率大于3.5%。油页岩经低温干馏可以得到页岩油。页岩油类似原油，可以制成汽油、柴油或作为燃料油。单独成藏外，油页岩还经常与煤形成伴生矿藏，一起被开采出来	沥青页岩
242	1	02	02	06	01					1020206010000000000	沥青页岩	天然沥青储藏在地下、有的形成矿层或在地壳表面堆积	沥青页岩
243	1	02	02	06	02					1020206020000000000	油母页岩		油母页岩、油页岩
244	1	02	02	06	03					1020206030000000000	焦（重）油砂	一种黏土、水、石油和沥青的混合物、胶状黑色物质，可以用来产生液体燃料	焦油砂、重油砂
245	1	02	02	06	99					1020206990000000000	其他油页岩		
246	1	02	03							1020300000000000000	黑色金属矿石	根据金属元素的性质和用途将其分为黑色金属矿产，如铁矿石、锰矿石等	

附录 A 商品和服务税收分类与编码

续表

序号	编码 篇	类	章	节	条	款	项	子目	细目	合并编码	商品和服务名称	说明	关键字
247	1	02	03	01						1020301000000000000	铁矿石	包括原矿（磁铁矿、赤铁矿、褐铁矿、菱铁矿、多金属矿）、铁矿石成品矿（炼钢块铁矿、炼铁块矿、铁精粉矿、铁富粉矿、人造富铁矿（烧结铁矿、球团铁矿）、其他人造富铁矿）等	铁矿石、原铁矿、磁铁矿、赤铁矿、褐铁矿、菱铁矿、多金属矿、炼铁块矿、炼钢块矿、铁精粉矿、铁富粉矿、烧结铁矿、球团铁矿
248	1	02	03	02						1020302000000000000	锰矿石	包括锰矿石原矿、锰矿石成品矿（锰块矿、锰粉矿、人造富锰矿（烧结锰矿、球团锰矿）、焙烧锰矿、富锰渣）等	锰矿石原矿、锰块矿、锰粉矿石、人造富锰矿、烧结锰矿、球团锰矿、焙烧锰矿、富锰渣
249	1	02	03	03						1020303000000000000	铬矿石	包括铬矿石原矿、铬矿石成品矿（富铬块矿、铬精矿）、人造富铬矿（烧结球团铬矿、预还原球团铬矿）等	铬矿石原矿、铬矿石成品、富铬块矿、铬精矿、人造富铬矿、烧结球团铬矿、预还原球团铬矿
250	1	02	04							1020400000000000000	有色金属矿石		
251	1	02	04	01						1020401000000000000	常用有色金属矿石		
252	1	02	04	01	01					1020401010000000000	铜矿石		铜矿石
253	1	02	04	01	02					1020401020000000000	铅锌矿石		铅锌矿石
254	1	02	04	01	03					1020401030000000000	镍矿石		镍矿石
255	1	02	04	01	04					1020401040000000000	钴矿石		钴矿石
256	1	02	04	01	05					1020401050000000000	锡矿石		锡矿石
257	1	02	04	01	06					1020401060000000000	锑矿石		锑矿石
258	1	02	04	01	07					1020401070000000000	铝土矿石		铝土矿石
259	1	02	04	01	08					1020401080000000000	镁矿石		镁矿石
260	1	02	04	01	09					1020401090000000000	汞矿石		汞矿石
261	1	02	04	01	10					1020401100000000000	铋矿石		铋矿石

续表

序号	篇	类	章	节	条	款	项目	子目	细目	合并编码	商品和服务名称	说明	关键字
262	1	02	04	01	11					1020401110000000000	铱矿石		铱矿石
263	1	02	04	01	12					1020401120000000000	钠矿石		钠矿石
264	1	02	04	01	99					1020401990000000000	其他常用有色金属矿产		
265	1	02	04	02						1020402000000000000	贵金属矿产		
266	1	02	04	02	01					1020402010000000000	金矿砂及其精矿石		金矿砂、黄金矿砂、黄金矿
267	1	02	04	02	02					1020402020000000000	银矿砂及其精矿石		银矿砂、银矿石、银精矿石
268	1	02	04	02	99					1020402990000000000	其他贵金属矿石	指含铂、铱、锇、钌、钯、铑的贵金属矿石	铂、铱、锇、钌、钯、铑
269	1	02	04	03						1020403000000000000	稀有稀土金属矿石		
270	1	02	04	03	01					1020403010000000000	钨矿石		钨矿石
271	1	02	04	03	02					1020403020000000000	钼矿石		钼矿石
272	1	02	04	03	03					1020403030000000000	稀土矿产品		
273	1	02	04	03	03	01				1020403030100000000	高钇混合稀土氧化物	高钇矿石、高钇稀土矿石、高钇氧化物矿（高钇）等	高钇混合稀土氧化物
274	1	02	04	03	03	02				1020403030200000000	中钇富铈混合稀土氧化物	中钇富铈矿石、中钇富铈混合稀土氧化物、富铈混合稀土矿（中钇）等	中钇富铈混合稀土氧化物
275	1	02	04	03	03	03				1020403030300000000	低钇低铈混合稀土氧化物	低钇低铈矿石、低钇低铈混合稀土、低钇低铈矿（低钇低铈）等	低钇低铈混合稀土氧化物
276	1	02	04	03	03	04				1020403030400000000	高钇混合碳酸稀土（折氧化物计量计价）	高钇碳酸稀土、碳酸高钇、高钇碳酸物等	高钇混合碳酸稀土

续表

序号	编码 篇	类	章	节	条	款	项目	子目	细目	合并编码	商品和服务名称	说明	关键字
277	1	02	04	03	03	05				1020403030500000000	中钇富铕混合碳酸稀土（折氧化物计量计价）	中钇富铕碳酸稀土、中钇富铕矿（碳酸盐）等	中钇富铕混合碳酸稀土
278	1	02	04	03	03	06				1020403030600000000	低钇低铕混合碳酸稀土（折氧化物计量计价）	低钇低铕碳酸稀土、低钇低铕碳酸物等	低钇低铕混合碳酸稀土
279	1	02	04	03	03	07				1020403030700000000	高钇混合草酸稀土（折氧化物计量计价）	高钇草酸稀土、高钇矿（草酸盐）、草酸高钇稀土等	高钇混合草酸稀土
280	1	02	04	03	03	08				1020403030800000000	中钇富铕混合草酸稀土（折氧化物计量计价）	中钇富铕草酸稀土、中钇富铕矿（草酸盐）等	中钇富铕混合草酸稀土
281	1	02	04	03	03	09				1020403030900000000	低钇低铕混合草酸稀土（折氧化物计量计价）	低钇低铕草酸稀土、低钇低铕稀土矿（草酸盐）等	低钇低铕混合草酸稀土
282	1	02	04	03	03	10				1020403031000000000	磷钇矿精矿（折氧化物计量计价）		磷钇矿精矿
283	1	02	04	03	03	11				1020403031100000000	独居石精矿（折氧化物计量计价）	独居石、独居石稀土矿等	独居石精矿
284	1	02	04	03	03	12				1020403031200000000	氟碳铈精矿		氟碳铈精矿

续表

序号	编码 篇	类	章	节	条	款	项目	子目	细目	合并编码	商品和服务名称	说明	关键字
285	1	02	04	03	03	13				1020403031300000000	氟碳铈镧矿精矿（折氧化物计量计价）	氟碳铈镧矿石、氟碳铈镧稀土矿等	氟碳铈镧矿精矿
286	1	02	04	03	03	14				1020403031400000000	氟碳铈矿—独居石混合精矿（折氧化物计量计价）		氟碳铈矿—独居混合精矿
287	1	02	04	03	03	15				1020403031500000000	混合碳酸稀土（折氧化物计量计价）		混合碳酸稀土
288	1	02	04	03	03	16				1020403031600000000	混合氯化稀土（折氧化物计量计价）		混合氯化稀土
289	1	02	04	03	03	17				1020403031700000000	钐钴废料（折氧化物计量计价）		钐钴废料
290	1	02	04	03	03	18				1020403031800000000	钕铁硼废料（折氧化物计量计价）		钕铁硼废料
291	1	02	04	03	03	19				1020403031900000000	稀土荧光材料废料（折氧化物计量计价）		稀土荧光材料废料
292	1	02	04	03	03	20				1020403032000000000	稀土储氢材料废料（折氧化物计量计价）		稀土储氢材料废料

附录 A 商品和服务税收分类与编码

续表

序号	篇	类	章	节	条	款	项	目	子目	细目	合并编码	商品和服务名称	说明	关键字
293	1	02	04	03	03	21					1020403032100000000	稀土抛光粉废料（折氧化物计量计价）		稀土抛光粉废料
294	1	02	04	03	03	22					1020403032200000000	稀土催化剂废料（折氧化物计量计价）		稀土催化剂废料
295	1	02	04	03	03	23					1020403032300000000	其他稀土废料（折氧化物计量计价）	废稀土矿渣、稀土酸溶渣等	其他稀土废料、废稀土矿渣、稀土酸溶渣
296	1	02	04	03	04						1020403040000000000	磷钇矿石		磷钇矿
297	1	02	04	04							1020404000000000000	放射性金属矿石		
298	1	02	04	04	01						1020404010000000000	铀矿石		铀矿石
299	1	02	04	04	02						1020404020000000000	钍矿石		钍矿石
300	1	02	04	99							1020499000000000000	其他有色金属矿石		
301	1	02	04	99	01						1020499010000000000	锂矿石		锂矿石
302	1	02	04	99	02						1020499020000000000	铍矿石		铍矿石
303	1	02	04	99	03						1020499030000000000	铯矿石		铯矿石
304	1	02	04	99	04						1020499040000000000	钼矿石		钼矿石
305	1	02	04	99	05						1020499050000000000	铌矿石		铌矿石
306	1	02	04	99	06						1020499060000000000	钛钽铌矿石		钛钽铌矿石
307	1	02	04	99	07						1020499070000000000	钒矿石		钒矿石
308	1	02	04	99	08						1020499080000000000	锆矿石		锆矿石

续表

序号	篇	类	章	节	款	项目	子目	细目	合并编码	商品和服务名称	说明	关键字
309	1	02	04	99	99				1020499990000000000	其他未列明有色金属矿石		
310	1	02	05						1020500000000000000	非金属矿石		
311	1	02	05	01					1020501000000000000	石灰石、石膏类		石灰石、石膏
312	1	02	05	01	01				1020501010000000000	石灰石	指成品矿，主要由碳酸钙组成的沉积岩石，包括冶金用石灰石、水泥用石灰石、化工用石灰石、其他石灰石	石灰石、天然石灰石、冶金用石灰石、水泥用石灰石、化工用石灰石、石灰用石灰石、化工用石灰石
313	1	02	05	01	02				1020501020000000000	石膏类	以二水硫酸钙、无水硫酸钙为主要成分的天然矿石	石膏、天然石膏
314	1	02	05	02					1020502000000000000	建筑用天然石料		
315	1	02	05	02	01				1020502010000000000	天然大理石荒料	自矿山采下的具有六面体的大理岩等碳酸盐类岩石，色泽多样，是加工大理石板材的原料	天然大理石、大理石
316	1	02	05	02	02				1020502020000000000	天然花岗石荒料	自矿山采下的具有六面体的花岗岩等硅酸盐类岩石，色泽多样，是加工花岗石板材的原料；花岗石质地坚硬，硬度大于大理石，是装饰墙面、地面的高级装饰材料	天然花岗石、花岗石
317	1	02	05	02	03				1020502030000000000	石英岩	是硅石的天然结晶体	石英岩石
318	1	02	05	02	04				1020502040000000000	砂岩	石英颗粒被胶结而成的沉积岩	砂岩石
319	1	02	05	02	05				1020502050000000000	板岩	一种具有特殊的板状构造，由黏土岩、酸性凝灰岩等轻微变质作用形成的浅变质岩石，可沿板里面成片剥离作装饰石材	板岩石
320	1	02	05	02	06				1020502060000000000	蜡石	腊石又名黄蜡石，石质因素，尤其表层呈蜡质感包浆态	蜡石、黄蜡石
321	1	02	05	02	99				1020502990000000000	其他建筑用	不作建筑装饰材料；如用作建筑物	

附录A 商品和服务税收分类与编码

续表

序号	编码篇	类	章	节	条	款	项目	子目	细目	合并编码	商品和服务名称	说明	关键字
322	1	02	05	03						1020503000000000000	天然石料	砌块砖、骨料、大坝、河道、蓄水池等建筑，包括煤矸石	
323	1	02	05	03	01					1020503010000000000	耐火土石类		耐火黏土
324	1	02	05	03	02					1020503020000000000	耐火黏土熟料		耐火黏土熟料
325	1	02	05	03	03					1020503030000000000	铁铝矾土		铁铝矾土
326	1	02	05	03	04					1020503040000000000	白云岩		白云岩岩石
327	1	02	05	03	05					1020503050000000000	煅烧白云石		煅烧白云石
328	1	02	05	03	06					1020503060000000000	红柱石		红柱石
329	1	02	05	03	07					1020503070000000000	蓝晶石		蓝晶石
330	1	02	05	03	08					1020503080000000000	夕线石		夕线石
331	1	02	05	03	99					1020503990000000000	其他耐火土石类		
332	1	02	05	04						1020504000000000000	黏土、砂、石		
333	1	02	05	04	01					1020504010000000000	黏土	包括高岭土（煅烧高岭土、未煅烧高岭土、造纸用高岭土、搪瓷用高岭土、橡塑用高岭土、陶瓷用高岭土、涂料工业用高岭土）、膨润土（钠基膨润土、钙基膨润土、有机膨润土）、漂白土、海泡石黏土、活性膨润土粉、伊利石黏土、其他黏土、不包括耐火黏土（详见102050301）	高岭土、煅烧高岭土、未煅烧高岭土、造纸用高岭土、搪瓷用高岭土、橡塑用高岭土、陶瓷用高岭土、涂料工业用高岭土、膨润土、钠基膨润土、钙基膨润土、有机膨润土、膨润土粉、漂白土、脱色土、海泡石黏土、活性膨润土黏土、伊利石黏土、陶土、凹凸棒石黏土
334	1	02	05	04	02					1020504020000000000	煅烧高岭土		煅烧高岭土
335	1	02	05	04	03					1020504030000000000	硅质土	包括硅藻化石粗粉、硅藻土和其他硅质土	硅质土、硅藻化石粗粉、硅藻土
336	1	02	05	04	04					1020504040000000000	建筑用砂、土		砂石、海砂、湖砂、河沙、碎石、建

续表

序号	篇	类	章	节	条	款	项目	子目	细目	合并编码	商品和服务名称	说明	关键字
337	1	02	05	04	05					1020504050000000000	其他砂石骨料		筑用土 其他砂石骨料
338	1	02	05	04	06					1020504060000000000	干化污泥		
339	1	02	05	04	07					1020504070000000000	以自己采掘的砂、土、石料或其他矿物连续生产的砖、瓦、石灰（不含黏土实心砖、瓦）		
340	1	02	05	05						1020505000000000000	化学矿″石		
341	1	02	05	05	01					1020505010000000000	硫铁矿″石	包括未焙烧黄铁矿″	硫铁矿″石
342	1	02	05	05	02					1020505020000000000	磷矿″石		磷矿″石
343	1	02	05	05	03					1020505030000000000	钾矿″石		钾矿″石
344	1	02	05	05	04					1020505040000000000	硼矿″石		硼矿″石
345	1	02	05	05	05					1020505050000000000	硫黄矿″石	游离状态的自然硫，不论是否已用机械法除去石质杂物	硫黄矿″石
346	1	02	05	05	06					1020505060000000000	萤石		萤石
347	1	02	05	05	07					1020505070000000000	重晶石	指天然硫酸钡	重晶石
348	1	02	05	05	08					1020505080000000000	毒重石	指天然碳酸钡	毒重石
349	1	02	05	05	09					1020505090000000000	冰晶石		冰晶石
350	1	02	05	05	10					1020505100000000000	冰洲晶石		冰洲晶石
351	1	02	05	05	11					1020505110000000000	硫镁矾矿″石		硫镁矾矿″石
352	1	02	05	05	12					1020505120000000000	蛇纹石		蛇纹石
353	1	02	05	05	13					1020505130000000000	天青石		天青石

续表

序号	篇	类	章	节	条	款	项	子目	细目	合并编码	商品和服务名称	说明	关键字
354	1	02	05	05	14					1020505140000000000	天然碱		天然碱
355	1	02	05	05	15					1020505150000000000	芒硝矿石		芒硝矿石
356	1	02	05	05	16					1020505160000000000	天然硝石		天然硝石
357	1	02	05	05	17					1020505170000000000	明矾石	因其用于提取明矾所得名，石质，灰红色或浅黄色	明矾石
358	1	02	05	05	18					1020505180000000000	砷矿石		砷矿石
359	1	02	05	05	99					1020505990000000000	其他化学矿石		
360	1	02	05	06						1020506000000000000	原盐	指通过以海水（含沿海浅层地下卤水）为原料晒制，或以钻井汲取地下卤水、注水溶解地下岩盐为原料，经真空蒸发干燥，以及从盐湖中采掘制成的以氯化钠为主要成分的盐产品；不包括以原盐为原料的盐加工产品（详见1030210）	原盐
361	1	02	05	06	01					1020506010000000000	海盐		海盐
362	1	02	05	06	02					1020506020000000000	湖盐		湖盐
363	1	02	05	06	03					1020506030000000000	井矿盐		井矿盐
364	1	02	05	06	99					1020506990000000000	其他原盐		
365	1	02	05	07						1020507000000000000	石棉		石棉
366	1	02	05	08						1020508000000000000	云母	是天然的复杂硅酸盐类，其特点是易于剥成有光泽的各种颜色透明弹性薄片	云母
367	1	02	05	09						1020509000000000000	天然石墨	又称"黑铅"，是碳的一种，其特别之处是有光泽且能在纸上留有明显印迹。不包括人造石墨（详见1080127）	天然石墨、黑铅
368	1	02	05	10						1020510000000000000	滑石	包括原块滑石、滑石粉	滑石、原块滑石、滑石粉
369	1	02	05	11						1020511000000000000	宝石、玉石矿石		

续表

序号	编码 篇	类	章	节	条	款	项	子目	细目	合并编码	商品和服务名称	说　明	关键字
370	1	02	05	11	01					1020511010000000000	天然宝石类矿石	包括钻石（矿）类、红宝石（刚玉）类、蓝宝石（刚玉）类、玛瑙、琥珀、紫晶、祖母绿（矿）类、尖晶石、碧玺等	钻石矿"石、红宝石矿"、刚玉石矿"、祖母绿矿"、玛瑙矿"、紫晶矿"石、琥珀原石、尖晶石矿"、碧玺矿"石
371	1	02	05	11	02					1020511020000000000	天然玉石类矿石	包括翡翠（矿）类、白玉、青玉、呦岩玉、芙蓉岩石、孔雀石、乾青、石青、蓝田玉、独山玉、其他天然玉石类矿石	翡翠矿"石、白玉矿"石、芙蓉岩石矿"、呦岩玉、孔雀石矿"、乾青矿"石、石青矿"石、蓝田玉矿"石、独山玉矿"石
372	1	02	05	11	03					1020511030000000000	彩宝类矿石	包括浙川石、祁连玉、粉翠等	浙川石矿"石、祁连玉矿"石、粉翠矿"石、寿山石矿"石、菁田石矿"石、鸡血石矿"石、绿冻石矿"石、巴林石矿"石、汉白玉矿"石、菊花石矿"石
373	1	02	05	99						1020599000000000000	其他非金属矿石		
374	1	02	06							1020600000000000000	其他矿产品		
375	1	03								1030000000000000000	食品、饮料、烟、酒类产品		
376	1	03	01							1030100000000000000	农副食品、动、植物油制品		
377	1	03	01	01						1030101000000000000	谷物细粉		
378	1	03	01	01	01					1030101010000000000	小麦粉		小麦粉、小麦专用粉、小麦自发粉
379	1	03	01	01	02					1030101020000000000	大米粉		大米粉、籼米细粉、粳米细粉
380	1	03	01	01	99					1030101990000000000	其他谷物细粉		玉米细粉、糯米细粉、荞麦细粉、高粱细粉、大麦细粉、莜麦细粉、黑麦细粉
381	1	03	01	02						1030102000000000000	碾磨合谷物及		

续表

序号	篇	类	章	节	条	款	项	目	子目	细目	合并编码	商品和服务名称	说明	关键字
382	1	03	01	02	01							谷物加工品 碾磨、脱壳谷物		
383	1	03	01	02	01	01					1030102010100000000	大米		籼米、粳米
384	1	03	01	02	01	02					1030102010200000000	小米		大米
385	1	03	01	02	01	03					1030102010300000000	糯米		糯米
386	1	03	01	02	01	04					1030102010400000000	高粱米		高粱米
387	1	03	01	02	01	05					1030102010500000000	脱壳燕麦	指已脱壳但未去皮的燕麦	脱壳燕麦
388	1	03	01	02	01	06					1030102010600000000	脱壳青稞		脱壳青稞
389	1	03	01	02	01	07					1030102010700000000	珠粒大麦		珠粒大麦
390	1	03	01	02	01	99					1030102019900000000	其他碾磨、脱壳谷物		
391	1	03	01	02	02						1030102020000000000	粗磨谷物	包括谷物去壳合粉、粗粉及团粒	小麦粗磨、大米粗磨、玉米粗磨、麦粗磨
392	1	03	01	02	03						1030102030000000000	谷物加工制品	包括燕麦片、大麦片、玉米片、谷物胚芽等	燕麦片、大麦片、玉米片、谷物胚芽
393	1	03	01	03							1030103000000000000	薯、豆、相关类植物加工品		
394	1	03	01	03	01						1030103010000000000	薯类及相类似植物加工品	不包括用以上原料精制得的淀粉（详见1030112）	马铃薯粉、马铃薯颗粒、马铃薯团粒、马铃薯片、红薯粉、魔芋粉、芋头粉、木薯
395	1	03	01	03	02						1030103020000000000	干豆粉	包括菜豆、扁豆、豆豆或兵豆制得的细粉、粗粉及粉末，主要用于做汤或豆泥	干豆粉、菜豆粉、扁豆粉、豇豆粉、兵豆粉
396	1	03	01	03	03						1030103030000000000	水果、坚果粉		水果粉、坚果粉、栗子粉、杏仁粉、椰子粉
397	1	03	01	03	99						1030103990000000000	其他植物加工	包括碾碎的干小麦	干小麦

续表

序号	篇	类	章	节	条	款	项	子目	细目	合并编码	商品和服务名称	说明	关键字
398	1	03	01	04						1030104000000000000	饲料及宠物食品		
399	1	03	01	04	01					1030104010000000000	饲料	指配制的动物饲料，除豆粕（详见103010407）以外的单一大宗饲料	配合饲料、浓缩饲料、预混合饲料、蛋白质饲料、混合饲料、猪配合饲料、蛋禽配合饲料、肉禽配合饲料、水产配合饲料、反刍动物配合饲料、猪浓缩饲料、蛋禽浓缩饲料、肉禽浓缩饲料、水产浓缩饲料、反刍动物浓缩饲料、猪预混合饲料、蛋禽预混合饲料、肉禽预混合饲料、水产预混合饲料、反刍动物预混合饲料
400	1	03	01	04	02					1030104020000000000	饲料添加剂	指动物饲料专用添加剂，也称"预配料"，一般说来，是由多种物质（有时称为添加剂）混合组成	饲料稳定剂、饲料抗氧剂、促进动物食欲饲料添加剂、饲料保存添加剂
401	1	03	01	04	03					1030104030000000000	动物源性饲料	指不适于供人食用的肉及其他动物的渣粉及团粒细粉、粗粉及团粒，主要用作动物饲料，也有用于其他方面（例如，做肥料）	肉骨粉、血粉、血浆蛋白粉、肠衣蛋白粉、油渣、动物下脚料粉
402	1	03	01	04	04					1030104040000000000	饲料用植物根制品	指饲料甜菜、饲料萝卜（白色或淡黄色）、芜菁甘蓝及其他饲料用根磨制成粉或团粒	饲料甜菜、饲料萝卜、白色饲料萝卜、淡黄色饲料萝卜、芜菁甘蓝
403	1	03	01	04	05					1030104050000000000	饲料用水产品渣粉	指非食用鱼、甲壳及软体动物等的渣粉及团粒	饲料用鱼粉、饲料用鱼头粉、虾头粉、饲料、贝壳粉饲料
404	1	03	01	04	06					1030104060000000000	豆粕	豆粕是大豆提取豆油后得到的一种副产品，是制作牲畜与家禽饲料的主要原料	豆粕
405	1	03	01	05						1030105000000000000	植物油及其制品		
406	1	03	01	05	01					1030105010000000000	食用植物油	包括毛油（初榨植物油）和精制食用植物油	毛油

续表

序号	篇	类	章	节	条	款	项	目	子目	细目	合并编码	商品和服务名称	说明	关键字
												及食用植物油脂		
407	1	03	01	05	01	01					1030105010100000000	大豆油		
408	1	03	01	05	01	02					1030105010200000000	棕榈油		棕油、棕皮油
409	1	03	01	05	01	03					1030105010300000000	菜籽油		菜油、油菜籽油、香菜油、芸苔油、芥花油
410	1	03	01	05	01	04					1030105010400000000	其他食用植物油	包括花生油、牡丹籽油等	花生油、牡丹籽油、花生毛油、棉籽毛油、玉米胚毛油、芝麻毛油、葵花籽毛油、红花籽毛油、橄榄毛油、芥子毛油、米糠毛油、花生精制油、棉籽精制油、精制玉米胚油、芝麻精制油、精制橄榄油、葵花籽精制油、精制红花籽油、精制茶籽油、精制米糠油、精制椰子油（食用）、亚麻子油（食用）
411	1	03	01	05	01	05					1030105010500000000	食用植物油脂		人造奶油、人造黄油、液态人造奶油、起酥油、糕饼油、粉末油脂
412	1	03	01	05	02						1030105020000000000	非食用植物油		
413	1	03	01	05	02	01					1030105020100000000	苘油、毛椰子油		苘油、毛椰子油
414	1	03	01	05	02	99					1030105029900000000	其他非食用植物油		初榨非食用植物油、精制非食用植物油、小桐子初榨油、黄连木果初榨油、支冠果初榨油、光皮树果初榨油、蓖麻油、梓油、桐油、精制椰子油、非食用亚麻子油
415	1	03	01	05	03						1030105030000000000	植物油分离		豆油分离品、花生油分离品、葵花油

续表

序号	篇	类	章	节	条	款	项	目	子目	细目	合并编码	商品和服务名称	说明	关键字
												制品		分离品、红花油分离品、棉籽油分离品、低芥子酸菜籽油分离品、茶籽油分离品、芥子油分离品、橄榄油分离品、芝麻油分离品、玉米油分离品、蓖麻油分离品、椰子油分离品、桐油分离品、亚麻子油分离品、棕榈油分离品、油菜籽油分离品、核桃油分离制品、沙棘籽油分离制品
416	1	03	01	05	04						1030105040000000000	植物油脂加工产品		棉短绒、植物蜡、油籽回收脂、油渣饼、甘蔗蜡、棉蜡、亚麻蜡、天然油糠回收脂、人造油糠回收脂、皂料、硬脂沥青、豆饼、花生油渣饼、棉籽油渣饼、亚麻籽油渣饼、葵花籽油渣饼、油菜籽油渣饼、玉米胚芽油渣饼、椰子油渣饼、干椰肉油渣饼
417	1	03	01	06							1030106000000000000	糖、加工糖及制糖副产品	指以甘蔗、甜菜为原料制作的成品糖、以及以原糖或砂糖为原料精炼加工的各种精制糖；不包括以粉糖及糖果（详见103011204）、糖果（详见103020201）	
418	1	03	01	06	01						1030106010000000000	原糖		原糖、粗糖、二号糖、甘蔗制原糖、甜菜制原糖
419	1	03	01	06	02						1030106020000000000	成品糖	未加香料或着色剂	成品糖、白砂糖、绵白糖、赤砂糖、红糖、黄砂糖
420	1	03	01	06	03						1030106030000000000	加工糖		加工糖、冰片糖、冰糖、方糖、精制糖浆
421	1	03	01	06	04						1030106040000000000	制糖副产品		糖蜜、甘蔗糖蜜、甜菜糖蜜、糖蜜粉
422	1	03	01	07							1030107000000000000	畜禽肉、油		

续表

序号	篇	类	章	节	条	款	项目	子目	细目	合并编码	商品和服务名称	说　　明	关　键　字
423	1	03	01	07	01					1030107010000000000	鲜、冷、冻肉	包括鲜肉和暂时冷藏的肉、冻肉	脂及食用杂碎
424	1	03	01	07	01	01				1030107010100000000	猪、牛、羊、鸡、鸭、鹅鲜、冷、冻肉		冻猪肉、冻牛肉、冻羊肉、冻鸡肉、冻鸭肉、冻鹅肉、鲜猪肉、鲜牛肉、鲜羊肉、鲜鸡肉、鲜鸭肉、鲜鹅肉、冷猪肉、冷牛肉、冷羊肉、冷鸡肉、冷鸭肉、冷鹅肉
425	1	03	01	07	01	99				1030107019900000000	其他鲜、冷、冻肉		
426	1	03	01	07	02					1030107020000000000	动物肠衣	包括动物的肠、肚、膀胱、皮囊或类似肠衣	肚、膀胱、皮囊、猪肠衣、牛肠衣、羊肠衣
427	1	03	01	07	03					1030107030000000000	可食用动物杂碎		猪杂碎、牛杂碎、羊杂碎、鸭杂碎、鹅杂碎、鸡杂碎
428	1	03	01	07	04					1030107040000000000	动物油脂及加工制品		猪脂肪、家禽脂肪、压榨油脂、食用动物脂油、油硬脂、骨髓油、蛋黄油、牛脚油
429	1	03	01	07	05					1030107050000000000	动物精及汁	肉"精"用于制造某些配制食品，例如，汤料（不论是否浓缩）及调味汁；而"汁"主要作为营养食品	汤料、调味汁
430	1	03	01	08						1030108000000000000	熟肉制品	不包括罐头制品	
431	1	03	01	08	01					1030108010000000000	蒸煮香肠制品	包括各类香肠、发酵香肠、高温蒸煮火腿肠、法兰克福肠、肉粉肚、软包装装肉类罐头等	火腿肠、肉粉肚、法兰克福肠、肉粉肠
432	1	03	01	08	02					1030108020000000000	熏肉制品		熏猪肉制品、熏牛肉制品、熏羊肉制品、熏鸭肉制品、熏鹅肉制品

续表

序号	篇	类	章	节	款	条	项	目	子目	细目	合并编码	商品和服务名称	说　明	关　键　字
433	1	03	01	08	03						103010803000000000	酱卤烧烤肉制品	指经煮（不包括烫洗或类似处理）、蒸、烤、炒或其他方法烹任的肉或食用杂碎；包括各类酱肉、扒鸡、烧鸡、烤鸡、烤鸭、酱肘子、卤肉、卤下货、盐水鸭、叫花鸡、叉烧肉	扒鸡、烧鸡、烤鸡、烤鸭、酱肘子、卤肉、卤下货、盐水鸭、叫花鸡、叉烧肉
434	1	03	01	08	04						103010804000000000	腌腊肉制品	指干、盐腌或盐渍的肉及杂碎；包括各类火腿、腊肉、腊肠、腊乳猪、腊鸭、板鸭、咸肉、酱封肉	火腿、腊肠、腊肉、腊乳猪、腊鸭、板鸭、咸肉、酱封肉
435	1	03	01	08	05						103010805000000000	干炸肉制品	指经煎、炸、炒各类风干肉、肉干、肉松、肉脯及各类油炸类肉食用杂碎	风干肉、肉干、肉松、肉脯、油炸肉
436	1	03	01	08	99						103010899000000000	其他熟肉制品	包括未列明制作的肉、食用杂碎及动物血熟肉制品	
437	1	03	01	09							103010900000000000	水产加工品		
438	1	03	01	09	01						103010901000000000	冷冻水产品		冷冻鱼、冻鱼片、冷冻虾、冷冻蟹、冷冻软体动物
439	1	03	01	09	02						103010902000000000	干制水产品		干制鱼片、干制软体动物、干制水生植物
440	1	03	01	09	03						103010903000000000	腌渍水产品	包括盐腌渍的鱼及可食用的鱼粉和粒	腌渍鱼、腌渍软体动物、腌渍鱼片
441	1	03	01	09	04						103010904000000000	熏制水产品		熏鱼、熏鱼片
442	1	03	01	09	05						103010905000000000	鱼糜（熟肉）制品	经煮、蒸、烤、煎、炸、炒或其他方法制作或保藏的可直接食用、或简单加工即可食用的水生动物制品，不包括罐头制品（详见1030205）、油等其他方法制作或保藏的可直接食用的水生动物制品，不包括罐头制品（详见1030205）	鱼香肠、鱼丸、鱼肉酱、鱼子酱、合鱼配制食品
443	1	03	01	09	06						103010906000000000	甲壳水产品加工品	经煮、蒸、烤、煎、炸、炒或其他方法制作或保藏的甲壳水生动物熟制品、可直接食用，或简单加工即可食用的甲壳水生动物制品，不包括罐头制品（详见1030205）	加工蟹、虾皮
444	1	03	01	09	07						103010907000000000	水产品精、		鱼精、鱼汁、甲壳动物精、甲壳动物

附录 A 商品和服务税收分类与编码

续表

序号	编码 篇	类	章	节	条	款	项	子目	细目	合并编码	商品和服务名称	说　　明	关　键　字
445	1	03	01	09	08					1030109080000000000	水产品油脂制品	包括鱼或海生哺乳动物的油、脂及其分离品	鱼油、鱼脂
446	1	03	01	09	99					1030109990000000000	其他水产加工品		珍珠粉
447	1	03	01	10							蔬菜加工品		
448	1	03	01	10	01					1030110010000000000	冷冻蔬菜	冷冻蔬菜通常是以工业速冻法制得	冷冻马铃薯、冷冻甜玉米、冷冻豆类蔬菜、冷冻菠菜、冷冻甜玉米、冷冻松茸、冷冻蒜苔、冷冻蒜苗、冷冻青蒜、冷冻蒜头
449	1	03	01	10	02					1030110020000000000	暂时保藏蔬菜（原料）	指适用于在运输或贮存时，仅为暂时保藏而进行处理（例如，存于二氧化硫气体、盐水、亚硫酸水或其他防腐液中，但不适于直接食用的蔬菜，主要用作食品工业的原材料	暂时保藏油橄榄、暂时保藏刺山柑、暂时保藏小黄瓜、暂时保藏蘑菇、伞菌属蘑菇、盐水蘑菇、盐水块菌、盐水竹笋、盐水大蒜
450	1	03	01	10	03					1030110030000000000	干制蔬菜（脱水蔬菜）	指经干制（包括脱水、蒸干或冻干），即用各种方法使其所含天然水分去掉的蔬菜，包括干制蔬菜、干菜碎片或干菜粉	干制蔬菜、脱水蔬菜、干菜碎片、干菜粉
451	1	03	01	10	04					1030110040000000000	腌渍菜	包括酱腌渍菜、盐渍菜、清水渍菜及其他腌渍菜	糖醋渍菜、醋酸黄瓜、糖蒜、酱腌菜、酱腌什锦蔬菜、咸榨菜、咸蕨菜、酱腌罐头、酱腌睡制菜、朝鲜泡菜、川味泡菜、盐渍腌制番茄、盐渍番茄、酱渍番茄、番茄酱汁、盐渍伞菌属蘑菇、盐渍蘑菇、盐渍块菌、非醋腌制豆、腌渍豌豆、盐渍豇豆、盐渍甜玉米、豆、盐渍芦笋、清水渍芦笋、赤豆馅、虾油渍菜、糟糠渍菜
452	1	03	01	11						1030111000000000000	水果、坚果加工品		

续表

序号	篇	类	章	节	条	款	项	目	子目	细目	合并编码	商品和服务名称	说明	关键字
453	1	03	01	11	01						1030111010000000000	冷冻水果及坚果	通常是以工业速冻法制得；包括冻前蒸过或用水煮过的水果及坚果	冷冻水果、冷冻坚果、冷冻樱桃、冷冻栗子
454	1	03	01	11	02						1030111020000000000	水果酱	不包括罐头（详见1030205）	水果酱、柑橘类酱、苹果酱、草莓酱、桃酱
455	1	03	01	11	03						1030111030000000000	坚果酱	不包括罐头（详见1030205）	花生酱、栗子酱、坚果酱
456	1	03	01	11	04						1030111040000000000	果泥	不包括罐头（详见1030205）	果泥、柑橘类果泥、苹果泥、红果泥、草莓泥、枣泥
457	1	03	01	11	05						1030111050000000000	果膏及类似制品	不包括罐头（详见1030205）	柑橘类果膏、果膏、秋梨膏
458	1	03	01	11	06						1030111060000000000	果核及核仁	指直接或间接供人食用的果核、果仁及其他植物产品	苦杏仁、甜杏仁、果核、核仁
459	1	03	01	11	07						1030111070000000000	焙、炒加工坚果及果仁	指干炒、用油或脂防烘炒的杏仁、花生及其他坚果、不论是否含有葵植物油、盐、香料、调味香料及其他添加剂	焙加工坚果、炒加工坚果、焙加工果仁、炒加工果仁、焙炒栗子、焙炒瓜子、焙炒花生、焙炒松子、焙炒榛子、焙炒杏仁
460	1	03	01	11	08						1030111080000000000	蒸煮加工坚果及果仁		蒸煮加工坚果、蒸煮加工果仁、煮花生
461	1	03	01	11	09						1030111090000000000	暂时保藏水果及坚果（原腐液暂时保藏的水及坚果，不适于直接食用。主要用于食品工业（制果酱、蜜饯水果等）	指使用二氧化硫气体、盐水、亚硫酸或其他	暂时保藏水果、暂时保藏坚果
462	1	03	01	11	99						1030111990000000000	其他水果、坚果加工品	指其他方法制作或保藏的水果、包括各种水果干；但不包括水果罐头1030205	
463	1	03	01	12							1030112000000000000	淀粉及淀粉制品		
464	1	03	01	12	01						1030112010000000000	淀粉		

续表

序号	篇	类	章	节	条	款	项	目	子目	细目	合并编码	商品和服务名称	说明	关键字
465	1	03	01	12	01	01					103011201010000000000	小麦淀粉		小麦淀粉
466	1	03	01	12	01	02					103011201020000000000	玉米淀粉		玉米淀粉
467	1	03	01	12	01	03					103011201030000000000	马铃薯淀粉		马铃薯淀粉、土豆淀粉
468	1	03	01	12	01	99					103011201990000000000	其他淀粉		
469	1	03	01	12	02						103011202000000000000	菊粉	菊粉从菊芋、大丽花根及菊苣根提取而得；经长时间在沸水中煎煮水解后成为果糖（左旋糖）	菊粉
470	1	03	01	12	03						103011203000000000000	淀粉制品	淀粉制品是以淀粉为原料，经过机械的、化学的或生化工艺的加工而制成的产品	淀粉制品、粉丝、粉条、粉皮
471	1	03	01	12	04						103011204000000000000	淀粉糖	利用含淀粉的粮食、薯类等为原料，经过酸法、酸酶法或酶法制取的糖	淀粉糖、麦芽糖、果葡糖浆、葡萄糖浆、果糖
472	1	03	01	12	05						103011205000000000000	面筋	面筋是用面粉通过简单水分法使其与其他成分（淀粉等）分离制得	面筋、湿面筋、干面筋
473	1	03	01	12	06						103011206000000000000	糊精及改性淀粉	即淀粉经热、化学品（例如，酸、碱）或淀粉酶的作用而转化的产品，及经氧化、酯化、醚化等处理的改性淀粉	糊精、改性淀粉、可溶性淀粉、酯化淀粉、酯化淀粉、β-环状糊精、羧甲基纤维素钠
474	1	03	01	12	99						103011299000000000000	其他淀粉及淀粉制品		
475	1	03	01	13							103011300000000000000	豆腐及豆制品		
476	1	03	01	13	01						103011301000000000000	水豆腐		水豆腐、盒包装水豆腐、散装水豆腐
477	1	03	01	13	02						103011302000000000000	豆制品		豆制品、豆腐乳、油炸豆腐制品、卤制豆腐制品、干豆腐制品
478	1	03	01	13	03						103011303000000000000	豆浆及豆浆粉		鲜豆浆、豆浆粉、豆浆
479	1	03	01	14							103011400000000000000	蛋制品	包括以蛋为材料的制品	
480	1	03	01	14	01						103011401000000000000	鸡鸭鹅蛋制品		

续表

序号	篇	类	章	节	条	款	项	目	子目	细目	合并编码	商品和服务名称	说明	关键字
481	1	03	01	14	02						103011402000000000	其他蛋品		
482	1	03	01	14	03						103011403000000000	再制蛋	包括腌蛋等经加工的蛋	再制蛋、咸蛋、松花蛋、糟蛋
483	1	03	01	14	04						103011404000000000	卵清蛋白	卵清蛋白就是动物卵中的贮藏蛋白，含有微量的磷，系卵清中蛋白质的主要成分	卵清蛋白、干卵清蛋白
484	1	03	01	15							103011500000000000	植物蛋白		植物蛋白
485	1	03	01	16							103011600000000000	微生物蛋白		微生物蛋白
486	1	03	01	99							103019900000000000	其他农副食品	指其他未列明农副产品、加工产品	
487	1	03	02								103020000000000000	食品及加工盐		
488	1	03	02	01							103020100000000000	焙烤食品		
489	1	03	02	01	01						103020101000000000	糕点		糕点、西式糕点、月饼、西式蛋糕、西式素点心、西式包馅点心、烘烤糕点、油炸糕点、水蒸糕点、熟粉糕点
490	1	03	02	01	02						103020102000000000	面包		面包、软式面包、硬式面包、起酥面包、调理面包
491	1	03	02	01	03						103020103000000000	饼干		饼干、酥性饼干、韧性饼干、发酵饼干、威化饼干、夹心饼干、曲奇饼干、压缩饼干、蛋圆饼干、煎饼、蛋卷
492	1	03	02	01	04						103020104000000000	膨化食品	指以谷物、薯类或豆类等为主要原料，经焙烤、油炸或挤压等方式膨化而制成的，具有一定膨化度的各类酥脆食品	膨化食品、谷物类膨化食品、薯类膨化食品、豆类膨化食品
493	1	03	02	01	05						103020105000000000	焙烤松脆食品	指用玉米面、薯粉、其他谷物面团加奶酪、味精及盐调味，然后用植物油烹炸，制成后可即供食用；包括锅巴、炸薯片等薯片类似食品	焙烤松脆食品、锅巴、炸薯片、油炸面条、爆米花、麦圈
494	1	03	02	01	99						103020199000000000	其他焙烤食品		

附录A 商品和服务税收分类与编码

续表

序号	编码 篇	类	章	节	条	款	项	子目	细目	合并编码	商品和服务名称	说明	关键字
495	1	03	02							1030202000000000000	糖果、巧克力、蜜饯及类似食品		
496	1	03	02	02	01					1030202010000000000	糖果	指不含巧克力的糖果	糖果、口香糖、硬质糖果、酥糖果、充气糖果、奶糖糖果、凝胶糖果、胶基糖果、压片糖果、焦香糖果、乳脂糖果、太妃糖果
497	1	03	02	02	02					1030202020000000000	巧克力	指以可可制品（可可脂、可可液块或可可粉）、白砂糖和（或）甜味剂为主要原料，添加或不添加乳制品、食品添加剂，经特定工艺制成的固体食品；不包括用巧克力与其他食品按一定比例加工制成的巧克力制品（详见103020203）	巧克力、白巧克力、黑巧克力、牛奶巧克力
498	1	03	02	02	03					1030202030000000000	巧克力制品	指用巧克力与其他食品按一定比例加工制成的固体食品	巧克力制品、混合型巧克力制品、涂层型巧克力制品、糖衣型巧克力制品、巧克力豆
499	1	03	02	02	04					1030202040000000000	代可可脂巧克力	指以代可可脂、白砂糖和（或）甜味料为主要原料，添加或不添加可可制品（可可脂、可可粉）、乳制品及食品添加剂，经特定工艺制成的在常温下保持固体状态，并具有巧克力风味及性状的食品	代可可脂巧克力、代可可脂黑巧克力、代可可脂白巧克力、代可可脂牛奶巧克力
500	1	03	02	02	05					1030202050000000000	代可可脂巧克力制品	指用代可可脂巧克力与其他食品按一定比例加工制成的食品	代可可脂巧克力制品、混合型代可可脂巧克力制品、涂层型代可可脂巧克力制品、糖衣型代可可脂巧克力制品
501	1	03	02	02	06					1030202060000000000	蜜饯		蜜饯、糖渍类蜜饯、糖青梅、蜜樱桃、蜜金橘、红绿瓜、糖桂花、糖玫瑰、糖冬瓜条、糖霜类蜜饯、糖橘饼、红果、炒红果

续表

序号	编码 篇	类	章	节	条	款	项目	子目	细目	合并编码	商品和服务名称	说明	关键字
502	1	03	02	02	07					103020207000000000	果冻及果冻罐头		红绿丝、金橘饼、姜片、果脯类蜜饯、杏脯、桃脯、苹果脯、梨脯、海棠脯、地瓜脯、胡萝卜脯、番茄脯、凉果类蜜饯、加应子
503	1	03	02	02	07	01				103020207010000000	果冻	指以水、食糖和增稠剂等为原料，经海藻胶、调配、灌装、杀菌、冷却等工序加工而成的胶冻食品。不包括果冻罐头（详见1030202070702）	果冻、果味型果冻、果汁型果冻、果肉型果冻、含乳型果冻
504	1	03	02	02	07	02				103020207020000000	果冻罐头	指将处理过的水果加水或不加水煮沸，经压榨取汁、过滤、澄清后加入白砂糖、柠檬酸（或苹果酸、果胶等制成的罐头产品；包括果汁果冻罐头装罐等工序制成的罐头产品；包括果汁果冻罐头[以一种或数种果汁混合，加入白砂糖、柠檬酸、增稠剂（或不加）等按比例调配后加热浓缩制成]、含果块（或果皮）的果冻罐头[以果汁、果块（或果皮）的果冻罐头（白砂糖、柠檬酸、增稠剂等调配而成）先用糖渍成透明的果皮]	果冻罐头
505	1	03	02	03						103020203000000000	方便食品		
506	1	03	02	03	01					103020203010000000	米、面制半成品	指用谷物、薯类、杂粮类作物制作的方便半成品食品；包括面制半成品和米制半成品	切面、通心粉、龙须面、乌冬面、挂面、年糕、米粉干、面制半成品、米制半成品、小麦挂面、米粉丝
507	1	03	02	03	02					103020203020000000	速冻食品		速冻食品、速冻米面食品、速冻包馅米面食品、速冻无馅米面食品、不包括冷冻蔬菜（详见103011001）
508	1	03	02	03	03					103020203030000000	即食方便食品	指不需加工即可食用的熟制品	即食方便食品、米面熟制品、馒头、窝头、方便米饭、干制方便食品、方便面、烙饼

附录 A 商品和服务税收分类与编码

续表

序号	编码 篇	类	章	节	条	款	项	目	子目	细目	合并编码	商品和服务名称	说明	关键字
509	1	03	02	04							103020400000000000	乳制品	指以牛、羊乳为主要原料，经分级、净乳、浓缩、干燥、发酵等加工制成的含天然乳的制品，杀菌包括液体乳。不包括未经加工的生鲜乳（详见101030301）	方便粥、方便米饭、方便米粉
510	1	03	02	04	01						103020401000000000	液体乳	指未浓缩的未加糖及加糖或其他甜物质，或其他物质加工的液体乳。不包括含乳饮料和植物蛋白饮料（详见103030703）	液体乳、灭菌乳、灭菌全脂纯牛乳、灭菌全脂纯羊乳、灭菌低脂纯牛乳、灭菌低脂纯羊乳、灭菌脱脂纯牛乳、灭菌脱脂纯羊乳、全脱脂乳、全脂调味乳、低脂调味乳、灭菌脱脂调味乳、巴氏杀菌乳、全脂巴氏杀菌乳、低脂巴氏杀菌乳、脱脂巴氏杀菌乳、酸牛乳、低脂酸牛乳、全脂纯酸牛乳、脱脂纯酸牛乳、调味果料酸牛乳
511	1	03	02	04	02						103020402000000000	固体及半固体乳制品		乳粉、固体乳制品、半固体乳制品、全脂乳粉、全脂加糖乳粉、脱脂乳粉、全脂调味乳粉、脱脂调味乳粉、婴幼儿配方乳粉、炼乳、全脂无糖炼乳、全脂加糖炼乳、稀奶油、奶油、无水奶油、乳脂肪、干酪、奶酪、鲜干酪、磨碎干酪、粉化干酪、加工重制发酵干酪、蓝纹干酪、干酪素、食用干酪素、乳清粉、不脱盐乳清粉、脱盐乳清粉
512	1	03	02	05							103020500000000000	罐头	包括清蒸类（如红烧牛肉、五香猪肉、原汁猪肉等）、浓汁排骨等），调味类（如红烧牛肉、五香牛肉、浓汁排骨等），腌制类（如火腿、午餐肉、咸牛肉等），烟熏类（如烟熏	
513	1	03	02	05	01						103020501000000000	畜肉类罐头		畜肉类罐头、猪肉类罐头、猪杂碎罐头、牛肉罐头、牛杂碎罐头、羊肉罐头、羊杂碎罐头、兔肉罐头、兔杂碎罐头

续表

序号	编码 篇	类	章	节	条	款	项	目	子目	细目	合并编码	商品和服务名称	说明	关键字
514	1	03	02	05	02						103020502000000000	禽肉类罐头	熏焗肉类、香肠类、肉脏类（如猪舌、卤猪杂等）、畜肉及其他动物肉罐头 包括白烧类（如白烧鸡等）、去骨类（如去骨鸭、全鸡等）、调味类（如红烧鸡、咖喱鸡、炸子鸡、烤鸡等）禽肉罐头	禽肉类罐头、鸡肉类罐头、鸭肉罐头、鹅肉罐头
515	1	03	02	05	03						103020503000000000	水产动物类罐头	包括油浸（熏制）类水产罐头（如油浸鲭鱼、浸腌鳗鱼、豆豉鲮鱼等）、调味类水产罐头（如茄汁鲭鱼、烤鲫鱼、豆豉鲮鱼等）、清蒸类水产罐头（如清蒸对虾、清蒸蟹、原汁贻贝等）	水产动物类罐头、鱼类罐头、鲅鱼罐头、沙丁鱼类罐头、鲭鱼类罐头、金枪鱼类罐头、鱼翅罐头、鱼糜罐头、甲壳动物类罐头、蟹罐头、虾罐头、水生无脊椎动物类罐头、鲜贝罐头
516	1	03	02	05	04						103020504000000000	蔬菜类罐头	包括清渍类蔬菜（如青刀豆、清笋、清水芋等、蘑菇类等）、醋渍类蔬菜罐头（如酸黄瓜、甜酸藠头等）、盐渍（酱渍）类蔬菜（如雪菜、香菜心等）、调味类蔬菜罐头（如油焖笋等）、蔬菜酱类罐头（如番茄沙司、番茄酱等）、蔬菜汁类）。不包括豆类制品（如茄汁黄豆等）罐头（详见103020509）	蔬菜类罐头、番茄酱罐头、蘑菇类罐头、芦笋、榨菜罐头、食用菌罐头、竹笋罐头、豆豉罐头、蚕豆罐头、胡萝卜罐头、脱水菜豆罐头、罐头
517	1	03	02	05	05						103020505000000000	水果类罐头	不包括浓缩果汁、果汁、果汁饮料等果汁类罐头（详见103030702）	糖水类水果罐头、糖水菠萝罐头、水柑橘属水果罐头、糖水桔子罐头、糖水洋梨罐头、糖水梨罐头、糖水桃罐头、糖水荔枝罐头、糖水龙眼罐头、糖水草莓罐头、糖水枇杷罐头、糖水樱桃罐头、糖水山楂罐头、糖水类什锦水果罐头、糖浆类水果罐头、液态类水果罐头
518	1	03	02	05	06						103020506000000000	果酱类罐头	包括水果制果酱、果泥及果膏罐头	果酱类罐头、柑橘酱罐头、苹果酱罐头、杏酱罐头、草莓酱罐头、红果酱罐头

续表

序号	编码篇	类	章	节	条	款	项	子目	细目	合并编码	商品和服务名称	说　　明	关　键　字
519	1	03	02	05	07					1030205070000000000	干果和坚果类罐头	指以符合要求的坚、干果原料，经挑选、去皮（壳）、油炸拌盐（糖或糖水）后装罐而成的罐头产品	干果罐头、坚果罐头、花生罐头、核桃仁罐头、栗子仁罐头、榛子仁罐头、莲籽罐头
520	1	03	02	05	08					1030205080000000000	谷物制品类罐头	指经过处理后的谷类、干果及其他原料（桂圆、枸杞、蔬菜等）装罐制成的罐头产品	谷物制品类罐头、甜玉米罐头、米粥罐头、米饭罐头、八宝粥罐头、蔬菜粥罐头、八宝饭罐头
521	1	03	02	05	09					1030205090000000000	豆类制品罐头		豆类制品罐头、茄汁黄豆罐头
522	1	03	02	05	10					1030205100000000000	汤类罐头	指以符合要求的肉、禽、水产及蔬菜原料，经切块（片或丝）、烹调等加工后装罐而制成的罐头产品	汤类罐头、水鱼汤罐头、猪肚汤罐头、牛尾汤罐头
523	1	03	02	05	11					1030205110000000000	调味类罐头	指以发酵面酱或番茄等为基料，加入多种辅料及香辛料加工制成各种不同口味的调味料，经装罐制成的罐头产品	调味类罐头、香菇肉酱罐头、番茄沙司罐头
524	1	03	02	05	12					1030205120000000000	混合类罐头	指将动物和植物类食品原料分别加工处理，经调配装罐制成的罐头产品	混合类罐头、榨菜肉丝罐头、豆干猪肉罐头
525	1	03	02	05	13					1030205130000000000	婴幼儿辅助食品类罐头	指根据婴幼儿不同月龄营养的要求，将食品原料经加工、研磨等处理制成的泥状食品（如肝泥、菜泥、肉泥等）；均化混合食品指两种或两种以上的基本配料，例如，肉、鱼、蔬菜或果实等，经精细加工混合制成供婴幼儿食用营养不超过250克）的零售包装食品（每件净重不超过250克）；除以上基本配料外，这类食品可含有少量奶酪、蛋黄、淀粉、糊精、盐或维生素等	肉类均化食品罐头、均化蔬菜食品罐头、果类均化食品罐头、婴幼儿食品罐头、婴幼儿辅助食品类罐头
526	1	03	02	05	99					1030205990000000000	其他罐头	不包括宠物饲料罐头（详见103010402）	
527	1	03	02	06						1030206000000000000	调味品		

续表

序号	编码 篇	类	章	节	条	款	项	目	子目	细目	合并编码	商品和服务名称	说　明	关　键　字
528	1	03	02	06	01						103020601000000000	味精（含氢酸钠）		味精、含氢酸钠
529	1	03	02	06	02						103020602000000000	酱油及酱类制品		酱油、酿造酱油、勾兑酱油、黄酱、甜面酱、特制酱油、辣酱油、蘑菇酱油、水果酱油
530	1	03	02	06	03						103020603000000000	醋及醋代用品		食醋、米醋、酒醋、啤酒醋、麦芽醋、酒精醋、水果醋、醋精
531	1	03	02	06	04						103020604000000000	复合调味品		调味油、辣椒油、花椒油、沙拉油调味汁、酱、番茄调味汁、姜汁、芝麻酱、沙拉酱、蛋黄酱、辣椒酱、调味料、鸡精、香辛调味料、复合调味料、风味调味料、芥子粉及其调制品、芥子粉、调制芥末、芥末油、芥末酱、汤料及其制品、方便汤料、调味紫菜
532	1	03	02	07							103020700000000000	发酵类制品		
533	1	03	02	07	01						103020701000000000	酵母		酵母、活性酵母、非活性酵母、发酵粉、发酵剂、啤酒酵母、酿酒酵母、发面酵母、培养酵母、种用酵母、干酵母
534	1	03	02	07	02						103020702000000000	食品用氨基酸	不包括味精（含氢酸钠）（详见103020601）	食品用氨基酸、食品用赖氨酸、食品用呈味核苷酸、食品用缬氨酸、食品用天门冬氨酸、食品用苯丙氨酸
535	1	03	02	07	03						103020703000000000	柠檬酸及其盐和酸酯		柠檬酸、柠檬酸盐、柠檬酸酯
536	1	03	02	07	04						103020704000000000	食品用发酵有机酸	包括苹果醋、梨醋或其他发酵水果醋	食品用发酵有机酸、食品用苹果酸盐、食品用曲酸、食品用酸、衣康酸、食品用乳酸盐

续表

序号	编码 篇	类	章	节	条	款	项	目	子目	细目	合并编码	商品和服务名称	说明	关键字
537	1	03	02	07	05						1030207050000000000	食品用酶制剂	由动物或植物的可食或非可食部分直接提取，或由传统或基因修饰的微生物（包括但不限于细菌、放线菌、真菌菌种）发酵、提取制得，用于食品加工，具有特殊催化功能的生物制品	食品用牙酸酯、食品用酒石酸、食品用酒石酸盐、食品用乙酸、食品用乙酸盐、醋酸、醋酸盐、食品用糖化酶、食品用淀粉酶、食品用蛋白酶、嫩肉粉、食品用异构酶、食品用脂肪酶、食品用果胶酶
538	1	03	02	08							1030208000000000000	营养、保健食品		
539	1	03	02	08	01						1030208010000000000	婴幼儿用均化食品	不包括罐头食品（详见103020513）	婴幼儿用均化食品、肉类均化食品、均化蔬菜、水果均化食品、均化混合食品、供婴幼儿食用谷物食品
540	1	03	02	08	02						1030208020000000000	营养配餐食品	直接供人食用或加工（例如用水或乳等烹煮、溶解）后供人食用的制品	营养配餐食品、燕麦营养配餐食品、补钙配餐食品、麦精乳、食品补充剂制品
541	1	03	02	08	03						1030208030000000000	蜂蜜营养制品		蜂蜜营养制品、加蜂王浆天然蜂蜜、蜂王浆制剂、鲜蜂王浆粉
542	1	03	02	08	99						1030208990000000000	其他营养、保健食品		
543	1	03	02	09							1030209000000000000	冷冻饮品		
544	1	03	02	09	01						1030209010000000000	冰淇淋		全乳脂冰淇淋、半乳脂冰淇淋、植脂冰淇淋、低脂冰淇淋、冰淇淋
545	1	03	02	09	02						1030209020000000000	雪糕类		清型雪糕、组合型雪糕
546	1	03	02	09	03						1030209030000000000	冰棍	也称棒冰	冰棍、棒冰
547	1	03	02	09	04						1030209040000000000	甜味冰	指以饮用水、食糖等为主要原料，可添加适量食品添加剂，经混合、灭菌、灌装、硬化等工艺制成	甜味冰

续表

序号	篇	类	章	节	条	款	项	目	子目	细目	合并编码	商品和服务名称	说明	关键字
548	1	03	02	09	05						103020905000000000	雪泥	的冷冻饮品；如甜橙味甜味冰、菠萝味甜味冰等品添加剂，食混合、灭菌、凝冻、硬化等工艺制成的冰雪状的冷冻饮品	雪泥
549	1	03	02	09	06						103020906000000000	食用冰	指以饮用水为原料，经灭菌、注模、冻结、脱模、包装等工艺制成的冷冻饮品	食用冰
550	1	03	02	09	99						103020999000000000	其他冷冻饮品	指以上未包括的冷冻饮品：如冷冻饮品部分所占质量比例不低于50%的混合型制品；低脂冷冻饮品：低糖冷冻饮品；无糖冷冻饮品等	
551	1	03	02	10							103021000000000000	加工盐	指以原盐为原料，经过化卤、蒸发、洗涤、粉碎、干燥、脱水、筛分等工序，或在其中添加碘酸钾及调味品等加工制成的盐产品	
552	1	03	02	10	01						103021001000000000	食用盐		加碘盐、营养盐、调味盐、食用盐
553	1	03	02	10	02						103021002000000000	非食用盐		溶雪盐、饲料盐、渔用盐、非食用盐
554	1	03	02	11							103021100000000000	食品添加剂		食品添加剂、食品增稠剂、果胶酸盐、果胶酸酯、果胶、果胶酸盐、食品用植物胶液、食品用琼脂、食品用卡拉胶、食品用阿拉伯胶、食品用黄原胶、食品用汉生胶、蛋白质添加剂、浓缩蛋白质、人造蛋白物质、食品甜味添加剂、食品用糖醇、食品用山梨醇、食品用甘露糖醇、食品用丙三醇、食品用木糖醇、食品用麦芽糖醇、合成甜味剂、食品甜味剂、食品用糖精钠、食品用环己基氨基磺酸钠、食品用天门冬酰苯氨酸甲酯
555	1	03	02	11	01						103021101000000000	木糖		木糖

续表

序号	编码 篇	类	章	节	条	款	项	子目	细目	合并编码	商品和服务名称	说明	关键字
556	1	03	02	11	99					1030211990000000000	其他食品添加剂		
557	1	03	02	12						1030212000000000000	食品用类似原料		
558	1	03	02	12	01					1030212010000000000	食品用原料		食品用原料粉、冰淇淋粉、食品用香料粉、餐用奶油粉
559	1	03	02	12	02					1030212020000000000	饮料用原料		饮料用原料、复合酒精制品、碳酸饮料浓缩物
560	1	03	02	12	03					1030212030000000000	植物液汁及浸膏		植物液汁、浸膏、甘草液汁及浸膏、啤酒花液汁及浸膏、除虫菊液汁及浸膏、鸦片液汁及浸膏、人参精、芦荟浸膏、印楝素、生漆
561	1	03	02	12	04					1030212040000000000	糯米纸		糯米纸
562	1	03	02	12	99					1030212990000000000	其他食品用类似原料		
563	1	03	02	99						1030299000000000000	其他食品		
564	1	03	03							1030300000000000000	饮料、酒及酒精		
565	1	03	03	01						1030301000000000000	酒精		
566	1	03	03	01	01					1030301010000000000	木质水解酒精		木质水解酒精
567	1	03	03	01	99					1030301990000000000	其他酒精		
568	1	03	03	02						1030302000000000000	白酒		白酒
569	1	03	03	03						1030303000000000000	啤酒	指以麦芽和水为主要原料，加啤酒花制品），经酵母发酵酿制而成的、含有二氧化碳的、起泡的低酒精度的发酵酒	

续表

序号	编码 篇	类	章	节	条	款	项	子目	细目	合并编码	商品和服务名称	说　明	关　键　字
570	1	03	03	03	01					1030303010000000000	每吨不超过3000元的啤酒		啤酒、瓶装熟啤酒、易拉罐装熟啤酒、生啤酒、瓶装生啤酒、桶装生啤酒、特种啤酒、无醇啤酒、果啤
571	1	03	03	03	02					1030303020000000000	每吨3000元(含)以上的啤酒		啤酒、瓶装熟啤酒、易拉罐装熟啤酒、生啤酒、瓶装生啤酒、桶装生啤酒、特种啤酒、无醇啤酒、果啤
572	1	03	03	04						1030304000000000000	黄酒		黄酒、稻米黄酒、干黄酒、半干黄酒、半甜黄酒、浓甜黄酒、非甜黄酒、非稻米干黄酒、非稻米半干黄酒、非稻米半甜黄酒、非稻米浓甜黄酒
573	1	03	03	05						1030305000000000000	葡萄酒	指以新鲜葡萄或葡萄汁为原料，经全部或部分发酵酿制而成的、含有一定酒精度的发酵酒	干红、干白、干葡萄酒、干桃红葡萄酒、干白葡萄酒、干红葡萄酒、半干葡萄酒、半干红葡萄酒、半干白葡萄酒、半干桃红葡萄酒、半甜葡萄酒、半甜红葡萄酒、半甜白葡萄酒、半甜桃红葡萄酒、甜葡萄酒、甜红葡萄酒、甜白葡萄酒、甜桃红葡萄酒、起泡葡萄酒、冰葡萄酒、加香葡萄酒、特种葡萄酒、山葡萄酒、葡萄气酒
574	1	03	03	06						1030306000000000000	其他酒	指以上未列明的酒	
575	1	03	03	07						1030307000000000000	软饮料	指经过定量包装的，供直接饮用或用水冲调饮用的，乙醇(酒精)含量≤质量分数为0.5%的制品，不包括液体乳(详见103020401)	
576	1	03	03	07	01					1030307010000000000	碳酸型饮料(汽水)	指在一定条件下充入二氧化碳气的饮料；包括果汁型、果味型、可乐型，以及其他型碳酸饮料	碳酸型饮料、汽水、果汁型碳酸饮料、果味型碳酸饮料、可乐型碳酸饮料
577	1	03	03	07	02					1030307020000000000	果汁和蔬菜汁类饮料	指用水果和(或)蔬菜(包括可食的根、茎、叶、花、果实)等为原料，经加工或发酵制成的饮料	果汁、果浆、浓缩果汁、浓缩果浆、蔬菜汁、浓缩蔬菜汁、浓缩蔬

附录A 商品和服务税收分类与编码

续表

序号	篇	类	章	节	条	款	项目	子目	细目	合并编码	商品和服务名称	说明	关键字
578	1	03	03	07	03					103030703000000000	蛋白饮料	指以乳或乳制品,或有一定蛋白质含量的植物的果实、种子或种仁等为原料,经加工或发酵制成的果汁饮料;包括含乳饮料、植物蛋白饮料、复合蛋白饮料,以及其他未列明的蛋白饮料	蛋白饮料、含乳饮料、植物蛋白饮料、豆奶、豆乳、椰子汁、椰子乳、杏仁乳、核桃露、核桃乳、花生露、花生乳
579	1	03	03	07	04					103030704000000000	包装饮用水	指密封于容器中可直接饮用的水	包装饮用水、饮用天然水、饮用纯净水、饮用矿物质水
580	1	03	03	07	05					103030705000000000	茶饮料	指以茶叶的水提取液或其浓缩液、茶粉等为原料,经加工制成的饮料	茶饮料、茶浓缩液、调味茶饮料、奶味茶饮料、碳酸茶饮料
581	1	03	03	07	06					103030706000000000	咖啡饮料	指以咖啡的水提取液或其浓缩液、速溶咖啡粉为原料,经加工制成的液体饮料;包括咖啡因含量≥200～400mg/kg 的浓咖啡饮料,咖啡因含量≥50mg/kg 的低咖啡因咖啡饮料,以及其他未列明的符合咖啡饮料基本技术要求的咖啡饮料	咖啡、咖啡饮料
582	1	03	03	07	07					103030707000000000	固体饮料	指用食品原料、食品添加剂等加工制成粉末状、颗粒状或块状等固态形状的供冲调或冲泡饮用的制品[固体饮料在稀释冲调后应达到相应种类非固体饮料的技术指标要求];包括果汁粉、豆粉、茶粉、咖啡粉、果味型固体饮料、固态汽水(泡腾片)、姜汁粉等	固体饮料、果汁粉、豆粉、茶粉、咖啡粉、果味型固体饮料、固态汽水、泡腾片、姜汁粉
583	1	03	03	07	99					103030799000000000	其他软饮料		

续表

序号	篇	类	章	节	条	款	项	目	子目	细目	合并编码	商品和服务名称	说　明	关　键　字
584	1	03	03	08							1030308000000000000	精制茶及茶制品		
585	1	03	03	08	01						1030308010000000000	精制茶	指对毛茶或半成品原料茶进行筛分、轧切、风选、干燥、匀堆、拼配等工序加工成的精茶	精制茶、精制红茶、精制绿茶、精制花茶、精制乌龙茶、精制紧压茶、精制普洱茶
586	1	03	03	08	02						1030308020000000000	茶制品		茶制品、浓缩茶精汁、保健茶
587	1	03	03	08	03						1030308030000000000	边销茶	指以黑毛茶、老青茶、红茶末、绿茶为主要原料，经过发酵、蒸制、加压或者压碎、炒制，专门销往边疆少数民族地区的紧压茶、方包茶（马茶）	紧压茶、方包茶、马茶、边茶
588	1	03	03	09							1030309000000000000	饮料、酒及酒精专用原辅料		
589	1	03	03	09	01						1030309010000000000	酒及酒精专用原辅料		啤酒麦芽、酿酒葡萄汁
590	1	03	03	09	02						1030309020000000000	饮料专用原辅料		酒专用原辅料、酒精专用原辅料
591	1	03	04								1030400000000000000	烟草制品	以烟叶为原料制成的产品	
592	1	03	04	01							1030401000000000000	复烤烟叶	初烤烟经再次干燥处理，含水率达到适合于贮存、醇化和人工发酵的烟叶	
593	1	03	04	01	01						1030401010000000000	片烟	经过打叶等方法进行去梗处理，已将直径大于1.5mm的烟梗去除后的烟叶	片烟
594	1	03	04	01	02						1030401020000000000	烟梗	烟叶的主脉	烟梗
595	1	03	04	02							1030402000000000000	卷烟	将烟叶切成烟丝，用卷烟纸把烟丝卷制成供人们燃吸或以其他方式抽吸的烟草制品	
596	1	03	04	02	01						1030402010000000000	甲类卷烟	每标准条（200支）调拨价格在70元（不含增值税）以上（含70元）的卷烟	甲类卷烟、一类烟、二类烟

附录 A 商品和服务税收分类与编码

续表

序号	编码篇	类	章	节	条	款	项	目	子目	细目	合并编码	商品和服务名称	说　明	关　键　字
597	1	03	04	02	02						1030402020000000000	乙类卷烟	每标准条（200支）调拨价格在70元（不含增值税）以下的卷烟	乙类卷烟、三类烟、四类烟、五类烟
598	1	03	04	02	03						1030402030000000000	烟草代用品制的卷烟		电子烟
599	1	03	04	03							1030403000000000000	雪茄烟	用烟草做烟芯，烟草或含有烟草成分的材料做茄衣卷制而成，具有雪茄型烟草香味特征的烟草制品	
600	1	03	04	03	01						1030403010000000000	烟草制的雪茄烟		雪茄烟
601	1	03	04	03	02						1030403020000000000	烟草代用品制的雪茄烟		烟草代用品制的雪茄烟
602	1	03	04	04							1030404000000000000	烟丝	由叶丝、梗丝、再造烟叶丝、膨胀烟丝、膨胀梗丝等组成的混合物，用于卷制卷烟	烟丝
603	1	04									1040000000000000000	纺织、服装、皮革类产品		
604	1	04	01								1040100000000000000	纺织产品		
605	1	04	01	01							1040101000000000000	棉、化纤纺织及印染产品		
606	1	04	01	01	01						1040101010000000000	已梳皮棉	包括精梳或粗梳皮棉	精梳皮棉、粗梳皮棉
607	1	04	01	01	02						1040101020000000000	纱	指棉、化学纤维与毛麻等纤维拉长加捻纺成的细缕，通常用作织布的原材料。包括棉纺纱、棉混纺纱、人造纤维棉混纺纱、合成纤维纱、人造纤维混纺纱、合成纤维混纺纱、人造纤维混纺纱、色纺纱、色纺棉纱、色纺棉混纺纱、化学纤维纱。不包括线（详见104010103）、毛纱（详见104010202）、麻纱线（详见104010203）、缝纫线（详见104010104）	普梳纱、精梳纱、合成纤维棉纺纱、细梳纱、精梳棉混纺纱、合成纤维纱、人造纤维棉混纺纱、人造纤维混纺纱、色纺纱、色纺棉纱、色纺棉混纺纱、化学纤维纱
608	1	04	01	01	03						1040101030000000000	线	指两根及以上单纱经过捻线机、倍捻机加捻合股后的产品；是将纱进一步加工的产品。用于梭织或针织织造。包括棉线、棉混纺线、棉混纺纱线、色纺棉线、化学纤维线、色混合线、色纺棉混纺线、色	棉线、棉混纺线、合成纤维长丝纱线、人造纤维长丝纱线、多种化学纤维长丝纱线、色纺棉混纺线、色纺棉线

续表

序号	篇	类	章	节	款	条	项目	子目	细目	合并编码	商品和服务名称	说明	关键字
609	1	04	01			04				1040101040000000000	缝纫线	指股线的再加工产品，是为缝制加工纺织品用的。包括短纤维缝纫线、长丝缝纫线	纺化学纤维线、棉缝纫线、棉混纺缝纫线、化学纤维缝纫线、天然丝缝纫线、化学纤维长丝缝纫线
610	1	04	01			05				1040101050000000000	布	指用纱或股线在棉织机（包括有梭织机、无梭织机）织造的下机成品。包括棉布、棉混纺布、化学纤维纺布、棉色织布、棉牛仔布	棉平布、棉绒布、棉混纺布、棉平布、棉绒布、化学纤维短纤维纺平布、化学纤维短纤维混纺绒布、棉色织布、棉混纺布、棉牛仔布
611	1	04	01			06				1040101060000000000	印染布	指棉纺织厂生产的棉布、棉混纺布、化学纤维布经染印染设备加工整理的统称。包括漂白布、染色布、印花布的统称	漂白棉布、漂白棉混纺布、漂白化学纤维布、染色棉布、染色棉混纺布、染色化学纤维布、印花棉布、印花棉混纺布、印花化学纤维布
612	1	04	01			02	01			1040102000000000000	毛纺织、染整加工产品		毛条、绒线、毛机织物、呢绒、特种毛织品、动物细毛织物、毛染整精加工产品
613	1	04	01			02	01			1040102010000000000	毛条	洗净毛经梳理成条后，经过精梳及其前后整理过程，即毛条制成。包括动物毛条、合成纤维毛条	精梳动物毛条、涤纶毛条、腈纶毛条
614	1	04	01			02	02			1040102020000000000	毛纱	毛纱是以羊毛为原料纺制而成的捻向的单纱。包括羊毛纱、混纺羊绒纱、其他毛纱	粗梳羊毛纱、精梳羊毛纱、粗梳混纺羊毛纱、精梳混纺羊毛纱、粗梳羊绒纱、动物毛粗梳精细毛纱、动物毛精梳细毛纱、半精纺混纺毛纱
615	1	04	01			02	03			1040102030000000000	绒线	俗称毛线。包括纯毛绒线、混纺绒线、化学纤维绒线、其他绒线	针织纯毛绒线、编织纯毛绒线、针织混纺绒线、编织混纺绒线、针织化学纤维绒线、编织化学纤维绒线、手编羊绒线

续表

序号	篇	类	章	节	条	款	项	目	子目	细目	合并编码	商品和服务名称	说明	关键字
616	1	04	01	02	04						1040102040000000000	毛机织物（呢绒）	或称毛织品。包括纯毛机织物、毛混纺机织物、化学纤维毛机织物、其他毛机织物	毛线、粗梳毛机织物、精梳毛机织物、粗梳毛混纺机织物、精梳毛混纺机织物、粗纺化学纤维毛机织物、精纺化学纤维毛机织物、粗梳羊纱机织物
617	1	04	01	02	05						1040102050000000000	特种羊毛或动物细毛织物	包括毛制起绒织物、毛制绳绒织物、毛制毛巾织物、毛制簇绒织物	毛制起绒织物、毛制绳绒织物、毛巾织物、毛制簇绒织物
618	1	04	01	02	06						1040102060000000000	毛染整精加工产品		毛染整精加工产品
619	1	04	01	03							1040103000000000000	麻纺织品		麻纤维原料、麻纱线、亚麻布、亚麻印染布、苎麻布、苎麻印染布
620	1	04	01	03	01						1040103010000000000	麻纤维原料	纺前经加工的麻纤维，也称精干麻。包括苎麻原麻、苎麻精干麻、亚麻打成麻、亚麻短纤、黄麻、红麻、黄（红）麻（熟麻）、大麻原麻、其他麻纤维原料	苎麻原麻、苎麻精干麻、亚麻打成麻、亚麻短纤、黄麻、红麻、熟麻、大麻原麻
621	1	04	01	03	02						1040103020000000000	麻纱线	包括亚麻纱、苎麻纱、黄红麻纱、大麻纱线、其他麻纱线	含亚麻≥55%的亚麻纱、含亚麻<55%的亚麻纱、含苎麻≥55%的苎麻纱、含苎麻<55%的苎麻纱、黄红麻多股纱线、大麻单纱、大麻多股纱线、亚麻纱、苎麻纱
622	1	04	01	03	03						1040103030000000000	亚麻布	包括亚麻布、亚麻漂白布、亚麻染色布、其他亚麻布，含亚麻<55%	亚麻布、亚麻漂白布、亚麻染色布
623	1	04	01	03	04						1040103040000000000	亚麻印染布	包括亚麻漂白布、亚麻染色布、亚麻印花布	亚麻印花布
624	1	04	01	03	05						1040103050000000000	苎麻布	包括苎麻布，含苎麻≥55%，其他苎麻布，含苎麻<55%	苎麻布

续表

序号	篇	类	章	节	条	款	项	目	子目	细目	合并编码	商品和服务名称	说明	关键字
625	1	04	01	03	06						10401030600000000000	苎麻印染布	包括苎麻漂白布、苎麻染色布、苎麻印花布	苎麻漂白布、苎麻染色布、苎麻印花布
626	1	04	01	03	07						10401030700000000000	黄红麻织物		黄红麻织物
627	1	04	01	03	08						10401030800000000000	大麻织物		大麻织物
628	1	04	01	03	99						10401039900000000000	其他麻纺织品		
629	1	04	01	04							10401040000000000000	丝绢纺织及精加工产品		
630	1	04	01	04	01						10401040100000000000	蚕丝	包括桑蚕丝、柞蚕丝、绢纺纱线、其他蚕丝	蚕丝、桑蚕丝、桑蚕生丝、桑蚕土丝、桑蚕双宫丝、柞蚕丝、绢丝、蚕丝短纤维、丝纺纱线、厂丝
631	1	04	01	04	02						10401040200000000000	蚕丝及交织机织物	包括含蚕丝≥50%的蚕丝及交织机织物、含蚕丝<50%的蚕丝交织机织物	桑蚕丝交织物、柞蚕丝交织物、绢丝交织物、䌷丝交织物、桑蚕混纺织物、柞蚕混纺织物
632	1	04	01	04	03						10401040300000000000	印染蚕丝及交织机织物	包括含蚕丝≥50%的印染的蚕丝及交织机织物、含蚕丝<50%的印染的蚕丝及交织机织物	练白蚕丝交织物、染色蚕丝交织物、印花蚕丝交织物
633	1	04	01	04	04						10401040400000000000	化纤长丝机织物	指经向、纬向均为合成纤维长丝或再生纤维长丝的长丝织物。在织机上（喷水织机、剑杆织机、喷气织机等）生产的长丝织物。包括合成纤维长丝机织物、化学纤维长丝机织物、其他化纤长丝织物	锦纶长丝机织物、涤纶长丝交织机织物、合纤混纺交织机织物、黏胶长丝机织物、醋酸长丝机织物、人造丝混纺交织机织物、化学纤维长丝绒布
634	1	04	01	04	05						10401040500000000000	特种丝织物	包括丝制起绒织物及绳缆织物、类似毛圈机织物、丝制纱罗、丝制簇绒织物，含蚕丝50%及以上	丝制起绒织物及绳缆织物、丝制毛巾织物、丝制纱罗、丝制簇绒织物
635	1	04	01	05							10401050000000000000	床上用织物制品	包括床褥单、被面、枕套、床罩、枕巾、被套、寝具及类似针充用品。寝具及类似填充用品、毯子、不包括针织的	床褥单、被面、枕套、床罩、枕巾被、寝具、寝具填充物、毯子、毛巾被、枕巾

续表

序号	篇	类	章	节	条	款	项	目	子目	细目	合并编码	商品和服务名称	说　　明	关　键　字
636	1	04	01	05	01						104010501000000000000	床褥单	包括棉制床褥单、化学纤维制床褥单、麻制床褥单。不包括针织或钩编的床上用品（详见104011302）	棉制印花床褥单、棉制刺绣床褥单、化纤制印花床褥单、化纤制刺绣床褥单、麻制印花床单、麻制刺绣床单
637	1	04	01	05	02						104010502000000000000	被面	包括丝绸被面、其他被面	丝制印花被面、丝制绣花被面
638	1	04	01	05	03						104010503000000000000	枕套	包括棉制枕套、化学纤维制枕套、丝绸枕套、其他枕套。不包括针织或钩编的床上用品（详见104011302）	棉制印花枕套、棉制刺绣枕套、化纤制印花枕套、化纤制刺绣枕套、丝制印花枕套、丝制绣花枕套
639	1	04	01	05	04						104010504000000000000	被罩	包括棉制被罩、化学纤维制被罩、麻制被罩。不包括针织或钩编的床上用品（详见104011302）	棉制印花被罩、棉制刺绣被罩、化纤制印花被罩、化纤制刺绣被罩、麻制印花被罩、麻制刺绣被罩
640	1	04	01	05	05						104010505000000000000	床罩	包括棉制床罩、其他床罩。不包括针织或钩编的床上用品（详见104011302）	棉制刺绣床罩、化纤制刺绣床罩、麻制刺绣床罩、丝制刺绣床罩
641	1	04	01	05	06						104010506000000000000	毯子	包括棉制毯、毛制毯、麻制毯、其他毯子	棉制毯、纯毛毛毯、毛混纺毛毯、化纤毛毯、麻制毯
642	1	04	01	05	07						104010507000000000000	寝具及类似填充用品	指以各种纺织材料作为面料（不论是否包面），用丝棉、化纤棉、兽毛等充填的棉被、枕头、靠垫、坐垫等寝具及类似用品。包括羽绒（毛）、兽毛制寝具及类似填充制品、棉制寝具及类似填充制品、丝制寝具及类似填充制品、其他寝具及类似填充用品	羽绒被、羽绒睡袋、羽毛靠垫、羽毛被、枕头、线毛靠垫、化纤棉制棉被、羊毛被、棉被、化纤棉制睡袋、化纤棉制枕头、坐垫、蚕丝被、丝制睡袋、丝制枕头、丝制靠垫
643	1	04	01	05	08						104010508000000000000	毛巾被	包括棉制毛巾被、化纤制毛巾被、麻制毛巾被、丝及绢丝制毛巾被。花式品种分单色、多色、条格、印花、喷花、提花毛巾被等	棉制单人毛巾被、棉制双人毛巾被、棉制儿童毛巾被、化纤制单人毛巾被、化纤制双人毛巾被、化纤制儿童毛巾被、麻制单人毛巾被、麻制双人毛巾被、丝制毛巾被、绢丝制儿童毛巾被

续表

序号	篇	类	章	节	条	款	项	目	子目	细目	合并编码	商品和服务名称	说明	关键字
644	1	04	01	05	09						1040105090000000000	枕巾	包括棉制枕巾、化纤制枕巾、麻制枕巾、丝制枕巾、其他枕巾	棉制枕巾、化纤制枕巾、麻制枕巾、丝制枕巾
645	1	04	01	05	99						1040105990000000000	其他床上用织物制品		
646	1	04	01	06							1040106000000000000	日用织物制品	指餐桌、盥洗及厨房用织物制品、装饰织物制品、地毯和挂毯、包括台布（桌布）、毛巾、餐桌、盥洗及厨房用织物制品	台布、桌布、毛巾、餐桌、盥洗及厨房用织物制品
647	1	04	01	06	01						1040106010000000000	台布（桌布）	包括棉制台布、化学纤维制台布、毛制台布、丝制台布、麻制台布、其他纺织材料制台布。不包括针织或钩编台布（详见104011303）	棉制刺绣台布、化学纤维制台布、毛制台布、丝制台布、亚麻制刺绣台布、其他餐桌用织物制品
648	1	04	01	06	02						1040106020000000000	毛巾	包括面巾、方巾、浴巾、其他毛巾	棉制面巾、化纤制方巾、丝制方巾、棉制浴巾、化纤制浴巾、丝制浴巾
649	1	04	01	06	03						1040106030000000000	餐桌、盥洗及厨房用织物制品	包括棉制餐桌、盥洗织物制品、化学纤维制餐桌、盥洗及厨房用织物制品、亚麻制餐桌、盥洗及厨房用织物制品、丝制餐桌用织物制品、其他餐桌、盥洗及厨房用织物制品。不包括针织或钩编相关制品（详见104011304）	餐桌用棉制刺绣织物制品、厨房用棉制刺绣织物制品、餐桌用化学纤维制织物制品、厨房用化学纤维制织物制品、餐桌用亚麻制刺绣织物制品、厨房用亚麻制刺绣织物制品、丝制盥洗织物制品、丝制厨房用织物制品
650	1	04	01	06	04						1040106040000000000	窗帘及类似品	包括棉制窗帘、合成纤维制窗帘、毛制窗帘。丝制非针织材料制窗帘及类似品、其他织物材料制窗帘及类似品。不包括针织或钩编窗帘及类似品（详见104011305）	棉制窗帘、棉制帐幔、棉制床帷、合成纤维制窗帘、合成纤维制帐幔、合成纤维非针织钩编窗帘、毛制窗帘
651	1	04	01	06	05						1040106050000000000	垫子套	包括棉制垫子套、丝制垫子套、合成纤维制垫子套、其他垫子套。不包括针织或钩编制品（详见104011305）	棉制刺绣垫子套、丝制刺绣垫子套、合成纤维制垫子套

续表

序号	篇	类	章	节	条	款	项	目	子目	细目	合并编码	商品和服务名称	说明	关键字
652	1	04	01	06	06						1040106060000000000	安全用织物制品	救生衣、安全带、其他安全用织物制品（1040113）	救生衣、安全带
653	1	04	01	06	99						1040106990000000000	其他纺织制品	包括擦地布、抹布及类似擦拭用布、其他未列明纺织制品	擦地布、抹布、擦拭用布
654	1	04	01	07							1040107000000000000	毡呢、包装用织物制品	包括毡呢、包装用织物制品	毡呢、包装用织物制品
655	1	04	01	07	01						1040107010000000000	毡呢	包括毛制毡呢、其他毡呢，不论是否浸渍、涂布、包覆或层压	毛制毡呢
656	1	04	01	07	02						1040107020000000000	包装用织物制品	指主要包括装货物的袋及化学纤维材料制，也包括邮袋和邮运袋；有不同尺寸及形状的小袋子，以及袋泡茶袋、包括棉制包装袋、化学纤维制包装袋、麻袋	棉制包装袋、化学纤维制包装袋
657	1	04	01	08							1040108000000000000	油苫布、天篷、遮阳篷及类似品	包括油苫布、天篷、遮阳篷、帐篷、充气褥垫、野营用织物制品、降落伞、旗帜及类似品	
658	1	04	01	08	01						1040108010000000000	油苫布	包括棉制油苫布、其他油苫布	棉制油苫布、合成纤维制油苫布
659	1	04	01	08	02						1040108020000000000	天篷	包括棉制天篷、其他天篷	天篷、棉制天篷、合成纤维制天篷
660	1	04	01	08	03						1040108030000000000	遮阳篷	包括棉制遮阳篷、其他遮阳篷	遮阳篷、棉制遮阳篷、棉制曲臂伸缩遮阳篷、棉制直臂遮阳篷、棉制折叠遮阳篷、合成纤维制直臂遮阳篷、合成纤维制曲臂伸缩遮阳篷、合成纤维制折叠遮阳篷
661	1	04	01	08	04						1040108040000000000	帐篷	包括棉制帐篷、合成纤维制帐篷、其他帐篷	帐篷、棉制庭院帐篷、棉制野营帐篷、棉制车顶折叠帐篷、合成纤维制庭院帐篷

续表

序号	编码 篇	类	章	节	条	款	项	目	子目	细目	合并编码	商品和服务名称	说明	关键字
662	1	04	01	08	05						1040108050000000000	蓬房	包括棉制蓬房、合成纤维制蓬房	棉制蓬房、合成纤维制蓬房
663	1	04	01	08	06						1040108060000000000	风帆	包括棉制风帆、化纤制风帆	棉制风帆、合成纤维制风帆
664	1	04	01	08	07						1040108070000000000	充气褥垫	包括棉制充气褥垫、化纤制充气褥垫	棉制充气褥垫、化纤制充气褥垫
665	1	04	01	08	08						1040108080000000000	野营用织物制品	包括棉制野营用织物制品、化纤制野营用织物制品。其他野营用织物制品。不包括背包、背囊及类似容器（详见104030302），装有衬垫的睡袋及填充褥垫、枕头及坐垫等（详见104010507），野营用帐蓬（详见104010804）	棉制野营用吊床、化纤制野营用吊床
666	1	04	01	08	09						1040108090000000000	降落伞、旗帜及类似物品	包括旋翼降落伞及其零件、附件，锦旗、三角旗、横幅及其他娱乐或节日用旗布	降落伞、旗帜
667	1	04	01	09							1040109000000000000	纤维纺制绳、线、索、缆	包括纤维纺制绳、缆、网类制品、吊装绳索具、绳梯类制品	纤维纺制绳、缆、网类制品、吊装绳索具、绳梯类制品
668	1	04	01	09	01						1040109010000000000	纤维纺制绳、缆	包括麻纤维纺制绳、缆、合成纤维纺制绳、缆、蕉麻等纤维纺制绳、缆、龙古兰类纤维纺制绳、缆、其他合成纤维纺制绳、缆	黄麻纤维纺制绳、大麻纤维纺制绳、黄麻纤维纺制缆、聚乙烯纺制绳、烯烃纺制缆、聚丙烯纺制绳、龙古兰类纤维纺制包扎用绳、蕉麻纤维纺制绳、蕉麻纤维纺制缆
669	1	04	01	09	02						1040109020000000000	网类制品	包括渔网、安全网、体育项目用网（兜）、网料、其他网类制品	化纤制渔网、锦纶制安全网、丙纶制安全网、聚乙烯制安全网、蚕丝制安全网、网球网、篮球网、乒乓球网、羽毛球网、化纤材料制网料

附录 A 商品和服务税收分类与编码 351

续表

序号	编码篇	类	章	节	条	款	项目	子目	细目	合并编码	商品和服务名称	说 明	关 键 字
670	1	04	01	09	03					1040109030000000000	吊装绳索具	包括吊装绳、安全保险绳、吊带、汽车牵引带、石油管道专用带、其他吊装绳索索具。不包括钢丝绳索具（详见10804201）	吊装绳、安全保险绳、吊带、汽车牵引带、石油管道专用带
671	1	04	01	09	04					1040109040000000000	绳梯类制品	包括尼龙绳梯、其他绳梯类制品。不包括钢丝绳梯（详见10804299）	滑动尼龙绳梯、带环尼龙绳梯
672	1	04	01	09	99					1040109990000000000	其他纤维纺制线、绳、索、缆		
673	1	04	01	10						1040110000000000000	浸渍、涂布或包覆处理的纺织物	包括帘子布、纺织材料制传输带、用塑料处理纺织物、涂胶或淀粉纺织物、涂焦油纺织物、蜡、沥青类似产品纺织物、硬挺纺织物、狭幅机织物	帘子布、纺织材料制传输带、用塑料处理纺织物、涂胶或淀粉纺织物、涂焦油纺织物、涂沥青纺织物、硬挺纺织物、狭幅机织物
674	1	04	01	10	01					1040110010000000000	帘子布	包括聚酰胺高强力纱制帘子布、聚酯高强力纱制帘子布、黏胶纤维高强力纱制帘子布	帘子布、聚酰胺高强力纱制帘子布、聚酯高强力纱制帘子布、黏胶纤维高强力纱制帘子布
675	1	04	01	10	02					1040110020000000000	纺织材料制传输带	包括棉制传输带、化学纤维制传输带、毛制传输带、其他纺织材料制传输带	纺织材料制传输带、棉制传输带、化学纤维制传输带、毛制传输带
676	1	04	01	10	03					1040110030000000000	用塑料处理纺织物	包括聚氯乙烯处理织物、聚氨基甲酸酯处理织物、其他塑料处理织物	用塑料处理纺织物、聚氯乙烯处理绝缘带、聚氯乙烯处理绝缘人造革、聚氨基甲酸酯处理绝缘带、聚氨基甲酸酯处理人造革
677	1	04	01	10	04					1040110040000000000	涂胶或淀粉纺织物	包括涂胶或淀粉棉织物、涂胶或淀粉化纤纺织物、涂胶或淀粉麻纺织物、其他涂胶或淀粉纺织物	涂胶纺织物、淀粉纺织物、涂胶棉织物、淀粉棉织物、涂胶化纤纺织物、淀粉化纤纺织物、涂胶麻纺织物、淀粉麻纺织物
678	1	04	01	10	05					1040110050000000000	涂焦油、蜡、沥青纺织物	指经浸渍、涂布或包覆处理的纺织物；包括涂焦油纺织物、涂蜡纺织物、涂沥青纺织物	涂焦油纺织布、涂蜡纺织布、涂沥青

续表

序号	编码 篇	类	章	节	条	款	项	目	子目	细目	合并编码	商品和服务名称	说明	关键字
												沥青或类似产品浸渍纺织物	油、蜡、沥青、或用天然树脂和樟脑、油或干性油作为基料的制剂涂布或浸渍的织物，包括涂焦油、蜡、沥青绝缘布或绝缘带、涂焦油、沥青舞台用画布，其他材料处理纺织物	涂焦油绝缘布、涂蜡油绝缘布、涂沥青绝缘布、涂蜡绝缘带、涂焦油绝缘带、涂沥青绝缘带、涂焦油舞台用画布、涂沥青舞台用画布、涂蜡舞台用画布
679	1	04	01	10	06						104011006000000000	硬挺纺织物	包括油画布、描图布、硬衬布及类似织物，其他硬挺纺织物	硬挺纺织物、油画布、描图布、棉制描图布、化纤制描图布、麻制描图布、棉制硬衬布、化纤制硬衬布、麻制硬衬布
680	1	04	01	10	07						104011007000000000	狭幅机织物	指幅宽不超过30厘米狭条织物（带子及带状织物），从宽幅经纬纱剪出成的狭条。或压平宽度不超过30厘米的无缝管经编织物。包括狭幅起绒绳绒机织物、其他狭幅机织物	狭幅机织物、棉制狭幅起绒、幅起绒起绒、丝制狭幅起绒、绳绒机织物、松紧带
681	1	04	01	11							104011100000000000	无纺布及其制品	包括无纺布（无纺织物）、无纺织物制品	
682	1	04	01	11	01						104011101000000000	无纺布（无纺织物）	也称非织造布。指化学纤维为基本原料（主要是涤纶、腈纶、维纶、丙纶、黏胶纤维，也可用棉毛、麻天然纤维的下脚纤维、棚素纤维等）经纱黏合、热熔黏合、针刺、水刺、缝编高频等工艺制作的产品。包括化学纤维长丝制非织造布（无纺织物）、短纤维制非织造布（无纺织物）、其他无纺织物制品	无纺布、无纺织物、纺黏法非织造布、熔喷法非织造布、短纤维制无纺织造布、短纤维制非织造布、针刺法非织造布、水刺法非织造布、热熔合法非织造布、化学黏合法非织造布、盖面纤维网、婴儿尿布表层垫片、卫生巾表层垫片、衬里织物、液体过滤片、隔音片、隔音片、土木工程用过滤片、土木工程用分隔片、无纺布袋
683	1	04	01	11	02						104011102000000000	无纺织物制品	除无纺布（详见104011101）以外的无纺织物制品	盖面纤维网、面网、卫生巾表层垫片、婴儿尿布表层垫片、衬里织物、液体隔片、过滤片、空气过滤片、填塞片、隔音片

附录 A 商品和服务税收分类与编码　353

续表

序号	编码 篇	类	章	节	条	款	项	目	子目	细目	合并编码	商品和服务名称	说明	关键字
684	1	04	01	12							1040112000000000000	针织、编织物		土木工程用过滤片、土木工程用分隔片、针织钩编织物、编织物、针织起绒织物、钩编起绒织物、针织钩编织物、针织坯布、经编织物、纬编织物
685	1	04	01	12	01						1040112010000000000	经编织物	包括棉制经编、织物、合成纤维制经编织物、人造纤维制经编织物、毛制经编织物、丝及绢丝编织物、其他经编织物。不包括针织或钩编的起绒织物（详见1040112）、弹性或橡胶线≥5%的针织钩编织物（详见1040112）	经编织物、棉制未漂白经编织物、棉制漂白经编织物、棉制染色经编织物、棉制色织经编织物、棉制印花经编织物、合成纤维制未漂白经编织物、合成纤维制漂白经编织物、合成纤维制染色经编织物、合成纤维制色织经编织物、合成纤维制印花经编织物、人造纤维制未漂白经编织物、人造纤维制漂白经编织物、人造纤维制染色经编织物、人造纤维制色织经编织物、人造纤维制印花经编织物、毛制经编织物、丝及绢丝制经编织物
686	1	04	01	12	02						1040112020000000000	纬编制物	包括棉制纬编织物、合成纤维制纬编织物、人造纤维制纬编织物、毛制纬编织物、丝及绢丝制纬编织物、其他纬编织物	棉制未漂白纬编织物、棉制漂白纬编织物、棉制染色纬编织物、棉制色织纬编织物、棉制印花纬编织物、合成纤维制未漂白纬编织物、合成纤维制漂白纬编织物、合成纤维制染色纬编织物、合成纤维制色织纬编织物、合成纤维制印花纬编织物、人造纤维制未漂白纬编织物、人造纤维制漂白纬编织物、人造纤维制染色纬编织物、人造纤维制色织纬编织物、人造纤维制印花纬编织物、毛制纬编织物、丝及绢丝制纬编织物

续表

序号	篇	类	章	节	条	款	项	目	子目	细目	合并编码	商品和服务名称	说　明	关　键　字
687	1	04	01	12	03						1040112030000000000	针织或钩编起绒织物	包括棉针织钩编物、合成纤维针织钩编物、丝针织钩编物	针织长毛绒织物、针织毛圈绒头织物、针织起绒织物
688	1	04	01	12	04						1040112040000000000	针织钩编物（针织坯布）	包括合成纤维针织钩编物、毛针织钩编物、人造纤维针织钩编物、丝针织钩编物	弹性或橡胶线≥5%的棉针织钩编物、弹性或橡胶线≥5%的合成纤维针织钩编物、弹性或橡胶线≥5%的毛针织钩编物、弹性或橡胶线≥5%的人造纤维针织钩编物、橡胶线≥5%的丝针织钩编物
689	1	04	01	13							1040113000000000000	针织、编织制品		针织床罩、钩编床罩、针织相关床上制品、钩编相关床上制品、针织台布、钩编台布、针织餐桌用制品、钩编餐桌用制品、针织窗帘、钩编窗帘、针织袜、针织手套
690	1	04	01	13	01						1040113010000000000	针织或钩编床罩	包括针织床罩、钩编床罩	针织床罩、钩编床罩、手工针织床罩、非手工针织床罩、手工钩编床罩、非手工钩编床罩
691	1	04	01	13	02						1040113020000000000	针织或钩编相关床上制品	包括棉针织床上用织物制品、化纤针织床上用织物制品、丝针织床上用织物制品、麻针织床上用织物制品、其他针织或钩编相关床上制品	针织相关床上制品、钩编相关床上制品、棉针织枕套、化纤针织枕套、丝针织床上用织物制品、麻针织凉席
692	1	04	01	13	03						1040113030000000000	针织或钩编台布	包括针织台布、钩编台布	针织台布、钩编台布、手工针织台布、非手工针织台布、手工钩编台布、非手工钩编台布
693	1	04	01	13	04						1040113040000000000	针织或钩编相关餐桌用制品	包括针织相关餐桌用制品、钩编相关餐桌用制品	针织相关餐桌用制品、钩编相关餐桌用制品、手工针织餐桌用织物制品、手工钩编餐桌用织物制品、非手工针织餐桌用织物制品、非手工钩编餐桌用织物制品

附录A 商品和服务税收分类与编码 355

续表

序号	篇	类	章	节	条	款	项	目	子目	细目	合并编码	商品和服务名称	说明	关键字
694	1	04	01	13	05						1040113050000000000	针织或钩编窗帘及类似品	包括棉针织或钩编窗帘及类似品，合成纤维针织或钩编窗帘及类似品，其他针织或钩编窗帘及类似品	针织窗帘，钩编窗帘，棉针织窗帘，合成纤维针织窗帘，棉钩编窗帘，合成纤维钩编窗帘
695	1	04	01	13	06						1040113060000000000	针织袜	包括连裤袜及紧身裤袜，长筒袜及中统袜，短针织袜	针织袜，棉制连裤袜，合成纤维制连裤袜，毛针织连裤袜，棉制紧身裤袜，合成纤维制紧身裤袜，毛针织紧身裤袜，丝制紧身裤袜，棉制长筒袜，合成纤维制长筒袜，毛针织长筒袜，丝制长筒袜，棉制中筒袜，合成纤维制中筒袜，毛针织中筒袜，丝制中筒袜，棉制短袜，合成纤维制短袜，毛针织短袜，麻针织短袜，丝针织袜
696	1	04	01	13	07						1040113070000000000	针织手套	包括棉制针织手套，合成纤维制针织手套，毛针织手套，丝制针织手套	针织手套，未浸涂棉针织手套，经浸涂棉针织手套，未浸涂合成纤维针织手套，经浸涂合成纤维针织手套，毛针织手套，丝针织手套
697	1	04	01	14							1040114000000000000	围巾、领带、手帕	包括围巾类，领带，手帕	围巾类，领带，手帕
698	1	04	01	14	01						1040114010000000000	围巾类	包括针织围巾，钩编围巾，非针织或编制围巾	围巾，羊绒针织围巾，羊毛针织围巾，丝针织围巾，合成纤维针织围巾，毛钩编围巾，丝钩编围巾，丝制围巾，非针织围巾，羊毛机织围巾，羊绒机织围巾类，人造纤维制围巾类
699	1	04	01	14	02						1040114020000000000	领带	包括针织领带，非针织领带	领带，丝针织领带，毛针织领带，丝制领带，化纤制领带

续表

序号	编码篇	类	章	节	款	项	目	子目	细目	合并编码	商品和服务名称	说明	关键字
700	1	04	01	14	03					1040114030000000000	手帕	包括丝制手帕、棉制手帕、化纤制手帕	手帕、丝制刺绣手帕、棉制刺绣手帕、化纤制刺绣手帕
701	1	04	01	99						1040199000000000000	其他纺织产品	指纺织材料其他织物制品、纺织材料制品、装饰带及类似品、徽章及类似品、网眼薄纱、相关网眼织物、图案花边、供技术用途纺织品	纺织材料絮胎、成匹编带、装饰带、徽章、纺织材料制标签、网眼薄纱、相关网眼织物、图案花边、供技术用途纺织品
702	1	04	01	99	01					1040199010000000000	纺织材料絮胎及其制品	包括纺织材料絮胎制卫生用品、纤维制絮胎及其制品	纺织材料絮胎、絮胎制卫生巾、絮胎制止血塞、絮胎制尿布、棉制絮胎制品、化纤制絮胎制品
703	1	04	01	99	02					1040199020000000000	纺织材料制标签、徽章及类似品	指非绣制的纺织材料制标签、徽章及类似品、包括机织标签、非机织标签及类似品	纺织材料标签、纺织材料制徽章、机织标签、非机织标签、机织徽章
704	1	04	01	99	03					1040199030000000000	成匹装饰带、装饰带及类似品	包括成匹编带、流苏、线球、其他成匹装饰带	成匹装饰带、成匹编带、流苏、线球
705	1	04	01	99	04					1040199040000000000	网眼薄纱、相关网眼织物	丝及绢丝制网眼薄纱、相关网眼织物、化纤制网眼织物、棉制网眼织物、其他网眼薄纱及相关网眼织物	网眼薄纱、丝制网眼薄纱、绢丝制网眼薄纱、棉制网眼薄纱、化纤制网眼薄纱
706	1	04	01	99	05					1040199050000000000	图案花边	包括机制花边、手工制花边	图案花边、丝制机制花边、化纤制花边、棉制机制花边、丝及绢机制花边、手工制花边
707	1	04	01	99	06					1040199060000000000	供技术用途纺织品	包括纺织材料包覆橡胶线、橡塑浸涂纺织纱线类制品、金属纱线、纺织材料制软管、筛布、机械用联结物织物	供技术用途纺织品、纺织材料包覆橡胶线、橡塑浸涂纺织纱线、含金属纱线、纺织材料软管、筛布、滤布、机械用联结物织物、纸纱线机织物
708	1	04	01	99	99					1040199990000000000	其他未列明		

附录 A 商品和服务税收分类与编码 357

续表

序号	篇	类	章	节	条	款	项	目	子目	细目	合并编码	商品和服务名称	说　明	关　键　字
												纺织产品		
709	1	04	02								10402000000000000	服装、鞋、帽		
710	1	04	02	01							10402010000000000	服装	包括针织服装、梭织服装、皮革服装、毛皮服装及其附件	
711	1	04	02	01	01						10402010100000000	女内衣	包括针织女内衣、胸罩(乳罩)、束腰带及类似品、紧身胸衣、吊裤带及类似品	女内衣、棉针织内衣、化学纤维针织内衣、化纤制胸罩、棉制胸罩、化纤制束腰带、化纤制紧身胸衣、化纤制束腰带
712	1	04	02	01	02						10402010200000000	男内衣	包括针织男内衣	男内衣、棉针织内衣、化学纤维针织内衣
713	1	04	02	01	03						10402010300000000	女睡衣	包括女式针织睡衣裤、女式梭织睡衣裤、化纤制女式睡衣裤、棉制女式睡衣裤、丝制女式睡衣裤、其他女式睡衣裤	女睡衣、女式针织睡衣裤、女式梭织睡衣裤、棉制女式睡衣裤、丝制女式睡衣裤
714	1	04	02	01	04						10402010400000000	男睡衣	包括男式针织睡衣裤、男式梭织睡衣裤、化纤制男式睡衣裤、棉制男式睡衣裤、丝制男式睡衣裤、其他男式睡衣裤	男睡衣、男式针织睡衣裤、男式梭织睡衣裤、棉制男式睡衣裤、化纤制男式睡衣裤、丝制男式睡衣裤
715	1	04	02	01	05						10402010500000000	女浴衣	包括女式针织浴衣及类似服装、女式梭织浴衣及类似品、棉制女浴衣及类似品、化纤制女浴衣及类似品、丝制女浴衣及类似品、其他女浴衣及类似品	女浴衣、女式针织浴衣、女式梭织浴衣、棉制女浴衣、化纤制女浴衣、丝制女浴衣
716	1	04	02	01	06						10402010600000000	男浴衣	包括男式针织浴衣及类似服装、男式梭织浴衣及类似品、棉制男浴衣及类似品、化纤制男浴衣及类似品、丝制男浴衣及类似品、其他男浴衣及类似品	男浴衣、男式针织浴衣、男式梭织浴衣、棉制男浴衣、化纤制男浴衣、丝制男浴衣
717	1	04	02	01	07						10402010700000000	女衬衫	包括针织女衬衫、梭织女衬衫及类似品、棉制女衬衫、毛制女衬衫	女衬衫、针织女衬衫、梭织女衬衫

续表

序号	篇	类	章	节	条	款	项	目	子目	细目	合并编码	商品和服务名称	说明	关键字
718	1	04	02	01	08						104020108000000000	男衬衫	包括毛制男衬衫、棉制男衬衫、丝制男衬衫、化纤制男衬衫（含丝或含毛50%及以上）、其他男衬衫	毛制女衬衫、化纤制女衬衫、棉制女衬衫、丝制女衬衫、化纤制女衬衫、其他女衬衫
719	1	04	02	01	09						104020109000000000	女T恤衫	包括各类棉针织T恤衫、化学纤维针织T恤衫、丝针织T恤衫、其他针织T恤衫	T恤衫
720	1	04	02	01	10						104020110000000000	男T恤衫	包括各类棉针织T恤衫、化学纤维针织T恤衫、丝针织T恤衫、其他针织T恤衫	T恤衫
721	1	04	02	01	11						104020111000000000	女上衣	包括马甲、背心、坎肩、夹克，包括防风衣	上衣、马甲、背心、坎肩、夹克、防风衣
722	1	04	02	01	12						104020112000000000	男上衣	包括马甲、背心、坎肩、夹克，包括防风衣	上衣、马甲、背心、坎肩、夹克、防风衣
723	1	04	02	01	13						104020113000000000	女裤子	不包括内衣裤、睡衣裤（详见104020101、104020102）、防风裤（详见104020103、104020104）	裤、牛仔裤、棉裤、毛裤、丝裤、化纤裤、紧身裤、塑身裤、喇叭裤、小脚裤、直筒裤、短裤、沙滩裤、休闲裤、防风裤
724	1	04	02	01	14						104020114000000000	男裤子	不包括内衣裤、睡衣裤（详见104020101、104020102）、防风裤（详见104020103、104020104）	裤、牛仔裤、棉裤、毛裤、丝裤、化纤裤、紧身裤、塑身裤、喇叭裤、小脚裤、直筒裤、短裤、沙滩裤、休闲裤、防风裤
725	1	04	02	01	15						104020115000000000	裙子		连衣裙、裙裤、衬裙
726	1	04	02	01	16						104020116000000000	女大衣、女风衣	包括女式毛大衣。不包括羽绒服（详见104020122）	大衣、风衣、毛大衣
727	1	04	02	01	17						104020117000000000	男大衣、男风衣	包括男式毛大衣。不包括羽绒服（详见104020122）	大衣、风衣、毛大衣

附录A 商品和服务税收分类与编码

续表

序号	篇	类	章	节	条	款	项	目	子目	细目	合并编码	商品和服务名称	说明	关键字
728	1	04	02	01	18						1040201180000000000	便服套装	指各种针织和非针织的男女便服套装，包括牛仔套装、休闲服套装、中式套装、时装套装、中山服套装、其他便服套装。不包括西服套装（详见10402019）、运动服装（详见10402023）	便服套装，男式便服套装，女式便服套装，针织便服套装，男式针织便服套装，女式针织便服套装，毛制男式便服套装，棉制男式便服套装，合成纤维制男式便服套装，丝制男式便服套装，棉制女式便服套装，合成纤维制女式便服套装，丝制女式便服套装，棉针织男式便服套装，合成纤维针织男式便服套装，丝针织男式便服套装，棉针织女式便服套装，合成纤维针织女式便服套装，丝针织女式便服套装，丝钩编女式便服套装
729	1	04	02	01	19						1040201190000000000	西服套装	指各种针织和非针织的男女西服套装，包括西服上衣、裤子、西服背心、西服裙。男西服套装包括上衣、裤子、西服背心（西服马甲），两件套、三件套、四件套、夜礼服、男晚礼服（燕尾服）、男无尾礼服。女西服套装包括上衣、背心、西服裙、裤子（两件套、三件套、四件套）	西服套装，男式西服套装，女式西服套装，针织西服套装，女式针织西服套装，男式针织西服套装，女式针织西服裙，女式针织西服裤，男式针织西服套装，毛制男式西服套装，合成纤维制男式西服套装，丝制男式西服套装，棉制女式西服套装，合成纤维制女式西服套装，丝制女式西服套装，棉针织男式西服套装，合成纤维针织男式西服套装，丝针织男式西服套装，棉针织女式西服套装，合成纤维针织女式西服套装，丝制针织女式西服套装，钩编男式西服套装
730	1	04	02	01	20						1040201200000000000	女毛衣		女毛衣
731	1	04	02	01	21						1040201210000000000	男毛衣		男毛衣

续表

序号	编码 篇	类	章	节	项	款	条	细目	子目	合并编码	商品和服务名称	说明	关键字
732	1	04	02	01	22					10402012200000000000	防寒服	指以羽绒、化纤棉、丝棉、棉花、驼绒、羊绒絮片、人造毛皮、针织棉等为填充物或内胎制作的各式服装	羽绒服、防寒服
733	1	04	02	01	23					10402012300000000000	运动服装	包括田径服、击剑服、跆拳道服、滑雪服及游泳服、舞裙、体操或练功紧身衣，非针织的(体操用特种服装等类似服装。不包括运动装(详见10402019))	运动服、针织滑雪服、游泳服、针织游泳服、针织运动服、合成纤维针织运动服、棉针织滑雪服、化学纤维针织滑雪服、男式针织游泳服、女式运动服、男式运动服、棉制滑雪服、化纤制滑雪服、男式游泳服、女式游泳服
734	1	04	02	01	24					10402012400000000000	婴幼儿服装	指以各种服装材料制成的婴儿服和儿童服装。包括儿童服装、身紧连衣外衣、婴儿围涎、分指手套、连指手套、露指手套、紧身衣裤及婴儿连袜裤、婴儿尿布、小丑服、背心连胸童装外衣、婴儿围涎、分指手套	婴幼儿服装、婴儿服装、棉毛类棉针织婴儿服装、绒布类棉针织婴儿服装、棉毛类合成纤维针织婴儿服装、绒布类合成纤维针织婴儿服装、单面布类合成纤维针织婴儿服装、毛针织婴儿服装、丝针织婴儿服装、棉制婴儿服装、合成纤维制婴儿服装、毛制婴儿服装、婴儿着附件、儿童服装
735	1	04	02	01	25					10402012500000000000	特种服装	指有特殊功能或特殊用途的服装，包括迷彩服、航天服、潜水服、防弹衣、阻燃服、均压服、防酸服、防火服、抗油拒水服、焊接防护服、防电弧服等	迷彩服、航天服、潜水服、阻燃服、均压服、防酸服、防火服、抗油拒水服、焊接防护服、防电弧服
736	1	04	02	01	99					10402019900000000000	其他服装		
737	1	04	02	02						10402020000000000000	皮革服装		
738	1	04	02	02	01					10402020100000000000	天然皮革服装	指用猪、牛、羊及其他动物等天然皮革(包括头层和剖层革)制作的服装，包括天然皮革大衣、皮革上衣、天然皮革裤、天然皮革背心	天然皮革服装、天然皮革大衣、天然皮革背心

续表

序号	篇	类	章	节	款	条	项	目	子目	细目	合并编码	商品和服务名称	说明	关键字
739	1	04	02	02	02						1040202020000000000	非天然皮革服装	指用人造革、合成革、再生革等非天然皮革制作的服装，包括非天然皮革大衣、非天然皮革裤、非天然皮革背心、其他非天然皮革服装	非天然皮革服装、人造革大衣、合成革大衣、再生革大衣、人造革上衣、合成革上衣、再生革上衣、人造革裤、合成革裤、再生革裤、人造革背心、合成革背心、再生革背心
740	1	04	02	03							1040203000000000000	毛皮服装及其附件		
741	1	04	02	03	01						1040203010000000000	毛皮服装	指以各种毛皮为原料生产的服装。包括天然毛皮服装和人造毛皮服装	毛皮服装、貂皮服装、狐皮服装、兔皮服装、毛革两用皮外衣、毛皮背心、人造毛皮大衣
742	1	04	02	03	02						1040203020000000000	毛皮服装附件	包括天然毛皮服装附件和人造毛皮服装附件	毛皮服装附件、天然毛皮披肩、天然毛皮衣领、天然毛皮围巾、人造毛皮披肩、人造毛皮衣领、人造毛皮围巾、人造毛皮手筒
743	1	04	02	04							1040204000000000000	鞋		
744	1	04	02	04	01						1040204010000000000	皮革鞋靴	指以天然皮革（头层、二层）、合成革、人造革面料生产的鞋靴；包括皮革面普通靴、皮革面旅游（运动）鞋靴、皮革面凉鞋或拖鞋、皮革面劳保专用鞋靴、其他皮革面鞋靴、竞技用运动鞋靴	皮鞋、皮靴、天然皮革面普通鞋靴、天然皮革面旅游鞋靴、天然皮革面运动鞋、天然皮革面凉鞋、天然皮革面拖鞋、天然皮革劳保专用鞋靴、非天然皮革面普通鞋靴、非天然皮革面旅游鞋靴、非天然皮革面运动鞋靴、非天然皮革面凉鞋、非天然皮革面拖鞋、非天然皮革

续表

序号	篇	类	章	节	条	款	项目	子目	细目	合并编码	商品和服务名称	说　明	关　键　字
745	1	04	02	04	02					104020402000000000000	纺织面鞋	指以纺织物为面料制作的鞋，包括纺织面单鞋、纺织面棉鞋、纺织面凉鞋、纺织面拖鞋、纺织面其他鞋、纺织面运动鞋	皮革面劳保专用鞋靴、纺织面鞋、橡塑底布单鞋、皮底布单鞋、布底布单鞋、布底布棉鞋、橡塑底布棉鞋、皮底布棉鞋、布底布凉鞋、橡塑底布凉鞋、皮底布凉鞋、布底布拖鞋、橡塑底布拖鞋、皮底布拖鞋、纺织面普通鞋、橡塑底纺织普通运动鞋、纺织面普通旅游鞋
746	1	04	02	04	03					104020403000000000000	胶鞋	以橡胶为鞋底或鞋帮成型的鞋靴，包括胶面胶鞋、橡胶凉鞋或拖鞋、橡塑防护鞋、其他胶鞋	胶鞋、高统防水橡胶靴、中统防水橡胶靴、短统防水橡胶靴、橡胶凉鞋、橡胶拖鞋、金属防护鞋头橡塑鞋、金属防护鞋头橡塑鞋靴
747	1	04	02	04	04					104020404000000000000	塑料鞋	指以合成树脂为主要原料加工成型的鞋，包括全塑凉鞋或拖鞋、其他塑料鞋	塑料鞋、全塑凉鞋、全塑拖鞋
748	1	04	02	04	05					104020405000000000000	木制鞋	指木制的鞋、包括木屐、其他木制鞋	木制靴鞋、木屐
749	1	04	02	04	06					104020406000000000000	舞蹈、戏剧用靴鞋	指舞蹈、戏剧专用的靴鞋，包括皮制舞蹈或戏剧用靴鞋、纺织材料鞋面制舞蹈或戏剧用靴鞋	舞蹈靴鞋、戏剧靴鞋、皮制舞蹈剧用靴鞋、纺织戏剧用靴鞋、皮制舞蹈剧用鞋面、纺织材料鞋面制舞蹈剧用靴鞋
750	1	04	02	04	07					104020407000000000000	靴鞋零件、护腿及类似品	包括靴鞋零件、护腿或裹腿及类似品	靴鞋零件、鞋外底、鞋眼、鞋面零件、木制鞋靴零件、橡胶鞋套、护腿、裹腿
751	1	04	02	04	99					104020499000000000000	其他鞋		
752	1	04	02	05						104020500000000000000	帽子及附件		
753	1	04	02	05	01					104020501000000000000	帽子	包括普通帽、有边帽、贝雷帽、制服帽、民族帽、学生帽、学位帽、工作帽（厨师帽及类似）、运动帽、大礼帽、皮夜礼帽、兜帽等	帽子、普通帽、有边帽、贝雷帽、制服帽、民族帽、学生帽、学位帽、职业帽、工作帽、运动帽、旅游帽、大礼帽、夜礼帽、兜帽

续表

序号	篇	类	章	节	条	款	项	目	子目	细目	合并编码	商品和服务名称	说明	关键字
754	1	04	02	05	02						10402050200000000000	帽子附件	包括帽圈、衬、套、帮、骨架、舌及颏带等	帽子附件
755	1	04	03								10403000000000000000	皮革、毛皮及其制品		
756	1	04	03	01							10403010000000000000	半成品革	指经脱毛和鞣制等物理、化学加工所得到的已经变性不易腐烂的半成品动物皮。包括牛半成品革、马半成品革、绵羊半成品革、山羊半成品革、猪半成品革、爬行动物半成品革、其他半成品革	半成品革，牛半成品革，马半成品革，绵羊半成品革，山羊半成品革，猪半成品革，爬行动物半成品革
757	1	04	03	02							10403020000000000000	成品革和再生革		
758	1	04	03	02	01						10403020100000000000	成品革	指经脱毛和鞣制等物理、化学加工所得到的已经变性不易腐烂的动物皮。包括重革、轻革、油鞣革	成品革，猪重革，牛重革，马重革，牛轻革，马轻革，绵羊轻革，山羊轻革，猪轻革，爬行动物轻革，油鞣革
759	1	04	03	02	02						10403020200000000000	再生皮革	指以皮革或皮革纤维为基本成分的再生皮革	再生皮革
760	1	04	03	03							10403030000000000000	箱、包及类似容器	指用来装东西的各种包。包括衣箱或提箱及类似容器，手提包（袋）或背包、皮革作面类似箱包容器、塑料作面类似箱包容器、纺织材料作面类似箱包容器、其他箱或包及类似容器。不包括高尔夫球包（袋）（详见10604060209）	衣箱，提箱，手提袋，手提包，背包，皮革作面箱包，塑料作面箱包，纺织材料作面箱包
761	1	04	03	03	01						10403030100000000000	衣箱、提箱及类似容器		衣箱，提箱，皮革制行李箱，皮革制公文箱，塑料作面行李箱，塑料作面提箱，纺织材料作面提箱
762	1	04	03	03	02						10403030200000000000	手提包（袋）、背包	不包括高尔夫球包（袋）（详见10604060209）	手提包，手提袋，背包
763	1	04	03	03	03						10403030300000000000	皮革作面类似箱、包容器的其他	包括再生皮革或缝皮作面的其他类似容器。不包括高尔夫球包（袋）（详见10604060209）	皮革面相机套，皮革面望远镜盒，皮革乐盒，皮革面枪套

续表

序号	篇	类	章	节	条	款	项	目	子目	细目	合并编码	商品和服务名称	说明	关键字
764	1	04	03	03	04						1040303040000000000	塑料制面类似箱、包容器	不包括高尔夫球包（袋）（详见1060406020 9）	塑料面运动包、塑料面工具包、塑料面刀叉餐具盒
765	1	04	03	03	05						1040303050000000000	纺织材料制面类似箱、包容器	不包括高尔夫球包（袋）（详见1060406020 9）	纺织材料面运动包、纺织材料面工具包、纺织材料面刀叉餐具盒
766	1	04	03	03	99						1040303990000000000	其他箱、包及类似皮革制品		
767	1	04	03	04							1040304000000000000	皮手套及皮革制衣着附件	包括皮革手套、毛皮手套、皮革制衣着附件，不包括运动专用手套的运动防护用具（详见106040606）	
768	1	04	03	04	01						1040304010000000000	皮革手套	指皮革及再生皮革制手套，包括日常用皮革制手套、劳保用皮革制手套、其他皮革手套，不包括运动专用手套运动防护用具（详见106040606）	皮革手套、日常用皮革制手套、劳保用皮革制手套
769	1	04	03	04	02						1040304020000000000	毛皮手套	包括动物毛皮手套、人造毛皮手套	毛皮手套、动物毛皮手套、人造毛皮手套
770	1	04	03	04	03						1040304030000000000	皮革制衣着附件	包括皮革腰带、皮领带、皮革制子弹带、其他皮革制衣着附件	皮革制衣着附件、天然皮革制腰带、非天然皮革制腰带、皮领带、皮革制子弹带
771	1	04	03	05							1040305000000000000	钱包、座套、相关皮革制品		
772	1	04	03	05	01						1040305010000000000	钱包及类似物品	指用各种材料制作的通常置于口袋或手提包内的物品，包括钱包、皮夹、钥匙包及类似物品	钱包、皮夹
773	1	04	03	05	02						1040305020000000000	皮革制座套	包括天然皮革、合成革、人造革、再生皮革套及类似制品	皮革制座套、天然皮革制沙发座套、天然皮革制汽车座套、非天然皮革制座套
774	1	04	03	05	03						1040305030000000000	专门技术用皮革制品	指机器等专门技术用途的皮革或再生皮革制品	专门技术用途皮革制品

附录 A　商品和服务税收分类与编码

续表

序号	篇	类	章	节	条	款	项	目	子目	细目	合并编码	商品和服务名称	说　明	关　键　字
775	1	04	03	05	04						1040305040000000000	途皮革制品	包括机器任何部位的皮革制传动带或输送带，皮革制输送吊斗，纺织机械用胜档皮带，清棉皮带，精梳皮革，综丝皮条及其他皮革制品，生皮锤等	
776	1	04	03	05	99						1040305990000000000	鞍具及挽具	指各种材料制成适合各种动物用的鞍具及挽具	鞍具，挽具
777	1	04	03	06							1040306000000000000	其他相关皮革制品	包括皮革制行李标签，磨剃刀的皮带，靴带，书籍封皮等未列明的皮革制品	皮革制行李标签，磨剃刀的皮带，靴带，书籍封皮
												鞣制毛皮、人造毛皮及其制品	不包括毛皮服装（详见 1040203）	
778	1	04	03	06	01						1040306010000000000	鞣制毛皮	指已鞣制或硝制的毛皮（包括未缝制和已缝制的），包括未缝制整张整皮，未缝制头、未缝制尾或爪片、其块或爪	鞣制毛皮，未缝制整张水貂皮，未缝制整张狐狸皮，未缝制整张羊皮，未缝制整张兔皮，未缝制头、未缝制尾，未缝制爪
779	1	04	03	06	02						1040306020000000000	已缝制整张毛皮及其块、片	包括已缝制的已鞣制或硝制的毛皮	已缝制整张水貂皮，已缝制整张兔皮，已缝制整张毛皮
780	1	04	03	06	03						1040306030000000000	天然毛皮制品	包括毛皮小地毯，毛皮床罩，毛皮坐垫，猎袋，供机器或机械器具用的毛皮制品，不包括天然毛皮服装（详见 1040203）	天然毛皮制品，毛皮小地毯，毛皮床罩，毛皮坐垫，毛皮狩猎袋，供机器用毛皮制品，机械器具用毛皮制品
781	1	04	03	06	04						1040306040000000000	人造毛皮	指外观类似动物毛皮的长毛型织物	人造毛皮
782	1	04	03	06	05						1040306050000000000	人造毛皮制品	包括人造兽尾制品，不包括人造毛皮服装（详见 104020302）	人造毛皮制品
783	1	04	03	07							1040307000000000000	加工羽毛（绒）		
784	1	04	03	07	01						1040307010000000000	加工填充用羽毛		羽毛

续表

序号	篇	类	章	节	条	款	项	目	子目	细目	合并编码	商品和服务名称	说明	关键字
785	1	04	03	07	02						1040307020000000000	加工填充用羽绒		羽绒
786	1	05									1050000000000000000	木制品、家具类产品		
787	1	05	01								1050100000000000000	木材及木、竹、藤、棕、草制品		
788	1	05	01	01							1050101000000000000	锯材	伐倒木经打枝和剥皮后的原木或原条，按一定规格要求加工的成材	
789	1	05	01	01	01						1050101010000000000	普通锯材	不包括铁路货车锯材、船用锯材、载重汽车锯材、包装箱锯材、机台木（详见105010102）	普通锯材
790	1	05	01	01	02						1050101020000000000	特种锯材	包括铁路货车锯材、船用锯材、载重汽车锯材、包装箱锯材、机台木	铁路货车锯材、船用锯材、载重汽车锯材、包装箱锯材、机台木、特种锯材
791	1	05	01	01	03						1050101030000000000	枕木	是用于铁路、专用铁道走行设备铺设和承载设备铺垫的材料	未浸渍普通枕木、未浸渍道岔枕木、未浸渍桥梁枕木、已浸渍普通枕木、已浸渍道岔枕木、已浸渍桥梁枕木
792	1	05	01	01	99						1050101990000000000	其他锯材		
793	1	05	01	02							1050102000000000000	木片、木粒加工产品		
794	1	05	01	02	01						1050102010000000000	木片、木粒	指用机械方法将木材制成小片（扁平刚硬且粗制成方形）或小粒（细小且有柔性），用于机械法、化学法或机械—化学法制纤维素浆，或制造纤维板或木质碎料板	木片、针叶木木片、非针叶木木片、木粒、针叶木木粒、非针叶木木粒、纸木片、人造板木片、纺织业生产人造纤维用木片
795	1	05	01	02	02						1050102020000000000	木丝、木粉		木丝、木粉

附录 A 商品和服务税收分类与编码 367

续表

序号	篇	类	章	节	条	款	项	目	子目	细目	合并编码	商品和服务名称	说明	关键字
796	1	05	01	02	03						1050102030000000000	锯末、木废料及碎片		锯末、木废料
797	1	05	01	03							1050103000000000000	人造板		
798	1	05	01	03	01						1050103010000000000	胶合板	是由木段旋切成单板或由木方刨切成薄木，再用胶黏剂胶合的三层或多层的板状材料	薄板制胶合板、多层板制胶合板、竹胶板、竹材胶合板、竹编胶合板、竹材层压板、胶合板
799	1	05	01	03	02						1050103020000000000	纤维板	由木质纤维素纤维交织成型并利用其固有胶黏性能制成的人造板	木质纤维板、硬质纤维板、中密度纤维板、软质纤维板、非木质纤维板、稻草板、麦秸板、蔗渣板、棉秆板、稻壳板、麻秆板
800	1	05	01	03	03						1050103030000000000	刨花板	也称碎料板	刨花板、木质刨花板、普通刨花板、定向刨花板、装饰刨花板、非木质刨花板、水泥刨花板、石膏刨花板、木丝板、水泥木屑板、竹材刨花板
801	1	05	01	03	04						1050103040000000000	细木工板	指单板饰面板	细木工板
802	1	05	01	03	99						1050103990000000000	其他人造板		
803	1	05	01	04							1050104000000000000	二次加工材、相关板材		
804	1	05	01	04	01						1050104010000000000	单板	是指原木通过旋切或刨切获得的，厚度在 1mm 左右，用于制造胶合板等人造板材的木质材料	单板、刨切单板、针叶木刨切单板、红柳安木刨切单板、热带木刨切单板、竹刨切单板、非针叶木刨切单板、旋切单板、针叶木旋切单板、红柳安木旋切单板、非针叶木旋切单板、热带木旋切单板、针叶木微薄木、红柳安木微薄木、热带木微薄木、非针叶木微薄木

续表

序号	篇	类	章	节	条	款	项	目	细目	合并编码	商品和服务名称	说明	关键字
805	1	05	01	04	02					1050104020000000000	强化木		强化木
806	1	05	01	04	03					1050104030000000000	指接材	由多块木板端面采用锯齿状接口,类似两手手指交叉对接,纵向拼接而成	指接材
807	1	05	01	04	04					1050104040000000000	人造板表面装饰板	指单板贴面板	人造板表面装饰板、合成树脂浸渍贴面板、印刷木纹纸贴面板、直接印刷板、人造染色板
808	1	05	01	04	05					1050104050000000000	热固性树脂装饰层压板		热固性树脂装饰层压板
809	1	05	01	05						1050105000000000000	建筑用木料及加工木材组件		
810	1	05	01	05	01					1050105010000000000	木制门及其框架和门槛		实木制门、非实木制门、木制门、木质门框架、木质门槛
811	1	05	01	05	02					1050105020000000000	木制窗及其框架		木制窗、木制窗框架
812	1	05	01	05	03					1050105030000000000	木模	指木制水泥构件的模板	木模
813	1	05	01	05	04					1050105040000000000	木制地板		实木地板、复合木地板
814	1	05	01	05	04	01				1050105040100000000	实木地板	以木材为原料,通过一定的工艺将木材刨切加工成单板(刨切薄木)或旋切加工成单板,然后将多层单板经过胶压复合等工艺生产的实木地板	柚木实木地板、印茄实木地板、香茶紫黄实木地板、水曲柳实木地板、加枫实木地板、水青冈实木地板、桦木实木地板、红橡实木地板、亚花梨实木地板、香脂榆栎实木地板、铁苏木实木地板、乔木豆实木地板、拉帕乔实木地板、香木树参实木地板、胡桃木实木地板、鸡翅木实木地板、紫心木实木地板、香二翅豆实木地板、木荚豆实木地板、甘巴豆

附录 A　商品和服务税收分类与编码

续表

序号	篇	类	章	节	条	款	项目	子目	细目	合并编码	商品和服务名称	说　明	关　键　字
815	1	05	01	05	04	99				1050105049900000000	其他木制地板		实木地板
816	1	05	01	05	05					1050105050000000000	木瓦		木瓦
817	1	05	01	05	06					1050105060000000000	木制盖屋板		木制盖屋板
818	1	05	01	05	07					1050105070000000000	木制梁、椽、屋顶支梁		木制梁、椽、屋顶支梁
819	1	05	01	05	08					1050105080000000000	木制楼梯		木制楼梯
820	1	05	01	05	09					1050105090000000000	木制栏杆		木制栏杆
821	1	05	01	05	99					1050105990000000000	其他建筑用木料及加工木材组件		
822	1	05	01	06						1050106000000000000	木容器		
823	1	05	01	06	01					1050106010000000000	木制桶、槽、盆及类似容器		木桶、木制桶、木质盆、木质桶板木、木制桶容器配件、木箍桶、大酒桶、琵琶桶、大木桶、箍木
824	1	05	01	06	02					1050106020000000000	包装用木容器	包括包装用木箱、木盒、板条箱及类似包装容器	包装用木箱、木盒、板条箱、包装用木盒、电缆卷筒、木质电缆盘
825	1	05	01	06	03					1050106030000000000	木质保温容器		木质保温容器
826	1	05	01	06	04					1050106040000000000	木托板、箱形托盘及类似装载木板		木托板、箱形木托盘、装载用木板、托盘、护框
827	1	05	01	07						1050107000000000000	软木及软木制品		
828	1	05	01	07	01					1050107010000000000	天然软木	植物木栓层非常发达的树种的外皮产物	软木板、软木片、天然制软木废压制

续表

序号	篇	类	章	节	条	款	项	目	子目	细目	合并编码	商品和服务名称	说明	关键字
829	1	05	01	07	02						1050107020000000000	软木制品	由软木加工后制成的产品，不包括压制软木及其制品（详见105010703）	软木废料、软木碎、软木粒、软木粉、软木塞子、软木圆片、垫片及薄片、天然软木垫、极薄软木片条、软木制救生圈、软木制浴室防滑垫
830	1	05	01	07	03						1050107030000000000	压制软木及其制品	压制软木通常是将软木碎、软木粒或软木粉用加人黏合物质，或不加黏合物质的方法高温加压制得	压制软木块、压制软木砖、压制软木条
831	1	05	01	08							1050108000000000000	木制餐具、相关木制品		
832	1	05	01	08	01						1050108010000000000	木制餐具及厨房用具	不包括木制一次性筷子（详见105010802）	木制餐具、木制厨房用具、木筷子、木碗、木勺、木铲、木案板
833	1	05	01	08	02						1050108020000000000	木制一次性筷子		木制一次性筷子
834	1	05	01	08	03						1050108030000000000	木质框架、相关木制品		木制镜框、木制相框、木制工具、木制晾衣架、木制洗衣板
835	1	05	01	09							1050109000000000000	竹制品		
836	1	05	01	09	01						1050109010000000000	竹制工业、建筑生产用品	指工业及建筑生产用竹制品	竹地板、竹梯子、竹架子、竹勺片、竹船篷
837	1	05	01	09	02						1050109020000000000	竹制包装用品	指包装用竹制品	竹篓子、竹篮子、竹苫席、竹酒囤
838	1	05	01	09	03						1050109030000000000	竹制炊事用具	指炊事用竹制品	竹筷子、竹蒸笼、竹盖、竹饭桶、淘米、洗菜萝筐、竹砧板、竹锅盖、竹缸盖
839	1	05	01	09	04						1050109040000000000	竹编结、相关竹制品	采用编结方法制成的竹制品	竹帘、竹睡席、竹笼子、竹扇子、竹床席、竹童车、竹斗笠、竹保温瓶壳、竹晒衣架
840	1	05	01	10							1050110000000000000	棕、藤、草	包括棕、藤、草、柳条、苇等类似制品	

附录 A 商品和服务税收分类与编码

续表

序号	编码 篇	类	章	节	条	款	项	目	子目	细目	合并编码	商品和服务名称	说明	关键字
												及类似制品		
841	1	05	01	10	01						1050110010000000000	棕制品	由山棕的棕叶、棕丝、棕骨等制成的产品	棕席、棕蓑衣、棕坐垫、棕蒲团、棕骨扫帚、棕笤帚
842	1	05	01	10	02						1050110020000000000	藤制品	藤条经加工处理后制成的产品	藤制席、藤枕头、藤垫子、藤包、藤篮、藤帽
843	1	05	01	10	03						1050110030000000000	柳（荆）条制品	柳（荆）条经加工处理后制成的产品	柳条筐、柳条篓、柳条包、柳条箱、柳条篮、柳条帽
844	1	05	01	10	04						1050110040000000000	苇制品	芦苇经加工处理后制成的产品	苇帘、苇席、苇箔
845	1	05	01	10	05						1050110050000000000	草制品	草苇经加工处理后制成的产品，不包括草帽（详见104020501），草鞋（详见104020499）	草帘、草制编筐、草蓑衣、草扫帚
846	1	05	01	10	06						1050110060000000000	玉米皮制编筐、类似编结品		玉米皮制编筐
847	1	05	01	10	99						1050110990000000000	其他棕、藤、草及类似制品		
848	1	05	02								1050200000000000000	家具及配件		
849	1	05	02	01							1050201000000000000	家具		
850	1	05	02	01	01						1050201010000000000	木质家具	指以天然木材和木质人造板为主要材料制作的家具，包括木质普通家具和木质工艺家具	木质家具、木质用木质家具、卧室用木质家具、木质床、木质床头柜、木质卧室柜、木质五斗橱、木质梳妆台、木质坐凳、木质沙发、木质沙发床、办公室用木质家具、木质桌、木质椅、餐厅用木质家具、红木制客厅、餐厅用家具、漆木制客厅、厨房用木质碗柜、木质厨房整体橱柜、木质工艺家具、红木雕刻工艺家具

续表

序号	篇	类	章	节	条	款	项	目	子目	细目	合并编码	商品和服务名称	说　明	关　键　字
851	1	05	02	01	02						1050201020000000000	竹家具	指以天然竹材和人造竹材为主要材料制作的家具，包括竹材普通家具和竹材工艺家具	竹床、竹制卧室柜、竹制五斗厨、竹制梳妆台、竹制坐具、竹制椅、竹凳、竹制沙发、竹制桌、竹茶几、竹制柜、竹制箱
852	1	05	02	01	03						1050201030000000000	藤家具		藤床、藤制卧室柜、藤制五斗厨、藤制梳妆台、藤制桌、藤茶几、藤制坐具、藤椅、藤凳、藤躺椅、藤制沙发、藤制柜、藤制箱
853	1	05	02	01	04						1050201040000000000	金属家具	指主要结构是金属的家具	金属制坐具、飞机用坐具、机动车辆用坐具、金属底座转动坐具、金属框架沙发床、金属框架躺椅、金属椅、金属框架坐凳、金属制床、铜床、办公室用金属家具、钢木家具、金属架电脑桌、钢木床帽柜、金属制厨房整体厨柜、不锈钢厨房家具、金属书架、金属花架、金属架屏风
854	1	05	02	01	05						1050201050000000000	塑料家具	指主要结构是塑料的家具	塑料坐具、塑料制电脑椅、塑料桌、塑料柜、塑料架、软体家具、软体沙发、坐垫、塑料沙发床垫、床垫、褥垫、弹簧床垫、棕制床垫、海绵橡胶制褥垫、泡沫塑料制褥垫
855	1	05	02	01	06						1050201060000000000	软体家具	指的是以海绵、织物为主体的家具，例如沙发、床等家具	休闲布艺、真皮、仿皮、皮加布类的沙发、软床
856	1	05	02	01	07						1050201070000000000	玻璃、玻璃纤维增强塑料家具	指主要结构是玻璃、玻璃纤维增强塑料的家具	玻璃家具、玻璃桌、玻璃柜、玻璃茶几、玻璃纤维增强塑料坐椅、玻璃钢课椅、玻璃钢候椅、玻璃钢餐椅

续表

序号	篇	类	章	节	项目	子目	细目	款	条	合并编码	商品和服务名称	说明	关键字
857	1	05	02	01					08	1050201080000000000	石头、陶瓷制家具	指主要结构是石头、陶瓷的家具	石制家具、石制坐具、陶瓷桌、陶瓷椅、凳
858	1	05	02	01					99	1050201990000000000	其他家具		
859	1	05	02	02						1050202000000000000	家具配件		
860	1	05	02	02					01	1050202010000000000	木质家具零配件	不包括坐具零配件（详见105020208）	木质床板、木质床架
861	1	05	02	02					02	1050202020000000000	竹家具零配件	不包括坐具零配件（详见105020208）	竹家具零配件、竹床板、竹床架
862	1	05	02	02					03	1050202030000000000	藤家具零配件	不包括坐具零配件（详见105020208）	藤家具零配件、藤床架
863	1	05	02	02					04	1050202040000000000	金属家具零配件	不包括坐具零配件（详见105020208）	金属家具零配件、钢床架、钢床绷、铜床架
864	1	05	02	02					05	1050202050000000000	塑料家具零配件	不包括坐具零配件（详见105020208）	塑料家具零配件
865	1	05	02	02					06	1050202060000000000	软体家具零配件	不包括坐具零配件（详见105020208）	软体家具零配件
866	1	05	02	02					07	1050202070000000000	玻璃家具零配件	不包括坐具零配件（详见105020208）	玻璃家具零配件
867	1	05	02	02					08	1050202080000000000	坐具零配件		坐具零配件
868	1	05	02	02					99	1050202990000000000	其他家具配件		
869	1	06								1060000000000000000	纸、印刷品、软件、文教、工艺品类产品		

关键字（857续）：钢运动场座椅、玻璃钢公园休闲椅、玻璃钢餐桌、玻璃钢课桌、玻璃钢制茶几、陶瓷制家具、陶瓷桌、陶瓷椅、凳

续表

序号	篇	类	章	节	款	条	项	目	子目	细目	合并编码	商品和服务名称	说　明	关　键　字
870	1	06	01								1060100000000000000	纸及纸制品		
871	1	06	01	01							1060101000000000000	纸浆	指原生浆及废纸浆，包括木浆、非木材纤维纸浆、稻草浆（禾）浆、竹浆、蔗渣浆、麦草浆、稻草浆（禾草浆）、麻浆、棉短绒纸浆、废纸浆，以及其他再生纸浆、化学溶解浆，以及其他原生纸浆稍。不包括纺织用化学浆粕（详见1070401）	
872	1	06	01	01	01						1060101010000000000	木浆	包括磨石磨木浆、木片磨木浆、漂白化学木浆、未漂白化学木浆、化学机械木浆等	木浆、磨石磨木浆、木片磨木浆、漂白化学木浆、未漂白化学木浆、化学机械木浆
873	1	06	01	01	02						1060101020000000000	非木材纤维纸浆	不包括秸秆浆（详见106010105）	非木材纤维纸浆、苇浆、荻浆、竹浆、棉短绒纸浆
874	1	06	01	01	03						1060101030000000000	废纸纸浆	指采用回收纸和纸制品制造的纸浆	废纸纸浆、脱墨纸浆、未脱墨废纸浆
875	1	06	01	01	04						1060101040000000000	化学溶解浆	指在制浆过程中除去了木素和半纤维素，只保留纤维素的高纯度精制化学浆	化学溶解浆
876	1	06	01	01	05						1060101050000000000	秸秆浆	含蔗渣浆、麦草浆、稻草浆（禾草浆）、麻浆	秸秆浆、蔗渣浆、麦草浆、稻草浆、禾草浆、麻浆
877	1	06	01	01	06						1060101060000000000	再生纸浆	废倒塑（纸铝、纸塑）复合包装材料生产的纸浆	再生纸浆
878	1	06	01	01	99						1060101990000000000	其他纸浆		
879	1	06	01	02							1060102000000000000	机制纸及纸板	包括未涂布印书写用纸、涂布类印刷用纸、生用纸原纸、包装用纸及纸板、纤维类过滤纸及纸板、感应纸及纸板、其他机制纸及纸板。不包括外购原纸加工（详见1060103）	机制纸、纸板
880	1	06	01	02	01						1060102010000000000	未涂布印书写用纸	包括新闻纸、书写印刷纸、其他未涂布印书写用纸，不包括外购原纸印刷加工（详见1060103）	未涂布印书写用纸、超级压光纸、书写纸、胶版纸、复印原纸

续表

序号	篇	类	章	节	条	款	项	子目	细目	合并编码	商品和服务名称	说 明	关 键 字
881	1	06	01	02	02					1060102020000000000	涂布类印刷用纸	指涂有高岭土或其他无机物质的纸和纸板，包括铜版纸、轻量涂布纸、其他涂布类印刷用纸	涂布类印刷用纸、铜版纸、轻量涂布纸
882	1	06	01	02	03					1060102030000000000	卫生用纸原纸	指成卷或成张的卫生纸、面巾纸、餐巾纸等卫生用纸的原纸，包括卫生纸原纸、面巾纸原纸、餐巾纸原纸、其他卫生用纸原纸	卫生纸原纸、面巾纸原纸、餐巾纸原纸
883	1	06	01	02	04					1060102040000000000	包装用纸及纸板	包括包装纸、箱纸板、白纸板、瓦楞纸板、工业技术配套用纸、其他包装用纸及纸板，无论是否涂布均属此类	包装纸、箱纸板、白纸板、瓦楞纸板、工业技术配套用纸、包装用纸板、袋用牛皮纸、牛皮挂面箱纸板、挂面箱纸板、薄页类包装纸、牛皮卡纸、白卡纸、白底白纸板、灰底白纸板、涂布白纸板、半化学瓦楞原纸、草浆瓦楞原纸、卷烟纸、装饰原纸、建筑原纸、纸管原纸、电器绝缘用纸
884	1	06	01	02	05					1060102050000000000	感应纸及纸板	包括光敏、热敏、压敏及其他感应纸及纸板	感应纸、感应纸板、照相纸板、热敏纸原纸、热敏纸板原纸、压敏纸原纸、压敏纸板
885	1	06	01	02	06					1060102060000000000	纤维类过滤纸及纸板	包括油滤纸及纸板、空气过滤纸及纸板、液体过滤纸及纸板、其他纤维类过滤纸及纸板	纤维类过滤纸、纤维类纸板、油滤纸、油滤纸板、空气过滤纸、空气过滤纸板、液体过滤纸、液体过滤纸板
886	1	06	01	02	99					1060102990000000000	其他机制纸及纸板		
887	1	06	01	03						1060103000000000000	加工纸	指对原纸或纸板等成品纸进行再次加工处理而成的纸，包括美纹穿孔纸及纸板、轻印版纸、涂布浸渍覆盖纸、油印蜡纸或胶印版纸、其他加工纸	
888	1	06	01	03	01					1060103010000000000	美纹、穿孔纸及纸板	包括美纹纸及纸板、穿孔纸及纸板	美纹纸、美纹纸板、穿孔纸、穿孔纸板

续表

序号	篇	类	章	节	条	款	项目	子目	细目	合并编码	商品和服务名称	说明	关键字
889	1	06	01	03	02					1060103020000000000	转印纸	包括静电复印纸、复写纸、热敏纸（热成像纸）、工业转移复印纸	转印纸、静电复印纸、无碳复写纸、涂碳复写纸、热敏纸、工业转移印刷纸
890	1	06	01	03	03					1060103030000000000	油印蜡纸或胶印版纸	包括油印蜡纸、胶印版纸	油印蜡纸、胶印版纸
891	1	06	01	03	04					1060103040000000000	涂布浸渍覆盖纸	指涂有蜡、胶、塑料等涂布的成卷成张矩形涂布浸渍覆盖面饰面或印花纸，包括焦油纸板、沥青纸及纸板、胶黏纸及纸板、用蜡或石蜡浸涂纸、其他涂布浸渍覆盖纸板或油浸涂甘油浸渍涂纸	涂布浸渍覆盖纸、焦油浸渍纸、焦油纸板、沥青纸板、黏胶纸、自黏胶黏纸、彩色相板用双面涂塑纸、票白纸、绝缘纸、绝缘纸板
892	1	06	01	03	05					1060103050000000000	瓦楞纸板	指由至少一层瓦楞纸和一层箱板纸（也叫箱板）黏合而成的纸板	瓦楞纸板
893	1	06	01	03	99					1060103990000000000	其他加工纸		
894	1	06	01	04						1060104000000000000	手工制纸及纸板	包括手工纸和手工纸板	手工纸、手工纸板
895	1	06	01	04	01					1060104010000000000	手工纸	包括宣纸、国画纸、其他手工纸	手工纸、宣纸、国画纸
896	1	06	01	04	02					1060104020000000000	手工纸板		手工纸板
897	1	06	01	05						1060105000000000000	纸制品	指用纸或纸板为原料进一步加工而成的纸的制品，包括纸和纸板容器、用成卷成张纸为原料进一步加工而成的卫生用纸制品、纸制壁纸、纸浆制滤块、滤板制滤片、纸制筒管、纸制标签、卷轴、衬子及类似品、纸绳以及未列明的其他纸制品	指用纸或纸板制的各种容器，包括瓦楞纸板及纸板容器、非瓦楞纸及纸板容器、纸袋、纸制餐具、其他纸制文具及办公用品。不包括纸制容器。
898	1	06	01	05	01					1060105010000000000	纸和纸板制容器	指用纸或纸板制的各种容器，包括瓦楞纸及纸板容器、非瓦楞纸及纸板容器、纸袋、纸制餐具、其他纸制文具及办公用品。不包括纸制容器。	纸制容器、纸板制容器、瓦楞纸箱、瓦楞纸盒、瓦楞纸箱、可折叠纸匣、可折叠纸盒、纸袋、锥形纸

附录 A 商品和服务税收分类与编码

续表

序号	篇	类	章	节	条	合并编码	商品和服务名称	说　明	关　键　字
899	1	06	01	05	02	1060105020000000000	纸制文具及办公用品	指用纸或纸板为原料进一步加工而成的纸制文具及办公用品。包括纸制卷宗盒、信件盒、存储盒、文件袋（夹）、信封、明信片类制品等。不包括练习本、账册、集邮簿等本册（详见106010502）	纸制文具、纸制办公用品、纸制卷宗盒、纸制信件盒、纸制存储盒、纸制唱片套、纸制文件袋、纸制文件夹、信封
900	1	06	01	05	03	1060105030000000000	纸浆模制品	指压制模制纸浆制品。包括一次性纸浆模餐具、方便面碗、纸浆模制超市托盒（盘）、医用一次性托盒利用具、精密工业包装纸浆模制品、其他纸浆模制品	纸浆模制品、一次性纸浆餐具、方便面碗、纸浆模制超市托盒、医用一次性托盘、精密工业包装纸浆模制品
901	1	06	01	05	04	1060105040000000000	卫生用纸制品	指用成卷或成张的卫生用纸原纸为原料，进一步加工而成的卫生用纸制品（含一次性卫生制品）。包括卫生纸、纸手帕及面巾纸、纸尿布、纸台布、纸尿布、纸止血塞、纸或纤维絮制服装、卫生用纸制品	卫生用纸制品、卫生纸、纸手帕、面巾纸、纸餐巾、纸台布、纸卫生巾、纸止血塞、纸尿布、尿布衬里
902	1	06	01	05	05	1060105050000000000	纸制壁纸、窗帘、铺地制品及类似品	包括壁纸及类似品、纸制窗帘及类似品、纸制铺地制品及类似品	木粒饰面壁纸、草粒饰面壁纸、塑料涂面壁纸、塑料盖面壁纸、编结材料盖面壁纸、纺织材料糊褙纸、窗用透明纸、纸制铺地制品
903	1	06	01	05	06	1060105060000000000	纸浆制滤块、滤板及滤片	包括纸制滤块、纸浆制滤板及滤片	纸浆制滤块、纸浆制滤板、纸制滤片
904	1	06	01	05	07	1060105070000000000	纸或纸板制标签	包括印有文字图画纸制标签、未印文字等画纸制标签。不论是否印制均属此项	纸制标签、纸板制标签、印有文字图画纸制标签、未印文字图画纸制标签
905	1	06	01	05	08	1060105080000000000	纸制筒管、卷轴、纡子及类似品	指纸浆、纸或纸板制成筒管、卷轴、纡子等物品。包括纸制纺织纱线用筒管、其他纸制纡子及类似品	纸浆制筒管、纸制筒管、未印文字纸制标签、纸制纺织纱线用筒管、纸制纺织纱线用卷轴

续表

序号	编码 篇	类	章	节	条	款	项	目	子目	细目	合并编码	商品和服务名称	说明	关键字
906	1	06	01	05	09						106010509000000000	神纸及类似用品	指祭祀用纸皮类似品	神纸
907	1	06	01	05	10						106010510000000000	纸扇		纸扇
908	1	06	01	05	11						106010511000000000	箱板纸	指纸箱用纸，又称牛皮纸、牛卡纸	箱板纸
909	1	06	01	05	99						106010599000000000	其他纸制品		皮纸、牛卡纸
910	1	06	02								106020000000000000		包括印刷品、书册、装订活动及印刷用附件、磁介质媒介复制品，非磁介质复制品	
911	1	06	02	01							106020100000000000	印刷品	包括图书、报纸、期刊，广告宣传等印刷品，不包括邮政部门报刊发行服务（详见3020103）、邮册等邮品销售服务（详见3020301）	
912	1	06	02	01							106020110000000000	有刊号图书、报纸、期刊类印刷品	包括单色、多色	图书、书籍、词典、读物、绘本、丛书
913	1	06	02	01	01	01					106020101010000000	党报	包括单色、多色，不包括邮政部门报刊发行服务（详见3020103）	日报、周报、月报、早报、晚报
914	1	06	02	01	01	02					106020101020000000	党刊	包括单色、多色，不包括邮政部门报刊发行服务（详见3020103）	日刊、周刊、旬刊、月刊、季刊、年刊
915	1	06	02	01	01	03					106020101030000000	机关报刊、机关期刊	指中国共产党和各民主党派的各级组织的机关报纸和机关期刊，各级人大、政协、政府、工会、共青团、妇联、残联、科协的机关报纸和机关期刊，新华社的机关报纸和机关期刊，军事部门的机关报纸和机关期刊	
916	1	06	02	01	01	04					106020101040000000	盲文图书和盲文期刊	不包括党报（详见1060201010101）、期刊（详见1060201010102）	盲文图书、盲文期刊
917	1	06	02	01	01	05					106020101050000000	少数民族文字出版物		

续表

序号	编码 篇	类	章	节	条	款	项	目	子目	细目	合并编码	商品和服务名称	说明	关键字
918	1	06	02	01	01	06					1060201010600000000	特定地区出版物	指经批准在内蒙古、广西、西藏、宁夏、新疆五个自治区内注册的出版单位出版的出版物	
919	1	06	02	01	01	07					1060201010700000000	特定图书、报纸和期刊	指《财政部国家税务总局关于延续宣传文化增值税和营业税优惠政策的通知》(财税〔2013〕87号)附件1所列图书、报纸和期刊	
920	1	06	02	01	01	08					1060201010800000000	少年儿童报刊及课本	指专为初中及初中以下少年儿童出版发行的报纸和期刊、普通中小学学生课本和中等职业教育课本	
921	1	06	02	01	01	09					1060201010900000000	老年报刊	指专为老年人出版发行的报纸和期刊	
922	1	06	02	01	01	99					1060201019900000000	其他有刊号图书、报纸、期刊类印刷品		
923	1	06	02	01	02						1060201020000000000	无刊号图书、报纸、期刊类印刷品		
924	1	06	02	01	03						1060201030000000000	广告宣传印刷品		广告类年刊、商品海报、商品目录册、艺术作品目录
925	1	06	02	01	04						1060201040000000000	地图、地图册		地图、地图册、地图仪
926	1	06	02	01	05						1060201050000000000	图片、设计图样及照片		示意图、教学示教图表及图解、设计图案、集邮大型张、印有图画首日封、宣传画
927	1	06	02	01	06						1060201060000000000	票证		邮票(印刷品)、钞票、有价证券凭证、印花税票
928	1	06	02	01	07						1060201070000000000	明信片、卡片、日历、挂历		明信片、印制问候卡片、印制各种日历、奖状及证书

续表

序号	篇	类	章	节	款	条	项	目	子目	细目	合并编码	商品和服务名称	说明	关键字
929	1	06	02	01	99						1060201990000000000	其他印刷品		塑料印刷品、金属印刷品
930	1	06	02	02							1060202000000000000	本册		
931	1	06	02	02	01						1060202010000000000	用于书写本册	包括练习簿、学生簿（课业簿册）、笔记簿、日记簿、效率手册、螺旋本、收据本	练习簿、学生簿、课业簿册、笔记簿、日记簿、效率手册、螺旋本、收据本
932	1	06	02	02	99						1060202990000000000	其他本册		相册、集邮册、名片册、纪念册、粘贴簿
933	1	06	02	03							1060203000000000000	印刷用附件	包括排版用活字、印版、滚筒	排版用活字、印版、滚筒
934	1	06	02	04							1060204000000000000	磁介质复制品	包括录音带、录像、软磁盘等复制品	录音带、录像、软磁盘
935	1	06	02	04	01						1060204010000000000	录音带复制品	包括已录音带、已录制教学用录音带、已录制非教学用录音带，宽≤4mm、宽≤6.5mm、宽＞6.5mm，已录制教学用录音带、已录制非教学用录音带	已录制教学用录音带、已录制非教学用录音带
936	1	06	02	04	02						1060204020000000000	录像带复制品	包括已录像带、已录制教学用录像、已录制非教学用录像，宽≤4mm、宽≤6.5mm、宽＞6.5mm，已录制教学用录像带、已录制非教学用录像带	已录制教学用录像带、已录制非教学用录像带
937	1	06	02	04	03						1060204030000000000	软磁盘复制品	包括教学用磁盘、非教学用磁盘	教学用磁盘、非教学用磁盘
938	1	06	02	04	99						1060204990000000000	其他磁介质复制品		
939	1	06	02	05							1060205000000000000	非磁介质复制品		
940	1	06	02	05	01						1060205010000000000	唱片复制品	指已灌（录）信息的唱片，不包括电子出版物（详	唱片

续表

序号	篇	类	章	节	条	款	项	目	子目	细目	合并编码	商品和服务名称	说明	关键字
941	1	06	02	05	02						1060205020000000000	光盘复制品	见1060302	音频光盘复制品
942	1	06	02	05	03						1060205030000000000	非音像复制品	指已灌（录）音的光盘，不包括电子出版物（详见1060302）	非音像复制品
943	1	06	02	05	04						1060205040000000000	电影胶片拷贝	指已录制声音或图像以外信息的其他媒体不包括电子出版物（详见1060302）	电影胶片拷贝
944	1	06	02	05	99						1060205990000000000	其他非磁介质复制品	指其他记录媒介复制品	非磁介质复制品
945	1	06	03								1060300000000000000	软件、电子出版物		
946	1	06	03	01							1060301000000000000	软件产品	包括基础软件、应用软件、嵌入式软件，不包括软件服务（详见3040201）	
947	1	06	03	01	01						1060301010000000000	基础软件产品		基础软件
948	1	06	03	01	01	01					1060301010100000000	系统软件产品	指属于独立完成一项应用的软件系统	系统软件
949	1	06	03	01	01	02					1060301010200000000	数据库软件产品		数据库软件
950	1	06	03	01	01	03					1060301010300000000	中间件软件产品		中间件软件
951	1	06	03	01	01	99					1060301019900000000	其他基础软件产品		基础软件
952	1	06	03	01	02						1060301020000000000	应用软件产品		应用软件
953	1	06	03	01	02	01					1060301020100000000	通用应用软件		通用应用软件

续表

序号	篇	类	章	节	款	项	目	子目	细目	合并编码	商品和服务名称	说　　明	关　键　字
954	1	06	03	01	02	02				1060301020200000000	行业应用软件产品		行业应用软件
955	1	06	03	01	02	03				1060301020300000000	游戏软件产品		游戏软件
956	1	06	03	01	02	04				1060301020400000000	动漫软件产品		动漫软件
957	1	06	03	01	02	05				1060301020500000000	地理信息软件产品		地理信息软件
958	1	06	03	01	02	06				1060301020600000000	语言处理软件产品		语言处理软件
959	1	06	03	01	02	99				1060301029900000000	其他应用软件产品		应用软件
960	1	06	03	01	03					1060301030000000000	嵌入式软件产品		
961	1	06	03	01	03	01				1060301030100000000	通信设备嵌入式软件		通信设备嵌入式软件
962	1	06	03	01	03	02				1060301030200000000	网络设备嵌入式软件		网络设备嵌入式软件
963	1	06	03	01	03	03				1060301030300000000	数字装备设备嵌入式软件	包括智能识别装置、安全防卫系统嵌入式软件	智能识别装置、安全防卫系统嵌入式软件
964	1	06	03	01	03	04				1060301030400000000	数字视频产品嵌入式软件	包括数字电视机顶盒、其他数字视频产品嵌入式软件	数字电视机顶盒、其他数字视频产品嵌入式软件
965	1	06	03	01	03	05				1060301030500000000	自动控制嵌入式软件	包括集散控制系统、过程控制系统、智能传感器智能机器人嵌入式软件	集散控制系统、过程控制系统、智能传感器智能机器人嵌入式软件
966	1	06	03	01	03	06				1060301030600000000	汽车电子嵌入式软件	包括通信系统、自动控制系统嵌入式软件	通信系统、自动控制系统嵌入式软件

附录 A 商品和服务税收分类与编码 383

续表

序号	篇	类	章	节	条	款	项	子目	细目	合并编码	商品和服务名称	说明	关键字
967	1	06	03	01	03	99				1060301039900000000	其他嵌入式软件		其他嵌入式软件
968	1	06	03	02						1060302000000000000	电子出版物	是指以数字代码方式，使用计算机应用程序，将图文声像等内容信息编辑加工后存储在具有确定的物理形态的磁、光、电等介质上，通过内嵌在计算机、手机、电子阅读设备、电子游戏机、数字音/视频播放设备、电子导航仪以及其他具有类似功能的设备上读取使用，具有交互功能，用以表达思想、普及知识和积累文化的大众传播媒体	只读光盘、一次写入式光盘、可擦写光盘
969	1	06	04							1060400000000000000	文教体育用品		
970	1	06	04	01						1060401000000000000	文具及类似用品		
971	1	06	04	01	01					1060401010000000000	文具盒(袋)	包括塑料、金属以及其他材质制的文具盒（铅笔盒）和文具袋（即笔袋）	文具盒、铅笔盒、文具袋
972	1	06	04	01	02					1060401020000000000	文件夹	包括非纸制的资料册、管理夹、整理夹、文件夹类文具；不包括纸制文件夹（详见 106013502），塑料磁带盒（详见 107060109）	资料册、管理夹、整理夹、文件袋（套）、文件盒、文件包
973	1	06	04	01	03					1060401030000000000	文件架	指主要用于存放文件等文化办公用品的架、柜、筐类物品，包括金属或塑料制成的公柜	金属办公架、金属办公柜、塑料办公架、塑料办公柜
974	1	06	04	01	04					1060401040000000000	装订类文具		装订文具
975	1	06	04	01	05					1060401050000000000	夹具类文具		夹具文具

续表

序号	篇	类	章	节	条	款	项目	子目	细目	合并编码	商品和服务名称	说明	关键字
976	1	06	04	01	06					1060401060000000000	修正液	修正液（又称涂改液、立可白、改写液）是一种普通文具。内含白色不透明颜料，涂在纸上以遮盖错字，干涸后可于其上重新书写	修正液、涂改液、立可白、改写液、修正笔、修正带
977	1	06	04	01	07					1060401070000000000	橡皮	包括橡皮擦、绘图橡皮等	橡皮擦、绘图橡皮
978	1	06	04	01	08					1060401080000000000	糨糊	将面粉或淀粉加水熬制为糊状	糨糊
979	1	06	04	01	09					1060401090000000000	胶水	连接两种材料的中间体，多以水剂出现，属精细化工类，种类繁多，主要以黏料、物理形态、硬化方法和被黏物材质的分类方法	胶水、强力胶、502
980	1	06	04	01	10					1060401100000000000	固体胶	固体胶又称固体胶棒、唇膏式糨糊、唇膏式糨糊等，以胶料、香精和水等为原料，经合理配制而成	固体胶、固体糨糊、固体糨糊棒、唇膏式糨糊
981	1	06	04	01	11					1060401110000000000	文印类用品	包括印泥、印油、印章、印台	印泥、印油、印章、印台
982	1	06	04	01	12					1060401120000000000	画具及类似用品	不包括油画布（详见104011006）	画具
983	1	06	04	01	99					1060401990000000000	其他文具及类似用品	包括学生书袋及类似品（按照学生的使用需求设计的书袋及类似品）和其他文具	学生书袋、书包、文具袋
984	1	06	04	02						1060402000000000000	笔及其零件		
985	1	06	04	02	01					1060402010000000000			
986	1	06	04	02	01	01				1060402010100000000	自来水笔		自来水笔
987	1	06	04	02	01	02				1060402010200000000	圆珠笔	包括中性圆珠笔、水性圆珠笔（滚珠笔）、油性圆珠笔、中油圆珠笔、可擦圆珠笔、其他圆珠笔	中性圆珠笔、水性圆珠笔、滚珠笔、油性圆珠笔、中油圆珠笔、可擦圆珠笔
988	1	06	04	02	01	03				1060402010300000000	铅笔	包括木杆铅笔、活动铅笔、纸杆铅笔、塑料铅笔、其他铅笔	木杆铅笔、活动铅笔、纸杆铅笔、塑料铅笔
989	1	06	04	02	01	04				1060402010400000000	绘画笔	包括毛笔、油画笔、油画棒、粉笔、木炭笔、蜡笔、其他绘画用笔	毛笔、油画笔、油画棒、粉笔、木炭笔、蜡笔
990	1	06	04	02	01	05				1060402010500000000	记号笔	彩色水笔、荧光笔、白板笔、微孔笔（签字笔）、油性记号笔、其他记号笔	彩色水笔、荧光笔、白板笔、微孔笔、签字笔、油性记号笔

附录 A 商品和服务税收分类与编码

续表

序号	篇	类	章	节	条	款	项	目	子目	细目	合并编码	商品和服务名称	说明	关键字
991	1	06	04	02	01	06					1060402010600000000	专业用笔	机器用笔、仪器用笔、蜡纸笔、其他专业用笔	机器用笔、仪器用笔、蜡纸铁笔
992	1	06	04	02	02						1060402020000000000	笔配件和零件	铅笔芯、圆珠笔芯、自来水笔笔头、笔杆、圆珠笔头、纤维笔笔头、其他笔配件和零件	铅笔芯、圆珠笔芯、自来水笔笔头、圆珠笔头、纤维笔笔头
993	1	06	04	03							1060403000000000000	教具及类似用具		
994	1	06	04	03	01						1060403010000000000	教学用模型	包括数学用模型、液压机模型、化学化工用模型、动物模型、植物模型、微生物模型、人体模型、医学教学模型、语文教学模型、历史教学模型、人物模型、地理模型、天文模型、气象模型、交通模型、建筑模型、制图模型、美术模型、机械模型、电器模型、输变电模型、其他教学用模型	数学用模型、动物模型、液压机模型、化学化工用模型、植物模型、微生物模型、人体模型、医学模型、语文教学用模型、历史教学模型、人物模型、地理模型、天文模型、气象模型、交通模型、建筑模型、制图模型、美术模型、机械模型、电器模型、输变电模型
995	1	06	04	03	02						1060403020000000000	教学用标本	包括人体解剖浸制标本、人体干制标本、人体封埋标本、塑化标本、全身骨骼标本、人体组织显微标本、人体封埋标本、动物整体浸制标本、动物解剖浸制标本、动物干制标本、动物骨骼标本、动物解剖封埋标本、动物干制标本、动物表皮细胞装片、动物封制标本、动物解剖干制标本、动物封埋标本、植物浸制标本、植物封埋覆膜标本、植物解剖干制标本、植物根尖纵切、黑根霉装片、岩石标本、植物根尖纵切、黑根霉装片、土壤实物标本、原材料标本（金相）、石油、化工、煤炭产品标本、其他教学用标本	人体解剖浸制标本、人体干制标本、人体封埋标本、塑化标本、全身骨骼标本、人体组织显微标本、人体封埋标本、动物整体浸制标本、动物解剖浸制标本、动物干制标本、动物封埋标本、植物浸制标本、植物封埋覆膜标本、植物干制标本、植物根尖纵切、黑根霉装片、岩石标本、结晶矿物标本、土壤实物标本、玻璃标本
996	1	06	04	03	03						1060403030000000000	具有书写或绘画面板类教具	包括可书写石板、黑板、白板、电子白板、其他具有书写或绘画面板类教具	可书写石板、黑板、白板、电子白板
997	1	06	04	03	04						1060403040000000000	教学或学生绘图用具	包括教学或学生绘图用具、学生圆规、分规、三角尺	绘图用具、学生圆规、分规、白板、电子白板、三角尺

续表

序号	篇	类	章	节	条	款	项	目	子目	细目	合并编码	商品和服务名称	说明	关键字
998	1	06	04	03	99						1060403990000000000	其他教具及类似器具	绘图用具、量具及类似器具其他教学或学生用绘图用具	直尺
999	1	06	04	04							1060404000000000000	墨水		
1000	1	06	04	04	01						1060404010000000000	普通墨水	普通用于书写的墨水	墨水
1001	1	06	04	04	02						1060404020000000000	专用墨水		专用墨水
1002	1	06	04	05							1060404050000000000	墨汁及类似品		
1003	1	06	04	05	01						1060404050100000000	墨汁	包括瓶装墨汁、其他墨汁	瓶装墨汁
1004	1	06	04	05	02						1060404050200000000	墨汁类似品	包括方便墨、其他墨汁类似品	方便墨
1005	1	06	04	06							1060404060000000000	体育用品		
1006	1	06	04	06	01						1060404060100000000	运动用球	包括可充气或不可充气运动用球以及其他运动用球；不包括高尔夫球（详见1060406208）、艺术体操用球、台球、沙狐球、保龄球等休闲娱乐活动用球（详见106040608）	足球、篮球、排球、乒乓球、网球、羽毛球、橄榄球
1007	1	06	04	06	02						1060404060200000000	运动用球类器材及器械		
1008	1	06	04	06	02	01					1060404060201000000	乒乓球拍		乒乓球拍
1009	1	06	04	06	02	02					1060404060202000000	网球拍	包括软式网球拍	网球拍
1010	1	06	04	06	02	03					1060404060203000000	羽毛球拍		羽毛球拍
1011	1	06	04	06	02	04					1060404060204000000	球棒	包括球棒、垒球球棒	球棒
1012	1	06	04	06	02	05					1060404060205000000	壁球拍		壁球拍
1013	1	06	04	06	02	06					1060404060206000000	柔力球拍		柔力球拍
1014	1	06	04	06	02	07					1060404060207000000	高尔夫球杆	指完整的高尔夫球杆	高尔夫球杆
1015	1	06	04	06	02	08					1060404060208000000	高尔夫球		高尔夫球

续表

序号	篇	类	章	节	条	款	项	子目	细目	合并编码	商品和服务名称	说明	关键字
1016	1	06	04	06	02	09				1060406020900000000	高尔夫球包		高尔夫球包
1017	1	06	04	06	02	10				1060406021000000000	其他高尔夫球器械及配件	包括高尔夫球座（支架）、高尔夫球道补沙机、开洞机、高尔夫球模拟器等	高尔夫球支架、沙耙、果岭叉、球道补沙机、开洞机、高尔夫球模拟器
1018	1	06	04	06	02	99				1060406029900000000	其他球拍、棍	包括曲棍球棍、长曲棍球、板球、冰球等球类使用的棍和拍、柳条勺、回力球勺	曲棍球棍、板球球棍、长曲棍球棍、冰球棍、柳条勺、回力球勺
1019	1	06	04	06	03					1060406030000000000	体育器材及配件	包括体操器械及蹦床器械、田径器械、举重、拳击及摔跤器械、冰雪运动用品、运动用船、水上运动器械、射击器材及零件、射箭器材、击剑器材、龙狮运动器材及配件、攀河器材及配件、登山器材、风筝器材	蹦床器械、体操器械、田径器械、举重、拳击及摔跤器械、冰雪运动用器械、运动用船、水上运动器械、射击器材及零件、射箭器材、击剑器材、龙狮运动器材、登山器材、攀河器材、风筝器材
1020	1	06	04	06	04					1060406040000000000	室内训练健身器材	包括力量型训练器材、力量型举重训练床、跑步机、划船训练器、椭圆训练器、踏步机、圆训练器材、带固定轮无飞轮健身车、一般阶梯机、攀登机、其他室内健身器材、体疗康复健身器材	力量型训练器材、力量型举重训练床、健身车、跑步机、划船训练器、椭圆训练器、踏步机、圆训练器材、阶梯机、攀登机、体疗康复健身器材
1021	1	06	04	06	05					1060406050000000000	室外健身器材		
1022	1	06	04	06	06					1060406060000000000	运动防护用具	包括运动专用手套、运动专用帽、运动专用鞋靴、运动专用护具	运动专用手套、运动专用帽、运动专用鞋靴、运动专用护具
1023	1	06	04	06	07					1060406070000000000	钓鱼用品和器材	包括钓鱼竿、钓鱼钩，不论有无系有鱼丝；有饵钓钩或多钩钩（包括钓鱼钩）、鱼线轮（包括绕线架）、钓鱼线、钓鱼饵（不论定金属、非金属、高分子化合物扣饵、鱼漂）、其他钓鱼用品和器材（包括钓护、抄网、架竿、轮座、装好的线及投掷器、坠子、装配好的钓鱼钩）等	钓鱼竿、钓鱼钩、钓鱼饵、鱼线轮、绕线架、钓鱼线、钓鱼饵、投掷器、钓鱼浮子、坠子及钓鱼铃
1024	1	06	04	06	08					1060406080000000000	休闲运动器具	包括狩猎休闲用品、狩猎专用防护用品及用具	专业狩猎服、喷雾剂、防护靴、狩猎

续表

序号	篇	类	章	节	款	项	目	子目	细目	合并编码	商品和服务名称	说　明	关　键　字
1025	1	06	04	06	99					1060406990000000000	其他体育用品材和用品	（包括专业狩猎服、喷雾剂、防护靴、导航设备等）专用弩（包括狩猎专用弩）、弓、陷阱、捕兽器、爬树架、狩猎培训专用靶场等，其他狩猎休闲用品）、马附具、马汁垫、骑士帽、马木骑手用品（包括骑士服、马刺等）、马术骑手用品（包括马木休闲用品）、艺术体操用球、台球桌、沙弧球、保龄球、其他体闲运动器材和用品	专用弩、弓、陷阱、捕兽器、爬树架、隐蔽篷、狩猎培训专用靶场等、马护胸、马护肘、马被、马刺、马汁垫、骑士服、骑士帽、艺术体操用球、台球、沙弧球、保龄球
1026	1	06	04	07						1060407000000000000	乐器、乐器辅助用品及零件		其他体育用品
1027	1	06	04	07	01					1060407010000000000	中乐器	包括中乐弦乐器、中乐弹拨乐器、其他中乐弦乐器、中乐弹拨乐、琵琶、月琴、柳琴、其他中乐吹管乐、竹笛、唢呐、其他中乐吹管乐器、中乐打击乐器、锣、响板、响铜乐器、其他中乐打击乐器、其他中乐器	二胡、京胡、板胡、古筝、三弦、琵琶、月琴、柳琴、中乐弹拨乐器、中乐吹管乐器、竹笛、箫笙、唢呐、扬琴、鼓（中乐）、锣、响板
1028	1	06	04	07	02					1060407020000000000	西乐器	小提琴、大提琴、竖琴、吉他、其他西弦乐器、号、笛、双簧管、单簧管（黑管）、萨克斯、沙锤、木琴、其他西管乐器、鼓（西乐）、镲、木琴、手风琴、钢琴、其他西乐键盘乐器、口琴、其他西乐器	小提琴、大提琴、竖琴、吉他、号、笛、双簧管、单簧管、黑管、萨克斯、鼓、镲、沙锤、木琴、手风琴、钢琴
1029	1	06	04	07	03					1060407030000000000	电子乐器	指通过电产生或扩大声音的乐器	电子琴、电吉他、电贝司
1030	1	06	04	07	04					1060407040000000000	媒诱音响	包括百音盒、哨子、其他相关乐器	百音盒、哨子

附录 A 商品和服务税收分类与编码

续表

序号	编码 篇	类	章	节	条	款	项	目	子目	细目	合并编码	商品和服务名称	说明	关键字
												器、相关乐器用品及零件		
1031	1	06	04	07	05						1060407050000000000	乐器辅助用品及零件	包括节拍器、音叉、定音管、百音盒机械装置、乐器用弦、其他乐器零件	节拍器、音叉、定音管、百音盒机械装置、乐器用弦、乐器零件
1032	1	06	04	08							1060408000000000000	玩具		
1033	1	06	04	08	01						1060408010000000000	供儿童乘骑带轮玩具	不包括拖拉类带轮玩具和玩偶车（详见106040899）	儿童车
1034	1	06	04	08	02						1060408020000000000	填充类玩具	包括PP棉填充的布绒玩具和其他填充类的布绒玩具及其附属品	布绒玩具、填充玩具
1035	1	06	04	08	03						1060408030000000000	玩偶及其零配件和装饰品	不包括填充类玩具（详见106040802）	塑料玩偶、陶瓷玩偶、塑胶玩偶
1036	1	06	04	08	04						1060408040000000000	仿真模型及其附件	指缩小（按比例缩小）的全套仿真模型组件及其附件	无动力装置仿真模型、无动力装置仿真车模、无动力装置仿真航模、无动力装置仿真船模、无动力装置仿真建筑模件、带动力装置仿真车模、带动力装置仿真航模、带动力装置仿真船模
1037	1	06	04	08	05						1060408050000000000	木制玩具	指木制的各类玩具；不包括供儿童乘骑的带轮玩具玩偶（详见106040801）、仿真模型（详见106040804）	木制拼插玩具、木制积木玩具、木制拖拉玩具、木制幼教玩具
1038	1	06	04	08	06						1060408060000000000	塑胶玩具	指塑胶制的各类玩具；不包括供儿童乘骑的带轮玩具（详见106040801）、填充类玩具玩偶（详见106040802）、仿真模型（详见106040804）	静态塑胶玩具、机动塑胶玩具、电动塑胶玩具
1039	1	06	04	08	07						1060408070000000000	玩具乐器	包括玩具电子琴、喇叭、鼓等	玩具乐器
1040	1	06	04	08	08						1060408080000000000	儿童娱乐塑形用膏、泥		儿童娱乐塑形用膏、橡皮泥
1041	1	06	04	08	99						1060408990000000000	其他玩具	包括玩偶车	玩偶车
1042	1	06	04	09							1060409000000000000	游乐场设备	指露天游乐场所游乐设备	

续表

序号	篇	类	章	节	条	款	项目	子目	细目	合并编码	商品和服务名称	说明	关键字
1043	1	06	04	09	01					1060409010000000000	电动游乐设备	包括大型电动游乐设备，如观缆车、电动小飞船、电动转车、碰碰车、卡丁车、转伞、旋转木马	电动游乐设备、观缆车、过山车、电动小飞船、电动转车、碰碰车、卡丁车、转伞、旋转木马
1044	1	06	04	09	02					1060409020000000000	非电动游乐设备	包括转椅、滑梯、滑轮车、秋千、秋千船、压板、悬梯、幸运转轮机	非电动游乐设备、转椅、滑梯、秋千、秋千船、压板、悬梯、幸运转轮机
1045	1	06	04	09	99					1060409990000000000	其他游乐场设备		
1046	1	06	04	10						1060410000000000000	游艺用品及室内游艺器材	包括电子游戏机，投币式游戏机，台球器材及配件，保龄球设备及配件，沙狐球桌及其配套器材，飞镖器材及配件，棋类娱乐用品，牌类娱乐用品，专供游戏用家具式桌子，其他游艺用品及室内游艺器材	游艺用品、室内游艺器材、电子游戏机、投币式游戏机、台球器材、保龄球设备、保龄球配件、沙狐足球器材、沙狐球桌、桌式足球器材、桌式足球桌、飞镖配件、棋、牌
1047	1	06	04	10	01					1060410010000000000	电子游戏机	包括自身装荧光屏电子游戏机，投币式电子游戏机	电子游戏机、自身装荧光屏电子游戏机、投币式电子游戏机
1048	1	06	04	10	02					1060410020000000000	投币式游戏机	指使用硬币、钞票及类似品的游戏用品，如弹球机、旋转机	投币式游戏机、弹球机、旋转机
1049	1	06	04	10	03					1060410030000000000	台球器材及配件	包括8球台球、9球台球、斯诺克台球、开伦台球、比利台球用球、擦粉、摆球器、定位器、开杆器	台球器材、8球台球、9球台球、斯诺克台球、开伦台球、比利台球、比利台球用球、球杆、球杆盒、球杆皮头、擦粉、摆球器、定位器、开杆器
1050	1	06	04	10	04					1060410040000000000	保龄球设备及器材	包括保龄球自动分瓶机、保龄球、保龄球自动球道设备、指套、指贴、下油机、下油机配件、保龄球测油机、球检仪、球秤	保龄球、保龄球自动分瓶机、保龄球瓶、保龄球自动球道设备、保龄球指套、保龄球指贴、保龄球下油机配件、保龄球测油机、保龄球检仪、保龄球秤
1051	1	06	04	10	05					1060410050000000000	沙狐球桌及		沙狐球、沙狐球桌、沙壶球、桌掷球

续表

序号	编码 篇	类	章	节	条	款	项	目	子目	细目	合并编码	商品和服务名称	说明	关键字
1052	1	06	04	10	06						1060410060000000000	其他套器材配桌式足球器材及配件		桌式足球、波比足球
1053	1	06	04	10	07						1060410070000000000	飞镖器材及配件		飞镖、镖盘、镖
1054	1	06	04	10	08						1060410080000000000	棋类娱乐用品		棋类娱乐用品、中国象棋、国际象棋、围棋、军棋、跳棋、骰子游戏、蛇梯棋、桌游
1055	1	06	04	10	09						1060410090000000000	牌类娱乐用品		牌类娱乐用品、扑克牌、麻将牌、麻将牌、图纸牌、三国杀、桌游 纸
1056	1	06	04	10	10						1060410100000000000	专供游戏用家具式桌子	包括麻将桌	麻将桌
1057	1	06	04	10	99						1060410990000000000	其他游艺用品及室内游艺器材	包括桌上游戏用品，如骰子、骰子盘、计数器、纸牌花色显示器、专供游戏用的特制布等	
1058	1	06	05								1060500000000000000	工艺品及其他制造产品	包括雕塑工艺品、金属工艺品、漆器工艺品、花画工艺品、天然植物纤维及人造纤维编织工艺品、抽纱刺绣工艺品、地毯、挂毯类工艺品、珠宝首饰及有关物品、剧装道具及相关工艺美术品、保健休闲用品、日用杂品、宠物用品、其他未列明制造产品	
1059	1	06	05	01							1060501000000000000	雕塑工艺品	指用各种石材、动物牙（角、骨）等天然或人造硬质材料，各种木、竹、果壳（核）等天然植物材料，以及石膏、泥、面、塑料等可塑性材料为原料，经雕、刻、琢、磨、捏式塑艺术加工而制成的各种供欣赏和实用的工艺品；包括雕刻工艺品、塑造工艺品，以及类似的雕塑工艺品	牌类娱乐用品、雕塑

续表

序号	编码 篇	类	章	节	条	款	项	目	子目	细目	合并编码	商品和服务名称	说明	关键字
1060	1	06	05	01	01						106050101000000000	雕刻工艺品	指用玉石、宝石、彩石、象牙、角、骨、贝壳、果壳(核)等天然或人造硬质材料,以及木、竹、牙雕、骨雕、角雕、贝壳雕、果核雕、天然植物材料为原料,经雕、刻、琢、磨等艺术加工而制成的各种供欣赏和实用的工艺品	雕刻工艺品、玉石雕刻、宝石雕刻、水晶雕刻、彩石雕刻、建筑石材雕刻、牙雕、骨雕、角雕、贝壳雕、木雕、果核雕、竹雕、果壳、微雕、煤晶雕、刻瓷、料器雕刻、冷加工玻璃雕刻
1061	1	06	05	01	02						106050102000000000	塑造工艺品	指用石膏、泥、面、蜡、树脂、酥油、糖、塑料等可塑性材料为原料,经捏或塑等艺术加工而制成的各种供欣赏和实用的工艺品(包括庭园用喷泉等装饰品)	塑造工艺品、石膏塑造画框、石膏塑造饰品、面塑、面人、泥膏塑造庭园喷泉装饰品、泥膏塑造相框、泥膏塑造庭园喷泉装饰品、蜡塑、蜡像、树脂塑造庭园喷泉装饰品、树脂塑造画框、树脂塑造饰品
1062	1	06	05	01	99						106050199000000000	其他雕塑工艺品		
1063	1	06	05	02							106050200000000000	金属工艺品	指以金、银、铁、铜、锡等各种金属为原料,经过制胎、浇铸、锻打、錾刻、搓丝、焊接、镶嵌、点蓝、烧制、打磨、电镀等工艺加工而制成的工艺品。造型美观、花纹图案精致的工艺品	金属工艺品
1064	1	06	05	02	01						106050201000000000	景泰蓝工艺品	亦称铜胎掐丝珐琅,包括铜胎掐丝珐琅、掐丝泰蓝、机制景泰蓝、画珐琅(烧瓷)	景泰蓝、铜胎掐丝珐琅、掐丝景泰蓝、机制景泰蓝
1065	1	06	05	02	02						106050202000000000	珐琅珀晶工艺品	指借鉴景泰蓝工艺,在胎上掐丝、点蓝,经涂饰后制成的金属工艺品	珐琅珀晶
1066	1	06	05	02	03						106050203000000000	银蓝工艺品		银蓝
1067	1	06	05	02	04						106050204000000000	贵金属摆件	指用金、铂、钯等贵金属及其合金、经镶嵌或未镶嵌工艺而制成的盘、碗、碟等各类器皿及工艺陈设摆件	金摆件、银摆件、铂摆件
1068	1	06	05	02	05						106050205000000000	铜制工艺品	包括斑铜工艺品、仿古铜工艺品、铸铜、镀铜	斑铜、仿古铜、铸铜、镀铜、锻铜

附录A 商品和服务税收分类与编码

续表

序号	编码 篇	类	章	节	条	款	项	目	子目	细目	合并编码	商品和服务名称	说 明	关键字
1069	1	06	05	02	06						1060502060000000000	铁制工艺品	锻铜工艺品等；不包括铜制刀剑工艺品（详见10605208）包括铁制的各种室内外陈列工艺品包括铁画、藤铁制品；不包括铸制的艺术门窗（详见108040201），铁制刀剑工艺品（详见10605206）	铁画
1070	1	06	05	02	07						1060502070000000000	锡制工艺品	包括锡烛台，不包括锡制刀剑工艺品（详见10605206）	锡烛台
1071	1	06	05	02	08						1060502080000000000	金属制民间刀剑工艺品	包括用各种金属材料制作的民族工艺刀剑（如龙泉宝剑、蒙古刀、藏刀等）	工艺刀剑、龙泉宝剑、蒙古刀、藏刀
1072	1	06	05	02	09						1060502090000000000	金属丝编织工艺品		
1073	1	06	05	02	10						1060502100000000000	金属制艺术标牌及类似制品	包括用各种金属材料制作的艺术徽章、纪念章、标牌、挂牌、奖章、奖杯及类似品	艺术徽章、纪念章、标牌、挂牌、艺术装潢标牌、仿古金属挂牌、奖杯、奖章
1074	1	06	05	02	11						1060502110000000000	蒙镶工艺品	包括蒙镶炉、鼎等和蒙镶动物等	蒙镶炉、鼎等、蒙镶动物
1075	1	06	05	02	12						1060502120000000000	金属制工艺画框架类制品	包括金属制工艺画框、相框等	金属制工艺画框、相框
1076	1	06	05	02	99						1060502990000000000	其他金属工艺品	包括用于家居、商业空间及类似场所的金属装饰品	
1077	1	06	05	03							1060503000000000000	漆器工艺品	指将半生漆、腰果漆加工调配成各种鲜艳的漆料，以木、纸、塑料、铜、布、皮等作胎，采用推光、雕贝、彩画；戗镶、刻灰等传统工艺和现代漆器工艺进行加工的工艺品；不包括漆器家具（详见105020199）	
1078	1	06	05	03	01						1060503010000000000	镶嵌漆器工艺品	包括牙玉镶嵌漆器、骨石镶嵌漆器、螺钿镶嵌漆器、点螺镶嵌漆器	镶嵌漆器工艺品、牙玉镶嵌漆器、骨石镶嵌漆器、金漆镶嵌、螺钿镶嵌漆器

续表

序号	篇	类	章	节	款	项	子目	细目	合并编码	商品和服务名称	说　　明	关　键　字
1079	1	06	05	03	02				1060503020000000000	雕漆漆器工艺品		点螺镶嵌漆器、镶嵌漆器工艺品、云雕漆器、木雕漆器
1080	1	06	05	03	03				1060503030000000000	脱胎漆器工艺品		脱胎漆器工艺品、麻胎漆器、夹苎胎漆器工艺品、纸胎漆器工艺品
1081	1	06	05	03	04				1060503040000000000	彩绘雕填漆器工艺品		彩绘漆器、雕填漆器
1082	1	06	05	03	05				1060503050000000000	漆线雕工艺品		漆线雕工艺品、堆漆漆器
1083	1	06	05	03	06				1060503060000000000	刻灰漆器工艺品		刻灰漆器
1084	1	06	05	03	07				1060503070000000000	漆画工艺品		漆画工艺品、漆画
1085	1	06	05	03	08				1060503080000000000	漆器工艺框架制品	包括漆器工艺画框、相框等	漆器工艺框架
1086	1	06	05	03	99				1060503990000000000	其他漆器工艺品		
1087	1	06	05	04					1060504000000000000	花画工艺品	指用绢、丝、绒、纸、涤纶、塑料、羽毛、通草等人造花草等制成的植物、叶、花、果实、盆景等各种人造花类工艺品和以画面出现的具有欣赏性、装饰性的各种画类工艺品	
1088	1	06	05	04	01				1060504010000000000	人造花类工艺品	指以绢、丝、绒、纸、涤纶、塑料、羽毛、通草等工艺制成的人造花类制品，经造型设计、干燥等工艺制成的人造植物、叶、花、果实、压模、剪贴、盆景制人造花类工艺品的零件）	人造花类工艺品、塑料制人造花、绢毛制人造、丝制人造花类工艺品、化纤制人造花类工艺品
1089	1	06	05	04	02				1060504020000000000	画类工艺品	指以画面出现的具有欣赏性、装饰性的绘画，包括国画、西洋画、皮革画、粉画、油画、水彩画、雕版画、石印画、白云石画	国画、油画、粉画、手绘画、彩绘、水彩画、雕版画、石印画、白云石画

续表

序号	篇	类	章	节	款	条	项	目	子目	细目	合并编码	商品和服务名称	说　明	关　键　字
1090	1	06	05	05							1060505000000000000	天然植物纤维及人造纤维编织工艺品	手绘画、雕版画、印制画、石印画、排贴画及类似工艺装饰画、版画、木版年画、烙画、装饰板、版画、邮票画等画类工艺品	工艺装饰画、版画、木版年画、烙画、邮票画、版画、邮票、首日封、纪念封
1091	1	06	05	05		01					1060505010000000000	天然植物纤维编织工艺品	指以竹、藤、棕、草、柳、葵、麻等天然植物纤维为材料，经编织或镶嵌而成具有造型艺术或图案花纹、以欣赏为主的工艺陈列品以及实用工艺品	天然植物纤维编织工艺品、竹编工艺品、藤编工艺品、草编工艺品、棕编工艺品、玉米皮编织工艺品、柳编工艺品、葵编工艺品、麻制工艺品
1092	1	06	05	05		02					1060505020000000000	人造纤维编织工艺品	指以人造纤维为材料，经编织或镶嵌而成，以欣赏为主的工艺陈列品以及实用工艺品	人造纤维编织工艺品
1093	1	06	05	06							1060506000000000000	抽纱刺绣工艺品	指以棉、麻、丝、毛及人造纤维纺织品为主要原料，采用刺绣、抽、拉、钩等特殊手工工艺机制方法加工制成的、具有较强装饰效果的各种生活用纺织品	
1094	1	06	05	06		01					1060506010000000000	刺绣工艺品	指以绣针引彩线（丝、绒线），按设计的花样在织物（丝绸、布帛）上刺缀运针，以绣迹构成纹样或文字而制成的工艺品	刺绣工艺品、手工刺绣工艺品、机绣工艺品
1095	1	06	05	06		02					1060506020000000000	抽纱工艺品	指根据图案设计，将花纹部分的经纬线或经线抽去后加以连缀，形成透空的装饰性花纹的日用工艺品；或运用雕平绣、彩平绣、十字花绣、挑花绣、朴花绣等工艺手法制成的各种日用工艺品	抽纱工艺品
1096	1	06	05	06		03					1060506030000000000	手工编结工艺品	包括万缕丝、万缕丝镶边等	手工编结工艺品、万缕丝工艺品、万缕丝镶边工艺品、镶拼制品、网扣工艺品、花边工艺品、针结工艺品、网扣工艺品、花边工艺品、针结工艺品

续表

序号	篇	类	章	节	条	款	项	子目	细目	合并编码	商品和服务名称	说明	关键字
1097	1	06	05	06	04					106050604000000000	手工染织工艺品及机织工艺品	指手工印花布，如蜡染、扎染、扎染、披染、手绘、烧花制品，筚丝	线结工艺品、勾针工艺品、手工染织工艺品、手工机织工艺品、印花布、蜡染工艺品、扎染工艺品、披染工艺品、手绘工艺品、烧花制品、筚丝工艺品
1098	1	06	05	06	05					106050605000000000	工艺织锦	包括云锦、宋锦、蜀锦以及其他民族织锦和工艺织锦	工艺织锦、云锦、宋锦、蜀锦、民族织锦
1099	1	06	05	06	99					106050699000000000	其他抽纱刺绣工艺品		
1100	1	06	05	07						106050700000000000	地毯、挂毯类工艺品	指以羊毛、丝、棉、麻及人造纤维等为原料，经手工编织、机织、裁绒等方式加工而成的各种具有装饰性的地面覆盖物或可用于悬挂、垫坐等用途的生活用装饰用品	地毯、挂毯
1101	1	06	05	07	01					106050701000000000	手工地毯、挂毯		手工地毯、挂毯、手工打结羊毛、手工打结羊毛挂毯、手工打结真丝挂毯、手工打结人造丝挂毯、手工簇绒、手工胶背、手工簇绒羊毛、手工簇绒羊毛挂毯、手工簇绒化纤挂毯、手工簇绒化纤挂毯、手工编织地毯、手工编织羊毛地毯、无纺头地毯、奥比松地毯、威尔顿地毯
1102	1	06	05	07	02					106050702000000000	机制地毯、挂毯	包括威尔顿地毯或挂毯、阿克明斯地毯或挂毯、机制簇绒地毯或挂毯、混纺簇绒地毯或挂毯、化纤簇绒地毯或挂毯、羊毛针刺地毯或挂毯、化纤针刺地毯或挂毯、化纤浴室挂毯、化纤浴室垫、化纤门前垫、化纤门前毯、羊毛毯、棉浴室垫、人造草坪毯	机制地毯、挂毯、威尔顿地毯、阿克明斯地毯、化纤簇绒地毯、羊毛簇绒地毯、混纺簇绒地毯、化纤簇绒挂毯、化纤簇绒地毯、混纺簇绒挂毯、浴室挂毯、浴室垫、门前垫、羊毛毯、棉浴室垫、人造草坪毯

续表

序号	编码篇	类	章	节	条	款	项目	子目	细目	合并编码	商品和服务名称	说明	关键字
1103	1	06	05	08						10605080000000000000	陈设艺术陶瓷制品	浴室毯、羊毛浴室垫、羊毛门前垫、棉浴室垫、棉门前垫、人造草坪毯、运动草坪毯、休闲草坪毯	运动草坪毯、休闲草坪毯、草坪毯
1104	1	06	05	08	01					10605080100000000000	室内陈设艺术陶瓷制品	包括室内陈设艺术陶瓷制品、工艺陶瓷制品、陶瓷壁画	陈设艺术陶瓷、工艺陶瓷制品、陶瓷壁画
1105	1	06	05	08	02					10605080200000000000	工艺陶瓷制品	包括陶瓷制人物、动物、静物等的摆件或挂件、艺术花瓶、茶具、酒具等	室内陈设、摆件艺术陶瓷、艺术陶瓷制品、艺术花瓶、茶具陶瓷制品、酒具陶瓷制品
1106	1	06	05	08	03					10605080300000000000	陶瓷壁画	包括陶瓷制人物、动物小雕塑、圣诞节小礼品、各类陶瓷饰物等	工艺陶瓷、陶瓷饰物
1107	1	06	05	08	04					10605080400000000000	陶瓷制塑像	包括室内壁画和户外壁画	室内陶瓷壁画、户外陶瓷壁画
1108	1	06	05	08	99					10605089900000000000	其他陈设艺术陶瓷制品	包括瓷质、陶质及类似材料制作的人物、动物等塑像（不论建在园林或类似场所的室内或室外）	瓷制陶瓷壁画、陶制塑像
1109	1	06	05	09						10605090000000000000	珠宝首饰	各类珠宝及首饰	珠宝首饰
1110	1	06	05	09	01					10605090100000000000	金银珠宝首饰	以金、银、白金、宝石、珍珠、钻石、翡翠、珊瑚、玛瑙等高贵稀有物质以及其他金属、人造宝石等制作的各种纯金银首饰及镶嵌首饰，包括铂金首饰	金银珠宝、项链、胸针、戒指、对戒、钻戒、钻、钯、耳钉、耳环、手镯、手链、脚链、发卡、挂件、吊坠、项坠、耳饰、耳朵、手串、珍珠、松石、波斯松石、美国松石、墨西哥松石、埃及松石、绿松石、青金石、波斯青金石、苏联青金石、西班牙青金石、智利青金石、欧泊石、白欧泊石、黑欧泊石、晶质欧泊石、火欧泊石、胶状欧泊石、玉滴欧泊石、漂石欧泊石、脉石欧泊石、基质中

续表

序号	编码						合并编码	商品和服务名称	说 明	关 键 字
	篇	类	章	节	条款项目子目细目				
									欧泊石，橄榄石，贵橄榄石，黄玉，铁迹石，玉，硬玉，软玉，翡翠，石英，水晶，晕彩，彩红石英，金红石斑点网金红石英，紫晶，黄晶，烟石英，烟晶，芙蓉石，东陵石，蓝线石石英，孔石英，蓝石英，蓝宝石石英，虎眼石，鹰眼，猎鹰眼，石英猫眼，带星的，光玉石英，玉髓，红玛瑙，隐晶质石英，鸡血石，绿玉髓，玛瑙，红玛瑙，肉红玉髓，碧玉，深绿葱绿玉髓，硅孔雀石玉髓，硅化木，石榴石，铁铝榴石，镁铝榴石，铁铝榴石，锰铝榴石，钙铝榴石，钙铁榴石，钙铬榴石，尖晶石，红色尖晶石，红宝石色尖晶石，紫色尖晶石，贵榴石色泽的尖晶石，粉尖晶石，玫瑰色尖晶石，桔红色尖晶石，蓝色尖晶石，蓝宝石色尖晶石，蓝宝石尖晶石，铁镁尖晶石，铁铁尖晶石，黑色尖晶石，铁镁尖晶石，变石，晶石，碧玺，猫眼碧玺，金绿玉，变石，猫眼石，变石猫眼宝石，绿柱石，金绿玉，海蓝宝石，maxixe型绿柱石，金绿柱石，艳绿柱石，猫眼绿柱石，星光绿柱石，刚玉，红宝石，星光红宝石，蓝宝石，艳

续表

序号	篇	类	章	节	条	款	项	目	子目	细目	合并编码	商品和服务名称	说明	关键字
														色蓝宝石、星光蓝宝石、琥珀、海珀、坑珀、洁珀、块珀、脂珀、浊珀、泡珀、青珀、珊瑚、煤玉、合成刚玉、合成宝石、钛酸锶、钇铝榴石、合成立方锆石、合成蓝宝石、合成尖晶石、合成金红石、合成变石、合成钻石、合成祖母绿、合成欧泊、合成石英、双合石、复合石、玻璃仿制品
1111	1	06	05	09	02						1060509020000000000	珠宝玉石	包括钻石、珍珠、松石、青金石、欧泊石、橄榄石、长石、玉、石英、玉髓、石榴石、尖晶石、黄玉、碧玺、金绿玉、绿柱石、刚玉、琥珀、珊瑚、煤玉、龟甲、合成宝石、合成刚玉、玻璃仿制品	
1112	1	06	05	09	02	01					1060509020100000000	已加工钻石	成品钻	已加工裸钻、已加工钻石
1113	1	06	05	09	02	02					1060509020200000000	未加工钻石	毛钻	未加工钻石、毛钻
1114	1	06	05	09	02	99					1060509029900000000	其他珠宝玉石		宝石、珍珠、松石、波斯松石、埃及松石、绿松石、美国松石、墨西哥松石、苏联松石、西班牙青金石、智利青金石、欧泊石、白欧泊石、黑欧泊石、晶质欧泊石、火欧泊石、胶状欧泊石、玉滴欧泊石、漂砾欧泊石、脉石欧泊石、基质中欧泊石、橄榄石、贵橄榄石、黄玉、镁橄榄石、铁橄榄石、黄昏祖母绿、祖母绿、棚铝镁石、长石、冰长石、日光石、砂金石、的长石、拉长石、天河石、亚马逊石、玉、硬玉、软玉、翡翠、石英、水晶

续表

序号	编码						合并编码	商品和服务名称	说　明	关　键　字
	篇	类	章	节	条	款	项	目	子目	细目

晕彩、彩虹石英、金红石斑点、网金红石石英、紫晶、黄晶、烟晶、芙蓉石、东陵石、蓝线石石英、乳石英、蓝石英、石英猫眼、虎眼石、鹰眼、猎鹰眼、石英晶质的、带星光石英、玉髓、隐晶质石英、月光石、绿玉髓、红玛瑙、肉红玉髓、鸡血石、葱绿玉髓、玛瑙、缟玛瑙、碧玉、深绿玉髓、雀眼玉髓、硅化木、石榴石、硅铝孔雀石、铁铝榴石、锰铝榴石、钙铁铝榴石、钙铬榴石、锆石、尖晶石、红色尖晶石、红宝石色尖晶石、红宝石尖晶石、紫色尖晶石、贵榴石色泽的尖晶石、粉尖晶石、玫瑰色尖晶石、桔红色尖晶石、蓝色尖晶石、蓝宝石色尖晶石、蓝宝石尖晶石、象变石的尖晶石、黑色尖晶石、铁镁尖晶石、镁铁尖晶石、碧玺、猫眼碧玺、金绿玉、变石、猫眼石、石猫眼宝石、绿柱石、海蓝宝石、Maxixe型绿柱石、金绿柱石、艳绿柱石、红宝石、绿柱石、星光绿柱石、蓝宝石、艳色蓝宝石、星光红宝石、蓝宝石、海珀、坑珀、洁珀、块珀、琥珀、脂珀、浊珀、泡珀、骨珀、珊瑚、煤玉、龟甲、合成刚玉、合成立方酸锆、钇铝榴石、钆镓榴石、合成尖晶石、合成蓝宝石、合成尖晶石、合成

续表

序号	编码篇	类	章	节	条	款	项	子目	细目	合并编码	商品和服务名称	说明	关键字
1115	1	06	05	09	99					10605099900000000000	其他珠宝首饰		金红石、合成变石、合成钻石、合成祖母绿、合成欧泊、合成石英、双合石、复合石、玻璃仿制品
													珠宝、石、玉、首饰
1116	1	06	05	10						10605100000000000000	剧装道具、相关工艺美术品	包括剧装、道具、发制品及其专用原料、民间工艺品、工艺伞、工艺扇、灯彩、料器、美术人形、节庆庆典用品及相关娱乐用品	
1117	1	06	05	10	01					10605100100000000000	剧装、道具		剧装、道具、戏剧演员用剧装、舞台道具
1118	1	06	05	10	02					10605100200000000000	发制品及其专用原料		
1119	1	06	05	10	02	01				10605100201000000000	合成纺织材料制假发	包括合成纺织材料制整头假发	假发、合成纺织材料制假发
1120	1	06	05	10	02	02				10605100202000000000	档发	假发的一种，由鞋发或剃发加工而成，两端处理的较平整，同样的头发、同样的长度整理在一起。档发分为单档、双档	档发
1121	1	06	05	10	02	03				10605100203000000000	人发制假发	不包括合成纺织材料制假发（详见10605100201）、档发（详见10605100202）、人发制假发（详见10605100203）	人发、假发
1122	1	06	05	10	02	04				10605100204000000000	人体毛发装饰用品	包括经梳理等加工的人发，以及制作假发用的纺织材料、羊毛原料等	假胡须、假眉毛、假睫毛
1123	1	06	05	10	02	05				10605100205000000000	发制品及其专用原料		
1124	1	06	05	10	03					10605100300000000000	民间工艺品	包括风筝、皮影、剪纸、檀香扇、羽毛扇、绢折扇等	工艺、风筝、皮影、剪纸、羽毛扇
1125	1	06	05	10	04					10605100400000000000	工艺扇	包括象牙扇、檀香扇、羽毛扇、绢折扇等	象牙扇、鼻烟壶、工艺扇

续表

序号	篇	类	章	节	条	款	项目	子目	细组	合并编码	商品和服务名称	说明	关键字
1126	1	06	05	10	05					106051005000000000	工艺伞	包括绢伞、绸伞等	绢伞、绸伞、工艺伞
1127	1	06	05	10	06					106051006000000000	灯彩	包括木雕工艺灯、宫灯、纱灯、走马灯、彩灯等	木雕工艺灯、宫灯、纱灯、走马灯、彩灯
1128	1	06	05	10	07					106051007000000000	料器	指用加颜料的玻璃原料制成的器皿或手工艺品	料器、琉璃、玻璃器
1129	1	06	05	10	08					106051008000000000	美术人形	包括美术人偶	人形、人偶
1130	1	06	05	10	09					106051009000000000	节庆庆典及相关娱乐用品	包括中西式节庆庆典娱乐活动用品，如魔木道具、花彩、花环等，花彩、人造雪、等制成的人造雪、铃、彩球、花环、化装舞会或中式节庆用面具及服装等各种节日用品	魔木道具、花彩、人造雪、花环、人造雪球、铃、圣诞树、圣诞树裙、圣诞彩灯、圣诞服、圣诞背饰、翅膀、圣诞帽、圣诞头饰、灯笼、拉花、挂花、贴花、气球、充气拱门
1131	1	06	05	10	99					106051099000000000	其他相关工艺美术品		
1132	1	06	05	11						106051100000000000	保健休闲用品	包括桑拿浴箱、排汗活动机、养生美体美容仪、熏蒸足道机、养生理疗枕、桑拿蒸汽机、养生制氧机、养生水疗吧、养生塑身机、Spa气泡按摩机、Spa精油温灸仪、高温竹炭制品、其他保健休闲用品	
1133	1	06	05	11	01					106051101000000000	桑拿浴箱	桑拿浴箱	桑拿浴箱
1134	1	06	05	11	02					106051102000000000	排汗活动机		排汗活动机
1135	1	06	05	11	03					106051103000000000	熏蒸足道机		熏蒸足道机
1136	1	06	05	11	04					106051104000000000	养生桑拿蒸汽机		养生桑拿蒸汽机
1137	1	06	05	11	05					106051105000000000	养生美体美容仪		养生美体美容仪
1138	1	06	05	11	06					106051106000000000	养生理疗枕		养生理疗枕
1139	1	06	05	11	07					106051107000000000	养生塑身机		养生塑身机

附录 A 商品和服务税收分类与编码

续表

序号	编码 篇	类	章	节	条	款	项	目	子目	细目	合并编码	商品和服务名称	说　明	关　键　字
1140	1	06	05	11	08						1060511080000000000	养生制氧机		养生制氧机
1141	1	06	05	11	09						1060511090000000000	养生水氧吧		养生水氧吧
1142	1	06	05	11	10						1060511100000000000	Spa 水疗机		Spa 水疗机
1143	1	06	05	11	11						1060511110000000000	Spa 气泡按摩机		Spa 气泡按摩机
1144	1	06	05	11	12						1060511120000000000	Spa 精油温灸仪		Spa 精油温灸仪
1145	1	06	05	11	13						1060511130000000000	高温竹炭制品	包括可食用竹炭、净化竹炭、养生竹炭、家居竹炭、杀菌竹炭、美容竹炭、高温竹炭等	竹炭、可食用竹炭、净化竹炭、养生竹炭、家居竹炭、杀菌竹炭、美容竹炭、高温竹炭
1146	1	06	05	11	99						1060511990000000000	其他保健休闲用品		
1147	1	06	05	12							1060512000000000000	日用杂品	包括镜子类制品及零配件、刷子类制品、已加工刷类制品材料、清洁清扫类工具及零件、伞、手杖、鞭子、马鞭及其零件、打火机及其零件、扣类制品及其零件、烟具、香水喷射器、粉扑及粉拍、礼仪电子装饰用物品、其他日杂品、棉胎	
1148	1	06	05	12	01						1060512010000000000	镜子类制品及零配件	包括民用镜、专用镜及其他镜类制品和配件	
1149	1	06	05	12	02						1060512020000000000	刷子类制品	包括用原毛、成品毛、棕、金属丝、塑料丝等材料制成的各种用途的刷子类似品，如牙刷、发刷、剃须刷、指甲刷、鞋刷、洗漆用刷、施敷化妆品用刷、衣刷、金属丝刷、油漆块垫、滚筒	发刷、剃须刷、指甲刷、睫毛刷、眉笔刷、施敷化妆品用刷、家用刷、鞋刷、洗漆用刷、漆刷及类似品、猪鬃制漆刷、衣刷、金属丝刷、机器零件用漆刷、器具零件用金属丝刷、车辆零件用金属丝刷、器具零件非金属丝刷、车

续表

序号	篇	类	章	节	条	款	项	目	子目	细目	合并编码	商品和服务名称	说　明	关　键　字
1150	1	06	05	12	03						106051203000000000	已加工刷类制品材料	指用原毛、棕、金属丝、塑料丝等加工的，用于制作各种刷子的专用材料或半成品	钢零件用非金属丝刷
1151	1	06	05	12	04						106051204000000000	清洁清扫类工具及其已加工类工材料	除刷子类制品（详见106051202）和已加工的清洁清扫类工具及其已加工材料	羽毛掸、扫帚、拖把
1152	1	06	05	12	05						106051205000000000	伞、手杖、鞭子、马鞭及其零件	包括手杖、鞭子、马鞭、晴雨伞、太阳伞、带座阳伞、登山杖、助步手杖、把柄、鞭、伞骨	伞、手杖、鞭子、马鞭、晴雨伞、太阳伞、登山杖、把柄、带座阳伞、伞骨
1153	1	06	05	12	06						106051206000000000	拉链及其零件	包括金属拉链、尼龙齿拉链、树脂齿拉链、拉链零件	拉链、拉链拉头、拉链纱带、金属齿拉链、尼龙齿拉链、树脂齿拉链、拉链零件
1154	1	06	05	12	07						106051207000000000	扣类制品及其零件		扣类制品、撳扣类制品、金属制撳扣、塑料制撳扣、树脂制撳扣
1155	1	06	05	12	08						106051208000000000	打火机及其零件		打火机
1156	1	06	05	12	09						106051209000000000	烟具	包括烟斗、烟斗头、烟嘴	烟斗、烟斗头、烟嘴
1157	1	06	05	12	10						106051210000000000	头发装饰用物品	包括梳子、橡胶梳、塑料梳、金属梳、牛角梳、木梳、发夹	梳子、橡胶梳、塑料梳、金属梳、牛角梳、木梳、发夹
1158	1	06	05	12	11						106051211000000000	香水喷射器、粉扑及粉拍		香水喷射器、粉扑、粉拍、化妆喷雾器、座架、喷头
1159	1	06	05	12	12						106051212000000000	礼仪电子用品	指带有半导体和播放功能的礼仪用品，包括电子画框、电子相框、电子问候卡、电子广告卡	电子画框、电子相框、电子问候卡、电子广告卡
1160	1	06	05	12	13						106051213000000000	棉胎	指纺织材料与胎料组合制被褥状纺织品，通常用于生产绗缝外套、被褥、床罩、褥垫、衣服、窗帘	棉胎、丝棉棉胎、毛制棉胎、棉制棉胎、化纤制棉胎

续表

序号	篇	类	章	节	款	条	项	目	子目	细目	合并编码	商品和服务名称	说明	关键字
1161	1	06	05	12		14					1060512140000000000	居民用煤制品	包括型煤、蜂窝煤、煤砖、煤球、煤饼、引火炭等	型煤、蜂窝煤、煤砖、煤球、煤饼、引火炭
1162	1	06	05	12		99					1060512990000000000	其他日用杂品	坐垫、台布内垫等	
1163	1	06	05	13							1060513000000000000	宠物用品		
1164	1	06	05	13		01					1060513010000000000	宠物玩具		宠物玩具
1165	1	06	05	13		02					1060513020000000000	宠物服装		宠物服装
1166	1	06	05	13		03					1060513030000000000	宠物消毒用品		宠物消毒用品
1167	1	06	05	13		04					1060513040000000000	宠物专用品	包括窝垫、笼、牵绳、项圈、咬胶、猫砂、食具、美容用具、亚克利水族缸、水族缸过滤器、水族缸潜水泵、水族缸灯、水族景观水处理、水族景观底沙、水族装饰品、喂食器、饮水器、笼、窝、宠物护栏、宠物训练器材及工具、防丢器，及其附属装置器材及零配件	宠物窝垫、宠物笼、宠物牵绳、宠物项圈、咬胶、猫砂、亚克利水族缸、水族缸过滤器、水族缸潜水泵、水族缸灯、水族景观水处理、水族景观底沙、水族装饰品、喂食器及工具、宠物护栏、宠物训练器、宠物跟踪器、宠物防丢器
1168	1	07									1070000000000000000	石油、化工、医药产品		
1169	1	07	01								1070100000000000000	石油加工、炼焦及核燃料		
1170	1	07	01	01							1070101000000000000	石油制品	包括以煤和页岩油为原料加工生产的各种轻质油（包括其他原料）生成的成品油	
1171	1	07	01	01		01					1070101010000000000	汽油	指用原油或其他原料加工生产的辛烷值不小于66的可用作汽油发动机燃料的各种轻质油。含铅汽油是指铅含量每升超过0.013克的汽油。汽油分为	汽油

续表

序号	编码						合并编码	商品和服务名称	说　明	关键字
	类	篇	章	节	条	款	项	目	子目	细目				
1172	1	07	01	01	01	01					1070101010000000000	航空汽油	车用汽油和航空汽油。以汽油、汽油组分调剂生产的甲醇汽油、乙醇汽油也属于汽油范围 由催化裂化或催化重整生产的高辛烷值汽油馏分加高辛烷值组分和少量抗爆剂及抗氧剂而成；抗爆性能高；中国航空汽油主要含催化裂化汽油的精制组分，并添加适量的异丙苯、烷基化汽油、工业异辛烷、异戊烷和乙基铅，以及十万分之几的抗氧剂；有时还加入少量腐蚀抑制剂及少量油溶性染料；汽油颜色因染料而异	航空汽油
1173	1	07	01	01	01	02					1070101010200000000	车用汽油	原油经过蒸馏或重质烃类原料经过二次加工（热转化或催化转化）得到的，并加有适量抗爆剂和抗氧防胶剂；辛烷值不小于 66 的可用作汽油发动机燃料的各种轻质油	车用汽油
1174	1	07	01	01	01	99					1070101019900000000	其他汽油		
1175	1	07	01	01	02						1070101020000000000	煤油	包括航空煤油和其他煤油	煤油
1176	1	07	01	01	02	01					1070101020100000000	航空煤油	航空煤油也叫喷气燃料，是用原油或其他原料加工生产的可用作喷气发动机和喷气推进系统燃料的各种轻质油	航空煤油
1177	1	07	01	01	02	02					1070101020200000000	其他煤油	包括灯用煤油、信号灯煤油、鱼雷燃料、专用煤油、特种煤油、1 号无异味轻质煤油等	灯用煤油、信号灯煤油、鱼雷燃料、机车专用煤油、特种煤油、专用煤油、1 号无异味轻质油
1178	1	07	01	01	03						1070101030000000000	柴油	指用原油或其他原料加工生产的倾点或凝点在 -50~30 的可用作柴油发动机燃料的各种轻质油和以柴油组分为主，经调和精制可用作柴油发动机燃料的非标示油，柴油组分调和生产的生物柴油也属于柴油范围	柴油、轻柴油、重柴油
1179	1	07	01	01	04						1070101040000000000	燃料油	也称重质油、渣油，是用原油或其他原料加工生产的	燃料油、重油、渣油、腊油、船用重

续表

序号	篇	类	章	节	条	款	项	子目	细目	合并编码	商品和服务名称	说　明	关　键　字
1180	1	07	01		05					1070101050000000000	石脑油	也称化工轻油，是以原油或其他原料加工生产用于化工原料的轻质油	石脑油、化工轻油、非标汽油、重整生成油、拔头油、皮烷原料油、轻裂解料、减压柴油VGO、常压柴油AGO、重裂解料、加氢裂化尾油、芳烃抽余油
1181	1	07	01		06					1070101060000000000	溶剂油	指用原油或其他原料加工生产的用于涂料、油漆、食用油、印刷油墨、橡胶、农药、皮革、化妆品生产和机械清洗、胶黏行业的轻质油、异构烷烃溶剂油、油墨溶剂油、其他溶剂油以及橡胶填充油、溶剂油原料等	溶剂油、工业溶剂油、异构烷烃溶剂油、油墨溶剂油、专用溶剂油、充油、溶剂油原料
1182	1	07	01		07					1070101070000000000	润滑油	指用原油或其他原料加工生产的用于内燃机、机械加工过程的润滑产品。润滑油分为矿物性润滑油、植物性润滑油、动物性润滑油和化工原料合成润滑油。包括矿物性润滑油、动物性润滑油、矿物性润滑油基础油、植物性和矿物性基础油（或矿物性润滑油）混合掺配而成的"混合性"润滑油。不论矿物性基础油（或矿物性润滑油）所占比例高低，均属润滑油范围	润滑油、矿物性润滑油、植物性润滑油、动物性润滑油、化工原料合成润滑油、混合性润滑油
1183	1	07	01		08					1070101080000000000	润滑脂	主要由矿物油（或合成润滑油）和稠化剂调制而成	润滑脂、钙基润滑脂、钠基润滑脂、锂基润滑脂、钙钠基润滑脂、复合钙基润滑脂、复合锂基润滑脂、铝基润滑脂、脲基润滑脂、烃基润滑脂、皂基润滑脂
1184	1	07	01		09					1070101090000000000	润滑油基础油	主要以来自原油蒸馏装置的润滑油馏分和渣油	润滑油基础油

续表

序号	篇	类	章	节	条	款	项	子目	细目	合并编码	商品和服务名称	说　明	关　键　字
											油	馏分为原料，通过溶剂脱沥青、溶剂脱蜡、溶剂精制、加氢精制或酸碱游离碳精制、白土精制等工艺，除去或降低形成游离碳的物质、石蜡以及影响成品油颜色的化学物质等组分，得到合格的润滑油基础油，经过调合并加入添加剂后即成为润滑油产品	
1185	1	07	01	01	10					1070101100000000000	液体石蜡	包括重质液体石蜡；是从原油分馏所得到的无色无味的混合物；它可以分成轻质矿物油及一般矿物油两种；可用作软膏、搽剂和化妆品的基质	液体石蜡
1186	1	07	01	01	11					1070101110000000000	石油气，相关烃类气石油气		
1187	1	07	01	01	11	01				1070101110100000000	液化石油气	主要指以石油在提炼汽油、煤油、柴油、重油等油品过程中剩下的石油尾气为原料，经分离、脱硫精制而成的气体	液化石油气、石油液化气
1188	1	07	01	01	11	99				1070101119900000000	其他石油气和相关烃类气		打火机用丁烷气
1189	1	07	01	01	12					1070101120000000000	矿物蜡及合成法制类似产品	包括凡士林、石蜡和其他合成方法制类似产品	矿物蜡、凡士林、石蜡、精炼石蜡、食品石蜡、皂蜡、微晶石蜡
1190	1	07	01	01	13					1070101130000000000	油类残渣	指从石油等提取的油类残渣，包括石油焦（油渣类）、石油沥青、其他石油沥青等	石油焦、石油沥青、道路沥青、建筑沥青、专用沥青
1191	1	07	01	01	99					1070101990000000000	其他石油制品		
1192	1	07	01	02						1070102000000000000	人造能源产品		

续表

序号	篇	类	章	节	条	款	项目	子目	细目	合并编码	商品和服务名称	说明	关键字
1193	1	07	01	02	02	01				1070102010000000000	页岩原油	亦称油母页岩原油；指以油母页岩为原料生产的一种人造原油	页岩原油、油母页岩原油、页岩油
1194	1	07	01	02	02	02				1070102020000000000	生物能源	主要指以动物、植物等生物质为原料生产的石油替代能源	
1195	1	07	01	02	02	02	01			1070102020100000000	生物燃油	是清洁的可再生能源。指植物油与甲醇进行酯交换制造的脂肪酸甲酯，是一种洁净的生物燃料，也称之为"再生燃油"。包括秸秆制燃油、废物制燃油、废料制燃油、林木生物制燃油等，不包括生物柴油（详见 1070102202），生物丁醇（详见 1070102203）	生物燃油、秸秆制燃油、废物制燃油、废料制燃油、林木生物制燃油
1196	1	07	01	02	02	02	02			1070102020200000000	生物柴油	指以油料作物如大豆、油菜、棉、棕榈等、野生油料植物和工程微藻等水生植物油脂以及动物油脂、餐饮垃圾油等为原料通过酯交换化学工艺制成的可代替石化柴油的再生柴油性燃料	生物柴油
1197	1	07	01	02	02	02	03			1070102020300000000	生物丁醇	是与生物乙醇相似的生物燃料。其原料和生产工艺与生物乙醇相似，但生物丁醇的蒸汽压力较小、汽油混合时对杂质水的宽容度大，而且腐蚀性较小	生物丁醇
1198	1	07	01	02	02	02	04			1070102020400000000	沼气	是有机材料在厌氧条件下，经过微生物的发酵作用而生成的一种混合气体	沼气
1199	1	07	01	02	02	02	05			1070102020500000000	生物氢气		生物氢气
1200	1	07	01	02	02	02	06			1070102020600000000	生物质致密成型燃料		生物质致密成型燃料、生物质压块
1201	1	07	01	02	02	02	07			1070102020700000000	生物炭	是指生物有机材料（生物质）在缺氧或绝氧环境中，经高温热裂解后生成的固态产物	生物炭
1202	1	07	01	02	02	02	99			1070102029900000000	其他生物能源		

续表

序号	编码 篇	类	章	节	条	款	项	子目	细目	合并编码	商品和服务名称	说明	关键字
1203	1	07	01	02	03					107010203000000000	合成液体燃料	包括乙醇汽油、甲醇汽油、其他合成液体燃料	合成液体燃料
1204	1	07	01	02	03	01				107010203010000000	乙醇汽油	指在不含MTBE含氧添加剂的专用汽油组分油中，按体积比加入一定比例（我国目前暂定为10%）的变性燃料乙醇，由车用乙醇汽油定点调配中心按国标GB18351—2004的质量要求，通过特定工艺混配而成的新一代清洁环保型车用燃料	乙醇汽油
1205	1	07	01	02	03	02				107010203020000000	甲醇汽油		甲醇汽油
1206	1	07	01	02	03	99				107010203990000000	其他合成液体燃料		
1207	1	07	01	03						107010300000000000	焦炭及其副产品		
1208	1	07	01	03	01					107010301000000000	焦炭	煤炭等原料在隔绝空气的条件下，加热到950℃~1050℃，经过干燥、热解、熔融、黏结、固化、收缩等阶段最终制成焦炭，用于高炉冶炼、铸造和气化；净化后的焦炉煤气既是高热值的燃料，又是重要的有机合成工业原料	焦炭、煤制焦炭、沥青焦
1209	1	07	01	03	02					107010302000000000	矿物焦油	从煤、褐煤或泥煤干馏所得的焦油等矿物焦油	矿物焦油、煤焦油
1210	1	07	01	03	03					107010303000000000	石油焦、碳黑		石油焦、碳黑
1211	1	07	02							107020000000000000	化学原料及化学制品		
1212	1	07	02	01						107020100000000000	无机基础化学原料		
1213	1	07	02	01	01					107020101000000000	无机酸类	包括硫酸、发烟硫酸等	
1214	1	07	02	01	01	01				107020101010000000	硫酸类	发烟硫酸等	硫酸、发烟硫酸

附录A 商品和服务税收分类与编码

续表

序号	编码 篇	类	章	节	条	款	项	目	子目	细目	合并编码	商品和服务名称	说明	关键字
1215	1	07	02	01	01	02					10702010102000000000	其他无机酸	包括硝酸类、盐酸、多磷酸、偏磷酸、焦磷酸亚锡、氢磷酸（氧化氢）、氟酸、硅酸、硼酸、无水氢氟酸、氟硼酸、氯氟酸、次氯酸、氯硅酸、高碘酸、偏钛酸、氨铀酸、偏锡酸、砷酸、辛酸亚锡、其他无机酸	无机酸、硝酸、浓硝酸、磺硝酸、盐酸、多磷酸、偏磷酸、亚磷酸、次磷酸、磺酸、焦磷酸、多聚磷酸、氢磷酸（四磷酸）、焦磷酸亚锡、硼酸（氧化氢）、氟酸、氯氟酸、无水氢氟酸、氟硼酸、氯氟酸、次氯酸、氯硅酸、高硫酸、氢碘酸、碘酸、硒酸、高碘酸、砷酸、钨酸、硅酸、偏钛酸、氨铀酸、氯锡酸、溴酸、辛酸亚锡
1216	1	07	02	01	02						10702010200000000000	非金属无机氧化物	包括硼氧化物、硫氧化物、硅氧化物、硒氧化物、磷氧化物、碳氧化物、砷氧化物、氧氯氮等	非金属无机氧化物、氧化硼、三氧化二硫、三氧化二硅、二氧化硫、二氧化硅、氧化硒、亚硒酸、五氧化二磷、三氧化二砷、五氧化二砷
1217	1	07	02	01	02	01					10702010201000000000	粉煤灰	指从煤燃烧后的烟气中收捕下来的细灰，是燃煤电厂排出的主要固体废物。粉煤灰是燃煤电厂排出的主要固体废物	粉煤灰
1218	1	07	02	01	02	99					10702010299000000000	其他非金属无机氧化物		
1219	1	07	02	01	03						10702010300000000000	过氧化氢（双氧水）	由硫酸作用于过氧化钡，或由电解硫酸盐成过硫酸盐再经水解，或由2-乙基蒽醌经氢氧化再电解制得过氧化氢电解制取	过氧化氢、双氧水
1220	1	07	02	01	04						10702010400000000000	非金属卤化物及硫化物	包括非金属卤化物、非金属氧化物、非金属硫化物	非金属卤化物及硫化物、一氯化硫、氯化硫、二氯化硫、三氯化硫、三氯化碘、三氯化磷、氯氧化磷、五氯化磷、氯化硅、溴化氢、三溴化磷、五溴化磷

续表

序号	编码 篇	类	章	节	条	款	项	目	子目	细目	合并编码	商品和服务名称	说明	关键字
1221	1	07	02	01	05						1070201050000000000	烧碱	包括由盐水电解法或由纯碱（或天然碱）苛化法等方法生产的固体和液体的氢氧化钠	烧碱
1222	1	07	02	01	06						1070201060000000000	纯碱类	包括纯碱（碳酸钠）、碳酸氢钠（小苏打）、碳酸钾、碳酸氢钾（重碳酸钾）等	纯碱、碳酸钠、轻质碳酸钠、重质碳酸钠、碳酸氢钠、小苏打、碳酸钾、碳酸氢钾、重碳酸钾
1223	1	07	02	01	07						1070201070000000000	金属氢氧化物	包括氢氧化钾（苛性钾）、氢氧化铝、氢氧化锂、氢氧化钡、氢氧化铬、氢氧化镍、氢氧化铁、氢氧化钴、氢氧化钙、氢氧化锆、氢氧化铜、氢氧化钨、氢氧化锌、氢氧化铵、其他金属氢氧化物。不包括金属镍钴锰氢氧化物（详见107020233）	金属氢氧化物、苛性钾、氢氧化钾、氢氧化铝、氢氧化锂、氢氧化钡、氢氧化铬、氢氧化镍、氢氧化铁、氢氧化钴、氢氧化铜、氢氧化钨、氢氧化锌、氢氧化锆、氢氧化铵
1224	1	07	02	01	08						1070201080000000000	金属氧化物	包括氧化锌、氧化锶、氧化钡、钒氧化物、锑氧化物、镍氧化物、锡氧化物、其他金属氧化物。不包括氧化铝（详见108030601）、氧化铁（详见107020123）	金属氧化物、氧化锶、三氧化二铬、铬酸酐、二氧化锰、三氧化二锰、普通级氧化钼、四氧化三铝、一氧化钛、氧化钛、铅丹及铅酸二氧化钴、氧化锂、五氧化二钒、镍氧化物、氧化铜、氧化钨、三氧化钨、蓝色氧化钨、三氧化锑、锗氧化物、二氧化锡、紫色氧化钨、黄色氧化钨、氧化亚锡

续表

序号	编码 篇	类	章	节	条	款	项	目	子目	细目	合并编码	商品和服务名称	说明	关键字
1225	1	07	02	01	09						1070201090000000000	金属过氧化物、超氧化物	包括过氧化钠、过氧化钾、过氧化镁、过氧化锶、过氧化钡、过氧化锌、过氧化钙、超氧化钠、超氧化钾、其他金属过氧化物	金属过氧化物、金属超氧化物、过氧化钠、过氧化钾、过氧化镁、过氧化锶、过氧化钡、过氧化锌、过氧化钙、超氧化钠、超氧化钾、锡
1226	1	07	02	01	10						1070201100000000000	金属硫化物及硫酸盐	包括金属硫化物、金属多硫化物、金属亚硫酸盐、次亚硫酸钠、硫代硫酸盐、过硫酸盐等	金属硫化物及硫酸盐、三盐基硫酸铝、硫酸铁铵、硫酸铁钾、硫酸铬钾、硫酸铝铵、硫酸亚锡、次亚硫酸钠、连二亚硫酸钾、连二亚硫酸钙、连二亚硫酸钠、二亚硫酸钠、亚硫酸氢铵、亚硫酸铵、亚硫酸氢钠、亚硫酸钙、亚硫酸二钾、中性亚硫酸二钾、亚硫酸锌、硫代硫酸钙、硫代硫酸铵、硫代硫酸钠、过硫酸钡、过硫酸钾
1227	1	07	02	01	11						1070201110000000000	金属硝酸盐、亚硝酸盐	包括硝酸盐、亚硝酸盐	金属硝酸盐、金属亚硝酸盐、硝酸铋、硝酸钙、硝酸铝、硝酸锶、硝酸铜、硝酸汞、硝酸锌、亚硝酸钙、亚硝酸锶、亚硝酸钠、亚硝酸钡
1228	1	07	02	01	12						1070201120000000000	金属氧化物酸盐、金属过氧化物酸盐	包括铝酸盐、铬酸盐及重铬酸盐、锰酸盐、钼酸盐、钨酸盐、钒酸盐、高铁酸盐、锡酸盐、高铝酸盐、锑酸盐、锆酸盐、其他金属氧化物酸盐、不包括铝酸钠(详见107020124)、铝酸三钙(详见107020125)	金属氧化物酸盐、金属过氧化物酸盐、铝酸钾、铝酸钙、铝酸锌、铝酸铝、铬酸钾、铬酸钠、重铬酸钠、铬酸铵、铬酸铁、铬酸锶、铬酸钙、铬酸锰、重铬酸钙、过铬酸盐

续表

序号	编码 篇	类	章	节	条	款	项	目	子目	细目	合并编码	商品和服务名称	说　明	关　键　字
1229	1	07	02	01	13						1070201130000000000	磷化物、金属磷酸盐	包括磷化物、次磷酸盐及亚磷酸盐、磷酸盐、偏磷酸盐、缩聚磷酸盐、磷酸复盐等	锰酸钠、锰酸钾、锰酸钡、高锰酸钾、高锰酸钠、高锰酸钙、钼酸钡、钼酸铵、钼酸钠、钨酸钙、仲钨酸铵、偏钨酸铵、原钛酸盐、偏钛酸盐、过钛酸钡钠钒酸盐铁酸盐、高铁酸钠、锌酸钠、锌酸钴、锌酸铁、锌酸铬、锡酸盐、锡酸钴、锡酸钾、锡酸锌、铝、羟基锡酸锌、锡酸亚锡、硫醇甲基锡、四丁基锡、硫醇二丁基、二氯二氧化锡、甲基磺酸亚锡、偏锑酸钠、锑酸氢钾、锑酸铝、锑酸钠、钴酸钠、铁酸钾、磷化物、金属磷酸盐、磷化钙、磷化氢、磷化铁、磷化镁、磷化铝、磷化硼、磷化钼、磷化铯、三氯氧磷、三氯硫磷、磷化铝、次磷酸盐及亚磷酸盐、次磷酸钠、次磷酸铁、次磷酸铝、次磷酸钙、次磷酸铵、亚磷酸钠、亚磷酸钙、次亚磷酸钠、亚磷酸钾、亚磷酸二氢钠、磷酸盐、磷酸三钠、磷酸三钾、磷酸二氢钾、磷酸二氢钙、正磷酸钙、磷酸氢钙、磷酸铵钙、磷酸一氢二钙、磷酸铜铵、磷酸钙钠、磷酸三钙、磷酸三铵、镍磷酸铵、磷酸三铵、磷酸铜、磷酸三铬、磷酸铁、磷酸锌、磷酸铜、磷式磷酸铬、磷酸钡、单氟磷酸钠、磷酸锰、磷酸二氢铝、磷酸二氢锌、磷酸铁、磷酸二氢铝、磷酸二氢钠

附录 A 商品和服务税收分类与编码

续表

序号	篇	类	章	节	条	款	项	目	子目	细目	合并编码	商品和服务名称	说明	关键字
1230	1	07	02	01	14						1070201140000000000	氟化物及其盐	包括氟化物、氟硅酸盐、氟铝酸盐及相关复合氟盐等	氟化物及其盐、氟化钠、氟化钾、氟化镁、氟化铝、氟化氢铵、全氟化碳、氢氟化碳、氟硅酸钾、氟硅酸钠、六氟铝酸钠、氟铝酸钠、氟锆酸钾
1231	1	07	02	01	15						1070201150000000000	氯化物及其盐	包括氯化物、氯酸盐、高氯酸盐、亚氯酸盐、氯酸盐、其他亚氯酸盐，不包括氯化钴（详见107020236）	氯化物及其盐、氯化钠、氯化钙、氯化铁、氯化锌、氯化钡、三氯化铁、氯化铝、氯化锂、聚氯化铝、氯化钴、氯化镍、氯化铜、氯化亚铜、氯化锰、氯化锶、氯化汞、氯化锑、氯化亚锡、四氯化锡、三氯化锡、氯化亚锡、无水四氯化锡、氯酸铵、氯酸钾、高氯酸钙、高氯液氯、氯酸钠、次氯酸钙、漂白粉、次氯酸钠、亚氯酸钠

续表

序号	编码 篇	类	章	节	条	款	项	子目	细目	合并编码	商品和服务名称	说明	关键字
1232	1	07	02	01	16					1070201160000000000	氯氧化物及氢氧基氯化物	包括氯氧化铜、氯氧化铬、氯氧化锡、氯氧化铈、氢氧基氯化铝、其他氯氧化物及氢氧基氯化物	氯氧化物及氢氧基氯化物、氯氧化铜、氯氧化铬、氢氧基氯化铜、氯氧化锡、氢氧基氯化铝、氯氧化铈、氢氧基氯化铝
1233	1	07	02	01	17					1070201170000000000	溴化物及其盐	包括溴化物及溴氧化物、溴酸盐及过溴酸盐	溴化物及其盐、溴化钙、溴化锂、溴化铵、溴化铜、溴化钡、亚溴酸钠、溴酸铜
1234	1	07	02	01	18					1070201180000000000	碘化物及其盐	包括碘化物、碘酸盐	碘化物及其盐、碘化钙、碘化钠、碘化钾、碘化锂、碘化禾、碘酸钾、碘酸钡
1235	1	07	02	01	19					1070201190000000000	氰化物、氧氰化物及氰络合物	包括氰化物、氧氰化物及氰络合物	氰化物、氧氰化物及氰络合物、氰化钠、氰化锌、氰化钾、氰化铜、亚铜氰化钙、石灰氮、氰化亚金钾、氰化银钾、银氰化钠、赤氰化钾、亚铁氰化钠、亚铁氰化钾、黄血盐钾、黄血盐钠、氰酸铵、氰酸钾、硫氰酸钠、硫氰酸铵、硫氰酸钾
1236	1	07	02	01	20					1070201200000000000	硅化物及硅酸盐	包括硅化物、硅酸盐	硅化物及硅酸盐、硅化镁、硅化铁、硅酸钠、硅酸钾、硅酸镁、硅酸铝、硅酸钙、硅化锂、硅化硼、氟硅酸钠、硅酸钾钠、硅酸锂、硅酸钙
1237	1	07	02	01	21					1070201210000000000	硼化物、硼酸盐和过硼酸盐	包括硼化物、硼酸盐、过硼酸盐	硼化物、硼酸盐、过硼酸盐、硼化钙、硼酸铝、硼酸钾、氢硼化钾、氢硼化钠、氮硼化硼、钾硼化钠、钠硼酸钾、四硼酸

附录 A 商品和服务税收分类与编码

续表

序号	编码篇	类	章	节	条	款	项目	子目	细目	合并编码	商品和服务名称	说 明	关 键 字
1238	1	07	02	01	22					1070201220000000000	碳化物及碳酸盐	包括碳化物、碳酸盐、过碳酸盐	钠、硼砂、偏硼酸钡、偏硼酸铅、硼酸锌、硼酸锰、硼酸铝、过硼酸钠、过硼酸镁、过硼酸钾、过硼酸铵、碳化物及碳酸盐、碳化钙、碳化硅、碳化钢、碳化硼、碳化钛、碳化锆、碳化铬、碳化钼、碳化钽、碳化铌、碳酸钙、活性碳酸钙、重质碳酸钙、轻质碳酸钙、碳酸锂、碳酸钠、碳酸钾、重质碳酸镁、碳酸铝、轻质碳酸镁、碳酸镍、碳酸锶、式碳酸铅、中性碳酸铅、碳酸铷、锰、碳酸亚锰、碳酸铯
1239	1	07	02	01	23					1070201230000000000	氧化铁		氧化铁
1240	1	07	02	01	24					1070201240000000000	铝酸钠		铝酸钠
1241	1	07	02	01	25					1070201250000000000	铝酸三钙		铝酸三钙
1242	1	07	02	02						1070202000000000000	有机化学原料		
1243	1	07	02	02	01					1070202010000000000	无环烃	包括饱和无环烃、不饱和无环烃、其他不饱和无环烃	无环烃、甲烷、乙烷、丙烯、丁烷、戊烷、己烷、异辛烷、庚烷、乙烯、丙烯、丁烯、异丁烯、丁二烯、异戊二烯、甲基丁二烯、异戊烯、双戊烯、溶解乙炔、醋酸乙炔
1244	1	07	02	02	01	01				1070202010100000000	甲烷	是最简单的有机化合物，也是最简单的脂肪族烷烃	甲烷
1245	1	07	02	02	01	02				1070202010200000000	乙烯	乙烯产品通常以液态形态在压力下储存于乙烯厂内，纯度可达到99.95%	乙烯
1246	1	07	02	02	01	03				1070202010300000000	丙烯		丙烯

续表

序号	篇	类	章	节	条	款	项	目	子目	细目	合并编码	商品和服务名称	说明	关键字
1247	1	07	02	02	01	04					1070202010400000000	丁二烯		丁二烯
1248	1	07	02	02	01	99					1070202019900000000	其他无环烃		乙烷、丙烯、丁烷、戊烷、己烷、异辛烷、庚烷、异戊二烯、甲基丁二烯、丙二烯、双戊烯、异戊二烯、醋酸乙炔、溶解乙炔
1249	1	07	02	02	02						1070202020000000000	环烃	包括环烷烃、环烯、环萜烯、芳香烃	
1250	1	07	02	02	02	01					1070202020100000000	芳香烃	包括粗苯、纯苯、粗甲苯、甲苯、粗二甲苯、邻二甲苯、对二甲苯、间二甲苯、混合二甲苯、苯乙烯、乙苯（乙基苯）、异丙基苯、三甲苯、联苯、二乙烯苯、二乙苯乙烯、二乙烯苯、四氢萘、重烷基苯、甲基萘、二甲基萘、甲烷基苯、十二烷基苯、粗蒽、精蒽、其他芳香烃	芳香烃、粗苯、纯苯、粗甲苯、甲苯、粗二甲苯、邻二甲苯、对二甲苯、间二甲苯、混合二甲苯、苯乙烯、乙苯（乙基苯）、异丙基苯、三甲苯、联苯、二乙烯苯、二乙苯乙烯、二乙烯苯、四氢萘、重烷基苯、甲基萘、二甲基萘、甲烷基苯、十二烷基苯、粗蒽、精蒽
1251	1	07	02	02	02	01	01				1070202020101000000	纯苯		纯苯
1252	1	07	02	02	02	01	02				1070202020102000000	甲苯	符合国家标准的甲苯	甲苯
1253	1	07	02	02	02	01	03				1070202020103000000	邻二甲苯、间二甲苯、对二甲苯、混合二甲苯	符合国家标准的二甲苯、混合二甲苯	邻二甲苯、间二甲苯、对二甲苯、混合二甲苯
1254	1	07	02	02	02	01	99				1070202020199000000	其他芳香烃		
1255	1	07	02	02	02	99					1070202029900000000	其他环烃	包括环氧乙烷、环氧丙烷、环氧丁烷、环丙烷、环戊烷、环己烷、环十二烯、聚环戊二烯、茨烯等	环氧乙烷、环氧丙烷、环丙烷、环戊烷、环己烷、环十二烯、聚环戊二烯、茨烯
1256	1	07	02	02	03						1070202030000000000	无环烃饱和氯化衍生物	包括一氯甲烷、二氯甲烷、三氯甲烷、四氯化碳、氯乙烷、三氯乙烷、三氯乙烯、四氯乙烷、六氯乙烷、其他无环烃饱和氯化衍生物	无环烃饱和氯化衍生物、一氯甲烷、四氯化碳、氯仿、四氯化碳、氯乙烷、三氯乙烷、三氯乙烯、四氯乙烷

续表

序号	篇	类	章	节	条	款	项	目	子目	细目	合并编码	商品和服务名称	说明	关键字
1257	1	07	02	02	04						1070202040000000000	无环烃不饱和氯化衍生物	包括氯乙烯、三氯乙烯、四氯乙烯、三氯丙烯、其他无环烃不饱和氯化衍生物	无环烃不饱和氯化衍生物、氯乙烯、三氯乙烯、四氯乙烯、三氯丙烯
1258	1	07	02	02	05						1070202050000000000	无环烃氟化、溴化或碘化衍生物	包括溴甲烷（甲基溴）、溴乙烷、溴丙烷、碘乙烷、1-氯-1-溴丁烷、三氟溴甲烷、四氟乙烷、1-氯丁烷、三碘甲烷、二溴皮烷、溴化或碘代甲烷、其他无环烃氟化、溴化或碘化衍生物	无环烃溴碘化衍生物、溴甲烷、甲基溴、溴乙烷、溴丙烷、碘乙烷、1-溴丁烷、三氟溴甲烷、四氟乙烷、1-氯丁烷、三碘甲烷、二溴皮烷、三碘代甲烷
1259	1	07	02	02	06						1070202060000000000	含不同卤素无环烃卤化衍生物	含两种不同卤素的无环烃卤化衍生物，包括三氯氟甲烷、二氯二氟甲烷、三氯三氟乙烷、二氯四氟乙烷、氯五氟乙烷、四氯五氟丙烷、五氯三氟丙烷、六氯二氟丙烷、六氯五氟丙烷、四氯四氟丙烷、三氯五氟丙烷、五氯四氟丙烷、三氯六氟丙烷、二氯七氟丙烷、一氯七氟丙烷、一氯七氟丙烷、一氯二氟甲烷（氟利昂-22）、二氟一氯乙烷（氟利昂-142）、其他含不同卤素无环烃卤化衍生物	无环烃卤化衍生物、三氯氟甲烷、二氯二氟甲烷、三氯三氟乙烷、二氯四氟乙烷、氯五氟乙烷、四氯五氟丙烷、五氯三氟丙烷、六氯二氟丙烷、六氯五氟丙烷、五氯四氟丙烷、三氯六氟丙烷、二氯七氟丙烷、一氯七氟丙烷、一氟二氯甲烷、一氯二氟甲烷、氟利昂-22、氟利昂-142
1260	1	07	02	02	07						1070202070000000000	芳香烃卤化衍生物	包括氯化苯、邻二氯苯、对二氯苯、六氯苯、三氯甲醛、3，4-二氯甲苯、对氯二氯苯、其他芳香烃卤化衍生物	芳香烃卤化衍生物、氯化苯、邻二氯苯、对二氯苯、六氯苯、3，4-二氯甲苯、三氯乙醛
1261	1	07	02	02	08						1070202080000000000	烃磺化、硝化或亚硝化衍生物	包括苯磺酸、甲苯磺酸、二甲苯磺酸、苯基磺酸、烷基苯磺酸、萘磺酸、对氨基苯磺酸、甲基氯化苯、三硝基甲苯、硝基氯化苯、硝基苯、硝基甲苯、硝基氯苯（TNT）、氯化苦；一硝基甲苯、二硝基甲苯、三硝基甲苯、硝基氯苯	烃磺化、硝化衍生物、亚硝化衍生物、苯磺酸、甲苯磺酸、苯基磺酸、烷基苯磺酸、萘磺酸、对氨基苯磺酸、甲基氯化苯、硝基氯苯、硝基苯、硝基甲苯、三硝基甲苯、二硝基甲苯、邻二硝基甲苯、硝基氯苯

续表

序号	篇	类	章	节	条	款	项目	细目	合并编码	商品和服务名称	说明	关键字
												苯、对硝基甲苯、邻硝基氯苯、对硝基氯苯、二硝基氯苯、三硝基氯化苯、硝基苷、氯硝基甲烷、一硝基甲烷、邻硝基甲苯、对硝基甲苯、二硝基氯苯、邻硝基氯苯、对硝基氯苯、二硝基氯苯、硝化棉
1262	1	07	02	02	09				10702020900000000	无环醇及其衍生物	包括无环醇及其卤化、磺化、硝化或亚硝化衍生物	无环醇、精甲醇、丙醇、异丙醇、丁醇、正丁醇、异丁醇、叔丁醇、戊醇、异戊醇、叔戊醇、正辛醇、异辛醇、仲辛醇、丁辛醇、十二烷醇、月桂醇、十六烷醇、棕榈醇、十八烷醇、硬脂醇、香叶醇、橙花醇、芳樟醇、烯丙醇、丙烯醇、丙二醇、丁二醇、2,5-二甲基乙二醇、1,2-丙二醇、二甲基乙二醇、二缩二丙二醇、一缩二乙二醇、三乙二醇、多缩丙二醇、新戊二醇、2,2-二甲醇、1,3-丙二醇、异丁基甲醇、丙烯二醇、1,4-丁烯二醇、丁烯二醇、2-丁炔-1,4-二醇、三羟基甲基丙烷、季戊四醇、甘露糖醇、山梨糖醇、高碳数脂肪醇
1263	1	07	02	02	10				10702021000000000	环醇	包括环醇、芳香醇	环醇、薄荷醇、环己醇、甲基环己醇、二甲基环己醇、固醇、环己六醇、肌醇、萜品醇、松油醇、苯甲醇、苄醇、苯乙醇、β-苯丙烯醇、肉桂醇、萘醇油
1264	1	07	02	02	11				10702021100000000	酚	包括一元酚、多元酚、酚醇	酚、苯酚、苯酚钠、合成甲酚、三混甲酚、甲酚盐、邻甲酚、间甲酚、对甲酚、王基酚、辛基酚、二甲苯酚、β-萘酚（2-萘酚）

续表

序号	篇	类	章	节	条	款	项	目	子目	细目	合并编码	商品和服务名称	说明	关键字
1265	1	07	02	02	12						1070202120000000000	酚及酚醇衍生物	包括酚及酚醇的卤化、磺化、硝化或亚硝化衍生物	α-萘酚、邻异丙基酚、邻仲丁基酚、2,3-酸、间苯二酚、对苯二酚、对苯二酚盐、4,4-异亚丙基联苯酚、酚及酚醇衍生物、对氨苯酚、邻氯苯酚、二氯苯酚、对氯苯酚、4-磺酸-2-氨基苯酚、对氨基苯酚、对氨基硫酚、对氟苯硫酚、对羟基苯硫酚、对硝基苯酚、对硝基苯酚钠、邻硝基对甲酚、邻硝基苯硫酚
1266	1	07	02	02	13						1070202130000000000	羧酸及其衍生物	包括甲酸及甲酸盐、甲酸酯、乙酸及其盐和酯、丙酸及其盐和酯、丁酸及其盐和酯、棕榈酸及其盐和酯、硬脂酸及其盐和酯、甲基丙烯酸及其盐和酯、亚麻酸及其盐和酯、苯乙酸及其盐和酯、苯甲酸及其盐和酯、草酸及其盐和酯、己二酸及其盐和酯、癸二酸及其盐和酯、壬二酸及其盐和酯、邻苯二甲酸酐、对苯二甲酸酐、其盐、乳酸及其盐和酯、酒石酸及其盐和酯、葡糖酸及其盐和酯、苯乙醇酸及其盐和酯、环烷酸及其盐和酯、水不溶性盐和酯	羧酸、甲酸、甲酸钠、甲酸钙、甲酸甲酯、甲酸乙酯、甲酸苄酯、甲酸镍、甲酸冰片酯、冰醋酸、甲乙醋酸、乙酸、乙酸钴、醋酸钠、乙酸钠、醋酸酐、醋酐、醋酸钾、醋酸钙、醋酸钙、醋酸酐、醋酸末、醋酸钾、乙酸末、乙酸钙、乙酸乙烯酯、乙酸乙酯、乙酸丙烯酯、乙酸正丁酯、乙酸异丁酯、乙酸-2-乙氧基乙酯、乙酸甲酯、氯代乙酸、三氯乙酸、丙酸、丙酸盐、丙酸酯正丁酯、异丁酸、丁酸、氧化丁酰、丁二酸酐、琥珀酸酐、苯基丁酸、顺二酸酐、反丁烯二酸、富马酸、皮酸、异皮酸、皮酸盐、硬脂酸镁、硬脂酸锌、硬脂酸铝、硬脂酸钙、棕榈酸、棕榈酸铝、丙烯酸、丙烯酸盐、丙烯酸酯、甲基丙烯酸、甲基丙烯酸酯

续表

序号	编码 篇	类	章	节	条	款	项	目	子目	细目	合并编码	商品和服务名称	说明	关键字
1267	1	07	02		02			14			1070202140000000000	氨基化合物	包括无环单胺、无环多胺、环单胺、环单胺或多胺及其衍生物、环芳香单胺、芳香多胺、含氧基氨基化合物、腈基化合物、偶氮或氧化偶氮化合物、肼或胺有机衍生物	油酸、油酸盐、油酸酯、亚油酸、亚油酸盐、亚油酸酯、亚麻酸、亚麻酸盐、亚麻酸酯、苯甲酸、苯甲酸钠、苯甲酸铵、苯甲酸钾、苯甲酸钙、苯甲酸苄酯、苯甲酸萘酯、苯甲酸甲酯、苯甲酸乙酯、过氧化苯甲酰、苯甲酰氯、邻甲基苯甲酸、苯乙酸、苯乙酸盐、苯乙酸酯、乙二酸、草酸铵、草酸钾、草酸钠、草酸钙、草酸铁、草酸钾钠、草酸二甲酯、草酸二乙酯、己二酸、己二酸铵、己二酸二辛酯、癸二酸、癸二酸盐、癸二酸酯、王二酸、王二酸盐、王二酸二甲酯、邻苯二甲酸、邻苯二甲酸二丁酯、邻苯二甲酸二辛酯、邻苯二甲酸二癸酯、对苯二甲酸、对苯二甲酸酐、对苯二甲酸二甲酯、乳酸、乳酸盐、乳酸酯、酒石酸、酒石酸盐、酒石酸酯、葡糖酸、葡糖酸盐、葡糖酸酯、苯乙醇酸、扁桃酸、苯乙醇酸盐、苯乙醇酸酯、环烷酸钴、环烷酸、氨基化合物、一甲胺、二甲胺、三甲胺、一乙胺、二乙胺、三乙胺、二正丙胺、异丙胺、甲基乙胺、2-氨基丙烷、NN-二、2-氨乙基胺、N, N-二、氯乙基甲胺、三2-氯乙基胺、二烷氨基乙基胺、乙二胺、乙二胺盐、己二酸己二胺盐、尼龙66盐、六亚甲基二

续表

序号	编码								合并编码	商品和服务名称	说　明	关　键　字
	篇	类	章	节	条	款	项	目	子目	细目				

关键字：胺盐、六亚甲基四胺、乌洛托品、环己胺、二甲氨基环己胺、苯胺、苯胺盐、苯胺衍生物盐、甲苯胺、邻甲苯胺、甲苯胺衍生物、甲苯胺衍生物盐、二苯胺、二苯胺衍生物、二苯胺衍生物盐、萘胺、1-萘胺、1-萘胺衍生物和盐、2-萘胺衍生物、2-萘胺衍生物盐、2-萘胺盐、甲萘胺、对异丙基苯胺、二甲基苯胺、2,6-二乙基苯胺、对硝基苯胺、N,N-二甲基苯胺、N,N-二乙基苯胺、3,3-二氯联苯胺、邻苯二胺、间苯二胺、对苯二胺、单乙醇胺、三乙醇胺、三乙醇胺盐、二乙醇胺、二乙醇胺盐、三乙醇丁醇、乙胺、二乙胺、二烷基乙醇胺、乙-2-醇质子化盐、乙基二乙醇胺、甲基二乙醇胺、氨基烃基萘磺酸盐、茴香胺、二茴香胺盐、氨基苯乙醚盐、1-氯萘基肼、双氰胺、芬普雷司、INN盐、美沙酮中间体、对氯氰苄、间苯二甲腈、三聚氰胺、苯乙腈、苯基重氮酸、氯化重氮苯、重氮甲烷、重氮基醋酸乙酯、重氮丝氨酸、重氮氨基苯、二硝基重氮酚、偶氮二异丁腈、偶氮二异庚腈、偶氮二甲酰胺、偶氮二碳酸二异丙酯、苯肼、甲基苯肼、萘肼、亚硝基苯肼、苯基苯肼、乙醛苯肼、丁二酮肟、苯基羟胺、苯酮肟、丙酮肟、苯腙、乙醛肟、乙酰苯肟、苯

续表

序号	篇	类	章	节	条	款	项目	子目	细目	合并编码	商品和服务名称	说　明	关　键　字
1268	1	07	02		15					1070202150000000000	含氮基化合物	包括异氰酸酯、环己基氨基磺酸钠（甜蜜素）、其他含氮基化合物	醛半缩醇、对称二氨基脲、苯甲醛肟、苯亚甲基丙酮肟、异羟肟酸、二苯卡巴肼、氨基脲、氨基甲酰肼、N-酰基苯基氨基脲、四元肼盐及碱、羧酸酰肼、酰肼定、含氮基化合物、TDI、二甲苯二异氰酸酯、二苯基甲烷二异氰酸酯、六亚甲基二异氰酸酯、二硝氨基瞵酰二胺、二烷基瞵酸二烷酯
1269	1	07	02		16					1070202160000000000	醚	包括乙醚、二氯乙醚、三异醚、二丁醚、二戊醚、甲乙醚、乙基异丙基醚、乙基丁基醚、乙基戊基醚、环醚、茚醚、多元醇缩水甘油醚、甘油醚、茚香醚、苯乙醚、1,2-二苯氧基乙烷（乙二醇二苯基醚）、固香脑、对苯氧基固香醚、二苄醚、硝基苯固香醚、2-叔丁基-5-甲基-4,6-二硝基固香醚、β-萘甲醚、β-萘乙醚、同甲酚甲醚、丁基同甲酚甲醚、苯基甲基醚、苯基叔丁基醚、二甲基醚、其他醚、不包括二甲醚（甲醚）（详见107020240）	醚、甲醚、乙醚、二氯乙醚、三异醚、二丁醚、二戊醚、甲乙醚、乙基异丙基醚、乙基丁基醚、乙基戊基醚、环醚、茚醚、多元醇缩水甘油醚、甘油醚、茚香醚、苯乙醚、二苯氧基乙烷、醇、固香脑、对苯氧基固香醚、二苄醚、硝基苯乙醚、2-叔丁基-5-甲基-4,6-二硝基醚、β-萘甲醚、同甲酚甲醚、丁基同甲酚甲醚、苯基甲基醚、苯基叔丁基醚、二甲基醚、苄基乙醚、同甲基二苯醚
1270	1	07	02		17					1070202170000000000	醚醇	包括醚醇及其卤、硝或亚硝化衍生物	醚醇、二甘醇、乙二醇单丁醚、三甘醇单丁醚、二甘醇单丁醚、乙二醇、相关单烷基醚、二丁醇、同苯单苄醇
1271	1	07	02		18					1070202180000000000	醚酚及醚醇酚	包括醚酚、醚醇酚、硝或亚硝化衍生物	醚酚及醚醇酚、醚酚、醚醇酚、焦儿苯酚单乙醚
1272	1	07	02		19					1070202190000000000	过氧化醇	包括乙过醇（乙基过氧化氢、过氧化二乙基、过氧化二乙基、过氧化酮乙过	过氧化醇、过氧化醚、过氧化酮乙过

附录 A 商品和服务税收分类与编码

续表

序号	编码篇	类	章	节	条	款	项	子目	细目	合并编码	商品和服务名称	说明	关键字
1273	1	07	02	02	20					107020220000000000	过氧化醚及过氧化酮	过氧化醚及过氧化醇、其他过氧化醚、过氧化酮	醇、乙基过氧化醇、过氧化氢、过氧化二乙基、过氧醚
1274	1	07	02	02	21					107020221000000000	醛	指不含其他含氧基的无环醛	醛、甲醛、乙醛、丁醛、庚醛、丙醛、辛醛、癸醛、壬醛、十一醛、十二醛、丙烯醛、2-丁烯醛、巴豆醛、柠檬醛、香茅醛、环柠檬醛 A、环柠檬醛 B、紫苏醛、环柠檬醛、苯甲醛、铃兰醛、肉桂醛、藏花醛、苯肉桂醛、α-戊基肉桂醛、3-对枯烯基-2-甲基丙醛、苯乙醛
1274	1	07	02	02	21					107020221000000000	醛醇	包括乙醇醛、3-羟基丁醛、羟基香茅醛、其他醛醇	醛醇、乙醇醛、3-羟基丁醛、羟基香茅醛
1275	1	07	02	02	22					107020222000000000	醛醚、醛酚及含有相关含氧基的醛基醛	包括香草醛（3-甲氧基-4-羟基苯甲醛）、乙基香草醛（3-乙氧基-4-羟基苯甲醛）、水杨醛、3,4-二羟基苯甲醛（原儿茶醛）、茴香醛（对甲氧基苯甲醛）、其他醛醚、醛酚及含有相关含氧基醛	醛醚、醛酚、含有相关含氧基醛、香草醛、3-甲氧基-4-羟基苯甲醛、乙基香草醛、3-乙氧基-4-羟基苯甲醛、水杨醛、3,4-二羟基苯甲醛、邻羟基苯甲醛、原儿茶醛、茴香醛、对甲氧基苯甲醛
1276	1	07	02	02	23					107020223000000000	环聚醛	包括三聚甲醛（三恶烷）、三聚乙醛（仲乙醛）、四聚乙醛、其他环聚醛	环聚醛、三聚甲醛、三恶烷、三聚乙醛、仲乙醛、四聚乙醛
1277	1	07	02	02	24					107020224000000000	多聚甲醛	包括仲甲醛、其他多聚甲醛	多聚甲醛、仲甲醛、甲醛次硫酸氢钠、吊白块、甲醛
1278	1	07	02	02	25					107020225000000000	酮		酮、丙酮、丁酮、4-甲基-2-戊酮、苯基化氧、异亚丙基丙酮、佛尔酮、假紫罗兰酮、假甲基紫罗兰酮、联乙酰、丁二酮、乙酰丙酮、丙酮基丙酮、环己酮、甲基环己酮、乙烯酮、双乙烯酮、正香芹酮、甲基正香芹酮、紫罗兰酮、甲基紫罗兰酮、环戊酮、甲基甲酮、鸢尾酮、香芹酮、香叶酮、茉莉酮

续表

序号	篇	类	章	节	条	款	项	子目	细目	合并编码	商品和服务名称	说明	关键字
1279	1	07	02	02	26					1070202260000000000	酮醇、酮醛及酮酚	包括酮醇、酮醛、酮酚、其他酮醇、其他酮酚	酮醇、酮醛、酮酚
1280	1	07	02	02	27					1070202270000000000	醌基化合物	包括蒽醌、对苯醌、1,4-萘醌、2-甲基蒽醌、二氢蒽醌、菲醌、α-羟基蒽醌、醌茜、柯嗪、1-氨基蒽醌、酞菁铜、溶剂法酞菁铜、固相法酞菁铜、其他醌基化合物	醌基化合物、蒽醌、对苯醌、1,4-萘醌、2-甲基蒽醌、二氢蒽醌、菲醌、醌茜、柯嗪、1-氨基蒽醌、酞菁铜、溶剂法酞菁铜、固相法酞菁铜
1281	1	07	02	02	28					1070202280000000000	无机酸酯及其盐	包括磷酸酯及其盐、硫代磷酸酯及其盐	甘油磷酸酯、肌醇六磷酸盐、磷酸三丁酯、磷酸三苯酯、磷酸三甲酯、磷酸三乙酯、磷酸三辛酯、乳酸钠、二甲苯基二硫代磷酸钠、二甲基二硫代磷酸酯、代磷酸酯、硫酸氢甲酯、硫酸氢乙酯
1282	1	07	02	02	29					1070202290000000000	亚磷酸酯	包括亚磷酸三甲酯、亚磷酸三乙酯、其他亚磷酸酯	亚磷酸酯亚磷酸三甲酯、亚磷酸三乙酯、亚磷酸二甲酯、亚磷酸二乙酯
1283	1	07	02	02	30					1070202300000000000	亚硝酸酯、硝酸酯	包括亚硝酸酯、硝酸酯	亚硝酸酯、硝酸酯
1284	1	07	02	02	31					1070202310000000000	碳酸酯、过碳酸酯及其盐	包括碳酸二乙酯、二甘醇二苯酯、碳酸双烯丙酯、原碳酸四乙酯、过氧化二碳酸双（4-叔丁基环己）酯、其他碳酸酯	碳酸酯、愈创木酯、碳酸丙烯酯、盐碳酸二乙酯、碳酸二苯酯、二甘醇双烯丙基碳酸酯、原碳酸四乙酯

附录 A 商品和服务税收分类与编码

续表

序号	篇	类	章	节	编码 条	款	项	子目	细目	合并编码	商品和服务名称	说明	关键字
1285	1	07	02	02	32					1070202320000000000	硅酸酯及其盐	包括硅酸(四乙基硅酸或四乙氧基硅)、过氧化二碳酸双乙酯、其他硅酸酯及其盐	四乙酯、过氧酯、盐硅酸酯、四乙氧基硅酸四乙酯
1286	1	07	02	02	33					1070202330000000000	镍钴锰氢氧化物		镍钴锰氢氧化物
1287	1	07	02	02	34					1070202340000000000	镍钴锰酸锂		镍钴锰酸锂
1288	1	07	02	02	35					1070202350000000000	硫酸锰铵		硫酸锰铵
1289	1	07	02	02	36					1070202360000000000	氯化钴		氯化钴
1290	1	07	02	02	37					1070202370000000000	活性硅酸钙		活性硅酸钙
1291	1	07	02	02	38					1070202380000000000	环氧环己烷		环氧环己烷
1292	1	07	02	02	39					1070202390000000000	正戊醇		正戊醇
1293	1	07	02	02	40					1070202400000000000	二甲醚	又称甲醚，指化学分子式为CH3OCH3，常温常压下为具有轻微醚香味、易燃、无腐蚀性的气体	二甲醚、甲醚
1294	1	07	02	03						1070203000000000000	贵金属化合物、相关基础化学品	包括贵金属氧化物、有机-无机化合物、相关基础化学品	
1295	1	07	02	03	01					1070203010000000000	活性炭、硫黄、磷		
1296	1	07	02	03	01	01				1070203010100000000	活性炭	有多孔结构和对气体、蒸汽或胶态固体有强大吸附本领的炭；木、竹、果壳、兽骨、兽血、泥煤、褐煤等都可作为制造活性炭的原料；可将炭质高温活化，或将未碳化原料用氯化锌、氯化铵、氯化钙、硫酸、磷酸等浸渍后在低温碳化，再灼烧活化而得；主要用于脱色净化、溶剂的回收、气体的吸收、分离和提纯、热蒸汽、氨或空气共同加热至高温活化	活性炭、粉状活性炭、颗粒活性炭

续表

序号	篇	类	章	节	条	款	项	目	子目	细目	合并编码	商品和服务名称	说明	关键字
1297	1	07	02	03	01	02					1070203010200000000	硫黄	化学合成的催化剂和催化剂载体等	硫黄别名硫、精制硫黄、胶体硫、硫黄性结品或粉末，有特殊气味。主要用于制造染料、农药、火药等
1298	1	07	02	03	01	03					1070203010300000000	磷	一种非金属元素，包括：黄磷、赤磷、其他磷	磷、黄磷、赤磷
1299	1	07	02	03	02						1070203020000000000	非金属基础化学品	包含硅、精硅、硒、砷、硼、碲等	硅、精硅、硒、砷、硼、碲
1300	1	07	02	03	03						1070203030000000000	贵金属化合物	由贵金属元素与其他一种或一种以上元素形成的化合物，包含银化合物、金化合物、胶态贵金属、其他贵金属化合物等	银化合物、金化合物、胶态贵金属、贵金属化合物
1301	1	07	02	03	04						1070203040000000000	稀土化合物	包括稀土金属、钇及其混合物的化合物	氧化稀土
1302	1	07	02	03	04	01					1070203040100000000	氧化稀土		
1303	1	07	02	03	04	01	01				1070203040101000000	氧化镧	氧化镧试剂、镧化合物等	氧化镧试剂、镧化合物、氧化镧
1304	1	07	02	03	04	01	02				1070203040102000000	氧化铈	氧化铈试剂、铈化合物等	氧化铈试剂、铈化合物、氧化铈
1305	1	07	02	03	04	01	03				1070203040103000000	氧化镨	氧化镨试剂等	氧化镨试剂、氧化镨
1306	1	07	02	03	04	01	04				1070203040104000000	氧化钕	氧化钕试剂等	氧化钕试剂、氧化钕
1307	1	07	02	03	04	01	05				1070203040105000000	氧化钐	氧化钐试剂等	氧化钐试剂、氧化钐
1308	1	07	02	03	04	01	06				1070203040106000000	氧化铕	氧化铕试剂等	氧化铕试剂、氧化铕
1309	1	07	02	03	04	01	07				1070203040107000000	氧化钆	氧化钆试剂等	氧化钆试剂、氧化钆
1310	1	07	02	03	04	01	08				1070203040108000000	氧化铽	氧化铽试剂等	氧化铽试剂、氧化铽
1311	1	07	02	03	04	01	09				1070203040109000000	氧化镝	氧化镝试剂等	氧化镝试剂、氧化镝
1312	1	07	02	03	04	01	10				1070203040110000000	氧化钬	氧化钬试剂等	氧化钬试剂、氧化钬
1313	1	07	02	03	04	01	11				1070203040111000000	氧化铒	氧化铒试剂等	氧化铒试剂、氧化铒
1314	1	07	02	03	04	01	12				1070203040112000000	氧化铥	氧化铥试剂等	氧化铥试剂、氧化铥
1315	1	07	02	03	04	01	13				1070203040113000000	氧化镱	氧化镱试剂等	氧化镱试剂、氧化镱
1316	1	07	02	03	04	01	14				1070203040114000000	氧化镥	氧化镥试剂等	氧化镥试剂、氧化镥

续表

序号	编码 篇	类	章	节	条	款	项	子目	细目	合并编码	商品和服务名称	况 明	关 键 字
1317	1	07	02	03	04	01	15			1070203040115000000	氧化钪	氧化钪试剂等	氧化钪试剂、氧化钪
1318	1	07	02	03	04	01	16			1070203040116000000	氧化钇	氧化钇试剂等	氧化钇试剂、氧化钇
1319	1	07	02	03	04	01	17			1070203040117000000	氧化镧铈	镧铈氧化物、镧铈富集物等	镧铈氧化物、氧化镧铈、氧化镧铈富集物
1320	1	07	02	03	04	01	18			1070203040118000000	氧化镧铈镨	镧铈镨氧化物等	镧铈镨氧化物、氧化镧铈镨
1321	1	07	02	03	04	01	19			1070203040119000000	氧化镧铈钕	镧铈钕氧化物等	镧铈钕氧化物、氧化镧铈钕
1322	1	07	02	03	04	01	20			1070203040120000000	氧化镧铈镨钕	镧铈镨钕氧化物、少钕氧化稀土、镧铈镨钕富集物等	镧铈镨钕氧化物、少钕氧化稀土、镧铈镨钕富集物、氧化镧铈镨钕
1323	1	07	02	03	04	01	21			1070203040121000000	氧化镧镨钕	镧镨钕氧化物等	镧镨钕氧化物、氧化镧镨钕
1324	1	07	02	03	04	01	22			1070203040122000000	氧化镧铈铽	镧铈铽氧化物、镧铈铽共沉物、镧铈铽氧化物共沉物、镧铈铽氧化物等	镧铈铽氧化物、镧铈铽共沉物、氧化镧铈铽
1325	1	07	02	03	04	01	23			1070203040123000000	氧化铈铽	铈铽氧化物、铈铽共沉物等	铈铽氧化物、氧化铈铽
1326	1	07	02	03	04	01	24			1070203040124000000	氧化镨钕	镨钕稀土氧化物、镨钕富集物等	镨钕稀土氧化物、镨钕富集物、氧化镨钕
1327	1	07	02	03	04	01	25			1070203040125000000	氧化钐钆	钐钆氧化物、钐钆富集物等	钐钆氧化物、氧化钐钆
1328	1	07	02	03	04	01	26			1070203040126000000	氧化钐铕		氧化钐铕
1329	1	07	02	03	04	01	27			1070203040127000000	氧化钐铕钆	钐铕钆氧化物、钐铕钆富集物等	钐铕钆氧化物、氧化钐铕钆
1330	1	07	02	03	04	01	28			1070203040128000000	氧化铽镝	铽镝稀土氧化物、铽镝氧化物等	铽镝稀土氧化物、铽镝氧化物、氧化铽镝
1331	1	07	02	03	04	01	29			1070203040129000000	氧化富镧	富镧稀土氧化物、富镧氧化物、镧钇富集物等	富镧稀土氧化物、富镧氧化物、镧钇富集物、氧化富镧
1332	1	07	02	03	04	01	30			1070203040130000000	氧化富铈	富铈稀土氧化物、富铈氧化物、铈富集物等	富铈稀土氧化物、富铈氧化物、铈富集物、氧化富铈
1333	1	07	02	03	04	01	31			1070203040131000000	氧化富镨		氧化富镨
1334	1	07	02	03	04	01	32			1070203040132000000	氧化富钕		氧化富钕
1335	1	07	02	03	04	01	33			1070203040133000000	氧化富钐	富钐氧化物、钐富集物等	富钐氧化物、钐富集物、氧化富钐
1336	1	07	02	03	04	01	34			1070203040134000000	氧化富铕	富铕氧化物、粗铕氧化物等	富铕氧化物、粗铕氧化物、氧化富铕

续表

序号	篇	类	章	节	条	款	项	目	子目	细目	合并编码	商品和服务名称	说明	关键字
1337	1	07	02	03	04	01	35				1070203040135000000	氧化富钇	富钇氧化物等	富钇氧化物、氧化富钇
1338	1	07	02	03	04	01	36				1070203040136000000	氧化富铽	富铽氧化物等	富铽氧化物、氧化富铽
1339	1	07	02	03	04	01	37				1070203040137000000	氧化富铥	富铥氧化物等	富铥氧化物、氧化富铥
1340	1	07	02	03	04	01	38				1070203040138000000	氧化富德	富德氧化物等	富德氧化物、氧化富德
1341	1	07	02	03	04	01	39				1070203040139000000	氧化富镥	富镥氧化物等	富镥氧化物、氧化富镥
1342	1	07	02	03	04	01	40				1070203040140000000	氧化富铈	富铈稀土氧化物、富铈氧化物、铈富集物等	富铈稀土氧化物、富铈氧化物、铈富集物、氧化富铈
1343	1	07	02	03	04	01	41				1070203040141000000	氧化富镝	富镝氧化物、镝铽集物等	氧化富镝、富镝氧化物、镝铽富集物
1344	1	07	02	03	04	01	42				1070203040142000000	氧化富铒		氧化富铒
1345	1	07	02	03	04	01	43				1070203040143000000	氧化富钇	富钇氧化物、富钇富集物等	氧化富钇、富钇氧化物、钇富集物
1346	1	07	02	03	04	01	44				1070203040144000000	氧化钛钼钇铽德	钛铽德氧化物、钛钼铽德氧化稀土等	氧化钛钼铽德、钛钼铽德氧化物、钛氧化稀土
1347	1	07	02	03	04	01	45				1070203040145000000	氧化钛钼钇	钛钼钇氧化物	氧化钛钼钇、钛钼钇氧化物
1348	1	07	02	03	04	01	46				1070203040146000000	氧化钇镝	钇镝富集物、钇镝共沉物等	氧化钇镝、钇镝富集物、钇镝共沉物
1349	1	07	02	03	04	01	47				1070203040147000000	氧化钇铽	钇铽氧化物、钇铽共沉物等	氧化钇铽、钇铽氧化物、钇铽共沉物
1350	1	07	02	03	04	01	48				1070203040148000000	氧化钇镥		氧化钇镥
1351	1	07	02	03	04	01	99				1070203040199000000	其他氧化稀土		
1352	1	07	02	03	04	02					1070203040200000000	氯稀土	用作电解混合稀土金属、稀土合金和提取单一稀土元素的原料，也可作石化催化剂、助催化剂和稀土抛光粉原料。包括：混合氯化稀土、其他氯化稀土等	
1353	1	07	02	03	04	02	01				1070203040201000000	氯化镧	镧料液、无水氯化镧、镧化合物等	氯化镧、镧料液、无水氯化镧、镧化合物

续表

序号	篇	类	章	节	条	款	项	目	子目	细目	合并编码	商品和服务名称	说明	关键字
1354	1	07	02	03	04	02	02				1070203040202000000	氯化铈	铈料液、无水氯化铈、铈化合物等	氯化铈、铈料液、无水氯化铈、铈化合物
1355	1	07	02	03	04	02	03				1070203040203000000	氯化镨	镨料液、无水氯化镨等	氯化镨、镨料液、无水氯化镨
1356	1	07	02	03	04	02	04				1070203040204000000	氯化钕	钕料液、无水氯化钕等	氯化钕、钕料液、无水氯化钕
1357	1	07	02	03	04	02	05				1070203040205000000	氯化钐	无水氯化钐等	氯化钐、无水氯化钐
1358	1	07	02	03	04	02	06				1070203040206000000	氯化铕	无水氯化铕等	氯化铕、无水氯化铕
1359	1	07	02	03	04	02	07				1070203040207000000	氯化钆	钆料液等	氯化钆、钆料液
1360	1	07	02	03	04	02	08				1070203040208000000	氯化铽	铽料液、无水氯化铽等	氯化铽、铽料液、无水氯化铽
1361	1	07	02	03	04	02	09				1070203040209000000	氯化镝	镝料液、无水氯化镝等	氯化镝、镝料液、无水氯化镝
1362	1	07	02	03	04	02	10				1070203040210000000	氯化钬	钬料液等	氯化钬、钬料液
1363	1	07	02	03	04	02	11				1070203040211000000	氯化铒	铒料液等	氯化铒、铒料液
1364	1	07	02	03	04	02	12				1070203040212000000	氯化铥	铥料液等	氯化铥、铥料液
1365	1	07	02	03	04	02	13				1070203040213000000	氯化镱	镱料液等	氯化镱、镱料液
1366	1	07	02	03	04	02	14				1070203040214000000	氯化镥	镥料液等	氯化镥、镥料液
1367	1	07	02	03	04	02	15				1070203040215000000	氯化钪	钪料液等	氯化钪、钪料液
1368	1	07	02	03	04	02	16				1070203040216000000	氯化钇	钇料液、无水氯化钇等	氯化钇、钇料液、无水氯化钇
1369	1	07	02	03	04	02	17				1070203040217000000	氯化镧铈	镧铈料液、镧铈氯料液、液体氯化镧铈等	氯化镧铈、镧铈料液、镧铈氯料液、液体氯化镧铈
1370	1	07	02	03	04	02	18				1070203040218000000	氯化镧铈镨	镧铈镨料液、少钕料液、少钕氯化稀土等	氯化镧铈镨、镧铈镨料液、少钕料液、少钕氯化稀土
1371	1	07	02	03	04	02	19				1070203040219000000	氯化镧铈钕	镧铈钕料液等	氯化镧铈钕、镧铈钕料液
1372	1	07	02	03	04	02	20				1070203040220000000	氯化镧铈镨钕	镧铈镨钕料液、镧铈镨钕氯化物等	氯化镧铈镨钕、镧铈镨钕料液、镧铈镨钕氯化物
1373	1	07	02	03	04	02	21				1070203040221000000	氯化镧镨钕		氯化镧镨钕
1374	1	07	02	03	04	02	22				1070203040222000000	氯化镧铈铽	镧铈铽氯化物、镧铈氯化物等	氯化镧铈铽氯化物、镧铈氯化物

续表

序号	篇	类	章	节	条	款	项	目	子目	细目	合并编码	商品和服务名称	说　明	关　键　字
1375	1	07	02	03	04	02	23				1070203040223000000	氯化铈铽	铈铽料液、铈铽氯化物等	氯化铈铽、铈铽料液、铈铽氯化物
1376	1	07	02	03	04	02	24				1070203040224000000	氯化镨钕	镨钕料液、镨钕氯化物、无水氯化镨钕等	氯化镨钕、镨钕料液、镨钕氯化物、无水氯化镨钕
1377	1	07	02	03	04	02	25				1070203040225000000	氯化杉钇	杉钇料液等	氯化杉钇、杉钇料液
1378	1	07	02	03	04	02	26				1070203040226000000	氯化杉铕		氯化杉铕
1379	1	07	02	03	04	02	27				1070203040227000000	氯化杉铕钇	杉铕钇料液、杉铕钇氯化物等	氯化杉铕钇、杉铕钇料液、杉铕钇氯化物
1380	1	07	02	03	04	02	28				1070203040228000000	氯化铽镝	铽镝料液等	氯化铽镝、铽镝料液
1381	1	07	02	03	04	02	29				1070203040229000000	氯化富镧	富镧料液、富镧氯化物、少铈富镧料液、富镧液等	氯化富镧、富镧料液、富镧氯化物、少铈富镧料液、富镧液
1382	1	07	02	03	04	02	30				1070203040230000000	氯化富铈	富铈氯化物等	氯化富铈、富铈氯化物
1383	1	07	02	03	04	02	31				1070203040231000000	氯化富镨		氯化富镨
1384	1	07	02	03	04	02	32				1070203040232000000	氯化富钕		氯化富钕
1385	1	07	02	03	04	02	33				1070203040233000000	氯化富杉	富杉氯化物等	氯化富杉、富杉氯化物
1386	1	07	02	03	04	02	34				1070203040234000000	氯化富铕	粗铕料液、富铕料液等	氯化富铕、粗铕料液、富铕料液
1387	1	07	02	03	04	02	35				1070203040235000000	氯化富钆	富钆液等	氯化富钆、富钆液
1388	1	07	02	03	04	02	36				1070203040236000000	氯化富铽	富铽液等	氯化富铽、富铽液
1389	1	07	02	03	04	02	37				1070203040237000000	氯化富铒	富铒液等	氯化富铒、富铒液
1390	1	07	02	03	04	02	38				1070203040238000000	氯化富镝	富镝液等	氯化富镝、富镝液
1391	1	07	02	03	04	02	39				1070203040239000000	氯化富镥	富镥液等	氯化富镥、富镥液
1392	1	07	02	03	04	02	40				1070203040240000000	氯化富铽	富铽料液、富铽氯化物、富铽液等	氯化富铽、富铽料液、富铽氯化物、富铽液
1393	1	07	02	03	04	02	41				1070203040241000000	氯化富镝	富镝料液、富镝氯化物等	氯化富镝、富镝料液、富镝氯化物
1394	1	07	02	03	04	02	42				1070203040242000000	氯化富铒		氯化富铒
1395	1	07	02	03	04	02	43				1070203040243000000	氯化富钇	富钇料液、富钇氯化物等	氯化富钇、富钇料液、富钇氯化物
1396	1	07	02	03	04	02	44				1070203040244000000	氯化钬铒铥	钬镥镝料液等	氯化钬铒铥、钬镥镝料液、钬镥镝

续表

序号	编码 篇	类	章	节	条	款	项	子目	细目	合并编码	商品和服务名称	说　明	关　键　字
											镧倍		料液
1397	1	07	02	03	04	02	45			1070203040245000000	氯化钛钽钇	钛钽料液、钛钽钇氯化物、钛钇料液等	氯化钛钽钇、钛钽料液、钛钽钇氯化物、钛钇料液
1398	1	07	02	03	04	02	46			1070203040246000000	氯化钇铕	低钇低铕混合稀土氯化物、钇铕氯化物等	氯化钇铕、低钇低铕混合稀土氯化物
1399	1	07	02	03	04	02	47			1070203040247000000	氯化钇铽	钇铽氯氧化物等	氯化钇铽、钇铽氯氧化物
1400	1	07	02	03	04	02	48			1070203040248000000	氯化钇镥		氯化钇镥
1401	1	07	02	03	04	02	99			1070203040299000000	其他氯化稀土		
1402	1	07	02	03	04	03				1070203040300000000	氟化稀土		
1403	1	07	02	03	04	03	01			1070203040301000000	氟化镧	镧化合物	氟化镧
1404	1	07	02	03	04	03	02			1070203040302000000	氟化铈	铈化合物	氟化铈
1405	1	07	02	03	04	03	03			1070203040303000000	氟化镨		氟化镨
1406	1	07	02	03	04	03	04			1070203040304000000	氟化钕		氟化钕
1407	1	07	02	03	04	03	05			1070203040305000000	氟化钐		氟化钐
1408	1	07	02	03	04	03	06			1070203040306000000	氟化铕		氟化铕
1409	1	07	02	03	04	03	07			1070203040307000000	氟化钆		氟化钆
1410	1	07	02	03	04	03	08			1070203040308000000	氟化铽		氟化铽
1411	1	07	02	03	04	03	09			1070203040309000000	氟化镝		氟化镝
1412	1	07	02	03	04	03	10			1070203040310000000	氟化钬		氟化钬
1413	1	07	02	03	04	03	11			1070203040311000000	氟化铒		氟化铒
1414	1	07	02	03	04	03	12			1070203040312000000	氟化铥		氟化铥
1415	1	07	02	03	04	03	13			1070203040313000000	氟化镱		氟化镱
1416	1	07	02	03	04	03	14			1070203040314000000	氟化镥		氟化镥
1417	1	07	02	03	04	03	15			1070203040315000000	氟化钪		氟化钪
1418	1	07	02	03	04	03	16			1070203040316000000	氟化钇		氟化钇

续表

序号	篇	类	章	节	条	款	项	目	子目	细目	合并编码	商品和服务名称	说明	关键字
1419	1	07	02	03	04	03	17				1070203040317000000	氟化镨钕	镨钕氟化物等	氟化镨钕
1420	1	07	02	03	04	03	99				1070203040399000000	其他氟化稀土		
1421	1	07	02	03	04	04					1070203040400000000	碳酸稀土	碳酸稀土是稀土碳酸盐的混合物，属稀土分离中的初级产品。包括：碳酸铈、混合碳酸稀土、其他碳酸稀土等	碳酸铈、混合碳酸稀土、碳酸稀土
1422	1	07	02	03	04	04	01				1070203040401000000	碳酸镧	低钙镧碳酸盐、低钙镧稀土碳酸物、低钙碳酸镧碳酸低钙镧、碳酸根碳酸镧、碱式碳酸铈、镧化合物等	碳酸镧
1423	1	07	02	03	04	04	02				1070203040402000000	碳酸铈	低氯根碳酸铈、碱式碳酸铈、铈化合物等	碳酸铈
1424	1	07	02	03	04	04	03				1070203040403000000	碳酸镨		碳酸镨
1425	1	07	02	03	04	04	04				1070203040404000000	碳酸钕		碳酸钕
1426	1	07	02	03	04	04	05				1070203040405000000	碳酸钐	钐碳酸盐等	碳酸钐
1427	1	07	02	03	04	04	06				1070203040406000000	碳酸铕		碳酸铕
1428	1	07	02	03	04	04	07				1070203040407000000	碳酸钆		碳酸钆
1429	1	07	02	03	04	04	08				1070203040408000000	碳酸铽		碳酸铽
1430	1	07	02	03	04	04	09				1070203040409000000	碳酸镝		碳酸镝
1431	1	07	02	03	04	04	10				1070203040410000000	碳酸钬		碳酸钬
1432	1	07	02	03	04	04	11				1070203040411000000	碳酸铒		碳酸铒
1433	1	07	02	03	04	04	12				1070203040412000000	碳酸铥		碳酸铥
1434	1	07	02	03	04	04	13				1070203040413000000	碳酸镱		碳酸镱
1435	1	07	02	03	04	04	14				1070203040414000000	碳酸镥		碳酸镥
1436	1	07	02	03	04	04	15				1070203040415000000	碳酸钪		碳酸钪
1437	1	07	02	03	04	04	16				1070203040416000000	碳酸钇	高钇碳酸稀土等	碳酸钇
1438	1	07	02	03	04	04	17				1070203040417000000	碳酸镧铈	镧铈碳酸盐、镧铈稀土碳酸盐等	碳酸镧铈
1439	1	07	02	03	04	04	18				1070203040418000000	碳酸镧铈镨	镧铈镨碳酸盐、少钕碳酸稀土等	碳酸镧铈镨
1440	1	07	02	03	04	04	19				1070203040419000000	碳酸镧铈镨钕	镧铈镨钕碳酸盐等	碳酸镧铈镨钕

续表

序号	篇	类	章	节	条	款	项	目	子目	细目	合并编码	商品和服务名称	说明	关键字
1441	1	07	02	03	04	04	20				1070203040420000000	碳酸镧铈镨钕	镧铈镨钕碳酸盐等	碳酸镧铈镨钕
1442	1	07	02	03	04	04	21				1070203040421000000	碳酸镧镨钕	镧镨钕稀土等	碳酸镧镨钕
1443	1	07	02	03	04	04	22				1070203040422000000	碳酸镧铈钛	镧镨铈稀土等	碳酸镧铈钛
1444	1	07	02	03	04	04	23				1070203040423000000	碳酸铈钛	铈钛碳酸盐等	碳酸铈钛
1445	1	07	02	03	04	04	24				1070203040424000000	碳酸镨钕	镨钕碳酸盐等	碳酸镨钕
1446	1	07	02	03	04	04	25				1070203040425000000	碳酸钐钇	钐钇碳酸盐等	碳酸钐钇
1447	1	07	02	03	04	04	26				1070203040426000000	碳酸钐铕	钐铕碳酸盐等	碳酸钐铕
1448	1	07	02	03	04	04	27				1070203040427000000	碳酸钐铕钇	钐铕钇碳酸盐等	碳酸钐铕钇
1449	1	07	02	03	04	04	28				1070203040428000000	碳酸钛镝	钛镝碳酸盐等	碳酸钛镝
1450	1	07	02	03	04	04	29				1070203040429000000	碳酸富镧	富镧稀土碳酸盐、富镧稀土碳酸物等	碳酸富镧
1451	1	07	02	03	04	04	30				1070203040430000000	碳酸富铈	富铈稀土碳酸盐、富铈稀土碳酸盐等	碳酸富铈
1452	1	07	02	03	04	04	31				1070203040431000000	碳酸富镨	粗富镨碳酸盐等	碳酸富镨
1453	1	07	02	03	04	04	32				1070203040432000000	碳酸富钕	富钕碳酸盐等	碳酸富钕
1454	1	07	02	03	04	04	33				1070203040433000000	碳酸富钐	富钐稀土碳酸盐、富钐稀土碳酸物等	碳酸富钐
1455	1	07	02	03	04	04	34				1070203040434000000	碳酸富铕	粗富铕碳酸盐等	碳酸富铕
1456	1	07	02	03	04	04	35				1070203040435000000	碳酸富钆	富钆碳酸盐等	碳酸富钆
1457	1	07	02	03	04	04	36				1070203040436000000	碳酸富铽	富铽碳酸盐等	碳酸富铽
1458	1	07	02	03	04	04	37				1070203040437000000	碳酸富镝	富镝碳酸盐等	碳酸富镝
1459	1	07	02	03	04	04	38				1070203040438000000	碳酸富钬	富钬碳酸盐等	碳酸富钬
1460	1	07	02	03	04	04	39				1070203040439000000	碳酸富铒	富铒碳酸盐等	碳酸富铒
1461	1	07	02	03	04	04	40				1070203040440000000	碳酸富铥	富铥碳酸盐等	碳酸富铥
1462	1	07	02	03	04	04	41				1070203040441000000	碳酸富镱	富镱碳酸盐等	碳酸富镱
1463	1	07	02	03	04	04	42				1070203040442000000	碳酸富镥	富镥碳酸盐等	碳酸富镥
1464	1	07	02	03	04	04	43				1070203040443000000	碳酸富钇	富钇碳酸盐等	碳酸富钇
1465	1	07	02	03	04	04	44				1070203040444000000	碳酸钇钬镨铒镥	钇钬镨铒镥碳酸硫酸盐、钇钬镨铒镥碳酸盐、钇镨碳酸盐等	碳酸钇钬镨铒镥

续表

序号	篇	类	章	节	条	款	项	目	子目	细目	合并编码	商品和服务名称	说明	关键字
1466	1	07	02	03	04	04	45				1070203040445000000	碳酸钛铒钇	钛铒钇碳酸盐等	碳酸钛铒钇
1467	1	07	02	03	04	04	46				1070203040446000000	碳酸钇铕		碳酸钇铕
1468	1	07	02	03	04	04	47				1070203040447000000	碳酸钇铽		碳酸钇铽
1469	1	07	02	03	04	04	48				1070203040448000000	碳酸钇镥		碳酸钇镥
1470	1	07	02	03	04	04	99				1070203040499000000	其他碳酸稀土		
1471	1	07	02	03	04	05	00				1070203040500000000	硝酸稀土	包括硝酸铈、硝酸铈铵、其他硝酸稀土化合物等	硝酸铈、硝酸铈铵、硝酸稀土化合物
1472	1	07	02	03	04	05	01				1070203040501000000	硝酸镧	低钙镧硝酸盐、镧化合物	硝酸镧
1473	1	07	02	03	04	05	02				1070203040502000000	硝酸铈	铈化合物	硝酸铈
1474	1	07	02	03	04	05	03				1070203040503000000	硝酸镨		硝酸镨
1475	1	07	02	03	04	05	04				1070203040504000000	硝酸钕		硝酸钕
1476	1	07	02	03	04	05	05				1070203040505000000	硝酸钐		硝酸钐
1477	1	07	02	03	04	05	06				1070203040506000000	硝酸铕		硝酸铕
1478	1	07	02	03	04	05	07				1070203040507000000	硝酸钆		硝酸钆
1479	1	07	02	03	04	05	08				1070203040508000000	硝酸铽		硝酸铽
1480	1	07	02	03	04	05	09				1070203040509000000	硝酸镝		硝酸镝
1481	1	07	02	03	04	05	10				1070203040510000000	硝酸钬		硝酸钬
1482	1	07	02	03	04	05	11				1070203040511000000	硝酸铒		硝酸铒
1483	1	07	02	03	04	05	12				1070203040512000000	硝酸铥		硝酸铥
1484	1	07	02	03	04	05	13				1070203040513000000	硝酸镱		硝酸镱
1485	1	07	02	03	04	05	14				1070203040514000000	硝酸镥		硝酸镥
1486	1	07	02	03	04	05	15				1070203040515000000	硝酸钪		硝酸钪
1487	1	07	02	03	04	05	16				1070203040516000000	硝酸钇		硝酸钇
1488	1	07	02	03	04	05	17				1070203040517000000	硝酸镧铈	镧铈硝酸盐等	硝酸镧铈
1489	1	07	02	03	04	05	18				1070203040518000000	硝酸镧铈镨		硝酸镧铈镨

续表

序号	篇	类	章	节	条	款	项	子目	细目	合并编码	商品和服务名称	说明	关键字
1490	1	07	02	03	04	05	19			1070203040519000000	硝酸镧铈钕		硝酸镧铈钕
1491	1	07	02	03	04	05	20			1070203040520000000	硝酸镧铈镨钕	镧铈镨钕硝酸盐等	硝酸镧铈镨钕
1492	1	07	02	03	04	05	21			1070203040521000000	硝酸镧镨钕		硝酸镧镨钕
1493	1	07	02	03	04	05	22			1070203040522000000	硝酸镧铈铽		硝酸镧铈铽
1494	1	07	02	03	04	05	23			1070203040523000000	硝酸铈钕		硝酸铈钕
1495	1	07	02	03	04	05	24			1070203040524000000	硝酸镨钕		硝酸镨钕
1496	1	07	02	03	04	05	25			1070203040525000000	硝酸镨钕	镨钕硝酸盐等	硝酸镨钕
1497	1	07	02	03	04	05	26			1070203040526000000	硝酸钐钇	钐钇硝酸盐等	硝酸钐钇
1498	1	07	02	03	04	05	27			1070203040527000000	硝酸钐铕		硝酸钐铕
1499	1	07	02	03	04	05	28			1070203040528000000	硝酸钐铕钆		硝酸钐铕钆
1500	1	07	02	03	04	05	29			1070203040529000000	硝酸铽镝	铽镝硝酸盐等	硝酸铽镝
1501	1	07	02	03	04	05	30			1070203040530000000	硝酸富镧	富镧硝酸盐等	硝酸富镧
1502	1	07	02	03	04	05	31			1070203040531000000	硝酸富铈	富铈硝酸盐等	硝酸富铈
1503	1	07	02	03	04	05	32			1070203040532000000	硝酸富镨		硝酸富镨
1504	1	07	02	03	04	05	33			1070203040533000000	硝酸富钕		硝酸富钕
1505	1	07	02	03	04	05	34			1070203040534000000	硝酸富钐	富钐硝酸盐等	硝酸富钐
1506	1	07	02	03	04	05	35			1070203040535000000	硝酸富铕	粗铕硝酸盐等	硝酸富铕
1507	1	07	02	03	04	05	36			1070203040536000000	硝酸富钆	富钆硝酸盐等	硝酸富钆
1508	1	07	02	03	04	05	37			1070203040537000000	硝酸富铽	富铽硝酸盐等	硝酸富铽
1509	1	07	02	03	04	05	38			1070203040538000000	硝酸富铥	富铥硝酸盐等	硝酸富铥
1510	1	07	02	03	04	05	39			1070203040539000000	硝酸富镱	富镱硝酸盐等	硝酸富镱
1511	1	07	02	03	04	05	40			1070203040540000000	硝酸富镥	富镥硝酸盐等	硝酸富镥
1512	1	07	02	03	04	05	41			1070203040541000000	硝酸富钪	富钪硝酸盐等	硝酸富钪
1513	1	07	02	03	04	05	42			1070203040542000000	硝酸富镝	富镝硝酸盐等	硝酸富镝
1514	1	07	02	03	04	05	43			1070203040543000000	硝酸富钇	富钇硝酸盐等	硝酸富钇

续表

序号	篇	类	章	节	条	款	项	目	子目	细目	合并编码	商品和服务名称	说明	关键字
1515	1	07	02	03	04	05	44				1070203040544000000	硝酸富钇	富钇硝酸盐等	硝酸富钇
1516	1	07	02	03	04	05	45				1070203040545000000	硝酸钬铒铥镱镥	钬镱镥硝酸盐、钬铒铥镱镥硝酸盐等	硝酸钬铒铥镱镥
1517	1	07	02	03	04	05	46				1070203040546000000	硝酸钬铒钇	钬铒钇硝酸盐、钬铒钇硝酸盐等	硝酸钬铒钇
1518	1	07	02	03	04	05	47				1070203040547000000	硝酸钇铕		硝酸钇铕
1519	1	07	02	03	04	05	48				1070203040548000000	硝酸钇铽		硝酸钇铽
1520	1	07	02	03	04	05	49				1070203040549000000	硝酸钇镥		硝酸钇镥
1521	1	07	02	03	04	05	99				1070203040599000000	其他硝酸稀土		硝酸稀土
1522	1	07	02	03	04	06					1070203040600000000	醋酸稀土		醋酸稀土
1523	1	07	02	03	04	06	01				1070203040601000000	醋酸镧	镧化合物	醋酸镧
1524	1	07	02	03	04	06	02				1070203040602000000	醋酸铈	铈化合物	醋酸铈
1525	1	07	02	03	04	06	03				1070203040603000000	醋酸镨		醋酸镨
1526	1	07	02	03	04	06	04				1070203040604000000	醋酸钕		醋酸钕
1527	1	07	02	03	04	06	05				1070203040605000000	醋酸钐		醋酸钐
1528	1	07	02	03	04	06	06				1070203040606000000	醋酸铕		醋酸铕
1529	1	07	02	03	04	06	07				1070203040607000000	醋酸钆		醋酸钆
1530	1	07	02	03	04	06	08				1070203040608000000	醋酸铽		醋酸铽
1531	1	07	02	03	04	06	09				1070203040609000000	醋酸镝		醋酸镝
1532	1	07	02	03	04	06	10				1070203040610000000	醋酸钬		醋酸钬
1533	1	07	02	03	04	06	11				1070203040611000000	醋酸铒		醋酸铒
1534	1	07	02	03	04	06	12				1070203040612000000	醋酸铥		醋酸铥
1535	1	07	02	03	04	06	13				1070203040613000000	醋酸镱		醋酸镱
1536	1	07	02	03	04	06	14				1070203040614000000	醋酸镥		醋酸镥
1537	1	07	02	03	04	06	15				1070203040615000000	醋酸钪		醋酸钪
1538	1	07	02	03	04	06	16				1070203040616000000	醋酸钇		醋酸钇

附录 A 商品和服务税收分类与编码

续表

序号	篇	类	章	节	条	款	项	子目	细目	合并编码	商品和服务名称	说明	关键字
1539	1	07	02	03	04	06	17			1070203040406170000000	醋酸镧铈		醋酸镧铈
1540	1	07	02	03	04	06	18			1070203040406180000000	醋酸镧铈镨		醋酸镧铈镨
1541	1	07	02	03	04	06	19			1070203040406190000000	醋酸镧铈钕		醋酸镧铈钕
1542	1	07	02	03	04	06	20			1070203040406200000000	醋酸镧铈镨钕		醋酸镧铈镨钕
1543	1	07	02	03	04	06	21			1070203040406210000000	醋酸镧铈镨钕		醋酸镧铈镨钕
1544	1	07	02	03	04	06	22			1070203040406220000000	醋酸镧铈钕铽		醋酸镧铈钕铽
1545	1	07	02	03	04	06	23			1070203040406230000000	醋酸铈镨铽		醋酸铈镨铽
1546	1	07	02	03	04	06	24			1070203040406240000000	醋酸镨钕		醋酸镨钕
1547	1	07	02	03	04	06	25			1070203040406250000000	醋酸钐钇		醋酸钐钇
1548	1	07	02	03	04	06	26			1070203040406260000000	醋酸钐铕		醋酸钐铕
1549	1	07	02	03	04	06	27			1070203040406270000000	醋酸钐铕钆		醋酸钐铕钆
1550	1	07	02	03	04	06	28			1070203040406280000000	醋酸铽镝		醋酸铽镝
1551	1	07	02	03	04	06	29			1070203040406290000000	醋酸富镧		醋酸富镧
1552	1	07	02	03	04	06	30			1070203040406300000000	醋酸富铈		醋酸富铈
1553	1	07	02	03	04	06	31			1070203040406310000000	醋酸富镨		醋酸富镨
1554	1	07	02	03	04	06	32			1070203040406320000000	醋酸富钕		醋酸富钕
1555	1	07	02	03	04	06	33			1070203040406330000000	醋酸富钐		醋酸富钐
1556	1	07	02	03	04	06	34			1070203040406340000000	醋酸富铕	粗铕醋酸盐等	醋酸富铕
1557	1	07	02	03	04	06	35			1070203040406350000000	醋酸富钆		醋酸富钆
1558	1	07	02	03	04	06	36			1070203040406360000000	醋酸富铽		醋酸富铽
1559	1	07	02	03	04	06	37			1070203040406370000000	醋酸富铥		醋酸富铥
1560	1	07	02	03	04	06	38			1070203040406380000000	醋酸富镱		醋酸富镱
1561	1	07	02	03	04	06	39			1070203040406390000000	醋酸富镥		醋酸富镥
1562	1	07	02	03	04	06	40			1070203040406400000000	醋酸富铽		醋酸富铽
1563	1	07	02	03	04	06	41			1070203040406410000000	醋酸富镝		醋酸富镝

续表

序号	篇	类	章	节	条	款	项	目	子目	细目	合并编码	商品和服务名称	说明	关键字
1564	1	07	02	03	04	06	42				1070203040642000000	醋酸镨铒		醋酸镨铒
1565	1	07	02	03	04	06	43				1070203040643000000	醋酸镨钇		醋酸镨钇
1566	1	07	02	03	04	06	44				1070203040644000000	醋酸铽钕铒铥镱镥		醋酸铽钕铒铥镱镥
1567	1	07	02	03	04	06	45				1070203040645000000	醋酸铽钕铒钇		醋酸铽钕铒钇
1568	1	07	02	03	04	06	46				1070203040646000000	醋酸钇镝		醋酸钇镝
1569	1	07	02	03	04	06	47				1070203040647000000	醋酸钇铽		醋酸钇铽
1570	1	07	02	03	04	06	48				1070203040648000000	醋酸钇镥		醋酸钇镥
1571	1	07	02	03	04	06	99				1070203040699000000	其他醋酸稀土		醋酸稀土
1572	1	07	02	03	04	07					1070203040700000000	草酸稀土		草酸稀土
1573	1	07	02	03	04	07	01				1070203040701000000	草酸镧	包括低钙草酸镧、低钙镧草酸盐、镧化合物等	草酸镧
1574	1	07	02	03	04	07	02				1070203040702000000	草酸铈	指铈化合物	草酸铈
1575	1	07	02	03	04	07	03				1070203040703000000	草酸镨		草酸镨
1576	1	07	02	03	04	07	04				1070203040704000000	草酸钕		草酸钕
1577	1	07	02	03	04	07	05				1070203040705000000	草酸钐		草酸钐
1578	1	07	02	03	04	07	06				1070203040706000000	草酸铕		草酸铕
1579	1	07	02	03	04	07	07				1070203040707000000	草酸钆		草酸钆
1580	1	07	02	03	04	07	08				1070203040708000000	草酸镝		草酸镝
1581	1	07	02	03	04	07	09				1070203040709000000	草酸铽		草酸铽
1582	1	07	02	03	04	07	10				1070203040710000000	草酸铒		草酸铒
1583	1	07	02	03	04	07	11				1070203040711000000	草酸铥		草酸铥
1584	1	07	02	03	04	07	12				1070203040712000000	草酸玉		草酸玉
1585	1	07	02	03	04	07	13				1070203040713000000	草酸镱		草酸镱
1586	1	07	02	03	04	07	14				1070203040714000000	草酸镥		草酸镥
1587	1	07	02	03	04	07	15				1070203040715000000	草酸钪		草酸钪

附录 A 商品和服务税收分类与编码

续表

序号	篇	类	章	节	条	款	项	目	子目	细目	合并编码	商品和服务名称	说　明	关　键　字
1588	1	07	02	03	04	07	16				1070203040716000000	草酸钇		草酸钇
1589	1	07	02	03	04	07	17				1070203040717000000	草酸镧铈	包括镧铈草酸盐等	草酸镧铈、镧铈草酸盐
1590	1	07	02	03	04	07	18				1070203040718000000	草酸镧铈镨	包括镧铈镨草酸盐、少钕草酸稀土等	草酸镧铈镨、少钕草酸稀土
1591	1	07	02	03	04	07	19				1070203040719000000	草酸镧铈钕		草酸镧铈钕
1592	1	07	02	03	04	07	20				1070203040720000000	草酸镧铈镨钕	包括镧铈镨钕草酸盐等	草酸镧铈镨钕
1593	1	07	02	03	04	07	21				1070203040721000000	草酸镧镨钕	包括镧镨钕草酸盐、镧镨钕草酸盐等	草酸镧镨钕
1594	1	07	02	03	04	07	22				1070203040722000000	草酸镧铈钛		草酸镧铈钛
1595	1	07	02	03	04	07	23				1070203040723000000	草酸铈钛	铈钛草酸盐等	草酸盐、草酸铈钛
1596	1	07	02	03	04	07	24				1070203040724000000	草酸镨钕	镨钕草酸盐等	草酸镨钕
1597	1	07	02	03	04	07	25				1070203040725000000	草酸钐钆	钐钆草酸盐等	草酸钐钆
1598	1	07	02	03	04	07	26				1070203040726000000	草酸钐铕	钐铕草酸盐等	草酸钐铕、草酸盐
1599	1	07	02	03	04	07	27				1070203040727000000	草酸钐铕钆	钐铕钆草酸盐等	草酸钐铕钆、草酸钐铕钆
1600	1	07	02	03	04	07	28				1070203040728000000	草酸铽镝	铽镝草酸盐等	草酸铽镝、草酸盐
1601	1	07	02	03	04	07	29				1070203040729000000	草酸镝镧	镝镧草酸盐等	草酸镝镧、草酸盐
1602	1	07	02	03	04	07	30				1070203040730000000	草酸镝铈	镝铈草酸盐等	草酸镝铈、草酸盐
1603	1	07	02	03	04	07	31				1070203040731000000	草酸镝镨		草酸镨
1604	1	07	02	03	04	07	32				1070203040732000000	草酸镝钕		草酸钕
1605	1	07	02	03	04	07	33				1070203040733000000	草酸镝钐	镝钐草酸盐等	草酸镝钐、草酸盐
1606	1	07	02	03	04	07	34				1070203040734000000	草酸镝钐	粗镝、镝钐草酸盐等	粗镝草酸盐、镝钐草酸盐、草酸镝钐
1607	1	07	02	03	04	07	35				1070203040735000000	草酸镝钇	镝钇草酸盐等	草酸镝钇、草酸盐
1608	1	07	02	03	04	07	36				1070203040736000000	草酸镝钛	镝钛草酸盐等	草酸镝钛、草酸盐
1609	1	07	02	03	04	07	37				1070203040737000000	草酸镝铒	镝铒草酸盐等	草酸镝铒、草酸盐
1610	1	07	02	03	04	07	38				1070203040738000000	草酸镝镥	镝镥草酸盐等	草酸镝镥、草酸盐
1611	1	07	02	03	04	07	39				1070203040739000000	草酸镝镧	镝镧草酸盐等	草酸镝镧、草酸盐
1612	1	07	02	03	04	07	40				1070203040740000000	草酸镝铽	镝铽草酸盐等	草酸镝铽、草酸盐

续表

序号	篇	类	章	节	条	款	项	目	子目	细目	合并编码	商品和服务名称	说明	关键字
1613	1	07	02	03	04	07	41				1070203040741000000	草酸富镝	富镝草酸盐等	富镝草酸盐、草酸富镝
1614	1	07	02	03	04	07	42				1070203040742000000	草酸富铒	富铒草酸盐等	富铒草酸盐、草酸富铒
1615	1	07	02	03	04	07	43				1070203040743000000	草酸富钇	富钇草酸盐等	富钇草酸盐、草酸富钇
1616	1	07	02	03	04	07	44				1070203040744000000	草酸铱铒镱镥镝	铱镝镥草酸盐、铱铒镱草酸盐等	铱铒镱镥草酸盐、铱铒镱草酸盐、草酸铱铒镱镥镝
1617	1	07	02	03	04	07	45				1070203040745000000	草酸铱铒钇	铱铒钇草酸盐等	草酸铱铒钇
1618	1	07	02	03	04	07	46				1070203040746000000	草酸钇铕		草酸钇铕
1619	1	07	02	03	04	07	47				1070203040747000000	草酸钇铽		草酸钇铽
1620	1	07	02	03	04	07	48				1070203040748000000	草酸钇镥		草酸钇镥
1621	1	07	02	03	04	07	99				1070203040799000000	其他草酸稀土		
1622	1	07	02	03	04	08					1070203040800000000	氢氧化稀土		氢氧化稀土
1623	1	07	02	03	04	08	01				1070203040801000000	氢氧化镧	镧化合物	氢氧化镧
1624	1	07	02	03	04	08	02				1070203040802000000	氢氧化铈	铈化合物	氢氧化铈
1625	1	07	02	03	04	08	03				1070203040803000000	氢氧化镨		氢氧化镨
1626	1	07	02	03	04	08	04				1070203040804000000	氢氧化钕		氢氧化钕
1627	1	07	02	03	04	08	05				1070203040805000000	氢氧化钐		氢氧化钐
1628	1	07	02	03	04	08	06				1070203040806000000	氢氧化铕		氢氧化铕
1629	1	07	02	03	04	08	07				1070203040807000000	氢氧化钆		氢氧化钆
1630	1	07	02	03	04	08	08				1070203040808000000	氢氧化铽		氢氧化铽
1631	1	07	02	03	04	08	09				1070203040809000000	氢氧化镝		氢氧化镝
1632	1	07	02	03	04	08	10				1070203040810000000	氢氧化铁		氢氧化铁
1633	1	07	02	03	04	08	11				1070203040811000000	氢氧化铒		氢氧化铒
1634	1	07	02	03	04	08	12				1070203040812000000	氢氧化铥		氢氧化铥
1635	1	07	02	03	04	08	13				1070203040813000000	氢氧化镱		氢氧化镱
1636	1	07	02	03	04	08	14				1070203040814000000	氢氧化镥		氢氧化镥

附录A 商品和服务税收分类与编码

续表

序号	篇	类	章	节	条	款	项	子目	细目	合并编码	商品和服务名称	说　明	关　键　字
1637	1	07	02	03	04	08	15			107020304081500000	氢氧化钪		氢氧化钪
1638	1	07	02	03	04	08	16			107020304081600000	氢氧化钇		氢氧化钇
1639	1	07	02	03	04	08	99			107020304089900000	其他氢氧化稀土		
1640	1	07	02	03	04	99				107020304990000000	其他稀土化合物		
1641	1	07	02	03	04	99	01			107020304990100000	硫酸稀土	包括低钙镧硫酸盐、富镝硫酸盐、富镧钕硫酸盐、富铈硫酸盐、富钐硫酸盐、富钇硫酸盐、钬铒铥镱镥硫酸盐、钕钬铒钇硫酸盐、镧铈镨硫酸盐、镨钕硫酸盐、铽镝硫酸盐、钐钆钇硫酸盐、液体硫酸稀土等	硫酸稀土、低钙镧硫酸盐、富镝硫酸盐、富镧钕硫酸盐、富铈硫酸盐、富钐硫酸盐、富钇硫酸盐、富钬铒铥镱镥硫酸盐、钬铒钇硫酸盐、镧铈镨硫酸盐、镨钕硫酸盐、铽镝硫酸盐、钐钆钇硫酸盐、液体硫酸稀土
1642	1	07	02	03	04	99	02			107020304990200000	磷酸镧铈铽稀土	镧铈铽磷酸盐等	磷酸镧铈铽稀土、镧铈铽磷酸盐
1643	1	07	02	03	04	99	03			107020304990300000	磷酸铈铽稀土		磷酸铈铽稀土
1644	1	07	02	03	04	99	04			107020304990400000	其他磷酸稀土	包括磷酸镧、磷酸铈、磷酸钕、磷酸镨、磷酸铈铽稀土系等	磷酸镧、磷酸铈、磷酸钕、磷酸镨、铈铽镨磷酸盐
1645	1	07	02	03	04	99	05			107020304990500000	柠檬酸镧铈稀土		柠檬酸镧铈稀土
1646	1	07	02	03	04	99	06			107020304990600000	柠檬酸铈稀土		柠檬酸铈稀土
1647	1	07	02	03	04	99	07			107020304990700000	其他柠檬酸稀土		
1648	1	07	02	03	04	99	08			107020304990800000	铈锆氧化物		铈锆氧化物

续表

序号	篇	类	章	节	条	款	项	目	子目	细目	合并编码	商品和服务名称	说明	关键字
1649	1	07	02	03	04	99	09				10702030499090000000	钇锆氧化物		钇锆氧化物
1650	1	07	02	03	04	99	10				10702030499100000000	镧铈锆氧化物		镧铈锆氧化物
1651	1	07	02	03	04	99	11				10702030499110000000	镧铈钇锆氧化物	镧钇铈锆氧化物等	镧铈钇锆氧化物
1652	1	07	02	03	04	99	12				10702030499120000000	镧铈锆氧化物		镧铈锆氧化物
1653	1	07	02	03	04	99	13				10702030499130000000	铝铈锆氧化物		铝铈锆氧化物
1654	1	07	02	03	04	99	14				10702030499140000000	其他稀土铈锆氧化物	包括氧化铈锆	氧化铈锆
1655	1	07	02	03	05						10702030500000000000	氢化物、氮化物、叠氮稀有气体	氢化物是氢与其他元素形成的二元化合物。氮化物是一类形成的化合物，包括金属氮化物、非金属氮化物等	氢化物、氮化物、叠氮化物
1656	1	07	02	03	06						10702030600000000000	气体及稀有气体		气体、稀有气体
1657	1	07	02	03	07						10702030700000000000	有机—无机化合物		有机化合物、无机化合物
1658	1	07	02	04							10702040000000000000	化学肥料	简称化肥。是指经化学和机械加工制成的各种化学肥料。化肥的范围包括：化学氮肥、磷肥、钾肥、复合肥料、微量元素肥和其他肥	
1659	1	07	02	04	01						10702040100000000000	氨及氨水		氨、氨水
1660	1	07	02	04	02						10702040200000000000	氮肥	以氮为主要养分的肥料，肥效的大小决定于其氮含量。主要品种有尿素和硫酸铵、硝酸铵、碳酸氢铵、氯化铵、石灰氮、硝酸钠等	尿素、硫酸铵、硝酸铵、碳酸氢铵、氯化铵、石灰氮、氮肥、硝酸钠
1661	1	07	02	04	03						10702040300000000000	磷肥	是指以磷矿石为主要原料，用化学方法制成的含	磷矿粉、过磷酸钙、普通过磷酸钙、

续表

序号	篇	类	章	节	条	款	项	目	子目	细目	合并编码	商品和服务名称	说明	关键字
1662	1	07	02	04	04						1070204040000000000		含有作物营养元素的化肥。包括磷矿粉、过磷酸钙（普通过磷酸钙和重过磷酸钙两种）、钙镁磷肥、钢渣磷肥等	重过磷酸钙、钙镁磷肥、钢渣磷肥、磷渣肥
1663	1	07	02	04	05						1070204050000000000	钾肥	用天然钾盐矿经富集精加工制成的含有作物营养元素钾的化肥。主要品种有硫酸钾、氯化钾等	硫酸钾、氯化钾、钾肥
1664	1	07	02	04	06						1070204060000000000	中量元素肥料	中量元素肥料包括非水溶钙、镁产品和水溶钙、镁产品	中量元素肥料、非水溶钙、水溶钙元素
1665	1	07	02	04	07						1070204070000000000	微量元素肥料	指含有一种或多种植物生长所必需的、但需要量又极少的营养元素的肥料，如硼肥、锰肥、锌肥、铜肥、钼肥等	硼肥、锰肥、锌肥、铜肥、钼肥、微量元素肥料
												复合肥混合肥	是用化学方法合成或混配制成的含有氮、磷、钾中的两种或两种以上的营养元素的肥料。含有两种的称二元复合肥，含有三种的称三元复合肥，也有含三种元素和某些其他元素的叫多元复合肥料。包括硝酸磷肥、磷酸二铵、磷粉二铵、氮磷钾复合肥等	硝酸磷肥、磷酸二氢钾、钙镁磷钾肥、磷酸二铵、氮磷钾复合肥、复混合肥
1666	1	07	02	05							1070205000000000000	有机肥料及微生物肥料	包括有机肥料、微生物肥料、动物、植物肥料	
1667	1	07	02	05	01						1070205010000000000	有机肥料	指来源于植物、动物，施于土壤以提供植物养分为其主要功效的含碳物料，包括有机-无机混合肥料	有机肥料、有机无机混合肥料
1668	1	07	02	05	02						1070205020000000000	微生物肥料	指含有特定微生物活体的制品，通过其中所含微生物增加植物养分或者促进植物生长，改善农产品品质及农业生态环境的肥料	微生物肥料
1669	1	07	02	05	03						1070205030000000000	动物、植物肥料		动物肥料、植物肥料

续表

序号	编码 篇	类	章	节	条	款	项	目	子目	细目	合并编码	商品和服务名称	说明	关键字
1670	1	07	02	06							1070206000000000000	化学农药	包括化学农药原药和化学农药制剂	化学农药原药、化学农药制剂
1671	1	07	02	06	01						1070206010000000000	化学农药原药	指经化学合成而生产的、未经过配制、稀释加工的化学农药原料药（原药）；化学农药（原药）包括用于防治农作物病虫草害的杀虫剂、杀菌剂、除草剂以及植物生长调节剂等	有机磷杀虫剂原药、化学农药制剂、有机氯杀虫剂原药、拟除虫菊酯类杀虫剂原药、熏蒸剂原药、杀螨剂原药、沙蚕毒类杀虫剂、杂环类杀虫剂、取代脲类杀虫剂、有机磷、胂类杀菌剂原药、有机硫杀菌剂原药、取代苯类杀菌剂原药、杂环类杀菌剂原药、唑类杀菌剂原药、无机杀菌剂原药、杀线虫剂原药、苯类除草剂原药、酰胺类除草剂原药、取代脲类除草剂原药、有机磷类除草剂原药、氨基甲酸酯类除草剂原药、二苯醚类除草剂原药、三氮苯类除草剂原药、苯氧羧酸类除草剂原药、磺酰脲类除草剂原药、杂环类除草剂原药、植物生长调节剂原药、杀鼠剂原药
1672	1	07	02	06	02						1070206020000000000	化学农药制剂	指用外购农药原药生产的农药制剂	农药制剂
1673	1	07	02	07							1070207000000000000	生物农药及微生物农药	包括生物农药制剂和微生物农药	
1674	1	07	02	07	01						1070207010000000000	生物农药制剂	是指利用生物活体（真菌、细菌、昆虫病毒、转基因生物、天敌等）或其代谢产物（信息素、生长素、萘乙酸、2，4-D 等）针对农业有害生物进行杀灭或抑制的制剂。包括生物除草剂制剂、生物杀虫剂制剂、生物杀菌剂制剂、生物植物生长调节剂制剂	生物农药制剂、生物除草剂制剂、生物杀虫剂制剂、生物杀菌剂制剂、生物植物生长调节剂制剂
1675	1	07	02	07	02						1070207020000000000	微生物农药	包括农用抗生素和活体微生物农药	农用抗生素、活体微生物农药

续表

序号	篇	类	章	节	条	款	项	目	子目	细目	合并编码	商品和服务名称	说　明	关　键　字
1676	1	07	02	08							1070208000000000000	涂料	指用油料、树脂、颜料、溶剂、催干剂以及其他辅料，经加工后制成的符合产品质量标准规定的喷涂覆盖材料；涂料（油漆）按主要成膜物质分为三类：工业涂料和建筑涂料和非水性涂料；按用途分为两类：水性涂料和涂料辅助材料	涂料
1677	1	07	02	08	01						1070208010000000000	VOC含量低于420克/升（含）的涂料	对施工状态下挥发性有机物（VOC）含量低于420克/升（含）的涂料免征消费税	
1678	1	07	02	08	02						1070208020000000000	VOC含量高于420克/升的涂料		
1679	1	07	02	09							1070209000000000000	油墨及类似产品	包含油墨和印刷用助剂和油	
1680	1	07	02	09	01						1070209010000000000	油墨	指用于印刷的有色胶状物质；由颜料微粒均匀地分散在联结料中而成；联结料用植物油、矿物油、合成树脂和挥发性溶剂等配制；分为印刷油墨和专用油墨	油墨、印刷油墨、平版油墨、凹版油墨、网孔版油墨、柔性版油墨、水性柔印油墨、专用油墨、金属印刷油墨、紫外线固化油墨、防伪油墨、水基喷印油墨、溶剂基喷印油墨、电子油墨
1681	1	07	02	09	02						1070209020000000000	印刷用助剂和油	在印刷中或油墨配方中为改善油墨性能而附加的一些材料，又称辅助剂、附加剂。常用的油墨助剂有催干剂、冲淡剂、减黏剂、稀薄剂、抗氧化剂、反胶化剂、消泡剂、表面活性剂、防针孔剂、润滑剂、增塑剂、防腐剂和香料等	印刷用助剂、印刷用油、涂布用光油、印刷用光油、白燥油、红燥油、维利油、防潮油、调金油、调墨油、印刷用稀释剂、印刷用干燥剂、印刷用冲淡剂
1682	1	07	02	10							1070210000000000000	颜料	按其化学组成和结构可划分为无颜料和有机颜料两类	

续表

序号	篇	类	章	节	条	款	项	子目	细目	合并编码	商品和服务名称	说明	关键字
1683	1	07	02	10	01					10702100100000000	无机颜料	无机颜料的化学组成为无机物，即由各种纯金属或单一元素及各种金属氧化物、金属盐（正盐、碱式盐、复盐）类等组成，不溶于水或其他介质	无机颜料、钛白粉、柠檬黄、群青、镉红、铬钡白、立德粉、铬绿、铬黄、铁兰、氧化铁黑、氧化铁棕、氧化铁黄、氧化铁红、氧化铁绿、铅铬黄、银粉浆、锗黄、茶赤
1684	1	07	02	10	02					10702100200000000	有机颜料	指沉淀色料等有机颜料和以其为基本成分的配制品；有机颜料属于被着色颜色物质，一般不溶于水，也不溶于被着色物质；有机颜料常以高度分散状态加入到被着色物质中，以达到着色的目的	亚硝基类颜料、偶氮类颜料、色淀类颜料、酞菁、黄 G、色淀类颜料、喹吖啶酮类颜料、二噁嗪类颜料、还原类颜料、异吲哚酮类颜料、三芳甲烷类颜料、苯并咪唑酮类颜料
1685	1	07	02	10	03					10702100300000000	矿物颜料	矿物颜料即是无机颜料的有色颜料，是无机颜料的一类。属于无机性质的有色颜料，它的来源主要有两种：一类是用天然矿石经选矿、粉碎、研磨、分级、精制而成，主要用于绘画、工艺品、仿古、文物修复等。无机颜料的另一个来源是有天然矿产品经过一系列化学处理加工而制成的化工合成颜料	土红、朱砂、页岩黑、硅黑、锌灰、矿物颜料
1686	1	07	02	10	04					10702100400000000	植物性着色料	提炼自植物，耐久不退色的有色物质	天然靛蓝、藤黄、姜黄素、苏木精、植物性着色料
1687	1	07	02	10	05					10702100500000000	工业用调制颜料、遮光剂和着色剂及其他类似颜料	用于陶瓷、搪瓷、玻璃等工业的调制颜料、遮光剂和着色剂及其他类似颜料	工业用调制颜料、遮光剂、着色剂、珐琅、釉底料、泥釉、光瓷釉、搪瓷玻璃釉
1688	1	07	02	10	06					10702100600000000	艺术、美工用颜料、调色料	包括艺术家、学生或美工广告用的制成色料、颜料，以及调色料、文娱颜料及类似品（水彩、树胶水彩画颜料、油涂料等），但它们必呈片状或制成管装、小罐装、瓶装、扁盒装及类似形状或包装	水彩颜料、水粉颜料、油画颜料、画画颜料、丙烯颜料
1689	1	07	02	10	07					10702100700000000	美工塑型用膏	包括供美工、金工用以造模塑型用膏，但不包括	美工塑型用膏

续表

序号	编码 篇	类	章	节	条	款	项	目	子目	细目	合并编码	商品和服务名称	说　明	关　键　字
1690	1	07	02	11							107021100000000000	膏	儿童娱乐塑型用膏（详见106040806）	
1691	1	07	02	11	01						107021101000000000	染料	指能将纤维或其他被染物染成各种颜色的有机化合物；染料均按最终产品计算产量，指商品化拼混后的成品染料。实物量计算产量，而不按原染料计算产量。为避免染料总计算数量重复，企业外购染料进行拼混的混合染料，一律不计算产量	安安蓝 B 盐, 大红色基 G, 大红色基 RC, 分散黑 S-2BL-M, 分散红 3B, 分散黄 RFL, 分散黄棕 S-2RFL, 分散蓝 2BLN, 分散深蓝 HGL, 还原靛蓝, 合成靛蓝, 还原橄榄绿 B, 还原黄 GCN, 还原咔叽 2G,还原蓝 RSN,还原黄棕 BR, 红色基 B, 活性橙, 活性翠蓝 K-GL, 活性翠蓝 KGN, 活性黑 K-BR, 活性黑 KN-B,活性黄 X-RG,活性艳橙 X-GN, 活性艳红 X-3B, 活性艳蓝 KN-R, 活性艳蓝 X-BR, 碱性玫瑰精, 碱性嫩黄 O, 碱性品红, 碱性品绿, 硫化还原蓝 RNX, 硫化黑, 硫化蓝, 色酚 AS, 酸性橙Ⅱ, 酸性大红 GR, 酸性黑 ATT-M, 酸性红 B, 酸性蓝 10B, 酸性粒子元青, 阳离子金黄 X-GL, 阳离子蓝 X-GRL, 阳离子媒介黑 T, 阳离子蓝 X-GRRL, 直接橙 S, 直接冻黄 G, 直接耐晒翠蓝 GL, 直接耐晒黑 B2RL, 直接耐晒黑 GF, 直接耐晒酸大红 4BS, 直接桃红, 中性染料
1692	1	07	02	11	02						107021102000000000	用作发光体有机、无机产品	指用作荧光增白剂的有机合成产品	A 系列荧光增白剂, C 系列荧光增白剂, D 系列荧光增白剂, W 系列荧光增白剂, 稀土激光材料, 稀土荧光粉, 荧光橙 ROR-4, 荧光红, 荧光湖绿 G, 荧光

续表

序号	篇	类	章	节	条	款	项目	子目	细目	合并编码	商品和服务名称	说明	关键字
1693	1	07	02	12						1070212000000000000	密封用填料及类似品	包括非定型密封材料、定型密封材料、密封用黏胶品	荧光黄、荧光橘红GG、荧光绿GG、荧光蓝YJB-1、荧光探伤液、荧光透明红、荧光紫B、染料指示剂、生物染色剂、荧光增白剂、非定型密封材料、定型密封材料、密封用黏胶品
1694	1	07	02	12	01					1070212010000000000	非定型密封材料	建筑防水嵌缝密封材料	SBS改性沥青弹性密封膏、丙烯酸酯密封膏、丁苯橡胶密封膏、丁基橡胶密封膏、硅酮密封膏、聚氨酯密封膏、聚硫密封膏、氯磺化聚乙烯密封膏、氯丁胶防水嵌缝油膏、橡胶改性膏、桐油沥青改性防水嵌缝膏、改性沥青密封材料建筑窗用弹性密封膏、中空玻璃用弹性密封膏、玻璃幕墙用结构密封胶
1695	1	07	02	12	02					1070212020000000000	定型密封材料	具有一定形状和尺寸的密封材料	带胶三聚氰胺纸胶边条、丁基橡胶防水密封胶黏带、聚氯乙烯胶泥防水带、I型遇水自膨胀橡胶止水材料、II型遇水自膨胀橡胶止水材料、泥子型遇水自膨胀橡胶止水材料、树脂胶泥、橡胶止水带、制品型遇水自膨胀橡胶止水带、自粘性橡胶密封带
1696	1	07	02	12	03					1070212030000000000	密封用黏胶品		油灰、石膏型黏胶品、蜡型黏胶品、甘油型黏胶品
1697	1	07	02	13						1070213000000000000	化学合成材料	又称人造材料、合成材料，是人为地把不同物质经化学方法或聚合作用加工而成的材料，其性质与原料不同，如塑料、玻璃、钢铁等	人造材料、合成材料

续表

序号	篇	类	章	节	条	款	项	子目	细目	合并编码	商品和服务名称	说明	关键字
1698	1	07	02	13	01					1070213010000000000	初级形态塑料	即塑料树脂及共聚物；是指以合成树脂为基本成分，并含有辅助材料，如填料、增塑剂、颜料、稳定剂等	ABS树脂、AS树脂、丙烯共聚物、不饱和聚酯树脂、超高分子量聚乙烯、UHMW、醇酸树脂、醋酸纤维素塑料、低密度聚乙烯树脂、LDPE、酚醛环氧树脂、酚醛塑料、呋喃树脂、高密度聚乙烯树脂、HDPE、硅橡胶、过氯乙烯树脂、聚氨基甲酸酯、聚苯硫醚环氧树脂、PPS、聚苯醚、聚苯乙烯树脂、聚苯醚醚酮树脂、聚丙烯酸甲酯、聚丁二烯树脂、聚砜树脂、聚氟乙烯、聚甲基丙烯酸甲酯、有机玻璃、聚甲醛、聚氯乙烯树脂、聚氯乙烯树脂、聚醚砜树脂、聚醚醚酮、聚醚酸酯、三氟氯乙烯、聚四氟乙烯、聚碳酸酯、聚酰胺树脂、聚酰亚胺、聚乙醛、聚异丁烯、糠酮树脂、硫脲树脂、氯化聚丙烯、氯化聚乙烯树脂、氯乙烯-乙酸乙烯酯共聚物、蜜胺树脂、模具用硫化硅橡胶、尿素树脂、偏二氯乙烯、热塑性硅橡胶、石油树脂、室温硫化硅橡胶、双酚A型环氧树脂、碳素纤维树脂、线型聚酯醚、线型低密度聚乙烯树脂、LLDPE、乙烯-醋酸乙烯共聚物、硝酸纤维素树脂、MDPE、阻火聚醚、中密度聚乙烯树脂
1699	1	07	02	13	01	01				1070213010100000000	聚对苯二甲酸乙二醇酯	聚对苯二甲酸乙二醇酯化学式为 $-OCH_2-CH_2OCOC_6H_4CO-$，英文名：polyethylene	PET、聚对苯二甲酸乙二醇酯树脂

续表

序号	篇	类	章	节	条	款	项	目	子目	细目	合并编码	商品和服务名称	说明	关键字
1700	1	07	02	13	01	99					1070213019900000000	PET、树脂 其他初级形态塑料	terephthalate，简称PET，为高聚合物，由对苯二甲酸乙二醇酯发生脱水缩合反应而来	
1701	1	07	02	13	02						1070213020000000000	合成橡胶	是合成的高分子弹性体，又称人造橡胶；根据化学结构的不同，分为烯烃类、二烯烃类和元素有机类等；主要品种有：丁苯橡胶、丁腈橡胶、顺丁橡胶、丁基橡胶、氯丁橡胶、SBS 热塑性弹性体、乙丙橡胶、氯磺化聚乙烯、聚氨酯弹性体、聚硫橡胶、硅橡胶、氟橡胶等	初级形状聚氨酯橡胶板片带、聚酯橡胶板片带、SBS 充油塑丁苯橡胶、SBS 热塑丁苯橡胶、SIS 充油热塑丁苯橡胶、SIS 热塑丁二烯橡胶、充油丁苯橡胶、初级形状丁二烯橡胶、初级形状丁基橡胶、初级形状丁腈橡胶、初级形状氟橡胶、初级形状因代丁基橡胶、初级形状氯丁橡胶、初级形状氯磺化聚乙烯橡胶、初级形状羧基丁苯橡胶、丁苯橡胶乳、初级形状二烯烃橡胶、丁二烯橡胶、丁二烯橡胶板片带、丁腈橡胶板片带、丁腈橡胶乳、丁橡胶板片带、氟橡胶板片带、氟橡胶乳、氯乙烯橡胶板片带、氯磺化聚乙烯橡胶、乙丙橡胶板片带、未加工二烯橡胶板片带、硅橡胶、异戊二烯橡胶板片带、聚醚橡胶、聚硫橡胶
1702	1	07	02	13	03						1070213030000000000	合成纤维单体	一部分可直接生产合成纤维，一部分要聚合后生产合成纤维；主要有：己内酰胺、丙烯腈、对苯二甲酸、PTA、对苯二甲酸二甲酯、DMT、纤维级聚丙烯、尼龙66盐、乙二醇等	己内酰胺、对苯二甲酸二甲酯、DMT、纤维级聚丙烯、尼龙66盐、乙二醇、精对苯二甲酸、PTA、丙烯腈、聚酰胺
1703	1	07	02	13	04						1070213040000000000	合成纤维聚酰胺	包括聚酯、半消光聚纶切片、聚乙烯醇	聚酯、半消光涤纶切片、聚乙烯醇

续表

序号	编码 篇	类	章	节	条	款	项	目	子目	细目	合并编码	商品和服务名称	说明	关键字
1704	1	07	02	13	05						1070213050000000000	离子交换树脂	即离子交换剂	合物等、聚酰胺、聚酰胺切片、尼龙切片、阴离子交换树脂、阳离子交换树脂、离子交换剂、强碱性苯乙烯系阴离子交换树脂、强碱性环氧阴离子交换树脂、弱碱性苯乙烯系阴离子交换树脂、弱碱性环氧系阴离子交换树脂、弱酸性丙烯酸系阳离子交换树脂、螯合型胺基阳离子交换树脂
1705	1	07	02	13	06						1070213060000000000	油脂类高分子聚合物	包括硅油和硅脂	乙基含氢硅油、乙基硅油、二甲基含氢硅油、甲基硅油、苯甲基硅油、环甲基硅油、氨基硅油、导热硅脂、抗水性食品级硅脂、含氟油、酯类油、聚醚型油
1706	1	07	02	13	07						1070213070000000000	调制黏合剂	包括调制胶及其他调制黏合剂	聚酰胺黏合剂、环氧树脂黏合剂、聚乙烯醇黏合剂、聚醋酸乙烯黏合剂、丙烯酸酯黏合剂、聚氨酯黏合剂、酚醛、脲醛、三聚氰胺黏合剂、氯丁橡胶黏合剂、聚氯乙烯黏合剂、无机黏合剂、胶黏剂、磷酸盐型黏合剂、硼酸盐型黏合剂、硅酸盐型黏合剂、玻璃胶、陶瓷胶、热熔胶、乙烯-醋酸乙烯热熔胶、共聚酰胺热熔胶、聚酯热熔胶、聚烯烃耐高温热熔胶、改性淀粉调制胶、糊精胶、淀粉胶、沥青黏合剂、热固性树脂胶黏剂、热塑性树脂胶黏剂、橡胶型胶黏剂、混合型胶黏剂
1707	1	07	02	13	08						1070213080000000000	功能高分子	功能高分子材料一般指具有传递、转换或贮存物	离子交换树脂、螯合树脂、感光性树

续表

序号	编码（篇/类/章/节/条/款/项/目/子目/细目）	合并编码	商品和服务名称	说明	关键字
1708	1 07 02 13 99	1070213990000000000	材料		质、能量和信息作用的高分子及其复合材料，还具有力学性能的基础上，催化性、生物活性、光敏性、导电性、磁性、选择分离性、能量转换性、电致发光高分子材料、医用高分子材料、水溶性聚合物、高吸水性树脂、智能高分子聚合物 氧化还原树脂、高分子试剂、高分子催化剂、高分子增感剂、分解性高分子、电子交换树脂、导电高分子材料、医用高分子材料、水溶性聚合物、高吸水性树脂、智能高分子聚合物
1709	1 07 02 13 99	1070213990000000000	其他橡胶	包括复合橡胶等	复合橡胶
1710	1 07 02 14	1070214000000000000	化学试剂和助剂	包括化学试剂、催化剂、橡胶助剂、塑料助剂、农药乳化剂、助剂、纺织工业用整理剂、助剂、造纸工业用整理剂、助剂、制革工业用整理剂、建工建材用助剂、钻井用助剂、生物化学制剂、炭黑、增塑剂、脱硫剂、石墨增碳剂、栲胶	
1710	1 07 02 14 01	1070214010000000000	化学试剂	指化学分析中为测定物质的成分或组成而使用的纯粹化学药品；化学试剂包括：通用试剂、仪器分析用试剂及高纯物质、分析试剂、仪器分析试剂及生化试剂、临床诊断检查用试剂、稳定性同位素及其标记化合物、高纯气体、新兴工业用特种化学品、有机合成研究用试剂及其他化学试剂	金属化合物试剂、磷化试剂、54#阳离子交换体盐酸试剂、GGT试剂、AFU试剂、GPDA试剂、铰化合物试剂、高纯试剂、高纯物质、标准试剂、分析用试剂、络合滴定剂、生物化学试剂
1711	1 07 02 14 02	1070214020000000000	催化剂	指化学反应中能改变反应速度、而本身的组成和重量在反应后保持不变的物质；催化剂中包括石油精制催化剂、石油化工用催化剂、无机化工用催化剂、硫酸用、合成氨用、有机化工催化剂及防公害用催化剂	2.6催化剂用载体、54#阳离子交换树脂催化剂、8013催化剂、CEP-1催化剂、CIP系列催化剂、COMET-4A催化剂、DVR-1催化剂、GOR系列催化剂、MLC-5A催化剂、ORBIT系列催化剂、RAG系列催化剂、XJ-1型氧化氮净化剂催化剂、ZC系列催化剂、氨合成用催化剂、苯胺催化剂、苯酐催化剂、苯

续表

序号	编码 篇	类	章	节	条	款	项目	子目	细目	合并编码	商品和服务名称	说　明	关　键　字
													加氢催化剂 NCG、丙烯腈催化剂、铂催化剂 S-201、催化剂 S-24、催化剂、大孔强酸树脂催化剂、低温变换催化剂、叠合催化剂 SKP-1 型、非晶态合金催化剂、高温变换催化剂、高效净氟化催化剂、高效脱硫剂、固体乙炔净化剂、贵金属催化剂、活性白土、加氢精制催化剂、加氢裂化催化剂 CHC-1、加氢转化催化剂、甲苯歧化烷基转移催化剂、甲醇合成催化剂、甲醇分解催化剂、净化催化剂、净化烷基催化剂、焦炉煤气净化催化剂、聚氯乙烯催化剂、宽温 BH-5、聚丙烯催化剂、聚乙烯催化剂、联醇催化剂、裂解汽油加氢催化剂、硫醇酰抗氧催化剂、硫酸变换用催化剂、络合-Ⅱ催化剂、锰型脱氧催化剂、萘氧化催化剂、镁基脱硫剂、镍催化剂、钯炭催化剂、气体净化催化剂、四苯氯化物、石油树脂催化剂、顺酐催化剂、铜铋催化剂、脱催化剂脒、碳酸钙脱硫剂、脱氢催化剂、脱砷催化剂、脱烷基制苯催化剂、烷烃脱氢催化剂、尾气净化催化剂、相转移催化剂、氧化铝载体、氧化锌脱硫剂、一氧化碳助燃剂、乙苯脱氢催化剂、乙烯腈催化剂、乙氧化制环氧乙烷高效催化剂

续表

序号	编码篇	类	章	节	条	款	项目	子目	细目	合并编码	商品和服务名称	说明	关键字
1712	1	07	02	14	03					1070214030000000000	橡胶助剂	为提高橡胶制品的耐磨性、弹性，使其经久耐用，不老化；橡胶助剂在加工过程中，需要加入各种助剂。橡胶助剂主要有橡胶促进剂、防老剂、防焦剂及增黏剂等	催化剂，异丙醚催化剂，异构化催化剂，油品精制催化剂，中温变换催化剂，重油加氢精制催化剂，转化型吸收型精脱硫剂，自硬树脂催化剂，橡胶促进剂，橡胶防老剂，橡胶防焦剂，橡胶增黏剂，橡胶抗氧剂，橡胶隔离剂，橡胶润滑剂，橡胶脱膜剂，胶乳胶专用配合剂，橡胶再生胶活化剂，促进剂 D，促进剂 M，促进剂 DM，促进剂 TMTD，促进剂 TETD，促进剂 CZ，促进剂 ZDC，促进剂 NOBS，促进剂 NA-22，促进剂 DIBS，促进剂 PX，促进剂 NS，促进剂 DZ，防老剂 4010，防老剂甲，防老剂丁，防老剂 MB，防老剂 4010-NA，防老剂 H，防老剂 BLE，防老剂 AW，防老剂 SP，防老剂 DNP，防老剂 264，防老剂 DBH，防老剂 RD，防老剂 4020
1713	1	07	02	14	04					1070214040000000000	塑料助剂	在塑料生产和加工过程中必须使用的助剂，以利充分发挥塑料的优良性能并便于加工成型；主要的助剂有：增塑剂，热稳定剂，抗氧化剂，抗紫外线剂，固化剂，发泡剂，补强剂和填充剂，润滑剂等	塑料增塑剂，塑料热稳定剂，抗紫外线剂，抗氧化剂，阻燃剂，发泡剂，固化剂，补强剂和填充剂，润滑剂，邻苯二甲酸二丁酯增塑剂，邻苯二甲酸仲辛酯增塑剂，邻苯二甲酸七九酯，邻苯二甲酸甲氧基乙酯，邻苯二甲酸混合酯，邻苯二甲酸二异辛酯，邻苯二甲酸二丁酯，对苯二甲酸，癸二酸二丁酯，癸二酸二辛酯增

续表

序号	编码 篇	类	章	节	条	款	项	目	子目	细目	合并编码	商品和服务名称	说明	关键字
1714	1	07	02	14	05						1070214050000000000	农药乳化剂	乳化剂是能够改善乳浊液中各种构成相之间的表面张力,使之形成均匀稳定的分散体系或乳浊液的物质。农药乳化剂就是用于农药的乳化剂	农药乳化剂
1715	1	07	02	14	06						1070214060000000000	纺织工业用整理剂、助剂	包括纺织及类似工业用整理剂、助剂;纺织工业用醚化糠醛合得	印染用匀染剂、印染用交联剂、印染用分散剂、印染用消泡剂、印染用防缩水剂、印染用抗静电剂、印染用渗透剂、印染用防染盐、印染用染料加速着色、固色助剂、印染用媒染剂、印染用连二亚硫酸钠、印染用保险粉、纺织上浆剂、增重剂、防皱整理剂、防滑整理剂、不色合剂、去油剂、抗水剂、聚丙烯酸酯浆料、苯丙烯乳胶、毛线胶、静电植绒黏合剂、喷胶棉黏合剂、低温涂料印花黏合剂、纺织定型树脂
1716	1	07	02	14	07						1070214070000000000	造纸工业用整理剂、助剂	包括造纸及类似工业用整理剂、助剂	造纸用黏合剂、造纸上浆剂、上浆添加剂、增湿剂、增强剂、助留剂、造纸用成型剂
1717	1	07	02	14	08						1070214080000000000	制革工业用整理剂、助剂	包括制革及类似工业用整理剂、助剂	制革用黏合剂、上光剂、涂饰剂、皮革、皮革防水剂、皮革助剂
1718	1	07	02	14	09						1070214090000000000	润滑剂及类似制品	包括润滑剂及纺织材料、皮革等材料的油脂处理剂	矿物油润滑剂、纺织用润滑剂、非矿物润滑剂、皮革用润滑剂

续表

序号	编码 篇	类	章	节	条	款	项	子目	细目	合并编码	商品和服务名称	说明	关键字
1719	1	07	02	14	10					10702141000000000	钻井用助剂		脱模剂、钻井用破乳剂、泥浆用助剂、钻井用降黏剂、钻井用助剂注水剂、钻井用降黏剂
1720	1	07	02	14	11					10702141100000000	建工建材用化学助剂	包括建筑防水剂、水泥、灰化及混凝土用添加剂、建工建材用交联剂、快速堵漏剂	抗裂凝剂、防水剂、减水剂、混凝土粉、防水泡沫剂、避水浆、建筑防水剂、混凝土膨胀剂、促凝剂、无收缩高强灌浆材料、高效无声破碎剂、泵送剂、流化剂、抗酸添加剂、灌注桩膨胀混凝土防冻剂、水泥、灰化混凝土用交联剂、混凝土用添加剂、建工建材用交联剂、快速堵漏剂、建工建材用化学助剂
1721	1	07	02	14	12					10702141200000000	生物化学制剂	包括黄腐酸制剂和其他生物化学制剂	大豆重茬剂、克黄枯、稻香素、丰抗剂、花生宝、稳定性二氧化氯、黄腐酸制剂、生物化学制剂
1722	1	07	02	14	13					10702141300000000	炭黑	又称炉黑，包括天然气槽法炭黑、天然气半补强炭黑、混气碳黑；是轻松而极细的无定形炭粉末；是由有机物质经不完全燃烧或经热分解而成的不纯产品；广泛用作橡胶的补强剂；炭黑种类很多，可作黑色颜料，用于中国墨、油墨、油漆等工业	炭黑、中超耐磨炉黑、高耐磨炉黑、耐磨炉黑、高结构通用炉黑、低结构通用炉黑、通用炉黑、色素炭黑、喷雾炭黑、乙炔炭黑
1723	1	07	02	14	14					10702141400000000	增炭剂	以石墨化焦、电极石黑碎、煅后石油焦、煤焦为基本原料，通过选料、电炉煅烧、烘干、破碎、整料、筛分、包装等一整套工艺过程，生产出各种品质和粒级的增炭剂	增炭剂
1724	1	07	02	14	15					10702141500000000	脱硫剂	一般指脱除燃料、原料或其他物料中的游离硫化合物的药剂；在污染物的控制和处理中主要指能去除废气中硫氧化物（包括SO_2和SO_3）所用的药剂	脱硫剂

续表

序号	篇	类	章	节	条	款	项目	子目	细目	合并编码	商品和服务名称	说明	关键字
1725	1	07	02	14	16					1070214160000000000	石墨增碳剂		石墨增碳剂
1726	1	07	02	15						1070215000000000000	专项化学用品		
1727	1	07	02	15	01					1070215010000000000	油田用化学制剂	供油田使用的化学制剂	KDS-901 油田缓蚀剂、KDS-902 油田缓蚀剂、KDS-903 炼油装置用缓蚀剂、油田缓蚀剂、KDS-906 丙烯酰胺乳液聚合物、钻井泥浆增稠剂、KDS-904 油田破乳剂、KDS-905 原油破乳剂、KDS 系列油井水泥凝早强剂、KDS-93 低密度水泥浆体系稳定增强剂、水泥外加剂、KDS903S 油井水泥促凝剂、KDS88 油井水泥高温缓凝剂、油井水泥不渗透剂、固井外加剂、羧烷基羟烷基纤维素压裂液、磷酸酯凝析油、压裂用化学品、防止石蜡凝结化学品
1728	1	07	02	15	02					1070215020000000000	矿物油用配制添加剂	供矿物油等同样用途液体的配制添加剂	防腐蚀添加剂、原油用添加剂、抗震剂、抗爆剂、金属钝化剂、抗氧化剂、防水剂、抗静电剂、抗磨剂、抗烷蚀剂、流动改进剂、燃油防蚀剂、消烟剂、助燃剂、防胶剂、十六烷值改进剂、清净分散剂、热安定剂、燃油用添加剂、润滑油用黏度改良剂、润滑油用倾点下降剂、润滑油氧化抑制剂、润滑油用去垢剂、润滑油用分散剂、润滑油用防锈剂、润滑油用消泡剂、润滑油用添加剂、防冻剂、解冻剂、矿物油用添加剂

续表

序号	篇	类	章	节	条	款	项目	子目	细目	合并编码	商品和服务名称	说明	关键字
1729	1	07	02	15	03					10702150300000000000	鞣料及鞣料制剂	包括有机合成鞣料、无机鞣料及鞣料制剂	萘磺酸甲醛缩合物、来酸-丙烯酸共聚物、氨基树脂鞣剂、有机合成鞣料、无机鞣料、皮革鞣剂 ks-1、鞣剂 3N、鞣料制剂、预鞣酶制剂
1730	1	07	02	15	04					10702150400000000000	酶及酶制品	酶是由活细胞合成的，对代谢物起高效催化作用的蛋白质，是机体内催化各种代谢反应的最主要的催化剂	凝乳酶、碱性蛋白酶、碱性脂肪酶、胃蛋白酶、胰酶、麦芽糖酶、木瓜蛋白酶、菠萝蛋白酶、无花果蛋白酶、转化酶、葡萄糖异构酶、二肽酶、核苷酶、歧化酶、脱氧核糖核酸酶、酶、工业用酶制剂、酶制品
1731	1	07	02	15	05					10702150500000000000	化学陶瓷	包括氧化物陶瓷、碳化物陶瓷、氮化物陶瓷和其他化学陶瓷	氧化铝陶瓷、氧化铍陶瓷、氧化镁陶瓷、氧化物陶瓷、碳化硼陶瓷、碳化钛陶瓷、碳化硅陶瓷、碳化物陶瓷、氮化硅陶瓷、氮化硼陶瓷、氮化钛陶瓷、氮化物陶瓷
1732	1	07	02	15	06					10702150600000000000	特种纤维及高功能化工产品	包括碳纤维增强复合材料、硼纤维增强复合材料、碳化硅纤维增强金属基复合材料、氧化铝纤维增强复合材料	碳纤维增强摩擦塑料、碳纤维增强金属基复合材料、碳纤维增强塑料、碳纤维增强陶瓷复合材料、硼纤维增强塑料、硼纤维增强玻璃陶瓷复合材料、碳化硅纤维增强复合材料、碳化硅纤维增强金属基复合材料、碳化硅纤维增强塑料、氧化铝纤维复合材料、磷酸锆类氧离子交换剂、磷酸铝系分子筛、特种纤维
1733	1	07	02	15	07					10702150700000000000	金属表面处理剂	金属表面处理剂指对金属表面进行各种处理的化学药剂的总称。主要包括清洗剂、防锈剂、磷化剂、金属表面调整剂	油污清洗剂、高温除油剂、鳞皮清洗剂、金属清洗剂、酸

续表

序号	编码 篇	类	章	节	条	款	项	目	子目	细目	合并编码	商品和服务名称	说明	关键字
													液三大类	洗钝化剂、酸洗抑制剂、金属酸洗膏、金属表面酸洗剂、锌系磷化剂、防锈磷化剂、锰系磷化剂、拉伸磷化剂、金属表面磷化剂、金属表面防锈油、金属表面防锈剂、金属表面除锈、防锈剂、镀镍光亮剂 791、铜酸洗光亮剂、镀镍光亮剂、氰化镀铜光亮剂、防铜变色剂、电镀添加剂、沥青抗剥落剂、退锡剂、二乙胺基丁炔二醇、乙氧基丙炔醇、聚二硫丙氧基丁炔二醇、氨基磺酸铵、氨基镀锌添加剂、氨基磺酸钠、无氰镀用化学品、电镀用化学品
1734	1	07	02	15	08						1070215080000000000	工业用脂肪醇		工业用增塑剂醇、工业用洗涤剂醇、工业用齐格勒醇 C12-14、工业用洗涤剂醇 C12-13、工业用洗涤剂醇 C14-15、工业用洗涤剂醇 C12-15、工业用洗涤剂醇 C12-14、工业用洗涤剂醇 C14-16、工业用洗涤剂醇 C16-18
1735	1	07	02	15	09						1070215090000000000	工业用脂肪酸		工业用椰子油、棕榈仁油、脂肪酸、工业用棕榈油脂肪酸、工业用油酸、工业用妥尔油脂肪酸、工业用合成脂肪酸
1736	1	07	02	15	10						1070215100000000000	工业用脂肪胺		工业用脂肪烷基伯胺、工业用脂肪烷基仲胺、工业用脂肪烷基叔胺、工业用脂肪烷基叔脂肪胺
1737	1	07	02	15	11						1070215110000000000	工业级混合油	餐饮业和食品业用后的植物油与动物油的混合	

续表

序号	篇	类	章	节	条	款	项目	子目	细目	合并编码	商品和服务名称	说明	关键字
1738	1	07	02	15	12					1070215120000000000	脂肪酸甲酯	物、经脱水、去渣、降酸、脱色、去味处理，只被用于工业化生产，如用于生产生物柴油（脂肪酸甲酯）、油酸、环氧甲酯、甘油、植物沥青、增塑剂等脂肪酸甲酯为黄色澄清透明液体（精馏后为无色），具有一种温和的、特有的气味，结构稳定，没有腐蚀性。脂肪酸甲酯是用途广泛的表面活性剂（SAA）的原料	脂肪酸甲酯、己二酸单甲酯、己二酸氢甲酯、脂肪酸甲酯C12-14、脂肪酸甲酯C12-16
1739	1	07	02	15	99					1070215990000000000	其他专项化学用品		
1740	1	07	02	16						1070216000000000000	林产化学产品		
1741	1	07	02	16	01					1070216010000000000	松节油类产品	指利用松节油制成的相关产品	松节油、脂松节油、木松节油、浮油松节油、硫酸盐松节油、松油、萜烯油、粗制二聚皮烯、对异丙基苯甲烷、松油醇、松节油精、松节油深加工产品
1742	1	07	02	16	02					1070216020000000000	松香类产品	指利用松香制成的相关产品	脂松香、木松香、浮油松香、松香、氢化松香、歧化松香、聚合松香、马来松香、改性松香、歧化松香甲酯、改性松香、酚醛改性松香甲油酯、衍生物、树脂酸、酯胶、松香精、松香类产品
1743	1	07	02	16	03					1070216030000000000	栲胶	包括落叶松栲胶、柏梅栲胶、油柑栲胶、槲树栲胶、槲荆树栲胶、红根栲胶、黑荆树栲胶、橡碗栲胶、橡黄栲胶、木麻黄栲胶、红根果栲胶、化香果栲胶、混合栲胶、水解类单宁栲胶、凝缩类单宁栲胶	落叶松栲胶、柏梅栲胶、油柑栲胶、槲荆树栲胶、红根栲胶、木麻黄栲胶、橡碗栲胶、木混合栲胶、水解类单宁

续表

序号	篇	类	章	节	条	款	项	目	子目	细目	合并编码	商品和服务名称	说明	关键字
1744	1	07	02	16	04						1070216040000000000	樟脑	樟脑为樟科植物樟的枝、干、叶及根部,经提炼制得的颗粒状结晶,包括天然樟脑和合成樟脑	栲胶、类栲胶产品 天然樟脑、合成樟脑
1745	1	07	02	16	05						1070216050000000000	冰片（龙脑）	是由菊科艾纳香茎叶或樟科植物樟枝叶经水蒸气蒸馏并重结晶而得。包括天然冰片和合成冰片	天然冰片、合成冰片、片脑、橘片、艾片、龙脑香、梅花冰片、羯布罗香、梅花脑、冰片脑、梅冰
1746	1	07	02	16	06						1070216060000000000	五倍子单宁产品		工业单宁酸、工业没食子酸、焦性食子酸、药用草柰酸、五倍子单宁产品
1747	1	07	02	16	07						1070216070000000000	紫胶类产品	利用紫胶制成的相关产品	普通紫胶片、专用紫胶片、脱色紫胶片、改性紫胶片、漂白紫胶片、脱醋紫胶片、紫胶类产品
1748	1	07	02	16	08						1070216080000000000	木材热解、水解产品	利用热解、水解的化学方法将树木组织或造材剩材组织加工而成的非木竹的其他林、副产物加工余物加工而成的非木竹的其他林、副产品	木炭、焦水、木焦油、松焦油、木材热解产品、木糖醇、木素、水解酵母、植物胶、木沥青、松香沥青、硫酸盐沥青
1749	1	07	02	16	09						1070216090000000000	竹材热解产品	利用热解的方法将竹材组织或造材剩余物加工而成的非竹材的其他林、副产品	竹炭、竹材热解产品
1750	1	07	02	16	10						1070216100000000000	林产色素（紫胶红色素）	从豆科、桑科植物上的紫胶虫（Lacciferlacca）的雌虫所分泌的树脂状紫胶,用稀碳酸钠水溶液萃取、精制而得	紫胶红、虫胶红、虫胶红色素、林产色素、紫胶红色素
1751	1	07	02	16	11						1070216110000000000	林产蜡（虫白蜡）	中药名。为介壳虫科昆虫白蜡虫的雄虫群栖于木犀科植物白蜡树、女贞或女贞属他种植物枝干上分泌的蜡,经精制而成。常作为赋形剂、润滑剂	白蜡、虫蜡、木蜡、树蜡、蜡膏、蜡产品、林产蜡、虫白蜡
1752	1	07	02	16	12						1070216120000000000	桃胶粉	桃胶粉是一种无外来可见杂质、白色或黄色粉末的添加剂	桃胶粉

续表

序号	篇	类	章	节	条	款	项	目	子目	细目	合并编码	商品和服务名称	说明	关键字
1753	1	07	02	16	13						107021613000000000	糠醛		糠醛
1754	1	07	02	16	14						107021614000000000	阿拉伯糖		阿拉伯糖
1755	1	07	02	16	15						107021615000000000	木质素		木质素
1756	1	07	02	16	16						107021616000000000	纤维素		纤维素
1757	1	07	02	16	99						107021699000000000	其他林产化学产品		
1758	1	07	02	17							107021700000000000	炸药、烟火及火工产品		
1759	1	07	02	17	01						107021701000000000	发射药	指装在枪炮弹膛内用以发射弹丸的火药	黑色火药,火器用发射药,无烟药,复合药,火箭用发射药,均相发射药,复合发射药
1760	1	07	02	17	02						107021702000000000	炸药	指配制炸药,不包括发射药(详见107021701)	铵油类炸药,乳化炸药,铵锑类炸药,硝化甘油炸药,谢德炸药,起爆炸药,配制炸药
1761	1	07	02	17	03						107021703000000000	火工产品	指装有火药或炸药,受外界刺激后产生燃烧或爆炸,以引燃火药、引爆炸药或做机械功的一次性使用的元器件和装置的总称	雷管、火雷管、电雷管、磁电雷管、导爆管雷管、塑料导爆管、继爆管、引信火帽、底火火帽、药筒火帽、摩擦火帽、撞击火帽、电底火、火帽、导火索、导爆索、切割索、引火线、索类火工品、引爆器、起爆器、电引爆器、化学引爆器
1762	1	07	02	17	04						107021704000000000	爆破器材	用于爆破的炸药、火具、爆破器、起爆器、导电线和检测仪表等的统称。包括地震勘探用爆破器材	震源药柱、震源弹、聚能射孔弹、复合射孔器、聚能切割器、高能气体压裂弹、平炉出钢口穿孔弹、爆破器材
1763	1	07	02	17	05						107021705000000000	烟火制品	指供娱乐或其他用途的含有通过化学反应产生热、光、声、气或烟雾的物质或物质混合物的	信号弹、闪光弹、彩光弹、降雨火箭、抗冰雹火箭、抗冰雹弹、烟雾发生器

续表

序号	篇	类	章	节	条	款	项	子目	细目	合并编码	商品和服务名称	说明	关键字
1764	1	07	02	17	06					1070217060000000000	焰火制品	任何物品	救生索火箭、技术用烟火制品、彩光元件、导向元件、烟火假目标、烟雾元件、烟火制品元件、烟火制品
1765	1	07	02	17	06	01				1070217060100000000	烟花	包括烟花和爆竹	火炬、烟花、爆竹、花炮、烟火、焰火、烟花、地面烟花、玩具烟花、架子烟花、水上烟花、冷烟花、舞合烟花
1766	1	07	02	17	06	02				1070217060200000000	爆竹	又名焰火	爆仗、炮仗、鞭炮
1767	1	07	02	18						1070218000000000000	信息化学品	又名鞭炮	
1768	1	07	02	18	01					1070218010000000000	感光胶片	指电影、照相、医用、幻灯及投影用的感光材料、冲洗套药、磁、光记录材料、光纤维通信用辅助材料，及其专用化学制剂 指银盐感光胶片，也叫菲林。由PC/PP/PET/PVC料制作而成。现在一般是指胶卷，也可以指印制制版中的底片	彩色电影胶片、黑白电影胶片、彩色照相胶片、彩色照相胶卷、黑白照相胶片、黑白照相胶卷、一次成像感光胶片、X光用感光胶片、医用X光感光胶片、医用X光影像胶片、工业用X光感光胶片、用途X光感光胶片、激光照排胶片、激光影像胶片、PS版、预涂感光版、CTP版、照相制版用硬片和软片、照相制版用胶卷、激光照排片、制版用涂卤化银无齿孔胶卷、制印刷电路板致抗蚀干膜、幻灯胶片、彩色幻灯胶片、黑白幻灯胶卷、彩色缩微胶卷、黑白缩微胶卷、缩微胶片、彩色微型胶卷、微型胶卷、感光胶片
1769	1	07	02	18	02					1070218020000000000	摄影感光纸、纸板及纺	指摄影感光纸及传真纸、照相纸、其他工业技术用的感光纸	彩色摄影感光纸、非彩色摄影感光纸、示波记录纸和光纸、摄影感光纸板、彩色摄影用感光纸

续表

序号	编码 篇	类	章	节	条	款	项	目	子目	细目	合并编码	商品和服务名称	说明	关键字
1770	1	07	02	18	03						1070218030000000000	片基	感光胶片的支持体,是一种具有透明、柔软特性和一定机械强度的塑料薄膜	纸板、非彩色摄影用感光纸板、摄影用感光纺织物、彩色摄影用感光纺织物、非彩色摄影用感光纺织物、聚酯片基、醋酸纤维素片基
1771	1	07	02	18	04						1070218040000000000	摄影、复印用化学制剂	用于摄影、复印的化学制剂	摄影用感光乳液、摄影用显影剂、摄影用定影剂、摄影用增感剂、摄影用调色剂、摄影用漂白剂、摄影用减薄剂、摄影用去污渍剂、摄影用消泡剂、摄影用成色剂、摄影用增粘剂、摄影用坚膜剂、摄影用稳定剂、摄影表面活性剂、摄影用刻膜胶、摄影用增墨剂、复印机用化学制剂、复印化学制剂
1772	1	07	02	18	05						1070218050000000000	空白磁带	磁带包括录音磁带和录像磁带;折算方法:磁带(折6.3mm)产量=产品实际宽度(mm)/6.3(mm)×产品实际长度	未录制录音带、未录制录像带、计算机用空白磁带、空白磁带
1773	1	07	02	18	06						1070218060000000000	空白磁盘	一种类似磁带装置的计算机的外部存储器	软磁盘、空白磁盘
1774	1	07	02	18	07						1070218070000000000	空盘	指空白的信息存储载体	空白光盘、空白唱盘、空盘
1775	1	07	02	18	08						1070218080000000000	未灌(录)制相关媒体	包括磁片、磁条、金属条、蜡盘等	磁片、磁条、金属条、蜡盘
1776	1	07	02	18	09						1070218090000000000	电子半导体材料	经掺杂用于电子工业的已切片化学元素等	单晶硅、多晶硅、单晶锗片、单晶镓片、砷化镓单晶片、砷化镓外延片、铌酸锂单晶片、钽酸锂单晶片、电子半导体材料
1777	1	07	02	18	99						1070218990000000000	其他信息化学品		

续表

序号	编码 篇	类	章	节	条	款	项	目	子目	细目	合并编码	商品和服务名称	说　　明	关　键　字
1778	1	07	02	19							1070219000000000000	环境污染处理专用药剂材料		KDS-501 铜缓蚀剂 BTA、KDS-502 甲基苯三唑、KDS-503 铜缓蚀剂、KDS-504 酸洗缓蚀剂、KDS-505 酸洗缓蚀剂、水处理缓蚀剂、清洗预膜剂、KDS-101 清洗剂、KDS-102 消泡剂、KDS-103 消泡剂、KDS-104 预膜剂、阻垢分散剂、水解聚马来酸酐、氨基三亚甲基膦酸、羟基亚乙基二膦酸、水质稳定剂、软水剂、净水剂、KDS-801 蒸汽锅炉阻垢剂、KDS-802 蒸汽锅炉除氧剂、KDS-803 热水锅炉除氧剂、锅炉水处理剂、KDS-315 阻垢缓蚀剂、KDS-316 阻垢缓蚀剂、KDS-317 缓蚀剂、水处理复合药剂
1779	1	07	02	19	01						1070219010000000000	水处理剂	指自来水净化过程中所用水处理剂	
1780	1	07	02	19	02						1070219020000000000	污水处理化学药剂	指污水处理过程需要使用的化学药剂	二氧化氯消毒剂、溴类杀菌剂、杀菌黏泥剥离剂、JH-704 高效杀菌灭藻剂、JH-711B 缓释型杀菌灭藻剂、复合非氧化性杀菌剂、杀藻剂、聚丙烯酰胺 PAM、聚丙烯酸、有机混凝剂、复合混凝剂 PISC、聚合双酸铝铁高效净水剂、多元高分子污水处理絮凝剂、无机混凝剂、污水处理化学药剂
1781	1	07	02	19	03						1070219030000000000	污水处理生物药剂	指污水处理过程需要使用的生物药剂	生物混凝剂、生物脱色剂、生物除臭剂、污水处理生物药剂

续表

序号	编码						合并编码	商品和服务名称	说明	关键字
	篇	类	章	节	条	款 项 目 子目 细目				
1782	1	07	02	19	04		107021904000000000	污水处理材料	指污水处理过程需要使用的材料	有机滤料、无机滤料、微滤膜组件、超滤膜、超滤膜组件、反渗透膜、反渗透膜组件、电渗析膜、吸附材料、膜材料
1783	1	07	02	19	05		107021905000000000	空气污染治理材料	指空气污染治理过程需要使用的材料	玻璃纤维滤料、合成纤维滤料、滤料、脱硫剂
1784	1	07	02	20			107022000000000000	动物炭黑、动物胶及其衍生物	包括动物炭黑、动物胶及其衍生物	
1785	1	07	02	20	01		107022001000000000	动物炭黑	动物尸体燃烧后剩下的产物炭黑	骨炭黑、血炭黑、皮炭黑、角炭黑、动物炭黑
1786	1	07	02	20	02		107022002000000000	动物胶	指以动物的皮、骨或筋等为原料，将其中所含的胶原经过部分水解、萃取和干燥制成的蛋白质固形物	明胶、皮胶、骨胶、鱼胶、筋胶、腱胶、动物胶
1787	1	07	02	20	03		107022003000000000	明胶衍生物		鞣酸明胶、溴化鞣酸明胶、明胶衍生物
1788	1	07	02	21			107022100000000000	焊接用制品		
1789	1	07	02	21	01		107022101000000000	金属材料制焊料	指用于填加到焊缝、堆焊层和钎缝中的金属合金材料的总称	银铜焊粉、锡合金焊粉、无铅焊粉、焊膏、焊粉、银铜焊丝、低合金焊丝、不锈钢焊丝、焊丝
1790	1	07	02	21	02		107022102000000000	焊接辅助剂		助焊剂、焊嘴防堵剂、低碳钽铁、锡助焊剂、焊条黏接剂、焊接辅助剂
1791	1	07	02	22			107022200000000000	肥皂及合成洗涤剂	包括产品及其水溶液，以喷洒、涂抹、织物、器皿、浸泡等方式施于肌肤，即冲即洗，起到清洁、去污、护理、除菌等功能的产品及其中间体表面活性剂	

附录 A 商品和服务税收分类与编码

续表

序号	篇	类	章	节	项	款	条	细目	子目	合并编码	商品和服务名称	说　明	关　键　字
1792	1	07	02	22	01					1070222010000000000	肥（香）皂	包括各种形状、类型、功能、以脂肪酸钠盐为主体成分的皂类洗涤用品	普通洗衣皂、复合洗衣皂、洗衣皂、普通香皂、功能性香皂、香皂、皂粉、肥皂
1793	1	07	02	22	02					1070222020000000000	合成洗涤剂	以表面活性剂为主体，配制成型的粉状、膏状、液体状产品；供家庭、工业及公共设施用皂类洗涤剂	普通洗衣粉、浓缩洗衣粉、衣用洗涤剂、洗衣粉、工业用洗衣粉、果蔬洗涤剂、衣用洗涤剂、织物用洗涤剂、家居清洁护理剂、液体洗涤剂、工业清洗剂、公共设施、环境卫生设施用清洁洗涤剂、合成洗涤剂
1794	1	07	02	22	03					1070222030000000000	表面活性剂	有机合成的化学品，具有润湿、渗透、乳化、分散作用，系合成洗涤剂的主体成分	烷基苯磺酸盐、烷基硫酸盐、钠盐、脂肪醇醚硫酸盐、烯基磺酸盐、胺盐、脂肪醇醚磷酸酯盐、烷基醚磷酸酯盐、脂肪酸甲酯磺酸盐、烷基磷酸酯盐、阴离子表面活性剂、基甲基季铵盐、双酯基乙基季铵盐、咪唑啉型季铵盐、阳离子表面活性剂、非离子型表面活性剂、表面活性剂
1795	1	07	02	23						1070223000000000000	美容、护肤、护发及产品	指施于人体表面的美容、护肤、护发类似化妆品	
1796	1	07	02	23	01					1070223010000000000	清洁类化妆品	指个人清洁护理用品	洗面奶、洗手液、洗发剂、香波、浴液、沐浴用制剂、浴盐、冰浴剂、人体除臭剂、止汗剂、剃须用制剂、面膜、花露水、痱子粉、爽身粉、清洁类化妆品
1797	1	07	02	23	02					1070223020000000000	护肤用化妆品	指个人护肤护理用品	护肤膏霜、护肤乳液、护手霜、护甲水、润唇膏、眼唇膏、眼用护肤霜、化妆水、护肤啫喱膏、护肤啫喱水、粉底霜、护肤用化妆品

续表

序号	编码 篇	类	章	节	条	款	项	子目	细目	合并编码	商品和服务名称	说　明	关　键　字
1798	1	07	02	23	03					107022303000000000	护发用化妆品	指个人护发护理用品	烫发剂、染发剂、定型剂、护发素、发用啫喱膏、啫喱水、护发用化妆品
1799	1	07	02	23	04					107022304000000000	美容、修饰类化妆品	包括口红、唇膏、唇彩、唇线笔及其他唇用化妆品、香水及其他美容、修饰类化妆品	眼用化妆品、香粉、指趾甲化妆品
1800	1	07	02	24						107022400000000000	口腔清洁护理用品	指个人口腔清洁护理用品	
1801	1	07	02	24	01					107022401000000000	牙膏、漱口液		牙贴、牙凝胶、牙涂液、牙线、固齿膏、固齿粉、洁齿、护齿品、漱口液、口腔喷雾剂、假牙清洗剂、假牙胶、假牙模膏、假牙模粉、假牙增白剂、牙齿增白片、口腔增白品、口腔牙齿清洁剂
1802	1	07	02	24	99					107022499000000000	其他口腔清洁护理用品		
1803	1	07	02	25						107022500000000000	香料	含天然及合成、揸具有香气和（或）香味的、用于调配各类香精的香原料；包括天然香料、生物技术香料和合成香料产品	香柠檬油、佛手油、橙油、柠檬油、白柠檬油、酸橙橙油、老鹳草油、香叶油、苿莉净油、薰衣草油、薄荷油、岩兰草油、香根油、香茅油、八角茴香油、肉桂油、山苍子油、桉叶油、玫瑰油、白兰花油、白兰叶油、树兰花油、椒样薄荷油、生姜油、广藿香油、留兰香油、荷油、桂花膏、岩蔷薇浸膏、白兰浸膏、苿莉浸膏、柏木油、精油、桂花膏、苿莉浸膏、颜百当浸膏、岩蔷薇浸膏、苿莉浸膏、鸢尾凝脂、枣子酊、油树脂、杭白菊浸膏、大花苿莉浸膏、浸提类香料、天然香料、天然薄荷脑、未列明天然香料、发酵法丁二酮、生物技术香料、薄荷醇、dl-薄荷脑、苯甲醛、合成香料、香草醛

附录 A 商品和服务税收分类与编码　471

续表

序号	篇	类	章	节	条	款	项	目	子目	细目	合并编码	商品和服务名称	说　明	关　键　字
1804	1	07	02	26							10702260000000000000	香精	指以多种天然香料、合成香料等为主要原料和相应辅料组成的，用于起香气和（或）香味作用的浓缩调配混合物，包括热反应食品香精[指以食品加工方法加热食品原料和（或）食品组分生产的反应产物，加入或不加入天然香料、合成香料及相应辅料构成的具有特定香气香味的调配混合物]（如咸味食品香精等）	香兰素、乙基香兰素、乙基香草醛、乙基香兰素、复盆子酮、香豆素、乙基麦芽酚、呋喃酮、乙酸苄酯、已酸乙酯、乳酸乙酯、甲基柏木酮、檀香208、二氢月桂烯醇、结晶玫瑰、甲基吡嗪、2-乙酰基噻唑
1805	1	07	02	26	01						10702260100000000000	食品用香精	指用在各种饮料、冷饮品、糖果、饼干、调味品等加香产品中的香精	食品用香精、食用香精
1806	1	07	02	26	02						10702260200000000000	酒用香精	指用在各类加香酒产品中的香精	酒用香精
1807	1	07	02	26	03						10702260300000000000	烟用香精	指用在各种烟草制品中的香精	烟用香精
1808	1	07	02	26	04						10702260400000000000	日用香精	指用在各种日用产品中的香精	日用香精
1809	1	07	02	26	05						10702260500000000000	饲料用香精	指用在各种饲料中的香精	饲料用香精
1810	1	07	02	26	99						10702269900000000000	其他工业用香精	指用在其他各类工业产品中的香精	工业用香精
1811	1	07	02	99							10702990000000000000	其他化学制品		
1812	1	07	02	99	01						10702990100000000000	室内散香或除臭制品	指使室内产生香气或除去异味的制品	神香、香气制品、室内空气清新剂、房间用除臭剂、香袋、鞋靴油、皮鞋克油、木制家具用上光剂、地板蜡、汽车用上
1813	1	07	02	99	02						10702990200000000000	光洁用品	指使物体表面产生光亮的用品，主要是上光剂类似品	人造蜡、调剂蜡、皮鞋克油、木制家具用上光剂、地板蜡、汽车用上

续表

序号	编码 篇	类	章	节	条	款	项	目	子目	细目	合并编码	商品和服务名称	说明	关键字
1814	1	07	02	99	03						10702990300000000000	擦洗膏、去污粉及类似制品	指家庭日常洁用品及类似制品	擦洗膏、去污粉、擦洗、去污用制品、光洁剂、玻璃用光洁剂、金属用光洁剂、光洁用品
1815	1	07	02	99	04						10702990400000000000	动物用化妆盥洗制品	指用于动物化妆盥洗的制品	宠物猫狗用清洗剂、动物用清洗剂、脱毛剂、动物用化妆盥洗制品
1816	1	07	02	99	05						10702990500000000000	火柴	指根据物体摩擦生热的原理、利用强氧化剂和还原剂的化学活性，制造出的一种能摩擦发火的取火工具	普通火柴、工艺火柴、火柴
1817	1	07	02	99	06						10702990600000000000	蜡烛及类似制品	指以石蜡和（或）植物蜡为主要原料，经加工而成的、主要用于燃烧和照明的各种蜡烛及类似品，包括普通照明用蜡烛、庆典用蜡烛，以及各种工艺蜡烛等，也包括罐装蜡烛	工艺蜡烛、蜡烛
1818	1	07	02	99	99						10702999900000000000	其他未列明化学制品		
1819	1	07	03								10703000000000000000	医药		
1820	1	07	03	01							10703010000000000000	化学药品原药	指制药企业做出来的化学药物	
1821	1	07	03	01	01						10703010100000000000	抗菌素（抗感染药）	指一种具有杀灭或抑制细菌生长的药物	青霉素钠、青霉素钾、普鲁卡因青霉素、氨苄青霉素、氨苄西林、羟氨苄青霉素、阿莫西林、6氨基青霉烷酸、6APA、青霉素Ｖ、青霉素Ｖ钾、氯唑西林、青霉素、卡那霉素、链霉素、庆大霉素、卡那霉素、氨基糖苷类药、四环素、盐酸四环素、磷酸四环素、土霉素、盐酸土霉素钙

续表

序号	篇	类	章	节	条	款	项	目	子目	细目	合并编码	商品和服务名称	说明	关键字
1822	1	07	03	01	02						1070301020000000000	消化系统用药	指主要作用于消化系统的药物	多西环素、盐酸多西环素、多西环素钙、盐酸米诺环素、地美环素、金霉素、盐酸金霉素、盐酸地美环素、盐酸胍甲环素、美他环素、四环素类药、氯霉素、琥珀氯霉素、棕榈氯霉素、乙酰螺旋霉素、红霉素类、支拉霉素、麦迪霉素、大环内酯类药、7-氨基头孢烷酸、7-氨基脱乙酰氧基头孢烷酸、头孢氨苄、头孢唑啉盐、头孢唑啉、头孢噻吩盐、头孢噻吩、头孢三嗪、头孢曲松、头孢噻肟、头孢哌酮、头孢噻肟盐、头孢克洛、头孢克洛盐、头孢霉素类、复方利福平、复合利福平、利福定、利福平类、利福霉素、利福平钠、利福喷丁、利福平类、盐酸林可霉素、克林霉素、盐酸克林霉素棕榈酸酯、克林霉素棕榈酸酯、林可霉素
1823	1	07	03	01	03						1070301030000000000	解热镇痛药	指为一类具有解热、镇痛药理作用，同时还有显著抗炎、抗风湿作用的药物	碘化四甲铵、氢氧化四甲铵、甲酸四甲铵、甜菜碱、季铵化合物类、葡糖酸内酯、D-葡糖酸δ内酯、泛内酯、山道年、酚酞、碘苯酚酞、药用内酯、甘草酸、甘草酸钾、甘草酸铵、甘草酸铵盐、复方甘草酸、甘草次酸甘草酸盐、芦荟素、消化系统用药、阿司匹林、精氨酸阿司匹林、卡巴匹林、阿司匹林锌、卡巴匹林锌、卡巴匹林镁、阿司匹林钙脲

续表

序号	篇	类	章	节	条	款	项	子目	细目	合并编码	商品和服务名称	说明	关键字
													司匹林铝、赖氨匹林、邻羟基苯甲酸、水杨酸铵、水杨酸钠、水杨酸铋、水杨酸镁、水杨酸、水杨酸盐、水杨酸甲酯、酰胺、水杨酸苯酯、水杨酸乙酯、水杨酸紫酯、水杨酸丁酯、双水杨酯、醋水杨胺、水杨酸二乙胺、水杨酸酯、安替比林、安乃近、异丙安替比林、环拉乃近、氨基比林、含有非稠合咪唑环化合物、对乙酰氨基苯乙醚、非那西丁、对乙酰氨基酚、扑热息痛、环酰胺类药、磺胺嘧啶、磺胺甲噁唑、磺胺麦角胺、酒石酸麦角胺、麦角胺麦角胺、布洛芬、解热镇痛药角胺盐
1824	1	07	03	01	04					1070301040000000000	维生素类	指未混合的维生素及其衍生物	维生素 A 类原药、维生素 B1 类原药、维生素 B2 类原药、维生素 B6 类原药、维生素 B12 类原药、维生素 C 类原药、维生素 D、DL-泛酸类原药、维生素 E 类原药、复合维生素药、维生素
1825	1	07	03	01	05					1070301050000000000	抗寄生虫病药	指用于驱除和灭杀体内外寄生虫的药物	盐酸奎宁、硫酸奎宁、无味奎宁、二盐酸奎宁、重硫酸奎宁、奎宁、奎宁盐、氯喹、磷酸氯喹、羟氯喹、硫酸羟氯喹、氯喹类、哌嗪、二亚乙基二胺、哌嗪类、枸橼酸哌嗪、己二酸哌嗪、哌嗪嘧啶、双羟萘酸噻嘧啶、甲噻嘧啶、酒石酸甲噻嘧啶、噻乙基嘧啶、噻嘧啶类、辛可宁丁、辛可尼丁、单宁酸奎宁、金鸡纳生物碱、抗寄生虫病药

续表

序号	篇	类	章	节	条	款	项	子目	细目	合并编码	商品和服务名称	说　明	关　键　字
1826	1	07	03	01	06					1070301060000000000	中枢神经系统用药	指主要作用于中枢神经系统的药物	阿洛巴比妥、异戊巴比妥、苯巴比妥、INN、阿莫巴比妥、司可巴比妥、环巴比妥、巴比妥类、甲丙氨酯、N、N-二甲基甲酰胺、乙酰胺、天冬酰胺、α-氨基丁二酸一酰胺、开链酰胺类、氨基甲酸乙酯、尿囊、谷氨酰胺、无环酰胺类、咖啡因、枸橼酸咖啡因、安钠咖啡因、枸橼酸钠咖啡因、无水咖啡因、中枢神经系统用药
1827	1	07	03	01	07					1070301070000000000	计划生育用药	主要用于计划生育方面的药物，不包括避孕药用具（详见107030215）	
1828	1	07	03	01	08					1070301080000000000	激素类药	包括其他甾族化合物及其作激素的衍生物	垂体前素、垂体后素、脑垂体后叶、垂体激素类药、可的松、氢化可的松、脱氢素类药、地塞米松、肾上腺皮质激素类药、生长激素、重组人生长激素、生长抑素、醋酸生长抑素类似物、奥曲肽、表皮生长因子、生长激素类似物、葡糖醛酸内酯、胰岛素、锌胰岛素、精蛋白锌胰岛素、低精蛋白锌胰岛素、单组分猪胰岛素、中性胰岛素、球蛋白锌胰岛素、人胰岛素、精蛋白锌人胰岛素、低精蛋白锌人胰岛素、中性人胰岛素、中性可溶性人胰岛素、重组人胰岛素、腺激素、醋磷酸二醇、聚磷酸二醇、半琥珀酸二醇、丙酸二醇、皮酸二醇、环氧二醇、雌二醇、17β-雌二醇、美雌醇、炔雌醇、奎克雌醇、莫克雌醇、磷雌醇、炔雌醚

续表

序号	篇	类	章	节	条	款	项	目	子目	细目	合并编码	商品和服务名称	说　　明	关　键　字
1829	1	07	03	01	09						1070301090000000000	抗肿瘤药	主要作用于肿瘤类疾病的药物	雌酚钠、己烯雌酚、丙酸己烯雌酚、己二烯雌酚、溴醋己烷雌酚、甲己烯雌酚、雌三醇、苯甲酸雌三醇、尼尔雌醇、黄体酮、甲羟孕酮、醋酸甲羟孕酮、炔诺酮、普美孕酮、氟诺酮、醋酸氟孕酮、诺美孕酮、醋酸诺美孕酮、阿孕奈德、环丙孕酮、地美炔酮、醋酸环丙孕酮、雌酮、苯甲酸雌酮、妊马雌酮、哌嗪雌酮、雌甾激素、孕激素、激素类药、洛莫司汀、卡莫司汀、司莫司汀、尼莫司汀、盐酸尼莫司汀、乌拉莫司汀、雌莫司汀、雌莫司汀磷酸钠、雷莫司汀、福莫司汀、莫司汀类、甲氨蝶呤、氨苯蝶啶、氨蝶呤、氟尿嘧啶、磺硫嘌呤钠、硫鸟嘌呤、氮鸟嘌呤、嘌呤类、嘌呤呤、甲磺酸氮鸟嘌呤、甲基嘌呤碱、蝶呤类、长春碱、硫酸长春新碱、长春新碱、硫酸长春地辛、长春地辛、硫酸长春瑞宾、长春瑞宾、重酒石酸长春瑞宾喜树碱、羟喜树碱、拓扑替康、伊立替康、秋水仙碱、秋水仙碱裂胺、三尖杉酯碱、三尖杉酯碱、高三尖杉酯碱、野百合碱、天然来源类抗肿瘤药
1830	1	07	03	01	10						1070301100000000000	心血管系统用药	指主要作用于心血管系统的药物	毛地黄苷、毒毛旋花苷、洋地黄、洋地黄毒苷、醋洋地黄苷、毛花苷C、去乙酰毛花苷、毒毛花苷K、毒毛花苷G、黄夹苷、桂竹糖芥总苷、万年青总

续表

序号	编码 篇	类	章	节	条	款	项目	子目	细目	合并编码	商品和服务名称	说明	关键字
													苷、羊角拗苷、铃兰毒苷、苷类、麦角新碱、麦角秋春、麦角胺、麦角胺盐、麦角酸、麦角酸盐、麦角生物碱、地高辛、甲基地高辛、α-乙酰地高辛、β-乙酰地高辛、地高辛类、硫酸奎尼丁、葡萄糖酸奎尼丁、奎尼丁聚半乳糖醛酸盐、双氢奎尼丁、盐酸奎尼丁、奎尼丁类、普萘洛尔、盐酸普萘洛尔、阿替洛尔、盐酸阿替洛尔、氧烯洛尔、盐酸美托洛尔、酒石酸美托洛尔、烯丙洛尔、盐酸烯丙洛尔、氧烯洛尔、普拉洛尔、醋丁呋咪洛尔、纳多洛尔、噻吗洛尔、马来酸噻吗洛尔、洛尔类、心血管系统用药
1831	1	07	03	01	11					1070301110000000000	呼吸系统用药	指主要作用于呼吸系统的药物	愈创木酚、愈创木酚碳酸酯、愈创木酚磺酸钠、愈创木酚磺酸钾、愈创木酚磺酸钙、愈创木酚磺酸、愈创木树脂油醚、甲酚类、甲酚磺酸钠、甲酚磺酸钙、甲酚磺酸、卡拉美芬、盐酸卡拉美芬、乙二磺酸卡拉美芬、卡拉美芬类、麻黄碱、盐酸麻黄碱、甲麻黄碱、盐酸甲麻黄碱、盐酸伪麻黄碱、硫酸伪麻黄碱、伪麻黄碱类、麻黄碱类、氨茶碱、无水茶碱、赖氨酸茶碱、二羟丙茶碱、丙茶碱、胆茶碱、胺苄胺茶碱、甘氨酸茶碱钠、甘氨酸茶碱、多茶碱、芬酸茶碱、盐酸苄胺茶碱、INN、茶碱、芸香苷、皂草苷、

续表

序号	编码 篇	类	章	节	条	款	项	子目	细目	合并编码	商品和服务名称	说　明	关　键　字
1832	1	07	03	01	12					10703011200000000000	泌尿系统用药	指主要作用于泌尿系统的药物	扁桃苷、天然苷类、氢氯噻嗪、环戊噻嗪、氯噻嗪、甲氯噻嗪、苄氟噻嗪、三氯噻嗪、泊利噻嗪、环噻嗪、氢噻嗪、苄噻嗪、可可碱类、可可酸钠、水杨酸钠可可碱、可可碱、浆果苷、天然苷、合成苷、汞撒利、撒利苯碱、汞撒利酸、汞撒利类、汞撒利茶碱、泌尿系统用药
1833	1	07	03	01	13					10703011300000000000	血液系统用药	指主要作用于血液系统的药物	肝素、肝素钠、肝素钙、类肝素、依诺肝素、依诺肝素钠、那曲肝素钙、达肝素、肝素类、双香豆素、双香豆乙酯、乙双香豆素、醋硝香豆素、香豆素类、羟乙基淀粉、羟甲基淀粉、羧甲淀粉、羧甲淀粉钠、小分子羧甲淀粉钠、羟基淀粉类、血液系统用药
1834	1	07	03	01	14					10703011400000000000	诊断用原药	指用于诊断的药物	甲泛影酸、甲泛影酸钠、泛影酸类、葡甲胺、复方泛影葡胺、泛影葡胺、碘他拉葡胺、碘卡葡胺、醋碘苯葡胺、碘曲葡胺、克沙葡胺、碘羟乙葡胺、胆影葡胺、喷葡胺、碘沙葡胺、碘达葡胺、乳葡胺类、碘他拉酸钠、碘他拉酸、碘拉酸、药类影
1835	1	07	03	01	15					10703011500000000000	调解水、电解质、酸碱平衡药	指用于平衡人体酸碱、电解质的药物	无水葡萄糖、缩合葡萄糖、葡萄糖浆、液状葡萄糖、葡萄糖糖、医药用果糖、医药用甘果糖、半乳糖、山梨糖、医药用木糖醇、海藻糖、葡萄糖类药、羟丙基纤维糖、二

续表

序号	编码 篇	类	章	节	条	款	项	目	子目	细目	合并编码	商品和服务名称	说明	关 键 字
1836	1	07	03	01	16						1070301160000000000	麻醉用药	指用于麻醉的药物	磷酸果糖、果糖、果糖二磷酸钙、果糖二磷酸钠、糖酯、糖醛、糖酯、糖酯盐、无水乳糖、乳果糖、化学纯乳糖、药用氯化钠、药用氯化钾、药用氯化钙、钙克斯、葡萄糖酸钙、枸橼酸钙、乳酸钙、药用碘化钙、果糖酸钙、门冬氨酸钙、药用氢氧化钙、磷酸氢钙、电解质调节药、药用磷酸钙、珍珠钙、植酸、酸碱平衡植酸钙镁、活性钙、牡蛎钙、酸碱平衡调节药、透析液、调解水、电解质、碱平衡药 己氨胆碱、溴己氨胆碱、琥珀胆碱、氯化琥珀胆碱、溴化琥珀胆碱、胆碱、胆碱盐、鸦片碱、罂粟果提取物、丁丙诺啡、可卡因及其盐、普鲁卡因、盐酸普鲁卡因、氯普鲁卡因、利多卡因、奥布卡因、盐酸利多卡因、碳酸利多卡因、辛可卡因、盐酸辛可卡因、新维他卡因、布比卡因、盐酸布比卡因、盐酸丁卡因、甲哌卡因、盐酸甲哌卡因、苯佐卡因、盐酸依替卡因、依替卡因、丙胺卡因、依鲁卡因、三甲卡因、福莫卡因、奥克卡因、盐酸丙贝卡因、丙贝卡因、海克卡因、可卡因、麻醉用药
1837	1	07	03	01	17						1070301170000000000	抗组织胺类药及解毒药	指作用机制为抗组织胺的抗炎药	苯海拉明类、斯丁类药、拉敏类药、抗组织胺类药、筑类药、依地酸类药

续表

序号	篇	类	章	节	条	款	项	目	子目	细目	合并编码	商品和服务名称	说明	关键字
1838	1	07	03	01	18						1070301180000000000	生化药（酶及辅酶）	指从生物体分离、纯化所得和诊断疾病的生化物质	解毒药 磷脂、卵磷脂、大豆磷脂、氢化大豆磷脂、混合脂肪酸甘油脂、磷脂类脂、赖氨酸、盐酸赖氨酸、醋酸赖氨酸、苄达赖氨酸、DL-赖氨酸、精氨酸、精氨酸、谷氨酸钠、谷氨酸钾、谷氨酸钙、甘氨酸、苯丙氨酸、DL-苯丙氨酸、丙氨酸、DL-丙氨酸、甲硫氨酸、DL-甲硫氨酸、腺苷甲硫氨酸、脯氨酸、瓜氨酸、酪氨酸、亮氨酸、异亮氨酸、乌氨酸、氨酰门冬氨酸、色氨酸、DL-色氨酸、丝氨酸、氨基酸及蛋白质类药、生化药
1839	1	07	03	01	19						1070301190000000000	消毒防腐及创伤外科用药	消毒防腐药是指能迅速杀灭病原微生物的药物。创伤外科用药是指对治疗外伤所导致的对人体的伤害等的药物	依沙吖啶、乳酸依沙吖啶、盐酸氨吖啶、吖啶黄、盐酸吖啶黄、吖啶类药、枸橼酸氯己定、氯己定、盐酸氯己定、醋酸氯己定、葡糖酸氯己定碘、氯己定类药、药用汞、硝用氯化汞、药用氯化亚汞、硫柳汞、甲酚汞、氯化氨汞、汞溴红、黄氧化汞类药、敌坏翘摇素、丙酰基内酯、消毒防腐创伤外科用药
1840	1	07	03	01	20						1070301200000000000	制剂用辅料及附加剂	指专用于人或兽药的化学制品	凝胶制品、润滑剂、药偶合剂、制剂用辅料、制剂用附加剂
1841	1	07	03	02							1070302000000000000	化学药品制剂	指直接用于人体疾病防治、诊断等方面的化学制品制剂。通常是通过合成或者半合成的方法取得的原料药及其制剂；天然物质中提取或者通过发酵提	

续表

序号	篇	类	章	节	条	款	项	目	子目	细目	合并编码	商品和服务名称	说明	关键字
1842	1	07	03	02	01						1070302010000000000	冻干粉针剂	取的新的有效单体及其制剂；用拆分或者合成等方法制得的已知药物中的光学异构体及其制剂指无菌环境下将药物冷冻制成的供临用前用适宜的无菌溶液配制成澄清溶液或均匀混悬液的无菌粉末或无菌块状物。可用适宜的注射用溶剂配制后注射，也可用静脉输液配制后静脉滴注	注射用胸腺素、注射用重组人粒细胞巨噬细胞集落刺激因子、注射用重组人白介素-2（冻干粉针剂）、注射用重组人干扰素、注射用核糖核酸、低精蛋白胰岛素注射液、注射用人血白蛋白、注射用重组人生长激素
1843	1	07	03	02	02						1070302020000000000	粉针剂	指药物制成的供临用前用适宜的无菌溶液配制成澄清溶液或均匀混悬液的无菌粉末或无菌块状物，可用适宜的注射用溶剂配制后注射，也可用静脉输液配制后静脉滴注。包括含青霉素及其衍生物粉针剂、含有链霉素及其衍生物粉针剂、含有相关生物衍生物粉针剂、含有其他抗生素及其衍生物粉针剂、其他混合或非混合产品构成的粉针剂	青霉素粉针剂、注射用青霉素钠、注射用青霉素钾、注射用氨苄西林钠、注射用阿莫西林钠克拉维酸钾、注射用舒他西林、注射用链霉素、含有链霉素粉针剂、注射用头孢唑啉钠、头孢类粉针剂、注射用头孢噻吩钠、注射用头孢拉定、注射用头孢哌啶、注射用头孢曲松钠、注射用头孢噻肟钠、注射用头孢哌酮-舒巴坦钠、注射用头孢呋辛钠、含有相关粉针剂、注射用克拉霉素、注射用阿昔洛韦、含有皮质类激素粉针剂、注射用甲基强的松龙琥珀酸钠、注射用二磷酸果糖
1844	1	07	03	02	03						1070302030000000000	注射液	指溶液型或乳状液型注射液。可用于肌内注射、静脉注射或静脉滴注等。包括含有相关抗生素注射液、含有维生素原和维生素注射液、含有皮质类激素及其衍生物注射液、含有奎宁或其盐注射液、含有生物碱及其衍生物注射液、含有胰岛素注射液、避孕药注射液、其他混合或非混合产品构成注射液	相关抗菌素注射液、阿米卡星注射液、庆大霉素注射液、小诺霉素注射液、克林霉素注射液、克林霉素原注射液、维生素B1注射液、维生素B6注射液、维生素B12注射液、维生素

续表

序号	编码 篇	类	章	节	条	款	项	目	子目	细目	合并编码	商品和服务名称	说明	关键字
1845	1	07	03	02	04						1070302040000000000	输液	指药物与适宜的溶剂或分散介质制成的供注入体内的溶液、乳状液或混悬液及供临用前配制成浓溶液或释成溶液或混悬液的粉末或浓溶液的无菌制剂。包括含有抗菌素输液、其他混合或非混合输液	抗菌素输液、诺氟沙星输液、左氧氟沙星输液、环丙沙星输液、甲硝唑输液、替硝唑输液、右旋糖酐输液、甘露醇输液、葡萄糖输液、葡萄糖氯化钠输液、复方氯化钠输液、脂肪乳输液、脂肪乳氨基酸输液、素C注射液、含有皮质甾类激素注射液、倍氯米松注射液、氢化可的松注射液、地塞米松注射液、含有奎宁或其盐注射液、复方奎宁注射液、奎宁乌拉坦注射液、含有生物碱注射液、氨茶碱注射液、含有胰岛素注射液、胰岛素注射液、重组人胰岛素注射液、避孕药注射液、复方庚酸块诺酮二号注射液、复方庚酸甲地孕酮避孕注射液、醋酸羟孕酮注射液、微囊复方孕酮注射液、已酸羟孕酮注射液、复方已酸孕酮注射液、曲克芦丁注射液、长效已酸孕酮注射液、昂丹司琼注射液、西咪替丁注射液、肌苷注射液、葡萄糖酸钙注射液、重组人粒细胞集落刺激因子注射液、重组人红细胞生成素注射液、葡萄糖注射液
1846	1	07	03	02	05						1070302050000000000	片剂	指药物与适宜的辅料混匀压制而成的圆片状或异形片状的固体制剂。包括含有青霉素及其衍生物的片剂、含有其他抗生物的片剂、含有先锋霉素片剂、含有抗菌素片剂、片剂	青霉素片剂、青霉素V钾片、阿莫西林-克拉维酸钾片、含有链霉素片剂、含有先锋霉素片剂、头孢克洛片、头孢

续表

序号	编码 (篇/类/章/节/条/款/项/子目/细目)	合并编码	商品和服务名称	说　明	关　键　字
				奎宁或其盐的片剂，含有磺胺类片剂，含有联苯双酯片剂，含有维生素及其衍生物片剂，含有生物碱及其衍生物片剂，避孕药片剂，其他混合产品构成片剂	呋辛酯片，含有抗菌素片剂，红霉素片，琥乙红霉素片，罗红霉素片，阿奇霉素片，克拉霉素片，交沙霉素片，磷霉素钙片，异烟肼片，氧氟沙星片，左氧氟沙星片，含有奎宁或其盐的片剂，无味奎宁片，重硫酸奎宁片，含有磺胺类片剂，复方磺胺甲噁唑片，增效联磺片，增效磺胺滴丸，含有联苯双酯片，联苯双酯滴丸，联苯双酯片，复方联苯双酯片，含有维生素片剂，维生素B1片，维生素B2片，维生素B6片，维生素C片，含有皮质留类激素片剂，地塞米松片，泼尼松片，含有生物碱片剂，氨茶碱片，复方茶碱片，避孕药片剂，炔诺酮片，复方炔诺酮片，醋炔诺酮片，复方醋酸炔诺酮速效避孕片，快诺酮探亲避孕片，复方甲基炔诺酮一号片，炔诺孕酮炔雌醚片，复方长效炔诺孕酮片，复方炔诺酮事后避孕片，异炔诺酮片，复方长效左旋炔诺孕酮片，左炔诺孕酮炔雌醚片，庚炔诺酮片，醋炔酮肟片，双醋炔诺醇片，复方诺诺孕酮片，诺孕酯三相片，复方醋酸甲地孕酮片，诺孕甲孕环酯片，复方甲孕酮片，利巴韦林片，阿昔洛韦片，阿司匹林片，对乙酰氨基酚片，复方对乙酰氨基酚片，布洛芬片，双氯芬酸片，萘普生片，感冒通片，复方萘丁美酮片，萘丁美酮片，钙尔奇D

续表

序号	篇	类	章	节	条	款	项	目	子目	细目	合并编码	商品和服务名称	说明	关键字
														片、甲硝唑片、替硝唑片、米非司酮片、格列齐特片、格列吡嗪酮片、二甲双胍片、硝苯地平片、曲克芦丁片、美托洛尔片、硝酸甘油片、硝酸异山梨酯片、单硝酸异山梨酯片、尼莫地平片、卡托普利片、苯那普利片、依那普利片、桂利嗪片、复方降压片、氨氯地平片、复方甘草片、西替利嗪片、沙丁胺醇片、卡马西平片、吡拉西坦片、地西泮片、普唑仑、氨酚待因片、银杏叶片、普丁片、法莫替丁片、多潘立酮片、沙必利片、昂丹司琼片、氯雷他定片、阿司咪唑片、氯苯那敏片
1847	1	07	03	02	06						1070302060000000000	胶囊剂	指药物或加有辅料充填于空心胶囊或密封于软质囊材中的固体制剂。包括含有青霉素及其衍生物胶囊、含有先锋霉素胶囊、含有相关抗菌素胶囊、含有维生素及其衍生物胶囊、其他混合或非混合产品构成胶囊	青霉素胶囊、阿莫西林胶囊、托西酸舒他西林胶囊、含有链霉素胶囊、含有先锋霉素胶囊、头孢拉定胶囊、含有相关抗菌素胶囊、头孢羟氨苄胶囊、米诺环素胶囊、克林霉素胶囊、林可霉素胶囊、利福平胶囊、诺氟沙星胶囊、环丙沙星胶囊、含有维生素胶囊、维生素AD胶囊、维生素E胶囊、速效伤风胶囊、吲哚美辛胶囊、吉非贝齐胶囊、氟桂利嗪胶囊、雷尼替丁胶囊、奥美拉唑胶囊、兰索拉唑胶囊、泛昔洛韦胶囊、酮胶囊
1848	1	07	03	02	07						1070302070000000000	颗粒剂	指提取物与适宜的辅料或饮片细粉制成具有一定粒度的颗粒状制剂，分为可溶颗粒、混悬颗粒等	青霉素颗粒剂、阿莫西林颗粒、托西酸舒他西林颗粒剂、含有链霉素颗粒剂

续表

序号	篇	类	章	节	条	款	项	子目	细目	合并编码	商品和服务名称	说　明	关　键　字
1849	1	07	03	02	08					1070302080000000000	缓释控释片	指在规定的释放介质中缓慢地非恒速释放药物的片剂。控释片系指在规定介质中缓慢地恒速释放药物的片剂。包括含有抗菌素缓释控释片、含有奎宁或其盐的缓释控释片、含有联苯双酯缓释控释片、含有皮质留类激素及其衍生物缓释控释片、含有生物碱及其衍生物缓释控释片、其他混合或非混合产品构成缓释控释片	泡腾颗粒。包括含有青霉素及衍生物颗粒剂、含有先锋霉素颗粒剂、含有相关抗菌素颗粒剂、头孢氢苄颗粒、含有相关抗菌素颗粒剂、罗红霉素颗粒、亏拉霉素颗粒、枸橼酸铋钾颗粒剂 抗菌素缓释控释片、含有青霉素缓释控释片、含有链霉素缓释控释片、含有先锋霉素缓释控释片、含有奎宁或其盐的缓释控释片、含有磺胺类缓释控释片、含有联苯双酯缓释控释片、含有维生素缓释控释片、含有皮质留类激素缓释控释片、含有生物碱缓释控释片
1850	1	07	03	02	09					1070302090000000000	滴剂	指一滴一滴服用或外用的液体药剂，如浓缩维生素A、D滴剂、滴鼻剂、滴眼剂等	滴剂
1851	1	07	03	02	10					1070302100000000000	膏霜剂	指药物与油脂性或水溶性基质混合制成的半固体外用制剂；或者药物溶解或分散于乳液型基质中形成的均匀的半固体外用制剂	膏霜剂
1852	1	07	03	02	11					1070302110000000000	栓剂	指药物与适宜基质制成供腔道给药的固体制剂	栓剂
1853	1	07	03	02	12					1070302120000000000	气雾剂	指药物以样体装置给药，经呼吸道深部、粘膜或皮肤等发挥全身或局部作用的制剂	气雾剂
1854	1	07	03	02	13					1070302130000000000	口服液体制剂	指药物溶解于适宜溶剂中制成供口服的澄清液体制剂；或难溶性固体药物、分散在液体介质中，制成供口服的混悬液体制剂；或两种互不相溶的液体制成口服的稳定的水包油型乳液型制剂	口服液
1855	1	07	03	02	14					1070302140000000000	外用液体制剂	指药物与适宜溶剂或全与作用的溶液、混悬液或乳状液及供临用前稀释作用的高浓度液体制剂，一般有表面药物以产生局部分散	外用液

续表

序号	编码 篇	类	章	节	条	款	项	目	子目	细目	合并编码	商品和服务名称	说明	关键字
1856	1	07	03	02	15						1070302150000000000	避孕药物用具	涂剂、洗剂、搽剂、涂膜剂、冲洗剂等，不包括滴剂（详见107030209）。避孕药物是能阻断生殖过程中任何一个环节的药物。避孕用具是以非药物形式去阻止受孕的用具，如避孕环、避孕套等	避孕药物用具、避孕套、避孕环、避孕药膜、避孕棒、避孕膜
1857	1	07	03	02	16						1070302160000000000	抗艾滋病病毒药品		抗艾滋病毒药品、齐多夫定制剂、司他夫定制剂、去羟肌苷制剂、奈韦拉平制剂、硫酸茚地那韦制剂、甲磺酸沙奎那韦制剂、利托那韦制剂、拉米夫定制剂、依非韦伦制剂
1858	1	07	03	03							1070303000000000000	中药饮片	指根据调配或制剂的需要，对经产地加工的净药材进一步切制、炮炙而成的成品称为中药饮片，不包括外购的中药材（详见1010118）	
1859	1	07	03	03	01						1070303010000000000	植物类饮片	指利用各种药用植物的根、茎、皮、叶、花、果实等加工制成的丝、块、根、段等中药饮片。包括根及根茎类饮片、树皮类饮片、叶片类饮片、花类饮片、果实、种子类饮片、草类饮片、藻、菌、地衣类饮片、植物加工类饮片、其他植物类饮片	巴戟天类饮片、白芍类饮片、柴胡类饮片、人参类饮片、苦参类饮片、党参类饮片、明党参片、北沙参类饮片、南沙参类饮片、丹参类饮片、太子参片、玄参类饮片、板蓝根片、三七类饮片、甘草类饮片、大黄类饮片、葛根类饮片、黄芪类饮片、橘类饮片、百部类饮片、草乌类饮片、何首乌类饮片、麦冬类饮片、白术类饮片、天麻类饮片、络实藤段、青风藤类饮片、落实藤、红藤片、红藤类饮片、心材类饮片、檀香类饮片、树皮类饮片、地枫皮类饮片、合欢皮类饮片、苦楝皮类饮片、海桐皮类饮片、肉桂类饮片、白藓类饮片、地骨皮类

续表

序号	编码 篇	编码 类	编码 章	编码 节	编码 条	编码 款	编码 项	编码 目	编码 子目	编码 细目	合并编码	商品和服务名称	说　明	关　键　字
														饮片、椿根皮类饮片、五加皮类饮片、川槿皮类饮片、桑白皮类饮片、朴仲类饮片、黄柏类饮片、叶片类饮片、艾叶类饮片、大青叶类饮片、侧柏叶类饮片、番泻叶类饮片、荷叶类饮片、枇杷叶类饮片、橘叶类饮片、标板类饮片、合精草类饮片、松花粉类饮片、莲房类饮片、莲蓬类饮片、蒲黄类饮片、蕊类饮片、马兜铃类饮片、草果仁类饮片、山楂类饮片、冬瓜皮类饮片、陈皮类饮片、冬瓜子类饮片、苦杏仁类饮片、草蔻面类药用半边莲、皮草节类饮片、皮草类饮片、冬虫夏草类饮片、茯苓类饮片、藻菌地衣类饮片、冬虫夏草类饮片、海金沙类饮片、灵芝类饮片、芦荟块类饮片、浓豆豉类饮片、山豆根类饮片、桂圆肉类饮片、净天竺黄类饮片、薄荷冰类饮片
1860	1	07	03	02							1070303020000000000	动物类饮片	指利用各种药用动物的组织、血液、骨骼、内脏、皮等药材经净制、切制、炮炙等处理后的中药饮片。包括动物全体类饮片、去内脏动物类饮片、动物皮角类饮片、动物鳞片、贝壳类饮片、动物骨骼、脏器类饮片、动物产物、加工类饮片、其他动物产物、加工类饮片	斑蝥虫类饮片、红娘虫类饮片、土鳖虫类饮片、干蟾类饮片、虻虫类饮片、僵蚕类饮片、九香虫类蜈蚣、大蜈蚣、水蛭类饮片、去内脏动物类饮片、地龙类饮片、蛤蚧类饮片、乌蛇类饮片、蛇蜕动物皮、角类饮片、蝉蜕类饮片、蛇胆类饮片、刺猬皮类饮片、羚羊角类饮片、动物鳞类饮片、鹿角类饮片、水牛角类饮片、动物甲类饮片、鳖甲类饮片、代猬类饮片、生蛤壳类饮片

续表

序号	编码篇	类	章	节	条	款	项	目	子目	细目	合并编码	商品和服务名称	说　明	关　键　字
1861	1	07	03	03	03						1070303030000000000	矿物类饮片	指药用矿物质经净制、切制、炮炙等处理后的中药饮片，不包括滑石粉（详见1020510）	矿物类饮片、白矾类饮片、大青盐类饮片、磁石类饮片、胆矾类饮片、赤石脂类饮片、青礞石类饮片、轻粉类饮片、石膏类饮片、鹅管石类饮片、红粉类饮片、花蕊石类饮片、海浮石类饮片、金礞石类饮片、硫黄类饮片、密陀僧类饮片、寒水石类饮片、紫硇砂类饮片、硼砂类饮片、炉甘石类饮片、龙齿类饮片、龙骨类饮片、钟乳石类饮片、雄黄类饮片、赭石类饮片、自然铜类饮片、紫石英类饮片、云母石类饮片、禹粮石类饮片
1862	1	07	03	03	99						1070303990000000000	其他中药饮片		
1863	1	07	03	04							1070304000000000000	中成药	指在中医药理论指导下，以中药材为主原料，按照规定的处方、生产工艺和质量标准生产的制剂，通常分内服、外用和注射三种。	
1864	1	07	03	04	01						1070304010000000000	中成药丸剂	指饮片细粉或提取物加适宜的黏合剂或其他辅料制成的球形或类球形制剂，分为蜜丸、水蜜丸、和解丸剂、温里丸剂、清热丸剂、祛暑中成药丸剂、解表丸剂、泻下丸剂、

续表

序号	篇	类	章	节	条	款	项目	子目	细目	合并编码	商品和服务名称	说明	关键字
													丸剂、补益丸剂、固涩丸剂、安神丸剂、止血丸剂、开窍丸剂、理气丸剂、理血丸剂、祛风湿丸剂、祛湿丸剂、治痰丸剂、止咳平喘丸剂、消食丸剂、痈丸剂、治泻丸剂、小儿镇惊丸剂、调经丸剂、止带丸剂、治产后病丸剂、安胎丸剂、利咽丸剂、明目丸剂、通鼻丸剂、治耳丸剂、驱虫丸剂、杀虫丸剂、止痒丸剂、治痔丸剂、治疮疡丸剂、止酸解经治胃痛丸剂、抗癌丸剂
1865	1	07	03	04	02					1070304020000000000	中成药冲剂	指药材提取物加适量赋形剂或部分药材细粉制成干燥颗粒状或块状的内服药剂，用时加开水冲服	中成药冲剂、解表冲剂、泻下冲剂、和解冲剂、温里冲剂、清热冲剂、祛暑冲剂、补益冲剂、固涩冲剂、安神冲剂、开窍冲剂、理气冲剂、理血冲剂、祛风湿冲剂、祛湿冲剂、治痰冲剂、止咳平喘冲剂、消食冲剂、治泻痢冲剂、小儿镇惊冲剂、调经冲剂、止带冲剂、治产后病冲剂、安胎冲剂、利咽冲剂、明目冲剂、通鼻冲剂、治耳冲剂、驱虫冲剂、杀虫冲剂、止痒冲剂、治痔冲剂、治疮疡冲剂、止酸解经治胃痛冲剂、抗癌冲剂
1866	1	07	03	04	03					1070304030000000000	中成药糖浆	指含有提取物的浓蔗糖水溶液	中成药糖浆、解表糖浆、泻下糖浆、和解糖浆、温里糖浆、清热糖浆、祛暑糖浆、补益糖浆、固涩糖浆、安神糖浆、开窍糖浆、理气糖浆、理血糖浆、止血

续表

序号	篇	类	章	书	条	款	项目	子目	细目	合并编码	商品和服务名称	说明	关键字
1867	1	07	03	04	04					10703040400000000000	中成药片剂	指提取物、提取物加饮片细粉或饮片细粉混匀压制或用其他适宜方法制成的圆片状或异形片状的制剂，有浸膏片、半浸膏片和全粉片等	中成药片剂、泻下片剂、和解片剂、温里片剂、清热片剂、祛暑片剂、补益片剂、固涩片剂、调经片剂、开窍片剂、理气片剂、小儿镇惊片剂、安神片剂、止咳平喘片剂、治产后病片剂、明目片剂、治耳鼻片剂、祛湿片剂、祛风片剂、止血利咽片剂、驱虫片剂、杀虫片剂、止牢治痔片剂、治疮疡片剂、止酸解经治胃痛片剂、抗痨片剂、抗癌片剂
1868	1	07	03	04	05					10703040500000000000	中成药注射剂	指饮片经提取、纯化后制成的供注入人体内的溶液、乳状液及临用前配制成溶液的粉末或浓溶液的无菌制剂	中成药注射剂、泻下针剂、和解针剂、解表针剂、清热针剂、祛暑针剂、补益针剂、固涩针剂、调经针剂、开窍针剂、理气针剂、安神针剂、止血针剂、治风针剂、祛湿针剂、祛风针剂、止咳平喘针剂、小儿镇惊针剂、消食针剂、治泻痢针剂、治产

附录 A 商品和服务税收分类与编码

续表

序号	编码 篇/类/章/节/条/款/项/子目/细目	合并编码	商品和服务名称	说明	关键字
					后病针剂、安胎针剂、利咽针剂、明目针剂、通鼻针剂、治耳针剂、驱虫针剂、杀虫针剂、止痒针剂、治痔针剂、抗痨扬针剂、止酸解经治胃痛针剂、抗癌针剂、抗解经治胃痛针剂、解表注射液、泻下注射液、和解注射液、祛暑注射液、温里注射液、清热注射液、补益注射液、固涩注射液、安神注射液、开窍注射液、理气注射液、理血注射液、止血注射液、治风湿注射液、祛湿注射液、祛风湿注射液、消食注射液、治泻痢注射液、小儿镇惊注射液、调经、止带注射液、治产后病注射液、安胎注射液、利咽注射液、治耳注射液、明目注射液、通鼻注射液、止痒注射液、驱虫注射液、杀虫注射液、治痔注射液、治痨扬注射液、止酸解经治胃痛注射液、抗癌注射液、抗痨注射液
1869	1 07 03 04 06	1070304060000000	膏药	指饮片、食用植物油与红丹（铅丹）或官粉（铅粉）炼制成膏料，摊涂于裱背材料上制成的供皮肤贴敷的外用制剂。前者称为黑膏药，后者称为白膏药。包括蜜膏	膏药、解表膏药、泻下膏药、和解膏药、温里膏药、清热膏药、祛暑膏药、补益膏药、固涩膏药、安神膏药、开窍膏药、理气膏药、理血膏药、止血膏药、治风湿膏药、祛湿膏药、祛血膏药、祛痰膏药、止咳平喘膏药、消食膏药、祛泻痢膏药、小儿镇惊膏药、调经膏药、止带膏药、治产后病膏药、安胎膏药

续表

序号	篇	类	章	节	条	款	项	目	子目	细目	合并编码	商品和服务名称	说　明	关　键　字
1870	1	07	03	04	07						1070304070000000000	中成药口服液	指饮片用水或其他溶剂，采用适宜方法提取制成的口服液体制剂	利咽膏药、明目膏药、通鼻膏药、治耳膏药、驱虫膏药、杀虫膏药、止痒膏药、治痔膏药、抗痨膏药、止酸解痉治痛膏药、抗癌膏药、抗癌膏药 中成药口服液、解表口服液、泻下口服液、和解口服液、温里口服液、清热口服液、祛湿口服液、补益口服液、固涩口服液、安神口服液、开窍口服液、理气口服液、理血口服液、止血口服液、治风口服液、祛湿口服液、消食口服液、止咳平喘口服液、小儿镇惊口服液、治泻痢口服液、调经口服液、治产后病口服液、安胎口服液、止带口服液、治耳口服液、利咽口服液、通鼻口服液、治耳口服液、止痒口服液、明目口服液、杀虫口服液、治痨口服液、止酸解痉治痔口服液、抗癌口服液、抗癌口服液、治胃脘痛口服液
1871	1	07	03	04	08						1070304080000000000	中成药胶囊	指将提取物、饮片用适宜方法加工后，加入适宜辅料填充于空心胶囊或密封于软质囊材中的制剂，可分为硬胶囊、软胶囊（胶丸）和肠溶胶囊等，主要供口服用	中成药胶囊、解表胶囊、泻下胶囊、和解胶囊、温里胶囊、清热胶囊、祛暑胶囊、补益胶囊、固涩胶囊、安神胶囊、开窍胶囊、理气胶囊、理血胶囊、止血胶囊、祛湿胶囊、祛风胶囊、止咳平喘胶囊、消食胶囊、治泻痢胶囊、小儿镇惊胶囊、调经胶囊、治产后病胶囊、安胎胶囊、止带胶囊

续表

序号	篇	类	章	节	条	款	项	目	子目	细目	合并编码	商品和服务名称	说明	关键字
1872	1	07	03	04	09						1070304090000000000	中成药散剂	指饮片或提取物经粉碎、均匀混合制成的粉末状制剂，分为内服散剂和外用散剂	中成药散剂，解表散剂，温里散剂，清热散剂，祛暑和解散剂，补益散剂，固涩散剂，安神散剂，开窍散剂，理气散剂，理血散剂，治风散剂，祛湿散剂，祛痰散剂，止咳平喘散剂，小儿镇惊散剂，消食散剂，治泻痢散剂，止带散剂，治产后病散剂，调经散剂，止带散剂，利咽散剂，明目散剂，通鼻散剂，止痒散剂，治耳散剂，驱虫散剂，治疮疡散剂，止酸解痉治胃痛散剂，抗痨散剂，抗癌散剂，泻下散剂
1873	1	07	03	04	10						1070304100000000000	中成药栓剂	指提取物或饮片细粉与适宜基质制成供腔道给药的固体制剂	中成药栓剂，解表栓剂，温里栓剂，清热栓剂，祛暑和解栓剂，补益栓剂，固涩栓剂，安神栓剂，开窍栓剂，理气栓剂，理血栓剂，治风栓剂，祛湿栓剂，祛痰栓剂，止咳平喘栓剂，小儿镇惊栓剂，消食栓剂，治泻痢栓剂，止带栓剂，治产后病栓剂，调经栓剂，止带栓剂，利咽栓剂，明目栓剂，通鼻栓剂，止痒栓剂，治耳栓剂，驱虫栓剂，治疮疡栓剂，止酸解痉治胃痛栓剂，抗痨栓剂，抗癌栓剂，泻下栓剂

续表

序号	篇	类	章	节	条	款	项	目	子目	细目	合并编码	商品和服务名称	说明	关键字
1874	1	07	03	04	11						1070304110000000000	药酒	指饮片用蒸馏酒提取制成的澄清液体制剂	药酒、朴益药酒、理气药酒、理血药酒、止血药酒、治风药酒、祛湿药酒、痉治胃痛栓剂、抗痨栓剂、抗癌栓剂、安神药
1875	1	07	03	04	12						1070304120000000000	清凉油	指含挥发性成分的饮片用乙醇、油或其他适宜溶剂制成的芳香水剂。或指饮片用水蒸气蒸馏法制成的供无破损患处揉搽用的液体制剂	清凉油、治风剂清凉油
1876	1	07	03	04	99						1070304990000000000	其他中成药		
1877	1	07	03	05							1070305000000000000	兽用药品	指调节动物机体功能,预防、治疗动物疾病等方面的药物。包括宠物类动物用药	
1878	1	07	03	05	01						1070305010000000000	兽用化学药品	指直接用于动物疾病防治、诊断等方面的化学药品制剂。通常是通过合成或者半合成的方法得到的原料药及其制剂;天然物质中提取或者通过发酵提取得到的新的有效单体及其制剂;用拆分药物中的光学异构体及其合成方法得到的已知药品;含有奎宁及其盐的兽用药品,含有兽用抗菌素药品、其他兽用化学药品	兽用化学药品、兽用抗菌素药品、兽用青霉素类药品、兽用链霉素类药品、兽用头孢菌素类药品、兽用氯霉素类药品、含有奎宁及其盐的兽用药品、含有磺胺兽用药品、兽用疫苗
1879	1	07	03	05	02						1070305020000000000	兽用中草药	指直接用于动物疾病防治、诊断等方面的兽用中药材、饮片和中成药	兽用中草药
1880	1	07	03	05	03						1070305030000000000	兽用疫苗	指为了预防、控制传染病的发生、流行,用于动物预防接种的疫苗类预防性生物制品	兽用疫苗
1881	1	07	03	06							1070306000000000000	生物化学药品	指运用生物学、医学、化学、生物化学、生物技术和药学等学科的原理和方法,综合利用物理学、化学、生物学等学科的研究成果,利用生物体、生物组织、细胞、体液等制造的一类用于治疗和诊断的符合国家规定药品	

续表

序号	篇	类	章	节	条	款	项目	子目	细目	合并编码	商品和服务名称	说明	关键字
1882	1	07	03	06	01					1070306010000000000	酶类生化制剂	指通过生物化学技术从生物体内提取、分离纯化与确认的用于消化、抗炎净创、血凝和解凝解毒、诊断的酶类制剂。包括片剂、水针、粉针、胶囊、输液。包括胰蛋白酶制剂、菠萝蛋白酶制剂、链激酶制剂、重组链激酶制剂、尿激酶制剂、溶菌酶制剂、辅酶Q10制剂、辅酶Ⅰ制剂、复合辅酶制剂、门冬酰胺酶制剂、胰酶制剂、复合酶制剂、含糖胃蛋白酶制剂、多酶制剂、淀粉酶制剂、其他酶类生化制剂	酶类生化制剂、胰蛋白酶制剂、注射用胰蛋白酶、注射用结晶牛胰蛋白酶、复方胰蛋白酶胶囊、糜蛋白酶制剂、注射用糜蛋白酶、菠萝蛋白酶、菠萝蛋白酶制剂、芦笋菠萝蛋白酶胶囊、复方菠萝蛋白酶片、重组链激酶制剂、注射用冻干链激酶、重组链激酶制剂、注射用重组链激酶、双链酶制剂、双链酶片剂、注射用双链酶、尿激酶制剂、注射用尿激酶脂质体冻干品、口服用尿激酶脂质体冻干品、溶菌酶制剂、复方氯化钠溶菌酶胶囊、溶菌酶片剂、辅酶Q10制剂、辅酶Q10片剂、辅酶Q10胶囊剂、辅酶Ⅰ制剂、注射用辅酶Ⅰ、复合辅酶制剂、注射用复合辅酶、门冬酰胺酶、注射用左旋门冬酰胺酶、胰酶胶囊、胰酶肠溶胶囊、复方胰酶溶片、胰酶包衣片、复合多酶制剂、多酶片、多酶胶囊、复合多酶颗粒、胃蛋白酶制剂、复方胃蛋白酶合剂、胃蛋白酶合剂、胃蛋白酶散、胃蛋白酶制剂、复方含糖胃蛋白酶颗粒、淀粉酶制剂、复方淀粉酶制剂、淀粉酶颗粒、淀粉酶测定试剂盒
1883	1	07	03	06	02					1070306020000000000	氨基酸及蛋白质类药	指用于预防、治疗和诊断的氨基酸和蛋白质类物质生物药物。包括乙酰半胱氨酸制剂、羧甲司坦制剂、盐酸美司坦制剂、脱氨酸制剂、盐酸赖氨酸制剂	乙酰半胱氨酸制剂、乙酰半胱氨酸颗粒剂、乙酰半胱氨酸喷雾剂、羧甲司坦制剂、羧甲司坦口服溶液、羧甲司坦片

续表

序号	篇	类	章	节	条	款	项	子目	细目	合并编码	商品和服务名称	说明	关键字
1884	1	07	03	06	03					1070306030000000000	脂肪类药制剂	包括注射用脂肪类药、脂肪类药胶囊、脂肪类药片剂。包括注射用乳醇脂质体、油酸多相脂质体注射液、脂肪乳注射液、脂肪类药胶囊、脂肪类药片剂、其他脂肪类药制剂	盐酸美司坦片剂、盐酸美司坦制剂、盐酸美司坦粉剂、注射用盐酸美司坦、复方脱氨酸制剂、盐酸赖氨酸半胱氨酸、盐酸赖氨酸片、盐酸赖氨酸制剂、精谷氨酸颗粒、谷氨酸制剂、谷氨酸钾注射液、谷氨酸钠注射液、谷氨酸钾注射液、谷氨酸钙注射液、谷氨酸制剂、门冬氨酸、复门冬氨酸镁注射液、门冬氨酸钾镁注射液、注射用乌氨酸、门冬氨酸、门冬氨酸制剂、门冬酰胺制剂、门冬酰胺片剂、门冬酰胺制剂、复合氨基酸输液、9-复合氨基酸注射液、18氨基酸制剂、合结晶氨基酸注射液、复方氨基酸制剂、复方氨基酸注射液-1200、复方结晶氨基酸注射液、复方氨基酸注射液、12%复方支链氨基酸颗粒囊、复方赖氨酸颗粒、复方赖氨酸制剂、复方赖氨酸B12制剂、注射用氨基酸、补血剂、赖氨酸B12制剂、葡萄糖氨基酸输液、抗尿毒氨基酸输液、肝用氨基酸输液、复方氨基酸15HBC、结晶氨基酸输液、氨基酸-山梨醇注射液、静脉注射复方氨基酸15HBC、结晶氨基酸输液、脂肪类药制剂、注射用脂肪类药、注射用紫杉醇脂质体、油酸多相脂质体注射液、脂肪乳注射液、脂肪类药胶囊、脂肪类药片剂、磷脂软胶囊、脂肪维生素E胶囊、磷脂软胶囊、脂肪类药片剂、卵磷脂类药胶囊、卵磷脂片剂、复磷脂片剂

续表

序号	编码 篇	类	章	节	条	款	项	目	子目	细目	合并编码	商品和服务名称	说 明	关 键 字
														方α-酮酸片
1885	1	07	03	06	04						1070306040000000000	核酸类药制剂	包括三磷腺苷钠制剂、环磷腺苷制剂、肌苷制剂、核糖核酸制剂、其他核酸类药制剂	核酸类药制剂，三磷腺苷钠制剂，注射用三磷腺苷，三磷腺苷二钠制剂，三磷腺苷二钠注射液，三磷腺苷二钠肠溶片，三磷酸胞苷二钠制剂，环磷腺苷制剂，注射用环磷腺苷，注射用环磷腺苷葡胺，注射用双丁酰环磷腺苷钙，肌苷制剂，注射用肌苷，注射用肌苷片，肌苷胶囊，核糖核酸制剂，免疫核糖核酸粉针剂，核糖核酸注射剂
1886	1	07	03	06	99						1070306990000000000	其他生物化学药品		
1887	1	07	03	07							1070307000000000000	生物化学制品	指以微生物、细胞、动物或人源组织和体液等为原料，应用传统技术或现代生物技术制成，用于人类疾病预防、治疗和诊断的制品。不包括生物化学药品（详见1070306）	
1888	1	07	03	07	01						1070307010000000000	菌苗	指用细菌体制成的生物制品称菌苗	菌苗，伤寒菌苗，霍乱菌苗，霍乱伤寒混合菌苗，霍乱伤寒副伤寒甲乙菌苗，伤寒副伤寒甲乙菌苗，伤寒副伤寒甲、伤寒·副伤寒甲·乙三联菌苗，霍乱·伤寒·副伤寒甲·乙四联菌苗，百日咳菌苗，钩端螺旋体菌苗，多价钩端螺旋体菌苗，脑膜炎球菌多糖菌苗，炭疽活菌苗，气管炎菌苗，吸附霍乱菌苗，炭溶菌苗，冻干牛痘苗，流脑菌苗，类毒素菌苗，吸附百日咳白喉破伤风混
1889	1	07	03	07	02						1070307020000000000	菌苗制剂	指对某一特定传染病产生或增加人工免疫力的	菌苗制剂

续表

序号	篇	类	章	节	条	款	项	目	子目	细目	合并编码	商品和服务名称	说明	关键字
													制剂	合制剂，吸附百日咳菌苗白喉类毒素混合制剂，卡介苗多糖核酸，破伤风类毒素混合制剂，核酪制剂，口服多价痢疾噬菌体，哮喘菌苗注射液，气管炎菌苗片
1890	1	07	03	07	03						1070307030000000000	人用疫苗	指用细菌、病毒等病原微生物制成的生物制品。包括脑炎疫苗、狂犬病疫苗、肝炎疫苗、流感疫苗、肾综合征疫苗、脊髓灰质炎疫苗、破伤风疫苗、黄热减毒活疫苗、其他人用疫苗	人用疫苗，脑炎疫苗，乙型脑炎灭活疫苗，乙型脑炎纯化疫苗细胞，冻干流行性乙型脑炎活疫苗，乙型脑炎减毒活疫苗，森林脑炎疫苗，A群脑膜炎球菌多糖疫苗，脑膜炎，A+C群脑膜炎球菌多糖疫苗，麻疹风疹及腮腺炎疫苗，冻干麻疹减毒活疫苗，麻疹减毒活疫苗，麻疹腮腺炎风疹减毒活疫苗，麻疹风疹二联减毒活疫苗，麻疹风疹三联减毒活疫苗，麻疹腮腺炎活疫苗，腮腺炎减毒活疫苗，冻干流行性腮腺炎活疫苗，流行性斑疹伤寒疫苗，狂犬病疫苗，人用浓缩狂犬病疫苗，人用狂犬病纯化疫苗，冻干人用狂犬病疫苗，脊髓灰质炎疫苗，口服脊髓灰质炎减毒活疫苗，脊灰糖丸，肝炎疫苗，乙型肝炎疫苗，乙型肝炎疫苗，重组酵母乙肝疫苗，重组乙型肝炎疫苗，甲型肝炎减毒活疫苗，乙型肝炎血源疫苗，流感疫苗，流行性感冒活疫苗，B型流感嗜血杆菌疫苗，灭活流感疫苗，毒株病毒亚单位灭活疫苗，流行性感冒

附录 A 商品和服务税收分类与编码

续表

序号	篇	类	章	节	项	款	条	目	子目	细目	合并编码	商品和服务名称	说　明	关　键　字
1891	1	07	03	07	04						1070307040000000000			苗、流行性感冒减毒活疫苗、流行性感冒病毒裂解疫苗、肾综合症疫苗、Ⅰ型肾综合症出血热灭活疫苗、双价肾综合症出血热灭活疫苗、Ⅰ型肾综合症出血热纯化灭活疫苗、白喉疫苗、百日咳疫苗、破伤风疫苗、吸附白喉疫苗、吸附破伤风疫苗、吸附百日咳白喉联合疫苗、吸附百日咳白喉破伤风联合疫苗、黄热减毒活疫苗
1891	1	07	03	07	04						1070307040000000000	类毒素	指用细菌产生的外毒素，加入甲醛后使变为无毒性但仍有免疫性的制剂，称为"类毒素"，如破伤风类毒素、白喉类毒素等	类毒素、吸附精制白喉类毒素、精制白喉类毒素、吸附破伤风类毒素、吸附精制破伤风、气性坏疽四联类毒素、葡萄球菌类毒素
1892	1	07	03	07	05						1070307050000000000	抗毒素类	指动物血清制品。是细菌毒素（通常指外毒素）的对应抗体。包括白喉抗毒素、破伤风抗毒素、肉毒抗毒素、多价气性坏疽抗毒素制剂、其他抗毒素制剂	抗毒素、精制白喉抗毒素、冻干白喉抗毒素、精制白喉抗毒素、冻干精制白喉抗毒素、破伤风抗毒素、冻干破伤风抗毒素、精制破伤风抗毒素、冻干精制破伤风抗毒素、多价气性坏疽抗毒素、冻干多价气性坏疽抗毒素、肉毒素、冻干多价精制气性坏疽抗毒素、精制A型肉毒素抗毒素、精制B型肉毒素抗毒素、冻干精制B型肉毒素抗毒素、精制E型肉毒素抗毒素、冻干精制E型肉毒素抗毒素
1893	1	07	03	07	06						1070307060000000000	抗血清类	指免疫血清亦称抗血清。含有抗体的血清制剂。是含有多克隆抗体的血清。包括抗蛇毒血清、抗狂犬病血清、抗炭疽血清、抗赤痢血清、精制抗腺病毒血清	抗蛇毒血清、精制抗蝮蛇毒血清、精制抗眼镜蛇毒血清、精制抗银环蛇毒血清、精制抗五步蛇毒血清、抗狂犬病血清

续表

序号	篇	类	章	节	条	款	项目	目	子目	细目	合并编码	商品和服务名称	说明	关键字
1894	1	07	03	07	07						1070307070000000000	血液制品	指由健康人血浆或经特异免疫的人血浆，经分离、提纯或由重组DNA技术制成的血浆蛋白组分，以及血液细胞有形成分统称为血液制品。包括球蛋白、白蛋白、其他血液制品制剂	清、冻干抗狂犬病血清、精制抗狂犬病血清、冻干精制抗狂犬病血清、抗炭疽血清、冻干精制抗炭疽血清、精制抗炭疽血清、抗亦痢血清、精制抗腺病毒血清、抗淋巴细胞血清、冻干抗淋巴细胞血清、其他抗血清血液制品、人胎盘血丙种球蛋白、白蛋白、人血丙种球蛋白、冻干盘血丙种球蛋白、组织胺丙种球蛋白、高效价免疫球蛋白、冻干组织胺丙种球蛋白、抗人胸腺球蛋白、抗人淋巴细胞球蛋白、富含人α2巨球蛋白、人血白蛋白、冻干人血白蛋白、人胎盘血白蛋白、冻干人胎盘血白蛋白、冻干人纤维蛋白原、抗血友病球蛋白、冻干人纤维蛋白原、人血甲巨球蛋白、血液制品制剂、蛋白溶液、人血蛋白、冻干健康人血浆、冻干绿脓杆菌人血浆、人红细胞水解蛋白注射液、人血丙种球蛋白静脉注射液、人胎盘组织液、人胎盘组织浆、脐带组织浆、人胎盘血白蛋白冻干粉针剂、人血白蛋白注射液、冻干静脉注射用人免疫球蛋白注射液、冻干人乙型肝炎免疫球蛋白、冻干人破伤风免疫球蛋白、冻干人狂犬病免疫球蛋白、冻干组织胺人免疫球蛋白复合物、冻干人凝血酶原复合物
1895	1	07	03	07	07	01					1070307070100000000	临床用血	指可以临床使用的人体血液	临床用血

续表

序号	篇	类	章	节	条	款	项	目	子目	细目	合并编码	商品和服务名称	说明	关键字
1896	1	07	03	07	07	99					107030707990000000	其他血液制品		细胞因子、干扰素制剂、干扰素α-1b制剂、冻干重组人干扰素α-2a制剂、冻干重组人干扰素α-1b、冻干重组人干扰素α-2b制剂、注射用干扰素α1、干扰素α-n1注射液、注射用干扰素γ、注射用人白细胞干扰素、胸腺肽制剂、胸腺喷丁制剂、胸腺蛋白口服液、注射用胸腺肽α1、注射用胸腺肽、胸腺肽D注射液、转移因子制剂、P-转移因子制剂、β-转移因子制剂、白介素因子制剂、注射用抗乙型肝炎i-PSTF转移因子、促肝细胞生长素制剂、促肝细胞生长因子注射液、白介素制剂、注射用白介素-2、注射用重组人白介素-2
1897	1	07	03	07	08						107030708000000000	细胞因子	指机体的免疫细胞和非免疫细胞能合成和分泌小分子的多肽类因子，它们调节多种细胞生理功能，这些因子统称为细胞因子（cytokines）。细胞因子包括淋巴细胞产生的淋巴因子和单核巨噬细胞产生的单核因子等。包括干扰素制剂、胸腺肽制剂、转移因子制剂、促肝细胞生长素制剂、其他细胞因子制剂	
1898	1	07	03	07	09						107030709000000000	诊断用生物制品	指用于诊断的生物制品。包括诊断用菌素、菌液、菌体、诊断血球、诊断抗原、诊断用血凝素、诊断用血清、试验用毒素、诊断用生物试剂盒	诊断用生物制品、诊断用菌素、菌液、菌体、旧结核菌素、伤寒诊断菌液、副伤寒诊断菌液、伤寒副伤寒变形杆菌诊断菌液、布氏菌液、试管凝集反应用布氏杆菌液、玻片凝集反应用布氏杆菌液、伤寒菌ViD诊断用噬菌体、金黄色葡萄球菌分型噬菌体、沙门氏菌诊断用噬菌体、志贺氏菌诊断用噬菌体、大肠艾希氏菌诊断用噬菌体、霍乱菌诊断噬菌体、炭疽菌诊断噬菌体、鼠疫菌诊断噬菌体

续表

序号	编码						合并编码	商品和服务名称	说　明	关　键　字
	篇	类	章	节	条 款	项 目 子目 细目				
										断断喷菌体、诊断血球、流行性乙型脑炎抗体诊断血球、冻干乙型肝炎病毒诊断血球、流行性出血热诊断血球、诊断用抗原、诊断用冻干鼠疫菌F抗原、诊断用炭疽抗原、森林脑炎病毒朴体结合抗原、乙型脑炎病毒朴体结合抗原、康氏抗原、华氏抗原、炭疽菌诊断抗原、斑疹伤寒诊断抗原、诊断用血凝素、流行性乙型脑炎病毒血凝素、麻疹病毒血凝素、腺病毒血凝素、风疹病毒血凝素、诊断用血清、沙门氏菌属诊断血清、志贺氏菌属诊断血清、肠道致病性大肠艾希氏菌诊断血清、霍乱弧菌诊断血清、百日咳菌 I 相诊断血清、脑膜炎奈瑟氏菌断血清、布氏菌诊断血清、冻干布氏菌诊断血清、鼠疫菌诊断血清、抗鼠疫噬菌体血清、炭疽菌沉淀血清、流行性感冒病毒诊断血清、流行性乙型脑炎病毒诊断血清、冻干脊髓灰质炎病毒诊断血清、乙型肝炎表面抗原诊断血清、斑疹伤寒诊断血清、试验用毒素、锡克氏试验毒素、锡克氏试验对照毒素、狄克氏试验毒素、狄克氏试验对照毒素、诊断用猩红热毒素、大肠杆菌内毒素、诊断用生物测定试剂盒、总蛋白测定试剂盒、白蛋白测定试剂盒、载脂蛋白测定试剂盒、人IgE酶

附录 A 商品和服务税收分类与编码

续表

序号	篇	类	章	节	条	款	项	子目	细目	合并编码	商品和服务名称	说　明	关　键　字
1899	1	07	03	07	10					1070307100000000000	生物制剂	包括生物菌及菌片、生物试剂盒、微生物培养基以及其他生物制剂。包括生物菌及菌片、生物试剂盒、微生物培养基、其他生物制剂	标诊断试剂盒、甲胎蛋白酶免测定试剂盒、癌胚抗原诊断试剂盒、肿瘤标志物诊断试剂盒、生物制剂、生物菌、菌片、孔杆菌、嗜热链球菌、三联活菌片、双歧杆菌、酪酸菌制剂片剂、乳酸菌素片、乳酸菌液、枯草牙孢杆菌喷雾剂、多维乳酸菌散、A群脑膜炎球菌多糖疫苗稀释液、生物试剂盒、微生物培养基
1900	1	07	03	08						1070308000000000000	医用材料	指医用软填料、纱布、绷带及类似物品	医用软填料、纱布、绷带及类似物品
1901	1	07	03	08	01					1070308010000000000	卫生材料及敷料	指用于物品主料之外的辅属材料，经药物浸涂胶黏敷料、脱脂棉花及类似医用软填料、脱脂棉花外科缝合材料、医用缝合材料、医用缝合材料及类似缝合材料、无菌昆布及无菌材料、外科及牙科用无菌材料	经药物浸涂胶黏敷料、医用橡皮膏、创可贴止血膏布、消炎喷雾胶布、新霉素软膏纱布、脱脂棉花及类似医用软填料、医用脱脂棉花、绷带、纱布、医用敷料、皮肤敷料、液体敷料、外科用无菌材料、医用外科肠线、天然纤维缝合材料、合成聚合纤维医用缝合材料、肠线、黏合胶布、无菌昆布、医用金属缝合材料、无菌昆布塞条、牙科用无菌材料
1902	1	07	03	08	02					1070308020000000000	牙科黏固剂、牙科填料及类似膏及以熟石膏为基本成分的牙科用品	包括牙科填料。不包括经特殊煅烧或精细研磨的牙科用熟石膏及以熟石膏为基本成分的牙科用制品（详见107030803）	牙科填料、牙科黏固剂、义齿材料、齿科植入材料、根管充填材料、永久性充填材料、暂封性填料、骨骼黏固剂
1903	1	07	03	08	03					1070308030000000000	牙科用造型膏及类似制品	指制作各种口腔组织阴模的材料。主要石膏、人造石、低熔合金、模型蜡等	牙科用造型膏、牙科用蜡、牙科用熟石灰制品
1904	1	07	03	08	04					1070308040000000000	病人医用试剂	包括血型试剂、影像检查用化学药制剂、器官功能确定试剂	病人医用试剂、血型试剂、确定血型

续表

序号	篇	类	章	节	条	款	项	目	子目	细目	合并编码	商品和服务名称	说明	关键字
1905	1	07	03	08	05						10703080500000000000	非病人用诊断检验、实验用试剂	指用于医疗、兽医、科学及工业上诊断或实验用试剂及配制试剂、检定参照物；包括用试剂浸渍或涂布的纸、塑料或其他材料（作衬背或载体用）。包括有衬背的诊断或实验用试剂、无衬背的诊断或实验用试剂、空心胶囊	试剂，测定血清特征试剂，血型技术所需相关试剂，影像检查用化学药制剂，口服X光检查造影剂，注射用X光检查造影剂，器官功能检查剂，妊娠诊断剂，酚磺酞注射液，刚果红注射液，荧光素钠滴眼液，偶氮蓝注射液，糖精钠注射液非病人用诊断检验、实验用试剂，有衬背的诊断用试剂，极谱纸，无衬背诊断用试剂，无衬背实验用试剂，基因诊断试剂，乙肝诊断试剂，丙肝诊断试剂，艾滋诊断试剂，空心胶囊，明胶胶囊，粉浆类药空囊，植物胶囊
1906	1	07	04								10704000000000000000	化学纤维	指用天然的或人工合成的高分子物质为原料，经过化学或物理方法加工而制得的纤维	
1907	1	07	04	01							10704010000000000000	化学纤维用浆粕	生产纤维的基本原料。主要包括：棉浆粕、木浆粕和其他浆粕	
1908	1	07	04	01	01						10704010100000000000	化纤棉短浆粕	指以棉短绒为原料，经化学和机械加工制成的一种溶液或片状固体，是生产人造纤维的基本原料	棉浆粕
1909	1	07	04	01	02						10704010200000000000	化纤木浆粕	指以乔木类树木经过物理化学加工提取的植物纤维浆粕	木浆粕
1910	1	07	04	01	03						10704010300000000000	化纤用再生聚酯专用原料	指以废弃天然纤维、化学纤维及其制品为原料生产的再生聚酯产品	再生聚酯
1911	1	07	04	01	99						10704019900000000000	其他化学纤维用浆粕	指由甘蔗、芦苇、芒草等天然纤维素制成的浆粕	
1912	1	07	04	02							10704020000000000000	人造纤维	指以天然高分子化合物（如纤维素）为原料制成	

续表

序号	篇	类	章	节	条	款	项	目	子目	细目	合并编码	商品和服务名称	说明	关键字
												(纤维素纤维)	的化学纤维,如黏胶纤维、醋酯纤维	
1913	1	07	04	02	01						1070402010000000000	人造纤维短纤维	指未梳或未经其他纺前加工的人造纤维短纤。包括黏胶短纤维、醋酯纤维短纤、其他人造纤维短纤	人造纤维短纤维、黏胶短纤维、黏胶棉型短纤维、黏胶毛型短纤维、醋酸纤维、醋酸纤
1914	1	07	04	02	02						1070402020000000000	人造纤维长丝	指用纤维素做原料制得的长丝的统称。主要品种有黏胶人造丝、铜氨纤维长丝和醋酸纤维长丝。包括黏胶纤维长丝、铜氨纤维长丝、醋酸纤维长丝、其他人造纤维长丝单丝	人造纤维长丝、黏胶纤维长丝、黏胶高强力丝、黏胶纤维单丝、铜氨纤维长丝、醋酸纤维长丝、二醋酸纤维长丝、三醋酸纤维长丝、人造纤维长丝单丝、醋酸纤维单丝
1915	1	07	04	03							1070403000000000000	合成纤维	指以人工合成的高分子化合物为原料制成的化学纤维,如聚酰胺纤维、聚丙烯腈纤维	
1916	1	07	04	03	01						1070403010000000000	锦纶纤维	指聚酰胺纤维一种,又称尼龙6。包括锦纶短纤维、锦纶长丝、综丝	锦纶纤维、锦纶短纤维、锦纶长丝、锦纶高强力丝、锦纶纤维长丝单丝
1917	1	07	04	03	02						1070403020000000000	涤纶纤维	指聚酯纤维,俗称涤纶。包括涤纶短纤维、涤纶长丝	涤纶纤维、涤纶短纤维、涤纶棉型短纤维、涤纶毛型短纤维、涤纶长丝、涤纶高强力丝
1918	1	07	04	03	03						1070403030000000000	腈纶纤维	也称聚丙烯腈纤维。包括腈纶短纤维、腈纶长丝束	腈纶纤维、腈纶短纤维、腈纶棉型短纤维、腈纶毛型短纤维、腈纶长丝束
1919	1	07	04	03	04						1070403040000000000	维纶纤维	也称聚乙烯醇纤维。包括维纶短纤维、维纶长丝	维纶纤维、维纶短纤维、维纶长丝
1920	1	07	04	03	05						1070403050000000000	丙纶纤维	也称聚丙烯纤维。包括丙纶短纤维、丙纶长丝	丙纶纤维、丙纶高强力丝、丙纶长丝单丝
1921	1	07	04	03	06						1070403060000000000	氯纶纤维	也称聚氯乙烯纤维。包括氯纶短纤维、氯纶长丝	氯纶纤维、氯纶短纤维、氯纶长丝
1922	1	07	04	03	07						1070403070000000000	氨纶纤维	也称聚氨基甲酸酯纤维。包括氨纶短纤维、氨纶长丝	氨纶纤维、氨纶短纤维、氨纶长丝
1923	1	07	04	03	08						1070403080000000000	腈氯纶纤维	指氯乙烯与丙烯腈共聚纤维。包括腈氯纶短纤维	腈氯纶纤维、腈氯纶短纤维、腈氯纶

续表

序号	篇	类	章	节	条	款	项	目	子目	细目	合并编码	商品和服务名称	说　明	关　键　字
1924	1	07	04	03	09						1070403090000000000	PBT纤维	也称聚对苯二甲酸丁二酯纤维。包括PBT短纤维、PBT长丝、其他合成纤维	PBT纤维、PBT短纤维、PBT长丝
1925	1	07	04	03	99						1070403990000000000	其他合成纤维		长纤丝束
1926	1	07	04	04							1070404000000000000	化学纤维加工丝	指初生纤维经拉伸和热定形、卷绕成筒纺制成丝	
1927	1	07	04	04	01						1070404010000000000	人造纤维长丝纱	包括人造纤维长丝变形纱和其他人造纤维长丝纱	人造纤维长丝纱、人造纤维长丝变形纱
1928	1	07	04	04	02						1070404020000000000	锦纶加工丝	包括锦纶弹力丝、锦纶纤维长丝变形纱线（异型纤维）、其他锦纶加工丝	锦纶加工丝、锦纶弹力丝、锦纶纤维长丝变形纱线、异型纤维
1929	1	07	04	04	03						1070404030000000000	涤纶加工丝	包括涤纶变形纱线、其他涤纶加工丝	涤纶加工丝、涤纶变形纱线、涤纶弹力丝
1930	1	07	04	04	04						1070404040000000000	维纶纤维加工丝	包括维纶纤维长丝变形纱线、维纶纤维加工丝、其他维纶纤维加工丝	维纶纤维加工丝、维纶牵切纱
1931	1	07	04	04	05						1070404050000000000	丙纶纤维加工丝	包括丙纶长丝变形纱线、其他丙纶纤维加工丝	丙纶纤维加工丝、丙纶弹力丝、丙纶长丝变形纱线
1932	1	07	04	04	99						1070404990000000000	其他化学纤维加工丝		
1933	1	07	05								1070500000000000000	橡胶制品	指以天然及合成橡胶为原料经过一系列加工制得成品的总称，具有特殊的高弹性、优异的耐磨、减震、绝缘和密封等性能。包括利用废橡胶再生产的橡胶制品	
1934	1	07	05	01							1070501000000000000	橡胶轮胎及内胎	指汽车、拖拉机、自行车等交通运输工具的轮子外围安装的环形橡胶制品。一般分内胎或轮胎、车胎或轮胎带	

续表

序号	篇	类	章	节	条	款	项	目	子目	细目	合并编码	商品和服务名称	说明	关键字
1935	1	07	05	01	01						1070501010000000000	橡胶轮胎外胎	指橡胶制充气轮胎的环状外壳体。包括各类乘用车、摩托车轮胎外胎，不包活力车胎（详见107050105）	橡胶轮胎外胎、乘用车橡胶轮胎外胎、乘用车斜交线轮胎外胎、载货汽车斜交线轮胎外胎、客车斜交线轮胎外胎、工程机械用橡胶轮胎外胎、工程机械用斜交线轮胎外胎、农林机械用橡胶轮胎外胎、农林机械用斜交线轮胎外胎、航空器斜交线轮胎外胎、航空器充气橡胶轮胎外胎、摩托车充气橡胶轮胎外胎
1936	1	07	05	01	02						1070501020000000000	子午线轮胎外胎	指胎体帘线层的排列与胎冠周方向垂直正交，与径向成零度，像地球子午线的排布；包括乘用车子午线轮胎外胎、载货汽车子午线轮胎外胎、客车子午线轮胎外胎、工程机械用子午线轮胎外胎、农、林机械用子午线轮胎外胎、航空器子午线轮胎外胎、其他子午线轮胎外胎	子午线轮胎外胎、乘用车子午线轮胎外胎、载货汽车子午线轮胎外胎、客车子午线轮胎外胎、工程机械用子午线轮胎外胎、农、林机械用子午线轮胎外胎、航空器子午线轮胎外胎
1937	1	07	05	01	03						1070501030000000000	橡胶内胎	包括机动车橡胶内胎、工程机械用橡胶内胎、航空器用橡胶内胎、摩托车用橡胶内胎、其他橡胶内胎。不包活力车内胎（详见107050105）	橡胶内胎、机动车橡胶内胎、乘用车橡胶内胎、客车橡胶内胎、工程机械用橡胶内胎、摩托车用橡胶内胎
1938	1	07	05	01	04						1070501040000000000	橡胶实心或半实心轮胎	指与充气轮胎（空心轮胎）对应的一种轮胎，其胎体是实心的，不用帘线作骨架，不需内胎或气密层。包括航空器用胴油实心轮胎、机动车用半实心或实心轮胎、其他橡胶实心或半实心轮胎	橡胶实心、航空器用实心轮胎、航空器用抗静电实心轮胎、航空器用导电实心轮胎、航空器用胴负荷实心轮胎、机动车用半实心轮胎、机动车用抗静电实心轮胎、机动车用导电实心轮胎、机动

续表

序号	篇	类	章	节	条	款	项	目	子目	细目	合并编码	商品和服务名称	说明	关键字
1939	1	07	05	01	05						1070501050000000000	力车胎	包括力车橡胶胎外胎、力车橡胶胎内胎	车用耐油实心轮胎、机动车用高负荷实心轮胎、力车胎、力车橡胶轮胎、畜力车橡胶外胎、力车橡胶胎内胎、自行车用橡胶外胎、自行车用橡胶内胎、畜力车橡胶轮胎内胎
1940	1	07	05	01	06						1070501060000000000	翻新橡胶轮胎	指经翻新后能继续使用的轮胎	翻新橡胶轮胎、乘用车翻新橡胶轮胎、载货汽车翻新充气橡胶轮胎、客车用翻新橡胶轮胎、航空器用翻新橡胶轮胎
1941	1	07	05	02							1070502000000000000	橡胶带、管、型材	指硫化橡胶带、管。包括橡胶传动带、橡胶输送带、纺织材料合制橡胶管	橡胶带管、金属材料抗拉层输送带、钢丝绳芯输送带、钢缆牵引输送带、折迭式输送带、纤维材料抗拉层输送带、普通输送带、尼龙输送带、塑料加强橡胶输送带、橡胶V带、1.4V型传动带、普通V带、三角带、汽车V带风扇带、环形同步带、无附件纯胶管、带附件纯胶管、无附件金属合制橡胶管、带附件金属合制橡胶管、带附件纺织材料合制橡胶管
1942	1	07	05	03							1070503000000000000	橡胶板、杆、型材	指硫化橡胶板、杆、型材及线、绳	橡胶板、杆、型材、海绵橡胶制板、海绵橡胶制片、海绵橡胶制带、非海绵橡胶制板、非海绵橡胶制片、海绵橡胶制型材、海绵橡胶制杆、非海绵橡胶制杆、非海绵橡胶制型材、非海绵橡胶制异型材、橡胶线、橡胶绳

附录 A　商品和服务税收分类与编码

续表

序号	篇	类	章	节	条	款	项	目	子目	细目	合并编码	商品和服务名称	说明	关键字
1943	1	07	05	04							1070504000000000000	涂胶纺织物、带	指涂覆胶浆的纺织物、带	涂胶纺织物、橡胶织物、防水胶布、耐碱胶布、耐油胶布
1944	1	07	05	04	01						1070504010000000000	涂胶纺织物	指涂覆胶浆的纺织物。包括橡胶布（织物）、其他涂胶纺织物	橡胶纺织物、橡胶织物、防水胶布、耐碱胶布、隔热胶布、耐油胶布
1945	1	07	05	04	02						1070504020000000000	橡胶黏带	指以纺织物作布底的橡胶黏带，包括电气绝缘带，以及橡胶黏胶布	橡胶黏带、硅橡胶自黏带、电绝缘高温自黏胶带、辐射硫化电绝缘耐热自黏带
1946	1	07	05	04	99						1070504990000000000	其他涂胶纺织物、带	指其他用橡胶处理纺织物或带	
1947	1	07	05	05							1070505000000000000	未硫化复合橡胶及其制品	指没有经过硫化的生胶或混炼橡胶	未硫化复合橡胶、混合碳黑未硫化复合橡胶溶液、复合橡胶板、复合橡胶带
1948	1	07	05	05	01						1070505010000000000	未硫化复合橡胶	指没有经过硫化的生胶或混炼橡胶	
1949	1	07	05	05	02						1070505020000000000	未硫化橡胶制品	指以没有经过硫化的生胶或混炼橡胶为原料制成的产品	未硫化橡胶制品、未硫化橡胶管、未硫化橡胶线、轮胎翻新用胎面补料胎条
1950	1	07	05	06							1070506000000000000	橡胶零件、附件		
1951	1	07	05	06	01						1070506010000000000	橡胶密封件	指利用橡胶硫化的方法或硫化成形后切削加工的方法制造的各种结构的密封	橡胶密封件、活塞杆密封、活塞密封、基础密封、防尘圈、旋转密封、往复密封、组合垫圈
1952	1	07	05	06	02						1070506020000000000	橡胶零附件	包括模制成型塑胶零件、模制成型橡胶零件	橡胶零附件、模制成型橡胶异型制成型橡胶零件
1953	1	07	05	07							1070507000000000000	再生橡胶	指以化学或机械方法使废旧的和磨损的橡胶制	

续表

序号	篇	类	章	节	条	款	项目	子目	细目	合并编码	商品和服务名称	说明	关键字
1954	1	07	05	07	01					1070507010000000000	初级形状再生橡胶	指以及生产中的废料经过再生而得到的橡胶，简称再生胶	初级形状再生橡胶、再生橡胶制片、再生橡胶制带
1955	1	07	05	07	02					1070507020000000000	再生胶粉	指以各种化学或机械方法使旧橡胶制品（特别是轮胎）或硫化橡胶废料软化（"脱硫"）并除去不需要的物质制得，简称再生胶；旧橡胶制品包括废旧的和磨损的橡胶制品以及生产中的废料等	再生胶粉
1956	1	07	05	08						1070508000000000000	日用及医用橡胶制品	指以化学或机械方法使废旧的和磨损的橡胶制品经过再生而得到的橡胶制品，简称再生胶粉	
1957	1	07	05	08	01					1070508010000000000	橡胶手套	指日用橡胶制品是日常生活使用的橡胶制品；医用橡胶制品用于医院治疗疾病和置于人体内代替某些器官或组织的符合一定卫生标准的橡胶制品	橡胶手套、医用橡胶手套、检查用胶手套、家用橡胶手套、工业用橡胶手套
1958	1	07	05	08	02					1070508020000000000	橡胶制衣着用品及附件	指用橡胶薄片或薄膜制成的一类手套；按用途分耐酸碱手套、电绝缘手套、防辐射手套、医用手套等；医用手套分光面和毛面两种；按橡胶原料或制造工艺分胶乳手套和模压手套等	橡胶制衣着用品、医疗用橡胶制衣着用品、橡胶制潜水衣、橡胶制雨衣
1959	1	07	05	08	03					1070508030000000000	日用橡胶制品	指非缝制、橡胶制雨衣、潜水衣、其他橡胶制衣着用品及附件	日用橡胶制品、橡胶门垫、橡胶地板贴面、乳胶海绵、乳胶海绵制品
1960	1	07	05	08	04					1070508040000000000	医疗、卫生用橡胶制品	指用橡胶原料生产日常生活用的橡胶制品；包括橡胶布、橡胶热水袋、橡胶冰袋、橡胶奶头等	医疗用橡胶制品、卫生用橡胶制品、输血胶管、插管、医疗用胶管、洗肠用灌肠器及胶球、喷雾器、奶嘴、奶头罩、冰袋、氧气袋
1961	1	07	05	09						1070509000000000000	橡胶充气、减震制品	指硫化橡胶、医用胶管及其他医用橡胶制品三大类；其中，医用胶管根据用途不同，可分为体外用和体内用两类	
												指可充气的橡胶制品；具有减震功能的橡胶制品	

附录A 商品和服务税收分类与编码 511

续表

序号	编码篇	类	章	节	条	款	项	目	子目	细目	合并编码	商品和服务名称	说　明	关　键　字
1962	1	07	05	09	01						1070509010000000000	充气橡胶制品	指硫化橡胶制可充气制品	充气橡胶制品、橡胶充气浮标、橡胶气球、橡胶救生圈、橡胶充气床垫、橡胶气囊
1963	1	07	05	09	02						1070509020000000000	橡胶减震制品	指用于消除或减少机械震动的传递,达到减震消音及减少冲击所致危害的橡胶制品统称橡胶减震制品。亦称橡胶防震、隔震制品	橡胶减震制品、橡胶制船舶碰垫、胶制码头碰垫、橡胶护舷、橡胶减震器、橡胶空气弹簧、可曲挠橡胶接头
1964	1	07	05	10							1070510000000000000	硬质橡胶及其制品	指玻璃化温度在室温以上,几乎不能拉伸的橡胶称为硬质橡胶	
1965	1	07	05	10	01						1070510010000000000	硬质橡胶	包括泡沫硬质橡胶、其他硬质橡胶	硬质橡胶、泡沫硬质橡胶
1966	1	07	05	10	02						1070510020000000000	硬质橡胶制品	指由硬质橡胶制作的产品称为硬质橡胶产品	硬质橡胶制品、硬质橡胶制大桶、硬质橡胶制管状物品、硬质胶制桶状物品、硬质橡胶制清洁卫生用品
1967	1	07	05	99							1070599000000000000	其他橡胶制品		
1968	1	07	06								1070600000000000000	塑料制品、半成品及辅料	指以树脂(或在加工过程中用单体直接聚合)为主要成分,以增塑剂、填充剂、润滑剂、着色剂等添加剂为辅助成分,在加工过程中能流动成型的材料	
1969	1	07	06	01							1070601000000000000	塑料制品	指采用塑料为主要原料加工而成的生活用品、工业用品的统称。包括非降解塑料制品和降解塑料制品	
1970	1	07	06	01	01						1070601010000000000	塑料薄膜	指非泡沫塑料薄膜,包括聚乙烯(PE)塑料薄膜、聚丙烯(PP)塑料薄膜、聚丙烯酸酯类塑料薄膜、聚苯乙烯(PS)塑料薄膜、聚酯塑料薄膜、聚酰胺塑料薄膜、聚丙烯塑料衍生物塑料薄膜、复合薄膜。不包括泡沫塑料薄膜(详见107060107),	塑料薄膜、聚乙烯塑料薄膜、聚乙烯(PE)塑料薄膜、聚乙烯塑料电池隔膜、聚乙烯塑料包装用薄膜、聚乙烯塑料防水薄膜、聚乙烯塑料包装膜、土工膜、聚丙烯塑料薄膜、聚丙烯塑料双向拉伸塑料薄膜、电池隔膜、离子交换膜

续表

序号	篇	类	章	节	条	款	项	子目	细目	合并编码	商品和服务名称	说　明	关　键　字
1971	1	07	06	01	01	01				107060101000000000	农用薄膜	指应用于农业生产的塑料薄膜	农用薄膜、聚乙烯塑料农用薄膜、氯乙烯塑料农用薄膜、乙烯-乙酸乙烯酯塑料农用薄膜
1972	1	07	06	01	01	02				107060101020000000	其他塑料薄膜	也不包括降解塑料薄膜（详见10706013）	聚丙烯酸酯类塑料薄膜、聚甲基丙烯酸甲酯塑料薄膜、聚乙烯塑料薄膜、聚苯乙烯双向拉伸塑料薄膜、聚氯乙烯塑料薄膜、聚碳酸酯塑料薄膜、聚对苯二甲酸乙二酯塑料薄膜、纤维素衍生物塑料薄膜、不饱和聚酯塑料薄膜、醋酸纤维素塑料薄膜、钢纸制塑料薄膜、聚乙烯醇缩丁醛塑料薄膜、聚酰胺塑料薄膜、聚酰亚胺塑料薄膜、氨基树脂塑料薄膜、酚醛树脂塑料薄膜、聚四氟乙烯薄膜、聚醚醚酮塑料薄膜、离子交换膜、异相阴离子交换膜、异相阳离子交换膜、复合薄膜、共挤塑料薄膜、层合薄膜、涂布薄膜
1973	1	07	06	01	02					107060102000000000	塑料板、片	指非泡沫塑料硬板、软板、装饰板、瓦楞板、中空格子板、薄片等。包括聚乙烯塑料板、片，聚丙烯塑料板、片，聚苯乙烯塑料板、片，聚氯乙烯塑料板、片，聚丙烯酸酯类塑料板、片，ABS板、片，聚乙烯醇缩丁醛塑料板、片，纤维素衍生物塑料板、片，聚酰胺塑料板、片，氨基塑料板、片，酚醛塑料板、片，聚四氟乙烯塑料板、片	塑料板、塑料片、聚乙烯塑料板、聚乙烯塑料片、聚丙烯塑料板、聚丙烯塑料片、聚苯乙烯塑料板、聚苯乙烯塑料片、聚氯乙烯塑料板、聚氯乙烯塑料片、聚丙烯酸酯类塑料板、聚丙烯酸酯类塑料片、聚甲基丙烯酸甲酯塑料板、聚甲基丙烯酸甲酯塑料片、聚酯塑料板、聚酯塑料片

附录 A 商品和服务税收分类与编码 513

续表

序号	篇	类	章	节	条	款	项	目	子目	细目	合并编码	商品和服务名称	说　明	关　键　字
													片、其他塑料板、片。不包括泡沫塑料板、片（详见107060107），也不包括降解塑料板、片（详见107060113）	酯塑料片、聚碳酸酯塑料板、聚碳酸酯塑料片、聚对苯二甲酸乙二酯塑料板、聚对苯二甲酸乙二酯塑料片、不饱和聚酯塑料板、不饱和聚酯塑料片、纤维素衍生物塑料板、纤维素衍生物塑料片、钢纸制塑料板、钢纸制塑料片、醋酸纤维素塑料板、醋酸纤维素塑料片、ABS板、ABS片、聚乙烯醇缩丁醛塑料板、聚乙烯醇缩丁醛塑料片、聚酰胺塑料板、聚酰胺塑料片、氨基塑料板、氨基塑料片、酚醛塑料板、酚醛塑料片、聚四氟乙烯塑料板、聚四氟乙烯塑料片
1974	1	07	06	01	03						107060103000000000	塑料管	指非泡沫塑料管，包括塑料硬管、软管、管材。不包括泡沫塑料管（详见107060107），也不包括降解塑料管（详见107060113）	塑料管、塑料硬管、聚乙烯塑料硬管、聚氯乙烯塑料硬管、塑料软管、香肠用人造肠衣
1975	1	07	06	01	04						107060104000000000	塑料管附件	包括塑料管管的塑料附件、管子接头、肘管、法兰等	塑料管附件、塑料制管子接头、塑料制管子肘管、塑料制法兰
1976	1	07	06	01	05						107060105000000000	塑料条、棒、型材	指以塑料为主要原料，经连续挤出成型的非泡沫中空型材及异型材，主要用于室内天花板、墙裙、塑料门、塑料窗、扶手及其框架和门槛等类似制成，包括聚乙烯塑料条、型材、聚氯乙烯塑料条、棒、型材。不包括泡沫塑料（详见107060107）、非泡沫塑料板、片、管、丝、绳（详见107060102和塑料管（详见107060-03）、也不包括降解塑料条、棒、型材（详见107060113）	塑料条、塑料棒、塑料型材、聚乙烯塑料条、聚乙烯塑料棒、聚乙烯塑料型材、聚氯乙烯塑料条、聚氯乙烯塑料棒、聚氯乙烯塑料型材、聚酰胺塑料条、聚酰胺塑料棒、聚酰胺塑料型材、聚碳酸酯塑料条、聚碳酸酯塑料棒、聚碳酸酯塑料型材、聚甲基丙烯酸甲酯塑料条、聚甲基丙烯酸甲酯塑料棒、聚甲基丙烯酸甲酯塑料型材

续表

序号	篇	类	章	节	条	款	项	目	子目	细目	合并编码	商品和服务名称	说明	关键字
1977	1	07	06	01	06						1070601060000000000	塑料丝、绳、袋及编织织品	包括塑料单丝、塑料绳、塑料编织袋、塑料编织品、塑料袋、塑料编织布等，不包括泡沫塑料板、片、管、丝、绳（详见107060107）或非泡沫塑料管（详见107060102）和塑料板（详见107060103），也不包括降解塑料丝、绳及编织织品（详见107060113）	塑料丝、塑料编织品、塑料单丝、乙烯塑料单丝、聚氯乙烯塑料单丝、聚酰胺塑料单丝、塑料绳、聚丙烯塑料绳、纤维素衍生物塑料条、聚酰胺塑料扁条、酚醛塑料扁条、聚四氟乙烯塑料扁条、塑料带状物品、聚丙烯塑料编织袋、聚乙烯塑料编织袋、聚氯塑料复合塑料编织袋、塑料编织布
1978	1	07	06	01	07						1070601070000000000	泡沫塑料	包括聚乙烯泡沫塑料、聚苯乙烯泡沫塑料、聚氨酯泡沫塑料、其他泡沫塑料。不包括降解泡沫塑料（详见107060113）	泡沫塑料、聚乙烯泡沫塑料、聚乙烯泡沫塑料板、聚乙烯泡沫塑料片、聚乙烯泡沫塑料膜、聚苯乙烯泡沫塑料、聚苯乙烯泡沫塑料板、聚苯乙烯泡沫塑料片、聚苯乙烯泡沫塑料膜、聚苯乙烯泡沫塑料制品、聚氯乙烯泡沫塑料、聚氯乙烯泡沫塑料板、聚氯乙烯泡沫塑料片、聚氯乙烯泡沫塑料膜、聚氯乙烯泡沫塑料制品、聚氨酯泡沫塑料、聚氨酯泡沫塑料板、聚氨酯泡沫塑料片、聚氨酯泡沫塑料膜、聚氨酯泡沫塑料制品、硬质聚氨酯泡沫塑料管
1979	1	07	06	01	08						1070601080000000000	塑料人造革、合成革	包括箱包、服装、鞋、篷盖、灯箱、汽车、体育器材、家具等各种用途的塑料人造革、合成革，不含干法人造革、塑料合成革	塑料人造革、聚氯乙烯人造革、聚氨酯干法人造革、塑料合成革、聚氨酯合成革

续表

序号	编码 篇/类/章/节/条/款/项/目/子目/细目	合并编码	商品和服务名称	说明	关键字
				成革、超细纤维合成革	成革、超细纤维合成革
1980	1 07 06 01 09	1070601090000000000	塑料包装箱及容器	包括塑料铺地制品（详见107060102）指供运输或包装货物用的塑料制品及塑料包装物附件，包括塑料包装箱及类似品、塑料容器，容积≤300L，塑料容器，容积>300L，塑料包装物附件，其他塑料包装箱及容器、家用塑料餐具和厨房用具（详见107060112），也不包括降解塑料包装箱及容器（详见107060113）	塑料包装箱、塑料周转箱、钙塑瓦楞箱、塑料整理箱、塑料盒、塑料桶、塑料磁带盒、塑料容器、塑料托盘、塑料包装物附件、塑料卷轴、瓶、塑料包装物附件、塑料塞子、塑料盖子
1981	1 07 06 01 10	1070601100000000000	塑料零件	包括塑料绝缘零件、塑料密封制品、塑料紧固件、光学塑料零件、灯具用塑料零件、家具用装置用塑料配件、其他塑料零件、汽车或类似品塑料配件（详见107060113）	塑料零件、塑料绝缘零件、密胶塑料制绝缘零件、塑料密封制品、塑料紧固件、光学塑料零件、灯具用塑料零件、照明装置用塑料零件、家具用塑料零件、汽车塑料配件
1982	1 07 06 01 11	1070601110000000000	建筑用塑料制品	包括塑料铺地制品、塑料墙墙品、塑料类防水卷材、塑料门、窗、塑料窗板、帘、塑料制建筑结构架及其他建筑用塑料制品。不包括建筑用降解塑料制品（详见107060113）	建筑用塑料制品、塑料铺地制品、成卷聚氯乙烯塑料地板、成卷非聚氯乙烯塑料地板、聚氯乙烯塑料地板块、非聚氯乙烯宽幅塑料地板块、塑料类防水卷材、聚氯乙烯塑料糊墙品、聚氯乙烯塑料糊墙品、塑料窗、塑料门、塑料门框、门槛、塑料窗框、塑料窗板、塑料百叶窗帘、建筑用固定安装塑料制品、建筑用固定安装塑料制品、建筑用固定安装塑料零件、塑料建筑结构架
1983	1 07 06 01 12	1070601120000000000	日用塑料制品	包括普通塑料餐、厨用具、密胶塑料餐、厨用具、塑料卫生设备、洁具及其配件、塑料服装及其附件、安全帽及塑料橡胶唱、医疗卫生用塑料制品、日用塑料饰品、其他日用塑料制品	日用塑料制品、厨用具、普通塑料餐、普通塑料餐盘、碟、普通塑料碗、塑料杯、普通塑料汤匙、叉及普通塑料食品罐、普通塑料食品瓶盒、塑料调味品、普通塑料食品罐箱

续表

序号	编码 篇	类	章	节	条	款	项	目	子目	细目	合并编码	商品和服务名称	说明	关键字
1984	1	07	06		01	13					1070601130000000000	降解塑料制品	指用在规定环境条件下，经过一段时间和包含一个或多步骤，导致材料化学结构的显著变化而损失某些性能（如完整性、分子质量、结构或机械强度）和/或发生破碎的塑料制品。包括生物降解塑料制品、光降解塑料制品、热氧降解塑料制品、生物基塑料制品、其他降解塑料制品	降解塑料制品、生物分解塑料制品、天然高分子材料生物分解塑料制品、石化基生物分解塑料制品、生物基生物分解塑料制品、共混型生物分解塑料制品、光降解塑料制品、热氧降解塑料制品、生物基塑料制品、淀粉基塑料制品、植物纤维基塑料制品
1985	1	07	06		01	14					1070601140000000000	再生塑料制品	指以废塑料生产的建筑材料（如钢材、棚栏和墙面板）、园艺用料（如花盆、花园柱）、农产品容器（如装盛鸡蛋、水果和蔬菜等的容器）、办公用品（如文件夹和封皮）、非食品容器及可重复利用的包装箱、娱乐设施和室外家具等塑料制品	再生塑料制品

续表

序号	篇	类	章	节	条	款	项	子目	细目	合并编码	商品和服务名称	说　明	关　键　字
1986	1	07	06	01	15					1070601150000000000	塑木（木塑）制品	指利用聚乙烯、聚丙烯和聚氯乙烯等，代替通常的树脂胶黏剂，与超过35%~70%以上的木粉、稻壳、秸秆等废植物纤维混合成新的木质材料，再经挤压、模压、注塑成型等塑料制品	塑木制品、木塑制品
1987	1	07	06	01	99					1070601990000000000	其他塑料制品	指其他非降解塑料制品，包括塑料胶黏带、带及类似材料，其他未列明塑料制品。不包括降解塑料制品（详见10706 0113）	塑料胶黏带、胶囊型反光膜、塑料胶黏板、塑料胶黏片
1988	1	07	06	02						1070602000000000000	塑料粒料、其他塑料半成品、辅料	包括塑料粒料、其他塑料半成品、辅料	
1989	1	07	06	02	01					1070602010000000000	塑料粒料	指以半成品形态进行储存、运输和加工成型的塑料原料。塑料颗粒的俗称	塑料粒料、塑料电缆料颗粒、塑料色母料颗粒、塑料其他充母料颗粒、塑料功能母料颗粒、填充改性塑料颗粒、共混改性塑料颗粒、增强改性塑料颗粒、功能改性塑料颗粒、塑料热塑性弹性体颗粒、再生塑料颗粒
1990	1	07	06	02	99					1070602990000000000	其他塑料半成品、辅料		
1991	1	07	06	03						1070603000000000000	纤维增强塑料制品	指以纤维（玻璃纤维、碳纤维、芳纶纤维及其他有机和无机纤维）或其制品为增强材料，合成树脂为基本的复合材料；广泛应用于建筑、石油化工、交通运输、能源电力、航空航天等领域	
1992	1	07	06	03	01					1070603010000000000	建筑用纤维增强塑料制品	指用于建筑工程的含有增强材料的塑料制品	建筑用纤维增强塑料制品、纤维增强塑料板材、纤维增强塑料型材、纤维增强塑料输水管、纤维增强塑料排水管、纤维增强塑料水箱、纤维增强塑料吊顶、纤维增强塑料冷却塔、纤维增强塑料门、纤维增强塑料窗、纤维增强塑料

续表

序号	篇	类	章	节	条	款	项	目	子目	细目	合并编码	商品和服务名称	说明	关键字
1993	1	07	06	03	02						1070603020000000000	石化、酿造用纤维增强塑料制品	指用于石化、酿造的含有增强材料的塑料制品	石化酿造用纤维增强塑料制品、纤维增强塑料扩罐器、纤维增强塑料塔器、纤维增强塑料压力容器、纤维增强塑料输油管、纤维增强塑料槽池、纤维增强塑料阀门、纤维增强塑料抽油杆、纤维增强塑料管件
1994	1	07	06	03	03						1070603030000000000	机械设备用纤维增强塑料制品	指用于机械设备的含有增强材料的塑料制品	机械设备用纤维增强塑料制品、纤维增强塑料机械壳罩、纤维增强塑料仪表壳、纤维增强塑料仪器仪表罩、纤维增强塑料医疗器械部件
1995	1	07	06	03	04						1070603040000000000	装饰用纤维增强塑料制品	包括建筑装饰、室内装饰、园林景观、塑料整体卫浴间、浴缸、浴盆、托木盘、壁板等	装饰用纤维增强塑料制品、纤维增强塑料工艺品、纤维增强塑料浮雕、雕塑、纤维增强塑料花盆、纤维增强塑料浴缸、纤维增强塑料托水盘、住宅用纤维增强塑料整体卫生间、车辆用纤维增强塑料整体卫生间
1996	1	07	06	03	05						1070603050000000000	交通运输用纤维增强塑料制品	包括汽车、火车、城铁、地铁、特种车辆、交通设施等	交通运输用纤维增强塑料制品、纤维增强塑料汽车覆盖件、纤维增强塑料轨道车辆部件、纤维增强塑料车结构件、纤维增强塑料轨道设施部件、纤维增强塑料防眩板、纤维增强塑料交通设施制品

附录 A　商品和服务税收分类与编码

续表

序号	篇	类	章	节	条	款	项	目	子目	细目	合并编码	商品和服务名称	说　明	关　键　字
1997	1	07	06	03	06						1070603060000000000	能源、电力用纤维增强塑料制品	指用于能源、电力的含有增强材料的塑料制品	能源电力用纤维增强塑料制品、纤维增强塑料风力发电机叶片、纤维增强塑料风力发电机舱罩、纤维增强塑料电缆桥架、纤维塑料电力表箱、纤维增强塑料电力控制柜、纤维增强塑料脱硫喷淋管、纤维增强塑料烟道、纤维增强塑料电缆保护管、纤维增强塑料灯杆、纤维增强塑料沼气池
1998	1	07	06	03	07						1070603070000000000	航空航天用纤维增强塑料制品	指用于航空航天的含有增强材料的塑料制品	航空航天用纤维增强塑料制品
1999	1	07	06	03	99						1070603990000000000	其他纤维增强塑料制品		
2000	1	08									1080000000000000000	金属及非金属制品		
2001	1	08	01								1080100000000000000	非金属矿物制品		
2002	1	08	01	01							1080101000000000000	水泥熟料及水泥		
2003	1	08	01	01	01						1080101010000000000	硅酸盐水泥熟料	即波特兰水泥熟料（简称水泥熟料），是一种由主要含CaO、SiO$_2$、Al$_2$O$_3$、Fe$_2$O$_3$的原料按适当配比磨成细粉烧至部分熔融，所得以硅酸钙为主要矿物成分的水硬性胶凝物质；包括企业自产自用的水泥熟料和外销水泥熟料	水泥熟料
2004	1	08	01	01	02						1080101020000000000	水泥	凡细磨成粉末状，加入适量水后，可形成塑性胶体，既能在空气中硬化，又能在水中硬化，并能把砂、石等材料牢固的胶结在一起的水硬性胶凝材料	水泥

续表

序号	篇	类	章	节	条	款	项	子目	细目	合并编码	商品和服务名称	说　明	关　键　字
2005	1	08	01	02						1080102000000000000	石灰和石膏	统称为水泥；水泥的种类很多，常用的是通用硅酸盐水泥	
2006	1	08	01	02	01					1080102010000000000	石灰	不同化学组成和物理形态的生石灰、消石灰、水硬性石灰与气硬性石灰的统称	石灰
2007	1	08	01	02	02					1080102020000000000	熟石膏	石膏经低温煅烧所得到的以β半水硫酸钙为主要成分、不预加任何外加剂的粉状胶凝材料	熟石膏
2008	1	08	01	03						1080103000000000000	水泥混凝土制品	指水泥、混凝土制品	
2009	1	08	01	03	01					1080103010000000000	商品混凝土	混凝土是指用水泥作胶凝材料、砂、石作集料，与水（加或不加外加剂和掺和料）按一定比例配合，经搅拌、成型、养护而得到的水泥混凝土，也称普通混凝土；它广泛应用于土木工程	混凝土
2010	1	08	01	03	02					1080103020000000000	水泥混凝土排水管	又称下水管，用于建设排除污水、雨水等的下水道，排水管在生产时夹入钢筋的称钢筋混凝土排水管，不夹钢筋的称无筋混凝土排水管	混凝土排水管
2011	1	08	01	03	03					1080103030000000000	水泥混凝土压力管	以钢筋混凝土为原料生产的，按照质量标准要求，可以承受一定的内压力，用于输送自来水、各种气体、石油的管道，按其生产时所用方法或原料不同，可分为预应力钢筋混凝土管和自应力钢筋混凝土管、普通钢筋混凝土管；包括水泥输水管、水泥输气管和水泥输油管	混凝土压力管
2012	1	08	01	03	04					1080103040000000000	钢筋混凝土井管、烟道管、相关钢筋混凝土管		钢筋混凝土

续表

序号	篇	类	章	节	条	款	项目	子目	细目	合并编码	商品和服务名称	说　明	关　键　字
2013	1	08	01	03	05					1080103050000000000	水泥混凝土电杆	按生产时配入钢筋的方法可分为预应力钢筋混凝土电杆和普通钢筋混凝土电杆以及薄壁型钢筋混凝土电杆,按其横截面形状可分为环形、矩形、工字形、双肢形等	混凝土电杆
2014	1	08	01	03	06					1080103060000000000	预应力混凝土桩	为加强建筑物基础而打入地下的一种混凝土制品；包括预应力混凝土管桩、方桩等	混凝土桩
2015	1	08	01	03	07					1080103070000000000	混凝土轨枕及铁道用混凝土制品	包括预应力混凝土水泥轨枕、预应力混凝土桥枕、气垫火车导轨体段、预应力混凝土岔枕、混凝土轨道板	预应力混凝土水泥轨枕、气垫火车导轨体段、预应力混凝土桥枕、预应力混凝土岔枕、混凝土轨道板
2016	1	08	01	03	08					1080103080000000000	水泥混凝土预制构件	指建筑房屋用的各种梁、柱、板、楼梯等钢筋混凝土预制构件	预制混凝土空心板、预应力混凝土空心板、架空防水混凝土板屋面、混凝土多孔条板、混凝土窗台板、氯氧镁水泥板块、水泥预制桁条、钢筋混凝土柱、钢筋混凝土梁、水泥预制板、钢筋混凝土桩、钢筋混凝土桩式桥台、钢筋混凝土结构人防门、钢筋混凝土双筋矩形受弯构件、水泥预制大坝钢结构件、水泥预制闸门、钢筋混凝土房屋结构、钢筋混凝土框架结构、无木四防活动房屋预制板、钢筋混凝土预制楼梯、钢筋混凝土预制门窗框架、水泥钢筋混凝土桥梁构件
2017	1	08	01	03	09					1080103090000000000	水泥混凝土制砖、瓦及类似品	包括水泥混凝土砖、水泥混凝土瓦、混凝土界石、罂甓及类似品	混凝土路面砖、水泥花砖、混凝土多排孔砖、水泥彩瓦、玻璃纤维氯氧镁水泥波瓦、玻璃纤维复合式氯氧水泥波冲瓦、普通路缘石、路缘石、无孔波浪形路缘石、开孔波浪形路缘石、艺术路缘石、水泥混凝土制

续表

序号	编码 篇	编码 类	编码 章	编码 节	编码 条	编码 款	编码 项	编码 子目	编码 细目	合并编码	商品和服务名称	说　明	关　键　字
2018	1	08	01	03	10					1080103100000000000	纤维增强水泥制品	包括石棉水泥制品、纤维增强硅酸钙板、GRC水泥制品等	界石、水泥混凝土制墓碑、水泥混凝土制镶边石建筑用石棉水泥平板、电工用石棉水泥压力板、非对称截面石棉水泥半波板、石棉水泥小波瓦、石棉水泥中波瓦、石棉水泥波瓦脊瓦、钢丝网石棉水泥小波瓦、石棉水泥波瓦、钢丝网石棉水泥小波瓦、石棉水泥泥输水管、石棉水泥电缆管、石棉硅酸钙板、高密度石棉硅酸钙板、中密度石棉硅酸钙板、低密度石棉硅酸钙板、高密度无石棉硅酸钙板、中密度无石棉硅酸钙板、低密度无石棉硅酸钙板、无石棉纤维水泥加压平板、无石棉纤维水泥轻质平板、无石棉纤维水泥实心披迭板、无石棉纤维水泥多孔披迭板、无石棉纤维水泥多孔条板、无石棉纤维水泥小波板、无石棉纤维水泥中波瓦、无石棉纤维水泥通风管、无石棉水泥电缆管、GRC水泥板、GRC轻质外墙板、GRC复合外墙板、GRC单层外墙板、GRC外墙内保温板、GRC轻质平板、GRC中波瓦、GRC屋面网架板、GRC通风管道、GRC建筑雕装饰板、GRC围栏立柱、GRC浮雕装饰板、GRC围栏立柱、GRC檐线腰线门窗装饰线、GRC永久性管状芯模、GRC仿瓷浴盆、GRC盥洗盆

附录 A　商品和服务税收分类与编码

续表

序号	篇	类	章	节	条	款	项	子目	细目	合并编码	商品和服务名称	说　明	关键字
2019	1	08	01	03	99					1080103990000000000	其他水泥混凝土制品		
2020	1	08	01	04						1080104000000000000	轻质建筑材料及制品	指石膏板、石膏制品及类似轻质建筑材料的制造	
2021	1	08	01	04	01					1080104010000000000	石膏板	包括纸面石膏板、石膏空心条板和其他石膏板	
2022	1	08	01	04	01	01				1080104010100000000	纸面石膏板		纸面石膏板
2023	1	08	01	04	01	02				1080104010200000000	石膏空心条板	以建筑石膏为基材，掺以无机轻集料、无机纤维增强材料而制成的空心条板	石膏空心条板
2024	1	08	01	04	01	03				1080104010300000000	其他石膏板		
2025	1	08	01	04	02					1080104020000000000	石膏龙骨、相关石膏制品	包括石膏龙骨、相关石膏制品，不包括石膏砌块（详见 1080105030305）	石膏龙骨
2026	1	08	01	04	03					1080104030000000000	轻质隔墙条板		
2027	1	08	01	04	03	01				1080104030100000000	蒸压加气混凝土板	以硅质材料和钙质材料为主要原料，以铝粉为发泡剂，配以经防腐处理的钢筋网片，经加水搅拌、浇注成型、预养切割、蒸压养护制成的多孔板材，不包括蒸压加气混凝土砌块（详见 108010503）	蒸压加气混凝土板
2028	1	08	01	04	03	02				1080104030200000000	建筑用轻质隔墙条板	由无害化磷石膏、轻质钢渣、粉煤灰等多种工业废渣组成，经变频蒸汽加压养护而成。内层装有合理布局的无机发泡型材或其他保温材料	建筑用轻质隔墙条板
2029	1	08	01	04	03	03				1080104030300000000	外墙外保温系统用钢丝网架模塑聚苯乙烯板	以工厂自动化设备生产的双面或单面钢丝网架为网架，EPS 为绝热材料，用于现浇混凝土建筑、砌体建筑及既有建筑外墙外保温系统的钢丝网架 EPS 板	外墙外保温系统用钢丝网架模塑聚苯乙烯板
2030	1	08	01	04	03	04				1080104030400000000	纤维增强硅		纤维增强硅酸钙板

续表

序号	编码 篇	类	章	节	条	款	项	子目	细目	合并编码	商品和服务名称	说　明	关 键 字
2031	1	08	01	04	03	05				108010403050000000000	玻璃纤维增强水泥轻质多孔隔墙条板	以耐碱玻璃纤维与硫铝酸盐水泥为主要原料的预制非承重轻质多孔内隔墙条板	玻璃纤维增强水泥轻质多孔隔墙条板
2032	1	08	01	04	03	06				108010403060000000000	建筑用金属面绝热夹芯板	以双金属面和黏接于两金属面之间的绝热芯材组成的自支撑的复合板材	建筑用金属面绝热夹芯板
2033	1	08	01	04	03	07				108010403070000000000	中空钢网内模隔墙		中空钢网内模隔墙
2034	1	08	01	04	03	08				108010403080000000000	建筑隔墙用保温条板	由无害化磷石膏、轻质钢渣、粉煤灰等多种工业废渣组成，经变频蒸汽养护而成，内层装有合理布局的隔热、吸声加压发泡型无机发泡型材或其他保温材料	建筑隔墙用保温条板
2035	1	08	01	04	03	09				108010403090000000000	预制复合墙板（体）		预制复合墙板、预制复合墙体
2036	1	08	01	04	03	10				108010403100000000000	聚氨酯硬泡复合板		聚氨酯硬泡复合板
2037	1	08	01	04	03	11				108010403110000000000	专用聚氨酯建筑墙体		专用聚氨酯建筑墙体
2038	1	08	01	04	03	12				108010403120000000000	纤维增强低碱度水泥建筑平板		纤维增强低碱度水泥建筑平板
2039	1	08	01	04	03	13				108010403130000000000	维纶纤维增强水泥平板		维纶纤维增强水泥平板
2040	1	08	01	04	03	14				108010403140000000000	纤维水泥平板		纤维水泥平板
2041	1	08	01	04	03	99				108010403990000000000	其他轻质隔		

续表

序号	篇	类	章	节	条	款	项	目	子目	细目	合并编码	商品和服务名称	说　　明	关　键　字
												墙条板		
2042	1	08	01	04	04						1080104040000000000	轻骨料、相关轻质建筑材料	包括天然轻骨料、人工轻骨料、瓦和建筑砌块	火山天然轻骨料、水成天然轻骨料、页岩陶粒人工轻骨料、粉煤灰陶粒人工轻骨料、黏土陶粒人工轻骨料、轻钢墙体龙骨、轻钢吊顶龙骨、烤漆龙骨
2043	1	08	01	05							1080105000000000000	砖瓦及建筑砌块	用黏土和其他原材料生产的砖、瓦和建筑砌块	
2044	1	08	01	05	01						1080105010000000000	砖	包括烧结黏土砖、蒸压砖、蒸养砖、免烧砖和其他砖	碳化灰砂砖
2045	1	08	01	05	01	01					1080105010100000000	烧结普通砖	指实心黏土砖	烧结普通砖
2046	1	08	01	05	01	02					1080105010200000000	非黏土烧结多孔砖	利用页岩、煤矸石、粉煤灰、淤泥、硅藻土等非黏土材料为主要原料烧结的多孔砖	非黏土烧结多孔砖
2047	1	08	01	05	01	03					1080105010300000000	非黏土烧结空心砖	利用页岩、煤矸石、粉煤灰、淤泥、硅藻土等非黏土材料为主要原料烧结的空心砖	非黏土烧结空心砖
2048	1	08	01	05	01	04					1080105010400000000	烧结空心砌块	指以黏土、页岩、煤矸石为主要原料的主要用于非承重部位的空心砌块	烧结空心砌块
2049	1	08	01	05	01	05					1080105010500000000	烧结多孔砌块	指以黏土、页岩、煤矸石为主要原料的主要用于承重部位的多孔砌块	烧结多孔砌块
2050	1	08	01	05	01	06					1080105010600000000	承重混凝土多孔砖	指以水泥、砂、石为主要原料，经配料、搅拌、成型、养护制成，用于承重结构的多排孔混凝土砖	承重混凝土多孔砖
2051	1	08	01	05	01	07					1080105010700000000	非承重混凝土空心砖	指以水泥、集料和其他材料经配料、搅拌、成型、养护制成的空心率不小于25%，用于非承重结构部位的砖	非承重混凝土空心砖
2052	1	08	01	05	01	08					1080105010800000000	蒸压粉煤灰多孔砖	指采用粉煤灰、磨细生石灰、石膏与泡沫剂拌和成型，经蒸养护而成的一种轻质墙体材料	蒸压粉煤灰多孔砖
2053	1	08	01	05	01	09					1080105010900000000	蒸压泡沫混凝土砖	指采用发泡剂通过机械制备泡沫，将优质不易破	蒸压泡沫混凝土砖

续表

序号	篇	类	章	节	条	款	项	目	子目	细目	合并编码	商品和服务名称	说明	关键字
2054	1	08	01	05	01	10					1080105011000000000	凝土砖	裂的泡沫强制加入到水泥基胶凝材料、集料、掺和料、外加剂和水拌和的混合料内，形成具有微气泡结构的轻质料浆，经浇注成型后再进行蒸压反应等工序而制作成的微孔硅酸盐制品	
2055	1	08	01	05	01	11					1080105011100000000	烧结多孔砖	烧结多孔砖是指以黏土、页岩、煤矸石为主要原料，经焙烧而成的主要用于承重部位的多孔砖	烧结多孔砖
2056	1	08	01	05	01	12					1080105011200000000	烧结空心砖	烧结空心砖是指以黏土、页岩、煤矸石为主要原料，经焙烧而成的主要用于非承重部位的空心砖	烧结空心砖
2057	1	08	01	05	01	99					1080105019900000000	其他混凝土砖		
2058	1	08	01	05	02						1080105020000000000	其他砖瓦	以黏土、页岩和煤矸石、粉煤灰等工业废弃物为原料，通过焙烧或蒸压等方法制成的建筑用瓦	烧结黏土平瓦、烧结黏土小青瓦、烧结黏土脊瓦、烧结J形瓦、烧结S形瓦、蒸压矿渣瓦、蒸压粉煤灰瓦
2059	1	08	01	05	03						1080105030000000000	建筑砌块	用于砌筑墙体的砌块。尺寸大于砖，包括建筑混凝土砌块、水工市政用混凝土砌块、蒸压硅酸盐制品块材、石膏砌块等	
2060	1	08	01	05	03	01					1080105030100000000	普通混凝土小型空心砌块	用水泥作胶结材料，砂、石作集料，经搅拌、振动（或压制）成型、养护等工艺过程制成	普通混凝土小型空心砌块
2061	1	08	01	05	03	02					1080105030200000000	轻集料混凝土小型空心砌块	以水泥为胶结料，以各种轻集料为填充材料，经计量、搅拌、成型、养护等工艺制成的新型墙体材料	轻集料混凝土小型空心砌块
2062	1	08	01	05	03	03					1080105030300000000	烧结保温砖（砌块）		烧结保温砖、烧结保温砌块
2063	1	08	01	05	03	04					1080105030400000000	蒸压加气混凝土砌块	指以水泥、石灰、砂或粉煤灰等胶凝材料为主要	蒸压加气混凝土砌块

续表

序号	篇	类	章	节	条	款	项	子目	细目	合并编码	商品和服务名称	说明	关键字
2064	1	08	01	05	03	05				1080105030500000000	石膏砌块	以石膏为主要原料，经加水搅拌、浇注成型和干燥等制成的轻质石膏制品，包括脱硫石膏	石膏砌块、脱硫石膏
2065	1	08	01	05	03	06				1080105030600000000	粉煤灰混凝土小型空心砌块	以粉煤灰、水泥、各种轻重集料、水为主要组分拌和制成的小型空心砌块	粉煤灰混凝土小型空心砌块
2066	1	08	01	05	03	07				1080105030700000000	复合保温砖（砌块）		复合保温砖、复合保温砌块
2067	1	08	01	05	03	08				1080105030800000000	蒸压泡沫混凝土砌块	指将化学发泡剂或物理发泡剂发泡后加入到胶凝材料、掺加料、改性剂、卤水等制成的料浆中，经混合搅拌、浇注成型、自然养护所形成的一种含有大量封闭气孔的新型轻质保温材料	蒸压泡沫混凝土砌块
2068	1	08	01	05	03	99				1080105039900000000	其他建筑砌块		
2069	1	08	01	06						1080106000000000000	建筑陶瓷制品		
2070	1	08	01	06	01					1080106010000000000	陶瓷砖	包括瓷质砖、炻瓷砖、细炻砖、炻质砖、陶质砖、陶瓷耐酸砖	无釉瓷质砖、有釉瓷质砖、无釉炻瓷砖、有釉炻瓷砖、无釉炻质砖、有釉炻质砖、无釉细炻砖、有釉细炻砖、无釉陶质砖、有釉陶质砖、陶瓷耐酸砖、高强致密耐酸砖、耐温耐酸砖、耐酸陶瓷砖板、复合耐酸砖
2071	1	08	01	06	02					1080106020000000000	陶瓷马赛克	包括无釉陶瓷锦砖、有釉陶瓷锦砖、纳米抗菌瓷砖、微晶玻璃陶瓷复合砖	无釉陶瓷锦砖、有釉陶瓷锦砖、纳米抗菌陶瓷锦砖、微晶玻璃陶瓷复合砖
2072	1	08	01	06	03					1080106030000000000	建筑陶瓷装饰	房屋、墙壁、大门等上用的建筑陶瓷装饰物	建筑琉璃制品、琉璃砖、琉璃瓦、琉

续表

序号	篇	类	章	节	条	款	项	子目	细目	合并编码	商品和服务名称	说明	关键字
2073	1	08	01	06	99					1080106990000000000	其他建筑陶瓷制品		琉璃脊、琉璃装饰花窗、非琉璃制建筑陶瓷装饰物
2074	1	08	01	07						1080107000000000000	石材、石料加工品及制品		
2075	1	08	01	07	01					1080107010000000000	加工天然石材、石料	指除经劈、锯、粗切成块、片、板状（石面为方形或长方形）以外，还须经过进一步加工的石料、石块、石板或石片	天然大理石建筑板材、天然花岗石建筑板材、天然板石、天然异型装饰石材、花岗岩铺路石、路边石、砂岩铺路石、板岩铺路石
2076	1	08	01	07	02					1080107020000000000	人造石材、石料	以不饱和聚酯树脂为黏结剂，配以天然大理石或方解石、白云石、硅砂、玻璃粉等无机物粉料，及适量的阻燃剂、颜料等，经配料混合、瓷铸、振动压缩、挤压等方法成型固化制成	人造石材、石料、人造石方料、人造石材、有机树脂人造大理石装饰板、人造花岗岩装饰板、人造花岗岩免烧瓷板、复合式人造花岗岩装饰板材、人造石制异型装饰石材
2077	1	08	01	07	03					1080107030000000000	天然石材制成品	包括经加工的石砖、瓦、方块及类似品	天然大理石砖、天然大理石瓦、天然大理石染色石粉粒、天然大理石方石、天然大理石梁石、天然大理石墙石、天然大理石梯级、天然大理石支托、汉白玉栏杆、汉白玉门窗框架、汉白玉壁炉台、窗台、天然大理石面板、天然花岗石砖、天然花岗石瓦、天然花岗岩染色石粉粒、天然花岗石方石、天然花岗石梁石、天然花岗石墙石、天然花岗石梯级、天然花岗石支柱、天然花岗石梁托、天然花岗岩建筑支柱、天然花岗石窗台、天然板岩台、天然板岩瓦、天然板岩板瓦、天然板岩地面板、天

续表

序号	编码 篇	类	章	节	款	条	目	子目	细目	合并编码	商品和服务名称	说明	关键字
2078	1	08	01	07		04				1080107040000000000	人造石材制成品		仿大理石制成品、仿大理石台面、人造大理石砖、聚酯型人造大理石台面、人造大理石制壁炉台、人造大理石制窗台、人造大理石制台阶、人造大理石浴缸、人造大理石洗漱槽、人造大理石抽水马桶、人造大理石便池、人造花岗岩免烧瓷砖、人造花岗岩制壁炉台、人造花岗岩制窗台、人造花岗岩制台阶、人造花岗岩碑石、人造花岗岩制界石、人造石制墓碑、人造石制镶边石、人造石制成品、蜡石砖、蜡石粉粒、蜡石复合板
2079	1	08	01	07		05				1080107050000000000	水磨石建筑制成品	以水泥、石渣和砂为主要原材料，经搅拌、振动或压制成型、养护、研磨等工序制作而成的建筑水磨石板材	水磨石地板砖、水磨石装饰板、水磨石柱面
2080	1	08	01	07		06				1080107060000000000	PVC石英砂地板砖		PVC石英砂地板砖
2081	1	08	01	07		99				1080107990000000000	其他石制品		大理石日用制品、花岗岩日用制品、石灰石日用制品、板石日用制品
2082	1	08	01	08						1080108000000000000	建筑防水材皮制品		
2083	1	08	01	08		01				1080108010000000000	沥青和改性沥青防水卷材	包括石油沥青防水卷材、改性沥青防水卷材、其他沥青防水卷材	石油沥青纸胎油毡、石油沥青油纸、石油沥青玻璃纤维胎油毡、石油沥青玻璃布胎油毡、塑性体改性沥青防水卷材、再生胶沥青防水卷材、弹性体改性沥青防水卷材、改性沥青聚乙烯胎改性沥青防水卷材

续表

序号	编码 篇	类	章	节	条	款	项	目	子目	细目	合并编码	商品和服务名称	说明	关键字
2084	1	08	01	08	02						1080108020000000000	自黏防水卷材	包括自黏橡胶沥青防水卷材、自黏聚酯胎防水卷材、自黏聚合物改性沥青聚酯胎防水卷材	防水卷材、沥青复合胎柔性防水卷材、铝箔面油毡、自黏橡胶沥青防水卷材、自黏聚酯胎聚酯胎防水卷材
2085	1	08	01	08	03						1080108030000000000	玻纤胎沥青瓦	以石油沥青为主要原料，加入矿物填料，以玻纤毡为胎基，上表面覆以保护材料，采用搭接法施工的坡屋面的沥青瓦	玻纤胎沥青瓦
2086	1	08	01	08	04						1080108040000000000	高分子防水卷(片)材	包括橡胶防水卷(片)材、合成树脂类防水卷(片)材	三元乙丙橡胶防水卷材、氯磺化聚乙烯防水卷材、氯丁橡胶防水卷材、丁基橡胶防水卷材、再生胶防水卷材、氯化聚乙烯防水卷材、氯化聚乙烯—橡胶共混防水卷材、三元丁橡胶防水卷材、聚乙烯防水卷材、高密度聚乙烯防水卷材、低密度聚乙烯防水卷材、乙烯-乙酸乙烯防水卷材、乙烯醋酸乙烯改性沥青共混卷材、聚乙烯丙纶防水卷材、热塑性聚烯烃防水卷材
2087	1	08	01	08	99						1080108990000000000	其他建筑防水卷材及制品		
2088	1	08	01	09							1080109000000000000	隔热、隔音人造矿物材料及其制品		
2089	1	08	01	09	01						1080109010000000000	矿物绝热和吸声材料	包括矿物棉、膨胀矿物材料	矿渣棉、岩石棉、硅酸铝纤维棉、矸石纤维棉、高硅氧棉、膨胀蛭石、膨胀珍珠岩
2090	1	08	01	09	02						1080109020000000000	矿物材料制品	主要起绝热、吸声作用	岩矿棉板、岩矿棉管、热固性树脂棉、岩矿棉毛纤维缝毡、岩矿棉铁丝网缝

附录A 商品和服务税收分类与编码 531

续表

序号	编码							合并编码	商品和服务名称	说　明	关　键　字
	篇	类	章	节	款	条	项 目 细目				
2091	1	08	01	10				108011000000000000	玻璃		毡，岩矿棉带，防水岩矿棉制品，喷涂岩矿棉制品，粒状岩矿棉，玻璃棉毡，玻璃棉板，玻璃棉管，粒状玻璃棉，微纤玻璃棉，微纤维玻璃棉板，矿物棉装饰吸声板，矿棉贴面印花天花板，膨胀蛭石板，膨胀蛭石砖，膨胀珍珠岩绝热制品，膨胀珍珠岩装饰吸声板，水玻璃膨胀珍珠岩制品，沥青膨胀珍珠岩制品，磷酸镁膨胀珍珠岩制品，水泥膨胀珍珠岩制品，沥青膨胀珍珠岩制品，铁状膨胀珍珠岩制品，硅酸铝纤维毡，硅酸铝纤维背衬板，硅酸铝纤维毯，硅酸铝纤维湿法板，硅酸铝纤维纸，硅酸铝纤维布，硅酸铝纤维盘根，硅酸钙板，硅酸钙管壳，泡沫玻璃绝热制品，泡沫玻璃板，泡沫玻璃管壳，复合硅酸盐涂料，复合硅酸盐毡，复合硅酸盐管
2092	1	08	01	10		01		108011001000000000	平板玻璃	指板状硅酸盐玻璃，主要用于建筑业、车船业、电子工业、太阳能工业、制镜业、现代农业等部门，是重要的建筑材料和工业技术玻璃的基础材料	浮法玻璃，压延玻璃，平拉玻璃
2093	1	08	01	10		02		108011002000000000	特种玻璃	包括石英玻璃制品、石英玻璃、光棚玻璃、U形玻璃、电子工业用超薄白玻璃、微晶玻璃、太阳能工业用超薄白玻璃	透明石英玻璃，不透明石英玻璃，光棚玻璃，微晶玻璃，电子工业用超薄玻璃，U形玻璃，太阳能工业用超薄白玻璃，光纤工业用石英玻璃，光纤生产用石英棒，光纤生产用石英管，光纤生产用石英半导体，太阳能用石英玻璃，光纤材料，光纤生产用石英材料

续表

序号	篇	类	章	节	条	款	项目	子目	细目	合并编码	商品和服务名称	说　明	关　键　字
2094	1	08	01	10	02	01				1080110020100000000	微晶玻璃	由适当组成的玻璃颗粒经烧结和晶化、晶相和玻璃相组成的质地坚实、致密均匀的复相材料	微晶玻璃
2095	1	08	01	10	02	02				1080110020200000000	U形玻璃	是用先压延后成型的方法连续生产出来的、横截面呈"U"形的玻璃，适用于建筑的内外墙、隔墙、屋面及窗等	U形玻璃
2096	1	08	01	10	02	99				1080110029900000000	其他特种玻璃		
2097	1	08	01	10	03					1080110030000000000	玻璃陶瓷型材	指将回收的各种有色或无色透明平板、瓶罐废玻璃与废陶瓷筛选后加工而成的新型装饰材料	玻璃陶瓷板材、玻璃陶瓷片
2098	1	08	01	10	04					1080110040000000000	玻璃熟料	对成份差别大的碎玻璃统一加工制成的一种硅质原料	玻璃熟料
2099	1	08	01	11						1080111000000000000	玻璃制光学元件		
2100	1	08	01	11	01					1080111010000000000	光学元件毛坯	指光学仪器用未经光学加工的光学元件毛坯	光学元件毛坯型料、光电镜片毛坯、光学玻璃二次压型毛坯
2101	1	08	01	11	02					1080111020000000000	眼镜用光学玻璃坯件	包括视力矫正眼镜用镜片坯件、平光变色镜片坯件	矫正视力眼镜用镜片坯件、平光变色镜片坯件
2102	1	08	01	11	03					1080111030000000000	光学仪器用玻璃	使用于光学仪器上的玻璃	显微镜玻璃、放大镜玻璃、望远镜玻璃、照相机镜头玻璃
2103	1	08	01	11	99					1080111990000000000	其他玻璃制光学元件	指在制作中虽未经光学加工，但能产生某种所需的光学效果的元件，包括交通路灯、某种符标灯	

附录 A 商品和服务税收分类与编码 533

续表

序号	编码 篇	类	章	节	条	款	项	子目	细目	合并编码	商品和服务名称	说明	关键字
2104	1	08	01	12						108011200000000000	玻璃仪器及实验、医疗用玻璃器皿	聚光灯泡、小手电、手电筒、配电盘灯或仪表板灯等的透镜及类似品	
2105	1	08	01	12	01					108011201000000000	玻璃计、量器	指除石英玻璃制仪器和器皿（详见108011202）以外的计量用玻璃器皿、仪器	玻璃量筒、玻璃量杯、玻璃吸量管、玻璃量管、玻璃温度计
2106	1	08	01	12	02					108011202000000000	石英玻璃仪器和器皿	指二氧化硅含量应≥95%的玻璃仪器和器皿，包括熔融石英或其他熔融硅石制实验室、卫生及配药用的玻璃器皿	石英玻璃器皿坩埚、石英玻璃烧杯、石英玻璃蒸发皿、液位计用透明石英玻璃管
2107	1	08	01	12	03					108011203000000000	耐热玻璃仪器和器皿	指温度在0℃～30C℃时，线膨胀系数不超过5×10⁻⁶/K的实验室、卫生及配药用玻璃仪器和器皿，但不包括石英玻璃制仪器和器皿（详见108011202）	玻璃烧器类器皿、玻璃蒸馏类器皿、玻璃蒸发器类器皿
2108	1	08	01	12	99					108011299000000000	其他玻璃实验器及医疗用玻璃制器皿	包括实验室、医疗及配制药用的玻璃制专用真空器皿、干燥器、容量器、培养皿、显微镜载片和盖片、玻璃制喷射嘴、漏斗、磨砂接头、玻璃制盛尿器、便壶、玻璃制吸杯、洗眼杯、吸入器、吸管、试管等仪器和器皿	
2109	1	08	01	13						108011300000000000	玻璃包装容器	包括日用玻璃瓶（玻璃饮料瓶、玻璃食品瓶、玻璃啤酒瓶、玻璃白酒容器）、药用瓶（医药品试剂用瓶、安瓿瓶、黄圆瓶、无色小药瓶、广口瓶、输液瓶、口服液瓶、衣药瓶、抗生素瓶、其他玻璃瓶	玻璃饮料瓶、玻璃啤酒瓶、玻璃食品瓶、玻璃白酒容器、玻璃输液瓶、玻璃制安瓿
2110	1	08	01	14						108011400000000000	日用玻璃制品	指供餐桌、厨房、盥洗室、办公室、室内装饰等用途的玻璃制品	
2111	1	08	01	14	01					108011401000000000	餐饮用玻璃器皿	包括餐饮用的其他玻璃器皿或餐饮用玻璃杯和餐饮用器皿（详见108011402），办公室及室内装饰用玻璃器皿，不包括非餐饮用的其他玻璃器具（如盥洗用玻璃制安瓿）	餐饮用玻璃杯、餐饮用玻璃器皿

续表

序号	篇	类	章	节	条	款	项	目	子目	细目	合并编码	商品和服务名称	说明	关键字
2112	1	08	01	14	02						1080114020000000000	盥洗用玻璃器具	器具（详见108011403）等）	盥洗用铝晶质玻璃器具
2113	1	08	01	14	03						1080114030000000000	室内反室内装饰用玻璃器具	包括玻璃制镇纸、墨水台和墨水池、书档、装大头针的容器、笔架、烟灰缸、玻璃花瓶、装饰性水果盘、小塑像、小精品（动物、花、叶、果等）、玻璃艺术品、水晶玻璃制品、琉璃制品、衣饰配件、水钻等装饰玻璃制品、桌面中心、养鱼缸、香炉等以及玻璃风景画、玻璃纪念品等	室内用铝晶质玻璃器具、玻璃珠仿珍珠玻璃、铝晶质玻璃器具、仿宝石玻璃、玻璃眼、玻璃塑像、玻璃装饰品
2114	1	08	01	14	99						1080114990000000000	其他日用玻璃制品	不包括钟表（详见1090618）、灯泡（详见1090423）、仪器仪表（详见10906）等产品的玻璃制零配件	
2115	1	08	01	15							1080115000000000000	玻璃保温容器及其玻璃胆		
2116	1	08	01	15	01						1080115010000000000	玻璃保温容器	指带壳、带胆的成品保温容器；不包括保温用的瓶胆（详见108011502）	玻璃保温瓶、暖水瓶、玻璃保温杯、玻璃保温盒、玻璃保温桶
2117	1	08	01	15	02						1080115020000000000	玻璃保温瓶胆	指玻璃保温容器用的、不带壳的玻璃保温容器成品（详见108011501）	保温瓶用玻璃胆、保温杯用玻璃胆
2118	1	08	01	16							1080116000000000000	玻璃纤维及其制品	包括玻璃纤维纱、短切玻璃纤维、玻璃纤维毡、玻璃纤维布、玻璃纤维带、玻璃纤维土工格栅、玻璃纤维套管等	无碱玻璃球、中碱玻璃球、耐碱玻璃球、特种玻璃球、无碱玻璃纤维纱、无碱玻璃纤维有捻纱、无碱玻璃纤维无捻纱、中碱玻璃纤维有捻纱、中碱玻璃纤维无捻纱、耐碱玻璃纤维无捻纱、特种玻璃纤维有捻纱、特种玻璃纤维无捻纱、无碱玻璃纤维无捻粗纱、中碱玻璃粗纱、

续表

序号	编码篇	类	章	节	条	款	项	目	子目	细目	合并编码	商品和服务名称	说明	关键字
2119	1	08	01	17							108011700000000000	玻璃制绝缘子	包括导引式绝缘子、刚性绝缘子、其他玻璃制绝缘子	导引式绝缘子、刚性绝缘子
2120	1	08	01	18							108011800000000000	未封口玻璃外壳	指制灯泡、阴极射线管及类似品用的未封口玻璃外壳（包括玻璃泡及管）及其玻璃零件，但未装有配件	电光源用未封口玻璃泡、电光源用未封口玻璃管、电光源用透明石英玻璃管、电光源用相关未封口玻璃管、玻璃阴极射线管外壳、无氧石英玻璃管外壳、石英玻璃电子管外壳、无臭氧石英玻璃电子管外壳、未封口玻璃外壳、电光源外壳玻璃零件

（关键字列，序号2119之前）：耐碱玻璃纤维无捻粗纱、无碱短切玻璃纤维、中碱短切玻璃纤维、耐碱玻璃纤维、无碱玻璃纤维布、无捻粗纱织物、无碱玻璃纤维有捻纱织物、中碱玻璃纤维无捻纱织物、中碱玻璃纤维网格布、中碱玻璃纤维网格布、特种粗纱织物、无碱玻璃纤维粉末黏结剂玻璃纤维布、无碱玻璃短切原丝毡、无碱玻璃短切原丝毡、无碱玻璃短切原丝毡、中碱玻璃纤维连续原丝毡、无碱玻璃纤维黏结剂毡、中碱玻璃纤维乳液黏结剂毡、玻璃纤维针刺毡、玻璃纤维缝编毡、玻璃纤维复合毡、玻璃纤维土工格栅、玻璃纤维带、无碱玻璃纤维带、中碱玻璃纤维带、中碱玻璃纤维套管、玻璃纤维套管

续表

序号	编码 篇	类	章	节	条	款	项	目	子目	细目	合并编码	商品和服务名称	说明	关键字
2121	1	08	01		19						1080119000000000000	工业品用其他玻璃部件	包括工业用玻璃制品、玻璃制工业品零配件	阴极射线管用玻璃外壳玻璃零件、电子管玻璃外壳玻璃零件、工业用导电玻璃、绝缘子用玻璃伞盘、玻璃制安全保护罩、玻璃制保护装置、玻璃制消脂杯、玻璃制导线器、玻璃观测孔、液面玻璃管、TST石英玻璃弹簧、玻璃制字母、玻璃制招牌板、灯具用玻璃制零配件、照明装置玻璃制零配件、玻璃制钟罩、玻璃制仪表蒙、仪表用玻璃制仪器仪表配件、玻璃制仪器仪表罩
2122	1	08	01		20						1080120000000000000	技术陶瓷制品	技术陶瓷制品也称特种陶瓷，包括结构陶瓷、功能陶瓷、生物陶瓷等	
2123	1	08	01		20		01				1080120010000000000	结构陶瓷制品	包括实验室用陶瓷制品、陶瓷阀及类似品、陶瓷制发动机零部件、陶瓷蒸馏器、陶瓷模具、研磨器和研磨球、氧化铝纺织陶瓷件、瓷模头、纺织用陶瓷件耐磨陶瓷件、陶瓷密封件、刀具、陶瓷密封件、其他结构陶瓷制品	陶瓷坩埚、陶瓷过滤器、实验用陶瓷小管、陶瓷泵、陶瓷阀、陶瓷汽缸阀门片、陶瓷辊棒、陶瓷蒸馏器、陶瓷旋塞、机零部件、陶瓷部件、研磨器、研磨球、陶瓷模头、陶瓷引线器、氧化铝纺织陶瓷件、陶瓷铝耐磨瓷件、氧化铝可控硅瓷环、瓷管、氧化硅陶瓷刀具、氮化硅陶瓷刀具、氮化硅陶瓷刀具、碳化硅陶瓷件、陶瓷密封件、金属化陶瓷件、陶瓷金属基片瓷件、陶瓷金属基片瓷棒、高技术用瓷陶制品、专门技术用瓷制品
2124	1	08	01		20		02				1080120020000000000	功能陶瓷制品	指具有电、光、磁、声、热、弹性及部分化学功能的陶瓷制品	压电陶瓷制品、陶瓷超导体、电容器陶瓷零件、碳膜电阻瓷件、金属膜电阻

附录 A 商品和服务税收分类与编码

续表

序号	篇	类	章	节	条	款	项	目	子目	细目	合并编码	商品和服务名称	说　　明	关　键　字
2125	1	08	01	20	03						1080120030000000000	生物陶瓷制品	主要指医疗专用的生物陶瓷制品（如生物陶瓷制假牙、关节、骨骼等人工器官）	陶瓷假牙制品、陶瓷人造骨骼制品
2126	1	08	01	20	04						1080120040000000000	陶瓷管及管子配件	包括陶瓷套管、导管、槽管及管子配件	陶瓷复合管、氧化铝陶瓷管、碳化硅陶瓷管、氧化锆陶瓷管、微孔陶瓷管、陶瓷管子配件
2127	1	08	01	20	05						1080120050000000000	瓷绝缘子	由电工陶瓷制成的绝缘子	瓷绝缘子
2128	1	08	01	20	06						1080120060000000000	耐火陶瓷制品	包括耐火陶瓷管、耐火陶瓷坩埚、硅质耐火陶瓷制品、其他耐火陶瓷制品	耐火陶瓷管、耐火陶瓷坩埚、硅质耐火陶瓷制品
2129	1	08	01	20	99						1080120990000000000	其他技术陶瓷制品		
2130	1	08	01	21							1080121000000000000	日用陶瓷制品	包括日用陶瓷餐具、卫生陶瓷器具、厨房用陶瓷器具、园林艺术陶瓷制品、盥洗用陶瓷器具和其他日用陶瓷制品	
2131	1	08	01	21	01						1080121010000000000	日用陶瓷餐具	包括日用瓷质餐具、炻质餐具、瓷茶具或陶瓷咖啡用具、陶瓷碟、碗、杯、汤匙、家用电热壶等	瓷质餐具、陶质餐具、炻质餐具、瓷茶具、陶瓷咖啡用具、陶瓷烤盘
2132	1	08	01	21	02						1080121020000000000	厨房用陶瓷器具	包括瓷质厨房用器具、陶瓷厨房用器具、炻质厨房用器具，如陶瓷烤盘、盆、罐、坛等	瓷质厨房用器具、陶瓷厨房用器具、炻质厨房用器具、陶瓷烤盘
2133	1	08	01	21	03						1080121030000000000	盥洗用陶瓷器具	包括瓷质盥洗用器具、陶瓷卫生用器具、炻质盥洗用器具，如陶瓷盂、肥皂碟、毛巾架等，以及类似的盥洗用陶瓷器具	瓷质盥洗用器具、陶瓷盥洗用器具、炻质盥洗用器具
2134	1	08	01	21	04						1080121040000000000	卫生陶瓷制品	又称卫生洁具，由黏土或其他无机物经混练、	陶瓷制洗涤器、陶瓷制洗面器

续表

序号	篇	类	章	节	条	款	项	子目	细目	合并编码	商品和服务名称	说　明	关　键　字
2135	1	08	01	21	05					10801210500000000000	园林艺术陶瓷制品	包括瓷质或陶质的果皮箱、花盆等（详见105020108）	陶瓷制果皮箱、瓷制果皮箱、陶瓷制花盆、瓷制装饰性花盆、瓷制非装饰性花盆、陶制装饰性花盆、陶制非装饰性花盆
2136	1	08	01	21	99					10801219900000000000	其他日用陶瓷制品	瓷质日用器具、陶质日用器具	瓷质日用器具、陶质日用器具、陶瓷烟灰缸、陶瓷水瓶、陶瓷火柴盒架、陶瓷电热炉
2137	1	08	01	22						10801220000000000000	运输及盛装货物用陶瓷容器	包括耐酸陶瓷容器、食品用陶瓷容器、药品或化妆品陶瓷容器和其他运输货物用陶瓷容器	
2138	1	08	01	22	01					10801220100000000000	耐酸陶瓷容器	指耐酸性侵蚀的陶瓷容器	耐酸陶瓷容器
2139	1	08	01	22	02					10801220200000000000	食品用陶瓷容器	指用于盛装食品陶瓷瓶、坛、罐；包括果酱、咸味品、肉酱、利口酒等用的陶瓷容器	食品用陶瓷容器
2140	1	08	01	22	03					10801220300000000000	药品或化妆品陶瓷容器	包括药品、化妆品及墨水等的陶瓷容器	药品陶瓷容器、化妆品陶瓷容器
2141	1	08	01	22	99					10801229900000000000	其他运输及盛装货物用陶瓷容器		
2142	1	08	01	23						10801230000000000000	其他陶瓷制品		陶瓷壁画、陶瓷制塑像、瓷制塑像、陶制塑像、陶瓷制火炉、火炉用陶瓷砖、陶瓷刀柄、陶瓷制零件、陶瓷制门、陶

附录 A　商品和服务税收分类与编码

续表

序号	篇	类	章	节	条	款	项	目	子目	细目	合并编码	商品和服务名称	说　明	关　键　字
2143	1	08	01	24							108012400000000000	石棉纤维及其制品	包括已加工石棉纤维、石棉制品	瓷制窗
2144	1	08	01	24	01						108012401000000000	已加工石棉纤维	包括已加工石棉纤维、石棉为主的混合物及其制品	加工石棉纤维、泡沫石棉、弹性泡沫石棉、耐水弹性泡沫石棉、防水泡沫石棉、
2145	1	08	01	24	02						108012402000000000	石棉制品	包括石棉纱、线及其纺织制品、石棉隔热保温制品、石棉密封垫板、无石棉密封垫板、石棉密封垫片、垫圈、特种石棉制品、石棉摩擦材料和其他石棉制品	石棉纱、石棉线、石棉绳、石棉服、石棉帽、石棉鞋、石棉靴、石棉防火织带、石棉绝缘带、石棉纸类制品、石棉棉板类制品、石棉管类制品、石棉保温砖、压缩石棉纤维接合材料、石棉橡胶板、耐油石棉橡胶板、石棉乳胶抄取板、无石棉橡胶板、耐油无石棉橡胶板、乳胶无石棉抄取板、普通石棉冲压板、耐酸石棉绕式垫片、石棉橡胶板、电绝缘石棉纸、除菌过滤纸、SB16 隔膜石棉布、SB19 电解石棉布、石棉制动器衬片、石棉离合器面片、石棉火车合成闸瓦、石棉火车合成闸片、工业机械用石棉摩擦片、无石棉制动器衬片、无石棉离合器面片、无石棉火车合成闸瓦、无石棉火车合成闸片、工业机械用无石棉基摩擦片
2146	1	08	01	25							108012500000000000	已加工云母及其制品	包括除劈分剥整理外还经过进一步加工（如切割成形）的天然云母，也包括由黏聚（黏合）云母或纸浆（再造）云母制成的产品，以及上述任何材料	

续表

序号	篇	类	章	节	条	款	项目	子目	细目	合并编码	商品和服务名称	说明	关键字
2147	1	08	01	25	01					108012501000000000	已加工云母	包括厚片云母、薄片云母、云母片、云母粉的制品	厚片云母、薄片云母、云母片、云母粉
2148	1	08	01	25	02					108012502000000000	云母制品	包括云母板、云母片、云母箔、云母带、模制云母制品、云母碎屑制品、云母纸制品和其他云母制品	云母板、云母片、云母箔、云母带、模制云母制品、云母碎屑制品、云母纸制品
2149	1	08	01	26						108012600000000000	耐火材料制品	包括致密定形耐火制品、隔热耐火制品、不定形耐火制品和其他耐火材料制品，不包括耐火陶瓷制品（详见108012006）	黏土质砖、普通砖、高炉砖、热风炉砖、玻璃窑用砖、镁质砖、镁砖、铬砖、镁钙砖、高铝质砖、一般高铝砖、炼钢电炉顶用砖、盛钢桶用砖、高炉高铝质砖、硅砖、热风炉用硅质砖、焦炉用砖、玻璃窑用硅质砖、普通砖、焦炉用砖、热风炉用砖
2150	1	08	01	27						108012700000000000	石墨及炭素制品	以石油焦、天然石墨、煤沥青等富含炭元素的基材为主要原料，经特定工艺处理加工制成的人工制成品	
2151	1	08	01	27	01					108012701000000000	石墨制品		
2152	1	08	01	27	01	01				108012701010000000	石墨电极	以优质石油焦为主要原料，煤沥青作黏结剂，经特定工艺加工而制成，是在电弧炉中以电弧形式释放热能对炉料进行加热溶化的导体，包括普通功率石墨电极、高功率石墨电极、超高功率石墨电极	普通功率石墨电极、高功率石墨电极、超高功率石墨电极
2153	1	08	01	27	01	02				108012701020000000	石墨阳极	以石油焦为主要原料，煤沥青作黏结剂，经特定工艺加工而成，主要用于电化学工业中电解设备的导电阳极	石墨阳极
2154	1	08	01	27	01	03				108012701030000000	其他石墨制品	指除石墨电极（详见108012701101）、石墨阳极（详见108012701102）以外的其他石墨制品，包括石墨块、石墨粉、石墨异型件	非标准石墨制品、不透性石墨、石墨块、石墨粉、石墨异型件
2155	1	08	01	27	02					108012702000000000	炭制品	以无烟煤、冶金焦为主要原料，煤沥青作黏结剂，	普通炭块、普通电炉

附录 A 商品和服务税收分类与编码

续表

序号	编码 篇	类	章	节	条	款	项目	子目	细目	合并编码	商品和服务名称	说　明	关　键　字
2156	1	08	01	27	03					108012703000000000000		经特定工艺加工制作而成，主要用作高炉内衬、铝电解槽和其他电炉的炉衬材料和导电材料，包括炭块、半石墨质铝用炉炭块、炭糊和其他炭制品	炭块、普通铝用炭块、半石墨质炭块、半石墨质高炉电炉炭块、半石墨质铝用炉炭块、微孔炭块、半石墨质电炉炭块、炭电极棒、炭阳极、焙烧电极毛坯、阳极糊、炭电极、底糊、密闭糊、电阻棒
2157	1	08	01	27	99					108012799000000000000	炭素新材料	包括特种石墨制品、热解石墨制品、炭素纤维类及制品和其他炭素新材料	超细结构石墨、细结构石墨、中粗结构石墨、粗结构石墨、光谱纯石墨、各向同性石墨、热解石墨管、热解石墨、炭纤维、石墨纤维、预浸料、预氧丝、炭布、炭绳、炭毡、炭带
											其他炭素产品	包括石墨热交换器、柔性石墨制品、电炭产品	块孔式石墨热交换器、径向式石墨热交换器、降膜式石墨热交换器、列管式石墨热交换器、柔性石墨板材、柔性石墨卷材、柔性石墨填料、柔性石墨填料环、柔性石墨盘根、炭纤维增强柔性石墨盘根、镍丝增强柔性石墨盘根、炭刷、炭棒、炭焊条、炭精密封环、炭精零件、炭精轴承、传声器用炭精片、整流电子管用阳极、整流电子管用阴栅、电子管用屏、整流电子管用屏
2158	1	08	01	28						108012800000000000000	磨具	指用于磨削、研磨和抛光的工具	
2159	1	08	01	28	01					108012801000000000000	固结磨具	包括碾磨或磨浆用石磨、机用磨石、磨石、机用砂轮、陶瓷制磨石、抛光石、砂轮、树脂制砂轮、陶瓷制砂轮、磨盘、磨头、磨齿、手用磨石	碾磨用石磨、磨床用石磨、石磨、机用磨石、陶瓷制磨石、抛光石、砂轮、树脂制砂轮、陶瓷制砂轮、磨盘、磨齿、手用磨石、手用抛光石
2160	1	08	01	28	02					108012802000000000000	天然石制磨具	包括碾磨或磨浆刃用的磨石、石磨及其零件；刀具、工具等磨刃用的磨石；磨刀石、油石及类似品	天然石料制砂轮、天然石料制砂轮零件、天然石磨碾、天然石磨零件、天然石磨

续表

序号	编码 篇	类	章	节	条	款	项	子目	细目	合并编码	商品和服务名称	说　明	关　键　字
2161	1	08	01	28	03					1080128030000000000	涂附磨具	包括布基、纸基、涂附磨具异型产品和其他涂附磨具	布基、页状砂布、卷状砂布、带状砂布、纸基砂纸、页状砂纸、卷状砂纸、带状砂纸、涂附磨具异型产品、刚纸磨片、纸基不干胶磨片、布基不干胶磨片、砂盘、页轮、带柄页轮、布轮、开丝轮、尼龙大扣、尼龙抛光轮、尼龙抛光磨片、无纺布磨块、弹性海绵磨块
2162	1	08	01	28	04					1080128040000000000	超硬材料制品	指用金刚石或立方氮化硼制成的磨削、切削、锯切、钻探、拉丝等各类工具	树脂金刚石磨盘、树脂金刚石砂轮、树脂金刚石磨头、树脂立方氮化硼磨盘、树脂立方氮化硼砂轮、树脂立方氮化硼磨头、陶瓷金刚石砂轮、陶瓷金刚石磨盘、陶瓷金刚石磨头、陶瓷立方氮化硼砂轮、陶瓷立方氮化硼磨盘、陶瓷立方氮化硼磨头、金属金刚石砂轮、金属金刚石磨盘、金属金刚石磨头、金刚石、立方氮化硼、金刚石薄壁磨石、超硬材料涂附磨具、金刚石油天然气钻头、金刚石钻头、地质勘探钻头
2163	1	08	01	29						1080129000000000000	磨料	包括天然研磨料、普通磨料、超硬材料	
2164	1	08	01	29	01					1080129010000000000	天然研磨料	包括刚玉砂、石榴石、浮石、燧石、石英砂等天然矿物粉及玻璃粉	刚玉砂、石榴石、浮石、燧石、石英砂
2165	1	08	01	29	02					1080129020000000000	普通磨料	包括人造刚玉、碳化硅磨料、碳化硼磨料（包括碳化硼磨块、颗粒、微粉）	人造刚玉、棕刚玉、白刚玉、碳化硅磨料、黑碳化硅磨料、绿碳化硅磨料、碳化硼磨料、碳化硼磨块、碳化硼颗粒、碳化硼微粉

附录 A　商品和服务税收分类与编码

续表

序号	篇	类	章	节	条	款	项	目	子目	细目	合并编码	商品和服务名称	说　　明	关　键　字
2166	1	08	01	29	03						1080129030000000000	超硬材料	包括人造金刚石、立方氮化硼的单晶、多晶、微粉、纳米粉及其聚晶，化学气相沉积（CVD）金刚石	人造金刚石、金刚石单晶、金刚石多晶、带金属衬底的金刚石聚晶（PDC）、不带金属衬底的金刚石聚晶（PCD）、立方氮化硼、立方氮化硼单晶、立方氮化硼多晶、带金属衬底的立方氮化硼聚晶、不带金属衬底的立方氮化硼聚晶、化学气相沉积（CVD）金刚石
2167	1	08	01	30							1080130000000000000	沥青、泥炭	包括沥青混合物、泥炭制品	
2168	1	08	01	30	01						1080130010000000000	沥青混合物	指以天然沥青、石油沥青、矿物焦油等为基本成分的沥青混合物	普通沥青混合料、添加抗剥落剂沥青混合料、SBS聚合物改性沥青混合料、沥青玛蹄脂碎石混合料、热拌冷补沥青混合料、彩色沥青混合料、沥青胶黏剂、沥青混凝土、煤沥青
2169	1	08	01	30	02						1080130020000000000	泥炭制品	包括泥炭制片、泥炭制汽缸壳体、植物培植盆和其他泥炭制品	泥炭制片、泥炭制汽缸壳体、植物培植盆
2170	1	08	01	99							1080199000000000000	其他非金属矿物制品		
2171	1	08	01	99	01						1080199010000000000	以废渣生产非金属矿物制品	以废渣为原料生产墙板［不包括轻质隔墙条板（管材）（管桩）］，混凝土管桩（详见 108010403），陶粒、砂浆、道路井盖、道路护栏、防火材料、保温材料、矿（岩）板、管桩	陶粒、砂浆、道路井盖、道路护栏、防火材料、保温材料、矿棉、岩棉、墙板、管桩
2172	1	08	02								1080200000000000000	黑色金属冶炼及压延产品		
2173	1	08	02	01							1080201000000000000	生铁	高炉冶炼的合格生铁，包括炼钢生铁、铸造生铁、含钒生铁	炼钢生铁、铸造生铁、含钒生铁、球墨铸铁用铸造生铁
2174	1	08	02	02							1080202000000000000	还原铁	包括直接还原铁、熔融还原铁	煤基直接还原

续表

序号	编码篇	类	章	节	条	款	项	目	子目	细目	合并编码	商品和服务名称	说明	关键字
2175	1	08	02	03							108020300000000000	球墨铸铁	包括高炉生铁生产球墨铸铁及其他生铁生产球墨铸铁	铁、气基直接还原铁、海绵铁（DRI）、压块铁（HBI）、炼钢用熔融还原铁、球墨铸铁
2176	1	08	02	04							108020400000000000	铸铁管及其附件	包括铸铁管、铸铁直管、铸铁空心异型管、铸铁管附件	铸铁管、铸铁直管、铸铁空心异型管、铸铁管附件
2177	1	08	02	04	01						108020401000000000	铸铁管	指用铸铁浇铸成型的管子	铸铁管
2178	1	08	02	04	02						108020402000000000	铸铁直管	包括连续式生产铸铁直管、离心式生产铸铁直管、其他方式生产铸铁直管、灰铁铸铁管、球墨铸铁管、中口径铸铁直管、小口径铸铁直管	连续式生产铸铁直管、离心式生产铸铁直管、灰铁铸铁管、球墨铸铁管、中口径铸铁直管、小口径铸铁直管
2179	1	08	02	04	03						108020403000000000	铸铁空心异型管	指用铸铁浇铸成异型的空心管	铸铁空心异型管
2180	1	08	02	04	04						108020404000000000	铸铁管附件	包括无可锻性铸铁管子附件、可锻性铸钢管子附件	无可锻性铸铁管子附件、可锻性铸钢管子附件
2181	1	08	02	05							108020500000000000	粗钢	指完成了冶炼过程、未经塑性加工的钢，其形态为液态或铸态固体，包括非合金钢粗钢、低合金钢粗钢、合金钢粗钢，不锈钢粗钢；粗钢锭（粗钢）、模铸钢锭（粗钢）、铸造用液态钢（粗钢）、板坯（粗钢）、管坯（粗钢）、圆坯、矩形坯、异形坯；镇静钢、沸腾钢、半镇静钢；转炉钢、电弧炉钢、感应电炉钢	一般用途碳素结构粗钢、优质碳素结构粗钢、冷压延棒、一般用途碳素结构粗钢、优质碳素结构粗钢、线材用非合金结构钢、电工用非合金钢、电工用非合金粗钢、优质铸造碳素钢、优质碳素结构粗钢、易切削非合金钢、易切削非合金结构钢、特殊碳素结构钢、特殊用非合金结构钢、钢丝用非合金结构钢、盘条钢、钢丝用非合金结构粗钢、航空兵器等专用非合金结构钢、核能用非合金结构粗钢、航空兵器等专用非合金结构钢、核能用非合金结构粗钢

续表

序号	编码							合并编码	商品和服务名称	说明	关键字
	篇	类	章	节	条	款	项 目 子目 细目				
											碳素弹簧钢、碳素弹簧粗钢、特殊易切削钢、特殊易切削粗钢、碳素工具钢、中空钢、中空粗钢、电磁纯铁、原料纯铁粗钢、一般低合金结构粗钢、一般低合金结构钢、低合金钢筋粗钢、铁道用一般低合金钢、铁道用一般低合金结构粗钢、优质低合金钢、铁道用优质低合金钢铁道用低合金结构钢、输油输气管线用低合金粗钢、低合金耐候钢、低合金耐候粗钢、特殊低合金结构粗钢、铁道用特殊低合金钢、铁道用特殊低合金结构钢、核能用低合金钢、核能用低合金粗钢、低温用低合金钢、低温用低合金粗钢、优质结构用低合金粗钢、一般结构用合金钢、电工用硅铝合金钢、电工用硅铝合金粗钢、地质石油钻探用合金钢、地质石油钻探用合金粗钢、合金结构钢、合金结构粗钢、合金钢筋粗钢、合金钢筋、合金工具钢、合金工具粗钢、地质钻采用合金钢、地质钻采用合金粗钢、合金弹簧钢、合金弹簧粗钢、合金工具钢、合金工具粗钢、高合金工具钢、高速工具钢、高速工具粗钢、高速合金粗钢、精密合金钢、精密合金粗钢、高温合金钢、高温合金粗钢

续表

序号	篇	类	章	节	条	款	项	目	子目	细目	合并编码	商品和服务名称	说明	关键字
														钢、耐蚀合金钢、耐蚀合金粗钢、轴承钢、轴承粗钢、高电阻电热钢、高电阻电热粗钢合金、无磁钢合金、无磁粗钢、永磁钢、永磁粗钢、铬镍系不锈钢、铬镍系不锈粗钢、耐热不锈钢、耐热不锈粗钢、连铸坯、连铸坯粗钢、方坯、方坯粗钢、大方坯、大方坯粗钢、小方坯、小方坯粗钢、大矩形坯、大矩形坯粗钢、小矩形坯、小矩形坯粗钢、厚板坯粗钢、厚板坯、薄板坯、薄板坯粗钢、圆坯、圆坯粗钢、异形坯、异形坯粗钢、管坯、管坯粗钢、模铸钢锭、铸造用液态钢、镇静钢、沸腾钢、半镇静钢、顶吹转炉钢、底吹转炉钢、侧吹转炉钢、复合吹炼转炉钢、普通电弧炉钢、直流电弧炉钢、真空感应电炉钢、非真空感应电炉钢
2182	1	08	02	06							108020600000000000	轧制、锻造钢坯	包括非合金钢钢坯、合金钢钢坯、低合金钢钢坯、不锈钢钢坯；轧制坯、锻造坯、板坯（钢坯）、方坯（钢坯）、矩形坯（钢坯）、圆坯（钢坯）、异形坯（钢坯）、管坯（钢坯）	一般用途碳素结构钢、一般用途碳素结构钢坯、优质碳素结构钢、优质碳素结构钢坯、线材用非合金钢坯、特殊盘条钢用非合金钢坯、特殊钢丝用非合金钢坯、合金结构钢、合金结构钢坯、合金钢筋钢、合金钢筋钢坯、高电阻电热不锈钢、无磁钢坯、永磁钢坯、铬镍系不锈钢坯、连铸坯轧制坯、铸坯轧制坯、小方钢坯、钢锭轧制坯、锻造坯、大方钢坯、大矩形钢坯、小矩形钢坯、厚板钢坯

续表

序号	编码篇	类	章	节	条	款	项	目	子目	细目	合并编码	商品和服务名称	说明	关键字
2183	1	08	02	07							1080207000000000000	钢材	包括铁道用钢材、大型型钢、中小型钢、棒材、钢筋、线材（盘条）、盘条、板条、热轧薄板、冷轧薄板、钢带、板带、无缝钢管、焊接钢管、其他钢材	铁道用钢材、大型型钢、中小型钢、热轧棒材、钢筋、线材、盘条、钢板、热轧薄板、冷轧薄板、钢带、板带、无缝钢管、焊接钢管
2184	1	08	02	07	01						1080207010000000000	铁道用钢材	指铁道及电车道铺轨用钢铁材料	轻轨、重轨、道岔钢轨、钢轨配件、工业用钢轨、起重机用钢轨、导电钢轨

续表

序号	篇	类	章	节	条	款	项目	子目	细目	合并编码	商品和服务名称	说明	关键字
													钢枕、车轮、轮箍、车轴、铁道用非合金钢、铁道用普通质量非合金钢、铁道用优质非合金钢、铁道用特殊质量非合金钢、铁道用低合金钢、铁道用普通质量低合金钢、铁道用优质低合金钢、铁道用特殊质量低合金钢
2185	1	08	02	07	02					108020702000000000	大型型钢	产品的横截面如字母I、U、L、Z、T等形状,其高度≥80mm(包括氧气瓶料)	大型H型钢、大型I型钢、大型工字钢、大型U型钢、大型槽钢、大型角钢、大型乙字钢、大型丁字钢、T型钢、钢板桩、矿用型钢、特殊大型型钢、衬板、π型钢、履带钢、非合金钢大型型钢、优质非合金钢大型型钢、普通质量非合金钢大型型钢、特殊质量非合金钢大型型钢、低合金钢大型型钢、普通质量低合金钢大型型钢、优质低合金钢大型型钢、特殊质量低合金钢大型型钢、合金钢大型型钢、优质合金钢大型型钢、特殊质量合金钢大型型钢、不锈钢大型型钢、铬系不锈钢大型型钢、铬镍系不锈钢大型型钢、耐热不锈钢大型型钢、大型型钢按加工工艺分、热轧大型型钢
2186	1	08	02	07	03					108020703000000000	中小型型钢	产品的横截面如字母I、U、L、Z、T等形状,其高度<80mm	中小型H型钢、中小型I型钢、小工字钢、中小U型钢、小槽钢、中小型角钢、中小等翼缘T型钢、复合钢、矿用支柱钢、矿用刮板钢、特殊中小型型钢、非合金钢中小型型钢、普通质量非合金钢

续表

序号	编码篇	类	章	节	条	款	项	目	子目	细目	合并编码	商品和服务名称	说明	关键字
2187	1	08	02	07	04						1080207040000000000	棒材	横截面为圆形、方形、六角形、八角形、扁形等简单断面并以直条交货的钢材，不包括混凝土用钢筋（详见108020705）	非合金棒材、普通质量非合金钢棒材、优质非合金钢棒材、特殊质量合金钢棒材、低合金棒材、低合金钢棒材、优质低合金钢棒材、特殊质量低合金钢棒材、特殊质量合金钢棒材、铬系不锈钢棒材、铬镍系不锈钢棒材、耐热不锈钢棒材、圆钢、大型圆钢、小型圆钢、方钢、大型方钢、小型方钢、六角钢、扁钢、大型扁钢、小型扁棒材、热轧棒材、冷轧(拔)棒材、锻压棒材、挤压棒材
2188	1	08	02	07	05						1080207050000000000	钢筋	钢筋混凝土和预应力钢筋混凝土用的轧制产品，横截面通常为圆形或带有圆角的方形。包括光圆钢筋、带肋钢筋、扭转钢筋等；可以直条交货，也可	光圆钢筋、带肋钢筋、非合金钢筋、普通质量非合金钢筋、优质非合金钢筋、低合金钢筋、特殊质量非合金钢筋、合金

续表

序号	篇	类	章	节	款	项	目	子目	细目	合并编码	商品和服务名称	说明	关 键 字
												以盘状交货；不包括线材机生产的产品（详见108020705）	钢钢筋、普通质量低合金钢钢筋、优质低合金钢钢筋、特殊质量低合金钢钢筋、特殊质量合金钢钢筋、优质合金钢钢筋、不锈钢钢筋、铬系不锈钢钢筋、铬镍系不锈钢钢筋、耐热不锈钢钢筋、热轧钢筋、一级钢筋、二级钢筋、三级钢筋、四级钢筋、五级钢筋、冷轧（拔）钢筋
2189	1	08	02	07	06					10802070600000000	线材(盘条)	经线材机热轧后卷成盘状交货的产品，其横截面通常为圆形、椭圆形、方形、矩形、六角形、八角形或其他形状包括调出及企业自用于拔制钢丝的盘条	工程建筑结构用线材、制品原料用高碳钢线材、钢帘线用硬线材、钢纤维用硬线材、钢绞线用硬线材、拉拔用线材、电焊条用线材、弹簧用线材、冷镦铆螺用线材
2190	1	08	02	07	07					10802070700000000	钢板	包括厚钢板和中板	锅炉用厚钢板、火箱用厚钢板、造船用厚钢板、舰艇用厚钢板、航空用厚钢板、容器用厚钢板、工程机械用厚钢板、建筑用厚钢板、桥梁用厚钢板、管线用厚钢板、锅炉用中板、火箱用中板、汽车车厢用中板、汽车车厢用中板、工程机械用中板、农机用中板、容器用中板、管线用中板、集装箱用中板、桥梁用中板、焊管用中板、建筑用中板
2191	1	08	02	07	08					10802070800000000	热轧薄板	包括非合金钢热轧薄板、低合金钢热轧薄板、不锈钢热轧薄板等	汽车用热轧薄板、造船用热轧薄板、舰艇用热轧薄板、搪瓷用热轧薄板、农机用热轧薄板、建筑用热轧薄板、集装箱用热轧薄板、公路用热轧薄板、轻工家电用热轧薄板、容器用热轧薄板、工

续表

序号	编码 篇	类	章	节	条	款	项目	子目	细目	合并编码	商品和服务名称	说明	关键字
2192	1	08	02	07	09					1080207090000000000	冷轧薄板	包括非合金钢冷轧薄板、低合金钢冷轧薄板、不锈钢冷轧薄板等	程机械用热轧薄板、焊管用热轧薄板、汽车用冷轧薄板、轿车面板用冷轧薄板、火车车厢用冷轧薄板、造船用冷轧薄板、工程机械用冷轧薄板、搪瓷用冷轧薄板、农机用冷轧薄板、建筑用冷轧薄板、家电用冷轧薄板、集装箱用冷轧薄板、钢制家具用冷轧薄板、镀锡原板、冷连轧机生产冷轧薄板、单机架轧机生产冷轧薄板、双机架轧机生产冷轧薄板
2193	1	08	02	07	10					1080207100000000000	钢带	包括中厚宽钢带、热轧钢带、冷轧钢带	钢炉用中厚宽钢带、火箱用中厚宽钢带、造船用中厚宽钢带、汽车车厢用中厚宽钢带、火车车厢用中厚宽钢带、航空用中厚宽钢带、压力容器用中厚宽钢带、桥梁用中厚宽钢带、工程机械用中厚宽钢带、农机用中厚宽钢带、集装箱用中厚宽钢带、X60及以上管线用中厚宽钢带、建筑用中厚宽钢带、管线用中厚宽钢带、造船用热轧宽钢带、汽车用热轧宽钢带、搪瓷用热轧宽钢带、农机用热轧宽钢带、建筑用热轧宽钢带、集装箱用热轧宽钢带、轻工家电用热轧宽钢带、公路用热轧宽钢带、容器用热轧宽钢带、焊管用热轧宽钢带、热轧薄带、汽车用冷轧宽钢带、火车车厢用冷轧宽钢带、造船用冷轧宽钢带、搪瓷用冷轧宽钢带、工程机械用冷轧宽钢带

续表

序号	篇	类	章	节	条	款	项	子目	细目	合并编码	商品和服务名称	说　明	关　键　字
2194	1	08	02	07	11					1080207110000000000	板带	包括镀层板带、涂层板带、电工钢板带等所有板带	汽车用镀锌板带、轻工家电用镀锌板带、耐指纹板带、建筑用镀锌板带、机械用镀锌板带、包装用镀锡板带、建筑装饰用镀锡板带、家具用镀锡板带、机械用涂层板带、家电用涂层板带、家具用涂层板带、取向电工钢板带、无取向电工钢板带、热轧电工钢板带、冷轧电工钢板带、电工钢板、电工钢带
2195	1	08	02	07	12					1080207120000000000	无缝钢管	指具有中空截面，大量用作输送流体的管道，如输送石油、天然气、煤气、水及某些固体物料的管道等，不包括铸铁管（详见108020712）	石油套管用无缝钢管、石油油管用无缝钢管、石油钻杆用无缝钢管、管线用无缝钢管、输送流体用无缝钢管、结构用无缝钢管、高压锅炉用无缝钢管、低中压锅炉用无缝钢管、气瓶用无缝钢管、高压化肥设备用无缝钢管、石油裂化用无缝钢管、锅炉热交换器用无缝钢管、流体输送用不锈钢无缝钢管、结构用不锈钢无缝钢管、汽车半轴套管用无缝钢管、金刚石岩心钻探用无缝钢管

关键字（第2194行）：钢带、衣机用冷轧薄宽钢带、建筑用冷轧薄宽钢带、家电用冷轧薄宽钢带、集装箱用冷轧薄宽钢带、钢制家具用冷轧薄宽钢带、镀锡薄宽钢带、焊管用冷轧薄宽钢带、自行车用热轧窄钢带、摩托车用热轧窄钢带、打包用热轧窄钢带、自行车用冷轧窄钢带、焊管用冷轧窄钢带、摩托车用冷轧窄钢带、打包用冷轧窄钢带

续表

序号	篇	类	章	节	条	款	项	目	子目	细目	合并编码	商品和服务名称	说　明	关　键　字
2196	1	08	02	07	13						1080207130000000000	焊接钢管	指用钢带或钢板弯曲变形为圆形、方形等形状后再焊接成的、表面有接缝的钢管	石油套管用电阻焊钢管，石油管用电阻焊钢管，管线用电阻焊接钢管，管线用螺旋缝焊接钢管，管线用埋弧焊接钢管，低压流体输送用直缝焊接钢管，结构用直缝焊接钢管，结构用螺旋缝焊接钢管，机械结构用不锈钢焊接钢管，流体输送用不锈钢焊接钢管，低中压锅炉用电焊钢管，换热器用焊接钢管，传动轴用电焊钢管，普通碳素钢电线套管，深井水泵用电焊钢管，带式输送机托辊用电焊钢管，矿用流体输送电焊钢管，装饰用焊接不锈钢管，双层卷焊钢管，镀锌钢管，镀（渗）铝管，S型钎焊不锈钢金属软管，不锈钢复合管，P3型镀锌金属复合管
2197	1	08	02	07	99						1080207990000000000	其他钢材	指除铁道用钢材、大型型钢、中小型型钢、棒材、钢筋、线材（盘条）、板材、热轧薄板、冷轧薄板、钢带、板带、无缝钢管、焊接钢管以外的钢材；如通用冷弯型钢，结构用冷弯型钢，汽车用冷弯型钢，卷帘门用冷弯型钢，钢窗用冷弯型钢，通用冷弯开口型钢，通用冷弯开口型钢轮

续表

序号	篇	类	章	节	条	款	项目	子目	细目	合并编码	商品和服务名称	说明	关键字
2198	1	08	02	08								钢铁企业锻钢车间生产的锻钢件（包括锻锤、精锻快锻以及水压机、挤压机、液压机生产的锻钢件，也包括炼钢炉料，但不包括锻钢件中的型材（详见108020702、108020703）。棒材（详见108020704）。冷弯型钢、减振复合钢和无缝钢管（详见108020712）。冷弯型钢、减振复合钢板等	通用冷弯开口件、通用冷弯开口盘件、通用冷弯开口轴件、通用冷弯开口模块、通用冷弯开口环件、通用冷弯开口锻钢件、复合钢板、减振复合钢板、汽车用减振复合钢板、家电用减振复合钢板、不锈钢复合钢板
										10802080000000000	铁合金	指炼钢时作为脱氧剂、元素添加剂等加入铁水中使钢具备某种特性或达到某种要求的一种产品，包括普通铁合金和特种铁合金	高炉锰铁、电炉普通铁合金、电炉锰铁、电炉中低碳锰铁、锰硅合金、电炉硅铁、高碳铬铁、电炉中低碳铬铁、微碳铬铁、钨铁、硅铬铁、钒铁、稀土硅合金、金属锰、磷铁、硼铁、金属硅、硅铬合金、硅钙合金、硅钙钒、合金、硅钡合金、硅钙钡合金、硅钙钡合金、硅铝钡锶合金、硅镁合金、硅镁合金、硅铝钡合金、硅铝铁、转炉中碳锰铁、转炉低碳铬铁、钼铁、氧化钼碳铬铁、钛铁、铌铁、钼铝合金、铝铝铁、钼镍合金、钼铝合金、钼铝合金、锆铝合金、合金、电解锰、钒铝铁、真空含铁、氮化铬铁铁、氮化锰铁
2199	1	08	02	09						10802090000000000	废旧物资冶炼、提纯金属及合金	指利用废旧物资冶炼、提纯或氧化生产的金属、合金及金属氧化合，不包括铁合金（详见1080201）	
2200	1	08	03							10803000000000000	有色金属冶炼及压延产品	包括十种有色金属、稀有稀土金属、贵金属及碱土金属、镉、铋、相关常用有色金属、有色	

附录 A　商品和服务税收分类与编码

续表

序号	编码 篇	类	章	节	条	款	项	目	子目	细组	合并编码	商品和服务名称	说明	关键字
													金属合金	
2201	1	08	03	01							1080301000000000000	铜	包括粗铜、阳极铜、精炼铜（电解铜）、直接利用再生铜	粗铜、矿产粗铜、再生粗铜、电积铜、阳极铜、矿产阳极铜产阳极铜、电积铜产阳极铜、精炼铜、电解铜、矿产精炼铜、再生精炼铜、电积铜
2202	1	08	03	02							1080302000000000000	铅锌	包括铅和锌	
2203	1	08	03	02	01						1080302010000000000	铅	指用铅精矿和铅废料为原料生产的电铅（铅锭，含铅至三号铅，含铅≥99%），铅基合金（含铅≥99%），铸造锡铅焊料折铅（不含用成品铅作原料铸造的焊锡料和铝基合金（含铝≥99%），其他铅	粗铅、矿产粗铅、再生粗铅、铅、矿产铅、再生铅、商品粗铅
2204	1	08	03	02	02						1080302020000000000	锌	指以锌精矿或锌废碎料作原料经粗炼和精炼工艺生产的锌产品（包括电锌、精锌、商品蒸馏锌和锌产品）	锌、矿产锌、矿产电锌、矿产精锌、再生锌、矿产商品蒸馏锌、再生电锌、再生精锌、再生商品蒸馏锌
2205	1	08	03	03							1080303000000000000	镍	指以镍精矿及镍废碎料等物料为原料，经冶炼生产的镍产品	镍、高冰镍合镍实物量、高冰镍、水淬镍、电镍、矿产镍、再生镍、湿法冶炼浸出镍、镍盐
2206	1	08	03	04							1080304000000000000	锡	指未锻轧锡，包括电锡、精锡、锡基合金，铸造锡铅铝料折锡	锡、矿产电锡、矿产精锡、再生锡
2207	1	08	03	05							1080305000000000000	锑	包括锑品（矿产）、三氧化二锑、精锑、高铝锑生锑（硫化锑）、其他未锻轧锑、再生锑	矿产锑品、三氧化二锑、精锑、高铝锑、锑、生锑、硫化锑、再生锑
2208	1	08	03	06							1080306000000000000	铝	包括氧化铝、原铝、再生铝	氧化铝、原铝、再生铝
2209	1	08	03	06	01						1080306010000000000	氧化铝	指将铝矾土原料经过化学处理、除去硅、铁、钛等杂质氧化物而制得	氧化铝、冶金级氧化铝、一级氧化铝、二级氧化铝、三级氧化铝、四级氧化铝、普通氢氧化铝、特种氧化铝、白色氧化铝、细氢氧化铝、填化铝

续表

序号	篇	类	章	节	条	款	项目	子目	细目	合并编码	商品和服务名称	说明	关键字
2210	1	08	03	06	02					10803060200000000000	原铝（电解铝）	指以氧化铝为原料生产的电解铝及直接用铝液生产的铝合金、铝板卷及铝导杆等产品	原铝、电解铝、重熔用铝锭、铝母线、铝板卷、铝导杆
2211	1	08	03	06	03					10803060300000000000	再生铝	指以废旧铝为原料通过废熔炉生产的再生铝，包括再生铝锭、再生铝合金及铝加工、制品企业熔铸使用的再生铝	再生铝、再生铝锭、再生铝合金、加工再生铝、直接利用再生铝
2212	1	08	03	07						10803070000000000000	镁	包括原生镁（矿产镁锭）、再生镁、镁环、镁粒（粉）	原生镁、矿产镁锭、再生镁、镁环、镁粒、镁粉
2213	1	08	03	08						10803080000000000000	钛	包括钛、海绵钛、高铁渣	钛、海绵钛、高铁渣
2214	1	08	03	09						10803090000000000000	汞及汞化合物	包括汞（金属汞）、氧化汞、汞触媒、不包括汞砂（详见107021003）	汞、金属汞、氧化汞、汞触媒
2215	1	08	03	10						10803100000000000000	镉、铋、相关常用有色金属	包括镉、铋、钴和相关常用有色金属	
2216	1	08	03	10	01					10803100100000000000	镉	指用重有色金属伴生矿作原料经冶炼工艺综合回收的精镉（锭）和镉废碎料作原料生产的精镉（锭）	镉、矿产镉、电解镉、精镉、再生镉
2217	1	08	03	10	02					10803100200000000000	铋	包括矿产铋、一号铋、二号铋、其他产铋、再生铋	矿产铋、一号铋、二号铋、再生铋
2218	1	08	03	10	03					10803100300000000000	钴	包括氧化钴、金属钴、电解钴、钴铁、其他钴盐	氧化钴、金属钴、电解钴、钴铁
2219	1	08	03	10	99					10803109900000000000	其他常用有色金属		

附录A 商品和服务税收分类与编码 557

续表

序号	篇	类	章	节	条	款	项	子目	细目	合并编码	商品和服务名称	说明	关键字
2220	1	08	03	11						1080311000000000000	贵金属	包括黄金、白银、铂、钯、铑、铱、锇、钌和其他贵金属	黄金、白银、铂、钯、铑、铱、锇、钌
2221	1	08	03	11	01					1080311010000000000	黄金	指矿山成品金和冶炼产金（金锭），产品为一号、二号、三号金，含金≥99.9%	黄金、矿山成品金、冶炼产金、金矿料产金、有色料副产金、再生金
2222	1	08	03	11	01	01				1080311010100000000	黄金矿砂（含伴生金）		黄金矿砂、伴生金
2223	1	08	03	11	01	02				1080311010200000000	其他黄金		
2224	1	08	03	11	02					1080311020000000000	白银（银锭）	指用银精矿及废杂银（回收的再生银）作原料生产的银（银锭），产品含一号、二号、三号银，银≥99.9%	白银、银锭、银矿料产银、银矿产银锭、银粉、银矿料产高纯银、银矿产银、金矿料产银粉、金矿料产高纯银、有色料产银、有色副产银、有色料产高纯银、再生银、再生银粉、再生高纯银
2225	1	08	03	11	03					1080311030000000000	铂	包括金属铂（铂锭）、矿产铂、再生铂、铂粉	金属铂、铂锭、矿产铂、再生铂、铂粉
2226	1	08	03	11	04					1080311040000000000	钯	包括金属钯、矿产钯、再生钯、钯粉	钯、金属钯、矿产钯、再生钯、钯粉
2227	1	08	03	11	05					1080311050000000000	铑	包括未锻造铑、铑粉	铑、未锻造铑、铑粉
2228	1	08	03	11	06					1080311060000000000	铱	包括未锻造铱、铱粉	铱、未锻造铱、铱粉
2229	1	08	03	11	07					1080311070000000000	锇	包括未锻造锇、锇粉	锇、未锻造锇、锇粉
2230	1	08	03	11	08					1080311080000000000	钌	包括未锻造钌、钌粉	钌、未锻造钌、钌粉
2231	1	08	03	11	99					1080311990000000000	其他贵金属		
2232	1	08	03	12						1080312000000000000	稀有稀土金属	包括稀有金属、单一稀土金属、混合稀土金属	
2233	1	08	03	12	01					1080312010000000000	稀有金属	包括钨、钼、铌、钽、铍（金属铍）、铈（金属铈）、锆、铟、铼（金属铼）、其他稀有金属	
2234	1	08	03	12	01	01				1080312010100000000	钨	指用钨精矿、仲钨酸铵及氧化钨作原料生产的钨	钨、钯粉、钨粉、钨条、钨杆、钨粒

续表

序号	篇	类	章	节	条	款	项	目	子目	细目	合并编码	商品和服务名称	说明	关键字
													冶炼产品，是钨材及硬质合金原料	钨板坯
2235	1	08	03	12	01	02					1080312010200000000	钼	指用钼精矿、氧化钼及钼酸铵作原料生产的钼冶炼产品，是钼材及硬质合金原料	钼、钼粉、钼条、钼杆
2236	1	08	03	12	01	03					1080312010300000000	钽	指用钽铌精矿、钽화物及氟钽酸钾等物料作原料经湿法冶金或火法冶炼生产的钽金属	钽、钽锭、钽条、钽杆、电容器级钽粉、冶金级钽粉
2237	1	08	03	12	01	04					1080312010400000000	铌	指用钽铌精矿、铌氧化物等物料作原料经火法或湿法冶炼生产的铌金属	铌、铌锭、铌合金条、铌粉
2238	1	08	03	12	01	05					1080312010500000000	锆	指用锆英石等物料为原料经冶炼生产的产品	锆、海绵锆
2239	1	08	03	12	01	06					1080312010600000000	铍（金属铍）	指用铍矿石、工业氧化铍及铍废碎料为原料，经电解法和还原法生产的金属铍	铍、金属铍、矿产铍、再生铍
2240	1	08	03	12	01	07					1080312010700000000	铊（金属铊）	指在冶炼铜、铅锌等金属、铟等金属产品时综合回收的铊金属，铊含量一般在四个九以上	铊、金属铊、矿产铊、原生铊
2241	1	08	03	12	01	08					1080312010800000000	镓	指在生产氧化铝过程中从铝土矿中回收金属镓（工业镓），包括原生镓和再生镓，镓含量99.99%	镓、原生镓、矿产镓、再生镓
2242	1	08	03	12	01	09					1080312010900000000	铪	指铪的冶炼产品，用于核能及军工领域	铪、海绵铪、铪粉
2243	1	08	03	12	01	10					1080312011000000000	铟	指属于稀散金属、金属铟主要来自铜、铅、锌及锡等有色金属冶炼过程中富集物的回收，铟分为In99.9%、In99.97%、In99.993%三个品种	铟、原生铟、铟锭、再生铟
2244	1	08	03	12	01	11					1080312011100000000	铼（金属铼）	指属于稀散金属，原料是钼等金属、辉钼矿等伴生，在冶炼铜、钼等金属工程中采用氧化焙烧-沉淀法、石灰烧结法、萃取法、离子交换法、电溶氧化法及高压浸煮法等传统提取铼方法提取金属铼	铼、金属铼、矿产铼、再生铼
2245	1	08	03	12	01	99					1080312019900000000	其他稀有金属		
2246	1	08	03	12	02						1080312020000000000	单一稀土金属	指采用熔盐电解、金属热还原和火法提纯三种冶炼工艺生产的单一稀土金属产品；单一稀土金属有	单一稀土金属

附录 A 商品和服务税收分类与编码

续表

序号	篇	类	章	节	条	款	项目	子目	细目	合并编码	商品和服务名称	说明	关键字
2247	1	08	03	12	02	01				1080312020100000000	金属钕	指17种，分为钪组轻金属7种：镧、铈、镨、钕、钷、钐、铕；钇组重金属9种：钆、铽、镝、钬、铒、铥、镱、镥和钇；钪为另类稀土金属。本类均指经冶炼后的单一稀土金属，且该类单一稀土金属含量≥99%。指经冶炼后的单一稀土金属，金属含量≥99%	金属钕
2248	1	08	03	12	02	02				1080312020200000000	金属镝	指经冶炼后的单一稀土金属，金属含量≥99%	金属镝
2249	1	08	03	12	02	03				1080312020300000000	金属镧	指经冶炼后的单一稀土金属，金属含量≥99%	金属镧
2250	1	08	03	12	02	04				1080312020400000000	金属镨	指经冶炼后的单一稀土金属，金属含量≥99%	金属镨
2251	1	08	03	12	02	05				1080312020500000000	金属钐	指经冶炼后的单一稀土金属，金属含量≥99%	金属钐
2252	1	08	03	12	02	06				1080312020600000000	金属铕	指经冶炼后的单一稀土金属，金属含量≥99%	金属铕
2253	1	08	03	12	02	07				1080312020700000000	金属钆	指经冶炼后的单一稀土金属，金属含量≥99%	金属钆
2254	1	08	03	12	02	08				1080312020800000000	金属铽	指经冶炼后的单一稀土金属，金属含量≥99%	金属铽
2255	1	08	03	12	02	09				1080312020900000000	金属钇	指经冶炼后的单一稀土金属，金属含量≥99%	金属钇
2256	1	08	03	12	02	10				1080312021000000000	金属铽	指经冶炼后的单一稀土金属，金属含量≥99%	金属铽
2257	1	08	03	12	02	11				1080312021100000000	金属钬	指经冶炼后的单一稀土金属，金属含量≥99%	金属钬
2258	1	08	03	12	02	12				1080312021200000000	金属铒	指经冶炼后的单一稀土金属，金属含量≥99%	金属铒
2259	1	08	03	12	02	13				1080312021300000000	金属铥	指经冶炼后的单一稀土金属，金属含量≥99%	金属铥
2260	1	08	03	12	02	14				1080312021400000000	金属镱		金属镱
2261	1	08	03	12	02	15				1080312021500000000	金属镥		金属镥
2262	1	08	03	12	02	16				1080312021600000000	金属镥		金属镥
2263	1	08	03	12	02	17				1080312021700000000			
2264	1	08	03	12	02	99				1080312029900000000	其他单一稀土金属		
2265	1	08	03	12	03					1080312030000000000	混合稀土金属	指两种以上稀土金属，稀土金属总含量≥99%	混合稀土金属

续表

序号	篇	类	章	节	条	款	项	目	子目	细目	合并编码	商品和服务名称	说明	关键字
2266	1	08	03	12	03	01					1080312030100000000	金属镨钕		金属镨钕
2267	1	08	03	12	03	02					1080312030200000000	金属镧铈		金属镧铈
2268	1	08	03	12	03	03					1080312030300000000	金属镨镧		金属镨镧
2269	1	08	03	12	03	04					1080312030400000000	金属镧铈镨钕		金属镧铈镨钕
2270	1	08	03	12	03	05					1080312030500000000	电池级稀土金属		电池级稀土金属
2271	1	08	03	12	03	06					1080312030600000000	冶金级稀土金属		冶金级稀土金属
2272	1	08	03	12	03	99					1080312039900000000	其他混合稀土金属		
2273	1	08	03	12	99						1080312990000000000	其他稀土金属		
2274	1	08	03	13							1080313000000000000	碱金属及碱土金属	包括碱金属以及碱土金属	
2275	1	08	03	13	01						1080313010000000000	碱金属	包括钠、锂、钾、铷、铯和其他碱金属	
2276	1	08	03	13	01	01					1080313010100000000	钠		钠
2277	1	08	03	13	01	02					1080313010200000000	锂	指用电解或真空热还原-蒸馏技术生产的锂金属，锂含量≥99%	锂
2278	1	08	03	13	01	03					1080313010300000000	钾		钾
2279	1	08	03	13	01	04					1080313010400000000	铷	指用锂云母、铯榴石及盐湖卤水作原料经冶炼工艺生产的铷金属，铷含量≥99%	铷
2280	1	08	03	13	01	05					1080313010500000000	铯	指用铯榴石等原料经真空热还原法、热分解法和电解法生产的金属铯，铯含量≥99%	铯
2281	1	08	03	13	01	99					1080313019900000000	其他碱金属		
2282	1	08	03	13	02						1080313020000000000	碱土金属	包括钙、锶、钡和其他碱土金属	碱土金属

续表

序号	篇	类	章	节	条	款	项	目	子目	细目	合并编码	商品和服务名称	说　明	关　键　字
2283	1	08	03	13	02	01					108031302010000000000	钙		钙
2284	1	08	03	13	02	02					108031302020000000000	锶		锶
2285	1	08	03	13	02	03					108031302030000000000	钡		钡
2286	1	08	03	13	99						108031399000000000000	其他碱金属及碱土金属		
2287	1	08	03	14							108031400000000000000	有色金属合金	指含有两种以上有色金属铸造的未锻轧产品	有色金属合金
2288	1	08	03	14	01						108031401000000000000	常用有色金属合金	包括铜合金、铝合金、锌合金、镁合金、钛合金、铍合金、镍合金、钴合金及其他常用有色金属合金	常用有色金属合金
2289	1	08	03	14	01	01					108031401010000000000	铜合金	指以铜为基体，加入一种或几种其他有色金属元素所铸造的未锻轧的铜合金	铜合金、铜锌合金、黄铜、铜锡合金、青铜、铜镍合金、白铜、铜镍锌合金、铝锡锌合金、铜钙合金、铜钙合金、砷铜、德银
2290	1	08	03	14	01	02					108031401020000000000	铝合金	指以铝为基体，加入一种或几种其他有色金属元素所铸造的未锻轧的铝合金	铝合金、铝锡合金、铝锑合金、铝锑镉合金、铝镁合金、铝钙合金、铝锡铝合金、铝碲合金
2291	1	08	03	14	01	03					108031401030000000000	锌合金	指以锌为基体，加入一种或几种其他有色金属元素所铸造的未锻轧的锌合金	锌合金、锌铝合金、锌铜合金
2292	1	08	03	14	01	04					108031401040000000000	镍合金	指以镍为基体，加入一种或几种其他有色金属元素所铸造的未锻轧的镍合金	镍合金、镍铬合金、镍铜合金
2293	1	08	03	14	01	05					108031401050000000000	铝合金	指以铝锭（铝液或再生铝）为基体，加入一种或几种其他有色金属元素所铸造的未锻轧的铝合金	铝合金、铝锌铜合金、硅合金、铝锌硅合金、铝镁硅合金、铝镁锰合金、铝锰合金、铜镁锰合金、铝锌镁合金、稀土合金
2294	1	08	03	14	01	06					108031401060000000000	锡合金	指以锡为基体，加入一种或几种其他有色金属元素所铸造的未锻轧的锡合金	锡合金、锡铅合金、巴氏合金、锡锑合金、锡铝锑合金、锡铜合金

续表

序号	篇	类	章	节	条	款	项	子目	细目	合并编码	商品和服务名称	说明	关键字
2295	1	08	03	14	01	07				108031401070000000	镁合金	指以镁为基体，加入一种或几种其他有色金属元素所铸造的未锻轧的镁合金	镁合金、镁铝合金、镁铝锌合金、镁铝锌合金、镁锰合金、镁钕合金
2296	1	08	03	14	01	08				108031401080000000	钛合金	指以海绵钛为基体，加入一种或几种其他有色金属元素所铸造的未锻轧的钛合金	钛合金
2297	1	08	03	14	01	09				108031401090000000	铍合金	指以铍为基体，加入两种或两种以上有色金属元素所铸造的未锻轧的铍合金	铍合金、铍铝合金、铍铜铝锡铅镉合金
2298	1	08	03	14	01	10				108031401100000000	镉合金		镉合金、镉锌合金
2299	1	08	03	14	01	11				108031401110000000	钴合金	指以钴为基体，加入一种或几种金属铸造的未锻轧的钴合金	钴合金、钨铬钴合金、钴铁铬合金、钴铬钼合金
2300	1	08	03	14	01	99				108031401990000000	其他常用有色金属属合金		
2301	1	08	03	14	02					108031402000000000	硬质合金	指以碳化钨（WC）粉、复式碳化钨（WC）粉、钴（Co）粉及钛粉等金属为原料，经混合料制备、压制成型和烧结工艺生产的产品称硬质合金；按用途分为切削刀片用硬质合金、矿用硬质合金、耐磨零件用硬质合金；按原料分为钨钴结硬质合金、钨钴钛硬质合金、钢结硬质合金及其他硬质合金	硬质合金、切削刀片用硬质合金、矿用硬质合金、耐磨零件用硬质合金、钢结合金
2302	1	08	03	14	03					108031403000000000	稀有稀土金属属合金	包括稀有金属合金、稀土金属合金	稀有稀土金属合金
2303	1	08	03	14	03	01				108031403010000000	稀有金属合金	包括铍铜合金、铍铝合金、铍镁合金、铌铁合金和其他稀有金属合金	稀有金属合金、铍铜合金、铍铝合金、铍铁合金、铌铁合金
2304	1	08	03	14	03	02				108031403020000000	稀土金属合金	指由稀土金属作基体，加入一种或几种金属铸造的合金产品	稀土金属合金、稀土铝合金、稀土铜合金、稀土锌合金、稀土镁合金、稀土钕合金、钪铝合金、稀土镧合金、稀土镧镍合金、稀土铈镁合金、稀土钕镁合金

附录 A 商品和服务税收分类与编码

续表

序号	篇	类	章	节	条	款	项	目	子目	细目	合并编码	商品和服务名称	说明	关键字
2305	1	08	03	14	04						1080314040000000000	贵金属合金		钨合金、稀土铈铁钴合金、稀土铈铁钴铜合金、稀土铈铁铜合金、稀土钕铁铜合金、稀土钕镁合金、稀土镁镍合金、稀土钐钴合金、稀土永磁合金、稀土铁硼合金、稀土铽镝铁合金、稀土镝铁合金、稀土硅铁合金、稀土锂合金、稀土镝铁铜合金、电池极板合金、打火石合金、贵金属合金
2306	1	08	03	14	04	01					1080314040100000000	金合金	指以金为基体，加入一种或几种金属铸造的合金产品	金银合金、金银合金、金铜合金、金铜镍合金、金镍合金、金银钯铜合金、金铂合金
2307	1	08	03	14	04	02					1080314040200000000	银合金	指以银为基体，加入一种或几种金属铸造的银金产品	银合金、银铜合金、银铜镉合金、银铜锌合金、银钯合金、银铜钯合金、银减磨合金、烧结银钨合金、银镍合金、银铁合金
2308	1	08	03	14	04	03					1080314040300000000	铂合金	指以铂为基体，加入一种或几种金属铸造的铂合金	铂合金、铂铱合金、铂钉合金、铂铑合金、铂钨合金、铂钴合金
2309	1	08	03	14	04	04					1080314040400000000	钯合金	指以钯为基体，加入一种或几种金属铸造的钯合金	钯合金、钯钉合金、钯银合金、钯铜合金、钯铝合金
2310	1	08	03	14	04	05					1080314040500000000	铑、铱、钌合金	包括铑铱合金、铱钨合金和其他贵金属合金	铑合金、铱合金、钌合金、铱钨合金、铱银合金
2311	1	08	03	14	04	99					1080314049900000000	其他贵金属合金		
2312	1	08	03	15							1080315000000000000	铜压延加工材	包括铜材、铜盘条（电工用铜线坯）、铜粉及片状粉末	铜板材、紫铜板材、铜锌合金板、铜镍合金板、铜锌合金板
2313	1	08	03	15	01						1080315010000000000	铜材	指以铜金属为基体，经熔铸、挤压或轧制加工生产的板材、带材、箔材、棒材、管材、线材、型材	铜板材、紫铜板材、铜锌合金板、铜镍合金板、铜锌合金板

续表

序号	篇	类	章	节	条	款	项	目	子目	细目	合并编码	商品和服务名称	说明	关键字
2314	1	08	03	15	02						1080315020000000000	铜盘条（电工用铜线坯）	指沿整个长度方向上具有均一的横截面，以卷状供应的实心中间产品，供进一步加工用，直径一般为6～35mm，铜加工材总计中不含铜盘条	紫铜盘条、铜盘条、铜锌合金盘条、铜镍合金盘条、铜镍锌合金盘条
2315	1	08	03	15	03						1080315030000000000	铜粉及片状粉末	包括铜粉、片状铜粉末	铜粉、紫铜粉、铜盘合金粉、白铜粉、铜锌合金粉、青铜粉、黄铜粉、铜镍合金粉、片状铜粉末、紫铜片状粉末、铜镍合金片状粉末、铜镍锌合金片状粉末
2316	1	08	03	16							1080316000000000000	铝压延加工材	包括铝材、铝盘条（电工用圆铝杆）、铝粉及片状粉末	
2317	1	08	03	16	01						1080316010000000000	铝材	指以铝金属为基体，经熔铸、挤压或轧制加工生产的板材、带材、箔材、型材、线材、管材及排材	铝材、铝板材、非合金铝棒材、铝合金铝棒材、铝型材、铝合金建筑型材、工业铝型材、铝合金门窗幕墙、铝工业铝型材、铝板材、非合金铝板材

附录 A 商品和服务税收分类与编码

续表

序号	篇	类	章	节	条	款	项目	子目	细目	合并编码	商品和服务名称	说明	关键字
2318	1	08	03	16	02					1080316020000000000	铝盘条（电工用圆铝杆）	指供进一步加工用的中间产品，直径一般为9～20mm	非合金铝盘条、铝合金盘条
2319	1	08	03	16	03					1080316030000000000	铝粉及铝片状粉末	包括铝非片状粉末、铝片状粉末	铝非片状粉末、铝片状粉末
2320	1	08	03	17						1080317000000000000	铝压延加工材	包括铝粉、铝粉及片状粉末	
2321	1	08	03	17	01					1080317010000000000	铝材	指以铝为基体，加入一种或几种金属经挤压延或轧制生产的产品	铝棒材、非合金铝棒材、铝合金棒材、铝型材、非合金铝型材、铝合金型材、铝线材、非合金铝线材、铝合金线材、铝板、非合金铝板、铝合金板、铝片、非合金铝片、铝合金片、铝带、非合金铝带、铝合金带、铝箔、非合金铝箔、铝合金箔、铝管、非合金铝管、铝合金管、铝管附件、铝制管子附件
2322	1	08	03	17	02					1080317020000000000	铝粉及铝片状粉末	包括铝粉、铝片状粉末	铝粉、铝片状粉末
2323	1	08	03	18						1080318000000000000	锌压延加工材	包括锌及锌合金压延加工材	
2324	1	08	03	18	01					1080318010000000000	锌材	指以锌为基体，加入一种或几种金属经挤压延或轧制生产的产品	锌棒材、非合金锌棒材、锌合金棒材、锌型材、非合金锌型材、锌合金型材、锌线材、非合金锌线材、锌合金线材

续表

序号	编码						合并编码	商品和服务名称	说　明	关　键　字
	篇	类	章	节	条	款				
2325	1	08	03	18	02		108031802000000000	锌粉、锌粉及锌片状粉末	包括锌末、锌粉	锌板、非合金锌板、锌合金板、锌片、非合金锌片、锌合金片、锌带、非合金锌带、锌合金带、锌箔、非合金锌箔、锌合金箔、锌管、锌管附件、锌制管子附件
2326	1	08	03	19			108031900000000000	镍压延加工材	包括镍及镍合金压延加工材	锌末、锌粉、锌片状粉末
2327	1	08	03	19	01		108031901000000000	镍材	指以镍为基体，加入一种或几种金属经挤压或轧制生产的产品	镍棒材、非合金镍棒材、镍合金棒材、镍型材、非合金镍型材、镍合金型材、镍线材、非合金镍线材、镍合金线材、镍板带、非合金镍板带、镍合金板带、镍箔、非合金镍箔、镍合金箔、镍管、非合金镍管、镍合金管、管子附件、非合金镍管子附件、非合金镍材
2328	1	08	03	19	02		108031902000000000	镍粉及镍片状粉末	指非合金镍粉、合金镍粉，包括片状粉末	非合金镍粉、合金镍粉、状粉末、合金镍片状粉末
2329	1	08	03	20			108032000000000000	锡压延加工材	包括锡及锡合金压延加工材	
2330	1	08	03	20	01		108032001000000000	锡材	指以锡为基体，加入一种或几种金属经挤压或轧制及其他加工方法生产的产品	锡材、锡棒材、非合金锡棒材、锡合金棒材、锡型材、非合金锡型材、锡合金型材、锡线材、非合金锡线材、锡合金线材、锡板、片材、非合金锡板、锡合金板、锡带、非合金锡带、锡合金带、锡箔、非合金锡箔、锡合金材

附录A 商品和服务税收分类与编码

续表

序号	篇	类	章	节	条	款	项目	子目	细目	合并编码	商品和服务名称	说明	关键字
2331	1	08	03	20	02					1080320020000000000	锡粉及锡片状粉末	指非锡合金锡粉、锡合金锡粉，包括片状粉末	非锡合金锡箔、锡合金锡箔、管子附件、锡管、锡管附件、锡球、锡球半球、锡盘、锡环、非锡合金材、锡合金材
2332	1	08	03	21						1080321000000000000	镁、钛、相关常用有色金属加工材	包括镁板材、钛材、镉材、锑材、铍材	非合金锡粉
2333	1	08	03	21	01					1080321010000000000	镁材	指镁棒材、镁型材异型材、镁管及空心异型材和其他镁材，包括镁金属压延加工材	镁棒材、镁型材异型材、镁板材、镁带材、镁箔材、镁丝材、镁管
2334	1	08	03	21	02					1080321020000000000	钛材	指钛棒材及异型材、钛箔材、钛管材、钛带、钛板材和其他钛材，包括钛锻材和其他贵金属压延加工材	钛棒材、钛型材、钛异型材、钛线材、钛箔材、钛带、钛板材、钛管材、钛锻材
2335	1	08	03	21	03					1080321030000000000	镉材	包括镉棒材和其他镉材	镉板材、镉棒材
2336	1	08	03	21	04					1080321040000000000	锑材	包括锑棒材和其他锑材	锑棒材、锑板材
2337	1	08	03	21	05					1080321050000000000	铍材		铍材
2338	1	08	03	22						1080322000000000000	贵金属压延加工材	包括金加工材、银加工材、铂加工材、钯加工材、铑加工材、铱加工材、钌加工材和其他贵金属压延加工材	
2339	1	08	03	22	01					1080322010000000000	金加工材	指金及金合金压延加工材	金棒材、纯金棒材、金合金棒材、金合金型材、金板材、纯金板、金片材、纯金片、金合金带
2340	1	08	03	22	02					1080322020000000000	银材	指银棒材、银型材、银板材、银片材和其他银材，包括银及银合金压延加工材	银棒材、纯银棒材、银合金棒、银型材、纯银型材、银合金型材、银板材、纯银板、银合金板、银片材、纯银片、银合金片、银带材、纯银带、银合金带

续表

序号	篇	类	章	节	条	款	项	目	子目	细目	合并编码	商品和服务名称	说明	关键字
2341	1	08	03	22	03						1080322030000000000	铂加工材	指铂板材、铂片材、铂带材、铂条材、铂管材和其他铂加工材，包括铂及铂合金压延加工材	铂板材、非合金铂板、铂片材、非合金铂片、铂带材、非合金铂带、铂条材、非合金铂条、铂管材、非合金铂管
2342	1	08	03	22	04						1080322040000000000	钯材	指钯板材、钯片材、钯带材、钯条材、钯管材和其他钯钯材，包括钯及钯合金压延加工材	钯板材、非合金钯板、钯片材、非合金钯片、钯带材、非合金钯带、钯条材、非合金钯条、钯管材、非合金钯管
2343	1	08	03	22	05						1080322050000000000	铑加工材	指铑板材、铑片材、铑带材、铑条材和其他铑加工材，包括铑及铑合金压延加工材	铑板材、非合金铑板、铑片材、非合金铑片、铑带材、非合金铑带、铑条材、非合金铑条、铑金条
2344	1	08	03	22	06						1080322060000000000	铱加工材	指铱半制成品形状的铱、铱薄带材和其他铱加工材	铱片材、铱薄带材
2345	1	08	03	22	07						1080322070000000000	锇加工材	指锇板材、锇片材和其他锇加工材包括半制成品形状的锇、钌及其他贵金属	锇板材、锇片材
2346	1	08	03	22	08						1080322080000000000	钌加工材	包括钌板材、钌带材和其他钌加工材	钌板材、钌片材、钌带材
2347	1	08	03	22	99						1080322990000000000	其他贵金属压延加工材		
2348	1	08	03	23							1080323000000000000	包覆贵金属金属材料	包括包金属材料、包银金属材料、包铂金属材料	
2349	1	08	03	23	01						1080323010000000000	包金金属材料	指包金的金属材料用以制首饰（手镯、耳环等）、表壳、雪茄嘴或香烟嘴、打火机、金器、电触头、化学装置等，包括包金棒、杆、包金板、片、包金带、包金型材、包金丝、包管和其他包金金属	包金棒、包金杆、包金板、包金片、包金带、包金型材、包金丝、包金管

附录A 商品和服务税收分类与编码

续表

序号	篇	类	章	节	条	款	项	目	子目	细目	合并编码	商品和服务名称	说　明	关　键　字
													金属材料	
2350	1	08	03	23	02						10803232020000000000	包银金属材料	包括包银棒、杆、包银板、片、包银带、包银丝、包银管和其他包银金属材料	包银棒、包银杆、包银板、包银片、包银带、包银丝、包银管、包银型材
2351	1	08	03	23	03						10803232030000000000	包铂金属材料	指以银、金、及其他金属为底的包铂材料，包括包铂棒、杆、包铂板、片、包铂带、包铂丝、包铂管和其他包铂金属材料	包铂棒、包铂杆、包铂板、包铂片、包铂带、包铂丝、包铂管、包铂型材
2352	1	08	03	24							10803240000000000000	稀有稀土金属压延加工材	包括钨加工材、钼加工材、钽加工材、铌加工材、镓加工材、铪加工材、铟加工材、铍加工材、铊加工材、锗加工材和其他稀有稀土金属压延加工材	
2353	1	08	03	24	01						10803240100000000000	钨加工材	指钨棒材、钨型材及异型材、钨箔、钨丝材、钨高比重材、钨坩埚、钨阳极板和其他钨加工材，包括钨及钨合金压延加工材	钨棒材、钨型材、异型材、钨箔、钨丝材、钨高比重材、钨坩埚、钨阳极板
2354	1	08	03	24	02						10803240200000000000	钼加工材	指钼棒材、钼丝材、钼板材、钼板坯、钼坩埚、钼顶头和其他钼材，包括钼及钼合金压延加工材	钼棒材、钼丝材、钼箔材、钼带材、钼板材、钼板坯、钼坩埚、钼顶头、钼杆、钼片材
2355	1	08	03	24	03						10803240300000000000	钽加工材	指钽板材、钽箔、钽带、钽管材、钽丝材和其他钽加工材，包括钽及钽合金加工材	钽板材、钽带、钽箔、钽管材、钽丝材、钽片
2356	1	08	03	24	04						10803240400000000000	铪加工材	指铪板材、铪丝材、铪棒材和其他铪加工材，包括铪及铪合金加工材	铪板材、铪棒材、铪丝材、铪管材
2357	1	08	03	24	05						10803240500000000000	铌加工材	指铌板材、铌丝材、铌棒材和其他铌加工材，包括铌及铌合金加工材	铌板材、铌棒材、铌丝材、铌管材
2358	1	08	03	24	06						10803240600000000000	镓加工材	指镓板材、镓丝材、镓棒材和其他镓加工材，包括镓及镓合金加工材	镓板材、镓棒材、镓丝材、镓管材
2359	1	08	03	24	07						10803240700000000000	铪加工材	指铪板材、铪丝材、铪棒材和其他铪加工材，包括铪及铪合金加工材	铪板材、铪棒材、铪丝材、铪管材

续表

序号	篇	类	章	节	条	款	项目	子目	细目	合并编码	商品和服务名称	说　明	关　键　字
2360	1	08	03	24	08					1080324080000000000	钼加工材	指钼板材、钼棒材、钼丝材、钼管材和其他钼加工材，包括钢及钼合金加工材	钼板材、钼棒材、钼丝材、钼管材
2361	1	08	03	24	09					1080324090000000000	铼加工材	指铼板材、铼棒材、铼丝材、铼管材和其他铼加工材，包括钢及铼合金加工材	铼板材、铼棒材、铼丝材、铼管材
2362	1	08	03	24	10					1080324100000000000	钴加工材		钴加工材
2363	1	08	03	24	11					1080324110000000000	铍加工材		铍加工材
2364	1	08	03	24	12					1080324120000000000	铊加工材		铊加工材
2365	1	08	03	24	13					1080324130000000000	锗加工材		锗加工材
2366	1	08	03	24	14					1080324140000000000	钒加工材		钒加工材
2367	1	08	03	24	99					1080324990000000000	其他稀有稀土金属压延加工材		
2368	1	08	03	25						1080325000000000000	废弃物资冶炼、提纯有色金属及合金	指以废弃物资为原料，经冶炼、提纯或化合产生的金属、合金及金属化合物，不包括铁合金（详见1080201）、铁合金（详见1080208）	
2369	1	08	04							1080400000000000000	金属制品		
2370	1	08	04	01						1080401000000000000	金属结构	包括钢结构及其产品、锌制建筑结构体及其部件、预制建筑物（活动房屋）	
2371	1	08	04	01	01					1080401010000000000	钢结构及其产品	包括钢结构所用的已加工的各种型钢，不包括货架（详见109011602）	钢结构、多高层建筑钢结构、桥梁用钢铁结构、塔桅钢结构、钢网架、壳结构、钢管结构、钢模板、钢脚手架、坑道支撑用钢铁制支柱、钢制装配结构件、门式钢架轻型厂房结构、拱型波纹钢屋盖结构、城市建设钢制品、重型工业厂房结构、钢炉钢结构、钢制品、钢铁可调或伸缩支柱、钢管状立柱、钢铁可伸缩

附录 A 商品和服务税收分类与编码 571

续表

序号	编码 篇	类	章	节	款	条	项目	子目	细目	合并编码	商品和服务名称	说 明	关 键 字
2372	1	08	04	01		02				10804010200000000000	锌制建筑结构体及其部件	包括锌制檐槽、屋顶构件、暖房框架及房屋的其他锌制部件	锌制建筑结构体、锌制檐槽、锌制屋顶构件、锌制暖房框架、锌制建筑结构体部件
2373	1	08	04	01		03				10804010300000000000	金属结构预制建筑物（活动房屋）		金属结构完整房屋、金属结构活动报亭、金属结构活动卫生间
2374	1	08	04	02						10804020000000000000	金属门窗及类似制品		
2375	1	08	04	02		01				10804020100000000000	金属制门及其框架、门槛	包括钢铁制门及其框架、门槛，铝制门及其框架、门槛	钢铁门、钢铁门框架、钢铁制推拉门、钢铁制滑门、钢铁制防火门、钢铁制防盗门、钢铁制卷帘门、钢铁制栅栏门、钢铁门门槛、铝制门、铝制门框架、铝合金推拉门、铝合金旋转门、铝合金防火门、铝合金卷帘门
2376	1	08	04	02		02				10804020200000000000	金属制窗及窗框	包括钢铁制窗及窗框，铝制窗及窗框	钢铁制推拉窗、钢铁制百叶窗、钢铁制窗框、铝制推拉窗、铝合金窗框、铝合金百叶窗
2377	1	08	04	02		03				10804020300000000000	金属护栏网及类似制品	包括金属制窗护网、栏、金属制阳台护栏及类似品	钢铁制窗护网、铝合金窗护网、钢铁制阳台护栏、铝制阳台护栏、锌制栏杆、锌制扶手
2378	1	08	04	03						10804030000000000000	金属切削工	包括金属切削机床用切削刀具、工具系统、机器	金属切削机床用切削刀具、金属切削

续表

序号	篇	类	章	节	条	款	项	目	子目	细目	合并编码	商品和服务名称	说明	关键字
												用刀具及刀片		机床用刀片、硬质合金刀片、陶瓷刀片、金属陶瓷刀片、立方氮化硼刀片、金刚石刀片、车削工具、刨削工具、整体硬质合金铣刀、高速钢铣刀、孔加工刀具、可转位硬质合金钻头、整体硬质合金钻头、可转位硬质合金钻头、金刚石钻头、铰刀、螺纹刀具、机用丝锥、手用丝锥、板牙、拉削刀具、齿轮刀具、滚刀、插齿刀、制齿刀、锯削刀具、成形及专用刀具、工具带锯条、硬质合金带锯条、金刚石带锯条、机用锯条、车削工具系统、镗铣工具系统、机器用刀具、金工机械用刀具、木工机械用刀具、金工机械用刀具、木工机械用刀具、厨房用具、食品工业机器用刀具、食品工业机器用刀具、农业园艺或林业机器用刀具、纸用刀片、纺织品用刀片、塑料切割机器用刀具、塑料切割机器用刀具、烟叶切丝机用刀片、皮革加工刀具、皮革加工机器用刀片、机器用刀片
2379	1	08	04	03	01						108040301000000000	金属切削机床用切削刀具	包括高速钢与硬质合金材料的刀具等	金属切削机床用刀片、硬质合金刀片、陶瓷刀片、金属陶瓷刀片、金刚石刀片、立方氮化硼刀片、车刨削工具

续表

序号	篇	类	章	节	条	款	项	目	子目	细目	合并编码	商品和服务名称	说明	关键字
														铣刀、可转位硬质合金铣刀、整体硬质合金铣刀、高速钢铣刀、整体硬质合金钻头、孔加工刀具、可转位硬质合金钻头、金刚石钻头、锪刀、铰刀、螺纹刀具、机用丝锥、手用丝锥、板牙、拉削刀具、齿轮刀具、滚刀、插齿刀、刨齿刀、锯削刀具、金属圆锯、双金属带锯条、硬质合金带锯条、金刚石带锯条、机用钢锯条、成形刀具
2380	1	08	04	03	02						108040302000000000	工具系统	包括组合刀具、复合刀具	车削工具系统、镗铣工具系统
2381	1	08	04	03	03						108040303000000000	机器用刀具及刀片	指未装配的机器或机械器具的刀具及刀片	金工机械用刀具刀片、木工机械用刀具刀片、食品工业机器用刀具刀片、厨房器具、农业园艺林业机器用刀具刀片、纸纺织品塑料切割机器用刀具刀片、烟叶切丝机器用刀具刀片、皮革加工机器用刀具刀片
2382	1	08	04	03	99						108040399000000000	其他金属切削工具		
2383	1	08	04	04							108040400000000000	通用手工具	包括手锯、锉及类似工具、钳子及类似工具、手动扳手及扳钳、锤子、螺丝刀、钻孔或攻丝工具、切管器及类似手工具、白铁剪及类似工具、打孔冲及类似手工具、通用手工具可互换部件、专用手工具	
2384	1	08	04	04	01						108040401000000000	手工锯	指锯木材、金属、石料或其他材料的手锯，不论是专业用还是家庭用	金工用手工锯、木工用手工锯
2385	1	08	04	04	02						108040402000000000	锉及类似工具	指钢锉、木锉、钢木两用锉	钢锉、木锉、钢木两用锉

续表

序号	编码 篇	类	章	节	条	款	项	目	子目	细目	合并编码	商品和服务 名称	说　明	关 键 字
2386	1	08	04	04	03						108040403000000000	钳子	指以夹钳原理操作的钳式工具	钳子、夹钳、镊子、起钉器
2387	1	08	04	04	04						108040404000000000	手动扳手及扳钳	包括各种手动扳手及扳钳，不包括消防用扳手及可调手动扳钳（详见109025305）	固定手动扳手、固定手动扳钳、可调手动扳手、可调手动扳钳
2388	1	08	04	04	05						108040405000000000	锤子	包括碎石锤、大木锤、石材修凿锤、其他锤子	锤子
2389	1	08	04	04	06						108040406000000000	螺丝刀	螺丝刀又称起子或改锥，是用来紧固或拆卸带槽螺钉的常用工具	螺丝刀、起子、改锥
2390	1	08	04	04	07						108040407000000000	钻孔或改丝工具	包括手摇曲柄钻、胸压式手摇钻、板牙铰手、丝锥扳手、搓丝板	手摇曲柄钻、胸压式手摇钻、手钻、板牙铰手、丝锥扳手、搓丝板
2391	1	08	04	04	08						108040408000000000	切管器及类似手工工具	包括切割式切管器（带切割轮）、螺栓切头器、链条剪切钳、其他切管器及类似手工工具	带切割轮式切管器、螺栓切头器、螺栓切割器、链条切割器
2392	1	08	04	04	09						108040409000000000	白铁剪及类似工具	包括平头剪、切割剪、其他白铁剪及类似工具	平头剪、切割剪
2393	1	08	04	04	10						108040410000000000	打孔冲及类似手工工具	包括钮孔冲孔器、剪票钳、鞍工冲子、其他打孔冲及类似手工工具	钮孔冲孔器、剪票钳、鞍工冲子
2394	1	08	04	04	11						108040411000000000	通用手工具可互换部件	包括锯片、带锯片、圆锯片、链锯条、直锯片、可互换扳手套筒、其他通用手工具可互换部件	锯片、带锯片、圆锯片、链锯条、直锯片、可互换扳手套筒
2395	1	08	04	04	12						108040412000000000	专用手工具	不包括消防、防爆专用手工具（详见109025405）	凿岩工具、钻探工具、金属陶瓷制凿岩工具、金属岩石钻探工具、立方氮化硼制凿岩钻制凿岩钻探工具、木工用切削工具、木工用刨刀、木工专用锯刀、木工用锯刀、木工用刻刀、木工用锉刀、钟表匠用工具、压钻头、摆轮平衡器、铆头、主发条卷绕器、轴抛光工具、摆轮平衡钉安装工具、摆轮平衡螺钉安装工具、板

续表

序号	编码 篇	类	章	节	条	款	项	子目	细目	合并编码	商品和服务名称	说 明	关 键 字
2396	1	08	04	05						1080405000000000000	农林、畜牧用金属手工具	包括农林牧通用金属手工具、林业、园艺专用工具，畜牧专用手工具	锹、铲、叉、镐、锄、耙、斧子、钩刀、钦刀、镰刀、林业用器具类工具、种植器、播种器、点播器、移植器、摘果器、园艺专用刀剪手工具、单手操作剪刀、双手操作剪刀、伐木楔子、木钩、木钳、木镐、畜牧专用剪刀、马蹄剪、羊毛剪、羊蹄剪、动物用标记针、牛梳、马梳、猪刮子
2397	1	08	04	05	01					1080405010000000000	农林牧通用金属手工具	包括锹及铲、叉、镐、锄、耙、斧子、钩刀、钦刀类似砍伐工具、镰刀、秣刀、其他农林牧通用金属手工具	锹、铲、叉、镐、锄、耙、斧子、钩刀、钦刀、镰刀、秣刀
2398	1	08	04	05	02					1080405020000000000	林业、园艺专用工具	包括种植器、播种器、点播器、摘果器、其他林业用器具类工具、园艺专用刀剪手工具、单手操作剪刀、其他园艺专用刀剪手工具、伐木楔子、木钩、木钳、木镐、其他伐木专用工具	移植器、种植器、播种器、点播器、泥铲、摘果器、单手操作剪刀、双手操作剪刀、伐木楔子、木钩、木钳、木镐
2399	1	08	04	05	03					1080405030000000000	畜牧专用手工具	包括畜牧专用剪刀、马蹄剪、马鬃剪、羊毛剪、羊毛抓子、动物用标记针、牛梳、马梳、猪刮子、其他畜牧专用工具	畜牧专用剪刀、马蹄剪、马鬃剪、羊毛剪、羊毛抓子、动物用标记针、牛梳、马梳、猪刮子
2400	1	08	04	05	99					1080405990000000000	其他农林、畜牧	包括犁铧、锄刀等农具	

续表

序号	篇	类	章	节	条	款	项	子目	细目	合并编码	商品和服务名称	说　明	关　键　字
2401	1	08	04	06						1080406000000000000	畜牧用金属工具	指游牧及其他特殊人员使用的金属制长刀、短刀、匕首及类似锐利器具，以及舞台、装饰用刀和类似器具	专用刀具、专用匕首、专用剑具
2402	1	08	04	07						1080407000000000000	刀剪及类似日用金属工具	包括剪刀及类似品、日常用刀及类似制品、理发用手工具、修饰用手工具、其他剪刀类似用日用金属工具	剪刀、日常用剪刀、民用剪刀、小型折叠剪刀、缝纫剪刀、刀片、日常用刀、厨房用刀、折叠式刀、野营用刀、办公用刀、屠宰场用利口器、屠宰刀、砍骨刀、切肉刀、金属刀柄、刀具刀片、理发专用剪刀、金属刀具、成套刀具、理发用手工具、手动理发推剪、削发器、手动剃须刀、手动剃须刀片、修指甲用用具、修指甲钳、修脚用具
2403	1	08	04	07	01					1080407010000000000	剪刀及类似品	不包括农林牧渔用剪刀手工具（详见1080405），也不包括电工用剪刀及裁剪金属剪刀类似品、刀片1090132）	日常用剪刀、民用剪刀、小型折叠剪刀、缝纫剪刀、剪刀类似品、刀片
2404	1	08	04	07	02					1080407020000000000	日常用刀及类似制品	指有刃口的刀及其刀片和利器，指机器或机械器具的刀及刀片除外（详见1080040303）	日常用刀、厨房用刀、折叠式刀、野营刀、运动刀、办公用刀、屠宰场用利口器、屠宰刀、砍骨刀、切肉刀、金属刀柄、刀具刀片、成套刀具
2405	1	08	04	07	03					1080407030000000000	理发用手工具	不包括电动理发用工具（详见1090419）	理发专用剪刀、手动理发推剪、削发器、手动剃须刀、手动剃须刀片
2406	1	08	04	07	04					1080407040000000000	修饰用手工具	包括美容修饰用工具	修指甲用剪刀、指甲钳、修指甲用具、修脚用具

附录A 商品和服务税收分类与编码 577

续表

序号	编码 篇	类	章	节	条	款	项目	子目	细目	合并编码	商品和服务名称	说明	关键字
2407	1	08	04	07	99					108040799000000000	其他刀剪及类似日用金属工具		
2408	1	08	04	08						108040800000000000	喷灯,台钳,相关金属手工具	包括喷灯、台钳及类似制品、其他相关金属手工具	喷灯、台钳、砧、轻便锻炉、带支架手摇、脚踏砂轮
2409	1	08	04	09						108040900000000000	集装箱	包括邮政集装箱、运输液体的集装箱	保温集装箱、开顶集装箱、特种集装箱、液体运输集装箱、气体运输集装箱
2410	1	08	04	10						108041000000000000	金属容器	包括金属压力容器、包装容器及其附件	钢铁制大型金属容器、普通碳钢制大型金属容器、不锈钢制大型金属容器、铝制大型金属容器、铝制大型金属槽、铝制大型桶、铜制大型容器、铝制包装容器、钢铁制包装容器、铝制易拉罐、铝制包装容器、锌制易拉罐、铝制包装包装容器、锌制软管容器、锌制包装包装容器、锡制软管容器、铜制包装容器、金属容器、金属容器盖子、金属制冠形瓶塞、瓶制倾注塞、牛奶瓶用手撕封盖、金属箔制组合式盖子、金属制封志
2411	1	08	04	11						108041100000000000	金属丝	包括铁丝、钢丝、铜丝、铝丝、锌丝、镍丝、锡丝、镁丝、银丝、钨丝、钼丝、铂丝、钯丝、铑丝、铱丝、其他金属丝	
2412	1	08	04	11	01					108041101000000000	铁丝		铁丝
2413	1	08	04	11	02					108041102000000000	钢丝	包括非合金钢钢丝、低合金钢钢丝、合金钢钢丝、不锈钢钢丝	热镀锌中碳钢丝、高碳钢丝、热镀锌低碳钢丝、预应力钢丝、弹簧钢丝、回火胎圈钢丝、胶管钢丝、铝包钢丝或铜

续表

序号	篇	类	章	节	条	款	项目	子目	细目	合并编码	商品和服务名称	说　　明	关　键　字
2414	1	08	04	11	03					10804110300000000000	铜丝	包括铜合金丝、铜合金丝	包钢丝、冷顶锻钢丝、冷冲压钢丝、低合金钢丝、合金弹簧钢丝、合金焊接钢丝、合金轴承钢丝、管桩钢丝、不锈钢丝
2415	1	08	04	11	04					10804110400000000000	铝丝	包括非合金铝丝、铝合金丝	精炼铜丝、铜锌合金丝、铜镍合金丝、铜镍锌合金丝
2416	1	08	04	11	05					10804110500000000000	铝丝	包括非合金铝丝	非合金铝丝
2417	1	08	04	11	06					10804110600000000000	锌丝	包括非合金锌丝	非合金锌丝
2418	1	08	04	11	07					10804110700000000000	镍丝	包括非合金镍丝	非合金镍丝
2419	1	08	04	11	08					10804110800000000000	锡丝	包括非合金锡丝	非合金锡丝
2420	1	08	04	11	09					10804110900000000000	钛丝	包括非合金钛丝	非合金钛丝
2421	1	08	04	11	10					10804111000000000000	镁丝	包括非合金镁丝	非合金镁丝
2422	1	08	04	11	11					10804111100000000000	金丝	包括纯金丝、金合金丝	纯金丝、金合金丝
2423	1	08	04	11	12					10804111200000000000	银丝	包括纯银丝、银合金丝	纯银丝、银合金丝
2424	1	08	04	11	13					10804111300000000000	钨丝		钨丝
2425	1	08	04	11	14					10804111400000000000	钼丝		钼丝
2426	1	08	04	11	15					10804111500000000000	铂丝	包括非合金铂丝、铂合金丝	非合金铂丝、铂合金丝
2427	1	08	04	11	16					10804111600000000000	钯丝	包括非合金钯丝	非合金钯丝
2428	1	08	04	11	17					10804111700000000000	铑丝	包括非合金铑丝、铑合金丝	非合金铑丝、铑合金丝
2429	1	08	04	11	18					10804111800000000000	铱丝		铱丝
2430	1	08	04	11	19					10804111900000000000	钉丝		钉丝
2431	1	08	04	11	99					10804119900000000000	其他金属丝		
2432	1	08	04	12						10804120000000000000	金属制绳、缆	指非绝缘的金属制绳、缆、带，不包括裸电线（详见109040901）	
2433	1	08	04	12	01					10804120100000000000	钢铁制绳	包括钢丝绳、钢绞线、钢绳、钢铁编带、钢丝	钢丝绳、轮胎用钢帘线、矿井用钢丝

续表

序号	编码 篇	类	章	节	条	款	项	目	子目	细目	合并编码	商品和服务名称	说明	关键字
2434	1	08	04	12	02						108041202000000000000	铜丝绞线、缆、编带	包括铜丝绞线、缆、编带、铜丝编带	铜缆、铜编带、铜丝绞线、铜丝缆、铜丝编带
2435	1	08	04	12	03						108041203000000000000	铝制绞股线、缆、编带	包括铝制绞股线、缆、铝制编带、钢芯铝制绞股线、钢芯铝制缆、其他铝制绞股线、缆、编带	铝编带、铝缆、钢芯铝绞股线、铝芯铝制编带
2436	1	08	04	12	04						108041204000000000000	铝绞线、束或绳	指用于包装或管子接口堵缝的铝绞线、束或绳	铝绞束、铝绞绳
2437	1	08	04	12	99						108041299000000000000	其他金属丝制绳、缆		
2438	1	08	04	13							108041300000000000000	金属丝绳制品	包括金属丝制的布、网、篱、格栅	钢铁丝制品、钢铁丝环形带、不锈钢制机器用带、镀锌钢带、不锈钢制关扎织布、镀锌钢网、钢铁丝网、支点焊接钢丝网、涂塑钢丝网、钢丝篱、涂塑钢丝篱、镀锌钢丝篱、涂塑钢铁篱、网眼钢丝网、用钢铁带、带刺钢铁丝、围篱钢铁松带、围篱钢单股扁丝、围篱用钢铁绞丝、铜丝制品、非工业用铜丝制布、工业用铜丝制布、非工业用铜丝制网、工业用铜丝制网、非工业用铜丝制格栅、工业用铜丝制格栅、非工

续表

序号	篇	类	章	节	条	款	项	目	子目	细目	合并编码	商品和服务名称	说明	关键字
														业用铜丝制格栅、铜丝制网眼铜板、工业用铜丝制网眼铜板、非工业用铜丝制网眼铜板、铝丝制品、铝丝布、工业用铝丝布、非工业用铝丝布、工业用铝丝制格栅、非工业用铝丝制格栅、镍制品、镍丝布、工业用镍丝布、工业用镍格栅、非工业用镍格栅、锌丝制品、锌丝布、锌丝制网眼锌板
2439	1	08	04	13	01						1080413010000000000	钢铁丝制品	包括钢铁丝环形带、钢丝布、钢铁丝网、篱及格栅、网眼钢铁板、围篱用钢铁带及钢铁丝制品	钢铁丝制品、钢铁丝环形带、不锈钢制机器用环形带、钢丝布、不锈钢织布、镀锌钢丝网、钢铁丝网、交点焊接钢丝网、支点焊接钢丝网、镀锌钢丝篱、涂塑钢丝网、钢铁丝篱、涂塑钢铁篱、网眼钢铁板、围篱用钢铁丝、钢铁带、带刺钢铁丝、围篱用钢铁扁股带、围篱用钢铁松绞丝
2440	1	08	04	13	02						1080413020000000000	铜丝制品	包括铜丝布（包括环型带）、网、格栅	铜丝制品、工业用铜丝制布、非工业用铜丝制布、铜丝制网、工业用铜丝制网、非工业用铜丝制网、工业用铜丝制格栅、非工业用铜丝制格栅、工业用铜丝制网眼铜板、非工业用铜丝制网眼铜板
2441	1	08	04	13	03						1080413030000000000	铝丝制品	包括铝丝布、格栅、网及栏栅及类似铝丝制品	铝丝制品、铝丝制格栅、工业用铝丝格栅、非工业用铝丝格栅

附录A 商品和服务税收分类与编码

续表

序号	编码 篇	类	章	节	条	款	项	子目	细目	合并编码	商品和服务名称	说明	关键字
2442	1	08	04	13	04					1080413040000000000	镍丝制品	包括镍丝布、格栅及网	镍丝布、镍制格栅、镍制网、镍制格栅、工业用镍格栅、非工业用镍格栅、网眼镍格板
2443	1	08	04	13	05					1080413050000000000	锌制制品	包括锌丝制的布、网、篱、格栅以及网眼锌板	锌丝制布、锌丝制网、锌丝制篱、锌丝制网眼锌板
2444	1	08	04	13	99					1080413990000000000	其他金属丝绳制品		
2445	1	08	04	14						1080414000000000000	金属紧固件、金属钉	包括金属制螺钉、螺栓、螺母、铆钉、销挡圈	
2446	1	08	04	14	01					1080414010000000000	钢铁制紧固件	包括螺钉、螺栓、螺母、钢铁制垫圈、销及锥形销、其他钢铁制紧固件	螺钉、方头螺钉、钩头螺钉、螺旋道钉、木螺钉、钩头螺钉、环头螺钉、自攻螺钉、螺栓、U形螺栓、螺栓端、双头螺栓、螺母、钢铁制垫圈、弹簧垫圈、铆钉、开尾销、锥形销、簧环
2447	1	08	04	14	02					1080414020000000000	铜制紧固件	包括铜制螺钉、铜制木螺钉、其他铜制螺钉、铜制螺母、铜制垫圈	铜制螺钉、铜制木螺钉、铜制螺母、铜制垫圈
2448	1	08	04	14	03					1080414030000000000	铝制紧固件	包括铝制螺栓、铝制螺母、铝制螺钉、其他铝制紧固件	铝制螺栓、铝制螺母、铝制螺钉、铝制铆钉
2449	1	08	04	14	04					1080414040000000000	其他金属紧固件	指除钢铁制紧固件（详见108041401）、铜制紧固件（详见108041402）、铝制紧固件（详见108041403）以外的金属紧固件	
2450	1	08	04	14	05					1080414050000000000	金属钉	包括钢铁制钉、铝制钉、其他金属钉	钢铁制钉、圆铁钉、U形钉、锻造扣钉、扒钉、钩头大头钉、针布钉、钢铁制大头钉、铜制钉、波纹钉、铜钉、铜制大头钉、U形铜钉、铜头钢钉、铜头铁钉、铜制钉、铝制钉
2451	1	08	04	15						1080415000000000000	弹簧	包括钢铁制弹簧、铜弹簧	

续表

序号	编码 篇	类	章	节	条	款	项	目	子目	细目	合并编码	商品和服务名称	说明	关键字
2452	1	08	04	15	01						1080415010000000000	钢铁制弹簧	包括钢铁制弹簧及弹簧片	钢铁片簧、铁道车辆用钢铁片簧、汽车用钢铁片簧、螺旋弹簧、铁道车辆用钢铁螺旋弹簧、压缩弹簧、铁道车辆用压缩弹簧、拉伸弹簧、铁道车辆用拉伸弹簧、扭转弹簧、铁道车辆用扭转弹簧、碟形弹簧、铁道车辆用碟形弹簧、钢铁涡旋弹簧、铁道车辆用涡旋弹簧
2453	1	08	04	15	02						1080415020000000000	铜弹簧	包括磷青铜弹簧、铍铜弹簧、铝青铜弹簧、黄铜弹簧、德银弹簧、硅青铜弹簧、其他铜弹簧	磷青铜弹簧、铍铜弹簧、铝青铜弹簧、黄铜弹簧、德银弹簧、硅青铜弹簧
2454	1	08	04	16							1080416000000000000	锁及其附件	包括金属制的锁及带锁的扣环及扣环架和钥匙	家具用锁、门锁、挂锁、自行车锁、钥匙用门锁、机动车用中央控制门锁、数码锁、电子程控锁、带锁扣环、扣环框架、锁具零件、钥匙
2455	1	08	04	17							1080417000000000000	家具、建筑用金属附件及架座；金属制建筑装饰件及零件	包括用于家具、门窗、箱等的贱金属附件及架座	金属制铰链、金属制折叶、家具用金属附件、家具腿用保护脚钉、金属装饰附件、家具用金属加强饰板、碗橱金属制品、金属水泥钢隔板、脚手架扣件、金属跳板、金属滑槽板、金属制滑机、机动车辆用金属附件、金属制附件、箱柜用把手、扶手、把手、遮帘用配件、车内行李架杆、球形把手、建筑用金属附件、金属架座、门窗用五金件、楼梯用金属附件、金属制自动闭门器、金属制帽架、帽钩、托架、金属制晾衣架、金属制窗帘杆、开窗机件、专用金属烟灰缸、金属制后

附录 A 商品和服务税收分类与编码 583

续表

序号	编码							合并编码	商品和服务名称	说明	关键字
	篇	类	章	节	条	款	项 目 子目 细目				
2456	1	08	04	18				1080418000000000000	散热器及其零件		车厢板扣件、散具、盒子用金属附件、盒子用金属配件
2457	1	08	04	18	01			1080418010000000000	供暖用散热器（暖气片）	指集中供暖用散热器；包括非电热的钢铁制集中供暖用散热器	供制供暖用散热器、铁制供暖用散热器、钢铁制集中供暖散热器、散热器零件、暖气分布器、暖气分布器、空气加热器、暖气分布器零件
2458	1	08	04	18	02			1080418020000000000	暖气分布器及零件	指非电热钢铁制暖气分布器及其零件	散热器、铸铁制供暖用散热器、钢铁制集中供暖散热器、散热器零件
2459	1	08	04	18	99			1080418990000000000	其他散热器及其零件		暖气分布器、空气加热器、暖气分布器零件
2460	1	08	04	19				1080419000000000000	安全、消防用金属制品	包括保险箱、柜、库门及钱箱、文件、档案柜、其他安全、消防用金属制品、金属制安全帽	
2461	1	08	04	19	01			1080419010000000000	保险箱、柜、库门及钱箱	指其壁已装甲（用高强度合金钢铠装）的或其钢板已用钢筋混凝土等加强的用以保管贵重物品、珠宝首饰、文件等、可防盗防火的钢制容器及保险库的门	保险库门、保险柜、便携式保险箱
2462	1	08	04	19	02			1080419020000000000	文件、档案柜	指非落地式的文件、档案柜、落地式的文件档案柜（详见 108041901）	金属制档案柜、金属制档案引柜、金属制文件柜、金属制台式文件柜
2463	1	08	04	19	03			1080419030000000000	金属制安全帽	不包括体育专用头盔（详见 10604606）	消防员用钢制头盔、摩托车驾驶员用钢制头盔
2464	1	08	04	19	99			1080419990000000000	其他安全、消防用金属制品		
2465	1	08	04	20				1080420000000000000	搪瓷制品	包括工业生产配套用搪瓷制品、搪瓷洗涤器具、搪瓷制大型金属容器、搪瓷反应罐	

续表

序号	篇	类	章	节	条	款	项	目	子目	细目	合并编码	商品和服务名称	说明	关键字
2466	1	08	04	21							1080421000000000	金属制卫生器具	指供水或接受、排出污水或污物的金属容器或安装置。包括便溺用金属卫生器具：如大便器、小便器等；盥洗、淋浴用金属卫生器具：如洗脸盆、淋浴盆、污水盆等；专用金属卫生器具：如医疗、科学研究实验室等特殊需要的卫生器具	金属大便器、金属小便器、金属洗脸盆、金属淋浴盆、金属洗涤盆、医疗科学研究实验室用卫生器具
2467	1	08	04	22							1080422000000000	金属制烹饪炊具	包括钢铝复合底炒锅、煎锅等炊具	金属制烹饪炊具、金属炊具
2468	1	08	04	23							1080423000000000	金属制餐具	指以金属或其合金为基本材料制的食器	金属制餐具、金属餐具
2469	1	08	04	24							1080424000000000	金属制日用	包括金属制烟具及其吸烟套针及类	金属制成套吸烟用具、金属香烟

续表

序号	篇	类	章	节	款	项	目	子目	细目	合并编码	商品和服务名称	说明	关键字
2470	1	08	04	25								似制品、服装、鞋帽及类似品金属附件、厨房用金属丝纳、擦锅器、非电动金属制铃、钟、锣、奖章及类似品、金属制普通标牌、奖杯、其他金属制日用杂品纸制品、金属制钥匙扣及类似品	盒、火柴盒、香炉、香案、金属制缝衣针、金属制织补针、金属制刺绣针、金属制编织针、金属制环、金属制服、金属制管形铆钉、开口铆钉、金属制钩、金属制扣夹、金属制带扣框架、金属制环钩、金属制扣、金属制珠子、金属制亮片、厨房用金属丝纳、金属丝纳、擦钢器、铝制擦锅器、洗刷擦光用块垫、铜制铜铃、非电动金属铃、非电动钟、锣、非电饰钟、铃、金属制装饰品、铝箔纸制品、金属制奖杯、金属制普通奖章、金属制普通标牌、金属制普通奖杯、金属制钥匙扣
2471	1	08	04	26						1080425000000000000	铸币及贵金属制实验室用品	包括硬币、工业或实验室用贵金属制品或包贵金属制品	硬币、非法定货币硬币、法定货币硬币、工业实验室用坩埚、烤杯、铂催化剂、贵金属制坩埚、烤杯、贵金属容器、贵金属、包贵金属、贵金属电镀阳极、包贵金属片状金属阳极片、银阳极、银挤压型材、纯金阴极波纹板片、铂带、铂丝网
2472	1	08	04	27						1080426000000000000	金属焊接材料	包括金属、硬质合金焊接丝、条、管、板及类似品	焊条、电焊条、气焊条、焊剂
2473	1	08	04	99						1080427000000000000	金属链条及零件	包括金属链条、金属链条零件	金属链条、钢铁铰链、工业链条、滚子链、锚链、升降链、牵拖链、钢铁制非铰接链、防滑链、日字环节链、焊接链、辘式排链、铜制链条、铝制链条
	1	08	04	99						1080499000000000000	其他金属制品	包括金属真空容器、其他未列明金属制品	

续表

序号	编码 篇	类	章	节	条	款	项	目	子目	细目	合并编码	商品和服务名称	说明	关键字
2474	1	08	05								10805000000000000	核燃料品类		核燃料
2475	1	09									10900000000000000	机械、设备类产品		
2476	1	09	01								10901000000000000	通用设备		
2477	1	09	01	01							10901010000000000	锅炉及辅助设备	包括锅炉、锅炉辅助设备、核反应堆及其零件	
2478	1	09	01	01	01						10901010100000000	锅炉、辅助设备、零件	包括锅炉（如超超临界电站锅炉、超超临界电站锅炉、亚临界电站锅炉、超高压电站锅炉、高压电站锅炉、中压电站锅炉、低压电站锅炉、工业锅炉（如蒸汽锅炉、热水锅炉、其他蒸汽锅炉、有机热载体锅炉、船用蒸汽锅炉、锅炉用辅助设备及装置（如蒸汽冷凝器、节热器、蒸汽收集器、蓄能器、烟垢清除器、泥渣刮除器、空气预热器、其他锅炉辅助设备、蒸汽锅炉零件、热水锅炉零件、集中供暖用锅炉辅助设备零件）	电站锅炉、超超临界电站锅炉、超高压电站锅炉、中压电站锅炉、低压电站锅炉、工业锅炉、蒸汽锅炉、船用热水锅炉、有机热载体锅炉、锅炉用辅助设备、锅炉用辅助装置、蒸汽冷凝器、节热器、蒸汽收集器、蓄能器、烟垢清除器、气体回收器、泥渣刮除器、空气预热器、蒸汽预热器、热水锅炉零件、蒸汽锅炉零件、集中供暖用锅炉辅助设备零件
2479	1	09	01	01	02						10901010200000000	核反应堆及其零件	包括核反应堆；核反应堆零件（如未辐照相关零组件、堆内构件、其他核反应堆零件）	核反应堆、未辐照相关零组件、堆内构件
2480	1	09	01	02							10901020000000000	发动机	包括汽车用发动机、航空器用发动机、船舶用发动机、发动机零部件、其他发动机	
2481	1	09	01	02	01						10901020100000000	汽车用发动机	包括汽车用汽油发动机、汽车用柴油发动机、其他汽车用发动机	汽车用发动机、汽车用汽油发动机、汽车用柴油发动机
2482	1	09	01	02	02						10901020200000000	航空器用发动机	包括飞机、其他航空器、航天器用发动机	航空器用发动机、活塞式发动机、星

续表

序号	编码 篇	类	章	节	条	款	项	目	细目	合并编码	商品和服务名称	说明	关键字
											动机		形发动机、水平对置型发动机、涡轮发动机、涡轮喷气发动机、涡轮风扇发动机、涡轮螺桨发动机、涡轮轴发动机、喷气发动机、冲压式发动机、脉冲式发动机
2483	1	09	01	02	03					1090102030000000000	船舶用发动机	包括船舶用汽油发动机、船舶用柴油发动机	船舶用发动、船舶用汽油发动机、船舶用柴油发动机
2484	1	09	01	02	04					1090102040000000000	摩托车用发动机	包括摩托车用发动机、摩托车用汽油发动机	摩托车用发动机、摩托车用汽油发动机
2485	1	09	01	02	05					1090102050000000000	农用柴油机	指主要配套于农田拖拉机、田间作业机械、农副产品加工机械以及排灌机械，以柴油为燃料的往复式内燃动力机械	农用柴油机
2486	1	09	01	02	06					1090102060000000000	发动机零部件	主要是指汽油机零件、柴油机零件、涡轮发动机零部件、其他发动机零部件。包括活塞、活塞环、活塞销、汽缸套、汽缸体、汽缸盖、汽缸垫、进气门、排气门、进气或排气歧管、连杆、轴瓦、化油器、曲轴、凸轮轴、滤清器、发动机起动电动机及电动机、喷油泵、油嘴、发动机冷却水泵及排水泵、增压器、中冷器、发动机废气再循环装置、发动机废气后处理装置、电控高压共轨系统、代用内燃机零件和混合动力内燃机零件等	发动机零部件、汽油机零件、柴油机零件、涡轮发动机零部件、活塞、活塞环、活塞销、汽缸套、汽缸体、汽缸盖、汽缸垫、进气门、排气门、气歧管、连杆、轴瓦、化油器、曲轴、凸轮轴、滤清器、发动机起动电动机、发动机冷却水泵、发动机冷却水泵、喷油泵、油嘴、增压器、中冷器、发动机废气再循环装置、发动机废气后处理装置、电控高压共轨系统、代用内燃机零件、混合动力内燃机零件
2487	1	09	01	02	99					1090102990000000000	其他发动机		点燃式活塞内燃机、沼气发动机
2488	1	09	01	03						1090103000000000000	汽轮机、燃气轮机、水轮机		

续表

序号	篇	类	章	节	条	款	项	目	子目	细目	合并编码	商品和服务名称	说　　明	关　键　字
2489	1	09	01	03	01						109010301000000000	汽轮机	包括船舶动力用汽轮机、电站用汽轮机、其他用汽轮机	汽轮机，船舶动力用汽轮机、电站用汽轮机、工业用汽轮机
2490	1	09	01	03	02						109010302000000000	燃气轮机	包括专供工业用的燃气轮机设备，也包括具有其他用途的涡轮喷气发动机、涡轮风扇发动机或涡轮螺桨发动机	燃气轮机、发电用燃气轮机、船舶用燃气轮机、机车用燃气轮机
2491	1	09	01	03	03						109010303000000000	水轮机	包括水轮机、水轮及辅机	水轮机、电站水轮机、混流式水轮机、轴流式水轮机、冲击式水轮机、贯流式水轮机、水泵水轮机
2492	1	09	01	03	04						109010304000000000	汽轮机、燃气轮机、水轮机零件	包括汽轮机转子、定子及其部件；转子轮叶或定子叶片；涡轮轴发动机的转子；燃气轴发动机用零件（定子环，不论是否带叶片；叶片及翼片；转子圆盘或转子），不论是否带翼片；燃料供给调节器、燃料喷嘴；水轮机调节器、水轮机转子、水轮及水轮转子的转子、定子或转子的部件、螺旋导管壳套、调节器的阀针	汽轮机转子、转子轮叶、定子叶片、涡轮轴发动机用零件、转子叶片、转子圆盘、燃料供给调节器、燃料喷嘴、水轮机转子、水轮机调节器、水轮转子、定子、螺旋导管壳套、调节阀针
2493	1	09	01	04							109010400000000000	非电力相关原动机	包括潮汐能源原动机、风车、太阳能源原动机、风力提水机组、其他非电力相关原动机	
2494	1	09	01	04	01						109010401000000000	潮汐能源原动机	指利用潮汐能源产生原动力的机械	潮汐能源原动机
2495	1	09	01	04	02						109010402000000000	风力提水机组	不包括风力发电机组（详见109040201）	风力提水机组
2496	1	09	01	04	03						109010403000000000	风力发动机（风车）	利用风力驱动的带有可调节叶片或梯级横木的轮子所产生的能量来运转的机械装置	风力发动机、风车
2497	1	09	01	04	04						109010404000000000	太阳能源原动机	指利用太阳能源产生原动力的机械	太阳能源原动机

附录 A 商品和服务税收分类与编码

续表

序号	篇	类	章	节	条	款	项目	子目	细目	合并编码	商品和服务名称	说明	关键字
2498	1	09	01	04	99					1090104990000000000	其他非电力相关原动机		
2499	1	09	01	05						1090105000000000000	金属切削机床	指用于加工金属的各种切削加工机床。不包括数控机床（详见1090108）	
2500	1	09	01	05	01					1090105010000000000	组合机床	以通用部件为基础，配以按工件特定形状和加工工艺设计的专用部件，组成的半自动或自动专用机床	组合机床
2501	1	09	01	05	02					1090105020000000000	特种加工机床	包括激光及其他光子束处理机床、超声波加工机床、放电加工机床、干法蚀刻半导体材料加工机床、化学电化学（电解）法加工机床、离子束加工机床、电子束加工机床、快速成形加工机床、高压水射流加工机床、其他特种加工机床	特种加工机床、激光处理机床、光子束处理机床、超声波加工机床、放电加工机床、干法蚀刻半导体材料加工机床、化学电化学法加工机床、离子束加工机床、电子束加工机床、快速成形加工机床、高压水射流加工机床
2502	1	09	01	05	03					1090105030000000000	车床	指切削金属的车床，包括车床、转塔车床、回转车床	车床、卧式车床、立式车床、转塔车床、回转车床
2503	1	09	01	05	04					1090105040000000000	钻床	指主要用钻头在工件上加工孔的机床。包括立式钻床、龙门式钻床、摇臂钻床、深孔钻床、台钻（详见109010703）	立式钻床、龙门式钻床、摇臂钻床、深孔钻床
2504	1	09	01	05	05					1090105050000000000	镗床	指用镗刀对工件已有的预制孔进行镗削的机床，包括坐标镗床、立式镗床、卧式镗床、落地式镗床、龙门式镗床、深孔镗床、精镗床	镗床、坐标镗床、立式镗床、卧式镗床、落地式镗床、龙门式镗床、深孔镗床、精镗床
2505	1	09	01	05	06					1090105060000000000	铣床	指用铣刀在工件上加工多种表面的机床，包括升降台式铣床、龙门式铣床、龙门铣床、成形铣床、床身铣床、龙门镗铣床	铣床、升降台式铣床、龙门式铣床、龙门铣床、成形铣床、床身铣床、钻铣床、龙门镗铣床
2506	1	09	01	05	07					1090105070000000000	螺纹加工机床	指加工螺纹（包括蜗杆、滚刀等）型面的专门化机床，包括螺纹车床	螺纹加工机床、螺纹车床、螺纹铣床

续表

序号	编码 篇	类	章	节	条	款	项	子目	细目	合并编码	商品和服务名称	说明	关键字
2507	1	09	01	05	08					1090105080000000000	磨床	指利用磨具对工件表面进行磨削加工的机床。包括平面磨床、导轨磨床、外圆磨床、内圆磨床、坐标磨床、立式磨床、工具磨床、曲轴、凸轮磨床、轧辊磨床、金属研磨机床、不包括砂轮机（详见10901701）、抛光机（详见10901702）、无心磨床	磨床、平面磨床、导轨磨床、外圆磨床、内圆磨床、坐标磨床、立式磨床、工具磨床、曲轴、凸轮磨床、轧辊磨床、金属研磨机、端面磨床、无心磨床
2508	1	09	01	05	09					1090105090000000000	刨床	指用刨刀对工件的平面、沟槽或成形表面进行刨削的直线运动机床。包括龙门刨床	刨床、龙门刨床
2509	1	09	01	05	10					1090105100000000000	插床	指利用插刀的竖直往复运动插削键槽和型孔的机床	插床
2510	1	09	01	05	11					1090105110000000000	拉床	指用拉刀作为刀具加工工件通孔、平面和成形表面的机床	拉床
2511	1	09	01	05	12					1090105120000000000	齿轮加工机床	指加工各种圆柱齿轮、锥齿轮和其他带齿零件齿部的机床。包括滚齿机、插齿机、剃齿机、磨齿机、成形铣齿机、成形磨齿机	齿轮加工机床、滚齿机、插齿机、磨齿机、剃齿机、成形铣齿机、成形磨齿机
2512	1	09	01	05	13					1090105130000000000	锯床	包括弓锯床、圆锯床、带锯床、砂轮锯床	锯床、弓锯床、圆锯床、带锯床、砂轮锯床
2513	1	09	01	05	14					1090105140000000000	直线移动式动力头机床	指没有底座，仅配有动力机支架及刀杆，另外配有导轨，以便放置在合适的底座上时可来回移动工件插入独立于直线移动式动力头钻床的工件夹具中，由直线移动式动力头钻床水平来回移动，进行钻孔、镗削等加工活动的机床	直线移动式动力头机床
2514	1	09	01	05	99					1090105990000000000	其他金属切削加工机床		
2515	1	09	01	06						1090106000000000000	金属成形机床	指以锻造、锤击、粉末压制方式加工的机床，或以弯曲、折叠、矫直、剪切、冲压、开槽、拉丝等方式加工金属的机床，本类及下面各个类别均不包括数控机床。（详见1090108）	

续表

序号	篇	类	章	节	编码款	项目	子目	细目	合并编码	商品和服务名称	说　明	关　键　字
2516	1	09	01	06	01				1090106010000000000	锻造机及冲压机	包括机械式、液压式或气压式锻锤以及蒸气锻锤	锻造机、冲压机、自由锻锤、模锻锤、自由锻液压机、自由锻液压机、模锻压机、多向模锻压机、金属挤压机、金属滚压机、金属辊锻机、模锻机械压力机、热模锻压力机、离合器式螺旋压力机、电动螺旋压力机、高速热摩擦螺旋压力机、平锻机、标准件锻压机、高速冷镦锻机、冷温冷镦锻机、标准件锻压机、切边成形机、楔横轧机、冷温压力机、液压切边压力机、机械式切边压力机、粉末成形压力机
2517	1	09	01	06	02				1090106020000000000	金属加工压力机	包括液压式压力机、液压机械式压力机、开式机械式压力机、气压式压力机	金属加工压力机、液压式压力机、机械式压力机、开式机械式压力机、气压式压力机
2518	1	09	01	06	03				1090106030000000000	弯曲、折叠、矫直或矫平机床	包括弯曲、折叠、矫直、矫平、矫正机床 其他弯曲、折叠、矫直或矫平机床	折弯机、折叠机、矫直机床、矫平机、矫正机
2519	1	09	01	06	04				1090106040000000000	剪切机床		剪切机床
2520	1	09	01	06	05				1090106050000000000	冲床		冲床
2521	1	09	01	06	06				1090106060000000000	冲孔机床		冲孔机床
2522	1	09	01	06	07				1090106070000000000	开槽机床		开槽机床
2523	1	09	01	06	99				1090106990000000000	其他金属成形机床	包括金属螺纹滚轧机（滚丝机）、旋压螺纹机床、其他未列明金属成形机床	金属螺纹滚轧机、金属螺纹滚丝机、旋压螺纹机床、旋压车床
2524	1	09	01	07					1090107000000000000	金属非切削、成形加工机械	本类及下面各个类别均不包括数控产品（详见1090108）	
2525	1	09	01	07	01				1090107010000000000	砂轮机	指用来刃磨各种刀具、工具的常用设备	砂轮机

续表

序号	篇	类	章	节	条	款	项目	子目	细目	合并编码	商品和服务名称	说明	关键字
2526	1	09	01	07	02					109010702000000000	抛光机床	指用磨石、磨料或抛光材料对金属进行精加工的机床	抛光机床
2527	1	09	01	07	03					109010703000000000	台钻		台钻
2528	1	09	01	07	04					109010704000000000	切断机		切断机
2529	1	09	01	07	05					109010705000000000	金属拉拔机	包括金属杆、型材、异型材、丝等的拉拔机，不包括管材拉拔机、管棒材拉拔机（详见109010705）	金属拉拔机
2530	1	09	01	07	06					109010706000000000	金属丝加工机		金属丝加工机
2531	1	09	01	07	07					109010707000000000	旋锻机		旋锻机
2532	1	09	01	07	08					109010708000000000	软管加工机		软管加工机
2533	1	09	01	07	99					109010799000000000	其他金属非切削、成形加工机械		
2534	1	09	01	08						109010800000000000	数控机床及加工机械	包括加工中心、数控金属切削机床、数控金属成形机床（数控锻压设备）、机床数控系统	
2535	1	09	01	08	01					109010801000000000	加工中心	全部为数控机床，包括加工中心、立式加工中心、卧式加工中心、超重型龙门式加工中心、重型龙门式加工中心、大型龙门式加工中心、中小型龙门式加工中心、其他加工中心	加工中心、立式加工中心、卧式加工中心、超重型龙门式加工中心、重型龙门式加工中心、大型龙门式加工中心、中小型龙门式加工中心
2536	1	09	01	08	02					109010802000000000	数控金属切削机床	本类及下面各个类别均属于金属切削机床及各个类别的其中项，包括数控特种加工机床、数控金属切削机床及数控组合机床、数控特种加工机床、数控超声波加工机床、数控电火花加工机床、数控电火花成形加工机床、数控电火花线切割加工机床、数控电火花小孔加工机床、数控相关放电加工机床	数控金属切削机床、数控组合机床、数控激光、相关光束加工机床、数控超声波加工机床、数控电火花成形加工机床、数控电火花线切割加工机床、数控电火花小孔加工机床、数控相关放电加工机床、数控化

续表

序号	编码 (篇/类/章/节/条/款/项/目/子目/细目)	合并编码	商品和服务名称	说明	关键字
				化学、电化学（电解）加工机床、数控离子束加工机床、数控电子束加工机床、数控高压水射流切割机床、其他数控特种加工机床、数控快速成型加工机床、数控高速切削机床、数控卧式车床、数控超重型卧式车床、数控中小型卧式车床、数控大型卧式车床、数控重型卧式车床、数控超重型立式车床、数控大型立式车床、数控重型立式车床、数控中小型立式车床、数控钻床、数控立式钻床、数控摇臂钻床、数控深孔钻床、数控龙门式钻床、钻削中心、其他数控镗铣床、数控坐标镗床、数控立式镗床、数控卧式镗床、数控龙门式镗铣床、数控超重型落地式铣镗床、数控重型落地式铣镗床、数控大型落地式铣镗床、数控落地式铣镗床、数控升降台式铣床、数控大型龙门式铣床、数控重型龙门式铣床、数控超重型龙门式铣床、数控铣床身龙门铣床、数控钻铣床、其他数控铣床、数控成形铣床、数控螺纹铣床、数控螺纹螺纹加工机床、其他数控螺纹加工机床、数控外圆磨床、数控钻铣磨床、数控加工机床、数控导轨磨床、数控轧辊磨床、数控工具机床、数控螺纹磨床、数控磨床、数控平面磨床、数控内圆磨床、数控坐标磨床、数控导乳磨床、数控导外圆磨床、数控成形磨床、数控曲轴、凸轮磨床、数控金属研磨机床、数控金属珩磨机床、其他数控刨床、数控曲面磨床、数控插床、数控龙门刨床、数控齿轮加工机床、数控齿形磨床、数控金属刨床、数控刨床、数控拉床、数控中小型滚齿机、数控重型滚齿机、数控大型滚齿机、数控工具磨床、数控金属研磨机床、数控刨床、数控插齿机、数控剃齿机、数控锯床、数控弓锯床、数控龙门刨齿机、数控金属切削、数控圆锯床、数控割锯床、数控砂轮锯床、数控超重型齿轮加工机床、数控齿轮滚齿	化学、电化学加工机床、电解加工机床、数控离子束加工机床、数控电子束加工机床、数控高压水射流切割机床、数控快速成型加工机床、数控高速切削机床、数控卧式车床、数控超重型卧式车床、数控中小型卧式车床、数控大型卧式车床、数控重型卧式车床、数控超重型立式车床、数控大型立式车床、数控重型立式车床、数控中小型立式车床、数控钻床、数控立式钻床、数控摇臂钻床、数控深孔钻床、数控龙门式钻床、钻削中心、数控镗铣床、数控坐标镗床、数控立式镗床、数控卧式镗床、数控龙门式镗铣床、数控超重型落地式铣镗床、数控重型落地式铣镗床、数控大型落地式铣镗床、数控落地式铣镗床、数控升降台式铣床、数控大型龙门式铣床、数控重型龙门式铣床、数控超重型龙门铣床、数控铣床身龙门铣床、数控钻铣床、数控成形铣床、数控螺纹铣床、数控螺纹磨床、数控平面磨床、数控导轨磨床、数控外圆磨床、数控内圆磨床、数控曲面磨床、数控坐标磨床、凸轮磨床、数控曲轴、数控金属珩磨机床、数控刨床、数控拉床、数控金属刨床、数控插床、数控龙门刨床、数控齿轮加工机床、数控超重型齿轮滚齿

续表

序号	编码 篇	类	章	节	条	款	项	目	子目	细目	合并编码	商品和服务名称	说明	关键字
													削机床用零件	机、数控重型滚齿机、数控大型滚齿机、数控中小型滚齿机、数控插齿机、数控磨齿机、数控刨齿机、数控制齿机、数控锯床、数控弓锯床、数控圆锯床、数控带锯床、数控砂轮锯床、数控切削机床用零件
2537	1	09	01	08	03						1090108030000000000	数控金属成形机床（数控锻压设备）	本类及下面各类别均属于金属成形机床，包括数控金属成形机床及各类别的其中项：数控锻造机及冲压锻锤、数控模锻锻锤、数控自由锻锤、数控多向模锻液压机、数控模锻液压机、数控液压挤压机、数控机械式挤压机、数控金属辊锻机、数控金属滚压机、数控金属加工压力机、数控大型液压式压力机、数控中型液压式压力机、数控小型液压式压力机、数控重型液压式压力机、其他数控液压式压力机、数控重型机械式压力机、数控大型闭式机械式压力机、数控中型闭式机械式压力机、数控小型闭式机械式压力机、数控大型机械式压力机、数控气压式压力机、数控弯曲、矫直或折叠机、数控折弯机、数控折叠机、折叠、折弯、矫直或矫平机床、数控矫正机、数控矫平机、数控矫直机、数控折叠机、数控剪切机床、数控剪板纵剪机床、数控板带纵剪机床、高速数控冲床、数控冲孔机床、数控转塔冲床、自动模式数控步冲压力机、数控开槽压机床、数控旋压车床、其他数控金属成形机床、金属成形机床用零件	数控金属成形机床、数控锻压设备、数控锻造机及冲压锻锤、数控模锻锻锤、数控自由锻锤、数控多向模锻液压机、数控模锻液压机、数控液压挤压机、数控机械式挤压机、数控金属辊锻机、数控金属滚压机、数控金属加工压力机、数控大型液压式压力机、数控中型液压式压力机、数控小型液压式压力机、数控重型液压式压力机、数控大型机械式压力机、数控中型机械式压力机、数控小型机械式压力机、数控气压式压力机、数控弯曲、矫直或折叠机、数控折弯机、数控折叠机、数控矫平机、数控矫直机、数控剪切机、数控剪板纵剪机床、数控板带纵剪机床、高速数控冲床、数控冲孔机床、数控转塔冲床、自动模式数控旋压车床、高速数控步冲压力机、数控开槽机床、数控旋压车床、数控金属成形机、螺纹成形机

续表

序号	编码篇	类	章	节	条	款	项	目	子目	细目	合并编码	商品和服务名称	说明	关键字
2538	1	09	01	08	04						1090108040000000000	机床数控系统	包括机床数控装置、数控机床用伺服驱动单元、数控机床用电机	床用零件、机床数控系统、机床数控装置、数控机床用伺服驱动单元、主轴伺服驱动单元、进给伺服驱动单元、数控机床用电机、主轴电机、伺服电机
2539	1	09	01	09							1090109000000000000	机床附件及辅助装置	包括金属切削机床、金属成形加工机床、其他金属加工机床附件、零件	机床附件、工具夹具、卡盘、自动定心卡盘、单动卡盘、动力卡盘、夹头、钻夹头、丝锥夹头、弹簧夹头、铣夹头、车床刀架、砂轮架、铣头、镗头、刀杆刀柄、自启板牙切头、回转刀架工作台、回转工作台、机床夹具、工件夹具、吸盘、虎钳普通虎钳、多联性合虎钳、特殊辅助装置、分度头机械分度头、数控分度头、定心装置、校平装置、仿形装置、数控机床功能部件、电主轴、机械主轴、数控主轴、普通数控刀架、电机直驱数控刀架、数控刀架、普通数控动力刀架、电机直驱动力刀架、B轴动力刀架、刀库及换刀机构、数控铣头、数控镗铣头、数控转台、电机直驱数控转台、数控转台、机械传动数控转台、导轨防护装置、数控丝杠副、滚珠丝杠副、直线导轨副、滚动导轨副、滚动花键副
2540	1	09	01	10							1090110000000000000	焊接设备	指实现焊接工艺所需要的装备，包括电焊机、气体焊接机械、钎焊机械、焊接设备用零件	电焊机、电弧焊接机、等离子弧焊接机、电阻焊接机、电子束焊接机、激光焊接机、摩擦焊接机、超声波焊接机、

续表

序号	篇	类	章	节	条	款	项目	子目	细目	合并编码	商品和服务名称	说明	关键字
2541	1	09	01	10	01					1090110010000000000	电焊机	包括电焊机及装置	金属感应焊接机、热塑性材料焊接机、气体焊接机械、气焊机、手提喷焊器、高压喷焊器、低压喷焊器、表面回火机、钎焊机械、钎焊机、钎焊烙铁、焊枪、焊接设备用零件、气体焊接机械零件、电焊机零件、钎焊机零件
2542	1	09	01	10	02					1090110020000000000	气体焊接机械	指利用气体焊接金属的器具包括表面回火机	电焊机、电弧焊接机、等离子弧焊接机、电阻焊接机、电子束焊接机、激光焊接机、摩擦焊接机、超声波焊接机、金属感应焊接机、热塑性材料焊接机
2543	1	09	01	10	03					1090110030000000000	钎焊机械	包括软钎焊、硬钎焊或其他熔焊机械	气体焊接机械、气焊机、手提喷焊器、高压喷焊器、低压喷焊器、钎焊烙铁、表面回火机
2544	1	09	01	10	04					1090110040000000000	焊接设备用零件		焊接设备用零件、气体焊接机械零件、电焊机零件、钎焊机零件
2545	1	09	01	11						1090111000000000000	轻小型起重设备	指结构轻巧、动作简单、作业范围投影以点线为主、可在狭小场合升降或移动重物的简易起重器具及设备；包括起重滑车、手动葫芦、电动葫芦、普通卷扬机、千斤顶、汽车举升机、单轨小车及各类似设备等	
2546	1	09	01	11	01					1090111010000000000	起重滑车	指用于起吊物品、带有吊钩、链环或吊环的滑轮组；包括单轮、双轮、三轮及其他多轮滑车等通用滑车及林业滑车	起重滑车
2547	1	09	01	11	02					1090111020000000000	手动葫芦	指由人力通过环链与链轮或板柄驱动链条或钢丝绳，以带动重物升降或动力驱动的起重工具	手动葫芦、手拉葫芦、手板葫芦、电动式手拉葫芦
2548	1	09	01	11	03					1090111030000000000	电动葫芦	指由电动机驱动链轮卷放钢丝绳或链条以升降重物的简易起重装置	电动葫芦、钢丝绳电动葫芦、环链电动葫芦、板链电动葫芦、气动葫芦、液

附录A 商品和服务税收分类与编码

续表

序号	篇	类	章	节	条	款	项	目	子目	细目	合并编码	商品和服务名称	说明	关键字
2549	1	09	01	11	04						1090111040000000000	卷扬机及绞盘	指由动力或人力驱动卷筒,通过挠性件起升、运移重物的简易起重装置	卷扬机、绞盘、卷绕式卷扬机、卷绕式绞车、摩擦式卷扬机、摩擦式绞车、手动卷扬机、手动绞车
2550	1	09	01	11	05						1090111050000000000	千斤顶	指利用高压油或机械传动,使刚性承载件在小行程内举或顶举提升重物的起重工具	油压千斤顶、立式油压千斤顶、分离式油压千斤顶、机械千斤顶、螺旋千斤顶、齿条千斤顶
2551	1	09	01	11	06						1090111060000000000	汽车举升机	包括液压式汽车举升机、机械式汽车举升机、其他汽车举升机	液压式汽车举升机、机械式汽车举升机、汽车举升机
2552	1	09	01	11	07						1090111070000000000	单轨(猫头)小车	指具有2轮或4轮,能带物品或起重葫芦及物品沿悬挂单轨行走的简易小车,与工字梁单轨配套使用,包括手推、手链、电动小车等	单轨小车、猫头小车
2553	1	09	01	11	08						1090111080000000000	其他轻小型起重设备	包括举升机车辆架车机等	轻小型起重设备
2554	1	09	01	11	09						1090111090000000000	轻小型起重设备配套件	指专用配套的附(配)件	轻小型起重设备配套件
2555	1	09	01	12							1090112000000000000	起重机	指具有起重、变幅或回转、行走等主要工作机构,使悬挂在起重吊钩或其他取物装置上的重物,在空间垂直升降和水平移动的周期性装置的作业机械	
2556	1	09	01	12	01						1090112010000000000	桥式起重机	指具有桥架结构梁、桥架两端通过走行装置直接支承在高架轨道上,取物装置悬挂在可沿桥架运行的起重小车或起重葫芦上的起重机	通用桥式起重机、电动葫芦梁式起重机、冶金起重机、铸造起重机、加料起重机、脱锭起重机、板坯起重机、夹钳起重机、料耙起重机、揭盖起重机、锻造起重机、淬火起重机、电解起重机、专用桥式起重机、核电站桥式起重机、防爆桥式起重机、桥式堆垛起重机、手动桥式起重机、桥式梁式起重机

续表

序号	编码篇	类	章	节	条	款	项	目	子目	细目	合并编码	商品和服务名称	说明	关键字
2557	1	09	01	12	02						1090112020000000000	门式起重机（龙门起重机）	指具有桥架结构梁，桥架两端通过两侧支腿支承在地面轨道或地基上，取物装置悬挂在可沿桥架运行的起重小车或葫芦上的桥架型起重机	门式起重机、龙门起重机、通用门式起重机、水电站门式起重机、造船门式起重机、轮胎式集装箱门式起重机、轨道式集装箱门式起重机、手动门式起重机、半门式起重机
2558	1	09	01	12	03						1090112030000000000	装卸桥	指小车运行及提升速度大，跨度大运行距离长，生产效率高并以抓斗为主的一类门式起重机	装卸桥、通用抓斗装卸桥、抓斗装卸船起重机、岸边集装箱装卸桥
2559	1	09	01	12	04						1090112040000000000	缆索起重机		缆索起重机
2560	1	09	01	12	05						1090112050000000000	门座起重机	指具有起重臂架和门型座架结构，在臂架顶端、可沿地面轨道运行的可回转的臂架型起重机	门座起重机、港口门座起重机、通用门座起重机、带斗门座起重机、集装箱门座起重机、多用途门座起重机、造船门座起重机、建筑门座起重机
2561	1	09	01	12	06						1090112060000000000	塔式起重机	指起重臂架安装在垂直塔身顶部，取物装置悬挂在可沿轨道运行的起重小车上或可回转的臂架型起重机	塔式起重机、轨道式塔式起重机、固定塔式起重机、自升式塔式起重机、轮式塔式起重机、履带式塔式起重机
2562	1	09	01	12	07						1090112070000000000	流动式起重机	指工作场所经常变换，能在带载或空载情况下沿无轨路面运行，依靠自保稳定的臂架型起重机	流动式起重机、轮式起重机、汽车起重机、轮胎起重机、越野轮胎起重机、全地面起重机、全路面起重机、履带起重机、特殊底盘起重机、随车起重机
2563	1	09	01	12	08						1090112080000000000	桅杆起重机及甲板起重机	包括船舶起重机、船用升降机、电动起货机等	桅杆起重机、甲板起重机、船舶用升降机、电动起货机
2564	1	09	01	12	09						1090112090000000000	悬臂起重机	包括柱式臂架起重机、壁上起重机、平衡起重机、其他悬臂起重机	悬臂起重机、柱上臂架起重机、壁上起重机、平衡起重机
2565	1	09	01	12	10						1090112100000000000	移动式吊运架	包括胶轮移动式吊运架、其他移动式吊运架	移动式吊运架、胶轮移动式吊运架
2566	1	09	01	12	11						1090112110000000000	铁路起重机		铁路起重机

附录 A 商品和服务税收分类与编码

续表

序号	编码 篇	类	章	节	条	款	项	目	子目	细目	合并编码	商品和服务名称	说　明	关　键　字
2567	1	09	01	12	12						1090111212000000000	浮式起重机	指安装在专用的船体或囤船上的固定式起重机	浮式起重机
2568	1	09	01	12	13						1090111213000000000	其他起重机	包括浮式起重机（自航、非自航、驳船式等）、铁路起重机等	
2569	1	09	01	12	14						1090111214000000000	起重机专用配套件	指专用配套附（配）件，包括抓斗、吊具、索具、夹轨器、缓冲器等	起重机专用配套件、起重机专用抓斗、起重机专用吊具、起重机专用索具、起重机专用夹轨器、起重机专用缓冲器
2570	1	09	01	13							1090111300000000000	工业车辆	指用于工业企业内部、进行装卸、堆跺或短距离搬运、牵引、顶推等作业的无轨车辆	
2571	1	09	01	13	01						1090111301000000000	电动(起升)车辆	指采用叉或其他取物装置，以高能蓄电池作动力，对成件货物进行装卸、堆跺、短距离搬运作业的无轨起升车辆，俗称电动叉车	电动起升车辆、电动平衡乘驾式叉车、电动乘驾式仓储式叉车、电动步行式仓储车辆
2572	1	09	01	13	02						1090111302000000000	内燃叉车	指采用叉或其他属具，以内燃机作动力，对成件货物进行装卸、堆跺、短距离搬运作业的无轨车辆	内燃叉车、内燃室内叉车、内燃高平衡重式叉车、集装箱叉车、标准内燃集装箱正面吊运机、内燃侧面式叉车
2573	1	09	01	13	03						1090111303000000000	越野叉车	指在机场、码头、车站等路况条件较差的散地装卸物资的设备	越野叉车、野战叉车
2574	1	09	01	13	04						1090111304000000000	其他工业车辆		短距离牵引车、电动牵引车、内燃引车、短距离固定平台搬运车、电动固定平台搬运车、内燃固定平台搬运车、电瓶车、电动游览车、跨运车、集装箱跨运车、手动搬运车、手动拣选车、手动托盘搬运车、手动托盘堆跺车、手动平台搬运车、手动液压油桶搬运车、手推拣选车、自动导向小车
2575	1	09	01	13	05						1090111305000000000	工业车辆专用配套件	指专用配套附（配）件，包括专用夹具、货叉、托盘等	

续表

序号	篇	类	章	节	条	款	项	目	子目	细目	合并编码	商品和服务名称	说　明	关　键　字
2576	1	09	01	14							1090114000000000000	连续搬运设备	指在同一方向上，按照规定的线路连续或间歇地运送或装卸散状物料和成件物品的搬运设备及其专门配套件；主要包括输送机械、装卸机械、给料机械等三类产品及其专门配套件	
2577	1	09	01	14	01						1090114010000000000	输送机械和提升机（输送机和提升机）	指在同一方向上，连续或间断地沿预定的线路上输送散状物料和成件物品的搬运设备	输送机机械，输送机，提升机，斗式提升机，带式斗式提升机，链斗式提升机，带式输送机，固定通用带式输送机，移动带式输送机，伴货专用固定带式输送机，波状挡边带式输送机，气垫带式输送机，井巷专用带式输送机，井下专用带式输送机，管状带式输送机，刮板输送机，高刮板输送机，管式刮板输送机，埋刮板输送机，通用埋刮板输送机，板式输送机，特殊型埋刮板输送机，鳞板式输送机，链式输送机，通用悬挂输送机，机，平板式输送机，链式悬挂输送机，积放式悬挂输送机，地面链输送机
2578	1	09	01	14	02						1090114020000000000	装卸机械	指具有自行装卸功能或具有转载装置和连续装卸功能，能按照规定线路连续或间歇装卸作业的搬运设备	装卸机械，连续装船机，移动式连续装船机，连续卸船机，链斗式卸船机，气力卸船机，堆取料机械，桥门式斗轮堆取料机，刮板式取料机，铁路散车翻车机系统，臂式斗轮堆取料机，铁路敞车翻车机系统，单车翻车机系统，多车翻车机系统，不解列翻车机系统，链斗卸车机，螺旋卸车机，铁路货车卸车机，装卸机械专用配套件，悬挂输送机，链式输送机，通用悬

续表

序号	编码篇	类	章	节	条	款	项	子目	细目	合并编码	商品和服务名称	说明	关键字
2579	1	09	01	14	03					1090114030000000000	给料机械	指将物料由储料装置输送到受料装置中，并可控制物料输送速度和流量的机械设备	挂输送机、积放式悬挂输送机、地面链输送机、给料机械、圆盘给料机、板式给料机、振动给料机、螺旋给料机、带式给料机、叶轮给料机、往复式堆料机、臂式斗轮堆取料机、桥门式斗轮堆取料机、刮板式堆料机、铁路敞车翻车机系统、单车翻车机系统、多车翻车机系统、不解列翻车机系统、铁路货车装车机、铁路货车卸车机、链斗卸车机、螺旋卸车机、物料装卸机械专用配套件、悬挂输送机、链式输送机、通用悬挂输送机、积放式悬挂输送机、地面链输送机
2580	1	09	01	14	99					1090114990000000000	其他连续搬运设备		
2581	1	09	01	15						1090115000000000000	电梯、自动扶梯及升降机	指主要用于建筑物或建筑工程中，沿导轨垂直升降或沿斜面及水平移动运送乘客和货物的机械设备	
2582	1	09	01	15	01					1090115010000000000	电梯	指靠电力拖动（或液压缸顶举）沿导轨升降，在规定的楼层间运送人和货物的固定提升设备	乘客电梯、载货电梯、住宅电梯、病床电梯、观光电梯、杂货电梯
2583	1	09	01	15	02					1090115020000000000	自动扶梯等连续运载乘客输送机	包括自动扶梯、自动人行道、其他连续运载乘客输送机	自动扶梯、自动人行道
2584	1	09	01	15	03					1090115030000000000	升降机	是指重物或提取物装置只能沿导轨升降的设备	升降机、小型货物升降机、施工升降机、装修用升降机工作

续表

序号	编码篇	类	章	节	条	款	项	目	子目	细目	合并编码	商品和服务名称	说明	关键字
2585	1	09	01	15	04						1090115040000000000	电梯自动扶梯及升降机专用配套件	指专用配套附（配）件	电梯自动扶梯专用配套件、升降机专用配套件
2586	1	09	01	16							1090116000000000000	立体仓库设备、相关物料搬运设备		
2587	1	09	01	16	01						1090116010000000000	立体（高架）仓库存储系统	包括有轨巷道堆垛机、有轨巷道堆垛机转移机、穿梭车、自动拣选机、立体仓库循环货架系统、其他立体仓库存储系统	立体仓库存储系统、高架仓库存储系统、有轨巷道堆垛机、有轨巷道堆垛机转移机、穿梭车、自动拣选机、立体仓库循环货架系统
2588	1	09	01	16	02						1090116020000000000	仓储货物堆放架	包括钢铁制仓储用货架、铝制仓储用货架、其他仓储货物堆放架	仓储货物堆放架、钢铁制仓储用货架、铝制仓储用货架、锌制货架
2589	1	09	01	16	03						1090116030000000000	灌装码垛系统及搬运设备	包括灌装码垛系统输送设备、码包、堆包设备等	灌装码垛系统输送设备、输送与码包设备、堆包设备、姿态控制装置
2590	1	09	01	16	04						1090116040000000000	机械式停车设备	包括升降横移类停车设备、简易升降类停车设备、平面移动类停车设备、垂直循环类停车设备、水平循环类停车设备、巷道堆垛类停车设备、其他机械式停车设备	机械式停车设备、升降横移类停车设备、简易升降类停车设备、平面移动类停车设备、垂直循环类停车设备、水平循环类停车设备、巷道堆垛类停车设备
2591	1	09	01	16	05						1090116050000000000	机场专用搬运机械	包括旅客登机桥、行李传送设备、飞机牵引车、机场集装箱（板）升降平台车、其他机场专用搬运机械、其他机械式停车设备	机场专用搬运机械、旅客登机桥、行李传送设备、飞机牵引车、机场集装箱（板）升降平台车、机场集装板升降平台车、机场集装板搬运
2592	1	09	01	16	06						1090116060000000000	搬运机械及装置	包括矿车推动机、货车倾卸装置、电动平车、薄气垫搬运设备、其他搬运机械及装置	搬运机械、矿车推动机、货车倾卸装置、电动平车器、铁路货车推车器、舞台机、薄气垫搬运装置

附录A 商品和服务税收分类与编码

续表

序号	编码 篇	类	章	节	条	款	项	目	子目	细目	合并编码	商品和服务名称	说明	关键字
2593	1	09	01	16	07						1090116070000000000	其他相关物料搬运设备		械化搬运设备
2594	1	09	01	16	08						1090116080000000000	立体仓储设备及物料搬运设备专用配套件	指专用配套附（配）件	立体仓储设备专用配套件、物料搬运设备专用配套件
2595	1	09	01	17							1090117000000000000	泵及液体提升机		
2596	1	09	01	17	01						1090117010000000000	泵	指是输送液体或使液体增压的机械，不包括液压泵（详见1090120010000），农用水泵（详见1090117020000）	泵、动力式泵、单级单吸清水离心泵、单级双吸清水离心泵、多级清水离心泵、锅炉给水泵、热水循环泵、冷凝泵、化工流程泵、管道泵、潜水电泵、潜水排污泵、消防泵、液下泵、自吸泵、船用泵、空调泵、食品泵、混流泵、轴流泵、旋涡泵、污水泵、容积泵、无堵塞排污泵、泥浆泵、渣浆泵、电动往复泵、气动往复泵、液压隔膜泵、单螺杆泵、计量泵、试压泵、齿轮泵、潜片双螺杆泵、单转子泵、双转子泵、真空泵、旋片真空泵、罗茨真空泵、滑阀真空泵、蒸汽流真空泵、分子泵、干式真空泵、离子泵、低温泵、水环真空泵、往复真空泵、分子筛吸附泵、磁力泵、屏蔽泵、喷射泵
2597	1	09	01	17	02						1090117020000000000	农用水泵	指主要用于农业生产的水泵，包括农村生活用水泵、农田作业面潜水泵、农用轻便离心泵、与喷灌机配套用的喷灌自吸泵	农用水泵

续表

序号	篇	类	章	节	条	款	项目	子目	细目	合并编码	商品和服务名称	说　　明	关　键　字
2598	1	09	01	17	03					1090117030000000000	液体提升机	包括升运戽斗、链式或缆式提升机、带式提升机、阿基米德螺旋式提升机、其他液体提升机	液体提升机、升运戽轮、链式提升机、缆式提升机、带式提升机、阿基米德螺旋式提升机
2599	1	09	01	17	04					1090117040000000000	泵、液体提升机零件	包括泵零件、液体提升机零件、液体泵零件、空气泵和真空泵零件	泵零件、液体泵零件、液体提升机零件、空气泵、真空泵零件、泵缸、泵体、泵抽吸管、活塞杆、活塞、柱塞、凸轮、螺杆、叶轮、扩散器叶片、戽斗、装有戽斗的链、带式液体提升机的带、压力室、轮叶
2600	1	09	01	18						1090118000000000000	气体压缩机	包括制冷设备用压缩机（空调压缩机、冰箱压缩机、车用空调设备用压缩机、其他制冷设备用压缩机）；容积式压缩机（往复式压缩机、回转式压缩机、速度式压缩机、其他非制冷设备用压缩机）；气体压缩机零件	气体压缩机、制冷设备用压缩机、空调压缩机、冰箱压缩机、车用空调设备用压缩机、容积式压缩机、回转式压缩机、隔膜式压缩机、工艺压缩机、往复式压缩机、空气压缩机、离心式压缩机、冷藏箱压缩机、速度式压缩机、冷冻机、冷藏式压缩机、轴流式压缩机、车用气压缩机、螺杆压缩机、滑片压缩机、滚动活塞式压缩机、涡旋式压缩机、涡动式压缩机
2601	1	09	01	19						1090119000000000000	阀门和龙头		
2602	1	09	01	19	01					1090119010000000000	阀门	包括普通阀门中的闸阀、截止阀、止回阀、蝶阀、球阀、安全阀、旋塞阀、隔膜阀、疏水阀、减压阀、自动阻止气体倒流阀、节流阀、高温高压截止阀、接头针形截止阀、内丝口针形截止阀、真空阀门中的蝶阀、挡板阀、其他普通阀门中的蝶阀类、球阀类、充气阀类、微调阀类、翻板阀、电磁压差阀、隔膜阀类、电磁阀类、微调阀类、管道阀类	阀门、闸阀、截止阀、止回阀、蝶阀、球阀、安全阀、旋塞阀、隔膜阀、疏水阀、减压阀、节流阀、挡板阀、其他阀门类、翻板阀、电磁压差阀、隔膜阀类、球阀类、微调阀类、充气阀类、角座阀类、管道阀类

续表

序号	篇	类	章	节	条	款	项	子目	细目	合并编码	商品和服务名称	说明	关键字
2603	1	09	01	19	02					109011902000000000	龙头	阀类，角座阀类，管道阀类，其他真空阀门，不包括液压阀（详见109012001）包括水龙头（水嘴），单柄单控水嘴，冷热合水嘴，散热器放水龙头，润滑油龙头，带有软管或伸缩套管的润滑油龙头，用以润滑轮船的轴，罐瓶机用龙头，其他龙头	水龙头，水嘴，单柄单控水嘴，冷热合水嘴，散热器放水龙头，润滑油龙头，罐瓶机用龙头
2604	1	09	01	19	03					109011903000000000	阀门、龙头零件	各类用于阀门和龙头的零配件	阀门零件，龙头零件
2605	1	09	01	20						109012000000000000	液压元件、系统及装置	指使用受压力的液体作为介质来进行能量转换、传递、控制和分配的元件、系统及装置	
2606	1	09	01	20	01					109012001000000000	液压元件	包括液压泵，齿轮式液压泵，叶片式液压泵，轴向柱塞泵，径向柱塞泵，螺杆式液压泵，铆向柱塞泵，齿轮马达，叶片马达，柱塞马达，摆动马达，低速大扭矩马达，液压阀，方向阀，流量阀，压力阀，比例阀，伺服阀，多路阀，插装阀，叠加阀，液压缸，高压重型液压缸，车辆工程系列液压缸，拉杆式液压缸，回转液压缸，摆动液压缸	液压元件，液压泵，齿轮式液压泵，叶片式液压泵，铆向柱塞泵，螺杆式液压泵，径向柱塞泵，齿轮马达，柱塞马达，摆动马达，低速大扭矩马达，方向阀，液压阀，伺服阀，比例阀，流量阀，叠加阀，捕装阀，高压重型液压缸，车辆工程系列液压缸，拉杆式液压缸，回转液压缸，摆动液压缸
2607	1	09	01	20	02					109012002000000000	液压系统及装置	指用液压技术实现的满足主机需要的动力传输或控制的系统，包括整体静液压传动装置，液压泵站，其他液压系统装置（包括机动船只用的喷水推进器（水力机））	液压系统，整体静液压传动装置，液压泵站，喷水推进器，水力机
2608	1	09	01	20	03					109012003000000000	液压辅件	包括液压蓄能器，冷封器，吸油系列过滤器，压力管路过滤器，回油系列过滤器，磁性系列过滤器，双筒系列过滤器，油箱附件	液压辅件，液压蓄能器，冷却器，吸油系列过滤器，磁性系列过滤器，压力管路过滤器，回油系列过滤器，双筒系列过滤器，液压管件，油箱辅件

续表

序号	篇	类	章	节	条	款	项	目	子目	细目	合并编码	商品和服务名称	说明	关键字
2609	1	09	01	20	04						1090120040000000000	液力机械及装置	指将流体动能转换为机械能的装置，包括液力变矩器、向心涡轮定轴式、内分流双涡轮、单向向心涡轮、单向轴流式涡轮、调速型、限矩型、液力耦合器、调速装置、传动装置、液黏离合器、其他液力机械及装置	液力机械、液力变矩器、向心涡轮三项、轴式、内分流双涡轮、单向轴流式涡轮、液力耦合器、调速型、限矩型、传动装置、液黏调速、调速机组、液黏离合器
2610	1	09	01	21							1090121000000000000	气动元件、系统及装置	指使用受压的空气作为介质来进行能量转换、传递、控制和分配的元件、系统及装置	
2611	1	09	01	21	01						1090121010000000000	气动元件	指使用受压的空气作为介质来进行能量转换、传递、控制和分配的元件，包括气动执行元件、汽缸、气马达、管道式气动阀、方向控制阀、压力控制元件（气阀）、方向控制阀、压力控制阀、流量控制阀、气源处理元件（气二三联件、油雾器、过滤器、干燥器、气动元件）、消声器	气动执行元件、气动元件、汽缸、气马达、管道式气动阀、管道式气动调节阀、气动控制元件、方向控制阀、控制阀、流量控制阀、气源处理元件、气二三联件、油雾器、过滤器、干燥器、消声器
2612	1	09	01	21	02						1090121020000000000	气动系统及机械	由气动动力源（包括气源处理元件、气动执行元件及所需的管道组成，完成工作机构的动作，包括气动系统和气动机械	气动系统、气动机械
2613	1	09	01	21	03						1090121030000000000	气动电磁线圈、气动管接头系列	用以气阀的电磁铁线圈以及气动管路用管接头、管夹、塑料管等，包括气动电磁线圈及管路	气动电磁线圈、气动管接头、气动管路
2614	1	09	01	21	99						1090121990000000000	其他气动装置		
2615	1	09	01	22							1090122000000000000	真空应用设备		
2616	1	09	01	22	01						1090122010000000000	真空镀膜设备	包括真空卷绕镀膜设备、光学镀膜机、太阳能镀膜设备、其他真空镀膜设备	真空镀膜设备、真空卷绕镀膜机、光学镀膜机、太阳能镀膜设备
2617	1	09	01	22	02						1090122020000000000	真空浸渍设备	包括其他真空压力浸渍设备	真空浸渍设备、真空压力浸渍设备

附录 A 商品和服务税收分类与编码 607

续表

序号	编码篇	类	章	节	条	款	项	目	子目	细目	合并编码	商品和服务名称	说明	关键字
2618	1	09	01	22	03						1090122030000000000	真空干燥设备	包括真空耙式干燥机、双锥真空回转干燥机、真空冷冻干燥机、真空热风干燥设备、倾斜式真空干燥机、圆筒式真空干燥器、回转真空干燥设备	真空干燥设备、真空耙式干燥机、双锥真空回转干燥机、真空冷冻干燥机、真空热风干燥机、倾斜式真空干燥机、圆筒式真空干燥器、回转真空干燥机
2619	1	09	01	22	04						1090122040000000000	真空炉	包括真空充氮退火炉、真空热处理炉、真空烧结炉、高温真空钎焊炉、真空熔炼炉	真空炉、真空充氮退火炉、真空热处理炉、真空烧结炉、高温真空钎焊炉、真空熔炼炉
2620	1	09	01	22	99						1090122990000000000	其他真空应用设备		
2621	1	09	01	23							1090123000000000000	轴承及其零件		
2622	1	09	01	23	01						1090123010000000000	滚动轴承	包括球轴承、深沟球轴承、调心球轴承、角接触球轴承、推力球轴承、滚针轴承、圆柱滚子轴承、带座外球面球轴承、组合轴承、直线运动轴承、关节轴承、回转支承、转盘轴承、其他滚动轴承	滚动轴承、球轴承、深沟球轴承、调心球轴承、角接触球轴承、推力球轴承、调心滚子轴承、锥形滚子轴承、滚针轴承、圆柱滚子轴承、带座外球面球轴承、组合轴承、直线运动轴承、关节轴承、转盘轴承、回转支承
2623	1	09	01	23	02						1090123020000000000	滑动轴承	包括未装配轴承座滑动轴承、已装配轴承座滑动轴承、其他滑动轴承	未装配轴承座滑动轴承、已装配轴承座滑动轴承、滑动轴承
2624	1	09	01	23	03						1090123030000000000	轴承零配件	包括钢球、滚珠、滚子、轴承保持器、轴承座、其他轴承零件 [包括环 (套圈)、定位圈、紧定套、固定座套等]	轴承钢球、轴承滚珠、轴承滚子、轴承保持器、轴承座、轴承零件、轴承环、轴承套圈、轴承定位圈、轴承紧定套、轴承固定座套
2625	1	09	01	24							1090124000000000000	齿轮、传动轴和驱动部件		

续表

序号	编码 篇	类	章	节	条	款	项目	子目	细目	合并编码	商品和服务名称	说明	关键字
2626	1	09	01	24	01					1090124010000000000	齿轮传动轴	包括齿轮传动轴、船舶用传动轴、曲柄及曲柄轴、活动关节轴、挠性轴、凸轮轴及偏心轴、副轴、其他齿轮传动轴	齿轮传动轴、船舶用传动轴、曲柄轴、活动关节轴、挠性轴、凸轮轴、偏心轴、副轴
2627	1	09	01	24	02					1090124020000000000	齿轮	包括圆柱齿轮、锥齿轮、非圆齿轮、齿条、粉末冶金齿轮、其他未列明齿轮	齿轮、圆柱齿轮、粉末冶金圆柱齿轮、锥齿轮、粉末冶金锥齿轮、塑料圆柱齿轮、塑料锥齿轮、非圆齿轮、粉末冶金非圆齿轮、齿条、粉末冶金齿条、塑料齿条、差动齿轮、粉末冶金差动齿轮、塑料差动齿轮、塑料齿轮
2628	1	09	01	24	03					1090124030000000000	齿轮传动装置（齿轮箱）	指用于传递动力和变速、由齿轮传动零件组成的传动装置，也称齿轮箱；主要包括齿轮减速机及变速箱	齿轮传动装置、减速机、圆柱齿轮减速机、圆柱齿轮减速机、圆锥、圆柱圆锥齿轮减速机、蜗杆减速机、环面蜗杆减速机、普通行星齿轮减速机、少齿差行星齿轮减速机、摆线针轮减速机、变速器、有级变速器、机械无级变速器、链轮、摩擦轮
2629	1	09	01	24	04					1090124040000000000	滚珠、螺杆及传动装置	包括滚珠、滚子螺杆传动装置、滚珠螺杆传动装置、摩擦圆盘联轴节、摩擦锥体联轴节、其他滚珠、螺杆及传动装置	滚珠、滚子螺杆、传动装置、滚子螺杆传动装置、滚珠螺杆传动装置、摩擦圆盘联轴节、摩擦锥体联轴节
2630	1	09	01	24	05					1090124050000000000	飞轮及滑轮	包括飞轮、滑轮、滑轮组	飞轮、滑轮、滑轮组
2631	1	09	01	24	06					1090124060000000000	离合器	包括摩擦离合器、大牙式（爪形）离合器、自动离心离合器、压缩空气离合器、液压离合器、超越离合器、其他离合器，不包括液粘离合器（详见109012004）	离合器、摩擦离合器、大牙式离合器、离心离合器、自动离心离合器、压缩空气离合器、爪形离合器、液压离合器、超越气离合器、其他离合器
2632	1	09	01	24	07					1090124070000000000	联轴器	包括套管联轴器、凸轮联轴器、挠性联轴器、万向联轴器、液压联轴器、其他联轴器	联轴器、套管联轴器、凸轮联轴器、挠性联轴器、液压联轴器、万向联轴器
2633	1	09	01	24	08					1090124080000000000	齿轮、传动	指各类用于齿轮、传动和驱动部件零配件	齿轮、传动部件零件、驱动部件零件

附录A 商品和服务税收分类与编码 609

续表

序号	编码 篇	类	章	节	条	款	项	目	子目	细目	合并编码	商品和服务名称	说明	关键字
2634	1	09	01	25							1090125000000000000	利驱动部件零件		
												密封垫及类似接合衬垫	指用金属、非金属材料或金属片与其他材料复合制成的密封垫或类似接合衬垫,用于静轴垂直接部位的密封,由相对运动的并与介质压力产生密封作用的组成多组摩擦副,其摩擦副可以是金属、石墨、陶瓷等各种材料,包括金属密封垫、多层金属片制密封件、滑动密封环、弹簧密封件、其他密封环、机械密封件、其他机械密封件及类似接合衬垫	金属密封件、金属密封垫、多层片制密封垫、机械密封件、滑动密封环、弹簧密封件、密封垫、接合衬垫
2635	1	09	01	26							1090126000000000000	窑炉、熔炉及电炉		
2636	1	09	01	26	01						1090126010000000000	炉用燃烧器	指供各种液体、气体、煤粉、混合燃料燃烧的炉用燃烧器,包括重油燃烧器(雾化燃烧器)、油燃烧器、气体燃烧器、天然气燃烧器、煤粉燃烧器、其他气体燃烧器、煤粉燃烧器、油气混合燃烧器、其他炉用燃烧器	炉用燃烧器、油燃烧器、气体燃烧器、天然气燃烧器、煤粉燃烧器、油气混合燃烧器、重油燃烧器、雾化燃烧器
2637	1	09	01	26	02						1090126020000000000	机械加煤机	包括给煤机、机械炉箅(机械筛)、机械吹灰器、自动出渣器、其他机械加煤机	机械加煤机、给煤机、机械炉箅、机械筛、机械吹灰器、自动出渣器
2638	1	09	01	26	03						1090126030000000000	工业电炉	包括工业或实验室用电炉及电烘箱等加热设备	电阻炉、可控气氛热处理炉、连续作业电阻炉、空气电阻炉、电感应炉、高频感应炉、介质电容炉、红外线辐射烘牙科用电烘箱、氢气电阻炉、低频感应炉、电弧炉、工业电炉
2639	1	09	01	26	04						1090126040000000000	非电热金属	指燃气或煤的矿砂或金属热处理用炉	非电热金属处理用炉、焙烧炉、金属

续表

序号	编码 篇	编码 类	编码 章	编码 节	编码 条	编码 款	编码 项	编码 目	编码 子目	编码 细目	合并编码	商品和服务名称	说　明	关　键　字
2640	1	09	01	26	05						1090126050000000000	处理用炉		熔化炉、热处理炉、锻造炉、渗碳炉
2641	1	09	01	26	06						1090126060000000000	其他电炉窑炉	包括辊道窑、电热辊道窑、非电热辊道窑、隧道窑、电热隧道窑、非电热隧道窑、梭式窑、电热梭式窑、非电热梭式窑、推板窑、电热推板窑、非电热推板窑、保护气氛窑炉、电热保护气氛窑炉、非电热保护气氛窑炉、氮化窑炉、电子陶瓷烧成窑炉、非电热氮化成窑炉、纳米材料烧成窑炉、电热全辊道窑、其他辊道窑、燃气煤气隧道窑、稀土隧道窑、铁粉还原隧道窑、空心砖烧成隧道电窑、高温推板式辊道电窑、空心砖烧成隧道窑、西式瓦烧成隧道窑、微晶玻璃晶化隧道窑、卫生洁具装配式隧道窑、空心砖干燥隧道窑、卫生洁具重烧梭式窑、卫生瓷本烧梭式窑、耐火材料梭式窑、高压电瓷梭式窑、微晶玻璃板材梭式窑、纳米材料梭式窑、日用、美术、化工色料烧成窑等、隧道电推板窑、磁性材料烧结隧道推板窑、化工粉末极烧隧道推板电炉、极烷稀土材料隧道推板电窑、化工材料极烧隧道推板电窑、氢氮保护钼棒加热推板电炉、氢氮保护推板电隧道、氢氮保护气氛窑、纯氧保护推板窑、氢氧保护双孔推板窑、钴酸锂电池材料双孔隧道式推板窑、多温区多点补氧工艺隧道式推板窑、氢还原窑炉、全自控高温氮化窑	辊道窑、电热辊道窑、非电热辊道窑、隧道窑、电热隧道窑、非电热隧道窑、梭式窑、电热梭式窑、非电热梭式窑、推板窑、电热推板窑、非电热推板窑、保护气氛窑炉、电热保护气氛窑炉、非电热保护气氛窑炉、氮化窑炉、电子陶瓷烧成窑炉、非电热氮化成窑炉、纳米材料烧成窑炉、电热全辊道窑、煤气隧道窑、稀土隧道窑、空心砖烧成隧道电窑、高温推板式辊道窑、铁粉还原隧道窑、西式瓦烧成隧道窑、微晶玻璃晶化隧道窑、卫生瓷烧梭式窑、卫生瓷本烧梭式窑、高压电瓷梭式窑、耐火材料梭式窑、微晶玻璃板材梭式窑、纳米材料梭式窑、隧道电推板窑、化工色料烧结隧道式推板窑、磁性材料烧结隧道推板窑、极烧稀土木极烧隧道推板电窑、化工粉末极烧推板电窑、氢氮保护推板电窑、氢氮保护气氛窑炉、氢氧保护推板窑、纯氧保护气氛窑炉、多温区多点补氧工艺隧道式推板窑、氢还原窑炉、全自控高温氮化窑

续表

序号	篇	类	章	节	条	款	项	目	子目	细目	合并编码	商品和服务名称	说明	关键字
2642	1	09	01	26	07						1090126070000000000	熔炉	指烘烤干燥炉	烘烤干燥炉
2643	1	09	01	26	08						1090126080000000000	窑炉、熔炉及电炉用零件	包括炉用燃烧器、机械加煤机零件、工业电炉及电烘箱零件、非电热炉反烘箱零件	窑炉零件、熔炉零件、电炉零件、炉用燃烧器、机械加煤机零件、工业电炉零件、电烘箱零件、非电热炉、烘箱零件
2644	1	09	01	27							1090127000000000000	风机、风扇及类似设备		
2645	1	09	01	27	01						1090127010000000000	风机	包括纺织专用风机、防爆风机、离心式通风机、电站锅炉鼓引风机、锅炉用通风机（离心式）、工业炉用通风机（离心式）、矿井用风机（离心式）、煤粉用通风机（离心式）、高温风机（离心式）、空调风机（离心式）、烟草风机（离心式）、消防风机（离心式）、船用风机（离心式）、排尘风机（离心式）、其他离心式通风机、轴流通风机、轴流换气通风机（轴流式）、通风换气用通风机、工业炉用通风机（轴流式）、矿井用风机（轴流式）、煤粉风机（轴流式）、高温风机（轴流式）、空调风机（轴流式）、消防风机（轴流式）、烟草风机（轴流式）、船用风机（轴流式）、排尘风机（轴流式）、纺织风机（轴流式）、屋顶风机（轴流式）、其他轴流式通风机、横流鼓风机、混流鼓风机、离心、轴流鼓风机、螺杆式鼓风机、其他鼓风机	风机、离心式通风机、电站锅炉鼓引风机、离心式锅炉用通风机、离心式工业炉用通风机、离心式矿井用通风机、离心式煤粉用通风机、离心式高温风机、离心式空调风机、离心式烟草风机、离心式消防风机、离心式船用风机、离心式粮食用风机、离心式排尘风机、离心式屋顶风机、贯流通风机、轴流式通风机、轴流换气用通风机、轴流式工业炉用通风机、轴流式矿井用通风机、轴流式煤粉用通风机、轴流式高温风机、轴流式空调风机、轴流式消防风机、轴流式粮食用风机、轴流式烟草风机、轴流式船用风机、轴流式排尘风机、轴流式屋顶风机、轴流式纺织风机、轴流式通风机、混流式通风机、叶氏鼓风机、离心鼓风机、轴流鼓风机、造气鼓风机、螺杆式鼓风机

续表

序号	篇	类	章	节	条	款	项	目	子目	细目	合并编码	商品和服务名称	说明	关键字
2646	1	09	01	27	02						1090127020000000000	工业风扇	包括工业吊扇、工业换气扇、工业壁扇、工业用排气扇、工业用排风扇、百叶排气风扇、农牧风扇、机器和仪器（如计算机）等设备用排气风扇、仪器设备用排风扇（扇）。其他工业用排气风扇、机器用排气风扇、农牧风扇，不包括5W＜功率≤125W的家用和类似用途电风扇（详见109041601）	工业吊扇、工业换气扇、工业壁扇、工业用排气扇、工业用排风扇、百叶排气风扇、机器设备用排风扇、农牧风扇
2647	1	09	01	27	03						1090127030000000000	工业用通风罩、循环风扇	包括循环风气罩、自由活塞式发生器、通风罩、循环风气罩	工业用通风罩、工业用循环风扇、自由活塞式发生器、自由活塞式循环通风罩
2648	1	09	01	27	04						1090127040000000000	风机、工业风扇用零件	指各类用于风机、工业风扇的零配件	风机用零件、工业风扇用零件
2649	1	09	01	28							1090128000000000000	气体分离及液化设备		
2650	1	09	01	28	01						1090128010000000000	气体发生器	包括发生炉煤气发生器、水煤气发生器、水解乙炔气体发生器、氧气发生器、氢气发生器、乙烯发生器、其他气体发生器	气体发生器、发生炉煤气发生器、水煤气发生器、水解乙炔气体发生器、氧气发生器、氢气发生器、空气发生器、乙烯发生器
2651	1	09	01	28	02						1090128020000000000	制氮设备	包括深冷法制氮设备、变压吸附制氮设备、其他制氮设备	制氮设备、深冷法制氮设备、变压吸附制氮设备、膜分离制氮设备
2652	1	09	01	28	03						1090128030000000000	制氢设备	包括水电解制氢设备、甲醇重整制氢设备、其他制氢设备	制氢设备、水电解制氢设备、甲醇重整制氢设备、氨分解制氢设备
2653	1	09	01	28	04						1090128040000000000	制氧设备	指制氧机，包括深冷法制氧设备、变压吸附制氧设备、膜分离制氧设备、其他制氧设备	制氧设备、深冷法制氧设备、变压吸附制氧设备、膜分离制氧设备
2654	1	09	01	28	05						1090128050000000000	稀有气体提取设备	指主要产品不是稀有气体的设备不列入此	稀有气体提取设备

附录 A 商品和服务税收分类与编码

续表

序号	篇	类	章	节	条	款	项	目	子目	细目	合并编码	商品和服务名称	说　　明	关　键　字
2655	1	09	01	28	06						1090128060000000000	气体纯化设备	指适用于含氧量≤3%的氮气、氢气、一氧化碳、二氧化碳、甲烷和惰性气体纯化，包括氢气提纯装置、加氢脱氧纯化装置、其他气体纯化设备	气体纯化设备、氢气提纯装置、加氢脱氧纯化装置
2656	1	09	01	28	07						1090128070000000000	气体液化设备	包括天然气液化设备、氮液化设备、氩液化设备、煤气液化设备、其他气体液化设备	气体液化设备、天然气液化设备、氮液化设备、氩液化设备、煤气液化设备
2657	1	09	01	28	99						1090128990000000000	其他气体分离及液化设备		
2658	1	09	01	29							1090129000000000000	利用温度变化加工机械		
2659	1	09	01	29	01						1090129010000000000	蒸馏或精馏设备	包括制药用蒸馏水机、提净塔、粗馏塔、提净塔、泡罩式精馏塔、其他粗馏塔、精馏塔、斜孔板式精馏塔、釜式精馏塔、玻璃降膜再沸式精馏塔、分子蒸馏设备、其他精馏塔、高真空蒸馏设备、酒精回收塔、甲醇回收塔、多功能酒精回收器、废酒精回收系统、其他酒精回收设备、水洗塔、蒸馏釜、油酸蒸馏装置、挥发油提取器、其他蒸馏或精馏设备、填料式回收塔和列管式换热器	蒸馏设备、精馏设备、提净塔、粗馏塔、泡罩式精馏塔、精馏塔、斜孔板式精馏塔、釜式精馏塔、玻璃降膜再沸式精馏塔、分子蒸馏设备、高真空蒸馏设备、酒精回收塔、甲醇回收塔、多功能酒精回收器、废酒精回收系统、水洗塔、蒸馏釜、油酸蒸馏装置、挥发油提取器、列管式换热器
2660	1	09	01	29	02						1090129020000000000	发酵、提取设备	包括发酵设备、普通罐型发酵设备、伍式罐型发酵设备、自吸式罐型发酵设备、锥型发酵罐、其他发酵设备、提取设备、多功能提取罐、物料罐、其他提取罐、提取设备、如主要用于生化发酵生产，动态提取罐、生产味精、柠檬酸、酶制剂、甘油、制药、食品等行业、其他发酵、提取设备	发酵设备、普通罐型发酵设备、伍式罐型发酵设备、自吸式罐型发酵设备、锥型发酵罐、多功能型发酵罐、提取设备、多功能提取罐、动态提取罐
2661	1	09	01	29	03						1090129030000000000	浓缩设备	包括污水处理用蒸发装置、蒸发器、真空蒸发器、旋转蒸发器、氨蒸发器、薄膜蒸发器、悬框式蒸发器	浓缩设备、蒸发器、真空蒸发器、旋转蒸发器、氨蒸发器、薄膜蒸发器、悬

续表

序号	编码 篇	类	章	节	条	款	项	子目	细目	合并编码	商品和服务名称	说明	关键字
2662	1	09			29	04				10901290400000000000	干燥、分散、混合设备及类似设备	包括干燥设备、流化床干燥设备、喷雾干燥设备、气流干燥设备、桨叶干燥设备、盘式干燥设备、厢式和带式干燥设备、回转干燥设备、耙式干燥设备、太阳能干燥设备、微波干燥、转鼓干燥设备、远红外干燥设备、煅烧设备、造粒设备、蒸汽回转干燥机、流化煅烧机、旋转闪蒸干燥机、管束式干燥设备、其他干燥设备、组合干燥设备、真空均质乳化成套设备、真空均质乳化锅、高剪切混合乳化、其他均质乳化设备、分散、高速分散机、GF系列分化、调速分散机、ZKH-V型非对称双螺锥形混合机、其他分散、混合设备	干燥设备、流化床干燥设备、喷雾干燥设备、气流干燥设备、桨叶干燥设备、盘式干燥设备、带式干燥设备、回转干燥设备、耙式干燥设备、太阳能干燥、微波干燥设备、远红外干燥设备、造粒设备、煅烧设备、蒸汽回转干燥机、流化煅烧机、旋转闪蒸干燥机、管束式干燥设备、组合干燥设备、管束式干燥设备、真空均质乳化成套设备、真空均质乳化锅、GF系列分化机、调速分散机、臂式非对称双螺锥形混合机、ZKH-V型混合机
2663	1	09			29	05				10901290500000000000	热交换装置	包括浮头列管式换热器、石墨制浮头列管式换热器、其他浮头列管式换热器、重整换热器、螺纹锁紧环式加氢换热器、其他加氢换热器、圆块孔式换热器、石墨制圆块孔式换热器、其他圆块孔式换热器、石墨制矩形块孔式换热器、其他矩形块孔式换热器、螺旋板式换热器、淋	热交换装置、浮头列管式换热器、石墨制浮头列管式换热器、重整换热器、加氢换热器、螺纹锁紧环式加氢换热器、加氢换热器、圆块孔式换热器、石墨制圆块孔式换热器、矩形块孔式换热器、石墨制矩形块孔式换热器、螺旋板式换热器、淋

附录A 商品和服务税收分类与编码

续表

序号	编码 篇	类	章	节	条	款	项	子目	细目	合并编码	商品和服务名称	说　明	关　键　字
2664	1	09	01	29	06					109012906000000000	加热设备	热器、淋洒式换热器、套筒式换热器、碟片式换热器、列管制浮头沸器、石墨制浮头列管式再沸器、其他热交换装置	热器、淋洒式换热器、套筒式换热器、碟片式换热器、列管式再沸器、石墨制浮头列管式再沸器、其他热交换装置
2665	1	09	01	29	07					109012907000000000	冷却设备	包括冰盐冷却装置、气体冷凝器、气或其他气体的冷凝器、冷却塔、冷却设备、供粮食磨粉工业用的冷却塔、炼油、化工用高压空气冷却器、胶片冷却器、注塑模具冷却器、其他冷却设备、不包括蒸汽冷凝器（详见109010101）	冷却设备、冰盐冷却装置、气体冷凝器、冷却塔、供粮食磨粉工业用的冷却器、炼油、化工用高压空气冷却器、胶片冷却器、注塑模具冷却机
2666	1	09	01	29	99					109012999000000000	其他利用温度变化加工机械		
2667	1	09	01	30						109013000000000000	液体气体过滤、净化机械		
2668	1	09	01	30	01					109013001000000000	液体过滤、净化机械	包括水过滤、净化机械及装置、超滤设备、医用过滤水器（超滤）、纳滤装置、反渗透装置、EDI装置、超滤装置、机械过滤装置、精滤装置、纳滤装置、软水器、离子交换器、中水回用装置（指洗车废水回用水处理设备）、其他水回用装置、净化机械及装置、压滤机、隔膜压榨式压滤机、板框式压滤机、带式压滤机、全自动压滤机、其他压滤机、袋式过滤器、双联过滤器、其他袋式过滤器、单式过滤器、烛	液体过滤、净化装置、EDI装置、反渗透装置、医用滤水器、纳滤装置、机械过滤装置、精滤装置、纳滤装置、软水器、离子交换器、制药用水装置、中水回用装置、陷式压滤机、隔膜压榨式压滤机、板框式压滤机、带式压滤机、全自动压滤机、单式过滤器、压滤机、双联过滤器、袋式过滤器、烛

续表

序号	篇	类	章	节	条	款	项目	子目	细目	合并编码	商品和服务名称	说明	关键字
2669	1	09	01	30	02					1090130020000000000	气体过滤、净化机械及装置	包括机械法气体过滤器、滤袋式过滤器、网式过滤器、转鼓过滤器、纸质过滤器、纤维填充过滤器、滤烟器、机械或物理法气体过滤器及净化器、板框过滤机、叶滤机、其他真空过滤器、机械气体过滤器、气体真空过滤器、圆盘真空过滤机、转台真空过滤机、转鼓真空过滤机、外滤面转鼓真空过滤机、密闭式转鼓真空过滤机、其他真空过滤机、气体净化器、再生式气体净化器、有害气体净化器、气体净化器（用于净化发生炉煤气或煤气）、干湿溶气器、旋转溶气器、其他溶气器（塔）、石墨降膜吸收器、石墨制浮头列管式吸滤、净化机械及装置（物理式或静电式，不包括家用型气体净化装置（详见1090250）	气体过滤、净化装置、机械法气体真空过滤机、滤袋式过滤器、网式过滤器、转鼓过滤器、纸质过滤器、纤维填充过滤器、机械气体过滤器、物理法气体净化机、板框过滤机、圆盘真空过滤机、转台真空过滤机、带式真空过滤机、转鼓面真空过滤机、外滤面转鼓真空过滤机、密闭式转鼓真空过滤机、再生式气体净化器、有害气体净化器、溶气器、溶气塔、吸收塔、降膜吸收器、石墨降膜吸收器、石墨制浮头列管式吸收器
2670	1	09	01	30	03					1090130030000000000	发动机燃油、进气过滤器	包括滤油器（指供内燃发动机、机床等车用的滤油器）、吸气过滤器、机动车净化装置、其他发动机燃油、吸气过滤装置	发动机燃油、进气过滤器、滤油器、机动车净化装置

附录 A 商品和服务税收分类与编码

续表

序号	篇	类	章	节	条	款	项目	子目	细目	合并编码	商品和服务名称	说明	关键字
												燃油、进气过滤器	
2671	1	09	01	30	04					1090130040000000000	离心机	包括脱水离心机、污泥脱水离心机、高速脱水离心机、其他脱水用离心机、固液分离机、固体卸料旋卸料沉降离心机、三足式沉降离心机、三足式沉降离心机、管式分离机、碟式分离机、其他固液分离机、卧式刮刀卸料沉降离心机、三足式上卸刀卸料离心机、三足式上卸刀卸料过滤离心机、卧式锥篮离心机、立式锥篮离心机、上悬式离心机、卧式刮刀卸料过滤离心机、螺旋卸料过滤离心机、旁滤式离心机、其他离心机、热风离心干燥机、离心干燥机、颗粒离心干燥机、高速离心式喷雾干燥机、离心真空干燥机、普通离心式喷雾干燥机、其他离心干燥机、医用离心机、冷冻超速离心机、冷冻高速离心机、高速离心机、低速离心机、其他医用离心机、密闭离心机、SB直联式密闭离心机、人工卸料密闭离心机、其他密闭离心机、供实验室用的离心机、其他离心机、不包括奶油分离器（详见1090215）、干衣机（详见1090253）和家用清洁卫生电器具（详见1090418）	离心机、脱水离心机、污泥脱水离心机、高速脱水离心机、固液分离机、固体卸料沉降离心机、螺旋卸料沉降离心机、三足式沉降离心机、刮刀卸料沉降离心机、管式分离机、碟式分离机、三足式上卸刀卸料离心机、卧式刮刀卸料离心机、过滤离心机、立式锥篮离心机、上悬式离心机、卧式刮刀卸料过滤离心机、螺旋卸料过滤离心机、活塞推料离心机、螺旋卸料沉降-过滤离心机、旁滤式离心机、离心干燥机、热风离心干燥机、颗粒离心干燥机、高速离心式喷雾干燥机、普通离心式喷雾干燥机、离心真空干燥机、冷冻离心机、医用高速离心机、冷冻超速离心机、冷冻高速离心机、低速离心机、密闭离心机、SB直联式密闭离心机、密闭离心机、人工卸料密闭离心机、供实验室用的离心机
2672	1	09	01	30	05					1090130050000000000	离心、过滤、净化机设备及其零件	包括分离、过滤、净化机零件、离心机零件	离心过滤净化机设备、离心过滤净化机设备零件、分离过滤净化机械零件、离心机零件
2673	1	09	01	31						1090131000000000000	工商用制冷、空调设备		
2674	1	09	01	31	01					1090131010000000000	工商用制冷设备	包括工商用制冰机（最大产冰量为310kg/24h）、速冻机（制造冰的制冷设备）、冷饮机（降温速率很快的制冷设备，以便在被冻结的食品或其他物品中产生的冻结）	工商用制冷设备、工商用制冰机、速冻机、冷饮机、工商用冰淇淋冻机、雪泥机、硬冰淇淋机、软冰淇淋机、冰淇淋

续表

序号	编码篇	类	章	节	条	款	项	目	子目	细目	合并编码	商品和服务名称	说明	关键字
2675	1	09	01	31	02						109013102000000000	工商用冷藏、冷冻柜	指工业用、医用及商用等非家用冷藏、冷冻柜。包括工商用冷藏机组的能展示柜、冷冻陈列展示柜、冷藏陈列展示柜、冷藏商品内放冷藏商品的货架）、冷冻陈列展示柜、食品冷冻冰箱、商用冷藏箱（柜）、工作台冰箱、医用及科研用冷冻冷藏箱，如厨房冰箱、冷藏柜等），其他工商用冷藏冷冻、冷藏冷冻柜、冷藏冷冻、不包括家用途的冷藏冷冻、冷藏冷冻展示柜（详见190414）	工商用冷藏、冷冻柜、冷藏陈列展示柜、冷冻陈列展示柜、食品冷冻冰箱、医用冷藏箱、科研用冷冻冷藏冰箱、工作台冰箱
2676	1	09	01	31	03						109013103000000000	中央空调冷水热泵机组	指通过四通换向阀实现蒸发器与冷凝器的功能切换，达到使载冷剂（一般为水）被冷却（加热）的制冷机组；该机组一般被用作公共建筑中中央空调的主机。包括活塞式冷水（热泵）机组、涡旋式冷水（热泵）机组、螺杆式冷水（热泵）机组、离心式冷水（热泵）机组、水源热泵机组、溴化锂式冷水机组（以水为制冷剂，溴化锂水溶液为吸收剂，按吸收式制冷	中央空调冷热水泵机组、活塞式冷水机组、涡旋式冷水机组、螺杆式冷水机组、离心式冷水机组、水源热泵机组、涡旋式热泵机组、溴化锂式热泵机组、离心式热泵机组

附录 A 商品和服务税收分类与编码

续表

序号	编码						合并编码	商品和服务名称	说　明	关　键　字
	篇	类	章	节	条	款 项 目 子目 细目				
2677	1	09	01	31	04		1090131040000000000	工商用空调设备	循环工作的冷水机组）。水源热泵机组（一种采用循环流动于共用管路中的水，从水井、湖泊或河流中抽取的水或在地下盘管中循环流动的水为冷（热）源，制取冷（热）水的设备；包括一个使用侧换热设备、压缩机、热源侧换热设备，具有单制冷或制冷和制热功能；水源热泵机组按使用侧换热设备的形式分为冷热风型水源热泵机组（水—空气型水源热泵机组）和冷热水型水源热泵机组（水—水型水源热泵机组）包括房间空调器，串冷量>14000W，窗式空调器，制冷量>14000W，壁挂式空调器，制冷量>14000W，其他房间空调机组，制冷量>14000W，单元式空调（热泵）机组，多联式空调（热泵）机组，风管送风式空调机组，轿车用空调机组（工艺性），机房空调，洁净空调设备，医用空调，防爆空调，车用车用空调，工程车用空调，加湿机，中大巴用空调，其他工商用途空调设备，不包括制冷量≤14000W的家用和类似用途空调设备、家用空气调节器、家用加湿器、家用除湿器（详见1090415）	工商用空调设备、房间空调器、窗式空调器、壁挂式空调器、多联式空调机组、屋顶送风式空调机组、单元式空调机组、风管送风式空调机组、专用空调机组、医用空调、洁净空调、车用空调设备、防爆空调、加湿机房除湿机、除湿设备
2678	1	09	01	31	05		1090131050000000000	工商用制冷、空调设备零部件	指各类用于工商用制冷、空调设备零部件	工商用制冷、空调设备零部件
2679	1	09	01	32			1090132000000000000	风动和电动工具		
2680	1	09	01	32	01		1090132010000000000	风动手提工具	指手提式风动或液压工具，包括装有气动机（或	风动手提工具、风动钻机、风筒、风

续表

序号	编码篇	类	章	节	条	款	项	目	子目	细目	合并编码	商品和服务名称	说明	关键字
2681	1	09	01	32	02						1090132020000000000	电动手提式工具	指手提式电动液压开孔器，包括电钻（手提式）、冲击钻、手电钻、其他电钻、电锯、电动链锯、手提式电刨（包括电动刨削）、电动锤、电动琢锤、铲锤、修整、磨平器具及类似工具），电动锤、电动锉削机、电动雕刻机、铆钉锤、电动铆钉枪、电动继具、电动手提磨床、电动手提砂光机、电剪刀、电动手提式工具刷具、其他电动手提式工具	电动手提工具、电钻、冲击钻、电钻、电锯、电动链锯、手提式电刨、电动锤、电动琢锤、铲锤、电动锉削机、电动雕刻机、电动铆钉枪、电动继具、电动手提磨床、电动手提砂光机、电剪刀、电动刷具、电动钢丝锯机
2682	1	09	01	32	03						1090132030000000000	风动和电动工具零件	包括手提式电链锯零件、风动手提式链锯用零件、其他风动和电动工具零件	风动工具零件、电动工具零件、手提式链锯零件、风动式链锯用零件、电动手提式链锯用零件
2683	1	09	01	33							1090133000000000000	喷枪及类似器具	指用于喷射油漆或涂料、清漆、油、塑料、水泥、金属粉、纺织纤维粉末等，也可喷射出强力压缩空气流或蒸汽流，雕塑等工作中清洗石料的器具	喷枪、金属线材喷涂枪、自动无气喷枪、自动喷枪
2684	1	09	01	33	01						1090133010000000000	喷枪	包括金属线材喷涂枪、自动无气喷枪、自动喷枪、	喷枪、金属线材喷涂枪、自动喷枪、

附录A 商品和服务税收分类与编码 621

续表

序号	编码 篇	类	章	节	条	款	项	目	子目	细目	合并编码	商品和服务名称	说明	关键字
2685	1	09	01	33	02						1090133020000000000	喷涂机	空气自动喷枪、空气辅助无气自动喷枪、手动喷枪、手动无气自动喷枪、离子风喷枪（适用于电子、胶片）、精细空气喷枪、光触媒喷枪、光触媒喷涂专用喷枪、其他喷枪。包括喷漆设备、高能喷涂机、推式喷涂机、静电喷涂机、手动静电喷涂机、自动静电喷涂机、手动静电双系统喷涂机、手动静电漆枪、高压无气喷涂机（建筑装饰用）、二液无气喷涂机、管道内壁喷涂器、旋蝶喷漆设备、其他喷涂机	空气自动喷枪、空气辅助无气自动喷枪、手动喷枪、手动无气自动喷枪、手动喷枪、离子风喷枪、精细空气喷枪、光触媒喷枪、光触媒喷涂专用喷枪、喷漆设备、高能喷涂机、推式喷涂机、静电喷涂机、拉式喷涂机、手动静电喷涂机、自动静电喷涂机、手动静电双系统喷涂机、手动静电漆枪、高压无气喷涂机、二液无气喷涂机、管道内壁喷涂器、旋蝶喷漆设备、实验喷涂机
2686	1	09	01	33	03						1090133030000000000	喷射机械	包括喷砂机、液体喷砂机、干式喷砂机、循环回收式喷砂机（搜集喷砂、回收、循环、分离、除尘干一体、无污染及砂料回处飞扬现象、是新一代的环保型喷砂设备）、普压手动喷砂机、其他喷砂机（用以除去金属机件上的油漆等）、灰浆机、喷砂房、其他喷射机械	喷射机械、喷砂机、液体喷砂机、干式喷砂机、循环回收式喷砂机、普压式手动喷砂机、灰浆机、喷汽机、喷砂房、其他喷射机械
2687	1	09	01	33	04						1090133040000000000	喷枪水器、喷雾器	包括家用喷雾器、喷壶及类似喷射器具、船用洗舱机、水枪[指可喷射强大的水柱，用以从山坡等处冲落矿物（如金矿砂）的器具]、冲洗机械装置（包括汽车挡风玻璃叉车头灯的冲洗机械装置）、其他喷水器、喷雾器，不包括衣用喷射机械及器具(详见109023708)	喷水器、喷雾器、家用喷雾器、喷壶、喷射器具、船用洗舱机、冲洗机械装置
2688	1	09	01	33	05						1090133050000000000	喷枪及类似器具零件	包括家用液体或粉末喷射机械零件、其他喷枪及类似器具零件	喷枪、喷枪零件、家用液体喷射机械零件、家用粉末喷射机械零件
2689	1	09	01	34							1090134000000000000	包装专用设备		

续表

序号	篇	类	章	节	条	款	项	目	子目	细目	合并编码	商品和服务名称	说明	关键字
2690	1	09	01	34	01						1090134010000000000	包装容器清洗涤及干燥机械	包括药品包装容器的清洁、洗涤、冲洗机械，洗涤、冲洗机械，包装容器专用干燥机械，灭菌检漏设备、其他包装容器洗涤及干燥机械	药品包装容器清洗机械、包装容器洗涤、包装擦瓶机、安瓿擦瓶机、包装容器专用干燥设备、灭菌检漏设备
2691	1	09	01	34	02						1090134020000000000	灌装、装填用机械	指桶、琵琶桶、罐、瓶、坛、管、安瓿、包、袋等容器的装填机器，以及对容器进行封口的设备。包括计重控制装置、常配有辅助性的自动计量或封口装置，包括饮料及液体食品灌装设备、手提式液体食品灌装设备、电动手提式饮料及液体食品灌装设备、非手提式液体食品罐装设备、饮料真空包装机、饮料收缩包装机、水泥灌装机、全自动水泥灌装设备、水泥灌装机、全自动水泥灌装机、其他饮料及液体食品灌装机、固体产品灌装机（包括固体食品及其他固体产品真空包装机、包装机）、包装机、固体产品真空包装机、吸塑包装机、贴体包装机、裹包机、充填机、泡罩包装机、塑料袋封口机、热成型包装机、整理排列机、移动式定量包装车、其他固体产品灌装机、包装机、其他容器用机械	饮料液体食品灌装设备、手提式液体食品灌装设备、电动手提式饮料液体食品灌装设备、非手提式液体食品罐装设备、饮料真空包装机、饮料收缩包装机、水泥灌装机、全自动水泥灌装机、包装机、固体产品真空包装机、充填机、吸塑包装机、塑料袋封口机、泡罩包装机、热成型包装机、物料整理排列机、移动型定量包装车
2692	1	09	01	34	03						1090134030000000000	容器封口、贴标签及包装机	指本类机械可配有定型、印刷、捆扎、装订、包边、胶贴、封口装置或对包装进行最后整理处理的装置，包括把已填好的罐头、瓶子等装入外包装（板条箱、箱子等）的机械，包括纸板箱包装机、封口机、其他纸板箱包装机、瓶、坛封口机、加塞压盖机、其他瓶罐封口机、焊接封口机、封罐机、振荡落盖装置、振盖压盖机、旋盖机、掀盖或压盖机、其他瓶盖或封口机、加塞或压盖机、贴标签机械、贴标贴签机、标签色标压机、喷码机、其他贴标贴签机	纸板箱装箱包装机、装盒机、纸板箱封口机械、加塞压盖机械、封罐机、封口机、瓶坛封口机械、焊接封口机、封盖机、封罐机、振荡落盖装置、振盖压盖机、安瓿封口机、贴标机、贴标签机械、打包机、喷码压印器、标签色标印器、捆扎机、扎口机、便携式打包机械、包装机

续表

序号	编码 篇	类	章	节	条	款	项	目	子目	细目	合并编码	商品和服务名称	说明	关键字
2693	1	09	01	34	04						1090134040000000000	包装专用设备零件	械、打包机及捆扎机、扎口机、捆扎机、便携式打包器械（指手工操作的便携式打包器械）、热缩包装机、其他打包机及捆扎机、其他容器装封、贴标签及包封机	包装专用设备零件、饮料液体食品灌装设备零件
2694	1	09	01	35							1090135000000000000	衡器（秤）	指由秤体（承载器）、传力机构、显示器三部分组成的整体衡器（缺任一部分只能统计为衡器部件）	
2695	1	09	01	35	01						1090135010000000000	工业用衡器	包括地上衡、地上平台秤、地上钢材秤、地上钢材秤、地上轴重秤、地上汽车衡、地上轮重秤、地上牲畜秤、地上飞机秤、地中衡、地中平台秤、地中钢材秤、地中轴重秤、地中汽车衡、地中轮重秤、地中牲畜衡、地中飞机秤、轨道衡、标准轨道衡、自动轨道衡、静态轨道衡（矿车衡）、煤矿衡、液体秤、容器秤、配料秤、料斗秤、其他乳道衡、秤量车、定量包装秤、吊秤、有线式吊秤、无线式吊秤、有线直示式吊秤、无线直示式吊秤、其他吊秤、皮带秤、单托辊皮带秤、多托辊皮带秤、悬臂式皮带秤、滚轮式皮带秤、悬浮式皮带秤、有线传输式皮带秤、无线传输式皮带秤、辊皮带秤、核子皮带秤、其他皮带秤、分类秤、重量检验秤、重量选秤、分类秤、其他特种秤、病床秤、容重秤、宝石秤、其他工业用衡器	工业用衡器、地上衡、地上平台秤、地上钢材秤、地上轴重秤、地上汽车衡、地上轮重秤、地上牲畜秤、地上飞机秤、地中衡、地中平台秤、地中钢材秤、地中轴重秤、地中汽车衡、地中轮重秤、地中牲畜衡、地中飞机秤、轨道衡、标准轨道衡、自动轨道衡、静态轨道衡、粮食秤、液体秤、容器秤、配料秤、料斗秤、秤量车、定量包装秤、吊秤、有线式吊秤、无线直示式吊秤、单托辊皮带秤、无线传输式皮带秤、悬臂式皮带秤、滚轮式皮带秤、核子皮带秤、多托辊皮带秤、分类秤、重量检验秤、重量选秤、重量标签秤、分选秤、特种秤、叉车秤、容重秤、宝石秤、病床秤

续表

序号	编码 篇	类	章	节	条	款	项目	子目	细目	合并编码	商品和服务名称	说明	关键字
2696	1	09	01	35	02					1090135020000000000	商业用衡器	包括商业用案秤、计价案秤、计重案秤、计数案秤、百分案秤、包裹案秤、信函案秤、运费案秤、度盘案秤、其他商业用案秤、商业用台秤、计价台秤、计重台秤、计数台秤、百分台秤、包裹台秤、度盘台秤、其他商业用台秤	商业用案秤、计价案秤、计重案秤、计数案秤、百分案秤、包裹案秤、信函案秤、运费案秤、度盘案秤、商业用台秤、计价台秤、计重台秤、计数台秤、百分台秤、包裹台秤、度盘台秤、百分台秤
2697	1	09	01	35	03					1090135030000000000	称重系统	包括机械式合秤和电子合秤	机械式合秤、电子式合秤
2698	1	09	01	35	04					1090135040000000000	家用秤	包括人体秤、婴儿秤、配餐秤、浴室秤、家用便携秤（指家用或类似用途的便于携带的秤，如袋秤、手掌秤、袖珍秤等）、其他家用秤（秤）	家用秤、人体秤、婴儿秤、配餐秤、浴室秤、家用便携秤
2699	1	09	01	35	05					1090135050000000000	衡器零配件	包括衡器用砝码、秤砣、称重显示控制器、传感器、应变计、其他衡器零配件	衡器用砝码、秤砣、称重显示控制器、称重传感器、应变计
2700	1	09	01	35	99					1090135990000000000	其他衡器（秤）		
2701	1	09	01	36						1090136000000000000	金属铸件	包括黑色金属和有色金属铸件	
2702	1	09	01	36	01					1090136010000000000	铸铁件	指无可锻性铸铁制品，包括灰铸铁、可锻铸铁、特种铸铁制品（包括耐热、耐磨、耐蚀铸铁），工业用灰铸铁制品（指工业领域中各行业，如汽车、机床、纺织机械、重型机械、工程机械、通用机械、轻工机械、石化机械、航天、航空、电站、造船、机车车辆等行业用铸铁件），非工业用灰铸铁制品、工业用球墨铸铁制品、非工业用球墨铸铁制品、工业用可锻铸铁件、非工业用可锻铸铁制品、消防用铸件、井盖井圈、供暖散热器、消防栓、火警柱、路旁栅栏、景观铸件如消防栓盖、火警柱、路旁栅栏、供暖散热器、下水道及供水系统用铸件；电讯盖板、边侧防水盖板、进水井算子、漏水算子、下水道检查闸门、滤栅、阴沟盖	铸铁件、灰铸铁件、工业用灰铸铁制品、非工业用灰铸铁制品、球墨铸铁制品、可锻铸铁、工业用可锻铸铁件、特种铸铁制品、非工业用铸铁件、消防用铸件、井盖井圈、供暖散热器、消防栓、火警柱、路旁栅栏、下水道用铸件、供水系统用铸件、电讯盖板、漏水算子、下水道检查闸门、滤栅、阴沟盖

续表

序号	篇	类	章	节	条	款	项	子目	细目	合并编码	商品和服务名称	说明	关键字
												阴沟盖及类似铸件等	
2703	1	09	01	36	02					10901360200000000000	铸钢件	指工业领域中各行业如汽车、机床、重型机械、工程机械、通用机械、轻工机械、纺织机械、石化机械、航空、电站、造船机车车辆等行业用铸钢件，包括碳钢铸钢件、合金钢铸钢件、不锈钢铸钢件	铸钢件、碳钢铸钢件、合金钢铸钢件、不锈钢铸钢件
2704	1	09	01	36	03					10901360300000000000	铜铸件	包括工业用铜铸件、非工业用铜铸件	铜铸件、工业用铜铸件、非工业用铜铸件
2705	1	09	01	36	04					10901360400000000000	铝铸件	包括工业用铝铸件、非工业用铝铸件	铝铸件、工业用铝铸件、非工业用铝铸件
2706	1	09	01	36	05					10901360500000000000	锌铸件		锌铸件
2707	1	09	01	36	06					10901360600000000000	镁铸件		镁铸件
2708	1	09	01	36	99					10901369900000000000	其他金属铸件		钛铸件
2709	1	09	01	37						10901370000000000000	锻件、粉末冶金件		
2710	1	09	01	37	01					10901370100000000000	锻件	包括模锻件（指在闭模锻锤、无砧座锤、模锻压机等锻造设备上闭模锻件），自由锻件（指在自由锻锤、自由锻压机、快锻压机等锻造设备上手模、胎模成形锻件及剁锭、钢坯的开坯锻件等）、钢坯、钢锭（各种锻材）、其他自由锻件、冷锻件、特殊成形锻件（指旋压成形、辊锻成形、环形成形等特殊成形工艺成形的锻件）、有色金属锻件、铜锻件、铝锻件、钛合金锻件、其他有色金属锻件	锻件、模锻件、自由锻件、钢锭、钢坯开坯、冷锻件、特殊成形锻件、有色金属锻件、铜锻件、铝锻件、钛合金锻件
2711	1	09	01	37	02					10901370200000000000	冲压件、钣金件	包括冲压件、拉深件、其他冲压件、钣金件、汽车、运输机械钣金件、黑色金属和有色金属制品件	冲压件、拉深件、冲裁件、黑色金属、有色金属制品件、钣金件、运输机械钣金件

续表

序号	篇	类	章	节	条	款	项	目	子目	细目	合并编码	商品和服务名称	说　　明	关　键　字
2712	1	09	01	37	03						1090137030000000000	粉末冶金零件	摩托车等运输机械板金件、其他板金件 包括粉末冶金结构件、粉末冶金含油轴承、粉末冶金摩擦片、粉末冶金软磁性零件	金件 粉末冶金零件、粉末冶金结构件、粉末冶金含油轴承、粉末冶金摩擦片、粉末冶金双金属制品、粉末冶金软磁性零件
2713	1	09	01	99							1090199000000000000	其他通用设备零件	包括矽光机及类似机械、平整机、矽光机（包括橡胶矽光机、塑料矽光机、造纸矽光机等）、其他未列明通用设备、矽光机零件（指其他滚压机械）、滚光机零件、滚筒、滚压机零件、自动润滑脂壶、加脂嘴、手柄、杠杆及手柄、安全防护罩及底板、油封环、其他通用机械设备用零件	平整机、矽光机、橡胶矽光机、塑料矽光机、造纸矽光机、通用设备零件、非自动润滑壶、加脂嘴、滚筒、滚压机零件、手柄、手轮、杠杆、安全防护罩、油封环、通用机械设备用零件
2714	1	09	02								1090200000000000000	专用设备	指只在一个特定产业、用来生产、加工、处理特定产品或者改变特定物质形态的机械设备及其专门配套件	
2715	1	09	02	01							1090201000000000000	矿山专用设备	指用于各种固体矿物及石料的开采和选别的机械设备及其专门配套设备	
2716	1	09	02	01	01						1090201010000000000	建井设备	包括钻井机、平巷掘进机、天井掘进机、其他建井设备	钻井机、平巷掘进机、天井掘进机、抓岩机、建井设备
2717	1	09	02	01	02						1090201020000000000	采掘、凿岩设备	包括凿岩机、装药填充设备、钻孔设备、穿孔设备、装药填充设备、装岩机、矿用铲斗式装载机、矿用地下铲运机、矿用连续式装载机、矿车翻车机、刨煤机、截煤机、采掘辅助设备、其他采掘凿岩设备	凿岩机、钻孔设备、穿孔设备、伞形钻架、装药填充设备、装岩机、矿用挖掘机、矿用钻车、矿用地下铲运机、矿用铲斗式装载机、矿用连续式装载机、矿车翻车机、刨煤机、截煤机、采掘辅助设备、采掘凿岩设备
2718	1	09	02	01	03						1090201030000000000	矿山提升设备	包括矿山提升设备、矿山提升绞车、其他矿山提升设备	矿用提升绞车、矿用辅助绞车

附录A 商品和服务税收分类与编码

续表

序号	编码 篇	类	章	节	款	条	项	子目	细目	合并编码	商品和服务名称	说　　明	关　键　字
2719	1	09	02	01		04				10902010400000000000	矿物破碎机械	包括颚式破碎机、旋回破碎机、圆锥破碎机、辊式破碎机、锤式破碎机、反击式破碎机、旋盘破碎机、立式复合破碎机、立式冲击破碎机、辊压机、破碎筛分联合设备（破碎站）、其他矿物破碎机械	颚式破碎机、旋回破碎机、圆锥破碎机、辊式破碎机、锤式破碎机、反击式破碎机、旋盘破碎机、立式复合破碎机、立式冲击破碎机、辊压机、破碎筛分联合设备、矿物破碎机械
2720	1	09	02	01		05				10902010500000000000	矿物粉磨机械	包括球、棒磨机、自（半）磨机、振动磨机、钢球振动磨机、辊盘式磨煤机、风扇磨煤机、微介质水泥磨、摆盘式磨煤机、雷蒙磨、砾磨机、管磨机、立式水泥磨机、其他矿物磨粉机械	球磨机、棒磨机、自磨机、半磨机、振动磨机、钢球振动磨机、辊盘式磨煤机、风扇磨煤机、微介质水泥磨、摆盘式磨煤机、雷蒙磨、砾磨机、管磨机、立式水泥磨机、矿物磨粉机械
2721	1	09	02	01		06				10902010600000000000	矿物筛分、洗选设备	包括振动筛、分级设备、磁选设备、浮选设备、重力选矿设备、脱水设备、其他矿物筛分设备、矿物洗选设备	振动筛、分级设备、磁选设备、浮选设备、重力选矿设备、脱水设备、矿物筛分设备、矿物洗选设备
2722	1	09	02	01		07				10902010700000000000	矿山用牵引车及其矿车	包括露天矿用移设车、地下矿用车辆、矿山用牵引车及矿车	露天矿用移设车、地下矿用车辆、矿山用牵引车、矿车
2723	1	09	02	01		08				10902010800000000000	矿山设备专用配套件	指专用配套附（配）件	建井设备专用配件、采掘凿岩设备专用配件、矿用提升设备专用配套件、破碎机械专用配套件、粉磨机械专用配套件、筛分设备专用配套件、洗选设备专用配套件、矿山用牵引车专用配套件、矿山用矿车专用配套件、矿山设备专用配套件
2724	1	09	02	01		99				10902019900000000000	其他矿山专用设备		
2725	1	09	02	02						10902020000000000000	石油钻探、开采专用设备	包括石油、天然气钻采专用设备	
2726	1	09	02	02		01				10902020100000000000	石油钻井设备	包括陆地石油钻机、海洋石油钻采设备	沙漠钻机、电驱动钻机、机械驱动钻

续表

序号	编码篇	类	章	节	条	款	项	目	细目	合并编码	商品和服务名称	说明	关键字
2727	1	09	02	02	02					109020202000000000	采油设备	指在经济有效的前提下,最大限度地把原油从油层中抽到地面上来所需要的设备;陆地采油设备包括抽油机有杆泵、潜油电动离心泵、水力活塞泵、射流泵等;海上采油设备是指专门为海上采油而设计的装置(平台或浮船);按种类可分为固定式和移动式两种;固定式采油平台分为人工岛和固定式采油平台两类;移动式采油平台又可分为移动式采油储油平台(简称MPSU)和移动式采油储油平台(简称MPI)等;不包括开采近海油田或天然气田的固定式平台(详见10902201)	抽油机、系列搅拌机、潜油电机、取样器、车载多元配注装置、聚合物分散溶解装置、抽油泵、稠油杆、采油设备
2728	1	09	02	02	03					109020203000000000	修井设备	系列修井机、其他修井设备	修井机、修井设备
2729	1	09	02	02	04					109020204000000000	固井压裂设备	包括泥浆固控系统、泥浆振动筛、防喷器、装置、除砂清洁器、泥浆清洁器、防喷器及井口圆弧齿蜗轮泥浆搅拌器、砂泵、其他固井压裂设备	泥浆固控系统、泥浆振动筛、防喷器、井口装置、除砂清洁器、泥浆清洁器、真空除气器、圆弧齿蜗轮泥浆搅拌器、砂泵、固井压裂设备
2730	1	09	02	02	05					109020205000000000	原油稳定站专用设备	包括普通型高效分水器、智能型高效分水器、油井多项存储收集器、其他原油稳定站专用设备	普通型高效分水器、智能型高效分水器、油井多项存储收集器、原油稳定站专用设备
2731	1	09	02	02	06					109020206000000000	石油专用工程车辆设备	包括石油测井车、石油压裂车、石油混砂车、其他石油专用工程车辆设备	石油测井车、石油压裂车、石油混砂车、石油专用工程车辆设备
2732	1	09	02	02	07					109020207000000000	石油测井仪器设备	包括双侧向测井仪、双感应-球形聚焦测井仪、微球型聚焦测井仪、高分辨率声波测井仪、自然伽马测井仪、自然伽马测井仪、补偿中子测井仪、声波变密度测井仪	双侧向测井仪、双感应-球形聚焦测井仪、微球型聚焦测井仪、高分辨率声波测井仪、声波变密度测井仪、自然伽

续表

序号	编码 篇	类	章	节	条	款	项	子目	细目	合并编码	商品和服务名称	说明	关键字
2733	1	09	02	02	08					10902020800000000000	石油钻井工具	包括井上工具、井下工具	马测井仪、补偿中子测井仪、小井眼系列测井仪、其他石油测井仪器设备、钻井吊钳、井上工具、钻井卡瓦、钻杆吊卡、钻井吊环、井上工具、钻井钻头、钻井螺杆钻具、钻井打捞工具、钻井扶正器、钻井震击器、钻井减震器、钻井取心器、钻井安全接头、钻井高压旋塞阀、钻井射孔枪、井下测试设备、井下工具
2734	1	09	02	02	09					10902020900000000000	石油钻探、开采专用设备零件	包括石油或天然气钻机零件、其他石油钻探采专用设备零件	石油钻机零件、天然气钻机零件、石油钻探开采专用设备零件
2735	1	09	02	03						10902030000000000000	建筑工程用机械	推土机、筑路机、平地机、铲运机等工程机械	
2736	1	09	02	03	01					10902030100000000000	挖掘、铲土运输机械	包括挖掘机、推土机、平地机、铲运机、装载机、其他挖掘、铲土运输机械	履带式挖掘机、挖掘机、轮式挖掘机、挖装机、连续式挖掘机、特种挖掘机、履带式挖掘机配套设备、挖掘机、侧铲推土机、非自推进铲运机、双向机械铲、运机、装载机、单向控制机械铲、控制机械铲
2737	1	09	02	03	02					10902030200000000000	压实机械	包括机动压路机、非机动压路机、打夯机、其他压实机械	机动压路机、手扶式压路机、压路机、机动打夯机、非机动打夯机
2738	1	09	02	03	03					10902030300000000000	捣固机（车）	包括机动捣固机、捣固车（建筑工程用）、非自推进式捣固机等	气动捣固机、振动捣固器捣固机、液压捣固机、机动捣固机、清筛捣固车、捣固车
2739	1	09	02	03	04					10902030400000000000	工程钻机	包括锚固工程钻机、锚杆旋喷工程钻机、冲击式工程钻机、回旋工程钻机、三轴深览工程钻机、其他工程钻机	锚固工程钻机、锚杆旋喷工程钻机、回旋工程钻机、三轴冲击式工程钻机、三轴深凿工程钻机

续表

序号	编码 篇	类	章	节	条	款	项	目	子目	细目	合并编码	商品和服务名称	说　明	关键字
2740	1	09	02	03	05						1090203050000000000	桩工机械	包括打桩机、拔桩机、压桩机、打桩机、柴油锤打桩架、其他桩工机械	电动履带式桩机、履带式螺纹桩机、履带式螺旋钻机、非圆形桩钻机、地下连续墙钻机、步履式桩钻机、打桩机、振动沉拔桩机、步履式压桩机、机械式压桩机、液压式压桩机、压桩机、振动桩锤、打桩锤、柴油锤、柴油打桩锤、步履式柴油锤打桩架、履带式柴油锤打桩架、走管式柴油锤打桩架、轨道式柴油锤打桩架、轮胎式柴油锤打桩架、柴油锤打桩架
2741	1	09	02	03	06						1090203060000000000	公共工程用机械	包括摊铺机械、筑路机械、线路铺装机械、扫雪设备、管道疏通机械、其他公共工程用机械，不包括垃圾坂车（详见1090306），及其他类似的市政环卫车辆（详见109030702）	沥青混凝土摊铺机、混凝土摊铺整平机、稳定土摊铺机、散状物料撒布机、多功能混凝土摊铺机、摊铺机械、沥青路面机械、混凝土路面机械、通用路面机械、筑路机械、管道吊管机、铺设机、架桥机、挖沟联合机、管道吊装机、线路铺装机械、除雪机、吹雪机、扫雪设备
2742	1	09	02	03	07						1090203070000000000	建筑工程用货运自卸车	不包括垃圾坂车（详见1090306）	电动轮非公路用货运自卸车、自卸车、翻斗车、建筑工程用货运自卸车
2743	1	09	02	03	08						1090203080000000000	混凝土机械	包括混凝土泵、混凝土泵车、混凝土搅拌车、散装水泥车、布料杆、其他混凝土机械	混凝土搅拌车、混凝土泵车、混凝土搅拌车、散装水泥车、布料杆、其他混凝土机械
2744	1	09	02	03	09						1090203090000000000	建筑工程用机械零件	包括推土机机铲、挖掘机用铲、其他建筑工程用机械零件	推土机机铲、挖掘机用铲、建筑工程用机械零件
2745	1	09	02	04							1090204000000000000	建筑材料及制品专用生产机械		

续表

序号	篇	类	章	节	条	款	项	子目	细目	合并编码	商品和服务名称	说明	关键字
2746	1	09	02	04	01					1090204010000000000	水泥专用设备	包括水泥生产的全套设备及散装水泥专用设备	原料均化设备、立式辊磨机、熟料冷却机、选粉机、旋风预热器、增湿塔、水泥烘干机、水泥散装设备、水泥专用设备
2747	1	09	02	04	02					1090204020000000000	建筑材料专用窑炉	窑外分解窑、干法回转窑、其他水泥回转窑、混凝土砌块（砖）生产用养护窑、其他砖瓦生产专用窑炉。不包括粉碎、磨粉等通用设备	水泥回转窑、机械立窑、石灰石分解炉、石灰窑、浮法玻璃格窑、浮法玻璃锡槽、浮法玻璃退火窑、砖瓦生产专用窑炉、旋转式石膏炉、建筑陶瓷辊道窑、建筑陶瓷隧道窑、卫生陶瓷隧道窑、卫生陶瓷梭式窑、窑车自动运转系统、玻璃纤维窑炉、建筑材料专用窑炉
2748	1	09	02	04	03					1090204030000000000	平板玻璃制造及深加工机械	包括平板玻璃制造机械、平板玻璃及深加工制造机械、其他平板玻璃制造机械	浮法玻璃生产成套设备、平板玻璃拉边机、平板玻璃连续压延机、平板玻璃研边机、平板玻璃原片输送机、平板玻璃真空吸盘探板机、平板玻璃自动码片机、平板玻璃横切机、平板玻璃纵切机、平板玻璃随动切割机、平板玻璃切割台、平板玻璃制造机械、钢化玻璃设备、夹层玻璃设备、ow-E玻璃深加工设备、平板玻璃深加工设备
2749	1	09	02	04	04					1090204040000000000	玻璃纤维加工机械	包括光导纤维生产机械、玻璃纤维专用加工机械、其他玻璃纤维加工机械	光纤拉丝机、光纤焊接机、光纤强度筛选机、光纤着色机、光纤挤出机、光纤预制棒生产设备、光导纤维生产机械、制球机、加捻机、玻璃纤维拉丝机、玻璃纤维捻线机、玻璃纤维分条整经

续表

序号	篇	类	章	节	条	款	项	目	子目	细目	合并编码	商品和服务名称	说明	关键字
														机，玻璃纤维制毡机组，玻璃纤维烘干炉，无捻粗纱络纱机，纤维短切机组，玻璃纤维专用加工机械
2750	1	09	02	04	05						1090204050000000000	建筑卫生陶瓷机械	包括原料制备设备，建筑陶瓷机械，卫生陶瓷机械等	制浆制粉搅拌机，喷雾干燥塔，增湿造粒机，大颗粒制备系统，泥浆磁选机，原料制备干燥设备，液压全自动压砖机，单层卧式辊道干燥器，多层卧式辊道干燥器，立式干燥器，一次烧成釉面墙地砖多功能施釉线，二次烧成釉面砖多功能施釉彩饰联动线，瓷质砖抛光机，抛光机，建筑陶瓷机械，械合式注浆机，压组合浇注线，低压快排水注浆机组，高压注浆机组，隧道干燥器，加热泥浆罐，室式干燥器，隧道干燥器，施釉彩饰设备，卫生陶瓷机械
2751	1	09	02	04	06						1090204060000000000	复合材料成型设备	包括缠绕机，拉挤机，连续制板机，其他复合材料成型设备	缠绕机，拉挤机，连续制板机，复合材料成型设备
2752	1	09	02	04	07						1090204070000000000	非金属搅拌机械	包括混凝土配料机，混凝土成砂浆混合机，混凝土搅拌机（站），沥青混凝土搅拌设备，干粉砂浆生产设备，双混式干混砂浆生产设备，矿石混合机，其他非金属矿物混合搅拌机械	混凝土配料机，混凝土混合机，砂浆混合机，混凝土搅拌机，沥青混凝土搅拌设备，干粉砂浆生产设备，双混式干混砂浆生产设备，矿石混合机，非金属矿物混合搅拌机械
2753	1	09	02	04	08						1090204080000000000	建筑材料制品成型机械	包括制管机械，非配筋小型混凝土块材生产机械，烧结类制砖生产机械，加气混凝土装备，模压机，石棉瓦设备，路面砖，路缘石成型机械，轻质隔体板成型机械，石膏制品模制成型机械，人工制砂成型机械，防水卷材及类似制品成型机械	挤压制管机，混凝土管离心式模制机，水管制压机，水管挤出机，制管机械，电杆模压机，陶管模压机，陶管挤出机，陶瓷砖砌块布振动成型机，混凝土块材成型机，混凝土块材二次深加工机械，液压成型机，混合砂成型机械，石膏制品模制成型机械

附录 A 商品和服务税收分类与编码

续表

序号	编码（篇/类/章/节/条/款/项/目/子目/细目）	合并编码	商品和服务名称	说明	关键字
2754	1 09 02 04 09	1090204090000000	矿石烘干机	包括转筒烘干机、转筒干燥机、矿用烘干机、矿石干燥机	筒烘干机、转筒干燥机、矿用烘干机、矿石干燥机

（上方续前表内容：……材料加工成型设备、保温绝热材料加工设备、其他建筑材料制品成型机械；关键字：生产线成套装备、非配筋小型混凝土块材生产成型机械、混凝土砌块砖模具、混凝土砌块砖板、混凝土砌块砖全自动生产线、真空挤砖机、压砖机、切条切坯机、翻砖机组、码坯机、二次码烧工艺设备、烧结类制砖生产机械、浇注混凝土、加气混凝土切割机、加气混凝土装备、辊压成型隐形瓦机、彩钢琉璃瓦机、蒸压釜、自动拉模成型设备、彩瓦生产设备、全自动彩瓦设备生产线、瓦片模压机、石棉瓦机、石棉瓦生产线、石棉瓦设备、路缘石砖机、液压花砖机、马路花砖机、路面砖路缘石成型机、环形压瓦设备、路花砖机、双管电杆离心成型机、环形离心成型机、电杆离心机、环形预应力混凝土电杆钢模、电杆成型机、电杆类似制品成型机械、模压成型机、模板成型机、墙板成型机、悬臂式喷射成型机、复合墙板挤压成型机、彩板辊压成型机、复合墙板挤压墙板成型机、石膏板成型机、配筋轻质墙板成型机、轻质隔墙体成型机、冲击式制砂机、整形机、洗砂机、人工制砂成型机械、成型机组、防水材料加工成型设备、聚氨酯复合板成型机械、保温绝热材料加工设备）

续表

序号	编码 篇	类	章	节	条	款	项	目	子目	细目	合并编码	商品和服务名称	说明	关键字
2755	1	09	02	04	10						10902041000000000000	石材加工机床	包括石材加工锯床、石材研磨及抛光设备，其他石材加工机床	圆盘锯床、圆盘切割机、钢丝锯床、石材锯切机、全自动多片组合锯切中心、多片横切机、红外线桥切机、石材加工锯床、磨边倒角机、石料研磨机床、石料抛光机床、石料压纹机床、石料研磨、抛光机床
2756	1	09	02	04	11						10902041100000000000	建筑材料专用机械制品零件	包括平板玻璃制造及深加工机械零件、其他建筑材料制品专用机械零件	平板玻璃制造机械零件、深加工机械零件、建筑材料专用机械零件
2757	1	09	02	05							10902050000000000000	玻璃、陶瓷制品生产专用设备		
2758	1	09	02	05	01						10902050100000000000	玻璃制品制造机械	包括玻璃热加工机械、压制玻璃制品制造机械、玻璃吹制机械、其他玻璃制品制造机械	连续式玻璃热弯炉、制玻璃床用机械、制玻璃螺旋管烧成用高温窑、玻璃餐具陶瓷成型烤花窑、玻璃热加工机床、玻璃制品模制机、玻璃器皿模压制成型机、玻璃器皿压制机、制瓶机、制保温瓶设备、制管机、吹制玻璃器皿专用机械
2759	1	09	02	05	02						10902050200000000000	玻璃材料加工机床	包括玻璃冷加工机床，其他玻璃材料加工机床	玻璃圆盘锯床、玻璃钢丝锯床、玻璃冷加工研磨机床、玻璃冷加工抛光机床、玻璃切割机床、玻璃刻花机、玻璃冷加工机床
2760	1	09	02	05	03						10902050300000000000	日用陶瓷制品成型机械	指日用陶瓷坯泥黏聚或成型机械	陶加工机械、陶轮类似机械、模制陶瓷假牙用机械、精加工设备、日用陶瓷制品成型机械
2761	1	09	02	05	04						10902050400000000000	玻璃、陶瓷坯体冷加工机床	包括玻璃冷加工机床零件、附件，其他玻璃、陶瓷坯体冷加工机床	璃冷加工机床

续表

序号	编码篇/类/章/节/条/款/项/目/子目/细目	合并编码	商品和服务名称	说明	关键字
2762	1 09 02 06	1090206000000000	制品专用设备零件		附件、玻璃制品专用设备零件、陶瓷制品专用设备零件
2763	1 09 02 06 01	1090206010000000	冶金专用设备 金属冶炼设备	指钢铁和有色金属冶炼、金属锭坯铸造及轧制钢材和有色金属材料的机械成套设备及专门配套设备 包括造块设备、炼焦设备、炼铁设备、炼钢设备、有色金属冶炼设备等	烧结设备、球团设备、造块设备、顶装式焦炉设备、捣固式焦炉设备、炼焦设备、高炉设备、直接还原设备、熔融还原设备、混铁炉、炉前机械设备、炼铁设备、转炉炼钢设备、电炉炼钢设备、炉外精炼设备、真空炼钢设备、电渣重熔设备、炼钢设备、鼓风炉、反射炉、冶炼电炉、闪速炉、有色金属冶炼设备
2764	1 09 02 06 02	1090206020000000	铸造机械	包括连续铸钢设备、铸锭设备、铸造机、铸造清理机、铸造型制芯设备、自动造型线、金属型压铸设备、砂芯或铸模烘干炉、熔炼浇注设备、铸造工具、其他铸造机械	方坯连铸机、板坯连铸机、圆坯连铸机、薄板坯连铸机、有色金属铸锭设备、铸造连续铸锭设备、生铁铸锭设备、钢锭真空铸锭设备、有色金属铸锭设备、铸造设备、压力浇铸机、离心浇铸机、摇震压缩型造型机、砂模成型机、制芯机、铸造造型、制芯机、树脂砂生产线、自动造型线、混砂机、砂处理机、铸砂搅拌机、松砂机、落砂机、砂处理机、滚筒式清理机、抛丸清理机、铸造清理机、非电动铸造工具、动铸造工具
2765	1 09 02 06 03	1090206030000000	金属轧设备	包括开坯轧机、板带材轧机、无缝钢管轧机、板材轧机、线材轧机、棒材轧机、轧材精整设备（轧机辅机设备）、轧材深加工设备等	初轧机、板坯轧机、薄板坯轧机、钢坯轧机、开坯轧机、热轧板带材轧机、热轧无缝板带材轧机、板带材轧机、冷轧板带材轧机、型

续表

序号	篇	类	章	节	条	款	项	目	子目	细目	合并编码	商品和服务名称	说明	关键字
2766	1	09	02	06	04						1090206040000000000	冶金专用有轨车辆	指专门为冶金企业生产配套的运送冶炼材料或其他功能的专用有轨车辆	铁水车、混铁水车、钢水车、铸锭车、钢锭保温车、烧结台运输车、铝氧矿车、渣罐车、料槽车、转炉修炉车、冶金专用有轨车辆
2767	1	09	02	06	05						1090206050000000000	冶金专用设备配套件	指专用配套附（配）件，包括金属冶炼设备配套件、转锭及连铸机用配套件、冶金专用有轨车辆配套件、其他冶金专用设备配套件	焦炉零件、炼钢电炉零件、炉外精炼设备零件、金属冶炼设备配套件、钢坯连铸机用结晶器、钢坯连铸机用振动装置、连铸机扇形段、铸锭用浇包、铸锭机用配套件、连铸机用配套件、金属轧制设备配套件、轧辊、金属轧制设备配套件
2768	1	09	02	06	99						1090206990000000000	其他冶金专用设备		
2769	1	09	02	07							1090207000000000000	炼油、化工生产专用设备	指炼油、化学工业生产专用的设备，包括炼油主要设备和化工主要设备两大类。不包括包装机械（详见1090134），工业动力设备（详见1090102，	

附录 A 商品和服务税收分类与编码 637

续表

序号	编码 篇	类	章	节	条	款	项	目	子目	细目	合并编码	商品和服务名称	说明	关键字
2770	1	09	02	07	01						10902070100000000000	塔类设备	包括板式塔（包括筛板、浮阀、泡罩）、填料塔、焦炭塔、干燥塔、冷却塔、造粒塔 1090103、1090104）、电子计算机（详见1090509）、机械手（详见109025602）、工业机器人（详见109025601）	填料塔、筛板塔、泡罩塔、浮阀塔、浮动喷射塔、冷凝塔、吸附塔、塔类设备
2771	1	09	02	07	02						10902070200000000000	反应器(釜)	包括高压反应釜、聚合釜、烷化歧化反应釜、树脂反应釜、回转筒式反应釜、多功能分散反应釜、石油化工加氢反应釜、其他反应器（釜）	高压反应釜、聚合釜、烷化歧化反应釜、树脂反应釜、回转筒式反应釜、石油化工用加氢反应器、反应器、反应釜
2772	1	09	02	07	03						10902070300000000000	化工专用炉	包括变换炉、蒸汽假烧炉、合成炉、乙烯裂解炉、电石炉、电烷化炉、废热锅炉、沸腾干氨炉、沸腾凉碱炉、化工专用炉	变换炉、蒸汽假烧炉、合成炉、乙烯裂解炉、电石炉、电烷化炉、废热锅炉、沸腾干氨炉、沸腾凉碱炉、化工专用炉
2773	1	09	02	07	04						10902070400000000000	混合搅拌设备	包括搅拌器（碳钢、碳钢制衬不锈钢、不锈钢）	双螺旋双锥型混合设备、静态混合器
2774	1	09	02	07	05						10902070500000000000	化工用液体运送机械	包括液环泵、化工用屏蔽泵、内圆弧齿轮输送泵、高黏度旋转活塞泵、蜗壳辐流泵、循环水泵、陶瓷清液泵、其他化工用液体运送机械	化工用屏蔽泵、内圆弧齿轮输送泵、高黏度旋转活塞泵、蜗壳辐流泵、循环水泵、陶瓷清液泵、化工用液体运送机械
2775	1	09	02	08							10902080000000000000	橡胶加工专用设备	指将橡胶制成橡胶制品的塑炼、混炼、压延或压出（即挤出）、成型和硫化等专用设备	
2776	1	09	02	08	01						10902080100000000000	橡胶前加工机械	包括橡胶破碎、搅拌、研磨、筛选、均化机械	原料混合机、胶浆搅拌机、立式胶浆搅拌机、橡胶前加工机械
2777	1	09	02	08	02						10902080200000000000	橡胶初加工机械	包括约片机、压片机、压薄机、造粒机、胶乳凝固槽、洗涤机等	约片机、橡胶加工用压片机、压薄机、造粒机、胶乳凝固槽、洗涤机
2778	1	09	02	08	03						10902080300000000000	炼胶机械	指橡胶变塑料等初加工机械的一种机械设备；主要供	密闭式炼胶机、开放式炼胶机、翻斗

续表

序号	篇	类	章	节	条	款	项	目	子目	细目	合并编码	商品和服务名称	说明	关键字
2779	1	09	02	08	04						10902080400000000000	橡胶挤出机	塑炼或混炼胶料之用；常用的油开放式炼胶机和密闭式炼胶机等；包括翻新炼胶机械。不包括再生橡胶精炼机（详见 10902 0809）	式密炼机、橡胶捏炼机、炼塑机、炼胶胶机等机械
2780	1	09	02	08	05						10902080500000000000	橡胶压延机械	指热塑性塑料和橡胶主要加工成型的设备；将原料由挤出机料筒内螺旋杆的作用，电机头借料漏斗连续加入加热的料筒中，经软化后借料筒内螺旋杆的作用，电机头借料斗口型挤出，冷却定型，成为一定形状的连续制品，如管、棒、板等；包括橡胶胎面挤出机	橡胶冷喂料挤出机、橡胶过滤挤出机、橡胶挤出机
2781	1	09	02	08	06						10902080600000000000	橡胶注射成型机	指将混炼胶（或塑料）进行压片或压型的一种机械设备；根据用途可分为下列主要类型：(1)压型压延机，用以将胶料压成一定厚度和一定断面形状；(2)万能压延机，能进行擦胶、贴胶和压片各项工作；(3)实验用压延机，供试验用	二辊立式压延机、二辊卧式压延机、立式三辊压延机、四辊压延机、五辊压延机、橡胶片压延机、橡胶压延机械
2782	1	09	02	08	07						10902080700000000000	橡胶成型压力机	简称注射机。主要用于生产密封圈、防震垫、尘罩、电器绝缘零件、瓶塞、鞋底、工矿雨鞋、吸尘软管、劳保手套以及热水袋和气门嘴胶垫等橡胶模型制品	橡胶注射成型机、橡胶注射机
2783	1	09	02	08	08						10902080800000000000	橡胶硫化设	指将混炼胶（或塑料）进行压型的一种机械设备，包括充气轮胎模塑成型机、力车胎成型机、胶球成型机、胶管成型机、其他橡胶成型压力机	胎面压出联动装置、层贴法成型机、套筒法成型机、子午线轮胎成型机、轮胎装卸胶囊定型机、胎面压合机、充气轮胎模塑成型机、软胎成型机、双鼓硬质自行车胎成型机、力车胎成型机、吸单面胶管成型机、双面胶管成型机、胶管无芯成型机、三角带挤压成型机、运输带成型机、橡胶带成组成型机
	1	09	02	08	08						10902080800000000000	橡胶硫化设	在橡胶工业中，指生橡胶与硫黄和促进剂等在一	水压平板硫化机、油压平板硫化机、

附录 A　商品和服务税收分类与编码

续表

序号	篇	类	章	节	条	款	项	子目	细目	合并编码	商品和服务名称	说　明	关　键　字
2784	1	09	02	08	09					109020809000000000000	再生橡胶设备	定的温度和压力下作用而成熟橡胶的加工设备	鼓式硫化机、气囊硫化机、隔膜硫化机、轮胎定型硫化机、翻胎硫化机、硫化装置、橡胶连续硫化生产线
2785	1	09	02	08	10					109020810000000000000	裁切橡胶专用机械	包括破胶机、橡胶精炼机、其他再生橡胶设备	破胶机、橡胶精炼机、再生橡胶设备
2786	1	09	02	08	11					109020811000000000000	橡胶制品卷绕、包覆机械	包括胶丝切割机、单刀切胶机、橡胶定长裁断装置、内胎阀孔切割机、海绵滚切机、橡胶切条机、衬里片割机、其他裁切橡胶专用机械	胶丝切割机、单刀切胶机、橡胶定长裁断装置、内胎阀孔切割机、海绵滚切机、橡胶切条机、衬里片割机、橡胶专用机械
2787	1	09	02	08	12					109020812000000000000	橡胶干燥、去水、刺孔机械	指橡胶轮胎、管件卷绕、包覆机械	缠绕机、橡胶制品包布机、垫布整理机、帘布裂胶机、大胎层布贴合机、吸引胶管包筒机、胶球包皮机、橡胶制品卷绕机械、橡胶制品包覆机械
2788	1	09	02	08	13					109020813000000000000	橡胶制品加工机械	包括辊式干燥机、螺杆去水机、转筒式脱胶罐	辊式干燥机、螺杆去水机、转筒式脱胶罐
2789	1	09	02	08	14					109020814000000000000	橡胶专用生产设备零件	包括二爪加重式扩胎机、内胎接头机、胶管穿管机、胶管剥孔机、吸引胶管解绳机、其他橡胶制品加工机械	二爪加重式扩胎机、内胎接头机、轮胎胎胚剥孔机、胶管穿管机、吸引胶管解绳机、橡胶制品加工机械
2790	1	09	02	09						109020900000000000000	塑料加工专用设备	包括炼胶辊、其他橡胶专用生产设备零件	炼胶辊、橡胶专用生产设备零件
2791	1	09	02	09	01					109020901000000000000	注塑机	不包括用于光的精密注塑机（详见109022301）	塑料注射成型机械、注塑机
2792	1	09	02	09	02					109020902000000000000	挤塑机	包括单螺杆挤出机、双螺杆挤出机、组合式挤出	单螺杆挤出机、双螺杆挤出机、组合

续表

序号	篇	类	章	节	条款	项目	子目	细目	合并编码	商品和服务名称	说　明	关键字
2793	1	09	02	09	03				1090209030000000000	吹塑机		机、双阶式挤出机、往复式挤出机、双阶式挤出机、往复式挤出机、其他挤塑机、塑料造粒机、挤塑模机
2794	1	09	02	09	04				1090209040000000000	塑料成型机械	包括塑料吹瓶机、自动模内贴标机、其他吹塑机、塑料中空成型机、塑料压延成型机、滚塑机、发泡塑料成型机、其他塑料成型机械	塑料吹瓶机、自动模内贴标机、塑料压延成型机、塑料中空成型机、发泡成型机、真空模成型机、塑料成型机械
2795	1	09	02	09	05				1090209050000000000	塑料破碎、研磨、筛选、均化机械	包括塑料破碎机、塑料研磨机、塑料搅拌机、塑料切粒机、其他塑料筛选、均化机械	塑料破碎机、塑料研磨机、塑料搅拌机、塑料切粒机、塑料筛选、均化机械
2796	1	09	02	09	06				1090209060000000000	塑料二次加工机械	包括塑料热成型机、塑料真空蒸镀机、塑料异型材拼装机械、其他塑料二次加工机械	塑料热成型机、塑料真空蒸镀机、塑料异型材拼装机械、塑料二次加工机械
2797	1	09	02	09	07				1090209070000000000	塑料加工辅助机械或装置	包括自动计量供料装置、塑料边角料自动回收装置、注塑制品自动取出装置、注塑模具冷却机等	自动计量供料装置、塑料边角料自动回收装置、注塑制品自动取出装置、注塑模具冷却机
2798	1	09	02	09	08				1090209080000000000	连续混炼挤出造粒机		连续混炼挤出造粒机
2799	1	09	02	09	09				1090209090000000000	塑料加工专用设备零件		塑料加工专用设备零件
2800	1	09	02	10					1090210000000000000	木材加工处理机械		
2801	1	09	02	10	01				1090210010000000000	木工机床	包括木材、软木加工机床	木工锯床、木工刨床、木工砂光机、木工抛光机、木工钻孔机床、木工铣床、凿榫机、凿制榫机、木工车床、木工弯曲机床、木工切片、刮削机床、木材挤压装配机械、木工粘合机床、封边机床、木工组合加工机床、木工机床

续表

序号	篇	类	章	节	条	款	项目	子目	细目	合并编码	商品和服务名称	说　明	关　键　字
2802	1	09	02	10	02					1090210020000000000	木质板材挤压加工机械	包括黏聚木纤维、木片、锯屑或软木粉用的挤压机、特种压力机等木材处理机	纤维板挤压机、刨花板生产线、刨花板预热压机、中密度板生产线、胶合板专用生产线、木材硬化压力机、浸渍木板压力机、木质板材挤压加工机械
2803	1	09	02	10	03					1090210030000000000	木材处理及制品加工机械	包括木材干燥机、木材剥皮去节机、喷水树皮剥离机、软木树皮制机、木粉磨制机、其他木材处理及制品加工机械	木材干燥机、木材剥皮去节机、喷水树皮剥离机、软木处理机、木粉磨制机、木材处理机械、制桶机、木材制品加工机械
2804	1	09	02	10	04					1090210040000000000	木材加工机械用零件、附件	包括木材加工机床、木材专用机械用零件、附件	木材加工机床、木材专用机械用零件、附件
2805	1	09	02	11						1090211000000000000	模具		
2806	1	09	02	11	01					1090211010000000000	金属铸造用型箱、型模底板	包括金属铸造用型箱、型模底板、阳模等	金属铸造用型箱、型模底板、阳模
2807	1	09	02	11	02					1090211020000000000	金属、硬质合金用模具	包括金属冲压模具、金属铸造模具、金属锻造模具、金属粉末冶金和硬质合金用模具	金属冲压模具、金属铸造模具、金属锻造模具、丝模具、金属用模具、硬质合金用模具
2808	1	09	02	11	03					1090211030000000000	玻璃制品用模具	包括玻璃建筑材料模具、中空玻璃器皿模具、瑞绝缘子模具、其他玻璃制品用模具	玻璃建筑材料用模具、制瓶模、中空玻璃制品模具、瑞绝缘子模具、玻璃加工成形模具、玻璃制品用模具
2809	1	09	02	11	04					1090211040000000000	矿物材料用模具	包括陶瓷制品用模具、水泥制品用模具、石膏制品用模具、灰泥制品用模具	陶瓷制品用模具、砂轮成型模具、水泥制品用模具、灰泥制品用模具、石膏制品用模具、矿物材料用模具
2810	1	09	02	11	05					1090211050000000000	塑料用模具	包括塑料注射模、塑料压缩模、塑料挤出模、其他塑料模具	塑料注射模、塑料压注模、塑料压缩模、塑封模、塑料挤出模、塑料用模具

续表

序号	篇	类	章	节	条	款	项	目	子目	细目	合并编码	商品和服务名称	说明	关键字
2811	1	09	02	11	06						1090211060000000000	橡胶用模具	包括橡胶注射模、橡胶压胶模、硫化轮胎用囊式模具、其他橡胶用模具	橡胶注射模、橡胶压胶模、硫化轮胎用囊式模具、橡胶用模具
2812	1	09	02	11	07						1090211070000000000	模架、模具标准件	指根据标准化的技术标准生产的模架、模具标准件产品	模架、模具标准件
2813	1	09	02	11	99						1090211990000000000	其他模具		
2814	1	09	02	12							1090212000000000000	硬质材料加工机床及其零件	包括骨、硬橡胶、硬塑料等硬质材料相关成型、加工机床附件	硬质材料组合加工机床零件、硬质材料加工机床用零件、硬质材料组合加工机床附件、硬质材料加工机床附件
2815	1	09	02	13							1090213000000000000	非金属相关成型、加工机械	包括非金属矿物材料成型机械、通用加料分配装置、其他非金属相关成型、加工机械	砂轮成型机、石墨电极磨制用机械、非金属矿物材料成型机械、非专用容量分配装置、电动震研装置、电磁振动机、装有机械装置容器、搅拌机械、轧碎机械、研磨机械、筛选机械、均化机械、乳化机械、铆钉铆接机械、通用加料装置、通用分配装置
2816	1	09	02	14							1090214000000000000	食品制造机械	包括糕点、米面食品、糖果、可可及巧克力、调味食品类加工专用机械	
2817	1	09	02	14	01						1090214010000000000	烹煮、调制、腌制食品设备	包括烘炒设备、烹煮器、烹炸设备、食品工业用压热器、食品工业用冷却器、巴氏杀菌器、烹煮食品设备、腌制调制食品设备	烘炒设备、烹煮器、烹炸设备、食品工业用热器、食品工业用冷却器、巴氏杀菌器、烹煮食品设备、调制食品设备、腌制食品设备
2818	1	09	02	14	02						1090214020000000000	食品用烤炉及烘箱	包括糕点、饼干、面包房用烤炉及烘箱	非电力食品用烤炉、非电力食品用烘箱、电力食品烘箱
2819	1	09	02	14	03						1090214030000000000	糕点、米面食品类加工专用机械	包括用于制造面包、饼干、糕点、通心粉、面条或类似产品生产机械	和面机、调粉机、发酵机、醒发机、分熟化机、轧片机、切面机、切块机

附录A 商品和服务税收分类与编码

续表

序号	编码（篇/类/章/节/条/款/项/目/子目/细目）	合并编码	商品和服务名称	说明	关键字
	1 09 02 14		用机械		面机、揉圆机、连续挤出机、填馅机械、糕点装模机、糕点模制机、糕点滚压机、糖果滚压机、饼干滚压机、饼干生产线、挂面机、方便面生产线、谷物膨化机、食品膨化机
2820	1 09 02 14 04	1090214040000000000	糖果生产专用机械	包括糖霜用碾磨、捣碎机、糖果拌和机、糖果拉条机、糖衣锅、糖果模制、切削或成形机、糖果滚压机械、其他糖果生产专用机械	糖霜用碾磨、捣碎机、糖果拌和机、糖果拉条机、糖衣锅、糖果模制、糖果滚压机械、糖果生产专用机械
2821	1 09 02 14 05	1090214050000000000	可可及巧克力生产专用机械	包括咖啡豆去壳去皮机、可可豆脱壳去芽机械、可可豆碾粉机械、可可揉捏机、可可脂压榨机、提取可可脂混合机、可可粉用生产机械、可可粉糖等混合机械、巧克力均化处理机、可可压块及模制机、其他可可及巧克力生产专用机械	咖啡豆去壳去皮机、可可豆脱壳去芽机械、可可豆碾粉机械、可可揉捏机、可可脂压榨机、可可粉用机械、可可脂可可粉化处理机、巧克力模块机、巧克力专用机械、可可生产专用机械
2822	1 09 02 14 06	1090214060000000000	调味食品加工机械	指将调味食品原材料加工成成品或半成品的机械设备	调味食品加工机械
2823	1 09 02 14 99	1090214990000000000	其他食品制造机械		罐头制造机械
2824	1 09 02 15	1090215000000000000	乳品加工机械		乳品加工机械
2825	1 09 02 15 01	1090215010000000000	乳品分离、搅拌加工机械	包括奶油分离机、搅乳机、加工机、搅乳加工联合孔、乳品模制机械、奶粉喷雾机械、分离、净化、调脂三用机、其他乳品加工机械	奶油分离器、打碎机、奶油均化机、搅乳机、黄油加工机、搅乳加工联合机、乳品模制机械、奶酪压制机、奶粉喷粉机械
2826	1 09 02 15 02	1090215020000000000	乳品加热及	包括牛奶巴氏灭菌设备、牛奶浓缩设备、牛奶冷	牛奶巴氏灭菌设备、牛奶浓缩设备、均质机、

续表

序号	篇	类	章	节	条	款	项	目	子目	细目	合并编码	商品和服务名称	说　明	关　键　字
2827	1	09	02	15	99						10902159900000000000	其他乳品加工机械	冷却设备、奶酪加工及熟化桶、多效蒸发器、乳品热交换器、人造黄油固化槽、其他乳品加热及冷却设备	牛奶冷却设备、奶酪加工桶、奶酪熟化桶、多效蒸发器、乳品热交换器、人造黄油固化槽、乳品加热设备、乳品冷却设备
2828	1	09	02	16							10902160000000000000	酒及饮料加工机械		发酵罐、结晶缸、脱臭机
2829	1	09	02	16	01						10902160100000000000	原料压榨、轧碎机械	指制酒、果汁原料的压榨机、轧碎机械	水果轧碎机、水果破碎机、水果轧碎机、原料轧碎机械
2830	1	09	02	16	02						10902160200000000000	酿酒设备	包括酿酒用催芽机、麦芽压榨机、麦芽浆桶、泄料桶、其他酿酒设备	酿酒用催芽机、麦芽压榨机、麦芽浆桶、泄料桶、酿酒设备
2831	1	09	02	16	03						10902160300000000000	制酒、饮料加热及冷却设备	指用以对制酒、果汁饮料材料进行加热、煮沸、气化、浓缩、蒸发、冷却等简单处理的通用设备	果汁浓缩设备、酒浓缩设备、浸渍容器、捣碎槽、酒冷却器、啤酒花煎蒸容器、啤酒巴氏杀菌器、制酒加热设备、饮料加热设备、饮料冷却设备
2832	1	09	02	16	04						10902160400000000000	醋化机械设备（制醋用）		醋化机械设备
2833	1	09	02	16	99						10902169900000000000	其他酒及饮料加工机械		
2834	1	09	02	17							10902170000000000000	烟草、盐加工机械		
2835	1	09	02	17	01						10902170100000000000	烟草加工机械	包括打叶复烤生产线、烟叶复烤生产线、烟叶制丝生产线、烟用加温加湿机械、烟用除杂筛分机械、烟用解把机械、烟用叶梗复烤生产线、烟用加湿加湿机械、烟用除杂筛分机械、烟用解把机械	打叶复烤生产线、烟叶复烤生产线、烟叶制丝生产线、烟用加温加湿机械、烟用除杂筛分机械、烟用解把机械

续表

序号	篇	类	章	节	条	款	项	目	子目	细目	合并编码	商品和服务名称	说　明	关　键　字
2836	1	09	02	17	02						1090217020000000000	采盐及盐加工机械	包括采盐机械、盐加工机械	采盐机械、盐加工机械
2837	1	09	02	18							1090218000000000000	农产品加工专用设备		
2838	1	09	02	18	01						1090218010000000000	制糖机械	包括甘蔗榨汁机械、甜菜榨糖机械、蔗糖加工机械、制糖用加热及冷却长机械、提取糖或炼糖用机械、其他制糖机械	切蔗机、甘蔗纤维分离机、甘蔗撕裂机、甘蔗轧碎机、甘蔗压榨机、甘蔗榨汁机械、制糖菜冲洗机、甜菜抱丝机、甜菜浸出器、浸出汁除渣器、石灰消和机、制糖泥汁罐、甜菜榨糖蒸发罐、甜菜榨糖结晶罐、制糖混合机、制糖搅拌机、制糖干燥机、制糖中和器、制糖硫熏器、制糖沉淀器、制糖抽汁罐、蔗糖蒸发罐、蔗糖结晶罐、制糖结晶罐、助晶罐、制糖输送机、制糖饲料离心机、制糖提净容器、糖汁浓缩设备、制糖真空煮沸钢、制糖碳化槽、制糖亚硫酸化槽、制糖精炼桶、制糖用热机械、制糖用冷却机械

2836

2837

2838

续表

序号	篇	类	章	节	条	款	项目	子目	细目	合并编码	商品和服务名称	说　明	关　键　字
2839	1	09	02	18	02					10902180200000000000	屠宰及肉制品加工机械	包括屠宰分割设备、肉制品加工机械及肉制品加工机械	电击刀、放血刀、刮毛机、拔毛机、扒皮机、切皮机、剥肉机、锯骨机、砍骨机、骨肉分离机、打肉机、剥膘肝机、挖肺机、洗牛肚机、切粒机、吹羹机、屠宰分割设备、绞肉机、搅拌机、内脏清洗机、灌肠机、斩拌机、肉模压机、脂肪模压机、腌肉机、骨泥加工机、肉制品加工机械
2840	1	09	02	18	03					10902180300000000000	油脂加工机械	指动植物油脂榨油浸取加工机械	预处理机械、去壳机、油料机轧机、榨油成套设备、麻油加工成套设备、榨油用磨粉机、榨油专用破碎机、预榨机、榨油机、蒸脱机、油脂浸出设备、加热锅、轧粕机、板框式毛油过滤机、振动流化床干燥机、油脂精炼设备、脱臭罐、脱色罐、脱皂机比配混合机、净化油槽、油脂加工机械
2841	1	09	02	18	04					10902180400000000000	水果、坚果或蔬菜加工机械	包括蔬菜脱水机械、水果去皮机、去茎机械、去硬机械、水果磨切机械、切丝机、切丁机、切片机、酱菜切口机、蔬菜切片机、水果籽去核机、软化机、水果破碎机、水果籽去核机、蔬菜速冻机、水浴灭菌机、蔬菜去核机、果汁浓缩机、调味酱加工机械、果酱腌制机械、果酱加工机械、本类不含家用食品加工电动器具（详见10904170S）	蔬菜脱水机械、水果去皮机、去茎机械、水果硬切机械、水果磨切机械、切菜机、切丝机、切丁机、切片机、酱菜切口机、水果籽去核机、软化机、水果破碎机、水果籽去核机、蔬菜速冻机、水浴灭菌机、蔬菜去核机、水果榨汁机、蔬菜榨汁机、水果破碎机、水果汁浓缩机、蔬菜腌制机械、果酱加工机械、番茄酱加工机械、调味酱加工机械
2842	1	09	02	18	05					10902180500000000000	薯类加工机械	包括薯类切片切丝机、薯类磨浆机、薯类搅糊机等	薯类切片切丝机、薯类磨浆机、薯类搅糊机
2843	1	09	02	18	06					10902180600000000000	食用菌生产	包括菌类装袋机、木耳栽种机、木耳袋装粉机、木耳栽培装袋机等	菌类装袋机、木耳袋装粉机、木耳栽种机

续表

序号	编码 篇	类	章	节	条	款	项	目	子目	细目	合并编码	商品和服务名称	说明	关键字
2844	1	09	02	18	07						1090218070000000000	养蚕机械	木耳压块机等	切桑叶机、蚕种催青机、加热补湿器、蚕种浸酸架、养脱蚕用水机、蚕茧收烘处理器具、木耳压块机
2845	1	09	02	18	08						1090218080000000000	淀粉加工机械	指生产淀粉的机械设备及其专门配套设备	淀粉去杂器、籽粒破碎机、清洗机、液浆泵、玉米籽粒浸泡罐、筛粒破碎机、细磨机、筛分机、离心筛、旋转磨机、曲筛、振动筛、淀粉分离机、螺旋沉降分离机、淀粉加工用卧式刮刀卸料离心机、浓缩分离机旋液分离器、粗渣脱水机、螺旋挤压机、胚芽脱水螺旋挤压机、胚芽脱水机、真空脱水机、淀粉烘干机、淀粉螺旋进粉器、悬浮机、真空过滤机、淀粉加工压滤机、浸出液水分蒸发器、糖化罐、连续糟化器、油脂分离器、淀粉加工过滤机、管翅式热交换器、淀粉加工冷却器、扑集器、气压冷凝器、制粉机、粉丝烘干机、粉条机、制粉机、粉丝烘干机
2846	1	09	02	18	09						1090218090000000000	水产品加工机械	包括鱼类处理加工机械、虾类处理加工机械、贝类加工机械、藻类和海带加工机械、水产熟制品加工机械、其他水产品加工机械	洗鱼机、鱼品分级鱼机、自动投鱼机、去鱼头刮鳞机、剥皮机、鱼片机、鱼肉采集机、鱼肉精滤机、鱼段机、鱼肉调质机、鱼肉成形机、鱼类处理加工机械、虾仁清理机、摘虾头机、虾仁机、虾类清洗机、虾类处理加工机械、虾仁脱壳机、虾类切洗机、贝壳脱壳机、贝类机械、贝类加工机械、紫菜切洗机、紫菜制饼

续表

序号	篇	类	章	节	条	款	项目	子目	细目	合并编码	商品和服务名称	说明	关键字
2847	1	09	02	19						1090219000000000000	饲料生产专用设备	包括饲料粉碎机（饲料专用设备）、配制、加工饲料用机械、其他饲料生产专用设备	饲料粉碎机、紫菜脱水机、藻类加工机械、海带加工机械、碎鱼机械、预煮机、鱼粉磨制机、榨饼松散机、鱼粉干燥机械、鱼油分离机械、水产熟制品加工机械
2848	1	09	02	19	01					1090219010000000000	饲料粉碎机（饲料专用设备）	包括饲料磨粉机、颗粒饲料微粉碎机、油饼轧片机或压碎机、其他饲料粉碎机	饲料磨粉机、颗粒饲料微粉碎机、油饼轧片机、青饲料切片机、青饲料压碎机、饲料粉碎机
2849	1	09	02	19	02					1090219020000000000	配制、加工饲料用机械	包括饲料混合机（饲料专用设备）、料制粒机、饲料膨化机等	饲料混合机、料制粒机、饲料膨化机
2850	1	09	02	20						1090220000000000000	食品、饮料、烟草专用生产设备零件		
2851	1	09	02	20	01					1090220010000000000	食品生产设备零件	包括食品生产模具或烙锅、其他设备零件	
2852	1	09	02	20	02					1090220020000000000	乳品加工机械零件	包括黄油搅拌桶、黄油加工机放料盘、黄油及奶酪模制模具	黄油搅拌桶、黄油加工机滚筒、黄油加工机放料盘、黄油模制用模具、奶酪模制用模具
2853	1	09	02	20	03					1090220030000000000	酒及饮料加工机械零件	包括榨汁机压榨滚筒、轧碎机的带齿滚筒、轧碎机磨碎器、果汁收集器、压榨板及机架、水果轧碎机带齿滚筒及刀片	榨汁机压榨滚筒、轧碎机的带齿滚筒、压榨板、压榨机架、水果轧碎机用带齿滚筒、水果轧碎机用刀片
2854	1	09	02	20	04					1090220040000000000	烟草加工机械制作机械零件		
2855	1	09	02	20	05					1090220050000000000	谷物磨粉机械零件	包括谷物磨粉工业用筛及筛架、混合或分离滚	谷物磨粉工业用筛、谷物磨粉工业用

附录 A　商品和服务税收分类与编码　649

续表

序号	篇	类	章	节	条	款	项	子目	细目	合并编码	商品和服务名称	说　　明	关　键　字
2856	1	09	02	20	99					1090220990000000000	其他食品加工专用设备零件	包括食品生产设备零件、乳品加工机械零件、酒及饮料加工机械零件、烟草加工及制作机械零件、谷物磨粉工业用机械零件	业用机械零件筒、谷物磨粉机的滚筒或变换器、其他谷物磨粉工业用机械零件、食品生产设备零件、乳品加工机械零件、酒加工机械零件、饮料加工机械零件、烟草制作机械零件、食品加工专用设备零件
2857	1	09	02	21						1090221000000000000	制浆和造纸专用设备		
2858	1	09	02	21	01					1090221010000000000	制浆设备	包括制浆原料处理设备、洗涤、筛选、打浆等设备	蒸球、造纸用蒸煮锅、连续蒸煮器、造纸用蒸煮设备、喷放锅、磨木机、破布清洗、破布打碎机、爆破法纤维分离机、压力筛、打浆机、挤浆机、洗浆机、滤浆机、浆浆机、精浆机、筛浆机、匀浆机、纤维回收机、除砂器、废纸制浆机、废纸粉碎机、造纸原料粉碎机、制浆设备
2859	1	09	02	21	02					1090221020000000000	造纸机	包括多层纸纸板生产设备、制造测验用样纸的小型机械	长网造纸机、圆网造纸机、板纸机、压光机、造纸机
2860	1	09	02	21	03					1090221030000000000	纸或纸板整理机械	包括复卷机、卷纸机、打包机、打包线、烤版机、烤版浸渍机、纸张浸渍机、纸张加工机、纸张调湿机、压纹机、压花机、瓦楞纸板加工机、瓦楞纸板生产线、瓦楞纸板整理机械、其他纸整理机械	复卷机、卷纸机、打包机、打包线、烤版机、烤版浸渍机、纸张浸渍机、纸张加工机、纸张调湿机、压纹机、压花机、瓦楞纸板加工机、瓦楞纸板生产线、瓦楞纸板整理机械、纸整理机械
2861	1	09	02	21	04					1090221040000000000	纸制品生产专用机械	纸包专用生产机械、纸袋专用生产机械、信封专用生产机械	切纸机、纵切复绕机、堆叠机、穿孔机、模切机、袋专用机、信封专用机

续表

序号	篇	类	章	节	条	款	项	目	子目	细目	合并编码	商品和服务名称	说　明	关键字
2862	1	09	02	21	05						1090221050000000000	纸浆、造纸及纸制品机械零件	包括纤维素纸浆机械用零件、造纸及纸板机械用零件、纸制品机械用零件	纤维素纸浆机械用零件、造纸机械用零件、纸制品机械用零件
2863	1	09	02	22							1090222000000000000	印刷专用设备		械、卷烟纸折叠机械、夹页机械、包装机械、纸塑铝复合罐生产设备、纸塑铝复合软包装生产设备、纸制品模制成型机械、切角开槽机、订箱机、黏箱机、纸制品生产专用机械
2864	1	09	02	22	01						1090222010000000000	印前设备	包括平版制版设备、凹版制版设备、凸版制版设备，直接制版系统（CTP）、特种模压机、打样机、喷绘机、晒版机、显影机、其他印前设备	激光照相排版设备、模板制版设备、平版制版设备、凹版晒版机、凹版腐蚀机、凹版镀铬机、纸过版机、凹版制版设备、铝版制版设备、感光树脂凹版制版设备、铜锌版制版设备、凸版制版设备
2865	1	09	02	22	02						1090222020000000000	印刷机设备	包括平版印刷机（胶印机）、凸版印刷机、凹版印刷机、数字印刷机、组合印刷机、印刷装订联动机、重复图案印刷机、特种印刷设备、制卡设备、其他印刷机设备	单张纸平版印刷机、卷筒纸平版印刷机、平版印刷机、照相凹版印刷机、单张纸凹版印刷机、卷筒纸凹版印刷机、凸版印刷机、数字喷墨印刷机、数字印刷机、圆网印刷机、平网印刷机、网式印刷机、平版凸版组合印刷机、平版凹版组合印刷机、凹版凸版组合印刷机、组合印刷机、网版凸版组合印刷机、平版烫印机、印袋机、软管印刷机、电化铝烫印机、贴花印刷机、印刷机、塑料烫印机、重复图案印刷机、盲文印刷版印刷机

续表

序号	篇	类	章	节	条	款	项目	子目	细目	合并编码	商品和服务名称	说明	关键字
2866	1	09	02	22	03					1090222030000000000	装订机械	包括折页机（印刷设备）、配页机、搭页机、三面切书机、装订联动机械、无线胶订书刊生产线、平装胶订生产线、精装书籍装订生产线、其他装订生产线等	印刷折页机、配页机、搭页机、数纸切书机、锁线装订机、胶订机、金属线线缝合机、装订联动机械、无线胶订书刊生产线、平装胶订生产线、精装书刊生产线、精装书籍装订生产线、装订机械
2867	1	09	02	22	04					1090222040000000000	印刷包装机械	包括印刷捆扎机、印刷打包机、堆积机、糊盒机等	印刷捆扎机、印刷打包机、堆积机、糊盒机
2868	1	09	02	22	05					1090222050000000000	印刷用辅助机械		
2869	1	09	02	22	06					1090222060000000000	印刷、装订机械用零件	包括印刷机械用零件、印刷用辅助机械用零件、书本装订机械用零件、其他印刷装订机械用零件	印刷机械用零件、印刷用辅助机械零件、书本装订机械用零件、印刷装订机械用零件
2870	1	09	02	23							信息化学品生产设备		
2871	1	09	02	23	01					1090223010000000000	光盘复制生产设备	包括用于光盘精密注塑机、真空金属溅镀机、保护胶涂覆机、金属母盘生产设备、其他光盘复制生产设备	光盘精密注塑机、真空金属溅镀机、保护胶涂覆机、光盘母盘生产设备、光盘复制生产设备
2872	1	09	02	23	02					1090223020000000000	录音带、录像带复制生产设备	包括高速数码复录母机、高速数码复录子机、其他录音带录像带复制生产设备	高速数码复录母机、高速数码复录子机、裁带机、录音带录像带复制生产设备
2873	1	09	02	23	03					1090223030000000000	软磁盘复制生产设备	包括拷贝机、格式化仪、其他软磁盘复制生产设备	拷贝机、格式化仪、软磁盘复制生产设备

续表

序号	篇	类	章	节	条款	项目	子目	细目	合并编码	商品和服务名称	说明	关键字
2874	1	09	02	23	04				1090223040000000000	感光胶片生产设备	包括电影胶片生产设备、摄影胶片生产设备、医疗胶片生产设备、其他感光胶片生产设备	电影胶片生产设备、摄影胶片生产设备、医疗胶片生产设备、感光胶片生产设备
2875	1	09	02	23	05				1090223050000000000	感光纸及类似品生产设备		感光纸生产设备
2876	1	09	02	23	06				1090223060000000000	摄影、复印化学制剂生产设备	包括摄影用化学制剂生产设备、复印用化学制剂生产设备	摄影用化学制剂生产设备、复印用化学制剂生产设备
2877	1	09	02	23	99				1090223990000000000	其他信息化学品生产设备		
2878	1	09	02	24					1090224000000000000	制药专用设备		
2879	1	09	02	24	01				1090224010000000000	化学药原料药生产设备	包括药用反应设备、药用结晶设备、药用苯取设备、化学药原料药生产设备	药用反应设备、药用结晶设备、药用苯取设备、化学药原料药生产设备
2880	1	09	02	24	02				1090224020000000000	饮片生产机械	包括洗药机、润药机、切药机、炒药机、饮片生产设备等	洗药机、润药机、切药机、筛选机、炒药机、饮片生产设备
2881	1	09	02	24	03				1090224030000000000	制药用粉碎机械	包括机械式药用粉碎机、气流式药用粉碎机、低温药用粉碎机组、其他药用粉碎机械	机械式药用粉碎机、气流式粉碎机、药用粉碎机、低温粉碎机、药用粉碎机械
2882	1	09	02	24	04				1090224040000000000	药品专用包装机械	包括药用计数充填机、安瓿印字包装机、药用泡罩包装机、多功能药装包装机、药用袋装包装机、药用瓶装铝塑包装机、微型盒装铝装包装机、空心胶囊制造机、其他药品专用包装机械	药用计数充填机、安瓿印字包装机、药用泡罩包装机、多功能包装机、胶囊印字机、药用袋装包装机、药用瓶装铝塑包装机、微型铝装包装机、空心胶囊制造机、药品专用包装机械
2883	1	09	02	24	05				1090224050000000000	制剂生产设备	包括中成药制剂生产设备	胶囊剂生产机械、片剂生产机械、丸剂机械、水针生产线、口服液生产机械、片剂机械

续表

序号	篇	类	章	节	条	款	项	子目	细目	合并编码	商品和服务名称	说明	关键字
2884	1	09	02	24	06					1090224060000000000	药物检测设备及仪器	包括药物检测设备、药物检测仪器	检片机、安瓿注射液异物检查设备、玻璃瓶输液异物自动检查机、药物检测设备、硬度检测仪、溶出试验仪、除气仪、崩解仪、脆碎仪、冻力仪、药物检测仪器
2885	1	09	02	24	07					1090224070000000000	脏器生化制药机械		脏器生化制药机械
2886	1	09	02	25						1090225000000000000	照明器具生产专用设备		制剂生产设备
2887	1	09	02	25	01					1090225010000000000	玻壳加工机械	包括灯泡、灯管、电子真空器件及类似品的玻壳加工机械（封装机械）	灯泡吹制机、闪光灯泡玻壳加工机、电子真空器件玻壳加工机械、玻壳加工机械
2888	1	09	02	25	02					1090225020000000000	灯丝、灯头玻璃零件加工机械	包括基座垫块加工设备、灯丝加工设备、灯头支架加工设备，以及其他灯丝、灯头玻璃零件加工机械	基座垫块加工设备、灯丝加工设备、灯头支架加工机械、灯丝玻璃零件加工机械、灯头玻璃零件加工机械
2889	1	09	02	25	03					1090225030000000000	灯泡及类似品封装机	包括灯泡、灯管、电子真空器件及类似品的封装机械，以及配套装置	灯泡真空封口机、白炽灯泡旋转自动封装机、电子真空器件旋转自动封装机、喷焊机、加压机、闭合装置、灯具组装设备、照明器具组装设备、电子真空器件组装设备、灯泡封装机、灯泡类似品封装机械
2890	1	09	02	25	04					1090225040000000000	灯泡及类似品封装机零件	包括灯泡、灯管、电子真空器件及类似品的封装机械零件	灯泡、灯管、电子真空器件
2891	1	09	02	26						1090226000000000000	日用化工专用设备		

续表

序号	编码 篇	类	章	节	条	款	项	目	子目	细目	合并编码	商品和服务名称	说　明	关键字
2892	1	09	02	26	01						1090222601000000000	合成洗涤剂专用设备	包括喷粉塔、高压泵、配料罐、后配料混合器、其他合成洗涤剂专用设备	喷粉塔、高压泵、配料罐、后配料混合器、合成洗涤剂专用设备
2893	1	09	02	26	02						1090222602000000000	肥皂成型专用设备	包括压条机、皂类切割机、香皂真空出条机、皂类自动打印机、其他肥皂成型专用设备	压条机、皂类切割机、香皂真空出条机、皂类自动打印机、肥皂成型专用设备
2894	1	09	02	26	03						1090222603000000000	牙膏、化妆品、香精、香料专用设备	包括牙膏配制机、真空均质制膏机、香料搅拌机、软管冲挤机、刮板式浸花机、牙膏专用设备、化妆品专用设备	牙膏配制机、真空均质制膏机、香精香料搅拌机、软管冲挤机、刮板式浸花机、牙膏专用设备、化妆品专用设备
2895	1	09	02	26	04						1090222604000000000	火柴专用生产设备	包括火柴浸渍机、其他火柴专用生产设备	火柴浸渍机、火柴专用生产设备
2896	1	09	02	26	99						1090222699000000000	其他日用化工专用设备		
2897	1	09	02	27							1090222700000000000	搪瓷制相关日用品生产设备		
2898	1	09	02	27	01						1090222701000000000	搪瓷制品生产设备	包括搪瓷烧成炉、搪瓷施釉设备、搪瓷制坯设备、搪瓷涂搪设备、搪瓷饰花设备、搪瓷静电喷涂设备、其他搪瓷制品生产设备	搪瓷烧成炉、搪瓷施釉设备、搪瓷制坯设备、搪瓷涂搪设备、搪瓷饰花设备、搪瓷静电喷涂设备、搪瓷制品生产设备
2899	1	09	02	27	02						1090222702000000000	文教体育用品专用机械	包括铅笔木杆加工机械、石墨铝笔芯挤出机械、粉笔用模制机械、纤维浆制成型机械、灰泥制品模制成型机械、其他文教体育用品专用机械	铅笔木杆加工机械、石墨铝笔芯挤出机械、粉笔用模制机械、纤维浆制成型机械、灰泥制品模制成型机械、文教体育用品专用机械
2900	1	09	02	27	03						1090222703000000000	日用杂品生产专用设备	包括制木纽扣用机械、拉链设备、煤窝煤成型设备、型煤设备、煤制品生产专用设备、其他日用杂品生产专用设备	制木纽扣用机械、拉链设备、煤球压合机械、蜂窝煤成型设备、型煤设备、煤制品生产专用设备、煤粉混制刷机、毛发整理加工专用机械、鬃毛整理加工机械

续表

序号	篇	类	章	节	条	款	项	目	子目	细目	合并编码	商品和服务名称	说明	关键字
2901	1	09	02	28							1090228000000000000	纺织专用设备		
2902	1	09	02	28	01						1090228010000000000	化学纺织纤维加工专用机械	包括化学纺织纤维原料制取、熔融、拉伸、变形或切断的机械	长丝纺丝设备、长丝后加工设备、短丝纺丝设备、短丝后加工设备、短丝纺丝联合机、纤维打包机、合成纤维设备、苯液制取设备、原液纺丝设备、原液纺后处理设备、长丝打包机、短丝打包机、人造丝打包设备、生物纤维设备、特种纤维加工设备、化学纺织纤维加工专用机械
2903	1	09	02	28	02						1090228020000000000	棉纺前纺设备	棉纺的抓、开、混、清设备	抓棉机、开棉机、混棉机、清棉机、棉纺除尘杂机、棉纺用棉箱、成卷机、棉纺前纺设备、圆盘抓棉机、往复抓棉机、筒子输送给棉机、混开棉机、轴流圆筒开棉机、多仓混棉机、精开棉机、滚筒式清棉机、强力除尘机、除微尘机、储棉箱、成卷机、清梳联用棉箱
2904	1	09	02	28	03						1090228030000000000	毛、麻预处理机械	包括毛预处理机械、麻预处理机械以其他毛、麻预处理机械	洗毛机、开毛机、混毛机、浸渍羊毛、苎麻机械、苎麻预处理机械、亚麻预处理机械、黄麻预处理机械、剑麻预处理机械
2905	1	09	02	28	04						1090228040000000000	丝、绢纺预处理机械	用于真丝、绢纺原料处理的机械	丝纺预处理机械、绢纺预处理机械
2906	1	09	02	28	05						1090228050000000000	纺织纤维梳理机	指用于梳理棉、毛、化学短纤维、韧皮纤维（亚麻、苎麻等）等的机械包括棉短纤维、毛纤维型及其他梳理机	棉纤维型梳理机、清梳联合机、成卷用梳机、清梳联用梳棉机、粗毛纺梳理机、精毛纺梳理机、特种毛梳理机、毛纤维型梳理机、麻纤维梳理机、亚麻

续表

序号	篇	类	章	节	条	款	项目	子目	细目	合并编码	商品和服务名称	说明	关键字
2907	1	09	02	28	06					1090228060000000000	精梳机械	指棉、毛、麻等精梳机械	纤维梳理机、苎麻纤维梳理机、黄麻纤维梳理机、绢纺梳棉机械、纺织纤维梳理机、棉精梳准备机械、棉精梳机、麻精梳机、毛精梳机械
2908	1	09	02	28	07					1090228070000000000	成条、针梳机	用于成条、针梳等机械	棉纺并条机、毛纺制条机、麻成条机、针梳机
2909	1	09	02	28	08					1090228080000000000	粗纱机	包括棉纺粗纱机、毛纺粗纱机、麻纺粗纱机、绢纺粗纱机、其他粗纱机	托锭粗纱机、悬锭粗纱机、托锭型式毛粗纱机、卧式无捻粗纱机、立式无捻粗纱机、毛纺粗纱机、亚麻纺粗纱机、苎麻纺粗纱机、绢纺粗纱机
2910	1	09	02	28	09					1090228090000000000	细纱机	指环锭纺、转杯纺、喷气纺、摩擦纺等各类用于棉毛麻绢丝纺制细纱的机械	棉纺细纱机、毛纺细纱机、麻纺细纱机、绢丝纺纱机、绢纺细纱机、转杯纺纱机、紧密集聚环锭细纱机、喷气纺纱机、摩擦纺纱机、细纱机
2911	1	09	02	28	10					1090228100000000000	纺织纱线处理机械	指各类纱的加捻、并合、络纱等的机械	并纱机、并线机、加捻机、花式纱设备、花色纱机、花式线设备、花色线设备、纺织纱线机械
2912	1	09	02	28	11					1090228110000000000	织造准备设备	包括整经机（纺织设备）、浆纱机、穿经架及穿筘机、整经筒子架、并轴机、整浆联合机、其他织造准备设备	络纱机、络筒机、丝束直接纺纱设备、丝束直接纺纱机、浆经机、穿经机、穿筘机、整经筒子架、并轴机、整浆联合机、织造准备设备
2913	1	09	02	28	12					1090228120000000000	织机	包括用纺织纱线（包括泥炭纤维纱线）或其他纤维纱线、金属纱线、玻璃纤维纱线或石棉纤维纱线）织造织物的纺织机械	无梭织机、动力织机、毛巾织机、提花织机、手工校织机、窄幅纤维织机、多梭圆织机、特种织机
2914	1	09	02	28	13					1090228130000000000	针织机械	包括纬编机、圆型纬编机、横机	纬编机、纬编准备机械、圆形纬编机

附录 A 商品和服务税收分类与编码

续表

序号	编码 篇	类	章	节	条	款	项	子目	细目	合并编码	商品和服务名称	说　　明	关　键　字
2915	1	09	02	28	14					1090228140000000000	非织造机械	包括干法成网机械、湿法成网机械、聚合物直接成网机械、加固机械、后整理机械、非织造布生产线联合机、其他非织造机械	横机、袜机、经编整经机、特利考经编机、经编整经机、拉舍尔经编机、缝编机、钩编机、其他针织机械、聚合物直接成网机械、湿法成网机械、加固机械、后整理机械、非织造布生产线联合机、非织造机械
2916	1	09	02	28	15					1090228150000000000	纺织废料回用、处理设备	包括纺织用废棉处理设备、纺织用废纺切断机、多功能开松机	废棉除杂机组、粗纱头机、纤维切断机、多功能开松机
2917	1	09	02	28	16					1090228160000000000	印染机械	包括印染前处理设备、染色设备、印花设备、整理设备、成品设备、印染通用单元设备、其他印染机械	印染前处理设备、染色设备、印花设备、整理设备、成品设备、印染通用单元设备、印染机械
2918	1	09	02	28	17					1090228170000000000	织造辅助机械及装置	包括织造辅助机械、织机辅助装置	织造辅助机械、织机辅助装置
2919	1	09	02	28	18					1090228180000000000	纺织机械及其辅助机械零部件、附件	包括化学纺织纤维机械专用零部件、织机及其辅助机械零件、针织机械及其辅助机械零件、其他纺织机械及其辅助机械零件、附件	化学纺织纤维机械零件、纺织机械专用零件、织机机械零件、织机辅助机械零件、针织机械零件、针织机械辅助机械零件、纺织机械零件、纺织机械辅助机械零件
2920	1	09	29							1090229000000000000	皮革、毛皮及其制品加工专用设备	对皮革、毛皮各工艺环节进行加工处理及对其制品进行加工、制作的设备	皮革加工专用设备、毛皮加工专用设备、皮革制品专用设备、毛皮制品专用设备
2921	1	09	29	01						1090229010000000000	生皮处理机械	对生皮（从动物身上剥下来的皮）进行浸水、脱毛、浸灰、软化、浸酸等一系列加工处理的机械。包括脱毛机（用以将生皮上预先用化学方法松脱的毛发除去）、制革去肉机、刮皮机、皮革拉软机、量革机、其他生皮处理机械	生皮处理机械、脱毛机、制革去肉机、刮皮机、皮革拉软机、挤水伸展机、量革机

续表

序号	编码篇	类	章	节	条	款	项	目	子目	细目	合并编码	商品和服务名称	说明	关键字
2922	1	09	02	29	02						1090229020000000000	皮革鞣制加工机械	对生皮进行鞣制（使生皮转变成革）处理的机械。鞣制是鞣剂分子向皮内渗透并与生皮胶原活性基团结合而发生性质改变的过程。鞣制使皮胶原多肽链之间生成交联键，增加了胶原结构的稳定性，提高了收缩温度及耐湿热稳定性，改善了抗酸碱、酶等化学品的能力。包括鞣革机（锤实机）、滚筒敲打机、锤打机、刷皮机、修剪或剖皮机、皮革砂磨机、酶等化学品的能力。包括鞣革机、皮革柔软整理机、打光机、起粒机、其他皮革鞣制加工机械	皮革鞣制加工机械、鞣革机、锤磨机、滚筒敲打机、锤打机、锤实机、刷皮机、皮革砂磨机、酶刮皮机、皮革柔软整理机、打光机、起粒机
2923	1	09	02	29	03						1090229030000000000	皮革制品制作机械	包括制造或修补生皮（包括毛皮）或皮革制品（例如，鞋靴、手套、夹克衫及其他衣着用品、鞍具、书籍封面、手提包、旅行容器等）的机械。含皮革制品通用制作机械：片皮机（皮革切片或剖皮机）、皮革特定形状切割机、皮革剥孔机、皮革剪接头机、其他皮革制品通用制作机械；鞋靴专用生产机械：片皮机、片帮机、皮革切槽机、鞋靴、楦鞋机、主跟成型机、合布机、抵工转车、上底机、底边缘的修整、磨光或后处理机械、鞋靴边缘处理机械、鞋靴拉撑机、其他鞋靴专用生产机械；其他皮革制品制作机械	皮革制品制作机械、皮革制品通用制作机械、片皮机、皮革切片或剖皮机、皮革特定形状切割机、皮革剥孔机、皮箱接头机、片帮机、皮革切槽机、楦鞋机、片跟成型机、合布机、抵工转车、上底机、鞋底边缘处理机械、鞋靴边缘处理机械、鞋靴拉撑机
2924	1	09	02	29	04						1090229040000000000	毛皮及其制品制作及修理机械	对毛皮（指带毛的动物皮）进行鞣制、制作毛皮制品的机械及对毛皮、毛皮制品进行修理修补的机械。包括毛皮加工机械（将皮加工成毛皮）、毛皮加工机（皮剪毛、剪去长毛的专用机械）、毛皮染色机械、其他毛皮及其制品制作及修理机械	毛皮加工机械、毛皮刷毛机械、皮毛染色机械
2925	1	09	02	29	05						1090229050000000000	生皮、皮革处理、鞣制及加工机械和机器的组成生皮、皮革		

附录 A 商品和服务税收分类与编码

续表

序号	编码篇	类	章	节	条	款	项	目	子目	细目	合并编码	商品和服务名称	说明	关键字
2926	1	09	02	30							1090230000000000000	处理、鞣制及加工机械零件	不可分拆的单个制件	服装加工机械、鞋帽加工机械
2927	1	09	02	30	01						1090230010000000000	缝纫机及其零件	包括普通家用型缝纫机（作锁式线迹缝纫，装上相应的附件后能作绣花、卷边、镶嵌、锁眼等缝纫的机械），多功能家用型缝纫机（具有普通家用缝纫机功能，并有多种曲折缝纫功能的缝纫机。如拼缝、包边、锁眼、钉扣、嵌线、通过装置能刺绣图案等。包括机械控制、电子控制和电脑控制的多功能家用型缝纫机，其他家用型缝纫机（指用微型计算机控制），工业用电控平缝机（指用单针定位针及抬压脚等功能，直线缝锁式线迹的工业用缝纫机），工业用相关电控缝纫机（指用微型计算机控制，具有自动剪线、倒缝、定位针及抬压脚等功能的曲折缝、挖袋、钉扣、锁眼等工业用电控缝纫机；不包括曲折缝刺绣机/绣花机），工业用非电控缝纫机（包括非电控平缝机、包缝机、套结机、钉扣机、锁眼机、剖绣机/绣花机和多头刺绣机，缝纫机零部件（包括缝纫机针、缝纫机旋梭、缝纫机台板，其他缝纫机零部件）	缝纫机
2928	1	09	02	30	02						1090230020000000000	服装裁剪定型设备	包括裁剪机、蒸汽人像机、蒸烫机，其他服装裁剪定型设备	裁剪机、蒸汽人像机、拉布机、黏合机
2929	1	09	02	30	03						1090230030000000000	羽绒加工设备	包括羽绒预分机、羽绒除灰机、羽绒四筒四分毛机、充绒机	充绒机

续表

序号	篇	类	章	节	条	款	项目	子目	细目	合并编码	商品和服务名称	说明	关键字
2930	1	09	02	30	04					109023004000000000		羽绒洗脱机水洗机（含RDY30羽绒专用打包机、除灰小样机等辅助设备）、羽绒烘干机（羽绒专用烘干设备）、充绒机（装填绒被褥或褥垫的机械）、其他羽绒加工设备。不包括服装裁剪、缝纫、定型设备（详见109023002）	
2931	1	09	02	30	04					109023004000000000	制帽机械	包括毡呢压机、滚筒压机（用以使帽坯完全毡化）、毡呢帽扩张机（使锥形帽坯进一步成形，并将锥形顶端滚圆）、帽边成形机（用浮石或砂布将毡帽面上突出的毛发磨去）、帽檐上浆机、沙压机、帽模、其他制帽机械	制帽机械、毡呢压机、滚筒压机、毡呢帽扩张机、帽边成形机、帽坯磨光机、帽檐上浆机、沙压机、帽模
2932	1	09	02	31						109023100000000000	电工机械专用设备	指电机、电缆、电缆等电站、电工专用机械及器材的生产设备	电工机械专用设备
2933	1	09	02	31	01					109023101000000000	电机、变压器专用生产机械	包括铁芯制造专用设备、电机定子铁芯卷迭机、铁芯叠压反压机及反压机、自制定子铁芯卷迭机、铁芯制造专用设备	电机专用生产机械、变压器专用生产机械、铁芯制造专用设备、电机定子铁芯卷迭机、铁芯叠压机、铁芯压装机
2934	1	09	02	31	01	01				109023101010000000	线圈绕线机	包括电线线圈卷绕机、绝缘材料线圈绕线机、电线线圈包孔设备、定子线圈绕线机、电磁铁线圈绕线机、其他线圈绕线机	线圈绕线机、电线线圈卷绕机、线圈包孔设备、电磁线圈绕线机
2935	1	09	02	31	01	02				109023101020000000	嵌线设备	包括绕嵌机、定子绕组嵌入机、其他嵌线设备	绕线设备、定子绕组嵌入机、其他嵌线设备
2936	1	09	02	31	01	03				109023101030000000	绝缘处理设备	包括槽绝缘片插入机、自动连续沉浸机、其他绝缘处理设备	绝缘处理设备、槽绝缘片插入机、自动连续沉浸机
2936	1	09	02	31	02					109023102000000000	电线、电缆专用生产机械	包括拉线机、型线轧拉机、镀锡机、高速绞线联合机、铜粉流膏过滤机组、压出机、电缆专用生产机械	电线专用生产机械、电缆专用生产机械、型线轧拉机、拉线联合机、镀锡机、高速绞线联合机、铜粉流膏过滤机组

续表

附录A 商品和服务税收分类与编码 661

序号	编码								商品和服务名称	说明	关键字
	篇	类	章	节	条	款	项目	子目	细目			
2937	1	09	02	31	03					电器绝缘材料设备	包括上胶设备、不干胶带涂布机、卷制设备、钢塑热贴复合机组、绝缘材料涂复卷管机、板纸复合机组、其他电器绝缘材料设备	电器绝缘材料、上胶设备、不干胶带涂布机、压出机、卷制设备、钢塑热贴复合机组、绝缘材料涂复卷管机、板纸复合机组
2938	1	09	02	31	04					电池生产专用设备	包括蓄电池流程生产线、圆筒干电池生产线、扣式电池生产线、太阳能电池生产线、其他电池生产专用设备	蓄电池流程生产线、圆筒干电池生产线、扣式电池生产线、太阳能电池生产线
2939	1	09	02	31	99					其他电工机械专用设备		
2940	1	09	02	32						电子工业专用设备	指生产半导体器件、集成电路、电子元件、电真空器件的生产设备，以及电子设备整机装配的生产设备	电子工业专用设备
2941	1	09	02	32	01					半导体材料、器件及集成电路生产设备	包括晶体生长及晶圆制备设备、电子材料切片机、电子器件研磨机、电子器件抛光机、硅片倒角机、外延设备	晶体生长设备、晶圆制备设备、电子材料切片机、电子器件研磨机、电子器件抛光机、硅片倒角机、外延设备
2942	1	09	02	32	02					制版设备		制版设备
2943	1	09	02	32	03					掩模修补设备		掩模修补设备
2944	1	09	02	32	04					芯片制造设备	包括光学光刻机、电子束光刻机、离子束投影光刻机、邻近X射线光刻机、蚀刻设备、掺杂设备、退火设备、快速热处理设备、薄膜生长设备、化学气相淀积设备、中测设备	光学光刻机、电子束光刻机、离子束投影光刻机、邻近X射线光刻机、蚀刻设备、掺杂设备、退火设备、快速热处理设备、薄膜生长设备、化学气相淀积设备、中测设备、芯片
2945	1	09	02	32	05					封装测试设备	包括晶圆划片设备、贴膜设备、键合设备	封装测试设备、晶圆划片设备、贴膜

续表

序号	编码篇	类	章	节	条	款	项	目	子目	细目	合并编码	商品和服务名称	说　明	关　键　字
2946	1	09	02	32	06						1090232060000000000	检测设备	包括晶片检测设备、掩膜检查设备、晶圆检测设备、线宽测量设备、终测设备	晶片检测设备、掩膜检查设备、晶圆检测设备、线宽测量设备、终测设备、贴装机、引线键合机、芯片贴装机、引线键合机、封装设备、焊凸形成设备
2947	1	09	02	32	07						1090232070000000000	电子元件及机电组件生产设备	包括碳膜、金属膜电阻生产设备、片式电阻、电阻网络生产设备、特种变压器生产设备、厚膜电路生产设备、薄膜电路生产设备、电位器生产设备、陶瓷电容器生产设备、薄膜电容器生产设备、铝电解电容器生产设备、敏感元件生产设备、传感器生产设备、压电晶体生产设备、压电陶瓷滤波器生产设备、表面波滤波器生产设备、磁性材料生产设备、电声器件生产设备、开关接插件生产设备、特种线缆加工设备、锂离子电池生产设备、镍氢能电池片生产设备、太阳能电池片及机电组件生产设备、其他电子元件及机电组件生产设备	电子元件生产设备、碳膜生产设备、金属膜电阻生产设备、片式电阻生产设备、电阻网络生产设备、电感器件生产设备、特种变压器生产设备、厚膜电路生产设备、薄膜电路生产设备、电位器生产设备、陶瓷电容器生产设备、薄膜电容器生产设备、铝电解电容器生产设备、敏感元件生产设备、传感器生产设备、压电晶体生产设备、压电陶瓷滤波器生产设备、表面波滤波器生产设备、磁性材料生产设备、电声器件生产设备、开关接插件生产设备、特种线缆加工设备、锂离子电池生产设备、镍氢电池生产设备、太阳能电池片生产设备
2948	1	09	02	32	08						1090232080000000000	电子真空器件生产设备	包括玻壳生产设备、真空开关管生产设备、其他电子真空器件生产设备	电子真空器件生产设备、玻壳生产设备、真空开关管生产设备、彩管生产设备
2949	1	09	02	32	09						1090232090000000000	平板显示器件（FPD）生产设备	包括液晶显示器件（LCD）生产设备、等离子显示器件（PDP）生产设备、VFD生产设备、其他平板显示器件生产设备	平板显示器生产设备、液晶显示器件生产设备、等离子显示器生产设备、VFD生产设备
2950	1	09	02	32	10						1090232100000000000	净化设备及类似设备	包括空气净化设备、废水处理设备、高纯气体制取设备、超纯水制取设备、电磁屏蔽设备、防静电类似设备	净化设备、空气净化设备、高纯气体制取设备、超纯水制取设备、废水处理

续表

序号	编码 篇	类	章	节	条	款	项	目	子目	细目	合并编码	商品和服务名称	说明	关键字
2951	1	09	02	32	11						10902321100000000000	环境模拟和可靠性试验设备	包括力学试验设备、气候环境模拟试验设备、综合试验箱	设备、其他净化设备及类似设备、电磁屏蔽设备、防静电设备、环境模拟和可靠性试验设备、力学试验设备、气候环境模拟试验设备、综合试验箱
2952	1	09	02	32	12						10902321200000000000	电子整机装联专用设备	包括有引线元器件整装配生产设备、表面贴装（SMT）设备	电子整机、有引线元器件整装配生产设备、表面贴装设备
2953	1	09	02	32	99						10902329900000000000	其他电子工业专用设备	指未列明的半导体器件和集成电路设备及其他设备	
2954	1	09	02	33							10902330000000000000	金属表面处理机械		
2955	1	09	02	33	01						10902330100000000000	金属表面处理机械	包括全自动氧化生产线、全自动磷化生产线、全自动抛丸清理机械及金属表面处理机械、钢瓶除锈机、酸洗设备等	金属表面处理机械、全自动氧化生产线、全自动磷化生产线、抛丸清理机械、钢瓶除锈机、酸洗设备
2956	1	09	02	33	02						10902330200000000000	电解设备及装置	包括电解箱、其他电解设备及装置	电解箱、电解设备、电解设备装置
2957	1	09	02	33	03						10902330300000000000	电镀设备及装置	包括全自动直线形电镀生产线、全自动环形垂直升降生产线、全自动卷对卷连续镀生产线、其他电镀设备及装置	电镀设备、电镀设备装置、全自动直线形电镀生产线、全自动环形垂直升降电镀生产线、全自动卷对卷连续镀生产线
2958	1	09	02	33	99						10902339900000000000	其他金属处理机械	包括吸引胶管脱铁芯机、钢丝搓齿机	吸引胶管脱铁芯机、钢丝搓齿机
2959	1	09	02	34							10902340000000000000	航空、航天相关专用设备	包括航天试验专用设备、宇航模拟设备、航天器总装调试设备含电子式"飞行训练器"的设备等、"林克式地面飞行模拟器"，名为"林克式地面飞行训练器"的设备、同位素分离机械、装置、生产重水（氧化氘）装置、浓缩铀235机械或装置、电磁式同位素分离器（卡留管）、其他同位素分离机械、装置	航空模拟设备、航天设备、航天试验专用设备、宇航模拟设备、航天器总装调试设备含电子式飞行模拟设备、林克式地面飞行模拟机器、同位素分离机械、装置、生产重水分离装置、浓缩铀235机械、浓缩铀235机械装置、电磁式同位素分离器

续表

序号	编码 篇	类	章	节	条	款	项目	子目	细目	合并编码	商品和服务名称	说　明	关　键　字
2960	1	09	02	35						1090235000000000000	拖拉机及农林牧渔用挂车	含零件	拖拉机、农林牧渔用挂车
2961	1	09	02	35	01					1090235010000000000	拖拉机	包括大型拖拉机（配套动力大于等于73.5kW（100马力）的大型轮式拖拉机、大型履带式拖拉机）、中型拖拉机（配套动力为18.4～73.5kW（25～100马力），不含73.5kW（100马力）的中型履带式拖拉机、中型轮式四轮拖拉机配套拖拉机）、小型拖拉机（小型四轮拖拉机配套动力小于18.4kW（25马力）、手扶拖拉机、其他小型拖拉机	拖拉机
2962	1	09	02	35	02					1090235020000000000	特种结构拖拉机	包括运输型拖拉机、船式拖拉机、船式拖拉机（机耕船）、高架拖拉机、坡地拖拉机、其他特种结构拖拉机	特种结构拖拉机、运输型拖拉机、船式拖拉机、机耕船、高架拖拉机、坡地拖拉机
2963	1	09	02	35	03					1090235030000000000	农林用自装或自卸式挂车	包括农用半挂车、自装或自卸式挂车	农林用自装挂车、农林用自卸式挂车、农用半挂车、农用自卸式挂车
2964	1	09	02	36						1090236000000000000	机械化农业及园艺机具		机械化农业机具、园艺机具
2965	1	09	02	36	01					1090236010000000000	土壤耕整机械	指开垦、翻土、耕地、犁地、松土等农用机械[包括耕地机械、翻转犁、圆盘犁、铧式犁、栅条犁、旋耕机、微耕机、田园管理机、开沟机器、浅松机、深松机、整地机械（钉齿耙、弹齿耙、圆盘耙、滚子耙、驱动耙、起垄器、合墒器、镇压器、其他土壤耕整机械	土壤耕整机械、翻转犁、圆盘犁、铧式犁、栅条犁、微耕机、田园管理机、开沟机、浅松机、深松机、整地机械、钉齿耙、弹齿耙、圆盘耙、滚子耙、驱动耙、起垄器、镇压器、合墒器、灭茬机
2966	1	09	02	36	02					1090236020000000000	种植施肥机械	包括播种机械（条播机、六播机、小粒种子播种机、异性种子播种机、水稻直播机、根茎类种子播种机、种植施肥机、水稻直播机、撒播机、育苗机械、	种植施肥机械、播种机、水稻直播机、撒播机、育苗机械、穴播机、条播机、

续表

序号	编码 篇	类	章	节	条	款	项	目	子目	细目	合并编码	商品和服务名称	说 明	关 键 字
2967	1	09	02	36	03						1090236030000000000	田间管理机械	包括中耕机械（中耕机、培土机、除草机、埋藤机、其他中耕机械）、植保机械（手动喷雾器含背负式、手动喷雾器含背负式、压缩式、踏板式、电动喷雾机含背负式、机动喷雾粉机、自走式、悬挂式、推车式、喷杆喷雾机含牵引式、烟雾机含常温烟雾机、热烟雾机、挂式、烟雾灯含常温烟雾灯、诱虫灯、灭蛾灯、其他植保机械）、其他修剪机械（日间机械）、嫁接设备、茶树修剪机、果树修剪机、草坪修剪机、割灌机、其他田间管理机械	田间管理机械、中耕机、中耕机械、培土机、除草机、埋藤机、植保机械、手动喷雾器含背负式、压缩式、踏板式、电动喷雾器含背负式、手提式、机动喷雾粉机、机动喷雾机含牵引式、自走式、推车式、喷杆喷雾机含温烟雾机、热烟雾机、挂式、烟雾灯、诱虫灯、灭蛾灯、杀虫灯、嫁接设备、茶树修剪机、果树修剪机、草坪修剪机、割灌机
2968	1	09	02	36	04						1090236040000000000	收获机械	包括谷物收获机械[自走轮式谷物联合收割机（全喂入）、自走履带式谷物联合收割机（全喂入）、背负式谷物联合收割机、牵引式谷物联合收割机、半喂入联合收割机、梳穗联合收割机、大豆收获专用割台、背负式割台、割晒机、割捆机、其他谷物收获机械]、玉米收获机械（背负式玉米收获机、牵引式玉米联合收获机、自走式玉米联合收获机、穗茎兼收玉米收获机、茎秆收集处理玉米收获机、高秆作物割晒机）、收获机、收割机、大豆收获专用割台、割晒机、药材挖掘机、甘蔗铺排机、甘蔗剥叶机、割草机、翻晒机、搂草机、捡拾压捆机、压捆机、茎秆收集处理机械、秸秆粉碎还田机	收获机、收割机、大豆收获专用割台、割晒机、药材挖掘机、甘蔗铺排机、甘蔗剥叶机、采收机、采茶机、割草机、翻晒机、搂草机、捡拾压捆机、压捆机、茎秆收集处理机械、秸秆粉碎还田机、高秆作物割晒机

续表

序号	编码 篇	编码 类	编码 章	编码 节	编码 条	编码 款	编码 项	编码 目	编码 子目	编码 细目	合并编码	商品和服务名称	说明	关键字
2969	1	09	02	36	05						1090236050000000000	收获后处理机械	脱粒机械（稻麦脱粒机、玉米脱粒机、其他脱粒机械）、清选机械（粮食清选机、种子清选机、籽棉清理机、甜菜清选机、扬场机、其他清选机械）、剥壳（去皮）机械［玉米剥壳机、花生脱壳机、棉籽剥壳机、干坚果脱壳机、青豆脱壳机、大蒜去皮机、其他剥壳（去皮）机］、农产品干燥机械（粮食烘干机、种子烘干机、籽棉烘干机、果蔬烘干机、药材烘干机、油菜籽烘干机、其他农产品干燥机械）、种子加工机械［脱芒（绒）机、种子分级机、种子包衣机、种子加工机组、种子丸	收获后处理机械、脱粒机、脱扬机、清选机、去皮机、农产品干燥机械、烘干机、种子加工机、脱壳机、脱绒机、种子分级机、种子加工机组、种子丸化处理机、棉籽脱绒成套设备、种子丸化处理机、简易保鲜储藏设备、输粮机

附录 A 商品和服务税收分类与编码　667

续表

序号	编码						合并编码	商品和服务名称	说　明	关　键　字
	篇	类	章	节	条	款 项 目 子目 细目				
2970	1	09	02	36	06		1090236060000000000	设施农业设备	指专门用于设施农业的设备。包括日光温室设施设备、塑料大棚设施设备、连栋温室设施设备、其他设施农业设备	设施农业设备、日光温室设施设备、塑料大棚设施设备、连栋温室设施设备
2971	1	09	02	36	07		1090236070000000000	农田基本建设机械	包括农田挖掘机械〔农田挖掘机、开沟机（开沟机用）、农田挖坑机、农田推土机、其他农田挖掘机械〕、农田平地机械（农田平地机、农田铲运机、其他农田平地机械）、其他农田基本建设机械	农田基本建设机械、挖掘机、开沟机、农田挖坑机、推土机、平地机
2972	1	09	02	36	08		1090236080000000000	喷灌机械设备	包括草坪、果园等专用的喷水器及喷雾器。不包括农用水泵（详见 10901-702）	喷灌机械设备
2973	1	09	02	36	08	01	1090236080100000000	微灌设备	包括微喷、滴灌、渗灌设备	微灌设备、微喷设备、滴灌设备、渗灌设备
2974	1	09	02	36	08	99	1090236089900000000	其他喷灌机械设备		
2975	1	09	02	36	09		1090236090000000000	园艺、草坪专用机械	包括无土栽培机械和设施、草坪及运动场地滚压机、草坪动力割草机、起草皮机、其他园艺、草坪专用机械	园艺专用机械、草坪专用机械、无土栽培机械、草坪滚压机、运动场地滚压机、草坪机动割草机、起草皮机
2976	1	09	02	37			1090237000000000000	营林及木竹采伐机械		营林采伐机械、木竹采伐机械
2977	1	09	02	37	01		1090237010000000000	林地清理机械	指清除灌木丛、矮林丛的茎、树根等机械，包括割制灌机械（林地机械）、除灌机、挖坑机、其他林地清理机械	林地清理机械、割灌机、除灌机、挖坑机
2978	1	09	02	37	02		1090237020000000000	造林机械	包括植树机（植树器）、容器苗栽植机、树木移植机、飞机播种装置、树木刨枝机、树木挖根机	造林机械、植树机、容器苗、容器苗栽植机、植树器、栽植机、飞机播种装置、树木挖根机

续表

序号	编码篇	类	章	节	条	款	项	目	子目	细目	合并编码	商品和服务名称	说明	关键字
2979	1	09	02	37	03						1090237030000000000	其他造林机械	包括林木种子加工机械、采种机、树木种子处理及脱粒机	树木移植机、树木削枝机、营林机械、林木种子加工机械、采种机、树木种子处理机、树木种子脱粒机
2980	1	09	02	37	04						1090237040000000000	风力灭火机具	包括风力灭火机、风力灭火器	
2981	1	09	02	37	05						1090237050000000000	竹木采集机械	包括伐木机、摇树机、树桩挖除机、其他竹木采集机械	竹木采集机械、伐木机、伐木集材机、树桩挖除机、竹木材出河机、摇树机
2982	1	09	02	37	06						1090237060000000000	木材运输机械	包括运材挂车	木材运输机械、运材挂车
2983	1	09	02	37	07						1090237070000000000	木生产专用工具	包括原木装车机、抓具、木材出河机、木材装载机、编扎机、装排机	木生产专用工具、原木装车机、抓具、木材出河机、木材装载机、编扎机、装排机
2984	1	09	02	38							1090238000000000000	畜牧机械		
2985	1	09	02	38	01						1090238010000000000	草原建设机械	包括牧草补播种机、草地深松机、网围栏设备、其他草原建设机械	草原建设机械、牧草补播种机、草地深松机、草地网围栏设备
2986	1	09	02	38	02						1090238020000000000	饲料(草)加工机械设备	包括青贮切碎机、铡草机、揉丝机、压块机、料粉碎机(畜牧机械)、饲料混合机(畜牧机械)、饲料破碎机、饲料分级筛、饲料打浆机、饲料搅拌机、饲料加工成套设备、饲料膨化机、颗粒饲料压制机、其他饲料(草)加工机械设备	饲料加工机械设备、青贮切碎机、铡草机、揉丝机、压块机、饲料粉碎机、畜牧饲料混合机、饲料破碎机、饲料分级筛、饲料打浆机、饲料搅拌机、颗粒饲料压制机、饲料加工成套设备、饲料膨化机
2987	1	09	02	38	03						1090238030000000000	畜牧饲养机械	包括孵化机、育雏保温伞、螺旋喂料机、饮水器、清粪机(车)、鸡笼鸡架、网围栏、消毒机、药浴机、其他畜牧饲养机械	畜牧饲养机械、孵化机、育雏保温伞、畜牧喂料机、畜牧饮水器、螺旋喂料机、畜牧清粪机、鸡笼鸡架、畜牧消毒机、畜牧药浴机
2988	1	09	02	38	04						1090238040000000000	畜产品采集机械	包括挤奶机、剪羊毛机、牛奶分离机、储奶罐	畜产品采集加工机械设备、挤奶机

续表

附录A 商品和服务税收分类与编码 669

序号	篇	类	章	节	条	款	项	子目	细目	合并编码	商品和服务名称	说　明	关　键　字
2989	1	09	02	38	05						加工机械设备	家禽脱羽设备、家禽浸烫设备、生猪浸烫设备、生猪刮毛设备、屠宰加工成套设备、其他畜产品采集加工机械设备	家禽脱羽设备、牛奶分离机、储奶罐、家禽浸烫设备、家禽刮毛设备、生猪浸烫设备、生猪刮毛设备、屠宰加工成套设备、蜂巢重
2990	1	09	02	38	99					1090023805000000000	养蜂设备	包括榨蜜机、巢础机、蜂巢重熔用热水浴器、其他养蜂设备	养蜂设备、榨蜜机、巢础机、蜂巢重熔用热水浴器
2991	1	09	02	39						1090023899000000000	其他畜牧机械	指其他畜禽动物饲养机械	
2992	1	09	02	39	01					1090023900000000000	渔业捕捞养殖机械		
										1090023901000000000	渔业养殖机械	包括投饵机械、增氧机械、工厂化养殖机械、网箱养殖设备、水体净化处理设备、藻类养殖机械、水产品采集机械、其他渔业养殖机械	渔业养殖机械、投饵机械、增氧机械、工厂化养殖机械、网箱养殖设备、水体净化处理设备、藻类养殖机械、水产品采集机械
2993	1	09	02	39	02					1090023902000000000	捕捞机械	包括绞网机械、起网机械、绞钓机械、绞贝类捕捞机械、其他捕捞机械	捕捞机械、绞网机械、起网机械、绞钓机械、绞贝类捕捞机械
2994	1	09	02	39	03					1090023903000000000	鱼货起卸设备	包括船用吸鱼机、码头吸鱼机、鱼货起卸舱机、其他鱼货起卸设备	鱼货卸载设备、船用吸鱼机、码头吸鱼机、鱼货出舱机
2995	1	09	02	39	04					1090023904000000000	渔业织网机械	包括织网机、编网机、绕经机、整经机、捕捞机（捕捞机械）	渔业织网机械、织网机、编网机、绕经机、整经机、捕捞机械
2996	1	09	02	39	05					1090023905000000000	网片处理机械	包括网片定型机、网片拉伸机、网片染色机、网片脱水机	网片处理机械、网片定型机、网片拉伸机、网片染色机、网片脱水机
2997	1	09	02	39	99					1090023999000000000	其他渔业捕捞养殖机械		
2998	1	09	02	40						1090024000000000000	农产品初加工机械		农产品初加工机械
2999	1	09	02	40	01					1090024001000000000	碾米机	包括碾米机、砻谷机、砻谷分离机、砻碾组合米	碾米机、砻谷机、砻谷分离机、砻碾

续表

序号	编码篇/类/章/节/条/款/项/目/子目/细目	合并编码	商品和服务名称	说　明	关　键　字
3000	1　09　02　40　02	1090240020000000000	磨粉（浆）机械	包括打浆机、洗麦机、磨粉机、面粉加工成套设备、磨浆机、其他磨粉（浆）机械	组合米机、碾米加工成套设备、其他碾米机械、磨粉机械、磨浆机械、打麦机、洗麦机、磨粉机、面粉加工成套设备、磨浆机
3001	1　09　02　40　03	1090240030000000000	茶叶加工机械	包括杀青机、揉捻机、切茶机、炒茶机、拣梗机、茶叶压实机械、茶叶烘干机、茶叶萎凋机、茶叶解块筛选机、茶叶发酵机、茶叶筛分机、茶叶炒车机、茶叶切细机、特种茶叶加工机械、其他茶叶加工机械	茶叶加工机械、杀青机、揉捻机、炒茶机、茶叶成套机械、茶叶炒调机、茶叶揉切机、茶叶压实机械、茶叶烘干机、茶叶加工成套机械、茶叶萎凋机、茶叶解块筛选机、茶叶发酵机、茶叶筛分机、茶叶风选机、茶叶炒车机、茶叶切细机、特种茶叶加工机械
3002	1　09　02　40　04	1090240040000000000	纺织纤维初加工机械	包括棉花加工机械（轧花机、皮棉清理机、棉花打包机、其他棉花加工机械）、麻类加工机械（剥麻机、刮麻机、洗麻机、其他麻类剥衣机、抽丝用容器、其他蚕丝成套剥衣机、其他纺织纤维初加工机械（含除去生丝纱上瘤节的机械）	纺织纤维初加工机械、棉花加工机械、轧花机、皮棉清理机、剥绒机、棉花打包机、麻类加工机械、剥麻机、刮麻机、蚕茧成套剥丝机、抽丝用容器
3003	1　09　02　40　05	1090240050000000000	农产品清洁、分选机械	包括蛋类清洁、分选电检验器、蛋类光电分选机、其他蛋类清洁、分选机械（谷物清洁机及分级机、磁性谷物清洁、电磁分级机、谷物或干豆荚完机、筛分级机、分级簸扬机、旋转簸扬机、种子或谷物挑选机、其他谷物专用分选、种子专用分选、分级机械、其他种子、合格清洁、分选及分级操作联合机械（水果分级机、水果打蜡机、水果清洁、分选清洁、薯类分选机、蔬菜分级机、蔬菜清洗机、其他果蔬	农产品清洁分选机械、蛋类清洁、分选机、蛋类光电检验器、蛋类光电分选机、蛋类光电分级机、磁性分级机、电磁分级机、谷物分级机、去壳机、筛分级机、分级簸扬机、旋转簸扬机、挑选机、水果分级机、水果打蜡机、清洗机、水果分级机、薯类分级机、蔬菜分级机

附录 A 商品和服务税收分类与编码 671

续表

序号	编码 篇	类	章	节	条	款	项	子目	细目	合并编码	商品和服务名称	说明	关键字
3004	1	09	02	40	06					10902400600000000000	农用包装机械	清洁、分选机械	
3005	1	09	02	40	07					10902400700000000000	竹、藤、棕、草材料制品加工机械	指用柳条、竹料、藤、草、木条、塑料等编织筐等的机械。包括柳条、藤条加工机械（柳条、藤条等剥皮、分切、削圆等加工机械），柳竹藤草塑料编织机械，其他竹、藤、棕、草材料制品加工机械	竹材料制品加工机械、藤材料制品加工机械、棕材料制品加工机械、草材料制品加工机械、柳条加工机械、藤条加工机械、柳竹藤草塑料编织机械、用草编织瓶席草帽、编织篮筐
3006	1	09	02	40	99					10902409900000000000	其他农产品初加工机械		
3007	1	09	02	41						10902410000000000000	农林牧渔机械零配件	包括拖拉机零配件，农用喷射机械或器具零件，整地或耕作机械零件（农业、园艺及林业用整地或耕作机械零件），农业用收获机械零件（包括作物收割机零件），作物收割的零件，打包机械零件，其他作物收获机械零件，畜牧业机械零件，家禽饲养、孵卵及育雏机械零件，挤奶机零件，供挤奶机用桶（包括供挤奶机用的桶、盖、脉动器、挤奶杯及其配件），其他畜牧业机械零件	农林牧渔机械零配件、拖拉机零配件、农用喷射机械零件、农用喷射机械器具零件、整地机械零件、耕作机械零件、农业用整地机械零件、农业用收获机械零件、作物收割机零件、联合收割机零件、打包机零件、家禽饲养、孵卵机械零件、育雏机械零件、挤奶机用桶、供挤奶机用盖、供挤奶机用脉动器、供挤奶机用挤奶杯、供挤奶机用桶配件、供挤奶机用盖配件、供挤奶机用脉动器配件、供挤奶机用挤奶杯配件
3008	1	09	02	42						10902420000000000000	医疗仪器设备及器械		
3009	1	09	02	42	01					10902420100000000000	医用X射线设备	包括X射线诊断设备（常规透视用X射线机、乳腺X射线机、泌尿系统诊断X射线机、胃肠检查用X射线机、X射线骨密度测量设备、摄影用X射线诊断设备），X射线机，射线断层摄影设备，CT机	医用X射线设备、X射线设备、X射线、射线断层摄影设备、CT机

续表

序号	编码 篇	类	章	节	条	款	项	子目	细目	合并编码	商品和服务名称	说明	关键字
3010	1	09	02	42	02					1090242020000000000	X射线附属设备及部件	包括X射线器、X光发生器、检查用家具及医用射线设备零件。X射线管、管组件或源组件含工业用、其他用途的X光阳极（X射线管、医用固定阳极X射线管、旋转阳极X射线管、X射线CT管、栅极X射线管及管组件含栅极X射线管及管组件、其他X射线附属设备及部件指医用X射线管及管组件、源组件）、X射线相关附属设备及医用增感屏含医用X射线影像增强器、医用透视荧光屏、医用增感屏、牙用增感屏、高速增感屏、X光发生器、其他X射线相关附属设备及部件、医用X射线机配套用家具（X射线检查用电动胃肠床、电动摄影平床、电动断层床、无轨悬吊装置、X射线管用电动立柱支持装置、其	X射线附属设备、X射线附属部件

续表

序号	编码 篇	类	章	节	条	款	项	目	子目	细目	合并编码	商品和服务名称	说明	关键字
3011	1	09	02	42	03						1090242030000000000	医用α、β、γ射线应用设备	包括医用高能射线治疗设备（医用电子直线加速器、医用回旋加速器、医用中子治疗机、医用质子治疗设备、其他医用高能射线治疗设备）、医用放射性核素诊断设备［PECT（正电子发射断层扫描装置）、SPECT（单光子发射断层扫描装置）、放射性核素透视机、γ射线探测仪、放射性核素显像、放射性核素骨密度测量设备、其他医用放射性核素诊断设备］、核素扫描机、核素后装治疗机、医用放射性核素治疗设备（钴60治疗机、核素后装近距离治疗设备、医用γ刀治疗机、医用放射性核素治疗设备、其他医用放射性核素治疗设备）、核素标本测定装置（放射免疫测定装置）、医用离子射线检验设备、其他医用射线应用设备	医用射线应用设备，医用高能射线治疗设备，医用电子直线加速器，医用回旋加速器，医用中子治疗机，医用质子治疗设备，医用放射性核素诊断设备，PECT，正电子发射断层扫描装置，SPECT，单光子发射断层扫描装置，放射性核素透视机，γ射线探测仪，甲状腺放射性核素显像，放射性核素骨密度测量设备，放射性核素后装治疗设备，钴60治疗机，核素后装近距离治疗机，医用γ刀治疗机，核素后装近距离治疗装置，植入式放射源，核素标本测定装置，放射免疫测定设备，医用离子射线检验设备
3012	1	09	02	42	04						1090242040000000000	医用超声诊断、治疗仪器及设备	包括医用超声诊断仪器设备（B型超声诊断仪器设备、便携式B型超声诊断设备、其他B型超声诊断仪、彩色超声波诊断仪器设备、全数字化复合式彩超仪、超声彩色血流成像设备、"模—数"复合式专用型彩超仪、机械扇形或复合式眼科专用彩超仪、M型超声诊断仪、A型超声诊断仪、眼科专用A超诊断仪、C型超声诊断仪、超声多普勒多普勒设备各经颅超声多普勒设备，超声多普勒胎音（心）仪、超声血流检测设备、超声骨密度检测设备合超声骨密度（骨质）仪、超声内窥镜、超声结肠镜、超声内窥仪、超声宫内镜、复合式扫描超声诊断仪、相控阵超声诊断仪、多普勒超声血流成像设备	医用超声诊断仪器

续表

序号	篇	类	章	节	条	款	项	目	子目	细目	合并编码	商品和服务名称	说　明	关键字
													仪、超声胎儿监护仪、其他医用超声诊断仪器设备、超声手术及聚焦治疗装置［眼科孔化手术系统、超声手术刀、超声癌症治疗机、超声外科吸引装置、经颅超声多普勒、高强度聚焦超声系统（HIFO）、其他超声手术及聚焦治疗装置］、超声治疗设备（超声治疗机、超声雾化器、穴位超声治疗机、超声骨折治疗机、超声洁牙机、超声去脂仪、超声理疗美容仪、其他超声治疗设备）、超声换能器（探头）［腔内换能器、导管式换能器、穿刺换能器、血管换能器、线阵换能器、凸阵换能器、环阵换能器、单晶片换能器、相控阵换能器、连续多普勒笔形换能器、声表面波换能器、浅表高频换能器、食道超声换能器、其他超声换能器（探头）］、其他医用超声治疗仪器及设备	
3013	1	09	02	42	05						1090242050000000000	医用电气诊断仪器及装置	包括功能检查或生理参数检查用装置。心电诊断仪器（心电图记录仪含胎儿心电图记录仪、心电图仪、单导心电图机、多导心电图机、心电向量图机、心电图综合测试仪、心音描记器以心音图形式记录心脏声音的专门仪器，也可作为心电图记录使用、心动冲击图仪、心磁图仪器、心脏检查仪、心输出量测定仪器、心电分析仪、心电阻描记器、心电阻测量由心功能所引起的电阻变化用的电气仪、心电分析仪含心电多相分析仪、心率变异性检测仪、心电多相分析仪含心电多相分析仪、心率变异性检测仪、晚电位检测仪、无损伤心功能检测仪、运动心电功率计、心电遥测仪、心电图综合测试仪、心电运动测试仪、心电遥测仪、心电话传送仪、实时心律分析记录仪、长程心电记录仪、心电诊断仪器、心电工作站、其他心电记录仪、心电标测图仪、脑电诊断仪器、脑作站、脑电图仪器、脑电诊断仪器）、脑电图机、脑电诊断仪器、脑电图仪器、脑作站	医用电气诊断仪器、医用电气诊断仪器装置、心电诊断仪器、心电图记录仪、心电图仪、心电向量图机、心电图综合测试仪、心音描记器、心动冲击图仪、心磁图仪器、心脏检查仪、心输出量测定仪器、心电分析仪、心电阻描记器、心电多相分析仪、心率变异性检测仪、晚电位检测仪、无损伤心功能检测仪、运动心电功率计、心电遥测仪、心电图综合测试仪、心电运动测试仪、心电遥测仪、实时心律分析记录仪、长程心电记录仪、心电标测图仪、心电工作站、脑电诊断仪器、脑电图仪器、脑电

续表

序号	编码 篇	类	章	节	条	款	项	目	子目	细目	合并编码	商品和服务名称	说明	关键字
3014	1	09	02	42	06						1090242060000000000	医用激光诊断仪器	包括激光诊断仪器（氦镉激光器、激光白内障诊断仪器及装置含肌电气诊断仪器	医用激光诊断仪器

（上方为该条目"说明"栏的完整内容，另含上一条目的说明和关键字延续内容，主要涉及：电流描记器、脑电波分析仪、脑电描记器、脑电流描记器、脑电波分析仪、脑电时分析记录仪、脑地形图仪、医用电诊断仪器（其他脑电诊断仪器）、医用磁共振成像设备（核磁共振成像装置含医用磁共振成像设备、医用磁共振成像设备、骨密度仪、甲状腺共振成像设备、甲状腺功能测定仪、永磁型磁共振成像系统、超导型磁共振成像系统、常导型磁共振成像系统、其他医用磁共振成像设备）、阻抗血流图仪、血流量、容量测定量计、电磁血流量计、脑血流描述器、脉搏描述器用于记录动脉压和血容量、心脏血管功能综合测试仪、无创心输出量计、阻抗血流量、容量测定装置、电子血压力测定装置（无创性电子血压计、插入式血压计、体脂防计、电子血压监护仪用于记录三笔眼震电图、电子眼压描述器、视网膜电描述器用于测定视网膜的动脉压、其他血压力测定装置）、电声诊断仪器（听力计及类似设备将听力测验通过频率变化的方式进行听力测验包括听力计、小儿测听计、心音图仪、音管图仪、胃肠电流图仪、诱发电位检测系统、其他电声诊断仪器）、闪烁摄影装置指带有闪烁计数器的设备[医用伽马（γ）照相机、闪烁扫描器、其他闪烁摄影装置]、紫外线治疗机、红外线诊断、红外线治疗机、远红外辐射治疗机、其他紫外线诊断、治疗设备（医用红外线诊断仪器及装置含其他医用电气诊断仪器及装置）

关键字：脑电流描记器、脑电波分析仪、脑地形图仪、脑电实时分析记录仪、医用磁共振成像设备、核磁共振成像装置、骨密度仪、甲状腺功能测定仪、常导型磁共振成像系统、永磁型磁共振成像系统、超导型磁共振成像系统、脑血流描述器、血流量、容量测定量、电磁血流量、心阻抗血流图仪、脉搏描述器、电子血压力测定、无创性电子血压计、插入式血压计、电子血压脉搏、体脂防计、眼震电图仪、三笔眼震电图仪、心音图仪、诱发电位检测系统、电子眼压描述器、视网膜电描述器、听力计、听力计、电声诊断仪器、小儿测听计、心音图仪、诱发电位检测仪、医疗诊断用照相机、闪烁扫描器、紫外线诊断、医用红外线诊断仪、红外热像仪、紫外线成像仪、紫外线治疗设备、红外线凝固仪器、红外线治疗机、远红外辐射治疗机）

续表

序号	编码 篇	类	章	节	条	款	项	子目	细目	合并编码	商品和服务名称	说　明	关　键　字
												断、治疗仪器及设备	激光装置，激光眼科诊断仪，激光肿瘤光谱诊断装置、激光荧光肿瘤诊断仪、眼科激光扫描仪、激光血液分析仪、激光多普勒血流仪）激光诊断仪、其他激光诊断仪器［气体激光手术设备、眼科激光凝固、激光手术和治疗设备、固体激光手术设备，3B类半导体激光治疗仪、4类（强激光）半导体激光治疗仪、晶体激光乳化设备，激光血管焊接机，氦分子激光治疗仪、介入式激光治疗仪器含 He-Ne 激光血管内照射治疗仪、其他激光手术和治疗设备］。弱激光体外治疗仪器（氦氖激光治疗机、氦镉激光治疗机，3A（弱激光）半导体激光针灸治疗仪、其他弱激光体外治疗仪器）、激光手术器械（激光显微手术器、LASIK用角膜板层刀、其他激光手术器械）	
3015	1	09	02	42	07					109024207000000000	医用高频仪器设备	包括高频手术和电凝设备（高频电刀、高频扁桃体手术器、高频肝肉手术器、高频眼科电凝器、内窥镜高频手术器、高频痔矮治疗仪、后尿道电切开刀、高频腺臭治疗仪、高频鼻甲电凝器、高频持栓治疗仪、射频控温热凝器、其他高频手术和电凝设备）、高频电熨设备（高频电灼器、高频妇科电熨器、高频五官科电熨器、其他高频电熨设备）	
3016	1	09	02	42	08					109024208000000000	微波、射频、高频诊断治疗设备	包括微波诊断设备（微波肿瘤诊断仪、其他微波诊断设备）、微波治疗仪（微波手术刀、微波肿瘤热疗仪、微波前列腺治疗机、其他微波治疗仪）、射频治疗设备（射频前列腺热疗系统、肿瘤射频消融治疗机、射频热疗仪、短波电疗机、超短波治疗仪、其他射频诊断治疗设备	微波诊断治疗设备，射频诊断治疗设备，电凝诊断治疗设备，热疗诊断治疗设备

附录 A 商品和服务税收分类与编码 677

续表

序号	编码篇/类/章/节/条/款/项/目/子目/细目	合并编码	商品和服务名称	说明	关键字
3017	1 09 02 42 09	1090242090000000000	中医诊断、治疗仪器设备	频治疗设备）、高频电极装置（电凝钳、电凝镜、手术电极、其他高频电极装置）、其他微波、射频高频诊断治疗设备 包括中医诊断仪器（中医诊断仪器、痛阈测量仪、经络分析仪、其他中医诊断仪器）、中医治疗仪器（综合电针仪、电床仪、定量针麻仪、电子穴位测定治疗仪、探穴针麻仪、穴位测试仪、耳穴探测治疗机、其他中医治疗仪）	中医诊断设备、中医治疗设备
3018	1 09 02 42 10	1090242100000000000	病人监护设备及器具	包括无创病人监护仪器（心律失常监护报警器、麻醉气体监护仪、呼吸功能监护仪、睡眠监护评价系统、分娩监护仪、体外反搏监护仪、其他无创病人监护仪）、有创式电生理仪器（体外震波碎石机、病人有创监护系统、颅内压监护仪、有创心输出量计、心肉外膜标测图仪、有创性电子血压计、心肉外模标测图仪、有创性电子血压计、其他有创式电生理仪器）、生物反馈仪（肌电生物反馈仪、温度生物反馈仪、心率反馈仪、其他生物反馈仪）、体外反搏及夫辅助循环装置（气囊式体外反搏装置、睡眠呼吸治疗系统、心电电极、心电震导联线、其他体外反搏及其辅助循环装置）、医用记录仪（热笔记录仪、喷笔记录仪、固态记录仪、光记录仪、磁记录仪、X-Y记录仪、固态记录仪、其他医用记录仪器）、其他病人监护设备及器具	监护仪、记录仪、反馈仪
3019	1 09 02 42 11	1090242110000000000	临床检验分析仪器及诊断系统	包括血液分析仪器（血红蛋白测定仪、血小板采集仪、全自动血细胞分析仪、全自动涂片机、流式细胞分析仪、全自动凝血纤溶分析仪、半自动血细胞分析仪、血凝分析仪、自动血库系统、血糖	临床检验分析仪器、临床检验诊断系统

续表

序号	编码篇	类	章	节	条	款	项	目	子目	细目	合并编码	商品和服务名称	说　明	关　键　字
3020	1	09	02	42	12						1090242120000000000	医用电泳仪	包括低压电泳仪、中压电泳仪、高压电泳仪	电泳仪
3021	1	09	02	42	13						1090242130000000000	医用化验和基础设备器具	包括医用培养箱主要由透明塑料制的箱体、电气加温装置、安全报警装置、氧气及空气过滤和调节装置组成（CO₂培养箱、超净恒温培养箱、厌氧培养装置、其他医用培养箱）、病理分析前处理设备、其他临床检验分析仪器设备及诊断系统	医用培养箱、厌氧培养箱、CO₂培养箱、超净恒温培养箱、厌氧培养装置、病理分析前处理设备、医用切片机、整体切片机、自动组织脱水机、染色机、组织包埋机

附录 A 商品和服务税收分类与编码

续表

序号	编码篇	类	章	节	条	款	项	目	子目	细目	合并编码	商品和服务名称	说明	关键字
3022	1	09	02	43							1090243000000000000	口腔科用设备及器具	[切片机（医用）、整体切片机、自动组织脱水机、染色机、包埋机、组织病理分析前处理设备]、血液化验器具（红白血球吸管、定量采血管、真空采血管、微量血液搅拌器、微量血液振荡器、其他血液化验器具）、其他医用化验科基础设备器具	处理机、血液化验器具、红白血球吸管、采血管、微量血液搅拌器、微量血液振荡器
3023	1	09	02	43	01						1090243010000000000	牙钻机	包括电动牙钻机、涡轮牙钻机、其他牙钻机	牙钻机
3024	1	09	02	43	02						1090243020000000000	口腔综合治疗设备	指装有牙科设备的牙科用椅。包括牙科综合治疗机、牙科综合治疗台、其他口腔综合治疗设备	
3025	1	09	02	43	03						1090243030000000000	牙钻机配件	包括牙钻机专用牙钻、牙钻机专用金刚砂片、牙钻机专用刷子、其他牙钻机配件	牙钻机配件
3026	1	09	02	43	04						1090243040000000000	牙科手机	包括牙科直手机、连扣直手机、牙科弯手机、连扣弯手机、低速牙科手机、涡轮手机、电动手机、其他牙科手机	牙科直手机、连扣直手机、牙科弯手机、连扣弯手机、低速牙科手机、涡轮手机、电动手机
3027	1	09	02	43	05						1090243050000000000	洁牙、补牙设备	包括牙根管长度测定仪、牙打磨机、牙抛光机、牙冠固化机（器）、医用洁牙机、根管治疗仪、包埋材料搅拌机、牙髓活力测试仪、其他洁牙、补牙设备	牙根管长度测定仪、牙打磨机、牙抛光机、牙冠固化机、光固化机、医用洁牙机、牙髓活力测试仪、根管治疗仪、包埋材料搅拌机
3028	1	09	02	43	06						1090243060000000000	口腔综合治疗设备配件	包括三用喷枪、强力吸引器、吸唾器、牙模测试仪、银汞调和器、电动抽吸系统、其他口腔综合治疗设备配件	三用喷枪、强力吸引器、吸唾器、电动抽吸系统、牙模测试仪、银汞调和器
3029	1	09	02	43	07						1090243070000000000	口腔科手术器械	包括口腔科用刀、蜡型雕刻刀、石膏雕刻刀、黏固粉调刀、调刀等、牙和刀、牙骨凿、口腔科用剪（阻生牙骨凿、金冠剪等）、口腔科用钳（牙槽咬骨钳、阻生牙钳、牙龈剪、牙根剪、金冠剪等）	口腔科用刀、黏固粉调刀、蜡型雕刻刀、石膏切刀、水门调刀、口腔科用剪、口腔科用钳、牙骨凿、牙龈刀、口腔科用剪、牙龈剪、金冠剪

续表

序号	编码篇	类	章	节	条	款	项	子目	细目	合并编码	商品和服务名称	说明	关键字
3030	1	09	02	43	08					1090243080000000000	口腔治疗用器械	拔牙钳、切断牙钳、舌钳、根钳、扩大钳等。口腔科用牙挺（牙根尖挺、丁字形牙挺、棉花镊、夹[牙用镊、长镊]、切除颌骨用器械（切除颌骨膜分离器、牙龈分离器、骨刮、骨用锉、牙骨剪及类似器械）。包括治疗牙神经用器械包括牙探针、脓肿探针、牙同袋探针（刻度牙探针）、神经钩、神经针、牙挖髓针及其他牙挖出器、揉髓针及其他挖出器、牙垢的牙刮器、牙垢治疗用枪头包括枪头水枪头、热气枪头。口腔镜，口腔治疗通用器械包括汞合金输送器、汞合金充填器、牙研光器、根管充填器、黏固粉充填器、银汞合金充填器、去冠器、咬合器、弓形成型器、牙弓形充填器、其他口腔治疗用器械包括挖髓针柄、牙挖髓针柄、吹火管、磨牙带环就位器、牙带环成型器、印模托盘。口腔治疗用煮牙盆。口腔治疗用带环推子、结扎杆、带环推子	拔牙钳、切断牙钳、舌钳、根钳、扩大钳、切开牙挺、牙槽咬骨钳、拔牙钳、切口腔科用牙挺、牙根尖挺、丁字形牙挺、口腔科用牙用镊、夹牙用镊、夹牙根镊、棉花镊、成形片夹、残根镊、牙骨锤、切除颌骨用器械、牙龈分离器、牙龈分离器、骨刮离器、骨刮、牙骨剪、治疗牙神经用器械、牙探针、脓肿探针、牙同袋探针、刻度牙探针、牙神经钩、牙挖髓针、神经探寻器、牙刮匙、牙髓质菌、口腔镜、口腔治疗用枪头、口腔治疗通用器械、牙根管、汞合金输送器、牙研光器、牙根管充填器、牙黏固粉充填器、牙银汞合金充填器、牙去冠器、牙咬合器、牙弓形器、牙挖髓针柄、磨牙带环就位器、口腔治疗用吹火管、牙带环成型器、口腔治疗用印模托盘、口腔煮牙盒、口腔治疗用带环结扎杆
3031	1	09	02	44						1090244000000000000	医用消毒灭菌设备	包括实验室及医用消毒、灭菌设备和器具	
3032	1	09	02	44	01					1090244010000000000	热力消毒设备及器具	指普通消毒设备及器具，包括压力蒸汽灭菌设备（立式、卧式矩形、卧式圆形压力蒸汽灭菌器）、干热消毒灭菌设备、煮沸消毒设备（电热煮沸消毒器、自动控制电热煮沸消毒器）、其他热力消毒设备及	压力蒸汽灭菌设备、干热消毒灭菌设备、煮沸消毒设备

附录 A 商品和服务税收分类与编码

续表

序号	篇	类	章	节	条	款	项	目	子目	细目	合并编码	商品和服务名称	说明	关键字
3033	1	09	02	44	02						1090244020000000000	气体消毒灭菌设备	包括环氧乙烷灭菌器、轻便型自动气体灭菌器、其他气体消毒灭菌设备	环氧乙烷灭菌器、轻便型自动气体灭菌器
3034	1	09	02	44	03						1090244030000000000	特种消毒灭菌设备	包括辐射消毒灭菌设备（医用伽马射线灭菌装置、紫外线消毒器、红外线灭菌器等）、超声波消毒设备、微波消毒设备、真空蒸汽灭菌器（预真空蒸灭菌器）、脉动真空压力蒸汽灭菌器、高压电离灭菌设备（手术室用高压电离灭菌设备、病房用高压电离灭菌设备）、医用内窥镜清洗机、其他特种消毒灭菌设备	辐射消毒灭菌设备、超声波消毒设备、微波消毒设备、真空蒸气灭菌器、高压电离灭菌设备、医用内窥镜清洗机
3035	1	09	02	44	04						1090244040000000000	医用消毒灭菌器具用品	指医疗器械配套消毒灭菌器具，包括灭菌指示条、其他医用消毒灭菌器具	医用消毒灭菌器具、灭菌指示条
3036	1	09	02	45							1090245000000000000	医疗、外科及兽医用器械		
3037	1	09	02	45	01						1090245010000000000	诊断专用器械	包括体温计、听诊器、测量仪器及器具、测频器、骨盆测量器、诊察治疗设备、检镜及反光镜及反光镜专用器械	体温计、无电能体温计、电能体温计、听诊器、叩诊锤、血压测量仪器、血压测量器具、电子血压计、表面张力计、示波计、测频器、骨盆测量器、综合肺功能测定、呼吸功能测试仪、肺通气功能测试仪、肺气体分布功能测试仪、呼吸肺量计、肺活量计、脑电图仪、脉象仪、脑脊液贮存器、诊察治疗设备、耳鼻喉科检查、耳鼻喉科反光器具、电额灯、反光喉镜
3038	1	09	02	45	02						1090245020000000000	内窥镜	包括诊断用内窥镜（观察用硬管内窥镜-膀胱镜、诊断用纤维内窥镜、支气管镜包括支气管电子内窥镜	内窥镜

续表

序号	编码 篇	类	章	节	条	款	项	目	子目	细目	合并编码	商品和服务名称	说明	关键字
3039	1	09	02	45	03						109024503000000000	注射穿刺器械	包括注射器不论是否装有针头包括普通注射器、穿刺注射器、麻醉注射器、冲洗注射器、仿口清洗注射器、吸引器（带或不带喇叭筒）、耳或喉用注射器、子宫及其他妇科注射器（玻璃注射器）、一次性其他注射器、管状金属针头（静脉采血用扎针、接种针、验血针、皮下注射针等、一次性静脉输液针、一次性注射针、留置针、医用缝合针、一次性注射针、留置针、医用缝合针、用光纤针、医用套针包括导管、胆囊套针、普通套针等、套管、插管、吸管及类似品、其他注射穿刺器械	注射器、吸引器、管状金属针头、结扎针、接种针、一次性静脉输液针、采血针、用光纤针、一次性注射针、留置针、医用缝合针、穿刺用套针、胆囊套针、普通套针等、套管、插管、导管、吸管
3040	1	09	02	45	04						109024504000000000	眼科专用仪器及器具	包括视轴矫正或验光检查用设备。弱视镜、眼膜曲率视网膜镜、斜视镜、角膜散光计、眼膜曲率视网膜镜、验光镜箱眼	弱视镜、眼膜曲率视网膜镜、斜视镜、角膜散光计、眼膜镜、验光镜箱眼

续表

序号	编码 篇	类	章	节	条	款	项	子目	细目	合并编码	商品和服务名称	说明	关键字
3041	1	09	02	45	05					1090245050000000000	兽医专用仪器及机械	包括阉割、性畜生产专用仪器及器械（去势器、阉割钩、割虎钩子、阉割钳及镊子、性畜生产专用索带、卵巢切除器械、其他性畜生产用仪器及器械含产科用索带、头围等）、性畜性乳热治疗器械（乳头扩张器、母牛生乳热治疗助产器、其他性畜乳房疾病治疗仪器）、其他兽医专用器械（人工授精器、剪尾器、截角器、消化、泌尿、生殖等器官疾病治疗喷雾器、专用控制动物呼吸、脚枷等、药物控制特殊注射器、药物疾病治疗喷雾器、其他兽医专用器械即在手术时防止挣扎用的开口器、专用器械、疫苗等）、远距离注射器、投药器械、检查鸡雏雌雄用内窥镜、其他未列明兽医用的钩子专用器械含专门的灌药用的钩子、治疗兽蹄裂病的钩子（用于闭合蹄裂））	阉割去势器、阉割夹钳转、阉割虎钳、阉割夹钳镊子、产科专用钳子、产科专用钳子、除器械、产科专用机械助产器、性畜生产乳房疾病治疗仪器、乳头扩张器、乳头穿刺器、母牛生产释热治疗器械、母牛生乳热治疗器械、人工授精器、剪尾器、截角器、器官疾病治疗喷雾器、专用控制器械、药物特殊注射器、远距离注射器、投药器械、检查鸡雏雌雄用内窥镜
3042	1	09	02	45	06					1090245060000000000	外科手术器械	包括显微外科手术器械、显微外科用剪、显微外科用针、显微外科用钳、显微外科用镊、显微外科缝合器、其他显微外科手术器械、通用外科用刀、通用外科用剪、通用外科用针、通用外科用钳、通用外科用镊、通用外科用夹、通用外科手术器械、通用外科用钩、通用外科用开口器、基础外科手术器械、神经外科脑内用钩、神经外科脑内用镊、神经外科用刀、皮肤刮匙、其他基础外科手术器械、神经外科脑内用钩、神经外科脑内用镊、神经外科用手	显微外科手术器械、显微外科用刀、显微外科用剪、显微外科用镊、显微外科用钳、显微外科用针、显微外科缝合器、基础外科手术器械、通用外科用刀、通用外科用剪、通用外科用镊、通用外科用钳、通用外科用针、通用外科用夹、通用外科用钩、通用外科用开口器、通用外科用皮肤刮匙、神经外科脑

续表

序号	编码						合并编码	商品和服务名称	说　明	关　键　字
	篇	类	章	节	条	款	项	目	子目	细目				

说明：内用刮匙、后颅凹牵开器、脑膜剥离器、脑活检抽吸器、神经外科手术器械、眼科手术用刀刃剪、神经外科脑内用针、眼科手术用镊、眼科手术用针、其他神经外科脑内用刮匙、后钩、角膜环钻、眼用板铲、玻璃体切割器、其他眼颅凹牵开器、脑打针锤、手摇颅骨钻、眼科手术器械、耳鼻喉科手术器械、眼科手术用刀、科手术器械、耳鼻喉科用凿、耳鼻喉科用钩、耳鼻喉科用夹、眼科手术用锯、眼科手术用钩、角耳鼻喉科用镊、夹、耳鼻喉科用剪、扁桃体切割刀、耳耳鼻喉科用针、耳鼻喉科用锉、耳鼻鼻喉科用钳、其他耳鼻喉科手术器械、胸腔心血管外科用刀、乳窦吸引管、胸腔心血管外科用引管、乳突吸引器、胸腔心血管外科用钻、胸腔心血管外科剪、胸腔心血管外科用夹、胸腔心血管外科用针、胸腔心血管外科用钩、胸腔心血管外科用镊、血管阻断钳、胸腔心血管止血钳、胸腔心血管外科用扩张器、其他胸腔心血管外科器械、血管外科器具、胸腔心血管外科用钳、钩、胸腔心血管外科吸引器、血管外科手术器械、胸腔心血管外科用针、胸腔心血管外科用钻、胸腔心血管外科用镊、胸腔心血管外科用剥离器具、腹部外科手术器械、腹壁固定型器、荷包成型器、其他腹部外科手术器械、腹部外科用钳、腹部外科用钻、腹部外科器械、胆石匙、其他腹部外科手术器械、泌尿肛肠外科手术器械、肛门扩张器、泌尿肛肠外科用针、单（双）腔固定型器、胸腔心血管外科用剥离器具、肛肠科用钩、泌尿肛肠科用镊、泌尿肛肠科用剪、泌尿肛肠科用钳、泌尿肛肠科用钻、泌尿肛肠外科手术器械、镜、其他泌尿肛肠外科手术器械、尿道扩张器、肛门扩张器、胸腔心血管外科用钻、胸腔心血管外科用针、械、妇产科用钳、妇产科用剪、妇产科用镊、妇产科用钩、妇产通液科用匙、妇产科器械、腹部外科用剪、腹壁固定型器、科用针、妇产科用钩、妇产通气管、骨盆测量计、子宫刮匙、宫腔外科用钩、荷包成型器、腹壁外科手术器械、器（输卵管通气管）、其他妇产科手术器械、骨开管器、胆石匙、泌尿妇产肛肠外科用针、内节育器、其他妇产科用手术器械、矫形外科（骨开管器、胆石匙、泌尿妇产肛肠外科手术器械、

续表

序号	编码 篇	类	章	节	条	款	项	目	子目	细目	合并编码	商品和服务名称	说明	关键字
3043	1	09	02	45	07						1090245070000000000	手术室、诊疗室、急救室、设备及器具	包括输血设备、单采血浆机、人体血液处理机、腹水浓缩机、血液成分输血装置、血液成分分离装置、血液过滤装置、血液净化管路、人工心肺机血路、自体血回输装置、吸附器、血液解毒器（管道）、其他输血设备、血液净化体外循环血路、立式麻醉机、综合麻醉机、小儿麻醉机、麻醉设备及附件、麻醉开口器、麻醉咽喉镜、麻醉面罩	输血设备、单采血浆机、人体血液处理机、腹水浓缩机、血液成分输血装置、血液成分分离装置、血液过滤装置、血液净化管路、人工心肺机血路、自体血回输装置、吸附器、血液解毒器、血液灌流注射器、血液净化体外循环血管道、血液净化体外循环血路、麻醉设备、航立体定向仪

（泌尿肛肠科）手术器械、矫形外科（骨科）手术器械、矫形外科（骨科）用刀、矫形外科（骨科）用锥、矫形外科（骨科）用钻、矫形外科（骨科）用剪、矫形外科（骨科）用钳、矫形外科（骨科）用锯、矫形外科（骨科）用凿、矫形外科（骨科）用锉、矫形外科（骨科）用钩、矫形外科（骨科）用针、矫形外科（骨科）用刮器、矫形外科（骨科）用固定器、矫形外科（骨科）用有源器械、其他矫形外科（骨科）手术器械、烧伤（整形）手术器械、烧伤（整形）用刀、烧伤（整形）用针、烧伤（整形）用镊、夹、烧伤（整形）科用设备、烧伤（整形）科用器具、其他烧伤（整形）科用器械、手术机器人、手术导航定向仪、脑立体定向仪、其他外科手术器械

泌尿肛肠科用剪、泌尿肛肠科用钳、泌尿肛肠科用针、尿道扩张器、肛门镜、妇产科用手术器械、妇产科用镊、妇产科用剪、妇产科用钳、妇产科用钩、妇产科用针、妇科用牵开器、输卵管通液器、输卵管通气管、骨盆测量计、子宫刮匙、宫内节育器、骨外矫形手术器械、骨外矫形手术用刀、骨外矫形手术用锥、骨外矫形手术用钻、骨外矫形手术用剪、骨外矫形手术用钳、骨外矫形手术用锯、骨外矫形手术用凿、骨外矫形手术用锉、骨外矫形手术用钩、骨外矫形手术用针、骨外矫形手术用刮器、骨外矫形手术固定用器械、骨外矫形手术用有源器械、烧伤整形手术器械、烧伤整形用刀、烧伤整形用剪、烧伤整形用钳、烧伤整形用针、烧伤整形用镊、烧伤整形用夹、烧伤整形科用设备、烧伤整形科用器具、手术机器人、手术导航系统、脑立体定向仪

续表

序号	编码 篇	类	章	节	条	款	项	目	子目	细目	合并编码	商品和服务名称	说　明	关　键　字
3044	1	09	02	45	08						1090245080000000000	中医治疗器具	包括中医用针、中医用钩、又[含针灸针(毫针)、皮肤针(七星针)、梅花针]、三棱针、拔火罐类器械含负压罐、中医胃肠伤器具、其他中医治疗器具(含小针刀、刮痧板)	中医用针、中医用钩、中医用叉、医用灸类器械、拔火罐类器械、中医胃伤器具
3045	1	09	02	45	99						1090245990000000000	其他医疗、外科及兽医用器械		
3046	1	09	02	46							1090246000000000000	机械治疗及病房护理设备		
3047	1	09	02	46	01						1090246010000000000	机械治疗器具	包括电动按摩器具、震颤按摩床、按摩棒垫、其他电动按摩器具、手握式按摩器、橡胶滚筒式按摩器、其他手动式按摩器、机械手动按摩器具、手指功能恢复器具、肢体合训练器、活动躯干器具、练习行走器具、下肢康复运动器、其他机械治疗器具、氧气治疗器、空气加压氧舱、臭氧治疗器、人工加压氧舱、喷雾治疗器、人工呼吸器	按摩安眠器、超声波安眠器、上肢综合训练器、手指功能恢复器具、活动躯干器具、练习行走器具、下肢康复运动器、机动式多功能器具、氧气治疗器、空气加压氧舱、机动式多功能氧气加压氧舱、臭氧治疗器、喷验装置、人工呼吸器、心理功能测验装置、测验体灵巧程度装置、智商测试能力装置、胸背部矫正装

续表

序号	编码篇	类	章	节	条	款	项	目	子目	细目	合并编码	商品和服务名称	说明	关键字
3048	1	09	02	46	02								心理功能测验装置、测验下意识反应能力装置、测验体质巧能度装置、旋转椅、智商测试装置、其他心理功能测验装置、牵引装置、胸背部矫正装置、防治打鼾器械、仿真性辅助器具、其他机械治疗器具。不包括家用按摩器具（详见1090419）	心理功能测验装置、防治打鼾器械、仿真性辅助器具
3049	1	09	02	46	02						1090246020000000000	电疗仪器	包括音频电疗机、差频电疗机、电化学癌症治疗机、离子导入治疗仪、高压电位治疗仪、低频脉冲治疗仪、场效应治疗设备、电击治疗仪（热垫式治疗仪）、电击治疗设备、其他电疗仪器	电疗机、体内低频脉冲治疗机、电化学癌症治疗机、离子导入治疗仪、高压电位治疗仪、低频脉冲治疗机、场效应治疗设备、热垫式治疗仪、电击治疗设备
3050	1	09	02	46	03						1090246030000000000	光谱辐射治疗仪器	包括常规光源医疗机、光量子血液治疗仪、其他光谱辐射治疗仪器	常规光源医疗机、光量子血液治疗仪、光谱辐射治疗仪
3051	1	09	02	46	04						1090246040000000000	透热疗法设备	用于医治某些可采用热作用治疗的疾病（例如，风湿病、神经痛、牙周痛），采用高频电流（短波、超声波、超短波等）和使用各种形状（例如，片状、环状、管状）的电极进行工作	透热疗法设备
3052	1	09	02	46	05						1090246050000000000	磁疗设备	包括磁疗机、磁感应电疗机、低频电磁波综合治疗机、特定电磁波治疗机	磁疗机、磁感应电疗机、低频电磁综合治疗机、特定电磁波治疗设备
3053	1	09	02	46	06						1090246060000000000	离子电渗治疗设备	离子电渗治疗设备、通过电流将活性药物（水杨酸钠、水杨酸锂、碘化钾、组胺等）透过皮肤导入病灶	离子电渗治疗设备
3054	1	09	02	46	07						1090246070000000000	眼科康复治疗仪器	包括视力训练仪、弱视治疗仪、其他眼科康复治疗仪器	视力训练仪、弱视治疗仪
3055	1	09	02	46	08						1090246080000000000	水疗仪器		水疗仪器
3055	1	09	02	46	09						1090246090000000000	低温治疗仪器	即冷疗仪器包括液氮冷疗机、宫腔冷冻治疗机、压缩式冷冻降温仪、肝脏冷冻治疗仪、体内肿瘤低温治疗仪、低温变速降温仪、肝脏冷冻治疗仪、直冷冻治疗仪、体内肿瘤低温治疗仪	液氮冷疗机、宫腔冷冻治疗机、低温变速降温仪、压缩式冷冻治疗仪、体内肿瘤低温治疗仪、肝

续表

序号	篇	类	章	节	条	款	项	子目	细目	合并编码	商品和服务名称	说明	关键字
3056	1	09	02	46	10					1090246100000000000	医用刺激器	包括带刺激器心脏工作站、声刺激器、光刺激器、电刺激器、磁刺激器、其他医用刺激器	脏冷冻治疗仪、直肠癌低温治疗仪
3057	1	09	02	46	11					1090246110000000000	体外循环设备	包括肾脏透析设备（人工肾）、血液透析机、血液透析装置、血液透析滤过装置、多层透析血路、中空纤维透析器、多层平板型透析器及辅助装置、人工心肺设备（人工肺）、人工心肺机、气泡去除器、微栓过滤器、氧合器、其他氧合器、膜式氧合器、其他体外循环设备	肾脏透析设备、血液透析机、血液透析装置、血液透析滤过装置、多层透析血路、中空纤维透析器、人工心肺设备、人工心肺机、气泡去除器、微栓过滤器、鼓泡式氧合器、膜式氧合器
3058	1	09	02	46	12					1090246120000000000	婴儿保育设备	主要由透明塑料制的箱体、电气加温装置、报警装置、氧气及空气过滤和调节装置组成。包括早产儿培养箱、辐射式新生儿抢救台、新生儿运输培养箱、其他婴儿保育设备	早产儿培养箱、辐射式新生儿抢救台、新生儿运输培养箱
3059	1	09	02	46	13					1090246130000000000	医院制气供气设备及装置	包括医用制氧机、氧浓度监察仪、氧气减压装置、手提氧气发生器、制氧袋、吸氧装置、排氧装置、其他医院制气供气设备及装置	医用制氧机、氧浓度监察仪、氧气减压装置、手提氧气发生器、制氧袋、吸氧装置、排氧装置
3060	1	09	02	46	14					1090246140000000000	呼吸器具	自备式呼吸器具指通过自带氧气瓶或压缩空气瓶供气、带呼吸装置辐射防护服包括带呼吸器与气密潜水服配套的潜水头盔、防污染保护服、其他呼吸器具、输氧面罩、氧气袋、鼻氧管	
3061	1	09	02	46	15					1090246150000000000	防毒面具		防毒面具
3062	1	09	02	46	16					1090246160000000000	医用低温设备	包括冷冻干燥血浆机、真空冷冻干燥、冷藏箱、低温生物降温、脏器冷藏装置冷藏箱。其他医用低温设备。不包括血液、尸体冷冻冷藏箱（详见109013102）	冷冻干燥血浆机、真空冷冻干燥箱、低温生物降温仪
3063	1	09	02	47						1090247000000000000	假肢、人工		假肢、矫型器

附录A 商品和服务税收分类与编码 689

续表

序号	编码								合并编码	商品和服务名称	说明	关键字
	篇	类	章	节	条	款	项	子目	细目				
											器官及植(介)入器械		
3064	1	09	02	47	01					1090247010000000000	矫形器具	用于预防或矫治躯体畸变、或病后手术后的器官支撑、固定。包括植入式人工器具、人造关节、人工椎体、人造乳房、人工颅骨、人工肛门封闭器、其他植入式人工器具、矫形或骨折用器具、颌骨治疗器具、肱骨夹、疝气治疗器具、特种治疗器具、颌部矫形器具、脚部矫形器具、矫形鞋、矫形鞋垫、牙箍、圈环、其他矫形或骨折用器具、其他矫形器具	植入式人工器具、人造关节、人工椎体、人造乳房、人工颅骨、人工颌骨、人工肛门封闭器、矫形用器具、骨折用器具、矫治器具、颌骨治疗器具、肱骨夹、扩带治疗器具、牙圈环、脚部矫形器具、矫形鞋、特种鞋垫、牙箍
3065	1	09	02	47	02					1090247020000000000	穿戴或植入式人造人体器官	包括假牙[包括用瓷未或塑料(特别是丙烯酸酯聚合物)制成的实心假牙、空心假牙]、假牙固定件[包括牙托子(全口或部分)、用于保护牙的预制金属牙冠等其他物品]、义眼[眼内填充物(玻璃体等)]、人造假肢、其他穿戴或植入式人造人体器官(包括人工角、人造眼内椎晶状体等)	假牙、假牙固定件、义眼、人造假肢
3066	1	09	02	47	03					1090247030000000000	助听器	包括外带式助听器、植入式助听器	助听器
3067	1	09	02	47	04					1090247040000000000	心脏起搏器	包括植入式心脏起搏器、体外心脏起搏器、心脏除颤器、心脏调搏器、主动脉内囊反搏器、心脏除颤起搏器、其他心脏起搏器	起搏器
3068	1	09	02	47	05					1090247050000000000	植入人体体支夹(器)	包括血管吻合夹(器)、血管内支架、食管支架、动脉瘤支架、其他植入人体支架	血管吻合器、血管吻合夹、血管内支架、食管支架、动脉瘤支架
3069	1	09	02	47	06					1090247060000000000	有创医用传感器(植入体内)		
3070	1	09	02	47	99					1090247990000000000	其他假肢、人工器官及植入器具	指其他穿戴或植入人人体器具,包括助声器(人工喉)、导盲器等	

续表

序号	编码 篇	类	章	节	款	项	目	子目	细目	合并编码	商品和服务名称	说明	关键字
											(介)人器械		
											医疗、外科、牙科或兽医用家具		
3071	1	09	02	48						10902480000000000000			
3072	1	09	02	48	01					10902480100000000000	手术台床	包括电动、液压手术台床指通用或专用外科手术台可以通过调校、倾斜、旋转或升高以使病人按各种不同手术的要求而处于适当的位置的手术台。电动综合手术台、综合产床、骨科手术床、烫伤翻转床、特种矫形手术台供复杂手术（如臀部、肩部、脊柱电动、其他电动、液压手术台床包括综合手术床、综合产床、轻便产床、坐式产床、骨科手术床、解剖台、膀胱镜检查或牙科指装有表上牙科器械的中心支整形床、解剖台、普通床、倾斜、牙科麻醉椅床、骨科用椅（包括麻醉椅床）、但它们均带装有装置、电动牙科用椅、机械装置、其他牙科椅	电动手术台床、液压手术台床、综合产床、骨科手术床、特种矫形手术台、手动手术床、牙科椅
3073	1	09	02	48	02					10902480200000000000	病床及相关医用家具	包括病床（带机械装置病床包括附加设施、电动间隙牵引床、普通病床、防褥疮床垫包括电动防褥疮床垫、充气式防褥疮坐垫、其他病床）、医用推车（包括手推式器械消毒车、担架、消毒及类似用途家具、特制消毒脸盆、自动开启的消毒敷料箱）、装有脚轮架床指运送病人的装有脚轮的架床。其他病用家具（包括装有脚轮的台、床及类似家具）	带机械装置病床、电动间隙牵引床、普通病床、防褥疮床垫、医用特制坐垫、担架、消毒用途家具、装有脚轮床
3074	1	09	02	48	03					10902480300000000000	医用家具零件	包括牙科椅零件（牙科椅专用头靠、靠背、搁脚板、扶手、肘靠等）、其他医用家具零件（安装在	医用家具零件

附录 A 商品和服务税收分类与编码

续表

序号	篇	类	章	节	条	款	项目	子目	细目	合并编码	商品和服务名称	说明	关键字
3075	1	09	02	49						1090249000000000000	环境污染防治专用设备	手术台上专门用于防止病人身体挪动的物品，例如，小腿或大腿的扣夹、腿垫、肩、臂或胸部的支架及类似品，固定头部的头箍	
3076	1	09	02	49	01					1090249010000000000	大气污染防治设备	包括除尘设备（不包括家用除尘器（详见109041805）），静电除尘器、高效静电除尘器、离子除尘枪、离子吹尘枪、静电消除器、板极式静电除尘器、管极式静电除尘器、袋式除尘器（机械振动式袋式除尘器、分室反吹袋式除尘器、脉冲喷吹式袋式除尘器、回转反吹袋式除尘器）、旋风式除尘器、湿式除尘器（湿式烟气脱硫除尘装置、湿式静电除尘器、花岗石类湿式除尘器、颗粒层除尘器、组合式电除尘器、其他除尘设备指其他非家用除尘设备、压缩空气除尘器、空气净化装置、氧化还原净化装置、生物法净化装置、冷凝净化装置、辐照净化装置、其他空气净化装置、除尘器配件、袋式除尘器配件（清灰装置、滤袋框架、电磁脉冲阀、脉冲喷吹控制仪等）、电除尘器配件（高压电源、低压电源、输灰系统等）、吸附装置、吸收装置、其他除尘器配件	除尘器、净化装置、吸附装置、吸收装置
3077	1	09	02	49	02					1090249020000000000	水质污染防治设备	包括沉淀、过滤装置、平流沉砂装置、辐流沉砂装置、旋流沉砂装置、曝气沉砂装置、管式沉淀装置、其他沉砂装置、过滤装置、平流沉淀装置、辐流沉淀装置、搅拌沉淀装置、池类设备、澄清池、上浮池、隔油池、粗滤池、搅拌池、调节池、生物处理设备、生物滤池、生物转盘、生物活性炭床、生物流化床、生物处理化、化学法处理设备、氧化还原装置、湿式	沉淀过滤装置、沉砂装置、沉淀装置、过滤装置、池类设备、调节池、澄清池、上浮池、隔油池、粗滤池、搅拌池、生物处理设备、生物滤塔、生物转盘、生物活性炭床、生物化、氧化还原装置、湿式

续表

序号	篇	类	章	节	条	款	项	目	子目	细目	合并编码	商品和服务名称	说明	关键字
3078	1	09	02	49	03						1090249030000000000	固体废弃物处理设备	生物转盘、其他生物处理设备、化学法处理设备、催化氧化装置、兼氧活性污泥反应器、氧化还原装置、湿式催化氧化装置、水解酸化生性污泥反应器、其他化学法处理设备、兼氧类设备、水解酸化床、厌氧流化床、厌氧膨胀床、酸化厌氧反应器、厌氧污泥床、厌氧流化床、折流板厌氧反应器、厌氧膨胀床、其他厌氧装置、物理法处理装置、膜分离装置、絮凝装置、气浮分离装置、苯取分离装置、混凝装置、离子交换装置、中和装置、框式双桨搅拌机、旋桨式搅拌机、带罐架式搅拌机、螺旋桨式搅拌机、其他搅拌机、污泥处理设备、污泥浓缩装置、污泥脱水装置、污泥干燥装置、污泥消化装置、污泥焚烧装置、其他污泥处理设备及装置、组合式污水处理装置、一体化污水处理装置、水质污染防治用格栅、其他水质污染防治设备包括废弃物专用处理机械、废弃物压缩装置、废弃物剪切式破碎机、废弃物湿式破碎机、废弃物筛分机、气流分选机、水磁分选机、辊筒式静电分选机、光电分选机、其他废弃物专用处理机械、垃圾焚烧炉、平推式炉排炉、斜推式炉排炉、逆推式炉排炉、辊筒式炉排炉、流化床焚烧炉、回转窑室焚烧炉、其他垃圾焚烧炉、无害化处理装置、堆肥翻堆机、堆肥发酵装置、水泥无害化处理设备、塑料固化装置、熔融固化装置、其他无害化处理设备、资源再利用设备、填埋气体回收利用设备、废物转化回收装置、废液处理再利用设备、酸、碱回收装置、废物回收装置、其他资源再利用设备	催化氧化装置、兼氧活性污泥反应器、氧化还原装置、湿式催化氧化装置、水解酸化性污泥反应器、厌氧类设备、水解酸化床、厌氧流化床、厌氧膨胀床、酸化厌氧反应器、厌氧污泥床、厌氧流化床、折流板厌氧反应器、厌氧生物膜反应器、厌氧膨胀床、混凝装置、絮凝装置、气浮分离装置、苯取分离装置、膜分离装置、离子交换装置、中和装置、带罐架式搅拌机、框式双桨搅拌机、旋桨式搅拌机、污泥处理装置、污泥浓缩装置、污泥脱水装置、污泥干燥装置、污泥消化装置、污泥焚烧装置、一体化污水处理装置、组合式污水处理装置、水质污染防治用格栅、废弃物专用处理机械、废弃物压缩装置、废弃物剪切式破碎机、废弃物湿式破碎机、气流分选机、破碎机、废弃物筛分机、水磁分选机、辊筒式静电分选机、光电分选机、垃圾焚烧炉、平推式炉排炉、斜推式炉排炉、逆推式炉排炉、辊筒容室焚烧炉、流化床焚烧炉、回转窑室焚烧炉、无害化处理装置、堆肥翻堆机、堆肥发酵装置、水泥固化装置、塑料固化装置、熔融固化装置、资源再利用设备、填埋气体回收利用设备、废物转化回收装置、废液处理再利用设备、酸、碱回收装置、废物回收装置、汞回收装置、酸碱回收装置

续表

序号	编码篇	类	章	节	条	款	项	目	子目	细目	合并编码	商品和服务名称	说明	关键字
3079	1	09	02	49	04						109024904000000000	噪声与振动控制设备	包括消声器（噪声控制设备）、阻性消声器、抗性消声器、阻抗复合消声器、微穿孔板消声器、高压气体排放消声器、有源（主动）消声器、特殊消声器、消声装置配件、其他消声器、噪声与振动控制材料及元件、薄板共振吸声结构、穿孔板共振吸声结构、空间吸声体、装饰性吸声体、隔声罩、隔声屏障、隔振器、隔振元件、其他噪声与振动控制材料及元件	噪声与振动控制材料、消声器、消声器、噪声与振动控制元件、薄板共振吸声结构、空间吸声体、隔声屏障、装饰共振吸声结构、穿孔板共振吸声体、隔声罩、隔振器、隔振元件
3080	1	09	02	49	05						109024905000000000	放射性污染防治和处理设备	包括放射性污染防治设备、放射性废物压实机、其他放射性废物处理设备、放射性废物处理设备、放射性废物焚烧炉、放射性废物焚烧炉、可裂变材料回收处理专用炉、分离已辐照核燃料专用炉、其他放射性材料处理设备、电磁波污染防治和处理设备、射频污染防治和处理设备	放射性污染防治设备、放射性废物压实机、放射性燃料用分离器、放射性材料处理用分离器、放射性废物焚烧炉、放射性材料处理专用炉、可裂变材料回收处理专用炉、分离已辐照核燃料处理设备、其他放射性污染防治设备、电磁波污染防治设备
3081	1	09	02	50							109025000000000000	地质勘查专用设备		
3082	1	09	02	50	01						109025001000000000	地质钻探设备	包括工程勘察钻机（直径>3m）、地质岩心钻机、物探钻机、坑探钻机、反井钻机、水文水井钻机、其他地质钻探机	钻探机
3083	1	09	02	50	02						109025002000000000	实验室选矿制样设备	包括微机激电仪、高密度电测仪、质子核旋磁力仪、其他实验室选矿制样设备	微机激电仪、高密度电测仪、质子核旋磁力仪
3084	1	09	02	50	03						109025003000000000	专用勘探设备	包括重力法勘探设备、电法勘探设备、磁法勘探设备	勘探设备
3085	1	09	02	50	99						109025099000000000	其他地质勘查专用设备		
3086	1	09	02	51							109025100000000000	邮政专用机	指邮政内部处理及转运设备	

续表

序号	编码 篇	类	章	节	条	款	项	目	子目	细目	合并编码	商品和服务名称	说　明	关键字
3087	1	09	02	51	01						10902510100000000	邮资机	包括大型邮资机、大型喷印式邮资机、大型机械戳印式邮资机、动态称重邮资机、中型邮资机、中型喷印机邮资机、中型热转印式邮资机、小型邮资机、小型机械戳印式邮资机、邮资盖戳机	邮资机、盖戳机
3088	1	09	02	51	02						10902510200000000	邮政分拣设备	包括信函分拣及封装设备、包裹分拣设备、印刷品分拣机	
3089	1	09	02	51	03						10902510300000000	信件处理机械	包括信件折迭机、信件开封机、黏贴或盖销邮票机、推挂机、信盒输送系统、其他信件处理机械	信件折迭机、信件开封机、黏贴邮票机、盖销邮票机、推挂机、信盒输送系统
3090	1	09	02	51	04						10902510400000000	邮政计费、缴费设备	包括邮政局自助缴费机、电话计费器、其他邮政缴费设备	邮局自助缴费机、电话计费器
3091	1	09	02	51	05						10902510500000000	邮政专用器材	包括交接箱、金属制信报箱、邮箱、邮政集装箱	交接箱、金属制信报箱、邮箱、邮政集装箱
3092	1	09	02	52							10902520000000000	商业、饮食、服务专用设备	不包括商用制冷设备（详见109013102）	
3093	1	09	02	52	01						10902520100000000	自动售货机、售票机	包括饮料自动销售机、加热饮料自动销售机、冷饮料自动销售机、自动售票机、火车票自动售票机、邮票自动售票机、钱币自动兑换机、其他自动售货机、售票机	自动销售机、自动售货机、自动售票机、钱币自动兑换机
3094	1	09	02	52	02						10902520200000000	餐饮服务用机械	指非家用餐饮机械。包括加热或煮菜设备、抽油烟机、洗碗机	加热设备、烹煮设备、抽油烟机、洗碗机
3095	1	09	02	52	03						10902520300000000	理发用椅	指有旋转、倾斜或升降装置的理发用椅及类似椅，包括理发用椅零件	理发用椅

续表

序号	编码 篇	类	章	节	条	款	项	目	子目	细目	合并编码	商品和服务名称	说明	关键字
3096	1	09	02	52	04						10902520400000000000	自动擦鞋器		自动擦鞋器
3097	1	09	02	52	05						10902520500000000000	洗衣店用洗衣机械	指设计为供洗衣店、宾馆、汽车旅馆、医院等单位使用的（干衣量超过10kg）洗衣机、干衣机等。包括洗衣机、洗涤干燥两用机、干洗机、干燥机（洗衣用）、离心干衣机、烫平机、其他洗衣店用洗衣机械	洗衣机、洗涤干燥两用机、干洗机、洗衣用干燥机、离心干衣机、烫平机
3098	1	09	02	52	06						10902520600000000000	焚尸炉	指火葬场用的焚尸炉。包括焚尸电炉、非电热焚尸炉	焚尸电炉、非电热焚尸炉
3099	1	09	02	52	99						10902529900000000000	其他商业、饮食、服务专用设备	包括自动售货机零件、钱币兑换机零件、洗碗机零件、洗衣机零件、干衣机零件	
3100	1	09	02	53							10902530000000000000	社会公共安全设备及器材		
3101	1	09	02	53	01						10902530100000000000	消防自动系统	包括自动化消防设备、自动灭火系统、湿式自动喷水灭火系统、其他消防自动系统。不包括自动风力灭火机（详见10902302）	自动化消防设备、自动灭火系统、湿式自动喷水灭火系统
3102	1	09	02	53	02						10902530200000000000	灭火器	包括泡沫灭火器、背负式灭火器、背负式水枪、其他灭火器。不包括背负式风力灭火机（详见10902302）	灭火器、背负式水枪
3103	1	09	02	53	03						10902530300000000000	灭火器零件		
3104	1	09	02	53	04						10902530400000000000	灭火器用装配药及灭火弹	包括灭火器用装配药、灭火弹	灭火器用装配药、灭火弹
3105	1	09	02	53	05						10902530500000000000	消防、防爆专用手工工具	包括扑火工具、消防斧、消防接口破拆工具、消防钩、防爆扳手、防爆锤、防爆消防、防爆专用手工工具、其他消防、防爆专用手工工具	扑火工具、消防斧、消防接口破拆工具、消防钩、防爆扳手、防爆锤、防爆消防、防爆专用手工工具
3106	1	09	02	53	06						10902530600000000000	消防设备附件	包括消防栓（立管）、消防旋塞、水龙软管嘴及类似品	消防栓、消防旋塞、水龙软管嘴

续表

序号	篇	类	章	节	条	款	项	目	子目	细目	合并编码	商品和服务名称	说明	关键字
3107	1	09	02	53	07						1090253070000000000	警棍及类似警用器械	包括警棍、自卫器、橡胶棒、警察等用灌铅手杖、烟雾喷射罐、其他警用器械	警棍、自卫器、橡胶棒、警察用灌铅手杖、烟雾喷射罐
3108	1	09	02	53	08						1090253080000000000	取证鉴定专用器材	包括刑侦现场勘查器材、刑侦检验鉴定分析器材、其他取证鉴定用器材	刑侦现场勘查器材、刑侦检验鉴定分析器材
3109	1	09	02	53	09						1090253090000000000	安全检查仪器	指低剂量X射线安全检查设备。包括行李包裹安检仪、射线探测器、安全检查人行通道、虹膜输入检查人装置、指纹输入装置、其他安全检查仪器	行李包裹安检仪、射线探测器、安全检查人行通道、虹膜输入装置、指纹输入装置
3110	1	09	02	53	10						1090253100000000000	监控电视摄像机	包括公共场所、交通管理用的监控用电视摄像机。补光智能型球型摄像机、一体化日夜转换型摄像机、低照度彩色摄像机、其他监控电视摄像机	摄像机
3111	1	09	02	53	11						1090253110000000000	防盗、防火报警器及类似装置	包括机动车辆防盗装置、防盗报警器、电气气体报警器、火焰报警器（火焰探测器）、其他防盗、防火报警器及类似装置。防火报警仪器（详见109061503）	机动车辆防盗装置、防盗报警器、防火报警器、电气气体报警器、火焰探测器
3112	1	09	02	54							1090254000000000000	交通安全及管制专用设备		
3113	1	09	02	54	01						1090254010000000000	道路交通安全管制设备	包括区域交通中心控制机、道路交通安全检测仪、雷达测速设备、其他道路交通安全检测设备、酒精检测仪、智能交通检测设备、交通事故现场勘查救援设备、智能交通事故现场勘查车、气动破拆工具、气动破拆气枪、便携式多功能钳、剪断器、切割机、剪切器、无火花电锯、起重气垫、液压开门器、牵拉器、起重器、切割机、撬棒、撬棍、停车场用电车拉器、道路、交通灯、盲人过街信号装置、停车场用电气信号装置、其他道路用电气信号装置、路口自动信号装置、其他道路交通安全管制设备	区域交通中心控制机、道路交通安全检测仪、雷达测速设备、酒精检测仪、智能交通事故现场勘查救援设备、气动破拆工具、气动破拆气枪、便携式多功能钳、剪断器、无火花电锯、起重气垫、液压开门器、剪切器、牵拉器、起重器、切割机、撬棒、撬棍、停车场用电气信号装置、道路、交通灯、盲人过街信号装置、路口自动信号装置

附录 A 商品和服务税收分类与编码

续表

序号	编码 篇	类	章	节	条	款	项目	子目	细目	合并编码	商品和服务名称	说明	关键字
3114	1	09	02	54	02					1090254020000000000	铁道电气交通管理设备	包括铁道、电车道、地下矿井铁道设备以及气垫火车运输系统电气信号、安全或交通管理设备、信号安全设备、轨道控制设备	铁道电气交通管理设备、信号安全设备、轨道控制设备
3115	1	09	02	54	03					1090254030000000000	内河航道、港口用交通管制设备	包括内河航道电气信号装置、港口用电气信号装置	内河航道电气信号装置、港口用电气信号装置
3116	1	09	02	54	04					1090254040000000000	飞机场用电气交通管理设备	包括飞机场用盲降控制设备、飞机场用交通控制设备、飞机场用电气信号装置	飞机场用盲降控制设备、飞机场用交通控制设备、飞机场用电气信号装置
3117	1	09	02	54	99					1090254990000000000	其他交通安全及管制专用设备	包括其他电气信号、安全或交通管理设备	
3118	1	09	02	55						1090255000000000000	水资源专用机械		
3119	1	09	02	55	01					1090255010000000000	地平线开凿机系统		
3120	1	09	02	55	02					1090255020000000000	清淤机械	包括沟渠清淤机械、水库清淤机械、港口清淤机械、水电站尾水清淤机械、管道清淤机械、其他清淤机械	沟渠清淤机械、水库清淤机械、港口清淤机械、水电站尾水清淤机械、管道清淤机械
3121	1	09	02	55	03					1090255030000000000	水利专用机械	包括排水机械、闸门启闭机（器）、升船机、拦污装置、破冰机械、其他水利专用设备	排水机械、闸门启闭机、升船机、拦污装置、破冰机械
3122	1	09	02	55	04					1090255040000000000	自来水生产专用设备	包括自动加压给水设备、无塔供水装置、其他自来水生产专用设备	自动加压给水设备、无塔供水装置
3123	1	09	02	56						1090256000000000000	机器人及具有独立功能专用机械	包括工业机器人、机械式遥控操作装置（遥控机械手）、具有独立功能专用机械	

续表

序号	篇	类	章	节	条	款	项	目	子目	细目	合并编码	商品和服务名称	说明	关键字
3124	1	09	02	56	01						1090256010000000000	工业机器人	工业机器人是一种自动机器设备，可按程序重复进行一套动作，包括简单更换不同工具即可执行各种功能的工业机器人。具体包括多功能工业机器人、焊接专用机器人、工业机器人零部件、其他工业机器人	工业机器人、多功能工业机器人、焊接专用机器人、工业机器人零部件
3125	1	09	02	56	02						1090256020000000000	机械式遥控操作机械手（遥控机械手）	指对一定距离外的物体进行手动操纵的遥控装置，简称遥操器，又称遥操纵机械手。遥操器主要用于操纵一定距离外大小或难于接近的对象	
3126	1	09	02	56	03						1090256030000000000	具有独立功能专用机械	包括空气增湿器及减湿器、蒸发式空气冷却器、涂敷研磨料机械、电焊条涂层机、发动机启动润滑脂泵、印墨辊机械、清洗胶芯拔除机、重涂胶印墨辊机械、金属芯拔除机、螺栓安装及拆除机、具有独立功能专用机械零部件、其他具有独立功能专用机械	
3127	1	09	02	99							1090299000000000000	其他专用设备及零部件	包括其他专用设备、其他专用设备零部件	
3128	1	09	03								1090300000000000000	交通运输设备		
3129	1	09	03	01							1090301000000000000	铁道及电车道机车及车辆及车组		
3130	1	09	03	01	01						1090301010000000000	铁路机车	指配备有各种动力装置（蒸汽机、柴油机、汽油机、汽轮机、气动机等），或由外部电源或蓄电池驱动的各种铁道机车	铁路电力机车、微机控制直流电力机车、交流电力机车、铁路内燃机车、微机控制柴油机车、铁道电力机车、液力传动柴油机车、机械传动柴油机车、铁路蒸汽机车、蓄电池电力机车
3131	1	09	03	01	02						1090301020000000000	动车组	亦称多动力单元列车，包括城间动车组车辆	电力动车组、集中动力动车组、分散

附录 A 商品和服务税收分类与编码 699

续表

序号	编码 篇	类	章	节	条	款	项	子目	细目	合并编码	商品和服务名称	说　明	关　键　字
3132	1	09	03	01	03					1090301030000000000	城市轨道车辆	具有运量大、速度快、安全、准点、保护环境、节约能源和用地等特点的交通方式，简称"轨交"，包括地铁、轻轨、快轨、有轨电车等	轨道车辆、地铁车辆、轻轨车辆、单轨车辆、有轨电车、动力动车组、内燃动车组、集中式动力动车组、分散式动力动车组
3133	1	09	03	01	04					1090301040000000000	铁路客车	铁路客车是指载运旅客的车辆，为旅客提供服务的车辆以及挂运在旅客列车中的其他用途的车辆。客车分旅客运送、服务和特殊用途等三种车辆。目前，中国铁路客车根据用途的不同，主要有如下几种：硬座车、软座车、硬卧车、软卧车、行李车、餐车、邮政车、试验车、高速客车中还有一等软座车、二等软座车等。此外，还有公务车、卫生车、维修车、医务车、特种车等	铁路客车、桶式客车、单层硬座客车、双层硬座客车、单层软座客车、双层软座客车、单层卧铺客车、单层软卧客车、双层硬卧客车、双层软卧客车、行李车、邮政车、娱乐车
3134	1	09	03	01	05					1090301050000000000	铁路货车	在铁路线上用于载运货物的车辆称为铁路货车。按其用途不同，可分为通用货车和专用货车。主要类型有棚车、敞车、罐车、平板车等。包括各种机动车卸载用特种车，铁道运输用特种车，不包括在矿区、建筑工地、工厂、仓库等处的轨道上运输货物的小型车辆或敞车（详见1090302）	铁路货车、敞车、封闭货车、铁路棚货车、铁路保温车、铁路冷藏货车、铁路罐货车、铁路自动卸货车、铁路带篷货车、铁路液罐车、铁路运输用特种平车、铁路双层货物载运特制货车
3135	1	09	03	01	06					1090301060000000000	铁路特殊用途车辆	包括铁路起居车、医务车、轨道流动邮政车、轨道救护车、装甲客车、铁路用通信特种车、轨路文教车、其他铁路特殊用途车辆等在内的铁路运输车辆	铁路特殊用途车辆、铁路起居车、行李车、轨道流动邮政车、装甲车、医务车、铁路用通信特种车、轨路文教车
3136	1	09	03	02						1090302000000000000	工矿有轨专用车辆（窄轨机车车辆）	指可用作交通运输的窄轨内燃机车、电力机车和窄轨非机动车辆总称	工矿有轨专用车辆、窄轨机动车辆、窄轨机车、窄轨货车、窄轨电力机车、窄轨内燃机车、窄轨蒸汽机车

续表

序号	篇	类	章	节	条	款	项	目	子目	细目	合并编码	商品和服务名称	说　明	关键字
3137	1	09	03	03							1090303000000000000	铁路机车车辆配件及零件	包括铁道及电车道机车、动车组及其他车辆的配件及零件	
3138	1	09	03	04							1090304000000000000	铁路专用设备及器材、配备及零附件	包含铁路及电车道检查、维修车，铁路作业及服务车，铺轨、调轨机械，轨道固定装置及附件，平交道、道岔口控制器固定装置及附件，铁路用电动气动操纵设备，铁路用机械信号、交通管理装置，铁路专用测量或检验仪器等设备	
3139	1	09	03	05							1090305000000000000	汽车	指汽车整车	
3140	1	09	03	05	01						1090305010000000000	乘用车	含9座（含）以下客车	乘用车、基本型乘用车、多功能乘用车、运动型多用途乘用车、交叉型乘用车
3141	1	09	03	05	01	01					1090305010100000000	乘用车［排气量在1.0升以下（含）］	包括出租汽车、运动车及赛车、活顶乘用车、小型乘用车、高级乘用车、仓背乘用车	
3142	1	09	03	05	01	02					1090305010200000000	乘用车［排气量在1.0升以上至1.5升（含）］	包括出租汽车、运动车及赛车、活顶乘用车、小型乘用车、高级乘用车、仓背乘用车	
3143	1	09	03	05	01	03					1090305010300000000	乘用车［排气量在1.5升以上至2.0升（含）］	包括出租汽车、运动车及赛车、活顶乘用车、小型乘用车、高级乘用车、仓背乘用车	
3144	1	09	03	05	01	04					1090305010400000000	乘用车［排气量在2.0升以上至2.5升（含）］	包括出租汽车、运动车及赛车、活顶乘用车、小型乘用车、高级乘用车、仓背乘用车	
3145	1	09	03	05	01	05					1090305010500000000	乘用车［排	包括出租汽车、运动车及赛车、活顶乘用车、高	

续表

序号	编码 篇	类	章	节	款	条	项	子目	细目	合并编码	商品和服务名称	说明	关键字
3146	1	09	03	05	01	06				10903050106000000000	乘用车[排气量在2.5升以上至3.0升（含）]	包括出租汽车、运动车及赛车、活顶乘用车、小型乘用车、敞篷车、仓背乘用车	
3147	1	09	03	05	01	07				10903050107000000000	乘用车[排气量在3.0升以上至4.0升（含）]	包括出租汽车、运动车及赛车、活顶乘用车、小型乘用车、敞篷车、仓背乘用车	
											乘用车（排气量在4.0升以上）	包括出租汽车、运动车及赛车、活顶乘用车、小型乘用车、敞篷车、仓背乘用车	
3148	1	09	03	05	02					10903050200000000000	客车	不含9座（含）以下客车	客车
3149	1	09	03	05	02	01				10903050201000000000	客车（大于23座）	一般具有方形车厢，用于载运乘客及其随身行李的商用车，这类车型主要用于公共交通和团体运输使用	大于23座客车
3150	1	09	03	05	02	02				10903050202000000000	客车（10座、含10、至23座）	一般具有方形车厢，用于载运乘客及其随身行李的商用车，这类车型主要用于公共交通和团体运输使用	10至23座客车
3151	1	09	03	05	03					10903050300000000000	载货汽车	指货运机动车，包括平板式、油布篷式、封闭箱式等各种送货汽车、搬家具	货车、货运汽车、载货汽车
3152	1	09	03	05	04					10903050400000000000	半挂牵引车	指装备有特殊装置专用于牵引半挂车的商用车辆	半挂牵引车
3153	1	09	03	06						10903060000000000000	改装汽车		
3154	1	09	03	06	01					10903060100000000000	排气量在1.0升以下（含1.0升）的乘用车底盘（车架）改装、改制的	改装汽车是完成专用任务的汽车。在普通汽车底盘上装备或附加某些专用机构而组成	

续表

序号	编码 篇	类	章	节	条	款	项目	子目	细目	合并编码	商品和服务名称	说明	关键字
											车辆		
3155	1	09	03	06	02					1090306020000000000	排气量在1.0升以上至1.5升（含1.5升）的乘用车底盘（车架）改装、改制的车辆	改装汽车是完成专用任务的汽车。在普通汽车底盘上装备或附加某些专用机构而组成	
3156	1	09	03	06	03					1090306030000000000	中轻型商用客车底盘（车架）改装、改制的车辆	改装汽车是完成专用任务的汽车。在普通汽车底盘上装备或附加某些专用机构而组成	10至23座改装客车
3157	1	09	03	06	99					1090306990000000000	其他改装汽车	改装汽车是完成专用任务的汽车。在普通汽车底盘上装备或附加某些专用机构而组成	
3158	1	09	03	07						1090307000000000000	低速载货汽车		
3159	1	09	03	07	01					1090307010000000000	三轮运输车	以柴油机为动力，最高设计车速小于等于50km/h，最大设计总质量不大于2000kg，长小于等于4.6m，宽小于等于1.6m，高小于等于2m，具有三个车轮的货车。采用方向盘转向，由传递轴传递功力，有驾驶室且驾驶员座椅后有物品放置空间的，长小于等于5.2m，宽小于等于1.8m，高小于等于2.2m	三轮农用车
3160	1	09	03	07	02					1090307020000000000	其他低速载货汽车	以柴油机为动力，最高设计车速小于等于70km/h，最大设计总质量小于等于4500kg，长小于等于6m，宽小于等于2.5m，高小于等于2m，具有四个车轮的货车	低速载货车

续表

序号	编码篇	类	章	节	条	款	项	目	子目	细目	合并编码	商品和服务名称	说明	关键字
3161	1	09	03	08							1090308000000000000	汽车车身、挂车	包含汽车车身、挂车、半挂车、挂车及半挂车零件	汽车车身、挂车
3162	1	09	03	08	01						1090308010000000000	汽车车身	包括驾驶室，以及预备装在机动车底盘上的车身，也包括无底盘车辆的车身（这种车辆的发动机及驱动桥由车身本身支承），还包括组合式车身、其底盘的某些部件也装在车身内	汽车车身
3163	1	09	03	08	02						1090308020000000000	挂车、半挂车	包括其他非机械驱动车辆	挂车、半挂车
3164	1	09	03	08	03						1090308030000000000	挂车及半挂车零件	指必须可确定为专用于专用车底盘及其部件、挂车、车辆的零件；包括挂车车轮、挂钩装置、挂车制动器、挂车传动轴、旋转杆及类似零件	挂车零件、半挂车零件
3165	1	09	03	09							1090309000000000000	电动汽车	电动汽车（BEV）是指以车载电源为动力，用电机驱动车轮行驶，符合道路交通、安全法规各项要求的车辆	电动汽车
3166	1	09	03	10							1090310000000000000	机动车零部件及配件		
3167	1	09	03	10	01						1090310010000000000	机动车（汽车）零配件	是构成汽车整体的各个单元及服务于汽车的一种产品。指装配机动车机械的零件或部件；或损坏后重新安装上的零件或部件	机动车零配件
3168	1	09	03	10	01	01					1090310010100000000	机动车制动系统	对机动车某些部分（主要是车轮）施加一定的力，从而对其进行一定程度的强制制动的一系列专门装置	机动车制动摩擦片、防抱死制动系统、机动车制动器
3169	1	09	03	10	01	02					1090310010200000000	机动车缓冲器及其零件	用来安装在汽车悬挂系统的螺旋弹簧，主要起到缓冲避震作用并对避震器起到保护的设备及其组成单元	缓冲器、缓冲器配件、机动车缓冲器、机动车保险杠

续表

序号	编码篇	类	章	节	条	款	项	目	子目	细目	合并编码	商品和服务名称	说　明	关　键　字
3170	1	09	03	10	01	03					109031000300000000	变速器总成	包括机械式、超速传动式、预选式、电动机械式、自动式变速箱等、还包括变矩转换器、传动轴、小齿轮、直接传动爪形离合器及变速拉杆等	变速器总成、牵引车用变速器总成、拖拉机用变速器总成、大型机动客车用变速器总成、非公路用自卸车用变速器总成、汽油货车用变速器总成、轻型柴油货车用变速器总成、重型柴油货车用变速器总成、基本型乘用柴油车用自动换挡变速箱
3171	1	09	03	10	01	04					109031000400000000	驱动桥总成	指机动车辆用装有差速器的驱动桥	牵引车用驱动桥总成、拖拉机用驱动桥总成、大型机动客车用驱动桥总成、非公路用自卸车用驱动桥总成、轻型柴油货车用驱动桥总成、汽油货车用驱动桥总成、重型柴油货车用驱动桥总成
3172	1	09	03	10	01	05					109031000500000000	非驱动桥总成	指机动车辆用装有差速器的驱动桥	牵引车用非驱动桥总成、拖拉机用非驱动桥总成、大型机动客车用非驱动桥总成、非公路用自卸车用非驱动桥总成、轻型柴油货车用非驱动桥总成、汽油货车用非驱动桥总成、重型柴油货车用非驱动桥总成
3173	1	09	03	10	01	06					109031000600000000	机动车车轮总成	包括机动车车轮及其零件、附件	牵引车车轮总成、大型机动客车车轮总成、非公路用自卸车车轮总成、轻型柴油货车车轮总成、汽油货车车轮总成、重型柴油货车车轮总成、拖拉机用车轮总成
3174	1	09	03	10	01	07					109031000700000000	机动车悬挂减震器	包括摩擦式悬挂减震器、液压式悬挂减震器等及其他悬架零件、扭杆弹簧	减震器、乘用车悬挂减震器
3175	1	09	03	10	01	08					109031000800000000	机动车辆散热器、消声器	散热器属于机动车冷却系统、发动机水冷系统中的散热器由进水室、出水室、主片及散热器芯等三	机动车辆散热器、机动车散热器、机动车辆消声器、机动车辆排气管

续表

序号	编码 篇	类	章	节	款	项	目	子目	细目	合并编码	商品和服务名称	说　　明	关　键　字
3176	1	09	03	10	01	09				10903100109000000000	及其零件	部分构成。消音器，主要用于降低机动车的发电机工作时产生的噪声，其原理是汽车排气管由两个长度不同的管道构成，这两个管道先分开再交汇，由于这两个管道的长度差值等于汽车所发出的声波的波长的一半，使得两列声波叠加时发生干涉相互抵消而减弱声强，使传过来的声音减小，从而起到消音的效果	
3177	1	09	03	10	01	10				10903100110000000000	离合器总成	包括锥形离合器、盘式离合器、液压离合器、自动离合器、离合器盘、离合器外壳、离合器杆及离合器装配的离合器摩擦片，不包括电磁离合器零件（详见10904 1202）	牵引车用离合器总成、拖拉机用离合器总成、大型机动客车用离合器总成、非公路用自卸车用离合器总成、轻型柴油货车用离合器总成、汽油货车用离合器总成、重型柴油货车用离合器总成
3178	1	09	03	10	01	99				10903100199000000000	机动车用控制装置总成	包括车辆用转向盘、转向柱及转向器、转向轮轴、变速操纵杆及手制车操纵杆、加速踏板、制动器踏板、离合器踏板、制动踏板及离合器的连杆	牵引车用控制装置总成、大型机动客车用控制装置总成、拖拉机用控制装置总成、非公路用自卸车用控制装置总成、轻型柴油货车用控制装置总成、汽油货车用控制装置总成、重型柴油货车用控制装置总成
3179	1	09	03	10	02					10903100200000000000	其他机动车（汽车）零配件	其他用于构成汽车整体的各个单元及服务汽车的一种产品	
3180	1	09	03	10	02	01				10903100201000000000	汽车底盘车架及其零配件	包括汽车底盘车架（未装有发动机）、机动车大架、支座、横梁、悬挂装置、支撑车身、汽车底盘部件的支架及托架	底盘、车架
3181	1	09	03	10	02	02				10903100202000000000	座椅安全带	安全带是为了在碰撞时对乘员进行约束以及避	安全带

706 中国全面推开营业税改征增值税操作实务全书

续表

序号	篇	类	章	节	条	款	项目	子目	细目	合并编码	商品和服务名称	说明	关键字
3182	1	09	03	10	02	03				1090310020300000000	安全气囊装置	免碰撞时乘员与方向盘及仪表板等发生二次碰撞或避免碰撞时冲出车外导致死伤的安全装置。安全气囊是指撞车时在乘员产生二次碰撞前，使气囊膨胀保护乘员的装置	安全气囊
3183	1	09	03	10	02	04				1090310020400000000	车窗玻璃升降器	玻璃升降器是汽车门窗玻璃的升降装置，主要分电动玻璃升降器与手动玻璃升降器两大类	玻璃升降机
3184	1	09	03	10	02	05				1090310020500000000	车身底板、侧板及类似板等	包括车身底板、侧板、前面板、后面板、行李舱等	叶子板
3185	1	09	03	10	02	06				1090310020600000000	机动车门及其零件	用于封闭机动车内部空间的设置及其配套附件。包括密封胶带、内装饰板、车内控制器、车门锁闭机构、外部开启装置等	车门板
3186	1	09	03	10	02	07				1090310020700000000	机动车车窗、窗框	包括机动车带框玻璃窗、窗框接头状的窗、窗框	车窗
3187	1	09	03	10	02	99				1090310029900000000	其他车身零配件	指其他车身零件及其配套附件、包括发动机罩、散热器护罩、机动车脚踏板、挡泥板、叶子板、仪表板、车牌照托架、转向柱托架、遮阳设备、除霜设备，由车辆及发动机供热的非电气供暖及除霜精设备，还包括当前未具有不完整车身特征的组合体	
3188	1	09	03	11						1090311000000000000	汽车底盘	不带车身的机动车辆，包括装有发动机、传动机构、转向机构及驱动桥（不论是否装有车轮）、机动车辆用的底盘车架或整体式车架	汽车底盘
3189	1	09	03	12						1090312000000000000	摩托车整车		
3190	1	09	03	12	01					1090312010000000000	摩托车，排气量在250毫升以下（不含）	指往复式内燃机摩托车，含普通型摩托车、二轮摩托车、三轮摩托车和其他摩托车踏板	

附录 A 商品和服务税收分类与编码 707

续表

序号	编码 篇	类	章	节	条	款	项	目	子目	细目	合并编码	商品和服务名称	说明	关键字
3191	1	09	03	12	02						1090312020000000000	摩托车，排气量是250毫升以上（含250毫升）	指往复式内燃机摩托车，含普通型摩托车、踏板摩托车、三轮摩托车和其他摩托车	
3192	1	09	03	13							1090313000000000000	摩托车零部件及配件	是构成摩托车整体的各个单元及服务于摩托车的一种产品。指装配摩托车机械的零件或部件；或损坏后重新安装上的零件或部件	摩托配件
3193	1	09	03	14							1090314000000000000	脚踏自行车及其零件		自行车
3194	1	09	03	14	01						1090314010000000000	两轮脚踏自行车	不包括助动自行车（详见1090316）	两轮自行车
3195	1	09	03	14	02						1090314020000000000	三轮脚踏自行车	不包括机动三轮车（详见1090309）	三轮自行车
3196	1	09	03	14	03						1090314030000000000	特种脚踏自行车	包含双人脚踏自行车、独轮脚踏自行车、其他特种脚踏自行车	特种自行车
3197	1	09	03	14	04						1090314040000000000	脚踏自行车零件		自行车配件
3198	1	09	03	15							1090315000000000000	残疾人用车	指专用于载运残疾人（病人、瘫痪者、残疾人等）的车辆	残疾人座车、非动力残疾人车、轮椅
3199	1	09	03	16							1090316000000000000	助动自行车及其零件	不包括供儿童乘骑的带轮玩具及其零件（详见106040801）	助力车、助动自行车
3200	1	09	03	17							1090317000000000000	休闲专用车及其零附件	指车轻便，可以用于休闲竞技、表演等场地，用于休闲活动赛道或赛场，49～800CC四轮或四轮以上气动或电动的沙滩车、用于休闲赛场、丘陵、沙漠等特殊地形等活动的卡丁车、用于衣场、庄园四轮以上休闲场地	休闲专用车、运动休闲两轮车、运动休闲三轮车、运动休闲两轮越野车、运动休闲两轮跑车、滑板车、四轮休闲车、沙滩车、卡丁车、衣

续表

序号	篇	类	章	节	编码 条	款	项	子目	细目	合并编码	商品和服务名称	说明	关键字
3201	1	09	03	18						1090318000000000000	金属船舶	等车前带拖斗可放置农用器具的农夫车、高尔夫球车、休闲雪地车、草地夫车，高尔夫球车，休闲雪地车，用于雪地休闲活动的休闲雪地车，指一般无动力或稍带一点动力用于草地等休闲活动的休闲观光车、代步车、其他休闲专用车，及其零附件 不包括游艇（详见1090320）	金属船舶
3202	1	09	03	18	01					1090318010000000000	机动货船	包括客货船。由动力装置驱动或牵引在水上行驶的供运送货物的船只	机动货船
3203	1	09	03	18	02					1090318020000000000	机动客船	由动力装置驱动或牵引在水上行驶供乘用的船只	机动客船
3204	1	09	03	18	03					1090318030000000000	机动渔船	由动力装置驱动或牵引在水上行驶的供捕捞的船只	捕捞渔船、渔轮、渔业辅助船
3205	1	09	03	18	04					1090318040000000000	机动工程（工作）船	由动力装置驱动或牵引在水上行驶用于工程作业的船只	工程船、巡逻船、拖轮、顶推船、挖泥船、起重船、航标船、灯船、消防船、海底钻探船、打捞船、破冰船、铺管船、引航船、交通艇、救生艇
3206	1	09	03	18	05					1090318050000000000	其他机动船	其他由动力装置驱动或牵引在水上行驶的船只	
3207	1	09	03	18	06					1090318060000000000	非机动船	包括驳船、浮船坞	非机动船
3208	1	09	03	19						1090319000000000000	非金属船舶	包括玻璃钢渔船、木渔船、玻璃钢客货运输船、木船、气垫船等。不包括游艇（详见1090320）	非金属捕鱼船、玻璃钢渔船、木渔船、玻璃钢客货运输船、木船、橡皮船、气垫船
3209	1	09	03	20						1090320000000000000	游艇	艇身长度大于8米（含）小于90米（含），内置发动机，可以在水上移动，一般为私人或团体购置，主要用于水上运动和休闲娱乐等非牟利活动的各类非机动艇	游艇
3210	1	09	03	21						1090321000000000000	船用配套设备	包括船用甲板机械、自动化、检测、监控系统，类机动艇	船用配套设备

续表

序号	编码 篇	类	章	书	条	款	项	目	子目	细目	合并编码	商品和服务名称	说明	关键字
3211	1	09	03	21	01						109032101000000000	船用甲板机械	专用设备、环保设备、海上救生设备、船用配套设备零件不包括船用卷扬机及绞盘（详见109011104）	舵机、锚泊设备、船舶专用起重设备、船用拖曳机械、快速止索器等、辅助甲板机械、陀螺稳定器
3212	1	09	03	21	02						109032102000000000	船舶自动化、检测、监控系统	包括机舱自动化控制装置、综合船桥系统等	船舶自动化检测监控系统、机舱自动化控制装置、综合船桥系统
3213	1	09	03	21	03						109032103000000000	船舶专用设备	船舶用陀螺稳定器、船舶驾驶及操舵装置、其他船舶用设备、海水淡化装置、船舶安全装置、船舶防腐蚀装置、船舶管路系统、包括稳定器、船舶应急设备等	船舶用陀螺稳定器、船舶驾驶设备、操舵装置、船用海水淡化装置、船舶安全装置
3214	1	09	03	21	04						109032104000000000	船舶环保设备	包括油分浓度计、船用油水界面探测器等的船舶防污监测系统、船用垃圾焚烧炉、生化法污水处理装置、船用油水分离装置、其他船用环保设备	船舶防污监测系统、船用垃圾焚烧炉、生化法污水处理装置、船用油水分离装置
3215	1	09	03	21	05						109032105000000000	海上救生设备	包括船用救生设备，但不包括救生艇（详见109031804）	救生筏、个人救生设备、降落设备、登乘设备
3216	1	09	03	21	06						109032106000000000	船用配套设备零件	包括船舶用舵机稳定器用零件、其他船用配套设备零件、螺稳定器零件	船用配套设备零件
3217	1	09	03	22							109032200000000000	船用推进器及螺旋桨、锚制品	包括铸铁锚、多爪锚及零件、Z型推进器、侧向推进器、其他船用推进器、喷水推进器、螺旋桨浆叶	船用推进器、船用螺旋桨、锚制品
3218	1	09	03	23							109032300000000000	航标器材、相关浮动装置		
3219	1	09	03	23	01						109032301000000000	航标器材	包含浮筒、浮标、浮罐、其他航标器材	航标器材

续表

序号	篇	类	章	节	条	款	项	目	子目	细目	合并编码	商品和服务名称	说明	关键字
3220	1	09	03	23	02						1090323020000000000	浮动结构体、浮式装置	包含浮舟、浮吊、浮柜、浮坞、潜水箱、隔离舱、泊位平台、浮式浮动结构体、浮坞门用浮动结构式装置	浮动结构体、浮式装置、浮舟、浮吊、浮柜、潜水箱、隔离舱、泊位平台、作坞门用浮动结构体
3221	1	09	03	23	03						1090323030000000000	海洋石油工程结构物	包含浮式生产储油船、浮动或潜水式钻探或生产平台	浮式生产储油船、浮动式生产平台、潜水式钻探平台、潜水式生产平台、自升式平台、半潜式平台、超大型海上结构物
3222	1	09	03	24							1090324000000000000	航空器及其零件		
3223	1	09	03	24	01						1090324010000000000	民用飞机及直升机	包含民用飞机和民用直升机	民用飞机
3224	1	09	03	24	01	01					1090324010100000000	民用飞机	又叫民用固定翼飞机分为商业飞线和通用飞机。商业飞机有国内支线运输机、国内国际干线客机、货机或多公务机。通用飞机有农业机、林业机、轻型多用途机、巡逻救护机、体育运动机和私人飞机等	民用固定翼飞机
3225	1	09	03	24	01	02					1090324010200000000	民用直升机	非军事用途的直升机主要由机体和升力（含旋翼和尾桨）、动力、传动三大系统以及机载飞行设备等组成。旋翼一般由涡轮轴发动机或活塞式发动机通过由传动轴及减速器等组成的机械传动系统来驱动，也可由桨尖喷气产生的反作用力来驱动	民用直升机
3226	1	09	03	24	02						1090324020000000000	无动力航空器	滑翔机及悬挂滑翔机、自由或系留气球、机动或无动力航空艇	滑翔机、悬挂滑翔机、自由气球、系留气球、专用气球、机动飞艇
3227	1	09	03	24	03						1090324030000000000	航空器发射、甲板停机装置及地面飞行训练装置	包括航空器发射装置、甲板停机装置及其零件	航空器发射、甲板停机装置、地面飞行训练装置

附录 A 商品和服务税收分类与编码　711

续表

序号	篇	类	章	节	条	款	项	目	子目	细目	合并编码	商品和服务名称	说　明	关　键　字
3228	1	09	03	24	04						1090324040000000000	航空器零件	飞机及直升机零件、气球、飞艇零件、航空器及其运载工具零件、其他航空器零件	
3229	1	09	03	25							1090325000000000000	航天器及其运载工具、零件		
3230	1	09	03	25	01						1090325010000000000	航天器及其运载工具	又称空间飞行器、太空飞行器。按照天体力学规律在太空运行,执行探索、开发、利用太空和天体等特定任务的各类飞行器。把有效载荷从地面运送到太空预定位置(轨道)、从太空某一位置运回地面或运送到太空另一位置的运载工具的统称,包括一次性使用运载火箭、部分重复使用运载器和完全重复使用运载器	航天器、航天器运载工具、空间飞行器、太空飞行器
3231	1	09	03	25	01	01					1090325010100000000	航天飞机	又称为太空穿梭机。是可重复使用的,往返于太空和地面之间的航天器。它既能像运载火箭那样把人造卫星等航天器送入太空,也能像飞船那样载人在轨道上运行,还能像飞机那样在大气层中滑翔着陆	航天飞机、太空穿梭机
3232	1	09	03	25	01	02					1090325010200000000	飞船	飞船是一种一次性使用的航天器。它能基本保证航天员在太空短期生活进行一定的工作。它的运行时间一般是几天到半个月,一般乘2到3名航天员。又称宇宙飞船	飞船、宇宙飞船、航天飞船
3233	1	09	03	25	01	03					1090325010300000000	卫星	人造卫星是由人类建造,以太空飞行器如火箭、航天飞机等发射到太空中,像天然卫星一样环绕地球或其他行星的装置	卫星有效载荷、卫星平台、星上设备、卫星地面设备
3234	1	09	03	25	01	04					1090325010400000000	运载火箭	每一级都包括箭体结构、内装有仪器舱、推进系统、末级制导与飞行控制系统,以及发射场安全系统、遥测系统和发射场安全系统。级与级之间靠级间段连接	运载火箭、箭体结构、火箭发动机、箭上设备、运载火箭地面设备

续表

序号	编码 篇	类	章	节	条	款	项	目	子目	细目	合并编码	商品和服务名称	说明	关键字
3235	1	09	03	25	01	05					109032501050000000	探空火箭	有效载荷装在仪器舱的上面,外面套有整流罩。包括箭体结构,火箭发动机,箭上设备,运载火箭地面设备,其他运载火箭设备。探空火箭(是一种比较特殊的运载工具,它只携带科学仪器进行亚轨道飞行,成本低廉,发射方便等优点。探空火箭,具有结构简单、成本低廉,发射方便等优点。探空火箭系统由有效载荷、火箭、发射装置和地面合站组成	探空火箭
3236	1	09	03	25	01	06					109032501060000000	气象火箭	探测高空大气参数(温度、压力、密度、风)的空火箭。气象火箭获得的高空大气资料可用于天气预报、气候变化和灾害性天气研究	气象火箭
3237	1	09	03	25	01	99					109032501990000000	其他航天器		
3238	1	09	03	25	02						109032502000000000	航天器及其运载工具零件	用于航天飞机、卫星、运载火箭、探空火箭、气象火箭和其他航天器的附属部件及零配件	航天器、航天器运载工具零件
3239	1	09	03	26							109032600000000000	潜水及水下救捞装备		
3240	1	09	03	26	01						109032601000000000	潜水装备	包括通风式重潜水装备、氢氧重潜水装备、轻潜水装备、其他潜水装备	潜水装备、通风式重潜水装备、氢氧重潜水装备、轻潜水装备
3241	1	09	03	26	02						109032602000000000	潜水水下作业用装备	水下喷焊器、配有机械装置金属潜水衣、潜水通信装置、潜水供气设备、其他潜水下作业用装备	潜水水下作业用装备、水下喷焊器、饱和潜水通信装置、潜水供气设备、水系统、配有机械装置金属潜水衣
3242	1	09	03	26	03						109032603000000000	潜水服	指不带呼吸装置的潜水服,包括湿式潜水服、潜水水暖服、其他配有机械装置的金属潜水衣(详见109032602)	潜水服、湿式潜水服、干式潜水服、潜水水暖服
3243	1	09	03	26	04						109032604000000000	水下潜器	包括载人水下潜器、有缆无人水下潜器、无缆无人水下潜器、其水下潜器	载人水下潜器、有缆无人水下潜器、无缆无人水下潜器

附录A 商品和服务税收分类与编码 713

续表

序号	编码 篇	类	章	节	条	款	项	目	子目	细目	合并编码	商品和服务名称	说明	关键字
3244	1	09	03	27							1090327000000000000	交通管理用金属标志及类似设施		
3245	1	09	03	27	01						1090327010000000000	发光标志及类似品及其零件	包括指示牌或交通标志牌、交通护板、反光板、反光护栏、汽车牌(发光)、其他交通管理用发光标志	发光标志、发光标志零件、交通管理用发光标志、指示牌、交通标志牌、交通护板、反光板、反光护栏、汽车牌、发光铭牌、广告牌
3246	1	09	03	27	02						1090327020000000000	金属制地名号码及类似标志	公共服务单位用标志牌、禁令牌、旅馆、商店、信箱用地址牌、其他金属制仪表用类似标志	金属制地名号码、公共服务单位用标志牌、旅馆用招牌、商店用招牌、工厂用招牌、房屋用地址牌、大门用地址牌、信箱用地址牌
3247	1	09	03	28							1090328000000000000	非机械驱动车辆		
3248	1	09	03	28	01						1090328010000000000	手推车	包含手推运货车、独轮手推车、斗式手推车、自卸手推车、行李手推车、手推餐车、小型保温手推车(金属制)、其他手推车	手推车、手推运货车、独轮手推车、斗式手推车、自卸手推车、行李手推车、手推餐车、小型保温手推车、超市购物车
3249	1	09	03	28	02						1090328020000000000	畜力拖曳车辆	包括马车、驴车、牛车、狗拉车辆、游览观光用马车、畜力滑橇、运货用兽力车、其他畜力拖曳车辆	斗式手推车、游览观光用马车、畜力滑橇车、畜力滑橇、运货用兽力车
3250	1	09	03	28	03						1090328030000000000	非机械驱动车辆零部件	用于手推车、畜力拖曳车的零部件	非机械驱动车辆零件
3251	1	09	04								1090400000000000000	电气机械及器材		
3252	1	09	04	01							1090401000000000000	发电机	包括交流发电机和直流发电机,不包括发电机组(详见1090402)	发电机

续表

序号	篇	类	章	节	条	款	项	目	子目	细目	合并编码	商品和服务名称	说　明	关　键　字
3253	1	09	04	01	01						109040101000000000	交流发电机	交流电动机主要由一个用以产生磁场的电磁铁绕组或由分布的定子绕组和一个旋转电枢或一个旋转子组成。电动机利用通电线圈在磁场中受力转动的现象而制成的	交流发电机
3254	1	09	04	01	02						109040102000000000	直流发电机	包括电磁式直流发电机、永磁式直流发电机、其他直流发电机	直流发电机、电磁式直流发电机、永磁式直流发电机
3255	1	09	04	02							109040200000000000	发电机组、内燃发电机组及旋转式变流机		
3256	1	09	04	02	01						109040201000000000	发电机组	发电机组是指由发电机及其原动机组装成（或推备装装）整套设备装在同一底座上所组成的机械；不包括内燃发电机组（详见109040202）	发电机组、水轮发电机组、汽轮发电机组、风力发电机组、核电发电机组、移动发电站
3257	1	09	04	02	02						109040202000000000	内燃发电机组	以柴油机、汽油机及混合燃料压燃式发动机为动力源的内燃发电机组	内燃发电机组
3258	1	09	04	02	03						109040203000000000	旋转式变流机	主要由一台发电机与一台原动机组成的交流发电机、直流发电机组	旋转式变流机
3259	1	09	04	02	04						109040204000000000	电机及发电机专用零件	包括交流发电机零件、风力发电机组零件、其他电机及发电机组专用零件	交流发电机零件、风力发电机组零件
3260	1	09	04	03							109040300000000000	电动机	不包括数控机床用电动机（详见109010804）	电动机
3261	1	09	04	03	01						109040301000000000	直流电动机	包括轧机用直流电动机、机床用直流电动机、电梯用直流电动机等	直流电动机、轧机用直流电动机、机床用直流电动机、电梯用直流电动机
3262	1	09	04	03	02						109040302000000000	交流电动机	包括多相交流电动机和单相交流电动机	交流电动机、多相交流电动机、单相交流电动机
3263	1	09	04	03	03						109040303000000000	交直流两用电动机	P≥37.5W 同步交流电动机、异步交流电动机	同步交流电动机、通用交流电动机、专用交流同步电动机、异步交流电动机

续表

序号	篇	类	章	节	条	款	项	目	子目	细目	合并编码	商品和服务名称	说明	关键字
3264	1	09	04	03	04						1090403040000000000	小功率电动机	P≤37.5W 交流小功率异步电动机、交流小功率同步电动机、小功率直线电动机、小功率直流电动机、小功率交流换向器电动机	小功率电动机、交流小功率异步电动机、专用交流异步电动机、通用交流异步电动机、交流小功率同步电动机、小功率直线电动机、小功率直流电动机、小功率交流换向器电动机
3265	1	09	04	03	05						1090403050000000000	微电机	P≤37.5W 玩具电动机、控制微电机、驱动微电机、移动通信终端用微型振动电机、专用微特电机、其他微电机	玩具电动机、控制微电机、自整角机、旋转变压器、感应移相器、感应同步机、同服电机、测速发电机、同服测速电机组、步进微电机、力矩微电机、微特电机机组、微特电机组合装置、驱动微电机、异步微电机、同步微电机、直流微电机、直线微电机、平面无刷微电机
3266	1	09	04	03	06						1090403060000000000	与内燃机配用发电机	启动电机、两用启动发电机、其他与内燃机配用发电机	启动电机、机车用启动电机、航空用启动电机、船舶用启动电机、两用启动发电机、机车用两用启动发电机、航空器用两用启动发电机、船舶用两用启动发电机
3267	1	09	04	03	07						1090403070000000000	电动机零件	交流电动机零件、直流电动机零件、玩具电动机专用零件、微电机专用零件	电动机零件
3268	1	09	04	03	99						1090403990000000000	其他电机	中频电机、分马力电机、电力测功电机、油泵电机、其他未列明电机	
3269	1	09	04	04							1090404000000000000	变压器、整流器和电感器	包括变压器、互感器、静止式交流器、电抗器、电感器、整流器和电感器零件	变压器、整流器、电感器、干式交流器、试验变压器、电源变压器、换流变压器
3270	1	09	04	04	01						1090404010000000000	变压器	包括电力变压器、换流变压器、干式变压器、试验变压器、电源变压器、可调电源变压器、其他变压器	变压器、电力变压器、干式变压器、可调电源变压器、换流变压器

续表

序号	篇	类	章	节	条	款	项	目	子目	细目	合并编码	商品和服务名称	说明	关键字
3271	1	09	04	04	02						1090404020000000000	互感器	包括电压互感器、电流互感器、组合互感器、其他互感器	互感器
3272	1	09	04	04	03						1090404030000000000	静止式变流器	包括稳压电源、稳流电源、不间断供电电源（UPS）、半导体变流器、气体放电整流器、电解整流器、逆变器、交流电变换器、交流电变频设备、直流电变换器、交流电变频器、其他静止式变流器备用电源组；不包括计算机用电源机（详见1090512）	静止式变流器、稳压电源、稳流电源、不间断供电电源、半导体变流器、气体放电整流器
3273	1	09	04	04	04						1090404040000000000	电抗器	包括并联电抗器、串联电抗器、铗流式饱和电抗器、滤波电抗器、限流电抗器、调幅电抗器、启动电抗器、自饱和电抗器、试验用电抗器、整流用平衡电抗器、整流用平波电抗器、阴尼电抗器、接地电抗器、其他电抗器	电抗器、并联电抗器、串联电抗器、铗流式饱和、限流电抗器、滤波电抗器、调幅电抗器、自饱和电抗器、试验用电抗器、整流用平衡电抗器、阴尼电抗器、接地电抗器
3274	1	09	04	04	05						1090404050000000000	电感器	包括固定与色码电感器、叠层式片式电感器、线绕式片式电感器、其他电感器、ＬＣ滤波器	电感器、固定电感器、色码电感器、叠层式片式电感器、线绕式片式电感器、ＬＣ滤波器
3275	1	09	04	04	06						1090404060000000000	变压器、整流器和电感器零件	用于变压器、互感器、静止式变流器、电抗器、电感器的零部件	变压器零件、整流器零件、电感器零件
3276	1	09	04	05							1090405000000000000	电力电容器及其配套设备		
3277	1	09	04	05	01						1090405010000000000	电力电容器	50/60Hz电路用，P≥0.5千乏包括并联电容器、串联电容器、电热电容器、滤波电容器、断路器电容器、耦合电容器、保护电容器、脉冲电容器、标准电容器、其他电力电容器	电力电容器、并联电容器、串联电容器、电热电容器、滤波电容器、断路器电容器、耦合电容器、保护电容器、脉冲电容器、标准电容器
3278	1	09	04	05	02						1090405020000000000	电力电容器成套装置	包括并联电容器装置、串联电容器装置、无功就	电力电容器成套装置、并联电容器装

附录A 商品和服务税收分类与编码 717

续表

序号	编码							合并编码	商品和服务名称	说明	关键字
	篇	类	章	节	条	款	项 目 子目 细目				
3279	1	09	04	05	03			109040503000000000	成套装置	地补偿装置、交流滤波电容器装置、交流电压抽取装置、电容式电压互感器、阻容分压器、其他电力电容器成套装置	地补偿装置、串联电容器装置、交流滤波电容器装置、无功就地补偿装置、交流电压抽取装置、电容式电压互感器、电容式电压抽取装置、阻容分压器
3280	1	09	04	06				109040600000000000	电力电容器零件	用于电力电容器、电力电容器成套装置的零部件	电力电容器零件
3281	1	09	04	06	01			109040601000000000	高压开关设备	包括全封闭组合电器（GIS）、六氟化硫断路器、敞开式组合电器、隔离开关、接地开关	高压开关设备
3282	1	09	04	06	02			109040602000000000	全封闭组合电器（GIS）		全封闭组合电器
3283	1	09	04	06	03			109040603000000000	六氟化硫断路器		六氟化硫断路器
3284	1	09	04	06	04			109040604000000000	敞开式组合电器		敞开式组合电器
3285	1	09	04	06	05			109040605000000000	隔离开关		隔离开关
3286	1	09	04	06					接地开关		接地开关
	1	09	04	07				109040700000000000	配电或电器控制设备		
3287	1	09	04	07	01			109040701000000000	高压电路开关、保护装置	高压熔断器、避雷器、电压限幅器及电涌抑制器、高压自动断路器、隔离开关及高压开关、保护电器装置	高压开关、高压熔断器、高压断路器、高压自动断路器、隔离开关、断续开关、电涌抑制器
3288	1	09	04	07	02			109040702000000000	低压开关、保护控制装置	包括低压电路保护装置、低压电路开关装置、其他低压电路装置	低压开关、低压熔断器、低压断路器、低压装置
3289	1	09	04	07	03			109040703000000000	电路连接装置	包括插头、插座、连接器、端接件反接类电路连接装置、其他电路连接装置	插头、插座、电路连接装置、灯座、普通插座、低压电路管座、集成电路插

续表

序号	篇	类	章	节	条	款	项	目	子目	细目	合并编码	商品和服务名称	说明	关键字
3290	1	09	04	07	04						1090407040000000000	电力控制或电力分配装置	包括电力控制或配电用配电板、配电盘、控制台等，高压电力控制或电力分配装置，低压电力控制或电力分配装置，安全装置，其他电力分配装置	座、半导体分立器件插座、显像管插座、电子管插座、继电器插座、谐振器插座、电池插座、连接器、低频连接器、射频连接器、光缆连接器、滑动接触器、端接件、接线装置、接线柱、线端条、低频接线器电缆组件、射频接线器电缆组件、光缆气密头、接线盒、光缆终端分线盒 电力控制器、电力分配器 电力控制装置、高压电力控制或电力分配装置、低压电力控制或电力分配装置、安全控制装置、自动化监控设备
3291	1	09	04	08							1090408000000000000	电力电子元器件		
3292	1	09	04	08	01						1090408010000000000	电力半导体器件（5A以上）	包括整流管、电力晶闸管、电力晶体管、电力场效应器件、场控继电器复合器件、固态半导体模块、静电感应器件、其他电力半导体器件	电力半导体器件、整流管、整流二极管、快恢复二极管、电力晶闸管、普通晶闸管、双向晶闸管、可关断晶闸管、快速晶闸管、晶闸管模块、高频晶闸管、晶闸管组件、集成门极换流晶闸管、电力晶体管、巨型晶体管、绝缘栅双极晶体管、电力场效应器件、场控双极型复合器件、功率MOS场效应管、静电感应晶体管（SIT）、其他电力半导体器件
3293	1	09	04	08	02						1090408020000000000	电力微电子组件	包括电力半导体模块、电力半导体组件	微电子组件、电力半导体模块、电力半导体组件
3294	1	09	04	08	03						1090408030000000000	电力集成电路	包括普通稳压电路、开关电源控制电路、DC-DC变换器、其他电力集成电路	集成电路、普通稳压电路、开关电源控制电路、DC-DC变换器

附录A 商品和服务税收分类与编码 719

续表

序号	编码 篇	类	章	节	条	款	项	目	子目	细目	合并编码	商品和服务名称	说明	关键字
3295	1	09	04	08	04						1090408040000000000	继电器	包括电磁继电器、永磁继电器、热电继电器、静电继电器、感应继电器、光电继电器、电子继电器、其他继电器	继电器、电磁继电器、永磁继电器、热电继电器、感应继电器、静电继电器、光电继电器、电子继电器
3296	1	09	04	08	05						1090408050000000000	继电器保护装置	包括电流保护器、电压保护装置、差动保护装置、电动机保护装置、发电机保护装置、励磁保护装置、其他继电器保护装置	继电器保护装置、电流保护器、电压保护装置、差动保护装置、电动机保护装置、发电机保护装置、励磁保护装置
3297	1	09	04	08	06						1090408060000000000	配电或电器控制设备专用零件	包括高压控制柜及其底座、低压控制柜、其他配电或电器控制设备专用零件	配电控制设备专用零件、电器控制设备专用零件、高压控制柜、低压控制柜、电器辅件、高压控制柜底座、低压控制柜底座
3298	1	09	04	09							1090409000000000000	电线电缆	用以传输电（磁）能、信息和实现电磁能转换的线材产品。电缆定义为：由一根或多根绝缘线芯，以及它们各自可能具有的包覆层、总保护层及外护层组成的集合体；广义指绝缘电线，它可分为：信息传输的没有附加的绝缘的导体。用以传输电（磁）能、信息和实现电磁能转换的线材产品	电线、电缆、线缆
3299	1	09	04	09	01						1090409010000000000	裸电线	包括裸铜线、裸铝线、裸铜包钢线、铜包铝丝、其他裸电线	裸线、裸电线、裸铜线、裸铝线、铜包钢线、铜包铝丝
3300	1	09	04	09	02						1090409020000000000	绝缘电线	包括绕组电线、布线组、安装电线、电话机和计算机用弹簧线、电源插头线、其他绝缘电线	绝缘线、绝缘电线、绕组电线、布线组、安装电线、电话机用弹簧线、计算机用弹簧线、电源插头线
3301	1	09	04	09	03						1090409030000000000	同轴电缆	包括射频同轴电缆、高频同轴电缆、其他同轴电缆	同轴线、同轴电缆、射频电缆、高频电缆、同轴电缆
3302	1	09	04	09	04						1090409040000000000	专用电缆	包括通信及电子网络用电缆、电力电缆、影音电源阻燃软电缆、交通信号专用电缆、潜水电机用电缆、防水橡套软电缆、其他专用电缆	专用电缆、专用电线、通信用电缆、电子网络用电缆、电力电缆、电源阻燃软电缆、交通信号专用电缆、影音电缆、潜水电机用电缆、交通用电缆

续表

序号	篇	类	章	节	条	款	项	目	子目	细目	合并编码	商品和服务名称	说　明	关　键　字
3303	1	09	04	09	05						1090409050000000000	电子元器件引线		元器件引线
3304	1	09	04	09	99						1090409990000000000	其他电线电缆		水电机用防水橡套软电缆
3305	1	09	04	10							1090410000000000000	光纤、光缆	包括塑料光纤、单模光纤、多模光纤、特种光纤、普通光缆、特种光缆	光纤、光缆
3306	1	09	04	10	01						1090410010000000000	光纤	包括塑料光纤、单模光纤、多模光纤、特种光纤	光纤、塑料光纤、单模光纤、多模光纤、特种光纤
3307	1	09	04	10	02						1090410020000000000	光缆	包括普通光缆、特种光缆	a光缆、普通光缆、综合引入光缆、通信用室内光缆、网络用光缆、特种光缆、无金属自承式光缆、架空地线复合光缆、松套束管式光缆、层绞式光缆、带状光缆、防蚂蚁光缆、无卤阻燃光缆、骨架式光缆、水线光缆、应急光缆
3308	1	09	04	11							1090411000000000000	绝缘制品		
3309	1	09	04	11	01						1090411010000000000	电气绝缘子	指熔融玄武岩、硬化橡胶、混合绝缘材料制绝缘子	电气绝缘子、混合绝缘材料制电气绝缘子、高压线路悬形复合绝缘子、低压线路悬形复合绝缘子、布线复合绝缘子、通信复合绝缘子、高压支柱复合绝缘子、高压穿墙复合套管、电器复合套管
3310	1	09	04	11	02						1090411020000000000	电气设备用绝缘配件	包括电机或电气设备用的绝缘零件	电气设备用绝缘配件、复合材料制绝缘配件、块滑石制绝缘配件、硬化橡胶制绝缘配件、绝缘金属电导管、绝缘金属电导管接头

续表

序号	编码篇	类	章	节	条	款	项	子目	细目	合并编码	商品和服务名称	说明	关键字
3311	1	09	04	12						109041200000000000	内燃机电点火启动装置，相关电工器材	内燃机电点火启动装置及发电机、断流器	内燃机电点火启动装置、火花塞、点火磁电机、机车用点火磁电机、航空器用点火磁电机、船舶用点火磁电机、内燃机电点火永磁直流发电机、机车用永磁直流发电机、船舶用永磁直流发电机、航空器用永磁直流发电机、磁飞轮、机车用磁飞轮、船舶用磁飞轮、航空器用磁飞轮、分电器、机车用分电器、船舶用分电器、航空器用分电器、点火线圈、机车用点火线圈、船舶用点火线圈、航空器用点火线圈、内燃机用断流器
3312	1	09	04	12	01					109041201000000000	内燃机电点火启动装置	包括火花塞、点火磁电机、磁飞轮、分电器、点火线圈、熔断器、其他内燃机电点火启动装置	
3313	1	09	04	12	02					109041202000000000	电磁铁及电磁性装置	包括电磁性联轴节、电磁离合器、电磁制动器、电磁起重吸盘、电磁卡盘、永磁卡盘、夹紧器或提吊磁铁、电磁性工作夹具	电磁性装置、电磁性联轴节、电磁离合器、电磁制动器、电磁起重吸盘、电磁卡盘、永磁卡盘、夹紧器、提吊磁铁、电磁性工作夹具
3314	1	09	04	12	03					109041203000000000	风挡刮水器	包括机动车辆风挡刮水器、电动风挡刮水器	风挡刮水器、雨刮器、机动车辆风挡刮水器、电动风挡刮水器
3315	1	09	04	12	04					109041204000000000	除霜器	车辆除霜器、电阻除霜器	除霜器、去霜器、车辆除霜器、电阻除霜器
3316	1	09	04	12	05					109041205000000000	去雾器	车辆去雾器、电阻去雾器	去雾器、除雾器、车辆去雾器、电阻去雾器
3317	1	09	04	12	06					109041206000000000	内燃机电点火启动装置零件	电磁性装置零件、机车、航空器及船舶用电点火启动装置零件	内燃机电点火启动装置零件、电磁性装置零件、机车用电点火装置零件、航空器用电点火装置零件、船舶用电点火

续表

序号	编码篇	类	章	节	款	项目	子目	细目	合并编码	商品和服务名称	说明	关键字
3318	1	09	04	12	99				1090412990000000000	其他相关电工器材	包括同步器、矿用电雷管	装置零件
3319	1	09	04	13					1090413000000000000	电池及其零部件	指盛有电解质溶液和金属电极以产生电流的杯、槽或其他容器或复合容器的部分空间，能将化学能转化成电能的装置。具有正极、负极之分，以及其零部件	
3320	1	09	04	13	01				1090413010000000000	原电池及原电池组	又称一次电池，是按不可以充电设计的电池。按照电池所含的活性物质分类，原电池包括锌原电池、锂原电池和其他原电池	电池、原电池组
3321	1	09	04	13	01	01			1090413010100000000	无汞锌原电池	以锌做负极，汞含量低于电池重量的0.0001%（扣式电池按0.0005%）的原电池	无汞锌原电池
3322	1	09	04	13	01	02			1090413010200000000	含汞锌原电池	以锌做负极，汞含量高于电池重量的0.0001%（扣式电池按0.0005%）的原电池	含汞锌原电池
3323	1	09	04	13	01	03			1090413010300000000	锂原电池	以锂做负极的原电池，包括锂二氧化锰原电池、锂亚硫酰氯原电池、锂二硫化铁原电池、锂二氧化硫原电池、锂氧原电池、锂空气原电池（又称"锂空气原电池"）、锂氟化碳原电池等	锂原电池
3324	1	09	04	13	01	04			1090413010400000000	其他无汞原电池	其他汞含量低于电池重量的0.0001%（扣式电池按0.0005%）的原电池	
3325	1	09	04	13	01	05			1090413010500000000	其他含汞原电池	其他汞含量高于电池重量的0.0001%（扣式电池按0.0005%）的原电池	
3326	1	09	04	13	02				1090413020000000000	蓄电池		蓄电池
3327	1	09	04	13	02	01			1090413020100000000	铅酸蓄电池	铅酸蓄电池，指含以稀硫酸为电解质，二氧化铅正极和铅负极的蓄电池	铅酸蓄电池
3328	1	09	04	13	02	02			1090413020200000000	其他酸性蓄电池	其他含酸性电解质的蓄电池	

续表

序号	篇	类	章	节	条	款	项	目	子目	细目	合并编码	商品和服务名称	说明	关键字
												电池		
3329	1	09	04	13	02	03					1090413020300000000	金属氢化物镍蓄电池	又称"氢镍蓄电池"或"镍氢蓄电池"	金属氢化物镍蓄电池
3330	1	09	04	13	02	04					1090413020400000000	锂离子蓄电池	以锂做负极的原电池，包括锂二氧化锰原电池、锂亚硫酰氯原电池、锂二硫化铁原电池、锂二氧化硫原电池、锂氧原电池（又称"锂空气原电池"）、锂氟化碳原电池等按可充电、重复使用设计的电池	锂离子蓄电池
3331	1	09	04	13	02	05					1090413020500000000	全钒液流电池	全钒液流电池是通过正负极电解液中不同价态钒离子的电化学反应来实现电能和化学能互相转化的储能装置	全钒液流电池
3332	1	09	04	13	02	06					1090413020600000000	其他氧化还原液流电池	除氧化还原液流电池以外的其他同原理电池	
3333	1	09	04	13	02	99					1090413029900000000	其他蓄电池		
3334	1	09	04	13	03						1090413030000000000	太阳能电池	指将太阳光能转换成电能的装置，包括晶体硅太阳能电池、薄膜太阳能电池、化合物半导体太阳能电池等	太阳能电池、太阳能电池板
3335	1	09	04	13	04						1090413040000000000	燃料电池	指通过一个化学过程，将连续供应的反应物和氧化剂的化学能直接转变为电能的化学能发电装置	燃料电池、质子交换膜燃料电池、固体氧化物燃料电池、熔融碳酸盐燃料电池、磷酸盐燃料电池、直接醇类燃料电池、微型燃料电池
3336	1	09	04	13	05						1090413050000000000	其他电池		
3337	1	09	04	13	06						1090413060000000000	电池零部件		电池零部件
3338	1	09	04	14							1090414000000000000	家用制冷电器具	指家用和类似用途制冷电器具，包括家用冷藏箱、家用冷藏冷冻箱、家用冷冻箱、其他家用制冷器具。不包括工商用冷藏箱、空调设备、其他非家用制冷电器具（详见1090131）	

续表

序号	篇	类	章	节	条	款	项目	目	子目	细目	合并编码	商品和服务名称	说明	关键字
3339	1	09	04	14	01						109041401000000000	家用冷藏冷冻箱	指冷藏-冷冻组合机，包括单门冷藏冷冻箱、双门冷藏冷冻箱、多门冷藏冷冻箱	家用冷藏冷冻箱
3340	1	09	04	14	02						109041402000000000	家用冷藏箱	指家用和类似用途的单冷藏箱，包括电气吸收式、压缩式（含其中的家用酒柜、半导体式、其他各式家用冷藏箱	家用冷藏箱
3341	1	09	04	14	03						109041403000000000	家用冷冻箱	指家用和类似用途的卧式、立式及其他各式冷冻箱（冷柜）。含具有冷藏和冷冻转换功能的冷柜。不包括家用电冰箱（详见109041401）。家用冷藏箱（详见109041402）	家用冷冻箱
3342	1	09	04	14	99						109041499000000000	其他家用制冷电器具		家用冰淇淋机、家用制冰机
3343	1	09	04	15							109041500000000000	家用空调节器		
3344	1	09	04	15	01						109041501000000000	房间空气调节器	指家用和类似用途的房间空气调节器（俗称空调机），用于向封闭的房间、空间或区域直接提供经过处理的空气的一种空气调节电器。包括整体式、分体式，一拖多式及单冷或冷热式单冷的房间空气调节器，以及制冷量≤14000W的其他房间空气调节装置（详见109041503）。不包括家用房间空气湿度调节装置或空气调节装置的家用空气湿度调节装置（详见109041502、109041599），制冷量>14000W的工商用房间空气调节器（详见109013104）	房间空气调节器
3345	1	09	04	15	02						109041502000000000	家用空气湿度调节装置	包括除湿机、加湿机、其他家用空气湿度调节装置	除湿机、加湿机
3346	1	09	04	15	03						109041503000000000	家用房间空气清洁装置	包括空气清洁器、负离子发生器、其他家用房间空气清洁装置	空气清洁器、负离子发生器
3347	1	09	04	15	99						109041599000000000	其他家用空		

附录 A 商品和服务税收分类与编码 725

续表

序号	编码 篇	类	章	节	项	款	条	目	子目	细目	合并编码	商品和服务名称	说明	关键字
												气调节器		
3348	1	09	04	16							1090416000000000000	家用通风电器具	包括家用电风扇、家用吸排油烟机、电热干手器、家用换气扇、家用排气扇、其他家用通风电器具	
3349	1	09	04	16	01						1090416010000000000	家用电风扇	指家用和类似用途的电风扇（5W＜功率≤125W），包括吊扇、落地扇、台扇、壁扇、塔式扇、箱式扇等。不包括房屋、设备、计算机等用的换气扇（详见109012702）	吊扇、落地扇、台扇、壁扇、塔式扇、箱式扇
3350	1	09	04	16	02						1090416020000000000	家用吸排油烟机	家用和类似用途的吸排油烟机，欧式塔型吸排油烟机，包括深型吸排油烟机、侧吸式吸排油烟机、其他家用吸排油烟机	家用吸排油烟机
3351	1	09	04	16	03						1090416030000000000	家用换气、排气扇	指家用和类似用途的换气、排气扇，包括卫生间、厨房等用换气、排气扇	家用换气扇
3352	1	09	04	16	04						1090416040000000000	电热干手器		电热干手器
3353	1	09	04	16	99						1090416990000000000	其他家用通风电器具		
3354	1	09	04	17							1090417000000000000	家用厨房电器具	包括家用电热烹调器具、家用电热烧烤器具、家用水及饮料加热器具、家用电炉灶、家用食品加工电动器具、家用厨房电清洁器具、家用饮水电过滤装置、家用水电净化装置、其他家用厨房电器具	
3355	1	09	04	17	01						1090417010000000000	家用电热烹调器具	指家用和类似用途的电热烹调器具，包括电饭锅、电炒锅、电火锅、电饼铛、电煎锅、电炸锅、电压力锅、其他家用电烹调器具	电饭锅、电炒锅、电火锅、电饼铛、电煎锅、电炸锅、电压力锅
3356	1	09	04	17	02						1090417020000000000	家用电热烧烤器具	指家用和类似用途的电热烧烤器具，包括面包片烘烤炉、三明治炉、自动制面包机、其他家用电热烧烤器具	电热烘烤器具、面包片烘烤炉、三明治炉、家用电烤箱、电热烤盘、电烧烤炉、自动制面包机
3357	1	09	04	17	03						1090417030000000000	家用水及饮料加热器具	主要指家用水及饮料加热器具，包括电咖啡壶	电咖啡壶、电水壶、加热杯、电冷热

续表

序号	篇	类	章	节	条	款	项	目	子目	细目	合并编码	商品和服务名称	说　　明	关　键　字
3358	1	09	04	17	04						1090417040000000000	料加热器具	电水壶、加热环、电冷热饮水机、电热水瓶、制酸奶机、其他家用饮水及饮料加热器具	饮水机、电热水瓶、制酸奶机
3359	1	09	04	17	05						1090417050000000000	家用电炉灶	指家用和类似用途的电炉灶，包括微波炉、电磁灶、电灶、气电两用灶、其他家用电炉灶	微波炉、电磁灶、电灶、气电两用灶
3360	1	09	04	17	06						1090417060000000000	家用食品加工电动器具	指家用和类似用途的食品加工电动器具，包括家用榨汁机（家用）、豆浆机、食品研磨机、电动绞肉机、咖啡研磨机、瓜果电动削皮机及类似机械、揉面轧面机、其他家用食品加工电动器具	家用榨汁机、豆浆机、食品研磨机、电动绞肉机、咖啡研磨机、瓜果电动削皮机、揉面轧面机
3361	1	09	04	17	06						1090417060000000000	家用厨房电清洁器具	包括家用型洗碗机、厨房废物处理器、家用餐具消毒柜、家用餐具干燥器、其他家用厨房电清洁器具	家用型洗碗机、厨房废物处理器、家用餐具消毒柜、家用餐具干燥器、磨刀器、净刀器
3362	1	09	04	17	07						1090417070000000000	家用饮水电过滤、净化装置	包括家用型滤水器、其他家用饮水电过滤装置、家用饮水电净化装置	家用型滤水器
3363	1	09	04	17	99						1090417990000000000	其他家用厨房电器用具		
3364	1	09	04	18							1090418000000000000	家用清洁卫生电器具	包括家用洗衣机、家用脱水机、家用干衣机、其他家用电清洁器具、电热水器、家用电清洁卫生电器具	
3365	1	09	04	18	01						1090418010000000000	家用洗衣机	指干衣量≤10kg的家用洗衣机，包括全自动洗衣机、半自动双桶洗衣机、其他家用洗衣机	全自动洗衣机、半自动双桶洗衣机
3366	1	09	04	18	02						1090418020000000000	家用干衣机	指干衣量≤10kg的家用衣服干燥机，是利用电加热来使洗好的衣物中的水分即时蒸发干燥的清洁类家用电器	家用干衣机
3366	1	09	04	18	03						1090418030000000000	家用脱水机		家用脱水机
3367	1	09	04	18	04						1090418040000000000	电热水器	指以电作为能源进行加热的热水器，包括家用电	电热水器

附录 A 商品和服务税收分类与编码　727

续表

序号	编码篇	类	章	节	条	款	项	目	子目	细目	合并编码	商品和服务名称	说明	关键字
3368	1	09	04	18	05						1090418050000000000	家用电清洁器具	热水器、非家用电热水器	家用吸尘器、地板打蜡机、地板擦洗机、电动扫地机、蒸汽清洁机
3369	1	09	04	18	99						1090418990000000000	其他家用清洁卫生电器具	包括家用吸尘器、地板打蜡机、地板擦洗机、电动扫地机、蒸汽清洁机、其他家用电清洁器具	
3370	1	09	04	19							1090419000000000000	家用美容、保健电器具	指家用和类似用途的美容、保健电器具，包括电动脱毛器、电动牙刷、电美容仪、电动按摩器、其他家用电按摩器、保健电器具	
3371	1	09	04	19	01						1090419010000000000	家用理发、吹风电器具	指家用和类似用途的理发、吹风电器具。包括电动剃须刀、电动理发推剪、电吹风机、电热卷发器、卷发电熨器、其他家用理发电器具	电动剃须刀、电动理发推剪、电吹风机、电热卷发器、卷发电熨器
3372	1	09	04	19	02						1090419020000000000	电动脱毛器		电动脱毛器
3373	1	09	04	19	03						1090419030000000000	电美容仪	指美容店的皂美容仪	电美容仪
3374	1	09	04	19	04						1090419040000000000	电动牙刷		电动牙刷
3375	1	09	04	19	05						1090419050000000000	家用电动按摩器	包括足底电动按摩器、多功能电动按摩器、其他家用电动按摩器	足底电动按摩器、多功能电动按摩器、电动氧摇沙发、电动氧摇摆器
3376	1	09	04	19	99						1090419990000000000	其他家用美容、保健电器具		
3377	1	09	04	20							1090420000000000000	家用电热电力器具及类似产品	包括家用电热取暖器具、家用电熨烫器具、其他家用电热电力器具类似产品	
3378	1	09	04	20	01						1090420010000000000	家用电热取暖器具	包括电暖气、电暖炉、电热毯、其他家用电热取暖器具	电暖气、电暖炉、电热毯

续表

序号	篇	类	章	节	条	款	项	目	子目	细目	合并编码	商品和服务名称	说明	关键字
3379	1	09	04	20	02						1090420200000000000	家用电熨烫器具	包括电熨斗、其他家用电熨烫器具	电熨斗
3380	1	09	04	20	99						1090420990000000000	其他家用电热电力器具类似产品		
3381	1	09	04	21							1090421000000000000	家用电力器具专用配件	包括家用空调设备零件、家用电冰箱用配件、家用洗衣机用配件、电动理发工具零件、电热器具零件、家用电动器具零件、家用型净化装置零件、其他家用电力器具专用配件	
3382	1	09	04	21	01						1090421010000000000	家用空调设备零件		家用空调设备零件
3383	1	09	04	21	02						1090421020000000000	家用电冰箱用配件	包括家用电冰箱用蒸发器、家用电冰箱用吸收器、家用电冰箱用冷凝器、家用电冰箱用温控器、其他家用电冰箱用配件	家用电冰箱用蒸发器、家用电冰箱用吸收器、家用电冰箱用冷凝器、家用电冰箱用温控器
3384	1	09	04	21	03						1090421030000000000	家用洗衣机用配件	干衣量≤10kg洗衣机的零件，包括洗衣机用传感器、其他家用洗衣机用配件	洗衣机用传感器
3385	1	09	04	21	04						1090421040000000000	电动理发工具零件	包括电动剃须刀零件、电动毛发推剪的零件等	电动理发工具零件
3386	1	09	04	21	05						1090421050000000000	电热器具零件	包括微波炉用磁控管、其他电热器具零件	电热器具零件
3387	1	09	04	21	06						1090421060000000000	家用电动器具零件		家用电动器具零件
3388	1	09	04	21	07						1090421070000000000	家用型过滤、净化装置零件		家用型净化装置零件、家用型过滤装置零件
3389	1	09	04	21	99						1090421990000000000	其他家用电		

续表

序号	编码篇	类	章	节	条	款	项	目	子目	细目	合并编码	商品和服务名称	说明	关键字
3390	1	09	04	22							1090422000000000000	非电力家用器具	包括家用燃气用具、沼气用具、太阳能用具、液体燃料家用器具、固体燃料家用器具、铜制家用烹饪或供暖器具、非电力家用器具零件	
3391	1	09	04	22	01						1090422010000000000	家用燃气用具	指用天然气、液化石油气等作燃料的燃气用具。包括家用燃气炊事器具、家用燃气热水器、淋浴设备、其他家用燃气用具	家用燃气炊事器具、家用燃气热水器、淋浴房、淋浴设备
3392	1	09	04	22	02						1090422020000000000	沼气用具	包括沼气炊事器具、沼气保暖器、沼气热水器、其他沼气用具	沼气炊事器具、沼气保暖器、沼气热水器
3393	1	09	04	22	03						1090422030000000000	太阳能用具	包括太阳能炊事器具、太阳能保暖器、太阳能热水器、其他太阳能用具	太阳能炊事器具、太阳能保暖器、太阳能热水器
3394	1	09	04	22	04						1090422040000000000	液体燃料家用器具	包括液体燃料炊事器具、其他液体燃料家用器具	液体燃料炊事器具、煤油炉、酒精炉、燃油散热器
3395	1	09	04	22	05						1090422050000000000	固体燃料家用器具		钢铁制家用炊事器具
3396	1	09	04	22	06						1090422060000000000	铜制家用烹饪或供暖器具	钢铁制家用非电力器具，包括铜火锅、铜制暖手炉、其他铜制家用烹饪或供暖器具	铜火锅、铜制炭火盆、铜制暖手炉
3397	1	09	04	22	07						1090422070000000000	非电力家用器具零件	包括家用燃气用具零件、沼气用具零件、太阳能用具零件、液体燃料家用器具零件、固体燃料家用器具零件	家用燃气用具零件、沼气用具零件、太阳能家用器具零件、液体燃料家用器具零件、固体燃料家用器具零件
3398	1	09	04	23							1090423000000000000	电光源	包括白炽灯泡、荧光灯、冷阴极灯、卤钨灯、高强度气体放电灯（HID 灯）、照相闪光灯源、其他电光源	
3399	1	09	04	23	01						1090423010000000000	白炽灯泡	指将灯丝通电加热到白炽状态，利用热辐射发出可见光的电光源。包括科研医疗专用白炽灯泡、火	白炽灯泡

续表

序号	篇	类	章	节	条	款	项	目	子目	细目	合并编码	商品和服务名称	说明	关键字
													车用白炽灯泡、航空器用白炽灯泡、船舶用白炽灯泡、机动车辆用白炽灯泡、普通照明用白炽灯泡。不包括卤钨灯（详见10904304）、封闭式聚光灯（详见10904 2404）	
3400	1	09	04	23	02						109042302000000000	荧光灯	指热阴极荧光灯，包括科研专用荧光灯、火车用热阴极荧光灯、航空器用热阴极荧光灯、船舶用热阴极荧光灯、普通照明用荧光灯、其他荧光灯	热阴极荧光灯、普通照明用荧光灯
3401	1	09	04	23	03						109042303000000000	冷阴极荧光灯	包括背景光源用冷阴极荧光灯、照明用冷阴极荧光灯、其他冷阴极荧光灯	冷阴极荧光灯
3402	1	09	04	23	04						109042304000000000	卤钨灯	指气体内含有部分卤族元素或卤化物的充气白炽灯。包括科研、医疗专用卤钨灯、火车用卤钨灯、航空器用卤钨灯、船舶用卤钨灯、机动车辆用卤钨灯、其他卤钨灯	卤钨灯
3403	1	09	04	23	05						109042305000000000	高强度气体放电灯（HID灯）	包括汞蒸气灯（水银灯）、钠蒸气灯、金属卤化物灯、其他高强度气体放电灯	汞蒸气灯、水银灯、钠蒸气灯、金属卤化物灯
3404	1	09	04	23	06						109042306000000000	照相闪光灯光源	包括单端闪光灯泡、电池闪光灯、管形闪光灯、其他照相闪光光源	单端闪光灯泡、电池闪光灯、管形闪光灯
3405	1	09	04	23	99						109042399000000000	其他电光源		
3406	1	09	04	24							109042400000000000	灯具及照明装置	包括室内照明灯具、户外照明用灯具及装置、特殊用途灯具及照明装置、发光标志、发光铭牌及照明装置、非电气照明灯具、自供能源灯具、灯用电器附件、电光源、灯具及照明装置零件	
3407	1	09	04	24	01						109042401000000000	室内照明灯具	包括吊灯、吸顶灯、壁灯、台灯、落地灯、嵌入式灯具、轨道灯、支架灯具、射灯等	吊灯、吸顶灯、壁灯、台灯、落地灯、嵌入式灯具、轨道灯、支架灯具、射灯

附录A 商品和服务税收分类与编码 731

续表

序号	篇	类	章	节	款	条	项	目	子目	细目	合并编码	商品和服务名称	说明	关键字
3408	1	09	04	24	02						1090424020000000000	户外照明用灯具及装置	包括街灯及照明装置，庭院灯、投光灯、草坪灯、地埋灯、其他户外照明用灯具及装置	街灯、街灯照明装置、庭院灯、投光灯、道路灯、草坪灯、地埋灯
3409	1	09	04	24	03						1090424030000000000	装饰用灯	包括圣诞树用成套灯具、其他装饰用灯	圣诞树用成套灯具、电气彩灯串、变色灯、滚柱彩灯
3410	1	09	04	24	04						1090424040000000000	特殊用途灯具及照明装置	包括农业用灯具、医疗用灯具、飞机用照明装置、船舶用照明装置、应急灯、防爆灯、水下灯、影视舞台用灯具、其他特殊用途灯具及照明装置	农业用灯具、医疗用灯具、火车用照明装置、飞机用照明装置、船舶用照明装置、应急灯、暗室灯、防爆灯、水下灯、影视舞台用灯具、摄影室用灯、机器用灯、聚光灯、防爆灯具、探照灯
3411	1	09	04	24	05						1090424050000000000	发光铭牌及类似品	包括灯饰招牌、霓虹灯具、广告灯具、安全标志灯、其他发光铭牌及类似品	灯饰招牌、灯饰铭牌、霓虹灯具、广告灯具、安全标志灯
3412	1	09	04	24	06						1090424060000000000	非电气灯具及照明装置	包括便携式灯具、烛台、烛架、其他非电气灯具及照明装置	便携式灯具、防风灯、马厩灯、手提灯、矿灯、采石矿工用灯、烛台、烛架
3413	1	09	04	24	07						1090424070000000000	自供能源灯具	指依靠自供电源进行工作的手提式电筒，包括手电筒、莫尔斯信号灯、矿工安全灯、头戴通用检查灯（头灯）、其他自供能源灯具	手电筒、莫尔斯信号灯、矿工安全灯、头戴通用检查灯、头灯
3414	1	09	04	24	08						1090424080000000000	灯用电器附件	包括灯用镇流器、灯用启辉器、灯用变压器、灯用逆变器、其他灯用电器附件	灯用镇流器、灯用启辉器、灯用变压器、灯用逆变器、灯用触发器
3415	1	09	04	24	09						1090424090000000000	电光源、灯具及照明装置零件	包括电光源零件、室内照明用灯具及装置零件、户外照明用灯具及装置零件、自供能源灯具零件、其他灯具及装置零件	电光源零件、室内照明用灯具零件、户外照明用灯具零件、自供能源灯具零件
3416	1	09	04	25							1090425000000000000	车辆专用照明、信号装置	包括机动车辆用电气照明装置、自行车照明装置、车辆用音响或视觉信号装置、电气音响信号装置、其他车辆专用照明	车辆用电气照明装置、车辆用视觉信号装置、音响信号装置、车辆用电气音响或视觉信号装置

续表

序号	编码 篇	类	章	节	条	款	项	目	子目	细目	合并编码	商品和服务名称	说明	关键字
3417	1	09	04	25	01						1090425010000000000	机动车辆用电气照明装置	包括车头灯、警车用探照灯、车用信号、指示灯、其他机动车辆用电气照明装置	车头灯、漫射驾驶灯、防雾灯、车头聚光灯、警车用探照灯、边灯、尾灯、停车灯、车牌照明灯、刹车灯、转向指示灯、倒车灯、车用组合灯具、车顶灯壁灯、踏板指示灯、门框灯、仪表板灯
3418	1	09	04	25	02						1090425020000000000	车辆用视觉信号装置	包括停车设备、发光超车信号装置、其他车辆用视觉信号装置	停车设备、发光超车信号设备、电气视觉信号设备
3419	1	09	04	25	03						1090425030000000000	自行车照明或视觉、音响信号装置	包括自行车电气照明装置、自行车视觉信号装置、音响信号装置、自行车喇叭、其他自行车照明装置	自行车电气照明装置、自行车视觉信号装置、自行车喇叭
3420	1	09	04	25	04						1090425040000000000	车辆用电气音响信号装置	包括汽车喇叭、车辆用电气音响信号装置	汽车喇叭、车辆用蜂鸣器
3421	1	09	04	25	05						1090425050000000000	电气音响或视觉信号装置	包括显示板及类似装置、信号及类似装置	办公室显示器、电梯显示器、船舶传令装置、机舱传令装置、车站显示器、足球场用显示器、电铃、电蜂器、电门钟、工厂用电笛、空袭警报器、船用电笛、船用喇叭、闪烁信号灯、同歇信号灯
3422	1	09	04	25	06						1090425060000000000	照明及电气信号装置零件	包括车辆专用照明或视响信号装置零件、电气音响信号装置零件	车辆专用照明装置零件、电气信号装置零件、电气音响装置零件、视觉信号装置零件
3423	1	09	04	25	99						1090425990000000000	其他照明、信号及其装置		
3424	1	09	04	26							1090426000000000000	具有独立功能电气设备及装置	包括粒子加速器、信号发生器（电装置）、电窗网激发器、紫外线辐照设备、其他具有独立功能电气设备及装置	电气空间加热具装置

附录A 商品和服务税收分类与编码 733

续表

序号	篇	类	章	节	条	款	项	目	子目	细目	合并编码	商品和服务名称	说明	关键字
3425	1	09	04	26	01						1090042601000000000	粒子加速器	包括回旋粒子加速器、其他粒子加速器	粒子加速器
3426	1	09	04	26	02						1090042602000000000	信号发生器（电气装置）	包括通用信号发生器、其他信号发生器（电气装置）	信号发生器
3427	1	09	04	26	03						1090042603000000000	电气空间加热器具装置	包括电气储存式散热器、对流加热器、加热嵌板、汽车、火车、飞机用电热装置、道路加热器、发动机加热器、加热电阻器、电气空间加热器具装置	电气储存式散热器、对流加热器、加热嵌板、汽车用电热装置、火车用电热装置、飞机用电热装置、道路加热器、电气土壤加热装置、发动机加热器、加热电阻器
3428	1	09	04	26	04						1090042604000000000	电篱网激发器		电篱网激发器
3429	1	09	04	26	05						1090042605000000000	紫外线辐照设备	指一般工业用的紫外线辐照设备	紫外线辐照设备
3430	1	09	04	26	99						1090042699000000000	其他具有独立功能电气设备及装置	除粒子加速器、信号发生器（电气装置）、电气空间加热器具装置、电篱网激发器、紫外线辐照设备外的其他具有独立功能电气设备及装置。包括信号发生电机、探雷器、电动地雷搜索器、臭氧发生及扩散电气装置等	信号发电机、探雷器、电动地雷搜索器、臭氧扩散电气装置
3431	1	09	05								1090050000000000000	通信设备、计算机及其他电子设备	包括通信传输设备、通信交换设备、通信终端设备、移动通信设备及零部件、通信接入设备、雷达、无线电导航及无线电遥控设备、广播电视设备、电子计算机及其部件、计算机网络设备、电子计算机外部设备、电子计算机配套产品及耗材、信息系统安全产品、真空电子器件及零件、半导体分立器件、光电子器件及激光器件、集成电路、微电子组件、电子元件、敏感元件及传感器、印制电路板、家用音视频设备、其他未列明电子设备	

续表

序号	编码 篇	类	章	节	条	款	项	目	子目	细目	合并编码	商品和服务名称	说明	关键字
3432	1	09	05	01	01						1090501000000000000	通信传输设备	包括光通信设备、卫星通信设备、微波通信设备、散射通信设备、载波通信设备、通信导航定向设备、通信传输设备零件	
3433	1	09	05	01	01						1090501010000000000	光通信设备	包括光端机、光缆中继设备、光纤放大器、光分插复用器、光交叉联接设备、光分插复用设备（MSTP）、电光转换（ADM）、多业务传送设备（MSTP）、电光转换器、自动交换光网络设备（ASON）、光无源光分路器、自动交换光网络设备（ASON）、光传送网络设备（OTN）、分组传送网络设备（PTN）、其他光通信设备	光端机、光缆中继设备、光纤放大器、光分插复用器、光交又联接设备、光分插复用设备、多业务传送设备、电光转换器、自动交换光网络设备、无源光分路器、光传送网络设备、分组传送网络设备
3434	1	09	05	01	02						1090501020000000000	卫星通信设备	包括卫星地面接收机、卫星接收天线、卫星导航定位天线、卫星通信地面站终端机、甚小型天线地球站（VSAT）、卫星地面通信零部件、其他卫星通信设备。不包括电视用卫星通信设备（详见109050802）	卫星地面接收机、卫星接收天线、卫星导航定位接收机、卫星通信地面站天线、卫星通信地面站终端机、甚小型天线地球站、卫星地面站零部件
3435	1	09	05	01	03						1090501030000000000	微波通信设备	包括微波收发通信机、微波终端机、微波天线、其他微波通信设备	微波收发通信机、微波终端机、微波天线、微波馈线
3436	1	09	05	01	04						1090501040000000000	散射通信设备	包括散射通信终端机、散射信道机、散射通信天线、其他散射通信设备	散射通信终端机、散射信道机、散射通信天线
3437	1	09	05	01	05						1090501050000000000	载波通信设备	包括海底电缆载波通信系统设备、载波终端机、载波增音机、电力载波通信设备、其他载波通信设备	载波终端机、载波增音机、电力线载波机
3438	1	09	05	01	06						1090501060000000000	通信导航定向设备	包括飞机通信导航定向设备、航用通信导航定向设备、地面通信导航定向设备、其他通信导航定向设备	飞机通信导航定向设备、航用通信导航定向设备、地面通信导航定向设备
3439	1	09	05	01	07						1090501070000000000	通信传输设备零件	包括天线滤波器及分离器、天线及其反射器零件、光端机零件、脉冲编码调制设备零件、其他通信传输设备零件	天线滤波器、天线、天线分离器、天线支架、天线底架、天线反射器零件、光端机零件、脉冲编码调制设备零件

续表

序号	编码篇	类	章	节	条	款	项	目	子目	细目	合并编码	商品和服务名称	说明	关键字
3440	1	09	05	02							1090502000000000000	通信交换设备	包括程控交换机、ATM交换机、光交换机、其他通信交换设备零件	数字程控交换机、软交换控制设备、综合接入设备、接入媒体网关、中继媒体网关、七号信令转接点、SIGTRAN信令网关
3441	1	09	05	02	01						1090502010000000000	程控交换机	包括数字程控交换机、固网软交换相关设备、七号信令转接设备。不包括移动交换机（详见109050401）	
3442	1	09	05	02	02						1090502020000000000	ATM交换机		ATM交换机
3443	1	09	05	02	03						1090502030000000000	光交换机		光交换机
3444	1	09	05	02	04						1090502040000000000	通信交换设备零件	含通信交换设备专用箱、壳，包括数字式程控电话交换机零件、电报交换机零件、其他通信交换设备零件	数字式程控电话交换机零件、电报交换机零件
3445	1	09	05	02	99						1090502990000000000	其他通信交换设备	包括分组交换机、电报交换机等	分组交换机、电报交换机
3446	1	09	05	03							1090503000000000000	通信终端设备	包括收发合一中小型电台、电话单机、数据终端设备、通信终端设备用零件	
3447	1	09	05	03	01						1090503010000000000	收发合一中小型电台	指无线电报收发合一设备，包括短波电台、超短波跳频电台、其他收发合一中小型电台	短波电台、超短波电台、短波跳频电台、超短波跳频电台
3448	1	09	05	03	02						1090503020000000000	电话单机	有线电话、电报设备。包括PSTN普通电话机、网络电话机（IP电话机）、特种电话机	PSTN普通电话机、网络电话机、IP电话机、特种电话机
3449	1	09	05	03	03						1090503030000000000	数据终端设备	包括传真机、数传机、其他数据终端设备	传真机、基带数传机、低速数传机、电话网数传机、群路数传机、数码通信机、短波数传机
3450	1	09	05	03	04						1090503040000000000	通信终端设备用零件	含通信终端设备专用箱、壳，包括传真机零件、其他通信终端设备备用零件	传真机零件

续表

序号	篇	类	章	节	条	款	项	目	子目	细目	合并编码	商品和服务名称	说　明	关键字
3451	1	09	05	04							1090504000000000000	移动通信设备	包括数字蜂窝移动电话系统设备、无中心选址通信系统设备、集群通信系统设备、移动通信设备零件	
3452	1	09	05	04	01						1090504010000000000	数字蜂窝移动电话系统设备	包括移动通信基站设备、移动通信基站天线、干线放大器、直放站、移动交换机（MSC）、移动软交换设备、移动通信核心网分组域设备、其他数字蜂窝移动电话系统设备	移动通信基站设备、移动通信基站天线、干线放大器、直放站、移动软交换设备、移动通信核心网分组域设备
3453	1	09	05	04	02						1090504020000000000	集群通信系统设备	包括集群基站设备、集群基站天线、集群交换设备	集群基站设备、集群基站天线、集群交换设备
3454	1	09	05	04	03						1090504030000000000	无中心选址通信系统设备		无中心选址通信系统设备
3455	1	09	05	04	04						1090504040000000000	移动通信设备零件		移动通信设备零件
3456	1	09	05	05							1090505000000000000	移动通信终端设备及零部件	包括移动通信手持机（手机）、移动通信终端设备、其他移动通信终端设备零件	
3457	1	09	05	05	01						1090505010000000000	移动通信手持机（手机）	车载终端、无线固定话机等终端按照技术标准对应到下列细目中，包括GSM手持机、CDMA手持机、3G手持机、SCDMA终端	手机
3458	1	09	05	05	02						1090505020000000000	移动通信终端设备零件	包括移动通信手持机零件、对讲机零件、其他移动通信终端设备零件	移动通信手持机零件、对讲机零件
3459	1	09	05	05	99						1090505990000000000	其他移动通信终端设备	除移动通信手持机（手机）、移动通信终端设备零件外的其他移动通信终端设备，包括集群通信终端、对讲机、小灵通、其他未列明移动通信终端设备	集群通信终端、对讲机、小灵通
3460	1	09	05	06							1090506000000000000	通信接入设备	包括光纤接入设备、铜缆接入设备、电力线宽带	

附录 A 商品和服务税收分类与编码 737

续表

序号	篇	类	章	节	条	款	项	目	子目	细目	合并编码	商品和服务名称	说明	关键字
3461	1	09	05	06	01						1090506010000000000	光纤接入设备	接入设备（BPL）、固定无线接入设备在服务器端与用户之间完全以光纤作为传输媒体，以光波传输技术为主要技术形势的接入设备。包括无源光网络（PON）、有源光网络（AON）	无源光网络、有源光网络
3462	1	09	05	06	02						1090506020000000000	铜缆接入设备	指以铜线为传输介质的宽带接入技术。包括非对称数字用户线（ADSL）、高速率数字用户线路调制解调器（HDSL MODEM）、甚高速率数字用户线（VDSL）	ADSL 接入复用器、ADSL 调制解调器、高速率数字用户线路调制解调器、VDSL 接入复用器、VDSL 调制解调器、VDSL 交换机、语音分离器、甚高速率 POTS 分离器
3463	1	09	05	06	03						1090506030000000000	电力线宽带接入设备（BPL）	电力宽带接入技术就是以电力线为传输介质实现宽带接入的技术，包括电力网桥、电力线调制解调器（电力猫）	电力网桥、电力线调制解调器、电力猫
3464	1	09	05	06	04						1090506040000000000	固定无线接入设备	包括 WiMAX 设备、McWill 设备、其他固定无线接入设备	WiMAX 设备、McWill 设备
3465	1	09	05	07								1090507000000000000	雷达、无线电导航及无线电遥控设备	包括雷达设备、无线电导航设备、无线电遥控设备、雷达及无线电导航设备零件	
3466	1	09	05	07	01						1090507010000000000	雷达设备	包括导航用雷达设备、气象雷达、空警警报雷达装置、盲目投弹雷达装置、其他雷达设备、雷达发射—应答器	导航用雷达设备、盲降控制设备、交通控制设备、雷达测高设备、气象雷达、空袭警报雷达装置、盲目投弹雷达设备、雷达发射—应答器
3467	1	09	05	07	02						1090507020000000000	无线电导航设备	包括机动车辆用无线电导航设备、无线电罗盘、无线电信标、无线电浮标、其他无线电导航设备	机动车辆用无线电导航设备、无线电罗盘、无线电信标、无线电浮标、接收机
3468	1	09	05	07	03						1090507030000000000	无线电遥控设备	包括船舶无线电遥控设备、遥控设备、遥控火箭、导弹无线电遥控设备、无人驾驶飞机无线电遥控设备、玩具、无线电遥控设备、遥控用无线电装置	无线电遥控设备、遥控用无线电装置

续表

序号	篇	类	章	节	款	条	项目	子目	细目	合并编码	商品和服务名称	说明	关键字
3469	1	09	05	07	04					1090507040000000000	雷达及无线电导航设备零件	模型遥控用无线电装置、地雷引爆遥控用无线电装置、机器遥控用无线电装置、其他无线电遥控设备包括雷达天线及其反射器及零件、其他雷达反射器及零线电导航设备零件	雷达天线零件、雷达反射器零件
3470	1	09	05	08						1090508000000000000	广播电视设备	包括广播电视节目制作及播控设备、广播电视发射及传输设备、应用广播电视设备、广播电视专用配件	
3471	1	09	05	08	01					1090508010000000000	广播电视节目制作及播控设备	包括音频节目制作和播控设备、视听节目制作及播控设备、电视转播车及现场新闻采集车	广播专用录音、广播专用放音设备、调音台、音质加工与信号处理设备、监听机、广播电视摄像机、广播电视专业摄像机、视频切换台、视频矩阵、非线性编辑设备、虚拟演播室设备、视频信号源设备、视频信号处理设备、电视信号同步设备、电视转播车、现场新闻采集车
3472	1	09	05	08	02					1090508020000000000	广播电视发射及传输设备	包括广播电视发射设备、电视发射设备、卫星电视传输设备、有线电视网络设备	广播发射设备、电视发射设备、卫星电视设备、广播电视微波传输设备、有线电视网络设备
3473	1	09	05	08	03					1090508030000000000	应用广播电视设备	包括通用应用电视监控系统设备、特殊环境应用电视设备、特殊成像及功能应用电视设备、其他应用广播电视设备	通用应用电视监控系统设备、特殊环境应用电视设备、特殊成像应用电视设备、特殊功能应用电视设备
3474	1	09	05	08	04					1090508040000000000	广播电视设备专用配件	包括激励器、中频调制器、双工器、输出滤波器、天线开关、发射天线、其他广播电视设备专用配件	激励器、中频调制器、双工器、滤波器、天线开关、发射天线、输出
3475	1	09	05	09						1090509000000000000	电子计算机及其部件	包括电子计算机整机、计算机数字式自动数据处理设备	
3476	1	09	05	09	01					1090509010000000000	电子计算机	指数字式自动数据处理设备，含模拟式或混合式	计算机工作站、微型计算机设备、服

续表

序号	编码 篇	类	章	节	条	款	项	目	子目	细目	合并编码	商品和服务名称	说　明	关　键　字
3477	1	09	05	09	02						1090509020000000000	整机	自动数据处理设备，包托计算机工作站、微型计算机设备、服务器、系统形式自动数据处理设备	
												计算机数字式处理部件	包括高性能计算机数字式处理部件、微型计算机数字式处理部件、服务器数字式处理部件、笔记本计算机数字式处理部件、工业控制计算机数字式处理部件、工业控制计算机输入输出部件、其他计算机数字式处理部件	高性能计算机数字式处理部件、微型计算机数字式处理部件、服务器数字式处理部件、笔记本计算机数字式处理部件、工业控制计算机数字式处理部件、工业控制计算机输入输出部件
3478	1	09	05	10							1090510000000000000	计算机网络设备	包括网络控制设备、网络接口和适配器、网络连接设备、网络优化设备、网络检测设备、其他计算机网络设备	
3479	1	09	05	10	01						1090510010000000000	网络控制设备	包括通信控制处理机、集中器、网络终端控制器	通信控制处理机、集中器、网络终端控制器
3480	1	09	05	10	02						1090510020000000000	网络接口和适配器	包括网络收发器、网络转发器、网络分配器、网络接口和网络时钟同步设备、其他网络接口和适配器	网络收发器、网络转发器、网络分配器、通信网络时钟同步设备
3481	1	09	05	10	03						1090510030000000000	网络连接设备	包括集线器、路由器、数字交叉连接设备、数字数据网络节点设备、交换机、无线局域网接入点（AP）、其他网络连接设备	集线器、路由器、数字数据网络节点、数字交叉连接设备、交换机、无线局域网接入点
3482	1	09	05	10	04						1090510040000000000	网络优化设备	包括负载均衡器、流量控制器、其他网络优化设备	负载均衡器、流量控制器
3483	1	09	05	10	05						1090510050000000000	网络检测设备	包括协议分析器、协议测试设备、差错检测设备、其他网络检测设备	协议分析器、协议测试设备、差错检测设备
3484	1	09	05	10	99						1090510990000000000	其他计算机网络设备		
3485	1	09	05	11							1090511000000000000	电子计算设备及装置	包括终端显示设备、输入设备及装置、输出设备及装置、外存储设备及部件、阅读机、数据转录及处理机械	

续表

序号	编码篇	类	章	节	条	款	项	目	子目	细目	合并编码	商品和服务名称	说　明	关　键　字
3486	1	09	05	11	01						1090511010000000000	终端显示设备	包括字符汉字终端、图形图像终端、显示器	字符汉字终端、图形图像终端、显示器
3487	1	09	05	11	02						1090511020000000000	输入设备及装置	包括绘图仪、人机交互式设备、扫描仪、IC卡读写机具、磁卡读写机、图形板、触感屏、字符阅读机具、射频卡读写机具、射频阅读设备、生物特征识别设备、其他输入设备及装置	绘图仪、人机交互式设备、扫描仪、IC卡读写机具、磁卡读写机、图形板、触感屏、字符阅读机具、射频卡、射频阅读设备、生物特征识别设备
3488	1	09	05	11	03						1090511030000000000	输出设备及装置	包括打印机、语音输出设备、图形图像输出设备、其他输出设备及装置	打印机、语音输出设备、图形图像输出设备
3489	1	09	05	11	04						1090511040000000000	外存储设备及部件	包括软盘存储器、硬盘存储器、光盘存储器、网络存储器、半导体存储设备、磁性存储设备、其他外存储设备及部件	软盘存储器、硬盘存储器、光盘存储器、网络存储器、半导体存储器、磁性存储设备
3490	1	09	05	11	05						1090511050000000000	阅读机、数据转录及处理机械	包括磁性阅读机、光学阅读机、数据转录媒体机械、数据处理机械、其他阅读机	磁性阅读机、光学阅读机、数据转录媒体机械、数据处理机械
3491	1	09	05	12							1090512000000000000	电子计算机配套产品及耗材		
3492	1	09	05	12	01						1090512010000000000	微机板卡	包括微机主机板、其他电子计算机板卡	微机主机板、其他微机板卡
3493	1	09	05	12	02						1090512020000000000	计算机电电源	指计算机专用电源、包括开关电源、UPS电源	开关电源、UPS电源
3494	1	09	05	12	99						1090512990000000000	其他电子计算机配套产品及耗材	除外微机板卡、计算机电源的其他电子计算机配套产品及耗材，包括机箱、鼠标器、键盘、打印头、墨盒、磁卡、IC卡、色带、硒鼓、其他未列明电子计算机配套产品及耗材	机箱、鼠标器、键盘、打印头、墨盒、磁卡、IC卡、色带、硒鼓
3495	1	09	05	13							1090513000000000000	信息系统安全产品	包括访问控制类设备、边界防护类设备、数据保护类设备、安全检测类设备、安全智能卡类设备	

附录 A　商品和服务税收分类与编码　741

续表

序号	篇	类	章	节	条	款	项目	子目	细目	合并编码	商品和服务名称	说　明	关　键　字
3496	1	09	05	13	01					1090513010000000000	访问控制类设备	密钥管理类设备、其他信息系统安全设备	单点登录系统、接入服务器、权限管理基础设施
3497	1	09	05	13	02					1090513020000000000	边界防护类设备	包括防火墙、虚拟专用网设备（VPN）、抗拒绝服务（Dos）攻击系统、网络隔离类设备、其他边界防护类设备和系统	防火墙、虚拟专用网设备、抗拒绝服务攻击系统、网络隔离设备
3498	1	09	05	13	03					1090513030000000000	数据保护类设备	包括防病毒系统、恶意代码检测系统、数据备份与恢复系统、数据防拷贝设备、其他数据保护类设备和系统	防病毒系统、恶意代码检测系统、数据备份与恢复系统、数据防拷贝设备
3499	1	09	05	13	04					1090513040000000000	安全检测类设备	包括入侵检测系统、入侵防御系统、安全扫描器、安全审计系统、其他安全检测类设备和系统	入侵检测系统、入侵防御系统、安全扫描器、安全审计系统
3500	1	09	05	13	05					1090513050000000000	安全智能卡类设备		安全智能卡类设备
3501	1	09	05	13	06					1090513060000000000	密钥管理类设备		密钥管理类设备
3502	1	09	05	13	07					1090513070000000000	税控设备	包括税控盘，不包括税控加油机（详见1090626101），税控收款机（详见1090626102）	
3503	1	09	05	13	99					1090513990000000000	其他信息系统安全设备外的其他信息系统安全设备	除访问控制类设备、边界防护类设备、数据保护类设备、安全检测类设备、安全智能卡类设备、密钥管理类设备外的其他信息系统安全设备	
3504	1	09	05	14						1090514000000000000	真空电子器件及零件	包括电子管、真空电子管、电子束管、射线计数管、真空开关管、真空电子器件零件、其他电子器件	
3505	1	09	05	14	01					1090514010000000000	电子管	包括收讯放大管、微波管、发射管、稳定管、离子管	收讯放大管、微波管、发射管、稳定管、离子管
3506	1	09	05	14	02					1090514020000000000	电子束管	包括显像管、显示管、投影管、监视管、飞点扫描管、储存管、脉冲形成管、其他电子束管	显像管、显示管、投影管、监视管、飞点扫描管、储存管、脉冲形成管

续表

序号	篇	类	章	节	条	款	项	目	子目	细目	合并编码	商品和服务名称	说明	关键字
3507	1	09	05	14	03						1090514030000000000	射线计数管		射线计数管
3508	1	09	05	14	04						1090514040000000000	真空开关管	包括高、中压真空开关管（3~36kV）、低压真空开关管（3kV以下）、其他真空开关管	高压真空开关管、中压真空开关管、低压真空开关管
3509	1	09	05	14	05						1090514050000000000	真空电子器件零件	包括显像管配件、电子管零件、其他真空电子器件零件	显像管配件、电子管零件
3510	1	09	05	14	99						1090514990000000000	其他真空电子器件	包括真空荧光显示器件（VFD）、真空规管、频标管、其他未列明真空电子器件	真空荧光显示器件、真空规管、频标管
3511	1	09	05	15							1090515000000000000	半导体分立器件	包括半导体二极管、半导体三极管、小信号晶体管、功率晶体管、半导体敏感器件、其他半导体分立器件	
3512	1	09	05	15	01						1090515010000000000	半导体二极管	包括小信号二极管、稳压、整流、开关二极管、过电过压保护二极管、其他半导体二极管。不包括光电二极管（详见1090516）	小信号二极管、稳压、整流、开关二极管、过电过压保护二极管、微波二极管
3513	1	09	05	15	02						1090515020000000000	半导体三极管		半导体三极管
3514	1	09	05	15	03						1090515030000000000	小信号晶体管	包括双极晶体管、场效应晶体管、微波晶体管	双极晶体管、场效应晶体管、微波晶体管
3515	1	09	05	15	04						1090515040000000000	功率晶体管	包括双极功率晶体管、双极功率晶体管模块、场效应功率晶体管、场效应功率晶体管模块、微波功率晶体管、微波功率晶体管模块、绝缘栅双极晶体管、绝缘栅双极晶体管模块、晶闸管（5A以下）	双极功率晶体管、双极功率晶体管模块、场效应功率晶体管、场效应功率晶体管模块、微波功率晶体管、微波功率晶体管模块、绝缘栅双极晶体管、绝缘栅双极晶体管模块、晶闸管
3516	1	09	05	15	05						1090515050000000000	半导体敏感器件	包括压力敏感器件、磁敏感器件、气敏器件、湿敏器件、离子敏感器件、声敏感器件、射线敏感器件、静电敏感器件、光敏感器件、生物敏感器件、热电敏感器件	压力敏感器件、磁敏感器件、气敏器件、湿敏器件、离子敏感器件、声敏感器件、射线敏感器件、静电敏感器件、光敏感器件、生物敏感器件、热电敏感

附录A 商品和服务税收分类与编码

续表

序号	篇	类	章	节	条	款	项	子目	细目	合并编码	商品和服务名称	说明	关键字
3517	1	09	05	15	99					1090515990000000000	其他半导体分立器件	感器件、其他半导体敏感器件	感器件、光敏器件、热敏感器件
3518	1	09	05	16						1090516000000000000	光电子器件及激光器件	包括电子束光器件、电真空光电子器件、半导体光电子器件、激光器件	
3519	1	09	05	16	01					1090516010000000000	电子束光电器件	包括电倍增管、X射线图像增强管、摄像管、其他电子束光电器件	光电倍增管、X射线图像增强管、摄像管、光电图像器件
3520	1	09	05	16	02					1090516020000000000	电真空光电子器件	包括显示器件、发光器件、光敏器件、红外器件、X射线（光）管、其他真空光电子器件	显示器件、发光器件、光敏器件、光电耦合器件、红外器件、X射线管
3521	1	09	05	16	03					1090516030000000000	半导体光电器件	包括光电探测器件、发光二极管（LED管）、其他半导体光电器件	光电探测器件、发光二极管
3522	1	09	05	16	04					1090516040000000000	激光器件	包括半导体激光器件、固体激光器件、气体激光器件、其他激光器件	半导体激光器件、固体激光器件、气体激光器件
3523	1	09	05	17						1090517000000000000	集成电路	一种微型电子器件或部件，包括集成电路封装系列、集成电路成品	集成电路圆片、集成电路封装系列、集成电路成品
3524	1	09	05	18						1090518000000000000	微电子组件	包括集成电路模块、多芯片封装组件（MCM）、其他微电子组件	集成电路模块、多芯片封装组件
3525	1	09	05	19						1090519000000000000	电子元件	包括电容器、电阻器及电阻网络、电位器、频率控制元器件、磁性材料元件、电声器件、射频元器件、电子元件、组件零件、其他电子元件	电容器、电阻器、电阻网络、电位器、频率控制元器件、磁性材料元件、电声器件、射频元器件、电子元件、组件零件
3526	1	09	05	19	01					1090519010000000000	电容器	由两块金属电极之间夹一层绝缘电介质构成。包括电解电容器、瓷介电容器、云母电容器、玻璃釉电容器、纸介电容器、塑料介质电容器、可变电容器、其他电容器、电容网络	电容器、电容网络

续表

序号	编码篇	类	章	节	条	款	项	目	子目	细目	合并编码	商品和服务名称	说明	关键字
3527	1	09	05	19	02						1090519020000000000	电阻器及电阻网络	包括电阻器、电阻网络	电阻器、电阻网络
3528	1	09	05	19	03						1090519030000000000	电位器	是可变电阻器的一种，通常由电阻体与转动或滑动系统组成。包括线绕电位器、碳膜电位器、实芯电位器、玻璃釉电位器、导电塑料电位器、片式电位器、其他电位器	电位器
3529	1	09	05	19	04						1090519040000000000	频率控制元器件	包括压电陶瓷及频率元件、压电石英晶体元器件	压电陶瓷滤波器、压电陶磁谐振器、压电陶瓷检频器、压电陶瓷换能器、片式压电陶瓷器件、音叉、频率控制元器件、声表面波滤波器、声表面波谐振器、片式声表面波器件、微波器件、压电石英晶体谐振器、压电石英晶体滤波器、压电石英晶体振荡器、片式压电晶体器件
3530	1	09	05	19	05						1090519050000000000	磁性材料元件	指金属永磁铁及磁化后准备制永磁铁的物品。包括金属软磁元件、铁氧体软磁元件、铁氧体永磁元件、稀土永磁元件、永磁合金、微波铁氧体器件、电子变压器	金属软磁元件、铁氧体软磁元件、铁氧体永磁元件、稀土永磁元件、永磁合金、微波铁氧体器件、电子变压器
3531	1	09	05	19	06						1090519060000000000	电声器件	指电和声相互转换的器件，利用电磁感应、感应或电效应来完成电声转换。包括通信传声器件、耳机及类似装置、扬声器（麦克风）、扬声器、传声器、蜂鸣器、蜂鸣片、其他电声器件	通信传声器件、传声器、麦克风、耳机、音箱、蜂鸣器、蜂鸣片
3532	1	09	05	19	07						1090519070000000000	射频元器件		射频元器件
3533	1	09	05	19	08						1090519080000000000	电子元件、组件零件	包括电容器零件、电阻器零件、电位器零件、磁性器件零件、电声器件零件、频率控制元器件零件、其他电子元件、组件零件	电容器零件、电阻器零件、电位器零件、电声器件零件、频率控制元器件零件、磁性元器件零件、电器元器件零件

续表

序号	编码 篇	类	章	节	条	款	项	目	子目	细目	合并编码	商品和服务名称	说明	关键字
3534	1	09	05	19	99						1090519990000000000	其他电子元件	除电容器、电阻器及电阻网络、电位器、频率控制元器件、磁性材料元件、电声器件、电子零件的其他电子元件、组件零件外的其他电子元件	
3535	1	09	05	20							1090520000000000000	敏感元件及传感器	敏感元件指能够灵敏地感受被测变量并做出响应的元件。传感器是能够感受规定的被测量并按照一定的规律（数学函数法则）转换成可用信号输出的器件或装置，通常由敏感元件和转换元件组成	力敏元件、压敏电阻器、光敏电阻器、热敏电阻器、磁敏感元件、湿敏元器件、气敏元器件、传感器
3536	1	09	05	21							1090521000000000000	印制电路板	又称印制电路板，是电子元器件电气连接的提供者。包括刚性印制电路板、挠性印制电路板、刚挠印制电路板、金属芯印制电路板、齐平印制电路板、碳膜印制电路板、其他印制电路板	印制电路板
3537	1	09	05	22							1090522000000000000	家用音视频设备	包括视频设备、家用影视录、放设备、家用音响设备、汽车用音视频设备、家用音视频设备用配件、其他家用音视频设备	
3538	1	09	05	22	01						1090522010000000000	视频设备	包括彩色电视机、黑白电视机、其他视频设备	彩色电视机、黑白电视机
3539	1	09	05	22	02						1090522020000000000	家用影视摄、录、放设备	包括家用摄录像机、数字激光视盘机、其他家用影视摄、录、放设备	家用摄像机、数字激光音视盘机
3540	1	09	05	22	03						1090522030000000000	家用音响设备	包括收音机及组合音响、收音机（放）音组合机、数字化多媒体组合机、家用电唱机、放声机、其他家用音响设备	收音机、收音机组合音响、半导体收音机、便携式收录音组合机、家用电唱机、便携式收放音组合机、数字激光音盘机、家用放声机、家用多媒体组合机、家用录放音组合机
3541	1	09	05	22	04						1090522040000000000	汽车用音视频设备	包括汽车用收录（放）音组合机、其他汽车用音响设备	汽车用收录音组合机、汽车用放音组合机
3542	1	09	05	22	05						1090522050000000000	家用音视频设备用配件	包括走带机芯、激光视盘机机芯、磁头、光学头、电视天线、电视接收机顶盒	走带机芯、激光视盘机机芯、磁头、光学头、家用天线、偏转线圈、调谐器、电视接收机顶盒、电视接收机组合机

续表

序号	篇	类	章	节	条	款	项	目	子目	细目	合并编码	商品和服务名称	说明	关键字
3543	1	09	05	22	99						1090522990000000000	其他家用音视频设备	录音录像磁鼓、充电器、遥控器、光机引擎、其他家用音视频设备用配件。不包括传声器、扬声器、耳机及类似装置（详见10905 1906）	调谐器、偏转线圈、录音录像磁鼓、充电器、遥控器、光机引擎、接口
3544	1	09	05	99							1090599000000000000	其他未列明电子设备		电子加速器、电气加速器、邻近卡
3545	1	09	06								1090600000000000000	仪器仪表及文化、办公用机械		
3546	1	09	06	01							1090601000000000000	工业自动调节仪表与控制系统	指工业产品制造过程中进行自动控制的系统与仪表装置。不包括数控机床（详见1090108）	
3547	1	09	06	01	01						1090601010000000000	工业自动调节仪表	指在工业产品制造过程中，对流量、物位、压力、温度及其他装置进行自动调节和控制的仪器仪表及其装置。不论是否具智能功能均包括在内。包括电动调节仪表、气动调节仪表、其他工业自动调节仪表	单回路调节仪表、多回路调节仪表、温度控制器、气动调节仪表
3548	1	09	06	01	02						1090601020000000000	工业自动控制系统	包括自动控制非电量的仪器或装置，可分为分散型控制系统（DCS系统）、可编程控制系统（PLC系统）、其他工业自动控制系统	分散型控制系统、DCS系统、可编程控制系统、PLC系统
3549	1	09	06	01	03						1090601030000000000	楼宇控制系统	指用于建筑物温度、湿度、能源、消防、安全、保卫等控制的系统	楼宇控制系统
3550	1	09	06	01	04						1090601040000000000	工业自动调节仪表零件、附件		

附录 A 商品和服务税收分类与编码

续表

序号	篇	类	章	节	条	款	合并编码	商品和服务名称	说　明	关　键　字
3551	1	09	06	02			1090602000000000000	工业仪表	指在工业产品制造过程中对流量、温度、比重、压力、物位、温度等变化量进行测量的仪表和装置，以及相关显示、记录仪表	
3552	1	09	06	02	01		1090602010000000000	温度测量仪表	指采用接触或非接触方式进行温度、热像测量的仪表及装置；包括智能和非智能的温度仪表校验装置、温度仪表零附件	温度计、温度变送器、温度记录仪、温度仪表校验装置
3553	1	09	06	02	02		1090602020000000000	压力测量仪表	指采用各种原理测量压力、差压的仪表与装置；包括智能和非智能检测液体或气体压力的仪表及装置	液体压力计、弹簧管压力表、膜盒压力表、波纹管压力表、压力开关、半导体压力表、压力校验装置
3554	1	09	06	02	03		1090602030000000000	流量测量仪表	指液体的仪表和装置，包括浮子式仪表与装置，压力式物位仪表、超声物位仪表、多相流或气体的流量、液位，压力检测仪器	电磁流量计、涡街流量计、浮子流量计、科氏力质量流量计、热式质量流量计、气体质量流量计、超声波流量计、涡轮流量计、燃气表、水表、热量表
3555	1	09	06	02	04		1090602040000000000	物位、液位测量仪表	指采用各种原理测量液体、固体物料的物位或界面位置的仪表和装置，包括浮子式物位仪表、电容式物位仪表、雷达物位仪表、核辐射物位仪表、超声物位仪表、微波物位仪表、直视式液位仪表	浮子式物位仪表、电容物位仪表、压力式物位仪表、雷达物位仪表、核辐射物位仪表、微波物位仪表、直视式液位计
3556	1	09	06	02	05		1090602050000000000	显示仪表、记录仪表	包括指示仪、记录仪、报警装置、其他显示仪表	指示仪、记录仪、报警装置
3557	1	09	06	02	06		1090602060000000000	执行器	指接受控制系统信号，对被控介质进行调节的，包括各种类型的调节阀、及其各种附件，包括电动执行机构、气动执行机构、电液执行机构、阀门定位器、调节阀、阀门式调节阀、其他执行器	角行程电动执行机构、直行程电动执行机构、气动执行机构、电液执行机构、阀门定位器、套筒阀、角形阀、偏心旋转阀、自力式调节阀、电磁阀
3558	1	09	06	02	99		1090602990000000000	其他工业仪表		防爆栅、隔离器、配电器、仪表柜、机架、仪表盘、操作台、仪表箱
3559	1	09	06	03			1090603000000000000	电工仪器仪表	测量或检验电压、电流、电阻或功率的通用仪器	

续表

序号	编码 篇	类	章	节	条	款	项目	子目	细目	合并编码	商品和服务名称	说　明	关　键　字
3560	1	09	06	03	01					1090603010000000000	电能表	用来测量电能的仪表，又称电度表、火表、千瓦小时表。包括单相感应式电能表、单相电子式电能表、三相感应式电能表、三相电子式电能表、多用户电能表、其他电能表	单相感应式电能表、三相感应式电能表、单相电子式电能表、三相电子式电能表、多用户电能表
3561	1	09	06	03	02					1090603020000000000	自动抄表系统（不含表）	自动抄表系统主要由电能表、采集器、集中器、数据传输通道、主站系统构成，包括低压载波自动抄表系统、无线自动抄表系统、专用线自动抄表系统、其他自动抄表系统	低压载波自动抄表系统、无线自动抄表系统、专用线自动抄表系统
3562	1	09	06	03	03					1090603030000000000	电力负荷控制系统		电力负荷控制系统
3563	1	09	06	03	04					1090603040000000000	电磁参数测量仪器仪表	包括安装式仪表、便携式模拟仪表、数字仪表、精密仪器、测磁仪器、其他电磁参数测量仪器仪表	安装式模拟仪表、安装式数字仪表、万用表、钳形表、兆欧表、数字仪表、精密仪器、测磁仪器
3564	1	09	06	03	05					1090603050000000000	电磁参量记录装置分析仪	包括示波器、电工用频谱分析仪、电工用逻辑分析仪、电磁参量分析与记录装置附件	模拟示波器、数字示波器、混合示波器、虚拟示波器、手持示波器、微波频谱分析仪、电工用逻辑分析仪、记录仪
3565	1	09	06	03	06					1090603060000000000	配电系统电气安全检测与分析装置	包括电能质量分析装置、配电系统电气安全检测装置、其他配电系统电气安全检测与分析装置	电能质量分析仪、电力参数综合测量装置、配电系统电气安全检测装置
3566	1	09	06	03	07					1090603070000000000	电源装置	包括测量电源、稳压稳流装置、普通电源变压器、不包括电源装置（详见1090404）、控制开关（详见1090407）	信号发生器、电源测量仪、标准信号发生器、标准电源、普通电源装置
3567	1	09	06	03	08					1090603080000000000	标准与校验设备	包括标准仪表、交直流仪器、校验装置	标准仪表、交直流仪器、校验装置

续表

序号	篇	类	章	节	条	款	项	子目	细目	合并编码	商品和服务名称	说明	关键字
3568	1	09	06	03	09					1090603090000000000	扩大量限装置		扩大量限装置
3569	1	09	06	03	10					1090603100000000000	电力自动化仪表及系统	包括电量变送器、变送仪表及变送仪表屏、输变电自动化系统、配用电自动化系统、其他电力自动化仪表及系统	电量变送器、变送仪表、变送仪表屏、输变电自动化系统、配用电自动化系统
3570	1	09	06	03	11					1090603110000000000	自动测试系统与虚拟仪器		自动测试系统、虚拟仪器
3571	1	09	06	03	12					1090603120000000000	非电量电测仪表及装置		非电量电测仪表
3572	1	09	06	03	13					1090603130000000000	电工仪器仪表零部件	包括计量芯片、计量模块、计度器（内置）、仪用电源（内置）、仪表外壳、仪用互感器、其他电工仪器仪表零部件	计量芯片、计量模块、计度器、仪表外壳、仪用互感器、仪用电源
3573	1	09	06	03	99					1090603990000000000	其他电工仪器仪表		
3574	1	09	06	04						1090604000000000000	绘图、计算及测量仪器	指供设计、制图、绘图、计算、测量等使用的测量和绘图用具、器具及量仪	
3575	1	09	06	04	01					1090604010000000000	绘图台及绘图机	包括绘图台（桌）、绘图板、绘图机、导轨式绘图机、其他绘图台及绘图机	绘图台、绘图机、绘图板、绘图桌、绘图板、导轨式绘图机、轻便绘图机
3576	1	09	06	04	02					1090604020000000000	绘图工具	包括缩放绘图仪、航线绘标绘器、圆规、分规、比例规、绘图用板、线及类绘图工具	缩放绘图仪、缩放绘图仪、航线标绘器、绘图圆规、分规、比例规、绘图板、绘图用线、分度规
3577	1	09	06	04	03					1090604030000000000	划线用具	包括划线器、中心冲、其他划线用具	划线器、中心冲
3578	1	09	06	04	04					1090604040000000000	数学计算器具	包括计算尺、圆柱计算器、盘式计算器、算盘、其他数学计算器具，不包括电子计算器（详见1090626）	计算尺、盘式计算器、圆柱计算器、算盘
3579	1	09	06	04	05					1090604050000000000	量具	包括卡尺、量块、量规、测微螺杆类量具、量表	卡尺、量块、量规、测微螺杆类量具

续表

序号	编码						合并编码	商品和服务名称	说明	关键字
	篇	类	章	节	条	款 项目 子目 细目				
3580	1	09	06	04	06		1090604060000000000	手动测量长度器具	角度和平直度量具、电子数显量具、辅助测量器具其他量具	量表、角度量具、平直度量具、电子数显量具、辅助测量器具
3581	1	09	06	04	07		1090604070000000000	量仪	包括比较仪（刻度盘式）、刻度尺、量图器、其他手动测量长度器具	比较仪、刻度尺、量图器、计图器
									包括通用长度量仪、通用角度量仪、形状和位置误差量仪、表面质量量仪、三坐标测量仪、齿轮量仪、螺纹量仪、电动、气动、主动量仪检验机、其他量仪	通用长度量仪、通用角度量仪、形状误差量仪、位置误差量仪、表面质量量仪、三坐标测量仪、齿轮量仪、螺纹量仪、气动量仪检验机、电动量仪检验机、主动量仪检验机
3582	1	09	06	04	08		1090604080000000000	机械量仪表	包括尺度计、测力仪表、转距测量仪	尺度计、测力仪表、转距测量仪
3583	1	09	06	04	09		1090604090000000000	数显装置	指位移传感器、数显表组成的位移测量系统，包括直线位移传感器、角位移传感器、其他数显装置	光栅尺、磁栅尺、球栅尺、容栅尺、圆光栅编码器、圆磁栅编码器、感应同步器编码器、圆感应同步器编码器、圆容栅编码器
3584	1	09	06	04	10		1090604100000000000	测量仪器	包括面积仪、球径仪、千分表式比较仪、其他测量仪表。不包括大地及水道测量、摄影测量用仪器（详见1090610）	面积仪、千分表式比较仪、柱式测量仪表、测斜仪、球径仪
3585	1	09	06	04	99		1090604990000000000	其他绘图、计算仪器及零件		
3586	1	09	06	05			1090605000000000000	分析仪器及装置	指对物质成分及微观结构、黏度、密度、浊度、比重、pH值等进行理化分析用的仪器与装置	
3587	1	09	06	05	01		1090605010000000000	电化学式分析仪器	包括极谱分析仪、电位式分析仪器、电量式分析仪器、电导式分析仪器、滴定式分析仪器、湿化学分析仪、溶解氧测定仪、其他电化学式分析仪器	极谱分析仪器、电位式分析仪器、电解式分析仪器、电导式分析仪器、电量式分析仪器、湿化学分析仪、滴定仪、溶解氧测定仪

续表

序号	编码 篇	类	章	节	条	款	项	目	子目	细目	合并编码	商品和服务名称	说　明	关　键　字
3588	1	09	06	05	02						1090605020000000000	光学分析仪器	包括分光仪、分光光度计、照度计、光度计、摄谱仪、折光仪、折光式分析仪器、红外线分析仪器、其他光学分析仪器	分光仪、可见分光光度计、紫外可见分光光度计、红外分光光度计、原子吸收分光光度计、荧光分光光度计、摄谱仪、光电直读光谱仪、光度计、照度计、折光仪、光电比色分析仪器、光度式分析仪器、红外线分析仪器、激光气体分析仪器
3589	1	09	06	05	03						1090605030000000000	热学分析仪器	包括热重分析仪、差热分析仪、差示扫描量热仪、量热仪、热物快速测定平板导热仪、热膨胀仪、冰点测定器、沸点测定器、检镜切片机、其他热学分析仪器	热重分析仪、差热分析仪、差热天平、热量计、量热仪、热物快速测定仪、差示扫描量热仪、平板导热仪、热膨胀仪、冰点测定器、沸点测定器、检镜切片机
3590	1	09	06	05	04						1090605040000000000	质谱仪器	包括有机质谱仪、同位素质谱仪、无机质谱仪、气体分析质谱计、表面分析质谱计、质谱联用仪、光谱电路生产用氦质谱检漏仪、其他质谱仪器	有机质谱仪、同位素质谱仪、无机质谱仪、气体分析质谱计、表面分析质谱计、质谱联用仪、集成电路生产用氦质谱检漏仪
3591	1	09	06	05	05						1090605050000000000	波谱仪器	包括核磁共振波谱仪、顺磁共振波谱仪、核电四极电四板矩共振波谱仪、光磁共振波谱仪、其他波谱仪器	核磁共振波谱仪、顺磁共振波谱仪、核电四极电四板矩共振波谱仪、光磁共振波谱仪
3592	1	09	06	05	06						1090605060000000000	色谱仪器	包括气相色谱仪、液相色谱仪、色谱联用仪、色谱柱、自动进样器、其他色谱仪器	气相色谱仪、液相色谱仪、色谱联用仪、色谱柱、自动进样器
3593	1	09	06	05	07						1090605070000000000	电泳仪	利用电泳现象对某些生物化学或化学组分进行分离分析的仪器，一般由分离装置、电源和检测装置构成。包括自由电泳仪、支持物电泳仪、其他电泳仪。不含医疗用电泳仪（详见10902412）	移界电泳仪、密度电泳仪、pH梯度电泳仪、等速电泳仪、纸电泳仪、醋酸纤维膜电泳仪、淀粉胶电泳仪、琼脂糖电泳仪
3594	1	09	06	05	08						1090605080000000000	能谱仪及反射线分析仪器	包括电子能谱仪、离子散射谱仪、二次离子散射谱仪、X射线衍射仪、发射式X射线谱仪、吸收式X射线谱仪	电子能谱仪、离子散射谱仪、二次离子散射谱仪、X射线衍射仪、发射式X射线

续表

序号	编码 篇	类	章	节	条	款	项	目	子目	细目	合并编码	商品和服务名称	说　　明	关　键　字
3595	1	09	06	05	09						109060509000000000	物性分析仪器	指测量或检验黏性、多孔性、膨胀性、表面张力及类似性能的仪器仪器及装置。包括黏度计、偏振光镜、膨胀计、孔率计、密度计、表面张力仪、渗透仪、浊度计、比重计、rH（氧化还原值）计、氧化还原分析仪器计、湿度计、其他物性分析仪器	黏度计、偏振光镜、膨胀计、孔率计、密度计、浊度计、表面张力仪、比重计、rH计、氧化还原值计、湿度计
3596	1	09	06	05	10						109060510000000000	气体分析测定装置	包括氮气计、微量气体分析器、弥散功能测试仪、压力型容积描绘仪、其他气体分析测定装置	氮气计、微量气体分析器、氧浓度测定仪、弥散功能测试仪、压力型容积描绘仪
3597	1	09	06	05	11						109060511000000000	分析仪器及装置零件、附件	包括理化分析、测量或检验黏性仪器的零附件	
3598	1	09	06	05	99						109060599000000000	其他分析装置		
3599	1	09	06	06							109060600000000000	试验机械、相关检测仪器		
3600	1	09	06	06	01						109060601000000000	试验机	指机械性能试验机械及器具；包括对各种材料（如金属、木材、混凝土、橡胶、塑料等）的硬度、弹性、抗张强度、可压缩性或其他机械性能的试验机械及器具。可分为金属材料试验机、非金属材料试验机、平衡试验机、探伤仪、其他试验机	拉力试验机、金属硬度试验机、弯曲试验机、旋转弯折试验机、反转扭力试验机、复合应力试验机、蠕变试验机、冲击试验机、松弛试验机、疲劳试验机、持久强度试验机、压缩试验机、延性试验机、剪切试验机、电子万能试验机、磁疲劳试验仪、折叠试验机、硬度计、破裂强度试验机、电子万能试验机、硬度力计、回弹计、拉伸试验仪、耐磨试验机、塑度计、动平衡机、静平衡机、带电子平衡装置平衡机、超声波探伤机

续表

序号	编码 篇	类	章	节	条	款	项	目	子目	细目	合并编码	商品和服务名称	说明	关键字
3601	1	09	06	06	02						1090606020000000000	真空计	测量真空度或气压的仪器	X射线探伤机、工业X射线CT、γ射线探伤仪器、磁粉探伤机、电磁辐射探伤机、表面光洁度检验仪器、测量表面状况机械
3602	1	09	06	06	03						1090606030000000000	动力测试仪器	包括电信号传递器、测功仪、测功器、压力测量仪器、油耗测量仪器、燃烧分析仪器、多参数测试装置、控制仪、动力测试专用校准仪器、其他动力测试仪器	电信号传递器、测功仪、测功器、压力测量仪器、油耗测量仪器、燃烧分析仪器、多参数测试装置、控制仪、动力测试专用校准仪器
3603	1	09	06	06	04						1090606040000000000	天平仪器	包括机械天平、电子天平、其他天平仪器，不包括差热天平（详见1090e0503）	机械天平、电子天平
3604	1	09	06	06	05						1090606050000000000	环境试验设备	指模仿环境温度、湿度、振动、冲击、盐雾、沙尘等实验的设备。包括力学环境试验设备、气候环境试验设备、可靠性试验设备、其他环境试验设备	振动试验台、冲击试验台、碰撞试验台、弹跳试验台、摇摆试验台、跌落试验台、运输试验设备、稳态加速度试验设备、声振试验设备、温度试验设备、生物培养设备、恒温箱、湿热试验设备、温度湿度试验设备、高气压试验设备、真空试验设备、老化试验设备、综合气候试验设备、防护性标志耐久性试验设备、元器件引出端强度试验设备、元器件引出端可焊性试验设备、引出端耐焊接热试验设备、阻容元件寿命试验设备、开关寿命试验设备、接插件寿命试验设备、电真空器件寿命试验设备、半导体器件寿命试验设备、集成电路寿命试验设备

续表

序号	编码篇	类	章	节	条	款	项目	子目	细目	合并编码	商品和服务名称	说明	关键字
3605	1	09	06	06	06					1090606060000000000	产品、材料检验专用仪器	包括手表及零件检验专用仪器、材料厚度测量或检查仪器、光学加工用仪器、其他产品、材料检验专用仪器	游丝检验仪器、振幅计、电子表校表仪、钢材整机检验仪器、钢材厚度测量仪、超声波厚度测量仪器、β射线厚度计、γ射线厚度测量仪、光学加工用中心仪
3606	1	09	06	06	07					1090606070000000000	检测器具及设备	包括车辆发动机测试设备、制帽用头形量器、正弦规、铅垂线、校验标准器、测微式标准量设备、膨胀测定设备、测定黏土等收缩率仪器、应力及应变特殊电测量仪器、电子计时仪、电子记时计、轮廓投影仪、其他检测器具及设备	车辆发动机测试设备、制帽用头形量器、正弦规、铅垂线、校验标准器、测微式标准量测定设备、膨胀测定设备、测定黏土等收缩率仪器、应力特殊电测量仪器、荷重传感器、电子计时仪、电子记时计、轮廓投影仪
3607	1	09	06	06	08					1090606080000000000	试验机械、相关检测仪器、器具零件		
3608	1	09	06	07						1090607000000000000	环境监测专用仪器及仪表		
3609	1	09	06	07	01					1090607010000000000	水污染监测仪器	包括采水器、污水流量和液位计、沉淀物采样器、水质测试仪器、其他水污染监测仪器、水质污染遥测系统	采水器、污水流量计、液位计、沉淀物采样器、水质测试仪器、水质污染监测系统
3610	1	09	06	07	02					1090607020000000000	气体或烟雾分析、检测仪器	包括采烟或烟雾分析仪、电子烟度检定仪、二氧化碳浓度检定仪、沼气检定器、空气环境质量测定仪、污染源污染物测定仪、污染源采样器、其他气体或烟雾检测仪器	气体分析仪、烟雾分析仪、电子烟度检定器、沼气检定器、二氧化碳浓度检定仪、尘埃仪、污染源采样器、空气环境质量测定仪、污染源污染物测定仪
3611	1	09	06	07	03					1090607030000000000	噪声监测仪器、相关环境监测仪	包括噪声监测仪器、振动监测仪器、电磁波测试仪器等、放射性检测仪器	噪声监测仪器、振动监测仪器、电磁波监测仪器、放射性监测仪器、其他相关环境监测仪器、电磁波监测仪器

续表

序号	编码篇	类	章	节	条	款	项目	子目	细目	合并编码	商品和服务名称	说明	关键字
3612	1	09	06	08						1090608000000000000	监测仪器、汽车仪表、相关计数仪表		
3613	1	09	06	08	01					1090608010000000000	汽车仪器仪表	包括车辆用速度表、里程计、车费计价计、汽车油表、其他汽车仪器仪表	车辆用速度表、里程计、车费计价计、汽车油表
3614	1	09	06	08	02					1090608020000000000	计数装置	包括转数计、产量计数器、步数计（计步器）、入场计数器、电子脉冲计数器、机器工作时间计数器、合球计分器、手揿计数器、其他计数装置	转数计、产量计数器、步数计、计步器、入场计数器、电子脉冲计数器、机器工作时间计数器、合球计分器、手揿计数器
3615	1	09	06	08	03					1090608030000000000	速度计及转速表	指显示单位时间内的转数、速度、产量等速度计及转速表。包括速度测量仪表、精密计时系统、振荡式转速系统、离心式系统、电气式系统、其他速度计及转速表装置	速度测量仪表、精密计时系统、振荡式转速系统、离心式系统、电气式系统
3616	1	09	06	08	04					1090608040000000000	汽车速测仪	包括汽车电子速测仪、双像速测仪、自动归算汽车速测仪、其他汽车速测仪	汽车电子速测仪、双像速测仪、自动归算速测仪
3617	1	09	06	08	05					1090608050000000000	频闪观测仪		频闪观测仪
3618	1	09	06	08	06					1090608060000000000	计数装置、速度计及转速表零件		
3619	1	09	06	09						1090609000000000000	导航仪器及定位装置		
3620	1	09	06	09	01					1090609010000000000	定向罗盘及定位系统	包括定向罗盘、卫星定位系统（GPS）、激光导向仪	罗盘仪、磁罗盘、陀螺罗盘、航海罗经、卫星定位系统、GPS、激光导向仪
3621	1	09	06	09	02					1090609020000000000	航空或航天导航仪器及表	包括高度表、空速指示器、升降速度表、仿真地平仪及陀螺地平仪、转弯倾斜仪、加速度表	高度表、空速指示器、升降速度表、陀螺地平仪、仿真地平仪、陀螺倾斜仪、转弯倾斜仪、马赫计、加速度表

续表

序号	编码篇	类	章	节	条	款	项	目	子目	细目	合并编码	商品和服务名称	说明	关键字
3622	1	09	06	09	03						1090609030000000000	船舶导航系统	计、自动驾驶仪、其他航空或航天导航仪器及装置，不包括定向罗盘及定位系统（详见109060901）包括船舶定位仪器，船用天文导航设备，超声波探测或搜索设备，其他船舶导航系统	马赫计、加速度计、自动驾驶仪、罗经、六分仪、八分仪、方位角仪、计程仪、测深仪、自动舵、航线记录表置、倾斜仪、回声测深仪器、防潜仪、声纳
3623	1	09	06	09	04						1090609040000000000	导航仪器及装置零件、附件		
3624	1	09	06	10	01						1090610010000000000	大地测量仪器	包括大地测量、地形测量、水准测量或普通测量用的仪器及装置	
3625	1	09	06	10	01						1090610010000000000	测距仪	用于直接测量被测目标和测距仪的空间距离的仪器，包括光学测距仪、光电测距仪、微波测距仪、手持测距仪、其他测距仪	光学测距仪、光电测距仪、微波测距仪、手持测距仪
3626	1	09	06	10	02						1090610020000000000	经纬仪	用于测量空间水平夹角和垂直角的仪器，包括光学经纬仪、电子经纬仪、激光经纬仪、陀螺经纬仪、其他经纬仪	光学经纬仪、电子经纬仪、激光经纬仪、陀螺经纬仪
3627	1	09	06	10	03						1090610030000000000	电子速测仪	同时具有测量水平夹角、垂直夹角和距离多功能的仪器，包括组合式电子速测仪、全站型电子速测仪、陀螺电子速测仪、其他电子速测仪	组合式电子速测仪、全站型电子速测仪、陀螺电子速测仪
3628	1	09	06	10	04						1090610040000000000	水准仪	用于测量空间两点高程差的，具有和视准轴垂直的竖轴的仪器，包括水准器水准仪、自动安平水准仪、数字水准仪、激光水准仪、其他水准仪	水准器水准仪、自动安平水准仪、数字水准仪、激光水准仪
3629	1	09	06	10	05						1090610050000000000	平板仪	在低精度地形测量中能同时测量和绘图的简易仪器	一般平板仪、电子平板仪
3630	1	09	06	10	06						1090610060000000000	垂准仪	用于测量、监测垂直偏差或提供垂直基准线的仪器	光学垂准仪、自动安平垂准仪、激光

续表

序号	编码篇	类	章	节	条	款	项	子目	细目	合并编码	商品和服务名称	说明	关键字
3631	1	09	06	10	07					109061007000000000	建筑施工激光仪器	用于建筑施工中的利用可见激光作为指示和基准的仪器，包括激光扫平仪、激光投线仪、激光指向仪、其他建筑施工激光仪器	器，包括光学垂准仪、自动安平垂准仪、激光垂准仪、其他垂准仪、激光扫平仪、激光投线仪、激光指向仪
3632	1	09	06	10	08					109061008000000000	空间扫描测量仪	利用自动激光扫描测量获得被测目标表面空间点坐标的仪器，包括激光跟踪测量仪、三维激光扫描测量仪、断面扫描测量仪、其他空间扫描测量仪	激光跟踪测量仪、三维激光扫描测量仪、断面扫描测量仪
3633	1	09	06	10	09					109061009000000000	摄影测量系统	利用照相摄影采集地表影像和测绘的仪器系统，包括近景摄影测量系统、航空摄影测量系统、其他摄影测量系统	近景摄影测量系统、航空摄影测量系统
3634	1	09	06	10	10					109061010000000000	测量型GNSS接收机	用于测量的GNSS（全球导航卫星系统）信号接收机，包括测量型静态GNSS接收机、测量型实时差分GNSS接收机、其他测量型GNSS接收机	测量型静态GNSS接收机、测量型实时差分GNSS接收机
3635	1	09	06	10	11					109061011000000000	大地测量器零件、附件		
3636	1	09	06	10	99					109061099000000000	其他仪器大地测量仪		
3637	1	09	06	11						109061100000000000	气象、水文仪器及装置		
3638	1	09	06	11	01					109061101000000000	气象观测仪器	包括气象专用测温仪器及温度传感器、气象专用测湿仪器及湿度传感器、温湿度组合装置及温湿度记录仪、气压仪器、测风仪器、测云仪器、能见度仪、降水蒸发仪器、降水量记录仪、辐射、日照记录仪、气象仪器检定设备、其他气象观测设备	气象专用测温仪器、温度传感器、气象专用测湿仪器、湿度传感器、温湿度记录仪、气压温湿度记录仪、气压仪、测风仪器、日光辐射计、测霜仪、测云仪器、辐射记录仪、降水蒸发仪器、日照记录仪、测云仪、能见度仪、高空探测设备、气象仪器检定设备

续表

序号	篇	类	章	节	条	款	项目	子目	细目	合并编码	商品和服务名称	说　明	关　键　字
3639	1	09	06	11	02					1090611020000000000	水文仪器	包括海洋水文及其他水文仪器，可分为自动记录水位计、三用电导仪、旋桨式流速仪、涌浪或潮汐观测仪器、水动态测量仪器、深度测量仪器、海冰测量仪器、多参数综合测量仪器、其他水文仪器	自动记录水位计、三用电导仪、旋桨式流速仪、三用电导仪、涌浪观测仪、温潮汐观测仪器、水动态测量仪器、深度测量仪器、海冰测量仪器、多参数综合测量仪器
3640	1	09	06	11	03					1090611030000000000	气象、水文仪器及装置零件、附件		
3641	1	09	06	11	99					1090611990000000000	其他气象、水文仪器及装置		
3642	1	09	06	12						1090612000000000000	农林牧渔专用仪器仪表		
3643	1	09	06	12	01					1090612010000000000	农、林专用仪器	包括土壤测试仪器、种子测试处理仪器、数粒仪、植物生长仪、叶绿素测定仪、活体叶绿素仪、光电叶面积仪、粮油检样器、木材水分测试仪、其他农林专用仪器	土壤测试仪器、种子测试处理仪器、数粒仪、植物生长仪、叶绿素测定仪、活体叶绿素仪、光电叶面积仪、粮油检样器、木材水分测试仪
3644	1	09	06	12	02					1090612020000000000	牧业专用仪器	包括牧草生长仪、乳脂测定仪、测膘仪、牛胃金属异物探测仪、其他牧业专用仪器	牧草生长仪、乳脂测定仪、测膘仪、牛胃金属异物探测仪
3645	1	09	06	12	03					1090612030000000000	渔业专用仪器	包括探鱼仪、虾苗放流计数仪、其他渔业专用仪器	探鱼仪、虾苗放流计数仪
3646	1	09	06	13						1090613000000000000	地质勘探和地震专用仪器	包括地质勘探、钻采、地震等地球物理专用仪表及类似装置	
3647	1	09	06	13	01					1090613010000000000	测震仪器	包括甚宽频带测震仪器、宽频带测震仪器、短周期地震仪器、其他测震仪器	甚宽频带测震仪器、宽频带测震仪器、短周期地震仪器
3648	1	09	06	13	02					1090613020000000000	地震前兆仪	包括地下流体观测仪器、形变仪器、电磁仪器、地温观测仪器、气体	水位观测仪器、地温观测仪器

续表

附录 A 商品和服务税收分类与编码 759

序号	编码 篇	类	章	节	条	款	项	目	子目	细目	合并编码	商品和服务名称	说明	关键字
3649	1	09	06	13	03						1090613030000000000	其他地震专用仪器		强震仪器观测仪器、水准仪器、地倾斜观测仪器、钻孔应力应变观测仪器、硐体应变观测仪器、跨断层观测仪器、GPS观测仪器、重力观测仪器、地电阻率观测仪器、大地电场观测仪器、DI仪、磁力仪、电磁波观测仪器、地磁经纬仪、磁秤、自由场固定观测强震仪器、结构强震动观测强震仪器
3650	1	09	06	13	04						1090613040000000000	金属、矿藏探测器	包括金属探测器、井中物探仪器、核物探仪器、化探仪器、其他矿藏探测器	金属探测器、井中物探仪器、核物探仪器、化探仪器
3651	1	09	06	13	05						1090613050000000000	钻探测试、分析仪器	包括钻探测井仪器、泥浆分析仪器、岩矿物理性质测量仪、其他钻探测试、分析仪器	钻探测井仪器、泥浆分析仪器、岩矿物理性质测量仪
3652	1	09	06	13	06						1090613060000000000	金属、矿藏探测器零件		
3653	1	09	06	14							1090614000000000000	教学专用仪器	包括各种专供示范（例如，学校、教室及展览会中所用）而无其他用途的仪器、装置及模型	
3654	1	09	06	14	01						1090614010000000000	电气化教学设备	包括教学演示瓦特表、教学演示用直流电流表、教学演示用直流电压电表、教学演示交流电表、教学演示用交流电压电表、其他电气化教学设备	教学演示瓦特表、教学演示用直流电流表、教学演示用直流电压电表、教学演示交流电表、教学演示用交流电压电表
3655	1	09	06	14	02						1090614020000000000	供示范用机器或装置	包括维姆休斯特起电机、阿特伍德机械、马德堡半球、牛顿盘、格氏环、其他供示范用机器或装置	维姆休斯特起电机、阿特伍德机械、马德堡半球、格氏环、牛顿盘
3656	1	09	06	14	99						1090614990000000000	其他教学专用仪器		

续表

序号	编码篇	类	章	节	条	款	项目	子目	细目	合并编码	商品和服务名称	说明	关键字
3657	1	09	06	15						1090615000000000000	核子反核辐射测量仪器		
3658	1	09	06	15	01					1090615010000000000	离子射线检验仪器	指α射线、β射线、γ射线、X射线、宇宙射线或其他离子射线的测量或检验仪器及装置，包括带有电离室检测仪器、盖革计数器、电离剂量计、测量宇宙射线设备、辐射剂量仪及类似设备、测量宇宙射线仪器、热电堆中子测量仪器、热电堆中子探测仪器、其他离子射线测量或检验仪器	带有电离室检测仪器、盖革计数器、辐射剂量仪、测量宇宙射线设备、辐射剂量仪、热电堆中子探测仪器、射线测量、探测仪器
3659	1	09	06	15	02					1090615020000000000	离子射线应用设备	包括离子射线检验设备、离子射线测量仪器设备、电离风速计、其他离子射线应用设备	离子射线检验设备、离子射线测量器设备、电离风速计
3660	1	09	06	15	03					1090615030000000000	核辐射监测报警仪器	包括射线烟雾探测器火灾报警仪器、辐射剂量测量报警仪器、核反应堆用记录、监测仪器、其他辐射监测报警仪器	射线烟雾探测器火灾报警仪器、核辐射剂量监测仪器、核反应堆用报警仪器
3661	1	09	06	15	04					1090615040000000000	放射性物体加工计量仪器		放射性物体加工计量仪器
3662	1	09	06	15	05					1090615050000000000	辐照加工用仪器设备		辐照加工用仪器设备
3663	1	09	06	15	06					1090615060000000000	辐射无损检测、探伤仪器		辐射无损检测、探伤仪器
3664	1	09	06	15	99					1090615990000000000	其他核子反核辐射测量仪器		
3665	1	09	06	16						1090616000000000000	光学、电子测量仪器		
3666	1	09	06	16	01					1090616010000000000	光学检测仪器及设备	包括氢质谱检漏台、半导体器件光学检验仪器、光学表面检查仪、光学测角仪、光学或分度尺比较仪、光	氢质谱检漏台、半导体器件光学检验仪器、分度尺比较仪、光

附录 A 商品和服务税收分类与编码

续表

序号	编码						合并编码	商品和服务名称	说　　明	关　键　字
	篇	类	章	节	条	款 项 目 子目 细目				
3667	1	09	06	16	02		1090616020000000000	通信测量仪器	包括有线通信测量仪器、无线通信测量仪器、移动通信测量仪器、光通信测量仪器、光纤特性测量仪器、手机通信测量仪器、网络通信测量仪器、基站测量仪器、其他通信测量仪器	有线通信测量仪器、无线通信测量仪器、移动通信测量仪器、光通信测量仪器、光纤特性测量仪器、网络通信测量仪器、基站测量仪器、手机测量仪器
3668	1	09	06	16	03		1090616030000000000	通用电子测量仪器	包括频率测量仪器、电子计数器、时间测量仪器、电压测量仪器、LCR 电桥、电子元器件参数测量仪器、信号发生器（通用电子）、脉冲测试仪、频谱分析仪、信号波形分析仪、逻辑分析仪（通用电子）、网分析仪（通用电子）、扫频仪、超低频测量仪及探头、噪声系数测试仪、超低频测量仪等仪器	数字脉冲频率测量仪器、模拟式频率测量仪器、电子计数器扩频装置、特种计数器、频率标准、校频比相仪、电子计数器、频率时间测量仪器、直流数字电压表、高频数字电压表、数字多用表、电压标准装置、模拟式电压表、数字面板表、LCR 电桥、半导体器件特性图示仪、数字存储半导体器件测试仪、电力电子器件测试仪、光电器件测试仪、低频信号发生器、高频信号发生器、超高频信号发生器、微波信号发生器、功率信号发生器、扫描信号发生器、频率合成信号发生器、数字合成信号发生器、数字信号发生器、函数信号发生器、数字信号发生器、脉冲信号发生器、频率调制度测量仪器、失真度测量、逻辑分析仪、频谱分析仪、矢量网络分析仪、相位移相仪、标量网络分析仪、扫频仪、一体化矢量网络分析仪、失真分析仪、传输线分析仪、天线分析仪、激光功率计、脉冲功率计、微波功率计、功率探头

续表

序号	篇	类	章	节	条	款	项	目	子目	细目	合并编码	商品和服务名称	说　明	关　键　字
3669	1	09	06	16	04						10906160400000000000	广播电视测量仪器	包括音视频测量仪器、数字电视测量仪器	音视频测量仪器、数字电视测量仪器
3670	1	09	06	16	05						10906160500000000000	新型显示器件测量仪器	包括TFT-LCD、PDP、OLED平板显示器件测量仪器、LED发光器件测量仪器、其他新型显示器件测量仪器	TFT-LCD平板显示器件测试仪器、PDP平板显示器件测试仪器、OLED平板显示器件测试仪器、LED发光器件测量仪器
3671	1	09	06	16	06						10906160600000000000	新型材料测试仪器	包括半导体材料测试仪器、新型显示器件材料测试仪器、光电子材料测试仪器、磁性材料测试仪器、电子功能材料测试仪器、其他新型材料测试仪器	半导体材料测试仪器、新型显示器件材料测试仪器、光电子材料测试仪器、磁性材料测试仪器、电子功能材料测试仪器
3672	1	09	06	16	07						10906160700000000000	集成电路测试仪器	包括数字IC测试仪、混合IC测试仪、SOC测试仪、边界扫描电路测试仪、其他集成电路测试仪器	数字IC测试仪、混合IC测试仪、SOC测试仪、边界扫描测试仪
3673	1	09	06	16	08						10906160800000000000	微波测量仪器	包括微波网络特性测试仪及电路分析仪、微波功率测量仪、雷达综合测试仪、微波漏能测试仪、微波同轴器件、微波集成器件、其他微波测量仪器	微波网络分析仪、网络分析仪、微波功率放大器、微波同轴器件、微波漏能测试仪、微波集成器件
3674	1	09	06	16	09						10906160900000000000	印制电路板测量仪器		印制电路测量仪器
3675	1	09	06	16	10						10906161000000000000	声学测量仪器	包括声级计和噪声测量仪、电声测量仪、震动测量仪、噪声测量仪、声显示屏	声震信号发生器、声级计、实时信号分析仪、电声测量仪、震动测量仪、噪声显示屏

续表

序号	编码 篇	类	章	节	条	款	项	目	子目	细目	合并编码	商品和服务名称	说明	关键字
3676	1	09	06	16	11						109061611000000000000	干扰场强测量仪器		干扰场强测量仪器
3677	1	09	06	16	12						109061612000000000000	电子测量仪器零、附件		
3678	1	09	06	16	99						109061699000000000000	其他光学、电子测量仪器		
3679	1	09	06	17							109061700000000000000	纺织仪器、相关专用测试仪器		
3680	1	09	06	17	01						109061701000000000000	纺织专用测试仪器	包括纺织品测试仪器、检验纺织材料设备	纱线分级卷取机、纱线分级卷绕机、扭力计、扭力记录器、拉力计、纱线直径测量仪器、均匀度检测仪器、纺织品测力计、伸长计、耐磨试验仪、织物平磨仪
3681	1	09	06	17	99						109061799000000000000	其他纺织专用测试仪器		
3682	1	09	06	18							109061800000000000000	钟表与计时仪器		
3683	1	09	06	18	01						109061801000000000000	钟	包括石英电子钟、机械钟、电波钟、其他钟、不包括考勤钟等时间记录器及类似计时仪器（详见109061807）	表心石英钟、石英闹钟、石英挂钟、石英天文钟、石英落地钟、表心机械钟、机械挂钟、机械落地钟、电波板钟、仪表器用钟、车辆用钟、航空器用钟、航船用钟、船舶用钟
3684	1	09	06	18	02						109061802000000000000	高档手表	销售价格（不含增值税）每只在10000元（含）以上的各类手表。包括石英电子手表、机械手表、电波表、其他表	

序号	编码 篇	类	章	节	款	项目	子目	细目	合并编码	商品和服务名称	说　明	关　键　字
3685	1	09	06	18	03				1090618030000000000	其他表	不包括高档手表（详见10961802）、停车计时表、时刻记录器等时间记录器及类似计时仪器（详见10961807）	石英电子手表、石英电子杯表、石英电子秒表、石英电子盲人表、机械手表、机械杯表、机械秒表、机械盲人表、电波表
3686	1	09	06	18	04				1090618040000000000	组装钟表机心	指已组装的完整钟表机心，包括表机心（石英电子表机心、机械表机心、其他表机心）、钟机心（石英电子钟机心、机械钟机心、其他钟机心）	指针式电子表机心、数字显示电子表机心、自动上弦完整表机心、石英电子钟机心、机械钟机心
3687	1	09	06	18	05				1090618050000000000	未组装钟表机心	包括未组装或部分组装完整表机心、不完整钟表机心，包括未组装完整钟机心、未组装不完整钟机心	未组装不完整表机心、已组装不完整表机心、不完整钟机心
3688	1	09	06	18	06				1090618060000000000	定时器	包括定时开关、指表有钟、表机心或同步电动机，能在设定时间段（通常根据每日或每周预先设定的时间或程序所规定的时间段）报时或自动接通或断开电源的装置。可分为电子式定时器、机械式定时器、其他定时器	电风扇用电子式定时器、洗衣机用电子式定时器、电烤箱用电子式定时器、电风扇用机械式定时器、洗衣机用机械式定时器、电烤箱用机械式定时器、机械式响铃定时器
3689	1	09	06	18	07				1090618070000000000	时间记录器及类似计时仪器	指包括记录、时刻记录器、停车计时表、时段测量仪、其他时间记录器及类似计时仪器	考勤钟、时刻记录器、停车计时表、时段测量仪
3690	1	09	06	18	08				1090618080000000000	钟表零配件	可分为钟表元配件、表壳及零配件、钟壳及零部件。不包括已组装的完整钟表机心（含未组装钟或钟表机心）（详见10961804），以及未组装钟表机心和不完整分组装完整钟表机心（详见10961805）	钟表发条、钟表宝石轴承、钟盘、钟表夹板、表壳、钟壳
3691	1	09	06	18	09				1090618090000000000	表带及其零件	包括贵金属表带、其他金属表带及其零件、皮革制表带、化纤制表带、塑料制表带、其他非金属表带及其零件	表带
3692	1	09	06	19					1090619000000000000	光学仪器、		

续表

序号	编码篇	类	章	节	条	款	项	子目	细目	合并编码	商品和服务名称	说明	关键字
3693	1	09	06	19	01					109061901000000000	零件及附件 光学望远镜	包括望远镜座架、可分为双筒型望远镜、单筒望远镜、其他光学望远镜	眼镜式望远镜、目镜变倍型双筒望远镜、符猎用双筒望远镜、电子天文望远镜、单筒望远镜
3694	1	09	06	19	02					109061902000000000	天文仪器	包括中星仪、赤道仪、天顶仪、地平经纬仪、地平经度盘、日光摄谱仪、定天镜、量日仪、日晷仪、其他天文仪器，不包括天文望远镜（详见109061901）	中星仪、赤道仪、天顶仪、地平经纬仪、地平经度盘、日光摄谱仪、日光观测镜、定天镜、量日仪、日晷仪
3695	1	09	06	19	03					109061903000000000	显微镜	包括光学显微镜、医用非光学显微镜设备、电子显微镜、质子显微镜、其他显微镜	生物显微镜、体视显微镜、金相显微镜、偏光显微镜、检测显微镜、光学显微镜设备、扫描电子显微镜、质子显微镜
3696	1	09	06	19	04					109061904000000000	望远镜瞄准器具及类似器具	包括武器望远镜瞄准具、潜望镜、激光器、激光望远镜、激光器及激光束系统、放大镜、光学束信号设备、体视镜、其他望远镜瞄准具及类似器具	武器望远镜瞄准具、潜望镜、激光器、激光器系统、手术放大镜、双目放大器、织物分析镜、手持式放大镜、放大器、光学门眼、光学束信号设备、体视镜
3697	1	09	06	19	05					109061905000000000	物镜	包括照相机用物镜、摄影机用物镜、缩微阅读机用物镜、投影仪用物镜、放映机用物镜、其他物镜	物镜
3698	1	09	06	19	06					109061906000000000	已装配光学元件	可分为滤色镜、偏振滤光镜、日镜及物镜、棱镜、透镜、反射镜、照相机用附加镜、照相机用取景器、已装配半色调网屏，其他已装配光学元件，不包括物镜（详见109061905）	滤色镜、照相机用附加镜、照相机用取景器、偏振滤光镜、目镜、物镜、棱镜、透镜、反射镜、已装配半色调网屏
3699	1	09	06	19	07					109061907000000000	偏振材料制片及制板	偏振材料制	偏振材料制片、偏振材料制板
3700	1	09	06	19	08					109061908000000000	光学仪器零	包括光学望远镜及天文仪器零件、复式光学显微	

续表

序号	篇	类	章	节	条	款	项	目	子目	细目	合并编码	商品和服务名称	说明	关键字
3701	1	09	06	20							1090620000000000000	眼镜类产品及其零部件和眼镜盒	镜零件、附件、其他光学仪器零件、附件	
3702	1	09	06	20	01						1090620010000000000	眼镜成镜	包括矫正视力用眼镜、护目眼镜	老花成镜、低视力助视镜、太阳眼镜、运动眼镜、防护眼镜、活络眼镜、水下作业用护目镜、偏光立体电影专用眼镜
3703	1	09	06	20	02						1090620020000000000	眼镜片	包括角膜接触镜（隐形眼镜）、光学玻璃制眼镜片、树脂材料制变色眼镜片、其他眼镜片	角膜接触镜、隐形眼镜、光学玻璃制太阳眼镜片、光学玻璃制变色眼镜片、树脂材料制矫正视力用眼镜片、树脂材料制大阳眼镜片、树脂材料制变色眼镜片
3704	1	09	06	20	03						1090620030000000000	眼镜框架及其零配件	包括眼镜脚及眼镜脚芯、铰链或接头、镜圈、鼻梁架、托叶、夹鼻眼镜的弹簧装置、长柄眼镜的柄把等	眼镜框架、眼镜脚、眼镜脚芯
3705	1	09	06	20	04						1090620040000000000	眼镜盒（袋）	一种为了携带方便而用于盛放眼镜的工具	眼镜盒、眼镜袋
3706	1	09	06	21							1090621000000000000	电影机械		
3707	1	09	06	21	01						1090621010000000000	电影摄影机	包括普通电影摄影机、特种电影摄影机、同期录音电影摄影机	普通电影摄影机、高速摄影机、立体电影摄影机、环幕电影摄影机、球幕电影摄影机、宇幕动画摄影机、空中摄影机、水下摄影设备、合成摄影机、同期录音电影摄影机
3708	1	09	06	21	02						1090621020000000000	电影放映机	包括模拟、便携式电影放映机、可分为固定式电影放映机、数字电影放映机、流动式数字电影放映设备、其他电影放映设备	固定式电影放映机、便携式电影放映机、数字电影放映机、流动式数字电影放映设备
3709	1	09	06	21	03						1090621030000000000	电路投影装	指将电路图绘制到感光半导体材料上的装置，包括直接记录晶片上装置、分步重复校	直接记录晶片上装置、分步重复校

附录 A　商品和服务税收分类与编码

续表

序号	编码 篇	类	章	节	条	款	项	目	子目	细目	合并编码	商品和服务名称	说　明	关　键　字
3710	1	09	06	21	04						1090621040000000000		直接记录到晶片上装置、分步重复校准器、其他电路投影装置	
3711	1	09	06	21	05						1090621050000000000	银幕	包括电影银幕、投影屏幕	电影银幕、投影屏幕
3712	1	09	06	22							1090622000000000000	电影设备零件和附件	包括电影摄影机零件、附件、电影放映机零件、附件	
3713	1	09	06	22	01						1090622010000000000	照相机及器材	包括通用照相机、数码照相机、制版照相机、专用特种照相机	单镜头反光照相机、透视取景照相机、数码单镜头反光照相机、普通数码照相机、电子分色机、缩微照相机、水下照相机、航空照相机、一次成像照相机、医用照相机、大地摄影测量用照相机
3714	1	09	06	22	02						1090622020000000000	照相机器材	包括闪光灯装置、照片缩片机、照片放大机、其他相机器材	放电式闪光灯装置、电子式闪光灯装置、内藏式闪光灯装置、通用外接闪光灯装置、专用外接闪光灯装置、照片放大机、照片缩片机
3715	1	09	06	22	03						1090622030000000000	缩微设备	不包括缩微照相机（详见109062201），可分为缩微胶卷阅读机、缩微胶片装片机、缩微胶片阅读机、缩微品检索设备、缩微品阅读复印机、其他缩微设备	缩微胶卷阅读机、缩微胶片装片机、缩微胶片阅读机、缩微品检索设备、缩微品阅读复印机、缩微品放大复印机
3716	1	09	06	22	04						1090622040000000000	照相机、缩微阅读机零件	包括照相机零件、附件、缩微阅读机零件	照相机自动调焦组件、照相机闪光灯装置零件组件、照相机用快门组件、照相机零件、缩微机零件、缩微机放大机、照片放大机零件、照片缩片机零件、缩片机零件
3717	1	09	06	23							1090623000000000000	照相机及电影洗印设备		

767

续表

序号	编码 篇	类	章	节	款	项	子目	细目	合并编码	商品和服务名称	说明	关键字
3718	1	09	06	23	01				1090623010000000000	自动洗印设备	包括照相胶卷或成卷感光纸的自动印相设备，可分为电影胶卷自动洗印设备、特种照相用洗印设备、成卷感光纸自动洗印设备、彩色胶卷自动洗印设备、数码冲印设备、公安数码制证自动印设备	电影胶卷自动洗印设备、特种照相用胶卷自动洗印设备、成卷感光纸自动洗印设备、彩色胶卷自动洗印设备、数码冲印设备、公安数码制证设备
3719	1	09	06	23	02				1090623020000000000	非自动洗印用装置和设备	照相、电影洗印用其他装置和设备，包括负片显示器、胶片分裁机、胶片拷贝机、印片机、上光机、光学技巧印（照相洗印用）、电影片缩印机、放大印片机、光学技巧片缩印机、同步配音控制设备、影片剪辑设备、数码片夹、处理影片剪辑台、影片字幕放映设备、其他非自动洗印用装置和设备	负片显示器、胶片分裁机、胶片拷贝机、印片机、照相洗印用上光机、电影片缩印机、放大印片机、光学技巧片缩印机、同步配音控制设备、影片剪辑设备、工处理影片剪辑台、影片字幕放映设备、数码片夹
3720	1	09	06	23	03				1090623030000000000	照相及电影洗印设备零件	包括照相及电影通用洗印设备及装置的零件、附件	
3721	1	09	06	24					1090624000000000000	影像投影仪	包括用于学校、课室等的幻灯机和其他静止影像投影仪	
3722	1	09	06	24	01				1090624010000000000	幻灯机	包括小型幻灯机、大型固定式幻灯机、动程序控制幻灯机、氙灯光源幻灯机、其他幻灯机	幻灯机
3723	1	09	06	24	02				1090624020000000000	投影仪	电影用影像投影仪除外（详见109062102），包括正射投影仪、光谱投影仪、显微投影仪、透射式投影仪、反射式投影仪、其他投影仪	投影仪
3724	1	09	06	24	03				1090624030000000000	幻灯及投影设备附件、零件		
3725	1	09	06	25					1090625000000000000	复印和胶版印制设备		
3726	1	09	06	25	01				1090625010000000000	静电复印设备	采用静电方式将原稿通过光号致成像方式复制文件或图像的设备，包括模拟式静电复印设备、数字式静电复印机	彩色模拟式静电复印机、黑白模拟式静电复印机、彩色数字式静电复印机

附录 A 商品和服务税收分类与编码 769

续表

序号	篇	类	章	节	项	目	子目	细目	款	条	合并编码	商品和服务名称	说明	关键字
3727	1	09	06	25						02	109062502000000000000	胶印设备	采用水墨分离原理,将事先制好的印版复制成印品的设备;包括 A2 或 A2 以下幅面的单色小胶印机、热敏复印机(晒图机)、重氮复印机(晒图机)、彩色喷墨复印机、黑白喷图机、氙弧式晒图机、无氨盐复印机、多色银盐复印设备	黑白数字式静电复印机、多功能一体机、多功能印刷机或设计工艺系统、多功能印刷机、多功能印艺系统、彩色喷墨复印机、黑白喷图机、氙弧式晒图机、多色银盐复印设备
3728	1	09	06	25						03	109062503000000000000	办公印刷设备	采用油墨在事先制好的镂板上印刷方式的设备;包括油印机、速印机、胶版复印机、其他办公印刷设备	油印机、速印机、胶版复印机
3729	1	09	06	25						04	109062504000000000000	复印设备配套装置、零件	包括文件自动送入器、送纸器、分页装置、有机光导体感光鼓、成像卡盒组件(总成)、黑色显影剂及装置、彩色显影剂及装置、设备配套装置、零件	文件自动送入器、送纸器、分页器、盖章装置、有机光导体感光鼓、成像卡盒组件、黑色显影剂、黑色显影装置、彩色显影剂、彩色显影装置
3730	1	09	06	25						99	109062599000000000000	其他复印和胶版印制设备		工程图纸复印机
3731	1	09	06	26							109062600000000000000	计算器及货币专用设备	包括金融、商业、交通及办公等使用的电子计算器、具有计算功能的数据记录、重现和显示机器,以及货币专用设备及类似机械	
3732	1	09	06	26						01	109062601000000000000	装有计算装置的电子装置和其他计算装置	包括电子计算器、会计计算机、现金出纳机、转账计算机、税控机、售票机、POS 机、条码打印机、其他装有计算和电子装置设备	
3733	1	09	06	26					01	01	109062601010000000000	税控加油机		税控加油机
3734	1	09	06	26					01	02	109062601020000000000	税控收款机		税控收款机
3735	1	09	06	26					01	99	109062601990000000000	其他装有计		

续表

序号	编码篇	类	章	节	条	款	项	目	子目	细目	合并编码	商品和服务名称	说明	关键字
3736	1	09	06	26	02						109062602000000000	算和电子装置设备	包括自动柜员机（ATM机）、硬币分类机、硬币计数机、验钞机、点钞机、清分机、自动登折机、复点机、其他银行专用机器	自动柜员机、ATM机、硬币分类机、硬币计数机、验钞机、点钞机、清分机、复点机、自动登折机
3737	1	09	06	27							109062700000000000	文化、办公设备器具及文字处理机	包括文件分页、装订、折页等文件处理办公室其他机械设备	
3738	1	09	06	27	01						109062701000000000	打字机及文字处理机	包括打字机、文字处理机	打字机、文字处理机
3739	1	09	06	27	02						109062702000000000	削笔类用具	包括手动削笔机、电动削笔机、卷笔刀、削笔刀、其他削笔类用具	手动削笔机、电动削笔机、卷笔刀、削笔刀
3740	1	09	06	27	03						109062703000000000	文件装订用机械	不包括订书枪、装书籍用的订书机器（详见109022203），可分为订书机、打孔机、订折机、其他文件装订用机械	订书机、打孔机、订折机
3741	1	09	06	27	99						109062799000000000	其他文化、办公用设备或器具		
3742	1	09	06	99							109069900000000000	其他仪器仪表反文化、办公用机械		
3743	1	09	99								109990000000000000	其他机械、设备类产品		
3744	1	10									110000000000000000	电力、热力、水、燃气类产品		
3745	1	10	01								110010000000000000	电力和热		

附录 A 商品和服务税收分类与编码

续表

序号	篇	类	章	节	条	款	项	目	子目	细目	合并编码	商品和服务名称	说明	关键字
												力、冷气		
3746	1	10	01	01							11001010000000000000	发电及供电		
3747	1	10	01	01	01						11001010100000000000	发电	包括火力发电、水力发电、核能发电、太阳能发电、风力发电、潮汐能发电、沼气发电、地热能发电、垃圾发电、竹木生物质燃料发电	
3748	1	10	01	01	01	01					11001010101000000000	火力发电	包括以煤炭、石油、天然气、余热、余气为能源发电以及其他火力发电	火力发电
3749	1	10	01	01	01	02					11001010102000000000	5万千瓦（含5万千瓦）水力发电		
3750	1	10	01	01	01	03					11001010103000000000	5万千瓦以上（不含5万千瓦）100万千瓦（含）以下水力发电		
3751	1	10	01	01	01	04					11001010104000000000	100万千瓦以上（不含100万千瓦）水力发电		
3752	1	10	01	01	01	05					11001010105000000000	核能发电		核能发电
3753	1	10	01	01	01	06					11001010106000000000	太阳能发电		太阳能发电
3754	1	10	01	01	01	07					11001010107000000000	风力发电		风力发电
3755	1	10	01	01	01	08					11001010108000000000	潮汐能发电		潮汐能发电
3756	1	10	01	01	01	09					11001010109000000000	沼气发电		沼气发电
3757	1	10	01	01	01	10					11001010110000000000	地热能发电		地热能发电
3758	1	10	01	01	01	11					11001010111000000000	垃圾发电		垃圾发电

续表

序号	篇	类	章	节	条	款	项	目	子目	细目	合并编码	商品和服务名称	说明	关键字
3759	1	10	01	01	01	12					1100101011200000000	竹木生物质燃料发电		竹木生物质燃料发电
3760	1	10	01	01	01	99					1100101019900000000	其他发电	指其他能源发电，包括生物能发电、余压发电、余热发电	
3761	1	10	01	01	02						1100101020000000000	供电		供电
3762	1	10	01	01	02	01					1100101020100000000	电力产品	指给本企业非售电用户（包括零售用户）的电量以及供给本企业非售电用户生产部门（如食堂、宿舍等所使用的电量、基本建设、大修理非生产部门（如食堂、宿舍）等所使用的电量	
3763	1	10	01	01	02	02					1100101020200000000	售电	指电力企业售给用户（包括零售用户）的电量以及供给本企业非售电用户生产部门（如食堂、宿舍、基本建设、大修理非生产部门等所使用的电量	售电
3764	1	10	01	01	02	03					1100101020300000000	农村电网维护费	指农村电管站在收取电价时一并向用户收取的农村电网维护费（包括低压线路损耗和维护费以及电工经费）	农村电网维护费
3765	1	10	01	02							1100102000000000000	热力生产及供应	包括公用热电站和企业自备电站及供热锅炉房的全部外供热力	
3766	1	10	01	02	01						1100102010000000000	热力	指可提供热源的热水、过热或饱和蒸汽；包括工业锅炉、公用热电站和企业自备电站生产的热水和蒸汽，使用单位的热水和蒸汽	热力
3767	1	10	01	02	01	01					1100102010100000000	三北热力	指北京、天津、河北、山西、山东、青岛、辽宁、大连、吉林、黑龙江、内蒙古、河南、陕西、甘肃、宁夏、新疆、青海的供热水和蒸汽	
3768	1	10	01	02	02						1100102020000000000	供热	指热电厂、热力公司和达到标准的集中采暖锅炉房向城市居民个人供热而取得的采暖费	取暖费
3769	1	10	01	02	02	01					1100102020100000000	蒸汽	包括饱和蒸汽、过热蒸汽，主要用途有加热、加	供热 蒸汽

续表

序号	编码 篇	类	章	节	条	款	项	目	子目	细目	合并编码	商品和服务名称	说明	关键字
3770	1	10	01	02	02	02					1100010202000000000	热水	湿；还可以产生动力；作为机器驱动等	热水
3771	1	10	01	03							1100010300000000000	冷气		冷气
3772	1	10	02								1100020000000000000	燃气		
3773	1	10	02	01							1100020100000000000	煤气	包括焦气、水煤气、炉煤气及类似气体	
3774	1	10	02	01	01						1100020101000000000	焦炉煤气	指在炼焦炉中，煤经过干馏炼焦过程生产的煤气	焦炉煤气
3775	1	10	02	01	02						1100020102000000000	高炉煤气	指在炼铁过程产生的煤气	高炉煤气
3776	1	10	02	01	03						1100020103000000000	油制气	指用重油或轻油裂解生产的燃气	油制气
3777	1	10	02	01	04						1100020104000000000	水煤气	指向固定床煤气化炉交替通入空气和水蒸气制得的煤气	水煤气
3778	1	10	02	01	05						1100020105000000000	发生炉煤气	指利用煤气发生炉使固体燃料燃烧转化成的煤气	发生炉煤气
3779	1	10	02	01	06						1100020106000000000	加压气化炉煤气	指将煤与氧气、水蒸气等介质通过加压气化炉在一定温度和压力下反应生成的可燃气体	加压气化煤气
3780	1	10	02	01	99						1100020199000000000	其他煤气		
3781	1	10	02	02							1100020200000000000	其他燃气		燃气
3782	1	10	02	02	01						1100020201000000000	人工煤气	包括煤制气、油制气	人工煤气
3783	1	10	02	02	02						1100020202000000000	民用天然气		天然气
3784	1	10	02	02	03						1100020203000000000	液化天然气（LNG）		LNG液化天然气
3785	1	10	02	02	04						1100020204000000000	民用液化石油气		液化石油气
3786	1	10	03								1100030000000000000	水、冰、雪		
3787	1	10	03	01							1100030100000000000	水		
3788	1	10	03	01	01						1100030101000000000	自来水		自来水
3789	1	10	03	01	02						1100030102000000000	再生水		再生水、中水
3790	1	10	03	01	03						1100030103000000000	淡化水		淡化水

续表

序号	篇	类	章	节	条	款	项目	子目	细目	合并编码	商品和服务名称	说　　明	关键字
3791	1	10	03	01	04					1100301040000000000	天然水	包括江河、海洋、冰川、湖泊、沼泽等地表水以及土壤、岩石层内的地下水等天然水体	天然水
3792	1	10	03	02						1100302000000000000	冰雪	不包括食用冰（详见103020906）	冰雪
3793	1	10	03	02	01					1100302010000000000	自然冰		自然冰
3794	1	10	03	02	02					1100302020000000000	工业人造冰		工业人造冰
3795	1	10	03	02	03					1100302030000000000	自然雪		自然雪
3796	1	10	03	02	04					1100302040000000000	人造雪		人造雪
3797	1	10	03	99						1100399000000000000	其他水冰雪		
3798	2									2000000000000000000	劳务		
3799	2	01								2010000000000000000	加工劳务	指受托加工货物，即委托方提供原料及主要材料，受托方按照委托方的要求制造货物并收取加工费的业务。包括稀土冶炼分离产品加工劳务、垃圾处理、污泥处置处理劳务、工业废气处理劳务、其他加工劳务	
3800	2	01	01							2010100000000000000	稀土冶炼分离产品加工劳务	指通过湿法冶炼分离各种稀土产品的加工劳务	
3801	2	01	02							2010200000000000000	垃圾处理、污泥处置处理劳务	垃圾处理是指运用填埋、焚烧、综合处理和回收利用等形式，对垃圾进行减量化、资源化和无害化处理的业务。污泥处置是指对污水处理后产生的污泥进行稳定化、减量化和无害化处置的业务	垃圾处理、污泥处理处置
3802	2	01	03							2010300000000000000	污水处理劳务	指将污水（包括污水和工业废水）处理后达到《城镇污水处理厂污染物排放标准》（GB18918-2002），或达到相应地方水污染物排放标准中的直接排放限值的业务。其中，城	污水处理

附录 A 商品和服务税收分类与编码

续表

序号	编码 篇	类	章	节	条	款	项	目	子目	细目	合并编码	商品和服务名称	说　明	关　键　字
													镇污水是指城镇居民生活污水，机关、学校、医院、商业服务机构及各种公共设施排水，以及允许排入城镇污水收集系统的工业废水和初期雨水。工业废水是指工业生产过程中产生的，不允许排入城镇污水收集系统的废水和废液	
3803	2	01	04								20104000000000000	工业废气处理劳务	指专门针对工业场所如工厂、车间产生的废气在对外排放前进行预处理，以达到国家废气对外排放标准的工作	工业废气处理
3804	2	01	05								20105000000000000	其他加工劳务	指除稀土冶炼分离产品加工劳务、污泥处理处置劳务、垃圾处理、工业废气处理劳务以外的其他加工劳务	
3805	2	02									20200000000000000	修理修配劳务	指受托对损伤和丧失功能的货物进行修复，使其恢复原状和功能的业务	修理修配、修理、修配
3806	2	03									20300000000000000	油气田企业为生产原油、天然气提供的劳务	生产性劳务是指油气田企业为生产原油、天然气，从地质普查、勘探开发到销售原油天然气的一系列生产过程所发生的劳务（具体见《增值税生产性劳务征税范围注释》）	地质勘探、采油采气、海上油田建设、油田基本建设
3807	2	04									20400000000000000	矿产资源开采、挖掘、切割、破碎、分拣、洗选等劳务	包括矿产资源开采、挖掘、切割、破碎、分拣、洗选等	矿产开采、矿产挖掘、矿产分拣、矿产洗选
3808	3										30000000000000000	销售服务		
3809	3	01									30100000000000000	交通运输服务	指使用运输工具将货物或者旅客送达目的地，使其空间位置得到转移的业务活动	交通运输
3810	3	01	01								30101000000000000	陆路运输服务	指通过陆路（地上或者地下）运送货物或者旅客的运输业务活动	陆路运输

续表

序号	编码 篇	类	章	节	条	款	项	目	子目	细目	合并编码	商品和服务名称	说明	关键字
3811	3	01	01	01							3010101000000000000	陆路旅客运输服务	指通过陆路（地上或者地下）运送旅客的运输业务活动	陆路旅客运输
3812	3	01	01	01	01						3010101010000000000	铁路旅客运输服务	指通过铁路运送旅客的运输业务活动	铁路旅客运输
3813	3	01	01	01	01	01					3010101010100000000	国内铁路旅客运输服务	指起运地和目的地都在境内的铁路旅客运输业务活动	国内铁路旅客运输
3814	3	01	01	01	01	02					3010101010200000000	国际铁路旅客运输服务	指通过铁路从境内载运旅客出境，从境外载运旅客入境，以及境外载运旅客的运输业务活动	国际铁路旅客运输
3815	3	01	01	01	01	03					3010101010300000000	港澳台铁路旅客运输服务	指通过铁路往返香港、澳门、台湾，以及在香港、澳门、台湾提供的旅客运输业务活动	港澳台铁路旅客运输
3816	3	01	01	01	02						3010101020000000000	道路旅客运输服务	指城市以外道路的旅客运输业务活动	道路旅客运输
3817	3	01	01	01	02	01					3010101020100000000	公路旅客运输服务	指通过汽车提供的长途旅客运输业务活动	公路旅客运输
3818	3	01	01	01	02	01	01				3010101020101000000	长途汽车旅客运输服务	指通过汽车提供的长途旅客运输业务活动	长途旅客运输
3819	3	01	01	01	02	01	01	01			3010101020101010000	国内长途汽车旅客运输服务	指起运地和目的地都在境内的长途旅客班车服务	国内长途旅客运输
3820	3	01	01	01	02	01	01	02			3010101020101020000	国际长途汽车旅客运输服务	指通过道路从境内载运旅客出境，从境外载运旅客入境，以及境外载运旅客的运输业务活动	国际长途旅客运输
3821	3	01	01	01	02	01	01	03			3010101020101030000	港澳台长途汽车旅客运输服务	指通过道路往返香港、澳门、台湾，以及在香港、澳门、台湾提供的旅客运输业务活动	港澳台长途旅客运输
3822	3	01	01	01	02	01	02				3010101020102000000	其他公路旅客运输服务	指汽车以外的其他运输工具提供的旅客运输业	

续表

序号	篇	类	章	节	条	款	项	目	子目	细目	合并编码	商品和服务名称	说明	关键字
												客运输服务活动		
3823	3	01	01	01	02	02					3010101020200000000	城市公共交通运输服务	指城市道路旅客运输业务活动	城市旅客公共交通运输
3824	3	01	01	01	02	02	01				3010101020201000000	公共电汽车客运服务	指通过公共电汽车提供的旅客运输业务活动	公共电汽车客运
3825	3	01	01	01	02	02	02				3010101020202000000	城市轨道交通服务	指通过城市地铁、轻轨、有轨电车等轨道交通提供的旅客运输业务活动	城市轨道交通
3826	3	01	01	01	02	02	03				3010101020203000000	出租汽车客运服务	指轿车出租计程、轿车出租包车、中型客车出租、大型客车出租客运业务活动，含城市班车服务	出租汽车客运
3827	3	01	01	01	02	02	04				3010101020204000000	索道客运服务		索道客运
3828	3	01	01	01	02	02	99				3010101020299000000	其他城市旅客公共交通服务	指其他未列明的城市旅客运输活动	
3829	3	01	01	02							3010102000000000000	陆路货物运输服务	指通过陆路（地上或者地下）运送货物的运输业务活动	陆路货物运输
3830	3	01	01	02	01						3010102010000000000	铁路货物运输服务	指通过铁路运送货物的运输业务活动	铁路货物运输
3831	3	01	01	02	01	01					3010102010100000000	国内铁路货物运输服务	指起运地、目的地都在境内的铁路货物运输业务活动	国内铁路货物运输
3832	3	01	01	02	01	02					3010102010200000000	国际铁路货物运输服务	指通过铁路从境内载运货物出境、从境外载运货物入境以及在境外载运货物的铁路货物运输业务活动	国际铁路货物运输
3833	3	01	01	02	01	03					3010102010300000000	港澳台铁路货物运输服务	指通过铁路在往返香港、澳门、台湾以及在香港、澳门、台湾提供的货物运输业务活动	港澳台铁路货物运输
3834	3	01	01	02	02						3010102020000000000	道路货物运输服务	指所有道路的货物运输活动	道路货物运输

续表

序号	篇	类	章	节	条	款	项	子目	细目	合并编码	商品和服务名称	说明	关键字
3835	3	01	01	02	02	01				3010102020100000000	国内道路货物运输服务	指起运地、目的地都在境内的道路货物运输业务活动	国内道路货物运输
3836	3	01	01	02	02	02				3010102020200000000	国际道路货物运输服务	指通过道路从境内载运货物出境、从境外载运货物入境以及在境外载运货物的运输业务活动	国际道路货物运输
3837	3	01	01	02	02	03				3010102020300000000	港澳台道路货物运输服务	指通过道路在往返香港、澳门、台湾提供的货物运输业务活动	港澳台道路货物运输
3838	3	01	01	02	99					3010102990000000000	其他陆路货物运输服务		
3839	3	01	01	02	99	01				3010102990100000000	国内其他陆路货物运输服务	指起运地、目的地都在境内的其他陆路货物运输业务	
3840	3	01	01	02	99	02				3010102990200000000	国际其他陆路货物运输服务	指通过其他陆运运输方式从境内载运货物出境、从境外载运货物入境以及在境外载运货物的运输业务活动	
3841	3	01	01	02	99	03				3010102990300000000	港澳台其他陆路货物运输服务	指通过其他陆运运输方式在往返香港、澳门、台湾以及在香港、澳门、台湾提供的货物运输业务活动	
3842	3	02								3010200000000000000	水路运输服务	指通过江、河、湖、川等天然、人工水道或者海洋航道运送货物或者旅客的运输业务活动	水路运输
3843	3	02	01							3010201000000000000	水路旅客运输服务	指通过江、河、湖、川等天然、人工水道或者海洋航道运送旅客的运输业务活动	水路旅客运输
3844	3	02	01	01						3010201010000000000	国内水路旅客运输服务	指起运地和目的地都在境内的水路旅客运输业务活动，含客渡服务	国内水路旅客运输、轮客渡
3845	3	02	01	02						3010201020000000000	国际水路旅客运输服务	指通过水路运送旅客入境以及在境内载运旅客出境、从境外载运旅客入境以及在境外载运旅客的运输业务活动	国际水路旅客运输

附录 A 商品和服务税收分类与编码　779

续表

序号	篇	类	章	节	条	款	项	目	子目	细目	合并编码	商品和服务名称	说明	关键字
3846	3	01	02	01	03						3010201030000000000	港澳台水路旅客运输编服务	指通过水路运输方式往返香港、澳门、台湾,以及在香港、澳门、台湾提供的旅客运输业务活动	港澳台水路旅客运输
3847	3	01	02	02							3010202000000000000	水路货物运输编服务	指通过江、河、湖、川等天然、人工水道运送货物的运输业务活动	水路货物运输
3848	3	01	02	02	01						3010202010000000000	国内水路货物运输服务	指起运地和目的地都在境内的水路货物运输业务活动	国内水路货物运输
3849	3	01	02	02	02						3010202020000000000	国际水路货物运输服务	指通过水路运输方式从境内载运货物出境、从境外载运货物入境以及在境外载运货物的运输业务活动	国际水路货物运输
3850	3	01	02	02	03						3010202030000000000	港澳台水路货物运输服务	指通过水路运输方式往返香港、澳门、台湾以及在香港、澳门、台湾提供的货物运输业务活动	港澳台水路货物运输
3851	3	01	02	03							3010203000000000000	水路运输期租业务	指运输企业为租用人完成某一特定航次的运输任务并收取租赁费的业务	期租
3852	3	01	02	04							3010204000000000000	水路运输程租业务	指运输企业将配备有操作人员的船舶承租给他人使用一定期限,承租期内听候承租方调遣,不论是否经营,均按天向承租方收取租赁费,发生的固定费用均由船东负担的业务	程租
3853	3	01	03								3010300000000000000	航空运输服务	指通过天空航线运送货物或者旅客的运输业务活动	航空运输
3854	3	01	03	01							3010301000000000000	航空客货运编服务	指通过空中航线运送货物或者旅客的运输业务活动	航空客货运输
3855	3	01	03	01	01						3010301010000000000	航空旅客运编服务	指通过空中航线运送旅客的运输业务活动	航空旅客运输
3856	3	01	03	01	01	01					3010301010100000000	国内航空旅客运编服务	指起运地和目的地都在境内的航空旅客运输业务活动	国内航空旅客运输

续表

序号	篇	类	章	节	条	款	项	目	子目	细目	合并编码	商品和服务名称	说明	关键字
3857	3	01	03	01	01	02					3010301010200000000	国际航空旅客运输服务	指通过航空运输方式在境内载运旅客出境、从境外载运旅客入境以及在境外载运旅客的运输业务活动	国际航空旅客运输
3858	3	01	03	01	01	03					3010301010300000000	港澳台航空旅客运输服务	指通过航空运输方式往返香港、澳门、台湾提供的旅客运输业务活动	港澳台航空旅客运输
3859	3	01	03	01	02						3010301020000000000	航空货物运输服务	指通过空中航线运送货物的运输活动	航空货物运输
3860	3	01	03	01	02	01					3010301020100000000	国内航空货物运输服务	指起运地和目的地都在境内的航空货物运输业务活动	国内航空货物运输
3861	3	01	03	01	02	02					3010301020200000000	国际航空货物运输服务	指通过航空运输方式从境内载运货物出境、从境外载运货物入境以及在境外载运货物的航空货物运输业务活动	国际航空货物运输
3862	3	01	03	01	02	03					3010301020300000000	港澳台航空货物运输服务	指通过航空运输方式往返香港、澳门、台湾提供的货物运输业务活动	港澳台航空货物运输
3863	3	01	03	01	03						3010301030000000000	航空运输湿租业务	指航空运输企业将配备有机组人员的飞机承租给他人使用一定期限，承租期内听候承租方调遣，不论是否经营，均按一定标准向承租方收取租赁费，发生的固定费用均由承租方承担的业务	航空运输湿租
3864	3	01	03	02							3010302000000000000	航天运输服务	指利用火箭发射到空间轨道的空间飞行器等载体卫星、空间探测器等同飞行器发射到空间轨道的业务活动	航天运输
3865	3	01	04								3010400000000000000	管道运输服务	指通过管道设施输送气体、液体、固体物质的运输业务活动	管道运输
3866	3	01	04	01							3010401000000000000	液体管道运输服务	指通过管道设施输送液体物质（如原油、成品油、水等）的运输业务活动	液体管道运输
3867	3	01	04	01	01						3010401010000000000	国内液体管道运输服务	指起运地和目的地都在境内的液体管运输业务活动	国内液体管道运输

附录A 商品和服务税收分类与编码 781

续表

序号	编码 篇	类	章	节	条	款	项	目	子目	细目	合并编码	商品和服务名称	说明	关键字
3868	3	01	04	01	02						3010401020000000000	国际液体管道运输服务	指通过管道运输方式从境内载运液体货物出境、从境外载运液体货物入境以及在境外载运液体货物的运输业务活动	国际液体管道运输
3869	3	01	04	01	03						3010401030000000000	港澳台液体管道运输服务	指利用管道运输方式运送液体货物往返香港、澳门、台湾以及在境外载运液体货物的运输业务活动	港澳台液体管道运输
3870	3	01	04	02							3010402000000000000	气体管道运输服务	指通过管道设施输送气体物质（如天然气、煤气、蒸气等）的运输业务活动	气体管道运输
3871	3	01	04	02	01						3010402010000000000	国内气体管道运输服务	指起运地和目的地都在境内的气体管道运输业务活动	国内气体管道运输
3872	3	01	04	02	02						3010402020000000000	国际气体管道运输服务	指通过管道运输方式从境内载运气体货物出境、从境外载运气体货物入境以及在境外载运气体货物的运输业务活动	国际气体管道运输
3873	3	01	04	02	03						3010402030000000000	港澳台气体管道运输服务	指利用管道运输方式运送气体货物往返香港、澳门、台湾以及在境外载运气体货物的运输业务活动	港澳台气体管道运输
3874	3	01	04	03							3010403000000000000	固体管道运输服务	指通过管道设施输送固体物质（如粉末等）的运输业务活动	固体管道运输
3875	3	01	04	03	01						3010403010000000000	国内固体管道运输服务	指起运地和目的地都在境内的固体管道运输业务活动	国内固体管道运输
3876	3	01	04	03	02						3010403020000000000	国际固体管道运输服务	指通过管道运输方式从境内载运固体货物出境、从境外载运固体货物入境以及在境外载运固体货物的运输业务活动	国际固体管道运输
3877	3	01	04	03	03						3010403030000000000	港澳台固体管道运输服务	指利用管道的交通运输方式运送固体货物往返香港、澳门、台湾提供管道运输服务以及在境外载运固体货物的运输业务活动	港澳台固体管道运输

续表

序号	篇	类	章	节	条	款	项	目	子目	细目	合并编码	商品和服务名称	说明	关键字
3878	3	01	04	99							30104990000000000000	其他管道运输服务		
3879	3	01	04	99	01						30104990100000000000	国内其他管道运输服务	指起运地和目的地都在境内的其他管道运输业务活动	
3880	3	01	04	99	02						30104990200000000000	国际其他管道运输服务	指通过管道运输方式在境内载运货物出境、从境外载运货物入境以及在境外载运其他货物的运输业务活动	
3881	3	01	04	99	03						30104990300000000000	港澳台其他管道运输服务	指利用管道运输方式运送其他货物往返香港、澳门、台湾以及在香港、澳门、台湾提供管道运送其他货物的运输业务活动	
3882	3	01	05								30105000000000000000	无运输工具承运业务	指经营者以承运人身份与托运人签订运输服务合同，收取运费并承担承运人责任，然后委托实际承运人完成运输服务的经营活动	无运输工具承运
3883	3	01	05	01							30105010000000000000	无船承运		
3884	3	01	05	99							30105990000000000000	其他无运输工具承运服务		
3885	3	01	99								30199000000000000000	其他运输服务	指其他未列明的运输活动	
3886	3	02									30200000000000000000	邮政服务	指中国邮政集团公司及其所属邮政企业提供邮件寄递、邮政汇兑和机要通信等邮政基本服务的业务活动。包括邮政普遍服务和邮政特殊服务	
3887	3	02	01								30201000000000000000	邮政普遍服务	指函件、包裹等邮件寄递，以及邮票发行、报刊发行和邮政汇兑等业务活动	
3888	3	02	01	01							30201010000000000000	邮件寄递服务	指函件、包裹等邮件寄递的服务业务	邮件寄递
3889	3	02	01	01	01						30201010100000000000	函件寄递服务	指信函、印刷品、邮资封片卡、无名址函件和邮件寄递	函件寄递

附录 A 商品和服务税收分类与编码 783

续表

序号	篇	类	章	节	条	款	项	目	子目	细目	合并编码	商品和服务名称	说明	关键字
3890	3	02	01	01	02						3020101020000000000	包裹寄递服务	指小包等的寄递服务业务，包括寄包裹的业务。包裹是指按照封装上的名址递送给特定个人或者单位的独立封装的物品，其重量不超过五十千克，长、宽、高合计不超过一百五十厘米，任何一边的尺寸不超过三百厘米	包裹寄递
3891	3	02	01	01	99						3020101990000000000	其他邮件寄递服务	指除函件、包裹以外的邮件寄递服务	
3892	3	02	01	02							3020102000000000000	邮票发行服务		邮票发行
3893	3	02	01	03							3020103000000000000	报刊发行服务		报刊发行
3894	3	02	01	04							3020104000000000000	邮政汇兑		邮政汇兑
3895	3	02	01	99							3020199000000000000	其他邮政普遍服务		
3896	3	02	02								3020200000000000000	邮政特殊服务	指义务兵平常信函、机要通信、盲人读物和革命烈士遗物的寄递等业务活动	
3897	3	02	03								3020300000000000000	其他邮政服务	指邮册等邮品销售、邮政代理等业务活动	
3898	3	02	03	01							3020301000000000000	邮册等邮品销售服务		邮册销售、邮品销售
3899	3	02	03	02							3020302000000000000	邮政代理服务		邮政代理
3900	3	02	03	99							3020399000000000000	其他未列邮政服务		
3901	3	03									3030000000000000000	电信服务	指利用有线、无线的电磁系统或者光电系统等各种通信网络资源，提供语音通话服务，传送、发射、	电信服务

续表

序号	编码 篇	类	章	节	条	款	项	目	子目	细目	合并编码	商品和服务名称	说明	关键字
3902	3	03	01								303010000000000000	基础电信服务	指利用固网、移动网、卫星、互联网、有线电视网络，提供语音通话服务的业务活动，以及出租或者出售带宽、波长等网络元素的业务活动	基础电信
3903	3	03	01	01							303010100000000000	语音通话服务		语音通话
3904	3	03	01	02							303010200000000000	出租或出售网络元素		
3905	3	03	02								303020000000000000	增值电信服务	指利用固网、移动网、卫星、互联网、有线电视网络，提供短信和彩信服务、电子数据和信息的传输及应用服务、互联网接入服务等业务活动	增值电信
3906	3	03	02	01							303020100000000000	短信和彩信服务		短信、彩信
3907	3	03	02	02							303020200000000000	电子数据和信息的传输及应用服务		
3908	3	03	02	03							303020300000000000	互联网接入服务		互联网接入
3909	3	03	02	04							303020400000000000	广播电视信号传输服务		广播电视信号传输
3910	3	03	02	05							303020500000000000	卫星电视信号落地转接服务		卫星电视信号落地转接服务
3911	3	03	02	99							303029900000000000	其他增值电信服务	指除短信和彩信服务、电子数据和信息的传输及应用服务、互联网接入服务、广播电视信号传输服	

附录A 商品和服务税收分类与编码 785

续表

序号	篇	类	章	节	条	款	项	目	子目	细目	合并编码	商品和服务名称	说明	关键字
3912	3	04									304000000000000000	现代服务	指围绕制造业、文化产业、现代物流产业等提供技术性、知识性服务的业务活动	
3913	3	04	01								304010000000000000	研发和技术服务	包括研发服务、技术咨询服务、合同能源管理服务、工程勘察勘探服务	研发技术
3914	3	04	01	01							304010100000000000	研发服务	指就新技术、新产品、新工艺或者新材料及其系统进行研究与试验开发的业务活动	研发
3915	3	04	01	03							304010300000000000	合同能源管理服务	指节能服务公司与用能单位以契约形式约定节能目标，节能服务公司提供必要的服务，用能单位以节能效果支付节能服务公司投入及其合理报酬的业务活动	合同能源
3916	3	04	01	04							304010400000000000	工程勘察勘探服务	指在采矿、工程施工前后，对地形、地质构造、地下资源蕴藏情况进行实地调查的业务活动	勘察、勘探
3917	3	04	01	04	01						304010401000000000	工程勘察服务	指研究和查明工程建设场地的地质地理环境特征的服务	工程勘察
3918	3	04	01	04	02						304010402000000000	地质勘查服务	指对岩石、地层构造、矿产、地下水、地貌等地质情况调查研究的服务	地质勘查
3919	3	04	01	04	02	01					304010402010000000	矿产地质勘查服务	指运用找矿方法、手段系统收集勘查区地质地产信息资料，了解或查明勘查地质特征、含矿特征、矿石质量、资源量、采选条件等	矿产地质勘查
3920	3	04	01	04	02	02					304010402020000000	基础地质勘查服务	指区域、海洋、环境和水文地质勘查活动	基础地质勘查
3921	3	04	01	04	02	99					304010402990000000	其他地质勘查服务	指气象服务、地震服务、海洋服务、测绘服务、城市规划、环境与生态监测服务等专项技术服务	
3922	3	04	01	04	03						304010403000000000	专业技术服务		专业设计

续表

序号	篇	类	章	节	条	款	项	目	子目	细目	合并编码	商品和服务名称	说明	关键字
3923	3	04	02								304020000000000000	信息技术服务	指利用计算机、通信网络等技术对信息进行生产、收集、处理、加工、存储、运输、检索和利用，并提供信息服务的业务活动。包括软件服务、电路设计及测试服务、信息系统服务、业务流程管理服务和信息系统增值服务	信息技术
3924	3	04	02	01							304020100000000000	软件服务	指提供软件开发服务、软件维护服务、软件测试服务的业务活动	软件服务
3925	3	04	02	01	01						304020101000000000	软件开发服务	包括对基础软件、应用软件、嵌入式软件等软件提供的开发服务	软件开发
3926	3	04	02	01	03						304020103000000000	软件维护服务	包括对基础软件、应用软件、嵌入式软件等软件提供的维护服务	软件维护
3927	3	04	02	01	04						304020104000000000	软件测试服务	包括对基础软件、应用软件、嵌入式软件等软件提供的测试服务	软件测试
3928	3	04	02	01	99						304020199000000000	其他软件服务	指除软件开发、软件咨询、软件维护、软件测试以外的其他软件服务	
3929	3	04	02	02							304020200000000000	电路设计及测试服务	指提供集成电路和电子电路产品设计、测试及相关技术支持服务的业务行为	电路设计、电路测试
3930	3	04	02	02	01						304020201000000000	电路设计服务	指对集成电路、电子电路产品等提供的设计服务	电路设计
3931	3	04	02	02	02						304020202000000000	电路测试服务	指对集成电路、电子电路产品等提供的测试服务	电路测试
3932	3	04	02	02	03						304020203000000000	相关电路技术支持服务	指对集成电路、电子电路产品等提供的技术支持服务	电路技术支持
3933	3	04	02	03							304020300000000000	信息系统服务	是指提供信息系统集成、网站内容维护、桌面管理与维护、信息系统应用、基础信息技术管理平台整合、信息技术基础设施管理、数据中	信息系统服务

附录A 商品和服务税收分类与编码 787

续表

序号	编码篇	类	章	节	条	款	项	目	子目	细目	合并编码	商品和服务名称	说明	关键字
3934	3	04	02	04							304020400000000000	业务流程管理服务	是指依托信息技术提供的人力资源管理、财务经济管理、审计管理、税务管理、物流信息管理、经营信息管理和呼叫中心等服务的活动	业务流程管理
3935	3	04	02	05							304020500000000000	信息系统增值服务	指利用信息系统资源为用户附加提供的信息技术服务。包括数据处理、分析和整合、数据库管理、数据备份、数据存储、容灾服务、电子商务平台等	信息系统增值服务
3936	3	04	03								304030000000000000	文化创意服务	包括设计服务、知识产权服务、广告服务、会议展览服务等	文化创意
3937	3	04	03	01							304030100000000000	设计服务	指把计划、规划、设想通过文字、语言、图画、声音、视觉等形式传递出来的业务活动。包括工业设计、内部管理设计、业务运作设计、供应链设计、造型设计、服装设计、环境设计、平面设计、包装设计、动漫设计、网游设计、展示设计、工程设计、广告设计、创意策划、文印晒图服务等	设计
3938	3	04	03	01	01						304030101000000000	工程设计服务	包括为房屋建筑物工程、煤炭工程、化工石化医药工程、石油天然气工程、电力工程、冶金工程、机械工程、商业工程、电子通信广电工程、轻纺工程、建材工程、核工业工程、农林工程、公路工程、水运工程、民航工程、市政铁道工程、水利工程、海洋工程、体育及休闲娱乐工程、室内装饰、专项工程等提供的设计服务	工程设计
3939	3	04	03	01	02						304030102000000000	专业设计服务	包括工业设计、造型设计、服装设计、环境设计	专业设计

续表

序号	篇	类	章	节	条	款	项	目	子目	细目	合并编码	商品和服务名称	说明	关键字
3940	3	04	03	01	03						304030103000000000	文印晒图服务	平面设计、包装设计、动漫设计、网游设计、展示设计、网站设计、机械设计、广告设计等。2016年5月1日起停用，归入304010403	文印、晒图
3941	3	04	03	01	99						304030199000000000	其他设计服务	包括创意策划等其他设计服务	创意策划
3942	3	04	03	02							304030200000000000	知识产权服务	指处理知识产权事务的业务活动。包括对专利、商标、著作权、软件、集成电路布图设计的登记、鉴定、评估、认证、检索服务	知识产权服务
3943	3	04	03	03							304030300000000000	广告服务	是指利用图书、报纸、杂志、广播、电视、电影、幻灯、路牌、招贴、橱窗、霓虹灯、灯箱、互联网等各种形式为客户的商品、经营服务项目、文体节目或事宜委托宣传和提供相关服务的业务活动。包括广告代理和广告的发布、播映、宣传、展示等	广告
3944	3	04	03	03	01						304030301000000000	广告发布服务	包括广告的发布、播映、宣传、展示等	广告发布
3945	3	04	03	03	01	01					304030301010000000	影视、广播广告发布服务	指利用广播、电视、电影等形式进行的广告发布服务	影视广告、广播广告
3946	3	04	03	03	01	02					304030301020000000	报纸、杂志广告发布服务	指利用图书、报纸、杂志等形式进行的广告发布服务	报纸广告、杂志广告
3947	3	04	03	03	01	03					304030301030000000	灯箱广告发布服务	指利用灯箱等形式进行的广告发布服务	灯箱广告
3948	3	04	03	03	01	04					304030301040000000	路牌广告发布服务	指利用路牌等形式进行的广告发布服务	路牌广告

附录A 商品和服务税收分类与编码 789

续表

序号	篇	类	章	节	条	款	项	目	子目	细目	合并编码	商品和服务名称	说明	关键字
3949	3	04	03	03	01	05					304030301050000000	建筑物广告发布服务	指利用外墙等建筑物结构进行的广告发布服务	建筑物广告
3950	3	04	03	03	01	06					304030301060000000	互联网广告发布服务	指利用互联网等形式进行的广告发布服务	互联网广告
3951	3	04	03	03	01	07					304030301070000000	流动广告发布服务	指利用机动车、非机动车车体等进行的广告发布服务，以及受雇人员穿广告服装等进行的广告发布服务	流动广告
3952	3	04	03	03	01	99					304030301990000000	其他广告发布服务		
3953	3	04	03	03	02						304030302000000000	广告代理服务	指广告经营者接受广告发布者或广告主委托，从事广告媒介安排等经营活动	广告代理
3954	3	04	03	04							304030400000000000	会议展览服务	指为商品流通、促销、展示、经贸洽谈、民间交流、企业沟通、国际往来等举办或者组织安排的各类展览和会议活动	会议展览、会展
3955	3	04	03	04	01						304030401000000000	会议服务	包括国际会议服务，国内会议服务及会议中心服务	会议服务
3956	3	04	03	04	02						304030402000000000	展览服务	包括为博览会、专业技术产品展览、生活消费品展览、文化产品展览、进出口交易展会、一般产品展览、产品订货展会等提供的展览服务	展览
3957	3	04	04								304040000000000000	物流辅助服务	包括航空服务、港口码头服务、货运客运场站服务、打捞救助服务、装卸搬运服务、仓储服务和收派服务	物流辅助
3958	3	04	04	01							304040100000000000	航空服务	包括航空地面服务和通用航空服务	
3959	3	04	04	01	01						304040101000000000	航空地面服务	指航空公司、飞机场、民航管理局、航站等向在境内航空飞行器境内外飞机停留业务性地面服务的导航等向在机或者其他飞行器提供的导航等服务性航空地面服务的业务	航空地面服务

续表

序号	篇	类	章	节	条	款	项	目	子目	细目	合并编码	商品和服务名称	说明	关键字
3960	3	04	04	01	01	01					30404010100000000	机场服务	活动。包括旅客安全检查服务、停机坪管理服务、机场候机厅管理服务、飞机清洗消毒服务、空中飞行管理服务、飞行通信服务、飞机起降服务、地面信号服务、飞机安全服务、飞机跑道管理服务、空中交通管理服务等	机场服务
3961	3	04	04	01	01	02					30404010102000000	空中交通管理服务		空中交通管理、空管
3962	3	04	04	01	01	99					30404010199000000	其他航空地面服务		
3963	3	04	04	01	02						30404010200000000	通用航空服务	指为专业工作提供飞行服务的业务活动,包括航空摄影、航空培训、航空测量、航空勘探、航空护林、航空吊挂播撒、航空降雨等	通用航空
3964	3	04	04	01	02	01					30404010201000000	航空摄影		航空摄影
3965	3	04	04	01	02	02					30404010202000000	航空培训		航空培训
3966	3	04	04	01	02	03					30404010203000000	航空测量		航空测量
3967	3	04	04	01	02	04					30404010204000000	航空勘探		航空勘探
3968	3	04	04	01	02	05					30404010205000000	航空护林		航空护林
3969	3	04	04	01	02	06					30404010206000000	航空播撒农药		航空播撒农药
3970	3	04	04	01	02	07					30404010207000000	航空降雨		航空降雨
3971	3	04	04	01	02	99					30404010299000000	其他通用航空服务		
3972	3	04	04	02							30404020000000000	港口码头服务	指港务船舶调度服务、船舶通信服务、航道管理服务、航道疏浚服务、灯塔管理服务、航标管理服务、理货服务、船舶引航服务、系解缆服务、停泊	港口码头

序号	篇	类	章	节	条	款	项	目	子目	细目	合并编码	商品和服务名称	说明	关键字
3973	3	04	04	02	01						304040201000000000	客运港口码头服务	和移泊服务、海上船舶溢油清除服务、水上交通管理服务、船只专业清洗消毒检测服务和防止船只漏油服务等为提供服务的业务活动	客运港口码头
3974	3	04	04	02	02						304040202000000000	货运港口码头服务		货运港口码头
3975	3	04	04	02	99						304040299000000000	其他港口码头服务		
3976	3	04	04	03							304040300000000000	货运客运场站服务	指货运客运场站提供的货物配载服务、运输组织服务、中转换乘服务、车辆调度服务、票务服务、货物打包整理、铁路行包专列发送服务、铁路到达和中转服务、铁路车辆编解服务、车辆挂运服务、铁路接触网服务、铁路机车牵引服务、车辆停放服务等业务活动	货运客运场站
3977	3	04	04	03	01						304040301000000000	铁路货运场运站服务		铁路货运客运场站
3978	3	04	04	03	02						304040302000000000	道路货运场运站服务		道路货运客运场站
3979	3	04	04	04							304040400000000000	打捞救助服务	指提供船舶人员、船舶财产救助、水上救助和沉船沉物打捞服务的业务活动	打捞救助
3980	3	04	04	07							304040700000000000	仓储服务	指利用仓库、货场或者其他场所代客贮放、保管货物的业务活动	仓储
3981	3	04	04	07	01						304040701000000000	农产品仓储服务	指利用仓库等场所代客贮放、保管粮食、棉花、化肥等农产品的服务	农产品仓储

续表

序号	编码							合并编码	商品和服务名称	说　明	关　键　字
	篇	类	章	节	条	款	项 目 子目 细目				
3982	3	04	04	07	02			30404070200000000000	专业仓储服务	指利用仓库等场所代客贮放、保管原油、成品油、燃气、危险品、冷冻食品等的业务活动	专业仓储
3983	3	04	04	07	03			30404070300000000000	运输货场仓储服务	指货运客运场站提供的仓储服务	运输货场仓储
3984	3	04	04	07	04			30404070400000000000	商业流通仓储服务	包括百货仓储、连锁零售仓储、专卖店仓储等商业流通仓储服务	商业流通仓储
3985	3	04	04	07	99			30404079900000000000	其他仓储服务	指除农产品仓储、专业仓储、运输货场仓储、商业流通仓储以外的其他仓储服务	
3986	3	04	04	08				30404080000000000000	装卸搬运服务	指使用装卸搬运工具或人力、畜力将货物在运输工具之间、装卸现场或运输工具与装卸现场之间进行装卸和搬运的业务活动	装卸搬运
3987	3	04	04	09				30404090000000000000	收派服务	指接受寄件人委托，在承诺的时限内完成函件和包裹的收件、分拣、派送服务的业务活动	收派
3988	3	04	04	09	01			30404090100000000000	收件服务	指从寄件人收取函件和包裹，并运送到服务提供方同城的集散中心的业务活动	收件
3989	3	04	04	09	02			30404090200000000000	分拣服务	指服务提供方在其集散中心对函件和包裹进行归类、分发的业务活动	分拣
3990	3	04	04	09	03			30404090300000000000	派送服务	指服务提供方从其集散中心将函件和包裹送达同城的收件人的业务活动	派送
3991	3	04	05					30404050000000000000	租赁服务	包括融资租赁和经营性租赁	租赁，租赁服务
3992	3	04	05	01				30404050100000000000	融资租赁服务	指具有融资性质和所有权转移特点的租赁活动。即出租人根据承租人所要求的规格、型号、性能等条件购入有形动产或者不动产租赁给承租人，承租人只拥有使用权，合同期满付清租金后，承租人有权按照残值购入租赁物，以拥有其所有权。不论出租人是否将租	融资租赁，直租，直接租赁

附录A 商品和服务税收分类与编码 793

续表

序号	编码						合并编码	商品和服务名称	说明	关键字
	篇	类	章	节	条	款 项 目 子目 细目				
3993	3	04	05	01	01		3040501010000000000	有形动产融资租赁服务	货物销售给承租人，均属于融资租赁。指出租人根据承租人所要求的规格、型号、性能等条件购入有形动产直接租赁给承租人，合同期内设备所有权属于出租人，承租人只拥有使用权，合同期满付清租金后，承租人有权按照残值购入有形动产，以拥有其所有权	有形动产融资租赁
3994	3	04	05	01	03		3040501030000000000	不动产融资租赁服务	指承租方以融资为目的，将不动产出售给从事融资租赁业务的企业后，又将该资产租回的业务活动	不动产融资租赁
3995	3	04	05	01	99		3040501990000000000	其他融资租赁服务	指除有形动产和无形动产融资租赁以外的融资租赁服务	其他融资租赁
3996	3	04	05	02			3040502000000000000	经营租赁	指在约定时间内将有形动产或者不动产转让他人使用且租赁物所有权不变更的业务活动，包括将建筑物、构筑物等不动产或者飞机、车辆等有形动产的广告位出租给其他单位或者个人用于发布广告	经营性租赁，出租
3997	3	04	05	02	01		3040502010000000000	有形动产经营租赁服务	指在约定时间内将租赁物品、设备等有形动产的使用权不变更的业务活动	
3998	3	04	05	02	01	01	3040502010100000000	光租业务	是指运输企业将船舶在约定的时间内出租给他人使用，不配备操作人员，不承担运输过程中发生的各项费用，只收取固定租赁费的业务活动	
3999	3	04	05	02	01	02	3040502010200000000	干租业务	是指航空运输企业将飞机在约定时间内出租给他人使用，不配备机组人员，不承担运输过程中发生的各项费用，只收取固定租赁费的业务活动	
4000	3	04	05	02	01	99	3040502019900000000	其他有形动产经营租赁服务	指光、干租以外其他有形动产经营租赁服务	

续表

序号	篇	类	章	节	条	款	项	目	子目	细目	合并编码	商品和服务名称	说明	关键字
4001	3	04	05	02	02						30405020200000000000	不动产经营租赁	指在约定时间内将不动产转让他人使用且租赁物所有权不变更的业务活动，以及车辆停放服务、道路通行服务（包括过路费、过闸费等）	
4002	3	04	05	02	02	01					30405020201000000000	住宅经营租赁服务		
4003	3	04	05	02	02	01	01				30405020201010000000	公共住房租赁		
4004	3	04	05	02	02	01	02				30405020201020000000	个人出租住房		
4005	3	04	05	02	02	01	99				30405020201990000000	其他住房租赁服务		
4006	3	04	05	02	02	02					30405020202000000000	车辆停放服务	指提供停放车辆服务	
4007	3	04	05	02	02	03					30405020203000000000	道路通行服务	包括过路费、过桥费、过闸费	鉴证咨询
4008	3	04	05	02	02	03	01				30405020203010000000	高速公路通行服务		
4009	3	04	05	02	02	03	02				30405020203020000000	江河等闸口通行服务		
4010	3	04	05	02	02	03	03				30405020203030000000	桥梁通行服务		
4011	3	04	05	02	02	03	99				30405020203990000000	其他道路通行服务		
4012	3	04	05	02	02	99					30405020299000000000	其他不动产经营租赁服务		
4013	3	04	05	02	02	99	01				30405020299010000000	军队空余房		

续表

序号	篇	类	章	节	条	款	项	子目	细目	合并编码	商品和服务名称	说明	关键字
4014	3	04	05	02	02	99	02			3040502029902000000	其他情况不动产经营租赁服务		
4015	3	04	06							3040600000000000000	鉴证咨询服务		
4016	3	04	06	01						3040601000000000000	认证服务	包括认证服务、鉴证服务和咨询服务	认证
4017	3	04	06	02						3040602000000000000	鉴证服务	指具有专业资质的单位利用检测、技术、证明产品、服务、管理体系符合相关技术规范、相关技术规范的强制性要求或者标准的业务活动	鉴证
4018	3	04	06	02	01					3040602010000000000	工程监理服务	指具有专业资质证明力的意见的业务活动。包括会计鉴证、发表具有证明力的意见的业务活动。包括会计鉴证、税务鉴证、法律鉴证、职业技能鉴定、工程造价鉴证、工程监理、资产评估、环境评估、房地产土地评估、建筑图纸审核、医疗事故鉴定等	
4019	3	04	06	02	99					3040602990000000000	其他鉴证服务		
4020	3	04	06	03						3040603000000000000	咨询服务	是指提供信息、建议、策划、顾问等服务的活动。包括金融、软件、技术、财务、税务、法律、内部管理、业务运作、流程管理、健康等方面的咨询	咨询
4021	3	04	07							3040700000000000000	广播影视服务	包括广播影视节目（作品）的制作服务、发行服务和播映（含放映）服务	广播影视服务
4022	3	04	07	01						3040701000000000000	广播影视节目（作品）制作服务	指进行专题（特别节目）、专栏、综艺、体育、动画片、广播剧、电视剧、电影等广播影视节目和作品制作	广播影视节目制作、广播节目制作

续表

序号	篇	类	章	节	条	款	项目	子目	细目	合并编码	商品和服务名称	说　明	关　键　字
											制作服务	作品制作的服务。具体包括与广播影视节目和作品相关制作的策划、采编、拍摄、录音、音视频文字图片素材制作、场景布置、后期的剪辑、翻译（编译）、字幕制作、片头、片尾、片花制作、特效制作、影片修复、编目和确权等业务活动	
4023	3	04	07	01	01					304070101000000000	广播节目制作服务	指广播电台的制作服务，以及专门为广播电台制作节目的服务	电视节目制作
4024	3	04	07	01	02					304070102000000000	电视节目制作服务	指电视台的制作服务，以及专门为电视台制作节目的服务	电影制作
4025	3	04	07	01	03					304070103000000000	电影制作服务	指电影节目和作品的制作服务	音像制作
4026	3	04	07	01	04					304070104000000000	音像制作服务	指音像节目和作品的制作服务	广播影视节目发行
4027	3	04	07	02						304070200000000000	广播影视节目（作品）的发行服务	指以分账、买断、代理等方式，向影院、电台、电视台、网站等单位和个人发行广播影视节目（作品）以及转让广播影视节目（作品）的报道及播映权的业务活动	广播节目发行
4028	3	04	07	02	01					304070201000000000	广播节目发行服务	指以分账、买断、代理等方式，向单位和个人发行广播节目（作品）以及转让体育赛事等活动的报道及播映权的业务活动	电视节目发行
4029	3	04	07	02	02					304070202000000000	电视节目发行服务	指以分账、买断、代理等方式，向单位和个人发行电视节目（作品）以及转让体育赛事等活动的报道及播映权的业务活动	电影发行
4030	3	04	07	02	03					304070203000000000	电影发行服务	指以分账、买断、代理等方式，向单位和个人发行电影节目（作品）的业务活动	广播影视节目播映
4031	3	04	07	03						304070300000000000	广播影视节目播映服务	指在影院、剧院、录像厅及其他场所播映广播影视节目的业务活动	广播节目播出

附录 A 商品和服务税收分类与编码 797

续表

序号	编码 篇	类	章	节	条	款	项目	子目	细目	合并编码	商品和服务名称	说明	关键字
												目（作品）的视节目（作品），以及通过电台、电视台、卫星通播映(含放映)信、互联网、有线电视无线或有线装置播映广播服务	
4032	3	04	07	03	01					3040703010000000000	广播节目播出服务	指通过电台等无线或有线装置播映广播节目（作品）的业务活动，包括通过互联网播出广播节目（作品）	电视节目播出
4033	3	04	07	03	02					3040703020000000000	电视节目播出服务	指通过电视台、有线电视等无线或有线装置播映电视节目（作品）的业务活动，包括通过互联网播出电视节目	电影放映
4034	3	04	07	03	03					3040703030000000000	电影放映服务	指在影院、剧院、录像厅等场所播映电影、录像的业务活动，包括通过互联网播出电影	现场电影放映
4035	3	04	07	03	03	01				3040703030100000000	现场电影放映服务	指电影院线、普通影院、露天影院及录像等现场电影放映服务	互联网电影播出
4036	3	04	07	03	03	02				3040703030200000000	互联网电影播出服务	指通过互联网播出电影的业务活动	无形资产
4037	3	04	08							3040800000000000000	商务辅助服务	包括企业管理服务、经纪代理服务、人力资源服务、安全保护服务和道路管理服务	
4038	3	04	08	01						3040801000000000000	企业管理服务	指提供总部管理、投资与资产管理、物业管理、日常综合管理等服务的业务活动	
4039	3	04	08	02						3040802000000000000	经纪代理服务	指各类经纪、中介、代理服务。包括金融代理、知识产权代理、货物运输代理、报关代理、法律代理、房地产中介、职业中介、婚姻中介、代理记账、拍卖等	
4040	3	04	08	02	01					3040802010000000000	货物运输代理服务	指接受货物收货人、发货人、船舶所有人、船舶承租人或者船舶经营人的委托，以委托人的名义，为委托人办理货物运输、装卸、仓储和船舶进出港	货物运输代理、货代

续表

序号	篇	类	章	节	条	款	项	目	子目	细目	合并编码	商品和服务名称	说明	关键字
													口、引航、靠泊等相关手续的业务活动	
4041	3	04	08	02	01	01					30408020101000000000	国内货物运输代理服务	指提供国内货物运输代理服务	国内货物运输代理
4042	3	04	08	02	01	02					30408020102000000000	国际货物运输代理服务	指提供国际货物运输代理服务	国际货物运输代理
4043	3	04	08	02	01	03					30408020103000000000	港澳台货物运输代理服务	指港澳台货物运输代理服务	港澳台货物运输代理
4044	3	04	08	02	01	99					30408020199000000000	其他货物运输代理服务	除货物运输代理服务外其他经纪代理服务	
4045	3	04	08	02	02						30408020200000000000	代理报关服务	指接受进出口货物的收、发货人委托，代为办理报关手续的业务活动	
4046	3	04	08	02	03						30408020300000000000	婚姻介绍服务		
4047	3	04	08	02	99						30408029900000000000	其他经纪代理服务		
4048	3	04	08	03							30408030000000000000	人力资源服务	指提供公共就业、劳务派遣、人才委托招聘、劳动力外包等服务的业务活动	
4049	3	04	08	04							30408040000000000000	安全保护服务	指提供保护人身安全和财产安全，包括场所住宅保安、特种保安、安全系统监控以及其他安保服务	
4050	3	04	99								30499000000000000000	其他现代服务	指除研发和技术服务、信息技术服务、文化创意服务、物流辅助服务、租赁服务、鉴证咨询服务、广播影视服务和商务辅助服务以外的现代服务	
4051	3	05									30500000000000000000	建筑服务	指各类建筑物、构筑物、线路、管道、设备、设施等的建造、修缮、装饰、设备、设施等的安装以及其他工程作业的业务活动	

附录 A 商品和服务税收分类与编码

续表

序号	编码 篇	类	章	节	款	条	项目	子目	细目	合并编码	商品和服务名称	说明	关键字
4052	3	05	01							3050100000000000000	工程服务	指新建、改建各种建筑物、构筑物的工程作业，包括与建筑物相连的各种设备或者支柱、操作平台的安装与装设等装设工程作业，以及各种窑炉和金属结构工程作业	工程服务
4053	3	05	02							3050200000000000000	安装服务	指生产设备、动力设备、起重设备、运输设备、传动设备、医疗实验设备以及其他各种设备、设施的装配、安置工程作业。包括与被安装设备相连的工作台、梯子、栏杆的装设工程作业，以及被安装设备的绝缘、防腐、保温、油漆等工程作业。包括固定电话、有线电视、宽带、水、电、燃气、暖气等经营者向用户收取的安装费、初装费、开户费、扩容费以及类似收费	安装服务
4054	3	05	03							3050300000000000000	修缮服务	指对建筑物、构筑物进行修补、加固、养护、改善，使之恢复原来的使用价值或者延长其使用期限的工程作业	修缮服务、建筑物加固
4055	3	05	04							3050400000000000000	装饰服务	指对建筑物、构筑物进行修饰装修，使之美观或者具有特定用途的工程作业	装饰服务、修饰装修
4056	3	05	99							3059900000000000000	其他建筑服务	指上列工程作业之外的各种工程作业服务，如钻井（打井）、拆除建筑物或者构筑物、平整土地、园林绿化、疏浚（不包括航道疏浚）、建筑物平移、搭脚手架、爆破、矿山穿孔、表面附着物（包括岩层、土层、沙层等）剥离和清理劳务等工程作业	其他建筑服务、搭脚手架、爆破、矿山穿孔
4057	3	06								3060000000000000000	金融服务	指经营金融保险的业务活动。包括贷款服务、直接收费金融服务、保险服务和金融商品转让	金融服务
4058	3	06	01							3060100000000000000	贷款服务	指将资金贷与他人使用而取得利息收入的业务活动，包括各种占用、拆借资金取得的收入（含刑期）利息（保本收益、报	贷款

续表

序号	篇	类	章	节	条	款	项	子目	细目	合并编码	商品和服务名称	说明	关键字
4059	3	06	01	01						3060101000000000000	金融同业往来业务	酬、资金占用费、补偿金等）收入，信用卡透支利息收入、买入返售金融商品利息收入、融资融券收取的利息收入，以及融资性售后回租、押汇、罚息、票据贴现、转贷等业务取得的利息及利息性质的收入	同业往来
4060	3	06	01	02						3060102000000000000	金融机构农户小额贷款		农户小额贷款
4061	3	06	01	03						3060103000000000000	国家助学贷款		
4062	3	06	01	04						3060104000000000000	国债		
4063	3	06	01	05						3060105000000000000	地方政府债		
4064	3	06	01	06						3060106000000000000	住房公积金个人住房贷款		
4065	3	06	01	07						3060107000000000000	外汇局外汇贷款		
4066	3	06	01	08						3060108000000000000	统借统还		统借统还利息收入
4067	3	06	01	09						3060109000000000000	融资性售后回租	是指承租方以融资为目的，将资产出售给从事融资租赁业务的企业后，又将该资产租回的业务活动	融资性售后回租
4068	3	06	01	09	01					3060109010000000000	有形动产融资性售后回租		
4069	3	06	01	09	02					3060109020000000000	不动产融资性售后回租		
4070	3	06	01	09	99					3060109990000000000	其他融资性售后回租		

附录 A 商品和服务税收分类与编码　801

续表

序号	编码篇	类	章	节	条	款	项	子目	细目	合并编码	商品和服务名称	说　明	关　键　字
4071	3	06	01	99						3060199000000000000	其他贷款服务		
4072	3	06	02							3060200000000000000	直接收费金融服务	指为货币资金融通及其他金融业务提供相关服务并且收取费用的业务活动。包括提供货币兑换、账户管理、电子银行、信用卡、信用证、财务担保、资产管理、信托管理、基金管理、金融商品交易、资金结算、金融支付等服务	
4073	3	06	03							3060300000000000000	保险服务	指投保人根据合同约定，向保险人支付保险费，保险人对于合同约定的可能发生的事故因其发生所造成的财产损失承担赔偿保险金责任，或者当被保险人死亡、伤残、疾病或者达到合同约定的年龄期限等条件时承担给付保险金责任的商业保险行为。包括人身保险服务和财产保险服务	
4074	3	06	03	01						3060301000000000000	人身保险服务	指以人的寿命和身体为保险标的的保险业务活动	人身保险
4075	3	06	03	01	01					3060301010000000000	一年期以上的返还性人身保险和健康保险服务		
4076	3	06	03	01	99					3060301990000000000	其他人身保险服务		
4077	3	06	03	02						3060302000000000000	财产保险服务	指以财产及其有关利益为保险标的的保险业务活动	财产保险
4078	3	06	03	02	01					3060302010000000000	出口货物保险服务		
4079	3	06	03	02	02					3060302020000000000	机动车交通事故责任强制		

续表

序号	编码篇	类	章	节	条	款	项	目	子目	细目	合并编码	商品和服务名称	说明	关键字
4080	3	06	03	02	03						30603020300000000000	农牧业保险服务		保险服务
4081	3	06	03	02	04						30603020400000000000	国际航运保险服务		
4082	3	06	03	02	99						30603029900000000000	其他财产保险服务		
4083	3	06	04								30604000000000000000	金融商品转让	指转让外汇、有价证券、非货物期货和其他金融商品所有权的业务活动	金融商品转让
4084	3	06	04	01							30604010000000000000	股票转让		
4085	3	06	04	02							30604020000000000000	债券转让		
4086	3	06	04	03							30604030000000000000	外汇转让		
4087	3	06	04	99							30604990000000000000	其他金融商品转让	包括基金、信托、理财产品等各类资产管理产品和各种金融衍生品的转让	其他金融商品转让
4088	3	07									30700000000000000000	生活服务	指为满足城乡居民日常生活需求提供的各类服务活动。包括文化体育服务、教育医疗服务、旅游娱乐服务、餐饮住宿服务、居民日常服务和其他生活服务	
4089	3	07	01								30701000000000000000	文化体育服务	包括文化服务和体育服务	
4090	3	07	01	01							30701010000000000000	文化服务	指为满足社会公众文化生活需求提供的各种服务。包括文艺创作、文艺表演、文化比赛、图书馆的图书和资料借阅、档案馆的档案管理、文物及非物质遗产保护、组织举办宗教活动、科技活动、文化活动	文化服务
4091	3	07	01	02							30701020000000000000	体育服务	指组织举办体育比赛、体育表演、体育活动,提	体育服务

附录 A 商品和服务税收分类与编码 803

续表

序号	编码						合并编码	商品和服务名称	说　明	关　键　字
	篇	类	章	节	款	条	项	目	子目	细目					
4092	3	07	02								30702000000000000	教育医疗服务	供体育训练、体育指导、体育管理的业务活动	
4093	3	07	02	01							30702010000000000	教育服务	包括教育服务和医疗服务	
4094	3	07	02	01	01						30702010100000000	学历教育服务	指提供学历教育服务、非学历教育服务、教育辅助服务的业务活动	
4095	3	07	02	01	02						30702010200000000	非学历教育服务	指根据教育行政管理部门确定或者认可的招生和教学计划组织教学，并颁发相应学历证书的业务活动。包括初等教育、初级中等教育、高级中等教育、高等教育等	学历教育
4096	3	07	02	01	03						30702010300000000	教育辅助服务	包括学前教育、各类培训、演讲、讲座、报告会等	非学历教育
4097	3	07	02	02							30702020000000000	医疗服务	包括教育测评、考试、招生等服务	教育辅助
4098	3	07	03								30703000000000000	旅游娱乐服务	指提供医学检查、诊断、治疗、康复、预防、保健、接生、计划生育、防疫服务等方面的服务，以及与这些服务有关的提供药品、医用材料器具、救护车、病房住宿和伙食的业务	
4099	3	07	03	01							30703010000000000	旅游服务	包括旅游服务和娱乐服务	
4100	3	07	03	02							30703020000000000	娱乐服务	指根据旅游者的要求，组织安排交通、游览、住宿、餐饮、购物、文娱、商务等服务的业务活动	旅游
4101	3	07	04								30704000000000000	餐饮住宿服务	指为娱乐活动同时提供场所和服务的业务，包括：歌厅、舞厅、夜总会、酒吧、台球、高尔夫球、保龄球、游艺（射击、狩猎、跑马、游戏机、蹦极、卡丁车、热气球、动力伞、射箭、飞镖）	娱乐
													包括餐饮服务和住宿服务	

续表

序号	篇	类	章	节	款	条	项目	子目	细目	合并编码	商品和服务名称	说明	关键字
4102	3	07	04	01						30704010000000000000	餐饮服务	指通过同时提供饮食和饮食场所的方式为消费者提供饮食消费服务的业务活动	餐饮
4103	3	07	04	02						30704020000000000000	住宿服务	指提供住宿场所及配套服务等的活动。包括宾馆、旅馆、旅社、度假村和其他经营性住宿场所提供的住宿服务	住宿
4104	3	07	05							30705000000000000000	居民日常服务	指主要为满足居民个人及其家庭日常生活需求提供的服务，包括市容市政管理、家政、婚庆、养老、殡葬、照料和护理、救助救济、美容美发、按摩、桑拿、氧吧、足疗、沐浴、洗染、摄影扩印等服务	居民日常服务
4105	3	07	05	01						30705010000000000000	殡葬服务		
4106	3	07	05	02						30705020000000000000	养老服务		
4107	3	07	05	03						30705030000000000000	员工制家政服务		
4108	3	07	05	04						30705040000000000000	育养服务	托儿所、幼儿园、残疾人福利机构提供的育养服务	
4109	3	07	05	99						30705990000000000000	其他居民日常服务		
4110	3	07	99							30799000000000000000	其他生活服务	指除文化体育服务、教育医疗服务、旅游娱乐服务、餐饮住宿服务和居民日常服务之外的生活服务	其他生活服务
4111	4									40000000000000000000	无形资产		
4112	4	01								40100000000000000000	技术	指专利或者非专利技术	技术
4113	4	01	01							40101000000000000000	专利技术		专利技术、专利权
4114	4	01	02							40102000000000000000	非专利技术		非专利技术
4115	4	02								40200000000000000000	商标		商标

续表

序号	篇	类	章	节	条	款	项	目	子目	细目	合并编码	商品和服务名称	说明	关键字
4116	4	03									4030000000000000000	著作权		著作权
4117	4	04									4040000000000000000	商誉		商誉
4118	4	05									4050000000000000000	自然资源使用权	指土地使用权、海域使用权、探矿权、采矿权、取水权和其他自然资源使用权	
4119	4	05	01								4050100000000000000	土地使用权		土地使用权
4120	4	05	01	01							4050101000000000000	出让土地使用权		
4121	4	05	01	02							4050102000000000000	收回土地使用权		
4122	4	05	01	99							4050199000000000000	其他土地使用权		
4123	4	05	02								4050200000000000000	探矿权		
4124	4	05	03								4050300000000000000	采矿权		
4125	4	05	99								4050990000000000000	其他自然资源使用权		
4126	4	06									4060000000000000000	其他权益性无形资产	基础设施资产经营权、公共事业特许经营权（包括特许经营权、连锁经营权、其他经营权）、经销权、分销权、代理权、会员权、席位权、冠名权、肖像权、名称权、域名、网络游戏虚拟道具、转会费等	基础设施资产经营权、公共事业特许经营权、配额、经营权（包括特许经营权、连锁经营权、其他经营权）、经销权、代理权、会员权、席位权、冠名权、肖像权、名称权、域名、网络游戏虚拟道具、转会费
4127	5										5000000000000000000	不动产	是指不能移动或者移动后会引起性质、形状改变的财产，包括建筑物、构筑物等	
4128	5	01									5010000000000000000	建筑物	指住宅、商业营业用房、办公楼等建造物	
4129	5	01	01								5010100000000000000	住宅	包括普通住宅、高级公寓、别墅等居住用建筑物	住宅、住房、公寓、别墅
4130	5	01	01	01							5010101000000000000	房地产开发	房地产企业开发的住宅（不含房改房）	

续表

序号	编码 篇	类	章	节	条	款	项	子目	细目	合并编码	商品和服务名称	说　明	关　键　字
											住宅		
4131	5	01	01	02						50101020000000000	取得的住宅	以直接购买、接受捐赠、接受投资入股、自建以及抵债等各种形式取得的住宅	
4132	5	01	01	03						50101030000000000	房改房	为了配合国家住房制度改革，企业、行政事业单位按房改成本价、标准价出售的住房	
4133	5	01	01	99						50101990000000000	其他住房		
4134	5	01	02							50102000000000000	商业营业用房	包括各种商用店铺、商业楼宇、写字楼、饭店、旅店、购物中心、电影院、展览中心、娱乐设施、健身中心等	商用房、写字楼、商用店铺、饭店、旅店、购物中心
4135	5	01	02	01						50102010000000000	房地产开发商业用房	房地产企业开发的商业营业用房	
4136	5	01	02	02						50102020000000000	取得的商业用房	以直接购买、接受捐赠、接受投资入股、自建以及抵债等各种形式取得的商业营业用房	
4137	5	01	02	99						50102990000000000	其他商业用房		
4138	5	01	99							50199000000000000	其他建筑物	指住宅、商业营业用房以外的建筑物，包括工业厂房、仓库、办公楼、桥梁、隧道、学校、教堂、寺庙等	办公楼、工业厂房、厂房、仓库、学校、教堂、寺庙
4139	5	02								50200000000000000	构筑物	包括道路、桥梁、隧道、水坝等建造物	道路、桥梁、隧道、水坝
4140	5	03								50300000000000000	其他不动产	建筑物、构筑物以外的不动产	

附录 B

营改增文件汇编

一、法律依据

关于土地价款扣除时间等增值税征管问题的公告

国家税务总局公告 2016 年第 86 号

为细化落实《财政部 国家税务总局关于明确金融 房地产开发 教育辅助服务等增值税政策的通知》(财税〔2016〕140 号)和进一步明确营改增试点运行中反映的操作问题,现将有关事项公告如下:

一、房地产开发企业向政府部门支付的土地价款,以及向其他单位或个人支付的拆迁补偿费用,按照财税〔2016〕140 号文件第七、八条规定,允许在计算销售额时扣除但未扣除的,从 2016 年 12 月份(税款所属期)起按照现行规定计算扣除。

二、财税〔2016〕140 号文件第九、十、十一、十四、十五、十六条明确的税目适用问题,按以下方式处理:

(一)不涉及税率适用问题的不调整申报;

(二)纳税人原适用的税率高于财税〔2016〕140 号文件所明确税目对应税率的,多申报的销项税额可以抵减以后月份的销项税额;

(三)纳税人原适用的税率低于财税〔2016〕140 号文件所明确税目对应税率的,不调整申报,并从 2016 年 12 月份(税款所属期)起按照财税〔2016〕140 号文件执行。

纳税人已就相关业务向购买方开具增值税专用发票的,应将增值税专用发票收回并重新开具;无法收回的不再调整。

三、财税〔2016〕140 号文件第十八条规定的"此前已征的应予免征或不征的增值税,可抵减纳税人以后月份应缴纳的增值税",按以下方式处理:

(一)应予免征或不征增值税业务已按照一般计税方法缴纳增值税的,以该业务对应的销项税额抵减以后月份的销项税额,同时按照现行规定计算不得从销项税额中抵扣的进项税额;

(二)应予免征或不征增值税业务已按照简易计税方法缴纳增值税的,以该业务对应的增值税应纳税额抵减以后月份的增值税应纳税额。

纳税人已就应予免征或不征增值税业务向购买方开具增值税专用发票的,应将增值税专用发票收回后方可享受免征或不征增值税政策。

四、保险公司开展共保业务时,按照以下规定开具增值税发票:

(一)主承保人与投保人签订保险合同并全额收取保费,然后再与其他共保人签订共保协议并支付共保保费的,由主承保人向投保人全额开具发票,其他共保人向主承保人开具发票;

(二)主承保人和其他共保人共同与投保人签订保险合同并分别收取保费的,由主承保人和其他共保人分别就各自获得的保费收入向投保人开具发票。

五、《国家税务总局关于发布〈房地产开发企业销售自行开发的房地产项目增值税征收管理暂行办法〉的公告》（国家税务总局公告 2016 年第 18 号）第五条中，"当期销售房地产项目建筑面积""房地产项目可供销售建筑面积"，是指计容积率地上建筑面积，不包括地下车位建筑面积。

六、纳税人办理无偿赠与或受赠不动产免征增值税的手续，按照《国家税务总局关于进一步简化和规范个人无偿赠与或受赠不动产免征营业税、个人所得税所需证明资料的公告》（国家税务总局公告 2015 年第 75 号，以下称《公告》）的规定执行。《公告》第一条第（四）项第 2 目"经公证的能够证明有权继承或接受遗赠的证明资料原件及复印件"，修改为"有权继承或接受遗赠的证明资料原件及复印件"。

七、纳税人出租不动产，租赁合同中约定免租期的，不属于《营业税改征增值税试点实施办法》（财税〔2016〕36 号文件印发）第十四条规定的视同销售服务。

本公告自发布之日起施行。

特此公告。

国家税务总局
2016 年 12 月 24 日

关于启用全国增值税发票查验平台的公告
国家税务总局公告 2016 年第 87 号

为进一步优化纳税服务，加强发票管理，税务总局依托增值税发票管理新系统（以下简称"新系统"）开发了增值税发票查验平台。经过前期试点，系统运行平稳，税务总局决定启用全国增值税发票查验平台。现将有关事项公告如下：

取得增值税发票的单位和个人可登录全国增值税发票查验平台（https://inv-veri.chinatax.gov.cn），对新系统开具的增值税专用发票、增值税普通发票、机动车销售统一发票和增值税电子普通发票的发票信息进行查验。单位和个人通过网页浏览器首次登录平台时，应下载安装根证书文件，查看平台提供的发票查验操作说明。

各级税务机关要通过多种渠道做好增值税发票查验工作的宣传辅导，采取有效措施，保证增值税发票查验工作的顺利实施。

本公告自 2017 年 1 月 1 日起实施。

特此公告。

国家税务总局
2016 年 12 月 23 日

关于明确金融 房地产开发 教育辅助服务等增值税政策的通知
财税〔2016〕140 号

现将营改增试点期间有关金融、房地产开发、教育辅助服务等政策补充通知如下：

一、《销售服务、无形资产、不动产注释》（财税〔2016〕36 号）第一条第（五）项第 1 点所称"保本收益、报酬、资金占用费、补偿金"，是指合同中明确承诺到期本金可全部收回的投资收益。金融商品持有期间（含到期）取得的非保本的上述收益，不属于利息或利息性质的收入，不征收增值税。

二、纳税人购入基金、信托、理财产品等各类资产管理产品持有至到期，不属于《销售服务、无形资产、不动产注释》（财税〔2016〕36 号）第一条第（五）项第 4 点所称的金融商品转让。

三、证券公司、保险公司、金融租赁公司、证券基金管理公司、证券投资基金以及其他经人民银行、银监会、证监会、保监会批准成立且经营金融保险业务的机构发放贷款后，自结息日起 90 天内发生的应收未收利息按现行规定缴纳增值税，自结息日起 90 天后发生的应收未收利息暂不缴纳增值税，待实际收到利息时按规定缴纳增值税。

四、资管产品运营过程中发生的增值税应税行为，以资管产品管理人为增值税纳税人。

五、纳税人 2016 年 1-4 月份转让金融商品出现的负差，可结转下一纳税期，与 2016 年 5-12 月份转让金融商品销售额相抵。

六、《财政部 国家税务总局关于全面推开营业税改征增值税试点的通知》（财税〔2016〕36 号）所称"人民银行、银监会或者商务部批准"、"商务部授权的省级商务主管部门和国家经济技术开发区批准"从事融资租赁业务（含融资性售后回租业务）的试点纳税人（含试点纳税人中的一般纳税人），包括经上述部门备案从事融资租赁业务的试点纳税人。

七、《营业税改征增值税试点有关事项的规定》（财税〔2016〕36 号）第一条第（三）项第 10 点中"向政府部门支付的土地价款"，包括土地受让人向政府部门支付的征地和拆迁补偿费用、土地前期开发费用和土地出让收益等。

房地产开发企业中的一般纳税人销售其开发的房地产项目（选择简易计税方法的房地产老项目除外），在取得土地时向其他单位或个人支付的拆迁补偿费用也允许在计算销售额时扣除。纳税人按上述规定扣除拆迁补偿费用时，应提供拆迁协议、拆迁双方支付和取得拆迁补偿费用凭证等能够证明拆迁补偿费用真实性的材料。

八、房地产开发企业（包括多个房地产开发企业组成的联合体）受让土地向政府部门支付土地价款后，设立项目公司对该受让土地进行开发，同时符合下列条件的，可由项目公司按规定扣除房地产开发企业向政府部门支付的土地价款。

（一）房地产开发企业、项目公司、政府部门三方签订变更协议或补充合同，将土地受让人变更为项目公司；

（二）政府部门出让土地的用途、规划等条件不变的情况下，签署变更协议或补充合同时，土地价款总额不变；

（三）项目公司的全部股权由受让土地的房地产开发企业持有。

九、提供餐饮服务的纳税人销售的外卖食品，按照"餐饮服务"缴纳增值税。

十、宾馆、旅馆、旅社、度假村和其他经营性住宿场所提供会议场地及配套服务的活动，按照"会议展览服务"缴纳增值税。

十一、纳税人在游览场所经营索道、摆渡车、电瓶车、游船等取得的收入，按照"文化体育服务"缴纳增值税。

十二、非企业性单位中的一般纳税人提供的研发和技术服务、信息技术服务、鉴证咨询服务，以及销售技术、著作权等无形资产，可以选择简易计税方法按照 3%征收率计算缴纳增值税。

非企业性单位中的一般纳税人提供《营业税改征增值税试点过渡政策的规定》（财税〔2016〕36 号）第一条第（二十六）项中的"技术转让、技术开发和与之相关的技术咨询、技术服务"，可以参照上述规定，选择简易计税方法按照 3%征收率计算缴纳增值税。

十三、一般纳税人提供教育辅助服务，可以选择简易计税方法按照 3%征收率计算缴纳增值税。

十四、纳税人提供武装守护押运服务，按照"安全保护服务"缴纳增值税。

十五、物业服务企业为业主提供的装修服务，按照"建筑服务"缴纳增值税。

十六、纳税人将建筑施工设备出租给他人使用并配备操作人员的，按照"建筑服务"缴纳增值税。

十七、自 2017 年 1 月 1 日起，生产企业销售自产的海洋工程结构物，或者融资租赁企业及其设立的项目子公司、金融租赁公司及其设立的项目子公司购买并以融资租赁方式出租的国内生产企业生产的海洋工程结构物，应按规定缴纳增值税，不再适用《财政部国家税务总局关于出口货物劳务增值税和消费税政策的通知》（财税〔2012〕39 号）或者《财政部国家税务总局关于在全国开展融资租赁货物出口退税政策试点的通知》（财税〔2014〕62 号）规定的增值税出口退税政策，但购买方或者承租方为按实物征收增值税的中外合作油（气）田开采企业的除外。

2017 年 1 月 1 日前签订的海洋工程结构物销售合同或者融资租赁合同，在合同到期前，可继续按现行相关出口退税政策执行。

十八、本通知除第十七条规定的政策外，其他均自 2016 年 5 月 1 日起执行。此前已征的应予免征或不征的增值税，可抵减纳税人以后月份应缴纳的增值税。

财政部 国家税务总局
2016 年 12 月 21 日

关于大型客机和新支线飞机增值税政策的通知

财税〔2016〕141 号

经国务院批准，现将大型客机和新支线飞机有关增值税政策通知如下：

一、对纳税人从事大型客机、大型客机发动机研制项目而形成的增值税期末留抵税额予以退还。

本条所称大型客机，是指空载重量大于 45 吨的民用客机。本条所称大型客机发动机，是指起飞推力大于 14000 公斤的民用客机发动机。

二、对纳税人生产销售新支线飞机暂减按 5%征收增值税，并对其因生产销售新支线飞机而形成的增值税期末留抵税额予以退还。

本条所称新支线飞机，是指空载重量大于 25 吨且小于 45 吨、座位数量少于 130 个的民用客机。

三、纳税人符合本通知第一、二条规定的增值税期末留抵税额，可在初次申请退税时予以一次性退还。

四、纳税人收到退税款项的当月，应将退税额从增值税进项税额中转出。未按规定转出的，按《中华人民共和国税收征收管理法》有关规定承担相应法律责任。

五、退还的增值税税额由中央和地方按照现行增值税分享比例共同负担。

六、本通知的执行期限为 2015 年 1 月 1 日至 2018 年 12 月 31 日。

财政部 国家税务总局
2016 年 12 月 15 日

关于启用增值税普通发票（卷票）有关事项的公告

国家税务总局公告 2016 年第 82 号

为了满足纳税人发票使用需要，税务总局决定自 2017 年 1 月 1 日起启用增值税普通发票（卷票），现将有关事项公告如下：

一、增值税普通发票（卷票）规格、联次及防伪措施

增值税普通发票（卷票）分为两种规格：57mm×177.8mm、76mm×177.8mm，均为单联。增值税普通发票（卷票）的防伪措施为光变油墨防伪（详见附件1）。

二、增值税普通发票（卷票）代码及号码

增值税普通发票（卷票）的发票代码为 12 位，编码规则：第 1 位为 0，第 2-5 位代表省、自治区、直辖市和计划单列市，第 6-7 位代表年度，第 8-10 位代表批次，第 11-12 位代表票种和规格，其中 06 代表 57mm×177.8mm 增值税普通发票（卷票），07 代表 76mm×177.8mm 增值税普通发票（卷票）。

增值税普通发票（卷票）的发票号码为 8 位，按年度、分批次编制。

三、增值税普通发票（卷票）内容

增值税普通发票（卷票）的基本内容包括：发票名称、发票监制章、发票联、税徽、发票代码、发票号码、机打号码、机器编号、销售方名称及纳税人识别号、开票日期、收款员、购买方名称及纳税人识别号、项目、单价、数量、金额、合计金额（小写）、合计金额（大写）、校验码、二维码码区等。增值税普通发票（卷票）票样见附件2。

四、其他事项

（一）增值税普通发票（卷票）由纳税人自愿选择使用，重点在生活性服务业纳税人中推广使用。

（二）增值税普通发票（卷票）的真伪鉴别按照《中华人民共和国发票管理办法实施细则》第三十三条有关规定执行。

本公告自 2017 年 1 月 1 日起实施。

特此公告。

附件：1. 增值税普通发票（卷票）防伪措施的说明（略）
　　　2. 增值税普通发票（卷票）票样（略）

国家税务总局
2016 年 12 月 13 日

关于走逃（失联）企业开具增值税专用发票认定处理有关问题的公告

国家税务总局公告 2016 年第 76 号

为进一步加强增值税专用发票管理，有效防范税收风险，根据《中华人民共和国增值税暂行条例》有关规定，现将走逃（失联）企业开具增值税专用发票认定处理的有关问题公告如下：

一、走逃（失联）企业的判定

走逃（失联）企业，是指不履行税收义务并脱离税务机关监管的企业。

根据税务登记管理有关规定，税务机关通过实地调查、电话查询、涉税事项办理核查以及其他征管手段，仍对企业和企业相关人员查无下落的，或虽然可以联系到企业代理记账、报税人员等，但其并不知情也不能联系到企业实际控制人的，可以判定该企业为走逃（失联）企业。

二、走逃（失联）企业开具增值税专用发票的处理

（一）走逃（失联）企业存续经营期间发生下列情形之一的，所对应属期开具的增值税专用发票列入异常增值税扣税凭证（以下简称"异常凭证"）范围。

1. 商贸企业购进、销售货物名称严重背离的；生产企业无实际生产加工能力且无委托加工，或生产能耗与销售情况严重不符，或购进货物并不能直接生产其销售的货物且无委托加工的。

2. 直接走逃失踪不纳税申报，或虽然申报但通过填列增值税纳税申报表相关栏次，规避税务机关审核比对，进行虚假申报的。

（二）增值税一般纳税人取得异常凭证，尚未申报抵扣或申报出口退税的，暂不允许抵扣或办理退税；已经申报抵扣的，一律先作进项税额转出；已经办理出口退税的，税务机关可按照异常凭证所涉及的退税额对该企业其他已审核通过的应退税款暂缓办理出口退税，无其他应退税款或应退税款小于涉及退税额的，可由出口企业提供差额部分的担保。经核实，符合现行增值税进项税额抵扣或出口退税相关规定的，企业可继续申报抵扣，或解除担保并继续办理出口退税。

（三）异常凭证由开具方主管税务机关推送至接受方所在地税务机关进行处理，具体操作规程另行明确。

本公告自发布之日起施行。

特此公告。

国家税务总局
2016 年 12 月 1 日

关于调整增值税一般纳税人留抵税额申报口径的公告

国家税务总局公告 2016 年第 75 号

现将增值税一般纳税人留抵税额有关申报口径公告如下：

一、《国家税务总局关于全面推开营业税改征增值税试点后增值税纳税申报有关事项的公告》（国家税务总局公告 2016 年第 13 号）附件 1《增值税纳税申报表（一般纳税人适用）》（以下称"申报表主表"）第 13 栏"上期留抵税额""一般项目"列"本年累计"和第 20 栏"期末留抵税额""一

般项目"列"本年累计"栏次停止使用，不再填报数据。

二、本公告发布前，申报表主表第20栏"期末留抵税额""一般项目"列"本年累计"中有余额的增值税一般纳税人，在本公告发布之日起的第一个纳税申报期，将余额一次性转入第13栏"上期留抵税额""一般项目"列"本月数"中。

三、本公告自2016年12月1日起施行。

特此公告。

国家税务总局
2016年12月1日

关于纳税人转让不动产缴纳增值税差额扣除有关问题的公告

国家税务总局公告2016年第73号

现将纳税人转让不动产缴纳增值税差额扣除有关问题公告如下：

一、纳税人转让不动产，按照有关规定差额缴纳增值税的，如因丢失等原因无法提供取得不动产时的发票，可向税务机关提供其他能证明契税计税金额的完税凭证等资料，进行差额扣除。

二、纳税人以契税计税金额进行差额扣除的，按照下列公式计算增值税应纳税额：

（一）2016年4月30日及以前缴纳契税的

增值税应纳税额=［全部交易价格（含增值税）－契税计税金额（含营业税）］÷（1+5%）×5%

（二）2016年5月1日及以后缴纳契税的

增值税应纳税额=［全部交易价格（含增值税）÷（1+5%）－契税计税金额（不含增值税）］×5%

三、纳税人同时保留取得不动产时的发票和其他能证明契税计税金额的完税凭证等资料的，应当凭发票进行差额扣除。

本公告自发布之日起施行。此前已发生未处理的事项，按照本公告的规定执行。

特此公告。

国家税务总局
2016年11月24日

关于按照纳税信用等级对增值税发票使用实行分类管理有关事项的公告

国家税务总局公告2016年第71号

为进一步优化纳税服务，提高办税效率，税务总局决定按照纳税信用等级对增值税发票使用实行分类管理，现将有关事项公告如下：

一、简并发票领用次数

纳税信用A级的纳税人可一次领取不超过3个月的增值税发票用量，纳税信用B级的纳税人可一次领取不超过2个月的增值税发票用量。以上两类纳税人生产经营情况发生变化，需要调整增值税发票用量，手续齐全的，按照规定即时办理。

二、扩大取消增值税发票认证的纳税人范围

将取消增值税发票认证的纳税人范围由纳税信用A级、B级的增值税一般纳税人扩大到纳税信用C级的增值税一般纳税人。

对2016年5月1日新纳入营改增试点、尚未进行纳税信用评级的增值税一般纳税人，2017年4月30日前不需进行增值税发票认证，登录本省增值税发票选择确认平台，查询、选择、确认用于申报抵扣或者出口退税的增值税发票信息，未查询到对应发票信息的，可进行扫描认证。

本公告自2016年12月1日起实施。

特此公告。

国家税务总局
2016年11月17日

关于继续执行研发机构采购设备增值税政策的通知

2016 年 11 月 16 日 财税〔2016〕121 号

为了鼓励科学研究和技术开发，促进科技进步，经国务院批准，继续对内资研发机构和外资研发中心采购国产设备全额退还增值税。现将有关事项明确如下：

一、适用采购国产设备全额退还增值税政策的内资研发机构和外资研发中心包括：

（一）科技部会同财政部、海关总署和国家税务总局核定的科技体制改革过程中转制为企业和进入企业的主要从事科学研究和技术开发工作的机构；

（二）国家发展改革委会同财政部、海关总署和国家税务总局核定的国家工程研究中心；

（三）国家发展改革委会同财政部、海关总署、国家税务总局和科技部核定的企业技术中心；

（四）科技部会同财政部、海关总署和国家税务总局核定的国家重点实验室和国家工程技术研究中心；

（五）国务院部委、直属机构和省、自治区、直辖市、计划单列市所属专门从事科学研究工作的各类科研院所；

（六）国家承认学历的实施专科及以上高等学历教育的高等学校；

（七）符合本通知第二条规定的外资研发中心；

（八）财政部会同国务院有关部门核定的其他科学研究机构、技术开发机构和学校。

二、外资研发中心，根据其设立时间，应分别满足下列条件：

（一）2009 年 9 月 30 日及其之前设立的外资研发中心，应同时满足下列条件：

1. 研发费用标准：（1）对外资研发中心，作为独立法人的，其投资总额不低于 500 万美元；作为公司内设部门或分公司的非独立法人的，其研发总投入不低于 500 万美元；（2）企业研发经费年支出额不低于 1000 万元。

2. 专职研究与试验发展人员不低于 90 人。

3. 设立以来累计购置的设备原值不低于 1000 万元。

（二）2009 年 10 月 1 日及其之后设立的外资研发中心，应同时满足下列条件：

1. 研发费用标准：作为独立法人的，其投资总额不低于 800 万美元；作为公司内设部门或分公司的非独立法人的，其研发总投入不低于 800 万美元。

2. 专职研究与试验发展人员不低于 150 人。

3. 设立以来累计购置的设备原值不低于 2000 万元。

外资研发中心须经商务主管部门会同有关部门按照上述条件进行资格审核认定。具体审核认定办法见附件 1。在 2015 年 12 月 31 日（含）以前，已取得退税资格未满 2 年暂不需要进行资格复审的、按规定已复审合格的外资研发中心，在 2015 年 12 月 31 日享受退税未满 2 年的，可继续享受至 2 年期满。

经认定的外资研发中心，因自身条件变化不再符合退税资格的认定条件或发生涉税违法行为的，不得享受退税政策。

三、具体退税管理办法由国家税务总局会同财政部另行制定。

四、本通知的有关定义。

（一）本通知所述"投资总额"，是指外商投资企业批准证书或设立、变更备案回执所载明的金额。

（二）本通知所述"研发总投入"，是指外商投资企业专门为设立和建设本研发中心而投入的资产，包括即将投入并签订购置合同的资产（应提交已采购资产清单和即将采购资产的合同清单）。

（三）本通知所述"研发经费年支出额"，是指近两个会计年度研发经费年均支出额；不足两个完整会计年度的，可按外资研发中心设立以来任意连续 12 个月的实际研发经费支出额计算；现金与实物资产投入应不低于 60%。

（四）本通知所述"专职研究与试验发展人员"，是指企业科技活动人员中专职从事基础研究、应用研究和试验发展三类项目活动的人员，包括直接参加上述三类项目活动的人员以及相关专职科技管理人员和为项目提供资料文献、材料供应、设备的直接服务人员，上述人员须与外资研发中心或其所在外商投资企业签订1年以上劳动合同，以外资研发中心提交申请的前一日人数为准。

（五）本通知所述"设备"，是指为科学研究、教学和科技开发提供必要条件的实验设备、装置和器械。在计算累计购置的设备原值时，应将进口设备和采购国产设备的原值一并计入，包括已签订购置合同并于当年内交货的设备（应提交购置合同清单及交货期限），上述设备应属于本通知《科技开发、科学研究和教学设备清单》所列设备（见附件2）。对执行中国产设备范围存在异议的，由主管税务机关逐级上报国家税务总局商财政部核定。

五、本通知规定的税收政策执行期限为2016年1月1日至2018年12月31日，具体从内资研发机构和外资研发中心取得退税资格的次月1日起执行。《财政部 商务部 海关总署 国家税务总局关于继续执行研发机构采购设备税收政策的通知》（财税〔2011〕88号）同时废止。

附件：1. 外资研发中心采购国产设备退税资格审核认定办法（略）
2. 科技开发、科学研究和教学设备清单（略）

财政部 商务部 国家税务总局
2016年11月16日

关于发布出口退税率文库2016E版的通知

税总函〔2016〕587号

根据《财政部 国家税务总局关于提高机电、成品油等产品出口退税率的通知》（财税〔2016〕113号）有关退税率调整情况，国家税务总局制定了2016E版出口退税率文库。现将有关事项通知如下：

一、2016E版出口退税率文库放置在国家税务总局FTP通讯服务器（100.16.125.25）"程序发布"目录下，请各地及时下载，在出口退税审核系统进行退税率文库升级，并及时发放给出口企业。

二、对执行中发现的问题，请及时报告国家税务总局（货物和劳务税司）。

国家税务总局
2016年11月10日

关于在境外提供建筑服务等有关问题的公告

国家税务总局公告2016年第69号

为进一步推进全面营改增试点平稳运行，现将在境外提供建筑服务等有关征管问题公告如下：

一、境内的单位和个人为施工地点在境外的工程项目提供建筑服务，按照《国家税务总局关于发布〈营业税改征增值税跨境应税行为增值税免税管理办法（试行）〉的公告》（国家税务总局公告2016年第29号）第八条规定办理免税备案手续时，凡与发包方签订的建筑合同注明施工地点在境外的，可不再提供工程项目在境外的其他证明材料。

二、境内的单位和个人在境外提供旅游服务，按照国家税务总局公告2016年第29号第八条规定办理免税备案手续时，以下列材料之一作为服务地点在境外的证明材料：

（一）旅游服务提供方派业务人员随同出境的，出境业务人员的出境证件首页及出境记录页复印件。

出境业务人员超过2人的，只需提供其中2人的出境证件复印件。

（二）旅游服务购买方的出境证件首页及出境记录页复印件。

旅游服务购买方超过2人的，只需提供其中2人的出境证件复印件。

三、享受国际运输服务免征增值税政策的境外单位和个人，到主管税务机关办理免税备案时，提交的备案资料包括：

（一）关于纳税人基本情况和业务介绍的说明；

（二）依据的税收协定或国际运输协定复印件。

四、纳税人提供建筑服务，被工程发包方从应支付的工程款中扣押的质押金、保证金，未开具发票的，以纳税人实际收到质押金、保证金的当天为纳税义务发生时间。

五、纳税人以长（短）租形式出租酒店式公寓并提供配套服务的，按照住宿服务缴纳增值税。

六、境外单位通过教育部考试中心及其直属单位在境内开展考试，教育部考试中心及其直属单位应以取得的考试费收入扣除支付给境外单位考试费后的余额为销售额，按提供"教育辅助服务"缴纳增值税；就代为收取并支付给境外单位的考试费统一扣缴增值税。教育部考试中心及其直属单位代为收取并支付给境外单位的考试费，不得开具增值税专用发票，可以开具增值税普通发票。

七、纳税人提供签证代理服务，以取得的全部价款和价外费用，扣除向服务接受方收取并代为支付给外交部和外国驻华使（领）馆的签证费、认证费后的余额为销售额。向服务接受方收取并代为支付的签证费、认证费，不得开具增值税专用发票，可以开具增值税普通发票。

八、纳税人代理进口按规定免征进口增值税的货物，其销售额不包括向委托方收取并代为支付的货款。向委托方收取并代为支付的款项，不得开具增值税专用发票，可以开具增值税普通发票。

九、纳税人提供旅游服务，将火车票、飞机票等交通费发票原件交付给旅游服务购买方而无法收回的，以交通费发票复印件作为差额扣除凭证。

十、全面开展住宿业小规模纳税人自行开具增值税专用发票试点。月销售额超过3万元（或季销售额超过9万元）的住宿业小规模纳税人提供住宿服务、销售货物或发生其他应税行为，需要开具增值税专用发票的，可以通过增值税发票管理新系统自行开具，主管国税机关不再为其代开。

住宿业小规模纳税人销售其取得的不动产，需要开具增值税专用发票的，仍须向地税机关申请代开。

住宿业小规模纳税人自行开具增值税专用发票应缴纳的税款，应在规定的纳税申报期内，向主管税务机关申报纳税。在填写增值税纳税申报表时，应将当期开具专用发票的销售额，按照3%和5%的征收率，分别填写在《增值税纳税申报表》（小规模纳税人适用）第2栏和第5栏"税务机关代开的增值税专用发票不含税销售额"的"本期数"相应栏次中。

十一、本公告自发布之日起施行，此前已发生未处理的事项，按照本公告规定执行。《国家税务总局关于部分地区开展住宿业增值税小规模纳税人自开增值税专用发票试点工作有关事项的公告》（国家税务总局公告2016年第44号）同时废止。

特此公告。

国家税务总局
2016年11月4日

关于调整增值税普通发票防伪措施有关事项的公告
国家税务总局公告2016年第68号

税务总局决定调整增值税普通发票防伪措施，自2016年第四季度起印制的增值税普通发票采用新的防伪措施。现将有关事项公告如下：

调整后的增值税普通发票的防伪措施为灰变红防伪油墨（详见附件）。增值税普通发票各联次颜色：第一联为蓝色，第二联为棕色，第三联为绿色，第四联为紫色，第五联为粉红色。

税务机关库存和纳税人尚未使用的增值税普通发票可以继续使用。

本公告自发布之日起实施。

特此公告。

附件：增值税普通发票防伪措施的说明（略）

国家税务总局
2016年11月2日

关于开展赋予海关特殊监管区域企业增值税一般纳税人资格试点的公告
国家税务总局 财政部 海关总署公告 2016 年第 65 号

根据《国务院关于促进外贸回稳向好的若干意见》（国发〔2016〕27 号），国家税务总局、财政部和海关总署选择部分海关特殊监管区域开展赋予企业增值税一般纳税人资格试点，现将有关事项公告如下：

一、在昆山综合保税区、苏州工业园综合保税区、上海松江出口加工区、河南郑州出口加工区、郑州新郑综合保税区、重庆西永综合保税区和深圳盐田综合保税区开展赋予企业增值税一般纳税人资格试点。

上述试点区域内符合增值税一般纳税人登记管理有关规定的企业，可自愿向试点区域所在地主管税务机关、海关申请成为试点企业，向主管税务机关依法办理增值税一般纳税人资格登记。

二、试点企业自增值税一般纳税人资格生效之日起，适用下列税收政策。

（一）试点企业进口自用设备（包括机器设备、基建物资和办公用品）时，暂免征收进口关税、进口环节增值税、消费税（以下简称进口税收）。上述暂免进口税收按照该进口自用设备海关监管年限平均分摊到各个年度，每年年终对本年暂免的进口税收按照当年内外销比例进行划分，对外销比例部分执行试点企业所在海关特殊监管区域的税收政策，对内销比例部分比照执行海关特殊监管区域外（以下简称区外）税收政策补征税款。

（二）除进口自用设备外，购买的下列货物适用保税政策：

1. 从境外购买并进入试点区域的货物。
2. 从海关特殊监管区域（试点区域除外）或海关保税监管场所购买并进入试点区域的保税货物。
3. 从试点区域内非试点企业购买的保税货物。
4. 从试点区域内其他试点企业购买的未经加工的保税货物。

（三）销售的下列货物，向税务机关申报缴纳增值税、消费税：

1. 向境内区外销售的货物。
2. 向保税区、不具备退税功能的保税监管场所销售的货物（未经加工的保税货物除外）。
3. 向试点区域内其他试点企业销售的货物（未经加工的保税货物除外）。

试点企业销售上述货物中含有保税货物的，按照保税货物进入海关特殊监管区域时的状态向海关申报缴纳进口税收，并按照规定补缴缓税利息。

（四）向海关特殊监管区域或者海关保税监管场所销售的未经加工的保税货物，继续适用保税政策。

（五）销售的下列货物（未经加工的保税货物除外），适用出口退（免）税政策，税务机关凭海关提供的与之对应的出口货物报关单电子数据审核办理试点企业申报的出口退（免）税。

1. 离境出口的货物。
2. 向海关特殊监管区域（试点区域、保税区除外）或海关保税监管场所（不具备退税功能的保税监管场所除外）销售的货物。
3. 向试点区域内非试点企业销售的货物。

（六）除财政部、海关总署、国家税务总局另有规定外，试点企业适用区外关税、增值税、消费税的法律、法规。

三、区外销售给试点企业的加工贸易货物，继续按现行税收政策执行；销售给试点企业的其他货物（包括水、蒸汽、电力、燃气）不再适用出口退税政策，按照规定缴纳增值税、消费税。

四、税务、海关两部门加强税收征管和货物监管的信息交换。对适用出口退税政策的货物，海关向税务部门传输出口报关单结关信息电子数据。

五、本公告自 2016 年 11 月 1 日起施行。

特此公告。

国家税务总局 财政部 海关总署
2016 年 10 月 14 日

关于开展增值税发票使用管理情况专项检查的通知

税总函〔2016〕455 号

各省、自治区、直辖市和计划单列市国家税务局：

全面推开营改增试点以来，一些纳税人以各种理由拒绝开具发票、向受票方额外索要各种证件或证明材料、开具发票内容与实际经营业务情况不符等问题时有发生，影响了购买方及时取得合法有效的发票，损害了其合法权益。同时，个别税务机关还存在税收监管和服务不到位，影响了纳税人取得发票和正常使用发票等问题。为了保障营改增试点工作顺利实施，进一步规范增值税发票使用管理，优化纳税服务，税务总局决定组织开展增值税发票使用管理情况专项检查，现将有关问题通知如下：

一、专项检查的范围和内容

（一）检查范围

对 2016 年 5 月 1 日全面推开营改增试点以来，纳税人发票使用情况（重点是生活服务业和商业零售业纳税人），以及国税机关代开发票、发放发票、缴销发票情况开展专项检查。

（二）检查内容

1. 纳税人发票开具是否规范

纳税人销售货物、劳务、服务、无形资产或不动产，是否以各种理由拒绝开票；是否违反规定要求购买方额外提供证件证明导致开票难；是否随意变更品名等错开票；纳税人开具增值税电子普通发票，购买方当场索取纸质普通发票的，纳税人是否提供。

2. 税务机关代开发票是否规范

税务机关是否严格按照纳税服务规范代开发票，是否额外要求纳税人提供相关证件或其他证明材料，是否审核纳税人申请代开发票内容超经营范围。

3. 税务机关发票发放及缴销是否规范

税务机关是否根据纳税人生产经营和发票使用的实际情况，合理发放发票，满足纳税人生产经营的合理需求。税务机关是否严格按照《国家税务总局关于进一步加强营改增后国税、地税发票管理衔接工作的通知》（税总函〔2016〕192 号）规定的期限，及时对地税机关已发放的发票进行缴销。

4. 税务机关对纳税人的宣传辅导是否到位

税务机关是否大力宣传营改增相关税收政策，强化对纳税人关于发票领用、开具、保管相关制度规范的宣传，消除社会上对增值税发票开具方面的误解。

5. 税务机关是否及时处理消费者有关发票的投诉举报。

二、专项检查的安排

各地国税机关要按照税务总局统一部署，加强领导，制定具体方案，将专项检查工作作为保障和服务营改增顺利实施的重点工作，认真开展专项检查工作，确保工作不走过场、不打折扣，取得实效。货物劳务税、办公室、纳税服务、征管科技、稽查局等部门要加强部门协同配合，共同开展专项检查工作。

（一）各地自查

2016 年 9 月 10 日起至 10 月 20 日，各省国税局在本省范围内组织开展专项检查，并将检查结果及《发票使用管理专项检查基本统计表》（附件 1）、《发票使用管理专项检查违法违规情况统计表》（附件 2）、《发票使用管理专项检查税务机关规范管理情况统计表》（附件 3）通过公文处理系统报送税务总局（货物和劳务税司，只报送电子文件），对专项检查中发现的问题，依法依规严肃处理。

（二）重点抽查

2016年10月21日起至11月20日，税务总局将根据各地专项检查情况，抽调人员组成工作组，开展重点抽查和明察暗访工作，发现问题及时通报、督促整改。其中督促纳税人主动告知购买方有权索取发票问题，将列入税务总局明察暗访工作范围，作为考核税务机关工作的重要内容之一。

（三）总结通报

2016年11月30日前，税务总局对各省国税局上报的专项检查结果和重点抽查情况进行总结分析，并对专项检查工作中发现的问题进行通报。

三、整改落实要求

各地税务机关要高度重视，周密组织开展专项检查工作，发现问题立行立改，认真落实各项整改要求。

（一）严格执行发票违法违规行为的处罚规定

税务机关要对发现不开票、开票难、错开票等行为及时纠正，并严格按照《中华人民共和国税收征收管理法》及其实施细则、《中华人民共和国发票管理办法》及其实施细则等法律法规规定，予以处理。涉嫌虚开发票的，移交稽查部门处理。对查实纳税人存在发票违法违规行为的，通过税务部门网站、新闻媒体进行公开曝光，加大社会舆论监督力度。同时，要将违法违规行为纳入纳税人信用记录，并按照《纳税信用评价指标和评价方式（试行）》的规定，在年度纳税信用评价时扣减纳税信用评价指标得分或直接判为D级；情节严重的按照《重大税收违法案件信息公布办法（试行）》的规定纳入税收黑名单。对税务机关代开发票不规范、发放发票不合理、未及时缴销地税机关已发放发票等问题要立查立改，立行立改。

（二）督促纳税人在其经营场所张贴温馨提示

税务机关要统一发放宣传资料（内容参照温馨提示模版，见附件4），督促纳税人在其经营场所显著位置张贴温馨提示，告知购买方可以在符合规定条件的情况下向销售方索取增值税发票（包括增值税专用发票），并同时公布主管税务机关投诉举报电话，接受购买方监督。

（三）畅通投诉举报渠道，落实检查责任

完善投诉举报响应机制，畅通12366热线、税务网站、微信平台等多种诉求表达渠道，进一步压缩投诉举报响应时间（应在3个工作日内办结），提高投诉举报办理效率，切实维护纳税人权益。严格落实检查责任，对不落实发票管理规定、不严格执行税务总局文件要求，以及开展发票专项检查工作不力的税务机关和税务人员要严肃问责，税务总局将通报批评，并在绩效考评时予以扣分。

附件：1. 发票使用管理专项检查基本情况统计表（略）
　　　2. 发票使用管理专项检查违法违规情况统计表（略）
　　　3. 发票使用管理专项检查税务机关规范管理情况统计表（略）
　　　4. 温馨提示模版（略）

国家税务总局
2016年9月6日

关于国家大学科技园税收政策的通知

财税〔2016〕98号

经国务院批准，现就国家大学科技园（以下简称科技园）有关税收政策通知如下：

一、自2016年1月1日至2018年12月31日，对符合条件的科技园自用以及无偿或通过出租等方式提供给孵化企业使用的房产、土地，免征房产税和城镇土地使用税；自2016年1月1日至2016年4月30日，对其向孵化企业出租场地、房屋以及提供孵化服务的收入，免征营业税；在营业税改征增值税试点期间，对其向孵化企业出租场地、房屋以及提供孵化服务的收入，免征增值税。

二、符合非营利组织条件的科技园的收入，按照企业所得税法及其实施条例和有关税收政策规定享受企业所得税优惠政策。

三、享受本通知规定的房产税、城镇土地使用税以及营业税、增值税优惠政策的科技园，应当同时符合以下条件：

（一）科技园符合国家大学科技园条件。国务院科技和教育行政主管部门负责发布国家大学科技园名单。

（二）科技园将面向孵化企业出租场地、房屋以及提供孵化服务的业务收入在财务上单独核算。

（三）科技园提供给孵化企业使用的场地面积（含公共服务场地）占科技园可自主支配场地面积的60%以上（含60%），孵化企业数量占科技园内企业总数量的75%以上（含75%）。

公共服务场地是指科技园提供给孵化企业共享的活动场所，包括公共餐厅、接待室、会议室、展示室、活动室、技术检测室和图书馆等非营利性配套服务场地。

四、本通知所称"孵化企业"应当同时符合以下条件：

（一）企业注册地及主要研发、办公场所在科技园的工作场地内。

（二）新注册企业或申请进入科技园前企业成立时间不超过3年。

（三）企业在科技园内孵化的时间不超过48个月。海外高层次创业人才或从事生物医药、集成电路设计等特殊领域的创业企业，孵化时间不超过60个月。

（四）符合《中小企业划型标准规定》所规定的小型、微型企业划型标准。

（五）单一在孵企业使用的孵化场地面积不超过1000平方米。从事航空航天、现代农业等特殊领域的单一在孵企业，不超过3000平方米。

（六）企业产品（服务）属于科学技术部、财政部、国家税务总局印发的《国家重点支持的高新技术领域》规定的范围。

五、本通知所称"孵化服务"是指为孵化企业提供的属于营业税"服务业"税目中"代理业"、"租赁业"和"其他服务业"中的咨询和技术服务范围内的服务，改征增值税后是指为孵化企业提供的"经纪代理"、"经营租赁"、"研发和技术"、"信息技术"和"鉴证咨询"等服务。

六、国务院科技和教育行政主管部门负责组织对科技园是否符合本通知规定的各项条件定期进行审核确认，并向纳税人出具证明材料，列明纳税人用于孵化的房产和土地的地址、范围、面积等具体信息，并发送给国务院税务主管部门。

纳税人持相应证明材料向主管税务机关备案，主管税务机关按照《税收减免管理办法》等有关规定，以及国务院科技和教育行政主管部门发布的符合本通知规定条件的科技园名单信息，办理税收减免。

财政部　国家税务总局
2016年9月5日

关于延续免征国产抗艾滋病病毒药品增值税政策的通知

财税〔2016〕97号

为继续支持艾滋病防治工作，经国务院批准，现将国产抗艾滋病病毒药品增值税政策通知如下：

一、自2016年1月1日至2018年12月31日，继续对国产抗艾滋病病毒药品免征生产环节和流通环节增值税（国产抗艾滋病病毒药物品种清单见附件）。

二、享受上述免征增值税政策的国产抗艾滋病病毒药品，为国家卫生计生委委托中国疾病预防控制中心通过公开招标方式统一采购、各省（自治区、直辖市）艾滋病药品管理部门分散签约支付的抗艾滋病病毒药品。药品生产企业申请办理免税时，应向主管税务机关提交加盖企业公章的药品供货合同复印件、中标通知书复印件及中国政府网中标公告。

三、抗艾滋病病毒药品的生产企业和流通企业应分别核算免税药品和其他货物的销售额；未分别核算的，不得享受增值税免税政策。

四、纳税人销售本通知规定的享受免税政策的国产抗艾滋病病毒药品，如果已向购买方开具了增值税专用发票，应将专用发票追回后方可就已售药品申请办理免税。凡专用发票无法追回的，一律按照规定征收增值税,不予免税。

附件:国产抗艾滋病病毒药物品种清单

财政部　国家税务总局
2016 年 9 月 1 日

附件:

国产抗艾滋病病毒药物品种清单

序号	药物品种
1	齐多夫定
2	拉米夫定
3	奈韦拉平
4	依非韦伦
5	替诺福韦
6	洛匹那韦
7	利托那韦
8	阿巴卡韦

国产抗艾滋病病毒药物,包括上表中所列药物及其制剂,以及由两种或三种药物组成的复合制剂。

关于纳税人申请代开增值税发票办理流程的公告

国家税务总局公告 2016 年第 59 号

现将纳税人代开发票(纳税人销售取得的不动产和其他个人出租不动产由地税机关代开增值税发票业务除外)办理流程公告如下:

一、办理流程

(一)在地税局委托国税局代征税费的办税服务厅,纳税人按照以下次序办理:

1. 在国税局办税服务厅指定窗口:

(1)提交《代开增值税发票缴纳税款申报单》(见附件);

(2)自然人申请代开发票,提交身份证件及复印件;

其他纳税人申请代开发票,提交加载统一社会信用代码的营业执照(或税务登记证或组织机构代码证)、经办人身份证件及复印件。

2. 在同一窗口申报缴纳增值税等有关税费。

3. 在同一窗口领取发票。

(二)在国税地税合作、共建的办税服务厅,纳税人按照以下次序办理:

1. 在办税服务厅国税指定窗口:

(1)提交《代开增值税发票缴纳税款申报单》;

(2)自然人申请代开发票,提交身份证件及复印件;

其他纳税人申请代开发票,提交加载统一社会信用代码的营业执照(或税务登记证或组织机构代码证)、经办人身份证件及复印件。

2. 在同一窗口缴纳增值税。

3. 到地税指定窗口申报缴纳有关税费。

4. 到国税指定窗口凭相关缴纳税费证明领取发票。

二、各省税务机关应在本公告规定的基础上,结合本地实际,制定更为细化、更有明确指向和可操作的纳税人申请代开发票办理流程公告,切实将简化优化办税流程落到实处。

三、纳税人销售取得的不动产和其他个人出租不动产代开增值税发票业务所需资料,仍然按照《国家税务总局关于加强和规范税务机关代开普通发票工作的通知》(国税函〔2004〕1024号)第二条第(五)项执行。

本公告自2016年11月15日起施行。

特此公告。

附件:代开增值税发票缴纳税款申报单(略)

国家税务总局
2016年8月31日

关于发布《外国驻华使(领)馆及其馆员在华购买货物和服务增值税退税管理办法》的公告

国家税务总局 外交部公告2016年第58号

根据《财政部 国家税务总局关于外国驻华使(领)馆及其馆员在华购买货物和服务增值税退税政策的通知》(财税〔2016〕51号)等有关规定,经商财政部,国家税务总局、外交部制定了《外国驻华使(领)馆及其馆员在华购买货物和服务增值税退税管理办法》。现予发布,自2016年5月1日起执行。

特此公告。

附件:1. 外国驻华使(领)馆及国际组织退税申报汇总表(略)
2. 外国驻华使(领)馆及国际组织退税申报明细表(略)

国家税务总局 外交部
2016年8月31日

外国驻华使(领)馆及其馆员在华购买货物和服务增值税退税管理办法

根据《中华人民共和国外交特权与豁免条例》、《中华人民共和国领事特权与豁免条例》、《中华人民共和国税收征收管理法》及实施细则、《中华人民共和国增值税暂行条例》、《中华人民共和国发票管理办法》、《财政部 国家税务总局关于全面推开营业税改征增值税试点的通知》(财税〔2016〕36号)和《财政部 国家税务总局关于外国驻华使(领)馆及其馆员在华购买货物和服务增值税退税政策的通知》(财税〔2016〕51号)等有关规定,制定本办法。

一、外国驻华使(领)馆及其馆员(以下称享受退税的单位和人员)在中华人民共和国境内购买货物和服务增值税退税适用本办法。

享受退税的单位和人员,包括外国驻华使(领)馆的外交代表(领事官员)及行政技术人员,中国公民或者在中国永久居留的人员除外。外交代表(领事官员)和行政技术人员是指《中华人民共和国外交特权与豁免条例》第二十八条第五、六项和《中华人民共和国领事特权与豁免条例》第二十八条第四、五项规定的人员。

实行增值税退税政策的货物与服务范围,包括按规定征收增值税、属于合理自用范围内的生活办公类货物和服务(含修理修配劳务,下同)。生活办公类货物和服务,是指为满足日常生活、办公需求购买的货物和服务。工业用机器设备、金融服务以及财政部和国家税务总局规定的其他货物和服务,不属于生活办公类货物和服务。

二、下列情形不适用增值税退税政策:

(一)购买非合理自用范围内的生活办公类货物和服务;

(二)购买货物单张发票销售金额(含税价格)不足800元人民币(自来水、电、燃气、暖气、汽油、柴油除外),购买服务单张发票销售金额(含税价格)不足300元人民币;

(三)个人购买除车辆外的货物和服务,每人每年申报退税的销售金额(含税价格)超过12万元人民币的部分;

(四)增值税免税货物和服务。

三、申报退税的应退税额,为增值税发票上注明的税额。增值税发票上未注明税额的,按下列公式计算应退税额:

应退税额=发票或客运凭证上列明的金额(含增值税)÷(1+增值税征收率)×增值税征收率

四、外国驻华使(领)馆应在首次申报退税前,将使(领)馆馆长或其授权的外交人员(领事官员)签字字样及授权文件、享受退税人员范围、使(领)馆退税账户报外交部礼宾司备案;如有变化,应及时变更备案。外交部礼宾司将使(领)馆退税账户转送北京市国家税务局备案。

五、享受退税的单位和人员,应使用外交部指定的电子信息系统,真实、准确填报退税数据。申报退税时除提供电子申报数据外,还须提供以下资料:

(一)《外国驻华使(领)馆及国际组织退税申报汇总表》(附件1,以下简称《汇总表》)一式两份;

(二)《外国驻华使(领)馆及国际组织退税申报明细表》(附件2,以下简称《明细表》)一式两份;

(三)购买货物和服务的增值税发票原件,或纳入税务机关发票管理的客运凭证原件(国际运输客运凭证除外,以下简称退税凭证)。

享受退税的单位和人员如需返还发票原件,还应同时报送发票复印件一份,经外交部礼宾司转送北京市国家税务局。北京市国家税务局对原件审核后加盖印章,经外交部礼宾司予以退还,将复印件留存。

六、享受退税的单位和人员申报退税提供的发票应符合《中华人民共和国发票管理办法》的要求,并注明付款单位(个人)、商品名称、数量、金额、开票日期等;客运凭证应注明旅客姓名、金额、日期等。

七、享受退税的单位和人员报送的退税资料应符合以下要求:

(一)《汇总表》应由使(领)馆馆长或其授权的外交人员(领事官员)签字。

(二)《汇总表》与《明细表》逻辑关系一致。

(三)电子申报数据与纸质资料内容一致。

(四)退税凭证应按《明细表》申报顺序装订。

(五)应退税额计算准确。

八、享受退税的单位和人员,应按季度向外交部礼宾司报送退税凭证和资料申报退税,报送时间为每年的1月、4月、7月、10月;本年度购买的货物和服务(以发票开具日期为准),最迟申报不得迟于次年1月。逾期报送的,外交部礼宾司不予受理。

九、外交部礼宾司受理使(领)馆退税申报后,10个工作日内,对享受退税的单位和人员的范围进行确认,对申报时限及其他内容进行审核、签章,将各使(领)馆申报资料一并转送北京市国家税务局办理退税,并履行交接手续。

十、北京市国家税务局在接到外交部礼宾司转来的退税申报资料及电子申报数据后,10个工作日内对其完整性、规范性、准确性、合理性进行审核,并将审核通过的税款退付给使(领)馆退税账户。经审核暂缓办理、不予办理退税的,应将具体原因在电子系统中注明。

十一、对享受退税的单位和人员申报的货物与服务是否属合理自用范围或者申报凭证真实性有疑问的,税务机关应暂缓办理退税,并通过外交部礼宾司对其进行问询。

十二、税务机关如发现享受退税的单位和人员申报的退税凭证虚假或所列内容与实际交易不符的,不予退税,并通过外交部礼宾司向其通报;情况严重的,外交部礼宾司将不再受理其申报。

十三、享受退税的单位和人员购买货物和服务办理退税后,如发生退货或转让所有权、使用权等情形,须经外交部礼宾司向北京市国家税务局办理补税手续。如转让需外交部礼宾司核准的货物,外交部礼宾司应在确认转让货物未办理退税或已办理补税手续后,办理核准转让手续。

十四、如中外双方需就退税问题另行制定协议的,由外交部商财政部、国家税务总局予以明确。

十五、各国际组织驻华代表机构及其人员按照有关协定享有免税待遇的，可参照本办法执行。

本办法自 2016 年 5 月 1 日起执行，以发票开具日期或客运凭证载明的乘运日期为准。《国家税务总局 外交部关于印发〈外国驻华使（领）馆及其人员在华购买物品和劳务退还增值税管理办法〉的通知》（国税发〔2003〕20 号）同时废止。《国家税务总局关于调整外国驻华使领馆及外交人员自用免税汽柴油管理办法的通知》（国税函〔2003〕1346 号）自 2016 年 10 月 1 日起停止执行。

国家税务总局关于物业管理服务中收取的自来水水费增值税问题的公告

国家税务总局公告 2016 年第 54 号

现将物业管理服务中收取的自来水水费增值税有关问题公告如下：

提供物业管理服务的纳税人，向服务接受方收取的自来水水费，以扣除其对外支付的自来水水费后的余额为销售额，按照简易计税方法依 3% 的征收率计算缴纳增值税。

本公告自发布之日起施行。2016 年 5 月 1 日以后已发生并处理的事项，不再作调整；未处理的，按本公告规定执行。

特此公告。

国家税务总局
2016 年 8 月 19 日

国家税务总局
关于优化完善增值税发票选择确认平台功能及系统维护有关事项的公告

国家税务总局公告 2016 年第 57 号

为进一步优化纳税服务，现将优化完善增值税发票选择确认平台（原增值税发票查询平台）功能及系统维护有关事项公告如下：

一、纳税人每日可登录本省增值税发票选择确认平台，查询、选择、确认用于申报抵扣或者出口退税的增值税发票信息。

二、增值税发票选择确认平台纳税人端系统维护工作，由增值税税控系统服务单位负责。

三、本公告自 2016 年 9 月 1 日起施行，《国家税务总局关于优化完善增值税发票查询平台功能有关事项的公告》（国家税务总局公告 2016 年第 32 号）第一条同时废止。

特此公告。

国家税务总局
2016 年 8 月 29 日

国家税务总局
关于营改增试点若干征管问题的公告

国家税务总局公告 2016 年第 53 号

根据《财政部 国家税务总局关于全面推开营业税改征增值税试点的通知》（财税〔2016〕36 号），现将营改增试点有关征管问题公告如下：

一、境外单位或者个人发生的下列行为不属于在境内销售服务或者无形资产：

（一）为出境的函件、包裹在境外提供的邮政服务、收派服务；

（二）向境内单位或者个人提供的工程施工地点在境外的建筑服务、工程监理服务；

（三）向境内单位或者个人提供的工程、矿产资源在境外的工程勘察勘探服务；

（四）向境内单位或者个人提供的会议展览地点在境外的会议展览服务。

二、其他个人采取一次性收取租金的形式出租不动产，取得的租金收入可在租金对应的租赁期内平均分摊，分摊后的月租金收入不超过 3 万元的，可享受小微企业免征增值税优惠政策。

三、单用途商业预付卡（以下简称"单用途卡"）业务按照以下规定执行：

（一）单用途卡发卡企业或者售卡企业（以下统称"售卡方"）销售单用途卡，或者接受单用途卡持卡人充值取得的预收资金，不缴纳增值税。售卡方可按照本公告第九条的规定，向购卡人、充值人开具增值税普通发票，不得开具增值税专用发票。

单用途卡，是指发卡企业按照国家有关规定发行的，仅限于在本企业、本企业所属集团或者同一品牌特许经营体系内兑付货物或者服务的预付凭证。

发卡企业，是指按照国家有关规定发行单用途卡的企业。售卡企业，是指集团发卡企业或者品牌发卡企业指定的，承担单用途卡销售、充值、挂失、换卡、退卡等相关业务的本集团或同一品牌特许经营体系内的企业。

（二）售卡方因发行或者销售单用途卡并办理相关资金收付结算业务取得的手续费、结算费、服务费、管理费等收入，应按照现行规定缴纳增值税。

（三）持卡人使用单用途卡购买货物或服务时，货物或者服务的销售方应按照现行规定缴纳增值税，且不得向持卡人开具增值税发票。

（四）销售方与售卡方不是同一个纳税人的，销售方在收到售卡方结算的销售款时，应向售卡方开具增值税普通发票，并在备注栏注明"收到预付卡结算款"，不得开具增值税专用发票。

售卡方从销售方取得的增值税普通发票，作为其销售单用途卡或接受单用途卡充值取得预收资金不缴纳增值税的凭证，留存备查。

四、支付机构预付卡（以下称"多用途卡"）业务按照以下规定执行：

（一）支付机构销售多用途卡取得的等值人民币资金，或者接受多用途卡持卡人充值取得的充值资金，不缴纳增值税。支付机构可按照本公告第九条的规定，向购卡人、充值人开具增值税普通发票，不得开具增值税专用发票。

支付机构，是指取得中国人民银行核发的《支付业务许可证》，获准办理"预付卡发行与受理"业务的发卡机构和获准办理"预付卡受理"业务的受理机构。

多用途卡，是指发卡机构以特定载体和形式发行的，可在发卡机构之外购买货物或服务的预付价值。

（二）支付机构因发行或者受理多用途卡并办理相关资金收付结算业务取得的手续费、结算费、服务费、管理费等收入，应按照现行规定缴纳增值税。

（三）持卡人使用多用途卡，向与支付机构签署合作协议的特约商户购买货物或服务，特约商户应按照现行规定缴纳增值税，且不得向持卡人开具增值税发票。

（四）特约商户收到支付机构结算的销售款时，应向支付机构开具增值税普通发票，并在备注栏注明"收到预付卡结算款"，不得开具增值税专用发票。

支付机构从特约商户取得的增值税普通发票，作为其销售多用途卡或接受多用途卡充值取得预收资金不缴纳增值税的凭证，留存备查。

五、单位将其持有的限售股在解禁流通后对外转让的，按照以下规定确定买入价：

（一）上市公司实施股权分置改革时，在股票复牌之前形成的原非流通股股份，以及股票复牌首日至解禁日期间由上述股份孳生的送、转股，以该上市公司完成股权分置改革后股票复牌首日的开盘价为买入价。

（二）公司首次公开发行股票并上市形成的限售股，以及上市首日至解禁日期间由上述股份孳生的送、转股，以该上市公司股票首次公开发行（IPO）的发行价为买入价。

（三）因上市公司实施重大资产重组形成的限售股，以及股票复牌首日至解禁日期间由上述股份孳生的送、转股，以该上市公司因重大资产重组股票停牌前一交易日的收盘价为买入价。

六、银行提供贷款服务按期计收利息的，结息日当日计收的全部利息收入，均应计入结息日所属期的销售额，按照现行规定计算缴纳增值税。

七、按照《中华人民共和国增值税暂行条例》《营业税改征增值税试点实施办法》《中华人民共和国消费税暂行条例》及相关文件规定，以1个季度为纳税期限的增值税纳税人，其取得的全部增值税应税收入、消费税应税收入，均可以1个季度为纳税期限。

八、《纳税人跨县（市、区）提供建筑服务增值税征收管理暂行办法》（国家税务总局公告2016年第17号发布）第七条规定调整为：

纳税人跨县（市、区）提供建筑服务，在向建筑服务发生地主管国税机关预缴税款时，需填报《增值税预缴税款表》，并出示以下资料：

（一）与发包方签订的建筑合同复印件（加盖纳税人公章）；

（二）与分包方签订的分包合同复印件（加盖纳税人公章）；

（三）从分包方取得的发票复印件（加盖纳税人公章）。

九、《国家税务总局关于全面推开营业税改征增值税试点有关税收征收管理事项的公告》（国家税务总局公告2016年第23号）附件《商品和服务税收分类与编码（试行）》中的分类编码调整以下内容，纳税人应将增值税税控开票软件升级到最新版本（V2.0.11）：

（一）3010203"水路运输期租业务"下分设301020301"水路旅客运输期租业务"和301020302"水路货物运输期租业务"；3010204"水路运输程租业务"下设301020401"水路旅客运输程租业务"和301020402"水路货物运输程租业务"；301030103"航空运输湿租业务"下设30103010301"航空旅客运输湿租业务"和30103010302"航空货物运输湿租业务"。

（二）30105"无运输工具承运业务"下新增3010502"无运输工具承运陆路运输业务"、3010503"无运输工具承运水路运输服务"、3010504"无运输工具承运航空运输服务"、3010505"无运输工具承运管道运输服务"和3010506"无运输工具承运联运输服务"。

停用编码3010501"无船承运"。

（三）301"交通运输服务"下新增30106"联运服务"，用于利用多种运输工具载运旅客、货物的业务活动。

30106"联运服务"下新增3010601"旅客联运服务"和3010602"货物联运服务"。

（四）30199"其他运输服务"下新增3019901"其他旅客运输服务"和3019902"其他货物运输服务"。

（五）30401"研发和技术服务"下新增3040105"专业技术服务"。

停止使用编码304010403"专业技术服务"。

（六）304050202"不动产经营租赁"下新增30405020204"商业营业用房经营租赁服务"。

（七）3040801"企业管理服务"下新增304080101"物业管理服务"和304080199"其他企业管理服务"。

（八）3040802"经纪代理服务"下新增304080204"人力资源外包服务"。

（九）3040803"人力资源服务"下新增304080301"劳务派遣服务"和304080399"其他人力资源服务"。

（十）30601"贷款服务"下新增3060110"客户贷款"，用于向企业、个人等客户发放贷款以及票据贴现的情况；3060110"客户贷款"下新增306011001"企业贷款"、306011002"个人贷款"、306011003"票据贴现"。

（十一）增加6"未发生销售行为的不征税项目"，用于纳税人收取款项但未发生销售货物、应税劳务、服务、无形资产或不动产的情形。

"未发生销售行为的不征税项目"下设601"预付卡销售和充值"、602"销售自行开发的房地产项目预收款"、603"已申报缴纳营业税未开票补开票"。

使用"未发生销售行为的不征税项目"编码，发票税率栏应填写"不征税"，不得开具增值税专用发票。

十、本公告自2016年9月1日起施行，此前已发生未处理的事项，按照本公告规定执行。2016年5月1日前，纳税人发生本公告第二、五、六条规定的应税行为，此前未处理的，比照本公告规定缴纳营业税。

特此公告。

国家税务总局
2016 年 8 月 18 日

国家税务总局
关于规范国税机关代开发票环节征收地方税费工作的通知

税总发〔2016〕127 号

为贯彻落实《深化国税、地税征管体制改革方案》（以下简称《方案》）要求，进一步加强地方税费的管理，根据《中华人民共和国税收征收管理法》及其实施细则、《中华人民共和国发票管理办法》和《国家税务总局关于发布〈委托代征管理办法〉的公告》（国家税务总局公告 2013 年第 24 号）的有关规定，现对规范国税机关为纳税人代开发票环节征收地方税费工作，提出如下要求：

一、基本原则

代开发票应当缴纳税款的，税务机关应严格执行先征收税款、再代开发票的有关规定。

二、征收方式

地税机关直接征收。对已实现国税、地税办税服务厅互设窗口，或者国税与地税共建办税服务厅、共驻政务服务中心等合作办税模式的地区，地税机关应在办税服务厅设置专职岗位，负责征收国税机关代开发票环节涉及的地方税费。

委托国税机关代征。对暂未实现上述国税、地税合作办税模式的地区，地税机关应委托国税机关在代开发票环节代征地方税费。

三、具体事项

（一）代征范围

委托国税机关代征的，国税机关应当在代开发票环节征收增值税，并同时按规定代征城市维护建设税、教育费附加、地方教育附加、个人所得税（有扣缴义务人的除外）以及跨地区经营建筑企业项目部的企业所得税。

有条件的地区，经省国税机关、地税机关协商，国税机关在代开发票环节可为地税机关代征资源税、印花税及其他非税收入，代征范围需及时向社会公告。

（二）票证使用及税款退库

委托国税机关代征的，国税机关、地税机关应在《委托代征协议书》中明确税款解缴、税收票证使用等事项。

国税机关为纳税人代开发票，如果发生作废或者销货退回需开具红字发票等情形涉及税款退库的，国税机关、地税机关应按照有关规定为纳税人做好税款退库事宜。

（三）情况反馈

纳税人拒绝接受国税机关代征税款的，国税机关应当及时告知委托方地税机关，由地税机关根据法律、法规的规定予以处理。

四、工作要求

（一）统一思想，提高认识

加强代开发票环节征收地方税费工作是满足营改增地税机关征管范围调整以及地税发票停止使用后加强税源管理、保障地方税费应收尽收的重要手段，是落实《方案》，推动国税机关与地税机关深度合作的重要内容。各地税务机关要充分认识其现实意义，积极争取当地党委、政府支持和相关部门的配合，不断优化整合征管资源，立足当地实际确保代开发票环节征收地方税费工作落到实处。

（二）加强合作，统筹协调

各省国税机关、地税机关要协同配合，制定本辖区委托代征工作的管理办法，指导基层税务机关签订《委托代征协议书》，做好宣传解释、督导检查工作，制定应急预案，并就委托代征的具体范围联合向社会公告。要建立定期工作沟通协调机制，及时研究解决新出现的问题，及时总结创新做法、先进经验并加以推广。

（三）信息支撑，减轻负担

各省税务机关要按照提高征管效率、节约行政资源、方便纳税人办税的原则，利用信息化手段，有效简化环节，解决纳税人"多头跑、跑多次"的问题，切实减轻纳税人的办税负担。

请各省税务机关于2016年10月31日之前，将对本通知的贯彻落实情况书面报告税务总局（征管科技司）。

国家税务总局
2016年8月15日

财政部 国家税务总局
关于延长边销茶增值税政策执行期限的通知
财税〔2016〕73号

经国务院批准，《财政部 国家税务总局关于继续执行边销茶增值税政策的通知》（财税〔2011〕89号）规定的增值税政策继续执行至2018年12月31日。

文到之日前，已征的按照本通知规定应予免征的增值税，可抵减纳税人以后月份应缴纳的增值税或予以退还。

财政部 国家税务总局
2016年7月25日

财政部 国家税务总局
关于继续执行光伏发电增值税政策的通知
财税〔2016〕81号

经国务院批准，继续对光伏发电实行增值税优惠政策，现将有关事项通知如下：

自2016年1月1日至2018年12月31日，对纳税人销售自产的利用太阳能生产的电力产品，实行增值税即征即退50%的政策。文到之日前，已征的按通知规定应予退还的增值税，可抵减纳税人以后月份应缴纳的增值税或予以退还。

请遵照执行。

财政部 国家税务总局
2016年7月25日

国家税务总局
关于红字增值税发票开具有关问题的公告
国家税务总局公告2016年第47号

为进一步规范纳税人开具增值税发票管理，现将红字发票开具有关问题公告如下：

一、增值税一般纳税人开具增值税专用发票（以下简称"专用发票"）后，发生销货退回、开票有误、应税服务中止等情形但不符合发票作废条件，或者因销货部分退回及发生销售折让，需要开具红字专用发票的，按以下方法处理：

（一）购买方取得专用发票已用于申报抵扣的，购买方可在增值税发票管理新系统（以下简称"新系统"）中填开并上传《开具红字增值税专用发票信息表》（以下简称《信息表》，详见附件），在填开《信息表》时不填写相对应的蓝字专用发票信息，应暂依《信息表》所列增值税额从当期进项税额中转出，待取得销售方开具的红字专用发票后，与《信息表》一并作为记账凭证。

购买方取得专用发票未用于申报抵扣、但发票联或抵扣联无法退回的，购买方填开《信息表》时应填写相对应的蓝字专用发票信息。

销售方开具专用发票尚未交付购买方，以及购买方未用于申报抵扣并将发票联及抵扣联退回的，销售方可在新系统中填开并上传《信息表》。销售方填开《信息表》时应填写相对应的蓝字专用发票信息。

（二）主管税务机关通过网络接收纳税人上传的《信息表》，系统自动校验通过后，生成带有"红字发票信息表编号"的《信息表》，并将信息同步至纳税人端系统中。

（三）销售方凭税务机关系统校验通过的《信息表》开具红字专用发票，在新系统中以销项负数开具。红字专用发票应与《信息表》一一对应。

（四）纳税人也可凭《信息表》电子信息或纸质资料到税务机关对《信息表》内容进行系统校验。

二、税务机关为小规模纳税人代开专用发票，需要开具红字专用发票的，按照一般纳税人开具红字专用发票的方法处理。

三、纳税人需要开具红字增值税普通发票的，可以在所对应的蓝字发票金额范围内开具多份红字发票。红字机动车销售统一发票需与原蓝字机动车销售统一发票一一对应。

四、按照《国家税务总局关于纳税人认定或登记为一般纳税人前进项税额抵扣问题的公告》（国家税务总局公告2015年第59号）的规定，需要开具红字专用发票的，按照本公告规定执行。

五、本公告自2016年8月1日起施行，《国家税务总局关于推行增值税发票系统升级版有关问题的公告》（国家税务总局公告2014年第73号）第四条、附件1、附件2和《国家税务总局关于全面推行增值税发票系统升级版有关问题的公告》（国家税务总局公告2015年第19号）第五条、附件1、附件2同时废止。此前未处理的事项，按照本公告规定执行。

特此公告。

附件：开具红字增值税专用发票信息表

国家税务总局
2016年7月20日

附件

开具红字增值税专用发票信息表

填开日期：　　年　月　日

销售方	名称		购买方	名称		
	纳税人识别号			纳税人识别号		
开具红字专用发票内容	货物（劳务服务）名称	数　量	单　价	金　额	税率	税　额
	合计	—	—		—	
说明	一、购买方□ 对应蓝字专用发票抵扣增值税销项税额情况： 1. 已抵扣□ 2. 未抵扣□ 对应蓝字专用发票的代码：　号码：＿＿＿＿＿＿ 二、销售方□ 对应蓝字专用发票的代码：　号码：＿＿＿＿＿＿					
红字专用发票信息表编号						

国家税务总局
关于加强增值税税控系统管理有关问题的通知

税总函〔2016〕368号

为进一步加强增值税税控系统管理，提高办税效率，提升纳税人对税控服务满意度，现将有关问题通知如下：

一、集团总部采取集中购买税控一体化解决方案的纳税人，其所需的税控专用设备可以直接向航天信息股份有限公司或国家信息安全工程技术研究中心，以及上述两家单位授权的销售单位（以下简称销售单位）购买。销售单位应保障税控专用设备的质量和如数供应，不得以任何理由推诿、拖延或者拒绝纳税人购买税控专用设备的要求。

各地税务机关要及时为纳税人或其书面委托的单位办理税控专用设备发行，不限定只为本省范围购买的税控专用设备进行发行。各地税务机关要进一步简化税控专用设备发行流程，提高办税效率。

二、纳税人购买税控专用设备后，销售单位不得向纳税人指定增值税税控系统维护服务单位（以下简称服务单位），不得强迫纳税人接受服务。纳税人可在所在区域范围内具备服务资格的服务单位间自行选择。

纳税人向服务单位提出安装要求后，服务单位应在3个工作日内完成纳税人增值税税控系统的安装、调试，不得以任何理由推诿、拖延或拒绝。

承担集团总部集中购买税控一体化解决方案的单位，应为纳税人做好增值税税控系统的维护服务，可以自建服务体系，并接受当地税务机关的监督管理，也可委托具备服务资格的服务单位提供服务，并承担相关责任。

三、严禁销售单位及服务单位借销售税控专用设备或维护服务之机违规搭售设备、软件、其他商品，或收取规定之外的各种名目的费用。《国家税务总局关于发布增值税发票税控开票软件数据接口规范的公告》（国家税务总局公告2016年第25号），已对纳税人使用的增值税发票税控开票软件相关数据接口规范予以发布，供纳税人免费使用，任何单位和个人不得向使用增值税税控系统的纳税人收取任何名义的开票软件接口费用。

四、各地税务机关要加强对销售单位、服务单位的监督管理，及时回应纳税人投诉，对存在问题的销售单位、服务单位责令其立即纠正，并限期整改。对违反规定的，按照《增值税税控系统服务单位监督管理办法》有关规定严肃处理。

国家税务总局
2016年7月19日

国家税务总局
关于部分地区开展住宿业增值税小规模纳税人自开增值税专用发票试点工作有关事项的公告

国家税务总局公告2016年第44号

为保障全面推开营改增试点工作顺利实施，方便纳税人发票使用，税务总局决定，在部分地区开展住宿业增值税小规模纳税人自行开具增值税专用发票（以下简称专用发票）试点工作。现将有关事项公告如下：

一、试点范围

试点范围限于全国91个城市（名单见附件）月销售额超过3万元（或季销售额超过9万元）的住宿业增值税小规模纳税人（以下称试点纳税人）。

二、试点内容

（一）试点纳税人提供住宿服务、销售货物或发生其他应税行为，需要开具专用发票的，可以通过增值税发票管理新系统自行开具，主管国税机关不再为其代开。

试点纳税人销售其取得的不动产,需要开具专用发票的,仍须向地税机关申请代开。

(二)主管税务机关为试点纳税人核定的单份专用发票最高开票限额不超过一万元。

(三)试点纳税人所开具的专用发票应缴纳的税款,应在规定的纳税申报期内,向主管税务机关申报纳税。在填写增值税纳税申报表时,应将当期开具专用发票的销售额,按照3%和5%的征收率,分别填写在《增值税纳税申报表》(小规模纳税人适用)第2栏和第5栏"税务机关代开的增值税专用发票不含税销售额"的"本期数"相应栏次中。

三、有关要求

主管税务机关要加强对试点纳税人的培训辅导,保障纳税人正确开具专用发票,同时要强化风险防控,加强数据分析比对,认真总结试点经验。

试点纳税人应严格按照专用发票管理有关规定领用、保管、开具专用发票。

本公告自2016年8月1日起施行。

特此公告。

附件:试点城市名单

国家税务总局
2016年7月6日

附件

试点城市名单

东部城市			中部城市		西部城市	
北京	温州	惠州	太原	南阳	呼和浩特	银川
天津	绍兴	中山	大同	武汉	包头	乌鲁木齐
石家庄	金华	海口	长春	宜昌	南宁	拉萨
唐山	福州	三亚	吉林	襄阳	桂林	
秦皇岛	厦门		哈尔滨	长沙	北海	
沈阳	泉州		齐齐哈尔	株洲	重庆	
大连	济南		大庆	岳阳	成都	
本溪	青岛		牡丹江	常德	泸州	
丹东	淄博		合肥		绵阳	
锦州	烟台		芜湖		南充	
上海	潍坊		蚌埠		贵阳	
南京	泰安		安庆		遵义	
无锡	广州		宣城		昆明	
徐州	韶关		南昌		大理	
常州	深圳		九江		西安	
苏州	汕头		赣州		宝鸡	
扬州	佛山		郑州		兰州	
杭州	江门		洛阳		天水	
宁波	湛江		平顶山		西宁	

财政部 国家税务总局
关于金融机构同业往来等增值税政策的补充通知

财税〔2016〕70号

经研究,现将营改增试点期间有关金融业政策补充通知如下:

一、金融机构开展下列业务取得的利息收入,属于《营业税改征增值税试点过渡政策的规定》(财税〔2016〕36号,以下简称《过渡政策的规定》)第一条第(二十三)项所称的金融同业往来利息收入：

（一）同业存款。

同业存款，是指金融机构之间开展的同业资金存入与存出业务，其中资金存入方仅为具有吸收存款资格的金融机构。

（二）同业借款。

同业借款，是指法律法规赋予此项业务范围的金融机构开展的同业资金借出和借入业务。此条款所称"法律法规赋予此项业务范围的金融机构"主要是指农村信用社之间以及在金融机构营业执照列示的业务范围中有反映为"向金融机构借款"业务的金融机构。

（三）同业代付。

同业代付，是指商业银行（受托方）接受金融机构（委托方）的委托向企业客户付款，委托方在约定还款日偿还代付款项本息的资金融通行为。

（四）买断式买入返售金融商品。

买断式买入返售金融商品，是指金融商品持有人（正回购方）将债券等金融商品卖给债券购买方（逆回购方）的同时，交易双方约定在未来某一日期，正回购方再以约定价格从逆回购方买回相等数量同种债券等金融商品的交易行为。

（五）持有金融债券。

金融债券，是指依法在中华人民共和国境内设立的金融机构法人在全国银行间和交易所债券市场发行的、按约定还本付息的有价证券。

（六）同业存单。

同业存单，是指银行业存款类金融机构法人在全国银行间市场上发行的记账式定期存款凭证。

二、商业银行购买央行票据、与央行开展货币掉期和货币互存等业务属于《过渡政策的规定》第一条第（二十三）款第1项所称的金融机构与人民银行所发生的资金往来业务。

三、境内银行与其境外的总机构、母公司之间，以及境内银行与其境外的分支机构、全资子公司之间的资金往来业务属于《过渡政策的规定》第一条第（二十三）款第2项所称的银行联行往来业务。

四、人民币合格境外投资者（RQFII）委托境内公司在我国从事证券买卖业务，以及经人民银行认可的境外机构投资银行间本币市场取得的收入属于《过渡政策的规定》第一条第（二十二）款所称的金融商品转让收入。

银行间本币市场包括货币市场、债券市场以及衍生品市场。

五、本通知自2016年5月1日起执行。

财政部　国家税务总局
2016年6月30日

国家税务总局
关于全面推进营改增试点分析工作优化纳税服务的通知

税总发〔2016〕95号

全面推开营改增试点即将进入全面分析阶段，为更好地推进各项试点工作，确保所有行业税负只减不增，各级税务机关要立足于"聚焦分析，精准服务"，继续弘扬精益求精的工匠精神，以从严从实从细的工作态度，再接再厉打赢"分析好"这场战役，现就全面推进试点分析优化纳税服务工作通知如下：

一、全面推进试点分析工作

（一）深入开展试点运行情况分析。充分利用税收大数据，全面分析掌握建筑、房地产、金融、生活服务业纳入营改增试点后，在登记户数、行业动态等方面的基本情况；梳理分析纳税人在发票开具、纳税申报、政策适用等方面的运行情况；查找分析税务机关在发票供应、发票代开、申报受理、纳税服务、系统保障等方面工作情况和存在的问题，为有针对性地改进税务部门工作和更好地服务纳税人夯实基础。

（二）细致开展试点行业税负分析。准确把握行业税负分析的基本原则，采取点面结合的方法，全面跟踪和客观真实反映4大行业及其细分的小行业税负变化情况。对税负变化异常的企业和行业，要从税制特点、政策变化、征管状况、经营管理、投资周期等多个角度全面分析原因，积极帮助纳税人解决面临的问题。

（三）深入做好改革试点效应分析。加强营改增后税收收入总量和结构变化分析，细致掌握4个试点行业、"3+7"试点行业和原增值税纳税人的税收变化情况。要以翔实的数据为基础，以真实的案例为依据，多维度、多层次、多视角地分析和反映营改增在促进经济结构转型升级、优化产业分工、扩大投资规模、提高就业水平等方面的效应，客观评价营改增工作成效。各级国税局、地税局要根据工作需求，建立联合分析团队，共同开展营改增效应专题分析，提高分析工作的全面性、有效性。

二、积极运用分析结果服务纳税人

（四）优化发票领用服务。针对7月增值税发票需求量将大幅增加的情况，提前制定预案，保障发票窗口和自助终端的票种、票量齐全充足。通过增设窗口、增配自助终端、提供网上预申请、运用二维码技术采集、完善信息系统功能、简化操作流程等方式提高发票发放和代开发票效率，缓解办税服务厅工作压力。

（五）延长7月纳税申报期。针对7月按月申报和按季申报叠加的实际，税务总局决定将7月增值税纳税申报期延长至7月20日。各地国税机关要提前做好应对申报业务量大幅增加的准备，改进服务措施，强化服务保障，采取网上办税、预约办税、设立专窗、提前预审等有效措施合理分流疏导，确保7月申报期平稳运行。

（六）细化申报表填报辅导。细致梳理归纳申报表填报中的问题，分类做好填报辅导，使纳税人准确掌握申报表各项指标，尤其是《本期抵扣进项税额结构明细表》和《营改增税负分析测算明细表》有关指标的数据口径和表间逻辑关系，帮助纳税人准确完整填报。

（七）完善电子申报系统功能。进一步优化电子申报系统功能，着力为纳税人增进界面友好、操作简便的申报体验。对申报数据进行必要的电子化逻辑校验，对填写不准确、不规范的数据项，通过技术手段及时提示纳税人更正，降低申报差错，提高申报质量和效率。

（八）强化引导性政策培训。充分运用试点分析成果，加强对试点纳税人针对性、引导性、反复性培训，帮助纳税人强化对增值税制度的理解和政策掌握，促进内部管理更加规范、财务核算更加健全、经营方式更加优化、经营决策更加科学，充分享受改革带来的制度红利。

（九）开展同业税负比较分析服务。细致分析同一行业纳税人税负差异情况，积极帮助税负高于同业平均水平的纳税人深入查找原因，比较税负差距，促进其通过改善经营管理、落实进项抵扣政策等方式，合理降低税负水平。

（十）做好纳税人涉税风险提示。针对分析中发现纳税人在发票开具、纳税申报、政策适用等方面存在的不准确、不规范、不到位等问题，主管税务机关要及时主动提醒纳税人，并积极帮助纠正解决，防范可能引发的涉税风险。

（十一）健全税企沟通机制。通过座谈会、入户走访、征求意见等方式，加强与纳税人、行业协会之间的沟通。广泛听取纳税人意见建议，以纳税人需求为导向，主动为纳税人答疑解惑，提升纳税人对营改增工作的满意度。

（十二）深化服务资源共享。各地国税局、地税局要加大办税服务资源整合力度，统筹利用对方办税场所开展纳税服务工作。加快推出发票办理、申报纳税、证明开具等6大类业务24种表证单书免填单服务。各级地税局要积极争取当地政府支持，运用信息化手段，加强与房地产交易管理等部门的业务和技术融合，简化优化二手房交易办税办证流程，减少纳税人信息重复录入，提高办理效率。

（十三）推进国地税合作。升级推行《国家税务局 地方税务局合作工作规范（3.0版）》，合作事项由44个增加至51个，并完善合作内容，细化落实标准，实现国税、地税联合办税服务场所能够办理双方纳税人的税务登记信息补录、纳税申报、发票管理、税收优惠事项受理、税收证明等相关业务，增进纳税人办税便利的获得感。

（十四）强化服务单位监管和纳税人权益保护。充分尊重纳税人意见，允许自愿选择具有服务资格的增值税税控系统服务单位。各级国税部门要加强对服务单位的监管，对服务不到位、违规搭售设备或软件、乱收费的，依法依规严肃处理。进一步畅通12366热线等纳税人投诉反映渠道，严格执行《纳税服务投诉管理办法》，切实维护好纳税人合法权益。

三、积极运用分析结果服务经济发展

（十五）积极服务于优化营商环境。要通过试点分析进一步推动营改增政策落实落地，发挥好营改增促进税收经济秩序规范的作用，为纳税人营造更加公平的税收环境和更加优良的营商环境。

（十六）积极服务于培育经济发展新动能。充分挖掘试点分析数据与经济运行的内在联系，深入分析营改增带来的经济税源变化，把握经济结构变动特点，积极为拉动经济增长、促进经济结构转型升级、培育经济发展新动能建言献策。

（十七）积极服务于加强和改善社会治理。充分利用试点分析形成的大数据优势，及时妥善回应社会关切，推进涉税信息共享，拓展税收大数据在强化社会管理和公共服务中的作用领域，促进社会治理水平提升。

四、积极运用分析结果服务税收工作改进

（十八）精准推进政策调整完善。针对分析中发现的政策问题，要进一步畅通反馈渠道，健全解决机制。对需要完善调整的政策，税务部门要会同财政部门深入调研，广泛听取意见建议，为上级财税部门决策提供参考依据。

（十九）精准实施税收管理改进。适应全面推开营改增试点后的新要求，升级推行《全国税收征管规范（1.2版）》。针对分析中发现的管理问题，细致研究、分类处理。属于操作执行方面的问题要立即纠正、全力整改；属于管理制度和信息系统方面的问题，要尽快组织对相关制度和系统进行调整完善。同时，建立健全经验交流机制，促进各地经验互鉴、管理互助。

（二十）精准加大督察考核力度。针对分析中反映的突出问题和薄弱环节，要进一步加大专项督查和考核力度，推动尽快加以改进。对有问题未及时整改，有短板未及时弥补的，该通报的通报，该问责的问责。通过严督实考，促进营改增试点工作持续提升、持续完善。

国家税务总局
2016年6月20日

财政部 国家税务总局
关于进一步明确全面推开营改增试点有关再保险 不动产租赁和非学历教育等政策的通知

财税〔2016〕68号

经研究，现将营改增试点期间有关再保险、不动产租赁和非学历教育等政策补充通知如下：

一、再保险服务

（一）境内保险公司向境外保险公司提供的完全在境外消费的再保险服务，免征增值税。

（二）试点纳税人提供再保险服务（境内保险公司向境外保险公司提供的再保险服务除外），实行与原保险服务一致的增值税政策。再保险合同对应多个原保险合同的，所有原保险合同均适用免征增值税政策时，该再保险合同适用免征增值税政策。否则，该再保险合同应按规定缴纳增值税。

原保险服务，是指保险分出方与投保人之间直接签订保险合同而建立保险关系的业务活动。

二、不动产经营租赁服务

1. 房地产开发企业中的一般纳税人，出租自行开发的房地产老项目，可以选择适用简易计税方法，按照5%的征收率计算应纳税额。纳税人出租自行开发的房地产老项目与其机构所在地不在同一县（市）的，应按照上述计税方法在不动产所在地预缴税款后，向机构所在地主管税务机关进行纳税申报。

房地产开发企业中的一般纳税人，出租其2016年5月1日后自行开发的与机构所在地不在同一县（市）的房地产项目，应按照3%预征率在不动产所在地预缴税款后，向机构所在地主管税务机关进行纳税申报。

2. 房地产开发企业中的小规模纳税人，出租自行开发的房地产项目，按照5%的征收率计算应纳税额。纳税人出租自行开发的房地产项目与其机构所在地不在同一县（市）的，应按照上述计税方法在不动产所在地预缴税款后，向机构所在地主管税务机关进行纳税申报。

三、一般纳税人提供非学历教育服务，可以选择适用简易计税方法按照3%征收率计算应纳税额。

四、纳税人提供安全保护服务，比照劳务派遣服务政策执行。

五、各党派、共青团、工会、妇联、中科协、青联、台联、侨联收取党费、团费、会费，以及政府间国际组织收取会费，属于非经营活动，不征收增值税。

六、本通知自2016年5月1日起执行。

财政部 国家税务总局
2016年6月18日

财政部 海关总署 国家税务总局
关于新型显示器件项目进口设备增值税分期纳税政策的通知

财关税〔2016〕30号

为落实中央经济工作会议有关精神，推进新常态下信息技术产业实体经济发展，促进产业结构优化升级，支持国内新型显示器件生产企业降低税费成本，更好地参与国际竞争，经国务院批准，现将新型显示器件项目进口设备增值税分期纳税的有关政策通知如下：

一、对新型显示器件项目于2015年1月1日至2018年12月31日期间进口的关键新设备，准予在首台设备进口之后的6年（连续72个月）期限内，分期缴纳进口环节增值税，6年内每年（连续12个月）依次缴纳进口环节增值税总额的0%、20%、20%、20%、20%、20%，期间允许企业缴纳税款超过上述比例。

二、新型显示器件生产企业在分期纳税期间，按海关事务担保的规定，对未缴纳的税款提供海关认可的银行保证金或银行函形式的税款担保，不予征收缓税利息和滞纳金。

三、对企业已经缴纳的进口环节增值税不予退还。

四、上述分期纳税有关政策的具体操作办法依照《关于新型显示器件项目进口设备增值税分期纳税的暂行规定》（见附件）执行。

附件：关于新型显示器件项目进口设备增值税分期纳税的暂行规定

财政部 海关总署 国家税务总局
2016年6月1日

附件：

关于新型显示器件项目进口设备增值税分期纳税的暂行规定

一、根据国务院批准的对新型显示器件项目进口设备增值税分期纳税有关政策的精神，特制定本规定。

二、承建新型显示器件项目的企业至少于首台设备进口时间的3个月前，分别向省级（含自治区、直辖市、计划单列市，下同）财政部门、企业所在地直属海关提交进口设备增值税分期纳税的申请。

（一）企业申请文件需说明企业及项目有关情况，如项目建设进度、产能设计和初期产量、投产和量产时间、产品类型等，并附投资主管部门出具的项目备案（或核准）文件，如已取得鼓励类项目确认书应一并报送。

（二）企业申报享受分期纳税政策的进口环节增值税总额，同时说明有关进口关键新设备的种类、金额以及进口起止时间等相关信息。

（三）按照海关事务担保的规定，企业还应申报在分期纳税期间提供税款担保的具体方案，包括拟提供税款担保的种类、担保机构的名称、担保金额、次数、期限等内容。

（四）经企业所在地直属海关同意后，企业在申报时可选择按季度或按月分期缴纳进口环节增值税的方式。

三、省级财政部门在接到相关企业申请文件后，会同企业所在地直属海关应在1个月内完成对企业申请文件的完备性和合规性的初审，并出具审核意见。初审应确保企业申请享受政策的设备属于2015年1月1日至2018年12月31日期间进口的关键新设备。企业申请及初审材料齐全后，由省级人民政府将上述材料及时报送财政部，并抄报海关总署和国家税务总局。

四、财政部会同海关总署、国家税务总局对申报材料进行审核，确定准予分期纳税的总税额，并按此税额分期征缴。自企业申报的首台设备进口时间开始，第一年（前12个月）不需缴纳设备进口环节增值税。从第二年开始，按季度或按月分期缴纳进口环节增值税：即从首台设备进口时间的次年所对应的季度开始，于每季度的最后15日内向企业所在地直属海关至少缴纳准予分期纳税总税额的1/20；或从首台设备进口时间的次年所对应的月份开始，于每月的最后10日内向企业所在地直属海关至少缴纳准予分期纳税总税额的1/60；期间允许企业缴纳税款超过上述比例。

五、财政部会同海关总署、国家税务总局对申请材料审核同意后，正式通知相关省级财政部门、企业所在地直属海关和省级国家税务局，并抄送相关省级人民政府，由省级人民政府通知相关企业。相关企业凭此通知并按照申请文件中载明的税款担保方案提供海关认可的银行保证金或银行保函，到企业所在地直属海关办理准予分期纳税的有关手续。

六、在准予分期纳税的6个年度内，对经核定的准予分期缴纳的税款，不征收缓税利息和滞纳金。企业应主动配合海关履行纳税义务，否则不能享受分期纳税的有关优惠政策。

七、企业在分期纳税期间，如实际进口金额超出原有申报金额20%时，须及时向省级财政部门提交变更申请。省级财政部门会同企业所在地直属海关审核后，上报财政部并抄送海关总署、国家税务总局。财政部会同海关总署和国家税务总局负责审核，若审核同意，则通知相关省级财政部门、企业所在地直属海关和省级国家税务局纳税方案的变更。如企业实际进口金额低于原有申报金额80%时，也可依照上述流程提交分期纳税方案的变更申请。

八、企业在最后一次纳税时，海关应对该项目全部应纳税款进行汇算清缴，并完成项目实际应纳税额的计征工作。企业所在地直属海关会同省级财政部门将企业在分期纳税期间的实际纳税情况汇总报送财政部、海关总署和国家税务总局。

九、本规定由财政部会同海关总署、国家税务总局负责解释。

国家税务总局
关于优化完善增值税发票查询平台功能有关事项的公告
国家税务总局公告2016年第32号

自2016年3月1日起，税务总局对部分增值税一般纳税人（以下简称纳税人）取消了增值税发票扫描认证，纳税人可登录本省增值税发票查询平台，查询、选择、确认用于申报抵扣或者出口退税的增值税发票信息。为进一步优化纳税服务，更好地便利纳税人，税务总局对增值税发票查询平台相关功能进行了优化完善，现将有关事项公告如下：

……

二、优化系统功能。增值税发票查询平台优化完善了系统登录、查询和信息下载等功能，纳税人可在本省增值税发票查询平台下载相关功能说明。

本公告自发布之日起施行。

特此公告。

国家税务总局
2016年5月27日

国家税务总局
关于进一步优化营改增纳税服务工作的通知

税总发〔2016〕75号

自3月5日营改增工作开展以来,通过各级税务机关的共同努力,各地办税服务厅秩序井然,开票系统运行正常,全面推开营改增试点取得了良好开局。为再接再厉打好全面推开营改增试点第二阶段战役,确保营改增纳税人顺利申报,现就进一步优化营改增纳税服务工作通知如下:

一、强化纳税申报的宣传培训

6月,营改增纳税人将迎来首个纳税申报期。针对部分纳税人初次填报增值税申报表、不熟悉申报流程的实际问题,各地税务机关要强化对纳税申报的辅导培训,提前制作各类申报表填写样表、辅导填报"二维码"等,通过网站、手机APP等方式主动推送给营改增纳税人,帮助其熟练掌握申报表的填报。同时要根据税收政策的调整,及时做好"二维码"的更新工作。

二、做好纳税申报的现场和上门辅导

要在办税服务厅组建辅导队、增设预审岗,强化现场辅导和现场审核,帮助纳税人正确填报增值税申报表。要组织税收管理员和业务骨干主动深入重点企业,尤其是对样本企业进行上门辅导,通过"一对一""面对面"的方式帮助纳税人正确填写增值税申报表或者辅导其进行网上申报,确保在6月10日前所有样本企业完成好申报。

三、确保减免税优惠政策不折不扣落实

各地税务机关要对营改增试点纳税人减免税申报、备案等工作进行重点辅导,确保纳税人全面、准确申报,确保减免税政策不折不扣得以落实。

四、做好取消增值税发票认证的宣传工作

纳入营改增试点的增值税一般纳税人暂不需要进行增值税发票认证,纳税信用A级、B级增值税一般纳税人取得销售方使用新系统开具的增值税发票,也可以不再进行扫描认证。各地国税机关要通过制作简便易懂的宣传资料、操作视频等,加大对取消增值税发票认证的宣传,帮助纳税人熟练掌握登录勾选方法,使取消认证这一便利措施落到实处,真正减少办税环节,减轻征纳双方办税负担。

五、积极引导营改增纳税人网上申报

各地税务机关要针对此次全面推开营改增试点涉及纳税人数量众多、业态差异大的实际情况,根据纳税人办税的不同习惯、不同方式,在尊重纳税人意愿的基础上,积极向纳税人提供网上办税、自助办税、移动办税等多元化办税方式。

六、设置办税服务厅首次申报专窗

各地国税机关要结合本地营改增纳税人数量和办税服务厅实际,在办税服务厅合理设置营改增纳税人专窗和专用通道,方便首次进行申报的营改增纳税人顺畅办理申报业务,避免纳税人因对办税流程及办税场所不熟悉而影响申报。

七、错峰预约纳税人申报

各地国税机关要对需到办税服务厅办理申报的纳税人进行科学预判,根据纳税人财务核算状况,合理划分申报时段,分批量主动预约纳税人,引导纳税人错峰申报,缓解申报高峰压力。特别要注意避免申报期最后几天办税服务厅过度拥挤现象的发生。

八、帮助纳税人合理选择办税地点

各地税务机关要充分发挥同城通办给纳税人办税带来的便利,建立办税服务厅等候状况实时发布机制,让纳税人通过官方网站、手机 APP、微信、短信等多种渠道,实时了解各办税服务厅的等候状况,合理选择办税服务厅进行办税,避免因纳税人过度集中而造成办税不畅、效率不高等问题。

九、探索建设国税地税"一窗式"服务

各地国税机关、地税机关要加强沟通、密切协作,采取互设窗口、共建办税服务厅、共驻政务中心的方式,整合办税服务资源。已经实现联合办税的,要根据窗口业务量变化,适时调整业务办理窗口和服务人员数量,最大限度发挥好窗口资源的整体效能,缩短纳税人办税等候时间。各地税务机关要积极探索推进"全职能一窗式"办税服务,缓解办税服务厅窗口压力。

十、进驻窗口实现全流程办结

对进驻政务中心的税务窗口,要完善进驻职能、充分授权到位。积极争取当地政府的支持,通过增设窗口、增配人员等方式配齐配足窗口职能,努力达到规范化全职能办税服务厅的标准。在此基础上,按照"窗口受理、内部流转、限时办结、窗口出件"工作要求,确保同一事项能够全流程办结,不得以需要税务机关内部其他部门签字盖章为由,让纳税人往返于政务中心和税务机关。要采取多种方式向纳税人做好"三证合一"的宣传解释工作,重点讲明按照"三证合一"的有关规定,工商部门办理完毕后,工商、税务的登记事宜即已完成,不需要再到税务窗口办理税务登记手续。各地税务机关要强化督导落实,及时对进驻政务中心税务窗口的服务情况开展督导和检查,树立税务部门良好形象。

十一、确保服务制度和兜底责任落到实处

一线窗口单位要切实落实好首问责任、限时办结、延时服务、绿色通道、流动导税、领导值班等服务制度及兜底责任,确保纳税人业务有人办、咨询有人答、疑难有人解。6 月申报期内,各地税务机关领导要亲临一线,坐镇办税服务厅统筹指挥协调,及时处理纳税服务工作中出现的问题和突发事件。

十二、提高 12366 热线咨询质效

针对营改增纳税人业务咨询量日益增加的实际,各地 12366 中心要进一步充实营改增咨询专线力量,增配设备、增加人员、科学排班、加强现场管理、严格质量监控,确保 12366 纳税服务热线畅通。同时,加大对座席人员的培训力度,强化对答复准确率和服务规范性的考核测评,确保做到答复问题口径一致,内容规范准确。

十三、建立疑难问题解答机制

各地税务机关要建立疑难问题解答机制,定期收集整理疑难问题和热点问题,送交业务部门研究确定答复口径,及时维护进 12366 税收知识库并推送至办税服务厅咨询岗,确保咨询答复及时精准。

十四、切实做好不动产交易代征、代开的导税服务工作

针对二手房交易和个人出租不动产增值税代征工作业务流程相对复杂且涉及自然人的实际情况,各地税务机关要加强导税力量的配备,在各代征场所设立导税人员,全程做好导税服务,维护好办税秩序,确保不动产交易申报工作顺利有序开展。同时,要通过办税服务厅、税务网站、官方微信等渠道,主动做好相关税收政策的宣传和纳税辅导。

十五、发挥各自优势做好纳税服务

各地国税机关、地税机关要切实发挥各自业务优势,进一步密切合作,加强沟通交流,共享涉税信息,共同解决营改增纳税人提出的疑难问题。要落实好首问责任制,纳税人无论到国税局、地税局办理涉税事项或寻求涉税帮助时,负责接洽的税务机关要全程负责涉税业务的指引、协调等工作。不能因合作不到位而造成纳税人在国税局、地税局之间"往返跑"。

十六、建立先收后办机制

各地税务机关要在突发事件发生的第一时间,立即启动应急预案。对因系统故障、停电等因素不能正常工作时,各办税服务厅可先行收取纳税人资料,并延时加班办理,办结后主动通知纳税人前来办理后续事项。

十七、强化对技术服务单位监管

各地国税机关要加强对税控系统服务单位的监督管理,督促其不断提高服务质量,满足纳税人对操作培训和技术服务的要求。对出现服务不到位、违规搭售设备、软件或乱收费等问题的服务单位,责令其立即纠正并限期整改。严格按照《增值税税控系统服务单位监督管理办法》执行,切实维护纳税人合法权益。

十八、加强增值税发票开具工作的宣传辅导

各地税务机关要认真做好增值税发票开具方面的政策宣传,消除社会上对增值税发票开具方面的误解。增值税纳税人购买货物、劳务、服务、无形资产或不动产,索取增值税专用发票时,须向销售方提供购买方名称(不得为自然人)、纳税人识别号、地址电话、开户行及账号信息,不需要提供营业执照、税务登记证、组织机构代码证、开户许可证、增值税一般纳税人登记表等相关证件或其他证明材料。个人消费者购买货物、劳务、服务、无形资产或不动产,索取增值税普通发票时,不需要向销售方提供纳税人识别号、地址电话、开户行及账号信息,也不需要提供相关证件或其他证明材料。

十九、严肃查处借营改增之名损害纳税人利益的行为

针对个别企业假借营改增之名刻意曲解政策、趁机涨价谋取不当利益的情况,各地税务机关要做好营改增政策的宣传解读工作,确保每个企业、每个纳税人都能充分了解营改增政策。对借营改增之名提价、违反价格诚信、涉嫌价格欺诈、联合串通涨价等违法违规行为,要主动向地方党委政府进行汇报,积极配合相关部门,加大监管力度,及时查处纠正。

二十、畅通投诉渠道维护纳税人权益

拓宽纳税人诉求表达渠道,畅通12366热线、税务网站、微信平台等多渠道投诉响应机制。进一步压缩投诉响应时间,提高投诉办理效率。当场投诉的,即时处理;事后投诉的,提速至3个工作日内办结,切实维护纳税人权益。

各地税务机关要高度重视,加强督导检查,对纳税服务工作落实不力的要严肃追责。税务总局将对各地的落实情况开展明察暗访。各地要于2016年6月10日前,将本通知的贯彻落实情况及改进建议报税务总局(纳税服务司)。

国家税务总局
2016年5月25日

财政部 国家税务总局
关于营业税改征增值税试点有关文化事业建设费政策及征收管理问题的补充通知

财税〔2016〕60号

为促进文化事业发展,现就全面推开营业税改征增值税试点(以下简称营改增)后娱乐服务征收文化事业建设费有关事项补充通知如下:

一、在中华人民共和国境内提供娱乐服务的单位和个人(以下称缴纳义务人),应按照本通知以及《财政部国家税务总局关于营业税改征增值税试点有关文化事业建设费政策及征收管理问题的通知》(财税〔2016〕25号)的规定缴纳文化事业建设费。

二、缴纳义务人应按照提供娱乐服务取得的计费销售额和3%的费率计算娱乐服务应缴费额,计算公式如下:

$$娱乐服务应缴费额=娱乐服务计费销售额\times 3\%$$

娱乐服务计费销售额,为缴纳义务人提供娱乐服务取得的全部含税价款和价外费用。

三、未达到增值税起征点的缴纳义务人,免征文化事业建设费。

四、本通知所称娱乐服务,是指《财政部 国家税务总局关于全面推开营业税改征增值税试点的通知》(财税〔2016〕36号)的《销售服务、无形资产、不动产注释》中"娱乐服务"范围内的

服务。

五、本通知自 2016 年 5 月 1 日起执行。《财政部 国家税务总局关于印发〈文化事业建设费征收管理暂行办法〉的通知》(财税字〔1997〕95 号)同时废止。

财政部 国家税务总局
2016 年 5 月 13 日

关于营业税改征增值税部分试点纳税人增值税纳税申报有关事项调整的公告

国家税务总局公告 2016 年第 30 号

为配合全面推开营业税改征增值税试点工作,国家税务总局对增值税纳税申报有关事项进行了调整,现公告如下:

一、在增值税纳税申报其他资料中增加《营改增税负分析测算明细表》(表式见附件 1),由从事建筑、房地产、金融或生活服务等经营业务的增值税一般纳税人在办理增值税纳税申报时填报,具体名单由主管税务机关确定。

二、本公告自 2016 年 6 月 1 日起施行。

特此公告。

附件:1. 营改增税负分析测算明细表
   2.《营改增税负分析测算明细表》填写说明
   3. 营改增试点应税项目明细表

国家税务总局
2016 年 5 月 10 日

附件1

营改增税负分析测算明细表

税款所属时间：　年 月 日至　年 月 日

纳税人名称：（公章）　　　　　　　　　　　　　　　　　　　　　　　　　　金额单位：元至角分

项目及栏次			增值税					营业税				应税营业额	营业税应纳税额
			不含税销售额	销项（应纳）税额	价税合计	服务、不动产和无形资产扣除项目本期实际扣除金额	扣除后		增值税应纳税额（测算）	原营业税税制下服务、不动产和无形资产差额扣除项目			
							含税销售额	销项（应纳）税额		期初余额	本期发生额	本期应扣除金额	本期实际扣除金额	期末余额		
			1	2=1×增值税税率或征收率	3=1+2	4	5=3-4	6=5÷(100%+增值税税率或征收率)×增值税税率或征收率	7	8	9	10=8+9	11 (11≤3 且 11≤10)	12=10-11	13=3-11	14=13×营业税税率
应税项目代码及名称	增值税税率或征收率	营业税税率														
合计	—	—														

附件 2

《营改增税负分析测算明细表》填写说明

本表中"税款所属时间""纳税人名称"的填写同《增值税纳税申报表（适用一般纳税人）》主表。

一、各列填写说明

（一）"应税项目代码及名称"：根据《营改增试点应税项目明细表》所列项目代码及名称填写，同时有多个项目的，应分项目填写。

（二）"增值税税率或征收率"：根据各项目适用的增值税税率或征收率填写。

（三）"营业税税率"：根据各项目在原营业税税制下适用的原营业税税率填写。

（四）第 1 列"不含税销售额"：反映纳税人当期对应项目不含税的销售额（含即征即退项目），包括开具增值税专用发票、开具其他发票、未开具发票、纳税检查调整的销售额，纳税人所填项目享受差额征税政策的，本列应填写差额扣除之前的销售额。

（五）第 2 列"销项（应纳）税额"：反映纳税人根据当期对应项目不含税的销售额计算出的销项税额或应纳税额（简易征收）。

本列各行次=第 1 列对应各行次×增值税税率或征收率。

（六）第 3 列"价税合计"：反映纳税人当期对应项目的价税合计数。

本列各行次=第 1 列对应各行次+第 2 列对应各行次。

（七）第 4 列"服务、不动产和无形资产扣除项目本期实际扣除金额"：纳税人销售服务、不动产和无形资产享受差额征税政策的，应填写对应项目当期实际差额扣除的金额。不享受差额征税政策的填"0"。

（八）第 5 列"含税销售额"：纳税人销售服务、不动产和无形资产享受差额征税政策的，应填写对应项目差额扣除后的含税销售额。

本列各行次=第 3 列对应各行次−第 4 列对应各行次。

（九）第 6 列"销项（应纳）税额"：反映纳税人按现行增值税规定，分项目的增值税销项（应纳）税额，按以下要求填写：

1. 销售服务、不动产和无形资产按照一般计税方法计税的

本列各行次=第 5 列对应各行次÷（100%+对应行次增值税税率）×对应行次增值税税率。

2. 销售服务、不动产和无形资产按照简易计税方法计税的

本列各行次=第 5 列对应各行次÷（100%+对应行次增值税征收率）×对应行次增值税征收率。

（十）第 7 列"增值税应纳税额（测算）"：反映纳税人按现行增值税规定，测算出的对应项目的增值税应纳税额。

1. 销售服务、不动产和无形资产按照一般计税方法计税的

本列各行次=第 6 列对应各行次÷《增值税纳税申报表（一般纳税人适用）》主表第 11 栏"销项税额""一般项目"和"即征即退项目""本月数"之和×《增值税纳税申报表（一般纳税人适用）》主表第 19 栏"应纳税额""一般项目"和"即征即退项目""本月数"之和。

2. 销售服务、不动产和无形资产按照简易计税方法计税的

本列各行次=第 6 列对应各行次。

（十一）第 8 列"原营业税税制下服务、不动产和无形资产差额扣除项目""期初余额"：填写按原营业税规定，服务、不动产和无形资产差额扣除项目上期期末结存的金额，试点实施之日的税款所属期填写"0"。本列各行次等于上期本表第 12 列对应行次。

（十二）第 9 列"原营业税税制下服务、不动产和无形资产差额扣除项目""本期发生额"：填写按原营业税规定，本期取得的准予差额扣除的服务、不动产和无形资产差额扣除项目金额。

（十三）第 10 列"原营业税税制下服务、不动产和无形资产差额扣除项目""本期应扣除金额"：

填写按原营业税规定,服务、不动产和无形资产差额扣除项目本期应扣除的金额。

本列各行次=第 8 列对应各行次+第 9 列对应各行次。

(十四)第 11 列"原营业税税制下服务、不动产和无形资产差额扣除项目""本期实际扣除金额":填写按原营业税规定,服务、不动产和无形资产差额扣除项目本期实际扣除的金额。

1. 当第 10 列各行次≤第 3 列对应行次时

本列各行次=第 10 列对应各行次。

2. 当第 10 列各行次>第 3 列对应行次时

本列各行次=第 3 列对应各行次。

(十五)第 12 列"原营业税税制下服务、不动产和无形资产差额扣除项目""期末余额":填写按原营业税规定,服务、不动产和无形资产差额扣除项目本期期末结存的金额。

本列各行次=第 10 列对应各行次-第 11 列对应各行次。

(十六)第 13 列"应税营业额":反映纳税人按原营业税规定,对应项目的应税营业额。

本列各行次=第 3 列对应各行次-第 11 列对应各行次。

(十七)第 14 列"营业税应纳税额":反映纳税人按原营业税规定,计算出的对应项目的营业税应纳税额。

本列各行次=第 13 列对应各行次×对应行次营业税税率。

二、行次填写说明

(一)"合计"行:本行各栏为对应栏次的合计数。

本行第 3 列"价税合计"=《增值税纳税申报表附列资料(一)》(本期销售情况明细)第 11 列"价税合计"第 2+4+5+9b+12+13a+13b 行。

本行第 4 列"服务、不动产和无形资产扣除项目本期实际扣除金额"=《增值税纳税申报表附列资料(一)》(本期销售情况明细)第 12 列"服务、不动产和无形资产扣除项目本期实际扣除金额"第 2+4+5+9b+12+13a+13b 行。

(二)其他行次根据纳税人实际发生业务分项目填写。

附件 3

营改增试点应税项目明细表

序号	代码	应税项目名称	填报说明
		交通运输服务	无运输工具承运业务按照运输业务的实际承运人使用的运输工具划分到对应税目
1	010100	铁路运输服务	通过铁路运送货物或者旅客的运输业务活动
2	010201	陆路旅客运输服务	铁路运输以外的陆路旅客运输业务活动。包括公路运输、缆车运输、索道运输、地铁运输、城市轻轨运输等。出租车公司向使用本公司自有出租车的出租车司机收取的管理费用,按照陆路运输服务缴纳增值税
3	010202	陆路货物运输服务	铁路运输以外的陆路货物运输业务活动。包括公路运输、缆车运输、索道运输、地铁运输、城市轻轨运输等
4	010300	水路运输服务	通过江、河、湖、川等天然、人工水道或者海洋航道运送货物或者旅客的运输业务活动。水路运输的程租、期租业务,属于水路运输服务
5	010400	航空运输服务	通过空中航线运送货物或者旅客的运输业务活动。航空运输的湿租业务,属于航空运输服务。航天运输服务,按照航空运输服务缴纳增值税
6	010500	管道运输服务	通过管道设施输送气体、液体、固体物质的运输业务活动
		邮政服务	
7	020000	邮政服务	中国邮政集团公司及其所属邮政企业提供邮件寄递、邮政汇兑和机要通信等邮政基本服务的业务活动。包括邮政普遍服务、邮政特殊服务和其他邮政服务

续表

序号	代码	应税项目名称	填报说明
		电信服务	
8	030100	基础电信服务	利用固网、移动网、卫星、互联网,提供语音通话服务的业务活动,以及出租或者出售带宽、波长等网络元素的业务活动
9	030200	增值电信服务	利用固网、移动网、卫星、互联网、有线电视网络,提供短信和彩信服务、电子数据和信息的传输及应用服务、互联网接入服务等业务活动。卫星电视信号落地转接服务,按照增值电信服务缴纳增值税
		建筑服务	
10	040100	工程服务	新建、改建各种建筑物、构筑物的工程作业,包括与建筑物相连的各种设备或者支柱、操作平台的安装或者搭设工程作业,以及各种窑炉和金属结构工程作业
11	040200	安装服务	生产设备、动力设备、起重设备、运输设备、传动设备、医疗实验设备以及其他各种设备、设施的装配、安置工程作业,包括与被安装设备相连的工作台、梯子、栏杆的装设工程作业,以及被安装设备的绝缘、防腐、保温、油漆等工程作业。固定电话、有线电视、宽带、水、电、燃气、暖气等经营者向用户收取的安装费、初装费、开户费、扩容费以及类似收费,按照安装服务缴纳增值税
12	040300	修缮服务	对建筑物、构筑物进行修补、加固、养护、改善,使之恢复原来的使用价值或者延长其使用期限的工程作业
13	040400	装饰服务	对建筑物、构筑物进行修饰装修,使之美观或者具有特定用途的工程作业
14	040500	其他建筑服务	其他建筑服务,上列工程作业之外的各种工程作业服务,如钻井(打井)、拆除建筑物或者构筑物、平整土地、园林绿化、疏浚(不包括航道疏浚)、建筑物平移、搭脚手架、爆破、矿山穿孔、表面附着物(包括岩层、土层、沙层等)剥离和清理等工程作业
		金融服务	
15	050100	贷款服务	将资金贷与他人使用而取得利息收入的业务活动。各种占用、拆借资金取得的收入,包括金融商品持有期间(含到期)利息(保本收益、报酬、资金占用费、补偿金等)收入、信用卡透支利息收入、买入返售金融商品利息收入、融资融券收取的利息收入,以及融资性售后回租、押汇、罚息、票据贴现、转贷等业务取得的利息及利息性质的收入,按照贷款服务缴纳增值税;以货币资金投资收取的固定利润或者保底利润,按照贷款服务缴纳增值税
16	050200	直接收费金融服务	为货币资金融通及其他金融业务提供相关服务并且收取费用的业务活动。包括提供货币兑换、账户管理、电子银行、信用卡、信用证、财务担保、资产管理、信托管理、基金管理、金融交易场所(平台)管理、资金结算、资金清算、金融支付等服务
17	050300	人身保险服务	以人的寿命和身体为保险标的的保险业务活动
18	050400	财产保险服务	以财产及其有关利益为保险标的的保险业务活动
19	050500	金融商品转让	转让外汇、有价证券、非货物期货和其他金融商品所有权的业务活动。其他金融商品转让包括基金、信托、理财产品等各类资产管理产品和各种金融衍生品的转让
		现代服务	
		研发和技术服务	
20	060101	研发服务	就新技术、新产品、新工艺或者新材料及其系统进行研究与试验开发的业务活动

续表

序号	代码	应税项目名称	填报说明
21	060102	合同能源管理服务	节能服务公司与用能单位以契约形式约定节能目标,节能服务公司提供必要的服务,用能单位以节能效果支付节能服务公司投入及其合理报酬的业务活动
22	060103	工程勘察勘探服务	在采矿、工程施工前后,对地形、地质构造、地下资源蕴藏情况进行实地调查的业务活动
23	060104	专业技术服务	气象服务、地震服务、海洋服务、测绘服务、城市规划、环境与生态监测服务等专项技术服务
		信息技术服务	
24	060201	软件服务	提供软件开发服务、软件维护服务、软件测试服务的业务活动
25	060202	电路设计及测试服务	提供集成电路和电子电路产品设计、测试及相关技术支持服务的业务活动
26	060203	信息系统服务	提供信息系统集成、网络管理、网站内容维护、桌面管理与维护、信息系统应用、基础信息技术管理平台整合、信息技术基础设施管理、数据中心、托管中心、信息安全服务、在线杀毒、虚拟主机等业务活动。包括网站对非自有的网络游戏提供的网络运营服务
27	060204	业务流程管理服务	依托信息技术提供的人力资源管理、财务经济管理、审计管理、税务管理、物流信息管理、经营信息管理和呼叫中心等服务的活动
28	060205	信息系统增值服务	利用信息系统资源为用户附加提供的信息技术服务。包括数据处理、分析和整合、数据库管理、数据备份、数据存储、容灾服务、电子商务平台等
		文化创意服务	
29	060301	设计服务	把计划、规划、设想通过文字、语言、图画、声音、视觉等形式传递出来的业务活动。包括工业设计、内部管理设计、业务运作设计、供应链设计、造型设计、服装设计、环境设计、平面设计、包装设计、动漫设计、网游设计、展示设计、网站设计、机械设计、工程设计、广告设计、创意策划、文印晒图等
30	060302	知识产权服务	处理知识产权事务的业务活动。包括对专利、商标、著作权、软件、集成电路布图设计的登记、鉴定、评估、认证、检索服务
31	060303	广告服务	利用图书、报纸、杂志、广播、电视、电影、幻灯、路牌、招贴、橱窗、霓虹灯、灯箱、互联网等各种形式为客户的商品、经营服务项目、文体节目或者通告、声明等委托事项进行宣传和提供相关服务的业务活动。包括广告代理和广告的发布、播映、宣传、展示等
32	060304	会议展览服务	为商品流通、促销、展示、经贸洽谈、民间交流、企业沟通、国际往来等举办或者组织安排的各类展览和会议的业务活动
		物流辅助服务	
33	060401	航空服务	包括航空地面服务和通用航空服务。航空地面服务,是指航空公司、飞机场、民航管理局、航站等向在境内航行或者在境内机场停留的境内外飞机或者其他飞行器提供的导航等劳务性地面服务的业务活动,包括旅客安全检查服务、停机坪管理服务、机场候机厅管理服务、飞机清洗消毒服务、空中飞行管理服务、飞机起降服务、飞行通信服务、地面信号服务、飞机安全服务、飞机跑道管理服务、空中交通管理服务等。通
33	060401	航空服务	用航空服务,是指为专业工作提供飞行服务的业务活动,包括航空摄影、航空培训、航空测量、航空勘探、航空护林、航空吊挂播撒、航空降雨、航空气象探测、航空海洋监测、航空科学实验等

续表

序号	代码	应税项目名称	填报说明
34	060402	港口码头服务	港务船舶调度服务、船舶通信服务、航道管理服务、航道疏浚服务、灯塔管理服务、航标管理服务、船舶引航服务、理货服务、系解缆服务、停泊和移泊服务、海上船舶溢油清除服务、水上交通管理服务、船只专业清洗消毒检测服务和防止船只漏油服务等为船只提供服务的业务活动。港口设施经营人收取的港口设施保安费按照港口码头服务缴纳增值税
35	060403	货运客运场站服务	货运客运场站提供货物配载服务、运输组织服务、中转换乘服务、车辆调度服务、票务服务、货物打包整理、铁路线路使用服务、加挂铁路客车服务、铁路行包专列发送服务、铁路到达和中转服务、铁路车辆编解服务、车辆挂运服务、铁路接触网服务、铁路机车牵引服务等业务活动
36	060404	打捞救助服务	提供船舶人员救助、船舶财产救助、水上救助和沉船沉物打捞服务的业务活动
37	060405	装卸搬运服务	使用装卸搬运工具或者人力、畜力将货物在运输工具之间、装卸现场之间或者运输工具与装卸现场之间进行装卸和搬运的业务活动
38	060406	仓储服务	利用仓库、货场或者其他场所代客贮放、保管货物的业务活动
39	060407	收派服务	接受寄件人委托,在承诺的时限内完成函件和包裹的收件、分拣、派送服务的业务活动。收件服务,是指从寄件人收取函件和包裹,并运送到服务提供方同城的集散中心的业务活动。分拣服务,是指服务提供方在其集散中心对函件和包裹进行归类、分发的业务活动。派送服务,是指服务提供方从其集散中心将函件和包裹送达同城的收件人的业务活动
		租赁服务	
40	060501	不动产融资租赁	标的物为不动产的具有融资性质和所有权转移特点的租赁活动。即出租人根据承租人所要求的规格、型号、性能等条件购入不动产租赁给承租人,合同期内租赁物所有权属于出租人,承租人只拥有使用权,合同期满付清租金后,承租人有权按照残值购入租赁物,以拥有其所有权。不论出租人是否将租赁物销售给承租人,均属于融资租赁。融资性售后回租不按照本税目缴纳增值税
41	060502	不动产经营租赁	在约定时间内将不动产转让他人使用且租赁物所有权不变更的业务活动。将建筑物、构筑物等不动产的广告位出租给其他单位或者个人用于发布广告,按照经营租赁服务缴纳增值税。车辆停放服务、道路通行服务(包括过路费、过桥费、过闸费等)等按照不动产经营租赁服务缴纳增值税
42	060503	有形动产融资租赁	标的物为有形动产的具有融资性质和所有权转移特点的租赁活动。即出租人根据承租人所要求的规格、型号、性能等条件购入有形动产租赁给承租人,合同期内租赁物所有权属于出租人,承租人只拥有使用权,合同期满付清租金后,承租人有权按照残值购入租赁物,以拥有其所有权。不论出租人是否将租赁物销售给承租人,均属于融资租赁。融资性售后回租不按照本税目缴纳增值税
43	060504	有形动产经营租赁	在约定时间内将有形动产转让他人使用且租赁物所有权不变更的业务活动。将飞机、车辆等有形动产的广告位出租给其他单位或者个人用于发布广告,按照经营租赁服务缴纳增值税。水路运输的光租业务、航空运输的干租业务,属于经营租赁

续表

序号	代码	应税项目名称	填报说明
		鉴证咨询服务	
44	060601	认证服务	具有专业资质的单位利用检测、检验、计量等技术，证明产品、服务、管理体系符合相关技术规范、相关技术规范的强制性要求或者标准的业务活动
45	060602	鉴证服务	具有专业资质的单位受托对相关事项进行鉴证，发表具有证明力的意见的业务活动。包括会计鉴证、税务鉴证、法律鉴证、职业技能鉴定、工程造价鉴证、工程监理、资产评估、环境评估、房地产土地评估、建筑图纸审核、医疗事故鉴定等
46	060603	咨询服务	提供信息、建议、策划、顾问等服务的活动，包括金融、软件、技术、财务、税收、法律、内部管理、业务运作、流程管理、健康等方面的咨询。翻译服务和市场调查服务按照咨询服务缴纳增值税
		广播影视服务	
47	060701	广播影视节目（作品）制作服务	进行专题（特别节目）、专栏、综艺、体育、动画片、广播剧、电视剧、电影等广播影视节目和作品制作的服务。具体包括与广播影视节目和作品相关的策划、采编、拍摄、录音、音视频文字图片素材制作、场景布置、后期的剪辑、翻译（编译）、字幕制作、片头、片尾、片花制作、特效制作、影片修复、编目和确权等业务活动
48	060702	广播影视节目（作品）发行服务	以分账、买断、委托等方式，向影院、电台、电视台、网站等单位和个人发行广播影视节目（作品）以及转让体育赛事等活动的报道及播映权的业务活动
49	060703	广播影视节目（作品）播映服务	在影院、剧院、录像厅及其他场所播映广播影视节目（作品），以及通过电台、电视台、卫星通信、互联网、有线电视等无线或者有线装置播映广播影视节目（作品）的业务活动
		商务辅助服务	
50	060801	企业管理服务	提供总部管理、投资与资产管理、市场管理、物业管理、日常综合管理等服务的业务活动
51	060802	经纪代理服务	各类经纪、中介、代理服务。包括金融代理、知识产权代理、货物运输代理、代理报关、法律代理、房地产中介、职业中介、婚姻中介、代理记账、拍卖等
52	060803	人力资源服务	提供公共就业、劳务派遣、人才委托招聘、劳动力外包等服务的业务活动
53	060804	安全保护服务	提供保护人身安全和财产安全，维护社会治安等的业务活动。包括场所住宅保安、特种保安、安全系统监控以及其他安保服务
		其他现代服务	
54	069900	其他现代服务	除研发和技术服务、信息技术服务、文化创意服务、物流辅助服务、租赁服务、鉴证咨询服务、广播影视服务和商务辅助服务以外的现代服务
		生活服务	
		文化体育服务	
55	070101	文化服务	为满足社会公众文化生活需求提供的各种服务。包括文艺创作、文艺表演、文化比赛，图书馆的图书和资料借阅，档案馆的档案管理，文物及非物质遗产保护，组织举办宗教活动、科技活动、文化活动，提供游览场所
56	070102	体育服务	组织举办体育比赛、体育表演、体育活动，以及提供体育训练、体育指导、体育管理的业务活动

续表

序号	代码	应税项目名称	填报说明
		教育医疗服务	
57	070201	教育服务	提供学历教育服务、非学历教育服务、教育辅助服务的业务活动。学历教育服务，是指根据教育行政管理部门确定或者认可的招生和教学计划组织教学，并颁发相应学历证书的业务活动，包括初等教育、初级中等教育、高级中等教育、高等教育等。非学历教育服务，包括学前教育、各类培训、演讲、讲座、报告会等。教育辅助服务，包括教育测评、考试、招生等服务
58	070202	医疗服务	提供医学检查、诊断、治疗、康复、预防、保健、接生、计划生育、防疫服务等方面的服务，以及与这些服务有关的提供药品、医用材料器具、救护车、病房住宿和伙食的业务
		旅游娱乐服务	
59	070301	旅游服务	根据旅游者的要求，组织安排交通、游览、住宿、餐饮、购物、文娱、商务等服务的业务活动
60	070302	娱乐服务	为娱乐活动同时提供场所和服务的业务。具体包括：歌厅、舞厅、夜总会、酒吧、台球、高尔夫球、保龄球、游艺（包括射击、狩猎、跑马、游戏机、蹦极、卡丁车、热气球、动力伞、射箭、飞镖）
		餐饮住宿服务	
61	070401	餐饮服务	通过同时提供饮食和饮食场所的方式为消费者提供饮食消费服务的业务活动
62	070402	住宿服务	提供住宿场所及配套服务等的活动。包括宾馆、旅馆、旅社、度假村和其他经营性住宿场所所提供的住宿服务
		居民日常服务	
63	070500	居民日常服务	主要为满足居民个人及其家庭日常生活需求提供的服务，包括市容市政管理、家政、婚庆、养老、殡葬、照料和护理、救助救济、美容美发、按摩、桑拿、氧吧、足疗、沐浴、洗染、摄影扩印等服务
		其他生活服务	
64	079900	其他生活服务	除文化体育服务、教育医疗服务、旅游娱乐服务、餐饮住宿服务和居民日常服务之外的生活服务
		销售无形资产	
65	080100	专利或非专利技术	转让专利技术和非专利技术的所有权或者使用权的业务活动
66	080200	商标和著作权	转让商标和著作权的所有权或者使用权的业务活动
67	080300	土地使用权	转让土地使用权的业务活动
68	080400	其他自然资源使用权	转让除土地使用权以外的自然资源使用权的业务活动，包括海域使用权、探矿权、采矿权、取水权和其他自然资源使用权
69	089900	其他权益性无形资产	转让上述内容以外的其他权益性无形资产的所有权或者使用权的业务活动。包括基础设施资产经营权、公共事业特许权、配额、经营权（包括特许经营权、连锁经营权、其他经营权）、经销权、分销权、代理权、会员权、席位权、网络游戏虚拟道具、域名、名称权、肖像权、冠名权、转会费等
		销售不动产	
70	090100	销售不动产建筑物	转让不动产所有权的业务活动。不动产，是指不能移动或者移动后会引起性质、形状改变的财产。建筑物，包括住宅、商业营业用房、办公楼等可供居住、工作或者进行其他活动的建造物。转让建筑物有限产权或者永久使用权，转让在建的建筑物所有权，以及在转让建筑物时一并转让其所占土地的使用权的，按照销售不动产缴纳增值税

续表

序号	代码	应税项目名称	填报说明
		销售不动产	
71	090200	销售不动产构筑物	转让不动产所有权的业务活动。不动产，是指不能移动或者移动后会引起性质、形状改变的财产。构筑物，包括道路、桥梁、隧道、水坝等建造物。转让在建的构筑物所有权，以及在转让构筑物时一并转让其所占土地的使用权的，按照销售不动产缴纳增值税

关于发布《营业税改征增值税跨境应税行为增值税免税管理办法（试行）》的公告

国家税务总局公告2016年第29号

国家税务总局制定了《营业税改征增值税跨境应税行为增值税免税管理办法（试行）》，现予以公布，自2016年5月1日起施行。《国家税务总局关于重新发布〈营业税改征增值税跨境应税服务增值税免税管理办法（试行）〉的公告》（国家税务总局公告2014年第49号）同时废止。

特此公告。

附件：1. 跨境应税行为免税备案表
      2. 放弃适用增值税零税率声明

国家税务总局
2016年5月6日

营业税改征增值税跨境应税行为增值税免税管理办法（试行）

第一条　中华人民共和国境内（以下简称境内）的单位和个人（以下称纳税人）发生跨境应税行为，适用本办法。

第二条　下列跨境应税行为免征增值税：

（一）工程项目在境外的建筑服务。

工程总承包方和工程分包方为施工地点在境外的工程项目提供的建筑服务，均属于工程项目在境外的建筑服务。

（二）工程项目在境外的工程监理服务。

（三）工程、矿产资源在境外的工程勘察勘探服务。

（四）会议展览地点在境外的会议展览服务。

为客户参加在境外举办的会议、展览而提供的组织安排服务，属于会议展览地点在境外的会议展览服务。

（五）存储地点在境外的仓储服务。

（六）标的物在境外使用的有形动产租赁服务。

（七）在境外提供的广播影视节目（作品）的播映服务。

在境外提供的广播影视节目（作品）播映服务，是指在境外的影院、剧院、录像厅及其他场所播映广播影视节目（作品）。

通过境内的电台、电视台、卫星通信、互联网、有线电视等无线或者有线装置向境外播映广播影视节目（作品），不属于在境外提供的广播影视节目（作品）播映服务。

（八）在境外提供的文化体育服务、教育医疗服务、旅游服务。

在境外提供的文化体育服务和教育医疗服务，是指纳税人在境外现场提供的文化体育服务和教育医疗服务。

为参加在境外举办的科技活动、文化活动、文化演出、文化比赛、体育比赛、体育表演、体育活动而提供的组织安排服务，属于在境外提供的文化体育服务。

通过境内的电台、电视台、卫星通信、互联网、有线电视等媒体向境外单位或个人提供的文化体育服务或教育医疗服务，不属于在境外提供的文化体育服务、教育医疗服务。

（九）为出口货物提供的邮政服务、收派服务、保险服务。

1．为出口货物提供的邮政服务，是指：

（1）寄递函件、包裹等邮件出境。

（2）向境外发行邮票。

（3）出口邮册等邮品。

2．为出口货物提供的收派服务，是指为出境的函件、包裹提供的收件、分拣、派送服务。

纳税人为出口货物提供收派服务，免税销售额为其向寄件人收取的全部价款和价外费用。

3．为出口货物提供的保险服务，包括出口货物保险和出口信用保险。

（十）向境外单位销售的完全在境外消费的电信服务。

纳税人向境外单位或者个人提供的电信服务，通过境外电信单位结算费用的，服务接受方为境外电信单位，属于完全在境外消费的电信服务。

（十一）向境外单位销售的完全在境外消费的知识产权服务。

服务实际接受方为境内单位或者个人的知识产权服务，不属于完全在境外消费的知识产权服务。

（十二）向境外单位销售的完全在境外消费的物流辅助服务（仓储服务、收派服务除外）。

境外单位从事国际运输和港澳台运输业务经停我国机场、码头、车站、领空、内河、海域时，纳税人向其提供的航空地面服务、港口码头服务、货运客运站场服务、打捞救助服务、装卸搬运服务，属于完全在境外消费的物流辅助服务。

（十三）向境外单位销售的完全在境外消费的鉴证咨询服务。

下列情形不属于完全在境外消费的鉴证咨询服务：

1．服务的实际接受方为境内单位或者个人。

2．对境内的货物或不动产进行的认证服务、鉴证服务和咨询服务。

（十四）向境外单位销售的完全在境外消费的专业技术服务。

下列情形不属于完全在境外消费的专业技术服务：

1．服务的实际接受方为境内单位或者个人。

2．对境内的天气情况、地震情况、海洋情况、环境和生态情况进行的气象服务、地震服务、海洋服务、环境和生态监测服务。

3．为境内的地形地貌、地质构造、水文、矿藏等进行的测绘服务。

4．为境内的城、乡、镇提供的城市规划服务。

（十五）向境外单位销售的完全在境外消费的商务辅助服务。

1．纳税人向境外单位提供的代理报关服务和货物运输代理服务，属于完全在境外消费的代理报关服务和货物运输代理服务。

2．纳税人向境外单位提供的外派海员服务，属于完全在境外消费的人力资源服务。外派海员服务，是指境内单位派出属于本单位员工的海员，为境外单位在境外提供的船舶驾驶和船舶管理等服务。

3．纳税人以对外劳务合作方式，向境外单位提供的完全在境外发生的人力资源服务，属于完全在境外消费的人力资源服务。对外劳务合作，是指境内单位与境外单位签订劳务合作合同，按照合同约定组织和协助中国公民赴境外工作的活动。

4．下列情形不属于完全在境外消费的商务辅助服务：

（1）服务的实际接受方为境内单位或者个人。

（2）对境内不动产的投资与资产管理服务、物业管理服务、房地产中介服务。

（3）拍卖境内货物或不动产过程中提供的经纪代理服务。

（4）为境内货物或不动产的物权纠纷提供的法律代理服务。

（5）为境内货物或不动产提供的安全保护服务。

（十六）向境外单位销售的广告投放地在境外的广告服务。

广告投放地在境外的广告服务，是指为在境外发布的广告提供的广告服务。

（十七）向境外单位销售的完全在境外消费的无形资产（技术除外）。

下列情形不属于向境外单位销售的完全在境外消费的无形资产：

1. 无形资产未完全在境外使用。
2. 所转让的自然资源使用权与境内自然资源相关。
3. 所转让的基础设施资产经营权、公共事业特许权与境内货物或不动产相关。
4. 向境外单位转让在境内销售货物、应税劳务、服务、无形资产或不动产的配额、经营权、经销权、分销权、代理权。

（十八）为境外单位之间的货币资金融通及其他金融业务提供的直接收费金融服务，且该服务与境内的货物、无形资产和不动产无关。

为境外单位之间、境外单位和个人之间的外币、人民币资金往来提供的资金清算、资金结算、金融支付、账户管理服务，属于为境外单位之间的货币资金融通及其他金融业务提供的直接收费金融服务。

（十九）属于以下情形的国际运输服务：

1. 以无运输工具承运方式提供的国际运输服务。
2. 以水路运输方式提供国际运输服务但未取得《国际船舶运输经营许可证》的。
3. 以公路运输方式提供国际运输服务但未取得《道路运输经营许可证》或者《国际汽车运输行车许可证》，或者《道路运输经营许可证》的经营范围未包括"国际运输"的。
4. 以航空运输方式提供国际运输服务但未取得《公共航空运输企业经营许可证》，或者其经营范围未包括"国际航空客货邮运输业务"的。
5. 以航空运输方式提供国际运输服务但未持有《通用航空经营许可证》，或者其经营范围未包括"公务飞行"的。

（二十）符合零税率政策但适用简易计税方法或声明放弃适用零税率选择免税的下列应税行为：

1. 国际运输服务。
2. 航天运输服务。
3. 向境外单位提供的完全在境外消费的下列服务：

（1）研发服务；

（2）合同能源管理服务；

（3）设计服务；

（4）广播影视节目（作品）的制作和发行服务；

（5）软件服务；

（6）电路设计及测试服务；

（7）信息系统服务；

（8）业务流程管理服务；

（9）离岸服务外包业务。

4. 向境外单位转让完全在境外消费的技术。

第三条　纳税人向国内海关特殊监管区域内的单位或者个人销售服务、无形资产，不属于跨境应税行为，应照章征收增值税。

第四条　2016年4月30日前签订的合同，符合《财政部　国家税务总局关于将铁路运输和邮政业纳入营业税改征增值税试点的通知》（财税〔2013〕106号）附件4和《财政部　国家税务总局关于影视等出口服务适用增值税零税率政策的通知》（财税〔2015〕118号）规定的免税政策条件的，在合同到期前可以继续享受免税政策。

第五条　纳税人发生本办法第二条所列跨境应税行为，除第（九）项、第（二十）项外，必须签订跨境销售服务或无形资产书面合同。否则，不予免征增值税。

纳税人向外国航空运输企业提供空中飞行管理服务，以中国民用航空局下发的航班计划或者中国民用航空局清算中心临时来华飞行记录，为跨境销售服务书面合同。

纳税人向外国航空运输企业提供物流辅助服务（除空中飞行管理服务外），与经中国民用航空局批准设立的外国航空运输企业常驻代表机构签订的书面合同，属于与服务接受方签订跨境销售服务书面合同。外国航空运输企业临时来华飞行，未签订跨境服务书面合同的，以中国民用航空局清算中心临时来华飞行记录为跨境销售服务书面合同。

施工地点在境外的工程项目，工程分包方应提供工程项目在境外的证明、与发包方签订的建筑合同原件及复印件等资料，作为跨境销售服务书面合同。

第六条　纳税人向境外单位销售服务或无形资产，按本办法规定免征增值税的，该项销售服务或无形资产的全部收入应从境外取得，否则，不予免征增值税。

下列情形视同从境外取得收入：

（一）纳税人向外国航空运输企业提供物流辅助服务，从中国民用航空局清算中心、中国航空结算有限责任公司或者经中国民用航空局批准设立的外国航空运输企业常驻代表机构取得的收入。

（二）纳税人与境外关联单位发生跨境应税行为，从境内第三方结算公司取得的收入。上述所称第三方结算公司，是指承担跨国企业集团内部成员单位资金集中运营管理职能的资金结算公司，包括财务公司、资金池、资金结算中心等。

（三）纳税人向外国船舶运输企业提供物流辅助服务，通过外国船舶运输企业指定的境内代理公司结算取得的收入。

（四）国家税务总局规定的其他情形。

第七条　纳税人发生跨境应税行为免征增值税的，应单独核算跨境应税行为的销售额，准确计算不得抵扣的进项税额，其免税收入不得开具增值税专用发票。

纳税人为出口货物提供收派服务，按照下列公式计算不得抵扣的进项税额：

不得抵扣的进项税额=当期无法划分的全部进项税额×（当期简易计税方法计税项目销售额+免征增值税项目销售额–为出口货物提供收派服务支付给境外合作方的费用）÷当期全部销售额

第八条　纳税人发生免征增值税跨境应税行为，除提供第二条第（二十）项所列服务外，应在首次享受免税的纳税申报期内或在各省、自治区、直辖市和计划单列市国家税务局规定的申报征期后的其他期限内，到主管税务机关办理跨境应税行为免税备案手续，同时提交以下备案材料：

（一）《跨境应税行为免税备案表》（附件1）；

（二）本办法第五条规定的跨境销售服务或无形资产的合同原件及复印件；

（三）提供本办法第二条第（一）项至第（八）项和第（十六）项服务，应提交服务地点在境外的证明材料原件及复印件；

（四）提供本办法第二条规定的国际运输服务，应提交实际发生相关业务的证明材料；

（五）向境外单位销售服务或无形资产，应提交服务或无形资产购买方的机构所在地在境外的证明材料；

（六）国家税务总局规定的其他资料。

第九条　纳税人发生第二条第（二十）项所列应税行为的，应在首次享受免税的纳税申报期内或在各省、自治区、直辖市和计划单列市国家税务局规定的申报征期后的其他期限内，到主管税务机关办理跨境应税行为免税备案手续，同时提交以下备案材料：

（一）已向办理增值税免抵退税或免退税的主管税务机关备案的《放弃适用增值税零税率声明》（附件2）；

（二）该项应税行为享受零税率到主管税务机关办理增值税免抵退税或免退税申报时需报送的材料和原始凭证。

第十条 按照本办法第八条规定提交备案的跨境销售服务或无形资产合同原件为外文的,应提供中文翻译件并由法定代表人(负责人)签字或者单位盖章。

纳税人无法提供本办法第八条规定的境外资料原件的,可只提供复印件,注明"复印件与原件一致"字样,并由法定代表人(负责人)签字或者单位盖章;境外资料原件为外文的,应提供中文翻译件并由法定代表人(负责人)签字或者单位盖章。

主管税务机关对提交的境外证明材料有明显疑义的,可以要求纳税人提供境外公证部门出具的证明材料。

第十一条 纳税人办理跨境应税行为免税备案手续时,主管税务机关应当根据以下情况分别做出处理:

(一)备案材料存在错误的,应当告知并允许纳税人更正。

(二)备案材料不齐全或者不符合规定形式的,应当场一次性告知纳税人补正。

(三)备案材料齐全、符合规定形式的,或者纳税人按照税务机关的要求提交全部补正备案材料的,应当受理纳税人的备案,并将有关资料原件退还纳税人。

(四)按照税务机关的要求补正后的备案材料仍不符合本办法第八、九、十条规定的,应当对纳税人的本次跨境应税行为免税备案不予受理,并将所有报送材料退还纳税人。

第十二条 主管税务机关受理或者不予受理纳税人跨境应税行为免税备案,应当出具加盖本机关专用印章和注明日期的书面凭证。

第十三条 原签订的跨境销售服务或无形资产合同发生变更,或者跨境销售服务或无形资产的有关情况发生变化,变化后仍属于本办法第二条规定的免税范围的,纳税人应向主管税务机关重新办理跨境应税行为免税备案手续。

第十四条 纳税人应当完整保存本办法第八、九、十条要求的各项材料。纳税人在税务机关后续管理中不能提供上述材料的,不得享受本办法规定的免税政策,对已享受的减免税款应予补缴,并依照《中华人民共和国税收征收管理法》的有关规定处理。

第十五条 纳税人发生跨境应税行为享受免税的,应当按规定进行纳税申报。纳税人享受免税到期或实际经营情况不再符合本办法规定的免税条件的,应当停止享受免税,并按照规定申报纳税。

第十六条 纳税人发生实际经营情况不符合本办法规定的免税条件、采用欺骗手段获取免税、或者享受减免税条件发生变化未及时向税务机关报告,以及未按照本办法规定履行相关程序自行减免税的,税务机关依照《中华人民共和国税收征收管理法》有关规定予以处理。

第十七条 税务机关应高度重视跨境应税行为增值税免税管理工作,针对纳税人的备案材料,采取案头分析、日常检查、重点稽查等方式,加强对纳税人业务真实性的核实,发现问题的,按照现行有关规定处理。

第十八条 纳税人发生的与香港、澳门、台湾有关的应税行为,参照本办法执行。

第十九条 本办法自 2016 年 5 月 1 日起施行。此前,纳税人发生符合本办法第四条规定的免税跨境应税行为,已办理免税备案手续的,不再重新办理免税备案手续。纳税人发生符合本办法第二条和第四条规定的免税跨境应税行为,未办理免税备案手续但已进行免税申报的,按照本办法规定补办备案手续;未进行免税申报的,按照本办法规定办理跨境服务备案手续后,可以申请退还已缴税款或者抵减以后的应纳税额;已开具增值税专用发票的,应将全部联次追回后方可办理跨境应税行为免税备案手续。

附件 1

跨境应税行为免税备案表

纳税人名称(公章)	
纳税人识别号/统一社会信用代码	
跨境应税行为名称	

续表

购买服务或无形资产的单位名称			
购买服务或无形资产单位的机构所在地（国家/地区）		服务实际接受方及其机构所在地（国家/地区）	
服务发生地（国家/地区）		无形资产使用地（国家/地区）	
合同名称及编号			
合同注明的跨境服务/无形资产价款或计价标准			
合同约定付款日期			
本次提交的备案材料	1. 2. 3. 4. 5. 6. 7. 8. 9. 10.		
纳税人声明	我承诺此备案表所填内容及备案材料是真实、可靠、完整的。 法定代表人签章： 年　月　日		

注：本表一式两份，填报单位及主管税务机关各一份。

填表说明

1. "服务发生地"栏次，由提供符合《营业税改征增值税跨境应税行为增值税免税管理办法（试行）》第二条第（一）至（八）款和第（十六）款规定服务的纳税人填写。

2. "服务实际接受方及其机构所在地（国家/地区）"栏次，由向境外单位提供完全在境外消费的服务的纳税人填写。

3. "无形资产使用地（国家/地区）"栏次，由向境外单位转让完全在境外消费的无形资产的纳税人填写。

以下由税务机关填写：
受理人：　　　　　受理日期：　年　月　日　　　　主管税务机关盖章：

附件 2

放弃适用增值税零税率声明

纳税人识别号/统一社会信用代码：

企业海关代码：

纳税人名称：

　　　　　　国家税务局：

本纳税人自次月 1 日起 36 个月内，自愿申请放弃所提供的增值税零税率应税服务适用增值税零税率政策，放弃期间内所提供的增值税零税率应税服务，本纳税人选择　　　　　　。

本纳税人已了解财政部、国家税务总局关于放弃适用增值税零税率应税服务退（免）税的有关规定。

法定代表人（签字）
纳税人（公章）
声明日期：

提示：按照规定，纳税人选择放弃所提供的增值税零税率应税服务适用增值税零税率政策后，所提供的增值税零税率应税服务适用免税或按规定缴纳增值税。应将选择填写在横线之中。

国家税务总局关于调整增值税纳税申报有关事项的公告
国家税务总局公告 2016 年第 27 号

为配合全面推开营业税改征增值税试点工作顺利实施，国家税务总局对增值税纳税申报有关事项进行了调整，现公告如下：

一、对《国家税务总局关于全面推开营业税改征增值税试点后增值税纳税申报有关事项的公告》（国家税务总局公告 2016 年第 13 号）附件 1 中《本期抵扣进项税额结构明细表》进行调整，调整后的表式见附件 1，填写说明见附件 2。

二、对国家税务总局公告 2016 年第 13 号附件 3《增值税纳税申报表（小规模纳税人适用）》及其附列资料进行调整，调整后的表式见附件 3，填写说明见附件 4。

三、增值税一般纳税人支付道路、桥、闸通行费，按照政策规定，以取得的通行费发票（不含财政票据）上注明的收费金额计算的可抵扣进项税额，填入国家税务总局公告 2016 年第 13 号附件 1 中《增值税纳税申报表附列资料（二）》（本期进项税额明细）第 8 栏"其他"。

四、本公告自 2016 年 6 月 1 日起施行。国家税务总局公告 2016 年第 13 号附件 1 中《本期抵扣进项税额结构明细表》、附件 2 中《本期抵扣进项税额结构明细表》填写说明、附件 3、附件 4 内容同时废止。

特此公告。

附件：1. 本期抵扣进项税额结构明细表
2.《本期抵扣进项税额结构明细表》填写说明
3.《增值税纳税申报表（小规模纳税人适用）》及其附列资料
4.《增值税纳税申报表（小规模纳税人适用）》及其附列资料填写说明

国家税务总局
2016 年 5 月 5 日

附件 1

本期抵扣进项税额结构明细表

税款所属时间： 年 月 日至 年 月 日

纳税人名称：（公章） 金额单位：元至角分

项　目	栏　次	金　额	税　额
合计	1=2+4+5+11+16+18+27+29+30		
一、按税率或征收率归集（不包括购建不动产、通行费）的进项			
17%税率的进项	2		
其中：有形动产租赁的进项	3		
13%税率的进项	4		
11%税率的进项	5		
其中：运输服务的进项	6		
电信服务的进项	7		
建筑安装服务的进项	8		
不动产租赁服务的进项	9		
受让土地使用权的进项	10		

续表

项　　目	栏　　次	金　　额	税　　额
6%税率的进项	11		
其中：电信服务的进项	12		
金融保险服务的进项	13		
生活服务的进项	14		
取得无形资产的进项	15		
5%征收率的进项	16		
其中：不动产租赁服务的进项	17		
3%征收率的进项	18		
其中：货物及加工、修理修配劳务的进项	19		
运输服务的进项	20		
电信服务的进项	21		
建筑安装服务的进项	22		
金融保险服务的进项	23		
有形动产租赁服务的进项	24		
生活服务的进项	25		
取得无形资产的进项	26		
减按1.5%征收率的进项	27		
	28		
二、按抵扣项目归集的进项			
用于购建不动产并一次性抵扣的进项	29		
通行费的进项	30		
	31		
	32		

附件2

《本期抵扣进项税额结构明细表》填写说明

一、"税款所属时间""纳税人名称"的填写同主表。

二、第1栏"合计"按表中所列公式计算填写。

本栏与《增值税纳税申报表附列资料（二）》（本期进项税额明细，以下简称《附列资料（二）》）相关栏次勾稽关系如下：

本栏"税额"列=《附列资料（二）》第12栏"税额"列-《附列资料（二）》第10栏"税额"列-《附列资料（二）》第11栏"税额"列。

三、第2至27栏"一、按税率或征收率归集（不包括购建不动产、通行费）的进项"各栏：反映纳税人按税法规定符合抵扣条件，在本期申报抵扣的不同税率（或征收率）的进项税额，不包括用于购建不动产的允许一次性抵扣和分期抵扣的进项税额，以及纳税人支付的道路、桥、闸通行费，取得的增值税扣税凭证上注明或计算的进项税额。

其中，第27栏反映纳税人租入个人住房，本期申报抵扣的减按1.5%征收率的进项税额。

纳税人执行农产品增值税进项税额核定扣除办法的，按照农产品增值税进项税额扣除率所对应的税率，将计算抵扣的进项税额填入相应栏次。

纳税人取得通过增值税发票管理新系统中差额征税开票功能开具的增值税专用发票，按照实际购买的服务、不动产或无形资产对应的税率或征收率，将扣税凭证上注明的税额填入对应栏次。

四、第29至30栏"二、按抵扣项目归集的进项"各栏：反映纳税人按税法规定符合抵扣条件，在本期申报抵扣的不同抵扣项目的进项税额。

（一）第29栏反映纳税人用于购建不动产允许一次性抵扣的进项税额。

购建不动产允许一次性抵扣的进项税额，是指纳税人用于购建不动产时，发生的允许抵扣且不适用分期抵扣政策的进项税额。

（二）第30栏反映纳税人支付道路、桥、闸通行费，取得的增值税扣税凭证上注明或计算的进项税额。

五、本表内各栏间逻辑关系如下：

第1栏表内公式为1=2+4+5+11+16+18+27+29+30；

第2栏≥第3栏；

第5栏≥第6栏+第7栏+第8栏+第9栏+第10栏；

第11栏≥第12栏+第13栏+第14栏+第15栏；

第16栏≥第17栏；

第18栏≥第19栏+第20栏+第21栏+第22栏+第23栏+第24栏+第25栏+第26栏。

增值税纳税申报表

（小规模纳税人适用）

纳税人识别号：□□□□□□□□□□□□□□□□□□□□

纳税人名称（公章）：　　　　　　　　　　　　　　　　　　　　　　金额单位：元至角分

税款所属期：　　年　月　日至　　年　月　日　　　　　　　　　　　填表日期：　年　月　日

	项　目	栏　次	本期数		本年累计	
			货物及劳务	服务、不动产和无形资产	货物及劳务	服务、不动产和无形资产
一、计税依据	（一）应征增值税不含税销售额（3%征收率）	1				
	税务机关代开的增值税专用发票不含税销售额	2				
	税控器具开具的普通发票不含税销售额	3				
	（二）应征增值税不含税销售额（5%征收率）	4	—		—	
	税务机关代开的增值税专用发票不含税销售额	5	—		—	
	税控器具开具的普通发票不含税销售额	6	—		—	
	（三）销售使用过的固定资产不含税销售额	7（7≥8）		—		—
	其中：税控器具开具的普通发票不含税销售额	8		—		—
	（四）免税销售额	9=10+11+12				
	其中：小微企业免税销售额	10				
	未达起征点销售额	11				
	其他免税销售额	12				
	（五）出口免税销售额	13（13≥14）				
	其中：税控器具开具的普通发票销售额	14				

续表

	项　目	栏　次	本期数		本年累计	
			货物及劳务	服务、不动产和无形资产	货物及劳务	服务、不动产和无形资产
二、税款计算	本期应纳税额	15				
	本期应纳税额减征额	16				
	本期免税额	17				
	其中：小微企业免税额	18				
	未达起征点免税额	19				
	应纳税额合计	20=15-16				
	本期预缴税额	21			—	—
	本期应补（退）税额	22=20-21			—	—

纳税人或代理人声明：	如纳税人填报，由纳税人填写以下各栏：
本纳税申报表是根据国家税收法律法规及相关规定填报的，我确定它是真实的、可靠的、完整的。	办税人员：　　　　　　　　　　　　　财务负责人： 法定代表人：　　　　　　　　　　　　联系电话： 如委托代理人填报，由代理人填写以下各栏： 代理人名称（公章）：　　　　　　　　经办人： 　　　　　　　　　　　　　　　　　　联系电话：

主管税务机关：　　　　　　　　　接收人：　　　　　　　　　　　接收日期：

附件3

《增值税纳税申报表（小规模纳税人适用）》及其附列资料

税款所属期：　　年　月　日至　　年　月　日　　　　　　　　　　填表日期：　年　月　日

纳税人名称（公章）：　　　　　　　　　　　　　　　　　　　　　　金额单位：元至角分

应税行为（3%征收率）扣除额计算			
期初余额	本期发生额	本期扣除额	期末余额
1	2	3（3≤1+2之和，且3≤5）	4=1+2-3
全部含税收入（适用3%征收率）	本期扣除额	含税销售额	不含税销售额
5	6=3	7=5-6	8=7÷1.03
应税行为（5%征收率）扣除额计算			
期初余额	本期发生额	本期扣除额	期末余额
9	10	11（11≤9+10之和，且11≤13）	12=9+10-11
应税行为（5%征收率）计税销售额计算			
全部含税收入（适用5%征收率）	本期扣除额	含税销售额	不含税销售额
13	14=11	15=13-14	16=15÷1.05

附件 4

《增值税纳税申报表（小规模纳税人适用）》及其附列资料填写说明

本纳税申报表及其附列资料填写说明（以下简称本表及填写说明）适用于增值税小规模纳税人（以下简称纳税人）。

一、名词解释

（一）本表及填写说明所称"货物"，是指增值税的应税货物。

（二）本表及填写说明所称"劳务"，是指增值税的应税加工、修理、修配劳务。

（三）本表及填写说明所称"服务、不动产和无形资产"，是指销售服务、不动产和无形资产（以下简称应税行为）。

（四）本表及填写说明所称"扣除项目"，是指纳税人发生应税行为，在确定销售额时，按照有关规定允许其从取得的全部价款和价外费用中扣除价款的项目。

二、《增值税纳税申报表（小规模纳税人适用）》填写说明

本表"货物及劳务"与"服务、不动产和无形资产"各项目应分别填写。

（一）"税款所属期"是指纳税人申报的增值税应纳税额的所属时间，应填写具体的起止年、月、日。

（二）"纳税人识别号"栏，填写纳税人的税务登记证件号码。

（三）"纳税人名称"栏，填写纳税人名称全称。

（四）第 1 栏"应征增值税不含税销售额（3%征收率）"：填写本期销售货物及劳务、发生应税行为适用 3%征收率的不含税销售额，不包括应税行为适用 5%征收率的不含税销售额、销售使用过的固定资产和销售旧货的不含税销售额、免税销售额、出口免税销售额、查补销售额。

纳税人发生适用 3%征收率的应税行为且有扣除项目的，本栏填写扣除后的不含税销售额，与当期《增值税纳税申报表（小规模纳税人适用）附列资料》第 8 栏数据一致。

（五）第 2 栏"税务机关代开的增值税专用发票不含税销售额"：填写税务机关代开的增值税专用发票销售额合计。

（六）第 3 栏"税控器具开具的普通发票不含税销售额"：填写税控器具开具的货物及劳务、应税行为的普通发票金额换算的不含税销售额。

（七）第 4 栏"应征增值税不含税销售额（5%征收率）"：填写本期发生应税行为适用 5%征收率的不含税销售额。

纳税人发生适用 5%征收率应税行为且有扣除项目的，本栏填写扣除后的不含税销售额，与当期《增值税纳税申报表（小规模纳税人适用）附列资料》第 16 栏数据一致。

（八）第 5 栏"税务机关代开的增值税专用发票不含税销售额"：填写税务机关代开的增值税专用发票销售额合计。

（九）第 6 栏"税控器具开具的普通发票不含税销售额"：填写税控器具开具的发生应税行为的普通发票金额换算的不含税销售额。

（十）第 7 栏"销售使用过的固定资产不含税销售额"：填写销售自己使用过的固定资产（不含不动产，下同）和销售旧货的不含税销售额，销售额=含税销售额/（1+3%）。

（十一）第 8 栏"税控器具开具的普通发票不含税销售额"：填写税控器具开具的销售自己使用过的固定资产和销售旧货的普通发票金额换算的不含税销售额。

（十二）第 9 栏"免税销售额"：填写销售免征增值税的货物及劳务、应税行为的销售额，不包括出口免税销售额。

应税行为有扣除项目的纳税人，填写扣除之前的销售额。

（十三）第 10 栏"小微企业免税销售额"：填写符合小微企业免征增值税政策的免税销售额，

不包括符合其他增值税免税政策的销售额。个体工商户和其他个人不填写本栏次。

（十四）第 11 栏"未达起征点销售额"：填写个体工商户和其他个人未达起征点（含支持小微企业免征增值税政策）的免税销售额，不包括符合其他增值税免税政策的销售额。本栏次由个体工商户和其他个人填写。

（十五）第 12 栏"其他免税销售额"：填写销售免征增值税的货物及劳务、应税行为的销售额，不包括符合小微企业免征增值税和未达起征点政策的免税销售额。

（十六）第 13 栏"出口免税销售额"：填写出口免征增值税货物及劳务、出口免征增值税应税行为的销售额。

应税行为有扣除项目的纳税人，填写扣除之前的销售额。

（十七）第 14 栏"税控器具开具的普通发票销售额"：填写税控器具开具的出口免征增值税货物及劳务、出口免征增值税应税行为的普通发票销售额。

（十八）第 15 栏"本期应纳税额"：填写本期按征收率计算缴纳的应纳税额。

（十九）第 16 栏"本期应纳税额减征额"：填写纳税人本期按照税法规定减征的增值税应纳税额。包含可在增值税应纳税额中全额抵减的增值税税控系统专用设备费用以及技术维护费，可在增值税应纳税额中抵免的购置税控收款机的增值税额。

当本期减征额小于或等于第 15 栏"本期应纳税额"时，按本期减征额实际填写；当本期减征额大于第 15 栏"本期应纳税额"时，按本期第 15 栏填写，本期减征额不足抵减部分结转下期继续抵减。

（二十）第 17 栏"本期免税额"：填写纳税人本期增值税免税额，免税额根据第 9 栏"免税销售额"和征收率计算。

（二十一）第 18 栏"小微企业免税额"：填写符合小微企业免征增值税政策的增值税免税额，免税额根据第 10 栏"小微企业免税销售额"和征收率计算。

（二十二）第 19 栏"未达起征点免税额"：填写个体工商户和其他个人未达起征点（含支持小微企业免征增值税政策）的增值税免税额，免税额根据第 11 栏"未达起征点销售额"和征收率计算。

（二十三）第 21 栏"本期预缴税额"：填写纳税人本期预缴的增值税额，但不包括查补缴纳的增值税额。

三、《增值税纳税申报表（小规模纳税人适用）附列资料》填写说明

本附列资料由发生应税行为且有扣除项目的纳税人填写，各栏次均不包含免征增值税项目的金额。

（一）"税款所属期"是指纳税人申报的增值税应纳税额的所属时间，应填写具体的起止年、月、日。

（二）"纳税人名称"栏，填写纳税人名称全称。

（三）第 1 栏"期初余额"：填写适用 3%征收率的应税行为扣除项目上期期末结存的金额，试点实施之日的税款所属期填写"0"。

（四）第 2 栏"本期发生额"：填写本期取得的按税法规定准予扣除的适用 3%征收率的应税行为扣除项目金额。

（五）第 3 栏"本期扣除额"：填写适用 3%征收率的应税行为扣除项目本期实际扣除的金额。

第 3 栏"本期扣除额"≤第 1 栏"期初余额"+第 2 栏"本期发生额"之和，且第 3 栏"本期扣除额"≤第 5 栏"全部含税收入（适用 3%征收率）"。

（六）第 4 栏"期末余额"：填写适用 3%征收率的应税行为扣除项目本期期末结存的金额。

（七）第 5 栏"全部含税收入（适用 3%征收率）"：填写纳税人适用 3%征收率的应税行为取得的全部价款和价外费用数额。

（八）第 6 栏"本期扣除额"：填写本附列资料第 3 栏"本期扣除额"的数据。

第 6 栏"本期扣除额"=第 3 栏"本期扣除额"。

（九）第7栏"含税销售额"：填写适用3%征收率的应税行为的含税销售额。

第7栏"含税销售额"=第5栏"全部含税收入（适用3%征收率）"－第6栏"本期扣除额"。

（十）第8栏"不含税销售额"：填写适用3%征收率的应税行为的不含税销售额。

第8栏"不含税销售额"=第7栏"含税销售额"÷1.03，与《增值税纳税申报表（小规模纳税人适用）》第1栏"应征增值税不含税销售额（3%征收率）""本期数""服务、不动产和无形资产"栏数据一致。

（十一）第9栏"期初余额"：填写适用5%征收率的应税行为扣除项目上期期末结存的金额，试点实施之日的税款所属期填写"0"。

（十二）第10栏"本期发生额"：填写本期取得的按税法规定准予扣除的适用5%征收率的应税行为扣除项目金额。

（十三）第11栏"本期扣除额"：填写适用5%征收率的应税行为扣除项目本期实际扣除的金额。

第11栏"本期扣除额"≤第9栏"期初余额"+第10栏"本期发生额"之和，且第11栏"本期扣除额"≤第13栏"全部含税收入（适用5%征收率）"。

（十四）第12栏"期末余额"：填写适用5%征收率的应税行为扣除项目本期期末结存的金额。

（十五）第13栏"全部含税收入（适用5%征收率）"：填写纳税人适用5%征收率的应税行为取得的全部价款和价外费用数额。

（十六）第14栏"本期扣除额"：填写本附列资料第11栏"本期扣除额"的数据。

第14栏"本期扣除额"=第11栏"本期扣除额"。

（十七）第15栏"含税销售额"：填写适用5%征收率的应税行为的含税销售额。

第15栏"含税销售额"=第13栏"全部含税收入（适用5%征收率）"－第14栏"本期扣除额"。

（十八）第16栏"不含税销售额"：填写适用5%征收率的应税行为的不含税销售额。

第16栏"不含税销售额"=第15栏"含税销售额"÷1.05，与《增值税纳税申报表（小规模纳税人适用）》第4栏"应征增值税不含税销售额（5%征收率）""本期数""服务、不动产和无形资产"栏数据一致。

财政部 国家税务总局关于促进残疾人就业增值税优惠政策的通知

财税〔2016〕52号

为继续发挥税收政策促进残疾人就业的作用，进一步保障残疾人权益，经国务院批准，决定对促进残疾人就业的增值税政策进行调整完善。现将有关政策通知如下：

一、对安置残疾人的单位和个体工商户（以下称纳税人），实行由税务机关按纳税人安置残疾人的人数，限额即征即退增值税的办法。

安置的每位残疾人每月可退还的增值税具体限额，由县级以上税务机关根据纳税人所在区县（含县级市、旗，下同）适用的经省（含自治区、直辖市、计划单列市，下同）人民政府批准的月最低工资标准的4倍确定。

二、享受税收优惠政策的条件

（一）纳税人（除盲人按摩机构外）月安置的残疾人占在职职工人数的比例不低于25%（含25%），并且安置的残疾人人数不少于10人（含10人）；

盲人按摩机构月安置的残疾人占在职职工人数的比例不低于25%（含25%），并且安置的残疾人人数不少于5人（含5人）。

（二）依法与安置的每位残疾人签订了一年以上（含一年）的劳动合同或服务协议。

（三）为安置的每位残疾人按月足额缴纳了基本养老保险、基本医疗保险、失业保险、工伤保险和生育保险等社会保险。

（四）通过银行等金融机构向安置的每位残疾人，按月支付了不低于纳税人所在区县适用的经省人民政府批准的月最低工资标准的工资。

三、《财政部 国家税务总局关于教育税收政策的通知》(财税〔2004〕39号)第一条第 7 项规定的特殊教育学校举办的企业,只要符合本通知第二条第(一)项第一款规定的条件,即可享受本通知第一条规定的增值税优惠政策。这类企业在计算残疾人人数时可将在企业上岗工作的特殊教育学校的全日制在校学生计算在内,在计算企业在职职工人数时也要将上述学生计算在内。

四、纳税人中纳税信用等级为税务机关评定的 C 级或 D 级的,不得享受本通知第一条、第三条规定的政策。

五、纳税人按照纳税期限向主管国税机关申请退还增值税。本纳税期已交增值税额不足退还的,可在本纳税年度内以前纳税期已交增值税扣除已退增值税的余额中退还,仍不足退还的可结转本纳税年度内以后纳税期退还,但不得结转以后年度退还。纳税期限不为按月的,只能对其符合条件的月份退还增值税。

六、本通知第一条规定的增值税优惠政策仅适用于生产销售货物,提供加工、修理修配劳务,以及提供营改增现代服务和生活服务税目(不含文化体育服务和娱乐服务)范围的服务取得的收入之和,占其增值税收入的比例达到50%的纳税人,但不适用于上述纳税人直接销售外购货物(包括商品批发和零售)以及销售委托加工的货物取得的收入。

纳税人应当分别核算上述享受税收优惠政策和不得享受税收优惠政策业务的销售额,不能分别核算的,不得享受本通知规定的优惠政策。

七、如果既适用促进残疾人就业增值税优惠政策,又适用重点群体、退役士兵、随军家属、军转干部等支持就业的增值税优惠政策的,纳税人可自行选择适用的优惠政策,但不能累加执行。一经选定,36 个月内不得变更。

八、残疾人个人提供的加工、修理修配劳务,免征增值税。

九、税务机关发现已享受本通知增值税优惠政策的纳税人,存在不符合本通知第二条、第三条规定条件,或者采用伪造或重复使用残疾人证、残疾军人证等手段骗取本通知规定的增值税优惠的,应将纳税人发生上述违法违规行为的纳税期内按本通知已享受到的退税全额追缴入库,并自发现当月起 36 个月内停止其享受本通知规定的各项税收优惠。

十、本通知有关定义

(一)残疾人,是指法定劳动年龄内,持有《中华人民共和国残疾人证》或者《中华人民共和国残疾军人证(1 至 8 级)》的自然人,包括具有劳动条件和劳动意愿的精神残疾人。

(二)残疾人个人,是指自然人。

(三)在职职工人数,是指与纳税人建立劳动关系并依法签订劳动合同或者服务协议的雇员人数。

(四)特殊教育学校举办的企业,是指特殊教育学校主要为在校学生提供实习场所、并由学校出资自办、由学校负责经营管理、经营收入全部归学校所有的企业。

十一、本通知规定的增值税优惠政策的具体征收管理办法,由国家税务总局制定。

十二、本通知自 2016 年 5 月 1 日起执行,《财政部 国家税务总局关于促进残疾人就业税收优惠政策的通知》(财税〔2007〕92 号)、《财政部 国家税务总局关于将铁路运输和邮政业纳入营业税改征增值税试点的通知》(财税〔2013〕106 号)附件 3 第二条第(二)项同时废止。纳税人 2016 年 5 月 1 日前执行财税〔2007〕92 号和财税〔2013〕106 号文件发生的应退未退的增值税余额,可按照本通知第五条规定执行。

财政部 国家税务总局
2016 年 5 月 5 日

关于纳税人销售其取得的不动产办理产权过户手续使用的增值税发票联次问题的通知

税总函〔2016〕190 号

近接部分地区反映,需要明确营改增后纳税人销售其取得的不动产,办理产权过户手续使用的增值税发票联次问题。经研究，现将有关问题通知如下：

纳税人销售其取得的不动产，自行开具或者税务机关代开增值税发票时，使用六联增值税专用发票或者五联增值税普通发票。纳税人办理产权过户手续需要使用发票的，可以使用增值税专用发票第六联或者增值税普通发票第三联。

国家税务总局
2016年5月2日

关于迅速学习贯彻《国务院关于做好全面推开营改增试点工作的通知》的紧急通知

税总发〔2016〕60号

4月29日，国务院下发了《关于做好全面推开营改增试点工作的通知》（国发明电〔2016〕1号，以下简称《通知》），要求各地区各部门要高度重视全面推开营改增试点工作、切实加强组织领导、密切跟踪试点运行情况、做好政策解读和舆论引导、严肃财经纪律、强化责任追究。为切实抓好全国税务系统对《通知》的传达学习和贯彻落实，扎实推进营改增工作，现将有关事项通知如下：

一、认真传达学习和贯彻落实《通知》精神

《通知》进一步强调了全面推开营改增试点的重大意义，对做好改革试点工作提出了明确要求，充分体现了党中央、国务院对税收改革和税收工作的高度重视，对凝聚多方合力做好全面推开营改增试点，具有十分重要的指导意义。各地税务机关要迅速组织传达学习，将学习《通知》精神与学习李克强总理到税务总局、财政部考察时的重要讲话和关于营改增一系列重要指示批示精神，与学习张高丽副总理关于营改增试点的各项要求结合起来，深刻领会《通知》精神，切实把思想统一到党中央、国务院的重大决策部署上来。要通过集中学习、专题研讨等方式，迅速传达学习《通知》精神，将其体现到每一项改革工作之中，转化为全面推开营改增试点的强大动力。

二、积极争取地方党委政府及相关部门支持

这次全面推开营改增试点政策性强、涉及面广、时间紧、任务重，是一项系统复杂的工程。在推进改革的过程中，各地税务部门要经常、主动向地方党委政府多请示、多汇报，及时反映工作进展情况，积极争取支持指导，确保营改增各项工作顺利推进。特别是对重点或难点问题，对涉及办税场所公共秩序、关系公众利益乃至影响经济社会发展的事件，都要第一时间向党委政府报告，紧紧依靠地方党委政府，及时化解难题和矛盾，促进改革工作顺利开展。同时，要积极协同财政、银行、住建、交通、商务、工商、物价等部门，加强部门间的沟通联系，凝聚多方合力，共同推进改革工作。

三、扎实细致做好全面推开营改增试点各项工作

税务部门作为全面推开营改增试点的主攻部队和尖兵，要认真落实《通知》精神，抓住关键时间节点，一丝不苟，坚持不懈抓好各项工作。在确保5月1日顺利开票的基础上，持之以恒抓好后续各项工作，确保改革平稳有序运行。一要抓好办税服务。全面强化服务保障，实行全员首问责任制，拓展国税地税合作的深度和广度，畅通纳税人反映问题和建议的渠道，精准回应好每一位纳税人的诉求。二要抓好政策培训。持续抓好纳税人培训，5月要分行业、分类别、分级别再组织几次大规模的政策和业务操作培训，确保6月纳税申报工作顺利开展。之后一直到2017年一季度，都要不间断地抓好针对性培训。三要抓好税负分析。按照税务总局已下发的税负跟踪分析工作方案，深入细致做好行业税负分析和政策效应分析工作，密切跟踪改革运行动态，积极提出意见建议，有针对性地采取应对措施，确保所有行业税负只减不增。

四、切实加强改革宣传和舆论引导

各地税务部门要进一步加强营改增试点的宣传工作。一要积极拓展宣传渠道。通过新闻发布、政策解读、专家点评、开设专栏等多种渠道，采取文字宣传、图片宣传、动漫宣传、影像宣传相结合的方式，把握传播规律，创新传播方式，使改革宣传更富专题性、更显系列化、更呈集群式，更有生气，更接地气，形成大宣传的格局，营造大改革的声势。二要聚焦热点难点问题。通过报纸、

电视、电台、网站、微博、微信、客户端等媒体媒介及时向纳税人答疑解惑，主动回应社会关切和纳税人诉求。三要加强舆情引导。紧紧依靠当地党委政府，保持与新闻宣传等部门密切通畅的日常化合作，充分利用互联网、大数据等技术手段，加强监测预警，完善应对预案，出现问题迅速处置。对不实消息和人为炒作要予以及时澄清，避免政策误读，有效引导社会舆论，营造良好氛围。任何地方发生与营改增相关的舆情事件，当地国税、地税部门都要第一时间出来应对。对各地应对舆情的情况，税务总局将作为营改增专项绩效考评的重点实行严格考核。

五、严格依法征税维护良好改革秩序

各地税务部门要讲政治、顾大局、算政治账、经济账、长远账，严格遵守有关法律法规和财经纪律，绝不允许为了短期利益和局部利益，搞回溯性清税，甚至弄虚作假收过头税。要认真落实《财政部 国家税务总局关于认真做好全面推开营改增试点前税收征管工作的通知》（财预明电〔2016〕1号），严禁跨月、跨季度征收或调整预征缴纳办法提前征收；严禁改征增值税收入进项税抵扣部分该抵不让抵，对企业该退税的不退或缓退；严禁运动式清理欠税、补税；严禁要求纳税人提前先缴或多缴税；严禁采取人为手段不开增值税发票或增加开票手续；严禁与企业串通调账等。各级税务部门要会同财政等部门加大监管力度，对收过头税、搞回溯性清税等行为要严肃处理，并依法追究有关领导和相关人员的责任，确保各项减税措施不折不扣地落到实处、见到实效，确保各行业税负只减不增，使广大企业充分享受到全面推开营改增试点的改革红利。

六、持续加强督导检查严明改革纪律

各级税务机关领导班子和领导干部要抓住重要工作节点，带队开展督导检查，当面听取基层税务部门和纳税人意见，查找工作中出现的问题，及时加以改进。要持续开展营改增明察暗访，发现问题要立即通报并立行立改。要加强营改增专项绩效考评，对工作不负责任并造成严重后果的，对相关责任人严肃问责。要严格落实4月28日全国税务系统营改增工作视频会议强调的有关纪律要求，对违反者一律追究问责，绝不姑息，确保改革顺利有序推进。

国家税务总局
2016年4月30日

关于进一步明确全面推开营改增试点有关劳务派遣服务、收费公路通行费抵扣等政策的通知

财税〔2016〕47号

经研究，现将营改增试点期间劳务派遣服务等政策补充通知如下：

一、劳务派遣服务政策

一般纳税人提供劳务派遣服务，可以按照《财政部 国家税务总局关于全面推开营业税改征增值税试点的通知》（财税〔2016〕36号）的有关规定，以取得的全部价款和价外费用为销售额，按照一般计税方法计算缴纳增值税；也可以选择差额纳税，以取得的全部价款和价外费用，扣除代用工单位支付给劳务派遣员工的工资、福利和为其办理社会保险及住房公积金后的余额为销售额，按照简易计税方法依5%的征收率计算缴纳增值税。

小规模纳税人提供劳务派遣服务，可以按照《财政部 国家税务总局关于全面推开营业税改征增值税试点的通知》（财税〔2016〕36号）的有关规定，以取得的全部价款和价外费用为销售额，按照简易计税方法依3%的征收率计算缴纳增值税；也可以选择差额纳税，以取得的全部价款和价外费用，扣除代用工单位支付给劳务派遣员工的工资、福利和为其办理社会保险及住房公积金后的余额为销售额，按照简易计税方法依5%的征收率计算缴纳增值税。

选择差额纳税的纳税人，向用工单位收取用于支付给劳务派遣员工工资、福利和为其办理社会保险及住房公积金的费用，不得开具增值税专用发票，可以开具普通发票。

劳务派遣服务，是指劳务派遣公司为了满足用工单位对于各类灵活用工的需求，将员工派遣至用工单位，接受用工单位管理并为其工作的服务。

二、收费公路通行费抵扣及征收政策

（一）2016年5月1日至7月31日，一般纳税人支付的道路、桥、闸通行费，暂凭取得的通行费发票（不含财政票据，下同）上注明的收费金额按照下列公式计算可抵扣的进项税额：

高速公路通行费可抵扣进项税额=高速公路通行费发票上注明的金额÷（1+3%）×3%

一级公路、二级公路、桥、闸通行费可抵扣进项税额=一级公路、二级公路、桥、闸通行费发票上注明的金额÷（1+5%）×5%

通行费，是指有关单位依法或者依规设立并收取的过路、过桥和过闸费用。

（二）一般纳税人收取试点前开工的一级公路、二级公路、桥、闸通行费，可以选择适用简易计税方法，按照5%的征收率计算缴纳增值税。

试点前开工，是指相关施工许可证注明的合同开工日期在2016年4月30日前。

三、其他政策

（一）纳税人提供人力资源外包服务，按照经纪代理服务缴纳增值税，其销售额不包括受客户单位委托代为向客户单位员工发放的工资和代理缴纳的社会保险、住房公积金。向委托方收取并代为发放的工资和代理缴纳的社会保险、住房公积金，不得开具增值税专用发票，可以开具普通发票。

一般纳税人提供人力资源外包服务，可以选择适用简易计税方法，按照5%的征收率计算缴纳增值税。

（二）纳税人以经营租赁方式将土地出租给他人使用，按照不动产经营租赁服务缴纳增值税。

纳税人转让2016年4月30日前取得的土地使用权，可以选择适用简易计税方法，以取得的全部价款和价外费用减去取得该土地使用权的原价后的余额为销售额，按照5%的征收率计算缴纳增值税。

（三）一般纳税人2016年4月30日前签订的不动产融资租赁合同，或以2016年4月30日前取得的不动产提供的融资租赁服务，可以选择适用简易计税方法，按照5%的征收率计算缴纳增值税。

（四）一般纳税人提供管道运输服务和有形动产融资租赁服务，按照《营业税改征增值税试点过渡政策的规定》（财税〔2013〕106号）第二条有关规定适用的增值税实际税负超过3%部分即征即退政策，在2016年1月1日至4月30日期间继续执行。

四、本通知规定的内容，除另有规定执行时间外，自2016年5月1日起执行。

财政部 国家税务总局
2016年4月30日

关于做好全面推开营改增试点工作的通知

国发明电〔2016〕1号

全面推开营改增试点将于2016年5月1日实施，为切实做好试点各项工作，现就有关事项通知如下：

一、高度重视全面推开营改增试点工作，切实加强组织领导。全面推开营改增试点是当前推动结构性改革尤其是供给侧结构性改革的重要内容，是实施积极财政政策的重大减税措施，政策性强、涉及面广、时间紧、任务重。各地区、各部门要充分认识全面推开营改增试点的重大意义，高度重视，统一思想，进一步加强对试点工作的组织领导。全面推开营改增试点部际联席会议要按照国务院赋予的职责，主动做好综合协调，统筹推进相关工作。各省（自治区、直辖市）人民政府要对本行政区域全面推开营改增试点工作负总责，政府主要负责同志要切实担负起第一责任人的责任。要精心组织，周密部署，抓紧建立工作协同推进机制，明确任务分工，细化措施方案，层层落实责任。

二、密切跟踪试点运行情况，做好政策解读和舆论引导。各地区、各部门要密切跟踪掌握全面推开营改增试点工作的进展情况，充分利用互联网、大数据等技术手段，针对不同行业和企业特点，梳理试点过程中的新情况，不断总结试点经验，优化流程，改进方法，加强监测预警，完善应对预案,强化风险防控,出现问题迅速处置。要进一步加强试点工作宣传,深入进行政策解读,对不实消息和人为炒作要予以及时澄清,积极回应社会关切,避免政策误读,有效引导社会舆论,为改革营造良好氛围。

三、严肃财经纪律,强化责任追究。地方各级政府都要讲政治、顾大局,算政治账、经济账、长远账,严格遵守有关法律法规和财经纪律,绝不允许为了短期利益和局部利益,搞回溯性清税,甚至弄虚作假收过头税。此类问题一经发现要依法依规严肃处理,对不应征收的税收必须立即退付给纳税人,超出合理增幅部分的税收要相应扣回。有关部门要强化监督约谈,禁止个别企业等假借营改增之名刻意曲解政策、趁机涨价谋取不当利益。同时,要确保全面推开营改增试点后顺利实施调整中央与地方增值税收入划分过渡方案。要坚决避免违背市场规律的不合理行政干预,不得限制企业跨区域生产经营、操纵企业增加值地区分布,严禁以各种不当手段争夺税源,防止形成地方保护和市场分割,破坏全国统一大市场建设。要确保试点工作平稳、有序进行,确保各项减税措施落到实处、见到实效,确保各行业税负只减不增,使广大企业充分享受到全面推开营改增试点的改革红利。重大事项要及时向国务院报告。

国务院
2016 年 4 月 29 日

关于印发全面推开营改增试点后调整中央与地方增值税收入划分过渡方案的通知

国发〔2016〕26 号

现将《全面推开营改增试点后调整中央与地方增值税收入划分过渡方案》印发给你们,请认真遵照执行。

国务院
2016 年 4 月 29 日

(此件公开发布)

全面推开营改增试点后调整中央与
地方增值税收入划分过渡方案

全面推开营改增试点将于 2016 年 5 月 1 日实施。按照党的十八届三中全会关于"保持现有中央和地方财力格局总体稳定,结合税制改革,考虑税种属性,进一步理顺中央和地方收入划分"的要求,同时考虑到税制改革未完全到位,推进中央与地方事权和支出责任划分改革还有一个过程,国务院决定,制定全面推开营改增试点后调整中央与地方增值税收入划分的过渡方案。

一、基本原则

(一)保持现有财力格局不变。既要保障地方既有财力,不影响地方财政平稳运行,又要保持目前中央和地方财力大体"五五"格局。

(二)注重调动地方积极性。适当提高地方按税收缴纳地分享增值税的比例,有利于调动地方发展经济和培植财源的积极性,缓解当前经济下行压力。

(三)兼顾好东中西部利益关系。以 2014 年为基数,将中央从地方上划收入通过税收返还方式给地方,确保既有财力不变。调整后,收入增量分配向中西部地区倾斜,重点加大对欠发达地区的支持力度,推进基本公共服务均等化。

同时,在加快地方税体系建设、推进中央与地方事权和支出责任划分改革过程中,做好过渡方案与下一步财税体制改革的衔接。

二、主要内容

(一)以 2014 年为基数核定中央返还和地方上缴基数。

(二)所有行业企业缴纳的增值税均纳入中央和地方共享范围。

(三)中央分享增值税的 50%。

（四）地方按税收缴纳地分享增值税的50%。

（五）中央上划收入通过税收返还方式给地方，确保地方既有财力不变。

（六）中央集中的收入增量通过均衡性转移支付分配给地方，主要用于加大对中西部地区的支持力度。

三、实施时间和过渡期限

本方案与全面推开营增试点同步实施，即自2016年5月1日起执行。过渡期暂定2~3年，届时根据中央与地方事权和支出责任划分、地方税体系建设等改革进展情况，研究是否适当调整。

关于进一步明确全面推开营改增试点金融业有关政策的通知

财税〔2016〕46号

经研究，现将营改增试点期间有关金融业政策补充通知如下：

一、金融机构开展下列业务取得的利息收入，属于《营业税改征增值税试点过渡政策的规定》（财税〔2016〕36号，以下简称《过渡政策的规定》）第一条第（二十三）项所称的金融同业往来利息收入：

（一）质押式买入返售金融商品。

质押式买入返售金融商品，是指交易双方进行的以债券等金融商品为权利质押的一种短期资金融通业务。

（二）持有政策性金融债券。

政策性金融债券，是指开发性、政策性金融机构发行的债券。

二、《过渡政策的规定》第一条第（二十一）项中，享受免征增值税的一年期及以上返还本利的人身保险包括其他年金保险，其他年金保险是指养老年金以外的年金保险。

三、农村信用社、村镇银行、农村资金互助社、由银行业机构全资发起设立的贷款公司、法人机构在县（县级市、区、旗）及县以下地区的农村合作银行和农村商业银行提供金融服务收入，可以选择适用简易计税方法按照3%的征收率计算缴纳增值税。

村镇银行，是指经中国银行业监督管理委员会依据有关法律、法规批准，由境内外金融机构、境内非金融机构企业法人、境内自然人出资，在农村地区设立的主要为当地农民、农业和农村经济发展提供金融服务的银行业金融机构。

农村资金互助社，是指经银行业监督管理机构批准，由乡（镇）、行政村农民和农村小企业自愿入股组成，为社员提供存款、贷款、结算等业务的社区互助性银行业金融机构。

由银行业机构全资发起设立的贷款公司，是指经中国银行业监督管理委员会依据有关法律、法规批准，由境内商业银行或农村合作银行在农村地区设立的专门为县域农民、农业和农村经济发展提供贷款服务的非银行业金融机构。

县（县级市、区、旗），不包括直辖市和地级市所辖城区。

四、对中国农业银行纳入"三农金融事业部"改革试点的各省、自治区、直辖市、计划单列市分行下辖的县域支行和新疆生产建设兵团分行下辖的县域支行（也称县事业部），提供农户贷款、农村企业和农村各类组织贷款（具体贷款业务清单见附件）取得的利息收入，可以选择适用简易计税方法按照3%的征收率计算缴纳增值税。

农户贷款，是指金融机构发放给农户的贷款，但不包括按照《过渡政策的规定》第一条第（十九）项规定的免征增值税的农户小额贷款。

农户，是指《过渡政策的规定》第一条第（十九）项所称的农户。

农村企业和农村各类组织贷款，是指金融机构发放给注册在农村地区的企业及各类组织的贷款。

五、本通知自2016年5月1日起执行。

财政部 国家税务总局

2016年4月29日

附件：

享受增值税优惠的涉农贷款业务清单

1. 法人农业贷款
2. 法人林业贷款
3. 法人畜牧业贷款
4. 法人渔业贷款
5. 法人农林牧渔服务业贷款
6. 法人其他涉农贷款（煤炭、烟草、采矿业、房地产业、城市基础设施建设和其他类的法人涉农贷款除外）
7. 小型农田水利设施贷款
8. 大型灌区改造
9. 中低产田改造
10. 防涝抗旱减灾体系建设
11. 农产品加工贷款
12. 农业生产资料制造贷款
13. 农业物资流通贷款
14. 农副产品流通贷款
15. 农产品出口贷款
16. 农业科技贷款
17. 农业综合生产能力建设
18. 农田水利设施建设
19. 农产品流通设施建设
20. 其他农业生产性基础设施建设
21. 农村饮水安全工程
22. 农村公路建设
23. 农村能源建设
24. 农村沼气建设
25. 其他农村生活基础设施建设
26. 农村教育设施建设
27. 农村卫生设施建设
28. 农村文化体育设施建设
29. 林业和生态环境建设
30. 个人农业贷款
31. 个人林业贷款
32. 个人畜牧业贷款
33. 个人渔业贷款
34. 个人农林牧渔服务业贷款
35. 农户其他生产经营贷款
36. 农户助学贷款
37. 农户医疗贷款
38. 农户住房贷款
39. 农户其他消费贷款

关于明确营改增试点若干征管问题的公告

国家税务总局公告 2016 年第 26 号

为确保全面推开营改增试点顺利实施,现将若干税收征管问题公告如下:

一、餐饮行业增值税一般纳税人购进农业生产者自产农产品,可以使用国税机关监制的农产品收购发票,按照现行规定计算抵扣进项税额。

有条件的地区,应积极在餐饮行业推行农产品进项税额核定扣除办法,按照《财政部 国家税务总局关于在部分行业试行农产品增值税进项税额核定扣除办法的通知》(财税〔2012〕38 号)有关规定计算抵扣进项税额。

二、个人转让住房,在 2016 年 4 月 30 日前已签订转让合同,2016 年 5 月 1 日以后办理产权变更事项的,应缴纳增值税,不缴纳营业税。

三、按照现行规定,适用增值税差额征收政策的增值税小规模纳税人,以差额前的销售额确定是否可以享受 3 万元(按季纳税 9 万元)以下免征增值税政策。

四、营改增后,门票、过路(过桥)费发票属于予以保留的票种,自 2016 年 5 月 1 日起,由国税机关监制管理。原地税机关监制的上述两类发票,可以沿用至 2016 年 6 月 30 日。

本公告自 2016 年 5 月 1 日起施行。

特此公告。

国家税务总局
2016 年 4 月 26 日

关于发布增值税发票税控开票软件数据接口规范的公告

国家税务总局公告 2016 年第 25 号

为配合全面推开营改增试点工作,支持使用商品和服务税收分类与编码开具增值税发票,国家税务总局决定对纳税人使用的增值税发票税控开票软件(以下简称开票软件)相关数据接口规范予以发布。现将有关事项公告如下:

一、开票软件是指增值税纳税人安装使用的增值税发票税控开票软件(金税盘版)和增值税发票税控开票软件(税控盘版)。

二、本次发布的接口规范为开具增值税发票(不含电子发票)的接口规范,包括导入接口规范和导出接口规范。

发票类型支持增值税专用发票、增值税普通发票、机动车销售统一发票和货物运输业增值税专用发票四种发票。导入接口规范是指开票软件可接收的待开具发票信息的数据格式;导出接口规范是指开票软件导出已开具发票信息的数据格式。

三、需要使用本数据接口规范的纳税人,应将开票软件统一升级为 V2.0.09 版本。

四、本数据接口规范和开票软件安装包在金税工程纳税人技术服务网(http://its.chinatax.gov.cn)上发布,纳税人可自行下载免费安装使用。

五、纳税人在使用本数据接口规范过程中如有问题,可通过电子邮件(邮箱:shuikong@chinatax.gov.cn)向税务总局反映。

六、本公告自 2016 年 5 月 1 日起施行。《国家税务总局关于发布增值税发票系统升级版开票软件数据接口规范的公告》(国家税务总局公告 2015 年第 36 号)同时废止。

特此公告。

国家税务总局
2016 年 4 月 25 日

关于营改增后契税 房产税 土地增值税 个人所得税计税依据问题的通知

财税〔2016〕43号

经研究，现将营业税改征增值税后契税、房产税、土地增值税、个人所得税计税依据有关问题明确如下：

一、计征契税的成交价格不含增值税。

二、房产出租的，计征房产税的租金收入不含增值税。

三、土地增值税纳税人转让房地产取得的收入为不含增值税收入。

《中华人民共和国土地增值税暂行条例》等规定的土地增值税扣除项目涉及的增值税进项税额，允许在销项税额中计算抵扣的，不计入扣除项目，不允许在销项税额中计算抵扣的，可以计入扣除项目。

四、个人转让房屋的个人所得税应税收入不含增值税，其取得房屋时所支付价款中包含的增值税计入财产原值，计算转让所得时可扣除的税费不包括本次转让缴纳的增值税。

个人出租房屋的个人所得税应税收入不含增值税，计算房屋出租所得可扣除的税费不包括本次出租缴纳的增值税。个人转租房屋的，其向房屋出租方支付的租金及增值税额，在计算转租所得时予以扣除。

五、免征增值税的，确定计税依据时，成交价格、租金收入、转让房地产取得的收入不扣减增值税额。

六、在计征上述税种时，税务机关核定的计税价格或收入不含增值税。

本通知自2016年5月1日起执行。

财政部 国家税务总局
2016年4月25日

关于全面推开营业税改征增值税试点有关税收征收管理事项的公告

国家税务总局公告2016年第23号

为保障全面推开营业税改征增值税（以下简称营改增）试点工作顺利实施，现将有关税收征收管理事项公告如下：

一、纳税申报期

（一）2016年5月1日新纳入营改增试点范围的纳税人（以下简称试点纳税人），2016年6月份增值税纳税申报期延长至2016年6月27日。

（二）根据工作实际情况，省、自治区、直辖市和计划单列市国家税务局（以下简称省国税局）可以适当延长2015年度企业所得税汇算清缴时间，但最长不得超过2016年6月30日。

（三）实行按季申报的原营业税纳税人，2016年5月申报期内，向主管地税机关申报税款所属期为4月的营业税；2016年7月申报期内，向主管国税机关申报税款所属期为5月、6月的增值税。

二、增值税一般纳税人资格登记

（一）试点纳税人应按照本公告规定办理增值税一般纳税人资格登记。

（二）除本公告第二条第（三）项规定的情形外，营改增试点实施前（以下简称试点实施前）销售服务、无形资产或者不动产（以下简称应税行为）的年应税销售额超过500万元的试点纳税人，应向主管国税机关办理增值税一般纳税人资格登记手续。

试点纳税人试点实施前的应税行为年应税销售额按以下公式换算：

应税行为年应税销售额=连续不超过12个月应税行为营业额合计÷（1+3%）

按照现行营业税规定差额征收营业税的试点纳税人，其应税行为营业额按未扣除之前的营业额计算。

试点实施前，试点纳税人偶然发生的转让不动产的营业额，不计入应税行为年应税销售额。

（三）试点实施前已取得增值税一般纳税人资格并兼有应税行为的试点纳税人，不需要重新办理增值税一般纳税人资格登记手续，由主管国税机关制作、送达《税务事项通知书》，告知纳税人。

（四）试点实施前应税行为年应税销售额未超过500万元的试点纳税人，会计核算健全，能够提供准确税务资料的，也可以向主管国税机关办理增值税一般纳税人资格登记。

（五）试点实施前，试点纳税人增值税一般纳税人资格登记可由省国税局按照本公告及相关规定采取预登记措施。

（六）试点实施后，符合条件的试点纳税人应当按照《增值税一般纳税人资格认定管理办法》（国家税务总局令第22号）、《国家税务总局关于调整增值税一般纳税人管理有关事项的公告》（国家税务总局公告2015年第18号）及相关规定，办理增值税一般纳税人资格登记。按照营改增有关规定，应税行为有扣除项目的试点纳税人，其应税行为年应税销售额按未扣除之前的销售额计算。

增值税小规模纳税人偶然发生的转让不动产的销售额，不计入应税行为年应税销售额。

（七）试点纳税人兼有销售货物、提供加工修理修配劳务和应税行为的，应税货物及劳务销售额与应税行为销售额分别计算，分别适用增值税一般纳税人资格登记标准。

兼有销售货物、提供加工修理修配劳务和应税行为，年应税销售额超过财政部、国家税务总局规定标准且不经常发生销售货物、提供加工修理修配劳务和应税行为的单位和个体工商户可选择按照小规模纳税人纳税。

（八）试点纳税人在办理增值税一般纳税人资格登记后，发生增值税偷税、骗取出口退税和虚开增值税扣税凭证等行为的，主管国税机关可以对其实行6个月的纳税辅导期管理。

三、发票使用

（一）增值税一般纳税人销售货物、提供加工修理修配劳务和应税行为，使用增值税发票管理新系统（以下简称新系统）开具增值税专用发票、增值税普通发票、机动车销售统一发票、增值税电子普通发票。

（二）增值税小规模纳税人销售货物、提供加工修理修配劳务月销售额超过3万元（按季纳税9万元），或者销售服务、无形资产月销售额超过3万元（按季纳税9万元），使用新系统开具增值税普通发票、机动车销售统一发票、增值税电子普通发票。

（三）增值税普通发票（卷式）启用前，纳税人可通过新系统使用国税机关发放的现有卷式发票。

（四）门票、过路（过桥）费发票、定额发票、客运发票和二手车销售统一发票继续使用。

（五）采取汇总纳税的金融机构，省、自治区所辖地市以下分支机构可以使用地市级机构统一领取的增值税专用发票、增值税普通发票、增值税电子普通发票；直辖市、计划单列市所辖区县及以下分支机构可以使用直辖市、计划单列市机构统一领取的增值税专用发票、增值税普通发票、增值税电子普通发票。

（六）国税机关、地税机关使用新系统代开增值税专用发票和增值税普通发票。代开增值税专用发票使用六联票，代开增值税普通发票使用五联票。

（七）自2016年5月1日起，地税机关不再向试点纳税人发放发票。试点纳税人已领取地税机关印制的发票以及印有本单位名称的发票，可继续使用至2016年6月30日，特殊情况经省国税局确定，可适当延长使用期限，最迟不超过2016年8月31日。

纳税人在地税机关已申报营业税未开具发票，2016年5月1日以后需要补开发票的，可于2016年12月31日前开具增值税普通发票（税务总局另有规定的除外）。

四、增值税发票开具

（一）税务总局编写了《商品和服务税收分类与编码（试行）》（以下简称编码，见附件），并在新系统中增加了编码相关功能。自2016年5月1日起，纳入新系统推行范围的试点纳税人及新办增值税纳税人，应使用新系统选择相应的编码开具增值税发票。北京市、上海市、江苏省和广东省已使用编码的纳税人，应于5月1日前完成开票软件升级。5月1日前已使用新系统的纳税人，应于 8 月 1 日前完成开票软件升级。

（二）按照现行政策规定适用差额征税办法缴纳增值税，且不得全额开具增值税发票的（财政部、税务总局另有规定的除外），纳税人自行开具或者税务机关代开增值税发票时，通过新系统中差额征税开票功能，录入含税销售额（或含税评估额）和扣除额，系统自动计算税额和不含税金额，备注栏自动打印"差额征税"字样，发票开具不应与其他应税行为混开。

（三）提供建筑服务，纳税人自行开具或者税务机关代开增值税发票时，应在发票的备注栏注明建筑服务发生地县（市、区）名称及项目名称。

（四）销售不动产，纳税人自行开具或者税务机关代开增值税发票时，应在发票"货物或应税劳务、服务名称"栏填写不动产名称及房屋产权证书号码（无房屋产权证书的可不填写），"单位"栏填写面积单位，备注栏注明不动产的详细地址。

（五）出租不动产，纳税人自行开具或者税务机关代开增值税发票时，应在备注栏注明不动产的详细地址。

（六）个人出租住房适用优惠政策减按 1.5%征收，纳税人自行开具或者税务机关代开增值税发票时，通过新系统中征收率减按 1.5%征收开票功能，录入含税销售额，系统自动计算税额和不含税金额，发票开具不应与其他应税行为混开。

（七）税务机关代开增值税发票时，"销售方开户行及账号"栏填写税收完税凭证字轨及号码或系统税票号码（免税代开增值税普通发票可不填写）。

（八）国税机关为跨县（市、区）提供不动产经营租赁服务、建筑服务的小规模纳税人（不包括其他个人），代开增值税发票时，在发票备注栏中自动打印"YD"字样。

五、扩大取消增值税发票认证的纳税人范围

（一）纳税信用 B 级增值税一般纳税人取得销售方使用新系统开具的增值税发票（包括增值税专用发票、货物运输业增值税专用发票、机动车销售统一发票，下同），可以不再进行扫描认证，登录本省增值税发票查询平台，查询、选择用于申报抵扣或者出口退税的增值税发票信息，未查询到对应发票信息的，仍可进行扫描认证。

（二）2016 年 5 月 1 日新纳入营改增试点的增值税一般纳税人，2016 年 5 月至 7 月期间不需进行增值税发票认证，登录本省增值税发票查询平台，查询、选择用于申报抵扣或者出口退税的增值税发票信息，未查询到对应发票信息的，可进行扫描认证。2016 年 8 月起按照纳税信用级别分别适用发票认证的有关规定。

六、其他纳税事项

（一）原以地市一级机构汇总缴纳营业税的金融机构，营改增后继续以地市一级机构汇总缴纳增值税。

同一省（自治区、直辖市、计划单列市）范围内的金融机构，经省（自治区、直辖市、计划单列市）国家税务局和财政厅（局）批准，可以由总机构汇总向总机构所在地的主管国税机关申报缴纳增值税。

（二）增值税小规模纳税人应分别核算销售货物，提供加工、修理修配劳务的销售额，和销售服务、无形资产的销售额。增值税小规模纳税人销售货物，提供加工、修理修配劳务月销售额不超过 3 万元（按季纳税 9 万元），销售服务、无形资产月销售额不超过 3 万元（按季纳税 9 万元）的，自 2016 年 5 月 1 日起至 2017 年 12 月 31 日，可分别享受小微企业暂免征收增值税优惠政策。

（三）按季纳税申报的增值税小规模纳税人，实际经营期不足一个季度的，以实际经营月份计算当期可享受小微企业免征增值税政策的销售额度。

按照本公告第一条第（三）项规定，按季纳税的试点增值税小规模纳税人，2016 年 7 月纳税申报时，申报的 2016 年 5 月、6 月增值税应税销售额中，销售货物，提供加工、修理修配劳务的销售额不超过 6 万元，销售服务、无形资产的销售额不超过 6 万元的，可分别享受小微企业暂免征收增值税优惠政策。

（四）其他个人采取预收款形式出租不动产，取得的预收租金收入，可在预收款对应的租赁期内平均分摊，分摊后的月租金收入不超过3万元的，可享受小微企业免征增值税优惠政策。

七、本公告自2016年5月1日起施行，《国家税务总局关于使用新版不动产销售统一发票和新版建筑业统一发票有关问题的通知》（国税发〔2006〕173号）、《国家税务总局关于营业税改征增值税试点增值税一般纳税人资格认定有关事项的公告》（国家税务总局公告2013年第75号）、《国家税务总局关于开展商品和服务税收分类与编码试点工作的通知》（税总函〔2016〕56号）同时废止。

特此公告。

附件：商品和服务税收分类与编码（试行）（电子件）（见本书附录A）

国家税务总局
2016年4月19日

关于进一步做好营改增税控装置安装服务和监督管理工作有关问题的通知

税总函〔2016〕170号

为加强营业税改征增值税（以下简称营改增）纳税人税控装置安装服务的管理，确保2016年5月1日如期顺利开出增值税发票，现将有关问题进一步通知如下：

一、各地国税机关应严格按照税务总局对营改增纳税人税控装置安装服务提出的工作要求，既要结合本地实际情况，周密组织，科学安排，履行好统一组织协调职责，也要维护纳税人权益，尊重纳税人的意见，确保工作积极稳妥、扎实有序。要督导服务单位认真做好营改增纳税人税控装置安装培训等工作，确保按期完成任务。要加强对服务单位的监督管理，督促其提高服务水平和服务质量，及时处理回应纳税人投诉，对存在问题的服务单位责令其立即纠正，并限期改正。税务机关及税务干部要严格执行廉政规定，不得违反纪律参与、干预、引导纳税人选择服务单位，不得以权谋私，更不能从中牟利，否则将依法依规从严处理。

二、各服务单位要规范内部管理，调配资源，加强力量，提升服务水平和服务效率，做到人员责任到位、保障措施到位、技术支持到位，全力以赴做好系统操作培训、税控装置及开票软件的安装、调试及维护等服务工作。工作中不能出现"抢户"、"漏户"现象，不得强迫纳税人接受服务。对服务单位采取过激行为，造成不良社会影响以及恶意竞争、服务不到位、违规搭售设备或软件、乱收费的，国税机关将依法依规严肃处理。

三、对纳税人通过总部招标方式确定服务单位的，原则上分支机构可依据总部选择的结果确定相关服务单位，分支机构所在地区服务单位被暂停服务资格的，可暂由其上一级服务单位提供服务。

四、国税机关与服务单位要加强协同配合，建立沟通联系机制，定期召开会议，及时发现问题并妥善解决，难以解决的应立即逐级向上报告。在营改增实施过程中，如发生突发事件，国税机关要采取坚决措施，迅速处置，并及时向当地党委、政府报告，争取支持，坚决杜绝群体性负面影响事件和重大负面舆情发生，确保营改增顺利实施。

请各省、自治区、直辖市、计划单列市国税局接到此文后第一时间转发至市县国税局及各分局。

国家税务总局
2016年4月19日

关于认真学习贯彻李克强总理考察全面推开营改增试点工作时重要讲话精神的通知

税总发〔2016〕51号

4月1日，中共中央政治局常委、国务院总理李克强先后到国家税务总局、财政部考察全面推开营改增试点工作，并主持召开座谈会，就全面推开营改增试点工作作了重要讲话。为深入学习领会和全面贯彻落实李克强总理重要讲话精神，现就有关事项通知如下：

一、深刻领会李克强总理重要讲话的重大意义

李克强总理到税务总局考察全面推开营改增试点准备工作，充分体现了党中央、国务院对税收

工作的高度重视和对税务干部的亲切关怀，是对税务部门的极大鼓舞和鞭策。在税务总局考察期间，李克强总理亲切看望了承担全面推开营改增试点工作的干部，向税务干部表示慰问，并通过视频方式向基层税务干部详细了解营改增试点准备情况，充分肯定了前阶段税务部门为全面推开营改增试点所做的认真细致的准备工作，使广大税务干部备受鼓舞、备感振奋，进一步增强了扎实做好全面推开营改增试点工作的信心和决心。

李克强总理主持召开座谈会并作了重要讲话，从有利于推动经济增长、有利于促进转型升级、有利于完善税制三个方面深入阐述了全面推开营改增试点的重大意义，提出了用工匠精神扎实做好下一步准备和实施工作的明确要求，进一步增强了税务干部做好全面推开营改增试点工作的责任感、使命感、紧迫感，为税务部门夺取全面推开营改增试点工作圆满成功指明了方向、明确了重点、注入了动力。李克强总理的重要讲话立足发展全局，着眼改革创新，内涵丰富，举措具体，要求明确，具有很强的针对性、可操作性，对全面推开营改增试点、深化税收改革、促进税收事业科学发展具有重要的指导意义。

各级税务机关和广大税务干部要切实把思想和行动统一到李克强总理的重要讲话精神上来，以更加昂扬的斗志、更加拼搏的精神、更加扎实的作风，全力以赴投入到全面推开营改增试点的决战中来，坚决把这场战略攻坚战打赢打胜，坚决把这项利国利民的好事办好，确保5月1日顺利实现税制转换，确保6月1日纳税申报成功，确保所有行业税负只减不增。

二、迅速组织学习李克强总理重要讲话精神

各级税务机关要迅速采取各种方式组织学习李克强总理重要讲话精神，做到学全学深学透。

一要领导带头学。税务总局已于4月1日召开了党组扩大会议，传达学习李克强总理重要讲话精神，研究部署税务系统贯彻落实措施。税务总局还将召开各省、自治区、直辖市和计划单列市国税局、地税局主要负责人会议，进一步传达学习李克强总理重要讲话精神，对下一步营改增工作进行再梳理、再督促、再落实。各级税务机关党组要带头学、深入学、系统学，深刻领会李克强总理重要讲话精神实质，准确把握任务要求，并贯彻落实到营改增各项工作中。

二要组织干部学。要把李克强总理对税收工作的重视和要求、对税务干部的关怀和鼓励传达到每一位税务干部，进一步增强广大税务干部的荣誉感、使命感，进一步增强做好税收工作的信心和动力。税务总局机关各司局和各级税务机关要采取座谈会、讨论会等多种形式学习领会，引导税务干部凝聚改革共识、鼓舞工作干劲。

三要系统深入学。要把学习贯彻李克强总理此次考察营改增工作时的重要讲话精神与学习贯彻2016年《政府工作报告》及李克强总理关于营改增工作的一系列指示批示精神结合起来，系统深入学习贯彻，准确把握党中央、国务院关于全面推开营改增试点的重大意义、指导思想和改革目标。要结合开展第25个全国税收宣传月活动学习贯彻李克强总理的重要讲话精神。集中开展以"聚焦营改增试点、助力供给侧改革"为主题的系列宣传活动，借助主流媒体和税务网站、办税服务厅、微信、微博、12366纳税服务热线等多种媒介，广泛开展学习宣传，让广大税务干部和纳税人深入了解全面推开营改增试点的重要意义、改革目标、政策内容，正确引导舆论。各级税务机关要积极主动向当地党委、政府汇报李克强总理的重要讲话精神，按税务总局要求和党委、政府的部署抓好学习贯彻工作。

三、弘扬工匠精神缜密细致做好全面推开营改增试点各项工作

各级税务机关要按照李克强总理重要讲话精神和要求，把全面推开营改增试点各项工作做扎实、做精细，全力以赴确保改革取得圆满成功。

一是一丝不苟扎实推进。各级税务部门既要进一步发扬税务系统敢打硬仗、能打胜仗的优良传统和作风，又要发扬一丝不苟、精益求精的工匠精神，把全面推开营改增试点每一项工作都做细致、做扎实。要坚持标准从高，工作任务再繁重标准也不能降低，准备时间再紧张质量也不能放松。要切实加强各项工作的质量控制与监督，分阶段验收与评估，严格把关，确保落到实处。

二是按照计划对表推进。一方面，根据已确定的税务总局机关和税务系统细化任务分工表，按

照营改增专项绩效考核时间节点,一项一项抓落实。另一方面,要对各项征管准备、服务保障工作,逐项进行细致梳理,在保证工作质量的前提下能提前的要尽量提前,绝不能延迟。要建立台账、对表落实、查漏补缺、对账销号,确保不留死角,不留断档。

三是加强协调统筹推进。各级国税、地税机关要把全面推开营改增试点作为落实《深化国税、地税征管体制改革方案》,检验国税与地税合作成效的主阵地和"试金石",精诚团结,密切协作;要切实加强与财政部门的沟通协作,协同做好改革落实工作;同时,要统筹好全面推开营改增试点与组织税收收入、金税三期工程建设、加强干部队伍建设等其他重点工作的关系,使各项工作都有机衔接、协调推进、相互促进。

四是严格考核督导推进。税务总局领导将按照联系点分片开展督导,检查落实情况,指导工作开展。税务总局今年内计划开展5次营改增专项督查,实现对所有省局的全覆盖并延伸检查部分市县局。省局和市局也要在今年内开展5次左右专项督查,实现对所辖市县区局的全覆盖。税务总局已经制定下发了营改增专项督查及绩效考评办法,各省局要结合本地实际相应制定督查和绩效考评办法,层层压实责任,层层抓好落实。对督查中发现的问题,被督查单位要第一时间整改。对工作落实不力、出现重大负面舆情,特别是引发群体性事件的相关单位责任人及主要领导,要严肃问责,并公开通报。

各级税务机关要高度重视,并迅速组织传达学习李克强总理重要讲话精神,扎实做好全面推开营改增试点各项准备和实施工作,确保圆满完成这项重大改革任务。各省、自治区、直辖市和计划单列市国税局、地税局的学习贯彻情况,要及时通过信息采编系统上报税务总局(办公厅)。

国家税务总局
2016 年 4 月 5 日

关于营业税改征增值税委托地税局代征税款和代开增值税发票的通知

税总函〔2016〕145 号

为平稳推进营改增后国税、地税有关工作的顺利衔接,方便纳税人办税,根据《中华人民共和国税收征收管理法》、《财政部 国家税务总局关于全面推开营业税改征增值税试点的通知》(财税〔2016〕36 号)和《国家税务总局关于加强国家税务局、地方税务局互相委托代征税收的通知》(税总发〔2015〕155 号)等有关规定,现就营改增后纳税人销售其取得的不动产和其他个人出租不动产有关代征税款和代开增值税发票工作通知如下:

一、分工安排

国税局是增值税的主管税务机关。营改增后,为方便纳税人,暂定由地税局办理纳税人销售其取得的不动产和其他个人出租不动产增值税的纳税申报受理、计税价格评估、税款征收、税收优惠备案、发票代开等有关事项。地税局办理征缴、退库业务,使用地税局税收票证,并负责收入对账、会计核算、汇总上报工作。本代征业务国税局和地税局不需签订委托代征协议。

纳税人销售其取得的不动产和其他个人出租不动产,申请代开发票的,由代征税款的地税局代开增值税专用发票或者增值税普通发票(以下简称增值税发票)。对于具备增值税发票安全保管条件、可连通网络、地税局可有效监控代征税款及代开发票情况的政府部门等单位,县(区)以上地税局经评估后认为风险可控的,可以同意其代征税款并代开增值税发票。

2016 年 4 月 25 日前,国税局负责完成同级地税局代开增值税发票操作及相关政策培训工作。

二、代开发票流程

在国税局代开增值税发票流程基础上,地税局按照纳税人销售其取得的不动产和其他个人出租不动产增值税征收管理办法有关规定,为纳税人代开增值税发票。原地税营业税发票停止使用。

(一)代开发票部门登记

比照国税局现有代开增值税发票模式,在国税综合征管软件或金税三期系统中登记维护地税局代开发票部门信息。地税局代开发票部门编码为 15 位,第 11 位为"D",其他编码规则按照《国家税务总局关于增值税防伪税控代开专用发票系统设备及软件配备的通知》(国税发〔2004〕139号)规定编制。

(二)税控专用设备发行

地税局代开发票部门登记信息同步至增值税发票管理新系统,比照现有代开增值税发票税控专用设备发行流程,国税局为同级地税局代开发票部门发行税控专用设备并加载税务数字证书。

(三)发票提供

国税局向同级地税局提供六联增值税专用发票和五联增值税普通发票。

(四)发票开具

增值税小规模纳税人销售其取得的不动产以及其他个人出租不动产,购买方或承租方不属于其他个人的,纳税人缴纳增值税后可以向地税局申请代开增值税专用发票。不能自开增值税普通发票的小规模纳税人销售其取得的不动产,以及其他个人出租不动产,可以向地税局申请代开增值税普通发票。地税局代开发票部门通过增值税发票管理新系统代开增值税发票,系统自动在发票上打印"代开"字样。

地税局代开发票部门为纳税人代开的增值税发票,统一使用六联增值税专用发票和五联增值税普通发票。第四联由代开发票岗位留存,以备发票扫描补录;第五联交征收岗位留存,用于代开发票与征收税款的定期核对;其他联次交纳税人。

代开发票岗位应按下列要求填写增值税发票:

1. "税率"栏填写增值税征收率。免税、其他个人出租其取得的不动产适用优惠政策减按1.5%征收、差额征税的,"税率"栏自动打印"***";

2. "销售方名称"栏填写代开地税局名称;

3. "销售方纳税人识别号"栏填写代开发票地税局代码;

4. "销售方开户行及账号"栏填写税收完税凭证字轨及号码(免税代开增值税普通发票可不填写);

5. 备注栏填写销售或出租不动产纳税人的名称、纳税人识别号(或者组织机构代码)、不动产的详细地址;

6. 差额征税代开发票,通过系统中差额征税开票功能,录入含税销售额(或含税评估额)和扣除额,系统自动计算税额和金额,备注栏自动打印"差额征税"字样;

7. 纳税人销售其取得的不动产代开发票,"货物或应税劳务、服务名称"栏填写不动产名称及房屋产权证书号码,"单位"栏填写面积单位;

8. 按照核定计税价格征收的,"金额"栏填写不含税计税价格,备注栏注明"核定计税价格,实际成交含税金额×××元"。

其他项目按照增值税发票填开的有关规定填写。

地税局代开发票部门应在代开增值税发票的备注栏上,加盖地税代开发票专用章。

(五)开票数据传输

地税局代开发票部门通过网络实时或定期将已代开增值税发票信息传输至增值税发票管理新系统。

(六)发票再次领取

地税局代开发票部门需再次领取增值税发票的,发票抄报税后,国税局通过系统验旧缴销,再次提供发票。

三、发票管理

(一)专用发票安全管理

按照国税局现有增值税发票管理有关规定,地税局应加强安全保卫,采取有效措施,保障增值税发票的安全。

(二)日常信息比对

地税局应加强内部管理，每周将代开发票岗代开发票信息与征收岗税款征收信息进行比对，发现问题的要按有关规定及时处理。

（三）事后信息比对

税务总局将根据有关工作安排，提取地税局征收税款信息与代开发票信息进行比对，防范不征税代开增值税专用发票和少征税多开票等风险。

四、信息系统升级改造

2016年4月25日前，金税三期未上线省份应由各省地税局按照税务总局有关规定及时更新升级相关信息系统，调配征管资源、规范受理申报缴税工作。金税三期已上线省份由税务总局（征管科技司）负责统一调试相关信息系统。

五、税控专用设备配备和维护

2016年4月5日前，各省地税局将代开增值税发票需要使用的税控专用设备数量告知省国税局。4月8日前，各省国税局将需要初始化的专用设备数量通过可控FTP报税务总局（货物劳务税司）。4月20日前，各省国税局向地税局提供税控专用设备。国税局负责协调增值税税控系统服务单位，做好地税局代开增值税发票系统的安装及维护工作。

国税局委托地税局代征和代开增值税发票是深化部门合作的重要内容，各地国税局、地税局要切实履行职责，加强协调配合，形成工作合力；要对纳税人做好政策宣传和纳税辅导工作，提供优质服务和便利条件，方便纳税人申报纳税；要认真做好应急预案，切实关注纳税人反映和动态舆情，确保税制转换平稳顺利。

国家税务总局

2016年3月31日

关于营业税改征增值税委托地税机关代征税款和代开增值税发票的公告

国家税务总局公告2016年第19号

根据《中华人民共和国税收征收管理法》、《财政部 国家税务总局关于全面推开营业税改征增值税试点的通知》（财税〔2016〕36号）和《国家税务总局关于加强国家税务局、地方税务局互相委托代征税收的通知》（税总发〔2015〕155号）等有关规定，税务总局决定，营业税改征增值税后由地税机关继续受理纳税人销售其取得的不动产和其他个人出租不动产的申报缴税和代开增值税发票业务，以方便纳税人办税。

本公告自2016年5月1日起施行。

特此公告。

国家税务总局

2016年3月31日

关于发布《房地产开发企业销售自行开发的房地产项目增值税征收管理暂行办法》的公告

国家税务总局公告2016年第18号

国家税务总局制定了《房地产开发企业销售自行开发的房地产项目增值税征收管理暂行办法》，现予以公布，自2016年5月1日起施行。

特此公告。

国家税务总局

2016年3月31日

房地产开发企业销售自行开发的房地产项目增值税征收管理暂行办法

第一章 适用范围

第一条 根据《财政部 国家税务总局关于全面推开营业税改征增值税试点的通知》（财税〔2016〕36号）及现行增值税有关规定，制定本办法。

第二条 房地产开发企业销售自行开发的房地产项目，适用本办法。

自行开发，是指在依法取得土地使用权的土地上进行基础设施和房屋建设。

第三条 房地产开发企业以接盘等形式购入未完工的房地产项目继续开发后，以自己的名义立项销售的，属于本办法规定的销售自行开发的房地产项目。

第二章 一般纳税人征收管理

第一节 销售额

第四条 房地产开发企业中的一般纳税人（以下简称一般纳税人）销售自行开发的房地产项目，适用一般计税方法计税，按照取得的全部价款和价外费用，扣除当期销售房地产项目对应的土地价款后的余额计算销售额。销售额的计算公式如下：

$$销售额=（全部价款和价外费用-当期允许扣除的土地价款）÷（1+11\%）$$

第五条 当期允许扣除的土地价款按照以下公式计算：

$$当期允许扣除的土地价款=（当期销售房地产项目建筑面积÷房地产项目可供销售建筑面积）×支付的土地价款$$

当期销售房地产项目建筑面积，是指当期进行纳税申报的增值税销售额对应的建筑面积。

房地产项目可供销售建筑面积，是指房地产项目可以出售的总建筑面积，不包括销售房地产项目时未单独作价结算的配套公共设施的建筑面积。

支付的土地价款，是指向政府、土地管理部门或受政府委托收取土地价款的单位直接支付的土地价款。

第六条 在计算销售额时从全部价款和价外费用中扣除土地价款，应当取得省级以上（含省级）财政部门监（印）制的财政票据。

第七条 一般纳税人应建立台账登记土地价款的扣除情况，扣除的土地价款不得超过纳税人实际支付的土地价款。

第八条 一般纳税人销售自行开发的房地产老项目，可以选择适用简易计税方法按照5%的征收率计税。一经选择简易计税方法计税的，36个月内不得变更为一般计税方法计税。

房地产老项目，是指：

（一）《建筑工程施工许可证》注明的合同开工日期在2016年4月30日前的房地产项目；

（二）《建筑工程施工许可证》未注明合同开工日期或者未取得《建筑工程施工许可证》但建筑工程承包合同注明的开工日期在2016年4月30日前的建筑工程项目。

第九条 一般纳税人销售自行开发的房地产老项目适用简易计税方法计税的，以取得的全部价款和价外费用为销售额，不得扣除对应的土地价款。

第二节 预缴税款

第十条 一般纳税人采取预收款方式销售自行开发的房地产项目，应在收到预收款时按照3%的预征率预缴增值税。

第十一条 应预缴税款按照以下公式计算：

$$应预缴税款=预收款÷（1+适用税率或征收率）×3\%$$

适用一般计税方法计税的，按11%的适用税率计算；适用简易计税方法计税的，按照5%的征收率计算。

第十二条 一般纳税人应在取得预收款的次月纳税申报期向主管国税机关预缴税款。

第三节 进项税额

第十三条 一般纳税人销售自行开发的房地产项目，兼有一般计税方法计税、简易计税方法计税、免征增值税的房地产项目而无法划分不得抵扣的进项税额的，应以《建筑工程施工许可证》注明的"建设规模"为依据进行划分。

不得抵扣的进项税额=当期无法划分的全部进项税额×(简易计税、免税房地产项目建设规模÷房地产项目总建设规模)

第四节 纳税申报

第十四条 一般纳税人销售自行开发的房地产项目适用一般计税方法计税的,应按照《营业税改征增值税试点实施办法》(财税〔2016〕36号文件印发,以下简称《试点实施办法》)第四十五条规定的纳税义务发生时间,以当期销售额和11%的适用税率计算当期应纳税额,抵减已预缴税款后,向主管国税机关申报纳税。未抵减完的预缴税款可以结转下期继续抵减。

第十五条 一般纳税人销售自行开发的房地产项目适用简易计税方法计税的,应按照《试点实施办法》第四十五条规定的纳税义务发生时间,以当期销售额和5%的征收率计算当期应纳税额,抵减已预缴税款后,向主管国税机关申报纳税。未抵减完的预缴税款可以结转下期继续抵减。

第五节 发票开具

第十六条 一般纳税人销售自行开发的房地产项目,自行开具增值税发票。

第十七条 一般纳税人销售自行开发的房地产项目,其2016年4月30日前收取并已向主管地税机关申报缴纳营业税的预收款,未开具营业税发票的,可以开具增值税普通发票,不得开具增值税专用发票。

第十八条 一般纳税人向其他个人销售自行开发的房地产项目,不得开具增值税专用发票。

第三章 小规模纳税人征收管理

第一节 预缴税款

第十九条 房地产开发企业中的小规模纳税人(以下简称小规模纳税人)采取预收款方式销售自行开发的房地产项目,应在收到预收款时按照3%的预征率预缴增值税。

第二十条 应预缴税款按照以下公式计算:

$$应预缴税款=预收款÷(1+5\%)×3\%$$

第二十一条 小规模纳税人应在取得预收款的次月纳税申报期或主管国税机关核定的纳税期限向主管国税机关预缴税款。

第二节 纳税申报

第二十二条 小规模纳税人销售自行开发的房地产项目,应按照《试点实施办法》第四十五条规定的纳税义务发生时间,以当期销售额和5%的征收率计算当期应纳税额,抵减已预缴税款后,向主管国税机关申报纳税。未抵减完的预缴税款可以结转下期继续抵减。

第三节 发票开具

第二十三条 小规模纳税人销售自行开发的房地产项目,自行开具增值税普通发票。购买方需要增值税专用发票的,小规模纳税人向主管国税机关申请代开。

第二十四条 小规模纳税人销售自行开发的房地产项目,其2016年4月30日前收取并已向主管地税机关申报缴纳营业税的预收款,未开具营业税发票的,可以开具增值税普通发票,不得申请代开增值税专用发票。

第二十五条 小规模纳税人向其他个人销售自行开发的房地产项目,不得申请代开增值税专用发票。

第四章 其他事项

第二十六条 房地产开发企业销售自行开发的房地产项目,按照本办法规定预缴税款时,应填报《增值税预缴税款表》。

第二十七条 房地产开发企业以预缴税款抵减应纳税额,应以完税凭证作为合法有效凭证。

第二十八条　房地产开发企业销售自行开发的房地产项目，未按本办法规定预缴或缴纳税款的，由主管国税机关按照《中华人民共和国税收征收管理法》及相关规定进行处理。

关于发布《纳税人跨县（市、区）提供建筑服务增值税征收管理暂行办法》的公告

国家税务总局公告 2016 年第 17 号

国家税务总局制定了《跨县（市、区）提供建筑服务增值税征收管理暂行办法》，现予以公布，自 2016 年 5 月 1 日起施行。

特此公告。

国家税务总局
2016 年 3 月 31 日

纳税人跨县（市、区）提供建筑服务增值税征收管理暂行办法

第一条　根据《财政部 国家税务总局关于全面推开营业税改征增值税试点的通知》（财税〔2016〕36 号）及现行增值税有关规定，制定本办法。

第二条　本办法所称跨县（市、区）提供建筑服务，是指单位和个体工商户（以下简称纳税人）在其机构所在地以外的县（市、区）提供建筑服务。

纳税人在同一直辖市、计划单列市范围内跨县（市、区）提供建筑服务的，由直辖市、计划单列市国家税务局决定是否适用本办法。

其他个人跨县（市、区）提供建筑服务，不适用本办法。

第三条　纳税人跨县（市、区）提供建筑服务，应按照财税〔2016〕36 号文件规定的纳税义务发生时间和计税方法，向建筑服务发生地主管国税机关预缴税款，向机构所在地主管国税机关申报纳税。

《建筑工程施工许可证》未注明合同开工日期，但建筑工程承包合同注明的开工日期在 2016 年 4 月 30 日前的建筑工程项目，属于财税〔2016〕36 号文件规定的可以选择简易计税方法计税的建筑工程老项目。

第四条　纳税人跨县（市、区）提供建筑服务，按照以下规定预缴税款：

（一）一般纳税人跨县（市、区）提供建筑服务，适用一般计税方法计税的，以取得的全部价款和价外费用扣除支付的分包款后的余额，按照 2% 的预征率计算应预缴税款。

（二）一般纳税人跨县（市、区）提供建筑服务，选择适用简易计税方法计税的，以取得的全部价款和价外费用扣除支付的分包款后的余额，按照 3% 的征收率计算应预缴税款。

（三）小规模纳税人跨县（市、区）提供建筑服务，以取得的全部价款和价外费用扣除支付的分包款后的余额，按照 3% 的征收率计算应预缴税款。

第五条　纳税人跨县（市、区）提供建筑服务，按照以下公式计算应预缴税款：

（一）适用一般计税方法计税的，应预缴税款=（全部价款和价外费用−支付的分包款）÷（1+11%）×2%

（二）适用简易计税方法计税的，应预缴税款=（全部价款和价外费用−支付的分包款）÷（1+3%）×3%

纳税人取得的全部价款和价外费用扣除支付的分包款后的余额为负数的，可结转下次预缴税款时继续扣除。

纳税人应按照工程项目分别计算应预缴税款，分别预缴。

第六条　纳税人按照上述规定从取得的全部价款和价外费用中扣除支付的分包款，应当取得符合法律、行政法规和国家税务总局规定的合法有效凭证，否则不得扣除。

上述凭证是指：

（一）从分包方取得的 2016 年 4 月 30 日前开具的建筑业营业税发票。

上述建筑业营业税发票在2016年6月30日前可作为预缴税款的扣除凭证。

（二）从分包方取得的2016年5月1日后开具的，备注栏注明建筑服务发生地所在县（市、区）、项目名称的增值税发票。

（三）国家税务总局规定的其他凭证。

第七条　纳税人跨县（市、区）提供建筑服务，在向建筑服务发生地主管国税机关预缴税款时，需提交以下资料：

（一）《增值税预缴税款表》；

（二）与发包方签订的建筑合同原件及复印件；

（三）与分包方签订的分包合同原件及复印件；

（四）从分包方取得的发票原件及复印件。

第八条　纳税人跨县（市、区）提供建筑服务，向建筑服务发生地主管国税机关预缴的增值税税款，可以在当期增值税应纳税额中抵减，抵减不完的，结转下期继续抵减。

纳税人以预缴税款抵减应纳税额，应以完税凭证作为合法有效凭证。

第九条　小规模纳税人跨县（市、区）提供建筑服务，不能自行开具增值税发票的，可向建筑服务发生地主管国税机关按照其取得的全部价款和价外费用申请代开增值税发票。

第十条　对跨县（市、区）提供的建筑服务，纳税人应自行建立预缴税款台账，区分不同县（市、区）和项目逐笔登记全部收入、支付的分包款、已扣除的分包款、扣除分包款的发票号码、已预缴税款以及预缴税款的完税凭证号码等相关内容，留存备查。

第十一条　纳税人跨县（市、区）提供建筑服务预缴税款时间，按照财税〔2016〕36号文件规定的纳税义务发生时间和纳税期限执行。

第十二条　纳税人跨县（市、区）提供建筑服务，按照本办法应向建筑服务发生地主管国税机关预缴税款而自应当预缴之月起超过6个月没有预缴税款的，由机构所在地主管国税机关按照《中华人民共和国税收征收管理法》及相关规定进行处理。

纳税人跨县（市、区）提供建筑服务，未按照本办法缴纳税款的，由机构所在地主管国税机关按照《中华人民共和国税收征收管理法》及相关规定进行处理。

关于发布《纳税人提供不动产经营租赁服务增值税征收管理暂行办法》的公告

国家税务总局公告2016年第16号

国家税务总局制定了《纳税人提供不动产经营租赁服务增值税征收管理暂行办法》，现予以公布，自2016年5月1日起施行。

特此公告。

国家税务总局
2016年3月31日

纳税人提供不动产经营租赁服务增值税征收管理暂行办法

第一条　根据《财政部　国家税务总局关于全面推开营业税改征增值税试点的通知》（财税〔2016〕36号）及现行增值税有关规定，制定本办法。

第二条　纳税人以经营租赁方式出租其取得的不动产（以下简称出租不动产），适用本办法。

取得的不动产，包括以直接购买、接受捐赠、接受投资入股、自建以及抵债等各种形式取得的不动产。

纳税人提供道路通行服务不适用本办法。

第三条　一般纳税人出租不动产，按照以下规定缴纳增值税：

（一）一般纳税人出租其2016年4月30日前取得的不动产，可以选择适用简易计税方法，按照5%的征收率计算应纳税额。

不动产所在地与机构所在地不在同一县（市、区）的，纳税人应按照上述计税方法向不动产所在地主管国税机关预缴税款，向机构所在地主管国税机关申报纳税。

不动产所在地与机构所在地在同一县（市、区）的，纳税人向机构所在地主管国税机关申报纳税。

（二）一般纳税人出租其2016年5月1日后取得的不动产，适用一般计税方法计税。

不动产所在地与机构所在地不在同一县（市、区）的，纳税人应按照3%的预征率向不动产所在地主管国税机关预缴税款，向机构所在地主管国税机关申报纳税。

不动产所在地与机构所在地在同一县（市、区）的，纳税人应向机构所在地主管国税机关申报纳税。

一般纳税人出租其2016年4月30日前取得的不动产适用一般计税方法计税的，按照上述规定执行。

第四条 小规模纳税人出租不动产，按照以下规定缴纳增值税：

（一）单位和个体工商户出租不动产（不含个体工商户出租住房），按照5%的征收率计算应纳税额。个体工商户出租住房，按照5%的征收率减按1.5%计算应纳税额。

不动产所在地与机构所在地不在同一县（市、区）的，纳税人应按照上述计税方法向不动产所在地主管国税机关预缴税款，向机构所在地主管国税机关申报纳税。

不动产所在地与机构所在地在同一县（市、区）的，纳税人应向机构所在地主管国税机关申报纳税。

（二）其他个人出租不动产（不含住房），按照5%的征收率计算应纳税额，向不动产所在地主管地税机关申报纳税。其他个人出租住房，按照5%的征收率减按1.5%计算应纳税额，向不动产所在地主管地税机关申报纳税。

第五条 纳税人出租的不动产所在地与其机构所在地在同一直辖市或计划单列市但不在同一县（市、区）的，由直辖市或计划单列市国家税务局决定是否在不动产所在地预缴税款。

第六条 纳税人出租不动产，按照本办法规定需要预缴税款的，应在取得租金的次月纳税申报期或不动产所在地主管国税机关核定的纳税期限预缴税款。

第七条 预缴税款的计算

（一）纳税人出租不动产适用一般计税方法计税的，按照以下公式计算应预缴税款：

$$应预缴税款=含税销售额÷（1+11\%）×3\%$$

（二）纳税人出租不动产适用简易计税方法计税的，除个人出租住房外，按照以下公式计算应预缴税款：

$$应预缴税款=含税销售额÷（1+5\%）×5\%$$

（三）个体工商户出租住房，按照以下公式计算应预缴税款：

$$应预缴税款=含税销售额÷（1+5\%）×1.5\%$$

第八条 其他个人出租不动产，按照以下公式计算应纳税款：

（一）出租住房：

$$应纳税款=含税销售额÷（1+5\%）×1.5\%$$

（二）出租非住房：

$$应纳税款=含税销售额÷（1+5\%）×5\%$$

第九条 单位和个体工商户出租不动产，按照本办法规定向不动产所在地主管国税机关预缴税款时，应填写《增值税预缴税款表》。

第十条 单位和个体工商户出租不动产，向不动产所在地主管国税机关预缴的增值税款，可以在当期增值税应纳税额中抵减，抵减不完的，结转下期继续抵减。

纳税人以预缴税款抵减应纳税额，应以完税凭证作为合法有效凭证。

第十一条 小规模纳税人中的单位和个体工商户出租不动产，不能自行开具增值税发票的，可向不动产所在地主管国税机关申请代开增值税发票。

其他个人出租不动产，可向不动产所在地主管地税机关申请代开增值税发票。

第十二条 纳税人向其他个人出租不动产，不得开具或申请代开增值税专用发票。

第十三条 纳税人出租不动产，按照本办法规定应向不动产所在地主管国税机关预缴税款而自应当预缴之月起超过6个月没有预缴税款的，由机构所在地主管国税机关按照《中华人民共和国税收征收管理法》及相关规定进行处理。

纳税人出租不动产，未按照本办法规定缴纳税款的，由主管税务机关按照《中华人民共和国税收征收管理法》及相关规定进行处理。

关于发布《不动产进项税额分期抵扣暂行办法》的公告

国家税务总局公告2016年第15号

国家税务总局制定了《不动产进项税额分期抵扣暂行办法》，现予以公布，自2016年5月1日起施行。

特此公告。

国家税务总局

2016年3月31日

不动产进项税额分期抵扣暂行办法

第一条 根据《财政部 国家税务总局关于全面推开营业税改征增值税试点的通知》（财税〔2016〕36号）及现行增值税有关规定，制定本办法。

第二条 增值税一般纳税人（以下称纳税人）2016年5月1日后取得并在会计制度上按固定资产核算的不动产，以及2016年5月1日后发生的不动产在建工程，其进项税额应按照本办法有关规定分2年从销项税额中抵扣，第一年抵扣比例为60%，第二年抵扣比例为40%。

取得的不动产，包括以直接购买、接受捐赠、接受投资入股以及抵债等各种形式取得的不动产。

纳税人新建、改建、扩建、修缮、装饰不动产，属于不动产在建工程。

房地产开发企业自行开发的房地产项目，融资租入的不动产，以及在施工现场修建的临时建筑物、构筑物，其进项税额不适用上述分2年抵扣的规定。

第三条 纳税人2016年5月1日后购进货物和设计服务、建筑服务，用于新建不动产，或者用于改建、扩建、修缮、装饰不动产并增加不动产原值超过50%的，其进项税额依照本办法有关规定分2年从销项税额中抵扣。

不动产原值，是指取得不动产时的购置原价或作价。

上述分2年从销项税额中抵扣的购进货物，是指构成不动产实体的材料和设备，包括建筑装饰材料和给排水、采暖、卫生、通风、照明、通信、煤气、消防、中央空调、电梯、电气、智能化楼宇设备及配套设施。

第四条 纳税人按照本办法规定从销项税额中抵扣进项税额，应取得2016年5月1日后开具的合法有效的增值税扣税凭证。

上述进项税额中，60%的部分于取得扣税凭证的当期从销项税额中抵扣；40%的部分为待抵扣进项税额，于取得扣税凭证的当月起第13个月从销项税额中抵扣。

第五条 购进时已全额抵扣进项税额的货物和服务，转用于不动产在建工程的，其已抵扣进项税额的40%部分，应于转用的当期从进项税额中扣减，计入待抵扣进项税额，并于转用的当月起第13个月从销项税额中抵扣。

第六条 纳税人销售其取得的不动产或者不动产在建工程时，尚未抵扣完毕的待抵扣进项税额，允许于销售的当期从销项税额中抵扣。

第七条 已抵扣进项税额的不动产，发生非正常损失，或者改变用途，专用于简易计税方法计税项目、免征增值税项目、集体福利或者个人消费的，按照下列公式计算不得抵扣的进项税额：

$$不得抵扣的进项税额=（已抵扣进项税额+待抵扣进项税额）\times 不动产净值率$$

$$不动产净值率=（不动产净值\div 不动产原值）\times 100\%$$

不得抵扣的进项税额小于或等于该不动产已抵扣进项税额的，应于该不动产改变用途的当期，将不得抵扣的进项税额从进项税额中扣减。

不得抵扣的进项税额大于该不动产已抵扣进项税额的，应于该不动产改变用途的当期，将已抵扣进项税额从进项税额中扣减，并从该不动产待抵扣进项税额中扣减不得抵扣进项税额与已抵扣进项税额的差额。

第八条 不动产在建工程发生非正常损失的，其所耗用的购进货物、设计服务和建筑服务已抵扣的进项税额应于当期全部转出；其待抵扣进项税额不得抵扣。

第九条 按照规定不得抵扣进项税额的不动产，发生用途改变，用于允许抵扣进项税额项目的，按照下列公式在改变用途的次月计算可抵扣进项税额。

$$可抵扣进项税额=增值税扣税凭证注明或计算的进项税额\times 不动产净值率$$

依照本条规定计算的可抵扣进项税额，应取得2016年5月1日后开具的合法有效的增值税扣税凭证。

按照本条规定计算的可抵扣进项税额，60%的部分于改变用途的次月从销项税额中抵扣，40%的部分为待抵扣进项税额，于改变用途的次月起第13个月从销项税额中抵扣。

第十条 纳税人注销税务登记时，其尚未抵扣完毕的待抵扣进项税额于注销清算的当期从销项税额中抵扣。

第十一条 待抵扣进项税额记入"应交税金——待抵扣进项税额"科目核算，并于可抵扣当期转入"应交税金——应交增值税（进项税额）"科目。

对不同的不动产和不动产在建工程，纳税人应分别核算其待抵扣进项税额。

第十二条 纳税人分期抵扣不动产的进项税额，应据实填报增值税纳税申报表附列资料。

第十三条 纳税人应建立不动产和不动产在建工程台账，分别记录并归集不动产和不动产在建工程的成本、费用、扣税凭证及进项税额抵扣情况，留存备查。

用于简易计税方法计税项目、免征增值税项目、集体福利或者个人消费的不动产和不动产在建工程，也应在纳税人建立的台账中记录。

第十四条 纳税人未按照本办法有关规定抵扣不动产和不动产在建工程进项税额的，主管税务机关应按照《中华人民共和国税收征收管理法》及有关规定进行处理。

关于发布《纳税人转让不动产增值税征收管理暂行办法》的公告

国家税务总局公告2016年第14号

国家税务总局制定了《纳税人转让不动产增值税征收管理暂行办法》，现予以公布，自2016年5月1日起施行。

特此公告。

国家税务总局

2016年3月31日

纳税人转让不动产增值税征收管理暂行办法

第一条 根据《财政部 国家税务总局关于全面推开营业税改征增值税试点的通知》(财税〔2016〕36号)及现行增值税有关规定,制定本办法。

第二条 纳税人转让其取得的不动产,适用本办法。

本办法所称取得的不动产,包括以直接购买、接受捐赠、接受投资入股、自建以及抵债等各种形式取得的不动产。

房地产开发企业销售自行开发的房地产项目不适用本办法。

第三条 一般纳税人转让其取得的不动产,按照以下规定缴纳增值税:

(一)一般纳税人转让其2016年4月30日前取得(不含自建)的不动产,可以选择适用简易计税方法计税,以取得的全部价款和价外费用扣除不动产购置原价或者取得不动产时的作价后的余额为销售额,按照5%的征收率计算应纳税额。纳税人应按照上述计税方法向不动产所在地主管地税机关预缴税款,向机构所在地主管国税机关申报纳税。

(二)一般纳税人转让其2016年4月30日前自建的不动产,可以选择适用简易计税方法计税,以取得的全部价款和价外费用为销售额,按照5%的征收率计算应纳税额。纳税人应按照上述计税方法向不动产所在地主管地税机关预缴税款,向机构所在地主管国税机关申报纳税。

(三)一般纳税人转让其2016年4月30日前取得(不含自建)的不动产,选择适用一般计税方法计税的,以取得的全部价款和价外费用为销售额计算应纳税额。纳税人应以取得的全部价款和价外费用扣除不动产购置原价或者取得不动产时的作价后的余额,按照5%的预征率向不动产所在地主管地税机关预缴税款,向机构所在地主管国税机关申报纳税。

(四)一般纳税人转让其2016年4月30日前自建的不动产,选择适用一般计税方法计税的,以取得的全部价款和价外费用为销售额计算应纳税额。纳税人应以取得的全部价款和价外费用,按照5%的预征率向不动产所在地主管地税机关预缴税款,向机构所在地主管国税机关申报纳税。

(五)一般纳税人转让其2016年5月1日后取得(不含自建)的不动产,适用一般计税方法,以取得的全部价款和价外费用为销售额计算应纳税额。纳税人应以取得的全部价款和价外费用扣除不动产购置原价或者取得不动产时的作价后的余额,按照5%的预征率向不动产所在地主管地税机关预缴税款,向机构所在地主管国税机关申报纳税。

(六)一般纳税人转让其2016年5月1日后自建的不动产,适用一般计税方法,以取得的全部价款和价外费用为销售额计算应纳税额。纳税人应以取得的全部价款和价外费用,按照5%的预征率向不动产所在地主管地税机关预缴税款,向机构所在地主管国税机关申报纳税。

第四条 小规模纳税人转让其取得的不动产,除个人转让其购买的住房外,按照以下规定缴纳增值税:

(一)小规模纳税人转让其取得(不含自建)的不动产,以取得的全部价款和价外费用扣除不动产购置原价或者取得不动产时的作价后的余额为销售额,按照5%的征收率计算应纳税额。

(二)小规模纳税人转让其自建的不动产,以取得的全部价款和价外费用为销售额,按照5%的征收率计算应纳税额。

除其他个人之外的小规模纳税人,应按照本条规定的计税方法向不动产所在地主管地税机关预缴税款,向机构所在地主管国税机关申报纳税;其他个人按照本条规定的计税方法向不动产所在地主管地税机关申报纳税。

第五条 个人转让其购买的住房,按照以下规定缴纳增值税:

(一)个人转让其购买的住房,按照有关规定全额缴纳增值税的,以取得的全部价款和价外费用为销售额,按照5%的征收率计算应纳税额。

(二)个人转让其购买的住房,按照有关规定差额缴纳增值税的,以取得的全部价款和价外费用扣除购买住房价款后的余额为销售额,按照5%的征收率计算应纳税额。

个体工商户应按照本条规定的计税方法向住房所在地主管地税机关预缴税款,向机构所在地主管国税机关申报纳税;其他个人应按照本条规定的计税方法向住房所在地主管地税机关申报纳税。

第六条 其他个人以外的纳税人转让其取得的不动产,区分以下情形计算应向不动产所在地主管地税机关预缴的税款:

(一)以转让不动产取得的全部价款和价外费用作为预缴税款计算依据的,计算公式为:

$$应预缴税款=全部价款和价外费用÷(1+5\%)×5\%$$

(二)以转让不动产取得的全部价款和价外费用扣除不动产购置原价或者取得不动产时的作价后的余额作为预缴税款计算依据的,计算公式为:

$$应预缴税款=(全部价款和价外费用-不动产购置原价或者取得不动产时的作价)÷(1+5\%)×5\%$$

第七条 其他个人转让其取得的不动产,按照本办法第六条规定的计算方法计算应纳税额并向不动产所在地主管地税机关申报纳税。

第八条 纳税人按规定从取得的全部价款和价外费用中扣除不动产购置原价或者取得不动产时的作价的,应当取得符合法律、行政法规和国家税务总局规定的合法有效凭证。否则,不得扣除。

上述凭证是指:

(一)税务部门监制的发票。

(二)法院判决书、裁定书、调解书,以及仲裁裁决书、公证债权文书。

(三)国家税务总局规定的其他凭证。

第九条 纳税人转让其取得的不动产,向不动产所在地主管地税机关预缴的增值税税款,可以在当期增值税应纳税额中抵减,抵减不完的,结转下期继续抵减。

纳税人以预缴税款抵减应纳税额,应以完税凭证作为合法有效凭证。

第十条 小规模纳税人转让其取得的不动产,不能自行开具增值税发票的,可向不动产所在地主管地税机关申请代开。

第十一条 纳税人向其他个人转让其取得的不动产,不得开具或申请代开增值税专用发票。

第十二条 纳税人转让不动产,按照本办法规定应向不动产所在地主管地税机关预缴税款而自应当预缴之月起超过6个月没有预缴税款的,由机构所在地主管国税机关按照《中华人民共和国税收征收管理法》及相关规定进行处理。

纳税人转让不动产,未按照本办法规定缴纳税款的,由主管税务机关按照《中华人民共和国税收征收管理法》及相关规定进行处理。

关于全面推开营业税改征增值税试点后增值税纳税申报有关事项的公告

国家税务总局公告 2016 年第 13 号

为保障全面推开营业税改征增值税改革试点工作顺利实施,现将增值税纳税申报有关事项公告如下:

一、中华人民共和国境内增值税纳税人均应按照本公告的规定进行增值税纳税申报。

二、纳税申报资料

纳税申报资料包括纳税申报表及其附列资料和纳税申报其他资料。

(一)纳税申报表及其附列资料

1. 增值税一般纳税人(以下简称一般纳税人)纳税申报表及其附列资料包括:

(1)《增值税纳税申报表(一般纳税人适用)》。

(2)《增值税纳税申报表附列资料(一)》(本期销售情况明细)。

(3)《增值税纳税申报表附列资料(二)》(本期进项税额明细)。

(4)《增值税纳税申报表附列资料(三)》(服务、不动产和无形资产扣除项目明细)。

一般纳税人销售服务、不动产和无形资产,在确定服务、不动产和无形资产销售额时,按照有关规定可以从取得的全部价款和价外费用中扣除价款的,需填报《增值税纳税申报表附列资料（三）》。其他情况不填写该附列资料。

（5）《增值税纳税申报表附列资料（四）》（税额抵减情况表）。

（6）《增值税纳税申报表附列资料（五）》（不动产分期抵扣计算表）。

（7）《固定资产（不含不动产）进项税额抵扣情况表》。

（8）《本期抵扣进项税额结构明细表》。

（9）《增值税减免税申报明细表》。

2．增值税小规模纳税人（以下简称小规模纳税人）纳税申报表及其附列资料包括：

（1）《增值税纳税申报表（小规模纳税人适用）》。

（2）《增值税纳税申报表（小规模纳税人适用）附列资料》。

小规模纳税人销售服务，在确定服务销售额时，按照有关规定可以从取得的全部价款和价外费用中扣除价款的，需填报《增值税纳税申报表（小规模纳税人适用）附列资料》。其他情况不填写该附列资料。

（3）《增值税减免税申报明细表》。

3．上述纳税申报表及其附列资料表样和填写说明详见附件1至附件4。

（二）纳税申报其他资料

1．已开具的税控机动车销售统一发票和普通发票的存根联。

2．符合抵扣条件且在本期申报抵扣的增值税专用发票（含税控机动车销售统一发票）的抵扣联。

3．符合抵扣条件且在本期申报抵扣的海关进口增值税专用缴款书、购进农产品取得的普通发票的复印件。

4．符合抵扣条件且在本期申报抵扣的税收完税凭证及其清单，书面合同、付款证明和境外单位的对账单或者发票。

5．已开具的农产品收购凭证的存根联或报查联。

6．纳税人销售服务、不动产和无形资产，在确定服务、不动产和无形资产销售额时，按照有关规定从取得的全部价款和价外费用中扣除价款的合法凭证及其清单。

7．主管税务机关规定的其他资料。

（三）纳税申报表及其附列资料为必报资料。纳税申报其他资料的报备要求由各省、自治区、直辖市和计划单列市国家税务局确定。

三、纳税人跨县（市）提供建筑服务、房地产开发企业预售自行开发的房地产项目、纳税人出租与机构所在地不在同一县（市）的不动产，按规定需要在项目所在地或不动产所在地主管国税机关预缴税款的，需填写《增值税预缴税款表》，表样及填写说明详见附件5至附件6。

四、主管税务机关应做好增值税纳税申报的宣传和辅导工作。

五、本公告自2016年6月1日起施行。《国家税务总局关于调整增值税纳税申报有关事项的公告》（国家税务总局公告2012年第31号）、《国家税务总局关于营业税改征增值税总分机构试点纳税人增值税纳税申报有关事项的公告》（国家税务总局公告2013年第22号）、《国家税务总局关于调整增值税纳税申报有关事项的公告》（国家税务总局公告2013年第32号）、《国家税务总局关于铁路运输和邮政业营业税改征增值税后纳税申报有关事项的公告》（国家税务总局公告2014年第7号）、《国家税务总局关于调整增值税纳税申报有关事项的公告》（国家税务总局公告2014年第45号）、《国家税务总局关于调整增值税纳税申报有关事项的公告》（国家税务总局公告2014年第58号）、《国家税务总局关于调整增值税纳税申报有关事项的公告》（国家税务总局公告2014年第69号）、《国家税务总局关于调整增值税纳税申报有关事项的公告》（国家税务总局公告2015年第23号）同时废止。

特此公告。

附件：1.《增值税纳税申报表（一般纳税人适用）》及其附列资料

2.《增值税纳税申报表（一般纳税人适用）》及其附列资料填写说明
3.《增值税纳税申报表（小规模纳税人适用）》及其附列资料
4.《增值税纳税申报表（小规模纳税人适用）》及其附列资料填写说明
5.《增值税预缴税款表》
6.《增值税预缴税款表》填写说明

国家税务总局
2016 年 3 月 31 日

附件 1

增值税纳税申报表
（一般纳税人适用）

根据国家税收法律法规及增值税相关规定制定本表。纳税人不论有无销售额，均应按税务机关核定的纳税期限填写本表，并向当地税务机关申报。

税款所属时间：自 年 月 日 至 年 月 日

填表日期： 年 月 日　　　金额单位：元至角分

纳税人识别号					
纳税人名称	（公章）	法定代表人姓名		注册地址	生产经营地址
开户银行及账号		登记注册类型			电话号码
所属行业：					

栏次	项　目	一般项目		即征即退项目	
		本月数	本年累计	本月数	本年累计
销售额	（一）按适用税率计税销售额	1			
	其中：应税货物销售额	2			
	应税劳务销售额	3			
	纳税检查调整的销售额	4			
	（二）按简易办法计税销售额	5			
	其中：纳税检查调整的销售额	6			
	（三）免、抵、退办法出口销售额	7		—	—
	（四）免税销售额	8		—	—
	其中：免税货物销售额	9		—	—
	免税劳务销售额	10		—	—
税款计算	销项税额	11			
	进项税额	12			
	上期留抵税额	13		—	
	进项税额转出	14			

续表

	项　目	栏　次	一般项目 本月数	一般项目 本年累计	即征即退项目 本月数	即征即退项目 本年累计
税款计算	免、抵、退应退税额	15		—	—	—
税款计算	按适用税率计算的纳税检查应补缴税额	16		—	—	—
税款计算	应抵扣税额合计	17=12+13-14-15+16				
税款计算	实际抵扣税额	18（如17<11，则为17，否则为11）				
税款计算	应纳税额	19=11-18			—	—
税款计算	期末留抵税额	20=17-18			—	—
税款计算	简易计税办法计算的应纳税额	21				
税款计算	按简易计税办法计算的纳税检查应补缴税额	22			—	—
税款计算	应纳税额减征额	23				
税款计算	应纳税额合计	24=19+21-23				
税款缴纳	期初未缴税额（多缴为负数）	25		—		—
税款缴纳	实收出口开具专用缴款书退税额	26		—	—	—
税款缴纳	本期已缴税额	27=28+29+30+31				
税款缴纳	①分次预缴税额	28				
税款缴纳	②出口开具专用缴款书预缴税额	29	—	—	—	—
税款缴纳	③本期缴纳上期应纳税额	30				
税款缴纳	④本期缴纳欠缴税额	31				
税款缴纳	期末未缴税额（多缴为负数）	32=24+25+26-27		—		—
税款缴纳	其中：欠缴税额（≥0）	33=25+26-27		—		—
税款缴纳	本期应补（退）税额	34＝24-28-29		—		—
税款缴纳	即征即退实际退税额	35	—	—		
税款缴纳	期初未缴查补税额	36		—		—
税款缴纳	本期入库查补税额	37		—		—

续表

项　目	栏　次	一般项目		即征即退项目	
		本月数	本年累计	本月数	本年累计
期末未缴查补税额	38=16+22+36-37				—

申报人声明	本纳税申报表是根据国家税收法律法规及相关规定填报的，我确定它是真实的、可靠的、完整的。

授权声明：如果你已委托代理人申报，请填写下列资料：

为委托 _____（地址）_____ 为代理申报人事宜，现授权 _____ 为本纳税人的代理申报人，任何与本申报表有关的往来文件，都可寄予此人。

授权人签字：

接收人：　　　　　　　　声明人签字：　　　　　　　　接收日期：

主管税务机关：

增值税纳税申报表附列资料（一）

（本期销售情况明细）

税款所属时间： 年 月 日至 年 月 日

纳税人名称：（公章） 金额单位：元至角分

项目及栏次			开具增值税专用发票		开具其他发票		未开具发票		纳税检查调整		合计			服务、不动产和无形资产扣除项目本期实际扣除金额	扣除后	
			销售额	销项（应纳）税额	销售额	销项（应纳）税额	销售额	销项（应纳）税额	销售额	销项（应纳）税额	销售额	销项（应纳）税额	价税合计		含税（免税）销售额	销项（应纳）税额
			1	2	3	4	5	6	7	8	9=1+3+5+7	10=2+4+6+8	11=9+10	12	13=11-12	14=13÷(100%+税率或征收率)×税率或征收率
一、一般计税方法计税	全部征税项目	17%税率的货物及加工修理修配劳务	1														
		17%税率的服务、不动产和无形资产	2														
		13%税率	3														
		11%税率	4														
		6%税率	5														
	其中：即征即退项目	即征即退货物及加工修理修配劳务	6	—	—	—	—	—	—	—	—				—	—
		即征即退服务、不动产和无形资产	7	—	—	—	—	—	—	—	—				—	—
二、简易计税方法计税	全部征税项目	6%征收率	8														
		5%征收率的货物及加工修理修配劳务	9a													—	—
		5%征收率的服务、不动产和无形资产	9b													—	—

续表

项目及栏次			开具增值税专用发票 销售额 1	开具增值税专用发票 销项(应纳)税额 2	开具其他发票 销售额 3	开具其他发票 销项(应纳)税额 4	未开具发票 销售额 5	未开具发票 销项(应纳)税额 6	纳税检查调整 销售额 7	纳税检查调整 销项(应纳)税额 8	合计 销售额 9=1+3+5+7	合计 销项(应纳)税额 10=2+4+6+8	价税合计 11=9+10	服务、不动产和无形资产扣除项目本期实际扣除金额 12	扣除后 含税(免税)销售额 13=11-12	扣除后 销项(应纳)税额 14=13÷(100%+税率或征收率)×税率或征收率
二、简易计税方法计税	全部征税项目	10 4%征收率	1	2	3	4	5	6	7	8	9=1+3+5+7	10=2+4+6+8	11=9+10	12	13=11-12	14=13÷(100%+税率或征收率)×税率或征收率
		11 3%征收率的货物及加工修理修配劳务							—	—						
		12 3%征收率的服务、不动产和无形资产							—	—						
		13a 预征率 %	—	—	—	—	—	—	—	—						
		13b 预征率 %	—	—	—	—	—	—	—	—						
		13c 预征率 %	—	—	—	—	—	—	—	—						
	其中：即征即退项目	14 即征即退货物及加工修理修配劳务							—	—						
		15 即征即退服务、不动产和无形资产							—	—						
三、免抵退税		16 货物及加工修理修配劳务		—		—		—	—	—		—	—	—	—	—
		17 服务、不动产和无形资产		—		—		—	—	—		—	—		—	—
四、免税		18 货物及加工修理修配劳务	—	—		—		—	—	—		—	—	—	—	—
		19 服务、不动产和无形资产	—	—		—		—	—	—		—	—		—	—

增值税纳税申报表附列资料（二）

（本期进项税额明细）

税款所属时间：　　年　月　日至　　年　月　日

纳税人名称：（公章）　　　　　　　　　　　　　　　　　　金额单位：元至角分

一、申报抵扣的进项税额					
项　　目	栏　次	份　数	金　　额	税　　额	
（一）认证相符的增值税专用发票	1=2+3				
其中：本期认证相符且本期申报抵扣	2				
前期认证相符且本期申报抵扣	3				
（二）其他扣税凭证	4=5+6+7+8				
其中：海关进口增值税专用缴款书	5				
农产品收购发票或者销售发票	6				
代扣代缴税收缴款凭证	7		—		
其他	8				
（三）本期用于购建不动产的扣税凭证	9				
（四）本期不动产允许抵扣进项税额	10	—	—		
（五）外贸企业进项税额抵扣证明	11	—	—		
当期申报抵扣进项税额合计	12=1+4−9+10+11				

二、进项税额转出额		
项　　目	栏　次	税　　额
本期进项税额转出额	13=14至23之和	
其中：免税项目用	14	
集体福利、个人消费	15	
非正常损失	16	
简易计税方法征税项目用	17	
免抵退税办法不得抵扣的进项税额	18	
纳税检查调减进项税额	19	
红字专用发票信息表注明的进项税额	20	
上期留抵税额抵减欠税	21	
上期留抵税额退税	22	
其他应作进项税额转出的情形	23	

三、待抵扣进项税额				
项　　目	栏　次	份　数	金　　额	税　　额
（一）认证相符的增值税专用发票	24	—	—	—
期初已认证相符但未申报抵扣	25			
本期认证相符且本期未申报抵扣	26			
期末已认证相符但未申报抵扣	27			
其中：按照税法规定不允许抵扣	28			
（二）其他扣税凭证	29=30至33之和			
其中：海关进口增值税专用缴款书	30			
农产品收购发票或者销售发票	31			
代扣代缴税收缴款凭证	32		—	
其他	33			
	34			

续表

四、其他				
项目	栏次	份数	金额	税额
本期认证相符的增值税专用发票	35			
代扣代缴税额	36	—	—	

增值税纳税申报表附列资料（三）

（服务、不动产和无形资产扣除项目明细）

税款所属时间： 年 月 日至 年 月 日

纳税人名称：（公章） 金额单位：元至角分

项目及栏次		本期服务、不动产和无形资产价税合计额（免税销售额）	服务、不动产和无形资产扣除项目				
			期初余额	本期发生额	本期应扣除金额	本期实际扣除金额	期末余额
		1	2	3	4=2+3	5（5≤1且5≤4）	6=4−5
17%税率的项目	1						
11%税率的项目	2						
6%税率的项目（不含金融商品转让）	3						
6%税率的金融商品转让项目	4						
5%征收率的项目	5						
3%征收率的项目	6						
免抵退税的项目	7						
免税的项目	8						

增值税纳税申报表附列资料（四）

（税额抵减情况表）

税款所属时间： 年 月 日至 年 月 日

纳税人名称：（公章） 金额单位：元至角分

序号	抵减项目	期初余额	本期发生额	本期应抵减税额	本期实际抵减税额	期末余额
		1	2	3=1+2	4≤3	5=3−4
1	增值税税控系统专用设备费及技术维护费					
2	分支机构预征缴纳税款					
3	建筑服务预征缴纳税款					
4	销售不动产预征缴纳税款					
5	出租不动产预征缴纳税款					

增值税纳税申报表附列资料（五）

（不动产分期抵扣计算表）

税款所属时间： 年 月 日至 年 月 日

纳税人名称：（公章） 金额单位：元至角分

期初待抵扣不动产进项税额	本期不动产进项税额增加额	本期可抵扣不动产进项税额	本期转入的待抵扣不动产进项税额	本期转出的待抵扣不动产进项税额	期末待抵扣不动产进项税额
1	2	3≤1+2+4	4	5≤1+4	6=1+2−3+4−5

固定资产（不含不动产）进项税额抵扣情况表

纳税人名称（公章）：　　　　　填表日期：　年　月　日　　　　金额单位：元至角分

项目	当期申报抵扣的固定资产进项税额	申报抵扣的固定资产进项税额累计
增值税专用发票		
海关进口增值税专用缴款书		
合计		

本期抵扣进项税额结构明细表

税款所属时间：　年　月　日至　年　月　日

纳税人名称：（公章）　　　　　　　　　　　　　　　金额单位：元至角分

项　目	栏　次	金　额	税　额
合计	1=2+4+5+10+13+15+17+18+19		
17%税率的进项	2		
其中：有形动产租赁的进项	3		
13%税率的进项	4		
11%税率的进项	5		
其中：货物运输服务的进项	6		
建筑安装服务的进项	7		
不动产租赁服务的进项	8		
购入不动产的进项	9		
6%税率的进项	10		
其中：直接收费金融服务的进项	11		
财产保险的进项	12		
5%征收率的进项	13		
其中：购入不动产的进项	14		
3%征收率的进项	15		
其中：建筑安装服务的进项	16		
1.5%征收率的进项	17		
农产品核定扣除进项	18		
外贸企业进项税额抵扣证明注明的进项	19		
	20		
	21		

增值税减免税申报明细表

税款所属时间：自　年　月　日至　年　月　日

纳税人名称（公章）：　　　　　　　　　　　　　　　金额单位：元至角分

一、减税项目					
减税性质代码及名称	栏次	期初余额	本期发生额	本期应抵减税额	本期实际抵减税额	期末余额
		1	2	3=1+2	4≤3	5=3-4
合计	1					
	2					
	3					
	4					
	5					
	6					

续表

二、免税项目					
免税性质代码及名称	栏次	免征增值税项目销售额	免税销售额扣除项目本期实际扣除金额	扣除后免税销售额	免税销售额对应的进项税额	免税额
		1	2	3=1-2	4	5
合　计	7					
出口免税	8		—	—	—	—
其中：跨境服务	9		—	—	—	—
	10					
	11					
	12					
	13					
	14					
	15					
	16					

附件 2

《增值税纳税申报表（一般纳税人适用）》及其附列资料填写说明

本纳税申报表及其附列资料填写说明（以下简称本表及填写说明）适用于增值税一般纳税人（以下简称纳税人）。

一、名词解释

（一）本表及填写说明所称"货物"，是指增值税的应税货物。

（二）本表及填写说明所称"劳务"，是指增值税的应税加工、修理、修配劳务。

（三）本表及填写说明所称"服务、不动产和无形资产"，是指销售服务、不动产和无形资产。

（四）本表及填写说明所称"按适用税率计税"、"按适用税率计算"和"一般计税方法"，均指按"应纳税额=当期销项税额-当期进项税额"公式计算增值税应纳税额的计税方法。

（五）本表及填写说明所称"按简易办法计税"、"按简易征收办法计算"和"简易计税方法"，均指按"应纳税额=销售额×征收率"公式计算增值税应纳税额的计税方法。

（六）本表及填写说明所称"扣除项目"，是指纳税人销售服务、不动产和无形资产，在确定销售额时，按照有关规定允许其从取得的全部价款和价外费用中扣除价款的项目。

二、《增值税纳税申报表（一般纳税人适用）》填写说明

（一）"税款所属时间"：指纳税人申报的增值税应纳税额的所属时间，应填写具体的起止年、月、日。

（二）"填表日期"：指纳税人填写本表的具体日期。

（三）"纳税人识别号"：填写纳税人的税务登记证件号码。

（四）"所属行业"：按照国民经济行业分类与代码中的小类行业填写。

（五）"纳税人名称"：填写纳税人单位名称全称。

（六）"法定代表人姓名"：填写纳税人法定代表人的姓名。

（七）"注册地址"：填写纳税人税务登记证件所注明的详细地址。

（八）"生产经营地址"：填写纳税人实际生产经营地的详细地址。

（九）"开户银行及账号"：填写纳税人开户银行的名称和纳税人在该银行的结算账户号码。

（十）"登记注册类型"：按纳税人税务登记证件的栏目内容填写。

（十一）"电话号码"：填写可联系到纳税人的常用电话号码。

（十二）"即征即退项目"列：填写纳税人按规定享受增值税即征即退政策的货物、劳务和服务、不动产、无形资产的征（退）税数据。

（十三）"一般项目"列：填写除享受增值税即征即退政策以外的货物、劳务和服务、不动产、无形资产的征（免）税数据。

（十四）"本年累计"列：一般填写本年度内各月"本月数"之和。其中，第13、20、25、32、36、38栏及第18栏"实际抵扣税额""一般项目"列的"本年累计"分别按本填写说明第（二十七）（三十四）（三十九）（四十六）（五十）（五十二）（三十二）条要求填写。

（十五）第1栏"（一）按适用税率计税销售额"：填写纳税人本期按一般计税方法计算缴纳增值税的销售额，包含：在财务上不作销售但按税法规定应缴纳增值税的视同销售和价外费用的销售额；外贸企业作价销售进料加工复出口货物的销售额；税务、财政、审计部门检查后按一般计税方法计算调整的销售额。

营业税改征增值税的纳税人，服务、不动产和无形资产有扣除项目的，本栏应填写扣除之前的不含税销售额。

本栏"一般项目"列"本月数"=《附列资料（一）》第9列第1至5行之和–第9列第6、7行之和；本栏"即征即退项目"列"本月数"=《附列资料（一）》第9列第6、7行之和。

（十六）第2栏"其中：应税货物销售额"：填写纳税人本期按适用税率计算增值税的应税货物的销售额。包含在财务上不作销售但按税法规定应缴纳增值税的视同销售货物和价外费用销售额，以及外贸企业作价销售进料加工复出口货物的销售额。

（十七）第3栏"应税劳务销售额"：填写纳税人本期按适用税率计算增值税的应税劳务的销售额。

（十八）第4栏"纳税检查调整的销售额"：填写纳税人因税务、财政、审计部门检查，并按一般计税方法在本期计算调整的销售额。但享受增值税即征即退政策的货物、劳务和服务、不动产、无形资产，经纳税检查属于偷税的，不填入"即征即退项目"列，而应填入"一般项目"列。

营业税改征增值税的纳税人，服务、不动产和无形资产有扣除项目的，本栏应填写扣除之前的不含税销售额。

本栏"一般项目"列"本月数"=《附列资料（一）》第7列第1至5行之和。

（十九）第5栏"按简易办法计税销售额"：填写纳税人本期按简易计税方法计算增值税的销售额。包含纳税检查调整按简易计税方法计算增值税的销售额。

营业税改征增值税的纳税人，服务、不动产和无形资产有扣除项目的，本栏应填写扣除之前的不含税销售额；服务、不动产和无形资产按规定汇总计算缴纳增值税的分支机构，其当期按预征率计算缴纳增值税的销售额也填入本栏。

本栏"一般项目"列"本月数"≥《附列资料（一）》第9列第8至13b行之和–第9列第14、15行之和；本栏"即征即退项目"列"本月数"≥《附列资料（一）》第9列第14、15行之和。

（二十）第6栏"其中：纳税检查调整的销售额"：填写纳税人因税务、财政、审计部门检查，并按简易计税方法在本期计算调整的销售额。但享受增值税即征即退政策的货物、劳务和服务、不动产、无形资产，经纳税检查属于偷税的，不填入"即征即退项目"列，而应填入"一般项目"列。

营业税改征增值税的纳税人，服务、不动产和无形资产有扣除项目的，本栏应填写扣除之前的不含税销售额。

（二十一）第7栏"免、抵、退办法出口销售额"：填写纳税人本期适用免、抵、退税办法的出口货物、劳务和服务、无形资产的销售额。

营业税改征增值税的纳税人，服务、无形资产有扣除项目的，本栏应填写扣除之前的销售额。

本栏"一般项目"列"本月数"=《附列资料（一）》第9列第16、17行之和。

（二十二）第8栏"免税销售额"：填写纳税人本期按照税法规定免征增值税的销售额和适用零税率的销售额，但零税率的销售额中不包括适用免、抵、退税办法的销售额。

营业税改征增值税的纳税人，服务、不动产和无形资产有扣除项目的，本栏应填写扣除之前的免税销售额。

本栏"一般项目"列"本月数"=《附列资料（一）》第9列第18、19行之和。

（二十三）第9栏"其中：免税货物销售额"：填写纳税人本期按照税法规定免征增值税的货物销售额及适用零税率的货物销售额，但零税率的销售额中不包括适用免、抵、退税办法出口货物的销售额。

（二十四）第10栏"免税劳务销售额"：填写纳税人本期按照税法规定免征增值税的劳务销售额及适用零税率的劳务销售额，但零税率的销售额中不包括适用免、抵、退税办法的劳务的销售额。

（二十五）第11栏"销项税额"：填写纳税人本期按一般计税方法计税的货物、劳务和服务、不动产、无形资产的销项税额。

营业税改征增值税的纳税人，服务、不动产和无形资产有扣除项目的，本栏应填写扣除之后的销项税额。

本栏"一般项目"列"本月数"=《附列资料（一）》（第10列第1、3行之和–第10列第6行）+（第14列第2、4、5行之和–第14列第7行）；

本栏"即征即退项目"列"本月数"=《附列资料（一）》第10列第6行+第14列第7行。

（二十六）第12栏"进项税额"：填写纳税人本期申报抵扣的进项税额。

本栏"一般项目"列"本月数"+"即征即退项目"列"本月数"=《附列资料（二）》第12栏"税额"。

（二十七）第13栏"上期留抵税额"

1. 上期留抵税额按规定须挂账的纳税人，按以下要求填写本栏的"本月数"和"本年累计"。

上期留抵税额按规定须挂账的纳税人是指试点实施之日前一个税款所属期的申报表第20栏"期末留抵税额""一般货物、劳务和应税服务"列"本月数"大于零，且兼有营业税改征增值税服务、不动产和无形资产的纳税人（下同）。其试点实施之日前一个税款所属期的申报表第20栏"期末留抵税额""一般货物、劳务和应税服务"列"本月数"，以下称为货物和劳务挂账留抵税额。

（1）本栏"一般项目"列"本月数"：试点实施之日的税款所属期填写"0"；以后各期按上期申报表第20栏"期末留抵税额""一般项目"列"本月数"填写。

（2）本栏"一般项目"列"本年累计"：反映货物和劳务挂账留抵税额本期期初余额。试点实施之日的税款所属期按试点实施之日前一个税款所属期的申报表第20栏"期末留抵税额""一般货物、劳务和应税服务"列"本月数"填写；以后各期按上期申报表第20栏"期末留抵税额""一般项目"列"本年累计"填写。

（3）本栏"即征即退项目"列"本月数"：按上期申报表第20栏"期末留抵税额""即征即退项目"列"本月数"填写。

2. 其他纳税人，按以下要求填写本栏"本月数"和"本年累计"。

其他纳税人是指除上期留抵税额按规定须挂账的纳税人之外的纳税人（下同）。

（1）本栏"一般项目"列"本月数"：按上期申报表第20栏"期末留抵税额""一般项目"列"本月数"填写。

（2）本栏"一般项目"列"本年累计"：填写"0"。

（3）本栏"即征即退项目"列"本月数"：按上期申报表第20栏"期末留抵税额""即征即退项目"列"本月数"填写。

（二十八）第14栏"进项税额转出"：填写纳税人已经抵扣，但按税法规定本期应转出的进项税额。

本栏"一般项目"列"本月数"+"即征即退项目"列"本月数"=《附列资料（二）》第13栏"税额"。

（二十九）第15栏"免、抵、退应退税额"：反映税务机关退税部门按照出口货物、劳务和服务、无形资产免、抵、退办法审批的增值税应退税额。

（三十）第16栏"按适用税率计算的纳税检查应补缴税额"：填写税务、财政、审计部门检查，按一般计税方法计算的纳税检查应补缴的增值税额。

本栏"一般项目"列"本月数"≤《附列资料（一）》第8列第1至5行之和+《附列资料（二）》第19栏。

（三十一）第17栏"应抵扣税额合计"：填写纳税人本期应抵扣进项税额的合计数。按表中所列公式计算填写。

（三十二）第18栏"实际抵扣税额"

1．上期留抵税额按规定须挂账的纳税人，按以下要求填写本栏的"本月数"和"本年累计"。

（1）本栏"一般项目"列"本月数"：按表中所列公式计算填写。

（2）本栏"一般项目"列"本年累计"：填写货物和劳务挂账留抵税额本期实际抵减一般货物和劳务应纳税额的数额。将"货物和劳务挂账留抵税额本期期初余额"与"一般计税方法的一般货物及劳务应纳税额"两个数据相比较，取二者中小的数据。

其中：货物和劳务挂账留抵税额本期期初余额=第13栏"上期留抵税额""一般项目"列"本年累计"；

一般计税方法的一般货物及劳务应纳税额=（第11栏"销项税额""一般项目"列"本月数"–第18栏"实际抵扣税额""一般项目"列"本月数"）×一般货物及劳务销项税额比例；

一般货物及劳务销项税额比例=（《附列资料（一）》第10列第1、3行之和–第10列第6行）÷第11栏"销项税额""一般项目"列"本月数"×100%。

（3）本栏"即征即退项目"列"本月数"：按表中所列公式计算填写。

2．其他纳税人，按以下要求填写本栏的"本月数"和"本年累计"：

（1）本栏"一般项目"列"本月数"：按表中所列公式计算填写。

（2）本栏"一般项目"列"本年累计"：填写"0"。

（3）本栏"即征即退项目"列"本月数"：按表中所列公式计算填写。

（三十三）第19栏"应纳税额"：反映纳税人本期按一般计税方法计算并应缴纳的增值税额。按以下公式计算填写：

1．本栏"一般项目"列"本月数"=第11栏"销项税额""一般项目"列"本月数"–第18栏"实际抵扣税额""一般项目"列"本月数"–第18栏"实际抵扣税额""一般项目"列"本年累计"。

2．本栏"即征即退项目"列"本月数"=第11栏"销项税额""即征即退项目"列"本月数"–第18栏"实际抵扣税额""即征即退项目"列"本月数"。

（三十四）第20栏"期末留抵税额"

1．上期留抵税额按规定须挂账的纳税人，按以下要求填写本栏的"本月数"和"本年累计"：

（1）本栏"一般项目"列"本月数"：反映试点实施以后，货物、劳务和服务、不动产、无形资产共同形成的留抵税额。按表中所列公式计算填写。

（2）本栏"一般项目"列"本年累计"：反映货物和劳务挂账留抵税额，在试点实施以后抵减一般货物和劳务应纳税额后的余额。按以下公式计算填写：

本栏"一般项目"列"本年累计"=第13栏"上期留抵税额""一般项目"列"本年累计"–第18栏"实际抵扣税额""一般项目"列"本年累计"。

（3）本栏"即征即退项目"列"本月数"：按表中所列公式计算填写。

2．其他纳税人，按以下要求填写本栏"本月数"和"本年累计"：

（1）本栏"一般项目"列"本月数"：按表中所列公式计算填写。

（2）本栏"一般项目"列"本年累计"：填写"0"。

（3）本栏"即征即退项目"列"本月数"：按表中所列公式计算填写。

（三十五）第21栏"简易计税办法计算的应纳税额"：反映纳税人本期按简易计税方法计算并

应缴纳的增值税额,但不包括按简易计税方法计算的纳税检查应补缴税额。按以下公式计算填写:

本栏"一般项目"列"本月数"=《附列资料(一)》(第10列第8、9a、10、11行之和-第10列第14行)+(第14列第9b、12、13a、13b行之和-第14列第15行)

本栏"即征即退项目"列"本月数"=《附列资料(一)》第10列第14行+第14列第15行。

营业税改征增值税的纳税人,服务、不动产和无形资产按规定汇总计算缴纳增值税的分支机构,应将预征增值税额填入本栏。预征增值税额=应预征增值税的销售额×预征率。

(三十六)第22栏"按简易计税办法计算的纳税检查应补缴税额":填写纳税人本期因税务、财政、审计部门检查并按简易计税方法计算的纳税检查应补缴税额。

(三十七)第23栏"应纳税额减征额":填写纳税人本期按照税法规定减征的增值税应纳税额。包含按照规定可在增值税应纳税额中全额抵减的增值税税控系统专用设备费用以及技术维护费。

当本期减征额小于或等于第19栏"应纳税额"与第21栏"简易计税办法计算的应纳税额"之和时,按本期减征额实际填写;当本期减征额大于第19栏"应纳税额"与第21栏"简易计税办法计算的应纳税额"之和时,按本期第19栏与第21栏之和填写。本期减征额不足抵减部分结转下期继续抵减。

(三十八)第24栏"应纳税额合计":反映纳税人本期应缴增值税的合计数。按表中所列公式计算填写。

(三十九)第25栏"期初未缴税额(多缴为负数)":"本月数"按上一税款所属期申报表第32栏"期末未缴税额(多缴为负数)""本月数"填写。"本年累计"按上年度最后一个税款所属期申报表第32栏"期末未缴税额(多缴为负数)""本年累计"填写。

(四十)第26栏"实收出口开具专用缴款书退税额":本栏不填写。

(四十一)第27栏"本期已缴税额":反映纳税人本期实际缴纳的增值税额,但不包括本期入库的查补税款。按表中所列公式计算填写。

(四十二)第28栏"①分次预缴税额":填写纳税人本期已缴纳的准予在本期增值税应纳税额中抵减的税额。

营业税改征增值税的纳税人,分以下几种情况填写:

1. 服务、不动产和无形资产按规定汇总计算缴纳增值税的总机构,其可以从本期增值税应纳税额中抵减的分支机构已缴纳的税款,按当期实际可抵减数填入本栏,不足抵减部分结转下期继续抵减。

2. 销售建筑服务并按规定预缴增值税的纳税人,其可以从本期增值税应纳税额中抵减的已缴纳的税款,按当期实际可抵减数填入本栏,不足抵减部分结转下期继续抵减。

3. 销售不动产并按规定预缴增值税的纳税人,其可以从本期增值税应纳税额中抵减的已缴纳的税款,按当期实际可抵减数填入本栏,不足抵减部分结转下期继续抵减。

4. 出租不动产并按规定预缴增值税的纳税人,其可以从本期增值税应纳税额中抵减的已缴纳的税款,按当期实际可抵减数填入本栏,不足抵减部分结转下期继续抵减。

(四十三)第29栏"②出口开具专用缴款书预缴税额":本栏不填写。

(四十四)第30栏"③本期缴纳上期应纳税额":填写纳税人本期缴纳上一税款所属期应缴未缴的增值税额。

(四十五)第31栏"④本期缴纳欠缴税额":反映纳税人本期实际缴纳和留抵税额抵减的增值税欠税额,但不包括缴纳入库的查补增值税。

(四十六)第32栏"期末未缴税额(多缴为负数)":"本月数"反映纳税人本期期末应缴未缴的增值税额,但不包括纳税检查应缴未缴的税额。按表中所列公式计算填写。"本年累计"与"本月数"相同。

(四十七)第33栏"其中:欠缴税额(≥0)":反映纳税人按照税法规定已形成欠税的增值税额。按表中所列公式计算填写。

（四十八）第34栏"本期应补（退）税额"：反映纳税人本期应纳税额中应补缴或应退回的数额。按表中所列公式计算填写。

（四十九）第35栏"即征即退实际退税额"：反映纳税人本期因符合增值税即征即退政策规定，而实际收到的税务机关退回的增值税额。

（五十）第36栏"期初未缴查补税额"："本月数"按上一税款所属期申报表第38栏"期末未缴查补税额""本月数"填写。"本年累计"按上年度最后一个税款所属期申报表第38栏"期末未缴查补税额""本年累计"填写。

（五十一）第37栏"本期入库查补税额"：反映纳税人本期因税务、财政、审计部门检查而实际入库的增值税额，包括按一般计税方法计算并实际缴纳的查补增值税额和按简易计税方法计算并实际缴纳的查补增值税额。

（五十二）第38栏"期末未缴查补税额"："本月数"反映纳税人接受纳税检查后应在本期期末缴纳而未缴纳的查补增值税额。按表中所列公式计算填写，"本年累计"与"本月数"相同。

三、《增值税纳税申报表附列资料（一）》（本期销售情况明细）填写说明

（一）"税款所属时间""纳税人名称"的填写同主表。

（二）各列说明

1. 第1至2列"开具增值税专用发票"：反映本期开具增值税专用发票（含税控机动车销售统一发票，下同）的情况。

2. 第3至4列"开具其他发票"：反映除增值税专用发票以外本期开具的其他发票的情况。

3. 第5至6列"未开具发票"：反映本期未开具发票的销售情况。

4. 第7至8列"纳税检查调整"：反映经税务、财政、审计部门检查并在本期调整的销售情况。

5. 第9至11列"合计"：按照表中所列公式填写。

营业税改征增值税的纳税人，服务、不动产和无形资产有扣除项目的，第1至11列应填写扣除之前的征（免）税销售额、销项（应纳）税额和价税合计额。

6. 第12列"服务、不动产和无形资产扣除项目本期实际扣除金额"：营业税改征增值税的纳税人，服务、不动产和无形资产有扣除项目的，按《附列资料（三）》第5列对应各行次数据填写，其中本列第5栏等于《附列资料（三）》第5列第3行与第4行之和；服务、不动产和无形资产无扣除项目的，本列填写"0"。其他纳税人不填写。

营业税改征增值税的纳税人，服务、不动产和无形资产按规定汇总计算缴纳增值税的分支机构，当期服务、不动产和无形资产有扣除项目的，填入本列第13行。

7. 第13列"扣除后""含税（免税）销售额"：营业税改征增值税的纳税人，服务、不动产和无形资产有扣除项目的，本列各行次=第11列对应各行次–第12列对应各行次。其他纳税人不填写。

8. 第14列"扣除后""销项（应纳）税额"：营业税改征增值税的纳税人，服务、不动产和无形资产有扣除项目的，按以下要求填写本列，其他纳税人不填写。

（1）服务、不动产和无形资产按照一般计税方法计税

本列各行次=第13列÷（100%+对应行次税率）×对应行次税率

本列第7行"按一般计税方法计税的即征即退服务、不动产和无形资产"不按本列的说明填写。具体填写要求见"各行说明"第2条第（2）项第③点的说明。

（2）服务、不动产和无形资产按照简易计税方法计税

本列各行次=第13列÷（100%+对应行次征收率）×对应行次征收率

本列第13行"预征率 %"不按本列的说明填写。具体填写要求见"各行说明"第4条第（2）项。

（3）服务、不动产和无形资产实行免抵退税或免税的，本列不填写。

（三）各行说明

1. 第1至5行"一、一般计税方法计税""全部征税项目"各行：按不同税率和项目分别填写

按一般计税方法计算增值税的全部征税项目。有即征即退征税项目的纳税人，本部分数据中既包括即征即退征税项目，又包括不享受即征即退政策的一般征税项目。

2. 第6至7行"一、一般计税方法计税""其中：即征即退项目"各行：只反映按一般计税方法计算增值税的即征即退项目。按照税法规定不享受即征即退政策的纳税人，不填写本行。即征即退项目是全部征税项目的其中数。

（1）第6行"即征即退货物及加工修理修配劳务"：反映按一般计税方法计算增值税且享受即征即退政策的货物和加工修理修配劳务。本行不包括服务、不动产和无形资产的内容。

① 本行第9列"合计""销售额"栏：反映按一般计税方法计算增值税且享受即征即退政策的货物及加工修理修配劳务的不含税销售额。该栏不按第9列所列公式计算，应按照税法规定据实填写。

② 本行第10列"合计""销项（应纳）税额"栏：反映按一般计税方法计算增值税且享受即征即退政策的货物及加工修理修配劳务的销项税额。该栏不按第10列所列公式计算，应按照税法规定据实填写。

（2）第7行"即征即退服务、不动产和无形资产"：反映按一般计税方法计算增值税且享受即征即退政策的服务、不动产和无形资产。本行不包括货物及加工修理修配劳务的内容。

① 本行第9列"合计""销售额"栏：反映按一般计税方法计算增值税且享受即征即退政策的服务、不动产和无形资产的不含税销售额。服务、不动产和无形资产有扣除项目的，按扣除之前的不含税销售额填写。该栏不按第9列所列公式计算，应按照税法规定据实填写。

② 本行第10列"合计""销项（应纳）税额"栏：反映按一般计税方法计算增值税且享受即征即退政策的服务、不动产和无形资产的销项税额。服务、不动产和无形资产有扣除项目的，按扣除之前的销项税额填写。该栏不按第10列所列公式计算，应按照税法规定据实填写。

③ 本行第14列"扣除后""销项（应纳）税额"栏：反映按一般计税方法征收增值税且享受即征即退政策的服务、不动产和无形资产实际应计提的销项税额。服务、不动产和无形资产有扣除项目的，按扣除之后的销项税额填写；服务、不动产和无形资产无扣除项目的，按本行第10列填写。该栏不按第14列所列公式计算，应按照税法规定据实填写。

3. 第8至12行"二、简易计税方法计税""全部征税项目"各行：按不同征收率和项目分别填写按简易计税方法计算增值税的全部征税项目。有即征即退征税项目的纳税人，本部分数据中既包括即征即退项目，也包括不享受即征即退政策的一般征税项目。

4. 第13a至13c行"二、简易计税方法计税""预征率 %"：反映营业税改征增值税的纳税人，服务、不动产和无形资产按规定汇总计算缴纳增值税的分支机构，预征增值税销售额、预征增值税应纳税额。其中，第13a行"预征率 %"适用于所有实行汇总计算缴纳增值税的分支机构试点纳税人；第13b、13c行"预征率%"适用于部分实行汇总计算缴纳增值税的铁路运输试点纳税人。

（1）第13a至13c行第1至6列按照销售额和销项税额的实际发生数填写。

（2）第13a至13c行第14列，纳税人按"应预征缴纳的增值税=应预征增值税销售额×预征率"公式计算后据实填写。

5. 第14至15行"二、简易计税方法计税""其中：即征即退项目"各行：只反映按简易计税方法计算增值税的即征即退项目。按照税法规定不享受即征即退政策的纳税人，不填写本行。即征即退项目是全部征税项目的其中数。

（1）第14行"即征即退货物及加工修理修配劳务"：反映按简易计税方法计算增值税且享受即征即退政策的货物及加工修理修配劳务。本行不包括服务、不动产和无形资产的内容。

① 本行第9列"合计""销售额"栏：反映按简易计税方法计算增值税且享受即征即退政策的货物及加工修理修配劳务的不含税销售额。该栏不按第9列所列公式计算，应按照税法规定据实填写。

② 本行第10列"合计""销项（应纳）税额"栏：反映按简易计税方法计算增值税且享受即

征即退政策的货物及加工修理修配劳务的应纳税额。该栏不按第 10 列所列公式计算，应按照税法规定据实填写。

（2）第 15 行"即征即退服务、不动产和无形资产"：反映按简易计税方法计算增值税且享受即征即退政策的服务、不动产和无形资产。本行不包括货物及加工修理修配劳务的内容。

① 本行第 9 列"合计""销售额"栏：反映按简易计税方法计算增值税且享受即征即退政策的服务、不动产和无形资产的不含税销售额。服务、不动产和无形资产有扣除项目的，按扣除之前的不含税销售额填写。该栏不按第 9 列所列公式计算，应按照税法规定据实填写。

② 本行第 10 列"合计""销项（应纳）税额"栏：反映按简易计税方法计算增值税且享受即征即退政策的服务、不动产和无形资产的应纳税额。服务、不动产和无形资产有扣除项目的，按扣除之前的应纳税额填写。该栏不按第 10 列所列公式计算，应按照税法规定据实填写。

③ 本行第 14 列"扣除后""销项（应纳）税额"栏：反映按简易计税方法计算增值税且享受即征即退政策的服务、不动产和无形资产实际应计提的应纳税额。服务、不动产和无形资产有扣除项目的，按扣除之后的应纳税额填写；服务、不动产和无形资产无扣除项目的，按本行第 10 列填写。

6. 第 16 行"三、免抵退税""货物及加工修理修配劳务"：反映适用免、抵、退税政策的出口货物、加工修理修配劳务。

7. 第 17 行"三、免抵退税""服务、不动产和无形资产"：反映适用免、抵、退税政策的服务、不动产和无形资产。

8. 第 18 行"四、免税""货物及加工修理修配劳务"：反映按照税法规定免征增值税的货物及劳务和适用零税率的出口货物及劳务，但零税率的销售额中不包括适用免、抵、退税办法的出口货物及劳务。

9. 第 19 行"四、免税""服务、不动产和无形资产"：反映按照税法规定免征增值税的服务、不动产、无形资产和适用零税率的服务、不动产、无形资产，但零税率的销售额中不包括适用免、抵、退税办法的服务、不动产和无形资产。

四、《增值税纳税申报表附列资料（二）》（本期进项税额明细）填写说明

（一）"税款所属时间""纳税人名称"的填写同主表。

（二）第 1 至 12 栏"一、申报抵扣的进项税额"：分别反映纳税人按税法规定符合抵扣条件，在本期申报抵扣的进项税额。

1. 第 1 栏"（一）认证相符的增值税专用发票"：反映纳税人取得的认证相符本期申报抵扣的增值税专用发票情况。该栏应等于第 2 栏"本期认证相符且本期申报抵扣"与第 3 栏"前期认证相符且本期申报抵扣"数据之和。

2. 第 2 栏"其中：本期认证相符且本期申报抵扣"：反映本期认证相符且本期申报抵扣的增值税专用发票的情况。本栏是第 1 栏的其中数，本栏只填写本期认证相符且本期申报抵扣的部分。

适用取消增值税发票认证规定的纳税人，当期申报抵扣的增值税发票数据，也填报在本栏中。

3. 第 3 栏"前期认证相符且本期申报抵扣"：反映前期认证相符且本期申报抵扣的增值税专用发票的情况。

辅导期纳税人依据税务机关告知的稽核比对结果通知书及明细清单注明的稽核相符的增值税专用发票填写本栏。本栏是第 1 栏的其中数，只填写前期认证相符且本期申报抵扣的部分。

4. 第 4 栏"（二）其他扣税凭证"：反映本期申报抵扣的除增值税专用发票之外的其他扣税凭证的情况。具体包括：海关进口增值税专用缴款书、农产品收购发票或者销售发票（含农产品核定扣除的进项税额）、代扣代缴税收完税凭证和其他符合政策规定的抵扣凭证。该栏应等于第 5 至 8 栏之和。

5. 第 5 栏"海关进口增值税专用缴款书"：反映本期申报抵扣的海关进口增值税专用缴款书的情况。按规定执行海关进口增值税专用缴款书先比对后抵扣的，纳税人需依据税务机关告知的稽核比对结果通知书及明细清单注明的稽核相符的海关进口增值税专用缴款书填写本栏。

6. 第 6 栏"农产品收购发票或者销售发票":反映本期申报抵扣的农产品收购发票和农产品销售普通发票的情况。执行农产品增值税进项税额核定扣除办法的,填写当期允许抵扣的农产品增值税进项税额,不填写"份数""金额"。

7. 第 7 栏"代扣代缴税收缴款凭证":填写本期按规定准予抵扣的完税凭证上注明的增值税额。

8. 第 8 栏"其他":反映按规定本期可以申报抵扣的其他扣税凭证情况。

纳税人按照规定不得抵扣且未抵扣进项税额的固定资产、无形资产、不动产,发生用途改变,用于允许抵扣进项税额的应税项目,可在用途改变的次月将按公式计算出的可以抵扣的进项税额,填入"税额"栏。

9. 第 9 栏"(三)本期用于购建不动产的扣税凭证":反映按规定本期用于购建不动产并适用分 2 年抵扣规定的扣税凭证上注明的金额和税额。购建不动产是指纳税人 2016 年 5 月 1 日后取得并在会计制度上按固定资产核算的不动产或者 2016 年 5 月 1 日后取得的不动产在建工程。

取得不动产,包括以直接购买、接受捐赠、接受投资入股、自建以及抵债等各种形式取得不动产,不包括房地产开发企业自行开发的房地产项目。

本栏次包括第 1 栏中本期用于购建不动产的增值税专用发票和第 4 栏中本期用于购建不动产的其他扣税凭证。

本栏"金额""税额" < 第 1 栏+第 4 栏且本栏"金额""税额" ≥0。

纳税人按照规定不得抵扣且未抵扣进项税额的不动产,发生用途改变,用于允许抵扣进项税额的应税项目,可在用途改变的次月将按公式计算出的可以抵扣的进项税额,填入"税额"栏。

本栏"税额"列=《附列资料(五)》第 2 列"本期不动产进项税额增加额"。

10. 第 10 栏"(四)本期不动产允许抵扣进项税额":反映按规定本期实际申报抵扣的不动产进项税额。本栏"税额"

列=《附列资料(五)》第 3 列"本期可抵扣不动产进项税额"

11. 第 11 栏"(五)外贸企业进项税额抵扣证明":填写本期申报抵扣的税务机关出口退税部门开具的《出口货物转内销证明》列明允许抵扣的进项税额。

12. 第 12 栏"当期申报抵扣进项税额合计":反映本期申报抵扣进项税额的合计数。按表中所列公式计算填写。

(三)第 13 至 23 栏"二、进项税额转出额"各栏:分别反映纳税人已经抵扣但按规定应在本期转出的进项税额明细情况。

1. 第 13 栏"本期进项税额转出额":反映已经抵扣但按规定应在本期转出的进项税额合计数。按表中所列公式计算填写。

2. 第 14 栏"免税项目用":反映用于免征增值税项目,按规定应在本期转出的进项税额。

3. 第 15 栏"集体福利、个人消费":反映用于集体福利或者个人消费,按规定应在本期转出的进项税额。

4. 第 16 栏"非正常损失":反映纳税人发生非正常损失,按规定应在本期转出的进项税额。

5. 第 17 栏"简易计税方法征税项目用":反映用于按简易计税方法征税项目,按规定应在本期转出的进项税额。

营业税改征增值税的纳税人,服务、不动产和无形资产按规定汇总计算缴纳增值税的分支机构,当期应由总机构汇总的进项税额也填入本栏。

6. 第 18 栏"免抵退税办法不得抵扣的进项税额":反映按照免、抵、退税办法的规定,由于征税税率与退税税率存在税率差,在本期应转出的进项税额。

7. 第 19 栏"纳税检查调减进项税额":反映税务、财政、审计部门检查后而调减的进项税额。

8. 第 20 栏"红字专用发票信息表注明的进项税额":填写主管税务机关开具的《开具红字增值税专用发票信息表》注明的在本期应转出的进项税额。

9. 第 21 栏"上期留抵税额抵减欠税":填写本期经税务机关同意,使用上期留抵税额抵减欠税的数额。

10. 第 22 栏"上期留抵税额退税"：填写本期经税务机关批准的上期留抵税额退税额。

11. 第 23 栏"其他应作进项税额转出的情形"：反映除上述进项税额转出情形外，其他应在本期转出的进项税额。

（四）第 24 至 34 栏"三、待抵扣进项税额"各栏：分别反映纳税人已经取得，但按税法规定不符合抵扣条件，暂不予在本期申报抵扣的进项税额情况及按税法规定不允许抵扣的进项税额情况。

1. 第 24 至 28 栏均为增值税专用发票的情况。

2. 第 25 栏"期初已认证相符但未申报抵扣"：反映前期认证相符，但按照税法规定暂不予抵扣及不允许抵扣，结存至本期的增值税专用发票情况。辅导期纳税人填写认证相符但未收到稽核比对结果的增值税专用发票期初情况。

3. 第 26 栏"本期认证相符且本期未申报抵扣"：反映本期认证相符，但按税法规定暂不予抵扣及不允许抵扣，而未申报抵扣的增值税专用发票情况。辅导期纳税人填写本期认证相符但未收到稽核比对结果的增值税专用发票情况。

4. 第 27 栏"期末已认证相符但未申报抵扣"：反映截至本期期末，按照税法规定仍暂不予抵扣及不允许抵扣且已认证相符的增值税专用发票情况。辅导期纳税人填写截至本期期末已认证相符但未收到稽核比对结果的增值税专用发票期末情况。

5. 第 28 栏"其中：按照税法规定不允许抵扣"：反映截至本期期末已认证相符但未申报抵扣的增值税专用发票中，按照税法规定不允许抵扣的增值税专用发票情况。

6. 第 29 栏"（二）其他扣税凭证"：反映截至本期期末仍未申报抵扣的除增值税专用发票之外的其他扣税凭证情况。具体包括：海关进口增值税专用缴款书、农产品收购发票或者销售发票、代扣代缴税收完税凭证和其他符合政策规定的抵扣凭证。该栏应等于第 30 至 33 栏之和。

7. 第 30 栏"海关进口增值税专用缴款书"：反映已取得但截至本期期末仍未申报抵扣的海关进口增值税专用缴款书情况，包括纳税人未收到稽核比对结果的海关进口增值税专用缴款书情况。

8. 第 31 栏"农产品收购发票或者销售发票"：反映已取得但截至本期期末仍未申报抵扣的农产品收购发票和农产品销售普通发票情况。

9. 第 32 栏"代扣代缴税收缴款凭证"：反映已取得但截至本期期末仍未申报抵扣的代扣代缴税收完税凭证情况。

10. 第 33 栏"其他"：反映已取得但截至本期期末仍未申报抵扣的其他扣税凭证的情况。

（五）第 35 至 36 栏"四、其他"各栏。

1. 第 35 栏"本期认证相符的增值税专用发票"：反映本期认证相符的增值税专用发票的情况。

2. 第 36 栏"代扣代缴税额"：填写纳税人根据《中华人民共和国增值税暂行条例》第十八条扣缴的应税劳务增值税额与根据营业税改征增值税有关政策规定扣缴的服务、不动产和无形资产增值税额之和。

五、《增值税纳税申报表附列资料（三）》（服务、不动产和无形资产扣除项目明细）填写说明

（一）本表由服务、不动产和无形资产有扣除项目的营业税改征增值税纳税人填写。其他纳税人不填写。

（二）"税款所属时间""纳税人名称"的填写同主表。

（三）第 1 列"本期服务、不动产和无形资产价税合计额（免税销售额）"：营业税改征增值税的服务、不动产和无形资产属于征税项目的，填写扣除之前的本期服务、不动产和无形资产价税合计额；营业税改征增值税的服务、不动产和无形资产属于免抵退税或免税项目的，填写扣除之前的本期服务、不动产和无形资产免税销售额。本列各行次等于《附列资料（一）》第 11 列对应行次，其中本列第 3 行和第 4 行之和等于《附列资料（一）》第 11 列第 5 栏。

营业税改征增值税的纳税人，服务、不动产和无形资产按规定汇总计算缴纳增值税的分支机构，本列各行次之和等于《附列资料（一）》第 11 列第 13a、13b 行之和。

（四）第 2 列"服务、不动产和无形资产扣除项目""期初余额"：填写服务、不动产和无形资产扣除项目上期期末结存的金额，试点实施之日的税款所属期填写"0"。本列各行次等于上期《附列资料（三）》第 6 列对应行次。

本列第 4 行"6%税率的金融商品转让项目""期初余额"年初首期填报时应填"0"。

（五）第 3 列"服务、不动产和无形资产扣除项目""本期发生额"：填写本期取得的按税法规定准予扣除的服务、不动产和无形资产扣除项目金额。

（六）第 4 列"服务、不动产和无形资产扣除项目""本期应扣除金额"：填写服务、不动产和无形资产扣除项目本期应扣除的金额。

本列各行次=第 2 列对应各行次+第 3 列对应各行次

（七）第 5 列"服务、不动产和无形资产扣除项目""本期实际扣除金额"：填写服务、不动产和无形资产扣除项目本期实际扣除的金额。

本列各行次≤第 4 列对应各行次且本列各行次≤第 1 列对应各行次。

（八）第 6 列"服务、不动产和无形资产扣除项目""期末余额"：填写服务、不动产和无形资产扣除项目本期期末结存的金额。

本列各行次=第 4 列对应各行次-第 5 列对应各行次

六、《增值税纳税申报表附列资料（四）》（税额抵减情况表）填写说明

本表第 1 行由发生增值税税控系统专用设备费用和技术维护费的纳税人填写，反映纳税人增值税税控系统专用设备费用和技术维护费按规定抵减增值税应纳税额的情况。

本表第 2 行由营业税改征增值税纳税人，服务、不动产和无形资产按规定汇总计算缴纳增值税的总机构填写，反映其分支机构预征缴纳税款抵减总机构应纳增值税额的情况。

本表第 3 行由销售建筑服务并按规定预缴增值税的纳税人填写，反映其销售建筑服务预征缴纳税款抵减应纳增值税额的情况。

本表第 4 行由销售不动产并按规定预缴增值税的纳税人填写，反映其销售不动产预征缴纳税款抵减应纳增值税额的情况。

本表第 5 行由出租不动产并按规定预缴增值税的纳税人填写，反映其出租不动产预征缴纳税款抵减应纳增值税额的情况。

未发生上述业务的纳税人不填写本表。

七、《增值税纳税申报表附列资料（五）》（不动产分期抵扣计算表）填表说明

（一）本表由分期抵扣不动产进项税额的纳税人填写。

（二）"税款所属时间""纳税人名称"的填写同主表。

（三）第 1 列"期初待抵扣不动产进项税额"：填写纳税人上期期末待抵扣不动产进项税额。

（四）第 2 列"本期不动产进项税额增加额"：填写本期取得的符合税法规定的不动产进项税额。

（五）第 3 列"本期可抵扣不动产进项税额"：填写符合税法规定可以在本期抵扣的不动产进项税额。

（六）第 4 列"本期转入的待抵扣不动产进项税额"：填写按照税法规定本期应转入的待抵扣不动产进项税额。

本列数≤《附列资料（二）》第 23 栏"税额"。

（七）第 5 列"本期转出的待抵扣不动产进项税额"：填写按照税法规定本期应转出的待抵扣不动产进项税额。

（八）第 6 列"期末待抵扣不动产进项税额"：填写本期期末尚未抵扣的不动产进项税额，按表中公式填写。

八、《固定资产（不含不动产）进项税额抵扣情况表》填写说明

本表反映纳税人在《附列资料（二）》"一、申报抵扣的进项税额"中固定资产的进项税额。本表按增值税专用发票、海关进口增值税专用缴款书分别填写。

九、《本期抵扣进项税额结构明细表》填写说明

（一）"税款所属时间""纳税人名称"的填写同主表。

（二）第1栏反映本期申报抵扣进项税额的合计数。按表中所列公式计算填写。

本栏"税额"列=《附列资料（二）》第12栏"税额"列。

（三）第2至17栏分别反映纳税人按税法规定符合抵扣条件，在本期申报抵扣的不同税率（或征收率）的进项税额。其中，用于购建不动产的进项税额按照本期实际抵扣的进项税额填写。

（四）第18栏反映纳税人按照农产品增值税进项税额核定扣除办法计算抵扣的进项税额。

（五）第19栏反映纳税人按照外贸企业进项税额抵扣证明注明的进项税额。

（六）本表内各栏间逻辑关系如下：

第1栏表内公式为 1=2+4+5+10+13+15+17+18+19；

第2栏≥第3栏；

第5栏≥第6栏+第7栏+第8栏+第9栏；

第10栏≥第11栏+第12栏；

第13栏≥第14栏；

第15栏≥第16栏。

十、《增值税减免税申报明细表》填写说明

（一）本表由享受增值税减免税优惠政策的增值税一般纳税人和小规模纳税人填写。仅享受月销售额不超过3万元（按季纳税9万元）免征增值税政策或未达起征点的增值税小规模纳税人不需填报本表，即小规模纳税人当期增值税纳税申报表主表第12栏"其他免税销售额""本期数"和第16栏"本期应纳税额减征额""本期数"均无数据时，不需填报本表。

（二）"税款所属时间""纳税人名称"的填写同增值税纳税申报表主表（以下简称主表）。

（三）"一、减税项目"由本期按照税收法律、法规及国家有关税收规定享受减征（包含税额式减征、税率式减征）增值税优惠的纳税人填写。

1. "减税性质代码及名称"：根据国家税务总局最新发布的《减免性质及分类表》所列减免性质代码、项目名称填写。同时有多个减征项目的，应分别填写。

2. 第1列"期初余额"：填写应纳税额减征项目上期"期末余额"，为对应项目上期应抵减而不足抵减的余额。

3. 第2列"本期发生额"：填写本期发生的按照规定准予抵减增值税应纳税额的金额。

4. 第3列"本期应抵减税额"：填写本期应抵减增值税应纳税额的金额。本列按表中所列公式填写。

5. 第4列"本期实际抵减税额"：填写本期实际抵减增值税应纳税额的金额。本列各行≤第3列对应各行。

一般纳税人填写时，第1行"合计"本列数=主表第23行"一般项目"列"本月数"。

小规模纳税人填写时，第1行"合计"本列数=主表第16行"本期应纳税额减征额""本期数"。

6. 第5列"期末余额"：按表中所列公式填写。

（四）"二、免税项目"由本期按照税收法律、法规及国家有关税收规定免征增值税的纳税人填写。仅享受小微企业免征增值税政策或未达起征点的小规模纳税人不需填写，即小规模纳税人申报表主表第12栏"其他免税销售额""本期数"无数据时，不需填写本栏。

1. "免税性质代码及名称"：根据国家税务总局最新发布的《减免性质及分类表》所列减免性质代码、项目名称填写。同时有多个免税项目的，应分别填写。

2. "出口免税"填写纳税人本期按照税法规定出口免征增值税的销售额，但不包括适用免、抵、退税办法出口的销售额。小规模纳税人不填写本栏。

3. 第1列"免征增值税项目销售额"：填写纳税人免税项目的销售额。免税销售额按照有关规定允许从取得的全部价款和价外费用中扣除价款的，应填写扣除之前的销售额。

一般纳税人填写时，本列"合计"等于主表第8行"一般项目"列"本月数"。

小规模纳税人填写时，本列"合计"等于主表第12行"其他免税销售额""本期数"。

4. 第2列"免税销售额扣除项目本期实际扣除金额"：免税销售额按照有关规定允许从取得的全部价款和价外费用中扣除价款的，据实填写扣除金额；无扣除项目的，本列填写"0"。

5. 第3列"扣除后免税销售额"：按表中所列公式填写。

6. 第4列"免税销售额对应的进项税额"：本期用于增值税免税项目的进项税额。小规模纳税人不填写本列，一般纳税人按下列情况填写：

（1）纳税人兼营应税和免税项目的，按当期免税销售额对应的进项税额填写；

（2）纳税人本期销售收入全部为免税项目，且当期取得合法扣税凭证的，按当期取得的合法扣税凭证注明或计算的进项税额填写；

（3）当期未取得合法扣税凭证的，纳税人可根据实际情况自行计算免税项目对应的进项税额；无法计算的，本栏次填"0"。

7. 第5列"免税额"：一般纳税人和小规模纳税人分别按下列公式计算填写，且本列各行数应大于或等于0。

一般纳税人公式：第5列"免税额"≤第3列"扣除后免税销售额"×适用税率–第4列"免税销售额对应的进项税额"。

小规模纳税人公式：第5列"免税额"=第3列"扣除后免税销售额"×征收率。

附件3

增值税纳税申报表

（小规模纳税人适用）

纳税人识别号：□□□□□□□□□□□□□□□□□□□□

纳税人名称（公章）：　　　　　　　　　　　　　　　　　　　　金额单位：元至角分

税款所属期：　　年　月　日至　　年　月　日　　　　　　　　　填表日期：　年　月　日

	项　　目	栏次	本期数		本年累计	
			货物及劳务	服务、不动产和无形资产	货物及劳务	服务、不动产和无形资产
一、计税依据	（一）应征增值税不含税销售额	1				
	税务机关代开的增值税专用发票不含税销售额	2				
	税控器具开具的普通发票不含税销售额	3				
	（二）销售、出租不动产不含税销售额	4	—		—	
	税务机关代开的增值税专用发票不含税销售额	5	—		—	
	税控器具开具的普通发票不含税销售额	6	—		—	
	（三）销售使用过的固定资产不含税销售额	7（7≥8）		—		—
	其中：税控器具开具的普通发票不含税销售额	8		—		—
	（四）免税销售额	9=10+11+12				
	其中：小微企业免税销售额	10				
	未达起征点销售额	11				
	其他免税销售额	12				
	（五）出口免税销售额	13（13≥14）				
	其中：税控器具开具的普通发票销售额	14				

续表

项目		栏次	本期数		本年累计	
			货物及劳务	服务、不动产和无形资产	货物及劳务	服务、不动产和无形资产
二、税款计算	本期应纳税额	15				
	本期应纳税额减征额	16				
	本期免税额	17				
	其中：小微企业免税额	18				
	未达起征点免税额	19				
	应纳税额合计	20=15-16				
	本期预缴税额	21			—	—
	本期应补（退）税额	22=20-21			—	—

纳税人或代理人声明：	如纳税人填报，由纳税人填写以下各栏：	
本纳税申报表是根据国家税收法律法规及相关规定填报的，我确定它是真实的、可靠的、完整的。	办税人员： 法定代表人：	财务负责人： 联系电话：
	如委托代理人填报，由代理人填写以下各栏：	
	代理人名称（公章）： 联系电话：	经办人：

主管税务机关： 　　　　　接收人： 　　　　　接收日期：

增值税纳税申报表（小规模纳税人适用）附列资料

税款所属期： 年 月 日至 年 月 日　　　　　填表日期： 年 月 日
纳税人名称（公章）：　　　　　　　　　　　　　金额单位：元至角分

服务扣除额计算			
期初余额	本期发生额	本期扣除额	期末余额
1	2	3（3≤1+2之和，且3≤5）	4=1+2-3

计税销售额计算			
全部含税收入	本期扣除额	含税销售额	不含税销售额
5	6=3	7=5-6	8=7÷1.03

附件4

《增值税纳税申报表（小规模纳税人适用）》及其附列资料填写说明

本纳税申报表及其附列资料填写说明（以下简称本表及填写说明）适用于增值税小规模纳税人（以下简称纳税人）。

一、名词解释

（一）本表及填写说明所称"货物"，是指增值税的应税货物。

（二）本表及填写说明所称"劳务"，是指增值税的应税加工、修理、修配劳务。

（三）本表及填写说明所称"服务、不动产和无形资产"，是指销售服务、不动产和无形资产。

（四）本表及填写说明所称"扣除项目"，是指纳税人销售服务、不动产，在确定销售额时，按照有关规定允许其从取得的全部价款和价外费用中扣除价款的项目。

二、《增值税纳税申报表（小规模纳税人适用）》填写说明

本表"货物及劳务"与"服务、不动产和无形资产"各项目应分别填写。

（一）"税款所属期"是指纳税人申报的增值税应纳税额的所属时间，应填写具体的起止年、月、日。

（二）"纳税人识别号"栏，填写纳税人的税务登记证件号码。

（三）"纳税人名称"栏，填写纳税人名称全称。

（四）第1栏"应征增值税不含税销售额"：填写本期销售货物及劳务、服务和无形资产的不含税销售额，不包括销售、出租不动产、销售使用过的固定资产和销售旧货的不含税销售额、免税销售额、出口免税销售额、查补销售额。

服务有扣除项目的纳税人，本栏填写扣除后的不含税销售额，与当期《增值税纳税申报表（小规模纳税人适用）附列资料》第8栏数据一致。

（五）第2栏"税务机关代开的增值税专用发票不含税销售额"：填写税务机关代开的增值税专用发票销售额合计。

（六）第3栏"税控器具开具的普通发票不含税销售额"：填写税控器具开具的货物及劳务、服务和无形资产的普通发票金额换算的不含税销售额。

（七）第4栏"销售、出租不动产不含税销售额"：填写销售、出租不动产的不含税销售额，销售额=含税销售额/（1+5%）。销售不动产有扣除项目的纳税人，本栏填写扣除后的不含税销售额。

（八）第5栏"税务机关代开的增值税专用发票不含税销售额"：填写税务机关代开的增值税专用发票销售额合计。

（九）第6栏"税控器具开具的普通发票不含税销售额"：填写税控器具开具的销售、出租不动产的普通发票金额换算的不含税销售额。

（十）第7栏"销售使用过的固定资产不含税销售额"：填写销售自己使用过的固定资产（不含不动产，下同）和销售旧货的不含税销售额，销售额=含税销售额/（1+3%）。

（十一）第8栏"税控器具开具的普通发票不含税销售额"：填写税控器具开具的销售自己使用过的固定资产和销售旧货的普通发票金额换算的不含税销售额。

（十二）第9栏"免税销售额"：填写销售免征增值税的货物及劳务、服务、不动产和无形资产的销售额，不包括出口免税销售额。

服务、不动产有扣除项目的纳税人，填写扣除之前的销售额。

（十三）第10栏"小微企业免税销售额"：填写符合小微企业免征增值税政策的免税销售额，不包括符合其他增值税免税政策的销售额。个体工商户和其他个人不填写本栏次。

（十四）第11栏"未达起征点销售额"：填写个体工商户和其他个人未达起征点（含支持小微企业免征增值税政策）的免税销售额，不包括符合其他增值税免税政策的销售额。本栏次由个体工商户和其他个人填写。

（十五）第12栏"其他免税销售额"：填写销售免征增值税的货物及劳务、服务、不动产和无形资产的销售额，不包括符合小微企业免征增值税和未达起征点政策的免税销售额。

（十六）第13栏"出口免税销售额"：填写出口免征增值税货物及劳务、出口免征增值税服务、无形资产的销售额。

服务有扣除项目的纳税人，填写扣除之前的销售额。

（十七）第14栏"税控器具开具的普通发票销售额"：填写税控器具开具的出口免征增值税货物及劳务、出口免征增值税服务、无形资产的普通发票销售额。

（十八）第15栏"本期应纳税额"：填写本期按征收率计算缴纳的应纳税额。

（十九）第16栏"本期应纳税额减征额"：填写纳税人本期按照税法规定减征的增值税应纳税额。包含可在增值税应纳税额中全额抵减的增值税税控系统专用设备费用以及技术维护费，可在增值税应纳税额中抵免的购置税控收款机的增值税额。

当本期减征额小于或等于第 15 栏"本期应纳税额"时,按本期减征额实际填写;当本期减征额大于第 15 栏"本期应纳税额"时,按本期第 15 栏填写,本期减征额不足抵减部分结转下期继续抵减。

(二十)第 17 栏"本期免税额":填写纳税人本期增值税免税额,免税额根据第 9 栏"免税销售额"和征收率计算。

(二十一)第 18 栏"小微企业免税额":填写符合小微企业免征增值税政策的增值税免税额,免税额根据第 10 栏"小微企业免税销售额"和征收率计算。

(二十二)第 19 栏"未达起征点免税额":填写个体工商户和其他个人未达起征点(含支持小微企业免征增值税政策)的增值税免税额,免税额根据第 11 栏"未达起征点销售额"和征收率计算。

(二十三)第 21 栏"本期预缴税额":填写纳税人本期预缴的增值税额,但不包括查补缴纳的增值税额。

三、《增值税纳税申报表(小规模纳税人适用)附列资料》填写说明

本附列资料由销售服务有扣除项目的纳税人填写,各栏次均不包含免征增值税项目的金额。

(一)"税款所属期"是指纳税人申报的增值税应纳税额的所属时间,应填写具体的起止年、月、日。

(二)"纳税人名称"栏,填写纳税人名称全称。

(三)第 1 栏"期初余额":填写服务扣除项目上期期末结存的金额,试点实施之日的税款所属期填写"0"。

(四)第 2 栏"本期发生额":填写本期取得的按税法规定准予扣除的服务扣除项目金额。

(五)第 3 栏"本期扣除额":填写服务扣除项目本期实际扣除的金额。

第 3 栏"本期扣除额"≤第 1 栏"期初余额"+第 2 栏"本期发生额"之和,且第 3 栏"本期扣除额"≤5 栏"全部含税收入"

(六)第 4 栏"期末余额":填写服务扣除项目本期期末结存的金额。

(七)第 5 栏"全部含税收入":填写纳税人销售服务、无形资产取得的全部价款和价外费用数额。

(八)第 6 栏"本期扣除额":填写本附列资料第 3 项"本期扣除额"栏数据。

第 6 栏"本期扣除额"=第 3 栏"本期扣除额"

(九)第 7 栏"含税销售额":填写服务、无形资产的含税销售额。

第 7 栏"含税销售额"=第 5 栏"全部含税收入"−第 6 栏"本期扣除额"

(十)第 8 栏"不含税销售额":填写服务、无形资产的不含税销售额。

第 8 栏"不含税销售额"=第 7 栏"含税销售额"÷1.03,与《增值税纳税申报表(小规模纳税人适用)》第 1 栏"应征增值税不含税销售额""本期数""服务、不动产和无形资产"栏数据一致。

附件 5

增值税预缴税款表

税款所属时间:　　年　月　日至　　年　月　日

纳税人识别号:□□□□□□□□□□□□□□□□□□□□　　　是否适用一般计税方法:是 □　否 □

纳税人名称 (公章)		金额单位:元 (列至角分)	
项目编号		项目名称	
项目地址			

续表

预征项目和栏次		销售额	扣除金额	预征率	预征税额
		1	2	3	4
建筑服务	1				
销售不动产	2				
出租不动产	3				
	4				
	5				
合计	6				
授权声明	如果你已委托代理人填报，请填写下列资料： 为代理一切税务事宜，现授权_____（地址）_____为本次纳税人的代理填报人，任何与本表有关的往来文件，都可寄予此人。 授权人签字：		填表人申明	以上内容是真实的、可靠的、完整的。 纳税人签字：	

附件 6

《增值税预缴税款表》填写说明

一、本表适用于纳税人发生以下情形按规定在国税机关预缴增值税时填写。

（一）纳税人（不含其他个人）跨县（市）提供建筑服务。

（二）房地产开发企业预售自行开发的房地产项目。

（三）纳税人（不含其他个人）出租与机构所在地不在同一县（市）的不动产。

二、基础信息填写说明：

（一）"税款所属时间"：指纳税人申报的增值税预缴税额的所属时间，应填写具体的起止年、月、日。

（二）"纳税人识别号"：填写纳税人的税务登记证件号码；纳税人为未办理过税务登记证的非企业性单位的，填写其组织机构代码证号码。

（三）"纳税人名称"：填写纳税人名称全称。

（四）"是否适用一般计税方法"：该项目适用一般计税方法的纳税人在该项目后的"□"中打"√"，适用简易计税方法的纳税人在该项目后的"□"中打"×"。

（五）"项目编号"：由异地提供建筑服务的纳税人和房地产开发企业填写《建筑工程施工许可证》上的编号，根据相关规定不需要申请《建筑工程施工许可证》的建筑服务项目或不动产开发项目，不需要填写。出租不动产业务无须填写。

（六）"项目名称"：填写建筑服务或者房地产项目的名称。出租不动产业务不需要填写。

（七）"项目地址"：填写建筑服务项目、房地产项目或出租不动产的具体地址。

三、具体栏次填表说明：

（一）纳税人异地提供建筑服务

纳税人在"预征项目和栏次"部分的第1栏"建筑服务"行次填写相关信息：

1. 第1列"销售额"：填写纳税人跨县（市）提供建筑服务取得的全部价款和价外费用（含税）。

2. 第2列"扣除金额"：填写跨县（市）提供建筑服务项目按照规定准予从全部价款和价外费用中扣除的金额（含税）。

3. 第3列"预征率"：填写跨县（市）提供建筑服务项目对应的预征率或者征收率。

4. 第4列"预征税额"：填写按照规定计算的应预缴税额。

（二）房地产开发企业预售自行开发的房地产项目

纳税人在"预征项目和栏次"部分的第2栏"销售不动产"行次填写相关信息：

1. 第1列"销售额"：填写本期收取的预收款（含税），包括在取得预收款当月或主管国税机关确定的预缴期取得的全部预收价款和价外费用。
2. 第2列"扣除金额"：房地产开发企业不需填写。
3. 第3列"预征率"：房地产开发企业预征率为3%。
4. 第4列"预征税额"：填写按照规定计算的应预缴税额。

（三）纳税人出租不动产

纳税人在"预征项目和栏次"部分的第3栏"出租不动产"行次填写相关信息：

1. 第1列"销售额"：填写纳税人出租不动产取得全部价款和价外费用（含税）；
2. 第2列"扣除金额"无须填写；
3. 第3列"预征率"：填写纳税人预缴增值税适用的预征率或者征收率；
4. 第4列"预征税额"：填写按照规定计算的应预缴税额。

关于营业税改征增值税试点有关文化事业建设费政策及征收管理问题的通知

财税〔2016〕25号

为促进文化事业发展，现就营业税改征增值税（以下简称营改增）试点中文化事业建设费政策及征收管理有关问题通知如下：

一、在中华人民共和国境内提供广告服务的广告媒介单位和户外广告经营单位，应按照本通知规定缴纳文化事业建设费。

二、中华人民共和国境外的广告媒介单位和户外广告经营单位在境内提供广告服务，在境内未设有经营机构的，以广告服务接受方为文化事业建设费的扣缴义务人。

三、缴纳文化事业建设费的单位（以下简称缴纳义务人）应按照提供广告服务取得的计费销售额和3%的费率计算应缴费额，计算公式如下：

$$应缴费额 = 计费销售额 \times 3\%$$

计费销售额，为缴纳义务人提供广告服务取得的全部含税价款和价外费用，减除支付给其他广告公司或广告发布者的含税广告发布费后的余额。

缴纳义务人减除价款的，应当取得增值税专用发票或国家税务总局规定的其他合法有效凭证，否则，不得减除。

四、按规定扣缴文化事业建设费的，扣缴义务人应按下列公式计算应扣缴费额：

$$应扣缴费额 = 支付的广告服务含税价款 \times 费率$$

五、文化事业建设费的缴纳义务发生时间和缴纳地点，与缴纳义务人的增值税纳税义务发生时间和纳税地点相同。

文化事业建设费的扣缴义务发生时间，为缴纳义务人的增值税纳税义务发生时间。

文化事业建设费的扣缴义务人应当向其机构所在地或者居住地主管税务机关申报缴纳其扣缴的文化事业建设费。

六、文化事业建设费的缴纳期限与缴纳义务人的增值税纳税期限相同。

文化事业建设费扣缴义务人解缴税款的期限，应按照前款规定执行。

七、增值税小规模纳税人中月销售额不超过2万元（按季纳税6万元）的企业和非企业性单位提供的应税服务，免征文化事业建设费。

自2015年1月1日起至2017年12月31日，对按月纳税的月销售额不超过3万元（含3万元），以及按季纳税的季度销售额不超过9万元（含9万元）的缴纳义务人，免征文化事业建设费。

八、营改增后的文化事业建设费，由国家税务局征收。

九、营改增试点中文化事业建设费的预算科目、预算级次和缴库办法等,参照《财政部关于开征文化事业建设费有关预算管理问题的通知》(财预字〔1996〕469号)的规定执行,具体如下:

中央所属企事业单位缴纳的文化事业建设费,中央所属企事业单位组成的联营企业、股份制企业缴纳的文化事业建设费,中央所属企事业单位与集体企业、私营企业组成的联营企业、股份制企业缴纳的文化事业建设费,中央所属企事业单位与港、澳、台商组成的合资经营企业(港或澳、台资)、合作经营企业(港或澳、台资)缴纳的文化事业建设费,中央所属企事业单位与外商组成的中外合资经营企业、中外合作经营企业缴纳的文化事业建设费,全部作为中央预算收入,由税务机关开具税收缴款书,以"1030217文化事业建设费收入"项级科目就地缴入中央国库。

地方所属企事业单位、集体企业、私营企业、港澳台商独资经营企业、外商独资企业缴纳的文化事业建设费,地方所属企事业单位、集体企业、私营企业组成的联营企业、股份制企业缴纳的文化事业建设费,地方所属企事业单位、集体企业、私营企业与港、澳、台商组成的合资经营企业(港或澳、台资)、合作经营企业(港或澳、台资)缴纳的文化事业建设费,地方所属企事业单位、集体企业、私营企业与外商组成的中外合资经营企业、中外合作经营企业缴纳的文化事业建设费,全部作为地方预算收入,由税务机关开具税收缴款书,以"1030217文化事业建设费收入"项级科目,按各地方规定的缴库级次就地缴入地方国库。

中央所属企事业单位与地方所属企事业单位组成的联营企业、股份制企业缴纳的文化事业建设费,中央所属企事业单位与地方所属企事业单位联合与集体企业、私营企业、港澳台商、外商组成的联营企业、股份制企业、合资经营企业(港或澳、台资)、合作经营企业(港或澳、台资)、中外合资经营企业、中外合作经营企业缴纳的文化事业建设费,按中央、地方各自投资占中央和地方投资之和的比例,分别作为中央预算收入和地方预算收入,由税务机关开具税收缴款书就地缴入中央国库和地方规定的地方国库。

十、文化事业建设费纳入财政预算管理,用于文化事业建设。具体管理和使用办法,另行制定。

十一、本通知所称广告服务,是指《财政部 国家税务总局关于全面推开营业税改征增值税试点的通知》(财税〔2016〕36号)的《销售服务、无形资产、不动产注释》中"广告服务"范围内的服务。

十二、本通知所称广告媒介单位和户外广告经营单位,是指发布、播映、宣传、展示户外广告和其他广告的单位,以及从事广告代理服务的单位。

十三、本通知自2016年5月1日起执行。《关于营业税改征增值税试点有关文化事业建设费征收管理问题的通知》(财综〔2013〕88号)同时废止。

财政部 国家税务总局
2016年3月28日

关于全面推开营业税改征增值税试点的通知

财税〔2016〕36号

经国务院批准,自2016年5月1日起,在全国范围内全面推开营业税改征增值税(以下称营改增)试点,建筑业、房地产业、金融业、生活服务业等全部营业税纳税人,纳入试点范围,由缴纳营业税改为缴纳增值税。现将《营业税改征增值税试点实施办法》、《营业税改征增值税试点有关事项的规定》、《营业税改征增值税试点过渡政策的规定》和《跨境应税行为适用增值税零税率和免税政策的规定》印发你们,请遵照执行。

本通知附件规定的内容,除另有规定执行时间外,自2016年5月1日起执行。《财政部 国家税务总局关于将铁路运输和邮政业纳入营业税改征增值税试点的通知》(财税〔2013〕106号)、《财政部 国家税务总局关于铁路运输和邮政业营业税改征增值税试点有关政策的补充通知》(财税〔2013〕121号)、《财政部 国家税务总局关于将电信业纳入营业税改征增值税试点的通知》(财税〔2014〕43号)、《财政部 国家税务总局关于国际水路运输增值税零税率政策的补充通知》(财税

〔2014〕50号）和《财政部 国家税务总局关于影视等出口服务适用增值税零税率政策的通知》（财税〔2015〕118号），除另有规定的条款外，相应废止。

各地要高度重视营改增试点工作，切实加强试点工作的组织领导，周密安排，明确责任，采取各种有效措施，做好试点前的各项准备以及试点过程中的监测分析和宣传解释等工作，确保改革的平稳、有序、顺利进行。遇到问题请及时向财政部和国家税务总局反映。

附件：1. 营业税改征增值税试点实施办法
2. 营业税改征增值税试点有关事项的规定
3. 营业税改征增值税试点过渡政策的规定
4. 跨境应税行为适用增值税零税率和免税政策的规定

财政部 国家税务总局
2016年3月23日

附件1：

营业税改征增值税试点实施办法

第一章 纳税人和扣缴义务人

第一条 在中华人民共和国境内（以下称境内）销售服务、无形资产或者不动产（以下称应税行为）的单位和个人，为增值税纳税人，应当按照本办法缴纳增值税，不缴纳营业税。

单位，是指企业、行政单位、事业单位、军事单位、社会团体及其他单位。

个人，是指个体工商户和其他个人。

第二条 单位以承包、承租、挂靠方式经营的，承包人、承租人、挂靠人（以下统称承包人）以发包人、出租人、被挂靠人（以下统称发包人）名义对外经营并由发包人承担相关法律责任的，以该发包人为纳税人。否则，以承包人为纳税人。

第三条 纳税人分为一般纳税人和小规模纳税人。

应税行为的年应征增值税销售额（以下称应税销售额）超过财政部和国家税务总局规定标准的纳税人为一般纳税人，未超过规定标准的纳税人为小规模纳税人。

年应税销售额超过规定标准的其他个人不属于一般纳税人。年应税销售额超过规定标准但不经常发生应税行为的单位和个体工商户可选择按照小规模纳税人纳税。

第四条 年应税销售额未超过规定标准的纳税人，会计核算健全，能够提供准确税务资料的，可以向主管税务机关办理一般纳税人资格登记，成为一般纳税人。

会计核算健全，是指能够按照国家统一的会计制度规定设置账簿，根据合法、有效凭证核算。

第五条 符合一般纳税人条件的纳税人应当向主管税务机关办理一般纳税人资格登记。具体登记办法由国家税务总局制定。

除国家税务总局另有规定外，一经登记为一般纳税人后，不得转为小规模纳税人。

第六条 中华人民共和国境外（以下称境外）单位或者个人在境内发生应税行为，在境内未设有经营机构的，以购买方为增值税扣缴义务人。财政部和国家税务总局另有规定的除外。

第七条 两个或者两个以上的纳税人，经财政部和国家税务总局批准可以视为一个纳税人合并纳税。具体办法由财政部和国家税务总局另行制定。

第八条 纳税人应当按照国家统一的会计制度进行增值税会计核算。

第二章 征税范围

第九条 应税行为的具体范围，按照本办法所附的《销售服务、无形资产、不动产注释》执行。

第十条 销售服务、无形资产或者不动产，是指有偿提供服务、有偿转让无形资产或者不动产，但属于下列非经营活动的情形除外：

（一）行政单位收取的同时满足以下条件的政府性基金或者行政事业性收费。

1．由国务院或者财政部批准设立的政府性基金，由国务院或者省级人民政府及其财政、价格主管部门批准设立的行政事业性收费；

2．收取时开具省级以上（含省级）财政部门监（印）制的财政票据；

3．所收款项全额上缴财政。

（二）单位或者个体工商户聘用的员工为本单位或者雇主提供取得工资的服务。

（三）单位或者个体工商户为聘用的员工提供服务。

（四）财政部和国家税务总局规定的其他情形。

第十一条 有偿，是指取得货币、货物或者其他经济利益。

第十二条 在境内销售服务、无形资产或者不动产，是指：

（一）服务（租赁不动产除外）或者无形资产（自然资源使用权除外）的销售方或者购买方在境内；

（二）所销售或者租赁的不动产在境内；

（三）所销售自然资源使用权的自然资源在境内；

（四）财政部和国家税务总局规定的其他情形。

第十三条 下列情形不属于在境内销售服务或者无形资产：

（一）境外单位或者个人向境内单位或者个人销售完全在境外发生的服务。

（二）境外单位或者个人向境内单位或者个人销售完全在境外使用的无形资产。

（三）境外单位或者个人向境内单位或者个人出租完全在境外使用的有形动产。

（四）财政部和国家税务总局规定的其他情形。

第十四条 下列情形视同销售服务、无形资产或者不动产：

（一）单位或者个体工商户向其他单位或者个人无偿提供服务，但用于公益事业或者以社会公众为对象的除外。

（二）单位或者个人向其他单位或者个人无偿转让无形资产或者不动产，但用于公益事业或者以社会公众为对象的除外。

（三）财政部和国家税务总局规定的其他情形。

第三章 税率和征收率

第十五条 增值税税率：

（一）纳税人发生应税行为，除本条第（二）项、第（三）项、第（四）项规定外，税率为6%。

（二）提供交通运输、邮政、基础电信、建筑、不动产租赁服务，销售不动产，转让土地使用权，税率为11%。

（三）提供有形动产租赁服务，税率为17%。

（四）境内单位和个人发生的跨境应税行为，税率为零。具体范围由财政部和国家税务总局另行规定。

第十六条 增值税征收率为3%，财政部和国家税务总局另有规定的除外。

第四章 应纳税额的计算
第一节 一般性规定

第十七条 增值税的计税方法，包括一般计税方法和简易计税方法。

第十八条 一般纳税人发生应税行为适用一般计税方法计税。

一般纳税人发生财政部和国家税务总局规定的特定应税行为，可以选择适用简易计税方法计税，但一经选择，36个月内不得变更。

第十九条 小规模纳税人发生应税行为适用简易计税方法计税。

第二十条 境外单位或者个人在境内发生应税行为，在境内未设有经营机构的，扣缴义务人按照下列公式计算应扣缴税额：

$$应扣缴税额=购买方支付的价款÷（1+税率）×税率$$

第二节 一般计税方法

第二十一条 一般计税方法的应纳税额，是指当期销项税额抵扣当期进项税额后的余额。应纳税额计算公式：

$$应纳税额=当期销项税额-当期进项税额$$

当期销项税额小于当期进项税额不足抵扣时，其不足部分可以结转下期继续抵扣。

第二十二条 销项税额，是指纳税人发生应税行为按照销售额和增值税税率计算并收取的增值税额。销项税额计算公式：

$$销项税额=销售额×税率$$

第二十三条 一般计税方法的销售额不包括销项税额，纳税人采用销售额和销项税额合并定价方法的，按照下列公式计算销售额：

$$销售额=含税销售额÷（1+税率）$$

第二十四条 进项税额，是指纳税人购进货物、加工修理修配劳务、服务、无形资产或者不动产，支付或者负担的增值税额。

第二十五条 下列进项税额准予从销项税额中抵扣：

（一）从销售方取得的增值税专用发票（含税控机动车销售统一发票，下同）上注明的增值税额。

（二）从海关取得的海关进口增值税专用缴款书上注明的增值税额。

（三）购进农产品，除取得增值税专用发票或者海关进口增值税专用缴款书外，按照农产品收购发票或者销售发票上注明的农产品买价和13%的扣除率计算的进项税额。计算公式为：

$$进项税额=买价×扣除率$$

买价，是指纳税人购进农产品在农产品收购发票或者销售发票上注明的价款和按照规定缴纳的烟叶税。

购进农产品，按照《农产品增值税进项税额核定扣除试点实施办法》抵扣进项税额的除外。

（四）从境外单位或者个人购进服务、无形资产或者不动产，自税务机关或者扣缴义务人取得的解缴税款的完税凭证上注明的增值税额。

第二十六条 纳税人取得的增值税扣税凭证不符合法律、行政法规或者国家税务总局有关规定的，其进项税额不得从销项税额中抵扣。

增值税扣税凭证，是指增值税专用发票、海关进口增值税专用缴款书、农产品收购发票、农产品销售发票和完税凭证。

纳税人凭完税凭证抵扣进项税额的，应当具备书面合同、付款证明和境外单位的对账单或者发票。资料不全的，其进项税额不得从销项税额中抵扣。

第二十七条 下列项目的进项税额不得从销项税额中抵扣：

（一）用于简易计税方法计税项目、免征增值税项目、集体福利或者个人消费的购进货物、加工修理修配劳务、服务、无形资产和不动产。其中涉及的固定资产、无形资产、不动产，仅指专用于上述项目的固定资产、无形资产（不包括其他权益性无形资产）、不动产。

纳税人的交际应酬消费属于个人消费。

（二）非正常损失的购进货物，以及相关的加工修理修配劳务和交通运输服务。

（三）非正常损失的在产品、产成品所耗用的购进货物（不包括固定资产）、加工修理修配劳务和交通运输服务。

（四）非正常损失的不动产，以及该不动产所耗用的购进货物、设计服务和建筑服务。

（五）非正常损失的不动产在建工程所耗用的购进货物、设计服务和建筑服务。

纳税人新建、改建、扩建、修缮、装饰不动产，均属于不动产在建工程。

（六）购进的旅客运输服务、贷款服务、餐饮服务、居民日常服务和娱乐服务。

（七）财政部和国家税务总局规定的其他情形。

本条第（四）项、第（五）项所称货物，是指构成不动产实体的材料和设备，包括建筑装饰材料和给排水、采暖、卫生、通风、照明、通信、煤气、消防、中央空调、电梯、电气、智能化楼宇设备及配套设施。

第二十八条 不动产、无形资产的具体范围，按照本办法所附的《销售服务、无形资产或者不动产注释》执行。

固定资产，是指使用期限超过 12 个月的机器、机械、运输工具以及其他与生产经营有关的设备、工具、器具等有形动产。

非正常损失，是指因管理不善造成货物被盗、丢失、霉烂变质，以及因违反法律法规造成货物或者不动产被依法没收、销毁、拆除的情形。

第二十九条 适用一般计税方法的纳税人，兼营简易计税方法计税项目、免征增值税项目而无法划分不得抵扣的进项税额，按照下列公式计算不得抵扣的进项税额：

不得抵扣的进项税额=当期无法划分的全部进项税额×（当期简易计税方法计税项目销售额+免征增值税项目销售额）÷当期全部销售额

主管税务机关可以按照上述公式依据年度数据对不得抵扣的进项税额进行清算。

第三十条 已抵扣进项税额的购进货物（不含固定资产）、劳务、服务，发生本办法第二十七条规定情形（简易计税方法计税项目、免征增值税项目除外）的，应当将该进项税额从当期进项税额中扣减；无法确定该进项税额的，按照当期实际成本计算应扣减的进项税额。

第三十一条 已抵扣进项税额的固定资产、无形资产或者不动产，发生本办法第二十七条规定情形的，按照下列公式计算不得抵扣的进项税额：

不得抵扣的进项税额=固定资产、无形资产或者不动产净值×适用税率

固定资产、无形资产或者不动产净值，是指纳税人根据财务会计制度计提折旧或摊销后的余额。

第三十二条 纳税人适用一般计税方法计税的，因销售折让、中止或者退回而退还给购买方的增值税额，应当从当期的销项税额中扣减；因销售折让、中止或者退回而收回的增值税额，应当从当期的进项税额中扣减。

第三十三条 有下列情形之一者，应当按照销售额和增值税税率计算应纳税额，不得抵扣进项税额，也不得使用增值税专用发票：

（一）一般纳税人会计核算不健全，或者不能够提供准确税务资料的。

（二）应当办理一般纳税人资格登记而未办理的。

第三节 简易计税方法

第三十四条 简易计税方法的应纳税额，是指按照销售额和增值税征收率计算的增值税额，不得抵扣进项税额。应纳税额计算公式：

应纳税额=销售额×征收率

第三十五条 简易计税方法的销售额不包括其应纳税额，纳税人采用销售额和应纳税额合并定价方法的，按照下列公式计算销售额：

销售额=含税销售额÷（1+征收率）

第三十六条 纳税人适用简易计税方法计税的，因销售折让、中止或者退回而退还给购买方的销售额，应当从当期销售额中扣减。扣减当期销售额后仍有余额造成多缴的税款，可以从以后的应

纳税额中扣减。

第四节 销售额的确定

第三十七条 销售额,是指纳税人发生应税行为取得的全部价款和价外费用,财政部和国家税务总局另有规定的除外。

价外费用,是指价外收取的各种性质的收费,但不包括以下项目:

(一)代为收取并符合本办法第十条规定的政府性基金或者行政事业性收费。

(二)以委托方名义开具发票代委托方收取的款项。

第三十八条 销售额以人民币计算。

纳税人按照人民币以外的货币结算销售额的,应当折合成人民币计算,折合率可以选择销售额发生的当天或者当月1日的人民币汇率中间价。纳税人应当在事先确定采用何种折合率,确定后12个月内不得变更。

第三十九条 纳税人兼营销售货物、劳务、服务、无形资产或者不动产,适用不同税率或者征收率的,应当分别核算适用不同税率或者征收率的销售额;未分别核算的,从高适用税率。

第四十条 一项销售行为如果既涉及服务又涉及货物,为混合销售。从事货物的生产、批发或者零售的单位和个体工商户的混合销售行为,按照销售货物缴纳增值税;其他单位和个体工商户的混合销售行为,按照销售服务缴纳增值税。

本条所称从事货物的生产、批发或者零售的单位和个体工商户,包括以从事货物的生产、批发或者零售为主,并兼营销售服务的单位和个体工商户在内。

第四十一条 纳税人兼营免税、减税项目的,应当分别核算免税、减税项目的销售额;未分别核算的,不得免税、减税。

第四十二条 纳税人发生应税行为,开具增值税专用发票后,发生开票有误或者销售折让、中止、退回等情形的,应当按照国家税务总局的规定开具红字增值税专用发票;未按照规定开具红字增值税专用发票的,不得按照本办法第三十二条和第三十六条的规定扣减销项税额或者销售额。

第四十三条 纳税人发生应税行为,将价款和折扣额在同一张发票上分别注明的,以折扣后的价款为销售额;未在同一张发票上分别注明的,以价款为销售额,不得扣减折扣额。

第四十四条 纳税人发生应税行为价格明显偏低或者偏高且不具有合理商业目的的,或者发生本办法第十四条所列行为而无销售额的,主管税务机关有权按照下列顺序确定销售额:

(一)按照纳税人最近时期销售同类服务、无形资产或者不动产的平均价格确定。

(二)按照其他纳税人最近时期销售同类服务、无形资产或者不动产的平均价格确定。

(三)按照组成计税价格确定。组成计税价格的公式为:

$$组成计税价格=成本×(1+成本利润率)$$

成本利润率由国家税务总局确定。

不具有合理商业目的,是指以谋取税收利益为主要目的,通过人为安排,减少、免除、推迟缴纳增值税税款,或者增加退还增值税税款。

第五章 纳税义务、扣缴义务发生时间和纳税地点

第四十五条 增值税纳税义务、扣缴义务发生时间为:

(一)纳税人发生应税行为并收讫销售款项或者取得索取销售款项凭据的当天;先开具发票的,为开具发票的当天。

收讫销售款项,是指纳税人销售服务、无形资产、不动产过程中或者完成后收到款项。

取得索取销售款项凭据的当天,是指书面合同确定的付款日期;未签订书面合同或者书面合同未确定付款日期的,为服务、无形资产转让完成的当天或者不动产权属变更的当天。

(二)纳税人提供建筑服务、租赁服务采取预收款方式的,其纳税义务发生时间为收到预收款的当天。

（三）纳税人从事金融商品转让的，为金融商品所有权转移的当天。

（四）纳税人发生本办法第十四条规定情形的，其纳税义务发生时间为服务、无形资产转让完成的当天或者不动产权属变更的当天。

（五）增值税扣缴义务发生时间为纳税人增值税纳税义务发生的当天。

第四十六条 增值税纳税地点为：

（一）固定业户应当向其机构所在地或者居住地主管税务机关申报纳税。总机构和分支机构不在同一县（市）的，应当分别向各自所在地的主管税务机关申报纳税；经财政部和国家税务总局或者其授权的财政和税务机关批准，可以由总机构汇总向总机构所在地的主管税务机关申报纳税。

（二）非固定业户应当向应税行为发生地主管税务机关申报纳税；未申报纳税的，由其机构所在地或者居住地主管税务机关补征税款。

（三）其他个人提供建筑服务，销售或者租赁不动产，转让自然资源使用权，应向建筑服务发生地、不动产所在地、自然资源所在地主管税务机关申报纳税。

（四）扣缴义务人应当向其机构所在地或者居住地主管税务机关申报缴纳扣缴的税款。

第四十七条 增值税的纳税期限分别为1日、3日、5日、10日、15日、1个月或者1个季度。纳税人的具体纳税期限，由主管税务机关根据纳税人应纳税额的大小分别核定。以1个季度为纳税期限的规定适用于小规模纳税人、银行、财务公司、信托投资公司、信用社，以及财政部和国家税务总局规定的其他纳税人。不能按照固定期限纳税的，可以按次纳税。

纳税人以1个月或者1个季度为1个纳税期的，自期满之日起15日内申报纳税；以1日、3日、5日、10日或者15日为1个纳税期的，自期满之日起5日内预缴税款，于次月1日起15日内申报纳税并结清上月应纳税款。

扣缴义务人解缴税款的期限，按照前两款规定执行。

第六章 税收减免的处理

第四十八条 纳税人发生应税行为适用免税、减税规定的，可以放弃免税、减税，依照本办法的规定缴纳增值税。放弃免税、减税后，36个月内不得再申请免税、减税。

纳税人发生应税行为同时适用免税和零税率规定的，纳税人可以选择适用免税或者零税率。

第四十九条 个人发生应税行为的销售额未达到增值税起征点的，免征增值税；达到起征点的，全额计算缴纳增值税。

增值税起征点不适用于登记为一般纳税人的个体工商户。

第五十条 增值税起征点幅度如下：

（一）按期纳税的，为月销售额5 000~20 000元（含本数）。

（二）按次纳税的，为每次（日）销售额300~500元（含本数）。

起征点的调整由财政部和国家税务总局规定。省、自治区、直辖市财政厅（局）和国家税务局应当在规定的幅度内，根据实际情况确定本地区适用的起征点，并报财政部和国家税务总局备案。

对增值税小规模纳税人中月销售额未达到2万元的企业或非企业性单位，免征增值税。2017年12月31日前，对月销售额2万元（含本数）至3万元的增值税小规模纳税人，免征增值税。

第七章 征收管理

第五十一条 营业税改征的增值税，由国家税务局负责征收。纳税人销售取得的不动产和其他个人出租不动产的增值税，国家税务局暂委托地方税务局代为征收。

第五十二条 纳税人发生适用零税率的应税行为，应当按期向主管税务机关申报办理退（免）税，具体办法由财政部和国家税务总局制定。

第五十三条 纳税人发生应税行为，应当向索取增值税专用发票的购买方开具增值税专用发票，并在增值税专用发票上分别注明销售额和销项税额。

属于下列情形之一的，不得开具增值税专用发票：

（一）向消费者个人销售服务、无形资产或者不动产。

（二）适用免征增值税规定的应税行为。

第五十四条 小规模纳税人发生应税行为，购买方索取增值税专用发票的，可以向主管税务机关申请代开。

第五十五条 纳税人增值税的征收管理，按照本办法和《中华人民共和国税收征收管理法》及现行增值税征收管理有关规定执行。

附：

销售服务、无形资产、不动产注释

一、销售服务

销售服务，是指提供交通运输服务、邮政服务、电信服务、建筑服务、金融服务、现代服务、生活服务。

（一）交通运输服务。

交通运输服务，是指利用运输工具将货物或者旅客送达目的地，使其空间位置得到转移的业务活动。包括陆路运输服务、水路运输服务、航空运输服务和管道运输服务。

1．陆路运输服务。

陆路运输服务，是指通过陆路（地上或者地下）运送货物或者旅客的运输业务活动，包括铁路运输服务和其他陆路运输服务。

（1）铁路运输服务，是指通过铁路运送货物或者旅客的运输业务活动。

（2）其他陆路运输服务，是指铁路运输以外的陆路运输业务活动。包括公路运输、缆车运输、索道运输、地铁运输、城市轻轨运输等。

出租车公司向使用本公司自有出租车的出租车司机收取的管理费用，按照陆路运输服务缴纳增值税。

2．水路运输服务。

水路运输服务，是指通过江、河、湖、川等天然、人工水道或者海洋航道运送货物或者旅客的运输业务活动。

水路运输的程租、期租业务，属于水路运输服务。

程租业务，是指运输企业为租船人完成某一特定航次的运输任务并收取租赁费的业务。

期租业务，是指运输企业将配备有操作人员的船舶承租给他人使用一定期限，承租期内听候承租方调遣，不论是否经营，均按天向承租方收取租赁费，发生的固定费用均由船东负担的业务。

3．航空运输服务。

航空运输服务，是指通过空中航线运送货物或者旅客的运输业务活动。

航空运输的湿租业务，属于航空运输服务。

湿租业务，是指航空运输企业将配备有机组人员的飞机承租给他人使用一定期限，承租期内听候承租方调遣，不论是否经营，均按一定标准向承租方收取租赁费，发生的固定费用均由承租方承担的业务。

航天运输服务，按照航空运输服务缴纳增值税。

航天运输服务，是指利用火箭等载体将卫星、空间探测器等空间飞行器发射到空间轨道的业务活动。

4．管道运输服务。

管道运输服务，是指通过管道设施输送气体、液体、固体物质的运输业务活动。

无运输工具承运业务，按照交通运输服务缴纳增值税。

无运输工具承运业务，是指经营者以承运人身份与托运人签订运输服务合同，收取运费并承担承运人责任，然后委托实际承运人完成运输服务的经营活动。

（二）邮政服务。

邮政服务，是指中国邮政集团公司及其所属邮政企业提供邮件寄递、邮政汇兑和机要通信等邮政基本服务的业务活动。包括邮政普遍服务、邮政特殊服务和其他邮政服务。

1. 邮政普遍服务。

邮政普遍服务，是指函件、包裹等邮件寄递，以及邮票发行、报刊发行和邮政汇兑等业务活动。

函件，是指信函、印刷品、邮资封片卡、无名址函件和邮政小包等。

包裹，是指按照封装上的名址递送给特定个人或者单位的独立封装的物品，其重量不超过五十千克，任何一边的尺寸不超过一百五十厘米，长、宽、高合计不超过三百厘米。

2. 邮政特殊服务。

邮政特殊服务，是指义务兵平常信函、机要通信、盲人读物和革命烈士遗物的寄递等业务活动。

3. 其他邮政服务。

其他邮政服务，是指邮册等邮品销售、邮政代理等业务活动。

（三）电信服务。

电信服务，是指利用有线、无线的电磁系统或者光电系统等各种通信网络资源，提供语音通话服务，传送、发射、接收或者应用图像、短信等电子数据和信息的业务活动。包括基础电信服务和增值电信服务。

1. 基础电信服务。

基础电信服务，是指利用固网、移动网、卫星、互联网，提供语音通话服务的业务活动，以及出租或者出售带宽、波长等网络元素的业务活动。

2. 增值电信服务。

增值电信服务，是指利用固网、移动网、卫星、互联网、有线电视网络，提供短信和彩信服务、电子数据和信息的传输及应用服务、互联网接入服务等业务活动。

卫星电视信号落地转接服务，按照增值电信服务缴纳增值税。

（四）建筑服务。

建筑服务，是指各类建筑物、构筑物及其附属设施的建造、修缮、装饰，线路、管道、设备、设施等的安装以及其他工程作业的业务活动。包括工程服务、安装服务、修缮服务、装饰服务和其他建筑服务。

1. 工程服务。

工程服务，是指新建、改建各种建筑物、构筑物的工程作业，包括与建筑物相连的各种设备或者支柱、操作平台的安装或者装设工程作业，以及各种窑炉和金属结构工程作业。

2. 安装服务。

安装服务，是指生产设备、动力设备、起重设备、运输设备、传动设备、医疗实验设备以及其他各种设备、设施的装配、安置工程作业，包括与被安装设备相连的工作台、梯子、栏杆的装设工程作业，以及被安装设备的绝缘、防腐、保温、油漆等工程作业。

固定电话、有线电视、宽带、水、电、燃气、暖气等经营者向用户收取的安装费、初装费、开户费、扩容费以及类似收费，按照安装服务缴纳增值税。

3. 修缮服务。

修缮服务，是指对建筑物、构筑物进行修补、加固、养护、改善，使之恢复原来的使用价值或者延长其使用期限的工程作业。

4. 装饰服务。

装饰服务，是指对建筑物、构筑物进行修饰装修，使之美观或者具有特定用途的工程作业。

5. 其他建筑服务。

其他建筑服务，是指上列工程作业之外的各种工程作业服务，如钻井（打井）、拆除建筑物或者构筑物、平整土地、园林绿化、疏浚（不包括航道疏浚）、建筑物平移、搭脚手架、爆破、矿山穿孔、表面附着物（包括岩层、土层、沙层等）剥离和清理等工程作业。

（五）金融服务。

金融服务，是指经营金融保险的业务活动。包括贷款服务、直接收费金融服务、保险服务和金融商品转让。

1. 贷款服务。

贷款，是指将资金贷与他人使用而取得利息收入的业务活动。

各种占用、拆借资金取得的收入，包括金融商品持有期间（含到期）利息（保本收益、报酬、资金占用费、补偿金等）收入、信用卡透支利息收入、买入返售金融商品利息收入、融资融券收取的利息收入，以及融资性售后回租、押汇、罚息、票据贴现、转贷等业务取得的利息及利息性质的收入，按照贷款服务缴纳增值税。

融资性售后回租，是指承租方以融资为目的，将资产出售给从事融资性售后回租业务的企业后，从事融资性售后回租业务的企业将该资产出租给承租方的业务活动。

以货币资金投资收取的固定利润或者保底利润，按照贷款服务缴纳增值税。

2. 直接收费金融服务。

直接收费金融服务，是指为货币资金融通及其他金融业务提供相关服务并且收取费用的业务活动。包括提供货币兑换、账户管理、电子银行、信用卡、信用证、财务担保、资产管理、信托管理、基金管理、金融交易场所（平台）管理、资金结算、资金清算、金融支付等服务。

3. 保险服务。

保险服务，是指投保人根据合同约定，向保险人支付保险费，保险人对于合同约定的可能发生的事故因其发生所造成的财产损失承担赔偿保险金责任，或者当被保险人死亡、伤残、疾病或者达到合同约定的年龄、期限等条件时承担给付保险金责任的商业保险行为。包括人身保险服务和财产保险服务。

人身保险服务，是指以人的寿命和身体为保险标的的保险业务活动。

财产保险服务，是指以财产及其有关利益为保险标的的保险业务活动。

4. 金融商品转让。

金融商品转让，是指转让外汇、有价证券、非货物期货和其他金融商品所有权的业务活动。

其他金融商品转让包括基金、信托、理财产品等各类资产管理产品和各种金融衍生品的转让。

（六）现代服务。

现代服务，是指围绕制造业、文化产业、现代物流产业等提供技术性、知识性服务的业务活动。包括研发和技术服务、信息技术服务、文化创意服务、物流辅助服务、租赁服务、鉴证咨询服务、广播影视服务、商务辅助服务和其他现代服务。

1. 研发和技术服务。

研发和技术服务，包括研发服务、合同能源管理服务、工程勘察勘探服务、专业技术服务。

（1）研发服务，也称技术开发服务，是指就新技术、新产品、新工艺或者新材料及其系统进行研究与试验开发的业务活动。

（2）合同能源管理服务，是指节能服务公司与用能单位以契约形式约定节能目标，节能服务公司提供必要的服务，用能单位以节能效果支付节能服务公司投入及其合理报酬的业务活动。

（3）工程勘察勘探服务，是指在采矿、工程施工前后，对地形、地质构造、地下资源蕴藏情况进行实地调查的业务活动。

（4）专业技术服务，是指气象服务、地震服务、海洋服务、测绘服务、城市规划、环境与生态监测服务等专项技术服务。

2. 信息技术服务。

信息技术服务，是指利用计算机、通信网络等技术对信息进行生产、收集、处理、加工、存储、运输、检索和利用,并提供信息服务的业务活动。包括软件服务、电路设计及测试服务、信息系统服务、业务流程管理服务和信息系统增值服务。

(1) 软件服务,是指提供软件开发服务、软件维护服务、软件测试服务的业务活动。

(2) 电路设计及测试服务,是指提供集成电路和电子电路产品设计、测试及相关技术支持服务的业务活动。

(3) 信息系统服务,是指提供信息系统集成、网络管理、网站内容维护、桌面管理与维护、信息系统应用、基础信息技术管理平台整合、信息技术基础设施管理、数据中心、托管中心、信息安全服务、在线杀毒、虚拟主机等业务活动。包括网站对非自有的网络游戏提供的网络运营服务。

(4) 业务流程管理服务,是指依托信息技术提供的人力资源管理、财务经济管理、审计管理、税务管理、物流信息管理、经营信息管理和呼叫中心等服务的活动。

(5) 信息系统增值服务,是指利用信息系统资源为用户附加提供的信息技术服务。包括数据处理、分析和整合、数据库管理、数据备份、数据存储、容灾服务、电子商务平台等。

3. 文化创意服务。

文化创意服务,包括设计服务、知识产权服务、广告服务和会议展览服务。

(1) 设计服务,是指把计划、规划、设想通过文字、语言、图画、声音、视觉等形式传递出来的业务活动。包括工业设计、内部管理设计、业务运作设计、供应链设计、造型设计、服装设计、环境设计、平面设计、包装设计、动漫设计、网游设计、展示设计、网站设计、机械设计、工程设计、广告设计、创意策划、文印晒图等。

(2) 知识产权服务,是指处理知识产权事务的业务活动。包括对专利、商标、著作权、软件、集成电路布图设计的登记、鉴定、评估、认证、检索服务。

(3) 广告服务,是指利用图书、报纸、杂志、广播、电视、电影、幻灯、路牌、招贴、橱窗、霓虹灯、灯箱、互联网等各种形式为客户的商品、经营服务项目、文体节目或者通告、声明等委托事项进行宣传和提供相关服务的业务活动。包括广告代理和广告的发布、播映、宣传、展示等。

(4) 会议展览服务,是指为商品流通、促销、展示、经贸洽谈、民间交流、企业沟通、国际往来等举办或者组织安排的各类展览和会议的业务活动。

4. 物流辅助服务。

物流辅助服务,包括航空服务、港口码头服务、货运客运场站服务、打捞救助服务、装卸搬运服务、仓储服务和收派服务。

(1) 航空服务,包括航空地面服务和通用航空服务。

航空地面服务,是指航空公司、飞机场、民航管理局、航站等向在境内航行或者在境内机场停留的境内外飞机或者其他飞行器提供的导航等劳务性地面服务的业务活动。包括旅客安全检查服务、停机坪管理服务、机场候机厅管理服务、飞机清洗消毒服务、空中飞行管理服务、飞机起降服务、飞行通信服务、地面信号服务、飞机安全服务、飞机跑道管理服务、空中交通管理服务等。

通用航空服务,是指为专业工作提供飞行服务的业务活动,包括航空摄影、航空培训、航空测量、航空勘探、航空护林、航空吊挂播撒、航空降雨、航空气象探测、航空海洋监测、航空科学实验等。

(2) 港口码头服务,是指港务船舶调度服务、船舶通信服务、航道管理服务、航道疏浚服务、灯塔管理服务、航标管理服务、船舶引航服务、理货服务、系解缆服务、停泊和移泊服务、海上船舶溢油清除服务、水上交通管理服务、船只专业清洗消毒检测服务和防止船只漏油服务等为船只提供服务的业务活动。

港口设施经营人收取的港口设施保安费按照港口码头服务缴纳增值税。

(3) 货运客运场站服务,是指货运客运场站提供货物配载服务、运输组织服务、中转换乘服务、车辆调度服务、票务服务、货物打包整理、铁路线路使用服务、加挂铁路客车服务、铁路行包专列发送服务、铁路到达和中转服务、铁路车辆编解服务、车辆挂运服务、铁路接触网服务、铁路机车牵引服务等业务活动。

（4）打捞救助服务，是指提供船舶人员救助、船舶财产救助、水上救助和沉船沉物打捞服务的业务活动。

（5）装卸搬运服务，是指使用装卸搬运工具或者人力、畜力将货物在运输工具之间、装卸现场之间或者运输工具与装卸现场之间进行装卸和搬运的业务活动。

（6）仓储服务，是指利用仓库、货场或者其他场所代客贮放、保管货物的业务活动。

（7）收派服务，是指接受寄件人委托，在承诺的时限内完成函件和包裹的收件、分拣、派送服务的业务活动。

收件服务，是指从寄件人收取函件和包裹，并运送到服务提供方同城的集散中心的业务活动。

分拣服务，是指服务提供方在其集散中心对函件和包裹进行归类、分发的业务活动。

派送服务，是指服务提供方从其集散中心将函件和包裹送达同城的收件人的业务活动。

5. 租赁服务。

租赁服务，包括融资租赁服务和经营租赁服务。

（1）融资租赁服务，是指具有融资性质和所有权转移特点的租赁活动。即出租人根据承租人所要求的规格、型号、性能等条件购入有形动产或者不动产租赁给承租人，合同期内租赁物所有权属于出租人，承租人只拥有使用权，合同期满付清租金后，承租人有权按照残值购入租赁物，以拥有其所有权。不论出租人是否将租赁物销售给承租人，均属于融资租赁。

按照标的物的不同，融资租赁服务可分为有形动产融资租赁服务和不动产融资租赁服务。

融资性售后回租不按照本税目缴纳增值税。

（2）经营租赁服务，是指在约定时间内将有形动产或者不动产转让他人使用且租赁物所有权不变更的业务活动。

按照标的物的不同，经营租赁服务可分为有形动产经营租赁服务和不动产经营租赁服务。

将建筑物、构筑物等不动产或者飞机、车辆等有形动产的广告位出租给其他单位或者个人用于发布广告，按照经营租赁服务缴纳增值税。

车辆停放服务、道路通行服务（包括过路费、过桥费、过闸费等）等按照不动产经营租赁服务缴纳增值税。

水路运输的光租业务、航空运输的干租业务，属于经营租赁。

光租业务，是指运输企业将船舶在约定的时间内出租给他人使用，不配备操作人员，不承担运输过程中发生的各项费用，只收取固定租赁费的业务活动。

干租业务，是指航空运输企业将飞机在约定的时间内出租他人使用，不配备机组人员，不承担运输过程中发生的各项费用，只收取固定租赁费的业务活动。

6. 鉴证咨询服务。

鉴证咨询服务，包括认证服务、鉴证服务和咨询服务。

（1）认证服务，是指具有专业资质的单位利用检测、检验、计量等技术，证明产品、服务、管理体系符合相关技术规范、相关技术规范的强制性要求或者标准的业务活动。

（2）鉴证服务，是指具有专业资质的单位受托对相关事项进行鉴证，发表具有证明力的意见的业务活动。包括会计鉴证、税务鉴证、法律鉴证、职业技能鉴定、工程造价鉴证、工程监理、资产评估、环境评估、房地产土地评估、建筑图纸审核、医疗事故鉴定等。

（3）咨询服务，是指提供信息、建议、策划、顾问等服务的活动。包括金融、软件、技术、财务、税收、法律、内部管理、业务运作、流程管理、健康等方面的咨询。

翻译服务和市场调查服务按照咨询服务缴纳增值税。

7. 广播影视服务。

广播影视服务，包括广播影视节目（作品）的制作服务、发行服务和播映（含放映，下同）服务。

（1）广播影视节目（作品）制作服务，是指进行专题（特别节目）、专栏、综艺、体育、动画片、广播剧、电视剧、电影等广播影视节目和作品制作的服务。具体包括与广播影视节目和作品相关的策划、采编、拍摄、录音、音视频文字图片素材制作、场景布置、后期的剪辑、翻译（编译）、字幕制作、片头、片尾、片花制作、特效制作、影片修复、编目和确权等业务活动。

（2）广播影视节目（作品）发行服务，是指以分账、买断、委托等方式，向影院、电台、电视台、网站等单位和个人发行广播影视节目（作品）以及转让体育赛事等活动的报道及播映权的业务活动。

（3）广播影视节目（作品）播映服务，是指在影院、剧院、录像厅及其他场所播映广播影视节目（作品），以及通过电台、电视台、卫星通信、互联网、有线电视等无线或者有线装置播映广播影视节目（作品）的业务活动。

8．商务辅助服务。

商务辅助服务，包括企业管理服务、经纪代理服务、人力资源服务、安全保护服务。

（1）企业管理服务，是指提供总部管理、投资与资产管理、市场管理、物业管理、日常综合管理等服务的业务活动。

（2）经纪代理服务，是指各类经纪、中介、代理服务。包括金融代理、知识产权代理、货物运输代理、代理报关、法律代理、房地产中介、职业中介、婚姻中介、代理记账、拍卖等。

货物运输代理服务，是指接受货物收货人、发货人、船舶所有人、船舶承租人或者船舶经营人的委托，以委托人的名义，为委托人办理货物运输、装卸、仓储和船舶进出港口、引航、靠泊等相关手续的业务活动。

代理报关服务，是指接受进出口货物的收、发货人委托，代为办理报关手续的业务活动。

（3）人力资源服务，是指提供公共就业、劳务派遣、人才委托招聘、劳动力外包等服务的业务活动。

（4）安全保护服务，是指提供保护人身安全和财产安全，维护社会治安等的业务活动。包括场所住宅保安、特种保安、安全系统监控以及其他安保服务。

9．其他现代服务。

其他现代服务，是指除研发和技术服务、信息技术服务、文化创意服务、物流辅助服务、租赁服务、鉴证咨询服务、广播影视服务和商务辅助服务以外的现代服务。

（七）生活服务。

生活服务，是指为满足城乡居民日常生活需求提供的各类服务活动。包括文化体育服务、教育医疗服务、旅游娱乐服务、餐饮住宿服务、居民日常服务和其他生活服务。

1．文化体育服务。

文化体育服务，包括文化服务和体育服务。

（1）文化服务，是指为满足社会公众文化生活需求提供的各种服务。包括：文艺创作、文艺表演、文化比赛，图书馆的图书和资料借阅，档案馆的档案管理，文物及非物质遗产保护，组织举办宗教活动、科技活动、文化活动，提供游览场所。

（2）体育服务，是指组织举办体育比赛、体育表演、体育活动，以及提供体育训练、体育指导、体育管理的业务活动。

2．教育医疗服务。

教育医疗服务，包括教育服务和医疗服务。

（1）教育服务，是指提供学历教育服务、非学历教育服务、教育辅助服务的业务活动。

学历教育服务，是指根据教育行政管理部门确定或者认可的招生和教学计划组织教学，并颁发相应学历证书的业务活动。包括初等教育、初级中等教育、高级中等教育、高等教育等。

非学历教育服务，包括学前教育、各类培训、演讲、讲座、报告会等。

教育辅助服务，包括教育测评、考试、招生等服务。

（2）医疗服务，是指提供医学检查、诊断、治疗、康复、预防、保健、接生、计划生育、防疫服务等方面的服务，以及与这些服务有关的提供药品、医用材料器具、救护车、病房住宿和伙食的业务。

3. 旅游娱乐服务。

旅游娱乐服务，包括旅游服务和娱乐服务。

（1）旅游服务，是指根据旅游者的要求，组织安排交通、游览、住宿、餐饮、购物、文娱、商务等服务的业务活动。

（2）娱乐服务，是指为娱乐活动同时提供场所和服务的业务。

具体包括：歌厅、舞厅、夜总会、酒吧、台球、高尔夫球、保龄球、游艺（包括射击、狩猎、跑马、游戏机、蹦极、卡丁车、热气球、动力伞、射箭、飞镖）。

4. 餐饮住宿服务。

餐饮住宿服务，包括餐饮服务和住宿服务。

（1）餐饮服务，是指通过同时提供饮食和饮食场所的方式为消费者提供饮食消费服务的业务活动。

（2）住宿服务，是指提供住宿场所及配套服务等的活动。包括宾馆、旅馆、旅社、度假村和其他经营性住宿场所提供的住宿服务。

5. 居民日常服务。

居民日常服务，是指主要为满足居民个人及其家庭日常生活需求提供的服务，包括市容市政管理、家政、婚庆、养老、殡葬、照料和护理、救助救济、美容美发、按摩、桑拿、氧吧、足疗、沐浴、洗染、摄影扩印等服务。

6. 其他生活服务。

其他生活服务，是指除文化体育服务、教育医疗服务、旅游娱乐服务、餐饮住宿服务和居民日常服务之外的生活服务。

二、销售无形资产

销售无形资产，是指转让无形资产所有权或者使用权的业务活动。无形资产，是指不具实物形态，但能带来经济利益的资产，包括技术、商标、著作权、商誉、自然资源使用权和其他权益性无形资产。

技术，包括专利技术和非专利技术。

自然资源使用权，包括土地使用权、海域使用权、探矿权、采矿权、取水权和其他自然资源使用权。

其他权益性无形资产，包括基础设施资产经营权、公共事业特许权、配额、经营权（包括特许经营权、连锁经营权、其他经营权）、经销权、分销权、代理权、会员权、席位权、网络游戏虚拟道具、域名、名称权、肖像权、冠名权、转会费等。

三、销售不动产

销售不动产，是指转让不动产所有权的业务活动。不动产，是指不能移动或者移动后会引起性质、形状改变的财产，包括建筑物、构筑物等。

建筑物，包括住宅、商业营业用房、办公楼等可供居住、工作或者进行其他活动的建造物。

构筑物，包括道路、桥梁、隧道、水坝等建造物。

转让建筑物有限产权或者永久使用权的，转让在建的建筑物或者构筑物所有权的，以及在转让建筑物或者构筑物时一并转让其所占土地的使用权的，按照销售不动产缴纳增值税。

附件2：

营业税改征增值税试点有关事项的规定

一、营改增试点期间，试点纳税人〔指按照《营业税改征增值税试点实施办法》（以下称《试

点实施办法》）缴纳增值税的纳税人〕有关政策

（一）兼营。

试点纳税人销售货物、加工修理修配劳务、服务、无形资产或者不动产适用不同税率或者征收率的，应当分别核算适用不同税率或者征收率的销售额，未分别核算销售额的，按照以下方法适用税率或者征收率：

1. 兼有不同税率的销售货物、加工修理修配劳务、服务、无形资产或者不动产，从高适用税率。

2. 兼有不同征收率的销售货物、加工修理修配劳务、服务、无形资产或者不动产，从高适用征收率。

3. 兼有不同税率和征收率的销售货物、加工修理修配劳务、服务、无形资产或者不动产，从高适用税率。

（二）不征收增值税项目。

1. 根据国家指令无偿提供的铁路运输服务、航空运输服务，属于《试点实施办法》第十四条规定的用于公益事业的服务。

2. 存款利息。

3. 被保险人获得的保险赔付。

4. 房地产主管部门或者其指定机构、公积金管理中心、开发企业以及物业管理单位代收的住宅专项维修资金。

5. 在资产重组过程中，通过合并、分立、出售、置换等方式，将全部或者部分实物资产以及与其相关联的债权、负债和劳动力一并转让给其他单位和个人，其中涉及的不动产、土地使用权转让行为。

（三）销售额。

1. 贷款服务，以提供贷款服务取得的全部利息及利息性质的收入为销售额。

2. 直接收费金融服务，以提供直接收费金融服务收取的手续费、佣金、酬金、管理费、服务费、经手费、开户费、过户费、结算费、转托管费等各类费用为销售额。

3. 金融商品转让，按照卖出价扣除买入价后的余额为销售额。

转让金融商品出现的正负差，按盈亏相抵后的余额为销售额。若相抵后出现负差，可结转下一纳税期与下期转让金融商品销售额相抵，但年末时仍出现负差的，不得转入下一个会计年度。

金融商品的买入价，可以选择按照加权平均法或者移动加权平均法进行核算，选择后 36 个月内不得变更。

金融商品转让，不得开具增值税专用发票。

4. 经纪代理服务，以取得的全部价款和价外费用，扣除向委托方收取并代为支付的政府性基金或者行政事业性收费后的余额为销售额。向委托方收取的政府性基金或者行政事业性收费，不得开具增值税专用发票。

5. 融资租赁和融资性售后回租业务。

（1）经人民银行、银监会或者商务部批准从事融资租赁业务的试点纳税人，提供融资租赁服务，以取得的全部价款和价外费用，扣除支付的借款利息（包括外汇借款和人民币借款利息）、发行债券利息和车辆购置税后的余额为销售额。

（2）经人民银行、银监会或者商务部批准从事融资租赁业务的试点纳税人，提供融资性售后回租服务，以取得的全部价款和价外费用（不含本金），扣除对外支付的借款利息（包括外汇借款和人民币借款利息）、发行债券利息后的余额作为销售额。

（3）试点纳税人根据 2016 年 4 月 30 日前签订的有形动产融资性售后回租合同，在合同到期前提供的有形动产融资性售后回租服务，可继续按照有形动产融资租赁服务缴纳增值税。

继续按照有形动产融资租赁服务缴纳增值税的试点纳税人，经人民银行、银监会或者商务部批准从事融资租赁业务的，根据 2016 年 4 月 30 日前签订的有形动产融资性售后回租合同，在合同到期前提供的有形动产融资性售后回租服务，可以选择以下方法之一计算销售额：

① 以向承租方收取的全部价款和价外费用，扣除向承租方收取的价款本金，以及对外支付的借款利息（包括外汇借款和人民币借款利息）、发行债券利息后的余额为销售额。

纳税人提供有形动产融资性售后回租服务，计算当期销售额时可以扣除的价款本金，为书面合同约定的当期应当收取的本金。无书面合同或者书面合同没有约定的，为当期实际收取的本金。

试点纳税人提供有形动产融资性售后回租服务，向承租方收取的有形动产价款本金，不得开具增值税专用发票，可以开具普通发票。

② 以向承租方收取的全部价款和价外费用，扣除支付的借款利息（包括外汇借款和人民币借款利息）、发行债券利息后的余额为销售额。

（4）经商务部授权的省级商务主管部门和国家经济技术开发区批准的从事融资租赁业务的试点纳税人，2016 年 5 月 1 日后实收资本达到 1.7 亿元的，从达到标准的当月起按照上述第（1）、（2）、（3）点规定执行；2016 年 5 月 1 日后实收资本未达到 1.7 亿元但注册资本达到 1.7 亿元的，在 2016 年 7 月 31 日前仍可按照上述第（1）、（2）、（3）点规定执行，2016 年 8 月 1 日后开展的融资租赁业务和融资性售后回租业务不得按照上述第（1）、（2）、（3）点规定执行。

6. 航空运输企业的销售额，不包括代收的机场建设费和代售其他航空运输企业客票而代收转付的价款。

7. 试点纳税人中的一般纳税人（以下称一般纳税人）提供客运场站服务，以其取得的全部价款和价外费用，扣除支付给承运方运费后的余额为销售额。

8. 试点纳税人提供旅游服务，可以选择以取得的全部价款和价外费用，扣除向旅游服务购买方收取并支付给其他单位或者个人的住宿费、餐饮费、交通费、签证费、门票费和支付给其他接团旅游企业的旅游费用后的余额为销售额。

选择上述办法计算销售额的试点纳税人，向旅游服务购买方收取并支付的上述费用，不得开具增值税专用发票，可以开具普通发票。

9. 试点纳税人提供建筑服务适用简易计税方法的，以取得的全部价款和价外费用扣除支付的分包款后的余额为销售额。

10. 房地产开发企业中的一般纳税人销售其开发的房地产项目（选择简易计税方法的房地产老项目除外），以取得的全部价款和价外费用，扣除受让土地时向政府部门支付的土地价款后的余额为销售额。

房地产老项目，是指《建筑工程施工许可证》注明的合同开工日期在 2016 年 4 月 30 日前的房地产项目。

11. 试点纳税人按照上述 4~10 款的规定从全部价款和价外费用中扣除的价款，应当取得符合法律、行政法规和国家税务总局规定的有效凭证。否则，不得扣除。

上述凭证是指：

（1）支付给境内单位或者个人的款项，以发票为合法有效凭证。

（2）支付给境外单位或者个人的款项，以该单位或者个人的签收单据为合法有效凭证，税务机关对签收单据有疑议的，可以要求其提供境外公证机构的确认证明。

（3）缴纳的税款，以完税凭证为合法有效凭证。

（4）扣除的政府性基金、行政事业性收费或者向政府支付的土地价款，以省级以上（含省级）财政部门监（印）制的财政票据为合法有效凭证。

（5）国家税务总局规定的其他凭证。

纳税人取得的上述凭证属于增值税扣税凭证的，其进项税额不得从销项税额中抵扣。

（四）进项税额。

1. 适用一般计税方法的试点纳税人，2016 年 5 月 1 日后取得并在会计制度上按固定资产核算的不动产或者2016年5月1日后取得的不动产在建工程,其进项税额应自取得之日起分2年从销项税额中抵扣,第一年抵扣比例为60%,第二年抵扣比例为40%。

取得不动产,包括以直接购买、接受捐赠、接受投资入股、自建以及抵债等各种形式取得不动产,不包括房地产开发企业自行开发的房地产项目。

融资租入的不动产以及在施工现场修建的临时建筑物、构筑物,其进项税额不适用上述分2年抵扣的规定。

2. 按照《试点实施办法》第二十七条第(一)项规定不得抵扣且未抵扣进项税额的固定资产、无形资产、不动产,发生用途改变,用于允许抵扣进项税额的应税项目,可在用途改变的次月按照下列公式计算可以抵扣的进项税额:

可以抵扣的进项税额=固定资产、无形资产、不动产净值/(1+适用税率)×适用税率

上述可以抵扣的进项税额应取得合法有效的增值税扣税凭证。

3. 纳税人接受贷款服务向贷款方支付的与该笔贷款直接相关的投融资顾问费、手续费、咨询费等费用,其进项税额不得从销项税额中抵扣。

(五)一般纳税人资格登记。

《试点实施办法》第三条规定的年应税销售额标准为500万元(含本数)。财政部和国家税务总局可以对年应税销售额标准进行调整。

(六)计税方法。

一般纳税人发生下列应税行为可以选择适用简易计税方法计税:

1. 公共交通运输服务。

公共交通运输服务,包括轮客渡、公交客运、地铁、城市轻轨、出租车、长途客运、班车。

班车,是指按固定路线、固定时间运营并在固定站点停靠的运送旅客的陆路运输服务。

2. 经认定的动漫企业为开发动漫产品提供的动漫脚本编撰、形象设计、背景设计、动画设计、分镜、动画制作、摄制、描线、上色、画面合成、配音、配乐、音效合成、剪辑、字幕制作、压缩转码(面向网络动漫、手机动漫格式适配)服务,以及在境内转让动漫版权(包括动漫品牌、形象或者内容的授权及再授权)。

动漫企业和自主开发、生产动漫产品的认定标准和认定程序,按照《文化部 财政部 国家税务总局关于印发〈动漫企业认定管理办法(试行)〉的通知》(文市发〔2008〕51号)的规定执行。

3. 电影放映服务、仓储服务、装卸搬运服务、收派服务和文化体育服务。

4. 以纳入营改增试点之日前取得的有形动产为标的物提供的经营租赁服务。

5. 在纳入营改增试点之日前签订的尚未执行完毕的有形动产租赁合同。

(七)建筑服务。

1. 一般纳税人以清包工方式提供的建筑服务,可以选择适用简易计税方法计税。

以清包工方式提供建筑服务,是指施工方不采购建筑工程所需的材料或只采购辅助材料,并收取人工费、管理费或者其他费用的建筑服务。

2. 一般纳税人为甲供工程提供的建筑服务,可以选择适用简易计税方法计税。

甲供工程,是指全部或部分设备、材料、动力由工程发包方自行采购的建筑工程。

3. 一般纳税人为建筑工程老项目提供的建筑服务,可以选择适用简易计税方法计税。

建筑工程老项目,是指:

(1)《建筑工程施工许可证》注明的合同开工日期在2016年4月30日前的建筑工程项目;

(2)未取得《建筑工程施工许可证》的,建筑工程承包合同注明的开工日期在2016年4月30日前的建筑工程项目。

4. 一般纳税人跨县(市)提供建筑服务,适用一般计税方法计税的,应以取得的全部价款和价外费用为销售额计算应纳税额。纳税人应以取得的全部价款和价外费用扣除支付的分包款后的余额,按照2%的预征率在建筑服务发生地预缴税款后,向机构所在地主管税务机关进行纳税申报。

5. 一般纳税人跨县（市）提供建筑服务，选择适用简易计税方法计税的，应以取得的全部价款和价外费用扣除支付的分包款后的余额为销售额，按照 3%的征收率计算应纳税额。纳税人应按照上述计税方法在建筑服务发生地预缴税款后，向机构所在地主管税务机关进行纳税申报。

6. 试点纳税人中的小规模纳税人（以下称小规模纳税人）跨县（市）提供建筑服务，应以取得的全部价款和价外费用扣除支付的分包款后的余额为销售额，按照 3%的征收率计算应纳税额。纳税人应按照上述计税方法在建筑服务发生地预缴税款后，向机构所在地主管税务机关进行纳税申报。

（八）销售不动产。

1. 一般纳税人销售其 2016 年 4 月 30 日前取得（不含自建）的不动产，可以选择适用简易计税方法，以取得的全部价款和价外费用减去该项不动产购置原价或者取得不动产时的作价后的余额为销售额，按照 5%的征收率计算应纳税额。纳税人应按照上述计税方法在不动产所在地预缴税款后，向机构所在地主管税务机关进行纳税申报。

2. 一般纳税人销售其 2016 年 4 月 30 日前自建的不动产，可以选择适用简易计税方法，以取得的全部价款和价外费用为销售额，按照 5%的征收率计算应纳税额。纳税人应按照上述计税方法在不动产所在地预缴税款后，向机构所在地主管税务机关进行纳税申报。

3. 一般纳税人销售其 2016 年 5 月 1 日后取得（不含自建）的不动产，应适用一般计税方法，以取得的全部价款和价外费用为销售额计算应纳税额。纳税人应以取得的全部价款和价外费用减去该项不动产购置原价或者取得不动产时的作价后的余额，按照 5%的预征率在不动产所在地预缴税款后，向机构所在地主管税务机关进行纳税申报。

4. 一般纳税人销售其 2016 年 5 月 1 日后自建的不动产，应适用一般计税方法，以取得的全部价款和价外费用为销售额计算应纳税额。纳税人应以取得的全部价款和价外费用，按照 5%的预征率在不动产所在地预缴税款后，向机构所在地主管税务机关进行纳税申报。

5. 小规模纳税人销售其取得（不含自建）的不动产（不含个体工商户销售购买的住房和其他个人销售不动产），应以取得的全部价款和价外费用减去该项不动产购置原价或者取得不动产时的作价后的余额为销售额，按照 5%的征收率计算应纳税额。纳税人应按照上述计税方法在不动产所在地预缴税款后，向机构所在地主管税务机关进行纳税申报。

6. 小规模纳税人销售其自建的不动产，应以取得的全部价款和价外费用为销售额，按照 5%的征收率计算应纳税额。纳税人应按照上述计税方法在不动产所在地预缴税款后，向机构所在地主管税务机关进行纳税申报。

7. 房地产开发企业中的一般纳税人，销售自行开发的房地产老项目，可以选择适用简易计税方法按照 5%的征收率计税。

8. 房地产开发企业中的小规模纳税人，销售自行开发的房地产项目，按照 5%的征收率计税。

9. 房地产开发企业采取预收款方式销售所开发的房地产项目，在收到预收款时按照 3%的预征率预缴增值税。

10. 个体工商户销售购买的住房，应按照附件 3《营业税改征增值税试点过渡政策的规定》第五条的规定征免增值税。纳税人应按照上述计税方法在不动产所在地预缴税款后，向机构所在地主管税务机关进行纳税申报。

11. 其他个人销售其取得（不含自建）的不动产（不含其购买的住房），应以取得的全部价款和价外费用减去该项不动产购置原价或者取得不动产时的作价后的余额为销售额，按照 5%的征收率计算应纳税额。

（九）不动产经营租赁服务。

1. 一般纳税人出租其 2016 年 4 月 30 日前取得的不动产，可以选择适用简易计税方法，按照 5%的征收率计算应纳税额。纳税人出租其 2016 年 4 月 30 日前取得的与机构所在地不在同一县(市)的不动产，应按照上述计税方法在不动产所在地预缴税款后，向机构所在地主管税务机关进行纳税申报。

2. 公路经营企业中的一般纳税人收取试点前开工的高速公路的车辆通行费，可以选择适用简易计税方法，减按 3%的征收率计算应纳税额。

试点前开工的高速公路，是指相关施工许可证明上注明的合同开工日期在 2016 年 4 月 30 日前的高速公路。

3. 一般纳税人出租其 2016 年 5 月 1 日后取得的、与机构所在地不在同一县（市）的不动产，应按照 3%的预征率在不动产所在地预缴税款后，向机构所在地主管税务机关进行纳税申报。

4. 小规模纳税人出租其取得的不动产（不含个人出租住房），应按照 5%的征收率计算应纳税额。纳税人出租与机构所在地不在同一县（市）的不动产，应按照上述计税方法在不动产所在地预缴税款后，向机构所在地主管税务机关进行纳税申报。

5. 其他个人出租其取得的不动产（不含住房），应按照 5%的征收率计算应纳税额。

6. 个人出租住房，应按照 5%的征收率减按 1.5%计算应纳税额。

（十）一般纳税人销售其 2016 年 4 月 30 日前取得的不动产（不含自建），适用一般计税方法计税的，以取得的全部价款和价外费用为销售额计算应纳税额。上述纳税人应以取得的全部价款和价外费用减去该项不动产购置原价或者取得不动产时的作价后的余额，按照 5%的预征率在不动产所在地预缴税款后，向机构所在地主管税务机关进行纳税申报。

房地产开发企业中的一般纳税人销售房地产老项目，以及一般纳税人出租其 2016 年 4 月 30 日前取得的不动产，适用一般计税方法计税的，应以取得的全部价款和价外费用，按照 3%的预征率在不动产所在地预缴税款后，向机构所在地主管税务机关进行纳税申报。

一般纳税人销售其 2016 年 4 月 30 日前自建的不动产，适用一般计税方法计税的，应以取得的全部价款和价外费用为销售额计算应纳税额。纳税人应以取得的全部价款和价外费用，按照 5%的预征率在不动产所在地预缴税款后，向机构所在地主管税务机关进行纳税申报。

（十一）一般纳税人跨省（自治区、直辖市或者计划单列市）提供建筑服务或者销售、出租取得的与机构所在地不在同一省（自治区、直辖市或者计划单列市）的不动产，在机构所在地申报纳税时，计算的应纳税额小于已预缴税额，且差额较大的，由国家税务总局通知建筑服务发生地或者不动产所在地省级税务机关，在一定时期内暂停预缴增值税。

（十二）纳税地点。

属于固定业户的试点纳税人，总分支机构不在同一县（市），但在同一省（自治区、直辖市、计划单列市）范围内的，经省（自治区、直辖市、计划单列市）财政厅（局）和国家税务局批准，可以由总机构汇总向总机构所在地的主管税务机关申报缴纳增值税。

（十三）试点前发生的业务。

1. 试点纳税人发生应税行为，按照国家有关营业税政策规定差额征收营业税的，因取得的全部价款和价外费用不足以抵减允许扣除项目金额，截至纳入营改增试点之日前尚未扣除的部分，不得在计算试点纳税人增值税应税销售额时抵减，应当向原主管地税机关申请退还营业税。

2. 试点纳税人发生应税行为，在纳入营改增试点之日前已缴纳营业税，营改增试点后因发生退款减除营业额的，应当向原主管地税机关申请退还已缴纳的营业税。

3. 试点纳税人纳入营改增试点之日前发生的应税行为，因税收检查等原因需要补缴税款的，应按照营业税政策规定补缴营业税。

（十四）销售使用过的固定资产。

一般纳税人销售自己使用过的、纳入营改增试点之日前取得的固定资产，按照现行旧货相关增值税政策执行。

使用过的固定资产，是指纳税人符合《试点实施办法》第二十八条规定并根据财务会计制度已经计提折旧的固定资产。

（十五）扣缴增值税适用税率。

境内的购买方为境外单位和个人扣缴增值税的，按照适用税率扣缴增值税。

（十六）其他规定。

1. 试点纳税人销售电信服务时，附带赠送用户识别卡、电信终端等货物或者电信服务的，应将其取得的全部价款和价外费用进行分别核算，按各自适用的税率计算缴纳增值税。

2. 油气田企业发生应税行为，适用《试点实施办法》规定的增值税税率，不再适用《财政部 国家税务总局关于印发〈油气田企业增值税管理办法〉的通知》（财税〔2009〕8号）规定的增值税税率。

二、原增值税纳税人［指按照《中华人民共和国增值税暂行条例》（国务院令第538号）（以下称《增值税暂行条例》）缴纳增值税的纳税人］有关政策

（一）进项税额。

1. 原增值税一般纳税人购进服务、无形资产或者不动产，取得的增值税专用发票上注明的增值税额为进项税额，准予从销项税额中抵扣。

2016年5月1日后取得并在会计制度上按固定资产核算的不动产或者2016年5月1日后取得的不动产在建工程，其进项税额应自取得之日起分2年从销项税额中抵扣，第一年抵扣比例为60%，第二年抵扣比例为40%。

融资租入的不动产以及在施工现场修建的临时建筑物、构筑物，其进项税额不适用上述分2年抵扣的规定。

2. 原增值税一般纳税人自用的应征消费税的摩托车、汽车、游艇，其进项税额准予从销项税额中抵扣。

3. 原增值税一般纳税人从境外单位或者个人购进服务、无形资产或者不动产，按照规定应当扣缴增值税的，准予从销项税额中抵扣的进项税额为自税务机关或者扣缴义务人取得的解缴税款的完税凭证上注明的增值税额。

纳税人凭完税凭证抵扣进项税额的，应当具备书面合同、付款证明和境外单位的对账单或者发票。资料不全的，其进项税额不得从销项税额中抵扣。

4. 原增值税一般纳税人购进货物或者接受加工修理修配劳务，用于《销售服务、无形资产或者不动产注释》所列项目的，不属于《增值税暂行条例》第十条所称的用于非增值税应税项目，其进项税额准予从销项税额中抵扣。

5. 原增值税一般纳税人购进服务、无形资产或者不动产，下列项目的进项税额不得从销项税额中抵扣：

（1）用于简易计税方法计税项目、免征增值税项目、集体福利或者个人消费。其中涉及的无形资产、不动产，仅指专用于上述项目的无形资产（不包括其他权益性无形资产）、不动产。

纳税人的交际应酬消费属于个人消费。

（2）非正常损失的购进货物，以及相关的加工修理修配劳务和交通运输服务。

（3）非正常损失的在产品、产成品所耗用的购进货物（不包括固定资产）、加工修理修配劳务和交通运输服务。

（4）非正常损失的不动产，以及该不动产所耗用的购进货物、设计服务和建筑服务。

（5）非正常损失的不动产在建工程所耗用的购进货物、设计服务和建筑服务。

纳税人新建、改建、扩建、修缮、装饰不动产，均属于不动产在建工程。

（6）购进的旅客运输服务、贷款服务、餐饮服务、居民日常服务和娱乐服务。

（7）财政部和国家税务总局规定的其他情形。

上述第（4）点、第（5）点所称货物，是指构成不动产实体的材料和设备，包括建筑装饰材料和给排水、采暖、卫生、通风、照明、通信、煤气、消防、中央空调、电梯、电气、智能化楼宇设备及配套设施。

纳税人接受贷款服务向贷款方支付的与该笔贷款直接相关的投融资顾问费、手续费、咨询费等费用，其进项税额不得从销项税额中抵扣。

6. 已抵扣进项税额的购进服务，发生上述第 5 点规定情形（简易计税方法计税项目、免征增值税项目除外）的，应当将该进项税额从当期进项税额中扣减；无法确定该进项税额的，按照当期实际成本计算应扣减的进项税额。

7. 已抵扣进项税额的无形资产或者不动产，发生上述第 5 点规定情形的，按照下列公式计算不得抵扣的进项税额：

不得抵扣的进项税额=无形资产或者不动产净值×适用税率

8. 按照《增值税暂行条例》第十条和上述第 5 点不得抵扣且未抵扣进项税额的固定资产、无形资产、不动产，发生用途改变，用于允许抵扣进项税额的应税项目，可在用途改变的次月按照下列公式，依据合法有效的增值税扣税凭证，计算可以抵扣的进项税额：

可以抵扣的进项税额=固定资产、无形资产、不动产净值/（1+适用税率）×适用税率

上述可以抵扣的进项税额应取得合法有效的增值税扣税凭证。

（二）增值税期末留抵税额。

原增值税一般纳税人兼有销售服务、无形资产或者不动产的，截止到纳入营改增试点之日前的增值税期末留抵税额，不得从销售服务、无形资产或者不动产的销项税额中抵扣。

（三）混合销售。

一项销售行为如果既涉及货物又涉及服务，为混合销售。从事货物的生产、批发或者零售的单位和个体工商户的混合销售行为，按照销售货物缴纳增值税；其他单位和个体工商户的混合销售行为，按照销售服务缴纳增值税。

上述从事货物的生产、批发或者零售的单位和个体工商户，包括以从事货物的生产、批发或者零售为主，并兼营销售服务的单位和个体工商户在内。

附件 3：

营业税改征增值税试点过渡政策的规定

一、下列项目免征增值税

（一）托儿所、幼儿园提供的保育和教育服务。

托儿所、幼儿园，是指经县级以上教育部门审批成立、取得办园许可证的实施 0~6 岁学前教育的机构，包括公办和民办的托儿所、幼儿园、学前班、幼儿班、保育院、幼儿院。

公办托儿所、幼儿园免征增值税的收入是指，在省级财政部门和价格主管部门审核报省级人民政府批准的收费标准以内收取的教育费、保育费。

民办托儿所、幼儿园免征增值税的收入是指，在报经当地有关部门备案并公示的收费标准范围内收取的教育费、保育费。

超过规定收费标准的收费，以开办实验班、特色班和兴趣班等为由另外收取的费用以及与幼儿入园挂钩的赞助费、支教费等超过规定范围的收入，不属于免征增值税的收入。

（二）养老机构提供的养老服务。

养老机构，是指依照民政部《养老机构设立许可办法》（民政部令第 48 号）设立并依法办理登记的为老年人提供集中居住和照料服务的各类养老机构；养老服务，是指上述养老机构按照民政部《养老机构管理办法》（民政部令第 49 号）的规定，为收住的老年人提供的生活照料、康复护理、精神慰藉、文化娱乐等服务。

（三）残疾人福利机构提供的育养服务。

（四）婚姻介绍服务。

（五）殡葬服务。

殡葬服务，是指收费标准由各地价格主管部门会同有关部门核定，或者实行政府指导价管理的遗体接运（含抬尸、消毒）、遗体整容、遗体防腐、存放（含冷藏）、火化、骨灰寄存、吊唁设施设备租赁、墓穴租赁及管理等服务。

（六）残疾人员本人为社会提供的服务。

（七）医疗机构提供的医疗服务。

医疗机构，是指依据国务院《医疗机构管理条例》（国务院令第149号）及卫生部《医疗机构管理条例实施细则》（卫生部令第35号）的规定，经登记取得《医疗机构执业许可证》的机构，以及军队、武警部队各级各类医疗机构。具体包括：各级各类医院、门诊部（所）、社区卫生服务中心（站）、急救中心（站）、城乡卫生院、护理院（所）、疗养院、临床检验中心，各级政府及有关部门举办的卫生防疫站（疾病控制中心）、各种专科疾病防治站（所），各级政府举办的妇幼保健所（站）、母婴保健机构、儿童保健机构，各级政府举办的血站（血液中心）等医疗机构。

本项所称的医疗服务，是指医疗机构按照不高于地（市）级以上价格主管部门会同同级卫生主管部门及其他相关部门制定的医疗服务指导价格（包括政府指导价和按照规定由供需双方协商确定的价格等）为就医者提供《全国医疗服务价格项目规范》所列的各项服务，以及医疗机构向社会提供卫生防疫、卫生检疫的服务。

（八）从事学历教育的学校提供的教育服务。

1. 学历教育，是指受教育者经过国家教育考试或者国家规定的其他入学方式，进入国家有关部门批准的学校或者其他教育机构学习，获得国家承认的学历证书的教育形式。具体包括：

（1）初等教育：普通小学、成人小学。

（2）初级中等教育：普通初中、职业初中、成人初中。

（3）高级中等教育：普通高中、成人高中和中等职业学校（包括普通中专、成人中专、职业高中、技工学校）。

（4）高等教育：普通本专科、成人本专科、网络本专科、研究生（博士、硕士）、高等教育自学考试、高等教育学历文凭考试。

2. 从事学历教育的学校，是指：

（1）普通学校。

（2）经地（市）级以上人民政府或者同级政府的教育行政部门批准成立、国家承认其学员学历的各类学校。

（3）经省级及以上人力资源社会保障行政部门批准成立的技工学校、高级技工学校。

（4）经省级人民政府批准成立的技师学院。

上述学校均包括符合规定的从事学历教育的民办学校，但不包括职业培训机构等国家不承认学历的教育机构。

3. 提供教育服务免征增值税的收入，是指对列入规定招生计划的在籍学生提供学历教育服务取得的收入，具体包括：经有关部门审核批准并按规定标准收取的学费、住宿费、课本费、作业本费、考试报名费收入，以及学校食堂提供餐饮服务取得的伙食费收入。除此之外的收入，包括学校以各种名义收取的赞助费、择校费等，不属于免征增值税的范围。

学校食堂是指依照《学校食堂与学生集体用餐卫生管理规定》（教育部令第14号）管理的学校食堂。

（九）学生勤工俭学提供的服务。

（十）农业机耕、排灌、病虫害防治、植物保护、农牧保险以及相关技术培训业务，家禽、牲畜、水生动物的配种和疾病防治。

农业机耕，是指在农业、林业、牧业中使用农业机械进行耕作（包括耕耘、种植、收割、脱粒、植物保护等）的业务；排灌，是指对农田进行灌溉或者排涝的业务；病虫害防治，是指从事农业、林业、牧业、渔业的病虫害测报和防治的业务；农牧保险，是指为种植业、养殖业、牧业种植和饲养的动植物提供保险的业务；相关技术培训，是指与农业机耕、排灌、病虫害防治、植物保护业务相关以及为使农民获得农牧保险知识的技术培训业务；家禽、牲畜、水生动物的配种和疾病防治业务的免税范围，包括与该项服务有关的提供药品和医疗用具的业务。

（十一）纪念馆、博物馆、文化馆、文物保护单位管理机构、美术馆、展览馆、书画院、图书馆在自己的场所提供文化体育服务取得的第一道门票收入。

（十二）寺院、宫观、清真寺和教堂举办文化、宗教活动的门票收入。

（十三）行政单位之外的其他单位收取的符合《试点实施办法》第十条规定条件的政府性基金和行政事业性收费。

（十四）个人转让著作权。

（十五）个人销售自建自用住房。

（十六）2018年12月31日前，公共租赁住房经营管理单位出租公共租赁住房。

公共租赁住房，是指纳入省、自治区、直辖市、计划单列市人民政府及新疆生产建设兵团批准的公共租赁住房发展规划和年度计划，并按照《关于加快发展公共租赁住房的指导意见》（建保〔2010〕87号）和市、县人民政府制定的具体管理办法进行管理的公共租赁住房。

（十七）台湾航运公司、航空公司从事海峡两岸海上直航、空中直航业务在大陆取得的运输收入。

台湾航运公司，是指取得交通运输部颁发的"台湾海峡两岸间水路运输许可证"且该许可证上注明的公司登记地址在台湾的航运公司。

台湾航空公司，是指取得中国民用航空局颁发的"经营许可"或者依据《海峡两岸空运协议》和《海峡两岸空运补充协议》规定，批准经营两岸旅客、货物和邮件不定期（包机）运输业务，且公司登记地址在台湾的航空公司。

（十八）纳税人提供的直接或者间接国际货物运输代理服务。

1. 纳税人提供直接或者间接国际货物运输代理服务，向委托方收取的全部国际货物运输代理服务收入，以及向国际运输承运人支付的国际运输费用，必须通过金融机构进行结算。

2. 纳税人为大陆与香港、澳门、台湾地区之间的货物运输提供的货物运输代理服务参照国际货物运输代理服务有关规定执行。

3. 委托方索取发票的，纳税人应当就国际货物运输代理服务收入向委托方全额开具增值税普通发票。

（十九）以下利息收入。

1. 2016年12月31日前，金融机构农户小额贷款。

小额贷款，是指单笔且该农户贷款余额总额在10万元（含本数）以下的贷款。

所称农户，是指长期（一年以上）居住在乡镇（不包括城关镇）行政管理区域内的住户，还包括长期居住在城关镇所辖行政村范围内的住户和户口不在本地而在本地居住一年以上的住户，国有农场的职工和农村个体工商户。位于乡镇（不包括城关镇）行政管理区域内和在城关镇所辖行政村范围内的国有经济的机关、团体、学校、企事业单位的集体户；有本地户口，但举家外出谋生一年以上的住户，无论是否保留承包耕地均不属于农户。农户以户为统计单位，既可以从事农业生产经营，也可以从事非农业生产经营。农户贷款的判定应以贷款发放时的承贷主体是否属于农户为准。

2. 国家助学贷款。

3. 国债、地方政府债。

4. 人民银行对金融机构的贷款。

5. 住房公积金管理中心用住房公积金在指定的委托银行发放的个人住房贷款。

6. 外汇管理部门在从事国家外汇储备经营过程中，委托金融机构发放的外汇贷款。

7. 统借统还业务中，企业集团或企业集团中的核心企业以及集团所属财务公司按不高于支付给金融机构的借款利率水平或者支付的债券票面利率水平，向企业集团或者集团内下属单位收取的利息。

统借方向资金使用单位收取的利息，高于支付给金融机构借款利率水平或者支付的债券票面利率水平的，应全额缴纳增值税。

统借统还业务,是指:

(1)企业集团或者企业集团中的核心企业向金融机构借款或对外发行债券取得资金后,将所借资金分拨给下属单位(包括独立核算单位和非独立核算单位,下同),并向下属单位收取用于归还金融机构或债券购买方本息的业务。

(2)企业集团向金融机构借款或对外发行债券取得资金后,由集团所属财务公司与企业集团或者集团内下属单位签订统借统还贷款合同并分拨资金,并向企业集团或者集团内下属单位收取本息,再转付企业集团,由企业集团统一归还金融机构或债券购买方的业务。

(二十)被撤销金融机构以货物、不动产、无形资产、有价证券、票据等财产清偿债务。

被撤销金融机构,是指经人民银行、银监会依法决定撤销的金融机构及其分设于各地的分支机构,包括被依法撤销的商业银行、信托投资公司、财务公司、金融租赁公司、城市信用社和农村信用社。除另有规定外,被撤销金融机构所属、附属企业,不享受被撤销金融机构增值税免税政策。

(二十一)保险公司开办的一年期以上人身保险产品取得的保费收入。

一年期以上人身保险,是指保险期间为一年期及以上返还本利的人寿保险、养老年金保险,以及保险期间为一年期及以上的健康保险。

人寿保险,是指以人的寿命为保险标的的人身保险。

养老年金保险,是指以养老保障为目的,以被保险人生存为给付保险金条件,并按约定的时间间隔分期给付生存保险金的人身保险。养老年金保险应当同时符合下列条件:

1. 保险合同约定给付被保险人生存保险金的年龄不得小于国家规定的退休年龄。
2. 相邻两次给付的时间间隔不得超过一年。

健康保险,是指以因健康原因导致损失为给付保险金条件的人身保险。

上述免税政策实行备案管理,具体备案管理办法按照《国家税务总局关于一年期以上返还性人身保险产品免征营业税审批事项取消后有关管理问题的公告》(国家税务总局公告2015年第65号)规定执行。

(二十二)下列金融商品转让收入。

1. 合格境外投资者(QFII)委托境内公司在我国从事证券买卖业务。
2. 香港市场投资者(包括单位和个人)通过沪港通买卖上海证券交易所上市A股。
3. 对香港市场投资者(包括单位和个人)通过基金互认买卖内地基金份额。
4. 证券投资基金(封闭式证券投资基金,开放式证券投资基金)管理人运用基金买卖股票、债券。
5. 个人从事金融商品转让业务。

(二十三)金融同业往来利息收入。

1. 金融机构与人民银行所发生的资金往来业务。包括人民银行对一般金融机构贷款,以及人民银行对商业银行的再贴现等。
2. 银行联行往来业务。同一银行系统内部不同行、处之间所发生的资金账务往来业务。
3. 金融机构间的资金往来业务。是指经人民银行批准,进入全国银行间同业拆借市场的金融机构之间通过全国统一的同业拆借网络进行的短期(一年以下含一年)无担保资金融通行为。
4. 金融机构之间开展的转贴现业务。

金融机构是指:

(1)银行:包括人民银行、商业银行、政策性银行。
(2)信用合作社。
(3)证券公司。
(4)金融租赁公司、证券基金管理公司、财务公司、信托投资公司、证券投资基金。
(5)保险公司。
(6)其他经人民银行、银监会、证监会、保监会批准成立且经营金融保险业务的机构等。

（二十四）同时符合下列条件的担保机构从事中小企业信用担保或者再担保业务取得的收入（不含信用评级、咨询、培训等收入）3 年内免征增值税：

1. 已取得监管部门颁发的融资性担保机构经营许可证，依法登记注册为企（事）业法人，实收资本超过 2 000 万元。

2. 平均年担保费率不超过银行同期贷款基准利率的 50%。平均年担保费率=本期担保费收入/（期初担保余额+本期增加担保金额）×100%。

3. 连续合规经营 2 年以上，资金主要用于担保业务，具备健全的内部管理制度和为中小企业提供担保的能力，经营业绩突出，对受保项目具有完善的事前评估、事中监控、事后追偿与处置机制。

4. 为中小企业提供的累计担保贷款额占其两年累计担保业务总额的 80%以上，单笔 800 万元以下的累计担保贷款额占其累计担保业务总额的 50%以上。

5. 对单个受保企业提供的担保余额不超过担保机构实收资本总额的 10%，且平均单笔担保责任金额最多不超过 3 000 万元人民币。

6. 担保责任余额不低于其净资产的 3 倍，且代偿率不超过 2%。

担保机构免征增值税政策采取备案管理方式。符合条件的担保机构应到所在地县（市）主管税务机关和同级中小企业管理部门履行规定的备案手续，自完成备案手续之日起，享受 3 年免征增值税政策。3 年免税期满后，符合条件的担保机构可按规定程序办理备案手续后继续享受该项政策。

具体备案管理办法按照《国家税务总局关于中小企业信用担保机构免征营业税审批事项取消后有关管理问题的公告》（国家税务总局公告 2015 年第 69 号）规定执行，其中税务机关的备案管理部门统一调整为县（市）级国家税务局。

（二十五）国家商品储备管理单位及其直属企业承担商品储备任务，从中央或者地方财政取得的利息补贴收入和价差补贴收入。

国家商品储备管理单位及其直属企业，是指接受中央、省、市、县四级政府有关部门（或者政府指定管理单位）委托，承担粮（含大豆）、食用油、棉、糖、肉、盐（限于中央储备）等 6 种商品储备任务，并按有关政策收储、销售上述 6 种储备商品，取得财政储备经费或者补贴的商品储备企业。利息补贴收入，是指国家商品储备管理单位及其直属企业因承担上述商品储备任务从金融机构贷款，并从中央或者地方财政取得的用于偿还贷款利息的贴息收入。价差补贴收入包括销售价差补贴收入和轮换价差补贴收入。销售价差补贴收入，是指按照中央或者地方政府指令销售上述储备商品时，由于销售收入小于库存成本而从中央或者地方财政获得的全额价差补贴收入。轮换价差补贴收入，是指根据要求定期组织政策性储备商品轮换而从中央或者地方财政取得的商品新陈品质价差补贴收入。

（二十六）纳税人提供技术转让、技术开发和与之相关的技术咨询、技术服务。

1. 技术转让、技术开发，是指《销售服务、无形资产、不动产注释》中"转让技术"、"研发服务"范围内的业务活动。技术咨询，是指就特定技术项目提供可行性论证、技术预测、专题技术调查、分析评价报告等业务活动。

与技术转让、技术开发相关的技术咨询、技术服务，是指转让方（或者受托方）根据技术转让或者开发合同的规定，为帮助受让方（或者委托方）掌握所转让（或者委托开发）的技术，而提供的技术咨询、技术服务业务，且这部分技术咨询、技术服务的价款与技术转让或者技术开发的价款应当在同一张发票上开具。

2. 备案程序。试点纳税人申请免征增值税时，须持技术转让、开发的书面合同，到纳税人所在地省级科技主管部门进行认定，并持有关的书面合同和科技主管部门审核意见证明文件报主管税务机关备查。

（二十七）同时符合下列条件的合同能源管理服务：

1. 节能服务公司实施合同能源管理项目相关技术，应当符合国家质量监督检验检疫总局和国家标准化管理委员会发布的《合同能源管理技术通则》(GB/T 24915—2010)规定的技术要求。

2. 节能服务公司与用能企业签订节能效益分享型合同,其合同格式和内容,符合《中华人民共和国合同法》和《合同能源管理技术通则》(GB/T 24915—2010)等规定。

(二十八) 2017 年 12 月 31 日前,科普单位的门票收入,以及县级及以上党政部门和科协开展科普活动的门票收入。

科普单位,是指科技馆、自然博物馆,对公众开放的天文馆(站、台)、气象台(站)、地震台(站),以及高等院校、科研机构对公众开放的科普基地。

科普活动,是指利用各种传媒以浅显的、让公众易于理解、接受和参与的方式,向普通大众介绍自然科学和社会科学知识,推广科学技术的应用,倡导科学方法,传播科学思想,弘扬科学精神的活动。

(二十九)政府举办的从事学历教育的高等、中等和初等学校(不含下属单位),举办进修班、培训班取得的全部归该学校所有的收入。

全部归该学校所有,是指举办进修班、培训班取得的全部收入进入该学校统一账户,并纳入预算全额上缴财政专户管理,同时由该学校对有关票据进行统一管理和开具。

举办进修班、培训班取得的收入进入该学校下属部门自行开设账户的,不予免征增值税。

(三十)政府举办的职业学校设立的主要为在校学生提供实习场所、并由学校出资自办、由学校负责经营管理、经营收入归学校所有的企业,从事《销售服务、无形资产或者不动产注释》中"现代服务"(不含融资租赁服务、广告服务和其他现代服务)、"生活服务"(不含文化体育服务、其他生活服务和桑拿、氧吧)业务活动取得的收入。

(三十一)家政服务企业由员工制家政服务员提供家政服务取得的收入。

家政服务企业,是指在企业营业执照的规定经营范围中包括家政服务内容的企业。

员工制家政服务员,是指同时符合下列 3 个条件的家政服务员:

1. 依法与家政服务企业签订半年及半年以上的劳动合同或者服务协议,且在该企业实际上岗工作。

2. 家政服务企业为其按月足额缴纳了企业所在地人民政府根据国家政策规定的基本养老保险、基本医疗保险、工伤保险、失业保险等社会保险。对已享受新型农村养老保险和新型农村合作医疗等社会保险或者下岗职工原单位继续为其缴纳社会保险的家政服务员,如果本人书面提出不再缴纳企业所在地人民政府根据国家政策规定的相应的社会保险,并出具其所在乡镇或者原单位开具的已缴纳相关保险的证明,可视同家政服务企业已为其按月足额缴纳了相应的社会保险。

3. 家政服务企业通过金融机构向其实际支付不低于企业所在地适用的经省级人民政府批准的最低工资标准的工资。

(三十二)福利彩票、体育彩票的发行收入。

(三十三)军队空余房产租赁收入。

(三十四)为了配合国家住房制度改革,企业、行政事业单位按房改成本价、标准价出售住房取得的收入。

(三十五)将土地使用权转让给农业生产者用于农业生产。

(三十六)涉及家庭财产分割的个人无偿转让不动产、土地使用权。

家庭财产分割,包括下列情形:离婚财产分割;无偿赠与配偶、父母、子女、祖父母、外祖父母、孙子女、外孙子女、兄弟姐妹;无偿赠与对其承担直接抚养或者赡养义务的抚养人或者赡养人;房屋产权所有人死亡,法定继承人、遗嘱继承人或者受遗赠人依法取得房屋产权。

(三十七)土地所有者出让土地使用权和土地使用者将土地使用权归还给土地所有者。

(三十八)县级以上地方人民政府或自然资源行政主管部门出让、转让或收回自然资源使用权(不含土地使用权)。

(三十九)随军家属就业。

1. 为安置随军家属就业而新开办的企业，自领取税务登记证之日起，其提供的应税服务 3 年内免征增值税。

享受税收优惠政策的企业，随军家属必须占企业总人数的 60%（含）以上，并有军（含）以上政治和后勤机关出具的证明。

2. 从事个体经营的随军家属，自办理税务登记事项之日起，其提供的应税服务 3 年内免征增值税。

随军家属必须有师以上政治机关出具的可以表明其身份的证明。

按照上述规定，每一名随军家属可以享受一次免税政策。

（四十）军队转业干部就业。

1. 从事个体经营的军队转业干部，自领取税务登记证之日起，其提供的应税服务 3 年内免征增值税。

2. 为安置自主择业的军队转业干部就业而新开办的企业，凡安置自主择业的军队转业干部占企业总人数 60%（含）以上的，自领取税务登记证之日起，其提供的应税服务 3 年内免征增值税。

享受上述优惠政策的自主择业的军队转业干部必须持有师以上部队颁发的转业证件。

二、增值税即征即退

（一）一般纳税人提供管道运输服务，对其增值税实际税负超过 3%的部分实行增值税即征即退政策。

（二）经人民银行、银监会或者商务部批准从事融资租赁业务的试点纳税人中的一般纳税人，提供有形动产融资租赁服务和有形动产融资性售后回租服务，对其增值税实际税负超过 3%的部分实行增值税即征即退政策。商务部授权的省级商务主管部门和国家经济技术开发区批准的从事融资租赁业务和融资性售后回租业务的试点纳税人中的一般纳税人，2016 年 5 月 1 日后实收资本达到 1.7 亿元的，从达到标准的当月起按照上述规定执行；2016 年 5 月 1 日后实收资本未达到 1.7 亿元但注册资本达到 1.7 亿元的，在 2016 年 7 月 31 日前仍可按照上述规定执行，2016 年 8 月 1 日后开展的有形动产融资租赁业务和有形动产融资性售后回租业务不得按照上述规定执行。

（三）本规定所称增值税实际税负，是指纳税人当期提供应税服务实际缴纳的增值税额占纳税人当期提供应税服务取得的全部价款和价外费用的比例。

三、扣减增值税规定

（一）退役士兵创业就业。

1. 对自主就业退役士兵从事个体经营的，在 3 年内按每户每年 8 000 元为限额依次扣减其当年实际应缴纳的增值税、城市维护建设税、教育费附加、地方教育附加和个人所得税。限额标准最高可上浮 20%，各省、自治区、直辖市人民政府可根据本地区实际情况在此幅度内确定具体限额标准，并报财政部和国家税务总局备案。

纳税人年度应缴纳税款小于上述扣减限额的，以其实际缴纳的税款为限；大于上述扣减限额的，应以上述扣减限额为限。纳税人的实际经营期不足一年的，应当以实际月份换算其减免税限额。换算公式为：减免税限额=年度减免税限额÷12×实际经营月数。

纳税人在享受税收优惠政策的当月，持《中国人民解放军义务兵退出现役证》或《中国人民解放军士官退出现役证》以及税务机关要求的相关材料向主管税务机关备案。

2. 对商贸企业、服务型企业、劳动就业服务企业中的加工型企业和街道社区具有加工性质的小型企业实体，在新增加的岗位中，当年新招用自主就业退役士兵，与其签订 1 年以上期限劳动合同并依法缴纳社会保险费的，在 3 年内按实际招用人数予以定额依次扣减增值税、城市维护建设税、教育费附加、地方教育附加和企业所得税优惠。定额标准为每人每年 4 000 元，最高可上浮 50%，各省、自治区、直辖市人民政府可根据本地区实际情况在此幅度内确定具体定额标准，并报财政部和国家税务总局备案。

本条所称服务型企业是指从事《销售服务、无形资产、不动产注释》中"不动产租赁服务"、"商务辅助服务"（不含货物运输代理和代理报关服务）、"生活服务"（不含文化体育服务）范围内业务活动的企业以及按照《民办非企业单位登记管理暂行条例》（国务院令第 251 号）登记成立的民办非企业单位。

纳税人按企业招用人数和签订的劳动合同时间核定企业减免税总额，在核定减免税总额内每月依次扣减增值税、城市维护建设税、教育费附加和地方教育附加。纳税人实际应缴纳的增值税、城市维护建设税、教育费附加和地方教育附加小于核定减免税总额的，以实际应缴纳的增值税、城市维护建设税、教育费附加和地方教育附加为限；实际应缴纳的增值税、城市维护建设税、教育费附加和地方教育附加大于核定减免税总额的，以核定减免税总额为限。

纳税年度终了，如果企业实际减免的增值税、城市维护建设税、教育费附加和地方教育附加小于核定的减免税总额，企业在企业所得税汇算清缴时扣减企业所得税。当年扣减不足的，不再结转以后年度扣减。

计算公式为：企业减免税总额=∑每名自主就业退役士兵本年度在本企业工作月份÷12×定额标准。

企业自招用自主就业退役士兵的次月起享受税收优惠政策，并于享受税收优惠政策的当月，持下列材料向主管税务机关备案：

（1）新招用自主就业退役士兵的《中国人民解放军义务兵退出现役证》或《中国人民解放军士官退出现役证》。

（2）企业与新招用自主就业退役士兵签订的劳动合同（副本），企业为职工缴纳的社会保险费记录。

（3）自主就业退役士兵本年度在企业工作时间表。

（4）主管税务机关要求的其他相关材料。

3. 上述所称自主就业退役士兵是指依照《退役士兵安置条例》（国务院、中央军委令第 608 号）的规定退出现役并按自主就业方式安置的退役士兵。

4. 上述税收优惠政策的执行期限为 2016 年 5 月 1 日至 12 月 31 日，纳税人在 2016 年 12 月 31 日未享受满 3 年的，可继续享受至 3 年期满为止。

按照《财政部 国家税务总局 民政部关于调整完善扶持自主就业退役士兵创业就业有关税收政策的通知》（财税〔2014〕42 号）规定享受营业税优惠政策的纳税人，自 2016 年 5 月 1 日起按照上述规定享受增值税优惠政策，在 2016 年 12 月 31 日未享受满 3 年的，可继续享受至 3 年期满为止。

《财政部 国家税务总局关于将铁路运输和邮政业纳入营业税改征增值税试点的通知》（财税〔2013〕106 号）附件 3 第一条第（十二）项城镇退役士兵就业免征增值税政策，自 2014 年 7 月 1 日起停止执行。在 2014 年 6 月 30 日未享受满 3 年的，可继续享受至 3 年期满为止。

（二）重点群体创业就业。

1. 对持《就业创业证》（注明"自主创业税收政策"或"毕业年度内自主创业税收政策"）或 2015 年 1 月 27 日前取得的《就业失业登记证》（注明"自主创业税收政策"或附着《高校毕业生自主创业证》）的人员从事个体经营的，在 3 年内按每户每年 8 000 元为限额依次扣减其当年实际应缴纳的增值税、城市维护建设税、教育费附加、地方教育附加和个人所得税。限额标准最高可上浮 20%，各省、自治区、直辖市人民政府可根据本地区实际情况在此幅度内确定具体限额标准，并报财政部和国家税务总局备案。

纳税人年度应缴纳税款小于上述扣减限额的，以其实际缴纳的税款为限；大于上述扣减限额的，应以上述扣减限额为限。

上述人员是指：

（1）在人力资源社会保障部门公共就业服务机构登记失业半年以上的人员。

（2）零就业家庭、享受城市居民最低生活保障家庭劳动年龄内的登记失业人员。

（3）毕业年度内高校毕业生。高校毕业生是指实施高等学历教育的普通高等学校、成人高等学校毕业的学生；毕业年度是指毕业所在自然年，即1月1日至12月31日。

2. 对商贸企业、服务型企业、劳动就业服务企业中的加工型企业和街道社区具有加工性质的小型企业实体，在新增加的岗位中，当年新招用在人力资源社会保障部门公共就业服务机构登记失业半年以上且持《就业创业证》或2015年1月27日前取得的《就业失业登记证》（注明"企业吸纳税收政策"）人员，与其签订1年以上期限劳动合同并依法缴纳社会保险费的，在3年内按实际招用人数予以定额依次扣减增值税、城市维护建设税、教育费附加、地方教育附加和企业所得税优惠。定额标准为每人每年4 000元，最高可上浮30%，各省、自治区、直辖市人民政府可根据本地区实际情况在此幅度内确定具体定额标准，并报财政部和国家税务总局备案。

按上述标准计算的税收扣减额应在企业当年实际应缴纳的增值税、城市维护建设税、教育费附加、地方教育附加和企业所得税税额中扣减，当年扣减不足的，不得结转下年使用。

本条所称服务型企业是指从事《销售服务、无形资产、不动产注释》中"不动产租赁服务"、"商务辅助服务"（不含货物运输代理和代理报关服务）、"生活服务"（不含文化体育服务）范围内业务活动的企业以及按照《民办非企业单位登记管理暂行条例》（国务院令第251号）登记成立的民办非企业单位。

3. 享受上述优惠政策的人员按以下规定申领《就业创业证》：

（1）按照《就业服务与就业管理规定》（劳动和社会保障部令第28号）第六十三条的规定，在法定劳动年龄内，有劳动能力，有就业要求，处于无业状态的城镇常住人员，在公共就业服务机构进行失业登记，申领《就业创业证》。其中，农村进城务工人员和其他非本地户籍人员在常住地稳定就业满6个月的，失业后可以在常住地登记。

（2）零就业家庭凭社区出具的证明，城镇低保家庭凭低保证明，在公共就业服务机构登记失业，申领《就业创业证》。

（3）毕业年度内高校毕业生在校期间凭学生证向公共就业服务机构按规定申领《就业创业证》，或委托所在高校就业指导中心向公共就业服务机构按规定代为申领《就业创业证》；毕业年度内高校毕业生离校后直接向公共就业服务机构按规定申领《就业创业证》。

（4）上述人员申领相关凭证后，由就业和创业地人力资源社会保障部门对人员范围、就业失业状态、已享受政策情况进行核实，在《就业创业证》上注明"自主创业税收政策"、"毕业年度内自主创业税收政策"或"企业吸纳税收政策"字样，同时符合自主创业和企业吸纳税收政策条件的，可同时加注；主管税务机关在《就业创业证》上加盖戳记，注明减免税所属时间。

4. 上述税收优惠政策的执行期限为2016年5月1日至12月31日，纳税人在2016年12月31日未享受满3年的，可继续享受至3年期满为止。

按照《财政部 国家税务总局 人力资源社会保障部关于继续实施支持和促进重点群体创业就业有关税收政策的通知》（财税〔2014〕39号）规定享受营业税优惠政策的纳税人，自2016年5月1日起按照上述规定享受增值税优惠政策，在2016年12月31日未享受满3年的，可继续享受至3年期满为止。

《财政部 国家税务总局关于将铁路运输和邮政业纳入营业税改征增值税试点的通知》（财税〔2013〕106号）附件3第一条第（十三）项失业人员就业增值税优惠政策，自2014年1月1日起停止执行。在2013年12月31日未享受满3年的，可继续享受至3年期满为止。

四、金融企业发放贷款后，自结息日起90天内发生的应收未收利息按现行规定缴纳增值税，自结息日起90天后发生的应收未收利息暂不缴纳增值税，待实际收到利息时按规定缴纳增值税。

上述所称金融企业，是指银行（包括国有、集体、股份制、合资、外资银行以及其他所有制形式的银行）、城市信用社、农村信用社、信托投资公司、财务公司。

五、个人将购买不足2年的住房对外销售的，按照5%的征收率全额缴纳增值税；个人将购买2年以上（含2年）的住房对外销售的，免征增值税。上述政策适用于北京市、上海市、广州市和深圳市之外的地区。

个人将购买不足 2 年的住房对外销售的,按照 5%的征收率全额缴纳增值税;个人将购买 2 年以上(含 2 年)的非普通住房对外销售的,以销售收入减去购买住房价款后的差额按照 5%的征收率缴纳增值税;个人将购买 2 年以上(含 2 年)的普通住房对外销售的,免征增值税。上述政策仅适用于北京市、上海市、广州市和深圳市。

办理免税的具体程序、购买房屋的时间、开具发票、非购买形式取得住房行为及其他相关税收管理规定,按照《国务院办公厅转发建设部等部门关于做好稳定住房价格工作意见的通知》(国办发〔2005〕26 号)、《国家税务总局 财政部 建设部关于加强房地产税收管理的通知》(国税发〔2005〕89 号)和《国家税务总局关于房地产税收政策执行中几个具体问题的通知》(国税发〔2005〕172 号)的有关规定执行。

六、上述增值税优惠政策除已规定期限的项目和第五条政策外,其他均在营改增试点期间执行。如果试点纳税人在纳入营改增试点之日前已经按有关政策规定享受了营业税税收优惠,在剩余税收优惠政策期限内,按照本规定享受有关增值税优惠。

附件 4:

跨境应税行为适用增值税零税率和免税政策的规定

一、中华人民共和国境内(以下称境内)的单位和个人销售的下列服务和无形资产,适用增值税零税率:

(一)国际运输服务。

国际运输服务,是指:

1. 在境内载运旅客或者货物出境。
2. 在境外载运旅客或者货物入境。
3. 在境外载运旅客或者货物。

(二)航天运输服务。

(三)向境外单位提供的完全在境外消费的下列服务:

1. 研发服务。
2. 合同能源管理服务。
3. 设计服务。
4. 广播影视节目(作品)的制作和发行服务。
5. 软件服务。
6. 电路设计及测试服务。
7. 信息系统服务。
8. 业务流程管理服务。
9. 离岸服务外包业务。

离岸服务外包业务,包括信息技术外包服务(ITO)、技术性业务流程外包服务(BPO)、技术性知识流程外包服务(KPO),其所涉及的具体业务活动,按照《销售服务、无形资产、不动产注释》相对应的业务活动执行。

10. 转让技术。

(四)财政部和国家税务总局规定的其他服务。

二、境内的单位和个人销售的下列服务和无形资产免征增值税,但财政部和国家税务总局规定适用增值税零税率的除外:

(一)下列服务:

1. 工程项目在境外的建筑服务。
2. 工程项目在境外的工程监理服务。
3. 工程、矿产资源在境外的工程勘察勘探服务。

4. 会议展览地点在境外的会议展览服务。
5. 存储地点在境外的仓储服务。
6. 标的物在境外使用的有形动产租赁服务。
7. 在境外提供的广播影视节目（作品）的播映服务。
8. 在境外提供的文化体育服务、教育医疗服务、旅游服务。

（二）为出口货物提供的邮政服务、收派服务、保险服务。

为出口货物提供的保险服务，包括出口货物保险和出口信用保险。

（三）向境外单位提供的完全在境外消费的下列服务和无形资产：
1. 电信服务。
2. 知识产权服务。
3. 物流辅助服务（仓储服务、收派服务除外）。
4. 鉴证咨询服务。
5. 专业技术服务。
6. 商务辅助服务。
7. 广告投放地在境外的广告服务。
8. 无形资产。

（四）以无运输工具承运方式提供的国际运输服务。

（五）为境外单位之间的货币资金融通及其他金融业务提供的直接收费金融服务，且该服务与境内的货物、无形资产和不动产无关。

（六）财政部和国家税务总局规定的其他服务。

三、按照国家有关规定应取得相关资质的国际运输服务项目，纳税人取得相关资质的，适用增值税零税率政策，未取得的，适用增值税免税政策。

境内的单位或个人提供程租服务，如果租赁的交通工具用于国际运输服务和港澳台运输服务，由出租方按规定申请适用增值税零税率。

境内的单位和个人向境内单位或个人提供期租、湿租服务，如果承租方利用租赁的交通工具向其他单位或个人提供国际运输服务和港澳台运输服务，由承租方适用增值税零税率。境内的单位或个人向境外单位或个人提供期租、湿租服务，由出租方适用增值税零税率。

境内单位和个人以无运输工具承运方式提供的国际运输服务，由境内实际承运人适用增值税零税率；无运输工具承运业务的经营者适用增值税免税政策。

四、境内的单位和个人提供适用增值税零税率的服务或者无形资产，如果属于适用简易计税方法的，实行免征增值税办法。如果属于适用增值税一般计税方法的，生产企业实行免抵退税办法，外贸企业外购服务或者无形资产出口实行免退税办法，外贸企业直接将服务或自行研发的无形资产出口，视同生产企业连同其出口货物统一实行免抵退税办法。

服务和无形资产的退税率为其按照《试点实施办法》第十五条第（一）至（三）项规定适用的增值税税率。实行退（免）税办法的服务和无形资产，如果主管税务机关认定出口价格偏高的，有权按照核定的出口价格计算退（免）税，核定的出口价格低于外贸企业购进价格的，低于部分对应的进项税额不予退税，转入成本。

五、境内的单位和个人销售适用增值税零税率的服务或无形资产的，可以放弃适用增值税零税率，选择免税或按规定缴纳增值税。放弃适用增值税零税率后，36个月内不得再申请适用增值税零税率。

六、境内的单位和个人销售适用增值税零税率的服务或无形资产，按月向主管退税的税务机关申报办理增值税退（免）税手续。具体管理办法由国家税务总局商财政部另行制定。

七、本规定所称完全在境外消费，是指：

（一）服务的实际接受方在境外，且与境内的货物和不动产无关。

(二）无形资产完全在境外使用，且与境内的货物和不动产无关。
(三）财政部和国家税务总局规定的其他情形。

八、境内单位和个人发生的与香港、澳门、台湾有关的应税行为，除本文另有规定外，参照上述规定执行。

九、2016年4月30日前签订的合同，符合《财政部 国家税务总局关于将铁路运输和邮政业纳入营业税改征增值税试点的通知》（财税〔2013〕106号）附件4和《财政部 国家税务总局关于影视等出口服务适用增值税零税率政策的通知》（财税〔2015〕118号）规定的零税率或者免税政策条件的，在合同到期前可以继续享受零税率或者免税政策。

二、营改增后相关税种政策

关于营改增后契税 房产税 土地增值税 个人所得税计税依据问题的通知

2016年4月25日 财税〔2016〕43号

经研究，现将营业税改征增值税后契税、房产税、土地增值税、个人所得税计税依据有关问题明确如下：

一、计征契税的成交价格不含增值税。

二、房产出租的，计征房产税的租金收入不含增值税。

三、土地增值税纳税人转让房地产取得的收入为不含增值税收入。

《中华人民共和国土地增值税暂行条例》等规定的土地增值税扣除项目涉及的增值税进项税额，允许在销项税额中计算抵扣的，不计入扣除项目，不允许在销项税额中计算抵扣的，可以计入扣除项目。

四、个人转让房屋的个人所得税应税收入不含增值税，其取得房屋时所支付价款中包含的增值税计入财产原值，计算转让所得时可扣除的税费不包括本次转让缴纳的增值税。

个人出租房屋的个人所得税应税收入不含增值税，计算房屋出租所得可扣除的税费不包括本次出租缴纳的增值税。个人转租房屋的，其向房屋出租方支付的租金及增值税额，在计算转租所得时予以扣除。

五、免征增值税的，确定计税依据时，成交价格、租金收入、转让房地产取得的收入不扣减增值税额。

六、在计征上述税种时，税务机关核定的计税价格或收入不含增值税。

本通知自2016年5月1日起执行。

关于营业税改征增值税试点中非居民企业缴纳企业所得税有关问题的公告

2013-03-01 国家税务总局公告2013年第9号

现将营业税改征增值税试点中非居民企业缴纳企业所得税有关问题公告如下：

营业税改征增值税试点中的非居民企业，取得《中华人民共和国企业所得税法》第三条第三款规定的所得，在计算缴纳企业所得税时，应以不含增值税的收入全额作为应纳税所得额。

本公告自发布之日起施行。

关于《营业税改征增值税试点中非居民企业缴纳企业所得税有关问题的公告》的解读

2013-03-01

近期参与营业税改征增值税试点的部分地区反映，非居民企业取得企业所得税法第三条第三款规定的所得，如果需要交纳增值税的，在计算缴纳企业所得税时，是否应将合同价款换算成不含增值税价格计算。

按照企业所得税法第十九条第（一）款及企业所得税法实施条例第一百零三条的规定，非居民企业取得企业所得税法第三条第三款规定的所得，应以收入全额为应纳税所得额。按照现行增值税有关规定，增值税为价外税，因此，在计算缴纳企业所得税时，应以不含增值税的收入全额，作为企业所得税计税依据。举例如下：

非居民企业与境内某公司签订特许权使用费合同（假设该合同在营改增前需在地税部门缴纳营业税），合同价款为100万元人民币，合同约定各项税费由非居民企业承担，假定增值税适用税率为6%，则该境内公司应扣缴非居民企业所得税计算如下：

$$应纳税所得额=100÷（1+6\%）=94.34（万元）$$
$$应纳税额=94.34×10\%=9.34（万元）$$

为配合营业税改征增值税试点工作的顺利开展，特将上述问题予以公告明确。

三、营改增后文化事业建设费政策

文化事业建设费纳入财政预算管理，用于文化事业建设。

（一）缴纳义务人

一、在中华人民共和国境内提供广告服务的广告媒介单位和户外广告经营单位，应按照本通知规定缴纳文化事业建设费。

......

十一、本通知所称广告服务，是指《财政部 国家税务总局关于全面推开营业税改征增值税试点的通知》（财税〔2016〕36号）的《销售服务、无形资产、不动产注释》中"广告服务"范围内的服务。

十二、本通知所称广告媒介单位和户外广告经营单位，是指发布、播映、宣传、展示户外广告和其他广告的单位，以及从事广告代理服务的单位。

十三、本通知自2016年5月1日起执行。《关于营业税改征增值税试点有关文化事业建设费征收管理问题的通知》（财综〔2013〕88号）同时废止。（《关于营业税改征增值税试点有关文化事业建设费政策及征收管理问题的通知》，2016年3月28日财税〔2016〕25号）

一、在中华人民共和国境内提供娱乐服务的单位和个人（以下称缴纳义务人），应按照本通知以及《财政部国家税务总局关于营业税改征增值税试点有关文化事业建设费政策及征收管理问题的通知》（财税〔2016〕25号）的规定缴纳文化事业建设费。

......

四、本通知所称娱乐服务，是指《财政部 国家税务总局关于全面推开营业税改征增值税试点的通知》（财税〔2016〕36号）的《销售服务、无形资产、不动产注释》中"娱乐服务"范围内的服务。

五、本通知自2016年5月1日起执行。《财政部 国家税务总局关于印发〈文化事业建设费征收管理暂行办法〉的通知》（财税字〔1997〕95号）同时废止。（《关于营业税改征增值税试点有关文化事业建设费政策及征收管理问题的补充通知》，2016年5月13日 财税〔2016〕60号）

（二）扣缴义务人

二、中华人民共和国境外的广告媒介单位和户外广告经营单位在境内提供广告服务，在境内未设有经营机构的，以广告服务接受方为文化事业建设费的扣缴义务人。

......

十三、本通知自2016年5月1日起执行。《关于营业税改征增值税试点有关文化事业建设费征收管理问题的通知》（财综〔2013〕88号）同时废止。（《关于营业税改征增值税试点有关文化事业建设费政策及征收管理问题的通知》，2016年3月28日财税〔2016〕25号）

（三）应缴费额的计算

三、缴纳文化事业建设费的单位（以下简称缴纳义务人）应按照提供广告服务取得的计费销售

额和3%的费率计算应缴费额,计算公式如下:

$$应缴费额=计费销售额×3\%$$

计费销售额,为缴纳义务人提供广告服务取得的全部含税价款和价外费用,减除支付给其他广告公司或广告发布者的含税广告发布费后的余额。

缴纳义务人减除价款的,应当取得增值税专用发票或国家税务总局规定的其他合法有效凭证,否则,不得减除。

……

十三、本通知自2016年5月1日起执行。《关于营业税改征增值税试点有关文化事业建设费征收管理问题的通知》(财综〔2013〕88号)同时废止。(《关于营业税改征增值税试点有关文化事业建设费政策及征收管理问题的通知》,2016年3月28日财税〔2016〕25号)

二、缴纳义务人应按照提供娱乐服务取得的计费销售额和3%的费率计算娱乐服务应缴费额,计算公式如下:

$$娱乐服务应缴费额=娱乐服务计费销售额×3\%$$

娱乐服务计费销售额,为缴纳义务人提供娱乐服务取得的全部含税价款和价外费用。

……

五、本通知自2016年5月1日起执行。《财政部 国家税务总局关于印发〈文化事业建设费征收管理暂行办法〉的通知》(财税字〔1997〕95号)同时废止。(《关于营业税改征增值税试点有关文化事业建设费政策及征收管理问题的补充通知》,2016年5月13日 财税〔2016〕60号)

(四)应扣缴费额的计算

四、按规定扣缴文化事业建设费的,扣缴义务人应按下列公式计算应扣缴费额:

$$应扣缴费额=支付的广告服务含税价款×费率$$

……

十三、本通知自2016年5月1日起执行。《关于营业税改征增值税试点有关文化事业建设费征收管理问题的通知》(财综〔2013〕88号)同时废止。(《关于营业税改征增值税试点有关文化事业建设费政策及征收管理问题的通知》,2016年3月28日财税〔2016〕25号)

(五)缴纳义务发生时间和缴纳地点

五、文化事业建设费的缴纳义务发生时间和缴纳地点,与缴纳义务人的增值税纳税义务发生时间和纳税地点相同。

……

十三、本通知自2016年5月1日起执行。《关于营业税改征增值税试点有关文化事业建设费征收管理问题的通知》(财综〔2013〕88号)同时废止。(《关于营业税改征增值税试点有关文化事业建设费政策及征收管理问题的通知》,2016年3月28日财税〔2016〕25号)

(六)扣缴义务发生时间和缴纳地点

文化事业建设费的扣缴义务发生时间,为缴纳义务人的增值税纳税义务发生时间。

文化事业建设费的扣缴义务人应当向其机构所在地或者居住地主管税务机关申报缴纳其扣缴的文化事业建设费。

……

十三、本通知自2016年5月1日起执行。《关于营业税改征增值税试点有关文化事业建设费征收管理问题的通知》(财综〔2013〕88号)同时废止。(《关于营业税改征增值税试点有关文化事业建设费政策及征收管理问题的通知》,2016年3月28日财税〔2016〕25号)

(七)缴纳期限

六、文化事业建设费的缴纳期限与缴纳义务人的增值税纳税期限相同。

......

十三、本通知自 2016 年 5 月 1 日起执行。《关于营业税改征增值税试点有关文化事业建设费征收管理问题的通知》(财综〔2013〕88 号)同时废止。(《关于营业税改征增值税试点有关文化事业建设费政策及征收管理问题的通知》,2016 年 3 月 28 日财税〔2016〕25 号)

(八)扣缴义务人解缴税款的期限

文化事业建设费扣缴义务人解缴税款的期限,应按照前款规定执行。

......

十三、本通知自 2016 年 5 月 1 日起执行。《关于营业税改征增值税试点有关文化事业建设费征收管理问题的通知》(财综〔2013〕88 号)同时废止。(《关于营业税改征增值税试点有关文化事业建设费政策及征收管理问题的通知》,2016 年 3 月 28 日财税〔2016〕25 号)

(九)免征

七、增值税小规模纳税人中月销售额不超过 2 万元(按季纳税 6 万元)的企业和非企业性单位提供的应税服务,免征文化事业建设费。

自 2015 年 1 月 1 日起至 2017 年 12 月 31 日,对按月纳税的月销售额不超过 3 万元(含 3 万元),以及按季纳税的季度销售额不超过 9 万元(含 9 万元)的缴纳义务人,免征文化事业建设费。

......

十三、本通知自 2016 年 5 月 1 日起执行。《关于营业税改征增值税试点有关文化事业建设费征收管理问题的通知》(财综〔2013〕88 号)同时废止。(《关于营业税改征增值税试点有关文化事业建设费政策及征收管理问题的通知》,2016 年 3 月 28 日财税〔2016〕25 号)

三、未达到增值税起征点的缴纳义务人,免征文化事业建设费。

......

五、本通知自 2016 年 5 月 1 日起执行。《财政部 国家税务总局关于印发〈文化事业建设费征收管理暂行办法〉的通知》(财税字〔1997〕95 号)同时废止。(《关于营业税改征增值税试点有关文化事业建设费政策及征收管理问题的补充通知》,2016 年 5 月 13 日财税〔2016〕60 号)

(十)征收机关

八、营改增后的文化事业建设费,由国家税务局征收。

......

十三、本通知自 2016 年 5 月 1 日起执行。《关于营业税改征增值税试点有关文化事业建设费征收管理问题的通知》(财综〔2013〕88 号)同时废止。(《关于营业税改征增值税试点有关文化事业建设费政策及征收管理问题的通知》,2016 年 3 月 28 日财税〔2016〕25 号)